I0890907

CODES FRANÇAIS

AVEC

LA CONFÉRENCE DES ARTICLES ENTRE EUX;

PAR

M. C. BOURGUIGNON.

Dixième Édition,

[illegible]

par

M. P. ROYER-COLLARD,

PROFESSEUR A LA FACULTÉ DE DROIT.

QUOD TIBI FIERI NON VIS, ALTERI NE FECERIS

PARIS.

B. WARÉE AINÉ, ÉDITEUR.

TROYES, IMP. CARDON.

LES CODES FRANÇAIS.

R 203 926

13983

B. WARÉE AINÉ, ÉDITEUR.

C.

TROYES, IMPRIMERIE DE CARDON.

LES CODES FRANÇAIS

conformes aux textes officiels,

AVEC LA CONFÉRENCE DES ARTICLES ENTRE EUX

PAR

M. C. BOURGUIGNON.

dixième édition

ENTIÈREMENT REFONDUE,

CONTENANT

spécialement tous les textes donnés comme matières de thèses,

Les Lois de la Presse, les Tarifs en matière civile et criminelle, les Lois qui expliquent, modifient, abrogent, complètent les Codes et la Charte,

PAR

M. P. ROYER-COLLARD,

Professeur à la Faculté de Droit de Paris.

BIBLIOTHEQUE ROYALE
I

QVOD TIBI FIERI NON VIS ALTERI NE FECERIS
38

Se trouve

CHEZ LES PRINCIPAUX LIBRAIRES

DE PARIS ET DES DÉPARTEMENS.

F

1843.

1842

43983

TABLE CHRONOLOGIQUE

DES LOIS, DÉCRETS, ORDONNANCES, ARRÊTÉS, ETC., CONTENUS DANS LES CODES ET LES APPENDICES.

Ainsi que des textes donnés comme matières de thèses par les Facultés de Droit, désignés par cette marque *.

1629—1842.

NOTA. La lettre A désigne l'Appendice placée à la suite des Codes; L. Pr. l'Appendice au Code pénal contenant *les Lois de la Presse*; T., Tarif civil; T. c., Tarif criminel.

DATES.	TITRES DES LOIS.	INDIC.
1629, * 15 *janv.*	Extr. de l'*Ord.* de Louis XIII...............	C. 2123.
1669, 13 *août.*	Extr. de l'*Ord.* des eaux et forêts...............	A.
* 1681.	Extrait de l'*Ord.* de la marine...............	A.
1723, 28 *févr.*	Extr. du *Réglem.* sur l'imprimerie...............	A.
1728, 23 *mars.*	*Déclar.* concernant les armes prohibées........	A.
1749, 26 *janv.*	*Déclarat.* concernant les orfèvres...............	A.
1777, 15 *avril.*	*Déclar.* concernant les pharmaciens...........	A.
1778, 29 *mars.*	*Déclar.* concernant les fripiers et brocanteurs.	A.
6 *nov.*	*Ordonnance* relative aux logeurs...............	A.
1780, 8 *nov.*	*Ordonnance* concernant la sûreté publique......	A.
1789, * 11 *août.*	*Décret* contenant suppression des droits de chasse, colombiers, etc...............	A.
1790, * 30 *avril.*	*Loi* sur la chasse...............	A.
* 22 *nov.*	*Loi* relat. aux domaines nation., aux échanges, etc.	A.

DATES.	TITRES DES LOIS.	INDIC.
1790.		
* 16-29 *déc.*	*Loi* relat. au rachat des rentes foncières.	A.
1791.		
7 *janv.*	*Loi* sur les Brevets d'invention.	A.
25 *mai.*	*Loi* réglémentaire sur les Brevets d'invention. .	A.
* 28 *sept.*	*Décret* concernant la police rurale.	A.
1793.		
28 *mars.*	*Loi* concern. la vente des effets militaires . .	A.
19 *juillet.*	*Décret* relatif aux droits des auteurs.	L. Pr. 1 s.
An II.		
6 *fruct.*	*Loi* les faux noms et prénoms.	A.
An III.		
* 16 *prair.*	*Loi* concernant le pillage de grains, etc.	A.
25 *prair.*	*Loi* interprétative du 19 juillet.	D. Pr. 8.
6 *therm.*	*Loi* autorisant le dépôt du montant des billets à ordre.	A.
An IV.		
3 *brum.*	*Art.* 605 concernant les violences légères. . . .	
* 10 *vend.*	*Loi* concernant la responsabilité des communes.	A.
An V.		
6 *brum.*	*Loi* concernant les propriétés des défenseurs de la patrie.	A.
* 28 *vendém.*	*Arr.* concern. la chasse dans les forêts nationales.	A.
* 19 *pluv.*	*Arr.* concernant la chasse des animaux nuisibles.	A.
An VII.		
21 *ventôse.*	*Loi* concernant les droits de greffe.	T. p. 33.
18 *germ.*	*Loi* relative au remboursement des frais de justice criminelle.	T. c. p. 22.
22 *prair.*	*Loi* addit. à celle du 21 ventôse.	T. p. 35.
An VIII.		
* 22 *frim.*	Constitution (droits civils)	A.
An IX.		
27 *prair.*	*Loi* concernant le port des lettres.	A.
An XI.		
26 *vend.*	*Loi* relat. aux divorces, etc.	A.
19 *ventôse.*	*Loi* concernant l'exercice de la médecine. . . .	A.
* 25 *ventôse.*	*Loi* sur le notariat	A.
11 *germ.*	*Loi* sur les changemens de noms.	A.
* 21 *germ.*	*Loi* concernant la police de la pharmacie. . . .	A.
21 *germ.*	*Loi* concernant l'apprentissage.	A.
8 *prair.*	*Arrêté*; violences envers les employ. de l'octroi.	A.
20 *prair.*	*Arrêté* sur les dispenses de mariage	A.

DATES.	TITRES DES LOIS.	INDIC.
An XI, 25 therm.	*Arrêté* cont. le tableau des distances légales. .	A.
An XII, 2 nivôse.	*Arrêté* relatif aux chambres des notaires. . .	A.
30 ventôse.	CODE CIVIL.	
An XIII, 1er germ.	*Décret* concernant les droits des propriétaires d'ouvrages posthumes.	L. Pr. g.
7 germ.	*Décret* concernant les livres d'églises.	L. Pr. 11.
An XIV, 10 brum.	*Décret* concernant les appositions de scellés. . .	A.
1805, 15 déc.	*Décret* concernant les armes cachées.	A.
1806, 14 avril.	CODE DE PROCÉDURE CIVILE.	
24 mars.	*Loi* relat. au transfert de rentes appart. à des mineurs ou des interdits.	A.
8 juin.	*Décret* concernant les ouvrages dramatiques. .	L. P. 13.
1807, 16 févr.	TARIF DES FRAIS ET DÉPENS.	
16 févr.	*Décret* relatif aux dépens en matières sommaires.	T. p. 24.
16 févr.	*Décret* qui rend commun à plusieurs cours et tribunaux le tarif des frais et dépens, etc. .	T. p. 26.
1er juin.	*Av. Cons.* concernant la purge des hypothèques.	A.
12 juillet.	*Décr.* concernant les droits à percevoir sur les actes de l'état civil.	C. 45.
22 août.	*Décret* concernant les baux des communes, etc.	A.
3 sept.	*Loi* sur le taux de l'argent.	A.
3 sept.	*Loi* relative aux inscriptions hypothécaires, etc.	A.
5 sept.	*Loi* relative aux droits du trésor sur les biens des comptables.	A.
5 sept.	*Loi* conc. le recouvrem. des frais de justice, etc.	A.
10 sept.	CODE DE COMMERCE.	
16 sept.	*Loi* relative au dessèchement des marais, etc. .	A.
15 déc.	*Av. Cons.* sur la durée des inscriptions hypothéc.	A.
1808, 19 févr.	*Sénatus-Consulte* concernant l'admission des étrangers au droit de citoyen français. . .	A.
16 juin.	*Décret* concernant le mariage des militaires. .	A.
12 juillet.	*Décret* concernant les droits de greffe. . . .	T. p. 135.
1808, 14 nov.	*Loi* relative à la saisie immobilière.	A.
26 déc.	CODE D'INSTRUCTION CRIMINELLE	

DATES.	TITRES DES LOIS.	INDIC.
1809.		
20 *févr.*	*Décret* concernant les manuscrits des bibliothèques et établissemens du royaume.	L. Pr. 16.
*17 *mars.*	*Décret* conc. la naturalisation des étrangers. . .	A.
*6 *avril.*	*Loi* relative aux Français qui auront porté les armes contre la France, etc.	A.
1810.		
5 *févr.*	*Décret* concernant l'imprimerie et la librairie. .	L. Pr. 18 s.
2 *mars.*	CODE PÉNAL.	
*21 *avril.*	*Loi* concernant les mines.	A.
6 *juillet.*	*Décret* concernant l'impression des lois.	L. Pr. 65.
19 *juillet.*	*Décret* contre la postulation.	A.
10 *août.*	*Décret* concernant la vente des effets confiés aux messageries, etc.	A.
18 *nov.*	*Décret* concernant les presses et caractères en possession d'individus non brevetés.	L. Pr. 67.
*11 *déc.*	*Av. C.* sur les rectifications des registres hypothéc.	A.
14 *déc.*	*Décret* sur la profession d'avocat.	A.
1811.		
2 *févr.*	*Décret* concernant la procédure en matière de saisie immobilière.	A.
*26 *août.*	*Décr.* concernant les Français naturalisés en pays étranger	A.
11 *juin.*	TARIF EN MATIÈRE CRIMINELLE.	
20 *août.*	*Avis du conseil d'État* sur le décret du 5 février. .	L. Pr. 70.
*15 *nov.*	*Décret* concernant le régime de l'Université. . .	A.
1812.		
*21 *janv.*	*Av. C.* relat. aux Français naturalisés ou servant en pays étranger.	A.
4 *mai.*	*Décret* concernant le port d'armes de chasse. .	A.
4 *mai.*	*Déc.* relatif aux citations en témoig. des ministres.	I. c. 514.
*8 *mai.*	*Av. C.* sur le mode de purger les hypothèques légales des femmes, etc.	A.
*22 *mai.*	*Av. C.* conc. la perte de la qualité de française, etc.	A.
2 *juillet.*	*Décret* sur la plaidoirie. (V. 27 *fév.* 1822.). . .	A.
11 *juillet.*	*Décret* sur les brevets de libraires.	L. Pr. 71 s.
1813.		
7 *avril.*	*Déc.* modifiant quelques dispositions de celui du 18 juin 1811.	T. c. p. 21.
*25 *sept.*	*Décr.* concernant le transfert d'actions de la banque de France, etc.	A.
1814.		
*4 *juin.*	*Ordonn.* conc. la naturalisation des étrangers. .	A.
14 *octob.*	*Ordonn.* conc. la naturalisation des habitans des départemens réunis à la France depuis 1791.	A.
21 *octob.*	*Loi* relative à la liberté de la presse.	L. Pr. 74 s.
24 *octob.*	*Ordonnance* relat. à l'exécution de ladite loi. .	L. Pr. 93 s.

DATES.	TITRES DES LOIS.	INDIC.
1816,		
8 *mai.*	*Loi* contenant abolition du divorce.	C. 229.
3 *juillet.*	*Ordonnances* sur la caisse des dépôts et consignations (V. 19 janvier 1835).	A.
27 *nov.*	*Ordonnance* sur la promulgation des lois. . . .	A.
1817,		
2 *janv.*	*Loi* sur les donations aux établissemens ecclésiastiques.	A.
13 *janv.*	*Loi* sur les militaires absens.	A.
18 *janv.*	*Ordonnance* sur la promulgation des lois. . . .	A.
28 *fevr.*	*Loi* relative aux écrits saisis en vertu de la loi du 21 octobre 1814.	L. Pr. 105.
8 *octob.*	*Ordon.* relative aux impressions lithographiques.	L. Pr. 106.
1819,		
17 *mai.*	*Loi* sur la répress. des crimes et délits de la presse.	L. Pr. 108.
26 *mai.*	*Loi* relative à la poursuite et au jugement des crimes et délits de la presse.	L. Pr. 134s.
9 *juin.*	*Loi* et *Ord.* relatives à la publication des feuilles périodiques.	L. Pr. 165s.
* 14 *juillet.*	*Loi* relative à l'abolition du droit d'aubaine. .	C. 726.
3 *nov.*	*Ord.* concernant la comptabilité des frais de justice.	T. c. p. 23.
1820,		
12 *janv.*	*Ord.* conc. l'impression des lois.	L. Pr. 65.
12 *mars.*	*Loi* concernant les domaines engagés, etc. . .	A.
1822,		
27 *fevr.*	*Ordonnance* qui modifie le décret du 2 juillet. .	A.
* 3 *mars.*	*Loi* sur la police sanitaire.	A.
25 *mars.*	*Loi* relative à la répression des délits de la presse.	L. Pr. 185s.
20 *nov.*	*Ordonnance* sur la profession d'avocat.	A.
1823,		
5 *nov.*	*Ord.* relative à la vérification des minutes des actes passés dans les greffes.	T. p. 36.
23 *déc.*	*Ord.* relative au recouvrement des amendes de la police correctionnelle.	T. c. p. 23.
1824,		
28 *juill.*	*Loi* relative aux altérations et suppositions de noms sur les produits fabriqués.	A.
1825,		
9 *oct.*	*Ord.* qui fixe les droits des greffiers des tribunaux de commerce.	T. p. 37.
1826,		
* 17 *mai.*	*Loi sur les substitutions.*	A.

DATES.	TITRES DES LOIS.	INDIC.
1827.		
21 *février.*	*Loi* qui dispense le trésor de donner caution.	C. 2185.
2 *mai.*	*Loi* sur le jury.	I. c. 381 s.
21 *mai.*	CODE FORESTIER. (V. 4 mai 1837).	
1828.		
1er *août.*	*Ord.* pour l'exécution du Code forestier.	
9 *janv.*	*Ordonnance* relat. au dépôt légal des livres.	L. Pr. 204.
1er *juin.*	*Ordonnance* relative aux conflits.	A.
18 *juillet.*	*Loi* sur les journaux et écrits périodiques.	L. Pr. 205 s.
29 *juillet.*	*Ordonn.* concernant l'exécution de la susdite loi.	L. Pr. 225 s.
1829.		
15 *avril.*	*Loi* sur la pêche fluviale. (V. 15 novemb. 1830).	A.
13 *sept.*	*Ord.* portant suppr. des inspecteurs de la librairie.	L. Pr. 227.
1830.		
14 *août.*	CHARTE CONSTITUTIONNELLE.	
27 *août.*	*Ordonnance* concernant la profession d'avocat.	A.
31 *août.*	*Loi* relative au serment des fonctionnaires publics.	A.
8 *sept.*	*Loi* sur les actes de prêts sur dépôts.	A.
12 *sept.*	*Loi* sur la réélection des députés.	A.
8 *octob.*	*Loi* sur l'application du jury aux délits de la presse et aux délits politiques.	L. Pr. 229.
15 *nov.*	*Ordonnance* relative à la pêche fluviale.	A.
29 *nov.*	*Loi* qui punit les attaques contre les droits et l'autorité du roi, et des chambres, etc.	L. Pr. 237.
10 *déc.*	*Loi* sur les afficheurs et crieurs.	L. Pr. 239.
14 *déc.*	*Loi* sur le droit de timbre et le port des journaux, etc.	L. Pr. 249 s.
1831.		
14 *janv.*	*Ordonnance* relative aux donations faites aux établissements ecclésiastiques.	A.
10 *févr.*	*Ord.* sur les décorations créées en 1814 et 1815.	A.
21 *mars.*	*Loi* sur l'organisation municipale.	A.
22 *mars.*	*Loi* sur la garde nationale.	A.
30 *mars.*	*Loi* sur l'expropriation des propriétés nécessaires aux travaux des fortifications.	A.
8 *avril.*	*Loi* sur la procédure en matière d'affichage.	L. Pr. 352.
10 *avril.*	*Loi* contre les attroupements.	A.
19 *avril.*	*Loi* sur les élections.	A.
1832.		
2 *mars.*	*Loi* sur la liste civile.	A.
21 *mars.*	*Loi* sur le recrutement de l'armée.	A.
16 *avril.*	*Loi* sur les prohibitions aux mariages entre beaux-frères, etc.	C. 163.
17 *avril.*	*Loi* sur la contrainte par corps.	A.
19 *avril.*	*Loi* sur les corps détachés de la garde nationale.	A.

DATES.	TITRES DES LOIS.	INDIC.
1832.		
24 *avril.*	*Loi* sur les étrangers réfugiés.	A.
28 *avril.*	*Code pénal et d'instruction criminelle* révisés.	
28 *juin.*	*Ordonnance* sur les sommes consignées par les parties civiles pour frais de procédure.	A.
1833.		
31 *mars.*	*Loi* sur les actes de sociétés.	Co. 42.
22 *juin.*	*Loi* sur l'organisation des conseils généraux et d'arrondissement.	
28 *juin.*	*Loi* sur l'instruction primaire.	A.
18 *sept.*	*Ordonnance* contenant le tarif des frais et dépens en matière d'expropriation.	A.
23 *oct.*	*Ordonnance* concernant l'intervention des consuls relativement aux actes de l'état civil, etc.	A.
1834.		
16 *févr.*	*Loi* sur les crieurs publics.	L. Pr. 257.
18 *févr.*	*Ordonnance* sur les formalités des enquêtes relatives aux travaux publics.	A.
10 *avril.*	*Loi* contre les associations.	A.
20 *avril.*	*Loi* sur l'organisation municipale de Paris.	A.
1er *mai.*	*Loi* concernant les réfugiés étrangers (V. 21 avril 1832).	A. p. 157.
19 *mai.*	*Loi* sur l'état des officiers.	A.
24 *mai.*	*Loi* contre les détenteurs d'armes.	A.
24 *mai.*	*Loi* concernant le timbre des billets à ordre et lettres de change.	A.
1835.		
19 *janv.*	*Ordonn.* concernant les dépôts volontaires.	A.
12 *mai.*	*Loi* sur les majorats.	A.
25 *mai.*	*Loi* concernant les baux des communes et établissemens publics (V. 12 août 1807).	A. p. 45.
9 *sept.*	*Loi* qui rectifie les articles 341, 345, 346, 347, 362 du Code d'instruction criminelle et 17 du Code pénal. (*V. ces Codes aux arts modifiés*).	
9 *sept.*	*Loi* sur les cours d'assises.	A.
9 *sept.*	*Loi* sur les crimes, délits et contraventions de la presse.	L. Pr. 259.
9 *sept.*	*Ordonnance* concernant l'exécution des diverses dispositions de la loi précédente.	L. Pr. 282.
18 *nov.*	*Ord.* concernant les obligations imposées aux gérans par la loi du 9 septembre.	L. Pr. 289.
1836.		
15 *mai.*	*Loi* concernant le vote du jury.	I. cr. 345
21 *mai.*	*Loi* contre les loteries.	A.
21 *mai.*	*Loi* sur les chemins vicinaux.	A.
9 *juillet.*	*Loi* concernant les saisies arrêts, ou oppositions sur les sommes dues par l'État.	A.

BIBLIOTHÈQUE ROYALE
I

CHARTE CONSTITUTIONNELLE.

(14 août 1830.)

LOUIS-PHILIPPE, Roi des Français, à tous présens et à venir, salut.

Nous avons ordonné et ordonnons que la Charte de 1814, telle qu'elle a été amendée par les deux Chambres le 7 août et acceptée par nous le 9, sera de nouveau publiée dans les termes suivans :

Droit public des Français.

Art. 1er. Les Français sont égaux devant la loi, quels que soient d'ailleurs leurs titres et leurs rangs. Ch. 62.

2. Ils contribuent indistinctement, dans la proportion de leur fortune, aux charges de l'Etat. Ch. 11, 41, 69 4° et 5°. *Roi*, L. 2 *mars* 1832, *art.* 24. *Garde nationale*, L. 22 *mars* 1831, *art.* 9, 19. *Recrutement*, L. 21 *mars* 1832, *art.* 2. *Contributions*, L. 21 *avril* 1832, *art.* 12.

3. Ils sont tous également admissibles aux emplois civils et militaires.

4. Leur liberté individuelle est également garantie, personne ne pouvant être poursuivi ni arrêté que dans les cas prevus par la loi, et dans la forme qu'elle prescrit. Ch. 29, 43, 44. C. 376 s., 468, 2059 s. Pr. 201, 221, 264, 780 s. I. Cr. 10, 45 s., 80, 93 s., 106, 113 s., 167, 189, 269, 304, 355, 452 s. P. 114 s., 184 s., 341 s., 354 s. L. 17 *avril* 1832 *sur la contrainte par corps.*

5. Chacun professe sa religion avec une égale liberté, et obtient pour son culte la même protection. L. 18 *germinal an* X. P. 260 s.

6. Les ministres de la religion catholique, apostolique et romaine, professée par la majorité des Français, et ceux des autres cultes chrétiens, reçoivent des traitemens du trésor public. L. 23 *avril* 1833, *art.* 8. *Culte israélite*, L. 8 *février* 1831.

7. Les Français ont le droit de publier et de faire imprimer leurs opinions, en se conformant aux lois. L. Pr.

La censure ne pourra jamais être rétablie. L. 9 *septembre* 1835.

8. Toutes les propriétés sont inviolables, sans aucune exception de celles qu'on appelle nationales, la loi ne mettant aucune différence entre elles. Ch. 9.

9. L'Etat peut exiger le sacrifice d'une propriété, pour cause d'intérêt public légalement constaté, mais avec une indemnité préalable. L. 30 *mars* 1831, 4 *mai* 1841. C. 545.

10. Toutes recherches des opinions et des votes émis jusqu'à la restauration sont interdites : le même oubli est commandé aux tribunaux et aux citoyens.

11. La conscription est abolie. Le mode de recrutement de l'armée de terre et de mer est déterminé par une loi. Ch. 69 4°. L. 21 *mars* 1832.

Formes du Gouvernement du Roi.

12. La personne du roi est inviolable et sacrée. Ses ministres sont responsables. Au roi seul appartient la puissance exécutive. Ch. 13, 65. *Hérédité du roi* : Décl. 7 *août* 1830. *Inviolabilité*, L. 9 *septembre* 1835, *art.* 4. *Régence*, L. 30 *août* 1842. *Responsabilité ministérielle*, Ch. 47, 69 2°.

13. Le roi est le chef suprême de l'Etat ; il commande les forces de terre et de mer, déclare la guerre, fait les traités de paix, d'alliance et de commerce, nomme à tous les emplois d'administration publique, et fait les réglemens et ordonnances nécessaires pour l'exécution des lois, sans pouvoir jamais ni suspendre les lois elles-mêmes, ni dispenser de leur exécu-

tion. Toutefois, aucune troupe étrangère ne pourra être admise au service de l'Etat qu'en vertu d'une loi. O. 5 *janvier* 1831 ; L. 9 *mars* 1831 ; O. 10 *mars* 1831, 16 *décembre* 1835.

14. La puissance législative s'exerce collectivement par le roi, la chambre des pairs et la chambre des députés. C. 5.

15. La proposition des lois appartient au roi, à la chambre des pairs et à la chambre des députés. Ch. 39.

Néanmoins, toute loi d'impôt doit d'abord être votée par la chambre des députés. Ch. 40.

16. Toute loi doit être discutée et votée librement par la majorité de chacune des deux chambres. Ch. 27, 28.

17. Si une proposition de loi a été rejetée par l'un des trois pouvoirs, elle ne pourra être représentée dans la même session. Ch. 42.

18. Le roi seul sanctionne et promulgue les lois. Ch. 40. C. 1.

19. La liste civile est fixée, pour toute la durée du règne, par la première législature assemblée depuis l'avénement du roi. L. 2 *mars* 1832.

De la Chambre des Pairs.

20. La chambre des pairs est une portion essentielle de la puissance législative. C. 14 s., 40.

21. Elle est convoquée par le roi en même temps que la chambre des députes. La session de l'une commence et finit en même temps que celle de l'autre. Ch. 22, 42.

22. Toute assemblee de la chambre des pairs qui serait tenue hors du temps de la session de la chambre des députés, est illicite et nulle de plein droit, sauf le seul cas où elle est réunie comme cour de justice, et alors elle ne peut exercer que des fonctions judiciaires. Ch. 28, 47

23. (*Ainsi modifié : L. 29 décembre* 1831.)

§ 1er. La nomination de membres de la chambre des pairs appartient au roi, qui ne peut les choisir que parmi les notabilités suivantes : Ch. 68.

§ 2. Le président de la chambre des députés et autres assemblées législatives ; Ch. 37.

§ 3. Les députés qui auront fait partie de trois législatures, ou qui auront six ans d'exercice ; Ch. 35 ; § 22.

§ 4. Les maréchaux et amiraux de France ; L. 4 *août* 1839 ; O. 13 *août* 1830.

§ 5. Les lieutenans-généraux et vice amiraux des armées de terre et de mer, apres deux ans de grade ; L. 20 *avril* 1832, 4 *août* 1839.

§ 6. Les ministres à département ; Ch. 46.

§ 7. Les ambassadeurs, après trois ans, et les ministres plénipotentiaires, après six ans de fonctions ; *Arr.* 5 *floréal an* XIII ; O. 16 *décembre* 1832.

§ 8. Les conseillers d'état, après dix ans de service ordinaire ; *Constit.* 22 *frimaire an* VIII, *art.* 41, 53 ; *Arr.* 5 *nivôse*, 7 *fructidor an* VIII ; *S. C. O.* 28 *floréal an* XII, *art.* 75 s ; *Déc.* 11 *juin* 1806 ; O. 29 *juin* 1814, 26 *août* 1824, 5 *mars* 1828, 20 *août* 1834, 18 *septembre* 1839.

§ 9. Les préfets de département et les prefets maritimes, après dix ans de fonctions ; L. 28 *pluviôse an* VIII ; *Arr.* 7 *floréal an* VIII ; L. 19 *avril* 1831, *art.* 64.

§ 10. Les gouverneurs coloniaux, après cinq ans de fonctions.

§ 11. Les membres des conseils généraux électifs, après trois élections à la présidence ; L. 22 *juin* 1833.

§ 12. Les maires des villes de trente mille âmes et au dessus, après deux élections au moins comme membres du corps municipal, et après cinq ans de fonctions de mairie ; L. 21 *mars* 1831.

§ 13. Les présidens de la cour de cassation et de la cour des comptes ; *Senat. C. O.* 28 *floréal an* XII, *art.* 136 ; *Déc.* 28 *janvier* 1811 ; O. 15 *février* 1815. L. 16 *septembre* 1807 ; O. 27 *février* 1815.

§ 14. Les procureurs généraux près ces deux cours, après cinq ans de fonctions en cette qualité ; *Sénat. C. O.* 28 *floréal an* XII, *art.* 136 ; O. 15 *février* 1815. L. 16 *septembre* 1807 ; O. 27 *février* 1815.

§ 15. Les conseillers de la cour de cassation et les conseillers maîtres de la cour des comptes, après cinq ans, les avocats généraux près la cour de cassation, après dix ans d'exercice; V. *ci-dessus.*

§ 16. Les premiers présidens des cours royales, après cinq ans de magistrature dans ces cours; L. 20 *avril* 1810: *Déc.* 6 *juillet* 1810.

§ 17. Les procureurs généraux près les mêmes cours, après dix ans de *fonctions*; V. *ci-dessus.*

§ 18. Les présidens des tribunaux de commerce dans les villes de trente mille âmes et au-dessus, après quatre nominations à ces fonctions; Co. 617, 622, 623. L. 3 *mars* 1840.

§ 19. Les membres titulaires des quatre académies de l'Institut; O. 21 *mai* 1816, 26 *octobre* 1832.

§ 20. Les citoyens à qui, par une loi et à raison d'éminens services, aura été nominativement décernée une recompense nationale;

§ 21. Les propriétaires, les chefs de manufacture et de maison de commerce et de banque, payant trois mille francs de contributions directes, soit à raison de leurs propriétés foncières depuis trois ans, soit a raison de leurs patentes depuis cinq ans, lorsqu'ils auront été pendant six ans membres d'un conseil general ou d'une chambre de commerce. L. 28 *pluviôse an* VIII, L. 22 *juin* 1833, Arr. 3 *nivôse an* XI; O. 16 *juin* 1832.

§ 22. Les *propriétaires*, les manufacturiers, commerçans ou banquiers, payant trois mille *francs* d'imposi tions, qui auront été nommés députés ou juges des tribunaux de commerce, pourront aussi être admis à la pairie sans autre condition.

§ 23. Le titulaire qui aura successivement exercé plusieurs des fonctions ci-dessus, pourra cumuler *ses* services dans toutes pour compléter le temps exigé dans celle où le service devrait être le plus long.

§ 24. Seront dispensés du temps d'exercice exigé par les paragraphes 5, 7, 8, 9, 10, 14, 15, 16 et 17 ci-dessus, les citoyens qui ont été nommés, dans l'année qui a suivi le 30 juillet 1830, aux fonctions énoncées dans ces paragraphes.

§ 25. Seront également dispensées, jusqu'au 1er janvier 1837, du temps d'exercice exigé par les paragraphes 5, 11, 12, 18 et 21 ci dessus, les personnes nommées ou maintenues, depuis le 30 juillet 1830, aux fonctions énoncées dans *ces cinq* paragraphes.

§ 26. Ces conditions d'admissibilité à la pairie pourront être modifiées par une loi.

§ 27. Les ordonnances de nomination de pairs seront individuelles. Ces ordonnances mentionneront les services et *indiqueront les titres* sur lesquels la nomination sera fondée.

§ 28. Le nombre des pairs est illimité.

§ 29. Leur dignité est conférée à vie et n'est pas transmissible par droit d'hérédité.

§ 30. Ils prennent rang entre eux par ordre de nomination. Ch. 24.

§ 31. A l'avenir, *aucun traitement*, aucune pension, aucune dotation, ne pourront être attachés à la dignité de pair.

24. Les pairs ont entrée dans la chambre à vingt cinq ans, et voix délibérative à trente ans seulement

25. La chambre des pairs est présidée par le chancelier de France, et, en son absence, par *un pair nommé* par le roi.

26. Les princes du sang sont pairs par droit de naissance. Ils siégent immédiatement après le président. Ch. 24.

27. Les seances de la chambre des pairs sont publiques, comme celles de la chambre des députés. Ch. 38.

28. La chambre des pairs connaît des crimes de haute trahison et des attentats à la sûreté de l'État, qui seront définis par la loi. Ch. 47. L. 25 *mars* 1822, 10 *avril* 1834, 9 *septembre* 1835.

29 Aucun pair ne peut être arrêté que de l'autorité de la chambre, *et* jugé que par elle en matière criminelle. Ch. 43, 44. C. 2063. P. 121.

De la Chambre des Députés.

30. La chambre des députés sera composée des députés élus par les colléges électoraux dont l'organisation sera déterminée par des lois. Ch. 34, 69 9°. L. 19 *avril* 1831.

31. Les députés sont élus pour cinq ans.

32. Aucun député ne peut être admis dans la chambre, s'il n'est âgé de trente ans, et s'il ne réunit les autres conditions déterminées par la loi. Ch. 24, 33, L. 19 *avril* 1831, *art.* 59 s.

33. Si néanmoins il ne se trouvait pas dans le département cinquante personnes de l'âge indiqué, payant le cens d'éligibilité déterminé par la loi, leur nombre sera complété par les plus imposés au-dessous du taux de ce cens, et ceux-ci pourront être élus concurremment avec les premiers.

34. Nul n'est électeur s'il a moins de vingt-cinq ans, et s'il ne réunit les autres conditions déterminées par la loi. L. 19 *avril* 1831, *art.* 1er.

35. Les présidens des colléges électoraux sont nommés par les électeurs. L. 19 *avril* 1831, *art.* 42 s.

36. La moitié au moins des députés sera choisie parmi les éligibles qui ont leur domicile politique dans le département. L. 19 *avril* 1831, *art.* 10 s., 62.

37. Le président de la chambre des députés est élu par elle, à l'ouverture de chaque session.

38. Les séances de la chambre sont publiques; mais la demande de cinq membres suffit pour qu'elle se forme en comité secret. Ch. 27.

39. La chambre se partage en bureaux pour discuter les projets qui lui ont été présentés de la part du roi.

40. Aucun impôt ne peut être établi ni perçu, s'il n'a été consenti par les deux chambres et sanctionné par le roi. L. 25 *mars* 1817, *art.* 149, 152; L. 29 *janvier* 1831, *art.* 11; L. 24 *avril* 1833, *art.* 4 s., 11; L. 23 *mai* 1834, *art.* 12; L. 17 *août* 1835, *art.* 9.

41. L'impôt foncier n'est consenti que pour un an. Les impositions indirectes peuvent l'être pour plusieurs années.

42. Le roi convoque chaque année les deux chambres: il les proroge, et peut dissoudre celle des députés; mais, dans ce cas, il doit en convoquer une nouvelle dans le délai de trois mois. Ch. 21, 22.

43. Aucune contrainte par corps ne peut être exercée contre un membre de la chambre durant la session, et dans les six semaines qui l'auront précédée ou suivie. Ch. 29. C. 2063.

44. Aucun membre de la chambre ne peut, pendant la durée de la session, être poursuivi ni arrêté en matière criminelle, sauf le cas de flagrant délit, qu'après que la chambre a permis sa poursuite. I. c. 40. P. 121.

45. Toute pétition à l'une ou à l'autre des chambres ne peut être faite et présentée que par écrit. La loi interdit d'en apporter en personne et à la barre. L. 25 *mars* 1822.

Des Ministres.

46. Les ministres peuvent être membres de la chambre des pairs ou de la chambre des députés. Ils ont en outre leur entrée dans l'une ou l'autre chambre, et doivent être entendus quand ils le demandent. Ch. 25, § 6, 69 3°.

47. La chambre des députés a le droit d'accuser les ministres, et de les traduire devant la chambre des pairs, qui seule a celui de les juger. Ch. 12, 28, 69 2°.

De l'Ordre judiciaire.

48. Toute justice émane du roi; elle s'administre en son nom par des juges qu'il nomme et qu'il institue. Ch. 50 s.

49. Les juges nommés par le roi sont inamovibles. Ch. 52. *Constit.* 22 *frimaire an* VIII, *art.* 4 5. *Sénat C. O.* 16 *thermidor an* X, *art.* 82; *Sénat. C. O.* 28 *floréal an* XII, *art.* 135; L. 20 *avril* 1810, *art.* 57, 59; L. 10 *juin* 1824.

50. Les cours et tribunaux ordinaires actuellement existans sont maintenus; il n'y sera rien changé qu'en vertu d'une loi. *Sénat. C. O.* 28 *floréal an* XII, *art.* 136; L. 20 *avril* 1810, 10 *décembre* 1810.

51. L'institution actuelle des juges de commerce est conservée. Co. 51 s., 615 s.; L. 3 *mars* 1840.

52. La justice de paix est également conservée. Les juges de paix, quoique nommés par le roi, ne sont point inamovibles. *Constitution* 5 *fructidor an* III, *art.* 209. L. 29 *ventôse an*

IX; *Sénat. C. O.* 16 *thermidor an* X, *art.* 8. I. cr. 138, 166 s.

53. Nul ne pourra être distrait de ses juges naturels. **Pr.** 168, 171, 363, 368, 373. **I.** cr. 542 s. *Constit.* 22 *frimaire an* VIII, *art.* 65. **L.** 16 *ventôse an* XII. **L.** 25 *mars* 1822, *art.* 15 et 16; **O.** 1er *juin* 1828.

54. Il ne pourra, en conséquence, être créé de commissions et de tribunaux extraordinaires, à quelque titre et sous quelque dénomination que ce puisse être. *Tribunaux d'exception conservés : Cour des Pairs*, **Ch.** 28, 29, 47. *Conseil d'État*, *Constit.* 22 *frimaire an* VIII, *art.* 52; *Arr.* 5 *nivôse an* VIII, *art.* 11; **L.** 18 *germinal an* X, *art.* 6 s.; *Déc.* 11 *juin*, 22 *juillet* 1806; **O.** 20 *juin* 1814, 1er *juin* 1828, 18 *septembre* 1829, 2 *février*, 12 *mars* 1831; *Conseils de Préfecture*, **L.** 28 *pluviôse an* VIII, *art.* 4. *Cour des Comptes*, **L.** 16 *septembre* 1807. *Conseils des Prud'hommes*, **L.** 18 *mars* 1806; *Av. C.* 20 *février* 1810. *Conseils de guerre*, **L.** 13 *brumaire an* V, 18 *vendémiaire*, 11 *frimaire an* VI; *Déc.* 22 *juillet* 1806. *Garde nationale.* **L.** 22 *mars* 1831, *art.* 15, 3, 94. *Université*, *Déc.* 17 *mars* 1808, *art.* 69. *Avocats*, *Déc.* 14 *décembre* 1810; **O.** 20 *novembre* 1822, 2 *août* 1830. *Consulats*, **L.** 28 *mai* 1836. *Juges sanitaires*, **L.** 3 *mars* 1822, *art.* 17 s. *Juges de la navigat. du Rhin*, **L.** 21 *avril* 1832.

55. Les débats seront publics en matière criminelle, à moins que cette publicité ne soit dangereuse pour l'ordre et les mœurs, et, dans ce cas, le tribunal le déclare par un jugement. **Pr** 87. **I.** cr. 153, 171, 190, 309.

56. L'institution des jurés est conservée. Les changemens qu'une plus longue expérience ferait juger nécessaires, ne peuvent être effectués que par une loi. **Ch.** 69 1°. **I.** cr 399, 312 s., 381 s. **L.** 2 *mai* 1827, 2 *juillet* 1828, 28 *avril* 1832, 9 *septembre* 1835, 13 *mai* 1836.

57. La peine de la confiscation des biens est abolie, et ne pourra pas être rétablie. **C.** 33.

58. Le roi a le droit de faire grâce, et celui de commuer les peines.

59. Le Code civil et les lois actuellement existantes qui ne sont pas contraires à la présente Charte, restent en vigueur jusqu'à ce qu'il y soit légalement dérogé.

Droits particuliers garantis par l'État.

60. Les militaires en activité de service, les officiers et soldats en retraite, les veuves, les officiers et soldats pensionnés, conserveront leurs grades, honneurs et pensions. **Ch.** 69 6°. **L.** 19 *mai* 1834.

61. La dette publique est garantie. Toute espèce d'engagement pris par l'État avec ses créanciers est inviolable. **L.** 9 *vendémiaire an* VI, *art.* 98 s.; **L.** 21 *floréal an* X, 4 *août* 1824, 27 *avril* 1825, 19 *juin* 1828, 29 *janvier* 1831.

62. La noblesse ancienne reprend ses titres, la nouvelle conserve les siens. Le roi fait des nobles à volonté : mais il ne leur accorde que des rangs et des honneurs, sans aucune exemption des charges et des devoirs de la société. **Ch.** 1, 2, 3. **P.** 259.

63. La légion d'honneur est maintenue. Le roi déterminera les réglemens intérieurs et la décoration. **O.** 13, 25 *août* 1830. **L.** 29 *floréal an* X. **P.** 259.

64. Les colonies sont régies par des lois particulières. **L.** 24 *avril* 1833.

65. Le roi et ses successeurs jureront, à leur avénement, en présence des chambres réunies, d'observer fidèlement la Charte constitutionnelle.

66. La présente Charte et tous les droits qu'elle consacre, demeurent confiés au patriotisme et au courage des gardes nationales et de tous les citoyens Français.

67. La France reprend ses couleurs. A l'avenir, il ne sera plus porté d'autre cocarde que la cocarde tricolore.

Dispositions particulières.

68. Toutes les nominations et créations nouvelles de pairs faites sous le règne du roi Charles X sont déclarées nulles et non avenues.

L'art. 23 de la Charte sera soumis à un nouvel examen dans la session de 1831. **L.** 29 *décembre* 1831.

69. Il sera pourvu successivement par des lois séparées, et dans le plus court délai possible, aux objets qui suivent :

1° L'application du jury aux délits de la presse et aux délits politiques ; *L. 8 octobre* 1830, 10 *avril* 1834, 9 *septemb.* 1835.

2° La responsabilité des ministres et des autres agens du pouvoir ;

3° La réélection des députés promus à des fonctions publiques salariées ; L. 12 *septembre* 1830.

4° Le vote annuel du contingent de l'armée ; L. 11 *octobre* 1830.

5° L'organisation de la garde nationale, avec intervention des gardes nationaux dans le choix de leurs officiers ; L. 22 *mars* 1831, 19 *avril* 1832, 14 *juillet* 1837.

6° Des dispositions qui assurent d'une manière légale l'état des officiers de tout grade de terre et de mer ; L. 19 *mai* 1834.

7° Des institutions départementales et municipales fondées sur un système électif ; L. 21 *mars* 1831, 22 *juin* 1833, 20 *avril* 1834, 18 *juillet* 1837.

8° L'instruction publique et la liberté de l'enseignement ; L. 28 *juin* 1833.

9° L'abolition du double vote et la fixation des conditions électorales et d'éligibilité ; L. 12 *septembre* 1830, 19 *avril* 1831.

70. Toutes les lois et ordonnances, en ce qu'elles ont de contraire aux dispositions adoptées pour la réforme de la Charte, sont dès à présent et demeurent annulées et abrogées.

CODE CIVIL.

TITRE PRÉLIMINAIRE.

DE LA PUBLICATION, DES EFFETS ET DE L'APPLICATION DES LOIS EN GÉNÉRAL.

(Décrété le 5 mars 1803. Promulgué le 15 du même mois.)

Art. **1er**. Les lois sont exécutoires dans tout le territoire français, en vertu de la promulgation qui en est faite par le roi. — Elles seront exécutées dans chaque partie du *royaume*, du moment où la promulgation en pourra être connue. P. 127. — La promulgation faite par le roi sera réputée connue dans le département de la résidence royale, un jour après celui de la promulgation; et dans chacun des autres départemens, après l'expiration du même délai, augmenté d'autant de jours qu'il y aura de fois dix myriamètres entre la ville où la promulgation en aura été faite, et le chef-lieu de chaque département. O. 27 *nov.* 1816; 18 *janv.* 1817.

2. La loi ne dispose que pour l'avenir; elle n'a point d'effet rétroactif. C. 691, 2281. P. 4 s. F. 218.

3. Les lois de police et de sûreté obligent tous ceux qui habitent le territoire. I. Cr. 5, 6, 7. Av. C. 20 *novembre* 1806. — Les immeubles, même ceux possédés par des étrangers, sont régis par la loi française. C. 2123, 2128. — Les lois concernant l'état et la capacité des personnes régissent les Français, même résidant en pays étranger. C. *mariage*, 170; *testam.*, 994, 999 s.; *hypoth.*, 2123, 2128; *contr. p. corps*, I. cr. 5, 7.

4. Le juge qui refusera de juger, sous prétexte du silence, de l'obscurité ou de l'insuffisance de la loi, pourra être poursuivi comme coupable de déni de justice. Pr. *déni de justice*, 505 s., 509. P. *peine*, 185.

5. Il est défendu aux juges de prononcer par voie de disposition générale et réglementaire sur les causes qui leur sont soumises. P. 127. L. 1er *avril* 1837.

6. On ne peut déroger, par des conventions particulières, aux lois qui intéressent l'ordre public et les bonnes mœurs. C. *sep. de corps*, 307; *rentes foncières*, 530; *servit.*, 686; *success.*, 791, 1130; *donat.*, 900, 946, 965; *cession de biens*, 1268; *sep. de biens*, 1443; *contr. de mar.*, 1387 s., 1390, 1451, 1453, 1521; *vente*, 1628, 1660, 1674; *louage* 1780, 1811, 1819, 1828; *société*, 1833, 1837, 1855; *contr. p. corps*, 2063; *nantissement*, 2078, 2088, *hypoth.*, 2140; *prescription*, 2220. Pr. *compétence*, 170; *compromis*, 1004. Co. *société*, 22; *prêt à la grosse*, 316, 318; *assurance*, 347, 365 s.; *faillite*, 446, 510, 197 s. F. *usugers*, 83.

LIVRE PREMIER.

DES PERSONNES.

TITRE PREMIER.

DE LA JOUISSANCE ET DE LA PRIVATION DES DROITS CIVILS.

(Décrété le 8 mars 1803. Promulgué le 18 du même mois.)

CHAPITRE PREMIER.

DE LA JOUISSANCE DES DROITS CIVILS.

7. L'exercice des droits civils est indépendant de la qualité de *citoyen*, laquelle ne s'acquiert et ne se conserve que conformément à la loi constitutionnelle. L. 22 *frim. an* VIII, *art.* 23.

8. Tout Français jouira des droits civils. C. *except.* 12 s. P. 18, 28, 34, 42, 43; C. *suspension*, 502 s., Co. 443.

9. Tout individu né en France d'un étranger pourra, dans l'année qui suivra l'époque de sa majorité, réclamer la qualité de *Français*; pourvu que, dans le cas où il résiderait en France, il déclare que son intention est d'y fixer son domicile, et que, dans le cas où il résiderait en pays étranger, il fasse sa soumission de fixer en France son domicile, et qu'il l'y établisse dans l'année, à compter de l'acte de soumission. C. 104.

10. Tout enfant né d'un Français en pays étranger est Français. — Tout enfant né, en pays étranger, d'un Français qui aurait perdu la qualité de Français, pourra toujours recouvrer cette qualité, en remplissant les formalités prescrites par l'art. 9. C. *restrict.*, 10; *Déc.* 26 *août* 1811.

11. L'étranger jouira en France des mêmes droits civils que ceux qui sont ou seront accordés aux Français par les traités de la nation à laquelle cet étranger appartiendra. C. *trad. en justice*, 14 s.; *hypoth.*, 2123, 2128. Pr. *ajournem.*, 69 s.; *caution*, 166 s., 423; *exécut. de jugem.*, 546; *bénéf. de cession*, 905. Co. 541. I. cr. *crime*, 6. P. *vagabond*, 272. *contr. par corps*, L. 17 *avril* 1832.

12. L'étrangère qui aura épousé un Français, suivra la condition de son mari. C. *veuve*, 19, *domicile*, 108.

13. L'étranger qui aura été admis par l'autorisation du roi à établir son domicile en France, y jouira de tous les droits civils, tant qu'il continuera d'y résider. L. 22 *frimaire an* VIII. *Déc.* 7 *mars* 1808; *Av. C.* 19 *février* 1808; L. 4 *juin* 1814, 14 *octobre* 1814; O. 17 *février* 1815.

14. L'étranger, même non résidant en France, pourra être cité devant les tribunaux français, pour l'exécution des obligations par lui contractées en France avec un Français; il pourra être traduit devant les tribunaux de France, pour les obligations par lui contractées en pays étranger envers des Français. C. 11, 15. Pr. 69, 418, 822.

15. Un Français pourra être traduit devant un tribunal de France, pour des obligations par lui contractées en pays étranger, même avec un étranger. Pr. 69, 166, 167.

16. En toutes matières, autres que celles de commerce, l'étranger qui sera demandeur, sera tenu de donner caution pour le paiement des frais et dommages-intérêts résultant du procès, à moins qu'il ne possède en France des immeubles d'une valeur suffisante pour assurer ce paiement. C. 11, 14, 2040 s. Pr. 166, 167, 423; *cautionn.*, 517 s. *Déc.* 7 *février* 1809.

CHAPITRE II.

DE LA PRIVATION DES DROITS CIVILS.

SECTION I.

De la Privation des Droits civils par la perte de la qualité de Français.

17. La qualité de Français se perdra, 1° par la naturalisation acquise en pays étranger; 2° par l'acceptation non autorisée par le roi, de fonctions publiques conférées par un gouvernement étranger; 3° enfin par tout établissement fait en pays étranger, sans esprit de retour. — Les établissemens de commerce ne pourront jamais être considérés comme ayant été faits sans esprit de retour. *Déc.* 7 *janvier* 1808, 6 *avril* 1809, 26 *août* 1811.

18. Le Français qui aura perdu sa qualité de Français, pourra toujours la recouvrer en rentrant en France avec l'autorisation du roi, et en déclarant qu'il veut s'y fixer, et qu'il renonce à toute distinction contraire à la loi française. C. 17, 20.

19 Une femme française qui épousera un étranger, suivra la condition de son mari. — Si elle devient veuve, elle recouvrera la qualité de Française, pourvu qu'elle réside en France, ou qu'elle y rentre avec l'autorisation du roi, et en déclarant qu'elle veut s'y fixer. C. 12, 17, 20; *domicile*, 108.

20. Les individus qui recouvreront la qualité de Français, dans les cas prévus par les articles 10, 18 et 19, ne pourront s'en prévaloir qu'après avoir rempli les conditions qui leur sont imposées par ces articles, et seulement pour l'exercice des droits ouverts à leur profit depuis cette époque. C. 3, 18.

21. Le Français qui, sans autorisation du roi, prendrait du service militaire chez l'étranger, ou s'affilierait à une corporation militaire étrangère, perdra sa qualité de Français. — Il ne pourra rentrer en France qu'avec la permission du roi, et recouvrer la qualité de Français qu'en remplissant les conditions imposées à l'étranger pour devenir citoyen ; le tout sans préjudice des peines prononcées par la loi criminelle contre les Français qui ont porté ou porteront les armes contre leur patrie. C. 17 s. P. 75 s.

SECTION II.

De la Privation des Droits civils par suite de condamnations judiciaires.

22. Les condamnations à des peines dont l'effet est de priver celui qui est condamné, de toute participation aux droits civils ci-après exprimés, emporteront la mort civile. C. 23, 24.

23. La condamnation à la mort naturelle emportera la mort civile. C. 26, 27 s.

24. Les autres peines afflictives perpétuelles n'emporteront la mort civile qu'autant que la loi y aurait attaché cet effet. C. 26, 27 s.; *biens de commun.*, 1425. P. 18.

25. Par la mort civile, le condamné perd la propriété de tous les biens qu'il possédait ; sa succession est ouverte au profit de ses héritiers, auxquels ses biens sont dévolus, de la même manière que s'il était mort naturellement et sans testament. C. *success.*, 719 ; *représent.*, 744, 745 s.; *effets sur la commun.*, 1425, 1441 s. *le préciput*, 1517; *s. la soc.*, 1865; *s. le dépôt*, 1939; *s. les rentes viag.*, 1982 ; *sur le mandat*, 2003. — Il ne peut plus ni recueillir aucune succession, ni transmettre, à ce titre, les biens qu'il a acquis par la suite. C. 33. — Il ne peut ni disposer de ses biens, en tout ou en partie, soit par donation entre-vifs, soit par testament, ni recevoir à ce titre, si ce n'est pour cause d'alimens. — Il ne peut être nommé tuteur, ni concourir aux opérations relatives à la tutelle. C. 443. — Il ne peut être témoin dans un acte solennel ou authentique, ni être admis à porter témoignage en justice. P. 28, 42. — Il ne peut procéder en justice, ni en défendant, ni en demandant, que sous le nom et par le ministère d'un curateur spécial, qui lui est nommé par le tribunal où l'action est portée. — Il est incapable de contracter un mariage qui produise aucun effet civil. C. 201, 202. — Le mariage qu'il avait contracté précédemment est dissous, quant à tous ses effets civils. C. 227. — Son époux et ses héritiers peuvent exercer respectivement les droits et les actions auxquels sa mort naturelle donnerait ouverture. C. 719.

26. Les condamnations contradictoires n'emportent la mort civile qu'à compter du jour de leur exécution, soit réelle, soit par effigie. I. cr. *contum.*, 471 s. P. *mort*, 12, 25 ; *exposit.* 23.

27. Les condamnations par contumace n'emporteront la mort civile qu'après les cinq années qui suivront l'exécution du jugement par effigie, et pendant lesquelles le condamné peut se représenter. I. cr. 472, 476 s.

28. Les condamnés par contumace seront, pendant les cinq ans, ou jusqu'à ce qu'ils se représentent ou qu'ils soient arrêtés pendant ce délai, privés de l'exercice des droits civils. — Leurs biens seront administrés et leurs droits exercés de même que ceux des absens. C. *absence*, 112 à 143; *autoris. de la femme*, 222, 1427. Pr. 863; *envoi en posses.*, 859; *scellés*, 909; I. cr. *contum.*, *adminis.*, 465, 469, 471, 475. *Av. C.* 20 *sept.* 1809.

29. Lorsque le condamné par contumace se présentera volontairement dans les cinq années, à compter du jour de l'exécution, ou lorsqu'il aura été saisi et constitué prisonnier dans ce délai, le jugement sera anéanti de plein droit ; l'accusé sera remis en possession de ses biens ; il sera jugé de nouveau ; et si, par ce nouveau jugement, il est condamné à la même peine ou à une peine différente, emportant également la mort civile, elle n'aura lieu qu'à compter du jour de l'exécution du second jugement. I. cr. 471, 476.

30. Lorsque le condamné par contumace, qui ne se sera représenté ou qui n'aura été constitué prisonnier qu'après les cinq ans, sera absous par le nouveau jugement, ou n'aura été condamné qu'à une peine qui n'emportera pas la mort civile, il rentrera dans la plénitude de ses droits civils, pour l'avenir, et à compter du jour où il aura reparu en justice; mais le premier jugement conservera, pour le passé, les effets que la mort civile avait produits dans l'intervalle écoulé depuis l'époque de l'expiration des cinq ans jusqu'au jour de sa comparution en justice. I. cr. 471, 476.

31. Si le condamné par contumace meurt dans le délai de grace des cinq années sans s'être représenté, ou sans avoir été saisi ou arrêté, il sera réputé *mort dans l'intégrité de ses droits*. Le jugement de contumace sera anéanti de plein droit, sans préjudice néanmoins de l'action de la partie civile, laquelle ne pourra être intentée contre les héritiers du condamné que par la voie civile. I. cr. 478.

32. En aucun cas la prescription de la peine ne réintégrera le condamné dans ses droits civils pour l'avenir. I. cr. 635, 637, 641.

33. Les biens acquis par le condamné, depuis la mort civile encourue, et dont il se trouvera en possession au jour de sa mort naturelle, appartiendront à l'état par droit de déshérence. — Néanmoins, il est loisible au roi de faire, au profit de la veuve, des enfans ou parens du condamné, telles dispositions que l'humanité lui suggérera. C. 25, 28, 539. I. cr. 475. Ch. 58.

TITRE II.

DES ACTES DE L'ÉTAT CIVIL.

(Décrété le 11 mars 1803. Promulgué le 21 du même mois.)

CHAPITRE PREMIER.

DISPOSITIONS GÉNÉRALES.

34. Les actes de l'état civil énonceront l'année, le jour et l'heure où ils seront reçus, les prénoms, noms, âge, profession et domicile de tous ceux qui y seront dénommés. C. *registre*, 42; *naiss.*, 57 s.; *mar.*, 76; *décès*, 78 s., 85 s., *milit.*, 88 s.; *prénoms et changement de noms*, L. 11 germinal an XI.

35. Les officiers de l'état civil ne pourront rien insérer dans les actes qu'ils recevront, soit par note, soit par énonciation quelconque, que ce qui doit être déclaré par les comparans. C. 42.

36. Dans les cas où les parties intéressées ne seront point obligées de comparaître en personne, elles pourront se faire représenter par un fondé de procuration spéciale et authentique. C. 38, 44, 73.

37. Les témoins produits aux actes de l'état civil, ne pourront être que du sexe masculin, âgés de vingt-un ans au moins, parens ou autres; et ils seront choisis par les personnes intéressées. C. *aptitude*, 25. P. 28, 42, 43. C. *divers actes*, 46, 56, 71, 75 s., 96; *témoins*, 59.

38. L'officier de l'état civil donnera lecture des actes aux parties comparantes, ou à leur fondé de procuration, et aux témoins. — Il y sera fait mention de l'accomplissement de cette formalité.

39. Ces actes seront signés par l'officier de l'état civil, par les comparans et les témoins; ou mention sera faite de la cause qui empêchera les comparans et les témoins de signer.

40. Les actes de l'état civil seront inscrits, dans chaque commune, sur un ou plusieurs registres tenus doubles. C. 41 s., 58, 60, 61, 62, 63, 67, 80, 82, 87, 90, 92, 98, 99 s., 171, 198.

41. Les registres seront cotés par première et dernière, et paraphés sur chaque feuille, par le président du tribunal de première instance, ou par le juge qui le remplacera.

42. Les actes seront inscrits sur les registres, de suite, sans aucun blanc. Les ratures et les renvois seront approuvés et signés de la même manière que le corps de l'acte. Il n'y sera rien écrit par abréviation, et aucune date ne sera mise en chiffres.

43. Les registres seront clos et arrêtés par l'officier de l'état civil, à la fin de chaque année; et, dans le mois, l'un des doubles sera déposé aux archives de la commune, l'autre au greffe du tribunal de première instance. C. *peine*, *responsab.*, 50 s. *Décret* 20 *juillet* 1807. O. 18 *août* 1819, 26 *nov.* 1819.

44. Les procurations et les autres pièces qui doivent demeurer annexées aux actes de l'état civil, seront déposées, après qu'elles auront été paraphées par la personne qui les aura produites, et par l'officier de l'état civil, au greffe du tribunal, avec le double des registres dont le dépôt doit avoir lieu audit greffe.

45. Toute personne pourra se faire délivrer, par les dépositaires des registres de l'état civil, des extraits de ces registres. Les extraits délivrés conformes aux registres, et légalisés par le président du tribunal de première instance, ou par le juge qui le remplacera, feront foi jusqu'à inscription de faux. C. 99 s., 1319, 1334. Pr. 245. I. cr. 448 s. (1)

46. Lorsqu'il n'aura pas existé de registres ou qu'ils seront perdus, la preuve en sera reçue tant par titres que par témoins : et dans ces cas, les mariages, naissances et décès, pourront être prouvés tant par les registres et papiers émanés des pères et mères décédés, que par témoins. C. *vérific.*, 85 s. ; *rectific.*, 99 s. ; *mariage*, 194 ; *preuves*, 323, 324, 1331. Pr. 252 s. L. 2 *floréal an* III ; 16 *frimaire an* VIII. O. 9 *janvier* 1815.

47. Tout acte de l'état civil des Français et des étrangers, fait en pays étranger, fera foi, s'il a été rédigé dans les formes usitées dans ledit pays. C. 3, 11, 13, 48, 59 s., 86 s. ; *acte de mar.*, 170.

48. Tout acte de l'état civil des Français en pays étranger sera valable, s'il a été reçu, conformément aux lois françaises, par les agens diplomatiques ou par les consuls. O. 23 *oct.* 1833.

49. Dans tous les cas où la mention d'un acte relatif à l'état civil devra avoir lieu en marge d'un autre acte déjà inscrit, elle sera faite à la requête des parties intéressées, par l'officier de l'état civil, sur les registres courans ou sur ceux qui auront été déposés aux archives de la commune, et par le greffier du tribunal de première instance, sur les registres déposés au greffe ; à l'effet de quoi l'officier de l'état civil en donnera avis, dans les trois jours, au procureur du roi près ledit tribunal, qui veillera à ce que la mention soit faite d'une manière uniforme sur les deux registres. C. *rectific.*, 62, 99, 100 s. ; *procéd. crimin.*, 198. Pr. *mode de rectific.* 857.

50. Toute contravention aux articles précédens de la part des fonctionnaires y dénommés, sera poursuivie devant le tribunal de première

---

(1) Les droits à percevoir pour chaque extrait sont fixés de la manière suivante par le décret du 12 juillet 1807 :

« 1. Il continuera à être perçu, par les officiers publics de l'état civil, pour chaque expédition d'un acte de naissance, de décès et de publication de mariage, 30 c. — Plus, pour le remboursement du droit de timbre, et le dixième en sus pour la taxe de guerre, 83 c. (1 fr. 13 c.) — Pour celles des actes de mariage, d'adoption et de divorce, 60 c. — Timbre et taxe de guerre, 83 c. (1 fr. 43 c.)

« 2. Dans les villes de 50,000 âmes et au dessus, pour chaque expédition d'acte de naissance, de décès et de publication de mariage, 50 c. — Timbre et taxe de guerre, 83 c. (1 f. 33 c.) — Actes de mariage, d'adoption et de divorce, 1 fr. — Timbre et taxe de guerre, 83 c. (1 fr. 83 c.)

« 3. A Paris, pour chaque acte de naissance, de décès et de publication de mariage, 75 c. — Timbre et taxe de guerre, 83 c. (1 fr. 58 c.) — Actes de mariage, d'adoption et de divorce, 1 fr. 50 c. — Timbre et taxe de guerre, 83 c. (2 fr. 33 c.)

« 4. Il est défendu d'exiger d'autres taxes et droits, à peine de concussion. — Il n'est rien dû pour la confection desdits actes et leur inscription dans les registres (*sauf augmentation du timbre V. L.* 28 *avril* 1816, *art.* 62 *et* 63.)

« 5. Le présent décret sera constamment affiché en placard, et en gros caractères, dans chacun des bureaux ou lieux où les déclarations relatives à l'état civil sont reçues, et dans tous les dépôts des registres. »

instance, et punie d'une amende qui ne pourra excéder cent francs. T. cr. 121 s. Av. C. 31 juill. 1806.

51. Tout dépositaire des registres sera civilement responsable des altérations qui y surviendront, sauf son recours, s'il y a lieu, contre les auteurs desdites altérations.

52. Toute altération, tout faux dans les actes de l'état civil, toute inscription de ces actes faite sur une feuille volante et autrement que sur les registres à ce destinés, donneront lieu aux dommages-intérêts des parties, sans préjudice des peines portées au Code pénal. C. *domm. et int.*, 1149. Pr. *inscript. de faux*, 214 s. I. cr. 448 s. P. *peines*, 145, 146, 147, 148, 192 s.

53. Le procureur du roi au tribunal de première instance sera tenu de vérifier l'état des registres lors du dépôt qui en sera fait au greffe; il dressera un procès verbal sommaire de la vérification, dénoncera les contraventions ou délits commis par les officiers de l'état civil, et requerra contre eux la condamnation aux amendes. C. 46, 50, 99. Pr. 855 s. T. c. 121 s. *Vérification*, O. 26 nov. 1823.

54. Dans tous les cas où un tribunal de première instance connaîtra des actes relatifs à l'état civil, les parties intéressées pourront se pourvoir contre le jugement. C. 100, 1351. Pr. 474 s.

CHAPITRE II.

DES ACTES DE NAISSANCE.

55. Les déclarations de naissance seront faites dans les trois jours de l'accouchement, à l'officier de l'état civil du lieu : l'enfant lui sera présenté. C. 59; *à l'armée*, 92. P. *non déclaration*, 346.

56 La naissance de l'enfant sera déclarée par le père, ou, à défaut du père, par les docteurs en médecine ou en chirurgie, sages-femmes, officiers de santé ou autres personnes qui auront assisté à l'accouchement; et, lorsque la mère sera accouchée hors de son domicile, par la personne chez qui elle sera accouchée. — L'acte de naissance sera rédigé de suite, en présence de deux témoins. C. 37 s., 59. P. 346.

57. L'acte de naissance énoncera le jour, l'heure et le lieu de la naissance, le sexe de l'enfant, et les prénoms qui lui seront donnés, les prénoms, noms, profession et domicile des père et mère, et ceux des témoins. C 34, 35.

58. Toute personne qui aura trouvé un enfant nouveau né, sera tenue de le remettre à l'officier de l'état civil, ainsi que les vêtemens et autres effets trouvés avec l'enfant, et de déclarer toutes les circonstances du temps et du lieu où il aura été trouvé. — Il en sera dressé un procès-verbal détaillé, qui énoncera en outre l'âge apparent de l'enfant, son sexe, les noms qui lui seront donnés, l'autorité civile à laquelle il sera remis. Ce procès-verbal sera inscrit sur les registres. P. 347. *Déc.* 19 *janv.* 1811.

59. S'il naît un enfant pendant un voyage de mer, l'acte de naissance sera dressé dans les vingt quatre heures, en présence du père, s'il est présent, et de deux témoins pris parmi les officiers du bâtiment, ou, à leur défaut, parmi les hommes de l'équipage. Cet acte sera rédigé, savoir sur les bâtimens du roi, par l'officier d'administration de la marine; et sur les bâtimens appartenant à un armateur ou négociant, par le capitaine, maître ou patron du navire. L'acte de naissance sera inscrit à la suite du rôle d'équipage. C. 34 s., 86, 87 s.

60. Au premier port où le bâtiment abordera, soit de relâche, soit pour toute autre cause que celle de son désarmement, les officiers de l'administration de la marine, capitaine, maître ou patron, seront tenus de déposer deux expéditions authentiques des actes de naissance qu'ils auront rédigés, savoir : dans un port français, au bureau du préposé à l'inscription maritime; et dans un port étranger, entre les mains du consul. O. 29 *octobre* 1833, *art.* 16. — L'une de ces expéditions restera déposée au bureau de l'inscription maritime, ou à la chancellerie du consulat; l'autre sera envoyée au ministre de la marine, qui fera parvenir une copie, de lui certifiée, de chacun desdits actes, à l'officier de l'état civil du domicile du père de l'enfant, ou de la mère, si le père est inconnu : cette copie sera inscrite de suite sur les registres. C. 87.

61. A l'arrivée du bâtiment dans le port du désarmement, le rôle d'équipage sera déposé au bureau du préposé à l'inscription maritime, qui enverra une expédition de l'acte de naissance, de lui signée, à l'officier de l'état civil du domicile du père de l'enfant, ou de la mère, si le père est inconnu : cette expédition sera inscrite de suite sur les registres. C. 87.

62. L'acte de reconnaissance d'un enfant sera inscrit sur les registres, à sa date ; et il en sera fait mention en marge de l'acte de naissance, s'il en existe un. C. 331, 334 s.

CHAPITRE III.

DES ACTES DE MARIAGE.

63. Avant la célébration du mariage, l'officier de l'état civil fera deux publications, à huit jours d'intervalle, un jour de dimanche, devant la porte de la maison commune. Ces publications, et l'acte qui en sera dressé, énonceront les prénoms, noms, professions et domiciles des futurs époux, leur qualité de majeurs ou de mineurs, et les prénoms, noms, professions et domiciles de leurs pères et mères. Cet acte énoncera, en outre, les jours, lieux et heures où les publications auront été faites : il sera inscrit sur un seul registre, qui sera coté et paraphé comme il est dit en l'article 41, et déposé, à la fin de chaque année, au greffe du tribunal de l'arrondissement. C. 64, 65, 94, 95, 99, 166. 167. 168, 169, 170, 192. 193. O. 29 *oct.* 1833, *art.* 14, 15.

64. Un extrait de l'acte de publication sera et restera affiché à la porte de la maison commune, pendant les huit jours d'intervalle de l'une à l'autre publication. Le mariage ne pourra être célébré avant le troisième jour, depuis et non compris celui de la seconde publication.

65. Si le mariage n'a pas été célébré dans l'année, à compter de l'expiration du délai des publications, il ne pourra plus être célébré qu'après que de nouvelles publications auront été faites dans la forme ci-dessus prescrite.

66. Les actes d'opposition au mariage seront signés sur l'original et sur la copie par les opposans ou par leurs fondés de procuration spéciale et authentique ; ils seront signifiés, avec la copie de la procuration, à la personne ou au domicile des parties, et à l'officier de l'état civil, qui mettra son *visa* sur l'original. C. 67 s., 172 s., 192. Pr. 61.

67. L'officier de l'état civil fera, sans délai, une mention sommaire des oppositions, sur le registre des publications, il fera aussi mention, en marge de l'inscription desdites oppositions, des jugemens ou des actes de main levée dont expédition lui aura été remise.

68. En cas d'opposition, l'officier de l'état civil ne pourra célébrer le mariage avant qu'on lui en ait remis la main levée, sous peine de trois cents francs d'amende, et de tous dommages-intérêts.

69. S'il n'y a point d'opposition, il en sera fait mention dans l'acte de mariage ; et si les publications ont été faites dans plusieurs communes, les parties remettront un certificat délivré par l'officier de l'état civil de chaque commune, constatant qu'il n'existe point d'opposition. C. 76, 166 s.

70. L'officier de l'état civil se fera remettre l'acte de naissance de chacun des futurs époux. Celui des époux qui serait dans l'impossibilité de se le procurer, pourra le suppléer, en rapportant un acte de notoriété délivré par le juge de paix du lieu de sa naissance, ou par celui de son domicile. T. 5, 16. (1)

71. L'acte de notoriété contiendra la déclaration faite par sept témoins, de l'un ou de l'autre sexe, parens ou non parens, des prénoms, nom, profession et domicile du futur époux, et de ceux de ses père et mère, s'ils sont connus ; le lieu, et, autant que possible, l'époque de sa naissance et les causes qui empêchent d'en rapporter l'acte. Les témoins signeront l'acte de

(1) *Droits d'enregistrement*, actes de notoriété, 2 fr. *L.* 28 *avril* 1816, art. 43.

notoriété avec le juge de paix; et s'il en est qui ne puissent ou ne sachent signer, il en sera fait mention. T. 5, 16.

72. L'acte de notoriété sera présenté au tribunal de première instance du lieu où doit se célébrer le mariage. Le tribunal, après avoir entendu le procureur du roi, donnera ou refusera son homologation, selon qu'il trouvera suffisantes ou insuffisantes les déclarations des témoins, et les causes qui empêchent de rapporter l'acte de naissance. Pr. 141, 885 s.

73. L'acte authentique du consentement des père et mère ou aïeuls et aïeules, ou, à leur défaut, celui de la famille, contiendra les prénoms, noms, professions et domiciles du futur époux, et de tous ceux qui auront concouru à l'acte, ainsi que leur degré de parenté. C. 148, 149 s., 182, 183, 1317. L. 25 ventôse an XI (1).

74. Le mariage sera célébré dans la commune où l'un des deux époux aura son domicile. Ce domicile, quant au mariage, s'établira par six mois d'habitation continue dans la même commune. C. *domicile*, 102 s.; *formalités*, 165 s.; *peine*, 192 s.

75. Le jour désigné par les parties après les délais des publications, l'officier de l'état civil, dans la maison commune, en présence de quatre témoins, parens ou non parens, fera lecture aux parties, des pièces ci-dessus mentionnées, relatives à leur état et aux formalités du mariage, et du chapitre VI du titre *du Mariage, sur les droits et les devoirs respectifs des époux*. Il recevra de chaque partie, l'une après l'autre, la déclaration qu'elles veulent se prendre pour mari et femme; il prononcera, au nom de la loi, qu'elles sont unies par le mariage, et il en dressera acte sur-le-champ. C. 37, 63 s., 68; *formalités*, 165 s.; *nullités*, 191 s.; *dev. des époux*, 212 s. P. *peines*, 193 s.

76. On énoncera, dans l'acte de mariage, — 1° Les prénoms, noms, professions, âge, lieux de naissance et domiciles des époux; C. 34. — 2° S'ils sont majeurs ou mineurs; C. 34. — 3° Les prénoms, noms, professions et domiciles des pères et mères. C. 34. — 4° Le consentement des pères et mères, aïeuls et aïeules, et celui de la famille, dans les cas où ils sont requis; C. 73, 148 s., 159, 160, 182, 183. — 5° Les actes respectueux, s'il en a été fait; C. 151 s. — 6° Les publications dans les divers domiciles; C. 63 s., 166 s., 170, 192. — 7° Les oppositions, s'il y en a eu; leur main levée, ou la mention qu'il n'y a point eu d'opposition; C. 66 s., 172 s. — 8° La déclaration des contractans de se prendre pour époux, et le prononcé de leur union par l'officier public; C. 146. — 9° Les prénoms, noms, age, professions et domiciles des temoins, et leur déclaration s'ils sont parens ou alliés des parties, de quel côté et à quel degré. C. 34, 35, 37 s., 50 s.; *rectific.*, 99.

CHAPITRE IV.

DES ACTES DE DÉCÈS.

77. Aucune inhumation ne sera faite sans une autorisation, sur papier libre et sans frais, de l'officier de l'état civil, qui ne pourra la délivrer qu'après s'être transporté auprès de la personne décédée, pour s'assurer du décès, et que vingt-quatre heures après le décès, hors les cas prévus par les réglemens de police. C. 81. I. cr. 43, 44. P. 14, 358, 359. *Déc. 23 prairial an XII.*

78. L'acte de décès sera dressé par l'officier de l'état civil, sur la déclaration de deux temoins. Ces témoins seront, s'il est possible, les deux plus proches parens ou voisins, ou, lorsqu'une personne sera décédée hors de son domicile, la personne chez laquelle elle sera décédée, et un parent ou autre. C. 34 s., 50 s., 79 s., 82 s., 96 s.

79. L'acte de décès contiendra les prénoms, nom, âge, profession et domicile de la personne décédée; les prénoms et nom de l'autre époux, si la personne décédée était mariée ou veuve; les prénoms, noms, âge, professions et domiciles des déclarans; et, s'ils sont parens, leur degré de parenté. — Le même acte contiendra de plus, autant qu'on pourra le savoir,

(1) *Droits d'enregistrement*, 2 fr. *L.* 28 *avril* 1816, *art.* 43.

les prénoms, noms, profession et domicile des père et mère du décédé, et le lieu de sa naissance. C. 34 s., 50 s.

80. En cas de décès dans les hôpitaux militaires, civils ou autres maisons publiques, les supérieurs, directeurs, administrateurs et maîtres de ces maisons, seront tenus d'en donner avis, dans les vingt-quatre heures, à l'officier de l'état civil, qui s'y transportera pour s'assurer du décès, et en dressera l'acte conformément à l'article précédent, sur les déclarations qui lui auront été faites, et sur les renseignemens qu'il aura pris. C. 34 s, 96 s. P. 358, 359. — Il sera tenu, en outre, dans lesdits hôpitaux et maisons, des registres destinés à inscrire ces déclarations et ces renseignemens. — L'officier de l'état civil enverra l'acte de décès à celui du dernier domicile de la personne décédée, qui l'inscrira sur les registres.

81. Lorsqu'il y aura des signes ou indices de mort violente, ou d'autres circonstances qui donneront lieu de le soupçonner, on ne pourra faire l'inhumation qu'après qu'un officier de police, assisté d'un docteur en médecine ou en chirurgie, aura dressé procès verbal de l'état du cadavre, et des circonstances y relatives, ainsi que des renseignemens qu'il aura pu recueillir sur les prénoms, nom, âge, profession, lieu de naissance et domicile de la personne décédée. I. cr. 44 s. P. 358, 359. T. cr. 121. Déc. 3 *janvier* 1813, *art.* 18, 19.

82. L'officier de police sera tenu de transmettre de suite, à l'officier de l'état civil du lieu où la personne sera décédée, tous les renseignemens énoncés dans son procès-verbal, d'après lesquels l'acte de décès sera rédigé. — L'officier de l'état civil en enverra une expédition à celui du domicile de la personne décédée, s'il est connu : cette expédition sera inscrite sur les registres.

83. Les greffiers criminels seront tenus d'envoyer, dans les vingt-quatre heures de l'exécution des jugemens portant peine de mort, à l'officier de l'état civil du lieu où le condamné aura été exécuté, tous les renseignemens énoncés en l'article 79, d'après lesquels l'acte de décès sera rédigé. C. 78, 79, 85. I. cr. 378. T. cr. 45.

84. En cas de décès dans les prisons ou maisons de réclusion et de détention, il en sera donné avis sur-le-champ, par les concierges ou gardiens, à l'officier de l'état civil, qui s'y transportera comme il est dit en l'art. 80, et rédigera l'acte de décès. C. 78 s., 85. P 358, 359.

85. Dans tous les cas de mort violente, ou dans les prisons et maisons de réclusion, ou d'exécution à mort, il ne sera fait sur les registres aucune mention de ces circonstances, et les actes de décès seront simplement rédigés dans les formes prescrites par l'article 79. C. 79, 81, 83, 84.

86. En cas de décès pendant un voyage de mer, il en sera dressé acte dans les vingt quatre heures, en présence de deux témoins pris parmi les officiers du bâtiment, ou, à leur défaut, parmi les hommes de l'équipage. Cet acte sera rédigé, savoir : sur les bâtimens du roi, par l'officier d'administration de la marine ; et sur les bâtimens appartenant à un négociant ou armateur, par le capitaine, maître ou patron du navire. L'acte de décès sera inscrit à la suite du rôle de l'équipage. C. 34 s. P. 358, 359.

87. Au premier port où le bâtiment abordera, soit de relâche, soit pour toute autre cause que celle de son désarmement, les officiers de l'administration de la marine, capitaine, maître ou patron, qui auront rédigé des actes de décès, seront tenus d'en déposer deux expéditions, conformément à l'art. 60. — A l'arrivée du bâtiment dans le port du désarmement, le rôle d'équipage sera déposé au bureau du préposé à l'inscription maritime ; il enverra une expédition de l'acte de décès, de lui signée, à l'officier de l'état civil du domicile de la personne décédée : cette expédition sera inscrite de suite sur les registres. C. 60.

CHAPITRE V.

DES ACTES DE L'ÉTAT CIVIL CONCERNANT LES MILITAIRES HORS DU TERRITOIRE DU ROYAUME.

88. Les actes de l'état civil faits

hors du territoire du royaume, concernant des militaires ou autres personnes employées à la suite des armées, seront rédigés dans les formes prescrites par les dispositions précédentes, sauf les exceptions contenues dans les articles suivans. C. 34 s., 57, 69, 76, 78 s., 98.

89. Le quartier-maître dans chaque corps d'un ou plusieurs bataillons ou escadrons, et le capitaine commandant dans les autres corps, rempliront les fonctions d'officier de l'état civil : *ces mêmes fonctions seront remplies*, pour les officiers sans troupes et pour les employés de l'armée, par l'inspecteur aux revues attaché à l'armée ou au corps d'armée.

90. Il sera tenu, dans chaque corps de troupes, un registre pour les actes de l'état civil relatifs aux individus de ce corps, et un autre à l'état-major de l'armée ou d'un corps d'armée, pour les actes civils relatifs aux officiers sans troupes et aux employés : ces registres seront conservés de la même manière que les autres registres des corps et états-majors, et déposés aux archives de la guerre, à la rentrée des corps ou armées sur le territoire du royaume. C. 40 s.

91. Les registres seront cotés et paraphés, dans chaque corps, par l'officier qui le commande; et, à l'état-major, par le chef de l'état-major général.

92. Les déclarations de naissance à l'armée seront faites dans les dix jours qui suivront l'accouchement. C. 55 s.

93. L'officier chargé de la tenue du registre de l'état civil devra, dans les dix jours qui suivront l'inscription d'un acte de naissance audit registre, en adresser un extrait à l'officier de l'état civil du dernier domicile du père de l'enfant, ou de la mère si le père est inconnu.

94. Les publications de mariage des militaires et employés à la suite des armées, seront faites au lieu de leur dernier domicile : elles seront mises en outre, vingt-cinq jours avant la célébration du mariage, à l'ordre du jour du corps, pour les individus qui tiennent à un corps; et à celui de l'armée ou du corps d'armée, pour les officiers sans troupes, et pour les employés qui en font partie. C. 63, 166, 192.

95. Immédiatement après l'inscription, sur le registre, de l'acte de célébration du mariage, l'officier chargé de la tenue du registre en enverra une expédition à l'officier de l'état civil du dernier domicile des époux. C. 93.

96. Les actes de décès seront dressés, dans chaque corps, par le quartier-maître; et, pour les officiers sans troupes et les employés, par l'inspecteur aux revues de l'armée, sur l'attestation de trois témoins; et l'extrait de ces registres sera envoyé, dans les dix jours, à l'officier de l'état civil du dernier domicile du décédé. C. 46, 77, 78 s., 88, 93.

97. En cas de décès dans les hôpitaux militaires ambulans ou sédentaires, l'acte en sera rédigé par le directeur desdits hôpitaux, et envoyé au quartier-maître du corps, ou à l'inspecteur aux revues de l'armée ou du corps d'armée dont le décédé faisait partie : ces officiers en feront parvenir une expédition à l'officier de l'état civil du dernier domicile du décédé. C. 80, 93.

98. L'officier de l'état civil du domicile des parties auquel il aura été envoyé de l'armée expédition d'un acte de l'état civil, sera tenu de l'inscrire de suite sur les registres. C. 42 s., 50 s.

CHAPITRE VI.

DE LA RECTIFICATION DES ACTES DE L'ÉTAT CIVIL.

99. Lorsque la rectification d'un acte de l'état civil sera demandée, il y sera statué, sauf l'appel, par le tribunal compétent, et sur les conclusions du procureur du roi. Les parties intéressées seront appelées, s'il y a lieu. C. 198. Pr. 141, 855 s. T. cr. 122.

100. Le jugement de rectification ne pourra, dans aucun temps, être opposé aux parties intéressées qui ne l'auraient point requis, ou qui n'y auraient pas été appelées. C. 54, 1351. Pr. 474.

101. Les jugemens de rectification seront inscrits sur les registres par l'officier de l'état civil, aussitôt qu'ils lui auront été remis; et mention en sera faite en marge de l'acte réformé. C. 49, 50 s. Pr. 857.

TITRE III.

DU DOMICILE.

(Décrété le 14 mars 1803. Promulgué le 25 du même mois.)

102. Le domicile de tout Français, quant à l'exercice de ses droits civils, est au lieu où il a son principal établissement. C. 9, 10, 13; *changem.*, 103 s. Pr. *ajournem.*, 2, 50, 59, 68 s., 420; *inviolable*, 781. P. 184.

103. Le changement de domicile s'opérera par le fait d'une habitation réelle dans un autre lieu, joint à l'intention d'y fixer son principal établissement.

104. La preuve de l'intention résultera d'une déclaration expresse, faite tant à la municipalité du lieu qu'on quittera, qu'à celle du lieu où on aura transféré son domicile. C. 102, 103.

105. A défaut de declaration expresse, la preuve de l'intention dépendra des circonstances.

106. Le citoyen appelé à une fonction publique temporaire ou révocable, conservera le domicile qu'il avait auparavant, s'il n'a pas manifesté d'intention contraire.

107. L'acceptation de fonctions conférées à vie emportera translation immédiate du domicile du fonctionnaire dans le lieu où il doit exercer ses fonctions.

108. La femme mariée n'a point d'autre domicile que celui de son mari. Le mineur non émancipé aura son domicile chez ses pere et mère ou tuteur : le majeur interdit aura le sien chez son tuteur. C. 214: *except.*, 306 s., 507.

109. Les majeurs qui servent ou travaillent habituellement chez autrui, auront le même domicile que la personne qu'ils servent ou chez laquelle ils travaillent, lorsqu'ils demeureront avec elle dans la même maison.

110. Le lieu où la succession s'ouvrira, sera déterminé par le domicile. C. 112 s., 115 s., 784, 793. Pr. 59, 859, 860.

111. Lorsqu'un acte contiendra, de la part des parties ou de l'une d'elles, élection de domicile pour l'exécution de ce même acte dans un autre lieu que celui du domicile réel, les significations, demandes et poursuites relatives à cet acte, pourront être faites au domicile convenu, et devant le juge de ce domicile. C. *paiem.*, 1247; *offres*, 1258, 1264; *hypoth.*, 2148, 2183. Pr. 59, 61, 422, 435, 559, 584, 637, 673, 783, 927.

TITRE IV.

DES ABSENS.

(Décrété le 15 mars 1803. Promulgué le 25 du même mois.)

CHAPITRE PREMIER.

DE LA PRÉSOMPTION D'ABSENCE.

112. S'il y a nécessité de pourvoir à l'administration de tout ou partie des biens laissés par une personne présumée absente, et qui n'a point de procureur fondé, il y sera statué par le tribunal de première instance, sur la demande des parties intéressées. C. *contum.*, 28; *compétence*, 110. Pr. 859. *Déc.* 16 *fructidor an* II. L. 6 *brum. an* V; 21 *décembre* 1814; 13 *janv.* 1817.

113. Le tribunal, à la requête de la partie la plus diligente, commettra un notaire pour représenter les présumés absens, dans les inventaires, comptes, partages et liquidations dans lesquels ils seront intéressés. C. *scellés*, 819; *partage*, 838, 840, 1476, 1872. Pr. 928, 931, 942. T. 77, 78; *mais après l'envoi en poss. prov.*, C. 134; *droit ouvert après le départ et depuis les dern. nouv.*, 135 s.

114. Le ministère public est spécialement chargé de veiller aux intérêts des personnes présumées absentes; et il sera entendu sur toutes les demandes qui les concernent. C. 126. Pr. 83, 859 s.

CHAPITRE II.

DE LA DÉCLARATION D'ABSENCE.

115. Lorsqu'une personne aura cessé de paraître au lieu de son domicile ou de sa résidence, et que depuis quatre ans on n'en aura point eu de nouvelles, les parties intéressées pourront se pourvoir devant le tribunal de première instance, afin que l'absence soit déclarée. C. 112 Pr. 859.

116. Pour constater l'absence, le tribunal, d'après les pièces et documens produits, ordonnera qu'une enquête soit faite contradictoirement avec le procureur du roi, dans l'arrondissement du domicile, et dans celui de la résidence, s'ils sont distincts l'un de l'autre. Pr. 209; *enquête*, 255 s.; *envoi en possess.*, 859.

117. Le tribunal, en statuant sur la demande, aura d'ailleurs égard aux motifs de l'absence, et aux causes qui ont pu empêcher d'avoir des nouvelles de l'individu présumé absent.

118. Le procureur du roi enverra, aussitôt qu'ils seront rendus, les jugemens tant préparatoires que définitifs, au ministre de la justice, qui les rendra publics. C. 112.

119. Le jugement de déclaration d'absence ne sera rendu qu'un an après le jugement qui aura ordonné l'enquête. C. 118. Pr. 141, 859.

CHAPITRE III.

DES EFFETS DE L'ABSENCE.

SECTION I.

Des Effets de l'Absence, relativement aux Biens que l'absent possédait au jour de sa disparition.

120. Dans les cas où l'absent n'aurait point laissé de procuration pour l'administration de ses biens, ses héritiers présomptifs, au jour de sa disparition ou de ses dernières nouvelles, pourront, en vertu du jugement définitif qui aura déclaré l'absence, se faire envoyer en possession provisoire des biens qui appartenaient à l'absent au jour de son départ ou de ses dernières nouvelles, à la charge de donner caution pour la sûreté de leur administration. C. 125 s.; *mandat*, 1987 s.; *cautionn.*, 2011, 2018 s., 2040 s. Pr. 517 s., 859, 860.

121. Si l'absent a laissé une procuration, ses héritiers présomptifs ne pourront poursuivre la déclaration d'absence et l'envoi en possession provisoire, qu'après dix années révolues depuis sa disparition ou depuis ses dernières nouvelles.

122. Il en sera de même si la procuration vient à cesser; et, dans ce cas, il sera pourvu à l'administration des biens de l'absent, comme il est dit au chap. 1, du présent titre. C. 112 s.

123. Lorsque les héritiers présomptifs auront obtenu l'envoi en possession provisoire, le testament, s'il en existe un, sera ouvert à la réquisition des parties intéressées, ou du procureur du roi près le tribunal; et les légataires, les donataires, ainsi que tous ceux qui avaient sur les biens de l'absent, des droits subordonnés à la condition de son décès, pourront les exercer provisoirement, à la charge de donner caution. C. 120, 124, 129; *mariage*, 149, 150, 151 s., 173, 174, 222; *paternité*, 315, 317; *adopt.*, 346, 361; *puiss. patern.*, 374, 381, 384; *tutelle*, 390 s., 397 s., 402 s., 405 s., 442; *émancipat.*, 477. Co. 2; *usufr.*, C. 617, 625; *renonc.*, 784, 785 s.; *partage*, 817, 843 s.; *paiem. des dettes*, 877; *donat. et legs*, 951, 957, 1004 s., 1011, 1014 s., 1026 s., 1039, 1048 s., 1082, 1084, 1086, 1089, 1093, 1096; *condit.*, 1168 s.; *terme*, 1185 s.; *confusion*, 1300; *date certaine*, 1328; *contr. de mar.*, 1441 s., 1453 s., 1467 s., 1492 s., 1498, 1503, 1508, 1509, 1514, 1517, 1525, 1531, 1564 s.; *louage*, 1795; *société*, 1865; *prêt*, 1879; *dépôt*, 1939; *rente viag.*, 1974, 1980; *mandat*, 2003, 2008 s.; *cautionn.*, 2011, 2018 s., 2040 s. Pr. 517 s.; *reprise d'inst.*, 342 s.; *envoi en poss.*, 859. 860; *autoris.*, 863; *arbitre*, 1012. Co. *faillite*, 478, 481. (1).

124. L'époux commun en biens, s'il opte pour la continuation de la communauté, pourra empêcher l'envoi provisoire et l'exercice provisoire de tous les droits subordonnés à la condition du décès de l'absent, et prendre ou conserver, par préférence, l'administration des biens de l'absent.

(1) *Droits d'enregistrement : L. 28 avril 1816, art. 40.*

Si l'époux demande la dissolution provisoire de la communauté, il exercera ses reprises et tous ses droits légaux et conventionnels, à la charge de donner caution pour les choses susceptibles de restitution. — La femme, en optant pour la continuation de la communauté, conservera le droit d'y renoncer ensuite. C. 120; *accept. de commun.*, 1453 s.; *renonc.*, 1492 s.; *cautionn.*, 2011 s., 2018 s., 2040 s. Pr. 517 s., 865.

125. La possession provisoire ne sera qu'un dépôt, qui donnera à ceux qui l'obtiendront, l'administration des biens de l'absent, et qui les rendra comptables envers lui, en cas qu'il reparaisse ou qu'on ait de ses nouvelles. C. 127 s. Pr. *responsabilité*, 132, 905.

126. Ceux qui auront obtenu l'envoi provisoire, ou l'époux qui aura opté pour la continuation de la communauté, devront faire procéder à l'inventaire du mobilier et des titres de l'absent, en présence du procureur du roi près le tribunal de première instance, ou d'un juge de paix requis par ledit procureur du roi. C. 114. Pr. 941 s. — Le tribunal ordonnera, s'il y a lieu, de vendre tout ou partie du mobilier. Dans le cas de vente, il sera fait emploi du prix, ainsi que des fruits échus. Pr. 617 s., 945 s. — Ceux qui auront obtenu l'envoi provisoire, pourront requérir, pour leur sûreté, qu'il soit procédé, par un expert nommé par le tribunal, à la visite des immeubles, à l'effet d'en constater l'état. Son rapport sera homologué en présence du procureur du roi: les frais en seront pris sur les biens de l'absent. C. 1731. Pr 302.

127. Ceux qui, par suite de l'envoi provisoire, ou de l'administration légale, auront joui des biens de l'absent, ne seront tenus de lui rendre que le cinquième des revenus, s'il reparaît avant quinze ans révolus depuis le jour de sa disparition; et le dixième, s'il ne reparaît qu'après les quinze ans. C. 129, 138. — Après trente ans d'absence, la totalité des revenus leur appartiendra. C. *communauté*, 1401.

128. Tous ceux qui ne jouiront qu'en vertu de l'envoi provisoire, ne pourront aliéner ni hypothéquer les immeubles de l'absent. C. 132; *hypoth.*, 2126.

129. Si l'absence a continué pendant trente ans depuis l'envoi provisoire, ou depuis l'époque à laquelle l'époux commun aura pris l'administration des biens de l'absent, ou s'il s'est écoulé cent ans révolus depuis la naissance de l'absent, les cautions seront déchargées; tous les ayant-droit pourront demander le partage des biens de l'absent, et faire prononcer l'envoi en possession définitif par le tribunal de première instance. C. 120, 1505.

130. La succession de l'absent sera ouverte du jour de son décès prouvé, au profit des héritiers les plus proches à cette époque; et ceux qui auraient joui des biens de l'absent seront tenus de les restituer, sous la réserve des fruits par eux acquis en vertu de l'article 127. C. 110, 127, 131 s., 135 s., 138, 718 s., 1315.

131. Si l'absent reparaît, ou si son existence est prouvée pendant l'envoi provisoire, les effets du jugement qui aura déclaré l'absence cesseront; sans préjudice, s'il y a lieu, des mesures conservatoires prescrites au chapitre 1 du présent titre, pour l'administration de ses biens. C. 112 s., 130.

132. Si l'absent reparaît, ou si son existence est prouvée, même après l'envoi définitif, il recouvrera ses biens dans l'état où ils se trouveront, le prix de ceux qui auraient été aliénés, ou les biens provenant de l'emploi qui aurait été fait du prix de ses biens vendus. C. 126 s., 129 s., 133.

133. Les enfans et descendans directs de l'absent pourront également, dans les trente ans, à compter de l'envoi définitif, demander la restitution de ses biens, comme il est dit en l'article précédent. C. 120, 131.

134. Après le jugement de déclaration d'absence, toute personne qui aurait des droits à exercer contre l'absent, ne pourra les poursuivre que contre ceux qui auront été envoyés en possession des biens, ou qui en auront l'administration légale. C. 120, 124, 129.

SECTION II.

Des Effets de l'Absence, relativement aux Droits éventuels qui peuvent compéter à l'absent.

135. Quiconque réclamera un droit échu à un individu dont l'existence ne sera pas reconnue, devra prouver que ledit individu existait quand le droit a été ouvert : jusqu'à cette preuve, il sera déclaré non recevable dans sa demande. C. 113, 136, 137, 138, 725, 744; *disposition caduque*, 1039; *preuves*, 1315 s.

136. S'il s'ouvre une succession à laquelle soit appelé un individu dont l'existence n'est pas reconnue, elle sera dévolue exclusivement à ceux avec lesquels il aurait eu le droit de concourir, ou à ceux qui l'auraient recueillie à son défaut. C. 115, 135, 137, 138, 725, 744, 1039.

137. Les dispositions des deux articles précédens auront lieu sans préjudice des actions en pétition d'hérédité et d'autres droits, lesquels compéteront à l'absent ou à ses représentans ou ayant-cause, et ne s'eteindront que par le laps de temps établi pour la prescription. C. 130, 131, 132, 135, 772, 2262.

138. Tant que l'absent ne se représentera pas, ou que les actions ne seront point exercées de son chef, ceux qui auront recueilli la succession, gagneront les fruits par eux perçus de bonne foi. C. *bonne foi*, 549, 550, 2269. Pr. 129.

SECTION III.

Des Effets de l'Absence, relativement au Mariage.

139. L'époux absent dont le conjoint a contracté une nouvelle union, sera seul recevable à attaquer ce mariage par lui même, ou par son fondé de pouvoir, muni de la preuve de son existence. C. 147, 184, 187 s., 312; *Ar. C.* 17 *germinal an* XIII.

140. Si l'époux absent n'a point laissé de parens habiles à lui succéder, l'autre époux pourra demander l'envoi en possession provisoire des biens. C. 120, 767.

CHAPITRE IV.

DE LA SURVEILLANCE DES ENFANS MINEURS DU PÈRE QUI A DISPARU.

141. Si le père a disparu laissant des enfans mineurs issus d'un commun mariage, la mère en aura la surveillance, et elle exercera tous les droits du mari, quant à leur éducation et à l'administration de leurs biens. C. *mariage*, 149, 150; *droits du père*, 371 s., 389.

142. Six mois après la disparition du père, si la mère était décédée lors de cette disparition, ou si elle vient à décéder avant que l'absence du père ait été déclarée, la surveillance des enfans sera déférée, par le conseil de famille, aux ascendans les plus proches, et, à leur défaut, à un tuteur provisoire. C. 402 s., 405 s.

143. Il en sera de même dans le cas où l'un des époux qui aura disparu laissera des enfans mineurs issus d'un mariage précédent.

TITRE V.

DU MARIAGE.

(Décrété le 17 mars 1803. Promulgué le 27 du même mois.)

CHAPITRE PREMIER.

DES QUALITÉS ET CONDITIONS REQUISES POUR POUVOIR CONTRACTER MARIAGE.

144. L'homme avant dix huit ans révolus, la femme avant quinze ans révolus, ne peuvent contracter mariage. C. 145, 184 s.

145 Néanmoins il est loisible au roi d'accorder des dispenses d'âge pour des motifs graves. C. 164, 169. *Arr.* 20 *prair. an* XI.

146. Il n'y a pas de mariage lorsqu'il n'y a point de consentement. C. *demande en nullité*, 180, 181; *bonne foi*, 201, 202; *démence*, 174, 502 s.; *consentement*, 1109 s. P. *rapt*, 357.

147. On ne peut contracter un second mariage avant la dissolution du premier. C. 139, 170, 181, 187 s., 201, 202. P. *peine*, 340.

148. Le fils qui n'a pas atteint l'âge de vingt-cinq ans accomplis, la fille qui n'a pas atteint l'age de vingt-un ans accomplis, ne peuvent contracter mariage sans le consentement de leurs père et mère : en cas de dissentiment, le consentement du père suffit. C. 73, 149 s., 151 s., 155 s., 159, 160, 170, 182, 183, 186; *majorité*, 488.

149. Si l'un des deux est mort, ou s'il est dans l'impossibilité de manifester sa volonté, le consentement de l'autre suffit. C. 25, 28, 112 s., 141, 155, 158, 159, 160, 170, 182, 502 s. P. 29.

150. Si le pere et la mère sont morts, ou s'ils sont dans l'impossibilité de manifester leur volonté, les aïeuls et aïeules les remplacent : s'il y a dissentiment entre l'aïeul et l'aïeule de la même ligne, il suffit du consentement de l'aïeul.—S'il y a dissentiment entre les deux lignes, ce partage emportera consentement. C. 73, 112 s., 142, 143, 151 s., 155, 158 s., 170, 182, 183, 502.

151. Les enfans de famille ayant atteint la majorité fixée par l'article 148, sont tenus, avant de contracter mariage, de demander, par un acte respectueux et formel, le conseil de leur père et de leur mère, ou celui de leurs aïeuls et aïeules, lorsque leur pere et leur mere sont décédés, ou dans l'impossibilité de manifester leur volonté. C. 112 s., 152 s., 157, 158, 170, 182 s., 502. T. 168 (1).

(Art. 152, 153, 154, 155, 156 et 157, décrétés le 12 mars 1804. Promulgués le 22 du même mois.)

152. Depuis la majorité fixée par l'article 148, jusqu'à l'âge de trente ans accomplis pour les fils, et jusqu'à l'âge de vingt-cinq ans accomplis pour les filles, l'acte respectueux prescrit par l'article précédent, et sur lequel il n'y aurait pas de consentement au mariage, sera renouvelé deux autres fois, de mois en mois; et un mois après le troisième acte, il pourra être passé outre à la célébration du mariage. C. 153 s., 157, 158, 170, 182 s. T. 168.

153. Après l'âge de trente ans, il pourra être, à défaut de consentement sur un acte respectueux, passé outre, un mois après, à la célébration du mariage.

154. L'acte respectueux sera notifié à celui ou ceux des ascendans désignés en l'article 151, par deux notaires, ou par un notaire et deux témoins; et, dans le procès-verbal qui doit en être dressé, il sera fait mention de la réponse. T. 168.

155. En cas d'absence de l'ascendant auquel eût dû être fait l'acte respectueux, il sera passé outre à la célébration du mariage, en représentant le jugement qui aurait été rendu pour déclarer l'absence, ou, à défaut de ce jugement, celui qui aurait ordonné l'enquête, ou, s'il n'y a point encore eu de jugement, un acte de notoriété délivré par le juge de paix du lieu où l'ascendant a eu son dernier domicile connu. Cet acte contiendra la déclaration de quatre témoins appelés d'office par ce juge de paix. C. 75, 116, 119, 141, 142, 156 s.

156. Les officiers de l'état civil qui auraient procédé à la célébration des mariages contractés par des fils n'ayant pas atteint l'âge de vingt-cinq ans accomplis, ou par des filles n'ayant pas atteint l'âge de vingt-un ans accomplis, sans que le consentement des pères et meres, celui des aïeuls et aïeules, et celui de la famille, dans le cas où ils sont requis, soient énoncés dans l'acte de mariage, seront, à la diligence des parties intéressées et du procureur du roi près le tribunal de première instance du lieu où le mariage aura été célébré, condamnés à l'amende portée par l'article 192, et, en outre, à un emprisonnement dont la durée ne pourra être moindre de six mois. C. 73, 76, 148 s. P. 193, 195.

157. Lorsqu'il n'y aura pas eu d'actes respectueux, dans les cas où ils sont prescrits, l'officier de l'état civil qui aurait célébré le mariage, sera condamné à la même amende, et à un emprisonnement qui ne pourra être moindre d'un mois. C. 73, 76, 151. P 193, 195.

158. Les dispositions contenues aux articles 148 et 149, et les dispositions des articles 151, 152, 153, 154 et 155, relatives à l'acte respectueux qui doit

(1) *Droits d'enregistrement :* Acte respectueux, 1 fr. *L.* 22 *frim. an* VII, *art.* 68, § 1er, n° 51.

être fait aux père et mère dans le cas prévu par ces articles, sont applicables aux enfans naturels légalement reconnus. C. 334.

159. L'enfant naturel qui n'a point été reconnu, et celui qui, après l'avoir été, a perdu ses père et mère, ou dont les père et mère ne peuvent manifester leur volonté, ne pourra, avant l'âge de vingt-un ans révolus, se marier qu'après avoir obtenu le consentement d'un tuteur *ad hoc* qui lui sera nommé. C. 112 s., 160, 170, 175, 502; *tutelle*, 405 s.

160. S'il n'y a ni père ni mère, ni aïeuls ni aïeules, *ou s'ils se trouvent* tous dans l'impossibilité de manifester leur volonté, les fils ou filles mineurs de vingt-un ans ne peuvent contracter mariage sans le consentement du conseil de famille. C. 25, 170, 174, 405 s., 502. P. 29.

161. En ligne directe, le mariage est prohibé entre tous les ascendans et descendans légitimes ou naturels, et les alliés dans la même ligne. C. 736, 170, 184, 187, 190, 201, 202, 348.

162. En ligne collatérale, le mariage est prohibé entre le frère et la sœur légitimes ou naturels, et les alliés au même degré. C. 164, 170, 184 187, 190, 201, 202, 348, 736.

163. Le mariage est encore prohibé entre l'oncle et la nièce, la tante et le neveu. C. 164, 170, 184, 187, 190, 201, 202.

164 (1). (*Ainsi modifié : Loi 16 avril 1832.*) Néanmoins il est loisible au roi de lever, pour des causes *graves*, les prohibitions portées par l'article 162 aux mariages entre beaux frères et belles-sœurs, et par l'article 163, aux mariages entre l'oncle et la nièce, la tante et le neveu. C. 145, 162, 163 (2).

CHAPITRE II.

DES FORMALITÉS RELATIVES A LA CÉLÉBRATION DU MARIAGE.

165. Le mariage sera célébré publiquement, devant l'officier civil du domicile de l'une des deux parties. C. 48, 63 s., 74, 75, 76, 102 s., 167, 170, 191, 193. P. 199, 200.

166. Les deux publications ordonnées par l'article 63, au titre *des Actes de l'état civil*, seront faites à la municipalité du lieu où chacune des parties contractantes aura son domicile. C. 63 s., 68, 74, 94, 102 s., 169, 170.

167. Néanmoins, si le domicile actuel n'est établi que par six mois de résidence, les publications seront faites en outre à la municipalité du dernier domicile. C. 74. 102 s.

168. Si les parties contractantes, ou l'une d'elles, sont, relativement au mariage, sous la puissance d'autrui, les publications seront encore faites à la municipalité du domicile de ceux sous la puissance desquels elles se trouvent. 102 s., 148 s., 388.

169. Il est loisible au roi ou aux officiers qu'il préposera à cet effet, de dispenser, pour des causes graves, de la seconde publication.

170. Le mariage contracté en pays étranger entre Français, et entre Français et étrangers, sera valable, s'il a été célébré dans les formes usitées dans le pays, pourvu qu'il ait été précédé des publications prescrites par l'article 63, au titre *des Actes de l'état civil*, et que le Français n'ait point contrevenu aux dispositions contenues au chapitre précédent. C. 1, 3, 47, 48, 63 s., 144 s., 165 s., 194 s.

171. Dans les trois mois après le retour du Français sur le territoire du royaume, l'acte de célébration du mariage contracté en *pays étranger sera* transcrit sur le registre public des mariages du lieu de son domicile. C. 40 s.

CHAPITRE III.

DES OPPOSITIONS AU MARIAGE.

172. Le droit de former opposition à la célébration du mariage appartient à la personne engagée par mariage avec l'une des deux parties contractantes. C. 66 s., 147, 176 s., 179.

173. Le père, et, à défaut du père, la mère, et, à défaut de père et mère,

---

(1) *Ancien art.* 164. Néanmoins il est loisible au roi de lever, pour des causes graves, les prohibitions portées au précédent article.

(2) *Droits d'enregistr.* : Dispenses de parenté. 40 fr. *L.* 28 *avril* 1816, *art.* 55; *idem*, aux personnes reconnues indigentes, *gratis*, L. 15 mai 1818, *art.* 77.

les aïeuls et aïeules, peuvent former opposition au mariage de leurs enfans et descendans, encore que ceux-ci aient vingt-cinq ans accomplis. C. 66 s, 148 s., 176, 179.

174. A défaut d'aucun ascendant, le frère ou la sœur, l'oncle ou la tante, le cousin ou la cousine germains, majeurs, ne peuvent former aucune opposition que dans les deux cas suivans: —1° Lorsque le consentement du conseil de famille, requis par l'article 160, n'a pas été obtenu;—2° Lorsque l'opposition est fondée sur l'état de démence du futur époux: cette opposition, dont le tribunal pourra prononcer main-levée pure et simple, ne sera jamais reçue qu'à la charge, par l'opposant, de provoquer l'interdiction, et d'y faire statuer dans le délai qui sera fixé par le jugement. C. 179; *interdict.*, 489 s. Pr. 890 s. L. 30 juin 1838 *conc. les aliénés, App.*

175. Dans les deux cas prévus par le précédent article, le tuteur ou curateur ne pourra, pendant la durée de la tutelle ou curatelle, former opposition qu'autant qu'il y aura été autorisé par un conseil de famille, qu'il pourra convoquer. C. 159, 174, 406 s. Pr. 883 s.

176. Tout acte d'opposition énoncera la qualité qui donne à l'opposant le droit de la former; il contiendra élection de domicile dans le lieu où le mariage devra être célébré; il devra également, à moins qu'il ne soit fait à la requête d'un ascendant, contenir les motifs de l'opposition: le tout à peine de nullité, et de l'interdiction de l'officier ministériel qui aurait signé l'acte contenant opposition. C. 66, 67 s.

177. Le tribunal de première instance prononcera dans les dix jours sur la demande en main-levée. Pr. 49, 141.

178. S'il y a appel, il y sera statué dans les dix jours de la citation.

179. Si l'opposition est rejetée, les opposans, autres néanmoins que les ascendans, pourront être condamnés à des dommages-intérêts. C. 1146, 1149. Pr. 126, 128, 141, 525.

CHAPITRE IV.

DES DEMANDES EN NULLITÉ DE MARIAGE

180 Le mariage qui a été contracté sans le consentement libre des deux époux, ou de l'un d'eux, ne peut être attaqué que par les époux, ou par celui des deux dont le consentement n'a pas été libre. — Lorsqu'il y a eu erreur dans la personne, le mariage ne peut être attaqué que par celui des deux époux qui a été induit en erreur. C. 146, 170, 174, 181, 201, 202, 502, 1109 s. P. 357.

181. Dans le cas de l'article précédent, la demande en nullité n'est plus recevable, toutes les fois qu'il y a eu cohabitation continuée pendant six mois depuis que l'époux a acquis sa pleine liberté, ou que l'erreur a été par lui reconnue.

182. Le mariage contracté sans le consentement des père et mère, des ascendans, ou du conseil de famille, dans les cas où ce consentement était nécessaire, ne peut être attaqué que par ceux dont le consentement était requis, ou par celui des deux époux qui avait besoin de ce consentement. C. 148 s., 159, 160, 183, 201, 202.

183. L'action en nullité ne peut plus être intentée ni par les époux, ni par les parens dont le consentement était requis, toutes les fois que le mariage a été approuvé expressément ou tacitement par ceux dont le consentement était nécessaire, ou lorsqu'il s'est écoulé une année sans réclamation de leur part, depuis qu'ils ont eu connaissance du mariage. Elle ne peut être intentée non plus par l'époux, lorsqu'il s'est écoulé une année sans réclamation de sa part, depuis qu'il a atteint l'âge compétent pour consentir par lui-même au mariage.

184. Tout mariage contracté en contravention aux dispositions contenues aux articles 144, 147, 161, 162 et 163, peut être attaqué soit par les époux eux-mêmes, soit par tous ceux qui y ont intérêt, soit par le ministère public. C. 25, 139, 185 s., 190, 201, 202. P. 340, 354. T. cr. 121.

185. Néanmoins le mariage contracté par des époux qui n'avaient point encore l'âge requis, ou dont l'un des deux n'avait point atteint cet âge, ne peut plus être attaqué, 1° lorsqu'il s'est écoulé six mois depuis que cet époux ou les époux ont atteint l'âge compétent ; 2°. lorsque la femme qui n'avait point cet âge, a conçu avant l'échéance de six mois. C. 144.

186. Le père, la mère, les ascendans et la famille qui ont consenti au mariage contracté dans le cas de l'article précédent, ne sont point recevables à en demander la nullité.

187. Dans tous les cas où, conformément à l'article 184, l'action en nullité peut être intentée par tous ceux qui y ont un intérêt, elle ne peut l'être par les parens collatéraux, ou par les enfans nés d'un autre mariage, du vivant des deux époux, mais seulement lorsqu'ils y ont un intérêt né et actuel.

188. L'époux au préjudice duquel a été contracté un second mariage, peut en demander la nullité, du vivant même de l'époux qui était engagé avec lui. C. 25, 139, 147, 170, 184, 187, 189, 190, 201, 202. P. 340.

189. Si les nouveaux époux opposent la nullité du premier mariage, la validité ou la nullité de ce mariage doit être jugée préalablement.

190. Le procureur du roi, dans tous les cas auxquels s'applique l'article 184, et sous les modifications portées en l'article 185, peut et doit demander la nullité du mariage, du vivant des deux époux, et les faire condamner à se séparer. C. 291, 202.

191. Tout mariage qui n'a point été contracté publiquement, et qui n'a point été célébré devant l'officier public compétent, peut être attaqué par les époux eux-mêmes, par les père et mère, par les ascendans, et par tous ceux qui y ont un intérêt né et actuel, ainsi que par le ministère public. C. 63 s. 75, 76, 165, 170, 192, 193. T. cr. 121.

192. Si le mariage n'a point été précédé des deux publications requises, ou s'il n'a pas été obtenu des dispenses permises par la loi, ou si les intervalles prescrits dans les publications et célébrations n'ont point été observés, le procureur du roi fera prononcer contre l'officier public une amende qui ne pourra excéder trois cents francs; et, contre les parties contractantes, ou ceux sous la puissance desquels elles ont agi, une amende proportionnée à leur fortune. C. 63 s., 166 s. T. cr. 121.

193. Les peines prononcées par l'article précédent seront encourues par les personnes qui y sont désignées, pour toute contravention aux règles prescrites par l'article 165, lors même que ces contraventions ne seraient pas jugées suffisantes pour faire prononcer la nullité du mariage. C. 74, 75, 165.

194. Nul ne peut réclamer le titre d'époux et les effets civils du mariage, s'il ne représente un acte de célébration inscrit sur le registre de l'état civil; sauf les cas prévus par l'article 46, au titre *des Actes de l'état civil.* C. 40, 46 s., 76, 198.

195. La possession d'état ne pourra dispenser les prétendus époux qui l'invoqueront respectivement, de représenter l'acte de célébration du mariage devant l'officier de l'état civil. C. 40, 46 s., 76, 194, 196, 197, 321.

196. Lorsqu'il y a possession d'état, et que l'acte de célébration du mariage devant l'officier de l'état civil est représenté, les époux sont respectivement non recevables à demander la nullité de cet acte. C. 25, 170, 171, 194, 195 ; *possession d'état*, 321, 322.

197. Si néanmoins, dans le cas des articles 194 et 195, il existe des enfans issus de deux individus qui ont vécu publiquement comme mari et femme, et qui soient tous deux décédés, la légitimité des enfans ne peut être contestée sous le seul prétexte du défaut de représentation de l'acte de célébration, toutes les fois que cette légitimité est prouvée par une possession d'état qui n'est point contredite par l'acte de naissance. C. 198, 320.

198. Lorsque la preuve d'une célébration légale du mariage se trouve acquise par le résultat d'une procédure criminelle, l'inscription du jugement sur les registres de l'état civil assure au mariage, à compter du jour de sa célébration, tous les effets civils, tant à l'égard des époux, qu'à l'égard des enfans issus de ce mariage. C. 40 s., 49, 99 s., 326, 327.

199. Si les époux, ou l'un d'eux, sont décédés sans avoir découvert la fraude, l'action criminelle peut être intentée par tous ceux qui ont intérêt de faire déclarer le mariage valable, et par le procureur du roi. C. 190, 192, 326, 327. I. cr. 1, 2, 3.

200. Si l'officier public est décédé lors de la découverte de la fraude, l'action sera dirigée au civil contre ses héritiers, par le procureur du roi, en présence des parties intéressées, et sur leur dénonciation. C. 724. I. c. 2.

201. Le mariage qui a été déclaré nul, produit néanmoins les effets civils, tant à l'égard des époux qu'à l'égard des enfans, lorsqu'il a été contracté de bonne foi. C. 25. 144, 147, 161, 162, 163, 170, 180, 182, 184, 191, 331 s.

202. Si la bonne foi n'existe que de la part de l'un des deux époux, le mariage ne produit les effets civils qu'en faveur de cet époux, et des enfans issus du mariage.

CHAPITRE V.

DES OBLIGATIONS QUI NAISSENT DU MARIAGE.

203. Les époux contractent ensemble, par le fait seul du mariage, l'obligation de nourrir, entretenir et élever leurs enfans. C. 205, 207, 208 s., 349, 385, 852, 1409, 1448, 1558, Pr. 349 s.; *milit.* L. 19 *mai* 1834, *art.* 20.

204. L'enfant n'a pas d'action contre ses père et mère pour un établissement par mariage ou autrement. C. 852.

205. Les enfans doivent des alimens à leurs père et mère et autres ascendans, qui sont dans le besoin. C. 207, 349, 384, 955, 1558.

206. Les gendres et belles-filles doivent également, et dans les mêmes circonstances, des alimens à leurs beau-père et belle-mère; mais cette obligation cesse, 1° lorsque la belle-mère a convolé en secondes noces, 2° lorsque celui des époux qui produisait l'affinité, et les enfans issus de son union avec l'autre époux, sont décédés. C. 205, 207 s., 1558.

207. Les obligations résultant de ces dispositions sont réciproques.

208. Les alimens ne sont accordés que dans la proportion du besoin de celui qui les réclame, et de la fortune de celui qui les doit.

209. Lorsque celui qui fournit ou celui qui reçoit des alimens est replacé dans un état tel, que l'un ne puisse plus en donner, ou que l'autre n'en ait plus besoin en tout ou en partie, la décharge ou réduction peut en être demandée.

210. Si la personne qui doit fournir des alimens justifie qu'elle ne peut payer la pension alimentaire, le tribunal pourra, en connaissance de cause, ordonner qu'elle recevra dans sa demeure, qu'elle nourrira et entretiendra celui auquel elle devra des alimens. Pr. 141.

211. Le tribunal prononcera également si le père ou la mère qui offrira de recevoir, nourrir et entretenir dans sa demeure, l'enfant à qui il devra des alimens, devra dans ce cas, être dispensé de payer la pension alimentaire. C. 203.

CHAPITRE VI.

DES DROITS ET DES DEVOIRS RESPECTIFS DES ÉPOUX.

212. Les époux se doivent mutuellement fidélité, secours, assistance. C. 75, 203, 1388.

213. Le mari doit protection à sa femme, la femme obéissance à son mari.

214. La femme est obligée d'habiter avec le mari, et de le suivre partout où il juge à propos de résider : le mari est obligé de la recevoir, et de lui fournir tout ce qui est nécessaire pour les besoins de la vie, selon ses facultés et son état. C. 203, 1388; *contrib. respect.*, 1448, 1537; *except.* 306 s., 307.

215. La femme ne peut ester en jugement sans l'autorisation de son mari, quand même elle serait marchande publique, ou non commune, ou séparée de biens. C. 213, 216, 218, 221, 222, 224, 1388, 1576, 2208.

216. L'autorisation du mari n'est pas nécessaire lorsque la femme est poursuivie en matière criminelle ou de police.

217. La femme, même non commune ou séparée de biens, ne peut donner, aliéner, hypothéquer, acquérir, à titre gratuit ou onéreux, sans le concours du mari dans l'acte, ou son consentement par écrit. C. 213, 219 s., 225, 344, 362, 776, 905, 934, 940, 1029, 1124 s., 1304, 1388, 1426, 1427, 1431, 1449, 1535, 1538, 1555 s., 1576, 1940, 1990. Co. 4, 5, 7. (1)

218. Si le mari refuse d'autoriser sa femme à ester en jugement, le juge peut donner l'autorisation. C. 215, 221 s, 1576, 2208. Pr. 861 s., 878.

219. Si le mari refuse d'autoriser sa femme à passer un acte, la femme peut faire citer son mari directement devant le tribunal de première instance de l'arrondissement du domicile commun, qui peut donner ou refuser son autorisation, après que le mari aura été entendu ou dûment appelé en la chambre du conseil. C. 221 s. Pr. 861 s.

220. La femme, si elle est marchande publique, peut, sans l'autorisation de son mari, s'obliger pour ce qui concerne son négoce : et, audit cas, elle oblige aussi son mari, s'il y a communauté entre eux. — Elle n'est pas reputée marchande publique, si elle ne fait que détailler les marchandises du commerce de son mari, mais seulement quand elle fait un commerce séparé. C. 215, 1426. Co. 4 s.

221. Lorsque le mari est frappé d'une condamnation emportant peine afflictive ou infamante, encore qu'elle n'ait été prononcée que par contumace, la femme, même majeure, ne peut, pendant la durée de la peine, ester en jugement, ni contracter, qu'après s'être fait autoriser par le juge, qui peut, en ce cas, donner l'autorisation, sans que le mari ait été entendu ou appelé. C. 215 s. Pr. 861 s. P. 7, 8.

222. Si le mari est interdit ou absent, le juge peut, en connaissance de cause, autoriser la femme, soit pour ester en jugement, soit pour contracter. C. 120 s., 224, 502, 2208. Pr. 861 s.

223. Toute autorisation générale, même stipulée par contrat de mariage, n'est valable que quant à l'administration des biens de la femme. C. 1388, 1538, 1988. Co. 4, 5, 7.

224. Si le mari est mineur, l'autorisation du juge est nécessaire à la femme, soit pour ester en jugement, soit pour contracter. C. 215, 217, 218, 2208. Pr. 861 s.

225. La nullité fondée sur le défaut d'autorisation ne peut être opposée que par la femme, par le mari, ou par leurs héritiers. C. 942, 1125, 1241, 1304, 1312.

226. La femme peut tester sans l'autorisation de son mari. C. 905, 1096.

CHAPITRE VII.

DE LA DISSOLUTION DU MARIAGE.

227. Le mariage se dissout,

1° Par la mort de l'un des époux ;

2° Par le divorce légalement prononcé ;

3° Par la condamnation devenue définitive de l'un des époux à une peine emportant mort civile. C. 25 s., 139, 1441. I. cr. 641. P. 18.

CHAPITRE VIII.

DES SECONDS MARIAGES.

228. La femme ne peut contracter un nouveau mariage qu'après dix mois révolus depuis la dissolution du mariage précédent. C. 296, 297. P. 194, 195.

TITRE VI.

DU DIVORCE. (2)

(Décrété le 21 mars 1803. Promulgué le 31 du même mois.)

CHAPITRE PREMIER.

DES CAUSES DU DIVORCE.

229. Le mari pourra demander le

---

(1) *Droits d'enregistrement* : Consentements purs et simples, 2 fr. *L.* 28 *avril* 1816, *art.* 43, *n.* 7.

(2) LOI QUI ABOLIT LE DIVORCE.

(8 *mai* 1816.)

Art. 1er. Le divorce est aboli.

2. Toutes demandes et instances en divorce pour causes déterminées sont converties en demandes et instances

divorce pour cause d'adultère de sa femme. C. 306, 308, 309. P. 336, 337, 338.

230. La femme pourra demander le divorce pour cause d'adultère de son mari, lorsqu'il aura tenu sa concubine dans la maison commune. C. 306. P. 339.

231. Les époux pourront réciproquement demander le divorce pour excès, sévices ou injures graves, de l'un d'eux envers l'autre. C. 256, 306.

232. La condamnation de l'un des époux à une peine infamante, sera pour l'autre époux une cause de divorce. C. 261, 306. I. cr. 476. P. 7, 8.

233. Le consentement mutuel et persévérant des époux, exprimé de la manière prescrite par la loi, sous les conditions et après les épreuves qu'elle détermine, prouvera suffisamment que la vie commune leur est insupportable, et qu'il existe, par rapport à eux, une cause péremptoire de divorce.

CHAPITRE II.

DU DIVORCE POUR CAUSE DÉTERMINÉE.

SECTION I.

Des Formes du Divorce pour cause déterminée.

234. Quelle que soit la nature des faits ou des délits qui donneront lieu à la demande en divorce pour cause déterminée, cette demande ne pourra être formée qu'au tribunal de l'arrondissement dans lequel les époux auront leur domicile. C. 108, 307.

235. Si quelques uns des faits allégués par l'époux demandeur donnent lieu à une poursuite criminelle de la part du ministère public, l'action en divorce restera suspendue jusqu'après l'arrêt de la cour d'assises: alors elle pourra être reprise, sans qu'il soit permis d'inférer de l'arrêt aucune fin de non-recevoir ou exception préjudicielle contre l'époux demandeur. C. 307. I. cr. 3.

236. Toute demande en divorce détaillera les faits: elle sera remise, avec les pièces à l'appui, s'il y en a, au président du tribunal ou au juge qui en fera les fonctions, par l'époux demandeur en personne, à moins qu'il n'en soit empêché par maladie; auquel cas, sur sa réquisition et le certificat de deux docteurs en médecine ou en chirurgie, ou de deux officiers de santé, le magistrat se transportera au domicile du demandeur pour y recevoir sa demande.

237. Le juge, après avoir entendu le demandeur, et lui avoir fait les observations qu'il croira convenables, paraphera la demande et les pièces, et dressera procès-verbal de la remise du tout en ses mains. Ce procès-verbal sera signé par le juge et par le demandeur, à moins que celui-ci ne sache ou ne puisse signer; auquel cas il en sera fait mention.

238. Le juge ordonnera, au bas de son procès-verbal, que les parties comparaîtront en personne devant lui, au jour et à l'heure qu'il indiquera; et qu'à cet effet, copie de son ordonnance sera par lui adressée à la partie contre laquelle le divorce est demandé.

239. Au jour indiqué, le juge fera aux deux époux, s'ils se présentent, ou au demandeur, s'il est seul comparant, les représentations qu'il croira propres à opérer un rapprochement; s'il ne peut y parvenir, il en dressera procès verbal, et ordonnera la communication de la demande et des pièces au ministère public, et le référé du tout au tribunal.

240. Dans les trois jours qui suivront, le tribunal, sur le rapport du président ou du juge qui en aura fait les fonctions, et sur les conclusions du ministère public, accordera ou suspendra la permission de citer. La suspension ne pourra excéder le terme de vingt jours.

241. Le demandeur, en vertu de

---

en séparation de corps; les jugemens et arrêts restés sans exécution par le défaut de prononciation du divorce par l'officier civil, conformément aux articles 227, 264, 265 et 266 du Code civil, seront restreints aux effets de la séparation.

3. Tous actes faits pour parvenir au divorce par consentement mutuel sont annulés; les jugemens et arrêts rendus en ce cas, mais non suivis de la prononciation du divorce, sont considérés comme non avenus, conformément à l'article 294.

la permission du tribunal, fera citer le défendeur, dans la forme ordinaire, à comparaître en personne à l'audience, à huis clos, dans le délai de la loi; il fera donner copie, en tête de la citation, de la demande en divorce et des pièces produites à l'appui.

242. A l'échéance du délai, soit que le défendeur comparaisse ou non, le demandeur en personne, assisté d'un conseil, s'il le juge à propos, exposera ou fera exposer les motifs de sa demande; il représentera les pièces qui l'appuient, et nommera les témoins qu'il se propose de faire entendre.

243. Si le défendeur comparaît en personne ou par un fondé de pouvoir, il pourra proposer ou faire proposer ses observations, tant sur les motifs de la demande que sur les pièces produites par le demandeur et sur les témoins par lui nommés. Le défendeur nommera, de son côté, les témoins qu'il se propose de faire entendre, et sur lesquels le demandeur fera réciproquement ses observations.

244. Il sera dressé procès verbal des comparutions, dires et observations des parties, ainsi que des aveux que l'une ou l'autre pourra faire. Lecture de ce procès-verbal sera donnée auxdites parties, qui seront requises de le signer; et il sera fait mention expresse de leur signature, ou de leur déclaration de ne pouvoir ou ne vouloir signer.

245. Le tribunal renverra les parties à l'audience publique, dont il fixera le jour et l'heure; il ordonnera la communication de la procédure au ministère public, et commettra un rapporteur. Dans le cas où le défendeur n'aurait pas comparu, le demandeur sera tenu de lui faire signifier l'ordonnance du tribunal, dans le délai qu'elle aura déterminé.

246 Au jour et à l'heure indiqués, sur le rapport du juge commis, le ministère public entendu, le tribunal statuera d'abord sur les fins de non-recevoir, s'il en a été proposé. En cas qu'elles soient trouvées concluantes, la demande en divorce sera rejetée: dans le cas contraire, ou s'il n'a pas été proposé de fins de non-recevoir, la demande en divorce sera admise.

247. Immédiatement après l'admission de la demande en divorce, sur le rapport du juge commis, le ministère public entendu, le tribunal statuera au fond. Il fera droit à la demande, si elle lui paraît en état d'être jugée; sinon, il admettra le demandeur à la preuve des faits pertinens par lui allégués, et le défendeur à la preuve contraire.

248. A chaque acte de la cause, les parties pourront, après le rapport du juge, et avant que le ministère public ait pris la parole, proposer ou faire proposer leurs moyens respectifs, d'abord sur les fins de non recevoir, et ensuite sur le fond; mais en aucun cas le conseil du demandeur ne sera admis, si le demandeur n'est pas comparant en personne.

249. Aussitôt après la prononciation du jugement qui ordonnera les enquêtes, le greffier du tribunal donnera lecture de la partie du procès-verbal qui contient la nomination déjà faite des témoins que les parties se proposent de faire entendre. Elles seront averties par le président, qu'elles peuvent encore en désigner d'autres, mais qu'après ce moment elles n'y seront plus reçues.

250. Les parties proposeront de suite leurs reproches respectifs contre les témoins qu'elles voudront écarter. Le tribunal statuera sur ces reproches, après avoir entendu le ministère public.

251. Les parens des parties, à l'exception de leurs enfans et descendans, ne sont pas reprochables du chef de la parenté, non plus que les domestiques des époux, en raison de cette qualité; mais le tribunal aura tel égard que de raison aux dépositions des parens et des domestiques.

252. Tout jugement qui admettra une preuve testimoniale, dénommera les témoins qui seront entendus, et déterminera le jour et l'heure auxquels les parties devront les présenter.

253 Les dépositions des témoins seront reçues par le tribunal séant à huis clos, en présence du ministère public, des parties, et de leurs conseils ou amis, jusqu'au nombre de trois, de chaque côté.

254. Les parties, par elles ou par leurs conseils, pourront faire aux témoins telles observations et interpellations qu'elles jugeront à propos, sans pouvoir néanmoins les interrompre dans le cours de leurs dépositions.

255. Chaque déposition sera rédigée par écrit, ainsi que les dires et observations auxquels elle aura donné lieu. Le procès-verbal d'enquête sera lu tant aux témoins qu'aux parties : les uns et les autres seront requis de le signer ; et il sera fait mention de leur signature, ou de leur déclaration qu'ils ne peuvent ou ne veulent signer.

256. Après la clôture des deux enquêtes, ou de celle du demandeur, si le défendeur n'a pas produit de témoins, le tribunal renverra les parties à l'audience publique, dont il indiquera le jour et l'heure ; il ordonnera la communication de la procédure au ministère public, et commettra un rapporteur. Cette ordonnance sera signifiée au défendeur, à la requête du demandeur, dans le délai qu'elle aura déterminé.

257. Au jour fixé pour le jugement définitif, le rapport sera fait par le juge commis : les parties pourront ensuite faire, par elles-mêmes ou par l'organe de leurs conseils, telles observations qu'elles jugeront utiles à leur cause, après quoi le ministère public donnera ses conclusions.

258. Le jugement définitif sera prononcé publiquement : lorsqu'il admettra le divorce, le demandeur sera autorisé à se retirer devant l'officier de l'état civil pour le faire prononcer.

259. Lorsque la demande en divorce aura été formée pour cause d'excès, de sévices ou d'injures graves, encore qu'elle soit bien établie, les juges pourront ne pas admettre immédiatement le divorce. Dans ce cas, avant de faire droit, ils autoriseront la femme à quitter la compagnie de son mari, sans être tenue de le recevoir, si elle ne le juge à propos ; et ils condamneront le mari à lui payer une pension alimentaire proportionnée à ses facultés, si la femme n'a pas elle-même des revenus suffisans pour fournir à ses besoins.

260. Après une année d'épreuve, si les parties ne se sont pas réunies, l'époux demandeur pourra faire citer l'autre époux à comparaître au tribunal, dans les délais de la loi, pour y entendre prononcer le jugement définitif, qui pour lors admettra le divorce.

261. Lorsque le divorce sera demandé par la raison qu'un des époux est condamné à une peine infamante, les seules formalités à observer consisteront à présenter au tribunal de première instance une expédition en bonne forme du jugement de condamnation, avec un certificat de la cour d'assises, portant que ce même jugement n'est plus susceptible d'être réformé par aucune voie légale. C. 232, 306. I. cr. 476. P. 7, 8.

262. En cas d'appel du jugement d'admission ou du jugement définitif, rendu par le tribunal de première instance en matière de divorce, la cause sera instruite et jugée par la cour royale, comme affaire urgente.

263. L'appel ne sera recevable qu'autant qu'il aura été interjeté dans les trois mois à compter du jour de la signification du jugement rendu contradictoirement ou par défaut. Le délai pour se pourvoir à la cour de cassation contre un jugement en dernier ressort, sera aussi de trois mois à compter de la signification. Le pourvoi sera suspensif.

264. En vertu de tout jugement rendu en dernier ressort ou passé en force de chose jugée, qui autorisera le divorce, l'époux qui l'aura obtenu, sera obligé de se présenter, dans le délai de deux mois, devant l'officier de l'état civil, l'autre partie dûment appelée, pour faire prononcer le divorce.

265. Ces deux mois ne commenceront à courir, à l'égard des jugemens de première instance, qu'après l'expiration du délai d'appel ; à l'égard des arrêts rendus par défaut en cause d'appel, qu'après l'expiration du délai d'opposition ; et à l'égard des jugemens contradictoires en dernier ressort, qu'après l'expiration du délai du pourvoi en cassation.

266. L'époux demandeur qui aura laissé passer le délai de deux mois ci-dessus déterminé, sans appeler l'autre époux devant l'officier de l'état civil, sera déchu du bénéfice du jugement qu'il avait obtenu, et ne pourra reprendre son action en divorce, sinon pour cause nouvelle; auquel cas il pourra néanmoins faire valoir les anciennes causes.

SECTION II.

Des Mesures provisoires auxquelles peut donner lieu la Demande en Divorce pour cause déterminée.

267. L'administration provisoire des enfans restera au mari demandeur ou défendeur en divorce, à moins qu'il n'en soit autrement ordonné par le tribunal, sur la demande soit de la mère, soit de la famille, ou du ministère public, pour le plus grand avantage des enfans. C. 302.

268. La femme demanderesse ou défenderesse en divorce pourra quitter le domicile du mari pendant la poursuite, et demander une pension alimentaire proportionnée aux facultés du mari. Le tribunal indiquera la maison dans laquelle la femme sera tenue de résider, et fixera, s'il y a lieu, la provision alimentaire que le mari sera obligé de lui payer. C. 214. Pr. 878.

269. La femme sera tenue de justifier de sa résidence dans la maison indiquée, toutes les fois qu'elle en sera requise : à défaut de cette justification, le mari pourra refuser la provision alimentaire, et, si la femme est demanderesse en divorce, la faire declarer non recevable à continuer ses poursuites.

270. La femme commune en biens, demanderesse ou défenderesse en divorce, pourra, en tout état de cause, à partir de la date de l'ordonnance dont il est fait mention en l'article 238, requérir, pour la conservation de ses droits, l'apposition des scellés sur les effets mobiliers de la communauté. Ces scellés ne seront levés qu'en faisant inventaire avec prisée, et à la charge par le mari de représenter les choses inventoriées, ou de répondre de leur valeur comme gardien judiciaire.

271. Toute obligation contractée par le mari à la charge de la communauté, toute aliénation par lui faite des immeubles qui en dépendent, postérieurement à la date de l'ordonnance, dont il est fait mention en l'article 238, sera déclarée nulle, s'il est prouvé d'ailleurs qu'elle ait été faite ou contractée en fraude des droits de la femme. C. 1167.

SECTION III.

Des Fins de non-recevoir contre l'Action en Divorce pour cause déterminée.

272. L'action en divorce sera éteinte par la réconciliation des époux, survenue soit depuis les faits qui auraient pu autoriser cette action, soit depuis la demande en divorce. P. 336, 339.

273. Dans l'un et l'autre cas, le demandeur sera déclaré non recevable dans son action ; il pourra néanmoins en intenter une nouvelle pour cause survenue depuis la réconciliation, et alors faire usage des anciennes causes pour appuyer sa nouvelle demande.

274. Si le demandeur en divorce nie qu'il y ait eu réconciliation, le défendeur en fera preuve, soit par écrit, soit par témoins, dans la forme prescrite en la première section du présent chapitre.

CHAPITRE III.

DU DIVORCE PAR CONSENTEMENT MUTUEL.

275. Le consentement mutuel des époux ne sera point admis, si le mari a moins de vingt-cinq ans, ou si la femme est mineure de vingt-un ans.

276. Le consentement mutuel ne sera admis qu'après deux ans de mariage.

277. Il ne pourra plus l'être après vingt ans de mariage, ni lorsque la femme aura quarante-cinq ans.

278. Dans aucun cas le consentement mutuel des époux ne suffira s'il n'est autorisé par leurs pères et mères, ou par leurs autres ascendans vivans, suivant les règles prescrites par l'article 150, au titre *du Mariage*.

279. Les époux déterminés à opérer le divorce par consentement mutuel, seront tenus de faire préalablement inventaire et estimation de tous leurs biens meubles et immeubles, et de régler leurs droits respectifs, sur lesquels il leur sera néanmoins libre de transiger.

280. Ils seront pareillement tenus de constater par écrit leur convention sur les trois points qui suivent : 1° A qui les enfans nés de leur union seront confiés, soit pendant le temps des épreuves, soit après le divorce prononcé ; — 2° Dans quelle maison la femme devra se retirer et résider pendant le temps des épreuves ; — 3° Quelle somme le mari devra payer à sa femme pendant le même temps, si elle n'a pas des revenus suffisans pour fournir à ses besoins.

281. Les époux se présenteront ensemble, et en personne, devant le président du tribunal civil de leur arrondissement, ou devant le juge qui en fera les fonctions, et lui feront la déclaration de leur volonté, en présence de deux notaires amenés par eux.

282. Le juge fera aux deux époux réunis, et à chacun d'eux en particulier, en présence des deux notaires, telles représentations et exhortations qu'il croira convenables ; il leur donnera lecture du chapitre IV du présent titre, qui règle *les effets du Divorce*, et leur développera toutes les conséquences de leur démarche.

283. Si les époux persistent dans leur résolution, il leur sera donné acte, par le juge, de ce qu'ils demandent le divorce, et y consentent mutuellement ; et ils seront tenus de produire et déposer à l'instant, entre les mains des notaires, outre les actes mentionnés aux articles 279 et 280 : — 1° Les actes de leur naissance et celui de leur mariage, — 2° Les actes de naissance et de décès de tous les enfans nés de leur union ; — 3° La déclaration authentique de leurs père et mère ou autres ascendans vivans, portant que, pour les causes à eux connues, ils autorisent tel *ou* telle, leur fils *ou* fille, petit fils *ou* petite-fille, marié *ou* mariée à tel *ou* telle, à demander le divorce et à y consentir. Les pères, mères, aïeuls et aïeules des époux, seront présumés vivans jusqu'à la représentation des actes constatant leur décès.

284. Les notaires dresseront procès-verbal détaillé de tout ce qui aura été dit et fait en exécution des articles précédens ; la minute en restera au plus âgé des deux notaires, ainsi que les pièces produites, qui demeureront annexées au procès-verbal, dans lequel il sera fait mention de l'avertissement qui sera donné à la femme de se retirer, dans les vingt quatre heures, dans la maison convenue entre elle et son mari, et d'y résider jusqu'au divorce prononcé.

285. La déclaration ainsi faite sera renouvelée dans la première quinzaine de chacun des quatrième, septième et dixième mois qui suivront, en observant les mêmes formalités. Les parties seront obligées à rapporter chaque fois la preuve, par acte public, que leurs pères, mères, ou autres ascendans vivans, persistent dans leur première détermination ; mais elles ne seront tenues à répéter la production d'aucun autre acte.

286. Dans la quinzaine du jour où sera révolue l'année, à compter de la première déclaration, les époux, assistés chacun de deux amis, personnes notables dans l'arrondissement, âgés de cinquante ans au moins, se présenteront ensemble et en personne devant le président du tribunal ou le juge qui en fera les fonctions ; ils lui remettront les expéditions en bonne forme, des quatre procès-verbaux contenant leur consentement mutuel, et de tous les actes qui y auront été annexés, et requerront du magistrat, chacun séparément, en présence néanmoins l'un de l'autre et des quatre notables, l'admission du divorce.

287. Après que le juge et les assistans auront fait leurs observations aux époux, s'ils persévèrent, il leur sera donné acte de leur réquisition et de la remise par eux faite des pièces à l'appui : le greffier du tribunal dressera procès-verbal, qui sera signé tant par les parties (à moins qu'elles ne déclarent ne savoir ou ne pouvoir signer, auquel cas il en sera fait mention), que par les quatre assistans, le juge et le greffier.

288. Le juge mettra de suite, au bas de ce procès-verbal, son ordonnance, portant que, dans les trois jours, il sera par lui référé du tout au tribunal en la chambre du conseil, sur les conclusions par écrit du ministère public, auquel les pièces seront, à cet effet, communiquées par le greffier.

289. Si le ministère public trouve dans les pièces la preuve que les deux époux étaient âgés, le mari de vingt-cinq ans, la femme de vingt-un ans, lorsqu'ils ont fait leur première déclaration; qu'à cette époque ils étaient mariés depuis deux ans, que le mariage ne remontait pas à plus de vingt ans; que la femme avait moins de quarante-cinq ans, que le consentement mutuel a été exprimé quatre fois dans le cours de l'année, après les préalables ci dessus prescrits et avec toutes les formalités requises par le présent chapitre, notamment avec l'autorisation des pères et mères des époux, ou avec celle de leurs autres ascendans vivans en cas de prédécès des pères et mères, il donnera ses conclusions en ces termes, *La loi permet*; dans le cas contraire, ses conclusions seront en ces termes, *La loi empêche*.

290. Le tribunal, sur le référé, ne pourra faire d'autres vérifications que celles indiquées par l'article précédent. S'il en résulte que, dans l'opinion du tribunal, les parties ont satisfait aux conditions et rempli les formalités déterminées par la loi, il admettra le divorce, et renverra les parties devant l'officier de l'état civil, pour le faire prononcer : dans le cas contraire, le tribunal déclarera qu'il n'y a pas lieu à admettre le divorce, et déduira les motifs de la décision.

291. L'appel du jugement qui aurait déclaré ne pas y avoir lieu à admettre le divorce, ne sera recevable qu'autant qu'il sera interjeté par les deux parties, et néanmoins par actes séparés, dans les dix jours au plus tôt, et au plus tard dans les vingt jours de la date du jugement de première instance.

292. Les actes d'appel seront réciproquement signifiés tant à l'autre époux qu'au ministère public près le tribunal de première instance.

293. Dans les dix jours, à compter de la signification qui lui aura été faite du second acte d'appel, le ministère public près le tribunal de première instance fera passer au procureur général près la cour royale, l'expédition du jugement, et les pièces sur lesquelles il est intervenu. Le procureur général près la cour royale donnera ses conclusions par écrit, dans les dix jours qui suivront la réception des pièces : le président, ou le juge qui le suppléera, fera son rapport à la cour royale, en la chambre du conseil, et il sera statué définitivement dans les dix jours qui suivront la remise des conclusions du procureur général.

294. En vertu de l'arrêt qui admettra le divorce, et dans les vingt jours de sa date, les parties se présenteront ensemble et en personne devant l'officier de l'état civil, pour faire prononcer le divorce. Ce délai passé, le jugement demeurera comme non avenu.

CHAPITRE IV.

DES EFFETS DU DIVORCE.

295. Les époux qui divorceront pour quelque cause que ce soit, ne pourront plus se réunir. L. 26 *germin. an* XI. *Av. C.* 18 *prair. an* XII.

296. Dans le cas de divorce prononcé pour cause déterminée, la femme divorcée ne pourra se remarier que dix mois après le divorce prononcé.

297. Dans le cas de divorce par consentement mutuel, aucun des deux époux ne pourra contracter un nouveau mariage que trois ans après la prononciation du divorce.

298. Dans le cas de divorce admis en justice pour cause d'adultère, l'époux coupable ne pourra jamais se marier avec son complice. La femme adultère sera condamnée par le même jugement, et sur la réquisition du ministère public, à la réclusion dans une maison de correction, pour un temps déterminé, qui ne pourra être moindre de trois mois, ni excéder deux années.

299. Pour quelque cause que le divorce ait lieu, hors le cas du consentement mutuel, l'époux contre lequel le divorce aura été admis, perdra tous les avantages que l'autre époux lui avait faits, soit par leur contrat de mariage, soit depuis le mariage contracté.

300. L'époux qui aura obtenu le divorce, conservera les avantages à lui faits par l'autre époux, encore qu'ils aient été stipulés réciproques, et que la réciprocité n'ait pas lieu.

301. Si les époux ne s'étaient fait aucun avantage, ou si ceux stipulés ne paraissaient pas suffisans pour assurer la subsistance de l'époux qui a obtenu le divorce, le tribunal pourra lui accorder, sur les biens de l'autre époux, une pension alimentaire, qui ne pourra excéder le tiers des revenus de cet autre époux. Cette pension sera révocable dans le cas où elle cesserait d'être nécessaire.

302. Les enfans seront confiés à l'époux qui a obtenu le divorce, à moins que le tribunal, sur la demande de la famille ou du ministère public, n'ordonne, pour le plus grand avantage des enfans, que tous ou quelques-uns d'eux seront confiés aux soins soit de l'autre époux, soit d'une tierce personne. C. 303, 372 s.

303. Quelle que soit la personne à laquelle les enfans seront confiés, les pere et mère conserveront respectivement le droit de surveiller l'entretien et l'éducation de leurs enfans, et seront tenus d'y contribuer à proportion de leurs facultés.

304. La dissolution du mariage par le divorce admis en justice ne privera les enfans nés de ce mariage, d'aucun des avantages qui leur étaient assurés par les lois, ou par les conventions matrimoniales de leurs père et mère; mais il n'y aura d'ouverture aux droits des enfans que de la même manière et dans les mêmes circonstances où ils se seraient ouverts s'il n'y avait pas eu de divorce.

305. Dans le cas de divorce par consentement mutuel, la propriété de la moitié des biens de chacun des deux époux sera acquise de plein droit, du jour de leur première déclaration, aux enfans nés de leur mariage : les père et mère conserveront néanmoins la jouissance de cette moitié jusqu'à la majorité de leurs enfans, à la charge de pourvoir à leur nourriture, entretien et éducation, conformément à leur fortune et à leur état; le tout sans préjudice des autres avantages qui pourraient avoir été assurés auxdits enfans par les conventions matrimoniales de leurs pere et mère.

CHAPITRE V.

DE LA SÉPARATION DE CORPS.

306. Dans le cas où il y a lieu à la demande en divorce pour cause déterminée, il sera libre aux époux de former demande en séparation de corps. C. 219, 229 s.

307. Elle sera intentée, instruite et jugée de la même manière que toute autre action civile : elle ne pourra avoir lieu par le consentement mutuel des époux. C. 234, 235, 261, 207 s., 272 s., 302, 303. Pr. 875 s.

308. La femme contre laquelle la séparation de corps sera prononcée pour cause d'adultère, sera condamnée par le même jugement, et sur la réquisition du ministère public, à la réclusion dans une maison de correction pendant un temps déterminé, qui ne pourra être moindre de trois mois, ni excéder deux années. P. 336 s.

309. Le mari restera le maître d'arrêter l'effet de cette condamnation, en consentant à reprendre sa femme, P. 337.

310. Lorsque la séparation de corps prononcée pour toute autre cause que l'adultere de la femme, aura duré trois ans, l'époux qui était originairement défendeur pourra demander le divorce au tribunal, qui l'admettra, si le demandeur originaire, présent ou dûment appelé, ne consent pas immédiatement à faire cesser la séparation.

311. La séparation de corps emportera toujours séparation de biens. C.

299, 300, 301, 1441 s., 1452, 1463, 1518, 1536 s. Co. 66. (1)

TITRE VII.

DE LA PATERNITÉ ET DE LA FILIATION.

(Décrété le 23 mars 1803. Promulgué le 2 avril.)

CHAPITRE PREMIER.

DE LA FILIATION DES ENFANS LÉGITIMES OU NÉS DANS LE MARIAGE.

312. L'enfant conçu pendant le mariage a pour père le mari. — Néanmoins celui ci pourra désavouer l'enfant, s'il prouve que, pendant le temps qui a couru depuis le trois-centième jusqu'au cent quatre-vingtième jour avant la naissance de cet enfant, il était, soit par cause d'éloignement, soit par l'effet de quelque accident, dans l'impossibilité physique de cohabiter avec sa femme. C. 316 s., 325 s., *success.*, 725; *donat.*, 906.

313. Le mari ne pourra, en alléguant son impuissance naturelle, désavouer l'enfant: il ne pourra le désavouer même pour cause d'adultère, à moins que la naissance ne lui ait été cachée, auquel cas il sera admis à proposer tous les faits propres à justifier qu'il n'en est pas le père. C. 316 s., 325.

314. L'enfant né avant le cent quatre-vingtième jour du mariage ne pourra être désavoué par le mari, dans les cas suivans: 1° s'il a eu connaissance de la grossesse avant le mariage; 2° s'il a assisté à l'acte de naissance, et si cet acte est signé de lui, ou contient sa déclaration qu'il ne sait signer: 3° si l'enfant n'est pas déclaré viable. C. 316 s.; *légitimat.*, 164, 331, 335.

315. La légitimité de l'enfant né trois cents jours après la dissolution du mariage pourra être contestée. C. 123, 227, 724.

316. Dans les divers cas où le mari est autorisé à réclamer, il devra le faire dans le mois, s'il se trouve sur les lieux de la naissance de l'enfant; — dans les deux mois après son retour, si, à la même époque, il est absent: — dans les deux mois après la découverte de la fraude, si on lui avait caché la naissance de l'enfant. C. 312 s., 325, 326 s.

317. Si le mari est mort avant d'avoir fait sa réclamation, mais étant encore dans le délai utile pour la faire, les héritiers auront deux mois pour contester la légitimité de l'enfant, à compter de l'époque où cet enfant se serait mis en possession des biens du mari, ou de l'époque où les héritiers seraient troublés par l'enfant dans cette possession. C. 123, 724.

318. Tout acte extrajudiciaire, contenant le désaveu de la part du mari ou de ses héritiers, sera comme non avenu, s'il n'est suivi, dans le délai d'un mois, d'une action en justice, dirigée contre un tuteur *ad hoc* donné à l'enfant, et en présence de sa mère. Pr. 59 s.

CHAPITRE II.

DES PREUVES DE LA FILIATION DES ENFANS LÉGITIMES.

319. La filiation des enfans légitimes se prouve par les actes de naissance inscrits sur le registre de l'état civil. C. 40 s., 45, 47, 48, 55, s., 197, 1319, 1334.

320. A défaut de ce titre, la possession constante de l'état d'enfant légitime suffit. C. 46, 321 s. P. 345 s.

321. La possession d'état s'établit par une réunion suffisante de faits qui indiquent le rapport de filiation et de parenté entre un individu et la famille à laquelle il prétend appartenir. — Les principaux de ces faits sont, — que l'individu a toujours porté le nom du père auquel il prétend appartenir; — que le père l'a traité comme son enfant, et a pourvu, en cette qualité, à son éducation, à son entretien et à son établissement; — — qu'il a été reconnu constamment

---

(1) *Droits d'enregistrement* : Jugement en première instance, 15, fr. *L.* 22 *frimaire an* VII, *art.* 68, § 6. — Arrêts de cours royales, 25 fr., *L.* 28 *avril* 1816, *art.* 47.

pour tel dans la société ; — qu'il a été reconnu pour tel par la famille.

322. Nul ne peut réclamer un état contraire à celui que lui donnent son titre de naissance et la possession conforme à ce titre ; — Et réciproquement, nul ne peut contester l'état de celui qui a une possession conforme à son titre de naissance. C. 196.

323. A défaut de titre et de possession constante, ou si l'enfant a été inscrit, soit sous de faux noms, soit comme né de père et mère inconnus, la preuve de filiation peut se faire par témoins. — Néanmoins cette preuve ne peut être admise que lorsqu'il y a commencement de preuve par écrit, ou lorsque les présomptions ou indices résultant de faits dès-lors constans, sont assez graves pour déterminer l'admission. C. 46, 324, 326 s., 341, 1347, 1353. Pr. 252 s.

324. Le commencement de preuve par écrit résulte des titres de famille, des registres et papiers domestiques du père ou de la mère, des actes publics et même privés émanés d'une partie engagée dans la contestation, ou qui y aurait intérêt si elle était vivante. C. 46, 1347.

325. La preuve contraire pourra se faire par tous les moyens propres à établir que le réclamant n'est pas l'enfant de la mère qu'il prétend avoir, ou même, la maternité prouvée, qu'il n'est pas l'enfant du mari de la mère. Pr. 252 s.

326. Les tribunaux civils seront seuls compétens pour statuer sur les réclamations d'état. C. 100, 198, 199. Pr. 83, n° 2.

327. L'action criminelle contre un délit de suppression d'état, ne pourra commencer qu'après le jugement définitif sur la question d'état. C. 198, 199. secùs, I. cr. 3.

328. L'action en réclamation d'état est imprescriptible à l'égard de l'enfant. I. cr. 635 s.

329. L'action ne peut être intentée par les héritiers de l'enfant qui n'a pas réclamé, qu'autant qu'il est décédé mineur, ou dans les cinq années après sa majorité. C. 123, 317, 724.

330. Les héritiers peuvent suivre cette action lorsqu'elle a été commencée par l'enfant, à moins qu'il ne s'en fût désisté formellement, ou qu'il n'eût laissé passer trois années sans poursuites, à compter du dernier acte de la procédure. C. 123, 317, 724. Pr. 345 s., 397 s.

CHAPITRE III.

DES ENFANS NATURELS.

SECTION I.

De la Légitimation des Enfans naturels

331. Les enfans nés hors mariage autres que ceux nés d'un commerce incestueux ou adultérin, pourront être légitimés par le mariage subséquent de leurs père et mère, lorsque ceux-ci les auront légalement reconnus avant leur mariage, ou qu'ils les reconnaîtront dans l'acte même de célébration. C. 62, 334, 335.

332. La légitimation peut avoir lieu, même en faveur des enfans décédés qui ont laissé des descendans ; et, dans ce cas, elle profite à ces descendans.

333. Les enfans légitimés par le mariage subséquent auront les mêmes droits que s'ils étaient nés de ce mariage. C. 731 s., 739 s., 745, 747, 913 s., 920 s., 960 s.

SECTION II.

De la Reconnaissance des Enfans naturels.

334. La reconnaissance d'un enfant naturel sera faite par un acte authentique, lorsqu'elle ne l'aura pas été dans son acte de naissance. C. 62, 331, 1317 ; *droits*, 338 ; *contesté*, 339 ; *recherc.*, 342 ; *correction*, 383 ; *droits success.*, 756 s., 762 s., 908. (1)

335. Cette reconnaissance ne pour-

(1) *Droits d'enregistrement :* Reconnaissance d'enfans naturels par acte de célébration de mariage, 2 fr. L. 28 *avril* 1816, *art.* 45 n° 22. — *Idem :* autrement que par acte de mariage 5 fr., *ibid.*, *art.* 45 n° 7. — *Idem :* par les indigens, *gratis*, *L.* 15 *mai* 1818, *art.* 77.

ra avoir lieu au profit des enfans nés d'un commerce incestueux ou adultérin. C. 331, 342; *mariage*, 158, 159; *alimens*, 762 s.

336. La reconnaissance du père, sans l'indication et l'aveu de la mère, n'a d'effet qu'à l'égard du père. C. 341.

337. La reconnaissance faite pendant le mariage, par l'un des époux, au profit d'un enfant naturel qu'il aurait eu, avant son mariage, d'un autre que de son époux, ne pourra nuire ni à celui-ci, ni aux enfans nés de ce mariage. — Néanmoins elle produira son effet après la dissolution de ce mariage, s'il n'en reste pas d'enfans.

338. L'enfant naturel reconnu ne pourra réclamer les droits d'enfant légitime. Les droits des enfans naturels seront réglés au titre *des Successions*. C. 331, 756 s., 762 s., 908.

339. Toute reconnaissance de la part du père ou de la mère, de même que toute réclamation de la part de l'enfant, pourra être contestée par tous ceux qui y auront intérêt.

340. La recherche de la paternité est interdite. Dans le cas d'enlèvement, lorsque l'époque de cet enlèvement se rapportera à celle de la conception, le ravisseur pourra être, sur la demande des parties intéressées, déclaré père de l'enfant. C. 342. P. 354 s.

341. La recherche de la maternité est admise. — L'enfant qui réclamera sa mère, sera tenu de prouver qu'il est identiquement le même que l'enfant dont elle est accouchée. — Il ne sera reçu à faire cette preuve par témoins, que lorsqu'il aura déjà un commencement de preuve par écrit. C. 335, 342, 1347. Pr. 252.

342. Un enfant ne sera jamais admis à la recherche soit de la paternité, soit de la maternité, dans les cas où suivant l'article 335, la reconnaissance n'est pas admise. C. 340.

TITRE VIII.

DE L'ADOPTION ET DE LA TUTELLE OFFICIEUSE.

(Décrété le 23 mars 1803. Promulgué le 2 avril.)

CHAPITRE PREMIER.

DE L'ADOPTION (1).

SECTION I.

De l'Adoption et de ses effets.

343. L'adoption n'est permise qu'aux personnes de l'un ou de l'autre sexe, âgées de plus de cinquante ans, qui n'auront, à l'époque de l'adoption, ni enfans, ni descendans légitimes, et qui auront au moins quinze ans de plus que les individus qu'elles se proposent d'adopter. C. *except.*, 345; *tutelle offic.*, 366.

344. Nul ne peut être adopté par plusieurs, si ce n'est par deux époux. — Hors le cas de l'art. 366, nul époux ne peut adopter qu'avec le consentement de l'autre conjoint. C. *tutelle offic.*, 362, 366.

345. La faculté d'adopter ne pourra être exercée qu'envers l'individu à qui l'on aura, dans sa minorité et pendant six ans au moins, fourni des secours et donné des soins non interrompus, ou envers celui qui aurait sauvé la vie à l'adoptant, soit dans un combat, soit en le retirant des flammes ou des flots. — Il suffira, dans ce deuxième cas, que l'adoptant soit majeur, plus âgé que l'adopté, sans enfans ni descendans légitimes; et s'il est marié, que son conjoint consente à l'adoption. C. 344, 356, 367, 368.

346. L'adoption ne pourra, en aucun cas, avoir lieu avant la majorité de l'adopté. Si l'adopté, ayant encore ses père et mère, ou l'un des deux, n'a point accompli sa vingt-cinquième année, il sera tenu de rapporter le consentement donné à l'adoption par

(1) *Enregistrement* : Sont sujets au droit fixe de 1 fr., les actes d'adoption autre que par jugement, *L.* 22 *frimaire an* VII, *art.* 68, § 1, n° 9. — Au droit fixe de 50 fr., les jugements de première instance admettant une adoption, *L.* 28 *avril* 1816, *art.* 48, n° 2. — Au droit fixe de 100 fr., les arrêts des cours royales confirmant une adoption, *ibid.*, *art.* 49. — Modèle des actes d'adoption, *L. floréal an* VIII.

ses père et mère ou par le survivant, et, s'il est majeur de vingt-cinq ans, de requérir leur conseil. C. 148 s.; 151 s., 366, 368.

347. L'adoption conférera le nom de l'adoptant à l'adopté, en l'ajoutant au nom propre de ce dernier.

348. L'adopté restera dans sa famille naturelle, et y conservera tous ses droits : néanmoins le mariage est prohibé, — entre l'adoptant, l'adopté et ses descendans; — entre les enfans adoptifs du même individu; — entre l'adopté et les enfans qui pourraient survenir à l'adoptant; — entre l'adopté et le conjoint de l'adoptant, et réciproquement entre l'adoptant et le conjoint de l'adopté. C. 161 s., 184.

349. L'obligation naturelle, qui continuera d'exister entre l'adopté et ses père et mère, de se fournir des alimens dans les cas déterminés par la loi, sera considérée comme commune à l'adoptant et à l'adopté, l'un envers l'autre. C. 203, 204, 205, 208 s.

350. L'adopté n'acquerra aucun droit de successibilité sur les biens des parens de l'adoptant; mais il aura sur la succession de l'adoptant, les mêmes droits que ceux qu'y aurait l'enfant né en mariage, même quand il y aurait d'autres enfans de cette dernière qualité nés depuis l'adoption. C. 731, 739 s., 745.

351. Si l'adopté meurt sans descendans légitimes, les choses données par l'adoptant, ou recueillies dans sa succession, et qui existeront en nature lors du décès de l'adopté, retourneront à l'adoptant ou à ses descendans, à la charge de contribuer aux dettes, et sans préjudice des droits des tiers. C. 747, 766. — Le surplus des biens de l'adopté appartiendra à ses propres parens; et ceux-ci excluront toujours, pour les objets même spécifiés au présent article, tous héritiers de l'adoptant autres que ses descendans.

352. Si, du vivant de l'adoptant, et après le décès de l'adopté, les enfans ou descendans laissés par celui-ci mouraient eux-mêmes sans postérité, l'adoptant succédera aux choses par lui données, comme il est dit en l'article précédent; mais ce droit sera inhérent à la personne de l'adoptant, et non transmissible à ses héritiers, même en ligne descendante.

SECTION II.

Des Formes de l'Adoption.

353. La personne qui se proposera d'adopter, et celle qui voudra être adoptée, se présenteront devant le juge de paix du domicile de l'adoptant, pour y passer acte de leurs consentemens respectifs. C. 102, 343, 344 s.

354. Une expédition de cet acte sera remise, dans les dix jours suivans, par la partie la plus diligente, au procureur du roi près le tribunal de première instance dans le ressort duquel se trouvera le domicile de l'adoptant, pour être soumis à l'homologation de ce tribunal.

355. Le tribunal réuni en la chambre du conseil, et après s'être procuré les renseignemens convenables, vérifiera, 1° si toutes les conditions de la loi sont remplies; 2° si la personne qui se propose d'adopter, jouit d'une bonne réputation. C. 345 s.

356. Après avoir entendu le procureur du roi, et sans aucune autre forme de procédure, le tribunal prononcera, sans énoncer de motifs, en ces termes : *Il y a lieu*, ou *Il n'y a pas lieu à l'adoption.* Pr. 83.

357. Dans le mois qui suivra le jugement du tribunal de première instance, ce jugement sera, sur les poursuites de la partie la plus diligente, soumis à la cour royale, qui instruira dans les mêmes formes que le tribunal de première instance, et prononcera, sans énoncer de motifs : *Le jugement est confirmé*, ou *Le jugement est réformé; en conséquence, il y a lieu*, ou *il n'y a pas lieu à l'adoption.*

358. Tout arrêt de la cour royale qui admettra une adoption, sera prononcé à l'audience, et affiché en tels lieux et en tel nombre d'exemplaires que le tribunal jugera convenables.

359. Dans les trois mois qui suivront ce jugement, l'adoption sera inscrite, à la réquisition de l'une ou de l'autre des parties, sur le registre de l'état civil du lieu où l'adoptant sera domicilié. — Cette inscription n'aura lieu que sur le vu d'une expédition, en forme, du jugement de la cour royale; et l'adoption restera sans effet si elle n'a été inscrite dans ce délai.

360. Si l'adoptant venait à mourir après que l'acte constatant la volonté de former le contrat d'adoption a été reçu par le juge de paix et porté devant les tribunaux, et avant que ceux-ci eussent définitivement prononcé, l'instruction sera continuée, et l'adoption admise, s'il y a lieu. — Les héritiers de l'adoptant pourront, s'ils croient l'adoption inadmissible, remettre au procureur du roi tous mémoires et observations à ce sujet. Pr. 342 s.

CHAPITRE II.

DE LA TUTELLE OFFICIEUSE (1).

361. Tout individu âgé de plus de cinquante ans, et sans enfans ni descendans légitimes, qui voudra, durant la minorité d'un individu, se l'attacher par un titre légal, pourra devenir son tuteur officieux, en obtenant le consentement des père et mère de l'enfant, ou du survivant d'entre eux, ou, à leur défaut, d'un conseil de famille, ou enfin, si l'enfant n'a point de parens connus, en obtenant le consentement des administrateurs de l'hospice où il aura été recueilli, ou de la municipalité du lieu de sa résidence. C. *adopt.*, 343, 346; *conseil de fam.*, 405 s.

362. Un époux ne peut devenir tuteur officieux qu'avec le consentement de l'autre conjoint. C. 344.

363. Le juge de paix du domicile de l'enfant dressera procès-verbal des demandes et consentemens relatifs à la tutelle officieuse. C. 353.

364. Cette tutelle ne pourra avoir lieu qu'au profit d'enfans âgés de moins de quinze ans. — Elle emportera avec soi, sans préjudice de toutes stipulations particulières, l'obligation de nourrir le pupille, de l'élever, de le mettre en état de gagner sa vie. C. 206 s.

365. Si le pupille a quelque bien, et s'il était antérieurement en tutelle, l'administration de ses biens, comme celle de sa personne, passera au tuteur officieux, qui ne pourra néanmoins imputer les dépenses de l'éducation sur les revenus du pupille. C. 389, 450, 454 s.

366. Si le tuteur officieux, après cinq ans révolus depuis la tutelle, et dans la prévoyance de son décès avant la majorité du pupille, lui confère l'adoption par acte testamentaire, cette disposition sera valable, pourvu que le tuteur officieux ne laisse point d'enfans légitimes. C. 343, 347, 350 s.

367. Dans le cas où le tuteur officieux mourrait soit avant les cinq ans, soit après ce temps, sans avoir adopté son pupille, il sera fourni à celui-ci, durant sa minorité, des moyens de subsister, dont la quotité et l'espèce, s'il n'y a été antérieurement pourvu par une convention formelle, seront réglées soit amiablement entre les représentans respectifs du tuteur et du pupille, soit judiciairement en cas de contestation. C. 205, 364, 1122.

368. Si, à la majorité du pupille, son tuteur officieux veut l'adopter, et que le premier y consente, il sera procédé à l'adoption selon les formes prescrites au chapitre précédent, et les effets en seront, en tous points, les mêmes. C. 343 s., 353 s.

369. Si, dans les trois mois qui suivront la majorité du pupille, les réquisitions par lui faites à son tuteur officieux, à fin d'adoption, sont restées sans effet, et que le pupille ne se trouve point en état de gagner sa vie, le tuteur officieux pourra être condamné à indemniser le pupille de l'incapacité où celui-ci pourrait se trouver de pourvoir à sa subsistance. — Cette indemnité se résoudra en secours propres à lui procurer un métier; le tout sans préjudice des stipulations qui auraient pu avoir lieu dans la prévoyance de ce cas. C. 361, 364.

370. Le tuteur officieux qui aurait eu l'administration de quelques biens pupillaires, en devra rendre compte dans tous les cas. C. *comptes*, 469 s. Pr. 527 s.

---

(1) Les actes de tutelle officieuse sont sujets au droit fixe d'enregistrement de cinquante fr. *L.* 28 *avril* 1816, *art.* 48.

TITRE IX.

DE LA PUISSANCE PATERNELLE.

(Décrété le 24 mars 1803. Promulgué le 3 avril.)

371. L'enfant, à tout âge, doit honneur et respect à ses père et mère. C. 151 s., 1388. P. 13, 299, 302, 312, 325 334, 335.

372. Il reste sous leur autorité jusqu'à sa majorité ou son émancipation. C. *except.*, 25; *enfant nat.*, 383; *émanc.*, 476 s.; *majorité*, 488; *prolongation*, 814 s., 346. Co. *fait de comm.*, 2 s.

373. Le père seul exerce cette autorité durant le mariage.

374. L'enfant ne peut quitter la maison paternelle sans la permission de son père, si ce n'est pour enrôlement volontaire, après l'âge de dix-huit ans révolus. (*Avant vingt ans*, L. 21 *mars* 1832, *art.* 32.)

375. Le père qui aura des sujets de mécontentement très-graves sur la conduite d'un enfant, aura les moyens de correction suivans. C. 468.

376. Si l'enfant est âgé de moins de seize ans commencés, le père pourra le faire détenir pendant un temps qui ne pourra excéder un mois; et, à cet effet, le président du tribunal d'arrondissement devra, sur sa demande, délivrer l'ordre d'arrestation. C. 25, 380, 381, 382, 383, 468. P. 334, 335.

377. Depuis l'âge de seize ans commencés jusqu'à la majorité ou l'émancipation, le père pourra seulement requérir la détention de son enfant pendant six mois au plus; il s'adressera au président dudit tribunal, qui, après en avoir conféré avec le procureur du roi, délivrera l'ordre d'arrestation ou le refusera, et pourra, dans le premier cas, abréger le temps de la détention requis par le père. C. 25, 380, 468. P. 334, 335.

378. Il n'y aura, dans l'un et l'autre cas, aucune écriture ni formalité judiciaire, si ce n'est l'ordre même d'arrestation, dans lequel les motifs n'en seront pas énoncés. — Le père sera seulement tenu de souscrire une soumission de payer tous les frais, et de fournir les alimens convenables. C. 203.

379. Le père est toujours maître d'abréger la durée de la détention par lui ordonnée ou requise. Si, après sa sortie, l'enfant tombe dans de nouveaux écarts, la détention pourra être de nouveau ordonnée de la manière prescrite aux articles précédens.

380. Si le père est remarié, il sera tenu, pour faire détenir son enfant du premier lit, lors même qu'il serait âgé de moins de seize ans, de se conformer à l'article 377.

381. La mère survivante et non remariée ne pourra faire détenir un enfant qu'avec le concours des deux plus proches parens paternels, et par voie de réquisition, conformément à l'article 377.

382. Lorsque l'enfant aura des biens personnels, ou lorsqu'il exercera un état, sa détention ne pourra, même au-dessous de seize ans, avoir lieu que par voie de réquisition, en la forme prescrite par l'art. 377. — L'enfant détenu pourra adresser un mémoire au procureur général près la cour royale. Celui-ci se fera rendre compte par le procureur du roi près le tribunal de première instance, et fera son rapport au président de la cour royale, qui, après en avoir donné avis au père, et après avoir recueilli tous les renseignemens, pourra révoquer ou modifier l'ordre délivré par le président du tribunal de première instance.

383. Les art. 376, 377, 378 et 379, seront communs aux pères et mères des enfans naturels légalement reconnus. C. 334 s.

384. Le père, durant le mariage, et, après la dissolution du mariage, le survivant des père et mère, auront la jouissance des biens de leurs enfans jusqu'à l'âge de dix-huit ans accomplis, ou jusqu'à l'émancipation qui pourrait avoir lieu avant l'âge de dix-huit ans. C. 453, 476 s., 579, 601, 730, 1442. P. 334, 335.

385. Les charges de cette jouissance seront: 1° Celles auxquelles sont tenus les usufruitiers; C. 600 s. — 2° La nourriture, l'entretien et l'éducation des enfans, selon leur fortune; 203. — 3° Le paiement des arrérages ou intérêts des capitaux; C. 608, 612. — 4° Les frais funéraires et ceux de dernière maladie. C. 2101.

386. Cette jouissance n'aura pas lieu

au profit de celui des père et mère contre lequel le divorce aurait été prononcé; et *elle cessera à l'égard de la mère dans le cas d'un second mariage.* P. 334, 335.

387. Elle ne s'étendra pas aux biens que les enfans pourront acquérir par un travail et une industrie séparés, ni à ceux qui leur seront donnés ou légués sous la condition expresse que les père et mère n'en jouiront pas. C. 389, 900. *Av. C. 30 janvier* 1811.

TITRE X.

DE LA MINORITÉ, DE LA TUTELLE ET DE L'ÉMANCIPATION.

(Décrété le 26 mars 1803. Promulgué le 5 avril.)

CHAPITRE PREMIER.

DE LA MINORITÉ.

388. Le mineur est l'individu de l'un et de l'autre sexe qui n'a point encore l'âge de vingt-un ans accomplis. C. 37, 76, 108, 141, 224, 345, 346, 372, 442, 903, 904, 942, 980, 1030, 1070, 1095, 1124 s., 1305 s., 1314, 1442, 1925, 1926, 1990, 2064 (1).

CHAPITRE II.

DE LA TUTELLE.

SECTION I.

De la Tutelle des Père et Mère.

389. Le père est, durant le mariage, administrateur des biens personnels de ses enfans mineurs. — Il est comptable, quant à la propriété et aux revenus, des biens dont il n'a pas la jouissance; et, quant à la propriété seulement, de ceux des biens dont la loi lui donne l'usufruit. C. 384, 1388; Pr. 126, 527 s. *Enfans admis dans les hospices*, L. 15 *pluviôse an* XIII. Déc. 19 *janvier* 1811.

390. Après la dissolution du mariage arrivée par la mort naturelle ou civile de l'un des époux, la tutelle des enfans mineurs et non émancipés appartient de plein droit au survivant des père et mère. C. 25, 394, 395, 396, 421, 476 s., Pr. 34, 42, 335.

391. Pourra néanmoins le père nommer à la mère survivante et tutrice *un conseil spécial, sans l'avis duquel elle ne pourra faire aucun acte relatif à la tutelle.* — Si le père spécifie les actes pour lesquels le conseil sera nommé, la tutrice sera habile à faire les autres sans son assistance.

392. Cette nomination de conseil ne pourra être faite que de l'une des manières suivantes: — 1° Par acte de dernière volonté. — 2° Par une déclaration faite ou devant le juge de paix, assisté de son greffier, ou devant notaires. C. 398, 969 s., 1033 (2).

393. Si, lors du décès du mari, la femme est enceinte, il sera nommé un curateur au ventre par le conseil de famille. — A la naissance de l'enfant, la mère en deviendra tutrice, et le curateur en sera de plein droit le *subrogé tuteur.* C. 405 s., 420 s. Pr. 882 s.

394. La mère n'est point tenue d'accepter la tutelle; néanmoins, et en cas qu'elle la refuse, elle devra en remplir les devoirs jusqu'à ce qu'elle ait fait nommer un tuteur. C. 422.

395. Si la mère tutrice veut se remarier, elle devra, avant l'acte de mariage, convoquer le conseil de famille, qui décidera si la tutelle doit lui être conservée. — A défaut de cette convocation, elle perdra la tutelle de plein droit; et son nouveau mari sera solidairement responsable de toutes les suites de la tutelle qu'elle aura indûment conservée. C. 406 s., 1200. Pr. 126, 132, 135, 905.

396. Lorsque le conseil de famille, dûment convoqué, conservera la tutelle à la mère, *il lui donnera nécessairement pour co-tuteur le second mari, qui deviendra solidairement responsable, avec sa femme, de la gestion postérieure au mariage.* C. 450 s., 1200 s. Pr. 126, 132, 135, 905.

SECTION II.

De la Tutelle déférée par le Père ou la Mère.

397. Le droit individuel de choisir un tuteur parent, ou même étranger,

---

(1) Le mineur ne peut être témoin dans les actes, *L.* 25 *ventôse an* XI, *sur le notariat*, *art.* 9.

(2) *Droits d'enregistrement*, 2 fr. *L.* 28 *avril* 1816, *art.* 43, *n°* 4.

n'appartient qu'au dernier mourant des père et mère. C. *except.* 399.

398. Ce droit ne peut être exercé que dans les formes prescrites par l'article 392, et sous les exceptions et modifications ci-après.

399. La mère remariée et non maintenue dans la tutelle des enfans de son premier mariage, ne peut leur choisir un tuteur. C. 395.

400. Lorsque la mère remariée, et maintenue dans la tutelle, aura fait choix d'un tuteur aux enfans de son premier mariage, ce choix ne sera valable qu'autant qu'il sera confirmé par le conseil de famille. C. 393, 406 s.

401. Le tuteur élu par le père ou la mère n'est pas tenu d'accepter la tutelle, s'il n'est d'ailleurs dans la classe des personnes qu'à défaut de cette élection spéciale le conseil de famille eût pu en charger. C. 427 s.

SECTION III.

De la Tutelle des Ascendans.

402. Lorsqu'il n'a pas été choisi au mineur un tuteur par le dernier mourant de ses père et mère, la tutelle appartient de droit à son aïeul paternel; à défaut de celui-ci, à son aïeul maternel, et ainsi en remontant, de manière que l'ascendant paternel soit toujours préféré à l'ascendant maternel du même degré. C. 142, 421, 735 s., 907.

403. Si, à défaut de l'aïeul paternel et de l'aïeul maternel du mineur, la concurrence se trouvait établie entre deux ascendans du degré supérieur qui appartinssent tous deux à la ligne paternelle du mineur, la tutelle passera de droit à celui des deux qui se trouvera être l'aïeul paternel du père du mineur.

404. Si la même concurrence a lieu entre deux bisaïeuls de la ligne maternelle, la nomination sera faite par le conseil de famille, qui ne pourra néanmoins que choisir l'un de ces deux ascendans. C. 405 s.

SECTION IV.

De la Tutelle déférée par le Conseil de famille.

405. Lorsqu'un enfant mineur et non émancipé restera sans père ni mère, ni tuteur élu par ses père et mère, ni ascendans mâles, comme aussi lorsque le tuteur de l'une des qualités ci-dessus exprimées se trouvera ou dans le cas des exclusions dont il sera parlé ci-après, ou valablement excusé, il sera pourvu, par un conseil de famille, à la nomination d'un tuteur. C. 25, 427 s., 442 s. Pr. 882 s., 968. P. 34, 42, 335.

406. Ce conseil sera convoqué soit sur la réquisition et à la diligence des parens du mineur, de ses créanciers ou d'autres parties intéressées, soit même d'office et à la poursuite du juge de paix du domicile du mineur. Toute personne pourra dénoncer à ce juge de paix le fait qui donnera lieu à la nomination d'un tuteur. C. *domicile*, 108; *subr. tuteur*, 424. Pr. 882 s. T. 4 s., 16, 21.

407. Le conseil de famille sera composé, non compris le juge de paix, de six parens ou alliés, pris tant dans la commune où la tutelle sera ouverte que dans la distance de deux myriamètres, moitié du côté paternel, moitié du côté maternel, et en suivant l'ordre de proximité dans chaque ligne. — Le parent sera préféré à l'allié du même degré; et, parmi les parens de même degré, le plus âgé à celui qui le sera le moins. C. 25, 110, 413, 427 s., 442 s., 735 s. P. 34 42, 335.

408. Les frères germains du mineur et les maris des sœurs germaines sont seuls exceptés de la limitation de nombre posée en l'article précédent. — S'ils sont six ou au-delà, ils seront tous membres du conseil de famille, qu'ils composeront seuls, avec les veuves d'ascendans et les ascendans valablement excusés, s'il y en a. C. 442. — S'ils sont en nombre inférieur, les autres parens ne seront appelés que pour compléter le conseil. C. 407.

409. Lorsque les parens ou alliés de l'une ou de l'autre ligne se trouveront en nombre insuffisant sur les lieux, ou dans la distance désignée par l'article 407, le juge de paix appellera, soit des parens ou alliés domiciliés à de plus grandes distances, soit, dans la commune même, des citoyens connus pour avoir eu des relations habituelles d'amitié avec le père ou la mère du mineur.

410. Le juge de paix pourra, lors même qu'il y aurait sur les lieux un nombre suffisant de parens ou alliés, permettre de citer, à quelque distance qu'ils soient domiciliés, des parens ou alliés plus proches en degrés ou de mêmes degrés que les parens ou alliés présens; de manière toutefois que cela s'opère en retranchant quelques-uns de ces derniers, et sans excéder le nombre réglé par les précédens articles. C. 407, 408.

411. Le délai pour comparaître sera réglé par le juge de paix à jour fixe, mais de manière qu'il y ait toujours, entre la citation notifiée et le jour indiqué pour la réunion du conseil, un intervalle de trois jours au moins, quand toutes les parties citées résideront dans la commune, ou dans la distance de deux myriamètres. —Toutes les fois que, parmi les parties citées, il s'en trouvera de domiciliées au-delà de cette distance, le délai sera augmenté d'un jour par trois myriamètres. Pr. 1033.

412. Les parens, alliés ou amis, ainsi convoqués, seront tenus de se rendre en personne, ou de se faire représenter par un mandataire spécial. —Le fondé de pouvoir ne peut représenter plus d'une personne. C. 1985, 1987, 1990.

413. Tout parent, allié ou ami, convoqué, et qui, sans excuse légitime, ne comparaîtra point, encourra une amende qui ne pourra excéder cinquante francs, et sera prononcée sans appel par le juge de paix. C. 414.

414. S'il y a excuse suffisante, et qu'il convienne, soit d'attendre le membre absent, soit de le remplacer; en ce cas, comme en tout autre où l'intérêt du mineur semblera l'exiger, le juge de paix pourra ajourner l'assemblée ou la proroger.

415. Cette assemblée se tiendra de plein droit chez le juge de paix, à moins qu'il ne désigne lui-même un autre local. La présence des trois quarts au moins de ses membres convoqués sera nécessaire pour qu'elle délibère. C. 407, 408.

416. Le conseil de famille sera présidé par le juge de paix, qui y aura voix délibérative, et prépondérante en cas de partage. Pr. 883, 888, 889. (1)

417. Quand le mineur, domicilié en France, possédera des biens dans les colonies, ou réciproquement, l'administration spéciale de ces biens sera donnée à un protuteur. —En ce cas, le tuteur et le protuteur seront indépendans, et non responsables l'un envers l'autre pour leur gestion respective.

418. Le tuteur agira et administrera, en cette qualité, du jour de sa nomination, si elle a lieu en sa présence; sinon, du jour qu'elle lui aura été notifiée. C. 450 s. Pr. 882 s.

419. La tutelle est une charge personnelle qui ne passe point aux héritiers du tuteur. Ceux-ci seront seulement responsables de la gestion de leur auteur; et s'ils sont majeurs, ils seront tenus de la continuer jusqu'à la nomination d'un nouveau tuteur. C. 724, 1370, 2010.

SECTION V.

Du subrogé Tuteur.

420. Dans toute tutelle, il y aura un subrogé tuteur, nommé par le conseil de famille. C. 361 s., 389 s., 402 s., 512. Pr. 968. P. 29. — Ses fonctions consisteront à agir pour les intérêts du mineur, lorsqu'ils seront en opposition avec ceux du tuteur. C. 446, 448, 450 s., 1442, 2137 s. Pr. 444, 883.

421. Lorsque les fonctions du tuteur seront dévolues à une personne de l'une des qualités exprimées aux sections I, II et III du présent chapitre, ce tuteur devra, avant d'entrer en fonctions, faire convoquer, pour la nomination du subrogé tuteur, un conseil de famille composé comme il est dit dans la section IV. C. 407 s. — S'il s'est ingéré dans la gestion avant d'avoir rempli cette formalité, le conseil de famille, convoqué, soit sur la réquisition des parens, créanciers ou autres parties intéressées, soit d'office par le juge de paix, pourra, s'il y a eu dol de la part du tuteur, lui retirer la tutelle, sans préjudice des indemnités dues au mineur. C. *cons.*

(1) *Droits d'enregistrement,* 2 fr. *L.* 28 *avril* 1816, *art.* 43.

de famille, 406; *dol*, 1116; *domm. et intérêts*, 1149.

422. Dans les autres tutelles, la nomination du subrogé tuteur aura lieu immédiatement après celle du tuteur. C. 405 s.

423. En aucun cas le tuteur ne votera pour la nomination du subrogé tuteur, lequel sera pris, hors le cas de frères germains, dans celle des deux lignes à laquelle le tuteur n'appartiendra point. C. 733.

424. Le subrogé tuteur ne remplacera pas de plein droit le tuteur, lorsque la tutelle deviendra vacante, ou qu'elle sera abandonnée par absence; mais il devra, en ce cas, sous peine des dommages-intérêts qui pourraient en résulter pour le mineur, provoquer la nomination d'un nouveau tuteur. C. 112, 446, 448, 1149. Pr. 883.

425. Les fonctions du subrogé tuteur cesseront à la même époque que la tutelle. C. 476 s., 488, 512. P. 29.

426. Les dispositions contenues dans les sections VI et VII du présent chapitre s'appliqueront aux subrogés tuteurs. C. 427 s., 442 s. — Néanmoins le tuteur ne pourra provoquer la destitution du subrogé tuteur, ni voter dans les conseils de famille qui seront convoqués pour cet objet. C. 446, 448.

SECTION VI.

Des Causes qui dispensent de la Tutelle.

427. Sont dispensés de la tutelle, — Les personnes désignées dans les titres III, V, VI, VIII, IX, X et XI de l'acte du 18 mai 1804; — Les présidens et conseillers à la cour de cassation, le procureur général et les avocats généraux en la même cour, — Les préfets; — Tous citoyens exerçant une fonction publique dans un département autre que celui où la tutelle s'établit. C. 430, 431, 438 s. Pr. 882 s. *Cours des Comptes*, L. 16 *sept.* 1807.

428. Sont également dispensés de la tutelle, — Les militaires en activité de service, et tous autres citoyens qui remplissent, hors du territoire du royaume, une mission du roi. C. 430, 431, 438 s. Pr. 882 s.

429. Si la mission est non authentique, et contestée, la dispense ne sera prononcée qu'après la représentation faite par le réclamant, du certificat du ministre dans le département duquel se placera la mission articulée comme excuse.

430. Les citoyens de la qualité exprimée aux articles précédens, qui ont accepté la tutelle postérieurement aux fonctions, services ou missions qui en dispensent, ne seront plus admis à s'en faire décharger pour cette cause.

431. Ceux, au contraire, à qui lesdites fonctions, services ou missions, auront été conférés postérieurement à l'acceptation et gestion d'une tutelle, pourront, s'ils ne veulent la conserver, faire convoquer, dans le mois, un conseil de famille, pour y être procédé à leur remplacement. — Si, à l'expiration de ces fonctions, services ou missions, le nouveau tuteur réclame sa décharge, ou que l'ancien redemande la tutelle, elle pourra lui être rendue par le conseil de famille.

432. Tout citoyen non parent ni allié ne peut être forcé d'accepter la tutelle, que dans le cas où il n'existerait pas, dans la distance de quatre myriametres, des parens ou alliés en état de gérer la tutelle. C. 401, 438 s. Pr. 882 s.

433. Tout individu âgé de soixante-cinq ans accomplis peut refuser d'être tuteur. Celui qui aura été nommé avant cet âge, pourra, à soixante dix ans, se faire décharger de la tutelle. C. 438 s. Pr. 882 s.

434. Tout individu atteint d'une infirmité grave et dûment justifiée, est dispensé de la tutelle. — Il pourra même s'en faire décharger, si cette infirmité est survenue depuis sa nomination. C. 438 s. Pr. 882 s.

435. Deux tutelles sont, pour toutes personnes, une juste dispense d'en accepter une troisième. — Celui qui, époux ou père, sera déjà chargé d'une tutelle, ne pourra être tenu d'en accepter une seconde, excepté celle de ses enfans. C. 438 s. Pr. 882 s.

436. Ceux qui ont cinq enfans légitimes, sont dispensés de toute tutelle autre que celles desdits enfans. — Les enfans morts en activité de service dans les armées du roi seront toujours comptés pour opérer cette dispense

— Les autres enfans morts ne seront comptés qu'autant qu'ils auront eux-mêmes laissé des enfans actuellement existans. C. 438, s. Pr. 882 s.

437. La survenance d'enfans pendant la tutelle ne pourra autoriser à l'abdiquer.

438. Si le tuteur nommé est présent à la délibération qui lui défère la tutelle, il devra sur-le-champ, et sous peine d'être déclaré non recevable dans toute réclamation ultérieure, proposer ses excuses, sur lesquelles le conseil de famille délibèrera.

439. Si le tuteur nommé n'a pas assisté à la délibération qui lui a déféré la tutelle, il pourra faire convoquer le conseil de famille pour délibérer sur ses excuses. — Ses diligences à ce sujet devront avoir lieu dans le délai de trois jours, à partir de la notification qui lui aura été faite de sa nomination; lequel délai sera augmenté d'un jour par trois myriamètres de distance du lieu de son domicile à celui de l'ouverture de la tutelle : passé ce délai, il sera non recevable. Pr. 882, 1033.

440. Si ses excuses sont rejetées, il pourra se pourvoir devant les tribunaux pour les faire admettre; mais il sera, pendant le litige, tenu d'administrer provisoirement. C. 394. Pr. 882 s.

441. S'il parvient à se faire exempter de la tutelle, ceux qui auront rejeté l'excuse, pourront être condamnés aux frais de l'instance. — S'il succombe, il sera condamné lui-même. Pr. 130, 131.

SECTION VII.

De l'Incapacité, des Exclusions et Destitutions de la Tutelle.

442. Ne peuvent être tuteurs, ni membres des conseils de famille, — 1° Les mineurs, excepté le père ou la mère ; — 2° Les interdits ; — 3° Les femmes, autres que la mère et les ascendantes; — 4° Tous ceux qui ont ou dont les père ou mère ont avec le mineur un procès dans lequel l'état de ce mineur, sa fortune, ou une partie notable de ses biens, sont compromis. C. 388, 408, 445, 495, 502, 507.

443. La condamnation à une peine afflictive ou infamante emporte de plein droit l'exclusion de la tutelle. Elle emporte de même la destitution, dans le cas où il s'agirait d'une tutelle antérieurement déférée. P. 7, 8, 34, 42, 335.

444. Sont aussi exclus de la tutelle, et même destituables s'ils sont en exercice, — 1° Les gens d'une inconduite notoire ; — 2° Ceux dont la gestion attesterait l'incapacité ou l'infidélité. C. 515. Pr. 132.

445. Tout individu qui aura été exclu ou destitué d'une tutelle, ne pourra être membre d'un conseil de famille. C. 442 s.

446. Toutes les fois qu'il y aura lieu à une destitution de tuteur, elle sera prononcée par le conseil de famille, convoqué à la diligence du subrogé tuteur, ou d'office par le juge de paix. — Celui-ci ne pourra se dispenser de faire cette convocation, quand elle sera formellement requise par un ou plusieurs parens ou alliés du mineur, au degré de cousin germain ou à des degrés plus proches. C. 406, 420 s.

447. Toute délibération du conseil de famille qui prononcera l'exclusion ou la destitution du tuteur, sera motivée, et ne pourra être prise qu'après avoir entendu ou appelé le tuteur.

448. Si le tuteur adhère à la délibération, il en sera fait mention, et le nouveau tuteur entrera aussitôt en fonctions. — S'il y a réclamation, le subrogé tuteur poursuivra l'homologation de la délibération devant le tribunal de première instance, qui prononcera sauf l'appel. — Le tuteur exclu ou destitué peut lui-même, en ce cas, assigner le subrogé tuteur pour se faire déclarer maintenu en la tutelle. C. 439. Pr. 882 s., 883 s., 889.

449. Les parens ou alliés qui auront requis la convocation, pourront intervenir dans la cause, qui sera instruite et jugée comme affaire urgente. Pr. 339, 404, 406, 883 s., 889.

SECTION VIII.

De l'Administration du Tuteur.

450. Le tuteur prendra soin de la personne du mineur, et le représentera dans tous les actes civils. — Il administrera ses biens en bon père de famille, et répondra des dommages-intérêts qui pourraient résulter d'une mauvaise gestion. — Il ne peut ni acheter les biens du mineur, ni les prendre à ferme, à moins que le conseil de famille n'ait autorisé le subrogé tuteur à lui en passer bail, ni accepter la cession d'aucun droit ou créance contre son pupille. C. 108, 417, 418, 454 s.; *dispos. en fav. du tuteur*, 907; *responsabil.*, 1149, 1373, 1374, 1991; *subrog. et cess. de droits*, 1250, 1689 s.; *adjudic.*, 1596; *baux*, 1718; *hypoth. lég.*, 2121, 2135, 2141 s; Pr. 126, 132, 135, 905.

451. Dans les dix jours qui suivront celui de sa nomination, dûment connue de lui, le tuteur requerra la levée des scellés, s'ils ont été apposés, et fera procéder immédiatement à l'inventaire des biens du mineur, en présence du subrogé tuteur. — S'il lui est dû quelque chose par le mineur, il devra le déclarer dans l'inventaire, à peine de déchéance, et ce, sur la réquisition que l'officier public sera tenu de lui en faire, et dont mention sera faite au procès-verbal. Pr. 928 s., 942 s.

452. Dans le mois qui suivra la clôture de l'inventaire, le tuteur fera vendre, en présence du subrogé tuteur, aux enchères reçues par un officier public, et après des affiches ou publications dont le procès-verbal de vente fera mention, tous les meubles autres que ceux que le conseil de famille l'aurait autorisé à conserver en nature. C. 527 s. Pr. 945 s. L. 24 *mars* 1806, *Av. C.* 31 *juillet* 1806, *Déc.* 25 *septembre* 1813.

453. Les père et mère, tant qu'ils ont la jouissance propre et légale des biens du mineur, sont dispensés de vendre les meubles, s'ils préfèrent de les garder pour les remettre en nature. — Dans ce cas, ils en feront faire, à leurs frais, une estimation à juste valeur, par un expert qui sera nommé par le subrogé tuteur, et prêtera serment devant le juge de paix. Ils rendront la valeur estimative de ceux des meubles qu'ils ne pourraient représenter en nature. C. 384 s., 587. Pr. 302 s.

454. Lors de l'entrée en exercice de toute tutelle, autre que celle des père et mère, le conseil de famille réglera par aperçu, et selon l'importance des biens régis, la somme à laquelle pourra s'élever la dépense annuelle du mineur, ainsi que celle d'administration de ses biens. — Le même acte spécifiera si le tuteur est autorisé à s'aider, dans sa gestion, d'un ou plusieurs administrateurs particuliers, salariés, et gérant sous sa responsabilité. C. 1994.

455. Ce conseil déterminera positivement la somme à laquelle commencera, pour le tuteur, l'obligation d'employer l'excédant des revenus sur la dépense : cet emploi devra être fait dans le délai de six mois, passé lequel le tuteur devra les intérêts à défaut d'emploi. C. 1153 s., 1907.

456. Si le tuteur n'a pas fait déterminer par le conseil de famille la somme à laquelle doit commencer l'emploi, il devra, après le délai exprimé dans l'article précédent, les intérêts de toute somme non employée, quelque modique qu'elle soit. C. 1153 s., 1907.

457. Le tuteur, même le père ou la mère, ne peut emprunter pour le mineur, ni aliéner ou hypothéquer ses biens immeubles, sans y être autorisé par un conseil de famille. — Cette autorisation ne devra être accordée que pour cause d'une nécessité absolue, ou d'un avantage évident. Dans le premier cas, le conseil de famille n'accordera son autorisation qu'après qu'il aura été constaté, par un compte sommaire présenté par le tuteur, que les deniers, effets mobiliers et revenus du mineur sont insuffisans. — Le conseil de famille indiquera, dans tous les cas, les immeubles qui devront être vendus de préférence, et toutes les conditions qu'il jugera utiles. C. 458, 460, 470, 517, 1125, 1304, 1305 s., 1312, 1314, 2126. Pr. 953 s. Co. 2, 6.

458. Les délibérations du conseil de famille relatives à cet objet ne seront exécutées qu'après que le tuteur en aura demandé et obtenu l'homologation devant le tribunal de première instance, qui y statuera en la chambre du conseil, et après avoir entendu le procureur du roi. Pr. 141, 883 s., 953 s.

459. La vente se fera publiquement, en présence du subrogé tuteur, aux enchères qui seront reçues par un membre du tribunal de première instance, ou par un notaire à ce commis, et à la suite de trois affiches apposées, par trois dimanches consécutifs, aux lieux accoutumés dans le canton. — Chacune de ces affiches sera visée et certifiée par le maire des communes où elles auront été apposées. Pr. 956 s., 963, 964.

460. Les formalités exigées par les articles 457 et 458, pour l'aliénation des biens du mineur, ne s'appliquent point au cas où un jugement aurait ordonné la licitation sur la provocation d'un copropriétaire par indivis. — Seulement, et en ce cas, la licitation ne pourra se faire que dans la forme prescrite par l'article précédent : les étrangers y seront nécessairement admis. C. 465, 823, 827, 838 s., 1686, 1687.

461. Le tuteur ne pourra accepter ni répudier une succession échue au mineur, sans une autorisation préalable du conseil de famille. L'acceptation n'aura lieu que sous bénéfice d'inventaire. C. 776 s., 784 s., 793 s. Pr. 997.

462. Dans le cas où la succession répudiée au nom du mineur n'aurait pas été acceptée par un autre, elle pourra être reprise soit par le tuteur, autorisé à cet effet par une nouvelle délibération du conseil de famille, soit par le mineur devenu majeur, mais dans l'état où *elle se trouvera* lors de la reprise, et sans pouvoir attaquer les ventes et autres actes qui auraient été légalement faits durant la vacance. C. 790.

463. La donation faite au mineur ne pourra être acceptée par le tuteur qu'avec l'autorisation du conseil de famille. — Elle aura à l'égard du mineur, le même effet qu'à l'égard du majeur. C. 935 s., 940, 942.

464. Aucun tuteur ne pourra introduire en justice une action relative aux droits immobiliers du mineur, ni acquiescer à une demande relative aux mêmes droits, sans l'autorisation du conseil de famille. C. 467, 1125, 1304 s. Pr. *requête civ.*, 481, 484. Co. 63.

465. La même autorisation sera nécessaire au tuteur pour provoquer un partage; mais il pourra, sans cette autorisation, répondre à une demande en partage dirigée contre le mineur. C. 460, 817.

466. Pour obtenir à l'égard du mineur tout l'effet qu'il aurait entre majeurs, le partage devra être fait en justice, et précédé d'une estimation faite par experts nommés par le tribunal de première instance du lieu de l'ouverture de la succession. — Les experts, après avoir prêté, devant le président du même tribunal ou autre juge par lui délégué, le serment de bien et fidèlement remplir leur mission, procèderont à la division des héritages et à la formation des lots, qui seront tirés au sort, et en présence soit d'un membre du tribunal, soit d'un notaire par lui commis, lequel fera la délivrance des lots. — Tout autre partage ne sera considéré que comme provisionnel. C. 819 s., 824 s., 840, 1314. Pr. 802 s., 966 s., 984.

467. Le tuteur ne pourra transiger au nom du mineur qu'après y avoir été autorisé par le conseil de famille, et de l'avis de trois jurisconsultes désignés par le procureur du roi près le tribunal de première instance. — La transaction ne sera valable qu'autant qu'elle aura été homologuée par le tribunal de première instance, après avoir entendu le procureur du roi. C. 472, 1304 s., 1312, 2045. Pr. 141 1004. Co. 63. T. 76.

468. Le tuteur qui aura des sujets de mécontentement graves sur la conduite du mineur, pourra porter ses plaintes à un conseil de famille, et, s'il y est autorisé par ce conseil, provoquer la réclusion du mineur, conformément à ce qui est statué à ce sujet au titre *de la Puissance paternelle*. C. 376 s.

SECTION IX.

Des Comptes de la Tutelle.

469. Tout tuteur est comptable de

sa gestion lorsqu'elle finit. C. 471, 475, 480, 509; *hypoth. lég.*, 2121, 2135 s. Pr. 126, 132, 135, 527 s., 905. Co. 540, 612.

470. Tout tuteur, autre que le père et la mère, peut être tenu, même durant la tutelle, de remettre au subrogé tuteur des états de situation de sa gestion, aux époques que le conseil de famille aurait jugé à propos de fixer, sans néanmoins que le tuteur puisse être astreint à en fournir plus d'un chaque année. — Ces états de situation seront rédigés et remis, sans frais, sur papier non timbré, et sans aucune formalité de justice. C. 420.

471. Le compte définitif de tutelle sera rendu aux dépens du mineur, lorsqu'il aura atteint sa majorité ou obtenu son émancipation. Le tuteur en avancera les frais. — On y allouera au tuteur toutes dépenses suffisamment justifiées, et dont l'objet sera utile. C. 476 s., 480, 488. Pr. 527.

472. Tout traité qui pourra intervenir entre le tuteur et le mineur devenu majeur, sera nul, s'il n'a été précédé de la reddition d'un compte détaillé, et de la remise des pièces justificatives; le tout constaté par un récépissé de l'oyant-compte, dix jours au moins avant le traité. C. 907, 2045. Pr. 536. (1)

473. Si le compte donne lieu à des contestations, elles seront poursuivies et jugées comme les autres contestations en matière civile. Pr. 527 s.

474. La somme à laquelle s'élèvera le reliquat dû par le tuteur, portera intérêt, sans demande, à compter de la clôture du compte. — Les intérêts de ce qui sera dû au tuteur par le mineur ne courront que du jour de la sommation de payer qui aura suivi la clôture du compte. C. 1153 s., Pr. 126, 132, 135, 541, 905. Co. 540, 612.

475. Toute action du mineur contre son tuteur, relativement aux faits de la tutelle, se prescrit par dix ans, à compter de la majorité. C. 469, 1304 s., 2264.

CHAPITRE III

DE L'ÉMANCIPATION (2).

476. Le mineur est émancipé de plein droit par le mariage. C. 485, 1388. 2208.

477. Le mineur, même non marié, pourra être émancipé par son père, ou, à défaut de père, par sa mère, lorsqu'il aura atteint l'âge de quinze ans révolus. — Cette émancipation s'opérera par la seule déclaration du père ou de la mère, reçue par le juge de paix assisté de son greffier. C. 485.

478. Le mineur resté sans père ni mère pourra aussi, mais seulement à l'âge de dix huit ans accomplis, être émancipé, si le conseil de famille l'en juge capable. — En ce cas, l'émancipation résultera de la délibération qui l'aura autorisée, et de la déclaration que le juge de paix, comme président du conseil de famille, aura faite dans le même acte, *que le mineur est émancipé*. C. 407 s., 485. Pr 342 s., 883 s. Co. 2 s.

479. Lorsque le tuteur n'aura fait aucune diligence pour l'émancipation du mineur dont il est parlé dans l'article précédent, et qu'un ou plusieurs parens ou alliés de ce mineur, au degré de cousin germain ou à des degrés plus proches, le jugeront capable d'être émancipé, ils pourront requérir le juge de paix de convoquer le conseil de famille pour délibérer à ce sujet. — Le juge de paix devra déférer à cette réquisition. C. 406, 735 s.

480. Le compte de tutelle sera rendu au mineur émancipé, assisté d'un curateur qui lui sera nommé par le conseil de famille. C. 406 s., 471, 2208. Pr. 527 s.

481. Le mineur émancipé passera les baux dont la durée n'excèdera point

---

(1) *Droits d'enregistrement.* Décharge et récépissé de pièces, 2 fr. *L.* 28 *avril* 1816, *art.* 43, *n°* 7.

(2) *Droit d'enregistrement* des actes d'émancipation, 5 fr.; ce droit est dû par chaque émancipé. *L.* 22 *frimaire an* VII, *art.* 68, § 4, *n°* 2.

neuf ans ; il recevra ses revenus, en donnera décharge, et fera tous les actes qui ne sont que de pure administration, sans être restituable contre ces actes dans tous les cas où le majeur ne le serait pas lui-même. C. 499, 515, 1305 s., 1718, 1990. Pr. 910.

482. Il ne pourra intenter une action immobilière, ni y défendre, même recevoir et donner décharge d'un capital mobilier, sans l'assistance de son curateur, qui, au dernier cas, surveillera l'emploi du capital reçu. C. 452, 838 s., 935, 1030. Pr. *req. civ.*, 481, 484.

483. Le mineur émancipé ne pourra faire d'emprunts, sous aucun prétexte, sans une délibération du conseil de famille, homologuée par le tribunal de première instance, après avoir entendu le procureur du roi. C. 499, 515, 1124 s., 1305 s. 1308, 1310 s., 1314. Pr. 685 s. P. 406.

484. Il ne pourra non plus vendre ni aliéner ses immeubles, ni faire aucun acte autre que ceux de pure administration, sans observer les formes prescrites au mineur non émancipé. C. 457 s., 461 s., 465, 467, 903, 1095, 1305 s. — A l'égard des obligations qu'il aurait contractées par voie d'achats ou autrement, elles seront réductibles en cas d'excès : les tribunaux prendront, à ce sujet, en considération la fortune du mineur, la bonne ou mauvaise foi des personnes qui auront contracté avec lui, l'utilité ou l'inutilité des dépenses. C. 904, 1312, 1314, 1990.

485. Tout mineur émancipé dont les engagemens auraient été réduits en vertu de l'article précédent, pourra être privé du bénéfice de l'émancipation, laquelle lui sera retirée en suivant les mêmes formes que celles qui auront eu lieu pour la lui conférer. C. 477 s.

486. Dès le jour où l'émancipation aura été révoquée, le mineur rentrera en tutelle, et y restera jusqu'à sa majorité accomplie.

487. Le mineur émancipé qui fait un commerce est réputé majeur pour les faits relatifs à ce commerce. C. 1308. Co. 2, 3, 6.

TITRE XI.

DE LA MAJORITÉ, DE L'INTERDICTION, ET DU CONSEIL JUDICIAIRE.

(Décrété le 29 mars 1803. Promulgué le 8 avril.)

CHAPITRE PREMIER.

DE LA MAJORITÉ.

488. La majorité est fixée à vingt-un ans accomplis ; à cet âge on est capable de tous les actes de la vie civile, sauf la restriction portée au titre *du Mariage*. C. 148, 151 s., 346, 372, 377, 489, 788, 819, 935, 1313. Pr. 746, 747, 1013.

CHAPITRE II.

DE L'INTERDICTION (1).

489. Le majeur qui est dans un état habituel d'imbécillité, de démence ou de fureur, doit être interdit, même lorsque cet état présente des intervalles lucides. C. 74, 512. Pr. 890 s. P. 29. T. cr. 117 s.

490. Tout parent est recevable à provoquer l'interdiction de son parent. Il en est de même de l'un des époux à l'égard de l'autre. Pr. 890 s.

491. Dans le cas de fureur, si l'interdiction n'est provoquée ni par l'époux ni par les parens, elle doit l'être par le procureur du roi, qui, dans les cas d'imbécillité ou de démence, peut aussi la provoquer contre un individu qui n'a ni époux, ni épouse, ni parens connus. Pr. 890 s. P. 64. T. cr. 117.

492. Toute demande en interdiction sera portée devant le tribunal de première instance. C. 102. Pr 59, 69.

493. Les faits d'imbécillité, de démence ou de fureur, seront articulés par écrit. Ceux qui poursuivront l'interdiction, présenteront les témoins et les pièces. Pr. 252 s., 890 s.

(1) V. L. 30 juin 1838, *sur les Aliénés*.

494. Le tribunal ordonnera que le conseil de famille, formé selon le mode déterminé à la section IV du chapitre II du titre *de la Minorité, de la Tutelle et de l'Émancipation*, donne son avis sur l'état de la personne dont l'interdiction est demandée. C. 407 s. Pr. 892 s.

495. Ceux qui auront provoqué l'interdiction, ne pourront faire partie du conseil de famille : cependant l'époux ou l'épouse, et les enfans de la personne dont l'interdiction sera provoquée pourront y être admis sans y avoir voix délibérative. C. 442, 507.

496. Après avoir reçu l'avis du *conseil de famille*, le tribunal interrogera le défendeur à la chambre du conseil : s'il ne peut s'y présenter, il sera interrogé dans sa demeure par l'un des juges à ce commis, assisté du greffier. Dans tous les cas, le procureur du roi sera présent à l'interrogatoire. Pr. 893.

497. Après le premier interrogatoire, le tribunal commettra, s'il y a lieu, un administrateur provisoire, pour prendre soin de la personne et des biens du défendeur. L. 30 *juin* 1838, *art.* 31, 32 s., 38.

498. Le jugement sur une demande en interdiction, ne pourra être rendu qu'à l'audience publique, les parties entendues ou appelées. Pr. 85, 126 (1).

499. En rejetant la demande en interdiction, le tribunal pourra néanmoins, si les circonstances l'exigent, ordonner que le défendeur ne pourra désormais plaider, transiger, emprunter, recevoir un capital mobilier, ni en donner décharge, aliéner, ni grever ses biens d'hypothèques, sans l'assistance d'un conseil qui lui sera nommé par le même jugement. C. 481 s., 513 s., 2045, 2126. Pr. 897.

500. En cas d'appel du jugement rendu en première instance, la cour royale pourra, si elle le juge nécessaire, interroger de nouveau, ou faire interroger par un commissaire, la personne dont l'interdiction est demandée. Pr. 470, 894 s.

501. Tout arrêt ou jugement portant interdiction, ou nomination d'un conseil, sera, à la diligence des demandeurs, levé, signifié à partie, et inscrit, dans les dix jours, sur les tableaux qui doivent être affichés dans la salle de l'auditoire et dans les études des notaires de l'arrondissement. Pr. 897 (2).

502. L'interdiction ou la nomination d'un conseil, aura son effet du jour du jugement. Tous actes passés postérieurement par l'interdit, ou sans l'assistance du conseil, seront nuls de droit. C. 146, 149 s., 175, 178, 901, 1028, 1124 s., 1304, 1312, 2003. Co. 2. Pr. 542 s. L. 30 *juin* 1838, *art.* 39.

503. Les actes antérieurs à l'interdiction pourront être annulés, si la cause de l'interdiction existait notoirement à l'époque où ces actes ont été faits.

504. Après la mort d'un individu, les actes par lui faits ne pourront être attaqués pour cause de démence, qu'autant que son interdiction aurait été prononcée ou provoquée avant son décès ; à moins que la preuve de la démence ne résulte de l'acte même qui est attaqué. C. 901, 1109.

505. S'il n'y a pas d'appel du jugement d'interdiction rendu en première instance, ou s'il est confirmé sur l'appel, il sera pourvu à la nomination d'un tuteur et d'un subrogé tuteur à l'interdit, suivant les règles prescrites au titre *de la Minorité, de la Tutelle et de l'Émancipation*. L'administrateur provisoire cessera ses fonctions, et rendra compte au tuteur s'il ne l'est pas lui même. C. 405 s., 420 s., 471. Pr. 126, 132, 135, 527 s., 882 s., 894, 895.

506. Le mari est, de droit, le tuteur de sa femme interdite. C. 213 s.

507. La femme pourra être nommée tutrice de son mari. En ce cas, le conseil de famille réglera la forme et les conditions de l'administration, sauf le recours devant les tribunaux

(1) *Droits d'enregistrement* : Jugement portant interdiction, 15 fr. *L.* 22 *frimaire an* VII, *art.* 68, § 6, n° 2.

(2) Arrêt des cours royales, 25 fr. *L.* 28 *avril* 1816, *art.* 47, n° 1.

de la part de la femme qui se croirait lésee par l'arrêté de la famille. C. 442, 495, 508, 510. Pr. 883 s.

508. Nul, à l'exception des époux, des ascendans et descendans, ne sera tenu de conserver la tutelle d'un interdit au-delà de dix ans A l'expiration de ce délai, le tuteur pourra demander et devra obtenir son remplacement.

509. L'interdit est assimilé au mineur, pour sa personne et pour ses biens; les lois sur la tutelle des mineurs s'appliqueront à la tutelle des interdits. C. 108, 450, 452 s., 469 s.

510. Les revenus d'un interdit doivent être essentiellement employés à adoucir son sort et à accélérer sa guérison. Selon les caractères de sa maladie et l'état de sa fortune, le conseil de famille pourra arrêter qu'il sera traité dans son domicile, ou qu'il sera placé dans une maison de santé, et même dans un hospice. C. 454, 507. L. 30 *juin* 1838, *art.* 8 s., 38.

511. Lorsqu'il sera question du mariage de l'enfant d'un interdit, la dot, ou l'avancement d'hoirie, et les autres conventions matrimoniales, seront réglés par un avis du conseil de famille, homologué par le tribunal, sur les conclusions du procureur du roi. C. 1081 s., 1091 s., 1095, 1387 s. Pr 883, 885 s.

512. L'interdiction cesse avec les causes qui l'ont déterminée : néanmoins la main-levée ne sera prononcée qu'en observant les formalités prescrites pour parvenir à l'interdiction, et l'interdit ne pourra reprendre l'exercice de ses droits qu'après le jugement de main levée. C. 492, 494 s. Pr. 542 s., 891 s., 894, 896.

CHAPITRE III.

DU CONSEIL JUDICIAIRE.

513. Il peut être défendu aux prodigues de plaider, de transiger, d'emprunter, de recevoir un capital mobilier et d'en donner décharge, d'aliéner, ni de grever leurs biens d'hypothèques, sans l'assistance d'un conseil qui leur est nommé par le tribunal. C. 481 s, 499, 2045, 2126. Pr. 542 s., 894.

514. La défense de procéder sans l'assistance d'un conseil peut être provoquée par ceux qui ont droit de demander l'interdiction; leur demande doit être instruite et jugée de la même manière. — Cette défense ne peut être levée qu'en observant les mêmes formalités. C. 490 s., 512. Pr. 890 s., 896, 897.

515. Aucun jugement, en matière d'interdiction, ou de nomination de conseil, ne pourra être rendu, soit en première instance, soit en cause d'appel, que sur les conclusions du ministère public. Pr. 83, 891, 892. L. 30 *juin* 1838, *art.* 40.

LIVRE II.

DES BIENS, ET DES DIFFÉRENTES MODIFICATIONS DE LA PROPRIÉTÉ.

TITRE PREMIER.

DE LA DISTINCTION DES BIENS.

(Décrété le 25 janvier 1804. Promulgué le 4 février.)

516. Tous les biens sont meubles ou immeubles.

CHAPITRE PREMIER.

DES IMMEUBLES.

517. Les biens sont immeubles, ou par leur nature, ou par leur destination, ou par l'objet auquel ils s'appliquent.

518. Les fonds de terre et les bâtimens sont immeubles par leur nature.

519. Les moulins à vent ou à eau, fixes sur piliers et faisant partie du bâtiment, sont aussi immeubles par leur nature. C. 531.

520. Les récoltes pendantes par les racines, et les fruits des arbres non encore recueillis, sont pareillement immeubles. — Dès que les grains sont coupés et les fruits détachés, quoique non enlevés, ils sont meubles. C. 517, 518. Pr. 626 s. — Si une partie seulement de la récolte est coupée, cette partie seule est meuble. C. 521; *privilége p. frais*, 548, 2102. Pr. 626 s., 682.

521. Les coupes ordinaires des bois taillis ou de futaies mises en coupes réglées, ne deviennent meubles qu'au fur et à mesure que les arbres sont abattus. C. 520, 527, 528, 1403.

522. Les animaux que le propriétaire du fonds livre au fermier ou au métayer pour la culture, estimés ou non, sont censés immeubles tant qu'ils demeurent attachés au fonds par l'effet de la convention. — Ceux qu'il donne à cheptel à d'autres qu'au fermier ou métayer, sont meubles. C. 524, 1064, 1800 s. Pr. 592, 594.

523. Les tuyaux servant à la conduite des eaux dans une maison ou autre héritage, sont immeubles, et font partie du fonds auquel ils sont attachés. Pr. 592.

524. Les objets que le propriétaire d'un fonds y a placés pour le service et l'exploitation de ce fonds, sont immeubles par destination. — Ainsi, sont immeubles par destination, quand ils ont été placés par le propriétaire pour le service et l'exploitation du fonds, — Les animaux attachés à la culture; — Les ustensiles aratoires; — Les semences données aux fermiers ou colons partiaires; — Les pigeons des colombiers; — Les lapins des garennes; — Les ruches à miel, — Les poissons des étangs; — Les pressoirs, chaudières, alambics, cuves et tonnes; — Les ustensiles nécessaires à l'exploitation des forges, papeteries et autres usines; — Les pailles et engrais. — Sont aussi immeubles par destination tous effets mobiliers que le propriétaire a attachés au fonds à perpétuelle demeure. C. 518, 564, 1064. Pr. 592. L. 21 *avril* 1810, *art.* 8, 9.

525. Le propriétaire est censé avoir attaché à son fonds des effets mobiliers à perpétuelle demeure, quand ils y sont scellés en plâtre ou à chaux ou à ciment, ou lorsqu'ils ne peuvent être détachés sans être fracturés et détériorés, ou sans briser ou détériorer la partie du fonds à laquelle ils sont attachés. — Les glaces d'un appartement sont censées mises à perpétuelle demeure, lorsque le parquet sur lequel elles sont attachées fait corps avec la boiserie. — Il en est de même des tableaux et autres ornemens. — Quant aux statues, elles sont immeubles, lorsqu'elles sont placées dans une niche pratiquée exprès pour les recevoir, encore qu'elles puissent être enlevées sans fracture ou détérioration. C. 524, 1350, 1352.

526. Sont immeubles, par l'objet auquel ils s'appliquent, — L'usufruit des choses immobilières; — Les servitudes ou services fonciers; — Les actions qui tendent à revendiquer un immeuble. C. 529 s., 2118. Pr. 682.

CHAPITRE II.

DES MEUBLES.

527. Les biens sont meubles par leur nature, ou par la détermination de la loi. C. 2119, 2279.

528. Sont meubles par leur nature les corps qui peuvent se transporter d'un lieu à un autre, soit qu'ils se meuvent par eux-mêmes, comme les animaux, soit qu'ils ne puissent changer de place que par l'effet d'une force étrangère, comme les choses inanimées. C. 565 s., 948, 1606. Co. 190.

529. Sont meubles par la détermination de la loi, les obligations et actions qui ont pour objet des sommes exigibles ou des effets mobiliers, les actions ou intérêts dans les compagnies de finance, de commerce ou d'industrie, encore que des immeubles dépendans de ces entreprises appartiennent aux compagnies. Ces actions ou intérêts sont réputés meubles à l'égard de chaque associé seulement, tant que dure la société. Co. 34 s., 38. — Sont aussi meubles par la détermination de la loi, les rentes perpétuelles ou viagères, soit sur l'état, soit sur des particuliers. C. 1909 s., 1968 s.

(Art. 530, décrété le 21 mars 1804. Promulgué le 31 du même mois.)

530. Toute rente établie à perpétuité pour le prix de la vente d'un immeuble, ou comme condition de la cession à titre onéreux ou gratuit d'un fonds immobilier, est essentiellement rachetable. — Il est néanmoins permis au créancier de régler les clauses et conditions du rachat. — Il lui est aussi permis de stipuler que la rente ne pourra lui être remboursée *qu'après un certain terme*, lequel ne peut jamais excéder trente ans : toute stipulation contraire est nulle. C. 1911. L. 18 *décembre* 1790.

531. Les bateaux, bacs, navires, moulins et bains sur bateaux, et généralement toutes usines non fixées par des piliers, et ne faisant point partie de la maison, sont meubles : la saisie de quelques-uns de ces objets peut cependant, à cause de leur importance, être soumise à des formes particulières, ainsi qu'il sera expliqué dans le Code de la procédure civile. C. 519, 2120. Pr. 620. Co. 190, 215.

532. Les matériaux provenant de la démolition d'un édifice, ceux assemblés *pour en construire un nouveau*, sont meubles jusqu'à ce qu'ils soient employés par l'ouvrier dans une construction.

533. Le mot *meuble*, employé seul dans les dispositions de la loi ou de l'homme, sans autre addition ni désignation, ne comprend pas l'argent comptant, les pierreries, les dettes actives, les livres, les médailles, les instrumens des sciences, des arts et métiers, le linge de corps, les chevaux, équipages, armes, grains, vins, foins et autres denrées ; il ne comprend pas aussi ce qui fait l'objet d'un commerce. C. 1550, 1352.

534. Les mots *meubles meublans* ne *comprennent* que les meubles destinés à l'usage et à l'ornement des appartemens, comme tapisseries, lits, sièges, glaces, pendules, tables, porcelaines et autres objets de cette nature. — Les tableaux et les statues qui font partie du meuble d'un appartement y sont aussi compris, mais non les collections de tableaux qui peuvent être dans les galeries ou pièces particulières. — Il en est de même des porcelaines : celles seulement qui font partie de la décoration d'un appartement, sont comprises sous la dénomination de *meubles meublans*. C. 1350, 1352.

535. L'expression *biens meubles*, celle de *mobilier* ou d'*effets mobiliers*, comprennent généralement tout ce qui est censé meuble d'après les règles ci-dessus établies. — La vente ou le don d'une maison meublée ne comprend que les meubles meublans. C. 1350, 1352.

536. La vente ou le don d'une maison, avec tout ce qui s'y trouve, ne comprend pas l'argent comptant, ni les dettes actives et autres droits dont les titres peuvent être déposés dans la maison ; tous les autres effets mobiliers y sont compris. C. 1350, 1352.

CHAPITRE III.

DES BIENS DANS LEUR RAPPORT AVEC CEUX QUI LES POSSÈDENT.

537. Les particuliers ont la libre disposition des biens qui leur appartiennent, sous les modifications établies par les lois. Ch. 9. C. 25, 128, 217 s., 457 s., 513, 544 s., 1449, 1558, 1554 s., 1576, 1594 s. Co. 2 s. 445 s. — Les biens qui n'appartiennent pas à des particuliers, sont administrés et ne peuvent être aliénés que dans les formes et suivant les règles qui leur sont particulières. C. 1712. Pr. 49, 69, 83, 598, 481, 1032.

538. Les chemins, routes et rues à la charge de l'état, les fleuves et rivières navigables ou flottables, les rivages, lais et relais de la mer, les ports, les havres, les rades, et généralement toutes les portions du territoire français qui ne sont pas susceptibles d'une propriété privée, sont considérés comme des dépendances du domaine public. C. 540, 557, 714, 715 ; *prescription*, 2226.

539. Tous les biens vacans et sans maître, et ceux des personnes qui décèdent sans héritiers, ou dont les successions sont abandonnées, appartiennent au domaine public. C. *déshérence*, 33, 560, 713, 723, 724, 768, 769 ; *prescription*, 2227.

540. Les portes, murs, fossés, remparts des places de guerre et des forteresses, font aussi partie du domaine public. C. 714.

541. Il en est de même des terrains, des fortifications et remparts des places qui ne sont plus places de guerre : ils appartiennent à l'état, s'ils n'ont été valablement aliénés, ou si la propriété n'en a pas été prescrite *contre lui*. C. 2227.

542. Les biens communaux sont ceux à la propriété ou au produit desquels les habitans d'une ou plusieurs communes ont un droit acquis. C. 557, 643, 649, 910, 2227.

543. On peut avoir sur les biens, ou un droit de propriété, ou un simple droit de jouissance, ou seulement des services fonciers à prétendre. C. 544 s., 578 s., 637 s., 2071 s., 2094 s.

TITRE II.

DE LA PROPRIÉTÉ.

(Décrété le 27 janvier 1804. Promulgué le 6 février.)

544. La propriété est le droit de jouir et disposer des choses de la manière la plus absolue, pourvu qu'on n'en fasse pas un usage prohibé par les lois ou par les réglemens. C. 515, 537, 636, 637 s., 644, 647, 649, 651, 652, 672, 686 s., 918 s., 1370.

545. Nul ne peut être contraint de céder sa propriété, si ce n'est pour cause d'utilité publique, et moyennant une juste et préalable indemnité. C. 643, 682, Ch. 9, L. 3 *mai* 1841.

546. La propriété d'une chose, soit mobilière, soit immobilière, donne droit sur tout ce qu'elle produit, et sur ce qui s'y unit accessoirement, soit naturellement, soit artificiellement. — Ce droit s'appelle *droit d'accession*. C. 547 s., 551, 552 s., 1018 s., 1615, 2118, 2133, 2204.

CHAPITRE PREMIER.

DU DROIT D'ACCESSION SUR CE QUI EST PRODUIT PAR LA CHOSE.

547. Les fruits naturels ou industriels de la terre, — Les fruits civils, — Le croît des animaux, — Appartiennent au propriétaire par droit d'accession. C. 583 s.

548. Les fruits produits par la chose n'appartiennent au propriétaire qu'à la charge de rembourser les frais des labours, travaux et semences faits par des tiers. C. 2102 n° 1.

549. Le simple possesseur ne fait les fruits siens que dans le cas où il possède de bonne foi : dans le cas *contraire*, il est tenu de rendre les produits avec la chose au propriétaire qui la revendique. C. 555, 1378 s., 2102 n° 1 s., 2228 s., 2279. Pr. 129, 526.

550. Le possesseur est de bonne foi quand il possède comme propriétaire, en vertu d'un titre translatif de propriété dont il ignore les vices. — Il cesse d'être de bonne foi du moment où ces vices lui sont connus. C. 549, 555, 1378 s., 2131, 2265 s. Pr. 57.

CHAPITRE II.

DU DROIT D'ACCESSION SUR CE QUI S'UNIT ET S'INCORPORE A LA CHOSE.

551. Tout ce qui s'unit et s'incorpore à la chose appartient au propriétaire, suivant les règles qui seront ci-après établies. C. 546, 1615.

SECTION I.

Du Droit d'accession relativement aux choses immobilières.

552. La propriété du sol emporte la propriété du dessus et du dessous. — Le propriétaire peut faire au-dessus toutes les plantations et constructions qu'il juge à propos, sauf les exceptions établies au titre *des Servitudes ou Services fonciers*. — Il peut faire au-dessous toutes les constructions et fouilles qu'il jugera à propos, et tirer de ces fouilles tous les produits qu'elles peuvent fournir, sauf les modifications résultant des lois et réglemens relatifs aux mines, et des lois et réglemens de police. C. *source*, 641 ; *plantat.*, 671, 672, 674 ; *excep.*, 678 ; *coupes*, *carr.*, *mines*, 1403 ; L. 21 *avril* 1810. C. *hypoth.*, 2118, 2133.

553. Toutes constructions, plantations et ouvrages sur un terrain ou dans l'intérieur, sont présumés faits par le propriétaire à ses frais et lui appartenir, si le contraire n'est prouvé ; sans préjudice de la propriété qu'un tiers pourrait avoir acquise ou pourrait acquérir par prescription, soit d'un souterrain sous le bâtiment d'autrui, soit de toute autre partie du bâtiment. C. 664, *présomp.*, 1350, 1352; *prescript.*, 2219 s.

554. Le propriétaire du sol qui a fait des constructions, plantations et ouvrages avec des matériaux qui ne lui appartenaient pas, doit en payer la valeur; il peut aussi être condamné à des dommages et intérêts, s'il y a lieu; mais le propriétaire des matériaux n'a pas le droit de les enlever. C. 1149. Pr. 126.

555. Lorsque les plantations, constructions et ouvrages ont été faits par un tiers et avec ses matériaux, le propriétaire du fonds a droit ou de les retenir, ou d'obliger ce tiers à les enlever. — Si le propriétaire du fonds demande la suppression des plantations et constructions, elle est aux frais de celui qui les a faites, sans aucune indemnité pour lui; il peut même être condamné à des dommages et intérêts, s'il y a lieu, pour le préjudice que peut avoir éprouvé le propriétaire du fonds. — Si le propriétaire préfère conserver ces plantations et constructions, il doit le remboursement de la valeur des matériaux et du prix de la main-d'œuvre, sans égard à la plus ou moins grande augmentation de valeur que le fonds a pu recevoir. Néanmoins, si les plantations, constructions et ouvrages ont été faits par un tiers évincé, qui n'aurait pas été condamné à la restitution des fruits, attendu sa bonne foi, le propriétaire ne pourra demander la suppression desdits ouvrages, plantations et constructions; mais il aura le choix, ou de rembourser la valeur des matériaux et du prix de la main-d'œuvre, ou de rembourser une somme égale à celle dont le fonds a augmenté de valeur. C. 1149. Pr. 126.

556. Les atterrissemens et accroissemens qui se forment successivement et imperceptiblement aux fonds riverains d'un fleuve ou d'une rivière, s'appellent *alluvion*. — L'alluvion profite au propriétaire riverain, soit qu'il s'agisse d'un fleuve ou d'une rivière navigable, flottable ou non; à la charge, dans le premier cas, de laisser le marchepied ou chemin de halage, conformément aux règlemens. C. *usufr.*, 596; *servit.*, 650 (1).

557. Il en est de même des relais que forme l'eau courante qui se retire insensiblement de l'une de ses rives en se portant sur l'autre : le propriétaire de la rive découverte profite de l'alluvion, sans que le riverain du côté opposé y puisse venir réclamer le terrain qu'il a perdu. — Ce droit n'a pas lieu à l'égard des relais de la mer. C. 538, 563.

558. L'alluvion n'a pas lieu à l'égard des lacs et étangs, dont le propriétaire conserve toujours le terrain que l'eau couvre quand elle est à la hauteur de la décharge de l'étang, encore que le volume de l'eau vienne à diminuer. — Réciproquement le propriétaire de l'étang n'acquiert aucun droit sur les terres riveraines que son eau vient à couvrir dans des crues extraordinaires. P. *déversoir*, 457, 479.

559. Si un fleuve ou une rivière, navigable ou non, enlève par une force subite une partie considérable et reconnaissable d'un champ riverain, et la porte vers un champ inférieur ou sur la rive opposée, le propriétaire de la partie enlevée peut réclamer sa propriété, mais il est tenu de former sa demande dans l'année; après ce délai, il n'y sera plus recevable, à moins que le propriétaire du champ auquel la partie enlevée a été unie, n'eût pas encore pris possession de celle-ci. C. 558, *prescrip.* 2227.

560. Les îles, îlots, atterrissemens, qui se forment dans le lit des fleuves ou des rivières navigables ou flottables, appartiennent à l'état, s'il n'y a titre ou prescription contraire. C. 538, 2227.

(1) Le chemin de *halage* doit avoir 24 pieds de largeur. — Les arbres, haies ou clôtures doivent être à 30 pieds de distance du côté du halage, et 10 pieds de l'autre bord. (*Ord.* 1669, *tit.* 28 *art.* 7.) — Le *marche-pied* est de 4 pieds. (*Ord.* de 1672.)

561. Les îles et attérissemens qui se forment dans les rivières non navigables et non flottables, appartiennent aux propriétaires riverains du côté où l'île s'est formée : si l'île n'est pas formée d'un seul côté, elle appartient aux propriétaires riverains des deux côtés, à partir de la ligne qu'on suppose tracée au milieu de la rivière.

562. Si une rivière ou un fleuve, en se formant un bras nouveau, coupe et embrasse le champ d'un propriétaire riverain, et en fait une île, ce propriétaire conserve la propriété de son champ, encore que l'île se soit formée dans un fleuve ou dans une rivière navigable ou flottable.

563. Si un fleuve ou une rivière navigable, flottable ou non, se forme un nouveau cours en abandonnant son ancien lit, les propriétaires des fonds nouvellement occupés prennent, à titre d'indemnité, l'ancien lit abandonné, chacun dans la proportion du terrain qui lui a été enlevé.

564. Les pigeons, lapins, poissons qui passent dans un autre colombier, garenne ou étang, appartiennent au propriétaire de ces objets, pourvu qu'ils n'y aient point été attirés par fraude et artifice. C. 524, 2268. P. *vols, empois. de poisson*, 388, 452 s., 457.

SECTION II.

Du Droit d'accession relativement aux choses mobilières.

565. Le droit d'accession, quand il a pour objet deux choses mobilières appartenant à deux maîtres différens, est entièrement subordonné aux principes de l'équité naturelle. — Les règles suivantes serviront d'exemple au juge pour se déterminer, dans les cas non prévus, suivant les circonstances particulières. C. 528 s.

566. Lorsque deux choses appartenant à différens maîtres, qui ont été unies de manière à former un tout, sont néanmoins séparables, en sorte que l'une puisse subsister sans l'autre, le tout appartient au maître de la chose qui forme la partie principale, à la charge de payer à l'autre la valeur de la chose qui a été unie.

567. Est réputée partie principale celle à laquelle l'autre n'a été unie que pour l'usage, l'ornement ou le complément de la première.

568. Néanmoins, quand la chose unie est beaucoup plus précieuse que la chose principale, et quand elle a été employée à l'insu du propriétaire, celui-ci peut demander que la chose unie soit séparée pour lui être rendue, même quand il pourrait en résulter quelque dégradation de la chose à laquelle elle a été jointe. C. 815.

569. Si de deux choses unies pour former un seul tout, l'une ne peut point être regardée comme l'accessoire de l'autre, celle là est réputée principale qui est la plus considérable en valeur, ou en volume, si les valeurs sont à peu près égales.

570. Si un artisan ou une personne quelconque a employé une matière qui ne lui appartenait pas, à former une chose d'une nouvelle espèce, soit que la matière puisse ou non reprendre sa première forme, celui qui en était le propriétaire a le droit de réclamer la chose qui en a été formée, en remboursant le prix de la main-d'œuvre. C. 1787 s.

571. Si cependant la main-d'œuvre était tellement importante qu'elle surpassât de beaucoup la valeur de la matière employée, l'industrie serait alors réputée la partie principale, et l'ouvrier aurait le droit de retenir la chose travaillée, en remboursant le prix de la matière au propriétaire.

572. Lorsqu'une personne a employé en partie la matière qui lui appartenait, et en partie celle qui ne lui appartenait pas, à former une chose d'une espèce nouvelle, sans que ni l'une ni l'autre des deux matières soit entièrement détruite, mais de manière qu'elles ne puissent pas se séparer sans inconvénient, la chose est commune aux deux propriétaires, en raison, quant à l'un, de la matière qui lui appartenait; quant à l'autre, en raison à la fois et de la matière qui lui appartenait, et du prix de sa main-d'œuvre. C. 1686 s.

573. Lorsqu'une chose a été formée par le mélange de plusieurs matières appartenant à différens propriétaires, mais dont aucune ne peut être regardée comme la matière principale, si les matières peuvent être séparées, celui à l'insu duquel les matières ont été mélangées, peut en demander la division. — Si les matières ne peuvent plus être séparées sans inconvénient, ils en acquièrent en commun la propriété dans la proportion de la quantité, de la qualité et de la valeur des matières appartenant à chacun d'eux. C. 815, 1686 s.

574. Si la matière appartenant à l'un des propriétaires était de beaucoup supérieure à l'autre par la quantité et le prix, en ce cas le propriétaire de la matière supérieure en valeur pourrait réclamer la chose provenue du mélange, en remboursant à l'autre la valeur de sa matière.

575. Lorsque la chose reste en commun entre les propriétaires des matières dont elle a été formée, elle doit être licitée au profit commun. C. 1686 s.

576. Dans tous les cas où le propriétaire dont la matière a été employée, à son insu, à former une chose d'une autre espèce, peut réclamer la propriété de cette chose, il a le choix de demander la restitution de sa matière en même nature, quantité, poids, mesure et bonté, ou sa valeur.

577. Ceux qui auront employé des matières appartenant à d'autres, et à leur insu, pourront aussi être condamnés à des dommages et intérêts, s'il y a lieu, sans préjudice des poursuites par voie extraordinaire, si le cas y échet. C. 1149. Pr. 126. P. 379 s.

TITRE III.

DE L'USUFRUIT, DE L'USAGE, ET DE L'HABITATION.

(Décrété le 30 janvier 1804. Promulgué le 9 février.)

CHAPITRE PREMIER.

DE L'USUFRUIT.

578. L'usufruit est le droit de jouir des choses dont un autre a la propriété, comme le propriétaire lui-même, mais à la charge d'en conserver la substance. C. *div. espèces*, 587, 588, 589; *usufr. dotal*, 1568; *hypoth.* 2108, 2118.

579. L'usufruit est établi par la loi, ou par la volonté de l'homme. C. 384, 754, 899, 917, 949 s., 1401, 1403, 1422, 1530, 1549, 1715 s., 2081, 2085, 2262, 2265 (1).

580. L'usufruit peut être établi ou purement, ou à certain jour, ou à condition. C. 900, 1168, 1185.

581. Il peut être établi sur toute espèce de biens meubles ou immeubles. C. 587, 588.

SECTION I.

Des Droits de l'Usufruitier.

582. L'usufruitier a le droit de jouir de toute espèce de fruits, soit naturels, soit industriels, soit civils, que peut produire l'objet dont il a l'usufruit. C. 583 s.

583. Les fruits naturels sont ceux qui sont le produit spontané de la terre. Le produit et le croît des animaux sont aussi des fruits naturels. — Les fruits industriels d'un fonds sont ceux qu'on obtient par la culture. C. 547, 548, 585; *cheptel*, 1802, 1811.

584. Les fruits civils sont les loyers des maisons, les intérêts des sommes exigibles, les arrérages des rentes. — Les prix des baux à ferme sont aussi rangés dans la classe des fruits civils. C. 586; *rentes*, 588, 1909, 1980; *loyers*, 1714 s.; *intérêts*, 1153 s., 1905.

585. Les fruits naturels et industriels, pendans par branches ou par racines au moment où l'usufruit est ouvert, appartiennent à l'usufruitier. — Ceux qui sont dans le même état au moment où finit l'usufruit, appartiennent au propriétaire, sans récompense de part ni d'autre des labours et des semences, mais aussi sans préjudice de la portion des fruits qui pourrait être acquise au colon partiaire, s'il en existait un au commencement ou à la cessation de l'usufruit. C. 1401; *except.*, 1571.

586. Les fruits civils sont réputés s'acquérir jour par jour, et appartiennent à l'usufruitier, à proportion de

(1) *Droits d'enregistrement:* Droit de mutation, *L.* 22 *frim.* an VII, *art.* 15, 16.

la durée de son usufruit. Cette règle s'applique aux prix des baux à ferme, comme aux loyers des maisons et aux autres fruits civils. C. 584 : *arrérages et intérêts*, 588, 1153 s., 1905, 1909, 1980 ; *loyers*, 1714 s.

587. Si l'usufruit comprend des choses dont on ne peut faire usage sans les consommer, comme l'argent, les grains, les liqueurs, l'usufruitier a le droit de s'en servir, mais à la charge d'en rendre de pareille quantité, qualité et valeur, ou leur estimation, à la fin de l'usufruit. C. 1532, 1892 s.

588. L'usufruit d'une rente viagère donne aussi à l'usufruitier, pendant la durée de son usufruit, le droit d'en percevoir les arrérages, sans être tenu à aucune restitution. C. 578, 582, 610 ; *usufruit dot.*, 1568.

589. Si l'usufruit comprend des choses qui, sans se consommer de suite, se détériorent peu à peu par l'usage, comme du linge, des meubles meublans, l'usufruitier a le droit de s'en servir pour l'usage auquel elles sont destinées, et n'est obligé de les rendre, à la fin de l'usufruit, que dans l'état où elles se trouvent, non détériorées par son dol ou par sa faute. C. 453, 950, 1566.

590. Si l'usufruit comprend des bois taillis, l'usufruitier est tenu d'observer l'ordre et la quotité des coupes, conformément à l'aménagement ou à l'usage constant des propriétaires ; sans indemnité toutefois en faveur de l'usufruitier ou de ses héritiers, pour les coupes ordinaires, soit de taillis, soit de baliveaux, soit de futaie, qu'il n'aurait pas faites pendant sa jouissance. — Les arbres qu'on peut tirer d'une pépinière sans la dégrader, ne font aussi partie de l'usufruit qu'à la charge par l'usufruitier de se conformer aux usages des lieux pour le remplacement. C. 587, 1159 ; *communauté*, 1403.

591. L'usufruitier profite encore, toujours en se conformant aux époques et à l'usage des anciens propriétaires, des parties de bois de haute futaie qui ont été *mises en coupes réglées*, soit que ces coupes se fassent périodiquement sur une certaine étendue de terrain, soit qu'elles se fassent d'une certaine quantité d'arbres pris indistinctement sur toute la surface du domaine. C. 590.

592. Dans tous les autres cas, l'usufruitier ne peut toucher aux arbres *de haute futaie : il peut seulement* employer, pour faire les réparations dont il est tenu, les arbres arrachés ou brisés par accident ; il peut même, pour cet objet, en faire abattre s'il est nécessaire, mais à la charge d'en faire constater la nécessité avec le propriétaire.

593. Il peut prendre, dans les bois, des échalas pour les vignes ; il peut aussi prendre, sur les arbres, des produits annuels ou périodiques ; le tout suivant l'usage du pays ou la coutume des propriétaires. C. 583, 590, 1159.

594. Les arbres fruitiers qui meurent, ceux même qui sont arrachés ou brisés par accident, appartiennent à l'usufruitier, à la charge de les remplacer par d'autres. C. 587, 590.

595. L'usufruitier peut jouir par lui même, donner à ferme à un autre, ou même vendre ou céder son droit à titre gratuit. S'il donne à ferme, il doit se conformer, pour les époques où les baux doivent être renouvelés, et, pour leur durée, aux règles établies pour le mari à l'égard des biens de la femme, au titre *du Contrat de mariage et des Droits respectifs des époux*. C. 1429, 1430.

596. L'usufruitier jouit de l'augmentation survenue par alluvion à l'objet dont il a l'usufruit. C. 556.

597. Il jouit des droits de servitude, de passage, et généralement de tous les droits dont le propriétaire peut jouir, et il en jouit comme le propriétaire lui même. C. 578, 598, 637.

598. Il jouit aussi, de la même manière que le propriétaire, des mines et carrières qui sont en exploitation à l'ouverture de l'usufruit ; et néanmoins, s'il s'agit d'une exploitation qui ne puisse être faite sans une concession, l'usufruitier ne pourra en jouir qu'après en avoir obtenu la permission du roi. — Il n'a aucun droit aux mines et *carrières non encore ouvertes*, ni aux tourbières dont l'exploitation n'est point encore commencée, ni au trésor qui pourrait être découvert pendant la durée de l'usufruit. C. 578, 1403.

599. Le propriétaire ne peut, par son fait, ni de quelque manière que ce soit, nuire aux droits de l'usufruitier. — De son côté, l'usufruitier ne peut, à la cessation de l'usufruit, réclamer aucune indemnité pour les améliorations qu'il prétendrait avoir faites, encore que la valeur de la chose en fût augmentée. — Il peut cependant, ou ses héritiers, enlever les glaces, tableaux et autres ornemens qu'il aurait fait placer, mais à la charge de rétablir les lieux dans leur premier état. C. 555, 701, 702, 1383.

SECTION II.

Des Obligations de l'Usufruitier.

600. L'usufruitier prend les choses dans l'état où elles sont; mais il ne peut entrer en jouissance qu'après avoir fait dresser, en présence du propriétaire, ou lui dûment appelé, un inventaire des meubles et un état des immeubles sujets à l'usufruit. C. 626, 1731. Pr. 942 s.

601. Il donne caution de jouir en bon père de famille, s'il n'en est dispensé par l'acte constitutif de l'usufruit; cependant les père et mère ayant l'usufruit légal du bien de leurs enfans, le vendeur ou le donateur, sous réserve d'usufruit, ne sont pas tenus de donner caution. C. 385, 602 s., 626; *caution*, 2018 s., 2040 s. Pr. 517 s.

602. Si l'usufruitier ne trouve pas de caution, les immeubles sont donnés à ferme ou mis en séquestre; — Les sommes comprises dans l'usufruit sont placées; — Les denrées sont vendues, et le prix en provenant est pareillement placé; — Les intérêts de ces sommes et les prix des fermes appartiennent, dans ce cas, à l'usufruitier. C. 1905, 1907, 1955 s, 2042. Pr. 945 s.

603. A défaut d'une caution de la part de l'usufruitier, le propriétaire peut exiger que les meubles qui dépérissent par l'usage soient vendus, pour le prix en être placé comme celui des denrées; et alors l'usufruitier jouit de l'intérêt pendant son usufruit: cependant l'usufruitier pourra demander, et les juges pourront ordonner, suivant les circonstances, qu'une partie des meubles nécessaires pour son usage lui soit délaissée, sous sa simple caution juratoire, et à la charge de les représenter à l'extinction de l'usufruit. C. 602, 617.

604. Le retard de donner caution ne prive pas l'usufruitier des fruits auxquels il peut avoir droit; ils lui sont dus du moment où l'usufruit a été ouvert. C. 1014.

605. L'usufruitier n'est tenu qu'aux réparations d'entretien. — Les grosses réparations demeurent à la charge du propriétaire, à moins qu'elles n'aient été occasionnées par le défaut de réparations d'entretien, depuis l'ouverture de l'usufruit; auquel cas l'usufruitier en est aussi tenu. C. 608, 635, 1409.

606. Les grosses réparations sont celles des gros murs et des voûtes, le rétablissement des poutres et des couvertures entières; — Celui des digues et murs de soutenement et de clôture aussi en entier. — Toutes les autres réparations sont d'entretien.

607. Ni le propriétaire, ni l'usufruitier, ne sont tenus de rebâtir ce qui est tombé de vétusté, ou ce qui a été détruit par cas fortuit. C. 617, 623, 624, 1148, 1302, 1305, 1730, 1733, 1755.

608. L'usufruitier est tenu, pendant sa jouissance, de toutes les charges annuelles de l'héritage, telles que les contributions et autres qui dans l'usage sont censées charges des fruits. C. 605, 635.

609. A l'égard des charges qui peuvent être imposées sur la propriété pendant la durée de l'usufruit, l'usufruitier et le propriétaire y contribuent ainsi qu'il suit: — Le propriétaire est obligé de les payer, et l'usufruitier doit lui tenir compte des intérêts. — Si elles sont avancées par l'usufruitier, il a la répétition du capital à la fin de l'usufruit. C. 610, 611 s.

610. Le legs fait par un testateur, d'une rente viagère ou pension alimentaire, doit être acquitté par le légataire universel de l'usufruit dans son intégrité, et par le légataire à titre universel de l'usufruit dans la proportion de sa jouissance, sans aucune répétition de leur part. C. 917, 918, 1009, 1012, 1015, 1017, 1020, 1024.

611. L'usufruitier à titre particulier n'est pas tenu des dettes auxquelles le fonds est hypothéqué; s'il est forcé de les payer, il a son recours contre le propriétaire, sauf ce qui est dit à l'art. 1020, au titre des *Donations entre-vifs et des Testamens*, C. 1024 s., 1020, 1024.

612. L'usufruitier, ou universel, ou à titre universel, doit contribuer avec le propriétaire au paiement des dettes, ainsi qu'il suit : — On estime la valeur du fonds sujet à usufruit ; on fixe ensuite la contribution aux dettes à raison de cette valeur. — Si l'usufruitier veut avancer la somme pour laquelle le fonds doit contribuer, le capital lui en est restitué à la fin de l'usufruit, sans aucun intérêt. — Si l'usufruitier ne veut pas faire cette avance, le propriétaire a le choix, ou de payer cette somme, et, dans ce cas, l'usufruitier lui tient compte des intérêts pendant la durée de l'usufruit, ou de faire vendre jusqu'à due concurrence une portion des biens soumis à l'usufruit. C. 609, 1009, 1012, 1017.

613. L'usufruitier n'est tenu que des frais des procès qui concernent la jouissance, et des autres condamnations auxquelles ces procès pourraient donner lieu. Pr. 130.

614. Si, pendant la durée de l'usufruit, un tiers commet quelque usurpation sur le fonds, ou attente autrement aux droits du propriétaire, l'usufruitier est tenu de le dénoncer à celui-ci : faute de ce, il est responsable de tout le dommage qui peut en résulter pour le propriétaire, comme il le serait de dégradations commises par lui-même. C, 1149 ; *fermier*, 1768. Pr. 23 s., 126.

615. Si l'usufruit n'est établi que sur un animal qui vient à périr sans la faute de l'usufruitier, celui-ci n'est pas tenu d'en rendre un autre, ni d'en payer l'estimation. C. 607, 617 s., 623, 624, 1810, 1827.

616. Si le troupeau sur lequel un usufruit a été établi périt entièrement par accident ou par maladie, et sans la faute de l'usufruitier, celui-ci n'est tenu envers le propriétaire que de lui rendre compte des cuirs ou de leur valeur. — Si le troupeau ne périt pas entièrement, l'usufruiter est tenu de remplacer, jusqu'à concurrence du croît, les têtes des animaux qui ont péri. C. 617 s., 623, 624, 1809, 1810, 1825, 1827.

SECTION III.

Comment l'Usufruit prend fin.

617. L'usufruit s'éteint, — Par la mort naturelle et par la mort civile de l'usufruitier. — Par l'expiration du temps pour lequel il a été accordé ; — Par la consolidation ou la reunion sur la même tête, des deux qualités d'usufruitier et de propriétaire ; — Par le non usage du droit pendant trente ans ; — Par la perte totale de la chose sur laquelle l'usufruit est établi. C. 23, 25, 607, 619, 623, 624, 703 s, 1300, 1302, 2232. P. 18.

618. L'usufruit peut aussi cesser par l'abus que l'usufruitier fait de sa jouissance, soit en commettant des dégradations sur le fonds, soit en le laissant dépérir faute d'entretien. — Les créanciers de l'usufruitier peuvent intervenir dans les contestations, pour la conservation de leurs droits ; ils peuvent offrir la réparation des dégradations commises, et des garanties pour l'avenir. — Les juges peuvent, suivant la gravité des circonstances, ou prononcer l'extinction absolue de l'usufruit, ou n'ordonner la rentrée du propriétaire dans la jouissance de l'objet qui en est grevé, que sous la charge de payer annuellement à l'usufruitier, ou à ses ayant cause, une somme déterminee jusqu'à l'instant où l'usufruit aurait dû cesser. C. 601, 605, 614, 622. 1167.

619. L'usufruit qui n'est pas accordé à des particuliers ne dure que trente ans. C. 617.

620. L'usufruit accordé jusqu'à ce qu'un tiers ait atteint un âge fixe, dure jusqu'à cette époque, encore que le tiers soit mort avant l'âge fixé.

621. La vente de la chose sujette à usufruit ne fait aucun changement dans le droit de l'usufruitier ; il continue de jouir de son usufruit s'il n'y a pas formellement renoncé (1).

(1) *Droits d'enregistrement* : (indépendamment du droit fixe de 5 fr.) 4 fr. 50 c. par 100 fr. *L.* 28 *avril* 1816, *art.* 54.

622. Les créanciers de l'usufruitier peuvent faire annuler la renonciation qu'il aurait faite à leur préjudice. C. 618, 1167.

623. Si une partie seulement de la chose soumise à l'usufruit est détruite, l'usufruit se conserve sur ce qui reste. C. 615 s.

624. Si l'usufruit n'est établi que sur un bâtiment, et que ce bâtiment soit détruit par un incendie ou autre accident, ou qu'il s'écroule de vétusté l'usufruitier n'aura le droit de jouir ni du sol, ni des matériaux. — Si l'usufruit était établi sur un domaine dont le bâtiment faisait partie, l'usufruitier jouirait du sol et des matériaux. C. 617.

CHAPITRE II.

DE L'USAGE ET DE L'HABITATION.

625. Les droits d'usage et d'habitation s'établissent et se perdent de la même manière que l'usufruit. C. 579 s., 617 s., 628 s., 1127.

626. On ne peut en jouir, comme dans le cas de l'usufruit, sans donner préalablement caution, et sans faire des états et inventaires. C. 600 s. ; *caution*, 2018 s., 2040 s. Pr. 517 s., 942 s.

627. L'usager, et celui qui a un droit d'habitation, doivent jouir en bons pères de famille. C. 601.

628. Les droits d'usage et d'habitation se règlent par le titre qui les a établis, et reçoivent, d'après ses dispositions, plus ou moins d'étendue.

629. Si le titre ne s'explique pas sur l'étendue de ces droits, ils sont réglés ainsi qu'il suit.

630. Celui qui a l'usage des fruits d'un fonds ne peut en exiger qu'autant qu'il lui en faut pour ses besoins et ceux de sa famille. — Il peut en exiger pour les besoins même des enfans qui lui sont survenus depuis la concession de l'usage. C. 548, 583, 632.

631. L'usager ne peut céder ni louer son droit à un autre. C. 595, 634.

632. Celui qui a un droit d'habitation dans une maison, peut y demeurer avec sa famille, quand même il n'aurait pas été marié à l'époque où ce droit lui a été donné. C. 630.

633. Le droit d'habitation se restreint à ce qui est nécessaire pour l'habitation de celui à qui ce droit est concédé, et de sa famille. C. 640, 632.

634. Le droit d'habitation ne peut être ni cédé ni loué. C. 595, 631.

635. Si l'usager absorbe tous les fruits du fonds, ou s'il occupe la totalité de la maison, il est assujetti aux frais de culture, aux réparations d'entretien, et au paiement des contributions, comme l'usufruitier. — S'il ne prend qu'une partie des fruits, ou s'il n'occupe qu'une partie de la maison, il contribue au prorata de ce dont il jouit. C. 605, 608 s.

636. L'usage des bois et forêts est réglé par des lois particulières. V. *dr. d'usage, parcours*, 58 s., 61 s., 109 s., 118 s.

TITRE IV.

DES SERVITUDES OU SERVICES FONCIERS.

(Décrété le 31 janvier 1804. Promulgué le 10 février.)

637. Une servitude est une charge imposée sur un héritage pour l'usage et l'utilité d'un héritage appartenant à un autre propriétaire. C. 640 s., 649 s., 686 s.

638. La servitude n'établit aucune prééminence d'un héritage sur l'autre.

639. Elle dérive ou de la situation naturelle des lieux, ou des obligations imposées par la loi, ou des conventions entre les propriétaires. C. 640 s., 649 s., 686 s.

CHAPITRE PREMIER.

DES SERVITUDES QUI DÉRIVENT DE LA SITUATION DES LIEUX.

640. Les fonds inférieurs sont assujétis, envers ceux qui sont plus élevés, à recevoir les eaux qui en découlent naturellement sans que la main de l'homme y ait contribué. C. 641 s.; *contestat.*, 645 ; *égouts des toits*, 681. V. *dégradat.*, 457. — Le propriétaire inférieur ne peut point élever de digue qui empêche cet écoulement — Le propriétaire supérieur ne peut rien faire qui aggrave la servitude du fonds inférieur. C. 701, 702.

641. Celui qui a une source dans son fonds peut en user, à sa volonté, sauf le droit que le propriétaire du fonds inférieur pourrait avoir acquis par titre ou par prescription. C. 552, 642 s., 645, 688, 690, 703 s., 706 s., 2281; *eau salée* L. 17 *juin* 1840.

642. La prescription, dans ce cas, ne peut s'acquérir que par une jouissance non interrompue pendant l'espace de trente années, à compter du moment où le propriétaire du fonds inférieur a fait et terminé des ouvrages apparens destinés à faciliter la chute et le cours de l'eau dans sa propriété. C. 690, 706 s., 712, 2281.

643. Le propriétaire de la source ne peut en changer le cours, lorsqu'il fournit aux habitans d'une commune, village ou hameau, l'eau qui leur est nécessaire; mais si les habitans n'en ont pas acquis ou prescrit l'usage, le propriétaire peut réclamer une indemnité, laquelle est réglée par experts. C. 545, 2262. P. 457.

644. Celui dont la propriété borde une eau courante, autre que celle qui est déclarée dépendance du domaine public par l'article 538 au titre *de la Distinction des biens*, peut s'en servir à son passage pour l'irrigation de ses propriétés.— Celui dont cette eau traverse l'héritage, peut même en user dans l'intervalle qu'elle y parcourt, mais à la charge de la rendre, à la sortie de ses fonds, à son cours ordinaire. C. 538, 645; *propr. riverains. Av. C.* 30 *pluviôse an* XIII.

645. S'il s'élève une contestation entre les propriétaires auxquels ces eaux peuvent être utiles, les tribunaux, en prononçant, doivent concilier l'intérêt de l'agriculture avec le respect dû à la propriété; et, dans tous les cas, les règlemens particuliers et locaux sur le cours et l'usage des eaux doivent être observés. L. 25 *mai* 1838, *art.* 5 *s.*

646. Tout propriétaire peut obliger son voisin au bornage de leurs propriétés contiguës. Le bornage se fait à frais communs. Pr. 3, 38. P. *peines*, 389, 456, *compét.* L. 25 *mai* 1838, *art.* 6.

647. Tout propriétaire peut clore son héritage, sauf l'exception portée en l'article 682. — C. 544, 552; *clôtures*, 648, 663, 666 s., 678 s., 682, P. *destruct.*, 456.

648. Le propriétaire qui veut se clore perd son droit au parcours et vaine pâture, en proportion du terrain qu'il y soustrait. L. 28 *sept.* 1791, *tit.* 1er, *sect.* 4.

CHAPITRE II.

DES SERVITUDES ÉTABLIES PAR LA LOI.

649. Les servitudes établies par la loi ont pour objet l'utilité publique ou communale, ou l'utilité des particuliers. C. 639.

650. Celles établies pour l'utilité publique ou communale ont pour objet le marchepied le long des rivières navigables ou flottables, la construction ou réparation des chemins et autres ouvrages publics ou communaux. —Tout ce qui concerne cette espèce de servitude est déterminé par des lois ou des règlemens particuliers. C. 538, 556. F. 144 s.

651. La loi assujettit les propriétaires à différentes obligations l'un à l'égard de l'autre, indépendamment de toute convention. C. 653 s. 674 s., 681 s., 1370.

652. Partie de ces obligations est réglée par les lois sur la police rurale. — Les autres sont relatives au mur et au fossé mitoyens, au cas où il y a lieu à contre-mur, aux vues sur la propriété du voisin, à l'égout des toits, au droit de passage. C. 653 s., 674, 675, 681, 682.

SECTION I.

Du Mur et du Fossé mitoyens.

653. Dans les villes et les campagnes, tout mur servant de séparation entre bâtimens jusqu'à l'héberge, ou entre cours et jardins, et même entre enclos dans les champs, est présumé mitoyen, s'il n'y a titre ou marque du contraire. C. 654 s., 661, 663, 666 s., 670, 675 s.; *présompt.* 1350, 1352.

654. Il y a marque de non-mitoyenneté, lorsque la sommité du mur est droite et aplomb de son parement d'un côté, et présente de l'autre un plan incliné; — Lors encore qu'il n'y a que d'un côté ou un chaperon ou des filets et corbeaux de pierre qui y auraient été mis en bâtissant le mur. — Dans ces cas, le mur est censé appartenir exclusivement au propriétaire du côté duquel sont l'égout ou les corbeaux et filets de pierre. C. 676 s.; *présompt.*, 1350, 1352.

655. La réparation et la reconstruction du mur mitoyen sont à la charge de tous ceux qui y ont droit, et proportionnellement au droit de chacun. C. 656 s., 663, 664, 669.

656 Cependant tout copropriétaire d'un *mur mitoyen peut se dispenser* de contribuer aux réparations et reconstructions en abandonnant le droit de mitoyenneté, pourvu que le mur mitoyen ne soutienne pas un bâtiment qui lui appartienne. C. 699.

657. Tout copropriétaire peut faire bâtir contre un mur mitoyen, et y faire placer des poutres ou solives dans toute l'épaisseur du mur, à cinquante-quatre millimètres (deux pouces) près, sans préjudice du droit qu'a le voisin de faire réduire à l'ébauchoir la poutre jusqu'à la moitié du mur, dans le cas où il voudrait lui-même asseoir des poutres dans le même lieu, ou y adosser une cheminée. C. 662; *exception*, 674, 675.

658. Tout copropriétaire peut faire exhausser le mur mitoyen; mais il doit payer seul la dépense de l'exhaussement, les réparations d'entretien au-dessus de la hauteur de la clôture commune, et en outre l'indemnité de la charge en raison de l'exhaussement et suivant la valeur. C. 660, 662.

659. Si le mur mitoyen n'est pas *en état de supporter l'exhaussement*, celui qui veut l'exhausser doit le faire reconstruire en entier à ses frais, et l'excédant d'épaisseur doit se prendre de son côté. C. 662.

660. Le voisin qui n'a pas contribué à l'exhaussement peut en acquérir la mitoyenneté en payant la moitié de la dépense qu'il a coûté, et la valeur de la moitié du sol fourni pour l'excédant d'épaisseur, s'il y en a. C. 659.

661. Tout propriétaire joignant un mur, a de même la faculté de le rendre mitoyen en tout ou en partie, en remboursant au maître du mur la moitié de sa valeur, ou la moitié de la valeur de la portion qu'il veut rendre mitoyenne, et moitié de la valeur du sol sur lequel le mur est bâti. C. 660, 676.

662. L'un des voisins ne peut pratiquer dans le corps d'un mur mitoyen aucun enfoncement, ni y appliquer ou appuyer aucun ouvrage sans le consentement de l'autre, ou sans avoir, à son refus, fait régler par experts les moyens nécessaires pour que le nouvel ouvrage ne soit pas nuisible aux droits de l'autre. C. 657 s. *Pr. expert.*, 302 s. 1034, 1035.

663. Chacun peut contraindre son voisin, dans les villes et faubourgs, à contribuer aux constructions et réparations de la clôture faisant séparation de leurs maisons, cours et jardins assis ès-dites villes et faubourgs : la hauteur de la clôture sera fixée suivant les réglemens particuliers ou les usages constans et reconnus; et, à défaut d'usages et de réglemens, tout mur de séparation entre voisins, qui sera construit ou rétabli à l'avenir, doit avoir au moins trente-deux décimètres (dix pieds) de hauteur, compris le chaperon, dans les villes de cinquante mille âmes et au-dessus, et vingt-six décimètres (huit pieds) dans les autres. C. 647, 655, 656, 660, 661, 1159.

664. Lorsque les différens étages d'une maison appartiennent à divers propriétaires, si les titres de propriété ne règlent pas le mode de réparations et reconstructions, elles doivent être faites ainsi qu'il suit : — Les gros murs et le toit sont à la charge de tous les propriétaires, chacun en proportion de la valeur de l'étage qui lui appartient. — Le propriétaire de chaque étage fait le plancher sur lequel il marche. — Le propriétaire du premier étage fait l'escalier qui y conduit; le propriétaire du second étage fait, à partir du premier, l'escalier qui conduit chez lui, et ainsi de suite. C. 605, 606, 655, 815.

665. Lorsqu'on reconstruit un mur mitoyen ou une maison, les servitudes actives et passives se continuent à l'égard du nouveau mur ou de la nouvelle maison, sans toutefois qu'elles puissent être aggravées, et pourvu que la *reconstruction se fasse avant* que la prescription soit acquise. C. 703, 704, 707.

666. Tous fossés entre deux héritages sont présumés mitoyens s'il n'y a titre ou marque du contraire. C. *présompt.*, 1350, 1352.

667. Il y a marque de non-mitoyenneté, lorsque la levée ou le rejet de la terre se trouve d'un côté seulement du fossé. C. *présompt.*, 1350, 1352. P. *destruct.*, 456.

668. Le fossé est censé appartenir exclusivement à celui du côté duquel le rejet se trouve. C. *présompt.*, 1350, 1352.

669. Le fossé mitoyen doit être entretenu à frais communs. C. 655.

670. Toute haie qui sépare des héritages est reputée mitoyenne, à moins qu'il n'y ait qu'un seul des héritages en état de clôture, ou s'il n'y a titre ou possession suffisante au contraire. C. 673; *présompt.*, 1350, 1352. P. *destruct.*, 456.

671. Il n'est permis de planter des arbres de haute tige qu'à la distance prescrite par les règlemens particuliers actuellement existans, ou par les usages constans et reconnus; et, à défaut de règlemens et usages, qu'à la distance de deux mètres de la ligne séparative des deux héritages pour les arbres à haute tige, et à la distance d'un demi-mètre pour les autres arbres et haies vives. C. 552, 553, 1159.

672. Le voisin peut exiger que les arbres et haies plantés à une moindre distance soient arrachés. — Celui sur la propriété duquel avancent les branches des arbres du voisin, peut contraindre celui-ci à couper ces branches. — Si ce sont les racines qui avancent sur son héritage, il a droit de les y couper lui-même. C. 544, 552. F. *except.*, 150.

673. Les arbres qui se trouvent dans la haie mitoyenne sont mitoyens comme la haie; et chacun des deux propriétaires a droit de requérir qu'ils soient abattus. C. 670; *présompt.*, 1350, 1352.

SECTION II.

De la Distance et des Ouvrages intermédiaires requis pour certaines Constructions.

674. Celui qui fait creuser un puits ou une fosse d'aisance près d'un mur mitoyen ou non; — Celui qui veut y construire cheminée ou âtre, forge, four ou fourneau, — Y adosser une etable, — Ou établir contre ce mur un magasin de sel ou amas de matières corrosives, — Est obligé à laisser la distance prescrite par les règlemens et usages particuliers sur ces objets, ou à faire les ouvrages prescrits par les mêmes reglemens et usages, pour éviter de nuire au voisin. C. 552, 657, 662, 1159, 1382. L. 25 *mai* 1838, *art.* 6.

SECTION III.

Des Vues sur la Propriété de son voisin.

675. L'un des voisins ne peut, sans le consentement de l'autre, pratiquer dans le mur mitoyen aucune fenêtre ou ouverture, en quelque manière que ce soit, même à verre dormant. C. 653 s., 657, 662, 688, 689, 690.

676. Le propriétaire d'un mur non mitoyen, joignant immédiatement l'héritage d'autrui, peut pratiquer dans ce mur des jours ou fenêtres à fer maillé et verre dormant. — Ces fenêtres doivent être garnies d'un treillis de fer, dont les mailles auront un décimètre (environ trois pouces huit lignes) d'ouverture au plus, et d'un châssis à verre dormant. C. 654, 661, 677.

677. Ces fenêtres ou jours ne peuvent être établis qu'à vingt-six décimètres (huit pieds) au-dessus du plancher ou sol de la chambre qu'on veut éclairer, si c'est à rez-de-chaussée; et à dix-neuf décimètres (six pieds) au-dessus du plancher, pour les étages supérieurs.

678. On ne peut avoir de vues droites ou fenêtres d'aspect, ni balcons ou autres semblables saillies sur l'héritage clos ou non clos de son voisin, s'il n'y a dix-neuf décimètres (six pieds) de distance entre le mur où on les pratique et ledit héritage. C. 552, 680, 688, 689, 690.

679. On ne peut avoir des vues par côté ou obliques sur le même héritage, s'il n'y a six décimètres (deux pieds) de distance. C. 552, 680, 688, 689, 690.

680. La distance dont il est parlé dans les deux articles précédens se compte depuis le parement extérieur du mur où l'ouverture se fait, et, s'il y a balcons ou autres semblables saillies, depuis leur ligne extérieure jusqu'à la ligne de séparation des deux propriétés.

SECTION IV.

De l'Égout des toits.

681. Tout propriétaire doit établir des toits de manière que les eaux pluviales s'écoulent sur son terrain ou sur la voie publique ; il ne peut les faire verser sur le fond de son voisin. C. 640, 688, 691, 1382.

SECTION V.

Du Droit de passage.

682. Le propriétaire dont les fonds sont enclavés, et qui n'a aucune issue sur la voie publique, peut réclamer un passage sur les fonds de ses voisins pour l'exploitation de son héritage, à la charge d'une indemnité proportionnée au dommage qu'il peut occasionner. C. 545, 647, 683 s., 688, 691 s., 694 ; *si l'hérit. est divis.*, 700, s. ; *extinct.*, 703, 705, 706.

683. Le passage doit régulièrement être pris du côté où le trajet est le plus court du fonds enclavé à la voie publique. C. 684, 701, 702.

684. Néanmoins il doit être fixé dans l'endroit le moins dommageable à celui sur le fonds duquel il est accordé.

685. L'action en indemnité, dans le cas prévu par l'article 682, est prescriptible ; et le passage doit être continué, quoique l'action en indemnité ne soit plus recevable. C. 2262.

CHAPITRE III.

DES SERVITUDES ÉTABLIES PAR LE FAIT DE L'HOMME.

SECTION I.

Des diverses espèces de Servitudes qui peuvent être établies sur les Biens.

686. Il est permis aux propriétaires d'établir sur leurs propriétés, ou en faveur de leurs propriétés, telles servitudes que bon leur semble, pourvu néanmoins que les services établis ne soient imposés ni à la personne, ni en faveur de la personne, mais seulement à un fonds et pour un fonds, et pourvu que ces services n'aient d'ailleurs rien de contraire à l'ordre public. — L'usage et l'étendue des servitudes ainsi établies se règlent par le titre qui les constitue ; à défaut de titre, par les règles ci-après. C. 6, 628 s., 690 s., 893, 900, 1134, 1172 ; *tiers détent.*, 2177.

687. Les servitudes sont établies ou pour l'usage des bâtimens, ou pour celui des fonds de terre. — Celles de la première espèce s'appellent *urbaines*, soit que les bâtimens auxquels elles sont dues soient situés à la ville ou à la campagne. — Celles de la seconde espèce se nomment *rurales*.

688. Les servitudes sont ou continues, ou discontinues. — Les servitudes continues sont celles dont l'usage est ou peut être continuel sans avoir besoin du fait actuel de l'homme : tels sont les conduites d'eau, les égouts, les vues et autres de cette espèce. — Les servitudes discontinues sont celles qui ont besoin du fait actuel de l'homme pour être exercées : tels sont les droits de passage, puisage, pacage et autres semblables. C. 675, s., 681, 682 s., *comm. elles s'acquièrent*, 690 s. ; *extinct.*, 703 s., 707.

689. Les servitudes sont apparentes, ou non apparentes. — Les servitudes apparentes sont celles qui s'annoncent par des ouvrages extérieurs, tels qu'une porte, une fenêtre, un aqueduc. — Les servitudes non apparentes sont celles qui n'ont pas de signe extérieur de leur existence, comme, par exemple, la prohibition de bâtir sur un fonds, ou de ne bâtir qu'à une hauteur déterminée. C. 675 s., 690 s., 703 s., 707.

SECTION II.

Comment s'établissent les Servitudes.

690. Les servitudes continues et apparentes s'acquièrent par titre, ou par la possession de trente ans. C. 641 s., 688, 689, 2229, 2232 s., 2264, 2281.

691. Les servitudes continues non apparentes, et les servitudes discontinues apparentes ou non apparentes, ne peuvent s'établir que par titres. — La possession même immémoriale ne suffit pas pour les établir; sans cependant qu'on puisse attaquer aujourd'hui les servitudes de cette nature déjà acquises par la possession, dans les pays où elles pouvaient s'acquérir de cette manière. C. 2, 688, 689, 2229, 2252, 2281.

692. La destination du père de famille vaut titre à l'égard des servitudes continues et apparentes. C. 688, 689, 694.

693. Il n'y a destination du père de famille que lorsqu'il est prouvé que les deux fonds actuellement divisés ont appartenu au même propriétaire, et que c'est par lui que les choses ont été mises dans l'état duquel résulte la servitude. C. 705.

694. Si le propriétaire de deux héritages entre lesquels il existe un signe apparent de servitude, dispose de l'un des héritages sans que le contrat contienne aucune convention relative à la servitude, elle continue d'exister activement ou passivement en faveur du fonds aliéné ou sur le fonds aliéné. C. 692, 693, 700.

695. Le titre constitutif de la servitude, à l'égard de celles qui ne peuvent s'acquérir par la prescription, ne peut être remplacé que par un titre récognitif de la servitude, et émané du propriétaire du fonds asservi. C. 691, 1337, 1338.

696. Quand on établit une servitude, on est censé accorder tout ce qui est nécessaire pour en user. — Ainsi la servitude de puiser de l'eau à la fontaine d'autrui emporte nécessairement le droit de passage. C. 697 s.

SECTION III.

Des Droits du Propriétaire du fonds auquel la Servitude est due.

697. Celui auquel est due une servitude a droit de faire tous les ouvrages nécessaires pour en user et pour la conserver. C. 696, 698 s.

698. Ces ouvrages sont à ses frais, et non à ceux du propriétaire du fonds assujetti, à moins que le titre d'établissement de la servitude ne dise le contraire.

699. Dans le cas même où le propriétaire du fonds assujetti est chargé par le titre de faire à ses frais les ouvrages nécessaires pour l'usage ou la conservation de la servitude, il peut toujours s'affranchir de la charge, en abandonnant le fonds assujetti au propriétaire du fonds auquel la servitude est due. C. 656.

700. Si l'héritage pour lequel la servitude a été établie vient à être divisé, la servitude reste due pour chaque portion, sans néanmoins que la condition du fonds assujetti soit aggravée. — Ainsi, par exemple, s'il s'agit d'un droit de passage, tous les copropriétaires seront obligés de l'exercer par le même endroit. C. 682 s., 694, 702, 1217, 1218, 1222 s.

701. Le propriétaire du fonds débiteur de la servitude ne peut rien faire qui tende à en diminuer l'usage ou à le rendre plus incommode. — Ainsi, il ne peut changer l'état des lieux, ni transporter l'exercice de la servitude dans un endroit différent de celui où elle a été primitivement assignée. — Mais cependant, si cette assignation primitive était devenue plus onéreuse au propriétaire du fonds assujetti, ou si elle l'empêchait d'y faire des réparations avantageuses, il pourrait offrir au propriétaire de l'autre fonds un endroit aussi commode pour l'exercice de ses droits. et celui-ci ne pourrait pas le refuser. C. 640, 683, 684, 1382 s.

702. De son côté, celui qui a un droit de servitude ne peut en user que suivant son titre, sans pouvoir faire, ni dans le fonds qui doit la servitude, ni dans le fonds à qui elle est due, de changement qui aggrave la condition du premier. C. 640.

SECTION IV.

Comment les Servitudes s'éteignent.

703. Les servitudes cessent lorsque les choses se trouvent en tel état qu'on ne peut plus en user. C. 617, 623, 624, 665, 1302, 1303.

704. Elles revivent si les choses sont rétablies de manière qu'on puisse en user; à moins qu'il ne se soit déjà écoulé un espace de temps suffisant pour faire présumer l'extinction de la servitude, ainsi qu'il est dit à l'article 707. C. 665, 2177.

705. Toute servitude est éteinte lorsque le fonds à qui elle est due, et celui qui la doit sont réunis dans la même main. C. 692 s.; *consolidat.*, 617; *confus.*, 1300 s.; *renaiss. de la servit.*, 2177.

706. La servitude est éteinte par le non-usage pendant trente ans. C. 641, 642, 708, 709; *prescript.*, 2262, 2264.

707. Les trente ans commencent à courir, selon les diverses espèces de servitudes, ou du jour où l'on a cessé d'en jouir, lorsqu'il s'agit de servitudes discontinues, ou du jour où il a été fait un acte contraire à la servitude, lorsqu'il s'agit de servitudes continues. C. 641, 642, 688, 708, 709.

708. Le mode de la servitude peut se prescrire comme la servitude même, et de la même manière.

709. Si l'héritage en faveur duquel la servitude est établie appartient à plusieurs par indivis, la jouissance de l'un empêche la prescription à l'égard de tous. C. 1199, 1206, 1217, 1218, 1222 s., 2249.

710. Si parmi les copropriétaires il s'en trouve un contre lequel la prescription n'ait pu courir, comme un mineur, il aura conservé le droit de tous les autres. C. 2252.

LIVRE III.

DES DIFFÉRENTES MANIÈRES DONT ON ACQUIERT LA PROPRIÉTÉ.

DISPOSITIONS GÉNÉRALES.

(Décrétées le 19 avril 1803. Promulguées le 29 du même mois.)

711. La propriété des biens s'acquiert et se transmet par succession, par donation entre-vifs ou testamentaire, et par l'effet des obligations. C. *propriété*, 544 s.; *success.*, 718 s., 724; *donat.*, 893 ss, 938, 1105; *obligat.*, 1101 s., 1138; *prescript.*, 2219.

712. La propriété s'acquiert aussi par accession ou incorporation, et par prescription. C. *access.*, 546 à 577; *prescript.*, 2219 s.

713. Les biens qui n'ont pas de maître appartiennent à l'état. C. 539, 723, 724, 768.

714. Il est des choses qui n'appartiennent à personne, et dont l'usage est commun à tous. — Des lois de police règlent la manière d'en jouir. C. 538, 540.

715. La faculté de chasser ou de pêcher est également réglée par des lois particulières. (*Déc.* 11 *août* 1789, 30 *avril* 1790, Arr. 28 *vendémiaire*, 19 *pluv. an* v, 15 *avril* 1829.)

716. La propriété d'un trésor appartient à celui qui le trouve dans son propre fonds : si le trésor est trouvé dans le fonds d'autrui, il appartient pour moitié à celui qui l'a découvert, et pour l'autre moitié au propriétaire du fonds. — Le trésor est toute chose cachée ou enfouie sur laquelle personne ne peut justifier sa propriété, et qui est découverte par le pur effet du hasard. C. 552.

717. Les droits sur les effets jetés à la mer, sur les objets que la mer rejette, de quelque nature qu'ils puissent être, sur les plantes et herbages qui croissent sur les rivages de la mer, sont aussi réglés par des lois particulières. — Il en est de même des choses perdues dont le maître ne se représente pas. C. 2279, 2280. Co. 410 s.

TITRE PREMIER.

DES SUCCESSIONS.

(Décrété le 19 avril 1803. Promulgué le 29 du même mois.)

CHAPITRE PREMIER.

DE L'OUVERTURE DES SUCCESSIONS, ET DE LA SAISINE DES HÉRITIERS.

718. Les successions s'ouvrent par la mort naturelle et par la mort civile.

C. 25 s., 130, 719 s.; *lieu de l'ouvert.*, 110; *except.*, 33 (1).

719. La succession est ouverte par la mort civile, du moment où cette mort est encourue, conformément aux dispositions de la section II du chapitre II du titre *de la Jouissance et de la Privation des droits civils*. C. 26 s.

720. Si plusieurs personnes respectivement appelées à la succession l'une de l'autre, périssent dans un même événement, sans qu'on puisse reconnaître laquelle est décédée la première, la présomption de survie est déterminée par les circonstances du fait, et, à leur défaut, par la force de l'âge ou du sexe. C. *présompt.*, 1350, 1352. L. 20 *prairial an* IV.

721. Si ceux qui ont péri ensemble avaient moins de quinze ans, le plus âgé sera présumé avoir survécu. — S'ils étaient tous au-dessus de soixante ans, le moins âgé sera présumé avoir survécu. — Si les uns avaient moins de quinze ans, et les autres plus de soixante, les premiers seront présumés avoir survécu. C. 1350, 1352.

722. Si ceux qui ont péri ensemble avaient quinze ans accomplis et moins de soixante, le mâle est toujours présumé avoir survécu, lorsqu'il y a égalité d'âge, ou si la différence qui existe n'excède pas une année. — S'ils étaient du même sexe, la présomption de survie, qui donne ouverture à la succession dans l'ordre de la nature, doit être admise : ainsi le plus jeune est présumé avoir survécu au plus âgé. C. 1350, 1352.

723. La loi règle l'ordre de succéder entre les héritiers légitimes; à leur défaut, les biens passent aux enfans naturels, ensuite à l'époux survivant; et, s'il n'y en a pas, à l'état. C. *hérit. légit.*, 731 s.; *enf. nat.*, 756 s.; *conjoint*, 769; *état*, 539, 713, 768.

724. Les héritiers légitimes sont saisis de plein droit des biens, droits et actions du défunt, sous l'obligation d'acquitter toutes les charges de la succession : les enfans naturels, l'époux survivant et l'état, doivent se faire envoyer en possession par justice dans les formes qui seront déterminées. C. *hérit. légit.*, 731 s., 1004; *success. irrég.*, 769 s., 773; *droits et actions*, *dettes et charges*, 567, 802 s., 813, 814, 870 s., 877, 1004, 1011, 1014, 1122, 1220, 1482 s., 1564 s., 1742, 1879, 2017, 2093, 2101 2° et 5°, 2255, 2257; *except. et restrict.*, 352, 419, 1032, 1935, 2010, 2275; *confus.*, 1300, 1301. Pr. 59 6°. Co. 64, 478, 614. I. cr. 2.

CHAPITRE II.

DES QUALITÉS REQUISES POUR SUCCÉDER.

725. Pour succéder, il faut nécessairement exister à l'instant de l'ouverture de la succession. — Ainsi, sont incapables de succéder, — 1° Celui qui n'est pas encore conçu; — 2° L'enfant qui n'est pas né viable; — 3° Celui qui est mort civilement. C. *mort civ.*, 25 s.; *exist.*, 135, 136, 312 s.; *disposit. testam. cad.*, 1039.

726. (*Abrogé : Loi du* 14 *Juillet* 1819.) (2) Un étranger n'est admis à succéder aux biens que son parent, étranger ou Français, possède dans le territoire du royaume, que dans les cas et de la manière dont un Français succède à son parent possédant des biens dans le pays de cet étranger, conformément aux dispositions de l'ar

---

(1) *Droits d'enregistrement et de mutation* : V. L. 22 *frimaire an* VII, *art.* 24, 69; 28 *avril* 1816, *art.* 53, 54; 21 *avril* 1832, *art.* 33.

(2) LOI SUR LE DROIT D'AUBAINE. (14 *juillet* 1819.)

Art. 1er. Les articles 726 et 912 du Code civil sont abrogés; en conséquence les étrangers auront le droit de succéder, de disposer et de recevoir de la même manière que les Français dans toute l'étendue du royaume.

2. Dans le cas de partage d'une même succession entre des cohéritiers étrangers et français, ceux-ci prélèveront sur les biens situés en France une portion égale à la valeur des biens situés en pays étranger dont ils seraient exclus, à quelque titre que ce soit, en vertu des lois et coutumes locales.

ticle 11, au titre *de la Jouissance et de la Privation des Droits civils*. C. 12.

727. Sont indignes de succéder, et, comme tels, exclus des successions : — 1° Celui qui serait condamné pour avoir donné ou tenté de donner la mort au défunt ; — 2° Celui qui a porté contre le défunt une accusation capitale jugée calomnieuse ; — 3° L'héritier majeur qui, instruit du meurtre du défunt, ne l'aura pas dénoncé à la justice. I. cr. 30 s., 358. P. 373.

728. Le défaut de dénonciation ne peut être opposé aux ascendans et descendans du meurtrier, ni à ses alliés au même degré, ni à son époux ou à son épouse, ni à ses frères ou sœurs, ni à ses oncles et tantes, ni à ses neveux et nièces. C. 735 s.

729. L'héritier exclu de la succession pour cause d'indignité, est tenu de rendre tous les fruits et les revenus dont il a eu la jouissance depuis l'ouverture de la succession. Pr. 129, 526 s.

730. Les enfans de l'indigne, venant à la succession de leur chef, et sans le secours de la représentation, ne sont pas exclus pour la faute de leur père ; mais celui-ci ne peut, en aucun cas, réclamer, sur les biens de cette succession, l'usufruit que la loi accorde aux pères et mères sur les biens de leurs enfans. C. 384 s., 739 s., 744, 787.

CHAPITRE III.

DES DIVERS ORDRES DE SUCCESSION.

SECTION I.

Dispositions générales.

731. Les successions sont déférées aux enfans et descendans du défunt, à ses ascendans et à ses parens collatéraux, dans l'ordre et suivant les règles ci après déterminées. C. 723, 724.

732. La loi ne considère ni la nature ni l'origine des biens pour en régler la succession. C. *descend.*, 745 ; *ascend.*, 746, 748 ; *collatér.*, 752, 753 ; *substitut. prohib.*, 896 *et la note* ; *except.*, 351, 352, 747, 766.

733. Toute succession échue à des ascendans ou à des collatéraux, se divise en deux parts égales ; l'une pour les parens de la ligne paternelle, l'autre pour les parens de la ligne maternelle. — Les parens utérins ou consanguins ne sont pas exclus par les germains ; mais ils ne prennent part que dans leur ligne, sauf ce qui sera dit à l'article 752. Les germains prennent part dans les deux lignes. — Il ne se fait aucune dévolution d'une ligne à l'autre, que lorsqu'il ne se trouve aucun ascendant ni collatéral de l'une des deux lignes. C. 734, 746, 748, 750, 752, 755.

734. Cette première division opérée entre les lignes paternelle et maternelle, il ne se fait plus de division entre les diverses branches ; mais la moitié dévolue à chaque ligne appartient à l'héritier ou aux héritiers les plus proches en degrés, sauf le cas de la représentation, ainsi qu'il sera dit ci après. C. 755 s. ; *représentat.*, 739 s.

735. La proximité de parenté s'établit par le nombre de générations ; chaque génération s'appelle un *degré*.

736. La suite des degrés forme la ligne ; on appelle *ligne directe* la suite des degrés entre personnes qui descendent l'une de l'autre ; *ligne collatérale*, la suite des degrés entre personnes qui ne descendent pas les unes des autres, mais qui descendent d'un auteur commun. — On distingue la ligne directe, en ligne directe descendante et ligne directe ascendante. — La première est celle qui lie le chef avec ceux qui descendent de lui : la deuxième est celle qui lie une personne avec ceux dont elle descend.

737. En ligne directe, on compte autant de degrés qu'il y a de générations entre les personnes : ainsi le fils est, à l'égard du père, au premier degré, le petit fils, au second ; et réciproquement du père et de l'aïeul, à l'égard des fils et petit-fils.

738. En ligne collatérale, les degrés se comptent par les générations, depuis l'un des parens jusques et non compris l'auteur commun, et depuis celui-ci jusqu'à l'autre parent. — Ainsi, deux frères sont au deuxième degré ; l'oncle et le neveu sont au troisième degré ; les cousins germains au quatrième ; ainsi de suite.

SECTION II.

De la Représentation.

739. La représentation est une fiction de la loi, dont l'effet est de faire entrer les représentans dans la place, dans le degré et dans les droits du représenté. C. 749 s., 787, 848.

740. La représentation a lieu à l'infini dans la ligne directe descendante. — Elle est admise dans tous les cas, soit que les enfans du défunt concourent avec les descendans d'un enfant prédécédé, soit que tous les enfans du défunt étant morts avant lui, les descendans desdits enfans se trouvent entre eux en degrés égaux ou inégaux. C. 750, 737, 739, 745, 759, 1051.

741. La représentation n'a pas lieu en faveur des ascendans ; le plus proche, dans chacune des deux lignes, exclut toujours le plus éloigné. C. 735 s., 746 s.

742. En ligne collatérale, la représentation est admise en faveur des enfans et descendans de frères ou sœurs du défunt, soit qu'ils viennent à sa succession concurremment avec des oncles ou tantes, soit que tous les frères et sœurs du défunt étant prédécédés, la succession se trouve dévolue à leurs descendans en degrés égaux ou inégaux. C. 755 s., 750, 752.

743. Dans tous les cas où la représentation est admise, le partage s'opère par souche : si une même souche a produit plusieurs branches, la subdivision se fait aussi par souche dans chaque branche, et les membres de la même branche partagent entre eux par tête. C. 739, 753.

744. On ne représente pas les personnes vivantes, mais seulement celles qui sont mortes naturellement ou civilement. — On peut représenter celui à la succession duquel on a renoncé. C. mort civ. 25 ; absent, 135, 136 ; enf. de l'indigne, 730 ; renonc., 785, 787.

SECTION III.

Des Successions déférées aux Descendans.

745. Les enfans ou leurs descendans succèdent à leurs père et mère, aïeuls, aïeules, ou autres ascendans, sans distinction de sexe ni de primogéniture, et encore qu'ils soient issus de différens mariages. — Ils succèdent par égales portions et par tête, quand ils sont tous au premier degré et appelés de leur chef : ils succèdent par souche, lorsqu'ils viennent tous ou en partie par représentation. C. 312 s. ; *adopté*, 350 ; *enf. de l'indigne*, 730 ; *nat.*, *orig. des biens*, 732 ; *degrés*, 735 ; *représent.*, 739 s.

SECTION IV.

Des Successions déférées aux Ascendans.

746. Si le défunt n'a laissé ni postérité, ni frère, ni sœur, ni descendans d'eux, la succession se divise par moitié entre les ascendans de la ligne paternelle et les ascendans de la ligne maternelle. — L'ascendant qui se trouve au degré le plus proche, recueille la moitié affectée à sa ligne, à l'exclusion de tous autres. — Les ascendans au même degré succèdent par tête. C. 733, 734, 735 s., 747, 750, 753, 765, 915.

747. Les ascendans succèdent à l'exclusion de tous autres, aux choses par eux données à leurs enfans ou descendans décédés sans postérité, lorsque les objets donnés se retrouvent en nature dans la succession. — Si les objets ont été aliénés, les ascendans recueillent le prix qui peut en être dû. Ils succèdent aussi à l'action en reprise que pouvait avoir le donataire. C. *success. de l'adopté*, 351 ; *de l'enf. nat.*, 766 ; *retour conventionn.*, 951, 952.

748. Lorsque les père et mère d'une personne morte sans postérité lui ont survécu, si elle a laissé des frères, sœurs, ou des descendans d'eux, la succession se divise en deux portions égales, dont moitié seulement est déférée au père et à la mère, qui la partagent entre eux également. — L'autre moitié appartient aux frères, sœurs ou descendans d'eux, ainsi qu'il sera expliqué dans la section v du présent chapitre. C. 751, 752.

749. Dans le cas où la personne morte sans postérité laisse des frères, sœurs, ou des descendans d'eux, si le père ou la mère est prédécédé, la portion qui lui aurait été dévolue conformément au précédent article se réunit à la moitié déférée aux frères, sœurs ou à leurs représentans, ainsi qu'il sera expliqué à la section v du présent chapitre. C. 751, 752.

SECTION V.

Des Successions collatérales.

750. En cas de prédécès des père et mère d'une personne morte sans postérité, ses frères, sœurs ou leurs descendans sont appelés à la succession, à l'exclusion des ascendans et des autres collatéraux. — Ils succèdent, ou de leur chef, ou par représentation, ainsi qu'il a été réglé dans la section II du présent chapitre. C. *orig. d. biens*, 752; *divis.*, 733 s., 752; *degrés*, 735 s.; *représent.*, 739, 742 s., 787; *enf. nat.*, 766.

751. Si les père et mère de la personne morte sans postérité lui ont survécu, ses frères, sœurs ou leurs représentans ne sont appelés qu'à la moitié de la succession. Si le père ou la mère seulement a survécu, ils sont appelés à recueillir les trois quarts. C. 748, 749, 752, 766.

752. Le partage de la moitié ou des trois quarts dévolus aux frères ou sœurs, aux termes de l'article précédent, s'opère entre eux par égales portions, s'ils sont tous du même lit; s'ils sont de lits différens, la division se fait par moitié entre les deux lignes paternelle et maternelle du défunt, les germains prennent part dans les deux lignes, et les utérins ou consanguins chacun dans leur ligne seulement: s'il n'y a de frères ou sœurs que d'un côté, ils succèdent à la totalité, à l'exclusion de tous autres parens de l'autre ligne. C. 733 s., 742, 751.

753. A défaut de frères ou sœurs ou de descendans d'eux, et à défaut d'ascendans dans l'une ou l'autre ligne, la succession est déférée pour moitié aux ascendans survivans; et pour l'autre moitié, aux parens les plus proches de l'autre ligne. — S'il y a concours de parens collatéraux au même degré, ils partagent par tête. C. *partage*, 733, 734, 735 s., 746, 754, 755.

754. Dans le cas de l'article précédent, le père ou la mère survivant a l'usufruit du tiers des biens auxquels il ne succède pas en propriété. C. 579, 600 s., 617 s.

755. Les parens au-delà du douzième degré ne succèdent pas. — A défaut de parens au degré successible dans une ligne, les parens de l'autre ligne succèdent pour le tout. C. 735 s.

CHAPITRE IV.

DES SUCCESSIONS IRRÉGULIÈRES.

SECTION I.

Des Droits des Enfans naturels sur les biens de leur père ou mère, et de la succession aux Enfans naturels décédés sans postérité.

756. Les enfans naturels ne sont point héritiers; la loi ne leur accorde de droit sur les biens de leur père ou mère décédés, que lorsqu'ils ont été légalement reconnus. Elle ne leur accorde aucun droit sur les biens des parens de leur père ou mère. C. *reconn.*, 334 s.; *success.*, 723 s.; *quotité*, 757 s.; *adultér.*, *incest.*, 762 s.; *formalités*, 769, 770, 773; *donat. prohib.*, 908; *réserve*, 913; *légitim.*, 333.

757. Le droit de l'enfant naturel sur les biens de ses père ou mère décédés, est réglé ainsi qu'il suit: — Si le père ou la mère a laissé des descendans légitimes, ce droit est d'un tiers de la portion héréditaire que l'enfant naturel aurait eue s'il eût été légitime; il est de la moitié lorsque les père ou mère ne laissent pas de descendans, mais bien des ascendans ou des frères ou sœurs; il est des trois quarts lorsque les père ou mère ne laissent ni descendans ni ascendans, ni frères ni sœurs. C. 723, 724, 756, 758 s., 908.

758. L'enfant naturel a droit à la totalité des biens, lorsque ses père ou mère ne laissent pas de parens au degré successible. C. *comm. ils succèdent*, 723 s., 756, 759 s., 769 s., 773; *donat. prohib.*, 908; *degrés succ.*, 755.

759. En cas de prédécès de l'enfant naturel, ses enfans ou descendans peuvent réclamer les droits fixés par les articles précédens. C. 739 s., 756 s.

760. L'enfant naturel ou ses descendans sont tenus d'imputer sur ce qu'ils ont droit de prétendre, tout ce qu'ils ont reçu du père ou de la mère dont la succession est ouverte, et qui serait sujet à rapport, d'après les règles établies à la section II du chapitre VI du présent titre. C. 843 s.

761. Toute réclamation leur est interdite, lorsqu'ils ont reçu, du vivant de leur père ou de leur mère, la moitié de ce qui leur est attribué par les articles précédens, avec déclaration expresse, de la part de leur père ou mère, que leur intention est de réduire l'enfant naturel à la portion qu'ils lui ont assignée. — Dans le cas où cette portion serait inférieure à la moitié de ce qui devrait revenir à l'enfant naturel, il ne pourra réclamer que le supplément nécessaire pour parfaire cette moitié. C. 756 s., 952, 1130.

762. Les dispositions des articles 757 et 758 ne sont pas applicables aux enfans adultérins ou incestueux. — La loi ne leur accorde que des alimens. C. 331, 335, 342; *alim.*, 208 s., 763 s.

763. Ces alimens sont réglés, eu égard aux facultés du père ou de la mère, au nombre et à la qualité des héritiers légitimes. C. 208 s.

764. Lorsque le père ou la mère de l'enfant adultérin ou incestueux, lui auront fait apprendre un art mécanique, ou lorsque l'un d'eux lui aura assuré des alimens de son vivant, l'enfant ne pourra élever aucune réclamation contre leur succession.

765. La succession de l'enfant naturel décédé sans postérité est dévolue au père ou à la mère qui l'a reconnu; ou par moitié à tous les deux, s'il a été reconnu par l'un et par l'autre. C. 334, 336, 337; *success. déf. aux ascend.*, 746 s.

766. En cas de prédécès des père et mère de l'enfant naturel, les biens qu'il en avait reçus, passent aux frères ou sœurs légitimes, s'ils se retrouvent en nature dans la succession; les actions en reprise, s'il en existe, ou le prix de ces biens aliénés, s'il est encore dû, retournent également aux frères et sœurs légitimes. Tous les autres biens passent aux frères et sœurs naturels, ou à leurs descendans. C. 351, 352, 747, 750 s.

SECTION II.

Des Droits du Conjoint survivant et de l'État.

767. Lorsque le défunt ne laisse ni parens au degré successible, ni enfans naturels, les biens de sa succession appartiennent au conjoint non divorcé qui lui survit. C. *ordre de success.*, 723, 724; *degrés success.*, 755; *formes à remplir*, 769 s.

768. A défaut de conjoint survivant, la succession est acquise à l'état. C. *success. abandonn.*, 539, 713, 723, 724 s.

769. Le conjoint survivant et l'administration des domaines qui prétendent droit à la succession, sont tenus de faire apposer les scellés, et de faire faire inventaire dans les formes prescrites pour l'acceptation des successions sous bénéfice d'inventaire. C. *bénéf. d'invent.*, 794 s. Pr. *scellés*, 907 s.; *invent.*, 943, 944. T. 1, 16, 77, 78, 94, 151, 168.

770. Ils doivent demander l'envoi en possession au tribunal de première instance dans le ressort duquel la succession est ouverte. Le tribunal ne peut statuer sur la demande qu'après trois publications et affiches dans les formes usitées, et après avoir entendu le procureur du roi. C. 110. Pr. 59, 83.

771. L'époux survivant est encore tenu de faire emploi du mobilier, ou de donner caution suffisante pour en assurer la restitution, au cas où il se présenterait des héritiers du défunt, dans l'intervalle de trois ans : après ce délai, la caution est déchargée. C. *caution*, 2040 s. Pr. 517 s., 945 s.

772. L'époux survivant ou l'administration des domaines qui n'auraient pas rempli les formalités qui leur sont respectivement prescrites, pourront être condamnés aux dommages et intérêts envers les héritiers, s'il s'en représente. C. 1149. Pr. 126.

773. Les dispositions des articles 769, 770, 771 et 772, sont communes aux enfans naturels appelés à défaut de parens. C. 758.

CHAPITRE V.

DE L'ACCEPTATION ET DE LA RÉPUDIATION DES SUCCESSIONS.

SECTION I.
De l'Acceptation.

774. Une succession peut être acceptée purement et simplement, ou sous bénéfice d'inventaire. C. *rétractation*, 778 s., 783, 793 s.; *droit des créanciers*, 788; *prescript.*, 789 s.

775. Nul n'est tenu d'accepter une succession qui lui est échue. C. 784, 795; *except.*, 782.

776. Les femmes mariées ne peuvent pas valablement accepter une succession sans l'autorisation de leur mari ou de justice, conformément aux dispositions du chapitre VI du titre *du Mariage*. — Les successions échues aux mineurs et aux interdits ne pourront être valablement acceptées que conformément aux dispositions du titre *de la Minorité, de la Tutelle et de l'Émancipation*. C. *femme autoris.*, 217, 219; *min. et interd.*, 461 s., 509.

777. L'effet de l'acceptation remonte au jour de l'ouverture de la succession. C. *saisine*, 724, 883; *effet de la renonc.*, 785; *accept. après renonc.*, 790.

778. L'acceptation peut être expresse ou tacite: elle est expresse, quand on prend le titre ou la qualité d'héritier dans un acte authentique ou privé; elle est tacite, quand l'héritier fait un acte qui suppose nécessairement son intention d'accepter, et qu'il n'aurait droit de faire qu'en sa qualité d'héritier. C. 779, 780, 792, 801; *accept. de commun.*, 1454 s.

779. Les actes purement conservatoires, de surveillance et d'administration provisoire, ne sont pas des actes d'adition d'hérédité, si l'on n'y a pas pris le titre ou la qualité d'héritier. C. 796, 1372 s. Pr. 986.

780. La donation, vente ou transport que fait de ses droits successifs un des cohéritiers, soit à un étranger, soit à tous ses cohéritiers, soit à quelques-uns d'eux, emporte de sa part acceptation de la succession. — Il en est de même, 1° de la renonciation, même gratuite, que fait un des héritiers au profit d'un ou de plusieurs de ses cohéritiers; — 2° De la renonciation qu'il fait même au profit de tous ses cohéritiers indistinctement, lorsqu'il reçoit le prix de sa renonciation. C. 778; *vente d'héréd.*, 1696 s.

781. Lorsque celui à qui une succession est échue, est décédé sans l'avoir répudiée ou sans l'avoir acceptée expressément ou tacitement, ses héritiers peuvent l'accepter ou la répudier de son chef. C. 724; *legs*, 1014.

782. Si ces héritiers ne sont pas d'accord pour accepter ou pour répudier la succession, elle doit être acceptée sous bénéfice d'inventaire. C. *accept. bénéfic.*, 793, 794 s.; *conséquences*, 802, 843; *commun.*, 1475.

783. Le majeur ne peut attaquer l'acceptation expresse ou tacite qu'il a faite d'une succession, que dans le cas où cette acceptation aurait été la suite d'un dol pratiqué envers lui; il ne peut jamais réclamer sous prétexte de lésion, excepté seulement dans le cas où la succession se trouverait absorbée ou diminuée de plus de moitié, par la découverte d'un testament inconnu au moment de l'acceptation. C. *mineur*, 461, 792, 801, 1305, 1710; *dol, lésion*, 1109 s., 1116 s., 1313.

SECTION II.
De la Renonciation aux Successions.

784. La renonciation à une succession ne se présume pas; elle ne peut plus être faite qu'au greffe du tribunal de première instance dans l'arrondissement duquel la succession s'est ouverte, sur un registre particulier tenu à cet effet. C. *mineur*, 461 s.; *prescript.*, 789 s.; *renonc. à success. future*, 791; *le renonçant peut réclamer dons et legs*, 845; *veuve commune*, 1457. Pr. *forme*, 997.

785. L'héritier qui renonce est censé n'avoir jamais été héritier. C. *acceptation*, 777, 790; *rescis. de la renonciation*, 788, 1167.

786. La part du renonçant accroît à ses cohéritiers; s'il est seul, elle est dévolue au degré subséquent. C. 731 s.; *absent*, 136.

787. On ne vient jamais par représentation d'un héritier qui a renoncé: si le renonçant est seul héritier de son degré, ou si tous ses cohéritiers renoncent, les enfans viennent de leur chef et succèdent par tête. C. 786 ; *enf. de l'indigne*, 730 ; *on ne peut représenter les vivants*, 744.

788. Les créanciers de celui qui renonce au préjudice de leurs droits, peuvent se faire autoriser en justice à accepter la succession du chef de leur débiteur, en son lieu et place. — Dans ce cas, la renonciation n'est annulée qu'en faveur des créanciers, et jusqu'à concurrence seulement de leurs créances : elle ne l'est pas au profit de l'héritier qui a renoncé. C. *droits des créanciers*, 1166, 1167 ; *communauté*, 1464.

789. La faculté d'accepter ou de répudier une succession se prescrit par le laps de temps requis pour la prescription la plus longue des droits immobiliers. C. 2212, 2262, 2264.

790. Tant que la prescription du droit d'accepter n'est pas acquise contre les héritiers qui ont renoncé, ils ont la faculté d'accepter encore la succession, si elle n'a pas été déjà acceptée par d'autres héritiers ; sans préjudice néanmoins des droits qui peuvent être acquis à des tiers sur les biens de la succession, soit par prescription, soit par actes valablement faits avec le curateur à la succession vacante. C. *mineur*, 462.

791. On ne peut, même par contrat de mariage, renoncer à la succession d'un homme vivant, ni aliéner les droits éventuels qu'on peut avoir à cette succession. C. 1130, 1389 ; *except.*, 761.

792. Les héritiers qui auraient diverti ou recélé des effets d'une succession sont déchus de la faculté d'y renoncer : ils demeurent héritiers purs et simples, nonobstant leur renonciation, sans pouvoir prétendre aucune part dans les objets divertis ou recélés. C. 778, 801, 1305, 1310, 2268 ; *veuve*, 1460 ; *époux communs*, 1477. P. *recel*, 380.

SECTION III.

Du Bénéfice d'inventaire, de ses Effets, et des Obligations de l'Héritier bénéficiaire.

793. La déclaration d'un héritier, qu'il entend ne prendre cette qualité que sous bénéfice d'inventaire, doit être faite au greffe du tribunal de première instance dans l'arrondissement duquel la succession s'est ouverte : elle doit être inscrite sur le registre destiné à recevoir les actes de renonciation. C. 110, 774 ; *délai pour déclarer*, 795. Pr. 997. T. 91.

794. Cette déclaration n'a d'effet qu'autant qu'elle est précédée ou suivie d'un inventaire fidèle et exact des biens de la succession, dans les formes réglées par les lois sur la procédure, et dans les délais qui seront ci-après déterminés. C. *recélé*, 801 ; *frais d'inventaire*, 810. Pr. *invent.*, 941 s.

795. L'héritier a trois mois pour faire inventaire, à compter du jour de l'ouverture de la succession. — Il a de plus, pour délibérer sur son acceptation ou sur sa renonciation, un délai de quarante jours, qui commence à courir du jour de l'expiration des trois mois donnés pour l'inventaire, ou du jour de la clôture de l'inventaire, s'il a été terminé avant les trois mois. C. 797 s., 800 ; *communauté*, 1456 s. Pr. 174.

796. Si cependant il existe dans la succession des objets susceptibles de dépérir ou dispendieux à conserver, l'héritier peut, en sa qualité d'habile à succéder, et sans qu'on puisse en induire de sa part une acceptation, se faire autoriser par justice à procéder à la vente de ces effets. — Cette vente doit être faite par officier public, après les affiches et publications réglées par les lois sur la procédure. C. *actes conservat.*, 779 ; *vente*, 805. Pr. 617 s., 945 s., 986 s., 989.

797. Pendant la durée des délais pour faire inventaire et pour délibérer, l'héritier ne peut être contraint à prendre qualité, et il ne peut être obtenu contre lui de condamnation : s'il renonce lorsque les délais sont expirés ou avant, les frais par lui faits légitimement jusqu'à cette époque sont à la charge de la succession. C. 799, 810 ; *inscript.*, 2146 ; *prescript.*, 2259. Pr. 174.

798. Après l'expiration des délais ci-dessus, l'héritier, en cas de poursuite dirigée contre lui, peut demander un nouveau délai, que le tribunal saisi de la contestation accorde ou refuse suivant les circonstances. C. 800; *commun.*, 1458. Pr. 174.

799. Les frais de poursuite, dans le cas de l'article précédent, sont à la charge de la succession, si l'héritier justifie, ou qu'il n'avait pas eu connaissance du décès, ou que les délais ont été insuffisans, soit à raison de la situation des biens, soit à raison des contestations survenues : s'il n'en justifie pas, les frais restent à sa charge personnelle.

800. L'héritier conserve néanmoins, après l'expiration des délais accordés par l'article 795, même de ceux donnés par le juge, conformément à l'article 798, la faculté de faire encore inventaire et de se porter héritier bénéficiaire, s'il n'a pas fait d'ailleurs acte d'héritier, ou s'il n'existe pas contre lui de jugement passé en force de chose jugée, qui le condamne en qualité d'héritier pur et simple. C. 778 s.; *chose jugée*, 1350, 1351.

801. L'héritier qui s'est rendu coupable de recélé, ou qui a omis, sciemment et de mauvaise foi, de comprendre dans l'inventaire, des effets de la succession, est déchu du bénéfice d'inventaire. C. 778, 792, 1305, 1310, 2268; *recel de commun.*, 1460, 1477. P. 380. Pr. *vente sans rempl. les formal.*, 988 s.

802. L'effet du bénéfice d'inventaire est de donner à l'héritier l'avantage, — 1° De n'être tenu du paiement des dettes de la succession que jusqu'à concurrence de la valeur des biens qu'il a recueillis, même de pouvoir se décharger du paiement des dettes en abandonnant tous les biens de la succession aux créanciers et aux légataires ; — 2° De ne pas confondre ses biens personnels avec ceux de la succession, et de conserver contre elle le droit de réclamer le paiement de ses créances. C. 803 s.; *charges de l'hérit. p. et s.*, 873, 875, 1004, 1013, 1014, 1220, *hérit. bénéfic. subr. aux créanc.*, 1251; *imprescript.*, 2258; *cess. de biens*, 1265 s.; *confusion*, 1300, 1301. Pr. *exerce ses actions*, 996.

803. L'héritier bénéficiaire est chargé d'administrer les biens de la succession, et doit rendre compte de son administration aux créanciers et aux légataires. — Il ne peut être contraint sur ses biens personnels qu'après avoir été mis en demeure de présenter son compte, et faute d'avoir satisfait à cette obligation. — Après l'apurement du compte, il ne peut être contraint sur ses biens personnels que jusqu'à concurrence seulement des sommes dont il se trouve reliquataire. C. *mise en demeure*, 1139. Pr. *reddit. de comptes*, 527 s., 944, 995.

804. Il n'est tenu que des fautes graves dans l'administration dont il est chargé. C. 1137.

805. Il ne peut vendre les meubles de la succession que par le ministère d'un officier public, aux enchères, et après les affiches et publications accoutumées. — S'il les représente en nature, il n'est tenu que de la dépréciation ou de la détérioration causée par sa négligence. C. 779, 796. Pr. *formes*, 617 s., 945 s., 986 s., 990.

806. Il ne peut vendre les immeubles que dans les formes prescrites par les lois sur la procédure : il est tenu d'en déléguer le prix aux créanciers hypothécaires qui se sont fait connaître. C. 2184. Pr. 759, 771, 953 s., 987 s., 991.

807. Il est tenu, si les créanciers ou autres personnes intéressées l'exigent, de donner caution bonne et solvable de la valeur du mobilier compris dans l'inventaire, et de la portion du prix des immeubles non déléguée aux créanciers hypothécaires. — Faute par lui de fournir cette caution, les meubles sont vendus, et leur prix est déposé, ainsi que la portion non déléguée du prix des immeubles, pour être employés à l'acquit des charges de la succession. C. *caution*, 2040 s. Pr. 517 s., 617 s., 992 s.

808. S'il y a des créanciers opposans, l'héritier bénéficiaire ne peut payer que dans l'ordre et de la manière réglés par le juge. — S'il n'y a pas de créanciers opposans, il paie les créanciers et les légataires à mesure qu'ils se présentent. C. 2093 s. Pr.

formes de l'ordre et distribut., 656 s., 751 s., 775 s., 990 s.

809. Les créanciers non opposans qui ne se présentent qu'après l'apurement du compte et le paiement du reliquat, n'ont de recours à exercer que contre les légataires. — Dans l'un et l'autre cas, le recours se prescrit par le laps de trois ans, à compter du jour de l'apurement du compte et du paiement du reliquat. C. 1020, 1024.

810. Les frais de scellés, s'il en a été apposé, d'inventaire et de compte, sont à la charge de la succession. C. 797, 799; *privil. des frais*, 2101 1°.

SECTION IV.

Des Successions vacantes.

811. Lorsqu'après l'expiration des délais pour faire inventaire et pour délibérer, il ne se présente personne qui réclame une succession, qu'il n'y a pas d'héritier connu, ou que les héritiers connus y ont renoncé, cette succession est réputée vacante. C. *renonc.*, 784; *délai*, 795; *prescript.*, 2258. Pr. *formes*, 998 s.

812. Le tribunal de première instance dans l'arrondissement duquel elle est ouverte, nomme un curateur sur la demande des personnes intéressées, ou sur la réquisition du procureur du roi. C. *lieu de l'ouvert.*, 110. Pr. *curat.*, 998 s.

813. Le curateur à une succession vacante est tenu, avant tout, d'en faire constater l'état par un inventaire : il en exerce et poursuit les droits; il répond aux demandes formées contre elle; il administre, sous la charge de faire verser le numéraire qui se trouve dans la succession, ainsi que les deniers provenant du prix des meubles ou immeubles vendus, dans la caisse du receveur de la régie royale, pour la conservation des droits, et à la charge de rendre compte à qui il appartiendra. Pr. 617 s., 944 s., 945 s., 955 s., 1000 s. L. 5 *juillet* 1820, *art.* 1er.

814. Les dispositions de la section III du présent chapitre, sur les formes de l'inventaire, sur le mode d'administration, et sur les comptes à rendre de la part de l'héritier bénéficiaire, sont, au surplus, communes aux curateurs à successions vacantes. C. 794, 803 s., 808 s. Pr. 1002.

CHAPITRE VI.

DU PARTAGE ET DES RAPPORTS.

SECTION I.

De l'Action en partage, et de sa Forme.

815. Nul ne peut être contraint à demeurer dans l'indivision; et le partage peut être toujours provoqué, nonobstant prohibitions et conventions contraires. — On peut cependant convenir de suspendre le partage pendant un temps limité; cette convention ne peut être obligatoire au delà de cinq ans; mais elle peut être renouvelée. C. *commun.*, 1476; *société*, 1872; *part. d'ascend.*, 1075 s.; *licitat.*, 1686 s.; *droits des créanciers*, 2205. Pr. *partage judic.*, 966 s.

816. Le partage peut être demandé, même quand l'un des cohéritiers aurait joui séparément de partie des biens de la succession, s'il n'y a eu un acte de partage, ou possession suffisante pour acquérir la prescription. C. *prescript.*, 2228 s., 2262.

817. L'action en partage, à l'égard des cohéritiers mineurs ou interdits, peut être exercée par leurs tuteurs, spécialement autorisés par un conseil de famille. — A l'égard des cohéritiers absens, l'action appartient aux parens envoyés en possession. C. *absents*, 115, 125, 134; *mineurs*, 465 s., 819 s., 838 s.; *interd.*, 509; *créanciers*, 882, 2205. Pr. *formes*, 966 s.

818. Le mari peut, sans le concours de sa femme, provoquer le partage des objets meubles ou immeubles à elle échus qui tombent dans la communauté : à l'égard des objets qui ne tombent pas en communauté, le mari ne peut en provoquer le partage sans le concours de sa femme; il peut seulement, s'il a le droit de jouir de ses biens, demander un partage provisionnel. — Les cohéritiers de la femme ne peuvent provoquer le partage définitif qu'en mettant en cause le mari et la femme. C. *femme*, 215 s.; *communauté*, 1421, 1428; *non commun.*, 1531 s.; *sépar. de biens*, 1536, 1538; *régime dotal*, 1549 s.

819. Si tous les héritiers sont présens et majeurs, l'apposition de scellés sur les effets de la succession n'est pas nécessaire, et le partage peut être fait dans la forme et par tel acte que les parties intéressées jugent convenables. — Si tous les héritiers ne sont pas présens, s'il y a parmi eux des mineurs ou des interdits, le scellé doit être apposé dans le plus bref délai, soit à la requête des héritiers, soit à la diligence du procureur du roi près le tribunal de première instance, soit d'office par le juge de paix dans l'arrondissement duquel la succession est ouverte. C. *absents*, 113, 136; *mineur*, *interd.*, 858 s., *scellés*, 1031. Pr. 907 s., 986.

820. Les créanciers peuvent aussi requérir l'apposition des scellés, en vertu d'un titre exécutoire ou d'une permission du juge. C. 821, 1166. Pr. 909.

821. Lorsque le scellé a été apposé, tous créanciers peuvent y former opposition, encore qu'ils n'aient ni titre exécutoire ni permission du juge. — Les formalités pour la levée des scellés et la confection de l'inventaire sont réglées par les lois sur la procédure. Pr. *apposition aux scell.*, 926 s.; *levée de scellés*, 928 s.; *invent.* 941 s.

822. L'action en partage, et les contestations qui s'élèvent dans le cours des opérations, sont soumises au tribunal du lieu de l'ouverture de la succession. — C'est devant ce tribunal qu'il est procédé aux licitations, et que doivent être portées les demandes relatives à la garantie des lots entre copartageans, et celles en rescision du partage. C. 110. Pr. 59.

823. Si l'un des cohéritiers refuse de consentir au partage, ou s'il s'élève des contestations soit sur le mode d'y procéder, soit sur la manière de le terminer, le tribunal prononce comme en matière sommaire, ou commet, s'il y a lieu, pour les opérations du partage, un des juges, sur le rapport duquel il décide les contestations. Pr. *matières somm.*, 404 s.; *partage*, 969 s.

824. L'estimation des immeubles est faite par experts choisis par les parties intéressées, ou, à leur refus, nommés d'office. — Le procès-verbal des experts doit présenter les bases de l'estimation; il doit indiquer si l'objet estimé peut être commodément partagé; de quelle manière; fixer enfin, en cas de division, chacune des parts qu'on peut en former, et leur valeur. C. 466, 826. Pr. *rapp. d'exp.*, 302 s., 1034, 1035; *partage*, 969 s.

825. L'estimation des meubles, s'il n'y a pas eu de prisée faite dans un inventaire régulier, doit être faite par gens à ce connaissant, à juste prix et sans crue. C. 868. Pr. 943 5°.

826. Chacun des cohéritiers peut demander sa part en nature des meubles et immeubles de la succession: néanmoins, s'il y a des créanciers saisissans ou opposans, ou si la majorité des cohéritiers juge la vente nécessaire pour l'acquit des dettes et charges de la succession, les meubles sont vendus publiquement en la forme ordinaire. Pr. *vente*, 617 s., 945 s.

827. Si les immeubles ne peuvent pas se partager commodément, il doit être procédé à la vente par licitation devant le tribunal. — Cependant les parties, si elles sont toutes majeures, peuvent consentir que la licitation soit faite devant un notaire, sur le choix duquel elles s'accordent. C. 819, 1686 s. Pr. *vente et licit.*, 953, 969 s.

828. Après que les meubles et immeubles ont été estimés et vendus, s'il y a lieu, le juge-commissaire renvoie les parties devant un notaire dont elles conviennent, ou nommé d'office, si les parties ne s'accordent pas sur le choix. — On procède, devant cet officier, aux comptes que les copartageans peuvent se devoir, à la formation de la masse générale, à la composition des lots, et aux fournissemens à faire à chacun des copartageans. C. 831 s., 872. Pr. 975, 976 s.

829. Chaque cohéritier fait rapport à la masse, suivant les règles qui seront ci-après établies, des dons qui lui ont été faits, et des sommes dont il est débiteur. C. 760, 850 s., 843 s., 918; *commun.* 1468, 1469. Pr. 978.

830. Si le rapport n'est pas fait en nature, les cohéritiers à qui il est dû, prélèvent une portion égale sur la masse de la succession. — Les prélèvemens se font, autant que possible, en objets de même nature, qualité et bonté que les objets non rapportés en nature. C. 858 s., 865 s. Pr. 978 s.

831. Après ces prélèvemens, il est procédé, sur ce qui reste dans la masse, à la composition d'autant de lots égaux qu'il y a d'héritiers copartageans, ou de souches copartageantes. C. 832 s.; *déduction*, 872. Pr. 978 s.

832. Dans la formation et composition des lots, on doit éviter, autant que possible, de morceler les héritages et de diviser les exploitations; et il convient de faire entrer dans chaque lot, s'il se peut, la même quantité de meubles, d'immeubles, de droits ou de créances de même nature et valeur. C. 826, 1220.

833. L'inégalité des lots en nature se compense par un retour, soit en rente, soit en argent. C. *privil.*, 2103 3°, 2109.

834. Les lots sont faits par l'un des cohéritiers, s'ils peuvent convenir entre eux sur le choix, et si celui qu'ils avaient choisi accepte la commission: dans le cas contraire, les lots sont faits par un expert que le juge commissaire désigne. — Ils sont ensuite tirés au sort. Pr. 978 s., 982 s.

835. Avant de procéder au tirage des lots, chaque copartageant est admis à proposer ses réclamations contre leur formation.

836. Les règles établies pour la division des masses à partager, sont également observées dans la subdivision à faire entre les souches copartageantes. C. 815 s., 840. Pr. 966 s.

837. Si, dans les opérations renvoyées devant un notaire, il s'élève des contestations, le notaire dressera procès-verbal des difficultés et des dires respectifs des parties, les renverra devant le commissaire nommé pour le partage; et, au surplus, il sera procédé suivant les formes prescrites par les lois sur la procédure. Pr. 977.

838. Si tous les cohéritiers ne sont pas présens, ou s'il y a parmi eux des interdits, ou des mineurs, même émancipés, le partage doit être fait en justice, conformément aux règles prescrites par les articles 819 et suivans, jusques et compris l'article précédent. S'il y a plusieurs mineurs qui aient des intérêts opposés dans le partage, il doit leur être donné à chacun un tuteur spécial et particulier. C. *mineur*, *interd.*, 465, 466, 509, 819 s.; *absens*, 113. Pr. 968 s., 984.

839. S'il y a lieu à licitation, dans le cas du précédent article, elle ne peut être faite qu'en justice avec les formalités prescrites pour l'aliénation des biens des mineurs. Les étrangers y sont toujours admis. C. *mineur*, 457; *interdit*, 509; *imm. dotal*, 1558; *licit.* 1686 s. Pr. *formes*, 953 s., 969, 972 s.

840. Les partages faits conformément aux règles ci-dessus prescrites, soit par les tuteurs, avec l'autorisation d'un conseil de famille, soit par les mineurs émancipés, assistés de leurs curateurs, soit au nom des absens ou non présens, sont définitifs: ils ne sont que provisionnels, si les règles prescrites n'ont pas été observées. C. 113, 125, 134, 465, 482, 509, 819 s., 1314; *ratific.*, 1338.

841. Toute personne, même parente du défunt, qui n'est pas son successible, et à laquelle un cohéritier aurait cédé son droit à la succession, peut être écartée du partage, soit par tous les cohéritiers, soit par un seul, en lui remboursant le prix de la cession. C. *dr. litig.*, 1699 s.

842. Après le partage, remise doit être faite à chacun des copartageans, des titres particuliers aux objets qui lui seront échus. — Les titres d'une propriété divisée restent à celui qui a la plus grande part, à la charge d'en aider ceux de ses copartageans qui y auront intérêt, quand il en sera requis. — Les titres communs à toute l'hérédité sont remis à celui que tous les héritiers ont choisi pour en être le dépositaire, à la charge d'en aider les copartageans, à toute réquisition. — S'il y a difficulté sur ce choix, il est réglé par le juge.

SECTION II.

Des Rapports.

843. Tout héritier, même bénéficiaire, venant à une succession, doit rapporter à ses cohéritiers tout ce qu'il a reçu du défunt, par donation entre-vifs, directement ou indirectement : il ne peut retenir les dons ni réclamer les legs à lui faits par le défunt, à moins que les dons et legs ne lui aient été faits expressément par préciput et hors part, ou avec dispense du rapport. C. 760, 829 s., 918, 919 ; *except.*, 845, 852 s., 1075 s. ; *à qui dû*, 850, 857 ; *comment se fait*, 858 s. ; *dot, insolvabilité du mari*, 1573.

844. Dans le cas même où les dons et legs auraient été faits par préciput ou avec dispense du rapport, l'héritier venant à partage ne peut les retenir que jusqu'à concurrence de la quotité disponible : l'excédant est sujet à rapport. C. 866 ; *portion disp.*, 913 s., 919 ; *réduct.*, 920, 922, 924, 926.

845. L'héritier qui renonce à la succession, peut cependant retenir le don entre-vifs, ou réclamer le legs à lui fait, jusqu'à concurrence de la portion disponible. C. 785, 857 ; *portion dispr*, 913 s.

846. Le donataire qui n'était pas héritier présomptif lors de la donation, mais qui se trouve successible au jour de l'ouverture de la succession, doit également le rapport, à moins que le donateur ne l'en ait dispensé. C. 857, 919.

847. Les dons et legs faits au fils de celui qui se trouve successible à l'époque de l'ouverture de la succession, sont toujours réputés faits avec dispense du rapport. — Le père venant à la succession du donateur, n'est pas tenu de les rapporter. C. 857.

848. Pareillement, le fils venant de son chef à la succession du donateur, n'est pas tenu de rapporter le don fait à son père, même quand il aurait accepté la succession de celui-ci : mais si le fils ne vient que par représentation, il doit rapporter ce qui avait été donné à son père, même dans le cas où il aurait répudié sa succession. C. 857 ; *représent.* 739, 744.

849. Les dons et legs faits au conjoint d'un époux successible, sont réputés faits avec dispense du rapport. — Si les dons et legs sont faits conjointement à deux époux, dont l'un seulement est successible, celui-ci en rapporte la moitié ; si les dons sont faits à l'époux successible, il les rapporte en entier. C. 857.

850. Le rapport ne se fait qu'à la succession du donateur. C. 857.

851. Le rapport est dû de ce qui a été employé pour l'établissement d'un des cohéritiers, ou pour le paiement de ses dettes. C. 204, 1573.

852. Les frais de nourriture, d'entretien, d'éducation, d'apprentissage, les frais ordinaires d'équipement, ceux de noces et présens d'usage, ne doivent pas être rapportés. C. *entretien des enfants*, 203, 1409 5°.

853. Il en est de même des profits que l'héritier a pu retirer de conventions passées avec le défunt, si ces conventions ne présentaient aucun avantage indirect, lorsqu'elles ont été faites. C. *avantages indirects*, 911, 918, 1079, 1099, 1516, 1525.

854. Pareillement, il n'est pas dû de rapport pour les associations faites sans fraude entre le défunt et l'un de ses héritiers, lorsque les conditions en ont été réglées par un acte authentique. C. 853 ; *acte authent.*, 1317.

855. L'immeuble qui a péri par cas fortuit, et sans la faute du donataire, n'est pas sujet à rapport. C. 1302, 1303, 1573.

856. Les fruits et les intérêts des choses sujettes à rapport ne sont dus qu'à compter du jour de l'ouverture de la succession. C. 928.

857. Le rapport n'est dû que par le cohéritier à son cohéritier ; il n'est pas dû aux légataires ni aux créanciers de la succession. C. 843, 850.

858. Le rapport se fait en nature ou en moins prenant. C. 859 s., 859 s., 868, 869.

859. Il peut être exigé en nature, à l'égard des immeubles, toutes les fois que l'immeuble donné n'a pas été aliéné par le donataire, et qu'il n'y a pas, dans la succession, d'immeubles de même nature, valeur et bonté, dont on puisse former des lots à peu près égaux pour les autres cohéritiers. C. 826, 832, 865.

860. Le rapport n'a lieu qu'en moins prenant, quand le donataire a aliéné l'immeuble avant l'ouverture de la succession; il est dû de la valeur de l'immeuble à l'époque de l'ouverture.

861. Dans tous les cas, il doit être tenu compte au donataire, des impenses qui ont amélioré la chose, eu égard à ce dont sa valeur se trouve augmentée au temps du partage. C. 555, 863, 864, 867, 1634.

862. Il doit être pareillement tenu compte au donataire, des impenses nécessaires qu'il a faites pour la conservation de la chose, encore qu'elles n'aient point amélioré le fonds. C. 864, 867, 1634.

863. Le donataire, de son côté, doit tenir compte des dégradations et détériorations qui ont diminué la valeur de l'immeuble, par son fait ou par sa faute et négligence. C. 1382, 1383, 1631, 1632.

864. Dans le cas où l'immeuble a été aliéné par le donataire, les améliorations ou dégradations faites par l'acquéreur doivent être imputées conformément aux trois articles précédens.

865. Lorsque le rapport se fait en nature, les biens se réunissent à la masse de la succession, francs et quittes de toutes charges créées par le donataire; mais les créanciers ayant hypothèque peuvent intervenir au partage, pour s'opposer à ce que le rapport se fasse en fraude de leurs droits. C. 2125; *droits des créanc.*, 622, 882, 1167.

866. Lorsque le don d'un immeuble fait à un successible avec dispense du rapport excède la portion disponible, le rapport de l'excédant se fait en nature, si le retranchement de cet excédant peut s'opérer commodément. — Dans le cas contraire, si l'excédant est de plus de moitié de la valeur de l'immeuble, le donataire doit rapporter l'immeuble en totalité, sauf à prélever sur la masse la valeur de la portion disponible : si cette portion excède la moitié de la valeur de l'immeuble, le donataire peut retenir l'immeuble en totalité, sauf à moins prendre, et à récompenser ses cohéritiers en argent ou autrement. C. 832, 844, 918, 924.

867. Le cohéritier qui fait le rapport en nature d'un immeuble, peut en retenir la possession jusqu'au remboursement effectif des sommes qui lui sont dues pour impenses ou améliorations. C. 861, 862.

868. Le rapport du mobilier ne se fait qu'en moins prenant. Il se fait sur le pied de la valeur du mobilier lors de la donation, d'après l'état estimatif annexé à l'acte; et, à défaut de cet état, d'après une estimation par experts, à juste prix et sans crue. C. 825, 830 s. Pr. 302 s., 1034, 1035.

869. Le rapport de l'argent donné se fait en moins prenant dans le numéraire de la succession. — En cas d'insuffisance, le donataire peut se dispenser de rapporter du numéraire, en abandonnant, jusqu'à due concurrence, du mobilier, et, à défaut de mobilier, des immeubles de la succession. C. 868; *commun.*, 1471.

SECTION III.

Du Paiement des dettes.

870. Les cohéritiers contribuent entre eux au paiement des dettes et charges de la succession, chacun dans la proportion de ce qu'il y prend. C. 724, 873 s., 1004, 1011, 1017, 2101; *dette divis.*, 1220 s.; *indivis.*, 1223.

871. Le légataire à titre universel contribue avec les héritiers, au prorata de son émolument; mais le légataire particulier n'est pas tenu des dettes et charges, sauf toutefois l'action hypothécaire sur l'immeuble légué. C. 873, 1009, 1012, 1020, 1024, 2114.

872. Lorsque des immeubles d'une succession sont grevés de rentes par hypothèque spéciale, chacun des cohéritiers peut exiger que les rentes soient remboursées et les immeubles rendus libres avant qu'il soit procédé à la formation des lots. Si les cohéritiers partagent la succession dans l'état où elle se trouve, l'immeuble grevé doit être estimé au même taux que les autres immeubles ; il est fait déduction du capital de la rente sur le prix total ; l'héritier dans le lot duquel tombe cet immeuble, demeure seul chargé du service de la rente, et il doit en garantir ses cohéritiers. C. 828 s., 1221, 1225, Pr. 183.

873. Les héritiers sont tenus des dettes et charges de la succession, personnellement pour leur part et portion virile, et hypothécairement pour le tout : sauf leur recours, soit contre leurs cohéritiers, soit contre les légataires universels, à raison de la part pour laquelle ils doivent y contribuer. C. 870, 1009, 1012 ; *secùs*, 1220 ; *comparez*, 1475 ; *privil.*, 2111 ; *hypoth.*, 2166 ; *portion virile*, 1475.

874. Le légataire particulier qui a acquitté la dette dont l'immeuble légué était grevé, demeure subrogé aux droits du créancier contre les héritiers et successeurs à titre universel. C. 611, 871, 1020, 1024, 1251.

875. Le cohéritier ou successeur à titre universel, qui, par l'effet de l'hypothèque, a payé au-delà de sa part de la dette commune, n'a de recours contre les autres cohéritiers ou successeurs à titre universel, que pour la part que chacun d'eux doit personnellement en supporter, même dans le cas où le cohéritier qui a payé la dette se serait fait subroger aux droits des créanciers ; sans préjudice néanmoins des droits d'un cohéritier qui, par l'effet du bénéfice d'inventaire, aurait conservé la faculté de réclamer le paiement de sa créance personnelle, comme tout autre créancier. C. 802, 873, 884, 1017, 1213 s., 2033 ; *success. à titre univers.*, 757, 1009, 1012.

876. En cas d'insolvabilité d'un des cohéritiers ou successeurs à titre universel, sa part dans la dette hypothécaire est répartie sur tous les autres, au marc le franc. C. 885, 1214, 1218, 2026.

877. Les titres exécutoires contre le défunt sont pareillement exécutoires contre l'héritier personnellement ; et néanmoins les créanciers ne pourront en poursuivre l'exécution que huit jours après la signification de ces titres à la personne ou au domicile de l'héritier. C. 724. Pr. *actes exécut.*, 545, 547.

878. Ils peuvent demander, dans tous les cas, et contre tout créancier, la séparation du patrimoine du défunt d'avec le patrimoine de l'héritier. C. 2111.

879. Ce droit ne peut cependant plus être exercé, lorsqu'il y a novation dans la créance contre le défunt, par l'acceptation de l'héritier pour débiteur. C. *novation*, 1271 s.

880. Il se prescrit, relativement aux meubles, par le laps de trois ans. — A l'égard des immeubles, l'action peut être exercée tant qu'ils existent dans la main de l'héritier. C. 2111, 2113, 2180, 2262.

881. Les créanciers de l'héritier ne sont point admis à demander la séparation des patrimoines contre les créanciers de la succession.

882. Les créanciers d'un copartageant, pour éviter que le partage ne soit fait en fraude de leurs droits, peuvent s'opposer à ce qu'il y soit procédé hors de leur présence : ils ont le droit d'y intervenir à leurs frais ; mais ils ne peuvent attaquer un partage consommé, à moins toutefois qu'il n'y ait été procédé sans eux et au préjudice d'une opposition qu'ils auraient formée. C. 821, 865, 1167.

SECTION IV.

Des effets du Partage, et de la garantie des Lots.

883. Chaque cohéritier est censé avoir succédé seul et immédiatement à tous les effets compris dans son lot, ou à lui échus sur licitation, et n'avoir jamais eu la propriété des autres effets de la succession. C. *exception*, 1220 ; *V.* 1408.

884. Les cohéritiers demeurent respectivement garans, les uns envers les autres, des troubles et évictions seulement qui procèdent d'une cause antérieure au partage. — La garantie n'a pas lieu, si l'espèce d'éviction soufferte a été exceptée par une clause particulière et expresse de l'acte de partage ; elle cesse, si c'est par sa faute que le cohéritier souffre l'éviction.

C. 822, 870 s., 875 s.; *garantie en cas d'évict.*, 1626 s., 1640; *privil.*, 2103, 2109.

885. Chacun des cohéritiers est personnellement obligé, en proportion de sa part héréditaire, d'indemniser son cohéritier de la perte que lui a causé l'éviction. — Si l'un des cohéritiers se trouve insolvable, la portion dont il est tenu doit être également répartie entre le garanti et tous les cohéritiers solvables. C. 870, 875 s., 2103, 2109.

886. La garantie de la solvabilité du débiteur d'une rente ne peut être exercée que dans les cinq ans qui suivent le partage. Il n'y a pas lieu à garantie, à raison de l'insolvabilité du débiteur, quand elle n'est survenue que depuis le partage consommé. C. 876, 885, 1693 s.

SECTION V.

De la Rescision en matière de partage.

887. Les partages peuvent être rescindés pour cause de violence ou de dol. — Il peut aussi y avoir lieu à rescision, lorsqu'un des cohéritiers établit, à son préjudice, une lésion de plus du quart. La simple omission d'un objet de la succession ne donne pas ouverture à l'action en rescision, mais seulement à un supplément à l'acte de partage. C. 890, 1109, 1111 s., 1116, 1118, 1304, 1313, 1314, 1674 s., *part. f. p. l'ascend.*, 1077, 1079 s.

888. L'action en rescision est admise contre tout acte qui a pour objet de faire cesser l'indivision entre cohéritiers, encore qu'il fût qualifié de vente, d'échange et de transaction, ou de toute autre manière. — Mais après le partage, ou l'acte qui en tient lieu, l'action en rescision n'est plus admissible contre la transaction faite sur les difficultés réelles que présentait le premier acte, même quand il n'y aurait pas eu à ce sujet de procès commencé. C. 819, *transact.*, 2044 s., 2052 s.

889. L'action n'est pas admise contre une vente de droit successif faite sans fraude à l'un des cohéritiers, à ses risques et périls, par ses autres cohéritiers ou par l'un d'eux.

890. Pour juger s'il y a eu lésion, on estime les objets suivant leur valeur à l'époque du partage. C. 1675.

891. Le défendeur à la demande en rescision peut en arrêter le cours et empêcher un nouveau partage, en offrant et en fournissant au demandeur le supplément de sa portion héréditaire, soit en numéraire, soit en nature. C. 1681 s.

892. Le cohéritier qui a aliéné son lot en tout ou partie, n'est plus recevable à intenter l'action en rescision pour dol ou violence, si l'aliénation qu'il a faite est postérieure à la découverte du dol, ou à la cessation de la violence. C. 1115.

TITRE II.

DES DONATIONS ENTRE-VIFS ET DES TESTAMENS. (1)

(Décrété le 3 mai 1803. Promulgué le 13 du même mois.)

CHAPITRE I.

DISPOSITIONS GÉNÉRALES.

893. On ne pourra disposer de ses biens, à titre gratuit, que par donation entre-vifs ou par testament, dans les formes ci-après établies. C. 894, 895, 931 s., 967 s.; *except.*, 1082, 1084, 1086, 1096.

894. La donation entre-vifs est un acte par lequel le donateur se dépouille actuellement et irrévocablement de la chose donnée, en faveur du donataire qui l'accepte. C. 938 s., 953, 1096; *capacité*, 901 s.; *port. disp.*, 913 s.; *forme des donat.*, 931 s.

895. Le testament est un acte par lequel le testateur dispose, pour le temps où il n'existera plus, de tout ou partie de ses biens, et qu'il peut révoquer. C. 1003 s., 1014 s., 1035 s.; *capac.*, 901 s.; *port. disp.*, 913 s.; *form. des testam.*, 967 s., 981 s.

896. Les substitutions sont prohibées. — Toute disposition par laquelle le donataire, l'héritier institué, ou le légataire, sera chargé de conser-

(1) *Droits d'Enregistrement et de mutation* : Lois 22 frimaire an VIII, art. 69, § 3, 4, 6; 28 avril 1816, art. 43, 53, 54; 21 avril 1832, art. 33.

ver et de rendre à un tiers, sera nulle, même à l'égard du donataire, de l'héritier institué, ou du légataire. — *Néanmoins les biens libres formant la dotation d'un titre héréditaire que le roi aurait érigé en faveur d'un prince ou d'un chef de famille, pourront être transmis héréditairement, ainsi qu'il est réglé par l'acte du 30 mars 1806, et par celui du 14 août suivant.* (1)

897. Sont exceptées des deux premiers paragraphes de l'article précédent les dispositions permises aux pères et mères et aux frères et sœurs, au chapitre VI du présent titre. C. 1048. (*L.* 17 *mai* 1826. *App.*)

898. La disposition par laquelle un tiers serait appelé à recueillir le don, l'hérédité ou le legs, dans le cas où le donataire, l'héritier institué ou le légataire, ne le recueillerait pas, ne sera pas regardée comme une substitution, et sera valable. C. 900, 910, 911, 952 s., 1039 s., 1082, 1084, 1086, 1088, 1089.

899. Il en sera de même de la disposition entre-vifs ou testamentaire par laquelle l'usufruit sera donné à l'un, et la nue propriété à l'autre. C. 919 s.; *usufruit*, 578 s.

900. Dans toute disposition entre-vifs ou testamentaire, les conditions impossibles, celles qui seront contraires aux lois ou aux mœurs, seront réputées non écrites. C. 6, 1387 s.; *comparez*, 1172.

CHAPITRE II.

DE LA CAPACITÉ DE DISPOSER OU DE RECEVOIR PAR DONATION ENTRE-VIFS OU PAR TESTAMENT.

901. Pour faire une donation entre-vifs ou un testament, il faut être sain d'esprit. C. *interdits, conseil judic.*, 489, 499, 502 s.; *volonté libre*, 1109 s.

902. Toutes personnes peuvent disposer et recevoir, soit par donation entre-vifs, soit par testament, excepté celles que la loi en déclare incapables. C. 25, 502, 503 s., 903 s., 1046, 1422, 1555, 1556.

903. Le mineur âgé de moins de seize ans ne pourra aucunement disposer, sauf ce qui est réglé au chapitre IX du présent titre. C. 1095, 1309, 1398.

904. Le mineur parvenu à l'âge de seize ans ne pourra disposer que par testament, et jusqu'à concurrence seulement de la moitié des biens dont la loi permet au majeur de disposer. C. 907, 913 s., 1094, 1098.

905. La femme mariée ne pourra donner entre-vifs sans l'assistance ou le consentement spécial de son mari, ou sans y être autorisée par la justice, conformément à ce qui est prescrit par les articles 217 et 219, au titre *du Mariage*. — Elle n'aura besoin ni de consentement du mari, ni d'autorisation de la justice, pour disposer par testament. C. 217, 219, 222, 226, 1449; *disposit. révoc.*, 1096. Pr. 861 s.

906. Pour être capable de recevoir entre-vifs, il suffit d'être conçu au moment de la donation. — Pour être capable de recevoir par testament, il suffit d'être conçu à l'époque du décès du testateur. — Néanmoins la donation ou le testament n'auront leur effet qu'autant que l'enfant sera né viable. C. *mort. civ.*, 25; *enfant viable*, 314, 725; *except.*, 1048 s.

907. Le mineur, quoique parvenu à l'âge de seize ans, ne pourra, même par testament, disposer au profit de son tuteur. — Le mineur, devenu majeur, ne pourra disposer, soit par donation entre-vifs, soit par testament, au profit de celui qui aura été son tuteur, si le compte définitif de la tutelle n'a été préalablement rendu et apuré. — Sont exceptés, dans les deux cas ci-dessus, les ascendans des mineurs, qui sont ou ont été leurs tuteurs. C. 472, 904. Pr. 527 s.

908. Les enfans naturels ne pourront, par donation entre-vifs ou par testament, rien recevoir au delà de ce qui leur est accordé au titre *des Successions*. C. 723, 757 s.

909. Les docteurs en médecine ou en chirurgie, les officiers de santé et les pharmaciens qui auront traité une personne pendant la maladie dont elle meurt, ne pourront profiter des dispositions entre-vifs ou testamentaires qu'elle aurait faites en leur faveur pen-

(1) Paragraphe abrogé par la loi du 12 mai 1835. V. *App.*

dant le cours de cette maladie. — Sont exceptées, 1° les dispositions rémunératoires faites à titre particulier, eu égard aux facultés du disposant et aux services rendus ; — 2° Les dispositions universelles, dans le cas de parenté jusqu'au quatrième degré inclusivement, pourvu toutefois que le décédé n'ait pas d'héritiers en ligne directe ; à moins que celui au profit de qui la disposition a été faite, ne soit lui-même du nombre de ces héritiers. — Les mêmes règles seront observées à l'égard du ministre du culte. C. 735 s., 911 ; *disposit. univers.*, 1003, 1010 ; *à titre particul.*, 1010.

910. Les dispositions entre-vifs ou par testament, au profit des hospices, des pauvres d'une commune, ou d'établissemens d'utilité publique, n'auront leur effet qu'autant qu'elles seront autorisées par une ordonnance royale. C. 537, 937, 940. L. 2 *janvier* 1817, 24 *mai* 1825.

911. Toute disposition au profit d'un incapable sera nulle, soit qu'on la déguise sous la forme d'un contrat onéreux, soit qu'on la fasse sous le nom de personnes interposées. — Seront réputées personnes interposées les père et mère, les enfans et descendans, et l'époux de la personne incapable. C. 1099, 1100 ; *présompt.*, 1350, 1352.

912. (*Abrogé* : *Loi* 14 *juillet* 1819.) *On ne pourra disposer au profit d'un étranger que dans le cas où cet étranger pourrait disposer au profit d'un Français*. (*V.* note sur l'art. 726, C.)

CHAPITRE III.

DE LA PORTION DE BIENS DISPONIBLE, ET DE LA RÉDUCTION.

SECTION I.

De la Portion de biens disponible.

913. Les libéralités, soit par actes entre-vifs, soit par testament, ne pourront excéder la moitié des biens du disposant, s'il ne laisse à son décès qu'un enfant légitime ; le tiers, s'il laisse deux enfans ; le quart, s'il en laisse trois ou un plus grand nombre. C. *mineur*, 904 ; *enf. nat.*, 908 ; *réduct.*, 920 s., 1090 ; *époux*, 1094, 1096. L. 17 *mai* 1826, *sur les substit.* App.

914. Sont compris dans l'article précédent, sous le nom d'*enfans*, les descendans en quelque degré que ce soit ; néanmoins ils ne sont comptés que pour l'enfant qu'ils représentent dans la succession du disposant.

915. Les libéralités, par actes entre-vifs ou par testament, ne pourront excéder la moitié des biens, si, à défaut d'enfant, le défunt laisse un ou plusieurs ascendans dans chacune des lignes paternelle et maternelle ; et les trois quarts, s'il ne laisse d'ascendans que dans une ligne. — Les biens ainsi réservés au profit des ascendans, seront par eux recueillis dans l'ordre où la loi les appelle à succéder : ils auront seuls droit à cette réserve, dans tous les cas où un partage en concurrence avec des collatéraux ne leur donnerait pas la quotité de biens à laquelle elle est fixée. C. 746 s., 904, 908 ; *donatio entr. ép.*, 1094.

916. A défaut d'ascendans et de descendans, les libéralités par actes entre-vifs ou testamentaires pourront épuiser la totalité des biens.

917. Si la disposition par acte entre-vifs ou par testament est d'un usufruit ou d'une rente viagère dont la valeur excède la quotité disponible, les héritiers au profit desquels la loi fait une réserve, auront l'option, ou d'exécuter cette disposition, ou de faire l'abandon de la propriété de la quotité disponible. C. 610, 949, 950, 1094, 1969 ; *except.*, 925 s.

918. La valeur en pleine propriété des biens aliénés, soit à charge de rente viagère, soit à fonds perdu, ou avec réserve d'usufruit, à l'un des successibles en ligne directe, sera imputée sur la portion disponible ; et l'excédant, s'il y en a, sera rapporté à la masse. Cette imputation et ce rapport ne pourront être demandés par ceux des autres successibles en ligne directe qui auraient consenti à ces aliénations, ni, dans aucun cas, par les successibles en ligne collatérale. C. 745, 746, 843, 844.

919. La quotité disponible pourra être donnée en tout ou en partie, soit par acte entre-vifs, soit par testament, aux enfans ou autres successibles du donateur, sans être sujette au rapport par le donataire ou le légataire venant à la succession, pourvu que la disposition ait été faite expressément à titre de préciput ou hors part. — La déclaration que le don ou le legs est à titre de préciput ou hors part, pourra être faite, soit par l'acte qui contiendra la disposition, soit postérieurement dans la forme des dispositions entre-vifs ou testamentaires. C. 843, 846, 931 s., 969 s., 981 s.

SECTION II.

De la Réduction des Donations et Legs.

920. Les dispositions soit entre-vifs, soit à cause de mort, qui excéderont la quotité disponible, seront réductibles à cette quotité lors de l'ouverture de la succession. C. 913 s., 921 s., 1090, 1096, 1098, 1496, 1527, 1970.

921. La réduction des dispositions entre-vifs ne pourra être demandée que par ceux au profit desquels la loi fait la réserve, par leurs héritiers ou ayant cause : les donataires, les légataires, ni les créanciers du défunt, ne pourront demander cette réduction, ni en profiter. C. 857, 913 s., 916.

922. La réduction se détermine en formant une masse de tous les biens existans au décès du donateur ou testateur. On y réunit fictivement ceux dont il a été disposé par donation entre-vifs, d'après leur état à l'époque des donations, et leur valeur au temps du décès du donateur. On calcule sur tous ces biens, après en avoir déduit les dettes, quelle est, eu égard à la qualité des héritiers qu'il laisse, la quotité dont il a pu disposer. C. *comparez* 923.

923. Il n'y aura jamais lieu à réduire les donations entre-vifs, qu'après avoir épuisé la valeur de tous les biens compris dans les dispositions testamentaires ; et lorsqu'il y aura lieu à cette réduction, elle se fera en commençant par la dernière donation, et ainsi de suite en remontant des dernières aux plus anciennes. C. 925.

924. Si la donation entre-vifs réductible a été faite à l'un des successibles, il pourra retenir, sur les biens donnés, la valeur de la portion qui lui appartiendrait, comme héritier, dans les biens non disponibles, s'ils sont de la même nature. C. 832, 859, 866 s.

925. Lorsque la valeur des donations entre-vifs excédera ou égalera la quotité disponible, toutes les dispositions testamentaires seront caduques. C. 923, 1039 s.

926. Lorsque les dispositions testamentaires excéderont, soit la quotité disponible, soit la portion de cette quotité qui resterait après avoir déduit la valeur des donations entre-vifs, la réduction sera faite au marc le franc, sans aucune distinction entre les legs universels et les legs particuliers. C. 1003, 1009, 1010, 1024.

927. Néanmoins, dans tous les cas où le testateur aura expressément déclaré qu'il entend que tel legs soit acquitté de préférence aux autres, cette préférence aura lieu ; et le legs qui en sera l'objet, ne sera réduit qu'autant que la valeur des autres ne remplirait pas la réserve légale. C. 1009, 1024.

928. Le donataire restituera les fruits de ce qui excédera la portion disponible, à compter du jour du décès du donateur, si la demande en réduction a été faite dans l'année ; sinon, du jour de la demande. C. 856, 1005.

929. Les immeubles à recouvrer par l'effet de la réduction, le seront sans charge de dettes ou hypothèques créées par le donataire. C. 865, 2125.

930. L'action en réduction ou revendication pourra être exercée par les héritiers contre les tiers détenteurs des immeubles faisant partie des donations et aliénés par les donataires, de la même manière et dans le même ordre que contre les donataires eux-mêmes, et discussion préalablement faite de leurs biens. Cette action devra être exercée suivant l'ordre des dates des aliénations, en commençant par la plus récente. C. 923, 2262, 2265 s. ; *garantie*, 1626 s. Pr. 175 s., 187.

CHAPITRE IV.

DES DONATIONS ENTRE-VIFS.

SECTION I.

De la Forme des Donations entre-vifs.

931. Tous actes portant donation entre-vifs seront passés devant notaires, dans la forme ordinaire des contrats; et il en restera minute, sous peine de nullité. C. *ratification*, 1339, 1340; *dons manuels*, 2279; *actes, minutes, nullités*. L. 25 *ventôse an* XI, *art*. 8 s., 20, 68.

932. La donation entre-vifs n'engagera le donateur, et ne produira aucun effet, que du jour qu'elle aura été acceptée en termes exprès. — L'acceptation pourra être faite du vivant du donateur, par un acte postérieur et authentique, dont il restera minute; mais alors la donation n'aura d'effet, à l'égard du donateur, que du jour où l'acte qui constatera cette acceptation lui aura été notifié. C. *donat.*, 894; *except.*, 1087; *acte authent.*, 1317.

933. Si le donataire est majeur, l'acceptation doit être faite par lui, ou, en son nom, par la personne fondée de sa procuration, portant pouvoir d'accepter la donation faite, ou un pouvoir général d'accepter les donations qui auraient été ou qui pourraient être faites. — Cette procuration devra être passée devant notaires; et une expédition devra en être annexée à la minute de la donation, ou à la minute de l'acceptation qui serait faite par acte séparé. C. 1985, 1987.

934. La femme mariée ne pourra accepter une donation sans le consentement de son mari, ou, en cas de refus du mari, sans autorisation de la justice, conformément à ce qui est prescrit par les articles 217 et 219, au titre *du Mariage*. C. 217, 219, 222, 942. Pr. 861 s.

935. La donation faite à un mineur non émancipé ou à un interdit, devra être acceptée par son tuteur, conformément à l'article 463, au titre *de la Minorité, de la Tutelle et de l'Émancipation*. — Le mineur émancipé pourra accepter avec l'assistance de son curateur. — Néanmoins les père et mère du mineur émancipé, ou non émancipé, ou les autres ascendans, même du vivant des père et mère, quoiqu'ils ne soient ni tuteurs ni curateurs du mineur, pourront accepter pour lui. C. 463, 482, 509, 942; *except.*, 1087.

936. Le sourd-muet qui saura écrire, pourra accepter lui-même ou par un fondé de pouvoir. — S'il ne sait pas écrire, l'acceptation doit être faite par un curateur nommé à cet effet, suivant les règles établies au titre *de la Minorité, de la Tutelle et de l'Émancipation*. C. 480, 979.

937. Les donations faites au profit d'hospices, des pauvres d'une commune, ou d'établissemens d'utilité publique, seront acceptées par les administrateurs de ces communes ou établissemens, après y avoir été dûment autorisés. C. 910, 942. O. 2 *avril* 1817, 14 *janvier* 1831.

938. La donation dûment acceptée sera parfaite par le seul consentement des parties; et la propriété des objets donnés sera transférée au donataire, sans qu'il soit besoin d'autre tradition. C. 711, 932, 1138; *ratificat.*, 1339 s.; *droits des tiers*, 939, 941.

939. Lorsqu'il y aura donation de biens susceptibles d'hypothèques, la transcription des actes contenant la donation et l'acceptation, ainsi que la notification de l'acceptation qui aurait eu lieu par acte séparé, devra être faite aux bureaux des hypothèques dans l'arrondissement desquels les biens sont situés. C. 941, 942, 958, 1069 s., 2181 s.; *biens susceptibles d'hypoth.*, 2118.

940. Cette transcription sera faite à la diligence du mari, lorsque les biens auront été donnés à sa femme; et si le mari ne remplit pas cette formalité, la femme pourra y faire procéder sans autorisation. — Lorsque la donation sera faite à des mineurs, à des interdits, ou à des établissemens publics, la transcription sera faite à la diligence des tuteurs, curateurs ou administrateurs. C. 215, 450, 481, 482, 497, 509, 910, 942, 1069 s., 1428, 1531, 1536, 1549, 2139.

941. Le défaut de transcription pourra être opposé par toutes personnes ayant intérêt, excepté toutefois celles qui sont chargées de faire faire la transcription, ou leurs ayans-cause, et le donateur. C. 939, 940, 1070 s.

942. Les mineurs, les interdits, les femmes mariées, ne seront point restitués contre le défaut d'acceptation ou de transcription des donations; sauf leur recours contre leurs tuteurs ou maris, s'il y échet, et sans que la restitution puisse avoir lieu, dans le cas même où lesdits tuteurs et maris se trouveraient insolvables. C. 469, 509, 1070 s., 1074, 1428, 1562, 1577. Pr. 126, 132.

943. La donation entre-vifs ne pourra comprendre que les biens présens du donateur; si elle comprend des biens à venir, elle sera nulle à cet égard. C. 894, 1130; *except.*, 947, *partage fait par un ascend.*, 1076; *nullité, ratificat.*, 1339 s.

944. Toute donation entre-vifs faite sous des conditions dont l'exécution dépend de la seule volonté du donateur, sera nulle. C. 1174; *except.*, 947; *ratificat.*, 1339 s.

945. Elle sera pareillement nulle, si elle a été faite sous la condition d'acquitter d'autres dettes ou charges que celles qui existaient à l'époque de la donation, ou qui seraient exprimées, soit dans l'acte de donation, soit dans l'état qui devrait y être annexé. C. *except.*, 947.

946. En cas que le donateur se soit réservé la liberté de disposer d'un effet compris dans la donation, ou d'une somme fixe sur les biens donnés, s'il meurt sans en avoir disposé, ledit effet ou ladite somme appartiendra aux héritiers du donateur, nonobstant toutes clauses et stipulations à ce contraires. C. *except.*, 947, 1086.

947. Les quatre articles précédens ne s'appliquent point aux donations dont est mention aux chapitres VIII et IX du présent titre. C. *donat. en contr. de mar.*, 1082, 1084, 1086, 1091 s.

948. Tout acte de donation d'effets mobiliers ne sera valable que pour les effets dont un état estimatif, signé du donateur, et du donataire, ou de ceux qui acceptent pour lui, aura été annexé à la minute de la donation. C. *meuble*, 527 s., 535; *dons en contr. de mar.*, 1084; *dons manuels*, 2279.

949. Il est permis au donateur de faire la réserve à son profit, ou de disposer au profit d'un autre, de la jouissance ou de l'usufruit des biens meubles ou immeubles donnés. C. 899.

950. Lorsque la donation d'effets mobiliers aura été faite avec réserve d'usufruit, le donataire sera tenu, à l'expiration de l'usufruit, de prendre les effets donnés qui se trouveront en nature, dans l'état où ils seront; et il aura action contre le donateur ou ses héritiers, pour raison des objets non existans, jusqu'à concurrence de la valeur qui leur aura été donnée dans l'état estimatif. C. *usufr.*, 587 s., 600, 615 s.

951. Le donateur pourra stipuler le droit de retour des objets donnés, soit pour le cas du prédécès du donataire seul, soit pour le cas du prédécès du donataire et de ses descendans. — Ce droit ne pourra être stipulé qu'au profit du donateur seul. C. 900, 1174, 1176; *retour légal*, 351, 747, 766.

952. L'effet du droit de retour sera de résoudre toutes les aliénations des biens donnés, et de faire revenir ces biens au donateur, francs et quittes de toutes charges et hypothèques, sauf néanmoins l'hypothèque de la dot et des conventions matrimoniales, si les autres biens de l'époux donataire ne suffisent pas, et dans le cas seulement où la donation lui aura été faite par le même contrat de mariage duquel résultent ces droits et hypothèques. C. *disposit. anal.*, 865, 929, 954, 963, 2125.

SECTION II.

Des exceptions à la règle de l'Irrévocabilité des Donations entre-vifs.

953. La donation entre-vifs ne pourra être révoquée que pour cause d'inexécution des conditions sous lesquelles elle aura été faite, pour cause d'ingratitude, et pour cause de survenance d'enfans. C. *donat.*, 894; *except. entre ép.*, 1096.

954. Dans le cas de la révocation pour cause d'inexécution des conditions, les biens rentreront dans les mains du donateur, libres de toutes charges et hypothèques du chef du donataire ; et le donateur aura, contre les tiers détenteurs des immeubles donnés, tous les droits qu'il aurait contre le donataire lui-même. C. 2125 ; *dispos. testam.*, 1046.

955. La donation entre-vifs ne pourra être révoquée pour cause d'ingratitude que dans les cas suivans : — 1° Si le donataire a attenté à la vie du donateur ; — 2° S'il s'est rendu coupable envers lui de sévices, délits ou injures graves ; — 3° S'il lui refuse des alimens. C. 299, 956 s. ; *dispos. testam.*, 1046.

956. La révocation pour cause d'inexécution des conditions, ou pour cause d'ingratitude, n'aura jamais lieu de plein droit. C. 954, 955 ; *except.*, 1088.

957. La demande en révocation pour cause d'ingratitude devra être formée dans l'année, à compter du jour du délit imputé par le donateur au donataire, ou du jour que le délit aura pu être connu par le donateur. — Cette révocation ne pourra être demandée par le donateur contre les héritiers du donataire, ni par les héritiers du donateur contre le donataire, à moins que, dans ce dernier cas, l'action n'ait été intentée par le donateur, ou qu'il ne soit décédé dans l'année du délit.

958. La révocation pour cause d'ingratitude ne préjudiciera ni aux aliénations faites par le donataire, ni aux hypothèques et autres charges réelles qu'il aura pu imposer sur l'objet de la donation, pourvu que le tout soit antérieur à l'inscription qui aurait été faite de l'extrait de la demande en révocation, en marge de la transcription prescrite par l'article 939. — Dans le cas de révocation, le donataire sera condamné à restituer la valeur des objets aliénés, eu égard au temps de la demande, et les fruits, à compter du jour de cette demande. C. 939, 2125.

959. Les donations en faveur de mariage ne seront pas revocables pour cause d'ingratitude. C. 1081 s., 1091 s.

960. Toutes donations entre-vifs faites par personnes qui n'avaient point d'enfans ou de descendans actuellement vivans dans le temps de la donation, de quelque valeur que ces donations puissent être, et à quelque titre qu'elles aient été faites, et encore qu'elles fussent mutuelles ou rémunératoires, même celles qui auraient été faites en faveur de mariage par autres que par les ascendans aux conjoints, ou par les conjoints l'un à l'autre, demeureront révoquées de plein droit par la survenance d'un enfant légitime du donateur, même d'un posthume, ou par la légitimation d'un enfant naturel par mariage subséquent, s'il est né depuis la donation. C. *légitimat.*, 333 ; *donat. entre époux*, 1091, 1096.

961. Cette révocation aura lieu, encore que l'enfant du donateur ou de la donatrice fût conçu au temps de la donation.

962. La donation demeurera pareillement révoquée, lors même que le donataire serait entré en possession des biens donnés, et qu'il y aurait été laissé par le donateur depuis la survenance de l'enfant ; sans néanmoins que le donataire soit tenu de restituer les fruits par lui perçus, de quelque nature qu'ils soient, si ce n'est du jour que la naissance de l'enfant ou sa légitimation par mariage subséquent lui aura été notifiée par exploit ou autre acte en bonne forme ; et ce, quand même la demande pour rentrer dans les biens donnés n'aurait été formée que postérieurement à cette notification. C. 549, 550.

963. Les biens compris dans la donation révoquée de plein droit, rentreront dans le patrimoine du donateur, libres de toutes charges et hypothèques du chef du donataire, sans qu'ils puissent demeurer affectés, même subsidiairement, à la restitution de la dot de la femme de ce donataire, de ses reprises ou autres conventions matrimoniales ; ce qui aura lieu quand même la donation aurait été faite en faveur du mariage du donataire et insérée dans le contrat, et que le donateur se serait obligé comme caution, par la donation, à l'exécution du contrat de mariage. C. 2125.

964. Les donations ainsi révoquées ne pourront revivre ou avoir de nouveau leur effet, ni par la mort de l'enfant du donateur, ni par aucun acte confirmatif; et, si le donateur veut donner les mêmes biens au même donataire, soit avant ou après la mort de l'enfant par la naissance duquel la donation avait été révoquée, il ne le pourra faire que par une nouvelle disposition. C. 1339.

965. Toute clause ou convention par laquelle le donateur aurait renoncé à la révocation de la donation pour survenance d'enfant, sera regardée comme nulle, et ne pourra produire aucun effet. C. 6, 900.

966. Le donataire, ses héritiers ou ayans cause, ou autre détenteurs des choses données, ne pourront opposer la prescription pour faire valoir la donation révoquée par la survenance d'enfant, qu'après une possession de trente années, qui ne pourront commencer à courir que du jour de la naissance du dernier enfant du donateur, même posthume; et ce, sans préjudice des interruptions, telles que de droit. C. 2242 s., 2264; *comparez* 2251 s., 2262, 2265 s.

CHAPITRE V.

DES DISPOSITIONS TESTAMENTAIRES.

SECTION I.

Des règles générales sur la Forme des Testamens.

967. Toute personne pourra disposer par testament, soit sous le titre d'institution d'héritier, soit sous le titre de legs, soit sous toute autre dénomination propre à manifester sa volonté. C. 895 s., 1002; *capac.*, 901 s.; *portion disponible*, 908, 913 s., 1094, 1098 s.; *révoc. de testam.*, 1035 s.; *caduc.*, 925 s., 1039 s.

968. Un testament ne pourra être fait dans le même acte par deux ou plusieurs personnes, soit au profit d'un tiers, soit à titre de disposition réciproque et mutuelle. C. 1097; *nullité*, 1001.

969. Un testament pourra être olographe, ou fait par acte public ou dans la forme mystique.

970. Le testament olographe ne sera point valable, s'il n'est écrit en entier, daté et signé de la main du testateur; il n'est assujetti à aucune autre forme. C. *testam. f. à l'étrang.*, 999; *null.*, 1001; *ouvert.*, 1007; *envoi en possess.*, 1008. Pr. *scellé*, 916 s.

971. Le testament par acte public est celui qui est reçu par deux notaires, en présence de deux témoins, ou par un notaire, en présence de quatre témoins. C. 972 s.; *témoins*, 975, 980; *except.*, 981 s.; *nullités*, 1001. L. 25 *ventôse an* XI, *art.* 8 s.

972. Si le testament est reçu par deux notaires, il leur est dicté par le testateur, et il doit être écrit par l'un de ces notaires, tel qu'il est dicté. —S'il n'y a qu'un notaire, il doit également être dicté par le testateur, et écrit par ce notaire. —Dans l'un et l'autre cas, il doit en être donné lecture au testateur, en présence des témoins. — Il est fait du tout mention expresse. C. *null.*, 1001.

973. Ce testament doit être signé par le testateur: s'il déclare qu'il ne sait ou ne peut signer, il sera fait dans l'acte mention expresse de sa déclaration, ainsi que de la cause qui l'empêche de signer. C. 1001.

974. Le testament devra être signé par les témoins; et néanmoins, dans les campagnes, il suffira qu'un des deux témoins signe, si le testament est reçu par deux notaires, et que deux des quatre témoins signent, s'il est reçu par un notaire. C. 1001.

975. Ne pourront être pris pour témoins du testament par acte public, ni les légataires, à quelque titre qu'ils soient, ni leurs parens ou alliés, jusqu'au quatrième degré inclusivement, ni les clercs des notaires par lesquels les actes seront reçus. C. *degrés*, 735 s.; *témoins*, 980; *null.*, 1001.

976. Lorsque le testateur voudra faire un testament mystique ou secret, il sera tenu de signer ses dispositions, soit qu'il les ait écrites lui-même, ou qu'il les ait fait écrire par un autre. Sera le papier qui contiendra ses dispositions, ou le papier qui servira d'enveloppe, s'il y en a une, clos et scellé. Le testateur le présentera ainsi clos et scellé au notaire, et à six témoins au moins, ou il le fera clore et sceller en leur présence; et il déclarera que le contenu en ce papier est son testament écrit et signé de lui, ou écrit par un autre et signé de lui : le notaire en dressera l'acte de suscription, qui sera écrit sur ce papier ou sur la feuille qui servira d'enveloppe ; cet acte sera signé tant par le testateur que par le notaire, ensemble par les témoins. Tout ce que dessus sera fait de suite et sans divertir à autres actes ; et en cas que le testateur, par un empêchement survenu depuis la signature du testament, ne puisse signer l'acte de suscription, il sera fait mention de la déclaration qu'il en aura faite, sans qu'il soit besoin, en ce cas, d'augmenter le nombre des témoins. C. 977 s., 980, 1001, 1007, 1008.

977. Si le testateur ne sait signer, ou s'il n'a pu le faire lorsqu'il a fait écrire ses dispositions, il sera appelé à l'acte de suscription un témoin, outre le nombre porté par l'article précédent, lequel signera l'acte avec les autres témoins ; et il y sera fait mention de la cause pour laquelle ce témoin aura été appelé. C. 980, 1001.

978. Ceux qui ne savent ou ne peuvent lire, ne pourront faire de dispositions dans la forme du testament mystique.

979. En cas que le testateur ne puisse parler, mais qu'il puisse écrire, il pourra faire un testament mystique, à la charge que le testament sera entièrement écrit, daté et signé de sa main, qu'il le présentera au notaire et aux témoins, et qu'au haut de l'acte de suscription, il écrira, en leur présence, que le papier qu'il présente est son testament : après quoi le notaire écrira l'acte de suscription, dans lequel il sera fait mention que le testateur a écrit ces mots en présence du notaire et des témoins ; et sera, au surplus, observé tout ce qui est prescrit par l'article 976. C. 936, 1001.

980. Les témoins appelés pour être présens au testament devront être mâles, majeurs, sujets du roi, jouissant des droits civils. C. 8 s., 25, 28, 975, 1001. P. 28, 34, 42.

SECTION II.

Des Règles particulières sur la Forme de certains Testamens.

981. Les testamens des militaires et des individus employés dans les armées pourront, en quelque pays que ce soit, être reçus par un chef de bataillon ou d'escadron, ou par tout autre officier d'un grade supérieur, en présence de deux témoins, ou par deux commissaires des guerres, ou par un de ces commissaires en présence de deux témoins. C. 980, 982 s., 998, 1001.

982. Ils pourront encore, si le testateur est malade ou blessé, être reçus par l'officier de santé en chef, assisté du commandant militaire chargé de la police de l'hospice. C. 984, 998, 1001.

983. Les dispositions des articles ci-dessus n'auront lieu qu'en faveur de ceux qui seront en expédition militaire, ou en quartier, ou en garnison hors du territoire français, ou prisonniers chez l'ennemi ; sans que ceux qui seront en quartier ou en garnison dans l'intérieur puissent en profiter, à moins qu'ils ne se trouvent dans une place assiégée, ou dans une citadelle et autres lieux dont les portes soient fermées et les communications interrompues à cause de la guerre. C. 1001.

984. Le testament fait dans la forme ci-dessus établie sera nul six mois après que le testateur sera revenu dans un lieu où il aura la liberté d'employer les formes ordinaires.

985. Les testamens faits dans un lieu avec lequel toute communication sera interceptée à cause de la peste ou autre maladie contagieuse, pourront être faits devant le juge de paix, ou devant l'un des officiers municipaux de la commune, en présence de deux témoins. C. 987, 998, 1001.

986. Cette disposition aura lieu, tant à l'égard de ceux qui seraient attaqués de ces maladies, que de ceux qui seraient dans les lieux qui en sont infectés, encore qu'ils ne fussent pas actuellement malades.

987. Les testamens mentionnés aux deux précédens articles deviendront nuls six mois après que les communications auront été rétablies dans le lieu où le testateur se trouve, ou six mois après qu'il aura passé dans un lieu où elles ne seront point interrompues.

988. Les testamens faits sur mer,

dans le cours d'un voyage, pourront être reçus, savoir : — A bord des vaisseaux et autres bâtimens du roi, par l'officier commandant le bâtiment, ou, à son défaut, par celui qui le supplée dans l'ordre du service, l'un ou l'autre conjointement avec l'officier d'administration ou avec celui qui en remplit les fonctions ; — Et à bord des bâtimens de commerce, par l'écrivain du navire ou celui qui en fait les fonctions, l'un ou l'autre conjointement avec le capitaine, le maître ou le patron, ou, à leur défaut, par ceux qui les remplacent. — Dans tous les cas, ces testamens devront être reçus en présence de deux témoins. C. 980, 989 s., 996, 998, 1001.

989. Sur les bâtimens du roi, le testament du capitaine ou celui de l'officier d'administration, et, sur les bâtimens de commerce, celui du capitaine, du maître ou patron, ou celui de l'écrivain, pourront être reçus par ceux qui viennent après eux dans l'ordre du service, en se conformant pour le surplus aux dispositions de l'article précédent.

990. Dans tous les cas, il sera fait un double original des testaments mentionnés aux deux articles précédens.

991. Si le bâtiment aborde dans un port étranger dans lequel se trouve un consul de France, ceux qui auront reçu le testament, seront tenus de déposer l'un des originaux clos ou cacheté, entre les mains de ce consul, qui le fera parvenir au ministre de la marine ; et celui ci en fera faire le dépôt au greffe de la justice de paix du lieu du domicile du testateur. C. 60, 87, 102, 992 s., 1001. O. 29 *octobre* 1833, *art.* 16.

992. Au retour du bâtiment en France, soit dans le port de l'armement, soit dans un port autre que celui de l'armement, les deux originaux du testament, également clos et cachetés, ou l'original qui resterait, si, conformément à l'article précédent, l'autre avait été déposé pendant le cours du voyage, seront remis au bureau du préposé de l'inscription maritime ; ce préposé les fera passer sans délai au ministre de la marine, qui en ordonnera le dépôt, ainsi qu'il est dit au même article.

993. Il sera fait mention sur le rôle du bâtiment, à la marge, du nom du testateur, de la remise qui aura été faite des originaux du testament, soit entre les mains d'un consul, soit au bureau d'un préposé de l'inscription maritime.

994. Le testament ne sera point réputé fait en mer, quoiqu'il l'ait été dans le cours du voyage, si, au temps où il a été fait, le navire avait abordé une terre, soit étrangère, soit de la domination française, où il y aurait un officier public français; auquel cas, il ne sera valable qu'autant qu'il aura été dressé suivant les formes prescrites en France, ou suivant celles usitées dans les pays où il aura été fait. C. 969 s., 999, 1000.

995. Les dispositions ci dessus seront communes aux testamens faits par les simples passagers qui ne feront point partie de l'équipage.

996. Le testament fait sur mer, en la forme prescrite par l'article 988, ne sera valable qu'autant que le testateur mourra en mer, ou dans les trois mois après qu'il sera descendu à terre, et dans un lieu où il aura pu le refaire dans les formes ordinaires. C. 969 s., 999.

997. Le testament fait sur mer ne pourra contenir aucune disposition au profit des officiers du vaisseau, s'ils ne sont parens du testateur. C. 975. L. 25 *ventôse an* XI, *art.* 8.

998. Les testamens compris dans les articles ci-dessus de la présente section, seront signés par les testateurs et par ceux qui les auront reçus. — Si le testateur déclare qu'il ne sait ou ne peut signer, il sera fait mention de sa déclaration, ainsi que de la cause qui l'empêche de signer. — Dans les cas où la présence de deux témoins est requise, le testament sera signé au moins par l'un d'eux, et il sera fait mention de la cause pour laquelle l'autre n'aura pas signé. C. 975, 974, 1001.

999. Un Français qui se trouvera en pays étranger, pourra faire ses dispositions testamentaires par acte sous signature privée, ainsi qu'il est prescrit en l'article 970, ou par acte authentique, avec les formes usitées dans le lieu où cet acte sera passé. C. 969 s., 994, 1000, 1317. O. de 1681, l. 9, liv. 1er, art. 24.

1000. Les testamens faits en pays étranger ne pourront être exécutés sur les biens situés en France, qu'après avoir été enregistrés au bureau du domicile du testateur, s'il en a conservé un, sinon au bureau de son dernier domicile connu en France ; et dans le cas où le testament contiendrait des dispositions d'immeubles qui y seraient situés, il devra être, en outre, enregistré au bureau de la situation de ces immeubles, sans qu'il puisse être exigé un double droit. C. 102.

1001. Les formalités auxquelles les divers testamens sont assujettis par les dispositions de la présente section et de la précédente, doivent être observées à peine de nullité.

SECTION III.

Des Institutions d'héritier, et des Legs en général.

1002. Les dispositions testamentaires sont ou universelles, ou à titre universel, ou à titre particulier. — Chacune de ces dispositions, soit qu'elle ait été faite sous la dénomination d'institution d'héritier, soit qu'elle ait été faite sous la dénomination de legs, produira son effet suivant les règles ci-après établies pour les legs universels, pour les legs à titre universel, et pour les legs particuliers. C. 967; *legs univ.*, 1003 s.; *legs à titre univ.*, 1010 s.; *legs partic.*, 1014 s.

SECTION IV.

Du Legs universel.

1003. Le legs universel est la disposition testamentaire par laquelle le testateur donne à une ou plusieurs personnes l'universalité des biens qu'il laissera à son décès.

1004. Lorsqu'au décès du testateur il y a des héritiers auxquels une quotité de ses biens est réservée par la loi, ces héritiers sont saisis de plein droit, par sa mort, de tous les biens de la succession ; et le légataire universel est tenu de leur demander la délivrance des biens compris dans le testament. C. 724, 904, 913 s.

1005. Néanmoins, dans les mêmes cas, le légataire universel aura la jouissance des biens compris dans le testament, à compter du jour du décès, si la demande en délivrance a été faite dans l'année, depuis cette époque ; sinon, cette jouissance ne commencera que du jour de la demande formée en justice, ou du jour que la délivrance aurait été volontairement consentie. C. 928.

1006. Lorsqu'au décès du testateur il n'y aura pas d'héritiers auxquels une quotité de ses biens soit réservée par la loi, le légataire universel sera saisi de plein droit par la mort du testateur, sans être tenu de demander la délivrance. C. *except.*, 1008; *exéc. testam.*, 1026 s.

1007. Tout testament olographe sera, avant d'être mis à exécution, présenté au président du tribunal de première instance de l'arrondissement dans lequel la succession est ouverte. Ce testament sera ouvert, s'il est cacheté. Le président dressera procès-verbal de la présentation, de l'ouverture et de l'état du testament, dont il ordonnera le dépôt entre les mains du notaire par lui commis. — Si le testament est dans la forme mystique, sa présentation, son ouverture, sa description et son dépôt, seront faits de la même manière ; mais l'ouverture ne pourra se faire qu'en présence de ceux des notaires et des témoins, signataires de l'acte de suscription, qui se trouveront sur les lieux, ou eux appelés. C. 110; *testam. olograph.*, 970; *mystique*, 976, 1008. Pr. 916, 918.

1008. Dans le cas de l'article 1006, si le testament est olographe ou mystique, le légataire universel sera tenu de se faire envoyer en possession, par une ordonnance du président, mise au bas d'une requête à laquelle sera joint l'acte de dépôt. T. 78.

1009. Le légataire universel qui sera en concours avec un héritier auquel la loi réserve une quotité des biens, sera tenu des dettes et charges de la succession du testateur, personnellement pour sa part et portion, et hypothécairement pour le tout; et il sera tenu d'acquitter tous les legs, sauf le cas de réduction, ainsi qu'il est expliqué aux articles 926 et 927. C. 610 s., 913 s., 926, 927, 1012; *secùs*, 873, 1220: *privil.*, 2111; *hypoth.*, 2126.

SECTION V.

Du Legs à titre universel.

1010. Le legs à titre universel est celui par lequel le testateur lègue une quote-part des biens dont la loi lui permet de disposer, telle qu'une moitié, un tiers, ou tous ses immeubles, ou tout son mobilier, ou une quotité fixe de tous ses immeubles ou de tout son mobilier. — Tout autre legs ne forme qu'une disposition à titre particulier. C. 610 s., 1014 s.

1011. Les légataires à titre universel seront tenus de demander la délivrance aux héritiers auxquels une quotité des biens est réservée par la loi; à leur défaut, aux légataires universels, et à défaut de ceux-ci, aux héritiers appelés dans l'ordre établi au titre *des Successions*. C. 724, 731 s., 910 s., 1004 s., 1014 s.

1012. Le légataire à titre universel, sera tenu, comme le légataire universel, des dettes et charges de la succession du testateur, personnellement pour sa part et portion, et hypothécairement pour le tout. C. 610 s., 1009; *secùs*, 873, 1220; *privil.*, 2111; *hypoth.*, 2126.

1013. Lorsque le testateur n'aura disposé que d'une quotité de la portion disponible, et qu'il l'aura fait à titre universel, ce légataire sera tenu d'acquitter les legs particuliers par contribution avec les héritiers naturels. C. 871 s., 913 s., 1009, 1017, *secùs*, 873, 1220.

SECTION VI.

Des Legs particuliers.

1014. Tout legs pur et simple donnera au légataire, du jour du décès du testateur, un droit à la chose léguée, droit transmissible à ses héritiers ou ayant-cause. — Néanmoins le légataire particulier ne pourra se mettre en possession de la chose léguée, ni en prétendre les fruits ou intérêts, qu'à compter du jour de sa demande en délivrance, formée suivant l'ordre établi par l'article 1011, ou du jour auquel cette délivrance lui aurait été volontairement consentie. C. *success.*, 784; *legs univ.*, 1005; *access. du legs*, 1018, 1019; *secùs*, 604, 1015.

1015. Les intérêts ou fruits de la chose léguée courront au profit du légataire, dès le jour du décès, et sans qu'il ait formé sa demande en justice, — 1° Lorsque le testateur aura expressément déclaré sa volonté, à cet égard, dans le testament; — 2° Lorsqu'une rente viagère ou une pension aura été léguée à titre d'alimens.

1016. Les frais de la demande en délivrance seront à la charge de la succession, sans néanmoins qu'il puisse en résulter de réduction de la réserve légale. — Les droits d'enregistrement seront dus par le légataire. — Le tout s'il n'en a été autrement ordonné par le testament. — Chaque legs pourra être enregistré séparément, sans que cet enregistrement puisse profiter à aucun autre qu'au légataire, ou à ses ayant-cause. C. 913 s., 1248.

1017. Les héritiers du testateur, ou autres débiteurs d'un legs, seront personnellement tenus de l'acquitter, chacun au prorata de la part et portion dont ils profiteront dans la succession. — Ils en seront tenus hypothécairement pour le tout, jusqu'à concurrence de la valeur des immeubles de la succession dont ils seront détenteurs. C. 610, 612, 873, 1009, 1012; *privil.*, 2111; *hypoth.*, 2126.

1018. La chose léguée sera délivrée avec les accessoires nécessaires, et dans l'état où elle se trouvera au jour du décès du donateur. C. *access.*, 522 s., 546, 551 s., 1019, 1064; *revoc.*, 1038; *caduc.*, 1042; *analog.*, 1615, 1692, 2118, 2204.

1019. Lorsque celui qui a légué la propriété d'un immeuble, l'a ensuite augmentée par des acquisitions, ces acquisitions, fussent-elles contiguës, ne seront pas censées, sans une nouvelle disposition, faire partie du legs. — Il en sera autrement des embellissemens, ou des constructions nouvelles faites sur le fonds légué, ou d'un enclos dont le testateur aurait augmenté l'enceinte. C. 1018.

1020. Si, avant le testament ou depuis, la chose léguée a été hypothéquée pour une dette de la succession, ou même pour la dette d'un tiers, ou si elle est grevée d'un usufruit, celui qui doit acquitter le legs n'est point tenu de la dégager, à moins qu'il n'ait été chargé de le faire par une disposition expresse du testateur. C. 611, 809, 2168.

1021. Lorsque le testateur aura légué la chose d'autrui, le legs sera nul, soit que le testateur ait connu ou non qu'elle ne lui appartenait pas. C. secùs, 1423.

1022. Lorsque le legs sera d'une chose indéterminée, l'héritier ne sera pas obligé de la donner de la meilleure qualité, et il ne pourra l'offrir de la plus mauvaise. C. 1246.

1023. Le legs fait au créancier ne sera pas censé en compensation de sa créance, ni le legs fait au domestique en compensation de ses gages. C. *présompt.*, 1350, 1352; *compens.*, 1289 s.; *gages*, 1781, 2101.

1024. Le légataire à titre particulier ne sera point tenu des dettes de la succession, sauf la réduction du legs, ainsi qu'il est dit ci-dessus, et sauf l'action hypothécaire des créanciers. C. 611, 874, 920, 926, 927, 1221, 2126, *except.*, 809.

SECTION VII.

Des Exécuteurs testamentaires.

1025. Le testateur pourra nommer un ou plusieurs exécuteurs testamentaires.

1026. Il pourra leur donner la saisine du tout, ou seulement d'une partie de son mobilier; mais elle ne pourra durer au delà de l'an et jour à compter de son décès. — S'il ne la leur a pas donnée, ils ne pourront l'exiger. C. *saisine des hérit. et légat.*, 724, 1004, 1006, 1027; *mobilier*, 527 s., 535.

1027. L'héritier pourra faire cesser la saisine, en offrant de remettre aux exécuteurs testamentaires somme suffisante pour le paiement des legs mobiliers, ou en justifiant de ce paiement.

1028. Celui qui ne peut s'obliger, ne peut pas être exécuteur testamentaire. C. 1026 s., 1124, 1990.

1029. La femme mariée ne pourra accepter l'exécution testamentaire qu'avec le consentement de son mari. — Si elle est séparée de biens, soit par contrat de mariage, soit par jugement, elle le pourra avec le consentement de son mari, ou, à son refus, autorisée par la justice, conformément à ce qui est prescrit par les articles 217 et 219, au titre *du Mariage*.

1030. Le mineur ne pourra être exécuteur testamentaire, même avec l'autorisation de son tuteur ou curateur. C. 388, 482 s., 1124, 1990.

1031. Les exécuteurs testamentaires feront apposer les scellés, s'il y a des héritiers mineurs, interdits ou absens. — Ils feront faire, en présence de l'héritier présomptif, ou lui dûment appelé, l'inventaire des biens de la succession. — Ils provoqueront la vente du mobilier, à défaut de deniers suffisans pour acquitter les legs. — Ils veilleront à ce que le testament soit exécuté; et ils pourront, en cas de contestation sur son exécution, intervenir pour en soutenir la validité. — Ils devront, à l'expiration de l'année du décès du testateur, rendre compte de leur gestion. C. *scellés*, 819; Pr. 907 s., 928. C. *frais*, 1034. Pr. *interv.*, 339 s.; *compte*, 126, 132, 527 s.; *inventaire*, 941 s.; *vente*, 617 s., 945 s.

1032. Les pouvoirs de l'exécuteur testamentaire ne passeront point à ses héritiers. C. 724, 2003, 2010.

1033. S'il y a plusieurs exécuteurs testamentaires qui aient accepté, un seul pourra agir au défaut des autres; et ils seront solidairement responsables du compte du mobilier qui leur a été confié, à moins que le testateur n'ait divisé leurs fonctions, et que chacun d'eux ne se soit renfermé dans celle qui lui était attribuée. C. 1200 s.

1034. Les frais faits par l'exécuteur testamentaire pour l'apposition des scellés, l'inventaire, le compte et les autres frais relatifs à ses fonctions, seront à la charge de la succession. C. *privil.*, 2101.

SECTION VIII.

De la Révocation des Testamens, et de leur Caducité.

1035. Les testamens ne pourront être révoqués, en tout ou en partie, que par un testament postérieur, ou par un acte devant notaires, portant déclaration du changement de volonté. C. 967 s., 981 s., 1038.

1036. Les testamens postérieurs qui ne révoqueront pas d'une manière expresse les précédens, n'annuleront, dans ceux-ci, que celles des dispositions y contenues qui se trouveront incompatibles avec les nouvelles, ou qui seront contraires.

1037. La révocation faite dans un testament postérieur aura tout son effet, quoique ce nouvel acte reste sans exécution par l'incapacité de l'héritier institué, ou du légataire, ou par leur refus de recueillir. C. 906 s., 1059 s.

1038. Toute aliénation, celle même par vente avec faculté de rachat ou par échange, que fera le testateur de tout ou de partie de la chose léguée, emportera la révocation du legs pour tout ce qui a été aliéné, encore que l'aliénation postérieure soit nulle, et que l'objet soit rentré dans la main du testateur. C. *vente*, 1658, 1659 s.; *échange*, 1702 s.

1039. Toute disposition testamentaire sera caduque, si celui en faveur de qui elle est faite, n'a pas survécu au testateur. C. 925, 1040 s.; *mort civ.*, 25; *disp. par contr. de mar.*, 1089; *présompt. de survie*, 720 s.

1040. Toute disposition testamentaire faite sous une condition dépendante d'un événement incertain, et telle, que, dans l'intention du testateur, cette disposition ne doive être exécutée qu'autant que l'événement arrivera ou n'arrivera pas, sera caduque, si l'héritier institué ou le légataire décède avant l'accomplissement de la condition. C. *condit.*, 900, 1168 s.; *secus*, 1179.

1041. La condition qui, dans l'intention du testateur, ne fait que suspendre l'exécution de la disposition, n'empêchera pas l'héritier institué, ou le légataire, d'avoir un droit acquis et transmissible à ses héritiers. C. 1014; *condit. suspens.*, 1181 s.; *terme*, 1185 s.

1042. Le legs sera caduc, si la chose léguée a totalement péri pendant la vie du testateur. — Il en sera de même, si elle a péri depuis sa mort, sans le fait et la faute de l'héritier, quoique celui-ci ait été mis en retard de la délivrer, lorsqu'elle eût également dû périr entre les mains du légataire. C. 1159, 1148, 1302 s.

1043. La disposition testamentaire sera caduque, lorsque l'héritier institué ou le légataire la répudiera, ou se trouvera incapable de la recueillir. C. *renonc.*, 724 s.; *défaut de demande en délivr.*, 1004, 1011, 1014; *capacité*, 906 s.; *ingratit.*, 1046.

1044. Il y aura lieu à accroissement au profit des légataires, dans le cas où le legs sera fait à plusieurs conjointement. C. 786. — Le legs sera réputé fait conjointement, lorsqu'il le sera par une seule et même disposition, et que le testateur n'aura pas assigné la part de chacun des colégataires dans la chose léguée. C. 1350, 1352.

1045. Il sera encore réputé fait conjointement, quand une chose qui n'est pas susceptible d'être divisée sans détérioration, aura été donnée par le même acte à plusieurs personnes, même séparément. C. 1217, 1218.

1046. Les mêmes causes qui, suivant l'article 954 et les deux premières dispositions de l'article 955, autoriseront la demande en révocation de la donation entre-vifs, seront admises pour la demande en révocation des dispositions testamentaires. C. 956 s.; *voy.* 960.

1047. Si cette demande est fondée sur une injure grave faite à la mémoire du testateur, elle doit être intentée dans l'année, à compter du jour du délit. C. 956, 957.

CHAPITRE VI.

DES DISPOSITIONS PERMISES EN FAVEUR DES PETITS-ENFANS DU DONATEUR OU TESTATEUR, OU DES ENFANS DE SES FRÈRES ET SOEURS.

1048. Les biens dont les pères et mères ont la faculté de disposer pourront être par eux donnés, en tout ou en partie, à un ou plusieurs de leurs enfans, par actes entre-vifs ou testamentaires, avec la charge de rendre ces biens aux enfans nés et à naître, au premier degré seulement, desdits donataires. (1)

1049. Sera valable, en cas de mort sans enfans, la disposition que le défunt aura faite par acte entre-vifs ou testamentaire, au profit d'un ou plusieurs de ses frères ou sœurs, de tout ou partie des biens qui ne sont point réservés par la loi dans sa succession, avec la charge de rendre ces biens aux enfans nés et à naître, au premier degré seulement, desdits frères ou sœurs donataires.

1050. Les dispositions permises par les deux articles précédens ne seront valables qu'autant que la charge de restitution sera au profit de tous les enfans nés et à naître du grevé, sans exception ni préférence d'âge ou de sexe.

1051. Si, dans le cas ci-dessus, le grevé de restitution au profit de ses enfans, meurt, laissant des enfans au premier degré et des descendans d'un enfant prédécédé, ces derniers recueilleront, par représentation, la portion de l'enfant prédécédé. C. *représent.*, 739.

1052. Si l'enfant, le frère ou la sœur auxquels des biens auraient été donnés par acte entre-vifs, sans charge de restitution, acceptent une nouvelle libéralité faite par acte entre-vifs ou testamentaire, sous la condition que les biens précédemment donnés demeureront grevés de cette charge, il ne leur est plus permis de diviser les deux dispositions faites à leur profit, et de renoncer à la seconde pour s'en tenir à la première, quand même ils offriraient de rendre les biens compris dans la seconde disposition.

1053. Les droits des appelés seront ouverts à l'époque où, par quelque cause que ce soit, la jouissance de l'enfant, du frère ou de la sœur, grevés de restitution, cessera : l'abandon anticipé de la jouissance au profit des appelés, ne pourra préjudicier aux créanciers du grevé antérieurs à l'abandon. C. *dr. des créanc.*, 788, 1166, 1167.

1054. Les femmes des grevés ne pourront avoir, sur les biens à rendre, de recours subsidiaire, en cas d'insuffisance des biens libres, que pour le capital des deniers dotaux, et dans le cas seulement où le testateur l'aurait expressément ordonné. C. 952, 1495, 1531, 1564, 1572, 2121, 2135.

1055. Celui qui fera les dispositions autorisées par les articles précédens, pourra, par le même acte, ou par un acte postérieur, en forme authentique, nommer un tuteur chargé de l'exécution de ces dispositions ; ce tuteur ne pourra être dispensé que pour une des causes exprimées à la section VI du chapitre II du titre *de la Minorité, de la Tutelle et de l'Émancipation.* C. *dispenses*, 427 s. ; *respons.*, 1073.

1056. A défaut de ce tuteur, il en sera nommé un à la diligence du grevé, ou de son tuteur s'il est mineur, dans le délai d'un mois, à compter du jour du décès du donateur ou testateur, ou du jour que, depuis cette mort, l'acte contenant la disposition aura été connu. C. 405 s., 1057 s., 1074. Pr. 882 s.

1057. Le grevé qui n'aura pas satisfait à l'article précédent, sera déchu du bénéfice de la disposition ; et, dans ce cas, le droit pourra être déclaré ouvert au profit des appelés, à la diligence, soit des appelés s'ils sont majeurs, soit de leur tuteur ou curateur s'ils sont mineurs ou interdits, soit de tout parent des appelés majeurs, mineurs ou interdits, ou même d'office, à la diligence du procureur du roi près le tribunal de première instance du lieu où la succession est ouverte. C. 450, 509, 1053.

1058. Après le décès de celui qui aura disposé à la charge de restitution, il sera procédé, dans les formes ordinaires, à l'inventaire de tous les biens et effets qui composeront sa succession, excepté néanmoins le cas où il ne s'agirait que d'un legs particulier. Cet inventaire contiendra la prisée à juste prix des meubles et effets mobiliers. Pr. 942 s.

1059. Il sera fait, à la requête du

(1) *Voy. loi 17 mai 1826, sur les Substitutions. App.*

grevé de restitution, et dans le délai fixé au titre *des Successions*, en présence du tuteur nommé pour l'exécution. Les frais seront pris sur les biens compris dans la disposition. C. *délais*, 795, 1060 s.

1060. Si l'inventaire n'a pas été fait à la requête du grevé dans le délai ci-dessus, il y sera procédé dans le mois suivant, à la diligence du tuteur nommé pour l'exécution, en présence du grevé ou de son tuteur.

1061. S'il n'a point été satisfait aux deux articles précédens, il sera procédé au même inventaire, à la diligence des personnes désignées en l'art. 1057, en y appelant le grevé ou son tuteur, et le tuteur nommé pour l'exécution.

1062. Le grevé de restitution sera tenu de faire procéder à la vente, par affiches et enchères, de tous les meubles et effets compris dans la disposition, à l'exception néanmoins de ceux dont il est mention dans les deux articles suivans. C. *vente*, 452. Pr. 617 s., 946.

1063. Les meubles meublans et autres choses mobilières qui auraient été compris dans la disposition, à la condition expresse de les conserver en nature, seront rendus dans l'état où ils se trouveront lors de la restitution. C. 534, 535, 587.

1064. Les bestiaux et ustensiles servant à faire valoir les terres, seront censés compris dans les donations entre-vifs ou testamentaires desdites terres; et le grevé sera seulement tenu de les faire priser et estimer, pour en rendre une égale valeur lors de la restitution. C. 522, 524, 1018.

1065. Il sera fait par le grevé, dans le délai de six mois, à compter du jour de la clôture de l'inventaire, un emploi des deniers comptans, de ceux provenant du prix des meubles et effets qui auront été vendus, et de ce qui aura été reçu des effets actifs. — Ce délai pourra être prolongé, s'il y a lieu. C. 455, 456, 1067 s.

1066. Le grevé sera pareillement tenu de faire emploi des deniers provenant des effets actifs qui seront recouvrés et des remboursemens de rentes; et ce, dans trois mois au plus tard après qu'il aura reçu ces deniers.

1067. Cet emploi sera fait conformément à ce qui aura été ordonné par l'auteur de la disposition, s'il a désigné la nature des effets dans lesquels l'emploi doit être fait; sinon, il ne pourra l'être qu'en immeubles, ou avec privilége sur des immeubles. C. 517 s., 2094.

1068. L'emploi ordonné par les articles précédens sera fait en présence et à la diligence du tuteur nommé pour l'exécution. C. 1055, 1056.

1069. Les dispositions par actes entre-vifs ou testamentaires, à charge de restitution, seront, à la diligence, soit du grevé, soit du tuteur nommé pour l'exécution, rendues publiques; savoir, quant aux immeubles, par la transcription des actes sur les registres du bureau des hypothèques du lieu de la situation; et quant aux sommes colloquées avec privilége sur des immeubles, par l'inscription sur les biens affectés au privilége. C. 939, 940 s., 1070 s.

1070. Le défaut de transcription de l'acte contenant la disposition, pourra être opposé par les créanciers et tiers acquéreurs, même aux mineurs ou interdits, sauf le recours contre le grevé et contre le tuteur à l'exécution, et sans que les mineurs ou interdits puissent être restitués contre ce défaut de transcription, quand même le grevé et le tuteur se trouveraient insolvables. C. 940 s., 1074.

1071. Le défaut de transcription ne pourra être suppléé ni regardé comme couvert par la connaissance que les créanciers ou les tiers acquéreurs pourraient avoir eue de la disposition par d'autres voies que celles de la transcription.

1072. Les donataires, les légataires, ni même les héritiers légitimes de celui qui aura fait la disposition, ni pareillement leurs donataires, légataires ou héritiers, ne pourront, en aucun cas, opposer aux appelés le défaut de transcription ou inscription. C. 941.

1073. Le tuteur nommé pour l'exécution sera personnellement responsable, s'il ne s'est pas, en tout point, conformé aux règles ci-dessus établies pour constater les biens, pour la vente du mobilier, pour l'emploi des deniers, pour la transcription et l'inscription, et, en général, s'il n'a pas fait toutes les diligences nécessaires pour que la charge de restitution soit bien et fidèlement acquittée. Pr. 126, 132.

1074. Si le grevé est mineur, il ne pourra, dans le cas même de l'insolvabilité de son tuteur, être restitué contre l'inexécution des règles qui lui sont prescrites par les articles du présent chapitre. C. 942.

CHAPITRE VII.

DES PARTAGES FAITS PAR PÈRE, MÈRE, OU AUTRES ASCENDANS, ENTRE LEURS DESCENDANS.

1075. Les père et mère et autres ascendans pourront faire, entre leurs enfans et descendans, la distribution et le partage de leurs biens (1).

1076. Ces partages pourront être faits par acte entre-vifs ou testamentaires, avec les formalités, conditions et règles prescrites pour les donations entre-vifs et testamens. — Les partages faits par actes entre-vifs ne pourront avoir pour objet que les biens présens. C. 931 s., 943, 967 s., 1130.

1077. Si tous les biens que l'ascendant laissera au jour de son décès n'ont pas été compris dans le partage, ceux de ces biens qui n'y auront pas été compris, seront partagés conformément à la loi. C. 815 s., 887 s.

1078. Si le partage n'est pas fait entre tous les enfans qui existeront à l'époque du décès et les descendans de ceux prédécédés, le partage sera nul pour le tout. Il en pourra être provoqué un nouveau dans la forme légale, soit par les enfans ou descendans qui n'y auront reçu aucune part, soit même par ceux entre qui le partage aurait été fait.

1079. Le partage fait par l'ascendant pourra être attaqué pour cause de lésion de plus du quart; il pourra l'être aussi dans le cas où il résulterait du partage et des dispositions faites par préciput, que l'un des copartagés aurait un avantage plus grand que la loi ne le permet. C. 863, 887 s., 913 s., 919, 1304 s., 1677 s.

1080. L'enfant qui, pour une des causes exprimées en l'article précédent, attaquera le partage fait par l'ascendant, devra faire l'avance des frais de l'estimation; et il les supportera en définitif, ainsi que les dépens de la contestation, si la réclamation n'est pas fondée. Pr. 130, 131.

CHAPITRE VIII.

DES DONATIONS FAITES PAR CONTRAT DE MARIAGE AUX ÉPOUX, ET AUX ENFANS A NAÎTRE DU MARIAGE.

1081. Toute donation entre-vifs de biens présens, quoique faite par contrat de mariage aux époux, ou à l'un d'eux, sera soumise aux règles générales prescrites pour les donations faites à ce titre. — Elle ne pourra avoir lieu au profit des enfans à naître, si ce n'est dans les cas énoncés au chapitre VI du présent titre. C. 896, 900, 901 s., 913 s., 920 s., 931 s., 953 s., 959, 1048 s., 1087, 1088, 1090, 1339 s.

1082. Les pères et mères, les autres ascendans, les parens collatéraux des époux, et même les étrangers, pourront, par contrat de mariage, disposer de tout ou partie des biens qu'ils laisseront au jour de leur décès, tant au profit desdits époux, qu'au profit des enfans à naître de leur mariage, dans le cas où le donateur survivrait à l'époux donataire. — Pareille donation, quoique faite au profit seulement des époux ou de l'un d'eux, sera toujours, dans ledit cas de survie du donateur, présumée faite au profit des enfans et descendans à naître du mariage. C. 943, 947; *cad.*, 1089; *entre ép.*, 1093; *en fav. des enf. et descend.*, 898, 1350, 1352; *charges*, 1085.

1083. La donation, dans la forme portée au précédent article, sera irrévocable, en ce sens seulement que le donateur ne pourra plus disposer, à titre gratuit, des objets compris dans la donation, si ce n'est pour sommes modiques, à titre de récompense ou autrement.

---

(1) *Droits d'enregistrement* des partages par donation : biens meubles, 25 c. par 100 fr.; biens immeubles, 1 fr. par 100 fr. *L.* 16 juin 1824, art. 3.

1084. La donation par contrat de mariage pourra être faite cumulativement des biens présens et à venir, en tout ou en partie, à la charge qu'il sera annexé à l'acte un état des dettes et charges du donateur existantes au jour de la donation ; auquel cas il sera libre au donataire, lors du décès du donateur, de s'en tenir aux biens présens, en renonçant au surplus des biens du donateur. C. 945, 947, 1089 ; *donat. entre époux*, 1093 ; *en fav. des enf. et descend.*, 898, 1082, 1350, 1352. — *Av. C.* 22 *déc.* 1809.

1085. Si l'état dont est mention au précédent article n'a point été annexé à l'acte contenant donation des biens présens et à venir, le donataire sera obligé d'accepter ou de répudier cette donation pour le tout. En cas d'acceptation, il ne pourra réclamer que les biens qui se trouveront existans au jour du décès du donateur, et il sera soumis au paiement de toutes les dettes et charges de la succession. C. 1082.

1086. La donation par contrat de mariage en faveur des époux et des enfans à naître de leur mariage, pourra encore être faite, à condition de payer indistinctement toutes les dettes et charges de la succession du donateur, ou sous d'autres conditions dont l'exécution dépendrait de sa volonté, par quelque personne que la donation soit faite : le donataire sera tenu d'accomplir ces conditions, s'il n'aime mieux renoncer à la donation ; et en cas que le donateur, par contrat de mariage, se soit réservé la liberté de disposer d'un effet compris dans la donation de ses biens présens, ou d'une somme fixe à prendre sur ces mêmes biens, l'effet ou la somme, s'il meurt sans en avoir disposé, seront censés compris dans la donation, et appartiendront au donataire ou à ses héritiers. C. 944 s., 947, 1089, 1093 ; *en fav. des enf. et descend.*, 898, 1350, 1352.

1087. Les donations faites par contrat de mariage ne pourront être attaquées, ni déclarées nulles, sous prétexte de défaut d'acceptation. C. 932 s.

1088. Toute donation faite en faveur du mariage sera caduque, si le mariage ne s'ensuit pas. C. 956.

1089. Les donations faites à l'un des époux, dans les termes des articles 1082, 1084 et 1086 ci-dessus, deviendront caduques, si le donateur survit à l'époux donataire et à sa postérité. C. *dispos. testam.*, 1039 s.

1090. Toutes donations faites aux époux par leur contrat de mariage, seront, lors de l'ouverture de la succession du donateur, réductibles à la portion dont la loi lui permettait de disposer. C. *portion disp.*, 908, 913 s. ; *réduct.*, 920 s.

CHAPITRE IX.

DES DISPOSITIONS ENTRE ÉPOUX, SOIT PAR CONTRAT DE MARIAGE, SOIT PENDANT LE MARIAGE.

1091. Les époux pourront, par contrat de mariage, se faire réciproquement, ou l'un des deux à l'autre, telle donation qu'ils jugeront à propos, sous les modifications ci-après exprimées. C. 1081 s. ; *comment elles s'exécutent*, 1480 ; *préciput*, 1516 ; *part de commun.*, 1525.

1092. Toute donation entre-vifs de biens présens, faite entre époux par contrat de mariage, ne sera point censée faite sous la condition de survie du donataire, si cette condition n'est formellement exprimée ; et elle sera soumise à toutes les règles et formes ci-dessus prescrites pour ces sortes de donations. C. 894, 1081 ; *vices de donat.*, 1339 s.

1093. La donation de biens à venir, ou de biens présens et à venir, faite entre époux par contrat de mariage, soit simple, soit réciproque, sera soumise aux règles établies par le chapitre précédent, à l'égard des donations pareilles qui leur seront faites par un tiers ; sauf qu'elle ne sera point transmissible aux enfans issus du mariage, en cas de décès de l'époux donataire avant l'époux donateur. C. 1082, 1084, 1086 s., 1089, 1097.

1094. L'époux pourra, soit par contrat de mariage, soit pendant le mariage, pour le cas où il ne laisserait point d'enfans ni descendans, disposer en faveur de l'autre époux, en propriété, de tout ce dont il pourrait disposer en faveur d'un étranger, et, en outre, de l'usufruit de la totalité de la portion dont la loi prohibe la disposition au préjudice des héritiers. — Et pour le cas où l'époux donateur laisserait des enfans ou descendans, il pourra donner à l'autre époux, ou un quart en propriété et un autre quart en usufruit, ou la moitié de tous ses biens en usufruit seulement. C. 1099; *portion dispon. ordin.*, 913 s.; *second mariage*, 1098; *vente entre ép.*, 1595.

1095. Le mineur ne pourra, par contrat de mariage, donner à l'autre époux, soit par donation simple, soit par donation réciproque, qu'avec le consentement et l'assistance de ceux dont le consentement est requis pour la validité de son mariage; et, avec ce consentement, il pourra donner tout ce que la loi permet à l'époux majeur de donner à l'autre conjoint. C. 1309, 1398.

1096. Toutes donations faites entre époux pendant le mariage, quoique qualifiées entre-vifs, seront toujours révocables. — La révocation pourra être faite par la femme, sans y être autorisée par le mari ni par justice. — Ces donations ne seront point révoquées par la survenance d'enfans. C. *secùs*, 894, 905, 953, 960.

1097. Les époux ne pourront, pendant le mariage, se faire, ni par acte entre-vifs, ni par testament, aucune donation mutuelle et réciproque par un seul et même acte. C. 968.

1098. L'homme ou la femme qui, ayant des enfans d'un autre lit, contractera un second ou subséquent mariage, ne pourra donner à son nouvel époux qu'une part d'enfant légitime le moins prenant, et sans que, dans aucun cas, ces donations puissent excéder le quart des biens. C. 1496, 1527.

1099. Les époux ne pourront se donner indirectement au-delà de ce qui leur est permis par les dispositions ci-dessus. C. 1094, 1098. — Toute donation ou déguisée, ou faite à personnes interposées, sera nulle. C. 911, 1496, 1516, 1525, 1527, 1595.

1100. Seront réputées faites à personnes interposées, les donations de l'un des époux aux enfans ou à l'un des enfans de l'autre époux issus d'un autre mariage, et celles faites par le donateur aux parens dont l'autre époux sera héritier présomptif au jour de la donation, encore que ce dernier n'ait point survécu à son parent donataire. C. 911; *presompt.*, 1350, 1352.

TITRE III.

DES CONTRATS OU DES OBLIGATIONS CONVENTIONNELLES EN GÉNÉRAL.

(Décrété le 7 février 1804. Promulgué le 17 du même mois.)

CHAPITRE PREMIER.

DISPOSITIONS PRÉLIMINAIRES.

1101. Le contrat est une convention par laquelle une ou plusieurs personnes s'obligent, envers une ou plusieurs autres, à donner, à faire ou à ne pas faire quelque chose. C. *effet des contrats*, 711, 1134 s.; *extinct. des obligat.*, 1234 s.; *preuve*, 1315 s.; *engagem. sans convent.*, 1370 s.

1102. Le contrat est *synallagmatique* ou *bilatéral* lorsque les contractans s'obligent réciproquement les uns envers les autres. C. 1184, 1325, *exemples : vente*, 1582 s.; *échange*, 1702 s.; *louage*, 1708 s.; *société*, 1832 s.

1103. Il est *unilatéral* lorsqu'une ou plusieurs personnes sont obligées envers une ou plusieurs autres, sans que de la part de ces dernières il y ait d'engagement. C. *exemple : prêt de consomm.*, 1892 s.

1104. Il est *commutatif* lorsque chacune des parties s'engage à donner ou à faire une chose qui est regardée comme l'équivalent de ce qu'on lui donne, ou de ce qu'on fait pour elle. C. *exemples : vente*, 1582 s.; *échange*, 1702 s.; *louage*, 1708 s.; *soc.*, 1832 s. — Lorsque l'équivalent consiste dans la chance de gain ou de perte pour chacune des parties, d'après un événement incertain, le contrat est *aléatoire*. C. 1964 s.

1105. Le contrat de *bienfaisance* est celui dans lequel l'une des parties procure à l'autre un avantage purement gratuit. C. *exemples : prêt*, 1874 s.; *dépôt*, 1915 s.; *mandat*, 1984 s.; *cautionnement*, 2011 s.

1106. Le contrat *à titre onéreux* est celui qui assujettit chacune des parties à donner ou à faire quelque chose. C. exemp.: vente, 1582 s.; échange, 1702 s.

1107. Les contrats, soit qu'ils aient une dénomination propre, soit qu'ils n'en aient pas, sont soumis à des règles générales, qui sont l'objet du présent titre. — Les règles particulières à certains contrats sont établies sous les titres relatifs à chacun d'eux; et les règles particulières aux transactions commerciales sont établies par les lois relatives au commerce.

CHAPITRE II.

DES CONDITIONS ESSENTIELLES POUR LA VALIDITÉ DES CONVENTIONS.

1108. Quatre conditions sont essentielles pour la validité d'une convention : — Le consentement de la partie qui s'oblige; C. 1109 s. — Sa capacité de contracter; C. 1123 s. — Un objet certain qui forme la matière de l'engagement; C. 1126 s. — Une cause licite dans l'obligation. 1131 s.

SECTION I.

Du Consentement.

1109. Il n'y a point de consentement valable, si le consentement n'a été donné que par erreur, ou s'il a été extorqué par violence ou surpris par dol. C. 1110, 1111 s., 1116 s., 1118; *mariage*, 180 s.; *success.*, 783; *partage*, 887 s.; *transact.*, 2053; *action en null.*, 1117, 1304 s.

1110. L'erreur n'est une cause de nullité de la convention que lorsqu'elle tombe sur la substance même de la chose qui en est l'objet. — Elle n'est point une cause de nullité, lorsqu'elle ne tombe que sur la personne avec laquelle on a intention de contracter, à moins que la considération de cette personne ne soit la cause principale de la convention. C. 180 s., 1117, 1304 s., 1356, 1376, 2053.

1111. La violence exercée contre celui qui a contracté l'obligation, est une cause de nullité, encore qu'elle ait été exercée par un tiers autre que celui au profit duquel la convention a été faite. C. 180 s., 887 s.; *dol.* 1116; *posses. fondée sur la viol.*, 2233. P. *peine*, 400.

1112. Il y a violence, lorsqu'elle est de nature à faire impression sur une personne raisonnable, et qu'elle peut lui inspirer la crainte d'exposer sa personne ou sa fortune à un mal considérable et présent. — On a égard, en cette matière, à l'âge, au sexe et à la condition des personnes. C. *présompt.*, 1353.

1113. La violence est une cause de nullité du contrat, non-seulement lorsqu'elle a été exercée sur la partie contractante, mais encore lorsqu'elle l'a été sur son époux ou sur son épouse, sur ses descendans ou ses ascendans.

1114. La seule crainte révérentielle envers le père, la mère, ou autre ascendant, sans qu'il y ait eu de violence exercée, ne suffit point pour annuler le contrat.

1115. Un contrat ne peut plus être attaqué pour cause de violence, si, depuis que la violence a cessé, ce contrat a été approuvé, soit expressément, soit tacitement, soit en laissant passer le temps de la restitution fixé par la loi. C. 892, 1117, 1304, 1338.

1116. Le dol est une cause de nullité de la convention, lorsque les manœuvres pratiquées par l'une des parties sont telles, qu'il est évident que, sans ces manœuvres, l'autre partie n'aurait pas contracté. — Il ne se présume pas, et doit être prouvé. C. 1117, 1268. P. 405, 423.

1117. La convention contractée par erreur, violence ou dol, n'est point nulle de plein droit; elle donne seulement lieu à une action en nullité ou en rescision, dans les cas et de la manière expliqués à la section VII du chapitre V du présent titre. C. 1304 s.

1118. La lésion ne vicie les conventions que dans certains contrats ou à l'égard de certaines personnes, ainsi qu'il sera expliqué en la même section. C. 783, 887, 890, 1079, 1304 s., 1674, 2052 s.

1119. On ne peut, en général, s'engager, ni stipuler en son propre nom, que pour soi-même. C. 1120, 1121, 1165, 1236.

1120. Néanmoins on peut se porter fort pour un tiers, en promettant le fait de celui-ci; sauf l'indemnité contre celui qui s'est porté fort ou qui apromis de faire ratifier, si le tiers refuse de tenir l'engagement. C. 1142, 1146 s.; *ratificat.* 1338.

1121. On peut pareillement stipuler au profit d'un tiers, lorsque telle est la condition d'une stipulation que l'on fait pour soi-même ou d'une donation que l'on fait à un autre. Celui qui a fait cette stipulation ne peut plus la révoquer, si le tiers a déclaré vouloir en profiter. C. 894, 1134; *rente viag.*, 1973.

1122. On est censé avoir stipulé pour soi et pour ses héritiers et ayant-cause, à moins que le contraire ne soit exprimé ou ne résulte de la nature de la convention. C. *saisine des hérit.*, 724; *créanciers*, 1166, *présompt.*, 1350, 1352; *commodat*, 2017; *caution*, 2017; *prescript.*, 2235, 2237.

SECTION II.

De la Capacité des Parties contractantes.

1123. Toute personne peut contracter, si elle n'en est pas déclarée incapable par la loi. C. 1108.

1124. Les incapables de contracter sont, — Les mineurs, C. 388, 481 s. — Les interdits, C. 489 s., 499, 513; L. 30 *juin* 1838, *art.* 39. — Les femmes mariées, dans les cas exprimés par la loi, C. 217 s., 1449. — Et généralement tous ceux à qui la loi a interdit certains contrats. C. *mort civile*, 25; *tutelle*, 472, 2045; *vente*, 1594 s. P. 406.

1125. Le mineur, l'interdit et la femme mariée ne peuvent attaquer, pour cause d'incapacité, leurs engagemens, que dans les cas prevus par la loi. — Les personnes capables de s'engager ne peuvent opposer l'incapacité du mineur, de l'interdit ou de la femme mariée, avec qui elles ont contracté. C. 1117, 1304, 1305 s.; *femme mariée*, 225; *ratificat.*, 1338; *depôt*, 1926.

SECTION III.

De l'Objet et de la Matière des Contrats.

1126. Tout contrat a pour objet une chose qu'une partie s'oblige à donner, ou qu'une partie s'oblige à faire ou à ne pas faire. C. 1108.

1127. Le simple usage ou la simple possession d'une chose peut être, comme la chose même, l'objet du contrat. C. *usufr.*, 579; *usage*, 625 s., 636; *servit.*, 690 s., *louage*, 1709 s.; *prêt*, 1874; *nantissement*, 2071 s.; *hypoth.*, 2124 s.

1128. Il n'y a que les choses qui sont dans le commerce qui puissent être l'objet des conventions. C. *objets non dans le comm.*, 538, 540; *vente*, 1598; *prescript.*, 2226.

1129. Il faut que l'obligation ait pour objet une chose au moins déterminée quant à son espèce. — La quotité de la chose peut être incertaine, pourvu qu'elle puisse être déterminée.

1130. Les choses futures peuvent être l'objet d'une obligation. — On ne peut cependant renoncer à une succession non ouverte, ni faire aucune stipulation sur une pareille succession, même avec le consentement de celui de la succession duquel il s'agit. C. 6, 791, 1389, 1600; *except.*, 761. 918, 1082, 1084, 1086, 1091.

SECTION IV.

De la Cause.

1131. L'obligation sans cause, ou sur une fausse cause, ou sur une cause illicite, ne peut avoir aucun effet. C. 1108, 1133; *paiement*, 1235.

1132. La convention n'est pas moins valable, quoique la cause n'en soit pas exprimée.

1133. La cause est illicite, quand elle est prohibée par la loi, quand elle est contraire aux bonnes mœurs ou à l'ordre public. C. 6; *condit. des disposit. gratuites*, 900; *condit. des contr.*, 1172.

CHAPITRE III.

DE L'EFFET DES OBLIGATIONS.

SECTION I.

Dispositions générales.

1134. Les conventions légalement formées tiennent lieu de loi à ceux qui les ont faites. — Elles ne peuvent être révoquées que de leur consentement mutuel, ou pour les causes que la loi autorise. — Elles doivent être exécutées de bonne foi. C. *oblig. envers deux*, 1141 s.; *domm. et intér.*, 1147; *extinction*, 1234 s.; *bonne foi*, 2268.

1135. Les conventions obligent non seulement à ce qui y est exprimé, mais encore à toutes les suites que l'équité, l'usage ou la loi donnent à l'obligation d'après sa nature. C. 1156 s.

SECTION II.

De l'Obligation de donner.

1136. L'obligation de donner emporte celle de livrer la chose et de la conserver jusqu'à la livraison, à peine de dommages et intérêts envers le créancier. C. 1146 s., 1193, 1302 s., 1604 s., 1689, 1690.

1137. L'obligation de veiller à la conservation de la chose, soit que la convention n'ait pour objet que l'utilité de l'une des parties, soit qu'elle ait pour objet leur utilité commune, soumet celui qui en est chargé à y apporter tous les soins d'un bon père de famille. — Cette obligation est plus ou moins étendue relativement à certains contrats, dont les effets, à cet égard, sont expliqués sous les titres qui les concernent. C. *domm.*, 1146 s., 1182; *usufruit*, 601 s.; *hérit. bénéf.*, 804; *garant*, 1374; *louage*, 1728 s.; *ouvrier*, 1788 s.; *emprunt*, 1880; *dépôt*, 1928; *séquestre*, 1962; *mandat*, 1991 s.; *gage*, 2080; *privil.*, 2102 3° 2103 4° et 5°.

1138. L'obligation de livrer la chose est parfaite par le seul consentement des parties contractantes. — Elle rend le créancier propriétaire et met la chose à ses risques dès l'instant où elle a dû être livrée, encore que la tradition n'en ait point été faite, à moins que le débiteur ne soit en demeure de la livrer; auquel cas la chose reste aux risques de ce dernier. C. 711, 938, 1583, 1703, 1788 s.; *risques*, 1146 s.; *perte*, 1302.

1139. Le débiteur est constitué en demeure, soit par une sommation ou par autre acte équivalent, soit par l'effet de la convention, lorsqu'elle porte que, sans qu'il soit besoin d'acte et par la seule échéance du terme, le débiteur sera en demeure. C. 1656.

1140. Les effets de l'obligation de donner ou de livrer un immeuble sont réglés au titre *de la Vente* et au titre *des Priviléges et Hypothèques*. C. 1604 s., 2092 s., 2103 s.

1141. Si la chose qu'on s'est obligé de donner ou de livrer à deux personnes successivement, est purement mobilière, celle des deux qui en a été mise en possession réelle est préférée et en demeure propriétaire, encore que son titre soit postérieur en date, pourvu toutefois que la possession soit de bonne foi. C. 1606 s., 2268, 2279.

SECTION III.

De l'Obligation de faire ou de ne pas faire.

1142. Toute obligation de faire ou de ne pas faire se résout en dommages et intérêts, en cas d'inexécution de la part du débiteur. C. *domm. et int.*, 1146 s.; *acquittée par un tiers*, 1237; *responsab.* 1383 s. Pr. 126.

1143. Néanmoins le créancier a le droit de demander que ce qui aurait été fait par contravention à l'engagement, soit détruit; et il peut se faire autoriser à le détruire aux dépens du débiteur, sans préjudice des dommages et intérêts, s'il y a lieu.

1144. Le créancier peut aussi, en cas d'inexécution, être autorisé à faire exécuter lui-même l'obligation aux dépens du débiteur.

1145. Si l'obligation est de ne pas faire, celui qui y contrevient doit les dommages et intérêts par le seul fait de la contravention.

SECTION IV.

Des Dommages et intérêts résultant de l'inexécution de l'Obligation.

1146. Les dommages et intérêts ne sont dus que lorsque le débiteur est en demeure de remplir son obligation, excepté néanmoins lorsque la chose que le débiteur s'était obligé de donner ou de faire ne pouvait être donnée ou faite que dans un certain temps qu'il a laissé passer. C. 1139, 1142 s.; *clause pén.*, 1230; *quasi-délits*, 1382 s.; *vente*, 1611. Pr. *contrainte*, 126.

1147. Le débiteur est condamné,

s'il y a lieu, au paiement de dommages et intérêts, soit à raison de l'inexécution de l'obligation, soit à raison du retard dans l'exécution, toutes les fois qu'il ne justifie pas que l'inexécution provient d'une cause étrangère qui ne peut lui être imputée, encore qu'il n'y ait aucune mauvaise foi de sa part. C. 1229.

1148. Il n'y a lieu à aucuns dommages et intérêts lorsque, par suite d'une force majeure ou d'un cas fortuit, le débiteur a été empêché de donner ou de faire ce à quoi il était obligé, ou a fait ce qui lui était interdit. C. *cas fortuit*, 607, 855, 1302 s., 1631, 1647, 1722, 1730, 1733, 1772, 1773, 1784, 1881 s., 1929.

1149. Les dommages et intérêts dus au créancier sont, en général, de la perte qu'il a faite et du gain dont il a été privé, sauf les exceptions et modifications ci-après. Pr. 128, 523 s.

1150. Le débiteur n'est tenu que des dommages et intérêts qui ont été prévus ou qu'on a pu prévoir lors du contrat, lorsque ce n'est point par son dol que l'obligation n'est point exécutée. C. *dol*, 1116.

1151. Dans le cas même où l'inexécution de la convention résulte du dol du débiteur, les dommages et intérêts ne doivent comprendre, à l'égard de la perte éprouvée par le créancier et du gain dont il a été privé, que ce qui est une suite immédiate et directe de l'inexécution de la convention.

1152. Lorsque la convention porte que celui qui manquera de l'exécuter paiera une certaine somme à titre de dommages-intérêts, il ne peut être alloué à l'autre partie une somme plus forte ni moindre. C. 1229 s.

1153. Dans les obligations qui se bornent au paiement d'une certaine somme, les dommages et intérêts résultant du retard dans l'exécution ne consistent jamais que dans la condamnation aux intérêts fixés par la loi; sauf les règles particulières au commerce et au cautionnement. — Ces dommages et intérêts sont dus sans que le créancier soit tenu de justifier d'aucune perte. — Ils ne sont dus que du jour de la demande, excepté dans les cas où la loi les fait courir de plein droit. C. 456, 474, 856, 928, 1207, 1440, 1473, 1548, 1579, 1652, 1846, 1904 s., 2001, 2028. Pr. 57. Co. 184 s. — L. 3 sept. 1807.

1154. Les intérêts échus des capitaux peuvent produire des intérêts, ou par une demande judiciaire, ou par une convention spéciale, pourvu que, soit dans la demande, soit dans la convention, il s'agisse d'intérêts dus au moins pour une année entière.

1155. Néanmoins les revenus échus, tels que fermages, loyers, arrérages de rentes perpétuelles ou viagères, produisent intérêt du jour de la demande ou de la convention. — La même règle s'applique aux restitutions de fruits, et aux intérêts payés par un tiers au créancier en acquit du débiteur.

SECTION V.

De l'Interprétation des Conventions.

1156. On doit dans les conventions rechercher quelle a été la commune intention des parties contractantes, plutôt que de s'arrêter au sens littéral des termes. C. 1134, 1135, 1175, 2049.

1157. Lorsqu'une clause est susceptible de deux sens, on doit plutôt l'entendre dans celui avec lequel elle peut avoir quelque effet, que dans le sens avec lequel elle n'en pourrait produire aucun.

1158. Les termes susceptibles de deux sens doivent être pris dans le sens qui convient le plus à la matière du contrat.

1159. Ce qui est ambigu s'interprète par ce qui est d'usage dans le pays où le contrat est passé. C. 645, 663, 671, 1753, 1758.

1160. On doit suppléer dans le contrat les clauses qui y sont d'usage, quoiqu'elles n'y soient pas exprimées. C. 1135 s.

1161. Toutes les clauses des conventions s'interprètent les unes par les autres, en donnant à chacune le sens qui résulte de l'acte entier.

1162. Dans le doute, la convention s'interprète contre celui qui a stipulé, et en faveur de celui qui a contracté l'obligation. C. *vente*, 1602.

1163. Quelque généraux que soient les termes dans lesquels une convention est conçue, elle ne comprend que les choses sur lesquelles il paraît que les parties se sont proposé de contracter. C. *transact.* 2048 s.

1164. Lorsque dans un contrat on a exprimé un cas pour l'explication de l'obligation, on n'est pas censé avoir voulu par-là restreindre l'étendue que l'engagement reçoit de droit aux cas non exprimés.

SECTION VI.

De l'Effet des Conventions à l'égard des Tiers.

1165. Les conventions n'ont d'effet qu'entre les parties contractantes; elles ne nuisent point au tiers, et elles ne lui profitent que dans le cas prévu par l'article 1121. C. 1167, 1321, 1599, 2005, 2009, 2051; *except.*, 578, 860. Co. 516.

1166. Néanmoins les créanciers peuvent exercer tous les droits et actions de leur débiteur, à l'exception de ceux qui sont exclusivement attachés à la personne. C. *absence*, 112; *tutelle*, 406, 421; *usufr.*, 618, *success.*, 788, 820, 882; Pr. 909, 910, 930 s., 941. C. *paiement*, 1239, 1242; *sépar. de biens*, 1446; *communauté*, 1464; *nantissement*, 2081, 2085; *louage*, 2102 1°; *partage*, 2205; *prescript.*, 2225. Pr. *intervent.*, 339 s., 466; *saisie-arrêt*, 557 s. Co. *faillite*, 445, 471, 484 s., 490, 532 s., 570. *Except.* : C. *usage*, 631; *success.*, 857; *donat.*, 921; *sépar. de biens*, 1446; *vente*, 1666; *gage*, 2078.

1167. Ils peuvent aussi, en leur nom personnel, attaquer les actes faits par leur débiteur en fraude de leurs droits. — Ils doivent néanmoins, quant à leurs droits énoncés au titre *des Successions* et au titre *du Contrat de mariage et des Droits respectifs des époux*, se conformer aux règles qui y sont prescrites. C. *mariage*, 184, 186, 191, 199; *usufr.*, 622; *success.*, 788, 865, 878, 882; *donations*, 1053; *sép. de biens*, 1447; *renonc. à commun.*, 1464; *prescript.*, 2225. Pr. *tierce opposit.*, 466, 474 s. Co. *séparat. de biens*, 66; *vente de navires*, 196; *faillite*, 446 s., 512, 518, 520 s., 525, 598. *Except.* : C. *autorisat. du mari*, 225; *mariage*, 180, 182; *paternité*, 312; *donat.*, 957. Co. *prêt à la grosse*, 316; *assur.*, 357; *concordat*, 518.

CHAPITRE IV.

DES DIVERSES ESPÈCES D'OBLIGATIONS.

SECTION I.

Des Obligations conditionnelles.

§ Ier. *De la Condition en général, et de ses diverses espèces.*

1168. L'obligation est conditionnelle lorsqu'on la fait dépendre d'un événement futur et incertain, soit en la suspendant jusqu'à ce que l'événement arrive, soit en la résiliant, selon que l'événement arrivera ou n'arrivera pas. C. *condit. suspens.*, 1181 s.; *résolut.*, 1183 s.

1169. La condition *casuelle* est celle qui dépend du hasard, et qui n'est nullement au pouvoir du créancier ni du débiteur.

1170. La condition *potestative* est celle qui fait dépendre l'exécution de la convention, d'un événement qu'il est au pouvoir de l'une et de l'autre des parties contractantes de faire arriver ou d'empêcher.

1171. La condition *mixte* est celle qui dépend tout à la fois de la volonté d'une des parties contractantes, et de la volonté d'un tiers.

1172. Toute condition d'une chose impossible, ou contraire aux bonnes mœurs, ou prohibée par la loi, est nulle, et rend nulle la convention qui en dépend. C. 6, 1174, 1387 s.; *disposit. à titre grat.*, 900.

1173. La condition de ne pas faire une chose impossible ne rend pas nulle l'obligation contractée sous cette condition.

1174. Toute obligation est nulle lorsqu'elle a été contractée sous une condition potestative de la part de celui qui s'oblige. C. 1178; *donat.*, 944, 1086; *except.*, 1659.

1175. Toute condition doit être accomplie de la manière que les parties ont vraisemblablement voulu et entendu qu'elle le fût. C. 1156 s., 2049.

1176. Lorsqu'une obligation est contractée sous la condition qu'un événement arrivera dans un temps fixe, cette condition est censée défaillie lorsque le temps est expiré sans que l'événement soit arrivé. S'il n'y a point de temps fixe, la condition peut toujours être accomplie ; et elle n'est censée défaillie que lorsqu'il est devenu certain que l'événement n'arrivera pas. C. *testam.*, 1040 s.

1177. Lorsqu'une obligation est contractée sous la condition qu'un événement n'arrivera pas dans un temps fixe, cette condition est accomplie lorsque ce temps est expiré sans que l'événement soit arrivé : elle l'est également, si avant le terme il est certain que l'événement n'arrivera pas ; et s'il n'y a pas de temps déterminé, elle n'est accomplie que lorsqu'il est certain que l'événement n'arrivera pas.

1178. La condition est réputée accomplie lorsque c'est le débiteur, obligé sous cette condition, qui en a empêché l'accomplissement. C. 1174.

1179. La condition accomplie a un effet rétroactif au jour auquel l'engagement a été contracté. Si le créancier est mort avant l'accomplissement de la condition, ses droits passent à son héritier. C. *testam.*, 1040, 1041.

1180. Le créancier peut, avant que la condition soit accomplie, exercer tous les actes conservatoires de son droit.

§ II. *De la Condition suspensive.*

1181. L'obligation contractée sous une condition suspensive est celle qui dépend ou d'un événement futur et incertain, ou d'un événement actuellement arrivé, mais encore inconnu des parties. — Dans le premier cas, l'obligation ne peut être exécutée qu'après l'événement. — Dans le second cas, l'obligation a son effet du jour où elle a été contractée. C. 1176 s., *vente*, 1584, 1586 ; *offres*, 1258 5° ; *hypoth.*, 2125 ; *prescript.*, 2257.

1182. Lorsque l'obligation a été contractée sous une condition suspensive, la chose qui fait la matière de la convention demeure aux risques du débiteur qui ne s'est obligé de la livrer que dans le cas de l'événement de la condition. — Si la chose est entièrement périe sans la faute du débiteur, l'obligation est éteinte. — Si la chose s'est détériorée sans la faute du débiteur, le créancier a le choix ou de résoudre l'obligation, ou d'exiger la chose dans l'état où elle se trouve, sans diminution du prix. — Si la chose s'est détériorée par la faute du débiteur, le créancier a le droit ou de résoudre l'obligation, ou d'exiger la chose dans l'état où elle se trouve, avec des dommages et intérêts. C. 1146 s., 1302, 1303.

§ III. *De la Condition résolutoire.*

1183. La condition résolutoire est celle qui, lorsqu'elle s'accomplit, opère la révocation de l'obligation, et qui remet les choses au même état que si l'obligation n'avait pas existé. — Elle ne suspend point l'exécution de l'obligation ; elle oblige seulement le créancier à restituer ce qu'il a reçu, dans le cas où l'événement prévu par la condition arrive. C. 1176 s. ; *vente*, 1584 ; *hypoth.*, 2125.

1184. La condition résolutoire est toujours sous-entendue dans les contrats synallagmatiques, pour le cas où l'une des deux parties ne satisfera point à son engagement. — Dans ce cas, le contrat n'est point résolu de plein droit. La partie envers laquelle l'engagement n'a point été exécuté, a le choix ou de forcer l'autre à l'exécution de la convention lorsqu'elle est possible, ou d'en demander la résolution avec dommages et intérêts. — La résolution doit être demandée en justice, et il peut être accordé au défendeur un délai selon les circonstances. C. 954, 1102, 1146, 1176 s., 1244, 1610, 1654, 1741. Pr. 122 s.

SECTION II.

Des Obligations à terme.

1185. Le terme diffère de la condition, en ce qu'il ne suspend point l'engagement, dont il retarde seulement l'exécution. C. 1181, 2257.

1186. Ce qui n'est dû qu'à terme, ne peut être exigé avant l'échéance du terme ; mais ce qui a été payé d'avance, ne peut être répété. C. *dépôt*, 1944.

1187. Le terme est toujours présumé stipulé en faveur du débiteur, à moins qu'il ne résulte de la stipulation ou des circonstances, qu'il a été aussi convenu en faveur du créancier. C. 1258; *interprét.*, 1156 s.

1188. Le débiteur ne peut plus réclamer le bénéfice du terme lorsqu'il a fait faillite, ou lorsque par son fait il a diminué les sûretés qu'il avait données par le contrat à son créancier. C. *vente*, 1613; *rentes*, 1913; *caution*, 2032; *hypoth.*, 2131. Pr. 124 s.; *faillite*. Co. 444.

SECTION III.

Des Obligations alternatives.

1189. Le débiteur d'une obligation alternative est libéré par la délivrance de l'une des deux choses qui étaient comprises dans l'obligation.

1190. Le choix appartient au débiteur, s'il n'a pas été expressément accordé au créancier. C. 1162.

1191. Le débiteur peut se libérer en délivrant l'une des deux choses promises; mais il ne peut pas forcer le créancier à recevoir une partie de l'une et une partie de l'autre. C. 1221 5°, 1244.

1192. L'obligation est pure et simple, quoique contractée d'une manière alternative, si l'une des deux choses promises ne pouvait être le sujet de l'obligation. C. 1128.

1193. L'obligation alternative devient pure et simple, si l'une des choses promises périt et ne peut plus être livrée, même par la faute du débiteur. Le prix de cette chose ne peut pas être offert à sa place. — Si toutes deux sont péries, et que le débiteur soit en faute à l'égard de l'une d'elles, il doit payer le prix de celle qui a péri la dernière. C. 1302 s., 1601.

1194. Lorsque, dans les cas prévus par l'article précédent, le choix avait été déféré par la convention au créancier, — Ou l'une des choses seulement est périe; et alors, si c'est sans la faute du débiteur, le créancier doit avoir celle qui reste; si le débiteur est en faute, le créancier peut demander la chose qui reste, ou le prix de celle qui est périe; — Ou les deux choses sont péries; et alors, si le débiteur est en faute à l'égard des deux, ou même à l'égard de l'une d'elles seulement, le créancier peut demander le prix de l'une ou de l'autre à son choix. C. 1302 s.

1195. Si les deux choses sont péries sans la faute du débiteur, et avant qu'il soit en demeure, l'obligation est éteinte, conformément à l'article 1302. C. 1302, 1303.

1196. Les mêmes principes s'appliquent au cas où il y a plus de deux choses comprises dans l'obligation alternative.

SECTION IV.

Des Obligations solidaires.

§ Ier. *De la Solidarité entre les Créanciers.*

1197. L'obligation est solidaire entre plusieurs créanciers lorsque le titre donne expressément à chacun d'eux le droit de demander le paiement du total de la créance, et que le paiement fait à l'un d'eux libère le débiteur, encore que le bénéfice de l'obligation soit partageable et divisible entre les divers créanciers. C. *comparez oblig. indiv.*, 1224.

1198. Il est au choix du débiteur de payer à l'un ou à l'autre des créanciers solidaires, tant qu'il n'a pas été prévenu par les poursuites de l'un d'eux. — Néanmoins la remise qui n'est faite que par l'un des créanciers solidaires, ne libère le débiteur que pour la part de ce créancier. C. 1224, 1284 s., 1365.

1199. Tout acte qui interrompt la prescription à l'égard de l'un des créanciers solidaires, profite aux autres créanciers. C. 1206, 2242 s., 2249.

§ II. *De la Solidarité de la part des Débiteurs.*

1200. Il y a solidarité de la part des débiteurs, lorsqu'ils sont obligés à une même chose, de manière que chacun puisse être contraint pour la totalité, et que le paiement fait par un seul libère les autres envers le créancier. C. 1197, 1219, 1222; *novat.*, 1280, 1281; *remise*, 1284, 1285; *compensat.*, 1294; *confus.*, 1301; *serment*, 1365; *prescript.*, 2249.

1201. L'obligation peut être solidaire, quoique l'un des débiteurs soit obligé différemment de l'autre au paiement de la même chose; par exemple, si l'un n'est obligé que conditionnellement, tandis que l'engagement de l'autre est pur et simple, ou si l'un a pris un terme qui n'est point accordé à l'autre.

1202. La solidarité ne se présume point; il faut qu'elle soit expressément stipulée. — Cette règle ne cesse que dans les cas où la solidarité a lieu de plein droit, en vertu d'une disposition de la loi. C. *tutelle*, 395, 396, 1442; *exécut. testam.*, 1033; *oblig. indiv.*, 1219, 1222 s.; *commun.*, 1487; *louage*, 1734; *société*, 1862; *prêt*, 1887; *mandat*, 1995, 2002; *cautionn.*, 2021 s., 2025 s., 2030. Co. *société*, 22, 23 s., 28; *lettre de ch.*, 118, 120, 140, 142; *billet à ordre*, 187; *en mat. pén.*, P. 55. T. cr. 156.

1203. Le créancier d'une obligation contractée solidairement peut s'adresser à celui des débiteurs qu'il veut choisir, sans que celui-ci puisse lui opposer le bénéfice de division. C. *oblig. indiv.*, 1225; *cautionn.*, 2021 s., 2025 s.

1204. Les poursuites faites contre l'un des débiteurs n'empêchent pas le créancier d'en exercer de pareilles contre les autres. C. 1206.

1205. Si la chose due a péri par la faute ou pendant la demeure de l'un ou de plusieurs des débiteurs solidaires, les autres codébiteurs ne sont point déchargés de l'obligation de payer le prix de la chose; mais ceux-ci ne sont point tenus des dommages et intérêts. — Le créancier peut seulement répéter les dommages et intérêts tant contre les débiteurs par la faute desquels la chose a péri, que contre ceux qui étaient en demeure. C. 1138, 1139, 1182; *domm. et int.*, 1146 s.; *oblig. indivis.*, 1222, 1232; *perte de la ch.*, 1302, 1303. Pr. 126.

1206. Les poursuites faites contre l'un des débiteurs solidaires interrompent la prescription à l'égard de tous. C. 1199, 2242 s., 2249.

1207. La demande d'intérêts formée contre l'un des débiteurs solidaires fait courir les intérêts à l'égard de tous. C. 1206.

1208. Le codébiteur solidaire poursuivi par le créancier peut opposer toutes les exceptions qui résultent de la nature de l'obligation, et toutes celles qui lui sont personnelles, ainsi que celles qui sont communes à tous les codébiteurs. — Il ne peut opposer les exceptions qui sont purement personnelles à quelques-uns des autres codébiteurs. C. 1280, 1281, 1284, 1285, 1294, 1301, 1365.

1209. Lorsque l'un des débiteurs devient héritier unique du créancier, ou lorsque le créancier devient l'unique héritier de l'un des débiteurs, la confusion n'éteint la créance solidaire que pour la part et portion du débiteur ou du créancier. C. *confusion*, 1300, 1301; *cautionn.*, 2035.

1210. Le créancier qui consent à la division de la dette à l'égard de l'un des codébiteurs, conserve son action solidaire contre les autres, mais sous la déduction de la part du débiteur qu'il a déchargé de la solidarité. C. *obligat. indiv.*, 1224; *cautionn.*, 2025 s.

1211. Le créancier qui reçoit divisément la part de l'un des débiteurs, sans réserver dans la quittance la solidarité ou ses droits en général, ne renonce à la solidarité qu'à l'égard de ce débiteur. — Le créancier n'est pas censé remettre la solidarité au débiteur lorsqu'il reçoit de lui une somme égale à la portion dont il est tenu, si la quittance ne porte pas que c'est *pour sa part*. — Il en est de même de la simple demande formée contre l'un des codébiteurs *pour sa part*, si celui-ci n'a pas acquiescé à la demande, ou s'il n'est pas intervenu un jugement de condamnation. C. 1350, 1352.

1212. Le créancier qui reçoit divisément et sans réserve la portion de l'un des codébiteurs dans les arrérages ou intérêts de la dette, ne perd la solidarité que pour les arrérages ou intérêts échus, et non pour ceux à échoir, ni pour le capital, à moins que le paiement divisé n'ait été continué pendant dix ans consécutifs. C. 1350, 1352.

1213. L'obligation contractée solidairement envers le créancier se divise de plein droit entre les débiteurs, qui n'en sont tenus entre eux que chacun pour sa part et portion. C. 875 s., 1220, 1221.

1214. Le codébiteur d'une dette solidaire, qui l'a payée en entier, ne peut répéter contre les autres que les part et portion de chacun d'eux. — Si l'un d'eux se trouve insolvable, la perte qu'occasionne son insolvabilité, se répartit, par contribution, entre tous les autres codébiteurs solvables et celui qui a fait le paiement. C. 875 s., 886, 2025.

1215. Dans le cas où le créancier a renoncé à l'action solidaire envers l'un des débiteurs, si l'un ou plusieurs des autres codébiteurs deviennent insolvables, la portion des insolvables sera contributoirement répartie entre tous les débiteurs, même entre ceux précédemment déchargés de la solidarité par le créancier. C. 876, 2027.

1216. Si l'affaire pour laquelle la dette a été contractée solidairement ne concernait que l'un des coobligés solidaires, celui-ci serait tenu de toute la dette vis-à-vis des autres codébiteurs, qui ne seraient considérés par rapport à lui que comme ses cautions. C. *commun.*, 1431, 1432; *caution.*, 2028 s.

SECTION V.

Des Obligations divisibles et indivisibles.

1217. L'obligation est divisible ou indivisible selon qu'elle a pour objet ou une chose qui dans sa livraison, ou un fait qui dans l'exécution, est ou n'est pas susceptible de division, soit matérielle, soit intellectuelle. C. 1220 s., 1222 s.; *except.*, 700, 1668 s., 2083, 2090, 2114; *prescript.*, 2249 s.

1218. L'obligation est indivisible, quoique la chose ou le fait qui en est l'objet soit divisible par sa nature, si le rapport sous lequel elle est considérée dans l'obligation ne la rend pas susceptible d'exécution partielle. C. *except.*, 1668, 2083.

1219. La solidarité stipulée ne donne point à l'obligation le caractère d'indivisibilité. C. 1202, 1222.

§ Ier. *Des Effets de l'Obligation divisible.*

1220. L'obligation qui est susceptible de division, doit être exécutée entre le créancier et le débiteur comme si elle était indivisible. La divisibilité n'a d'application qu'à l'égard de leurs héritiers, qui ne peuvent demander la dette ou qui ne sont tenus de la payer que pour les parts dont ils sont saisis ou dont ils sont *tenus comme représentant le créancier* ou le débiteur. C. 870 s., 1244, 1668 s., 1939; *secùs*, 873, 1009, 1012; *comparez* 1475.

1221. Le principe établi dans l'article précédent reçoit exception à l'égard des héritiers du débiteur, — 1° Dans le cas où la dette est hypothécaire; — 2° Lorsqu'elle est d'un corps certain; — 3° Lorsqu'il s'agit de la dette alternative de choses au choix du créancier, dont l'une est indivisible; — 4° Lorsque l'un des héritiers est chargé seul, par le titre, de l'exécution de l'obligation; — 5° Lorsqu'il résulte, soit de la nature de l'engagement, soit de la chose qui en fait l'objet, soit de la fin qu'on s'est proposée dans le contrat, que l'intention des contractans a été que la dette ne pût s'acquitter partiellement. — Dans les trois premiers cas, l'héritier qui possède la chose due ou le fonds hypothéqué à la dette, peut être poursuivi pour le tout sur la chose due ou sur le fonds hypothéqué, sauf le recours contre ses cohéritiers. Dans le quatrième cas, l'héritier seul chargé de la dette, et dans le cinquième cas, chaque héritier peut aussi être poursuivi pour le tout; sauf son recours contre ses cohéritiers. C. 872, 1020, 1192 s., 1245, 1939, 2114.

§ II. *Des Effets de l'Obligation indivisible.*

1222. Chacun de ceux qui ont contracté conjointement une dette indivisible, en est tenu pour le total, encore que l'obligation n'ait pas été contractée solidairement. C. 1200 s., 1205, 1219, 1668 s., 2083, 2114, 2249.

1223. Il en est de même à l'égard des héritiers de celui qui a contracté une pareille obligation. C. 872 s., 1215, 1939.

1224. Chaque héritier du créancier peut exiger en totalité l'exécution de l'obligation indivisible. — Il ne peut seul faire la remise de la totalité de la dette ; il ne peut recevoir seul le prix au lieu de la chose. Si l'un des héritiers a seul remis la dette ou reçu le prix de la chose, son cohéritier ne peut demander la chose indivisible qu'en tenant compte de la portion du cohéritier qui a fait la remise ou qui a reçu le prix. C. *oblig. solid.*, 1197, 1198, 1210, 1211; *paiement*, 1239, 1245; *fac. de rachat*, 1668, 1669; *restitut. de dépôt*, 1939.

1225. L'héritier du débiteur, assigné pour la totalité de l'obligation, peut demander un délai pour mettre en cause ses cohéritiers, à moins que la dette ne soit de nature à ne pouvoir être acquittée que par l'héritier assigné, qui peut alors être condamné seul, sauf son recours en indemnité contre ses cohéritiers. C. 1203 s., 1670. Pr. 186.

SECTION VI.

Des Obligations avec clauses pénales.

1226. La clause pénale est celle par laquelle une personne, pour assurer l'exécution d'une convention, s'engage à quelque chose en cas d'inexécution. C. 1152; *transact.*, 2047.

1227. La nullité de l'obligation principale entraîne celle de la clause pénale. — La nullité de celle-ci n'entraîne point celle de l'obligation principale.

1228. Le créancier, au lieu de demander la peine stipulée contre le débiteur qui est en demeure, peut poursuivre l'exécution de l'obligation principale. C. 1144.

1229. La clause pénale est la compensation des dommages et intérêts que le créancier souffre de l'inexécution de l'obligation principale. — Il ne peut demander en même temps le principal et la peine, à moins qu'elle n'ait été stipulée pour le simple retard. C. 1146, 1147, 1148, 1382.

1230. Soit que l'obligation primitive contienne, soit qu'elle ne contienne pas un terme dans lequel elle doive être accomplie, la peine n'est encourue que lorsque celui qui s'est obligé soit à livrer, soit à prendre, soit à faire, est en demeure. C. 1139, 1146, 1153, 1185 s.

1231. La peine peut être modifiée par le juge lorsque l'obligation principale a été exécutée en partie.

1232. Lorsque l'obligation primitive contractée avec une clause pénale est d'une chose indivisible, la peine est encourue par la contravention d'un seul des héritiers du débiteur, et elle peut être demandée, soit en totalité contre celui qui a fait la contravention, soit contre chacun des cohéritiers pour leur part et portion, et hypothécairement pour le tout, sauf le recours contre celui qui a fait encourir la peine. C. 1222 s.

1233. Lorsque l'obligation primitive contractée sous une peine est divisible, la peine n'est encourue que par celui des héritiers du débiteur qui contrevient à cette obligation, et pour la part seulement dont il était tenu dans l'obligation principale, sans qu'il y ait d'action contre ceux qui l'ont exécutée. — Cette règle reçoit exception lorsque la clause pénale ayant été ajoutée dans l'intention que le paiement ne pût se faire partiellement, un cohéritier a empêché l'exécution de l'obligation pour la totalité. En ce cas, la peine entière peut être exigée contre lui, et contre les autres cohéritiers pour leur portion seulement, sauf leur recours. C. 1220 s.

CHAPITRE V.

DE L'EXTINCTION DES OBLIGATIONS.

1234. Les obligations s'éteignent, — Par le paiement, C. 1235 s., 1257. — Par la novation, C. 1271 s. — Par la remise volontaire, C. 1282 s. — Par la compensation, C. 1289 s. — Par la confusion, C. 1300 s. — Par la perte de la chose, C. 1302 s. — Par la nullité ou la rescision, C. 1304 s. — Par l'effet de la condition résolutoire, qui a été expliquée au chapitre précédent, C. 1183 s. — Et par la prescription, qui fera l'objet d'un titre particulier, C. 2219 s.

SECTION I.

Du Paiement.

§ 1er. *Du Paiement en général.*

1235. Tout paiement suppose une

dette : ce qui a été payé sans être dû, est sujet à répétition. — La répétition n'est pas admise à l'égard des obligations naturelles qui ont été volontairement acquittées. C. *paiem. s. cause*, 1131 s.; *dettes condition.*, 1183; *dettes à terme*, 1186; *non dû*, 1376 s.; *femme commun.*, 1488; *intérêts non stip.*, 1906; *jeu*, 1967. Co. 545, 604, 608.

1236. Une obligation peut être acquittée par toute personne qui y est intéressée, telle qu'un coobligé ou une caution. — L'obligation peut même être acquittée par un tiers qui n'y est point intéressé, pourvu que ce tiers agisse au nom et en l'acquit du débiteur, ou que, s'il agit en son nom propre, il ne soit pas subrogé aux droits du créancier. C. 1119 s., 1371 s.; *subrogat.*, 1249 s. Co. 158.

1237. L'obligation de faire ne peut être acquittée par un tiers contre le gré du créancier, lorsque ce dernier a intérêt qu'elle soit remplie par le débiteur lui-même. C. 1142 s.; *colon. part.*, 1763 s.; *entrepren.*, 1795, 1795.

1238. Pour payer valablement, il faut être propriétaire de la chose donnée en paiement, et capable de l'aliéner. — Néanmoins le paiement d'une somme en argent ou autre chose qui se consomme par l'usage, ne peut être répété contre le créancier qui l'a consommée de bonne foi, quoique le paiement en ait été fait par celui qui n'en était pas propriétaire ou qui n'était pas capable de l'aliéner. C. 1125 s., 1376 s., 2268.

1239. Le paiement doit être fait au créancier, ou à quelqu'un ayant pouvoir de lui, ou qui soit autorisé par justice ou par la loi à recevoir pour lui. C. *mandat*, 1984 s. — Le paiement fait à celui qui n'aurait pas pouvoir de recevoir pour le créancier, est valable, si celui-ci le ratifie, ou s'il en a profité. C. *ratific.*, 1121, 1338; *dépôt*, 1937.

1240. Le paiement fait de bonne foi à celui qui est en possession de la créance, est valable, encore que le possesseur en soit par la suite évincé. C. 1377 s.

1241. Le paiement fait au créancier n'est point valable s'il était incapable de le recevoir, à moins que le débiteur ne prouve que la chose payée a tourné au profit du créancier. C. 225, 482 s., 499, 509, 513, 1125, 1312, 1926.

1242. Le paiement fait par le débiteur à son créancier, au préjudice d'une saisie ou d'une opposition, n'est pas valable à l'égard des créanciers saisissans ou opposans : ceux-ci peuvent, selon leur droit, le contraindre à payer de nouveau, sauf, en ce cas seulement, son recours contre le créancier. C. 1298, 1944. Pr. 557 s.

1243. Le créancier ne peut être contraint de recevoir une autre chose que celle qui lui est due, quoique la valeur de la chose offerte soit égale ou même plus grande. C. 1895, 1904. Co. 143.

1244. Le débiteur ne peut point forcer le créancier à recevoir en partie le paiement d'une dette, même divisible. — Les juges peuvent néanmoins, en considération de la position du débiteur, et en usant de ce pouvoir avec une grande réserve, accorder des délais modérés pour le paiement, et surseoir l'exécution des poursuites, toutes choses demeurant en état. C. 1220 s., 1188 s., 1900, 2212; *except.*, 1188. Pr. 122. Co. *lettre de ch.*, 157.

1245. Le débiteur d'un corps certain et déterminé est libéré par la remise de la chose en l'état où elle se trouve lors de la livraison, pourvu que les détériorations qui y sont survenues ne viennent point de son fait ou de sa faute, ni de celle des personnes dont il est responsable, ou qu'avant ces détériorations il ne fût pas en demeure. C. 1138, 1222 s., 1302, 1379, 1933.

1246. Si la dette est d'une chose qui ne soit déterminée que par son espèce, le débiteur ne sera pas tenu, pour être libéré, de la donner de la meilleure espèce; mais il ne pourra l'offrir de la plus mauvaise. C. 1022.

1247. Le paiement doit être exécuté dans le lieu désigné par la convention. Si le lieu n'y est pas désigné, le paiement, lorsqu'il s'agit d'un corps certain et déterminé, doit être fait dans le lieu où était, au temps de l'obligation, la chose qui en fait l'objet. — Hors ces deux cas, le paiement doit être fait au domicile du débiteur. C. *offres réelles*, 1258, 1264; *compensat.*, 1296; *délivrance d'objets vendus*, 1609; *prix de vente*, 1651; *dépôt*, 1952 s. Co. *lettre de ch.*, 110.

1248. Les frais du paiement sont à la charge du débiteur. C. 1260, 1608 (1).

§ II. *Du Paiement avec subrogation.*

1249. La subrogation dans les droits du créancier au profit d'une tierce personne qui le paie, est ou conventionnelle ou légale. C. 1252.

1250. Cette subrogation est conventionnelle, — 1° Lorsque le créancier recevant son paiement d'une tierce personne la subroge dans ses droits, actions, priviléges ou hypothèques contre le débiteur: cette subrogation doit être expresse et faite en même temps que le paiement; — 2° Lorsque le débiteur emprunte une somme à l'effet de payer sa dette, et de subroger le prêteur dans les droits du créancier. Il faut, pour que cette subrogation soit valable, que l'acte d'emprunt et la quittance soient passés devant notaires; que dans l'acte d'emprunt il soit déclaré que la somme a été empruntée pour faire le paiement, et que dans la quittance il soit déclaré que le paiement a été fait des deniers fournis à cet effet par le nouveau créancier. Cette subrogation s'opère sans le concours de la volonté du créancier. C. 1256 s., 2103 2° et 5°; *comparez* 1690, 2112.

1251. La subrogation a lieu de plein droit, — 1° Au profit de celui qui, étant lui-même créancier, paie un autre créancier qui lui est préférable à raison de ses priviléges ou hypothèques; Pr. 775. — 2° Au profit de l'acquéreur d'un immeuble, qui emploie le prix de son acquisition au paiement des créanciers auxquels cet héritage était hypothéqué; C. 874, 2178, 2191. — 3° Au profit de celui qui, étant tenu avec d'autres ou pour d'autres au paiement de la dette, avait intérêt de l'acquitter; C. *usufr.*, 611; *cohérit.*, 873; *codébiteur solid.*, 1214; *commun.*, 1419, 1424, 1431 s., 1457, 1470, 1493; *société*, 1852; *caution.*, 2028 s. Co. *commissionn.*, 91 s.; *lett. de ch.*, 167; *prêt à la gr.*, 313; *crime*, *délit*, F. 55. — 4° Au profit de l'héritier bénéficiaire qui a payé de ses deniers les dettes de la succession. C. 802 s. Pr. 996. Co. 159.

1252. La subrogation établie par les articles précédens a lieu tant contre les cautions que contre les débiteurs: elle ne peut nuire au créancier lorsqu'il n'a été payé qu'en partie; en ce cas, il peut exercer ses droits, pour ce qui lui reste dû, par préférence à celui dont il n'a reçu qu'un paiement partiel. C. 2021 s.

§ III. *De l'Imputation des Paiemens.*

1253. Le débiteur de plusieurs dettes a le droit de déclarer, lorsqu'il paie, quelle dette il entend acquitter. C. *associés*, 1848 s.

1254. Le débiteur d'une dette qui porte intérêt ou produit des arrérages, ne peut point, sans le consentement du créancier, imputer le paiement qu'il fait sur le capital par préférence aux arrérages ou intérêts: le paiement fait sur le capital et intérêts, mais qui n'est point intégral, s'impute d'abord sur les intérêts. C. 1906, 2081, 2085.

1255. Lorsque le débiteur de diverses dettes a accepté une quittance par laquelle le créancier a imputé ce qu'il a reçu sur l'une de ces dettes spécialement, le débiteur ne peut plus demander l'imputation sur une dette différente, à moins qu'il n'y ait eu dol ou surprise de la part du créancier.

1256. Lorsque la quittance ne porte aucune imputation, le paiement doit être imputé sur la dette que le débiteur avait pour lors le plus d'intérêt d'acquitter entre celles qui sont pareillement échues; sinon, sur la dette échue, quoique moins onéreuse que celles qui ne le sont point. — Si les dettes sont d'égale nature, l'imputation se fait sur la plus ancienne: tou-

(1) *Droits d'enregistrement*: Quittance et actes de libération, 50 cent. par 100 fr. *L.* 22 *frim. an* VII. *art.* 69, § 2.

les choses égales, elle se fait proportionnellement. C. *compensation*, 1297.

§ IV. *Des Offres de paiement, et de la Consignation.*

1257. Lorsque le créancier refuse de recevoir son paiement, le débiteur peut lui faire des offres réelles, et, au refus du créancier de les accepter, consigner la somme ou la chose offerte. — Les offres réelles suivies d'une consignation libèrent le débiteur; elles tiennent lieu à son égard de paiement, lorsqu'elles sont valablement faites, et la chose ainsi consignée demeure aux risques du créancier. C. 2186. Pr. 542, 812 s.

1258. Pour que les offres réelles soient valables, il faut, — 1° Qu'elles soient faites au créancier ayant la capacité de recevoir, ou à celui qui a pouvoir de recevoir pour lui; C. 1239 s. — 2° Qu'elles soient faites par une personne capable de payer; C. 1236 s. — 3° Qu'elles soient de la totalité de la somme exigible, des arrérages ou intérêts dus, des frais liquidés, et d'une somme pour les frais non liquidés, sauf à la parfaire; C. 1220 s., 1243 s., 1606 s. — 4° Que le terme soit échu, s'il a été stipulé en faveur du créancier; C. 1887. — 5° Que la condition sous laquelle la dette a été contractée soit arrivée; C. 1181. — 6° Que les offres soient faites au lieu dont on est convenu pour le paiement, et que, s'il n'y a pas de convention spéciale sur le lieu du paiement, elles soient faites ou à la personne du créancier, ou à son domicile, ou au domicile élu pour l'exécution de la convention; C. 111, 1247, 1264, 1609. — 7° Que les offres soient faites par un officier ministériel ayant caractère pour ces sortes d'actes. Pr. 352, 812 s.

1259. Il n'est pas nécessaire, pour la validité de la consignation, qu'elle ait été autorisée par le juge: il suffit, — 1° Qu'elle ait été précédée d'une sommation signifiée au créancier, et contenant l'indication du jour, de l'heure et du lieu où la chose offerte sera déposée; — 2° Que le débiteur se soit dessaisi de la chose offerte, en la remettant dans le dépôt indiqué par la loi pour recevoir les consignations, avec les intérêts jusqu'au jour du dépôt; — 3° Qu'il y ait eu procès-verbal dressé par l'officier ministériel, de la nature des espèces offertes, du refus qu'a fait le créancier de les recevoir, ou de sa non-comparution, et enfin du dépôt; — 4° Qu'en cas de non-comparution de la part du créancier, le procès-verbal du dépôt lui ait été signifié avec sommation de retirer la chose déposée. Pr. 812 s. T. 29, 60. O. 3 *juillet* 1816, *art.* 16.

1260. Les frais des offres réelles et de la consignation sont à la charge du créancier, si elles sont valables. C. 1248. Pr. 525.

1261. Tant que la consignation n'a point été acceptée par le créancier, le débiteur peut la retirer; et s'il la retire, ses codébiteurs ou ses cautions ne sont point libérés. C. 1200, 1262, 2034 s.

1262. Lorsque le débiteur a lui-même obtenu un jugement passé en force de chose jugée, qui a déclaré ses offres et sa consignation bonnes et valables, il ne peut plus, même du consentement du créancier, retirer sa consignation au préjudice de ses codébiteurs ou de ses cautions. C. *chose jugée*, 1351, 1200, 2064.

1263. Le créancier qui a consenti que le débiteur retirât sa consignation après qu'elle a été déclarée valable par un jugement qui a acquis force de chose jugée, ne peut plus pour le paiement de sa créance exercer les priviléges ou hypothèques qui y étaient attachés: il n'a plus d'hypothèque que du jour où l'acte par lequel il a consenti que la consignation fût retirée aura été revêtu des formes requises pour emporter l'hypothèque. C. 1134, 1244 3° 1278, 1351. T. 29.

1264. Si la chose due est un corps certain qui doit être livré au lieu où il se trouve, le débiteur doit faire sommation au créancier de l'enlever par acte notifié à sa personne ou à son domicile, ou au domicile élu pour l'exécution de la convention. Cette sommation faite, si le créancier n'enlève pas la chose, et que le débiteur ait besoin du lieu dans lequel elle est placée, celui-ci pourra obtenir de la justice la permission de la mettre en dépôt dans quelque autre lieu. C. 111, 1247, 1258, 1609, 1961 s. T. 29.

§ V. *De la Cession de Biens.*

1265. La cession de biens est l'abandon qu'un débiteur fait de tous ses biens à ses créanciers, lorsqu'il se trouve hors d'état de payer ses dettes. C. *objets non cess.*, 631, 634, 1166; *effet*, 1270. Pr. 800.

1266. La cession de biens est volontaire ou judiciaire.

1267. La cession de biens volontaire est celle que les créanciers acceptent volontairement, et qui n'a d'effet que celui résultant des stipulations mêmes du contrat passé entre eux et le débiteur. C. 1134. Co. 507 s.

1268. La *cession judiciaire* est un bénéfice que la loi accorde au débiteur malheureux et de bonne foi, auquel il est permis, pour avoir la liberté de sa personne, de faire en justice l'abandon de tous ses biens à ses créanciers, nonobstant toute stipulation contraire. C. 6, 2063. — Pr. *formes*, 898 s. T. 92.

1269. La cession judiciaire ne confère point la propriété aux créanciers; elle leur donne seulement le droit de faire vendre les biens à leur profit, et d'en percevoir les revenus jusqu'à la vente. Pr. 904.

1270. Les créanciers ne peuvent refuser la cession judiciaire, si ce n'est dans les cas exceptés par la loi. C. 1945. Pr. 905. Co. 541. — Elle opère la décharge de la contrainte par corps. Pr. 800. — Au surplus, elle ne libère le débiteur que jusqu'à concurrence de la valeur des biens abandonnés; et dans le cas où ils auraient été insuffisans, s'il lui en survient d'autres, il est obligé de les abandonner jusqu'au parfait paiement. Co. 537 s.

SECTION II.

De la Novation.

1271. La novation s'opère de trois manières : — 1° lorsque le débiteur contracte envers son créancier une nouvelle dette qui est substituée à l'ancienne, laquelle est éteinte; C. 1278. — 2° Lorsqu'un nouveau débiteur est substitué à l'ancien qui est déchargé par le créancier; C. 1274, 1279. — 3° Lorsque, par l'effet d'un nouvel engagement, un nouveau créancier est substitué à l'ancien, envers lequel le débiteur se trouve déchargé. C. 1250, 1263, 1689, 1690.

1272. La novation ne peut s'opérer qu'entre personnes capables de contracter. C. 1123 s.

1273. La novation ne se présume point; il faut que la volonté de l'opérer résulte clairement de l'acte. C. 1275 s.

1274. La novation par la substitution d'un nouveau débiteur, peut s'opérer sans le concours du premier débiteur.

1275. La délégation par laquelle un débiteur donne au créancier un autre débiteur qui s'oblige envers le créancier, n'opère point de novation, si le créancier n'a expressément déclaré qu'il entendait décharger son débiteur qui a fait la délégation. C. *cession subrog.*, 1250, 1273, 1277, 1690, 2112.

1276. Le créancier qui a déchargé le débiteur par qui a été faite la délégation, n'a point de recours contre ce débiteur, si le délégué devient insolvable, à moins que l'acte n'en contienne une réserve expresse, ou que le délégué ne fût déjà en faillite ouverte, ou tombé en déconfiture au moment de la délégation. C. 1295. Co. 446.

1277. La simple indication faite par le débiteur, d'une personne qui doit payer à sa place, n'opère point novation. — Il en est de même de la simple indication faite par le créancier, d'une personne qui doit recevoir pour lui. C. *cession subrog.*, 1250, 1273, 1275, 1689 s., 2112.

1278. Les priviléges et hypothèques de l'ancienne créance ne passent point à celle qui lui est substituée, à moins que le créancier ne les ait expressément réservés. C. 1234 2°, 1271, 1299.

1279. Lorsque la novation s'opère par la substitution d'un nouveau débiteur, les priviléges et hypothèques primitifs de la créance ne peuvent point passer sur les biens du nouveau débiteur. C. 1234 2°, 1271.

1280. Lorsque la novation s'opère entre le créancier et l'un des débiteurs solidaires, les priviléges et hypothèques de l'ancienne créance ne peuvent être réservés que sur les biens de celui qui contracte la nouvelle dette. C. 1108 s., 1278.

1281. Par la novation faite entre le créancier et l'un des débiteurs solidaires, les codébiteurs sont libérés. C. 1200 s. — La novation opérée à l'égard du débiteur principal libère les cautions. C. 2034, 2037. — Néanmoins, si le créancier a exigé, dans le premier cas, l'accession des codébiteurs, ou, dans le second, celle des cautions, l'ancienne créance subsiste, si les codébiteurs ou les cautions refusent d'accéder au nouvel arrangement. C. 1168 s.

SECTION III.

De la Remise de la Dette.

1282. La remise volontaire du titre original sous signature privée, par le créancier au débiteur, fait preuve de la libération. C. *preuves*, 1315, 1350, 1352.

1283. La remise volontaire de la grosse du titre fait présumer la remise de la dette ou le paiement, sans préjudice de la preuve contraire. C. 1315, 1350, 1352.

1284. La remise du titre original sous signature privée, ou de la grosse du titre, à l'un des débiteurs solidaires, a le même effet au profit de ses codébiteurs. C. 1208, 1350, 1352.

1285. La remise ou décharge conventionnelle au profit de l'un des codébiteurs solidaires, libère tous les autres, à moins que le créancier n'ait expressément réservé ses droits contre ces derniers. — Dans ce dernier cas il ne peut plus répéter la dette que déduction faite de la part de celui auquel il a fait la remise. C. 1200 s., 1208.

1286. La remise de la chose donnée en nantissement ne suffit point pour faire présumer la remise de la dette.

1287. La remise ou décharge conventionnelle accordée au débiteur principal libère les cautions; — Celle accordée à la caution ne libère pas le débiteur principal; — Celle accordée à l'une des cautions ne libère pas les autres.

1288. Ce que le créancier a reçu d'une caution pour la décharge de son cautionnement, doit être imputé sur la dette, et tourner à la décharge du débiteur principal et des autres cautions. C. 1253.

SECTION IV.

De la Compensation.

1289. Lorsque deux personnes se trouvent débitrices l'une envers l'autre, il s'opère entre elles une compensation qui éteint les deux dettes, de la manière et dans les cas ci-après exprimés. C. 1880, 2089. Pr. 464.

1290. La compensation s'opère de plein droit par la seule force de la loi, même à l'insu des débiteurs; les deux dettes s'éteignent réciproquement, à l'instant où elles se trouvent exister à la fois, jusqu'à concurrence de leurs quotités respectives.

1291. La compensation n'a lieu qu'entre deux dettes qui ont également pour objet une somme d'argent, ou une certaine quantité de choses fongibles de la même espèce et qui sont également liquides et exigibles. — Les prestations en grains ou denrées, non contestées, et dont le prix est réglé par les mercuriales, peuvent se compenser avec des sommes liquides et exigibles.

1292. Le terme de grâce n'est point un obstacle à la compensation. C. 1244, 2212. Pr. 122.

1293. La compensation a lieu, quelles que soient les causes de l'une ou l'autre des dettes, excepté dans le cas, — 1° De la demande en restitution d'une chose dont le propriétaire a été injustement dépouillé; — 2° De la demande en restitution d'un dépôt et du prêt à usage; — 3° D'une dette qui a pour cause des alimens déclarés insaisissables. C. *prêt à us.*, 1885; *dépôt*, 1932. Pr. *alim.*, 581, 582.

1294. La caution peut opposer la compensation de ce que le créancier doit au débiteur principal; — Mais le débiteur principal ne peut opposer la compensation de ce que le créancier doit à la caution. C. 2036. — Le débiteur solidaire ne peut pareillement opposer la compensation de ce que le créancier doit à son codébiteur. C. 1208.

1295. Le débiteur qui a accepté purement et simplement la cession qu'un créancier a faite de ses droits à un tiers, ne peut plus opposer au cessionnaire la compensation qu'il eût pu, avant l'acceptation, opposer au cédant. — A l'égard de la cession qui n'a point été acceptée par le débiteur, mais qui lui a été signifiée, elle n'empêche que la compensation des créances postérieures à cette notification. C. 1275 s., 1690 s.

1296. Lorsque les deux dettes ne sont pas payables au même lieu, on n'en peut opposer la compensation qu'en faisant raison des frais de la remise. C. 1247, 1248.

1297. Lorsqu'il y a plusieurs dettes compensables dues par la même personne, on suit, pour la compensation, les règles établies pour l'imputation par l'article 1256.

1298. La compensation n'a pas lieu au préjudice des droits acquis à un tiers. Ainsi celui qui, étant débiteur, est devenu créancier depuis la saisie-arrêt faite par un tiers entre ses mains, ne peut, au préjudice du saisissant, opposer la compensation. C. 1242. Pr. 557 s.

1299. Celui qui a payé une dette qui était, de droit, éteinte par la compensation, ne peut plus, en exerçant la créance dont il n'a point opposé la compensation, se prévaloir, au préjudice des tiers, des priviléges ou hypothèques qui y étaient attachés, à moins qu'il n'ait eu une juste cause d'ignorer la créance qui devait compenser sa dette. C. 2180.

SECTION V.

De la Confusion.

1300. Lorsque les qualités de créancier et de débiteur se réunissent dans la même personne, il se fait une confusion de droit qui éteint les deux créances. C. 617, 705, 1209, 1946, 2035.

1301. La confusion qui s'opère dans la personne du débiteur principal, profite à ses cautions; — Celle qui s'opère dans la personne de la caution, n'entraîne point l'extinction de l'obligation principale; — Celle qui s'opère dans la personne du créancier, ne profite à ses codébiteurs solidaires que pour la portion dont il était débiteur. C. *solidaire*, 1209; *caution*, 2035.

SECTION VI.

De la Perte de la chose due.

1302. Lorsque le corps certain et déterminé qui était l'objet de l'obligation, vient à périr, est mis hors du commerce, ou se perd de manière qu'on en ignore absolument l'existence, l'obligation est éteinte si la chose a péri ou a été perdue sans la faute du débiteur et avant qu'il fût en demeure. — Lors même que le débiteur est en demeure, et s'il ne s'est pas chargé des cas fortuits, l'obligation est éteinte dans le cas où la chose fût également périe chez le créancier si elle lui eût été livrée. — Le débiteur est tenu de prouver le cas fortuit qu'il allègue. — De quelque manière que la chose volée ait péri ou ait été perdue, sa perte ne dispense pas celui qui l'a soustraite de la restitution du prix. C. 1138, 1149, 1150, 1193, 1195; *usufr.*, 617, 623, 624; *servit.*, 703; *rapp.*, 855; *legs*, 1042; *louage*, 1741; *cheptel*, 1810; *prêt à us.*, 1882. Co. *comm. marit.*, 258, 298 s., 324 s. P. *vol*, 379.

1303. Lorsque la chose est périe, mise hors du commerce ou perdue, sans la faute du débiteur, il est tenu, s'il y a quelques droits ou actions en indemnité par rapport à cette chose, de les céder à son créancier. C. *dépôt*, 1934; *comparez* 747, 766; Co. 575.

SECTION VII.

De l'Action en nullité ou en rescision des Conventions.

1304. Dans tous les cas où l'action en nullité ou en rescision d'une convention n'est pas limitée à un moindre temps par une loi particulière, cette action dure dix ans. — Ce temps ne court, dans le cas de violence, que du jour où elle a cessé; dans le cas d'erreur ou de dol, du jour où ils ont été découverts; et pour les actes passés par les femmes mariées non autorisées, du jour de la dissolution du mariage. — Le temps ne court, à l'égard des actes faits par les interdits, que du jour où l'interdiction est levée; et à l'égard de ceux faits par les mineurs, que du jour de la majorité. C. causes de null. ou rescis., 1108 s.; délai, 1665; délai spéc., 181, 183, 185, 1676; fins de non-recev., 892, 1115, 1311, 1338 s., 2052; L. 30 juin 1838, sur les aliénés, art. 39. Pr. rescis. des jugem., 480 s.

1305. La simple lésion donne lieu à la rescision en faveur du mineur non émancipé, contre toutes sortes de conventions; et en faveur du mineur émancipé, contre toutes conventions qui excèdent les bornes de sa capacité, ainsi qu'elle est déterminée au titre de la *Minorité, de la Tutelle et de l'Émancipation*. C. *émancip.*, 482 s.; *dépôt*, 1925, 1926; *excepts.*, 840, 1095, 1308, 1309, 1314, 1398, 1684. *V.* Pr. 484.

1306. Le mineur n'est pas restituable pour cause de lésion, lorsqu'elle ne résulte que d'un événement casuel et imprévu. C. 1148.

1307. La simple déclaration de majorité, faite par le mineur, ne fait point obstacle à sa restitution.

1308. Le mineur commerçant, banquier ou artisan, n'est point restituable contre les engagemens qu'il a pris à raison de son commerce ou de son art. C. 487. Co. 1, 2, 3, 6.

1309. Le mineur n'est point restituable contre les conventions portées en son contrat de mariage, lorsqu'elles ont été faites avec le consentement et l'assistance de ceux dont le consentement est requis pour la validité de son mariage. C. 1095, 1398.

1310. Il n'est point restituable contre les obligations résultant de son délit ou quasi-délit. C. 1382 s. I. c. 340. P. 66 s.

1311. Il n'est plus recevable à revenir contre l'engagement qu'il avait souscrit en minorité, lorsqu'il l'a ratifié en majorité, soit que cet engagement fût nul en sa forme, soit qu'il fût seulement sujet à restitution. C. 1338.

1312. Lorsque les mineurs, les interdits ou les femmes mariées sont admis, en ces qualités, à se faire restituer contre leurs engagemens, le remboursement de ce qui aurait été, en conséquence de ces engagemens, payé pendant la minorité, l'interdiction ou le mariage, ne peut en être exigé, à moins qu'il ne soit prouvé que ce qui a été payé a tourné à leur profit. C. 481, 1241, 1312, 1926, 1990. Co. 114.

1313. Les majeurs ne sont restitués pour cause de lésion que dans les cas et sous les conditions spécialement exprimés dans le présent Code. C. 887, 1118, 1674 s., 2052.

1314. Lorsque les formalités requises à l'égard des mineurs ou des interdits, soit pour aliénation d'immeubles, soit dans un partage de succession, ont été remplies, ils sont, relativement à ces actes, considérés comme s'ils les avaient faits en majorité ou avant l'interdiction. C. 457, 458, 466, 484, 509, 840.

CHAPITRE VI.

DE LA PREUVE DES OBLIGATIONS, ET DE CELLE DU PAIEMENT.

1315. Celui qui réclame l'exécution d'une obligation, doit la prouver. — Réciproquement, celui qui se prétend libéré, doit justifier le paiement ou le fait qui a produit l'extinction de son obligation.

1316. Les règles qui concernent la preuve littérale, la preuve testimoniale, les présomptions, l'aveu de la partie et le serment, sont expliquées dans les sections suivantes. C. 46 s., 1317 s., 1341 s., 1349 s., 1354 s., 1357.

SECTION I.

De la Preuve littérale.

§ Ier. *Du Titre authentique.*

1317. L'acte authentique est celui qui a été reçu par officiers publics ayant le droit d'instrumenter dans le lieu où l'acte a été rédigé, et avec les solennités requises. *V.* L. 25 *vent.* an XI. *App.*

1318. L'acte qui n'est point authentique par l'incompétence ou l'incapacité de l'officier, ou par un défaut de forme, vaut comme écriture privée, s'il a été signé des parties. C. 1322 s. Pr. 54; *copie de l'acte authent.*, 841 s.

1319. L'acte authentique fait pleine foi de la convention qu'il renferme entre les parties contractantes et leurs héritiers ou ayant-cause. — Néanmoins, en cas de plaintes en faux principal, l'exécution de l'acte argué de faux sera suspendue par la mise en accusation; et, en cas d'inscription de faux faite incidemment, les tribunaux pourront, suivant les circonstances, suspendre provisoirement l'exécution de l'acte. C. 1320 s. Pr. 214 s., 239 s., 250, 448. I. c. 448 s., 460.

1320. L'acte, soit authentique, soit sous seing privé, fait foi entre les parties, même de ce qui n'y est exprimé qu'en termes énonciatifs, pourvu que l'énonciation ait un rapport direct à la disposition. Les énonciations étrangères à la disposition ne peuvent servir que d'un commencement de preuve. C. 1341, 1347.

1321. Les contre lettres ne peuvent avoir leur effet qu'entre les parties contractantes: elles n'ont point d'effet contre les tiers. C. 1165, *convent. matrim.*, 1396, 1397.

§ II. *De l'Acte sous seing privé.*

1322. L'acte sous seing privé, reconnu par celui auquel on l'oppose, ou légalement tenu pour reconnu, a, entre ceux qui l'ont souscrit et entre leurs héritiers et ayant-cause, la même foi que l'acte authentique. C. *titre authent.*, 1317 s.; *contre les tiers*, 1328. Pr. *pr. verb. de conciliation*, 54. Co. 109.

1323. Celui auquel on oppose un acte sous seing privé, est obligé d'avouer ou de désavouer formellement son écriture ou sa signature. — Ses héritiers ou ayant cause peuvent se contenter de déclarer qu'ils ne connaissent point l'écriture ou la signature de leur auteur. Pr. 193 s.

1324. Dans le cas où la partie désavoue son écriture ou sa signature, et dans le cas où ses héritiers ou ayant-cause déclarent ne les point connaître, la vérification en est ordonnée en justice. Pr. 49 7°, 193 s.

1325. Les actes sous seing-privé qui contiennent des conventions synallagmatiques, ne sont valables qu'autant qu'ils ont été faits en autant d'originaux qu'il y a de parties ayant un intérêt distinct. — Il suffit d'un original pour toutes les personnes ayant le même intérêt. — Chaque original doit contenir la mention du nombre des originaux qui en ont été faits. — Néanmoins le défaut de mention que les originaux ont été faits doubles, triples, etc., ne peut être opposé par celui qui a exécuté de sa part la convention portée dans l'acte. C. 1102; *except.*, 1318, 1320, 1322. Co. 39, 284.

1326. Le billet ou la promesse sous seing privé par lequel une seule partie s'engage envers l'autre à lui payer une somme d'argent ou une chose appréciable, doit être écrit en entier de la main de celui qui le souscrit; ou du moins il faut qu'outre sa signature il ait écrit de sa main un *bon* ou un *approuvé*, portant en toutes lettres la somme ou la quantité de la chose; — excepté dans le cas où l'acte émane de marchands, artisans, laboureurs, vignerons, gens de journée et de service. Co. 1 s.

1327. Lorsque la somme exprimée au corps de l'acte est différente de celle exprimée au *bon*, l'obligation est présumée n'être que de la somme moindre, lors même que l'acte ainsi que le *bon* sont écrits en entier de la main de celui qui s'est obligé, à moins qu'il ne soit prouvé de quel côté est l'erreur. C. 1162.

1328. Les actes sous seing privé n'ont de date contre les tiers que du jour où ils ont été enregistrés, du jour de la mort de celui ou de l'un de ceux qui les ont souscrits, ou du jour où leur substance est constatée dans des actes dressés par des officiers publics, tels que procès-verbaux de scellé ou d'inventaire.

1329. Les registres des marchands ne font point, contre les personnes non marchandes, preuve des fournitures qui y sont portées, sauf ce qui sera dit à l'égard du serment. C. 1357 s. Co. 12, 13.

1330. Les livres des marchands

font preuve contre eux; mais celui qui en veut tirer avantage, ne peut les diviser en ce qu'ils contiennent de contraire à sa prétention. C. 1356. Co. 12 s., 109.

1331. Les registres et papiers domestiques ne font point un titre pour celui qui les a écrits. Ils font foi contre lui, 1° dans tous les cas où ils énoncent formellement un paiement reçu; 2° lorsqu'ils contiennent la mention expresse que la note a été faite pour suppléer le défaut du titre en faveur de celui au profit duquel ils énoncent une obligation. C. 1354 s.

1332. L'écriture mise par le créancier à la suite, en marge ou au dos d'un titre qui est toujours resté en sa possession, fait foi, quoique non signée ni datée par lui, lorsqu'elle tend à établir la libération du débiteur. — Il en est de même de l'écriture mise par le créancier au dos, ou en marge, ou à la suite du double d'un titre ou d'une quittance, pourvu que ce double soit entre les mains du débiteur. C. 1354 s.

§ III. *Des Tailles.*

1333. Les tailles corrélatives à leurs échantillons font foi entre les personnes qui sont dans l'usage de constater ainsi les fournitures qu'elles font ou reçoivent en détail. C. 1159.

§ IV. *Des Copies des Titres.*

1334. Les copies, lorsque le titre original subsiste, ne font foi que de ce qui est contenu au titre, dont la représentation peut toujours être exigée. C. *actes de l'état civil*, 45. Pr. *compulsoire*, 839 s., 852 s.

1335. Lorsque le titre original n'existe plus, les copies font foi d'après les distinctions suivantes: — 1° Les grosses ou premières expéditions font la même foi que l'original: il en est de même des copies qui ont été tirées par l'autorité du magistrat, parties présentes ou dûment appelées, ou de celles qui ont été tirées en présence des parties et de leur consentement réciproque. Pr. *seconde grosse*, 844; *copies*, 205, 245, 846 s., 854. I. c. 455, 521 s. L. 25 *ventôse an* XI, *art.* 26. — 2° Les copies qui, sans l'autorité du magistrat, ou sans le consentement des parties, et depuis la délivrance des grosses ou premières expéditions, auront été tirées sur la minute de l'acte par le notaire qui l'a reçu, ou par l'un de ses successeurs, ou par officiers publics qui, en cette qualité, sont dépositaires des minutes, peuvent, en cas de perte de l'original, faire foi quand elles sont anciennes. — Elles sont considérées comme anciennes quand elles ont plus de trente ans; — Si elles ont moins de trente ans, elles ne peuvent servir que de commencement de preuve par écrit. Pr. 853. L. 25 *ventôse an* XI, *art.* 21. — 3° Lorsque les copies tirées sur la minute d'un acte ne l'auront pas été par le notaire qui l'a reçu, ou par l'un de ses successeurs, ou par officiers publics qui, en cette qualité, sont dépositaires des minutes, elles ne pourront servir, quelle que soit leur ancienneté, que de commencement de preuve par écrit. C. 1347. L. 25 *ventôse an* XI, *art.* 21. — 4° Les copies de copies pourront, suivant les circonstances, être considérées comme simples renseignemens. C. 1347. Pr. 205.

1336. La transcription d'un acte sur les registres publics ne pourra servir que de commencement de preuve par écrit; et il faudra même pour cela, — 1° Qu'il soit constant que toutes les minutes du notaire, de l'année dans laquelle l'acte paraît avoir été fait, soient perdues, ou que l'on prouve que la perte de la minute de cet acte a été faite par un accident particulier; — 2° Qu'il existe un répertoire en règle du notaire, qui constate que l'acte a été fait à la même date. — Lorsqu'au moyen du concours de ces deux circonstances la preuve par témoins sera admise, il sera nécessaire que ceux qui ont été témoins de l'acte, s'ils existent encore, soient entendus. C. 1347; *transcript.*, 939 s., 1069 s., 2108, 2181.

§ V. *Des Actes récognitifs et confirmatifs.*

1337. Les actes récognitifs ne dispensent point de la représentation du titre primordial, à moins que sa te neur n'y soit spécialement relatée. — Ce qu'ils contiennent de plus que le titre primordial, ou ce qui s'y trouve de différent, n'a aucun effet. — Néanmoins, s'il y avait plusieurs reconnaissances conformes, soutenues de la possession, et dont l'une eût trente ans de date, le créancier pourrait être dispensé de représenter le titre primordial. C. 1334, 2263.

1338. L'acte de confirmation ou ratification d'une obligation contre laquelle la loi admet l'action en nullité ou en rescision, n'est valable que lorsqu'on y trouve la substance de cette obligation, la mention du motif de l'action en rescision, et l'intention de réparer le vice sur lequel cette action est fondée. — A défaut d'acte de confirmation ou ratification, il suffit que l'obligation soit exécutée volontairement après l'époque à laquelle l'obligation pouvait être valablement confirmée ou ratifiée. — La confirmation, ratification, ou exécution volontaire dans les formes et à l'époque déterminée par la loi, emporte la renonciation aux moyens et exceptions que l'on pouvait opposer contre cet acte, sans préjudice néanmoins du droit des tiers. C. 1115, 1311.

1339. Le donateur ne peut réparer par aucun acte confirmatif les vices d'une donation entre-vifs : nulle en la forme, il faut qu'elle soit refaite en la forme légale. C. 931, 1081, 1092.

1340. La confirmation ou ratification, ou exécution volontaire d'une donation par les héritiers ou ayant cause du donateur, après son décès, emporte leur renonciation à opposer soit les vices de forme, soit toute autre exception. C. 964, 966, 1338.

SECTION II.

De la Preuve testimoniale.

1341. Il doit être passé acte devant notaires, ou sous signature privée, de toutes choses excédant la somme ou valeur de cent cinquante francs, même pour dépôts volontaires; et il n'est reçu aucune preuve par témoins contre et outre le contenu aux actes, ni sur ce qui serait allégué avoir été dit avant, lors ou depuis les actes, encore qu'il s'agisse d'une somme ou valeur moindre de cent cinquante francs; — Le tout sans préjudice de ce qui est prescrit dans les lois relatives au commerce. C. *acte auth.*, 1319; *acte s. seing-privé*, 1322; *bail à loyer*, 1715; *société*, 1834; *dépôt*, 1923 s.; *mandat*, 1985; *transac.*, 2044; *gage*, 2074. Co. *soc. de comm.*, 39, 41, 49; *achats et vente*, 109 s.; *charte partie*, 273; *connaissem.*, 282; *prêt à la gr.*, 311; *assur.*, 332.

1342. La règle ci-dessus s'applique au cas où l'action contient, outre la demande du capital, une demande d'intérêts qui, réunis au capital, excèdent la somme de cent cinquante francs.

1343. Celui qui a formé une demande excédant cent cinquante fr., ne peut plus être admis à la preuve testimoniale, même en restreignant sa demande primitive.

1344. La preuve testimoniale, sur la demande d'une somme même moindre de cent cinquante francs, ne peut être admise lorsque cette somme est déclarée être le restant ou faire partie d'une créance plus forte qui n'est point prouvée par écrit.

1345. Si dans la même instance une partie fait plusieurs demandes dont il n'y ait point de titre par écrit, et que, jointes ensemble, elles excèdent la somme de cent cinquante francs, la preuve par témoins n'en peut être admise, encore que la partie allègue que ces créances proviennent de différentes causes, et qu'elles se soient formées en différens temps, si ce n'était que ces droits procédassent, par succession, donation ou autrement, de personnes différentes.

1346. Toutes les demandes, à quelque titre que ce soit, qui ne seront pas entièrement justifiées par écrit, seront formées par un même exploit, après lequel les autres demandes dont il n'y aura point de preuves par écrit ne seront pas reçues.

1347. Les règles ci dessus reçoivent exception lorsqu'il existe un commencement de preuve par écrit. — On appelle ainsi tout acte par écrit qui est émané de celui contre lequel la demande est formée, ou de celui qu'il représente, et qui rend vraisemblable le fait allégué. C. 323, 324, 341, 1320, 1335, 1336, 1560.

1348. Elles reçoivent encore exception toutes les fois qu'il n'a pas été possible au créancier de se procurer une preuve littérale de l'obligation qui a été contractée envers lui. — Cette seconde exception s'applique, — 1° Aux obligations qui naissent des quasi-contrats et des délits ou quasi-délits; C. 1371, 1372 s., 1382 s.; *dol*, 1116. — 2° Aux dépôts nécessaires faits en cas d'incendie, ruine, tumulte ou naufrage, et à ceux faits par les voyageurs en logeant dans une hôtellerie, le tout suivant la qualité des personnes et les circonstances du fait; C. 1949 s. — 3° Aux obligations contractées en cas d'accidens imprévus, où l'on ne pourrait pas avoir fait des actes par écrit; — 4° Au cas où le créancier a perdu le titre qui lui servait de preuve littérale, par suite d'un cas fortuit, imprévu et résultant d'une force majeure. C. *état civil*, 46, 320 s.

SECTION III.

Des Présomptions.

1349. Les présomptions sont des conséquences que la loi ou le magistrat tire d'un fait connu à un fait inconnu.

§ Ier. *Des Présomptions établies par la loi.*

1350. La présomption légale est celle qui est attachée par une loi spéciale à certains actes ou à certains faits; tels sont, — 1° Les actes que la loi déclare nuls, comme présumés faits en fraude de ses dispositions, d'après leur seule qualité; — 2° Les cas dans lesquels la loi déclare la propriété ou la libération résulter de certaines circonstances déterminées; — 3° L'autorité que la loi attribue à la chose jugée; — 4° La force que la loi attache à l'aveu de la partie ou à son serment. C. *connaiss. de la loi*, 1; *contum.*, 31; *domic.*, 105; *absence*, 112 s.; *march. publ.*, 220; Co. 5. C. *paternité*, 312, 340; *interdict.*, 503; *immeuble*, 525; *meuble*, 553 s.; *access.*, 553, 567, 569, 571, 573; *usufr.* 586; *mitoyen.*, 653 s., 666 s., 670; *servitude*, 696, 704; *success.*, 720 s., 778 s., 784, 785, 811, 843; *part.*, 883; *interposit.*, 911, 1100; *testam.*, 994, 1019, 1023, 1044 s.; *donat.*, 1064, 1082; *violence*, 1112; *dol*, 1116, 1268; *eff. des convent.*, 1122; *interprét.*, 1156 s., 1175; *condition.*, 1178, 1184; *solidar.*, 1202, 1203, 1216, 1219; *paiem.*, 1235, 1256; *novat.*, 1273; *remise*, 1282 s.; *billets*, 1527; *faillie*, 1333; *ch. jugée*, 1351; *aveu*, 1354 s.; *serment*, 1357 s.; *commun.*, 1402, 1431, 1434 s.; 1465, 1498 s., 1500 s., 1516, 1525, 1527; *vente*, 1602, 1700; *louage*, 1731, 1758, 1774; *société*, 1844, 1859; *intérêts*, 1906, 1908; *cautionn.*, 2015; *transact.*, 2048; *hypoth.*, 2162 s.; *possess.*, 2230 s. Pr. *exécut. de jugem.*, 159; *reconnaiss. d'écrit*, 194; *enquêtes*, 259; *plaid.*, 343; *mat. somm.*, 404; *jugem.*, 452; *huiss.*, 556; *lev. et couch. du soleil*, 1037. Co. *livres*, 12; *lettr. de ch.*, 115 s., 117, 152; *voy. en mer*, 194; *assur.*, 365 s.; *avaries*, 397 s.; *faillite*, 441, 446 s., 559, *banquer.*, 586, 598 s.; *actes de comm.*, 632 s., 638. I. c. *flagr. délit*, 41; *partie civ.*, 66. P. *tentat.*, 2, 3; *vol*, 390 s.

1351. L'autorité de la chose jugée n'a lieu qu'à l'égard de ce qui a fait l'objet du jugement. Il faut que la chose demandée soit la même; que la demande soit fondée sur la même cause; que la demande soit entre les mêmes parties, et formée par elles et contre elles en la même qualité. C. 800, 1262, 2157, 2215.

1352. La présomption légale dispense de toute preuve celui au profit duquel elle existe. — Nulle preuve n'est admise contre la présomption de la loi, lorsque, sur le fondement de cette présomption, elle annule certains actes ou dénie l'action en justice, à moins qu'elle n'ait réservé la preuve contraire, et sauf ce qui sera dit sur le serment et l'aveu judiciaires. C. 312 s., 911, 1099 s., 1351, 1363.

§ II. *Des Présomptions qui ne sont point établies par la loi.*

1353. Les présomptions qui ne sont point établies par la loi, sont abandonnées aux lumières et à la prudence du magistrat, qui ne doit admettre que des présomptions graves, précises et concordantes, et dans les cas seulement où la loi admet les preuves testimoniales, à moins que l'acte ne soit attaqué pour cause de fraude ou de dol. C. 1341 s. Pr. 389. Co. 109. C. *présompt. inadmiss.*, 784, 843, 994, 1019, 1025, 1116, 1202, 1219, 1275, 1516, 1525, 1527, 2015.

SECTION IV.

De l'Aveu de la Partie.

1354. L'aveu qui est opposé à une partie, est ou extrajudiciaire ou judiciaire. Pr. 352, 870.

1355. L'allégation d'un aveu extrajudiciaire purement verbal est inutile toutes les fois qu'il s'agit d'une demande dont la preuve testimoniale ne serait point admissible. C. 1341 s.

1356. L'aveu judiciaire est la déclaration que fait en justice la partie ou son fondé de pouvoir spécial. Pr. 54, 352 s., 402, 403. — Il fait pleine foi contre celui qui l'a fait. — Il ne peut être divisé contre lui. C. 1330 s. — Il ne peut être révoqué, à moins qu'on ne prouve qu'il a été la suite d'une erreur de fait. Il ne pourrait être révoqué sous prétexte d'une erreur de droit. C. 1109 s. Pr. 352 s.

SECTION V.

Du Serment.

1357. Le serment judiciaire est de deux espèces : — 1° Celui qu'une partie défère à l'autre pour en faire dépendre le jugement de la cause : il est appelé *décisoire*. — 2° Celui qui est déféré d'office par le juge à l'une ou à l'autre des parties. Pr. 120 s., 1035. P. 366.

§ Ier. *Du Serment décisoire.*

1358. Le serment décisoire peut être déféré sur quelque espèce de contestation que ce soit. C. 1361 s., 1715, 2275. Pr. 55, 120 s., 1035. Co. 189.

1359. Il ne peut être déféré que sur un fait personnel à la partie à laquelle on le défère. C. 1362.

1360. Il peut être déféré en tout état de cause, et encore qu'il n'existe aucun commencement de preuve de la demande ou de l'exception sur laquelle il est provoqué. C. 1347, 1367.

1361. Celui auquel le serment est déféré, qui le refuse ou ne consent pas à le référer à son adversaire, ou l'adversaire à qui il a été référé et qui le refuse, doit succomber dans sa demande ou dans son exception. C. 1350, 1368. Pr. 55, 120 s. P. 366.

1362. Le serment ne peut être référé quand le fait qui en est l'objet n'est point celui des deux parties, mais est purement personnel à celui auquel le serment avait été déféré. C. 1359.

1363. Lorsque le serment déféré ou référé a été fait, l'adversaire n'est point recevable à en prouver la fausseté. C. 1350, 1352, 2046. *Comparez*, I. cr. et P. 366.

1364. La partie qui a déféré ou référé le serment, ne peut plus se rétracter lorsque l'adversaire a déclaré qu'il est prêt à faire ce serment.

1365. Le serment fait ne forme preuve qu'au profit de celui qui l'a déféré ou contre lui, et au profit de ses héritiers et ayant cause ou contre eux. — Néanmoins le serment déféré par l'un des créanciers solidaires au débiteur ne libère celui-ci que pour la part de ce créancier. — Le serment déféré au débiteur principal libère également les cautions; — Celui déféré à l'un des débiteurs solidaires profite aux codébiteurs; — Et celui déféré à la caution profite au débiteur principal. — Dans ces deux derniers cas, le serment du codébiteur solidaire ou de la caution ne profite aux autres codébiteurs ou au débiteur principal que lorsqu'il a été déféré sur la dette, et non sur le fait de la solidarité ou du cautionnement. C. 1198 s., 1208 s. 1287, 1301, 2034 s.

§ II. *Du Serment déféré d'office.*

1366. Le juge peut déférer à l'une des parties le serment, ou pour en faire dépendre la décision de la cause, ou seulement pour déterminer le montant de la condamnation. C. 1329, 1369, 1716, 1781, 1924. Pr. 120 s., 183, 671. Co. 17.

1367. Le juge ne peut déférer d'office le serment, soit sur la demande, soit sur l'exception qui y est opposée, que sous les deux conditions suivantes : il faut, — 1° Que la demande ou l'exception ne soit pas pleinement justifiée ; — 2° Qu'elle ne soit pas totalement dénuée de preuves. — Hors ces deux cas, le juge doit ou adjuger ou rejeter purement et simplement la demande.

1368. Le serment déféré d'office par le juge à l'une des parties, ne peut être par elle référé à l'autre. C. 1361.

1369. Le serment sur la valeur de la chose demandée, ne peut être déféré par le juge au demandeur que lorsqu'il est d'ailleurs impossible de constater autrement cette valeur. — Le juge doit même, en ce cas, déterminer la somme jusqu'à concurrence de laquelle le demandeur en sera cru sur son serment. Pr. 120 s.

TITRE IV.

DES ENGAGEMENS QUI SE FORMENT SANS CONVENTION.

(Décrété le 9 février 1804. Promulgué le 19 du même mois.)

1370. Certains engagemens se forment sans qu'il intervienne aucune convention, ni de la part de celui qui s'oblige, ni de la part de celui envers lequel il est obligé. — Les uns résultent de l'autorité seule de la loi; les autres naissent d'un fait personnel à celui qui se trouve obligé. — Les premiers sont les engagemens formés involontairement, tels que ceux entre propriétaires voisins, ou ceux des tuteurs et des autres administrateurs qui ne peuvent refuser la fonction qui leur est déférée. — Les engagemens qui naissent d'un fait personnel à celui qui se trouve obligé, résultent ou des quasi contrats, ou des délits ou quasi-délits; ils font la matière du présent titre. C. ss., 419, 450, 657 s., 640 s., 650, 1371 s., 1382 s.

CHAPITRE PREMIER.

DES QUASI-CONTRATS.

1371. Les quasi contrats sont les faits purement volontaires de l'homme, dont il résulte un engagement quelconque envers un tiers, et quelquefois un engagement réciproque des deux parties. C. 1348.

1372. Lorsque volontairement on gère l'affaire d'autrui, soit que le propriétaire connaisse la gestion, soit qu'il l'ignore, celui qui gère contracte l'engagement tacite de continuer la gestion qu'il a commencée, et de l'achever jusqu'à ce que le propriétaire soit en état d'y pourvoir lui-même; il doit se charger également de toutes les dépendances de cette même affaire. — Il se soumet à toutes les obligations qui résulteraient d'un mandat exprès que lui aurait donné le propriétaire. C. *mandat*, 1984 s., 1991 s., 2007.

1373. Il est obligé de continuer sa gestion, encore que le maître vienne à mourir avant que l'affaire soit consommée, jusqu'à ce que l'héritier ait pu en prendre la direction. C. 1991.

1374. Il est tenu d'apporter à la gestion de l'affaire tous les soins d'un bon père de famille. — Néanmoins les circonstances qui l'ont conduit à se charger de l'affaire, peuvent autoriser le juge à modérer les dommages et intérêts qui résulteraient des fautes ou de la négligence du gérant. C. *conserv. de la chose* 1137; *domm. et int.*, 1146 s., 1382; *oblig. du mandat.*, 1991 s.

1375. Le maître dont l'affaire a été bien administrée, doit remplir les engagemens que le gérant a contractés en son nom, l'indemniser de tous les engagemens personnels qu'il a pris, et lui rembourser toutes les dépenses utiles ou nécessaires qu'il a faites. C. *obligations*, 1998 s., 2175.

1376. Celui qui reçoit par erreur ou sciemment ce qui ne lui est pas dû, s'oblige à le restituer à celui de qui il l'a indûment reçu. C. 1235 s., 1906.

1377. Lorsqu'une personne qui, par erreur, se croyait débitrice, a acquitté une dette, elle a le droit de répétition contre le créancier. — Néanmoins ce droit cesse dans le cas où le créancier a supprimé son titre par suite du paiement, sauf le recours de celui qui a payé contre le véritable débiteur. C. 1906, 1967.

1378. S'il y a eu mauvaise foi de la part de celui qui a reçu, il est tenu de restituer, tant le capital que les intérêts ou les fruits, du jour du paiement. C. 549 s., 1379, 1381, 1635, 1907, 2262; *bonne foi*, 1116, 2268. Pr. 523 s., 526.

1379. Si la chose indûment reçue est un immeuble ou un meuble corporel, celui qui l'a reçue s'oblige à la restituer en nature, si elle existe, ou sa valeur, si elle est périe ou détériorée par sa faute; il est même garant de sa perte par cas fortuit, s'il l'a reçue de mauvaise foi. C. 1116, 2268.

1380. Si celui qui a reçu de bonne foi, a vendu la chose, il ne doit restituer que le prix de la vente. C. 1238, 1240, 1935, 2268.

1381. Celui auquel la chose est restituée, doit tenir compte, même au possesseur de mauvaise foi, de toutes les dépenses nécessaires et utiles qui ont été faites pour la conservation de la chose. C. 1378, 1886, 1890, 2102 3°.

CHAPITRE II.

DES DÉLITS ET DES QUASI-DÉLITS

1382. Tout fait quelconque de l'homme, qui cause à autrui un dommage, oblige celui par la faute duquel il est arrivé à le réparer. C. 1142, 1146 s., 1310, 1348. I. c. 1 s. P. 73, 74.

1383. Chacun est responsable du dommage qu'il a causé non-seulement par son fait, mais encore par sa négligence ou par son imprudence. Co. 435. P. 319 s., 471 475, 479.

1384. On est responsable non-seulement du dommage que l'on cause par son propre fait, mais encore de celui qui est causé par le fait des personnes dont on doit répondre, ou des choses que l'on a sous sa garde. — Le père, et la mère après le décès du mari, sont responsables du dommage causé par leurs enfans mineurs habitant avec eux; — Les maîtres et les commettans, du dommage causé par leurs domestiques et préposés dans les fonctions auxquelles ils les ont employés; — Les instituteurs et les artisans, du dommage causé par leurs élèves et apprentis pendant le temps qu'ils sont sous leur surveillance. (1) — La responsabilité ci-dessus a lieu, à moins que les père et mère, instituteurs et artisans, ne prouvent qu'ils n'ont pu empêcher le fait qui donne lieu à cette responsabilité. C. 372, 1424, 1732 s., 1735, 1794, 1953. Co. 216, 217. I. c. 1 s., 145 635 s. P. 73, 74. F. 206.

1385. Le propriétaire d'un animal, ou celui qui s'en sert, pendant qu'il est à son usage, est responsable du dommage que l'animal a causé, soit que l'animal fût sous sa garde, soit qu'il fût égaré ou échappé. P. 471 14°, 475 3°, 4°, 7°, 10°, 479 2°.

1386. Le propriétaire d'un bâtiment est responsable du dommage causé par sa ruine, lorsqu'elle est arrivée par une suite du défaut d'entretien ou par le vice de sa construction. P. 479 4°.

TITRE V.

DU CONTRAT DE MARIAGE ET DES DROITS RESPECTIFS DES ÉPOUX. (2)

(Décrété le 10 février 1804. Promulgué le 20 du même mois.)

CHAPITRE PREMIER.

DISPOSITIONS GÉNÉRALES.

1387. La loi ne régit l'association conjugale, quant aux biens, qu'à défaut de conventions spéciales, que les époux peuvent faire comme ils le jugent à propos, pourvu qu'elles ne soient pas contraires aux bonnes mœurs, et, en outre, sous les modifications qui suivent. C. 6, 900, 1133, 1172, 1393, 1497, 1527, 2140.

1388. Les époux ne peuvent déroger ni aux droits résultant de la puissance maritale sur la personne de la femme et des enfans, ou qui appartiennent au mari comme chef, ni

(1) Délits commis par les élèves. V. *Déc.* 15 *novembre* 1811, *art.* 79, *App.*

(2) *Droits d'enregistrement*; *L.* 22 frimaire an VII, *art.* 68, § 5 1°; *L.* 28 avril 1816, *art.* 45 2°.

aux droits conférés au survivant des époux par le titre *de la Puissance paternelle*, et par le titre *de la Minorité, de la Tutelle et de l'Émancipation*, ni aux dispositions prohibitives du présent Code. C. 212 s., 371 s., 388 s., 476 s., 1496, 1527.

1389. Ils ne peuvent faire aucune convention ou renonciation dont l'objet serait de changer l'ordre légal des successions, soit par rapport à eux-mêmes dans la succession de leurs enfans ou descendans, soit par rapport à leurs enfans entre eux; sans préjudice des donations entre-vifs ou testamentaires qui pourront avoir lieu selon les formes et dans les cas déterminés par le présent Code. C. 731 s., 791, 1081 s., 1091 s., 1130, 1497. 1527, 1600.

1390. Les époux ne peuvent plus stipuler, d'une manière générale que leur association sera réglée par l'une des coutumes, lois ou statuts locaux qui régissaient ci-devant les diverses parties du territoire français, et qui sont abrogés par le présent Code. C. 1497, 1527. L. 30 *vent. an* XII, *art.* 7.

1391. Ils peuvent cependant déclarer, d'une manière générale, qu'ils entendent se marier ou sous le régime de la communauté, ou sous le régime dotal. — Au premier cas, et sous le régime de la communauté, les droits des époux et de leurs héritiers seront réglés par les dispositions du chapitre II du présent titre. C. 1399 s. — Au deuxième cas, et sous le régime dotal, leurs droits seront réglés par les dispositions du chap. III. C. 1540 s.

1392. La simple stipulation que la femme se constitue ou qu'il lui est constitué des biens en dot, ne suffit pas pour soumettre ces biens au régime dotal, s'il n'y a dans le contrat de mariage une déclaration expresse à cet égard. — La soumission au régime dotal ne résulte pas non plus de la simple déclaration faite par les époux, qu'ils se marient sans communauté, ou qu'ils seront séparés de biens. C. *régime sans commun.*, 1529, 1530 s.; *séparat. de biens*, 1536 s., 1575 s.; *rég. dotal*, 1540 s.

1393. A défaut de stipulations spéciales qui dérogent au régime de la communauté ou le modifient, les règles établies dans la première partie du chapitre II formeront le droit commun de la France. C. 1399 s.

1394. Toutes conventions matrimoniales seront rédigées, avant le mariage, par acte devant notaire. C. 1396 s., 1543. Co. 67 s.

1395. Elles ne peuvent recevoir aucun changement après la célébration du mariage. C. 1451, 1558, 1543. Co. 564.

1396. Les changemens qui y seraient faits avant cette célébration, doivent être constatés par acte passé dans la même forme que le contrat de mariage. — Nul changement ou contre-lettre n'est, au surplus, valable sans la présence et le consentement simultané de toutes les personnes qui ont été parties dans le contrat de mariage. C. 1321, 1394, 1397, 1451.

1397. Tous changemens et contre-lettres, même revêtus des formes prescrites par l'article précédent, seront sans effet à l'égard des tiers s'ils n'ont été rédigés à la suite de la minute du contrat de mariage; et le notaire ne pourra, à peine des dommages et intérêts des parties, et sous plus grande peine s'il y a lieu, délivrer ni grosses ni expéditions du contrat de mariage sans transcrire à la suite le changement ou la contre-lettre. C. 1321. Co. 67 s.

1398. Le mineur habile à contracter mariage est habile à consentir toutes les conventions dont ce contrat est susceptible; et les conventions et donations qu'il y a faites, sont valables, pourvu qu'il ait été assisté, dans le contrat, des personnes dont le consentement est nécessaire pour la validité du mariage. C. 148 s., 159 s., 1095, 1309.

CHAPITRE II.

DU RÉGIME EN COMMUNAUTÉ.

1399. La communauté, soit légale, soit conventionnelle, commence du jour du mariage contracté devant l'officier de l'état civil: on ne peut stipuler qu'elle commencera à une autre époque. C. 1404, 1451, 1497.

PREMIÈRE PARTIE.

DE LA COMMUNAUTÉ LÉGALE.

1400. La communauté qui s'établit par la simple déclaration qu'on se marie sous le régime de la communauté, ou à défaut de contrat, est soumise aux règles expliquées dans les six sections qui suivent.

SECTION I.

De ce qui compose la Communauté activement et passivement.

§ 1er. *De l'Actif de la Communauté.*

1401. La communauté se compose activement, — 1° De tout le mobilier que les époux possédaient au jour de la célébration du mariage, ensemble de tout le mobilier qui leur échoit pendant le mariage à titre de succession ou même de donation, si le donateur n'a exprimé le contraire; C. 527 s., 535. — 2° De tous les fruits, revenus, intérêts et arrérages, de quelque nature qu'ils soient, échus ou perçus pendant le mariage, et provenant des biens qui appartenaient aux époux lors de sa célébration, ou de ceux qui leur sont échus pendant le mariage, à quelque titre que ce soit; C. 583, 584. — 3° De tous les immeubles qui sont acquis pendant le mariage. C. 517 s., 1404, 1497 s.

1402. Tout immeuble est réputé acquêt de communauté, s'il n'est prouvé que l'un des époux en avait la propriété ou possession légale antérieurement au mariage, ou qu'il lui est échu depuis à titre de succession ou donation. C. 1352, 1404, 2229.

1403. Les coupes de bois et les produits des carrières et mines tombent dans la communauté pour tout ce qui en est considéré comme usufruit, d'après les règles expliquées au titre *de l'Usufruit, de l'Usage et de l'Habitation*. — Si les coupes de bois qui, en suivant ces règles, pouvaient être faites durant la communauté, ne l'ont point été, il en sera dû récompense à l'époux non propriétaire du fonds ou à ses héritiers. — Si les carrières et mines ont été ouvertes pendant le mariage, les produits n'en tombent dans la communauté que sauf récompense ou indemnité à celui des époux à qui elle pourra être due. C. 521, 585 à 599.

1404. Les immeubles que les époux possèdent au jour de la célébration du mariage, ou qui leur échoient pendant son cours à titre de succession, n'entrent point en communauté. — Néanmoins, si l'un des époux avait acquis un immeuble depuis le contrat de mariage, contenant stipulation de communauté, et avant la célébration du mariage, l'immeuble acquis dans cet intervalle entrera dans la communauté, à moins que l'acquisition n'ait été faite en exécution de quelque clause du mariage, auquel cas elle serait réglée suivant la convention. C. 1399, 1401, 1470, 1493.

1405. Les donations d'immeubles qui ne sont faites pendant le mariage qu'à l'un des deux époux, ne tombent point en communauté, et appartiennent au donataire seul, à moins que la donation ne contienne expressément que la chose donnée appartiendra à la communauté. C. 1470, 1493.

1406. L'immeuble abandonné ou cédé par père, mère ou autre ascendant, à l'un des deux époux, soit pour le remplir de ce qu'il lui doit, soit à la charge de payer les dettes du donateur à des étrangers, n'entre point en communauté; sauf récompense ou indemnité. C. 1075, 1081 s., 1433, 1437.

1407. L'immeuble acquis pendant le mariage à titre d'échange contre l'immeuble appartenant à l'un des deux époux, n'entre point en communauté, et est subrogé au lieu et place de celui qui a été aliéné; sauf la récompense s'il y a soulte. C. 1437, 1468, 1470, 1493.

1408. L'acquisition faite pendant le mariage, à titre de licitation ou autrement, de portion d'un immeuble dont l'un des époux était propriétaire par indivis, ne forme point un conquêt; sauf à indemniser la communauté de la somme qu'elle a fournie pour cette acquisition. C. 883. — Dans le cas où le mari deviendrait seul, et en son nom personnel, acquéreur ou adjudicataire de portion ou de la totalité d'un immeuble appartenant par indivis à la femme, celle-ci, lors de la dissolution de la communauté, a le choix ou d'abandonner l'effet à la communauté, laquelle devient alors débitrice envers la femme de la portion appartenant à celle-ci dans le prix, ou de retirer l'immeuble, en remboursant à la communauté le prix de l'acquisition. C. 1437, 1468, 1470, 1493.

§ II. *Du Passif de la Communauté, et des Actions qui en résultent contre la Communauté.*

1409. La communauté se compose passivement, — 1° De toutes les dettes mobilières dont les époux étaient grevés au jour de la célébration de leur mariage, ou dont se trouvent chargées les successions qui leur échoient durant le mariage, sauf la récompense pour celles relatives aux immeubles propres à l'un ou à l'autre des époux; C. 529. — 2° Des dettes, tant en capitaux qu'arrérages ou intérêts, contractées par le mari pendant la communauté, ou par la femme du consentement du mari, sauf la récompense dans les cas où elle a lieu; C. 1426, 1510. — 3° Des arrérages et intérêts seulement des rentes ou dettes passives qui sont personnelles aux deux époux; C. 612. — 4° Des réparations usufructuaires des immeubles qui n'entrent point en communauté; C. 605 s., 1401 1410 s. — 5° Des alimens des époux, de l'éducation et entretien des enfans, et de toute autre charge du mariage. C. *charges du mariage*, 205 s., 214; *dots constit. aux enf. comm.*, 1422, 1439.

1410. La communauté n'est tenue des dettes mobilières contractées avant le mariage par la femme, qu'autant qu'elles résultent d'un acte authentique antérieur au mariage, ou ayant reçu avant la même époque une date certaine, soit par l'enregistrement, soit par le décès d'un ou de plusieurs signataires dudit acte. C. 1328. — Le créancier de la femme, en vertu d'un acte n'ayant pas de date certaine avant le mariage, ne peut en poursuivre contre elle le paiement que sur la nue propriété de ses immeubles personnels. C. 1413, 1417, 1424. — Le mari qui prétendrait avoir payé pour sa femme une dette de cette nature, n'en peut demander la récompense ni à sa femme ni à ses héritiers. C. 1485.

1411. Les dettes des successions purement mobilières qui sont échues aux époux pendant le mariage, sont pour le tout à la charge de la communauté. C. 1414 s., 1496, 1498, 1510.

1412. Les dettes d'une succession purement immobilière qui échoit à l'un des époux pendant le mariage, ne sont point à la charge de la communauté; sauf le droit qu'ont les créanciers de poursuivre leur paiement sur les immeubles de ladite succession. C. 878, 2111. — Néanmoins, si la succession est échue au mari, les créanciers de la succession peuvent poursuivre leur paiement, soit sur tous les biens propres au mari, soit même sur ceux de la communauté; sauf, dans ce second cas, la récompense due à la femme ou à ses héritiers. C. 1413 s., 1437, 1470, 1493.

1413. Si la succession purement immobilière est échue à la femme, et que celle-ci l'ait acceptée du consentement de son mari, les créanciers de la succession peuvent poursuivre leur paiement sur tous les biens personnels de la femme: mais, si la succession n'a été acceptée par la femme que comme autorisée en justice au refus du mari, les créanciers, en cas d'insuffisance des immeubles de la succession, ne peuvent se pourvoir que sur la nue propriété des autres biens personnels de la femme. C. 1410, 1417, 1418, 1424, 1426.

1414. Lorsque la succession échue à l'un des époux est en partie mobilière et en partie immobilière, les dettes dont elle est grevée ne sont à la charge de la communauté que jusqu'à concurrence de la portion contributoire du mobilier dans les dettes, eu égard à la valeur de ce mobilier comparée à celle des immeubles. C. 1411, 1412, 1415 s., 1418. — Cette portion contributoire se règle d'après l'inventaire auquel le mari doit faire procéder, soit de son chef, si la succession le concerne personnellement, soit comme dirigeant et autorisant les actions de sa femme, s'il s'agit d'une succession à elle échue. Pr. 941 s.

1415. A défaut d'inventaire, et dans tous les cas où ce défaut préjudicie à la femme, elle ou ses héritiers peuvent, lors de la dissolution de la communauté, poursuivre les récompenses de droit, et même faire preuve, tant par titres et papiers domestiques que par témoins, et au besoin par la commune renommée, de la consistance et valeur du mobilier non inventorié. — Le mari n'est jamais recevable à faire cette preuve. C. 1418, 1504.

1416. Les dispositions de l'article 1414 ne font point obstacle à ce que les créanciers d'une succession en partie mobilière et en partie immobilière poursuivent leur paiement sur les biens de la communauté, soit que la succession soit échue au mari, soit qu'elle soit échue à la femme lorsque celle-ci l'a acceptée du consentement de son mari; le tout sauf les récompenses respectives. — Il en est de même si la succession n'a été acceptée par la femme que comme autorisée en justice, et que néanmoins le mobilier en ait été confondu dans celui de la communauté sans un inventaire préalable. C. 1414, 1418, 1419, 1437, 1470, 1493, 1510, 1519, 1524.

1417. Si la succession n'a été acceptée par la femme que comme autorisée en justice au refus du mari, et s'il y a eu inventaire, les créanciers ne peuvent poursuivre leur paiement que sur les biens tant mobiliers qu'immobiliers de ladite succession, et, en cas d'insuffisance, sur la nue propriété des autres biens personnels de la femme. C. 219, 1413, 1424, 1426.

1418. Les règles établies par les articles 1411 et suivans régissent les dettes dépendantes d'une donation, comme celles résultant d'une succession.

1419. Les créanciers peuvent poursuivre le paiement des dettes que la femme a contractées avec le consentement du mari, tant sur tous les biens de la communauté, que sur ceux du mari ou de la femme; sauf la récompense due à la communauté, ou l'indemnité due au mari. C. *biens de la commun.* 1401 s., 1426; *récomp. et repr.*, 1436 s., 1468, 1470, 1493.

1420. Toute dette qui n'est contractée par la femme qu'en vertu de la procuration générale ou spéciale du mari, est à la charge de la communauté; et le créancier n'en peut poursuivre le paiement ni contre la femme ni sur ses biens personnels. C. 1409 2°, 1431, 1998 s.

SECTION II.

De l'Administration de la Communauté, et de l'Effet des Actes de l'un ou de l'autre époux relativement à la Société conjugale.

1421. Le mari administre seul les biens de la communauté. — Il peut les vendre, aliéner et hypothéquer sans le concours de la femme. C. *partage*, 818; *biens de la commun.*, 1401 s., 1867 s.; *biens pers. de la femme*, 1428 s.; *exprop.*, 2208.

1422. Il ne peut disposer entre-vifs à titre gratuit des immeubles de la communauté, ni de l'universalité ou d'une quotité du mobilier, si ce n'est pour l'établissement des enfans communs. — Il peut néanmoins disposer des effets mobiliers à titre gratuit et particulier, au profit de toutes personnes, pourvu qu'il ne s'en réserve pas l'usufruit. C. 1081 s., 1401 s., 1439.

1423. La donation testamentaire faite par le mari ne peut excéder sa part dans la communauté. — S'il a donné en cette forme un effet de la communauté, le donataire ne peut le réclamer en nature, qu'autant que l'effet, par l'événement du partage, tombe au lot des héritiers du mari: si l'effet ne tombe point au lot de ces héritiers, le légataire a la récompense de la valeur totale de l'effet donné, sur la part des héritiers du mari dans la communauté et sur les biens personnels de ce dernier. C. 815 s., 1021, 1467 s.

1424. Les amendes encourues par le mari pour crime n'emportant pas mort civile, peuvent se poursuivre sur les biens de la communauté, sauf la récompense due à la femme; celles encourues par la femme ne peuvent s'exécuter que sur la nue propriété de ses biens personnels, tant que dure la communauté. C. 1410 s., 1426; *récomp.*, 1437.

1425. Les condamnations prononcées contre l'un des deux époux pour crime emportant mort civile, ne frappent que sa part de la communauté et ses biens personnels. C. 23, 25, 227. P. 18.

1426. Les actes faits par la femme sans le consentement du mari, et même avec l'autorisation de la justice, n'engagent point les biens de la communauté, si ce n'est lorsqu'elle contracte comme marchande publique et pour le fait de son commerce. C. 217 s., 1424. Co. 4, 5, 7.

1427. La femme ne peut s'obliger ni engager les biens de la communauté, même pour tirer son mari de prison, ou pour l'établissement de ses enfans en cas d'absence du mari, qu'après y avoir été autorisée par justice. C. 217 s., 1555, 1558, 1555 s.

1428. Le mari a l'administration de tous les biens personnels de la femme. — Il peut exercer seul toutes les actions mobilières et possessoires qui appartiennent à la femme. — Il ne peut aliéner les immeubles personnels de sa femme sans son consentement. — Il est responsable de tout dépérissement des biens personnels de sa femme, causé par défaut d'actes conservatoires. C. *partage*, 818; *biens de commun.*; 1421; *baux*, 1429 s.; *ameublissement*, 1507; *non communauté*, 1531; *sépar. de biens*, 1536; *biens dotaux*, 1549; *biens paraph.*, 1576; *responsabilité*, 1137, 1382, 2121, 2135 s.; *prescript.*, 2254.

1429. Les baux que le mari seul a faits des biens de sa femme pour un temps qui excède neuf ans, ne sont, en cas de dissolution de la communauté, obligatoires vis-à-vis de la femme ou de ses héritiers que pour le temps qui reste à courir soit de la première période de neuf ans, si les parties s'y trouvent encore, soit de la seconde, et ainsi de suite, de manière que le fermier n'ait que le droit d'achever la jouissance de la période de neuf ans où il se trouve.

1430. Les baux de neuf ans ou au-dessous que le mari seul a passés ou renouvelés des biens de sa femme, plus de trois ans avant l'expiration du bail courant s'il s'agit de biens ruraux, et plus de deux avant la même époque s'il s'agit de maisons, sont sans effet, à moins que leur exécution n'ait commencé avant la dissolution de la communauté. C. 1441, 1718.

1431. La femme qui s'oblige solidairement avec son mari pour les affaires de la communauté ou du mari, n'est réputée, à l'égard de celui-ci, s'être obligée que comme caution; elle doit être indemnisée de l'obligation qu'elle a contractée. C. 1216, 1419, 1420, 1432, 1438, 1482 s., 1494 s., 2016.

1432. Le mari qui garantit solidairement ou autrement la vente que sa femme a faite d'un immeuble personnel, a pareillement un recours contre elle, soit sur sa part dans la communauté, soit sur ses biens personnels, s'il est inquiété. C. 1478 s.

1433. S'il est vendu un immeuble appartenant à l'un des époux, de même que si l'on s'est rédimé en argent de services fonciers dus à des héritages propres à l'un d'eux, et que le prix en ait été versé dans la communauté, le tout sans remploi, il y a lieu au prélèvement de ce prix sur la communauté, au profit de l'époux qui était propriétaire, soit de l'immeuble vendu, soit des services rachetés. C. 1434, 1435, 1437, 1470, 1493.

1434. Le remploi est censé fait à l'égard du mari, toutes les fois que, lors d'une acquisition, il a déclaré qu'elle était faite des deniers provenus de l'aliénation de l'immeuble qui lui était personnel, et pour lui tenir lieu de remploi. C. 1433, 1435, 1470, 1493.

1435. La déclaration du mari que l'acquisition est faite des deniers provenus de l'immeuble vendu par la femme et pour lui servir de remploi, ne suffit point, si ce remploi n'a été formellement accepté par la femme, si elle ne l'a pas accepté, elle a simplement droit, lors de la dissolution de la communauté, à la récompense du prix de son immeuble vendu. C. 1470, 1493, 1595.

1436. La récompense du prix de l'immeuble appartenant au mari ne s'exerce que sur la masse de la communauté; celle du prix de l'immeuble appartenant à la femme s'exerce sur les biens personnels du mari, en cas d'insuffisance des biens de la communauté. Dans tous les cas, la récompense n'a lieu que sur le pied de la vente, quelque allégation qui soit faite touchant la valeur de l'immeuble aliéné. C. 1437, 1470 s.

1437. Toutes les fois qu'il est pris sur la communauté une somme soit pour acquitter les dettes ou charges personnelles à l'un des époux, telles que le prix ou partie du prix d'un immeuble à lui propre ou le rachat de *services fonciers*, soit pour le recouvrement, la conservation ou l'amélioration de ses biens personnels, et généralement toutes les fois que l'un des deux époux a tiré un profit personnel des biens de la communauté, il en doit la récompense. C. 1406 s., 1412, 1415 s., 1419, 1425 s., 1433 s., 1468.

1438. Si le père et la mère ont doté conjointement l'enfant commun, sans exprimer la portion pour laquelle ils entendaient y contribuer, ils sont censés avoir doté chacun pour moitié, soit que la dot ait été fournie ou promise en effets de la communauté, soit qu'elle l'ait été en biens personnels à l'un des deux époux. — Au second cas, l'époux dont l'immeuble ou l'effet personnel a été constitué en dot, a, sur les biens de l'autre, une action en indemnité pour la moitié de ladite dot, eu égard à la valeur de l'effet donné, au temps de la donation. C. 943, 1422, 1544 s.

1439. La dot constituée par le mari seul à l'enfant commun, en effets de la communauté, est à la charge de la communauté; et dans le cas où la communauté est acceptée par la femme, celle-ci doit supporter la moitié de la dot, à moins que le mari n'ait déclaré expressément qu'il s'en chargeait pour le tout, ou pour une portion plus forte que la moitié. C. 1422, 1438.

1440. La garantie de la dot est due par toute personne qui l'a constituée; et *ses intérêts courent du jour du mariage*, encore qu'il y ait terme pour le paiement, s'il n'y a stipulation contraire. C. 1547, 1548, 1570, 1626 s. Pr. 175 s.

SECTION III.

De la Dissolution de la Communauté, et de quelques-unes de ses suites.

1441. La communauté se dissout, 1° par la mort naturelle; 2° par la mort civile; 25; 3° *par le divorce*; 4° par la séparation de corps; 5° par la séparation de biens. C. *mort civ.*, 23 s.; *séparat.*, 306. 311, 1443 s. Co. *faillite*, 557 s.

1442. Le défaut d'inventaire après la mort naturelle ou civile de l'un des époux, ne donne pas lieu à la continuation de la communauté; sauf les poursuites des parties intéressées, relativement à la consistance des biens et effets communs, dont la preuve pourra être faite tant par titres que par la commune renommée. — S'il y a des enfans mineurs, le défaut d'inventaire fait perdre en outre à l'époux survivant la jouissance de leurs revenus; et le subrogé tuteur qui ne l'a point obligé à faire inventaire, est solidairement tenu avec lui de toutes les condamnations qui peuvent être prononcées au profit des mineurs. C. 384, 420, 795, 1415, 1428, 1456, 1482 s.

1443. La séparation de biens ne peut être poursuivie qu'en justice par la femme dont la *dot est mise en péril*, et lorsque le désordre des affaires du mari donne lieu de craindre que les biens de celui-ci ne soient point suffisans pour remplir les droits et reprises de la femme. — Toute séparation volontaire est nulle. C. *séparat. de corps*, 311; *dr. des créanciers*, 1447; *rég. dotal*, 1540 s., 1563. Pr. 49 7°, 865 s. Co. 65 s., 557 s.

1444. La séparation de biens, quoique prononcée en justice, est nulle si elle n'a point été exécutée par le paiement réel des droits et reprises de la femme, effectué par acte authentique, jusqu'à concurrence des biens du mari, ou au moins par des poursuites commencées dans la quinzaine qui a suivi le jugement, et non interrompues depuis. C. 1463. Pr. 872 s.

1445. Toute séparation de biens doit, avant son exécution, être rendue publique par l'affiche sur un tableau à ce destiné, dans la principale salle du tribunal de première instance, et de plus, si le mari est marchand, banquier ou commerçant, dans celle du tribunal de commerce du lieu de son domicile; et ce, à peine de nullité de l'exécution. — Le jugement qui prononce la séparation de biens, remonte, quant à ses effets, au jour de la demande. Pr. 872 s.

1446. Les créanciers personnels de la femme ne peuvent, sans son consentement, demander la séparation de biens. — Néanmoins, en cas de faillite ou de déconfiture du mari, ils peuvent exercer les droits de leur débitrice jusqu'à concurrence du montant de leurs créances. C. 1166, 1410, 1447, 1464. Pr. 871. Co. 557 s.

1447. Les créanciers du mari peuvent se pourvoir contre la séparation de biens prononcée et même exécutée en fraude de leurs droits; ils peuvent même intervenir dans l'instance sur la demande en séparation pour la contester. C. 1167, 1464. Pr. 869, 871, 873.

1448. La femme qui a obtenu la séparation de biens, doit contribuer, proportionnellement à ses facultés et à celles du mari, tant aux frais du ménage qu'à ceux d'éducation des enfans communs. — Elle doit supporter entièrement ces frais, s'il ne reste rien au mari. C. 203, 214, 1537, 1575.

1449. La femme séparée soit de corps et de biens, soit de biens seulement, en reprend la libre administration. — Elle peut disposer de son mobilier, et l'aliéner. — Elle ne peut aliéner ses immeubles sans le consentement du mari, ou sans être autorisée en justice à son refus. C. 217 s., 311, 1450 s., 1536 s., 1576, 1595.

1450. Le mari n'est point garant du défaut d'emploi ou de remploi du prix de l'immeuble que la femme séparée a aliéné sous l'autorisation de la justice, à moins qu'il n'ait concouru au contrat, ou qu'il ne soit prouvé que les deniers ont été reçus par lui, ou ont tourné à son profit. — Il est garant du défaut d'emploi ou de remploi, si la vente a été faite en sa présence et de son consentement : il ne l'est point de l'utilité de cet emploi. C. 1435, 1427, 1449.

1451. La communauté dissoute par la séparation soit de corps et de biens, soit de biens seulement, peut être rétablie du consentement des deux parties. — Elle ne peut l'être que par un acte passé devant notaires et avec minute, dont une expédition doit être affichée dans la forme de l'article 1445. — En ce cas, la communauté rétablie reprend son effet du jour du mariage; les choses sont remises au même état que s'il n'y avait point eu de séparation, sans préjudice néanmoins de l'exécution des actes qui, dans cet intervalle, ont pu être faits par la femme en conformité de l'article 1449. — Toute convention par laquelle les époux rétabliraient leur communauté sous des conditions différentes de celles qui la réglaient antérieurement, est nulle. C. 1394, 1395 s.

1452. La dissolution de communauté opérée par le divorce ou par la séparation soit de corps et de biens, soit de biens seulement, ne donne pas ouverture aux droits de survie de la femme; mais celle-ci conserve la faculté de les exercer lors de la mort naturelle ou civile de son mari. C. 25 s., 311, 1443 s., 1518. P. 18.

SECTION IV.

De l'Acceptation de la Communauté, et de la Renonciation qui peut y être faite, avec les conditions qui y sont relatives.

1453. Après la dissolution de la communauté, la femme ou ses héritiers et ayant-cause ont la faculté de l'accepter ou d'y renoncer; toute convention contraire est nulle. C. *renonc.*

tacite, 1463; *hérit. peuvent renoncer*, 1466, 1475; *acceptat.*, 778 s., 1467 s.; *renonc. à la commun.*, 1492 s. Pr. 874, 997.

1454. La femme qui s'est immiscée dans les biens de la communauté, ne peut y renoncer. C. 778, 1463 s. — Les actes purement administratifs ou conservatoires n'emportent point immixtion. C. 779 s.

1455. La femme majeure qui a pris dans un acte la qualité de commune, ne peut plus y renoncer ni se faire restituer contre cette qualité, quand même elle l'aurait prise avant d'avoir fait inventaire, s'il n'y a eu dol de la part des héritiers du mari. C. 778 s.; *dol*, 1116.

1456. La femme survivante qui veut conserver la faculté de renoncer à la communauté, doit, dans les trois mois du jour du décès du mari, faire faire un inventaire fidèle et exact de tous les biens de la communauté, contradictoirement avec les héritiers du mari, ou eux dûment appelés. — Cet inventaire doit être par elle affirmé sincère et véritable, lors de sa clôture, devant l'officier public qui l'a reçu. C. *invent.*, 793, 795 s., 1442, 1462, 1482. Pr. 941 s.

1457. Dans les trois mois et quarante jours après le décès du mari, elle doit faire sa renonciation au greffe du tribunal de première instance dans l'arrondissement duquel le mari avait son domicile; cet acte doit être inscrit sur le registre établi pour recevoir les renonciations à succession. C. 795 s., 1461 s., 1465. Pr. 874, 997.

1458. La veuve peut, suivant les circonstances, demander au tribunal de première instance une prorogation du délai prescrit par l'article précédent pour sa renonciation; cette prorogation est, s'il y a lieu, prononcée contradictoirement avec les héritiers du mari, ou eux dûment appelés. C. 798, 1461 s.

1459. La veuve qui n'a point fait sa renonciation dans le délai ci-dessus prescrit, n'est pas déchue de la faculté de renoncer si elle ne s'est point immiscée et qu'elle ait fait inventaire; elle peut seulement être poursuivie comme commune jusqu'à ce qu'elle ait renoncé, et elle doit les frais faits contre elle jusqu'à sa renonciation. — Elle peut également être poursuivie après l'expiration des quarante jours depuis la clôture de l'inventaire, s'il a été clos avant les trois mois. C. 789, 795, 800, 1461 s. Pr. 174, 187.

1460. La veuve qui a diverti ou recélé quelques effets de la communauté, est déclarée commune, nonobstant sa renonciation; il en est de même à l'égard de ses héritiers. C. 792, 801, 1477. Co. 596.

1461. Si la veuve meurt avant l'expiration des trois mois sans avoir fait ou terminé l'inventaire, les héritiers auront, pour faire ou pour terminer l'inventaire, un nouveau délai de trois mois, à compter du décès de la veuve, et de quarante jours pour délibérer, après la clôture de l'inventaire. — Si la veuve meurt ayant terminé l'inventaire, ses héritiers auront, pour délibérer, un nouveau délai de quarante jours à compter de son décès. — Ils peuvent, au surplus, renoncer à la communauté dans les formes établies ci-dessus; et les articles 1458 et 1459 leur sont applicables. C. 1466, 1475, 1491. Pr. *appel*, 447.

1462. Les dispositions des articles 1456 et suivans sont applicables aux femmes des individus morts civilement, à partir du moment où la mort civile a commencé. C. 25, 227, 1441, 1456 s.

1463. La femme divorcée ou séparée de corps, qui n'a point, dans les trois mois et quarante jours après le *divorce* ou la séparation définitivement prononcés, accepté la communauté, est censée y avoir renoncé, à moins qu'étant encore dans le délai, elle n'en ait obtenu la prorogation en justice, contradictoirement avec le mari, ou lui dûment appelé. C. 311, 1453, 1456 s.

1464. Les créanciers de la femme peuvent attaquer la renonciation qui aurait été faite par elle ou par ses héritiers en fraude de leurs créances, et accepter la communauté de leur chef. C. 1166, 1167, 1446, 1447.

1465. La veuve, soit qu'elle accepte, soit qu'elle renonce, a droit, pendant les trois mois et quarante jours qui lui sont accordés pour faire inventaire et délibérer, de prendre sa nourriture et celle de ses domestiques sur les provisions existantes, et, à défaut, par emprunt au compte de la masse commune, à la charge d'en user modérément. — Elle ne doit aucun loyer à raison de l'habitation qu'elle a pu faire, pendant ces délais, dans une maison dépendante de la *communauté*, *ou appartenant aux* héritiers du mari; et si la maison qu'habitaient les époux à l'époque de la dissolution de la communauté, était tenue par eux à titre de loyer, la femme ne contribuera point, pendant les mêmes délais, au paiement dudit loyer, lequel sera pris sur la masse. C. 1495, 1570.

1466. Dans le cas de dissolution de la communauté par la mort de la femme, ses héritiers peuvent renoncer à la communauté dans les délais et dans les formes que la loi prescrit à la femme survivante. C. 781, 1453, 1456 s., 1468, 1475, 1491.

SECTION V.

Du Partage de la Communauté après l'acceptation.

1467. Après l'acceptation de la communauté par la femme ou ses héritiers, l'actif se partage, et le passif est *supporté de la manière ci-*après déterminée. C. 815 s., 1483 s., 1468 s., 1522.

§ 1er. Du Partage de l'Actif.

1468. Les époux ou leurs héritiers rapportent à la masse des biens existans, tout ce dont ils sont débiteurs envers la communauté à titre de récompense ou d'indemnité, d'après les règles ci-dessus prescrites, à la section II de la 1re partie du présent chapitre. C. *récomp., indemnités*, 1406 s., 1412, 1418 s., 1419, 1424 s., 1432, 1435 s.

1469. Chaque époux ou son héritier rapporte également les sommes qui ont été tirées de la communauté, ou la valeur des biens que l'époux y a pris pour doter un enfant d'un autre lit, ou pour doter personnellement l'enfant commun. C. *dot constit.* 1438, 1439, 1544 s.

1470. Sur la masse des biens, *chaque époux ou son héritier prélève*, — 1° Ses biens personnels qui ne sont point entrés en communauté, s'ils existent en nature, ou ceux qui ont été acquis en remploi; — 2° Le prix de ses immeubles qui ont été aliénés pendant la communauté, et dont il n'a point été fait remploi; — 3° Les indemnités qui lui sont dues par la communauté. C. 1404 s., 1429, 1431 s., 1498, 1502 s., 1515 s., 1595. Co. 557 s.

1471. Les prélèvemens de la femme s'exercent avant ceux du mari. — Ils s'exercent pour les biens qui n'existent plus en nature, d'abord sur l'argent comptant, ensuite sur le mobilier, et subsidiairement sur les immeubles de la communauté: dans ce dernier cas, le choix des immeubles est déféré à la femme et à ses héritiers. C. *récomp. p. imm.*, 1436. Co. 557 s.

1472. Le mari ne peut exercer ses reprises que sur les biens de la communauté. — La femme et ses héritiers, en cas d'insuffisance de la communauté, exercent leurs reprises sur les biens personnels du mari. C. *récomp. p. imm.*, 1436; *hypot. lég.*, 2121, 2135. Co. 557 s.

1473. Les remplois et récompenses dus *par la communauté aux époux*, et les récompenses et indemnités par eux dues à la communauté, emportent les intérêts de plein droit du jour de la dissolution de la communauté. C. *dissolution*, 1441; *secùs pour les créances pers.*, 1479.

1474. Après que tous les prélèvemens des deux époux ont été exécutés sur la masse, le surplus se partage par moitié entre les époux ou ceux qui les représentent. C. 1482, 1509; *comparez* 1571.

1475. Si les héritiers de la femme sont divisés, en sorte que l'un ait accepté la communauté à laquelle l'autre a renoncé, celui qui a accepté ne peut prendre que sa portion virile et héréditaire dans les biens qui échoient au lot de la femme. — Le surplus reste au mari, qui demeure chargé, envers l'héritier renonçant, des droits que la femme aurait pu exercer en cas de renonciation, mais jusqu'à concurrence seulement de la portion virile héréditaire du renonçant. C. 1468, 1491, 1495, *voyez* 870, 873.

1476. Au surplus, le partage de la communauté, pour tout ce qui concerne ses formes, la licitation des immeubles quand il y a lieu, les effets du partage, la garantie qui en résulte, et les soultes, est soumis à toutes les règles qui sont établies au titre *des Successions* pour les partages entre cohéritiers. C. 815 s., 883 s., 2103, 2109. Pr. 966 s.

1477. Celui des époux qui aurait diverti ou recélé quelques effets de la communauté, est privé de sa portion dans lesdits effets. C. 792, 801, 1460. Co. 594.

1478. Après le partage consommé, si l'un des deux époux est créancier personnel de l'autre, comme lorsque le prix de son bien a été employé à payer une dette personnelle de l'autre époux, ou pour toute autre cause, il exerce sa créance sur la part qui est échue à celui-ci dans la communauté ou sur ses biens personnels. C. 1432, 1480, 1511, 1513.

1479. Les créances personnelles que les époux ont à exercer l'un contre l'autre, ne portent intérêt que du jour de la demande en justice. C. 1153; *secùs* *à dot*, *récompense*, 1440, 1473, 1570.

1480. Les donations que l'un des époux a pu faire à l'autre, ne s'exécutent que sur la part du donateur dans la communauté, et sur ses biens personnels. C. 1091 s., 1478.

1481. Le deuil de la femme est aux frais des héritiers du mari prédécédé. C. 1570. — La valeur de ce deuil est réglée selon la fortune du mari. C. 214. — Il est dû même à la femme qui renonce à la communauté. C. 1492, 2101.

§ II. *Du Passif de la Communauté, et de la Contribution aux Dettes*

1482. Les dettes de la communauté sont pour moitié à la charge de chacun des époux ou de leurs héritiers : les frais de scellé, inventaire, vente de mobilier, liquidation, licitation et partage, font partie de ces dettes. C. 1409; *dettes des success. éch.*, 1414 s.; *partage*, 1474; *recours de celui qui a payé au-delà de sa part*, 1490; *séparat. de dettes*, 1510 s.

1483. La femme n'est tenue des dettes de la communauté, soit à l'égard du mari, soit à l'égard des créanciers, que jusqu'à concurrence de son émolument, pourvu qu'il y ait eu bon et fidèle inventaire, et en rendant compte tant du contenu de cet inventaire que de ce qui lui est échu par le partage. C. 1456, 1474, 1510 s.

1484. Le mari est tenu, pour la totalité, des dettes de la communauté par lui contractées; sauf son recours contre la femme ou ses héritiers pour la moitié desdites dettes. C. 1478, 1482.

1485. Il n'est tenu que pour moitié de celles personnelles à la femme et qui étaient tombées à la charge de la communauté. C. 1410, 1413 s.

1486. La femme peut être poursuivie pour la totalité des dettes qui procèdent de son chef et étaient entrées dans la communauté, sauf son recours contre le mari ou son héritier, pour la moitié desdites dettes. C. 1410 s., 1478, 1490.

1487. La femme, même personnellement obligée pour une dette de communauté, ne peut être poursuivie que pour la moitié de cette dette, à moins que l'obligation ne soit solidaire. C. 1200, 1431, 1489, 2066.

1488. La femme qui a payé une dette de la communauté au-delà de sa moitié, n'a point de répétition contre le créancier pour l'excédant, à moins que la quittance n'exprime que ce qu'elle a payé était pour sa moitié. C. 1235, 1377, 1410 s., 1489.

1489. Celui des deux époux qui, par l'effet de l'hypothèque exercée sur l'immeuble à lui échu en partage, se trouve poursuivi pour la totalité d'une dette de communauté, a de droit son recours pour la moitié de cette dette contre l'autre époux ou ses héritiers. C. 873 s., 1487, 1488.

1490. Les dispositions précédentes

ne font point obstacle à ce que, par le partage, l'un ou l'autre des copartageans soit chargé de payer une quotité de dettes autre que la moitié, même de les acquitter entièrement. — Toutes les fois que l'un des copartageans a payé des dettes de la communauté au-delà de la portion dont il était tenu, il y a lieu au recours de celui qui a trop payé contre l'autre. C. 1482 s., 1487.

1491. Tout ce qui est dit ci-dessus à l'égard du mari ou de la femme, a lieu à l'égard des héritiers de l'un ou de l'autre; et ces héritiers exercent les mêmes droits et sont soumis aux mêmes actions que le conjoint qu'ils représentent. C. 1461, 1466, 1475, 1495.

SECTION VI.

De la Renonciation à la Communauté, et de ses effets.

1492. La femme qui renonce, perd toute espèce de droit sur les biens de la communauté, et même sur le mobilier qui y est entré de son chef. — Elle retire seulement les linges et hardes à son usage. C. 1401; *renonc.*, 1453 s.; *renonciat. tacite*, 1463; *deuil*, 1481; *reprises*, 1495; *dot*, 1566. Co. *faillite*, 557 s.

1493. La femme renonçante a le droit de reprendre, — 1° Les immeubles à elle appartenant, lorsqu'ils existent en nature, ou l'immeuble qui a été acquis en remploi; — 2° Le prix de ses immeubles aliénés dont le remploi n'a pas été fait et accepté comme il est dit ci-dessus; — 3° Toutes les indemnités qui peuvent lui être dues par la communauté. C. 1404 s., 1433 s., 1470, 1492. Co. 557 s.

1494. La femme renonçante est déchargée de toute contribution aux dettes de la communauté, tant à l'égard du mari qu'à l'égard des créanciers. Elle reste néanmoins tenue envers ceux-ci lorsqu'elle s'est obligée conjointement avec son mari, ou lorsque la dette, devenue dette de la communauté, provenait originairement de son chef; le tout sauf son recours contre le mari ou ses héritiers. C. 1431, 1432 s., 1495.

1495. Elle peut exercer toutes les actions et reprises ci-dessus détaillées, tant sur les biens de la communauté que sur les biens personnels du mari. C. 1471. — Ses héritiers le peuvent de même, sauf en ce qui concerne le prélèvement des linges et hardes, ainsi que le logement et la nourriture pendant le délai donné pour faire inventaire et délibérer; lesquels droits sont purement personnels à la femme survivante. C. 1054, 1465, 1491, 1492, 1514, 2121.

Disposition relative à la Communauté légale, lorsque l'un des époux ou tous deux ont des enfans de précédens mariages.

1496. Tout ce qui est dit ci-dessus, sera observé même lorsque l'un des époux ou tous deux auront des enfans de précédens mariages. — Si toutefois la confusion du mobilier et des dettes opérait, au profit de l'un des époux, un avantage supérieur à celui qui est autorisé par l'article 1098, au titre *des Donations entre-vifs et des Testamens*, les enfans du premier lit de l'autre époux auront l'action en retranchement. C. 1098, 1401, 1527.

DEUXIÈME PARTIE.

DE LA COMMUNAUTÉ CONVENTIONNELLE, ET DES CONVENTIONS QUI PEUVENT MODIFIER OU MÊME EXCLURE LA COMMUNAUTÉ LÉGALE.

1497. Les époux peuvent modifier la communauté légale par toute espèce de conventions non contraires aux articles 1387, 1388, 1389 et 1390. — Les principales modifications sont celles qui ont lieu en stipulant de l'une ou de l'autre des manières qui suivent, savoir, — 1° Que la communauté n'embrassera que les acquêts; C. 1498 s. — 2° Que le mobilier présent ou futur n'entrera point en communauté, ou n'y entrera que pour une partie; C. 1500. — 3° Qu'on y comprendra tout ou partie des immeubles présens ou futurs, par la voie de l'ameublissement; C. 1505. — 4° Que les époux paieront séparément leurs dettes antérieures au mariage; C. 1510. — 5° Qu'en cas de renonciation, la femme pourra reprendre ses apports francs et quittes; C. 1514. — 6° Que le survivant aura un préciput; C. 1515. — 7° Que les époux auront des parts inégales; C. 1520 s. — 8° Qu'il y aura entre eux communauté à titre universel. C. 1526 s.

SECTION I.

De la Communauté réduite aux acquêts.

1498. Lorsque les époux stipulent qu'il n'y aura entre eux qu'une communauté d'acquêts, ils sont censés exclure de la communauté et les dettes de chacun d'eux actuelles et futures, et leur mobilier respectif présent et futur. — En ce cas, et après que chacun des époux a prélevé ses apports dûment justifiés, le partage se borne aux acquêts faits par les époux ensemble ou séparément durant le mariage, et provenant tant de l'industrie commune que des économies faites sur les fruits et revenus des biens des deux époux. C. 1401, 1402, 1404 s., 1470, 1500 s., 1581.

1499. Si le mobilier existant lors du mariage, ou échu depuis, n'a pas été constaté par inventaire ou état en bonne forme, il est réputé acquêt. C. 1402.

SECTION II.

De la Clause qui exclut de la Communauté le mobilier en tout ou partie.

1500. Les époux peuvent exclure de leur communauté tout leur mobilier présent et futur. — Lorsqu'ils stipulent qu'ils en mettront réciproquement dans la communauté jusqu'à concurrence d'une somme ou d'une valeur déterminée, ils sont, par cela seul, censés se réserver le surplus. C. 1401, 1498, 1503.

1501. Cette clause rend l'époux débiteur envers la communauté, de la somme qu'il a promis d'y mettre, et l'oblige à justifier de cet apport. C. 1511; *comparez*, 1845 s.

1502. L'apport est suffisamment justifié, quant au mari, par la déclaration portée au contrat de mariage que son mobilier est de telle valeur. — Il est suffisamment justifié, à l'égard de la femme, par la quittance que le mari lui donne, ou à ceux qui l'ont dotée. 1470.

1503. Chaque époux a le droit de reprendre et de prélever, lors de la dissolution de la communauté, la valeur de ce dont le mobilier qu'il a apporté lors du mariage, ou qui lui est échu depuis, excédait sa mise en communauté. C. 1470.

1504. Le mobilier qui échoit à chacun des époux pendant le mariage, doit être constaté par un inventaire. — A défaut d'inventaire du mobilier échu au mari, ou d'un titre propre à justifier de sa consistance et valeur, déduction faite des dettes, le mari ne peut en exercer la reprise. — Si le défaut d'inventaire porte sur un mobilier échu à la femme, celle-ci ou ses héritiers sont admis à faire preuve, soit par titre, soit par témoins, soit même par commune renommée, de la valeur de ce mobilier. C. 1415, 1442.

SECTION III.

De la Clause d'ameublissement.

1505. Lorsque les époux ou l'un d'eux font entrer en communauté tout ou partie de leurs immeubles présens ou futurs, cette clause s'appelle *ameublissement*. C. 1402, 1404 s.

1506. L'ameublissement peut être déterminé ou indéterminé. — Il est déterminé quand l'époux a déclaré ameublir et mettre en communauté un tel immeuble en tout ou jusqu'à concurrence d'une certaine somme. — Il est indéterminé quand l'époux a simplement déclaré apporter en communauté ses immeubles, jusqu'à concurrence d'une certaine somme.

1507. L'effet de l'ameublissement déterminé est de rendre l'immeuble ou les immeubles qui en sont frappés, biens de la communauté comme les meubles mêmes. — Lorsque l'immeuble ou les immeubles de la femme sont ameublis en totalité, le mari en peut disposer comme des autres effets de la communauté, et les aliéner en totalité. — Si l'immeuble n'est ameubli que pour une certaine somme, le mari ne peut l'aliéner qu'avec le consentement de la femme ; mais il peut l'hypothéquer sans son consentement, jusqu'à concurrence seulement de la portion ameublie. C. 1401 1421, 1509, 1511, 2124.

1508. L'ameublissement indéterminé ne rend point la communauté propriétaire des immeubles qui en sont frappés ; son effet se réduit à obliger l'époux qui l'a consenti, à comprendre dans la masse, lors de la dissolution de la communauté, quelques-uns de ses immeubles jusqu'à concurrence de la somme par lui promise. — Le mari ne peut, comme en l'article précédent, aliéner en tout ou en partie, sans le consentement de sa femme, les immeubles sur lesquels est établi l'ameublissement indéterminé ; mais il peut les hypothéquer jusqu'à concurrence de cet ameublissement. C. 1421, 1428, 2124.

1509. L'époux qui a ameubli un héritage, a, lors du partage, la faculté de le retenir en le précomptant sur sa part pour le prix qu'il vaut alors; et ses héritiers ont le même droit. C. 1474.

SECTION IV.

De la Clause de séparation des dettes.

1510. La clause par laquelle les époux stipulent qu'ils paieront séparément leurs dettes personnelles, les oblige à se faire, lors de la dissolution de la communauté, respectivement raison des dettes qui sont justifiées avoir été acquittées par la communauté à la décharge de celui des époux qui en était débiteur. — Cette obligation est la même, soit qu'il y ait eu inventaire ou non ; mais si le mobilier apporté par les époux n'a pas été constaté par un inventaire ou état authentique antérieur au mariage, les créanciers de l'un et de l'autre des époux peuvent, sans avoir égard à aucune des distinctions qui seraient réclamées, poursuivre leur paiement sur le mobilier non inventorié, comme sur tous les autres biens de la communauté. — Les créanciers ont le même droit sur le mobilier qui serait échu aux époux pendant la communauté, s'il n'a pas été pareillement constaté par un inventaire ou état authentique. C. 1409 s., 1437, 1478, 1482 s.

1511. Lorsque les époux apportent dans la communauté une somme certaine ou un corps certain, un tel apport emporte la convention tacite qu'il n'est point grevé de dettes antérieures au mariage ; et il doit être fait raison par l'époux débiteur à l'autre, de toutes celles qui diminueraient l'apport promis. C. 1478.

1512. La clause de séparation des dettes n'empêche point que la communauté ne soit chargée des intérêts et arrérages qui ont couru depuis le mariage. C. 1409 2° et 3°, 1482 s.

1513. Lorsque la communauté est poursuivie pour les dettes de l'un des époux, déclaré, par contrat, franc et quitte de toutes dettes antérieures au mariage, le conjoint a droit à une indemnité qui se prend soit sur la part de communauté revenant à l'époux débiteur, soit sur les biens personnels dudit époux ; et, en cas d'insuffisance, cette indemnité peut être poursuivie par voie de garantie contre le père, la mère, l'ascendant ou le tuteur qui l'aurait déclaré franc et quitte. — Cette garantie peut même être exercée par le mari durant la communauté, si la dette provient du chef de la femme ; sauf, en ce cas, le remboursement dû par la femme ou ses héritiers aux garans, après la dissolution de la communauté. C. 1410 s., 1437, 1440, 1478.

SECTION V.

De la Faculté accordée à la femme de reprendre son Apport franc et quitte.

1514. La femme peut stipuler qu'en cas de renonciation à la communauté, elle reprendra tout ou partie de ce qu'elle y aura apporté, soit lors du mariage, soit depuis; mais cette stipulation ne peut s'étendre au-delà des choses formellement exprimées, ni au profit de personnes autres que celles désignées. — Ainsi la faculté de reprendre le mobilier que la femme a apporté lors du mariage, ne s'étend point à celui qui serait échu pendant le mariage. — Ainsi la faculté accordée à la femme ne s'étend point aux enfans ; celle accordée à la femme et aux enfans ne s'étend point aux héritiers ascendans ou collatéraux. —

Dans tous les cas, les apports ne peuvent être repris que déduction faite des dettes personnelles à la femme, et que la communauté aurait acquittées. C. 1495, 1515, 1525, 1530, 1540. Co. 557 s.

SECTION VI.

Du Préciput conventionnel.

1515. La clause par laquelle l'époux survivant est autorisé à prélever, avant tout partage, une certaine somme ou une certaine quantité d'effets mobiliers en nature, ne donne droit à ce prélèvement, au profit de la femme survivante, que lorsqu'elle accepte la communauté, à moins que le contrat de mariage ne lui ait réservé ce droit, même en renonçant. — Hors le cas de cette réserve, le préciput ne s'exerce que sur la masse partageable, et non sur les biens personnels de l'époux prédécédé. C. 1470, 1516, 1519.

1516. Le préciput n'est point regardé comme un avantage sujet aux formalités des donations, mais comme une convention de mariage. C. 1098, 1527.

1517. La mort naturelle ou civile donne ouverture au préciput. C. 25. P. 12, 18.

1518. Lorsque la dissolution de la communauté s'opère par le *divorce* ou par la séparation de corps, il n'y a pas lieu à la délivrance actuelle du préciput; mais l'époux qui a obtenu soit le *divorce*, soit la séparation de corps, conserve ses droits au préciput en cas de survie. Si c'est la femme, la somme ou la chose qui constitue le préciput reste toujours provisoirement au mari, à la charge de donner caution. C. 311, 1452.

1519. Les créanciers de la communauté ont toujours le droit de faire vendre les effets compris dans le préciput, sauf le recours de l'époux, conformément à l'article 1515. C. 1416.

SECTION VII.

Des Clauses par lesquelles on assigne à chacun des époux des Parts inégales dans la Communauté.

1520. Les époux peuvent déroger au partage égal établi par la loi, soit en ne donnant à l'époux survivant ou à ses héritiers, dans la communauté, qu'une part moindre que la moitié, soit en ne lui donnant qu'une somme fixe pour tout droit de communauté, soit en stipulant que la communauté entière, en certains cas, appartiendra à l'époux survivant, ou à l'un d'eux seulement. C. 1521 s.

1521. Lorsqu'il a été stipulé que l'époux ou ses héritiers n'auront qu'une certaine part dans la communauté, comme le tiers ou le quart, l'époux ainsi réduit ou ses héritiers ne supportent les dettes de la communauté que proportionnellement à la part qu'ils prennent dans l'actif. — La convention est nulle si elle oblige l'époux ainsi réduit ou ses héritiers à supporter une plus forte part, ou si elle les dispense de supporter une part dans les dettes égale à celle qu'ils prennent dans l'actif. C. 1811, 1855.

1522. Lorsqu'il est stipulé que l'un des époux ou ses héritiers ne pourront prétendre qu'une certaine somme pour tout droit de communauté, la clause est un forfait qui oblige l'autre époux ou ses héritiers à payer la somme convenue, soit que la communauté soit bonne ou mauvaise, suffisante ou non pour acquitter la somme. C. 1467 s.

1523. Si la clause n'établit le forfait qu'à l'égard des héritiers de l'époux, celui-ci, dans le cas où il survit, a droit au partage légal par moitié. C. 1474.

1524. Le mari ou ses héritiers qui retiennent, en vertu de la clause énoncée en l'article 1520, la totalité de la communauté, sont obligés d'en acquitter toutes les dettes. — Les créanciers n'ont, en ce cas, aucune action contre la femme ni contre ses héritiers. — Si c'est la femme survivante qui a, moyennant une somme convenue, le droit de retenir toute la communauté contre les héritiers du mari, elle a le choix ou de leur payer cette somme, en demeurant obligée à toutes les dettes, ou de renoncer à la communauté, et d'en abandonner aux héritiers du mari les biens et les charges. C. 1492 s.

1525. Il est permis aux époux de

stipuler que la totalité de la communauté appartiendra au survivant ou à l'un d'eux seulement, sauf aux héritiers de l'autre à faire la reprise des apports et capitaux tombés dans la communauté, du chef de leur auteur. — Cette stipulation n'est point réputée un avantage sujet aux règles relatives aux donations, soit quant au fond, soit quant à la forme, mais simplement une convention de mariage et entre associés. C. 1098 s., 1516, 1517.

SECTION VIII.

De la Communauté à titre universel.

1526. Les époux peuvent établir par leur contrat de mariage une communauté universelle de leurs biens tant meubles qu'immeubles, présens et à venir, ou de tous leurs biens présens seulement, ou de tous leurs biens à venir seulement.

Dispositions communes aux huit Sections ci-dessus.

1527. Ce qui est dit aux huit sections ci-dessus, ne limite pas à leurs dispositions précises les stipulations dont est susceptible la communauté conventionnelle. — Les époux peuvent faire toutes autres conventions, ainsi qu'il est dit à l'article 1387, et sauf les modifications portées par les articles 1388, 1389 et 1390. — Néanmoins, dans le cas où il y aurait des enfans d'un précédent mariage, toute convention qui tendrait dans ses effets à donner à l'un des époux au-delà de la portion réglée par l'article 1098, au titre *des Donations entre vifs et des Testamens*, sera sans effet pour tout l'excédant de cette portion; mais les simples bénéfices résultant des travaux communs et des économies faites sur les revenus respectifs, quoique inégaux, des deux époux, ne sont pas considérés comme un avantage fait au préjudice des enfans du premier lit. C. 1098, 1387, 1496, 1497.

1528. La communauté conventionnelle reste soumise aux règles de la communauté légale, pour tous les cas auxquels il n'y a pas été dérogé implicitement ou explicitement par le contrat. C. 1497.

SECTION IX.

Des Conventions exclusives de la Communauté.

1529. Lorsque, sans se soumettre au régime dotal, les époux déclarent qu'ils se marient sans communauté, ou qu'ils seront séparés de biens, les effets de cette stipulation sont réglés comme il suit. C. 1391, 1392.

§ Ier. *De la Clause portant que les Epoux se marient sans Communauté.*

1530. La clause portant que les époux se marient sans communauté ne donne point à la femme le droit d'administrer ses biens, ni d'en percevoir les fruits: ces fruits sont censés apportés au mari pour soutenir les charges du mariage. C. 1401, 1421; *régime dot.*, 1549, 1571.

1531. Le mari conserve l'administration des biens meubles et immeubles de la femme, et, par suite, le droit de percevoir tout le mobilier qu'elle apporte en dot, ou qui lui échoit pendant le mariage, sauf la restitution qu'il en doit faire après la dissolution du mariage, ou après la séparation de biens qui serait prononcée par justice. C. 1421.

1532. Si, dans le mobilier apporté en dot par la femme, ou qui lui échoit pendant le mariage, il y a des choses dont on ne peut faire usage sans les consommer, il en doit être joint un état estimatif au contrat de mariage, ou il doit en être fait inventaire lors de l'échéance, et le mari en doit rendre le prix d'après l'estimation. C. 587.

1533. Le mari est tenu de toutes les charges de l'usufruit. C. 600 s., 1562, 1580.

1534. La clause énoncée au présent paragraphe ne fait point obstacle à ce qu'il soit convenu que la femme touchera annuellement, sur ses seules quittances, certaines portions de ses revenus pour son entretien et ses besoins personnels. C. 1549.

1535. Les immeubles constitués en dot, dans le cas du présent paragraphe, ne sont point inaliénables. — Néanmoins ils ne peuvent être aliénés sans le consentement du mari, et, à son refus, sans l'autorisation de la justice. C. 217 s.; *rég. dot.*, 1554 s.; *partage*, 818.

§ II. *De la Clause de séparation de biens.*

1536. Lorsque les époux ont stipulé par leur contrat de mariage qu'ils seraient séparés de biens, la femme conserve l'entière administration de ses biens meubles et immeubles, et la jouissance libre de ses revenus. C. 1449 s., 1576.

1537. Chacun des époux contribue aux charges du mariage, suivant les conventions contenues en leur contrat; et, s'il n'en existe point à cet égard, la femme contribue à ces charges jusqu'à concurrence du tiers de ses revenus. C. 214, 1448, 1575.

1538. Dans aucun cas, ni à la faveur d'aucune stipulation, la femme ne peut aliéner ses immeubles sans le consentement spécial de son mari, ou, à son refus, sans être autorisée par justice. — Toute autorisation générale d'aliéner les immeubles donnée à la femme, soit par contrat de mariage, soit depuis, est nulle. C. 217 s. 223, 1538, 1576. Co. 7.

1539. Lorsque la femme séparée a laissé la jouissance de ses biens à son mari, celui-ci n'est tenu, soit sur la demande que sa femme pourrait lui faire, soit à la dissolution du mariage, qu'à la représentation des fruits existans, et il n'est point comptable de ceux qui ont été consommés jusqu'alors. C. 1578 s.

CHAPITRE III.

DU RÉGIME DOTAL.

1540. La dot, sous ce régime comme sous celui du chapitre II, est le bien que la femme apporte au mari pour supporter les charges du mariage. C. 1391, 1392, 1530, 1541 s.

1541. Tout ce que la femme se constitue ou qui lui est donné en contrat de mariage, est dotal, s'il n'y a stipulation contraire. C. 1081 s., 1392, 1540, 1574 s.

SECTION I.

De la Constitution de dot.

1542. La constitution de dot peut frapper tous les biens presens et à venir de la femme, ou tous ses biens présens seulement, ou une partie de ses biens présens et à venir, ou même un objet individuel. — La constitution, en termes généraux, de tous les biens de la femme, ne comprend pas les biens à venir. C. 1574 s.

1543. La dot ne peut être constituée ni même augmentée pendant le mariage. C. 1394 s.

1544. Si les père et mère constituent conjointement une dot, sans distinguer la part de chacun, elle sera censée constituée par portions égales. — Si la dot est constituée par le père seul pour droits paternels et maternels, la mère, quoique présente au contrat, ne sera point engagée, et la dot demeurera en entier à la charge du père. C. 1438 s., 1555 s.

1545. Si le survivant des père ou mère constitue une dot pour biens paternels et maternels, sans spécifier les portions, la dot se prendra d'abord sur les droits du futur époux dans les biens du conjoint prédécédé, et le surplus sur les biens du constituant. C. 1438 s.

1546. Quoique la fille dotée par ses père et mère ait des biens à elle propres dont ils jouissent, la dot sera prise sur les biens des constituans, s'il n'y a stipulation contraire.

1547. Ceux qui constituent une dot, sont tenus à la garantie des objets constitués. C. 1440.

1548. Les intérêts de la dot courent de plein droit, du jour du mariage, contre ceux qui l'ont promise, encore qu'il y ait terme pour le paiement, s'il n'y a stipulation contraire. C. 1440, 1570.

SECTION II.

Des Droits du mari sur les Biens dotaux, et de l'Inaliénabilité du Fonds dotal.

1549. Le mari seul a l'administration des biens dotaux pendant le mariage. — Il a seul le droit d'en poursuivre les débiteurs et détenteurs, d'en percevoir les fruits et les intérêts, et de recevoir le remboursement des capitaux. — Cependant il peut être convenu, par le contrat de mariage, que la femme touchera annuellement, sur ses seules quittances, une partie de ses revenus pour son entretien et ses besoins personnels. C. *disp. anal.*, 1428, 1531 s.; *partage*, 818; *hypoth. lég.*, 2121, 2135 s.

1550. Le mari n'est pas tenu de fournir caution pour la réception de la dot, s'il n'y a pas été assujetti par le contrat de mariage. C. *responsabil. du mari*, 1562.

1551. Si la dot ou partie de la dot consiste en objets mobiliers mis à prix par le contrat, sans déclaration que l'estimation n'en fait pas vente, le mari en devient propriétaire, et n'est débiteur que du prix donné au mobilier. C. 1552, 1564 s.

1552. L'estimation donnée à l'immeuble constitué en dot n'en transporte point la propriété au mari, s'il n'y en a déclaration expresse. C. 1551.

1553. L'immeuble acquis des deniers dotaux n'est pas dotal, si la condition de l'emploi n'a été stipulée par le contrat de mariage. — Il en est de même de l'immeuble donné en paiement de la dot constituée en argent. C. 1595 3°.

1554. Les immeubles constitués en dot ne peuvent être aliénés ou hypothéqués pendant le mariage, ni par le mari, ni par la femme, ni par les deux conjointement, sauf les exceptions qui suivent. C. *régimes différens*, 1421, 1428, 1555, 1538, 1576; *dotal*, 1541, *except.*, 1555 s.; *action révoc.*, 1560 s.

1555. La femme peut, avec l'autorisation de son mari, ou, sur son refus, avec permission de justice, donner ses biens dotaux pour l'établissement des enfans qu'elle aurait d'un mariage antérieur; mais, si elle n'est autorisée que par justice, elle doit réserver la jouissance à son mari. C. 1427, 1438 s., 1544 s.

1556. Elle peut aussi, avec l'autorisation de son mari, donner ses biens dotaux pour l'établissement de leurs enfans communs. C. 1544 s.

1557. L'immeuble dotal peut être aliéné lorsque l'aliénation en a été permise par le contrat de mariage.

1558. L'immeuble dotal peut encore être aliéné avec permission de justice, et aux enchères, après trois affiches, — Pour tirer de prison le mari ou la femme; C. 1427. Co. 7. — Pour fournir des alimens à la famille dans les cas prévus par les articles 203, 205 et 206, au titre *du Mariage*; — Pour payer les dettes de la femme ou de ceux qui ont constitué la dot, lorsque ces dettes ont une date certaine antérieure au contrat de mariage; — Pour faire de grosses réparations indispensables pour la conservation de l'immeuble dotal; — Enfin lorsque cet immeuble se trouve indivis avec des tiers, et qu'il est reconnu impartageable. C. 839, 1686 s. — Dans tous ces cas, l'excédant du prix de la vente au-dessus des besoins reconnus restera dotal, et il en sera fait emploi comme tel au profit de la femme.

1559. L'immeuble dotal peut être échangé, mais avec le consentement de la femme, contre un autre immeuble de même valeur, pour les quatre cinquièmes au moins, en justifiant de l'utilité de l'échange, en obtenant l'autorisation en justice, et d'après une estimation par experts nommés d'office par le tribunal. — Dans ce cas, l'immeuble reçu en échange sera dotal; l'excédant du prix, s'il y en a, le sera aussi, et il en sera fait emploi comme tel au profit de la femme. C. 1702 s., 1595.

1560. Si, hors les cas d'exception qui viennent d'être expliqués, la femme ou le mari, ou tous les deux conjointement, aliènent le fonds dotal, la femme ou ses héritiers pourront faire révoquer l'aliénation après la dissolution du mariage, sans qu'on puisse leur opposer aucune prescription pendant sa durée: la femme aura le même droit après la séparation de biens. C. 1554 s., 1561, 2255, 2256. — Le mari lui-même pourra faire révoquer l'aliénation pendant le mariage, en demeurant néanmoins sujet aux dommages et intérêts de l'acheteur, s'il n'a pas déclaré dans le contrat que le bien vendu était dotal. C. 1149, 1383, 2059.

1561. Les immeubles dotaux non déclarés aliénables par le contrat de mariage, sont imprescriptibles pendant le mariage, à moins que la prescription n'ait commencé auparavant. — Ils deviennent néanmoins prescriptibles après la séparation de biens, quelle que soit l'époque à laquelle la prescription a commencé. C. 1562, 1563, 2255, 2256.

1562. Le mari est tenu, à l'égard des biens dotaux, de toutes les obligations de l'usufruitier. C. 600 s., 1533, 1550, 1580. — Il est responsable de toutes prescriptions acquises et détériorations survenues par sa négligence. C. 1382, 1383, 1567 s., 2121, 2135.

1563. Si la dot est mise en péril, la femme peut poursuivre la séparation de biens, ainsi qu'il est dit aux articles 1443 et suivans.

SECTION III.

De la Restitution de la Dot.

1564. Si la dot consiste en immeubles, — Ou en meubles non estimés par le contrat de mariage, ou bien mis à prix, avec déclaration que l'estimation n'en ôte pas la propriété à la femme, — Le mari ou ses héritiers peuvent être contraints de la restituer sans délai, après la dissolution du mariage. C. 1551, 1565 s.

1565. Si elle consiste en une somme d'argent, — Ou en meubles mis à prix par le contrat, sans déclaration que l'estimation n'en rend pas le mari propriétaire, — La restitution n'en peut être exigée qu'un an après la dissolution. C. *estimat. de la dot*, 1551, 1552.

1566. Si les meubles dont la propriété reste à la femme ont déperi par l'usage et sans la faute du mari, il ne sera tenu de rendre que ceux qui resteront, et dans l'état où ils se trouveront. — Et néanmoins la femme pourra, dans tous les cas, retirer les linges et hardes à son usage actuel, sauf à précompter leur valeur, lorsque ces linges et hardes auront été primitivement constitués avec estimation. C. 589, 1492, 1498. Co. 560.

1567. Si la dot comprend des obligations ou constitutions de rentes qui ont péri, ou souffert des retranchemens qu'on ne puisse imputer à la négligence du mari, il n'en sera point tenu, et il en sera quitte en restituant les contrats. C. 588, 1562, 1911 s.

1568. Si un usufruit a été constitué en dot, le mari ou ses héritiers ne sont obligés, à la dissolution du mariage, que de restituer le droit d'usufruit, et non les fruits échus durant le mariage. C. 588.

1569. Si le mariage a duré dix ans depuis l'échéance des termes pris pour le paiement de la dot, la femme ou ses héritiers pourront la répéter contre le mari après la dissolution du mariage, sans être tenus de prouver qu'il l'a reçue, à moins qu'il ne justifiât de diligences inutilement par lui faites pour s'en procurer le paiement. C. *présompt.*, 1350, 1352.

1570. Si le mariage est dissous par la mort de la femme, l'intérêt et les fruits de la dot à restituer courent de plein droit au profit de ses héritiers depuis le jour de la dissolution. C. 1440, 1548. — Si c'est par la mort du mari, la femme a le choix d'exiger les intérêts de sa dot pendant l'an du deuil, ou de se faire fournir des alimens pendant ledit temps aux dépens de la succession du mari; mais, dans les deux cas, l'habitation durant cette année, et les habits de deuil, doivent lui être fournis sur la succession, et sans imputation sur les intérêts à elle dus. C. 1481; *commun.*, 1465.

1571. A la dissolution du mariage, les fruits des immeubles dotaux se partagent entre le mari et la femme ou leurs héritiers, à proportion du temps qu'il a duré, pendant la dernière année. — L'année commence à partir du jour où le mariage a été célébré. C. *comparez* 585, 586, 1401 2°.

1572. La femme et ses héritiers n'ont point de privilége pour la répétition de la dot sur les créanciers antérieurs à elle en hypothèque. C. *recours subsid. s. l. biens à rendre*, 954, 958, 963, 1054; *hypoth. lég.*, 2121, 2135 s.

1573. Si le mari était déjà insolvable, et n'avait ni art ni profession, lorsque le père a constitué une dot à sa fille, celle-ci ne sera tenue de rapporter à la succession du père que l'action qu'elle a contre celle de son mari, pour s'en faire rembourser. C. 1303, 1567. — Mais si le mari n'est devenu insolvable que depuis le mariage, — Ou s'il avait un métier ou une profession qui lui tenait lieu de bien, — La perte de la dot tombe uniquement sur la femme. C. *rapport*; 843 s., 855.

SECTION IV.

Des Biens paraphernaux.

1574. Tous les biens de la femme qui n'ont pas été constitués en dot, sont paraphernaux. C. *sép. de biens*, 1536 s.; *rég. dot.*, 1540 s.

1575. Si tous les biens de la femme sont paraphernaux, et s'il n'y a pas de convention dans le contrat pour lui faire supporter une portion des charges du mariage, la femme y contribue jusqu'à concurrence du tiers de ses revenus. C. 203 s., 1448, 1537.

1576. La femme a l'administration et la jouissance de ses biens paraphernaux; — Mais elle ne peut les aliéner ni paraître en jugement à raison desdits biens, sans l'autorisation du mari, ou, à son refus, sans la permission de la justice. C. 215, 217, 1536, 1538.

1577. Si la femme donne sa procuration au mari pour administrer ses biens paraphernaux, avec charge de lui rendre compte des fruits, il sera tenu vis à vis d'elle comme tout mandataire. C. 1991 s.

1578. Si le mari a joui des biens paraphernaux de sa femme, sans mandat, et néanmoins sans opposition de sa part, il n'est tenu, à la dissolution du mariage, ou à la première demande de la femme, qu'à la représentation des fruits existans, et il n'est point comptable de ceux qui ont été consommés jusqu'alors. C. 1539.

1579. Si le mari a joui des biens paraphernaux malgré l'opposition constatée de la femme, il est comptable envers elle de tous les fruits tant existans que consommés. Pr. 526 s.

1580. Le mari qui jouit des biens paraphernaux est tenu de toutes les obligations de l'usufruitier. C. 600 s., 1533, 1562.

Dispositions particulières.

1581. En se soumettant au régime dotal, les époux peuvent néanmoins stipuler une société d'acquêts, et les effets de cette société sont réglés comme il est dit aux articles 1498 et 1499.

TITRE VI.

DE LA VENTE. (1)

(Décrété le 6 mars 1804. Promulgué le 16 du même mois.)

CHAPITRE I.

DE LA NATURE ET DE LA FORME DE LA VENTE.

1582. La vente est une convention par laquelle l'un s'oblige à livrer une chose, et l'autre à la payer. C. *nature du contrat*, 1102, 1104, 1106. — Elle peut être faite par acte authentique ou sous seing privé. C. 1317 s., 1322, 1333, 1341 s., 1353 s., 1357 s. Co. 109.

1583. Elle est parfaite entre les parties, et la propriété est acquise de droit à l'acheteur à l'égard du vendeur, dès qu'on est convenu de la chose et du prix, quoique la chose n'ait pas encore été livrée ni le prix payé. C. 711, 1138, 1585 s., 1591; *condit. essent.*, 1108, 1109 s.

1584. La vente peut être faite purement et simplement, ou sous une condition soit suspensive, soit résolutoire. C. 1168 s., 1181 s., 1183 s., 1585 s.; *vente à terme*, 1185 s. — Elle peut aussi avoir pour objet deux ou plusieurs choses alternatives. C. 1189 s. 1221. — Dans tous ces cas, son effet est réglé par les principes généraux des conventions. C. 1107.

1585. Lorsque des marchandises ne sont pas vendues en bloc, mais au poids, au compte ou à la mesure, la vente n'est point parfaite, en ce sens que les choses vendues sont aux risques du vendeur jusqu'à ce qu'elles soient pesées, comptées ou mesurées; mais l'acheteur peut en demander ou la délivrance ou des dommages-intérêts, s'il y a lieu, en cas d'inexécu-

(1) *Droits d'enregistrement* pour les ventes mobilières et immobilières. *L.* 22 frimaire an VII, *art.* 14 15, 69, §§ 5 et 7; *L.* 28 avril 1816, *art.* 52.

tion de l'engagement. C. 1142, 1149 s., 1182, 1610 s.

1586. Si, au contraire, les marchandises ont été vendues en bloc, la vente est parfaite, quoique les marchandises n'aient pas encore été pesées, comptées ou mesurées.

1587. A l'égard du vin, de l'huile, et des autres choses que l'on est dans l'usage de goûter avant d'en faire l'achat, il n'y a point de vente tant que l'acheteur ne les a pas goûtées et agréées.

1588. La vente faite à l'essai est toujours présumée faite sous une condition suspensive. C. 1181 s., 1584.

1589. La promesse de vente vaut vente, lorsqu'il y a consentement réciproque des deux parties sur la chose et sur le prix. C. 1590 s.

1590. Si la promesse de vendre a été faite avec des arrhes, chacun des contractans est maître de s'en départir, — Celui qui les a données, en les perdant; — Et celui qui les a reçues, en restituant le double. C. *comparez*, 1715.

1591. Le prix de la vente doit être déterminé et désigné par les parties. C. 1129, 1589, 1592.

1592. Il peut cependant être laissé à l'arbitrage d'un tiers : si le tiers ne veut ou ne peut faire l'estimation, il n'y a point de vente. C. 1854.

1593. Les frais d'actes et autres accessoires à la vente sont à la charge de l'acheteur. C. 1248, 1630, 1646; *délivrance*, 1608.

CHAPITRE II.

QUI PEUT ACHETER OU VENDRE.

1594. Tous ceux auxquels la loi ne l'interdit pas peuvent acheter ou vendre. C. 537, 1123 s., 1595, 1596, 1597. Pr. *partie saisie*, 686 s.; *magistrats*, *greffiers*, 711. Co. *failli*, 443.

1595. Le contrat de vente ne peut avoir lieu entre époux que dans les trois cas suivans : — 1° Celui où l'un des deux époux cède des biens à l'autre, séparé judiciairement d'avec lui, en paiement de ses droits; C. 1444. — 2° Celui où la cession que le mari fait à sa femme, même non séparée, a une cause légitime, telle que le remploi de ses immeubles aliénés, ou de deniers à elle appartenant, si ces immeubles ou deniers ne tombent pas en communauté; C. 1435. — 3° Celui où la femme cède des biens à son mari en paiement d'une somme qu'elle lui aurait promise en dot, et lorsqu'il y a exclusion de communauté; C. 1530, 1553. — Sauf, dans ces trois cas, les droits des héritiers des parties contractantes, s'il y a avantage indirect. C. 913 s., 1094 s., 1098, 1099.

1596. Ne peuvent se rendre adjudicataires, sous peine de nullité, ni par eux-mêmes, ni par personnes interposées, C. 911. — Les tuteurs, des biens de ceux dont ils ont la tutelle; C. 450; — Les mandataires, des biens qu'ils sont chargés de vendre; C. 1991. — Les administrateurs, de ceux des communes ou des établissemens publics confiés à leurs soins; — Les officiers publics des biens nationaux dont les ventes se font par leur ministère. Pr. 707, 711.

1597. Les juges, leurs suppléans, les magistrats remplissant le ministère public, les greffiers, huissiers, avoués, défenseurs officieux et notaires, ne peuvent devenir cessionnaires des procès, droits et actions litigieux qui sont de la compétence du tribunal dans le ressort duquel ils exercent leurs fonctions; à peine de nullité, et des dépens, dommages et intérêts. C. 1699 s. Pr. 711.

CHAPITRE III.

DES CHOSES QUI PEUVENT ÊTRE VENDUES.

1598. Tout ce qui est dans le commerce peut être vendu, lorsque des lois particulières n'en ont pas prohibé l'aliénation. C. 538, 540, 1128, 1554, 1660, 1860, 2226.

1599. La vente de la chose d'autrui est nulle : elle peut donner lieu à des dommages-intérêts lorsque l'acheteur a ignoré que la chose fût à autrui. C. 1141, 1165, 1635; *legs*, 1021, *réméré*, 1664; *dépôt*, 1935; *stellion.*; 2059; *prescript.*, 2265 s., 2280. Pr. *saisie*, 686 s., 725. Co. 210.

1600. On ne peut vendre la succession d'une personne vivante, même de son consentement. C. 791, 1136, 1389.

1601. Si au moment de la vente la chose vendue était périe en totalité, la vente serait nulle. — Si une partie seulement de la chose est périe, il est au choix de l'acquéreur d'abandonner la vente, ou de demander la partie conservée, en faisant déterminer le prix par la ventilation. C. 1126 s., 1193, 1195 s., 1302 s.

CHAPITRE IV.

DES OBLIGATIONS DU VENDEUR.

SECTION I.

Dispositions générales.

1602. Le vendeur est tenu d'expliquer clairement ce à quoi il s'oblige. — Tout pacte obscur ou ambigu s'interprète contre le vendeur. C. 1156 s., 1162 s.

1603. Il a deux obligations principales, celle de délivrer et celle de garantir la chose qu'il vend. C. 1136 s. 1604 s., 1625.

SECTION II.

De la Délivrance.

1604. La délivrance est le transport de la chose vendue en la puissance et possession de l'acheteur. C. 1136 s.

1605. L'obligation de délivrer les immeubles est remplie de la part du vendeur lorsqu'il a remis les clefs, s'il s'agit d'un bâtiment, ou lorsqu'il a remis les titres de propriété. C. 1606.

1606. La délivrance des effets mobiliers s'opère, — Ou par la tradition réelle, C. 1141. — Ou par la remise des clefs des bâtimens qui les contiennent, C. 1605. — Ou même par le seul consentement des parties, si le transport ne peut pas s'en faire au moment de la vente, ou si l'acheteur les avait déjà en son pouvoir à un autre titre. C. 1138, 1141.

1607. La tradition des droits incorporels se fait, ou par la remise des titres, ou par l'usage que l'acquéreur en fait du consentement du vendeur. C. *cession*, 1689 s.; *priv. sur les meubles*, 2075.

1608. Les frais de la délivrance sont à la charge du vendeur, et ceux de l'enlèvement à la charge de l'acheteur, s'il n'y a eu stipulation contraire. C. *paiem.*, 1248.

1609. La délivrance doit se faire au lieu où était, au temps de la vente, la chose qui en a fait l'objet, s'il n'en a été autrement convenu. C. 1247, 1264.

1610. Si le vendeur manque à faire la délivrance dans le temps convenu entre les parties, l'acquéreur pourra, à son choix, demander la résolution de la vente, ou sa mise en possession, si le retard ne vient que du fait du vendeur. C. *frais d'acte*, 1621; *condit. résolut.*, 1184; *non paiement*, 1654 s.

1611. Dans tous les cas, le vendeur doit être condamné aux dommages et intérêts, s'il résulte un préjudice pour l'acquéreur, du défaut de délivrance au terme convenu. C. 1142, 1146 s.

1612. Le vendeur n'est pas tenu de délivrer la chose, si l'acheteur n'en paie pas le prix, et que le vendeur ne lui ait pas accordé un délai pour le paiement. C. 1650 s., 1653.

1613. Il ne sera pas non plus obligé à la délivrance, quand même il aurait accordé un délai pour le paiement, si, depuis la vente, l'acheteur est tombé en faillite ou en état de déconfiture, en sorte que le vendeur se trouve en danger imminent de perdre le prix; à moins que l'acheteur ne lui donne caution de payer au terme. C. 1188, 1653. Pr. 124. Co. 437 s. C. *saisie-arrêt*, 1242; Pr. 557 s.

1614. La chose doit être délivrée en l'état où elle se trouve au moment de la vente. — Depuis ce jour, tous les fruits appartiennent à l'acquéreur. C. 1137 s., 1682.

1615. L'obligation de délivrer la chose comprend ses accessoires et tout ce qui a été destiné à son usage perpétuel. C. 522 s., 546, 551, 552 s., 1018, 1692 1697, 2204.

1616. Le vendeur est tenu de délivrer la contenance telle qu'elle est portée au contrat, sous les modifications ci-après exprimées. C. 1765.

1617. Si la vente d'un immeuble a été faite avec indication de la contenance, à raison de tant la mesure, le vendeur est obligé de délivrer à l'acquéreur, s'il l'exige, la quantité indiquée au contrat; — et si la chose ne lui est pas possible, ou si l'acquéreur ne l'exige pas, le vendeur est obligé de souffrir une diminution proportionnelle du prix. C. 1622, 1637; *bail à ferme*, 1765.

1618. Si, au contraire, dans le cas de l'article précédent, il se trouve une contenance plus grande que celle exprimée au contrat, l'acquéreur a le choix de fournir le supplément du prix, ou de se désister du contrat, si l'excédant est d'un vingtième au-dessus de la contenance déclarée. C. 1601, 1681 s.

1619. Dans tous les autres cas, — Soit que la vente soit faite d'un corps certain et limité, — Soit qu'elle ait pour objet des fonds distincts et séparés, — Soit qu'elle commence par la mesure, ou par la désignation de l'objet vendu suivie de la mesure, — L'expression de cette mesure ne donne lieu à aucun supplément de prix, en faveur du vendeur, pour l'excédant de mesure, ni en faveur de l'acquéreur, à aucune diminution du prix pour moindre mesure, qu'autant que la différence de la mesure réelle à celle exprimée au contrat est d'un vingtième en plus ou en moins, eu égard à la valeur de la totalité des objets vendus, s'il n'y a stipulation contraire.

1620. Dans le cas où, suivant l'article précédent, il y a lieu à augmentation de prix pour excédant de mesure, l'acquéreur a le choix ou de se désister du contrat ou de fournir le supplément du prix, et ce, avec les intérêts s'il a gardé l'immeuble. C. 1601, 1681 s.

1621. Dans tous les cas où l'acquéreur a le droit de se désister du contrat, le vendeur est tenu de lui restituer, outre le prix, s'il l'a reçu, les frais de ce contrat. C. 1610, 1630.

1622. L'action en supplément de prix de la part du vendeur, et celle en diminution de prix ou en résiliation du contrat de la part de l'acquéreur, doivent être intentées dans l'année, à compter du jour du contrat, à peine de déchéance. C. 1617.

1623. S'il a été vendu deux fonds par le même contrat, et pour un seul et même prix, avec désignation de la mesure de chacun, et qu'il se trouve moins de contenance en l'un et plus en l'autre, on fait compensation jusqu'à due concurrence; et l'action, soit en supplément, soit en diminution du prix, n'a lieu que suivant les règles ci-dessus établies.

1624. La question de savoir sur lequel, du vendeur ou de l'acquéreur, doit tomber la perte ou la détérioration de la chose vendue avant la livraison, est jugée d'après les règles prescrites au titre *des Contrats ou des Obligations conventionnelles en général*. C. 1137, 1138 s., 1182, 1647.

SECTION III.

De la Garantie.

1625. La garantie que le vendeur doit à l'acquéreur, a deux objets : le premier est la possession paisible de la chose vendue; le second, les défauts cachés de cette chose ou les vices rédhibitoires. C. 1603, 1610, 1626 s., 1641 s., 2257.

§ 1er. *De la Garantie en cas d'éviction.*

1626. Quoique lors de la vente il n'ait été fait aucune stipulation sur la garantie, le vendeur est obligé de droit à garantir l'acquéreur de l'éviction qu'il souffre dans la totalité ou partie de l'objet vendu, ou des charges prétendues sur cet objet, et non déclarées lors de la vente. C. 884, 885, 1630 s., 1636 s., 1640; *servit.*, 1638; *rescis.*, 1682; *échange*, 1705; *tiers détent.*, 2178; *vente judic.*, 2191 s.

1627. Les parties peuvent, par des conventions particulières, ajouter à cette obligation de droit, ou en diminuer l'effet; elles peuvent même convenir que le vendeur ne sera soumis à aucune garantie. C. 1634, 1645.

1628. Quoiqu'il soit dit que le vendeur ne sera soumis à aucune garantie, il demeure cependant tenu de celle qui résulte d'un fait qui lui est personnel : toute convention contraire est nulle.

1629. Dans le même cas de stipulation de non-garantie, le vendeur, en cas d'éviction, est tenu à la restitution du prix, à moins que l'acquéreur n'ait connu, lors de la vente, le danger de l'éviction, ou qu'il n'ait acheté à ses périls et risques. C. 1642, 1693.

1630. Lorsque la garantie a été promise, ou qu'il n'a rien été stipulé à ce sujet, si l'acquéreur est évincé, il a droit de demander contre le vendeur, — 1° La restitution du prix; C. 1582, 1599. — 2° Celle des fruits, lorsqu'il est obligé de les rendre au propriétaire qui l'évince; C. 1614, 1652, 1682. — 3° Les frais faits sur la demande en garantie de l'acheteur, et ceux faits par le demandeur originaire; C. 1593, 1646. — 4° Enfin les dommages et intérêts, ainsi que les frais et loyaux coûts du contrat. C. *domm. et intér.*, 1146 s., 1621, 1631 s., 1646 s.; *fraix.*, 1681; *tiers détent.*, 2178. Pr. 185.

1631. Lorsqu'à l'époque de l'éviction, la chose vendue se trouve diminuée de valeur ou considérablement détériorée, soit par la négligence de l'acheteur, soit par des accidens de force majeure, le vendeur n'en est pas moins tenu de restituer la totalité du prix. C. 1382, 1383, 2175.

1632. Mais si l'acquéreur a tiré profit des dégradations par lui faites, le vendeur a droit de retenir sur le prix une somme égale à ce profit.

1633. Si la chose vendue se trouve avoir augmenté de prix à l'époque de l'éviction, indépendamment même du fait de l'acquéreur, le vendeur est tenu de lui payer ce qu'elle vaut au-dessus du prix de la vente. C. 1637, 2175.

1634. Le vendeur est tenu de rembourser ou de faire rembourser à l'acquéreur, par celui qui l'évince, toutes les réparations et améliorations utiles qu'il aura faites au fonds. C. 861 s., 2175.

1635. Si le vendeur avait vendu de mauvaise foi le fonds d'autrui, il sera obligé de rembourser à l'acquéreur toutes les dépenses, même voluptuaires ou d'agrément, que celui-ci aura faites au fonds. C. 549. 550, 1599, 1645, 1955, 2268.

1636. Si l'acquéreur n'est évincé que d'une partie de la chose, et qu'elle soit de telle conséquence, relativement au tout, que l'acquéreur n'eût point acheté sans la partie dont il a été évincé, il peut faire résilier la vente.

1637. Si, dans le cas de l'éviction d'une partie du fonds vendu, la vente n'est pas résiliée, la valeur de la partie dont l'acquéreur se trouve évincé lui est remboursée suivant l'estimation à l'époque de l'éviction, et non proportionnellement au prix total de la vente, soit que la chose vendue ait augmenté ou diminué de valeur. C. 1617, 1633.

1638. Si l'héritage vendu se trouve grevé, sans qu'il en ait été fait de déclaration, de servitudes non apparentes, et qu'elles soient de telle importance qu'il y ait lieu de présumer que l'acquéreur n'aurait pas acheté s'il en avait été instruit, il peut demander la résiliation du contrat, si mieux il n'aime se contenter d'une indemnité. C. 1636, 1637, 1642 s.

1639. Les autres questions auxquelles peuvent donner lieu les dommages et intérêts résultant pour l'acquéreur de l'inexécution de la vente, doivent être décidées suivant les règles générales établies au titre des *Contrats ou des Obligations conventionnelles en général*. C. 1136 s., 1142 s., 1146 s., 1182, 1184, 1226 s.

1640. La garantie pour cause d'éviction cesse lorsque l'acquéreur s'est laissé condamner par un jugement en dernier ressort, ou dont l'appel n'est plus recevable, sans appeler son vendeur, si celui-ci prouve qu'il existait des moyens suffisans pour faire rejeter la demande. C. 1351. Pr. 175 s.

§ II. *De la Garantie des défauts de la chose vendue.*

1641. Le vendeur est tenu de la garantie à raison des défauts cachés de la chose vendue qui la rendent impropre à l'usage auquel on la destine, ou qui diminuent tellement cet usage, que l'acheteur ne l'aurait pas acquise, ou n'en aurait donné qu'un moindre prix, s'il les avait connus. C. 1625, 1642 s., 1891 L. 20 mai 1838, *art.* 1.

1642. Le vendeur n'est pas tenu des vices apparens et dont l'acheteur a pu se convaincre lui-même. C. 1629 s. L. 20 *mai* 1838, *art.* 8.

1643. Il est tenu des vices cachés, quand même il ne les aurait pas connus, à moins que, dans ce cas, il n'ait stipulé qu'il ne sera obligé à aucune garantie. C. 1627 s., 1629.

1644. Dans le cas des articles 1641 et 1643, l'acheteur a le choix de rendre la chose et de se faire restituer le prix, ou de garder la chose et de se faire rendre une partie du prix, telle qu'elle sera arbitrée par experts. C. 1617. L. 20 *mai* 1838, *art.* 5.

1645. Si le vendeur connaissait les vices de la chose, il est tenu, outre la restitution du prix qu'il en a reçu, de tous les dommages et intérêts envers l'acheteur. C. 1146 s., 1630 s., 1635, 1891. P. 423.

1646. Si le vendeur ignorait les vices de la chose, il ne sera tenu qu'à la restitution du prix, et à rembourser à l'acquéreur les frais occasionnés par la vente. C. 1630.

1647. Si la chose qui avait des vices, a péri par suite de sa mauvaise qualité, la perte est pour le vendeur, qui sera tenu envers l'acheteur à la restitution du prix, et aux autres dédommagemens expliqués dans les deux articles précédens. — Mais la perte arrivée par cas fortuit sera pour le compte de l'acheteur. C. 1302 s., 1630. L. 20 *mai* 1838, *art.* 7.

1648. L'action résultant des vices rédhibitoires doit être intentée par l'acquéreur, dans un bref délai, suivant la nature des vices rédhibitoires, et l'usage du lieu où la vente a été faite. L. 20 *mai* 1838, *art.* 3 s.

1649. Elle n'a pas lieu dans les ventes faites par autorité de justice. C. 1684.

CHAPITRE V.

DES OBLIGATIONS DE L'ACHETEUR.

1650. La principale obligation de l'acheteur est de payer le prix au jour et au lieu réglés par la vente. C. 1135 s., 1582 s., 1612, 1613; *suspension du paiement*, 1653 s.; *privil.* 2102 4°, 2103 1° s., 2108.

1651. S'il n'a rien été réglé à cet égard lors de la vente, l'acheteur doit payer au lieu et dans le temps où doit se faire la délivrance. C. 1247.

1652. L'acheteur doit l'intérêt du prix de la vente jusqu'au paiement du capital, dans les trois cas suivans: — S'il a été ainsi convenu lors de la vente; C. 1134. — Si la chose vendue et livrée produit des fruits ou autres revenus; C. 583 s. — Si l'acheteur a été sommé de payer. — Dans ce dernier cas, l'intérêt ne court que depuis la sommation. C. 1139, 1146, 1153.

1653. Si l'acheteur est troublé ou a juste sujet de craindre d'être troublé par une action, soit hypothécaire, soit en revendication, il peut suspendre le paiement du prix jusqu'à ce que le vendeur ait fait cesser le trouble, si mieux n'aime celui-ci donner caution, ou à moins qu'il n'ait été stipulé que, nonobstant le trouble, l'acheteur paiera. C. 1612, 1613, 1704.

1654. Si l'acheteur ne paie pas le prix, le vendeur peut demander la résolution de la vente. C. 1184, 1610, 2102 4°. Co. 576 s.

1655. La résolution de la vente d'immeubles est prononcée de suite, si le vendeur est en danger de perdre la chose et le prix. — Si ce danger n'existe pas, le juge peut accorder à l'acquéreur un délai plus ou moins long suivant les circonstances. C. 1244, 2212. — Ce délai passé sans que l'acquéreur ait payé, la résolution de la vente sera prononcée. C. 1656.

1656. S'il a été stipulé lors de la vente d'immeubles, que, faute de paiement du prix dans le terme convenu, la vente serait résolue de plein droit, l'acquéreur peut néanmoins payer après l'expiration du délai, tant qu'il n'a pas été mis en demeure par une sommation; mais, après cette sommation, le juge ne peut pas lui accorder de délai. C. 1139.

1657. En matière de vente de denrées et effets mobiliers, la résolution de la vente aura lieu de plein droit et sans sommation, au profit du vendeur, après l'expiration du terme convenu pour le retirement. C. 1102 4°. 1751; Co. 576 s.

CHAPITRE VI.

DE LA NULLITÉ ET DE LA RÉSOLUTION DE LA VENTE.

1658. Indépendamment des causes de nullité ou de résolution déjà *expliquées dans ce titre*, *et de celles* qui sont communes à toutes les conventions, le contrat de vente peut être résolu par l'exercice de la faculté de rachat et par la vilité du prix. C. 1108 s., 1183 s. 1304 s., 1590, 1592, 1595 s., 1599 s., 1610, 1618 s., 1636, 1644 s., 1654 s., 1659 s., 1674 s.

SECTION I.
De la Faculté de rachat.

1659. La faculté de rachat ou de réméré est un pacte par lequel le vendeur se réserve de reprendre la chose vendue, moyennant la restitution du prix principal, et le remboursement dont il est parlé à l'article 1673. C. 1583, 1664 s.; *comparez*, 2085 s. (1)

1660. La faculté de rachat ne peut être stipulée pour un terme excédant cinq années. — Si elle a été stipulée pour un terme plus long, elle est réduite à ce terme.

1661. Le terme fixé est de rigueur, et ne peut être prolongé par le juge.

1662. Faute par le vendeur d'avoir exercé son action de réméré dans le terme prescrit, l'acquereur demeure propriétaire irrévocable. C. *comparez*, 2088.

1663. Le *délai court contre toutes* personnes, même contre le mineur, sauf, s'il y a lieu, le recours contre qui de droit. C. *cas semblables*, 1676, 2278; *différence*, 2252.

1664. Le vendeur à pacte de rachat peut exercer son action contre un second acquéreur, quand même la faculté de réméré n'aurait pas été declarée dans le second contrat. C. 1165, 1599.

1665. L'acquéreur à pacte de rachat exercé tous les droits de son vendeur; il peut prescrire tant contre le véritable maître que contre ceux qui prétendraient des droits ou hypothèques sur la chose vendue. C. 1583, 1659; *ne peut expulser le fermier*, 1751; *prescript.*, 2226.

1666. Il peut opposer le bénéfice de la discussion aux creanciers de son vendeur. C. 2021 s., 2170, 2171.

1667. Si l'acquereur à pacte de réméré d'une partie indivise *d'un héritage*, s'est rendu adjudicataire de la totalite sur une licitation provoquée contre lui, il peut obliger le vendeur à retirer le tout lorsque celui-ci veut user du pacte. C. 1217 s., 1686 s.

1668. Si plusieurs ont vendu conjointement, et par un seul contrat, un héritage commun entre eux, chacun ne peut exercer l'action en réméré que pour la part qu'il y avait. C. 1217 s., 1670 s., 1685.

1669. Il en est de même si celui qui a vendu *seul* un héritage a laissé plusieurs héritiers. — Chacun de ces cohéritiers ne peut user de la faculté de rachat que pour la part qu'il prend dans la succession. C. 1220 s., 1670 s., 1685.

1670. Mais, dans le cas des deux articles précédens, l'acquéreur peut exiger que tous les covendeurs ou tous les cohéritiers soient mis en cause, afin de se concilier entre eux pour la reprise de l'héritage entier; et, s'ils ne se concilient pas, il sera renvoyé de la demande. C. 1225, 1671, 1685.

1671. Si la vente d'un héritage appartenant à plusieurs n'a pas été faite conjointement et de tout l'héritage *ensemble*, *et que chacun* n'ait vendu que la part qu'il y avait, ils peuvent exercer séparément l'action en réméré sur la portion qui leur appartenait; — et l'acquereur ne peut forcer celui qui l'exercera de cette manière, à retirer le tout.

1672. Si l'acquereur a laissé plusieurs *héritiers*, l'*action en réméré* ne peut être exercée contre chacun d'eux que pour sa part, dans le cas où elle est encore indivise, et dans celui où la chose vendue a été partagée *entre eux*. — **Mais s'il** y a eu partage de l'hérédité, et que la chose

(1) *Droits d'enregistrement* pour le retrait: *V.* 22 frim. an VII, *art.* 69, § 2.

vendue soit échue au lot de l'un des héritiers, l'action en réméré peut être intentée contre lui pour le tout. C. 1220 s., 1685.

1673. Le vendeur qui use du pacte de rachat, doit rembourser non-seulement le prix principal, mais encore les frais et loyaux coûts de la vente, *les réparations nécessaires*, et celles qui ont augmenté la valeur du fonds, jusqu'à concurrence de cette augmentation. Il ne peut entrer en possession qu'après avoir satisfait *à toutes ces obligations*. — *Lorsque* le vendeur rentre dans son héritage par l'effet du pacte de rachat, il le reprend exempt de toutes les charges et hypothèques dont l'acquéreur l'aurait grevé : il est tenu d'exécuter les baux faits sans fraude par l'acquéreur. C. 1184, 1659.

SECTION II.

De la Rescision de la Vente pour cause de lésion.

1674. Si le vendeur a été lésé de plus de sept douzièmes dans le prix d'un immeuble, il a le droit de demander la rescision de la vente, quand même il aurait expressément renoncé dans le contrat à la faculté de demander cette rescision, et qu'il aurait déclaré donner la plus-value. C. 1306; *partage*, 888, 889 s.; *conventions*, 1304 s., 1313; *échange*, 1706; *hypoth.*, 2125.

1675. Pour savoir s'il y a lésion de plus de sept douzièmes, il faut estimer l'immeuble suivant son état et sa valeur au moment de la vente. C. 890, 1306.

1676. La demande n'est plus recevable après l'expiration de deux années, à compter du jour de la vente. — Ce délai court contre les femmes mariées, et contre les absens, les interdits, et les mineurs venant du chef d'un majeur qui a vendu. — Ce délai court aussi et n'est pas suspendu pendant la durée du temps stipulé pour le pacte de rachat. C. 1314; *mari*, 1428, 1562; *cas semblables*, 1663, 2178; *différence*, 2252.

1677. La preuve de la lésion ne pourra être *admise que par jugement*, et dans le cas seulement où les faits articulés seraient assez vraisemblables et assez graves pour faire présumer la lésion.

1678. Cette preuve ne pourra se faire que par un rapport de trois experts, qui seront tenus de dresser un seul procès-verbal commun, et de ne former qu'un seul avis à la pluralité des voix. C. 1679, 1680. Pr. 303 s., 318.

1679. S'il y a des avis différens, le procès-verbal en contiendra les motifs, sans qu'il soit permis de faire *connaître* de quel avis chaque expert a été. Pr. 318.

1680. Les trois experts seront nommés d'office, à moins que les parties ne se soient accordées pour les nommer tous les trois conjointement. Pr. 304 s.

1681. Dans le cas où l'action en rescision est admise, l'acquéreur a le choix ou de rendre la chose en retirant le prix qu'il en a payé, ou de garder le fonds en payant le supplément du juste prix, sous la déduction du dixième *du prix total*. — Le tiers possesseur a le même droit, sauf sa garantie contre son vendeur. C. 891, 1618 s., 1626 s., 1630 s.

1682. Si l'acquéreur préfère garder la chose en fournissant le supplément réglé par l'article précédent, il doit l'intérêt du supplément, du jour de la demande en rescision. — S'il préfère la rendre et recevoir le prix, il rend les fruits du jour de la demande. — L'intérêt du prix qu'il a payé, lui est aussi compté du jour de la même demande, ou du jour du paiement, s'il n'a touché aucuns fruits. C. 1614, 1652.

1683. La rescision pour lésion n'a pas lieu en faveur de l'acheteur.

1684. *Elle n'a pas lieu en toutes* ventes qui, d'après la loi, ne peuvent être faites que d'autorité de justice. C. 1649. Pr. 953 s., 966 s.

1685. Les règles expliquées dans *la section précédente pour les cas où* plusieurs ont vendu conjointement ou séparément, et pour celui où le vendeur ou l'acheteur a laissé plusieurs héritiers, sont pareillement observées *pour l'exercice* de l'action en rescision. C. 1668 s.

CHAPITRE VII.

DE LA LICITATION (1).

1686. Si une chose commune à plusieurs ne peut être partagée commodément et sans perte; — Ou si, dans un partage fait de gré à gré de biens communs, il s'en trouve quelques-uns qu'aucun des copartageans ne puisse ou ne veuille prendre, — La vente s'en fait aux enchères, et le prix en est partagé entre les copropriétaires. C. 815 s.; *privil.*, 2109. Pr. 617 s., 984 s. Co. 220.

1687. Chacun des copropriétaires est le maître de demander que les étrangers soient appelés à la licitation : ils sont nécessairement appelés lorsque l'un des copropriétaires est mineur. C. 460, 838 s. Pr. 984, 985.

1688. Le mode et les formalités à observer pour la licitation sont expliqués au titre *des Successions* et au Code de procédure. C. 827. Pr. 969 s., 984 s.

CHAPITRE VIII.

DU TRANSPORT DES CRÉANCES ET AUTRES DROITS INCORPORELS. (2)

1689. Dans le transport d'une créance, d'un droit ou d'une action sur un tiers, la délivrance s'opère entre le cédant et le cessionnaire par la remise du titre. C. 1607 s.; *subrogation*, 1249 s.; *délégation*, 1275; *privil.* 2102, 2103, 2112, 2113.

1690. Le cessionnaire n'est saisi à l'égard des tiers que par la signification du transport faite au débiteur. — Néanmoins le cessionnaire peut être également saisi par l'acceptation du transport faite par le débiteur dans un acte authentique. C. 1250, 1277, 1295; *acte auth.*, 1317; *privil.*, 2112, 2075.

1691. Si, avant que le cédant ou le cessionnaire eût signifié le transport au débiteur, celui-ci avait payé le cédant, il sera valablement libéré. C. 1242; *simple indicat.*, 1277; *compensat.*, 1295.

1692. La vente ou cession d'une créance comprend les accessoires de la créance, tels que caution, privilége et hypothèque. C. 1249 s.; *access.*, 1018, 1615, 2112.

1693. Celui qui vend une créance ou autre droit incorporel, doit en garantir l'existence au temps du transport, quoiqu'il soit fait sans garantie. C. *garantie*, 1626, 1628 s., 1694 s. Pr. 183.

1694. Il ne répond de la solvabilité du débiteur que lorsqu'il s'y est engagé, et jusqu'à concurrence seulement du prix qu'il a retiré de la créance.

1695. Lorsqu'il a promis la garantie de la solvabilité du débiteur, cette promesse ne s'entend que de la solvabilité actuelle, et ne s'étend pas au temps à venir, si le cédant ne l'a expressément stipulé.

1696. Celui qui vend une hérédité, sans en spécifier en détail les objets, n'est tenu de garantir que sa qualité d'héritier. C. 1693 s.; *acte d'hérit.*, 780.

1697. S'il avait déjà profité des fruits de quelque fonds, ou reçu le montant de quelque créance appartenant à cette hérédité, ou vendu quelques effets de la succession, il est tenu de les rembourser à l'acquéreur, s'il ne les a expressément réservés lors de la vente. C. 1615.

1698. L'acquéreur doit de son côté rembourser au vendeur ce que celui-ci a payé pour les dettes et charges de la succession, et lui faire raison de tout ce dont il était créancier, s'il n'y a stipulation contraire.

1699. Celui contre lequel on a cédé un droit litigieux peut s'en faire tenir quitte par le cessionnaire, en lui remboursant le prix réel de la cession avec les frais et loyaux coûts, et avec les intérêts à compter du jour où le cessionnaire a payé le prix de

---

(1) *Droits d'enregistrement* sur la Licitation de meubles indivis, 2 francs par 100 francs; *idem* de biens immeubles, 4 francs par 100 francs; L. 22 frimaire an VII, *art.* 69, § 5 et 7.

(2) *Droits d'enregistrement* : L. 22 frimaire an VII, *art.* 14, 69, § 3. — Les transferts de rentes sur l'État sont exempts de tout droit; *ibid.*, *art.* 70, § 3.

la cession à lui faite. C. 841, 1597, 1700 (1).

1700. La chose est censée litigieuse dès qu'il y a procès et contestation sur le fond du droit.

1701. La disposition portée en l'article 1699 cesse, — 1° Dans le cas où la cession a été faite à un cohéritier ou copropriétaire du droit cédé ; — 2° Lorsqu'elle a été faite à un créancier en paiement de ce qui lui est dû ; — 3° Lorsqu'elle a été faite au possesseur de l'héritage sujet au droit litigieux.

TITRE VII.

DE L'ÉCHANGE.

(Décrété le 7 mars 1804. Promulgué le 17 du même mois.)

1702. L'échange est un contrat par lequel les parties se donnent respectivement une chose pour une autre (2).

1703. L'échange s'opère par le seul consentement, de la même manière que la vente. C. 711, 1138; *vente*, 1583; *prom. de vente*, 1589.

1704. Si l'un des copermutans a déjà reçu la chose à lui donnée en échange, et qu'il prouve ensuite que l'autre contractant n'est pas propriétaire de cette chose, il ne peut pas être forcé à livrer celle qu'il a promise en contre-échange, mais seulement à rendre celle qu'il a reçue. C. 1612, 1653.

1705. Le copermutant qui est évincé de la chose qu'il a reçue en échange, a le choix de conclure à des dommages et intérêts, ou de répéter sa chose. C. 1142, 1149, 1184, 1610, 1626 s., 1630 s., 1654.

1706. La rescision pour cause de lésion n'a pas lieu dans le contrat d'échange. C. 1674 s., 1683.

1707. Toutes les autres règles prescrites pour le contrat de vente s'appliquent d'ailleurs à l'échange. C. 1582 s.

TITRE VIII.

DU CONTRAT DE LOUAGE.

(Décrété le 7 mars 1804. Promulgué le 17 du même mois.)

CHAPITRE PREMIER.

DISPOSITIONS GÉNÉRALES.

1708. Il y a deux sortes de contrats de louage : — Celui des choses, C. 1709, 1711, 1712, 1713 s. — Et celui d'ouvrage. C. 1710, 1711, 1779 s.

1709. Le louage des choses est un contrat par lequel l'une des parties s'oblige à faire jouir l'autre d'une chose pendant un certain temps, et moyennant un certain prix que celle-ci s'oblige de lui payer. C. 1127 s., 1711, 1712, 1713 s.

1710. Le louage d'ouvrage est un contrat par lequel l'une des parties s'engage à faire quelque chose pour l'autre, moyennant un prix convenu entre elles. C. 1126, 1142 s., 1711, 1779 s.

1711. Ces deux genres de louage se subdivisent encore en plusieurs espèces particulières : — On appelle *bail à loyer*, le louage des maisons et celui des meubles ; C. 1714 s., 1752 s. — *Bail à ferme*, celui des héritages ruraux ; C. 1763 s. — *Loyer*, le louage du travail ou du service ; C. 1779 s. — *Bail à cheptel*, celui des animaux dont le profit se partage entre le propriétaire et celui à qui il les confie. C. 1800 s. — Les *devis*, *marché* ou *prix fait*, pour l'entreprise d'un ouvrage moyennant un prix déterminé, sont aussi un louage, lorsque la matière est fournie par celui pour qui l'ouvrage se fait. C. 1787 s. — Ces trois dernières espèces ont des règles particulières. *V.* Co. 273 s.

1712. Les baux des biens nationaux, des biens des communes et des établissemens publics, sont soumis à des réglemens particuliers. (*Déc.* 12 *août* 1807, L. 25 *mai* 1835.)

---

(1) *Droits d'enregistrement* sur la cession de Droits litigieux : L. 22 frim. an VII, *art.* 69, § 5.

(2) *Droits d'enregistrement* sur l'Échange : L. 22 frimaire an VII, *art.* 14 et 15 ; *art.* 69, § 5 ; L. 16 juin 1824, *art.* 2 ; L. 24 mai 1834, *art.* 16.

CHAPITRE II.

DU LOUAGE DES CHOSES.

1713. On peut louer toutes sortes de biens meubles ou immeubles. C. 1127 s.; *comparez usufruit*, 581 s.; *prêt*, 1878.

SECTION I.

Des Règles communes aux Baux des Maisons et des Biens ruraux (1).

1714. On peut louer, ou par écrit, ou verbalement. C. *diff.*, 1736, 1758, 2102 (2) 1°.

1715. Si le bail fait sans écrit n'a encore reçu aucune exécution, et que l'une des parties le nie, la preuve ne peut être reçue par témoins, quelque modique qu'en soit le prix, et quoiqu'on allègue qu'il y a eu des arrhes données. — Le serment peut seulement être déféré à celui qui nie le bail. C. 1341 s., 1354 s., 1357 s., 1736, 1758, 1774.

1716. Lorsqu'il y aura contestation sur le prix du bail verbal dont l'exécution a commencé, et qu'il n'existera point de quittance, le propriétaire en sera cru sur son serment, si mieux n'aime le locataire demander l'estimation par experts; auquel cas les frais de l'expertise restent à sa charge, si l'estimation excède le prix qu'il a déclaré. C. *serment*, 1357 s., 1366 s. Pr. *experts*, 302 s.

1717. Le preneur a le droit de sous louer, et même de céder son bail à un autre, si cette faculté ne lui a pas été interdite. C. *secùs*, 1763; *comparez usufr.*, 595, 631, 634. — Elle peut être interdite pour le tout ou partie. — Cette clause est toujours de rigueur.

1718. Les articles du titre *du Contrat de mariage et des Droits respectifs des époux*, relatifs aux baux des biens des femmes mariées, sont applicables aux baux des biens des mineurs. C. *usufr.*, 595; *femme mar.*, 1429 s.

1719. Le bailleur est obligé, par la nature du contrat, et sans qu'il soit besoin d'aucune stipulation particulière, — 1° De délivrer au preneur la chose louée; C. 1604 s. — 2° D'entretenir cette chose en état de servir à l'usage pour lequel elle a été louée; C. 1720 s.; *comparez usufr.*, 605 s. — 3° D'en faire jouir paisiblement le preneur pendant la durée du bail. C. *garantie*, 1721; *résolut.*, 1741.

1720. Le bailleur est tenu de délivrer la chose en bon état de réparations de toute espèce. — Il doit y faire, pendant la durée du bail, toutes les réparations qui peuvent devenir nécessaires, autres que les locatives. C. 1721, 1724, 1731, 1741; *répar. locat.*, 1754 s.; *comparez usufr.*, 600, 605 s.

1721. Il est dû garantie au preneur pour tous les vices ou défauts de la chose louée qui en empêchent l'usage, quand même le bailleur ne les aurait pas connus lors du bail. — S'il résulte de ces vices ou défauts quelque perte pour le preneur, le bailleur est tenu de l'indemniser. C. 1641 s., 1719, 1724 s.; *comparez prêt*, 1891. Co. 297. L. 25 *mai* 1838, *art.* 4 1°.

1722. Si, pendant la durée du bail, la chose louée est détruite en totalité par cas fortuit, le bail est résilié de plein droit; si elle n'est détruite qu'en partie, le preneur peut, suivant les circonstances, demander ou une diminution du prix, ou la résiliation même du bail. Dans l'un et l'autre cas, il n'y a lieu à aucun dédommagement. C. 1302 s., 1724, 1730, 1741, 1769; *comparez usufr.*, 617, *prêt*, 1882, 1883. Co. 300, 302 s., 309.

1723. Le bailleur ne peut, pendant la durée du bail, changer la forme de la chose louée. C. 1728 s.; *usufr.*, 678.

1724. Si, durant le bail, la chose

---

(1) *Droits d'enregistrement : L.* 22 frimaire an VII, *art.* 15; *art.* 69, § 7.

(2) *Droits d'enregistrement : L.* 22 frimaire an VII, *art.* 14 et 15; *art.* 69, § 3; *L.* 16 juin 1824, *art.* 1er. — Bail à vie : *L.* 22 frimaire an VII, *art.* 15; *art.* 69, § 7; — L'évaluation des rentes ou fermages stipulés payables en nature, se fait d'après le taux commun des mercuriales des trois dernières années. (*Déc.* 26 avril 1808.)

louée a besoin de réparations urgentes et qui ne puissent être différées jusqu'à sa fin, le preneur doit les souffrir, quelque incommodité qu'elles lui causent, et quoiqu'il soit privé, pendant qu'elles se font, d'une partie de la chose louée. — Mais, si ces réparations durent plus de quarante jours, le prix du bail sera diminué à proportion du temps et de la partie de la chose louée dont il aura été privé. — Si les réparations sont de telle nature qu'elles rendent inhabitable ce qui est nécessaire au logement du preneur et de sa famille, celui-ci pourra faire résilier le bail. C. 1720, 1721. Pr. 135-2°. Co. 296. L. 25 *mai* 1838, *art.* 4 1°.

1725. Le bailleur n'est pas tenu de garantir le preneur du trouble que des tiers apportent par voies de fait à sa jouissance, sans prétendre d'ailleurs aucun droit sur la chose louée; sauf au preneur à les poursuivre en son nom personnel. C. *usufr.*, 613.

1726. Si, au contraire, le locataire ou le fermier ont été troublés dans leur jouissance par suite d'une action concernant la propriété du fonds, ils ont droit à une diminution proportionnée sur le prix du bail à loyer ou à ferme, pourvu que le trouble et l'empêchement aient été dénoncés au propriétaire. C. 1721, 1725, 1727, 1768. Pr. 175 s.

1727. Si ceux qui ont commis les voies de fait, prétendent avoir quelque droit sur la chose louée, ou si le preneur est lui-même cité en justice pour se voir condamner au délaissement de la totalité ou de partie de cette chose, ou à souffrir l'exercice de quelque servitude, il doit appeler le bailleur en garantie, et doit être mis hors d'instance, s'il l'exige, en nommant le bailleur pour lequel il possède. C. 1768; *usufr.*, 614. Pr. 175 s.

1728. Le preneur est tenu de deux obligations principales: — 1° D'user de la chose louée en bon père de famille, et suivant la destination qui lui a été donnée par le bail, ou suivant celle présumée d'après les circonstances, à défaut de convention; C. 1723, 1729 s.; *usufr.*, 578, 601; *prêt*, 1880. — 2° De payer le prix du bail aux termes convenus. C. 1741; *privil.*, 2102 1°; *prescript.*, 2277 s.; Pr. *saisie gagerie*, 819 s.

1729. Si le preneur emploie la chose louée à un autre usage que celui auquel elle a été destinée, ou dont il puisse résulter un dommage pour le bailleur, celui-ci peut, suivant les circonstances, faire résilier le bail. C. 1723, 1728, 1760, 1766; *usufr.*, 618; *prêt*, 1881.

1730. S'il a été fait un état des lieux entre le bailleur et le preneur, celui-ci doit rendre la chose telle qu'il l'a reçue, suivant cet état, excepté ce qui a péri ou a été dégradé par vétusté ou force majeure. C. 1728, 1733, 1735, 1755; *usufr.*, 607; *prêt*, 1883, 1884.

1731. S'il n'a pas été fait d'état des lieux, le preneur est présumé les avoir reçus en bon état de réparations locatives, et doit les rendre tels, sauf la preuve contraire. C. 1720, 1754, 1755. L. 25 *mai* 1838, *art.* 5 2°.

1732. Il répond des dégradations ou des pertes qui arrivent pendant sa jouissance, à moins qu'il ne prouve qu'elles ont eu lieu sans sa faute. C. 1735, 1755; *privil.*, 2102 1°; *usufr.*, 607, 615, 616, 618; *prêt*, 1881, 1882. L. 25 *mai* 1838, *art.* 4 2°.

1733. Il répond de l'incendie, à moins qu'il ne prouve, — Que l'incendie est arrivé par cas fortuit ou force majeure, ou par vice de construction, — Ou que le feu a été communiqué par une maison voisine. C. 855, 1148, 1302, 1384 s., 1722, 1734, 1735; *usufr.*, 607; *prêt*, 1882; *dépôt*, 1929. L. 25 *mai* 1838, *art.* 4 2°. P. 434, 458, 475 12°.

1734. S'il y a plusieurs locataires, tous sont solidairement responsables de l'incendie; — A moins qu'ils ne prouvent que l'incendie a commencé dans l'habitation de l'un d'eux, auquel cas celui-là seul en est tenu; — Ou que quelques-uns ne prouvent que l'incendie n'a pu commencer chez eux, auquel cas ceux-là n'en sont pas tenus.

1735. Le preneur est tenu des dégradations et des pertes qui arrivent par le fait des personnes de sa maison ou de ses sous-locataires. C. 1382 s.,

1584 s. Co. 99. L. 25 mai 1838, art. 4 2°.

1736. Si le bail a été fait sans écrit, l'une des parties ne pourra donner congé à l'autre qu'en observant les délais fixés par l'usage des lieux. C. 1714, 1739, 1759; hérit. rur., 1774, 1775.

1737. Le bail cesse de plein droit à l'expiration du terme fixé, lorsqu'il a été fait par écrit, sans qu'il soit nécessaire de donner congé. C. 1741 s., 1775; usufr., 617; prêt, 1888 s. Pr. 135 3°.

1738. Si, à l'expiration des baux écrits, le preneur reste et est laissé en possession, il s'opère un nouveau bail dont l'effet est réglé par l'article relatif aux locations faites sans écrit. C. 1716, 1739, 1740, 1759, 1776.

1739. Lorsqu'il y a un congé signifié, le preneur, quoiqu'il ait continué sa jouissance, ne peut invoquer la tacite réconduction.

1740. Dans le cas des deux articles précédens, la caution donnée pour le bail ne s'étend pas aux obligations résultant de la prolongation. C. caution, 2015, 2034, 2039.

1741. Le contrat de louage se résout par la perte de la chose louée, et par le défaut respectif du bailleur et du preneur, de remplir leurs engagemens. C. 1184, 1302 s., 1722, 1728, 1760; usufr., 617; prêt, 1881 s.

1742. Le contrat de louage n'est point résolu par la mort du bailleur, ni par celle du preneur. C. 1122, 1795, 2236 s., comparez usufr., 617; prêt, 1879.

1743. Si le bailleur vend la chose louée, l'acquéreur ne peut expulser le fermier ou le locataire qui a un bail authentique ou dont la date est certaine, à moins qu'il ne se soit réservé ce droit par le contrat de bail. C. 1744 s., 1750 s., 1761; date certaine, 1317, 1328; usufr., 621.

1744. S'il a été convenu, lors du bail, qu'en cas de vente l'acquéreur pourrait expulser le fermier ou locataire, et qu'il n'ait été fait aucune stipulation sur les dommages et intérêts, le bailleur est tenu d'indemniser le fermier ou le locataire de la manière suivante.

1745. S'il s'agit d'une maison, appartement ou boutique, le bailleur paie, à titre de dommages et intérêts, au locataire évincé, une somme égale au prix du loyer, pendant le temps qui, suivant l'usage des lieux, est accordé entre le congé et la sortie.

1746. S'il s'agit de biens ruraux, l'indemnité que le bailleur doit payer au fermier, est du tiers du prix du bail pour tout le temps qui reste à courir.

1747. L'indemnité se réglera par experts, s'il s'agit de manufactures, usines, ou autres établissemens qui exigent de grandes avances.

1748. L'acquéreur qui veut user de la faculté réservée par le bail, d'expulser le fermier ou locataire en cas de vente, est, en outre, tenu d'avertir le locataire au temps d'avance usité dans le lieu pour les congés. C. 1736. — Il doit aussi avertir le fermier de biens ruraux, au moins un an à l'avance. C. 1774.

1749. Les fermiers ou les locataires ne peuvent être expulsés qu'ils ne soient payés par le bailleur, ou, à son défaut, par le nouvel acquéreur, des dommages et intérêts ci-dessus expliqués.

1750. Si le bail n'est pas fait par acte authentique, ou n'a point de date certaine, l'acquéreur n'est tenu d'aucuns dommages et intérêts. C. 1317, 1328, 1743 s.

1751. L'acquéreur à pacte de rachat ne peut user de la faculté d'expulser le preneur, jusqu'à ce que, par l'expiration du délai fixé pour le réméré, il devienne propriétaire incommutable. C. 1665.

SECTION II.

Des Règles particulières aux Baux à loyer.

1752. Le locataire qui ne garnit pas la maison de meubles suffisans, peut être expulsé, à moins qu'il ne donne des sûretés capables de répondre du loyer. C. 1741, 1760, 1766, privil., 2102 1°.

1753. Le sous-locataire n'est tenu envers le propriétaire que jusqu'à concurrence du prix de sa sous-location dont il peut être débiteur au moment de la saisie, et sans qu'il puisse opposer des paiemens faits par anticipation. — Les paiemens faits par le sous-locataire, soit en vertu d'une stipulation portée en son bail, soit en conséquence de l'usage des lieux, ne sont pas réputés faits par anticipation. C. 1717. Pr. 820.

1754. Les réparations locatives ou de menu entretien dont le locataire est tenu, s'il n'y a clause contraire, sont celles désignées comme telles par l'usage des lieux, et, entre autres, les réparations à faire, — Aux âtres, contre-cœurs, chambranles et tablettes des cheminées; — Au recrépiment du bas des murailles des appartemens et autres lieux d'habitation, à la hauteur d'un mètre; — Aux pavés et carreaux des chambres, lorsqu'il y en a seulement quelques-uns de cassés; — Aux vitres, à moins qu'elles ne soient cassées par la grêle, ou autres accidens extraordinaires et de force majeure, dont le locataire ne peut être tenu; — Aux portes, croisées, planches de cloison ou de fermeture de boutiques, gonds, targettes et serrures. C. 1720, 1755 s.; *privil.*, 2102 1°; *comparez usufr.*, 606. — L. 25 *mai* 1838, *art.* 5 2°.

1755. Aucune des réparations réputées locatives n'est à la charge des locataires, quand elles ne sont occasionnées que par vétusté ou force majeure. C. 1730 s.

1756. Le curement des puits et celui des fosses d'aisance sont à la charge du bailleur, s'il n'y a clause contraire. C. 1754.

1757. Le bail des meubles fournis pour garnir une maison entière, un corps de logis entier, une boutique, ou tous autres appartemens, est censé fait pour la durée ordinaire des baux de maisons, corps de logis, boutiques ou autres appartemens, selon l'usage des lieux. C. 1159.

1758. Le bail d'un appartement meublé est censé fait à l'année, quand il a été fait à tant par an; — Au mois, quand il a été fait à tant par mois; — Au jour, s'il a été fait à tant par jour. — Si rien ne constate que le bail soit fait à tant par an, par mois ou par jour, la location est censée faite suivant l'usage des lieux. C. 1159, 1736.

1759. Si le locataire d'une maison ou d'un appartement continue sa jouissance après l'expiration du bail par écrit, sans opposition de la part du bailleur, il sera censé les occuper aux mêmes conditions, pour le terme fixé par l'usage des lieux, et ne pourra plus en sortir ni en être expulsé qu'après un congé donné suivant le délai fixé par l'usage des lieux. C. 1738, 1776.

1760. En cas de résiliation par la faute du locataire, celui-ci est tenu de payer le prix du bail pendant le temps nécessaire à la relocation, sans préjudice des dommages et intérêts qui ont pu résulter de l'abus. C. 1729, 1741, 1752, 2102 1°.

1761. Le bailleur ne peut résoudre la location, encore qu'il déclare vouloir occuper par lui-même la maison louée, s'il n'y a eu convention contraire. C. 1743; *comparez prêt*, 1889.

1762. S'il a été convenu dans le contrat de louage que le bailleur pourrait venir occuper la maison, il est tenu de signifier d'avance un congé aux époques déterminées par l'usage des lieux. C. 1748.

SECTION III.

Des Règles particulières aux Baux à ferme.

1763. Celui qui cultive sous la condition d'un partage de fruits avec le bailleur, ne peut ni sous-louer ni céder, si la faculté ne lui en a été expressément accordée par le bail. C. 1237, 1717, 1764; *contr. par corps*, 2062; L. 17 *avril* 1832, *art.* 7.

1764. En cas de contravention, le propriétaire a droit de rentrer en jouissance, et le preneur est condamné aux dommages-intérêts résultant de l'inexécution du bail. C. 1142, 1146 s., 1746 s.

1765. Si, dans un bail à ferme, on donne aux fonds une contenance moindre ou plus grande que celle qu'ils ont réellement, il n'y a lieu à augmentation ou diminution de prix pour le fermier, que dans les cas et suivant les règles exprimés au titre *de la Vente*. C. 1617 s.

1766. Si le preneur d'un héritage rural ne le garnit pas des bestiaux et des ustensiles nécessaires à son exploitation, s'il abandonne la culture, s'il ne cultive pas en bon père de famille, s'il emploie la chose louée à un autre usage que celui auquel elle a été destinée, ou, en général, s'il n'exécute pas les clauses du bail, et qu'il en résulte un dommage pour le bailleur, celui-ci peut, suivant les circonstances, faire résilier le bail. — En cas de résiliation provenant du fait du preneur, celui-ci est tenu des dommages et intérêts, ainsi qu'il est dit en l'art. 1764. C. 1142, 1146, 1729, 1746 s., 1752; *privil.* 2102 1°.

1767. Tout preneur de bien rural est tenu d'engranger dans les lieux à ce destinés d'après le bail. C. 1777, 1778.

1768. Le preneur d'un bien rural est tenu, sous peine de tous dépens, dommages et intérêts, d'avertir le propriétaire des usurpations qui peuvent être commises sur les fonds. — Cet avertissement doit être donné dans le même délai que celui qui est réglé en cas d'assignation, suivant la distance des lieux. C. 1726, 1727; *usufr.*, 614. Pr. 72 s., 175 s., 1033.

1769. Si le bail est fait pour plusieurs années, et que, pendant la durée du bail, la totalité ou la moitié d'une récolte au moins soit enlevée par des cas fortuits, le fermier peut *demander une remise* du prix de sa location, à moins qu'il ne soit indemnisé par les récoltes précédentes. — S'il n'est pas indemnisé, l'estimation de la remise ne peut avoir lieu qu'à la fin du bail, auquel temps il se fait une compensation de toutes les années de jouissance; — Et cependant le juge peut provisoirement dispenser le preneur de payer une partie du prix en raison de la perte soufferte. C. 1722, 1741, 1771 s. — L. 25 *mai* 1838, *art.* 3.

1770. Si le bail n'est que d'une année, et que la perte soit de la totalité des fruits, ou au moins de la moitié, le preneur sera déchargé d'une partie proportionnelle du prix de la location. — Il ne pourra prétendre aucune remise, *si la perte est moindre de moitié*. C. 1769, 1771 s.

1771. Le fermier ne peut obtenir de remise, lorsque la perte des fruits arrive après qu'ils sont séparés de la terre, à moins que le bail ne donne au propriétaire une quotité de la récolte en nature; auquel cas le propriétaire doit supporter sa part de la perte, pourvu que le preneur ne fût pas en demeure de lui délivrer sa portion de récolte. — Le fermier ne peut également demander une remise, lorsque la cause du dommage était existante et connue à l'époque où le bail a été passé.

1772. Le preneur peut être chargé des cas fortuits par une stipulation expresse. C. 1302.

1773. Cette stipulation ne s'entend que des cas fortuits ordinaires, tels que grêle, feu du ciel, gelée ou coulure. — Elle ne s'entend pas des cas fortuits extraordinaires, tels que les ravages de la guerre, ou une inondation, auxquels le pays n'est pas ordinairement sujet, à moins que le preneur n'ait été chargé de tous les cas fortuits *prévus ou imprévus*.

1774. Le bail, sans écrit, d'un fonds rural est censé fait pour le *temps qui est nécessaire* afin que le preneur recueille tous les fruits de l'héritage affermé. — Ainsi le bail à ferme d'un pré, d'une vigne, et de tout autre fonds dont les fruits se recueillent en entier dans le cours de l'année, est censé fait pour un an. — Le bail des terres labourables, lorsqu'elles se divisent par soles ou saisons, est censé fait pour autant d'années qu'il y a de soles. C. 1715, 1736, 1748 1776; *commencement de l'année*, 1871.

1775. Le bail des héritages ruraux, quoique fait sans écrit, cesse de plein droit, à l'expiration du temps pour lequel il est censé fait, selon l'article précédent. 1737, 1776.

1776. Si, à l'expiration des baux ruraux écrits, le preneur reste et est laissé en possession, il s'opère un nouveau bail dont l'effet est réglé par l'art. 1774. C. 1738 s., 1759, 1774.

1777. Le fermier sortant doit lais

ser à celui qui lui succède dans la culture, les logemens convenables et autres facilités pour les travaux de l'année suivante; et réciproquement, le fermier entrant doit procurer à celui qui sort les logemens convenables et autres facilités pour la consommation des fourrages, et pour les récoltes restant à faire. — Dans l'un et l'autre cas, on doit se conformer à l'usage des lieux. C. 1767.

1778. Le fermier sortant doit aussi laisser les pailles et engrais de l'année, s'il les a reçus lors de son entrée en jouissance; et quand même il ne les aurait pas reçus, le propriétaire pourra les retenir suivant l'estimation. C. 524, 1767, 1811, 1819, 2062, 2102 1°. L. 17 *avril* 1832, *art.* 7.

CHAPITRE III.

DU LOUAGE D'OUVRAGE ET D'INDUSTRIE.

1779. Il y a trois espèces principales de louage d'ouvrage et d'industrie: — 1° Le louage des gens de travail qui s'engagent au service de quelqu'un; C. 1780 s. — 2° Celui des voituriers, tant par terre que par eau, qui se chargent du transport des personnes ou des marchandises, C. 1782 s. — 3° Celui des entrepreneurs d'ouvrages par suite de devis ou marchés. C. 1787 s.

SECTION I.

Du Louage des Domestiques et Ouvriers.

1780. On ne peut engager ses services qu'à temps, ou pour une entreprise déterminée. C. 109, *compa rez mandat*, 1984 s. Co. 250 s.

1781. Le maître est cru sur son affirmation: — Pour la quotité des gages; — Pour le paiement du salaire de l'année échue; — Et pour les à-comptes donnés pour l'année courante. C. *legs*, 1023; *sermens*, 1358, 1366; *privil.*, 2101 4°; *prescript.*, 2271, 2272. P. 386 3°. L. 25 *mai* 1838, *art.* 5 3° et 4°.

SECTION II.

Des Voituriers par terre et par eau.

1782. Les voituriers par terre et par eau sont assujettis, pour la garde et la conservation des choses qui leur sont confiées, aux mêmes obligations que les aubergistes, dont il est parlé au titre *du Dépôt et du Séquestre.* C. 1952; *privil.* 2102 6°. Co. 96 s., 103 s., 216, 222 s. L. 25 *mai* 1838, *art.* 2. P. 386 4°, 387, 475 s.

1783. Ils répondent non-seulement de ce qu'ils ont déjà reçu dans leur bâtiment ou voiture, mais encore de ce qui leur a été remis sur le port ou dans l'entrepôt pour être placé dans leur bâtiment ou voiture. C. 1302, 1384 s., 1952 s. Co. 97 s., 103 s., 222.

1784. Ils sont responsables de la perte et des avaries des choses qui leur sont confiées, à moins qu'ils ne prouvent qu'elles ont été perdues et avariées par cas fortuit ou force majeure. C. 1148, 1302, 1384 s. Co. 97 s., 103 s., 229, 230.

1785. Les entrepreneurs de voitures publiques par terre et par eau, et ceux des roulages publics, doivent tenir registre de l'argent, des effets et des paquets dont ils se chargent. C. 1784. Co. 96 s., 101, 107 s., 224.

1786. Les entrepreneurs et directeurs de voitures et roulages publics, les maîtres de barques et navires, sont en outre assujettis à des réglemens particuliers, qui font la loi entre eux et les autres citoyens. Co. 103 s., 216 s., 221 s., 273 s., 281 s., 286 s. P. 386, 387, 475 s.

SECTION III.

Des Devis et des Marchés. (1)

1787. Lorsqu'on charge quelqu'un de faire un ouvrage, on peut convenir qu'il fournira seulement son travail ou son industrie, ou bien qu'il fournira aussi la matière. C. 565 s., 1794, 1795 s.

1788. Si, dans le cas où l'ouvrier fournit la matière, la chose vient à périr, de quelque manière que ce soit, avant d'être livrée, la perte en est pour l'ouvrier, à moins que le maître ne fût en demeure de recevoir la chose. C. 1136 s., 1138, 1146, 1302.

1789. Dans le cas où l'ouvrier four-

(1) *Droits d'enregistrement*: L. 22 frimaire an VII, *art.* 68, § 1er; 69, § 3.

nit seulement son travail ou son industrie, si la chose vient à périr, l'ouvrier n'est tenu que de sa faute. C. 1136 s., 1146 s., 1302, 1382, 1383.

1790. Si, dans le cas de l'article précédent, la chose vient à périr, quoique sans aucune faute de la part de l'ouvrier, avant que l'ouvrage ait été reçu, et sans que le maître fût en demeure de le vérifier, l'ouvrier n'a point de salaire à réclamer, à moins que la chose n'ait péri par le vice de la matière.

1791. S'il s'agit d'un ouvrage à plusieurs pièces ou à la mesure, la vérification peut s'en faire par parties : elle est censée faite pour toutes les parties payées, si le maître paie l'ouvrier en proportion de l'ouvrage fait.

1792. Si l'édifice construit à prix fait, périt en tout ou en partie par le vice de la construction, même par le vice du sol, les architecte et entrepreneur en sont responsables pendant dix ans. C. 2270 ; *privilège*, 2103 4° et 5°, 2110.

1793. Lorsqu'un architecte ou un entrepreneur s'est chargé de la construction à forfait d'un bâtiment, d'après un plan arrêté et convenu avec le propriétaire du sol, il ne peut demander aucune augmentation de prix, ni sous le prétexte de l'augmentation de la main-d'œuvre ou des matériaux, ni sous celui de changemens ou d'augmentations faits sur ce plan, si ces changemens ou augmentations n'ont pas été autorisés par écrit, et le prix convenu avec le propriétaire. C. 2103 4°, 2110.

1794. Le maître peut résilier, par sa seule volonté, le marché à forfait, quoique l'ouvrage soit déjà commencé, en dédommageant l'entrepreneur de toutes ses dépenses, de tous ses travaux, et de tout ce qu'il aurait pu gagner dans cette entreprise.

1795. Le contrat de louage d'ouvrage est dissous par la mort de l'ouvrier, de l'architecte ou entrepreneur. C. 1237, 1742 ; *mandat*, 2003, 2010.

1796. Mais le propriétaire est tenu de payer en proportion du prix porté par la convention, à leur succession la valeur des ouvrages faits et celle des matériaux préparés, lors seulement que ces travaux ou ces matériaux peuvent lui être utiles. C. *mandat*, 1999.

1797. L'entrepreneur répond du fait des personnes qu'il emploie. C. 1384 ; *mandat*, 1994. L. 25 *mai* 1838, *art.* 4 5°.

1798. Les maçons, charpentiers et autres ouvriers qui ont été employés à la construction d'un bâtiment ou d'autres ouvrages faits à l'entreprise, n'ont d'action contre celui pour lequel les ouvrages ont été faits, que jusqu'à concurrence de ce dont il se trouve débiteur envers l'entrepreneur, au moment où leur action est intentée. C. *privil.*, 2103 4° et 5°, 2210, 2270.

1799. Les maçons, charpentiers, serruriers, et autres ouvriers qui font directement des marchés à prix fait, sont astreints aux règles prescrites dans la présente section : ils sont entrepreneurs dans la partie qu'ils traitent.

CHAPITRE IV.

DU BAIL A CHEPTEL. (1)

SECTION I.

Dispositions générales.

1800. Le bail à cheptel est un contrat par lequel l'une des parties donne à l'autre un fonds de bétail pour le garder, le nourrir et le soigner, sous les conditions convenues entre elles. C. 1711, 2062. L. 17 *avril* 1832, *art.* 7.

1801. Il y a plusieurs sortes de cheptels : — Le cheptel simple ou ordinaire, C. 1804 s. — Le cheptel à moitié, C. 1818 s. — Le cheptel donné au fermier ou au colon partiaire. C. 1821 s., 1827 s. — Il y a encore une quatrième espèce de contrat improprement appelé *cheptel*. C. 1831.

1802. On peut donner à cheptel toute espèce d'animaux susceptibles de croît ou de profit pour l'agriculture ou le commerce.

1803. A défaut de conventions particulières, ces contrats se règlent par

(1) *Droits d'enregistrement* : *L.* 22 *frimaire an* VII, *art.* 69, § 1er ; *L.* 16 *juin* 1824, *art.* 1er.

les principes qui suivent. C. 1134, 1811.

SECTION II.

Du Cheptel simple.

1804. Le bail à cheptel simple est un contrat par lequel on donne à un autre des bestiaux à garder, nourrir et soigner, à condition que le preneur profitera de la moitié du croît, et qu'il supportera aussi la moitié de la perte. C. 1811, 1853.

1805. L'estimation donnée au cheptel dans le bail n'en transporte pas la propriété au preneur ; elle n'a d'autre objet que de fixer la perte ou le profit qui pourra se trouver à l'expiration du bail. C. 1810, 1817, 1822.

1806. Le preneur doit les soins d'un bon père de famille à la conservation du cheptel. C. 1728, 1809; *usufr.*, 601; *prêt*, 1880.

1807. Il n'est tenu du cas fortuit que lorsqu'il a été précédé de quelque faute de sa part, sans laquelle la perte ne serait pas arrivée. C. 1772 s., 1809 s.; *usufr.*, 607; *société*, 1850; *prêt*, 1884.

1808. En cas de contestation, le preneur est tenu de prouver le cas fortuit, et le bailleur est tenu de prouver la faute qu'il impute au preneur. C. 1315 s.

1809. Le preneur qui est déchargé par le cas fortuit, est toujours tenu de rendre compte des peaux des bêtes. C. *usufr.*, 616.

1810. Si le cheptel périt en entier sans la faute du preneur, la perte en est pour le bailleur. C. *secùs*, 1825. — S'il n'en périt qu'une partie, la perte est supportée en commun, d'après le prix de l'estimation originaire, et celui de l'estimation à l'expiration du cheptel. C. 1302, 1805, 1807, 1822, 1827; *usufr.*, 616.

1811. On ne peut stipuler, — Que le preneur supportera la perte totale du cheptel, quoique arrivée par cas fortuit et sans sa faute, — Ou qu'il supportera, dans la perte, une part plus grande que dans le profit, — Ou que le bailleur prélèvera, à la fin du bail, quelque chose de plus que le cheptel qu'il a fourni. — Toute convention semblable est nulle. — Le preneur profite seul des laitages, du fumier et du travail des animaux donnés à cheptel. — La laine et le croît se partagent. C. 1804, 1819, 1828; *secùs*, 1825; *société*, 1853 s.

1812. Le preneur ne peut disposer d'aucune bête du troupeau, soit du fonds, soit du croît, sans le consentement du bailleur, qui ne peut lui-même en disposer sans le consentement du preneur.

1813. Lorsque le cheptel est donné au fermier d'autrui, il doit être notifié au propriétaire de qui ce fermier tient ; sans quoi il peut le saisir et le faire vendre pour ce que son fermier lui doit. C. *privil.*, 2102 1°. Pr. 819 s.

1814. Le preneur ne pourra tondre sans en prévenir le bailleur. C. 1811.

1815. S'il n'y a pas de temps fixé par la convention pour la durée du cheptel, il est censé fait pour trois ans. C. 1774; *comparez société*, 1844.

1816. Le bailleur peut en demander plus tôt la résolution, si le preneur ne remplit pas ses obligations. C. 1184, 1741; *comparez société*, 1865 5°.

1817. A la fin du bail, ou lors de sa résolution, il se fait une nouvelle estimation du cheptel. — Le bailleur peut prélever des bêtes de chaque espèce, jusqu'à concurrence de la première estimation : l'excédant se partage. — S'il n'existe pas assez de bêtes pour remplir la première estimation, le bailleur prend ce qui reste, et les parties se font raison de la perte. C 1805, 1810, 1826.

SECTION III.

Du Cheptel à moitié.

1818. Le cheptel à moitié est une société dans laquelle chacun des contractans fournit la moitié des bestiaux, qui demeurent communs pour le profit ou pour la perte. C. 1842 s., 1853.

1819. Le preneur profite seul, comme dans le cheptel simple, des laitages, du fumier et des travaux des bêtes. — Le bailleur n'a droit qu'à la moitié des laines et du croît. — Toute convention contraire est nulle, à moins que le bailleur ne soit propriétaire de la métairie dont le preneur est fermier ou colon partiaire. C. 1804, 1811, 1863.

1820. Toutes les autres règles du cheptel simple s'appliquent au cheptel à moitié. C. 1805 s.

SECTION IV.

Du Cheptel donné par le Propriétaire à son Fermier ou Colon partiaire.

§ Ier. *Du Cheptel donné au Fermier.*

1821. Ce cheptel (aussi appelé *cheptel de fer*) est celui par lequel le propriétaire d'une métairie la donne à ferme, à la charge qu'à l'expiration du bail, le fermier laissera des bestiaux d'une valeur égale au prix de l'estimation de ceux qu'il aura reçus. C. 2062.

1822. L'estimation du cheptel donné au fermier ne lui en transfère pas la propriété, mais néanmoins le met à ses risques. C. 1805, 1825 s., 2102 1°; *prêt*, 1883.

1823. Tous les profits appartiennent au fermier pendant la durée de son bail, s'il n'y a convention contraire. C. 1804, 1819; *usufr.*, 582 s.

1824. Dans les cheptels donnés au fermier, le fumier n'est point dans les profits personnels des preneurs, mais appartient à la métairie, à l'exploitation de laquelle il doit être uniquement employé. C. 524, 1778.

1825. La perte, même totale et par cas fortuit, est en entier pour le fermier, s'il n'y a convention contraire. C. 1822 s.; *secüs*, 1810 s., 1818, 1827.

1826. A la fin du bail, le fermier ne peut retenir le cheptel en en payant l'estimation originaire; il doit en laisser un de valeur pareille à celui qu'il a reçu. — S'il y a du déficit, il doit le payer; et c'est seulement l'excédant qui lui appartient. C. 1817, 1822, 2062. L. 17 *avril* 1832, *art.* 7; *comparez* C. *usufr.*, 616 s.

§ II. *Du Cheptel donné au Colon partiaire.*

1827. Si le cheptel périt en entier sans la faute du colon, la perte est pour le bailleur. C. 1807 s., 1810, 1828; *secüs*, 1825; *usufr.*, 615 s.

1828. On peut stipuler que le colon délaissera au bailleur sa part de la toison à un prix inférieur à la valeur ordinaire; — Que le bailleur aura une plus grande part du profit; — Qu'il aura la moitié des laitages: — Mais on ne peut pas stipuler que le colon sera tenu de toute la perte. C. 1805, 1811, 1819; *société*, 1855 s.

1829. Ce cheptel finit avec le bail à métairie. C. 1737 s., 1774 s.

1830. Il est d'ailleurs soumis à toutes les règles du cheptel simple. C. 1804 s.

SECTION V.

Du Contrat improprement appelé Cheptel.

1831. Lorsqu'une ou plusieurs vaches sont données pour les loger et les nourrir, le bailleur en conserve la propriété: il a seulement le profit des veaux qui en naissent.

TITRE IX.

DU CONTRAT DE SOCIÉTÉ. (1)

(Décrété le 8 mars 1804, promulgué le 18 du même mois.)

CHAPITRE PREMIER.

DISPOSITIONS GÉNÉRALES.

1832. La société est un contrat par lequel deux ou plusieurs personnes conviennent de mettre quelque chose en commun, dans la vue de partager le bénéfice qui pourra en résulter. C. à 102, 1103. Pr. *Où les associés doivent être cités*, 59 2°, 159; *sociétés de commerce*, C. 1873; Co. 18 s.

1833. Toute société doit avoir un objet licite, et être contractée pour l'intérêt commun des parties. C. 6, 1108, 1126 s., 1133. — Chaque associé doit y apporter ou de l'argent, ou d'autres biens, ou son industrie. C. 1845 s., 1855.

1834. Toutes sociétés doivent être rédigées par écrit, lorsque leur objet est d'une valeur de plus de cent cin-

(1) *Droits d'enregistrement*: L. 22 frimaire an VII, *art.* 68, § 3; L. 28 avril 1816, *art.* 45.

quante francs. — La preuve testimoniale n'est point admise contre et outre le contenu en l'acte de société, ni sur ce qui serait allégué avoir été dit avant, lors ou depuis cet acte, encore qu'il s'agisse d'une somme ou valeur moindre de cent cinquante francs. C. 1325, 1341, 1347, *prorogation*, 1866. Co. 39 s., 49 s.

CHAPITRE II.

DES DIVERSES ESPÈCES DE SOCIÉTÉS.

1835. Les sociétés sont universelles ou particulières. C. 1836 s., 1841 s.

SECTION I.

Des Sociétés universelles.

1836. On distingue deux sortes de sociétés universelles, la société de tous biens présens, et la société universelle de gains.

1837. La société de tous biens présens est celle par laquelle les parties mettent en commun tous les biens meubles et immeubles qu'elles possèdent actuellement, et les profits qu'elles pourront en tirer. — Elles peuvent aussi y comprendre toute autre espèce de gains; mais les biens qui pourraient leur avenir par succession, donation ou legs, n'entrent dans cette société que pour la jouissance : toute stipulation tendant à y faire entrer la propriété de ces biens est prohibée, sauf entre époux, et conformément à ce qui est réglé à leur égard. C. 1130, 1526.

1838. La société universelle de gains renferme tout ce que les parties acquerront par leur industrie, à quelque titre que ce soit, pendant le cours de la société : les meubles que chacun des associés possède au temps du contrat, y sont aussi compris; mais leurs immeubles personnels n'y entrent que pour la jouissance seulement. C. 1847, 1853.

1839. La simple convention de société universelle, faite sans autre explication, n'emporte que la société universelle de gains.

1840. Nulle société universelle ne peut avoir lieu qu'entre personnes respectivement capables de se donner ou de recevoir l'une de l'autre, et auxquelles il n'est point défendu de s'avantager au préjudice d'autres personnes. C. 854, 906 s., 913 s., 1098 s., 1496, 1527.

SECTION II.

De la Société particulière.

1841. La société particulière est celle qui ne s'applique qu'à certaines choses déterminées, ou à leur usage, ou aux fruits à en percevoir. C. 1126, 1127. Co. 18 s.

1842. Le contrat par lequel plusieurs personnes s'associent, soit pour une entreprise désignée, soit pour l'exercice de quelque métier ou profession, est aussi une société particulière. C. 1873. Co. 18 s. P. 291 s., L. 10 *avril* 1834, *art.* 1er.

CHAPITRE III.

DES ENGAGEMENS DES ASSOCIÉS ENTRE EUX ET A L'ÉGARD DES TIERS.

SECTION I.

Des engagemens des Associés entre eux.

1843. La société commence à l'instant même du contrat, s'il ne désigne une autre époque.

1844. S'il n'y a pas de convention sur la durée de la société, elle est censée contractée pour toute la vie des associés, sous la modification portée en l'article 1869; ou, s'il s'agit d'une affaire dont la durée soit limitée, pour tout le temps que doit durer cette affaire. C. *fin de la société*, 1865 s.

1845. Chaque associé est débiteur envers la société, de tout ce qu'il a promis d'y apporter. C. 1833, 1846 s. — Lorsque cet apport consiste en un corps certain, et que la société en est évincée, l'associé en est garant envers la société, de la même manière qu'un vendeur l'est envers son acheteur. C. 1625 s., 1851 s., 1867.

1846. L'associé qui devait apporter une somme dans la société, et qui ne l'a point fait, devient, de plein droit et sans demande, débiteur des intérêts de cette somme, à compter du jour où elle devait être payée. — Il en est de même à l'égard des sommes qu'il a prises dans la caisse sociale, à compter du jour où il les en a tirées pour son profit particulier. — Le tout sans préjudice de plus amples dommages-intérêts, s'il y a lieu. C. 1149, 1153 s.

1847. Les associés qui se sont soumis à apporter leur industrie à la société, lui doivent compte de tous les gains qu'ils ont faits par l'espèce d'industrie qui est l'objet de cette société. C. 1858, *parts des associés*, 1853 s.

1848. Lorsque l'un des associés est, pour son compte particulier, créancier d'une somme exigible envers une personne qui se trouve aussi devoir à la société une somme également exigible, l'imputation de ce qu'il reçoit de ce débiteur, doit se faire sur la créance de la société et sur la sienne dans la proportion des deux créances, encore qu'il eût par sa quittance dirigé l'imputation intégrale sur sa créance particulière; mais s'il a exprimé dans sa quittance que l'imputation serait faite en entier sur la créance de la société, cette stipulation sera exécutée. C. *imputat.*, 1253 s., 1849.

1849. Lorsqu'un des associés a reçu sa part entière de la créance commune, et que le débiteur est depuis devenu insolvable, cet associé est tenu de rapporter à la masse commune ce qu'il a reçu, encore qu'il eût spécialement donné quittance *pour sa part*.

1850. Chaque associé est tenu envers la société, des dommages qu'il lui a causés par sa faute, sans pouvoir compenser avec ces dommages les profits que son industrie lui aurait procurés dans d'autres affaires. C. *dommages*, 1146 s., 1382, 1383; *compensation*, 1291 s.

1851. Si les choses dont la jouissance seulement a été mise dans la société sont des corps certains et déterminés, qui ne se consomment point par l'usage, elles sont aux risques de l'associé propriétaire. — Si ces choses se consomment, si elles se détériorent en les gardant, si elles ont été destinées à être vendues, ou si elles ont été mises dans la société sur une estimation portée par un inventaire, elles sont aux risques de la société. — Si la chose a été estimée, l'associé ne peut répéter que le montant de son estimation. C. *perte de la chose*, 1302 s., 1845, 1867.

1852. Un associé a action contre la société, non-seulement à raison des sommes qu'il a déboursées pour elle, mais encore à raison des obligations qu'il a contractées de bonne foi pour les affaires de la société, et des risques inséparables de sa gestion. C. 1375, 1998 s.

1853. Lorsque l'acte de société ne détermine point la part de chaque associé dans les bénéfices ou pertes, la part de chacun est en proportion de sa mise dans le fonds de la société. — A l'égard de celui qui n'a apporté que son industrie, sa part dans les bénéfices ou dans les pertes est réglée comme si sa mise eût été égale à celle de l'associé qui a le moins apporté. C. 1832, 1838, 1846 s., 1863.

1854. Si les associés sont convenus de s'en rapporter à l'un d'eux ou à un tiers pour le règlement des parts, ce règlement ne peut être attaqué s'il n'est évidemment contraire à l'équité. C. *vente*, 1592. — Nulle réclamation n'est admise à ce sujet, s'il s'est écoulé plus de trois mois depuis que la partie qui se prétend lésée a eu connaissance du règlement, ou si ce règlement a reçu de sa part un commencement d'exécution.

1855. La convention qui donnerait à l'un des associés la totalité des bénéfices, est nulle. — Il en est de même de la stipulation qui affranchirait de toute contribution aux pertes, les sommes ou effets mis dans le fonds de la société par un ou plusieurs des associés. C. 1832; *cheptel*, 1811, 1819, 1823, 1825, 1828.

1856. L'associé chargé de l'administration par une clause spéciale du contrat de société, peut faire, nonobstant l'opposition des autres associés, tous les actes qui dépendent de son administration, pourvu que ce soit sans fraude. — Ce pouvoir ne peut être révoqué sans cause légitime, tant que la société dure; mais s'il n'a été donné que par acte postérieur au contrat de société, il est révocable comme un simple mandat. C. 1857 s., 1862, 1991 s.

1857. Lorsque plusieurs associés sont chargés d'administrer, sans que leurs fonctions soient déterminées, ou sans qu'il ait été exprimé que l'un ne pourrait agir sans l'autre, ils peuvent faire chacun séparément tous les actes de cette administration. C. 1995.

1858. S'il a été stipulé que l'un des administrateurs ne pourra rien faire sans l'autre, un seul ne peut, sans une nouvelle convention, agir en l'absence de l'autre, lors même que celui ci serait dans l'impossibilité actuelle de concourir aux actes d'administration. C. 1852 s., 1862, 1989.

1859. A défaut de stipulations spéciales sur le mode d'administration, l'on suit les règles suivantes : — 1° les associés sont censés s'être donné réciproquement le pouvoir d'administrer l'un pour l'autre. Ce que chacun fait est valable même pour la part de ses associés, sans qu'il ait pris leur consentement; sauf le droit qu'ont ces derniers, ou l'un d'eux, de s'opposer à l'opération avant qu'elle soit conclue. C. 1856 s., 1862 s. — 2° Chaque associé peut se servir des choses appartenant à la société, pourvu qu'il les emploie à leur destination fixée par l'usage, et qu'il ne s'en serve pas contre l'intérêt de la société, ou de manière à empêcher ses associés d'en user selon leur droit. C. 1846. — 3° Chaque associé a le droit d'obliger ses associés à faire avec lui les dépenses qui sont nécessaires pour la conservation des choses de la société. C. 1375, 2102 3° — 4° L'un des associés ne peut faire d'innovations sur les immeubles dépendans de la société, même quand il les soutiendrait avantageuses à cette société, si les autres associés n'y consentent. C. 1988.

1860. L'associé qui n'est point administrateur, ne peut aliéner ni engager les choses même mobilières qui dépendent de la société.

1861. Chaque associé peut, sans le consentement de ses associés, s'associer une tierce personne relativement à la part qu'il a dans la société : il ne peut pas, sans ce consentement, l'associer à la société, lors même qu'il en aurait l'administration.

SECTION II.

Des Engagemens des Associés à l'égard des Tiers.

1862. Dans les sociétés autres que celles de commerce, les associés ne sont pas tenus solidairement des dettes sociales, et l'un des associés ne peut obliger les autres si ceux-ci ne lui en ont conféré le pouvoir. C. 1858, 1859, 1875, 1989. Co. 22 s.

1863. Les associés sont tenus envers le créancier avec lequel ils ont contracté, chacun pour une somme et part égales, encore que la part de l'un d'eux dans la société fût moindre, si l'acte n'a pas spécialement restreint l'obligation de celui-ci sur le pied de cette dernière part. C. *comparez* 873.

1864. La stipulation que l'obligation est contractée pour le compte de la société, ne lie que l'associé contractant et non les autres, à moins que ceux-ci ne lui aient donné pouvoir, ou que la chose n'ait tourné au profit de la société. C. 1859 s.; *comparez* 1239, 1312, 1375.

CHAPITRE IV.

DES DIFFÉRENTES MANIÈRES DONT FINIT LA SOCIÉTÉ.

1865. La société finit, — 1° Par l'expiration du temps pour lequel elle a été contractée; 2° Par l'extinction de la chose, ou la consommation de la négociation; — 3° Par la mort naturelle de quelqu'un des associés; — 4° Par la mort civile, l'interdiction ou la déconfiture de l'un d'eux; — 5° Par la volonté qu'un seul ou plusieurs expriment de n'être plus en société. C. 1844, 1867, 1871. Co. 437 s.

1866. La prorogation d'une société à temps limité ne peut être prouvée que par un écrit revêtu des mêmes formes que le contrat de société. C. 1834. Co. 46, 49.

1867. Lorsque l'un des associés a promis de mettre en commun la propriété d'une chose, la perte survenue avant que la mise en soit effectuée, opère la dissolution de la société par rapport à tous les associés. — La société est également dissoute dans tous les cas par la perte de la chose, lorsque la jouissance seule a été mise en commun, et que la propriété en est restée dans la main de l'associé. — Mais la société n'est pas rompue par la perte de la chose dont la propriété a déjà été apportée à la société. C. 1845, 1851; *comparez* 1138.

1868. S'il a été stipulé qu'en cas de mort de l'un des associés, la société continuerait avec son héritier, ou seulement entre les associés survivans, ces dispositions seront suivies : au second cas, l'héritier du *décédé* n'a droit qu'au partage de la société, eu égard à la situation de cette société *lors du décès*, et ne participe aux droits ultérieurs qu'autant qu'ils sont une suite nécessaire de ce qui s'est fait avant la mort de l'associé auquel il succède. C. 1865.

1869. La dissolution de la société par la volonté de l'une des parties ne s'applique qu'aux sociétés dont la durée est illimitée, et s'opère par une renonciation notifiée à tous les associés, pourvu que cette *renonciation* soit de bonne foi, et *non faite à contre-temps*. C. 2841, 1844, 1865, 1870.

1870. La *renonciation* n'est pas de bonne foi lorsque l'associé renonce pour s'approprier à lui seul le profit que les associés s'étaient proposé de retirer en commun. C. 2268. — Elle est faite à contre temps lorsque les choses ne sont plus entières, et qu'il importe à la société que sa dissolution soit différée.

1871. La dissolution des sociétés à terme ne peut être demandée par l'un des associés avant le terme convenu, qu'autant qu'il y en a de justes motifs, comme lorsqu'un autre associé manque à ses engagemens, ou qu'une infirmité habituelle le rend inhabile aux affaires de la société, ou autres cas semblables, dont la légitimité et la gravité sont laissées à l'arbitrage des juges. C. 1865, 1869.

1872. Les règles concernant le partage des successions, la forme de ce partage, et les obligations qui en résultent entre les cohéritiers, s'appliquent aux partages entre associés. C. 815 s., 870 s., 883 s., 887 s., 1686 s., 2103 3°, 2109. Pr. 966 s.

Disposition relative aux Sociétés de commerce.

1873. Les dispositions du présent titre ne s'appliquent aux sociétés de commerce que dans les points qui n'ont rien de contraire aux lois et usages du commerce. Co. 18 s.

TITRE X.

DU PRÊT. (1)

(Décrété le 9 mars 1804. Promulgué le 19 du même mois.)

1874. Il y a deux sortes de prêt : — Celui des choses dont on peut user sans les détruire, — Et celui des choses qui se consomment par l'usage qu'on en fait. — La première espèce s'appelle *prêt à usage*, ou *commodat* ; C. 1875 s. — La deuxième s'appelle *prêt de consommation*, ou simplement *prêt*. C. 1892 s.

CHAPITRE PREMIER.

DU PRÊT A USAGE OU COMMODAT.

SECTION I.

De la nature du Prêt à usage.

1875. Le prêt à usage ou commodat est un contrat par lequel l'une des parties livre une chose à l'autre pour s'en servir, à la charge par le preneur de la rendre après s'en être servi. C. 1245 s., 1885.

1876. Ce prêt est essentiellement gratuit. C. *comp. louage des ch.*, 1709.

1877. Le prêteur demeure propriétaire de la chose prêtée. C. 1880, 1885 ; *prêt de consommation*, 1893.

1878. Tout ce qui est dans le commerce, et qui ne se consomme pas par l'usage, peut être l'objet de cette convention. C. 1128, 1894.

1879. Les engagemens qui se forment par le commodat, passent aux héritiers de celui qui prête, et aux héritiers de celui qui emprunte. — Mais si l'on n'a prêté qu'en considération de l'emprunteur, et à lui personnellement, alors ses héritiers ne peuvent continuer de jouir de la chose prêtée. C. 1122.

SECTION II.

Des Engagemens de l'Emprunteur.

1880. L'emprunteur est tenu de

(1) *Droits d'enregistrement* : *L.* 22 frimaire an VII, *art.* 69, § 3.

veiller en bon père de famille à la garde et à la conservation de la chose prêtée. Il ne peut s'en servir qu'à l'usage déterminé par sa nature ou par la convention ; le tout à peine de dommages-intérêts, s'il y a lieu. C. *garde*, *conserv.*, 1137 s. ; *domm. et int.*, 1119 s. ; *comparez usufr.*, 578 s. ; *louage*, 1728 s.

1881. Si l'emprunteur emploie la chose à un autre usage, ou pour un temps plus long qu'il ne le devait, il sera tenu de la perte arrivée, même par cas fortuit. C. 1245 ; *perte*, 1302 s., 1883, *usufr.*, 618 ; *louage*, 1729 ; *dépôt*, 1930.

1882. Si la chose prêtée périt par cas fortuit dont l'emprunteur aurait pu la garantir en employant la sienne propre, ou si, ne pouvant conserver que l'une des deux, il a préféré la sienne, il est tenu de la perte de l'autre. C. 1137 ; *cas fortuit*, 1148 ; *comparez dépôt*, 1927.

1883 Si la chose a été estimée en la prêtant, la perte qui arrive, même par cas fortuit, est pour l'emprunteur, s'il n'y a convention contraire. C. 1822, 1851 ; *comparez* 1148, 1877.

1884. Si la chose se détériore par le seul effet de l'usage pour lequel elle a été empruntée, et sans aucune faute de la part de l'emprunteur, il n'est pas tenu de la détérioration. C. 1245. 1382 s. ; *usufr.*, 589, 607 ; *louage*, 1730, 1732.

1885. L'emprunteur ne peut pas retenir la chose par compensation de ce que le prêteur lui doit. C. 1243 s., 1293.

1886. Si, pour user de la chose, l'emprunteur a fait quelque dépense, il ne peut pas la répéter. C. 1136 s., 1876, 1890.

1887. Si plusieurs ont conjointement emprunté la même chose, ils en sont solidairement responsables envers le prêteur. C. 1202, 1221 2°, 1222, 1225.

SECTION III.

Des Engagemens de celui qui prête à usage.

1888. Le prêteur ne peut retirer la chose prêtée qu'après le terme convenu, ou, à défaut de convention, qu'après qu'elle a servi à l'usage pour lequel elle a été empruntée. C. 1185, 1889, 1899.

1889. Néanmoins, si, pendant ce délai, ou avant que le besoin de l'emprunteur ait cessé, il survient au prêteur un besoin pressant et imprévu de sa chose, le juge peut, suivant les circonstances, obliger l'emprunteur à la lui rendre. C. *secùs*, 1186 ; *louage*, 1761, 1762.

1890. Si, pendant la durée du prêt, l'emprunteur a été obligé, pour la conservation de la chose, à quelque dépense extraordinaire, nécessaire, et tellement urgente qu'il n'ait pas pu en prévenir le prêteur, celui-ci sera tenu de la lui rembourser. C 1136 s., 1375, 1381, 1877, 1886, 1947, 2102 3°.

1891. Lorsque la chose prêtée a des défauts tels, qu'elle puisse causer du préjudice à celui qui s'en sert, le prêteur est responsable, s'il connaissait les défauts et n'en a pas averti l'emprunteur. C. 1382 s., 1641 s., 1721, 1898.

CHAPITRE II.

DU PRÊT DE CONSOMMATION, OU SIMPLE PRÊT.

SECTION I.

De la nature du Prêt de consommation.

1892. Le prêt de consommation est un contrat par lequel l'une des parties livre à l'autre une certaine quantité de choses qui se consomment par l'usage, à la charge par cette dernière de lui en rendre autant de même espèce et qualité. C. 1246 s., 1902 s. ; *usufr.* ; 587.

1893. Par l'effet de ce prêt, l'emprunteur devient le propriétaire de la chose prêtée ; et c'est pour lui qu'elle périt, de quelque manière que cette perte arrive. C. 1877, 1894.

1894. On ne peut pas donner à titre de prêt de consommation, des choses qui, quoique de même espèce, diffèrent dans l'individu, comme les animaux : alors c'est un prêt à usage. C. 1878 ; *comparez* 1896 s.

1895. L'obligation qui résulte d'un prêt en argent, n'est toujours que de la somme numérique énoncée au contrat. — S'il y a eu augmentation ou diminution d'espèces avant l'époque du paiement, le débiteur doit rendre la somme numérique prêtée, et ne doit rendre que cette somme dans les espèces ayant cours au moment du paiement. C. 1896 s.

1896. La règle portée en l'article précédent n'a pas lieu, si le prêt a été fait en lingots. C. 1243.

1897. Si ce sont des lingots ou des denrées qui ont été prêtés, quelle que soit l'augmentation ou la diminution de leur prix, le débiteur doit toujours rendre la même quantité et qualité, et ne doit rendre que cela. C. 1245, 1246 s.

SECTION II.

Des Obligations du Prêteur.

1898. Dans le prêt de consommation, le prêteur est tenu de la responsabilité établie par l'art. 1891 pour le prêt à usage.

1899. Le prêteur ne peut pas redemander les choses prêtées, avant le terme convenu. C. *Dispos. analogues*, 1185 s., 1888 s., 1902.

1900. S'il n'a pas été fixé de terme pour la restitution, le juge peut accorder à l'emprunteur un délai suivant les circonstances. C. 1185, s., 1244, 1888, 1915. Pr. 122, 124 s. Co. 444.

1901. S'il a été seulement convenu que l'emprunteur paierait quand il le pourrait, ou quand il en aurait les moyens, le juge lui fixera un terme de paiement suivant les circonstances. C. 1244. Pr. 122, 124 s. Co. 444.

SECTION III.

Des Engagemens de l'Emprunteur.

1902. L'emprunteur est tenu de rendre les choses prêtées, en même quantité et qualité, et au terme convenu. C. *terme*, 1185; *lieu*, 1247; *quantité*, *qualité*, 1892, 1244; *intérêt*, 1904: *usufr.*, 587.

1903. S'il est dans l'impossibilité d'y satisfaire, il est tenu d'en payer la valeur eu égard au temps et au lieu où la chose devait être rendue d'après la convention. — Si ce temps et ce lieu n'ont pas été réglés, le paiement se fait au prix du temps et du lieu où l'emprunt a été fait. C. *usufr.*, 587.

1904. Si l'emprunteur ne rend pas les choses prêtées ou leur valeur au terme convenu, il en doit l'intérêt du jour de la demande en justice. C. 1153 s., 1905 s.

CHAPITRE III.

DU PRÊT A INTÉRÊT.

1905. Il est permis de stipuler des intérêts pour simple prêt, soit d'argent, soit de denrées, ou autres choses mobilières. C. 1152, 1153 s.; *prescript.*, 2277.

1906. L'emprunteur qui a payé des intérêts qui n'étaient pas stipulés, ne peut ni les répéter ni les imputer sur le capital. C. 1235, 1254, 1376.

1907. L'intérêt est légal ou conventionnel. L'intérêt légal est fixé par la loi. (L. 3 *sept.* 1807, *app.*) — L'intérêt conventionnel peut excéder celui de la loi, toutes les fois que la loi ne le prohibe pas. Le taux de l'intérêt conventionnel doit être fixé par écrit. C. *intérêt légal*, 456, 474, 856, 1153, 1207, 1440, 1473, 1548, 1570, 1620, 1652, 1682, 1846, 2001, 2028; *intérêt pouvant excéder le taux lég.*, 1846, 2028. Co. 177 s. C. *intérêts judic. ou morat.*, 1153, 1207, 1479, 1904, 1936. Pr. 57. Co. 184, 185, 187. C. *intérêts d'intérêts*, 1154, 1155.

1908. La quittance du capital donnée sans réserve des intérêts, en fait présumer le paiement, et en opère la libération. C. 1253, 1254; *présompt.*, 1350, 1352.

1909. On peut stipuler un intérêt moyennant un capital que le prêteur s'interdit d'exiger, C. 1907, 1976. — Dans ce cas, le prêt prend le nom de *constitution de rente*. C. 529, 1106; *rente constituée pour prix d'un meuble ou d'un immeuble*, 530, 1968; *à titre gratuit*, 1969 s.

1910. Cette rente peut être constituée de deux manières, en perpétuel ou en viager. C. 1911 s., 1968 s. (1)

---

(1) *Droits d'enregistrement*: L. 22 frimaire an VII. — Assiette du droit;

1911. La rente constituée en perpétuel est essentiellement rachetable. — Les parties peuvent seulement convenir que le rachat ne sera pas fait avant un délai qui ne pourra excéder dix ans, ou sans avoir averti le créancier au terme d'avance qu'elles auront déterminé. C. 530, 1187.

1912. Le débiteur d'une rente constituée en perpétuel, peut être contraint au rachat, — 1° S'il cesse de remplir ses obligations pendant deux années; C. 1139, 1247. — 2° S'il manque à fournir au prêteur les sûretés promises par le contrat. C. 1184; *comparez* 1977, 1978.

1913. Le capital de la rente constituée en perpétuel devient aussi exigible en cas de faillite ou de déconfiture du débiteur. C. 1188, 2032. Pr. 124. Co. 444.

1914. Les règles concernant les rentes viagères sont établies au titre *des Contrats aléatoires*. C. 1964, 1968.

TITRE XI.

DU DÉPÔT ET DU SÉQUESTRE.

(Décrété le 14 mars 1804. Promulgué le 24 du même mois.)

CHAPITRE I.

DU DÉPÔT EN GÉNÉRAL ET DE SES DIVERSES ESPÈCES.

1915. Le dépôt, en général, est un acte par lequel on reçoit la chose d'autrui, à la charge de la garder et de la restituer en nature. C. 1127, 1932.

1916. Il y a deux espèces de dépôts; le dépôt proprement dit, et le séquestre. C. 1917 s., 1955 s.

CHAPITRE II.

DU DÉPÔT PROPREMENT DIT.

SECTION I.

De la nature et de l'essence du Contrat de dépôt.

1917. Le dépôt proprement dit est un contrat essentiellement gratuit. C. 1105, 1936; *secùs*, 1928; *séquestre*, 1957.

1918. Il ne peut avoir pour objet que des choses mobilières. C. 1959.

1919. Il n'est parfait que par la tradition réelle ou feinte de la chose déposée. — La tradition feinte suffit, quand le dépositaire se trouve déjà nanti, à quelque autre titre, de la chose que l'on consent à lui laisser à titre de dépôt. C. 1606 s.

1920. Le dépôt est volontaire ou nécessaire. C. 1921 s., 1949 s.

SECTION II.

Du Dépôt volontaire.

1921. Le dépôt volontaire se forme par le consentement réciproque de la personne qui fait le dépôt et de celle qui le reçoit. C. 1108 s.

1922. Le dépôt volontaire ne peut régulièrement être fait que par le propriétaire de la chose déposée, ou de son consentement exprès ou tacite. C. 1938.

1923. Le dépôt volontaire doit être prouvé par écrit. La preuve testimoniale n'en est point reçue pour valeur excédant cent cinquante francs. C. 1317 s., 1341 s., 1347 s., 1354 s., 1357 s. (1)

1924. Lorsque le dépôt, étant au-dessus de cent cinquante francs, n'est point prouvé par écrit, celui qui est attaqué comme dépositaire, en est

---

ibid. art. 14. — Constitution à titre onéreux; *ibid. art.* 69, § 5. — A titre gratuit : V. *Donations entre-vifs et Testamens.*

(1) Il est défendu, à peine de dix francs d'amende, à tout notaire ou greffier, de recevoir aucun acte en dépôt sans dresser acte du dépôt. Sont exceptés les testamens déposés chez les notaires par les testateurs; *L.* 22 frimaire an VII, *art.* 43; *L.* 16 juin 1824, *art.* 10. — Les actes de dépôt que rédigent les greffiers sont portés sur un registre spécial; *Déc.* 12 juillet 1808, *art.* 2. — *Droits d'enregistrement* pour les dépôts faits chez de officiers publics : *L.* 22 frimaire an VII, *art.* 68, § 1er; *L.* 28 avril 1816, *art.* 43.

cru sur sa déclaration, soit pour le fait même du dépôt, soit pour la chose qui en faisait l'objet, soit pour le fait de sa restitution. C. 1357 s., 1366; *comparez louage*, 1716.

1925. Le dépôt volontaire ne peut avoir lieu qu'entre personnes capables de contracter. — Néanmoins, si une personne capable de contracter accepte le dépôt fait par une personne incapable, elle est tenue de toutes les obligations d'un véritable dépositaire; elle peut être poursuivie par le tuteur ou administrateur de la personne qui a fait le dépôt. C. 1108, 1123 s.

1926. Si le dépôt a été fait par une personne capable à une personne qui ne l'est pas, la personne qui a fait le dépôt n'a que l'action en revendication de la chose déposée, tant qu'elle existe dans la main du dépositaire, ou une action en restitution jusqu'à concurrence de ce qui a tourné au profit de ce dernier. C. 1125 s., 1305, 1312. Pr. 826 s.

SECTION III.

Des Obligations du Dépositaire.

1927. Le dépositaire doit apporter, dans la garde de la chose déposée, les mêmes soins qu'il apporte dans la garde des choses qui lui appartiennent. C. 1137; *comparez prêt*, 1880 s.

1928. La disposition de l'article précédent doit être appliquée avec plus de rigueur, 1° Si le dépositaire s'est offert lui-même pour recevoir le dépôt; 2° S'il a stipulé un salaire pour la garde du dépôt; 3° Si le dépôt a été fait uniquement pour l'intérêt du dépositaire; 4° S'il a été convenu expressément que le dépositaire répondrait de toute espèce de faute.

1929. Le dépositaire n'est tenu, en aucun cas, des accidens de force majeure, à moins qu'il n'ait été mis en demeure de restituer la chose déposée. C. *mise en demeure*, 1139; *force maj.*, 1147, 1148 s., 1302, 1934; *fruits et inter.*, 1936; *comparez prêt*, 1881 s.

1930. Il ne peut se servir de la chose déposée, sans la permission expresse ou présumée du déposant. C. 1881 s. Pr. 603 s. Co. 540, 612. P. 169 s., 408.

1931. Il ne doit point chercher à connaître quelles sont les choses qui lui ont été déposées, si elles lui ont été confiées dans un coffre fermé ou sous une enveloppe cachetée.

1932. Le dépositaire doit rendre identiquement la chose même qu'il a reçue. — Ainsi, le dépôt des sommes monnayées doit être rendu dans les mêmes espèces qu'il a été fait, soit dans le cas d'augmentation, soit dans le cas de diminution de leur valeur. C. 1915, 1933 s.; *ne peut être compensée*, 1293; *ne prescrit pas*; 2236; *comparez prêt*, 1895 s.

1933. Le dépositaire n'est tenu de rendre la chose déposée que dans l'état où elle se trouve au moment de la restitution. Les détériorations qui ne sont pas survenues par son fait sont à la charge du déposant. C. 1245, 1302.

1934. Le dépositaire auquel la chose a été enlevée par une force majeure, et qui a reçu un prix ou quelque chose à la place, doit restituer ce qu'il a reçu en échange. C. 1303, 1929.

1935. L'héritier du dépositaire, qui a vendu de bonne foi la chose dont il ignorait le dépôt, n'est tenu que de rendre le prix qu'il a reçu, ou de céder son action contre l'acheteur, s'il n'a pas touché le prix. C. 1599, 2268, 2279.

1936. Si la chose déposée a produit des fruits qui aient été perçus par le dépositaire, il est obligé de les restituer. Il ne doit aucun intérêt de l'argent déposé, si ce n'est du jour où il a été mis en demeure de faire la restitution. C. 549, 1139, 1153, 1917, 1929, 1932; *gage*, 2081.

1937. Le dépositaire ne doit restituer la chose déposée, qu'à celui qui la lui a confiée, ou à celui au nom duquel le dépôt a été fait, ou à celui qui a été indiqué pour le recevoir. C. 1239, 1922, 1938.

1938. Il ne peut pas exiger de celui qui a fait le dépôt, la preuve qu'il était propriétaire de la chose déposée. — Néanmoins, s'il découvre que la chose a été volée, et quel en est le véritable propriétaire, il doit dénoncer à celui-ci le dépôt qui lui a été fait, avec sommation de le réclamer dans un délai déterminé et suffisant. Si celui auquel la dénonciation a été faite, néglige de réclamer le dépôt, le dépositaire est valablement déchargé par la tradition qu'il en fait à celui duquel il l'a reçu. C. 1922, 1937, 1279, 1280.

1939. En cas de mort naturelle ou civile de la personne qui a fait le dépôt, la chose déposée ne peut être rendue qu'à son héritier. — S'il y a plusieurs héritiers, elle doit être rendue à chacun d'eux pour leur part et portion. — Si la chose déposée est indivisible, les héritiers doivent s'accorder entre eux pour la recevoir. C. 724, 873, 1122, 1220 s., 1224.

1940. Si la personne qui a fait le dépôt, a changé d'état ; par exemple, si la femme, libre au moment où le dépôt a été fait, s'est mariée depuis et se trouve en puissance de mari ; si le majeur déposant se trouve frappé d'interdiction ; dans tous ces cas et autres de même nature, le dépôt ne peut être restitué qu'à celui qui a l'administration des droits et des biens du déposant. C. 450, 482, 499, 509, 513, 1421, 1428, 1531, 1549, 1925.

1941. Si le dépôt a été fait par un tuteur, par un mari ou par un administrateur, dans l'une de ces qualités, il ne peut être restitué qu'à la personne que ce tuteur, ce mari ou cet administrateur représentaient, si leur gestion ou leur administration est finie.

1942. Si le contrat de dépôt désigne le lieu dans lequel la restitution doit être faite, le dépositaire est tenu d'y porter la chose déposée. S'il y a des frais de transport, ils sont à la charge du déposant. C. 1247 s., 1608.

1943. Si le contrat ne désigne point le lieu de la restitution, elle doit être faite dans le lieu même du dépôt. C. 1247, 1609.

1944. Le dépôt doit être remis au déposant aussitôt qu'il le réclame, lors même que le contrat aurait fixé un délai déterminé pour la restitution : à moins qu'il n'existe, entre les mains du dépositaire, une saisie-arrêt ou une opposition à la restitution et au déplacement de la chose déposée. C. 1139, 1960 ; *prêt*, 1888 s.

1945. Le dépositaire infidèle n'est point admis au bénéfice de cession. C. 1268, 1270, 1930. Pr. 905. Co. 540, 541, 612. P. 169 s., 408.

1946. Toutes les obligations du dépositaire cessent, s'il vient à découvrir et à prouver qu'il est lui même propriétaire de la chose déposée. C. 1300 s.

SECTION IV.

Des Obligations de la personne par laquelle le Dépôt a été fait.

1947. La personne qui a fait le dépôt, est tenue de rembourser au dépositaire les dépenses qu'il a faites pour la conservation de la chose déposée, et de l'indemniser de toutes les pertes que le dépôt peut lui avoir occasionnées. C. 1137, 1375, 2102 3° ; *cas analogues*, 1381, 1890, 2080.

1948. Le dépositaire peut retenir le dépôt jusqu'à l'entier paiement de ce qui lui est dû à raison du dépôt. C. 2073 s., 2082. — Co. 95.

SECTION V.

Du Dépôt nécessaire.

1949. Le dépôt nécessaire est celui qui a été forcé par quelque accident, tel qu'un incendie, une ruine, un pillage, un naufrage, ou autre événement imprévu. C. *contr. par corps*, 2060 ; L. 17 *avril* 1832, *art.* 7. P. 173.

1950. La preuve par témoins peut être reçue pour le dépôt nécessaire, même quand il s'agit d'une valeur au-dessus de cent cinquante francs. C. 1348.

1951. Le dépôt nécessaire est d'ailleurs régi par toutes les règles précédemment énoncées. C. 1925 s.

1952. Les aubergistes ou hôteliers sont responsables, comme dépositaires, des effets apportés par le voyageur qui loge chez eux ; le dépôt de ces sortes d'effets doit être regardé comme un dépôt nécessaire. C. 1782 s., 2060, 2102 5°.

1953. Ils sont responsables du vol ou du dommage des effets du voyageur, soit que le vol ait été fait ou que le dommage ait été causé par les domestiques et préposés de l'hôtellerie, ou par des étrangers allant et venant dans l'hôtellerie. C. *responsab.*, 1384. P. 73, 386 4°, 475 2°.

1954. Ils ne sont pas responsables des vols faits avec force armée ou autre force majeure. C. 1148.

CHAPITRE III.

DU SÉQUESTRE.

SECTION I.

Des diverses espèces de Séquestre.

1955. Le séquestre est ou conventionnel ou judiciaire. C. 1958.

SECTION II.

Du Séquestre conventionnel.

1956. Le séquestre conventionnel est le dépôt fait, par une ou plusieurs personnes, d'une chose contentieuse, entre les mains d'un tiers qui s'oblige de la rendre, après la contestation terminée, à la personne qui sera jugée devoir l'obtenir. C. *contr. par corps*, 2060; L. 17 *avril* 1832, *art.* 7.

1957. Le séquestre peut n'être pas gratuit. C. 1917.

1958. Lorsqu'il est gratuit, il est soumis aux règles du dépôt proprement dit, sauf les différences ci-après énoncées. C. 1919 s.

1959. Le séquestre peut avoir pour objet, non-seulement des effets mobiliers, mais même des immeubles. C. 1918.

1960. Le dépositaire chargé du séquestre ne peut être déchargé avant la contestation terminée, que du consentement de toutes les parties intéressées, ou pour une cause jugée légitime. C. 1944.

SECTION III.

Du séquestre ou dépôt judiciaire.

1961. La justice peut ordonner le séquestre, — 1° Des meubles saisis sur un débiteur; — 2° D'un immeuble ou d'une chose mobilière dont la propriété ou la possession est litigieuse entre deux ou plusieurs personnes; — 3° Des choses qu'un débiteur offre pour sa libération. C. 602, 1257 s., 1264. Pr. 417, 596 s., 628, 688 821, 823, 830. Co. 106, 172, 200. L. 28 *septembre-6 octobre* 1791, tit. 2 *art.* 12.

1962. L'établissement d'un gardien judiciaire produit, entre le saisissant et le gardien, des obligations réciproques. Le gardien doit apporter pour la conservation des effets saisis les soins d'un bon père de famille. C. 1137 s., 1927. Pr. 603 s., 606. — Il doit les représenter, soit à la charge du saisissant pour la vente, soit à la partie contre laquelle les exécutions ont été faites, en cas de main levée de la saisie. P. 400, 408. — L'obligation du saisissant consiste à payer au gardien le salaire fixé par la loi. C. 1375, 1947 s. T. 34, 45.

1963. Le séquestre judiciaire est donné, soit à une personne dont les parties intéressées sont convenues entre elles, soit à une personne nommée d'office par le juge. C. 1961. — Dans l'un et l'autre cas, celui auquel la chose a été confiée, est soumis à toutes les obligations qu'emporte le séquestre conventionnel. C. 1956, 2060. L. 17 *avril* 1832, *art.* 7.

TITRE XII.

DES CONTRATS ALÉATOIRES.

(Décrété le 10 mars 1804. Promulgué le 20 du même mois.)

1964. Le contrat aléatoire est une convention réciproque dont les effets, quant aux avantages et aux pertes, soit pour toutes les parties, soit pour l'une ou plusieurs d'entre elles, dépendent d'un événement incertain. C. 1104. — Tels sont, — Le contrat d'assurance, Co. 332 s. — Le prêt à grosse aventure, Co. 311 s. — Le jeu et le pari, C. 1965 s. — Le contrat de rente viagère, C. 1968 s. — Les deux premiers sont régis par les lois maritimes.

CHAPITRE PREMIER.

DU JEU ET DU PARI.

1965. La loi n'accorde aucune action pour une dette de jeu ou pour le paiement d'un pari. P. 410, 475 5°, 477.

1966. Les jeux propres à exercer au fait des armes, les courses à pied ou à cheval, les courses de chariot, le jeu de paume et autres jeux de même nature qui tiennent à l'adresse et à l'exercice du corps, sont exceptés de la disposition précédente. — Néanmoins le tribunal peut rejeter la demande, quand la somme lui paraît excessive.

1967. Dans aucun cas, le perdant ne peut répéter ce qu'il a volontairement payé, à moins qu'il n'y ait eu, de la part du gagnant, dol, supercherie ou escroquerie. C. 1116, 1235. P. 405.

CHAPITRE II.

DU CONTRAT DE RENTE VIAGÈRE.

SECTION I.

Des Conditions requises pour la validité du Contrat.

1968. La rente viagère peut être constituée à titre onéreux, moyennant une somme d'argent, ou pour une chose mobilière appréciable, ou pour un immeuble. C. 1909, 1910, 1976, 1977 s., 2277 s.

1969. Elle peut être aussi constituée, à titre purement gratuit, par donation entre vifs ou par testament. Elle doit être alors revêtue des formes requises par la loi. C. *capacité*, 901 s.; *donations*, 931 s., 1081 s., 1091 s.; *testamens*, 967 s.; *except.*, 1973; *insaisiss.*, 1981.

1970. Dans le cas de l'article précédent, la rente viagère est réductible, si elle excède ce dont il est permis de disposer : elle est nulle, si elle est au profit d'une personne incapable de recevoir. C. *incapac.*, 906 s.; *rapport*, 843 s., 919; *port. dispon.*, 908, 913 s., 1084, 1098 s., *réduct.*, 917, 920 s.

1971. La rente viagère peut être constituée, soit sur la tête de celui qui en fournit le prix, soit sur la tête d'un tiers qui n'a aucun droit d'en jouir.

1972. Elle peut être constituée sur une ou plusieurs têtes. C. 1048 s.

1973. Elle peut être constituée au profit d'un tiers, quoique le prix en soit fourni par une autre personne. — Dans ce dernier cas, quoiqu'elle ait les caractères d'une libéralité, elle n'est point assujettie aux formes requises pour les donations; sauf les cas de réduction et de nullité énoncés dans l'art. 1970. C. 1121, 1969, 1981.

1974. Tout contrat de rente viagère créée sur la tête d'une personne qui était morte au jour du contrat, ne produit aucun effet. C. 1104, 1964.

1975. Il en est de même du contrat par lequel la rente a été créée sur la tête d'une personne atteinte de la maladie dont elle est décédée dans les vingt jours de la date du contrat.

1976. La rente viagère peut être constituée au taux qu'il plaît aux parties contractantes de fixer. C. 1907.

SECTION II.

Des Effets du Contrat entre les Parties contractantes.

1977. Celui au profit duquel la rente viagère a été constituée moyennant un prix, peut demander la résiliation du contrat, si le constituant ne lui donne pas les sûretés stipulées pour son exécution. C. 1148.

1978. Le seul défaut de paiement des arrérages de la rente n'autorise point celui en faveur de qui elle est constituée, à demander le remboursement du capital, ou à rentrer dans le fonds par lui aliéné : il n'a que le droit de saisir et de faire vendre les biens de son débiteur, et de faire ordonner ou consentir, sur le produit de la vente, l'emploi d'une somme suffisante pour le service des arrérages. C. 2093 s., 2204 s.; *secùs*, 1912 s.

1979. Le constituant ne peut se libérer du paiement de la rente, en offrant de rembourser le capital, et en renonçant à la répétition des arrérages payés; il est tenu de servir la rente pendant toute la vie de la personne ou des personnes sur la tête desquelles la rente a été constituée, quelle que soit la durée de la vie de ces personnes, et quelque onéreux qu'ait pu devenir le service de la rente. C. *secùs*, 530, 1911.

1980. La rente viagère n'est acquise au propriétaire que dans la proportion du nombre de jours qu'il a vécu. — Néanmoins, s'il a été convenu qu'elle serait payée d'avance, le terme qui a dû être payé, est acquis du jour où le paiement a dû en être fait. C. *usufr.*, 584, 586; *revenu dot.*, 1571.

1981. La rente viagère ne peut être stipulée insaisissable, que lorsqu'elle a été constituée à titre gratuit. C. 1969 s. Pr. 581, 582.

1982. La rente viagère ne s'éteint pas par la mort civile du propriétaire; le paiement doit en être continué pendant sa vie naturelle. C. 25.

1983. Le propriétaire d'une rente viagère n'en peut demander les arrérages qu'en justifiant de son existence, ou de celle de la personne sur la tête de laquelle elle a été constituée. C. 1315, 2277 s. (1)

TITRE XIII.

DU MANDAT.

(Décrété le 10 mars 1804. Promulgué le 20 du même mois.)

CHAPITRE PREMIER.

DE LA NATURE ET DE LA FORME DU MANDAT.

1984. Le mandat ou procuration est un acte par lequel une personne donne à une autre le pouvoir de faire quelque chose pour le mandant et en son nom. — Le contrat ne se forme que par l'acceptation du mandataire. C. 1108 s.; *comparez* 1120, 1372 s., 1710, 1779 s. Co. 91. (2)

1985. Le mandat peut être donné ou par acte public, ou par écrit sous seing privé, même par lettre. Il peut aussi être donné verbalement; mais la preuve testimoniale n'en est reçue que conformément au titre *des Contrats ou des Obligations conventionnelles en général.* — L'acceptation du mandat peut n'être que tacite, et résulter de l'exécution qui lui a été donnée par le mandataire. C. 1338, 1341 s., 1352, 1353, 1354 s., 1357 s. Pr. 61, 75. Co. 109. L. 25 *ventôse an* XI, *art.* 20; *comparez* C. 1325, 2004. (3)

1986. Le mandat est gratuit, s'il n'y a convention contraire. C. 1992; *comparez louage*, 1710.

1987. Il est ou spécial et pour une affaire ou certaines affaires seulement, ou général et pour toutes les affaires du mandant.

1988. Le mandat conçu en termes généraux n'embrasse que les actes d'administration. — S'il s'agit d'aliéner ou hypothéquer, ou de quelque autre acte de propriété, le mandat doit être exprès. C. *mandat spéc.*, 412, 933, 1239, 1258. Pr. 352 s.

1989. Le mandataire ne peut rien faire au-delà de ce qui est porté dans son mandat: le pouvoir de transiger ne renferme pas celui de compromettre. C. 1997, 1998, 2003.

1990. Les femmes et les mineurs émancipés peuvent être choisis pour mandataires; mais le mandant n'a d'action contre le mandataire mineur que d'après les règles générales relatives aux obligations des mineurs, et contre la femme mariée et qui a accepté le mandat sans autorisation de son mari, que d'après les règles établies au titre *du Contrat de mariage et des Droits respectifs des époux.* C. 481 s., 1029 s., 1124 s., 1241, 1304, 1305 s., 1312, 1388, 1420.

CHAPITRE II.

DES OBLIGATIONS DU MANDATAIRE.

1991. Le mandataire est tenu d'accomplir le mandat tant qu'il en demeure chargé, et répond des dommages-intérêts qui pourraient résulter de son inexécution. — Il est tenu de même d'achever la chose commencée au décès du mandant, s'il y a péril

(1) *Droits d'enregistrement* des certificats de vie: *L.* 22 *frimaire an* VII, *art.* 68, § 1er. — Les certificats de vie pour recevoir les rentes et pensions dues par l'État en sont dispensés: *L.* 21 *floréal an* VII, *art.* 10.

(2) *Droits d'enregistrement* : *L.* 22 *frimaire an* VII, *art.* 68, § 1er; *L.* 28 *avril* 1816, *art.* 43.

(3) Lorsque la déclaration de command ou élection d'ami, après réserve énoncée dans l'acte, a été faite par acte public et notifiée à la régie de l'enregistrement dans les vingt-quatre heures, elle n'est assujettie qu'à un droit fixe; sinon elle est considérée comme une revente, et soumise à un nouveau droit de mutation: *L.* 22 *frimaire an* VII, *art.* 68, § 1er 69, § 5 et 7. *L.* 28 *avril* 1816, *art.* 44 et 52.

en la demeure. C. 1135, 1142, 1146 s. 1372 s., 2007 s., 2010.

1992. Le mandataire répond non-seulement du dol, mais encore des fautes qu'il commet dans sa gestion. — Néanmoins la responsabilité relative aux fautes est appliquée moins rigoureusement à celui dont le mandat est gratuit qu'à celui qui reçoit un salaire. C. 1374; *adjudicat.*, 1596; *dépôt.*, 1928. P. 408.

1993. Tout mandataire est tenu de rendre compte de sa gestion, et de faire raison au mandant de tout ce qu'il a reçu en vertu de sa procuration, quand même ce qu'il aurait reçu n'eût point été dû au mandant. C. *intérêts*, 1996 s.; *comparez* 1376. Pr. *comptes*, 527 s.

1994. Le mandataire répond de celui qu'il s'est substitué dans la gestion, 1° Quand il n'a pas reçu le pouvoir de se substituer quelqu'un; 2° Quand ce pouvoir lui a été conféré sans désignation d'une personne, et que celle dont il a fait choix était notoirement incapable ou insolvable. — Dans tous les cas, le mandant peut agir directement contre la personne que le mandataire s'est substituée. C. 1384, 1992; *louage*, 1735, 1753. Co. 99.

1995. Quand il y a plusieurs fondés de pouvoir ou mandataires établis par le même acte, il n'y a de solidarité entre eux qu'autant qu'elle est exprimée. C. 1200.

1996. Le mandataire doit l'intérêt des sommes qu'il a employées à son usage, à dater de cet emploi; et de celles dont il est reliquataire, à compter du jour qu'il est mis en demeure. 2001. C. 1139, 1153, 2001. Pr. 126, 132, 540, 542. P. 408.

1997. Le mandataire qui a donné à la partie avec laquelle il contracte en cette qualité, une suffisante connaissance de ses pouvoirs, n'est tenu d'aucune garantie pour ce qui a été fait au-delà, s'il ne s'y est personnellement soumis. C. 1120, 1420, 1997. Pr. 362 s.

CHAPITRE III.

DES OBLIGATIONS DU MANDANT.

1998. Le mandant est tenu d'exécuter les engagemens contractés par le mandataire, conformément au pouvoir qui lui a été donné. — Il n'est tenu de ce qui a pu être fait au-delà, qu'autant qu'il l'a ratifié expressément ou tacitement. C. 1120, 1338, 1374, 1420, 1997. Pr. 352 s.

1999. Le mandant doit rembourser au mandataire les avances et frais que celui-ci a faits pour l'exécution du mandat, et lui payer ses salaires lorsqu'il en a été promis. — S'il n'y a aucune faute imputable au mandataire, le mandant ne peut se dispenser de faire ces remboursement et paiement, lors même que l'affaire n'aurait pas réussi, ni faire réduire le montant des frais et avances sous le prétexte qu'ils pouvaient être moindres. C. 1375, 1992, 2001, 2002, 2102 3°. Co. 93 s.

2000. Le mandant doit aussi indemniser le mandataire des pertes que celui-ci a essuyées à l'occasion de sa gestion, sans imprudence qui lui soit imputable. C. 1375, 1992.

2001. L'intérêt des avances faites par le mandataire lui est dû par le mandant, à dater du jour des avances constatées. C. 1153, 1996, 2102 3°.

2002. Lorsque le mandataire a été constitué par plusieurs personnes pour une affaire commune, chacune d'elles est tenue solidairement envers lui de tous les effets du mandat. C. *solidar.*, 1200 s.; *indivis.*, 1222.

CHAPITRE IV.

DES DIFFÉRENTES MANIÈRES DONT LE MANDAT FINIT.

2003. Le mandat finit, — Par la révocation du mandataire, C. 2004 s., — Par la renonciation de celui-ci au mandat, C. 2007, — Par la mort naturelle ou civile, l'interdiction ou la déconfiture, soit du mandant, soit du mandataire. C. *mort civile*, 25; *interdit*, 501 s.; *oblig. du mandat.*, 1373, 1991. Pr. *changement d'état*, 342 s. Co. *faill.*, 437 s.

2004. Le mandant peut révoquer sa procuration quand bon lui semble, et contraindre, s'il y a lieu, le mandataire à lui remettre, soit l'écrit sous seing privé qui la contient, soit l'original de la procuration, si elle a été délivrée en brevet, soit l'expédition, s'il en a été gardé minute. C. 1282, 1283, 2006.

2005. La révocation notifiée au seul mandataire ne peut être opposée aux tiers qui ont traité dans l'ignorance de cette révocation, sauf au mandant son recours contre le mandataire. C. 1165. 1998. Pr. 75, 344 s.

2006. La constitution d'un nouveau mandataire pour la même affaire, vaut révocation du premier, à compter du jour où elle a été notifiée à celui-ci. C. 2005 s. Pr. 75.

2007. Le mandataire peut renoncer au mandat, en notifiant au mandant sa renonciation. — Néanmoins, si cette renonciation préjudicie au mandant, il devra en être indemnisé par le mandataire, à moins que celui-ci ne se trouve dans l'impossibilité de continuer le mandat sans en éprouver lui-même un préjudice considérable. C. 1146 s., 1372 s., 1991, 2010.

2008. Si le mandataire ignore la mort du mandant, ou l'une des autres causes qui font cesser le mandat, ce qu'il a fait dans cette ignorance est valide. C. 1135, 1991, 2010.

2009. Dans les cas ci-dessus, les engagemens du mandataire sont exécutés à l'égard des tiers qui sont de bonne foi. C. 1135, 2268.

2010. En cas de mort du mandataire, ses héritiers doivent en donner avis au mandant, et pourvoir, en attendant, à ce que les circonstances exigent pour l'intérêt de celui-ci. C. 724, 1155, 1373. Pr. 344 s.

TITRE XIV.

DU CAUTIONNEMENT. (1)

(Décrété le 14 février 1804. Promulgué le 24 du même mois.)

CHAPITRE PREMIER.

DE LA NATURE ET DE L'ÉTENDUE DU CAUTIONNEMENT.

2011. Celui qui se rend caution d'une obligation, se soumet envers le créancier à satisfaire à cette obligation, si le débiteur n'y satisfait pas lui-même. C. 1105, 2021 s., 2025 s., 2040 s.; *except.*, 963.

2012. Le cautionnement ne peut exister que sur une obligation valable. — On peut néanmoins cautionner une obligation, encore qu'elle pût être annulée par une exception purement personnelle à l'obligé; par exemple, dans le cas de minorité. C. 1125, 1208, 2036.

2013. Le cautionnement ne peut excéder ce qui est dû par le débiteur, ni être contracté sous des conditions plus onéreuses. — Il peut être contracté pour une partie de la dette seulement, et sous des conditions moins onéreuses. — Le cautionnement qui excède la dette, ou qui est contracté sous des conditions plus onéreuses, n'est point nul: il est seulement réductible à la mesure de l'obligation principale. C. 2015 s.

2014. On peut se rendre caution sans ordre de celui pour lequel on s'oblige, et même à son insu. — On peut aussi se rendre caution, non seulement du débiteur principal, mais encore de celui qui l'a cautionné. C. 1103, 1121, 1236; *recours*, 1251, 1252, 2028 s., 2035; *except. inhér. à dette*, 2036; *caut. de la caut. judic.*, 2043.

2015. Le cautionnement ne se présume point; il doit être exprès, et on ne peut pas l'étendre au-delà des limites dans lesquelles il a été contracté. C. 1315, 1341, 1355, 1740, 2013.

2016. Le cautionnement indéfini d'une obligation principale s'étend à tous les accessoires de la dette, même aux frais de la première demande, et à tous ceux postérieurs à la dénonciation qui en est faite à la caution. C. 2013, 2015, 2025 s.; *dispos. analog.*, 1615, 1692.

2017. Les engagemens des cautions passent à leurs héritiers, à l'exception de la contrainte par corps, si l'engagement était tel que la caution y fût obligée. C. 724, 873, 2220 s.; 2040.

2018. Le débiteur obligé à fournir une caution doit en présenter une qui ait la capacité de contracter, qui ait un bien suffisant pour répondre de

(1) *Droits d'enregistrement*: L. 22 frimaire an VII, *art.* 69, § 2.

l'objet de l'obligation, et dont le domicile soit dans le ressort de la cour royale où elle doit être donnée. C. 1124, 2019, 2020, 2040. Pr. *récept. de caution*, 517 s.

2019. La solvabilité d'une caution ne *s'estime qu'eu égard* à ses propriétés foncières, excepté en matière de commerce, ou lorsque la dette est *modique*. — On n'a point égard aux immeubles litigieux, ou dont la discussion deviendrait trop difficile par *l'éloignement de leur situation*. C. 2018, 2023, 2040. Pr. 517 s.

2020. Lorsque la caution reçue par le *créancier*, *volontairement ou en justice*, est ensuite devenue insolvable, il doit en être donné une autre. — *Cette règle reçoit exception dans* le cas seulement où la caution n'a été donnée qu'en vertu d'une convention par laquelle *le créancier a exigé* une telle personne pour caution.

CHAPITRE II.

DE L'EFFET DU CAUTIONNEMENT.

SECTION I.

De l'Effet du Cautionnement entre le Créancier et la Caution.

2021. La caution n'est obligée envers le créancier à le payer qu'à défaut du débiteur, qui doit être préalablement discuté dans ses biens, à moins que la caution n'ait renoncé au bénéfice de discussion, ou à moins qu'elle ne se soit obligée solidairement avec le débiteur; auquel cas l'effet de son engagement se règle par les principes qui ont été établis pour les dettes solidaires. C. *solidaire*, 1203 s., 1216, 2022 s., 2025 s., 2042 s., 2170 s.

2022. Le créancier n'est obligé de discuter le débiteur principal que lorsque la caution le requiert, sur les premières poursuites dirigées contre elle. Pr. 166, 169, 173, 186, 187.

2023. La caution qui requiert la discussion, doit indiquer au créancier les *biens du débiteur principal*, et avancer les deniers suffisans pour faire la discussion. — Elle ne doit indiquer ni des biens du *débiteur principal*, situés hors de l'arrondissement de la cour royale du lieu où le paiement doit être fait, ni des biens litigieux, ni ceux hypothéqués à la dette qui ne sont plus en la possession du débiteur. C. 2019, 2024.

2024. Toutes les fois que la caution a fait l'indication de biens autorisée par l'article précédent, et qu'elle a fourni les deniers suffisans pour la discussion, le créancier est, jusqu'à concurrence des biens indiqués, responsable, à l'égard de la caution, de l'insolvabilité du débiteur principal survenue par le défaut de poursuites.

2025. Lorsque plusieurs personnes se sont rendues cautions d'un même débiteur *pour une même dette*, elles sont obligées chacune à toute la dette. C. 1287, 2011, 2016, 2033; *comparez* 1200 s.

2026. Néanmoins chacune d'elles peut, à moins qu'elle n'ait renoncé au *bénéfice de division*, exiger que le créancier divise préalablement son action, et la réduise à la part et portion de chaque caution. — *Lorsque*, *dans* le temps où une des cautions a fait prononcer la division, il y en avait d'insolvables, cette caution est *tenue* proportionnellement de ces insolvabilités; mais elle ne peut plus être recherchée à raison des insolvabilités survenues depuis la division. C. 1203, 1210, 1216, 1222 s., 2027. Pr. 186, 187.

2027. Si le créancier a divisé lui-même et volontairement son action, il ne peut revenir contre cette division, quoiqu'il y eût, même antérieurement au temps où il l'a ainsi consentie, des cautions insolvables. C. 1210.

SECTION II.

De l'Effet du Cautionnement entre le Débiteur et la Caution.

2028. La caution qui a payé, a son recours contre le débiteur principal, soit que le cautionnement ait été donné au su ou à l'insu du débiteur. — Ce recours a lieu tant pour le principal que pour les intérêts, et les frais; néanmoins la caution n'a de recours que pour les frais par elle faits depuis qu'elle a dénoncé au débiteur principal les poursuites dirigées contre elle. — Elle a aussi recours pour les dommages et intérêts, s'il y a lieu. C. 1216, 1236, 1251, 1252, 1375, 1999 s., 2014, 2016, 2031 s.

2029. La caution qui a payé la dette, est subrogée à tous les droits qu'avait le créancier contre le débiteur. C. 1236, 1251, 1252, 2028, 2037.

2030. Lorsqu'il y avait plusieurs débiteurs principaux solidaires d'une même dette, la caution qui les a tous cautionnés, a, contre chacun d'eux, le recours pour la répétition du total de ce qu'elle a payé. C. 1203, 1214, 1252, 2033.

2031. La caution qui a payé une première fois, n'a point de recours contre le débiteur principal qui a payé une seconde fois, lorsqu'elle ne l'a point averti du paiement par elle fait; sauf son action en répétition contre le créancier. — Lorsque la caution aura payé sans être poursuivie et sans avoir averti le débiteur principal, elle n'aura point de recours contre lui dans le cas où, au moment du paiement, ce débiteur aurait eu des moyens pour faire déclarer la dette éteinte; sauf son action en répétition contre le créancier. C. 1166, 1377 s., 2028 s.

2032. La caution, même avant d'avoir payé, peut agir contre le débiteur, pour être par lui indemnisée, — 1° Lorsqu'elle est poursuivie en justice pour le paiement; Pr. 175 s. — 2° Lorsque le débiteur a fait faillite, ou est en déconfiture; C. 1188. Co. 437 s. — 3° Lorsque le débiteur s'est obligé de lui rapporter sa décharge dans un certain temps; C. 1134. — 4° Lorsque la dette est devenue exigible par l'échéance du terme sous lequel elle avait été contractée; C. 1185 s., 2039. — 5° Au bout de dix années, lorsque l'obligation principale n'a point de terme fixe d'échéance, à moins que l'obligation principale, telle qu'une tutelle, ne soit pas de nature à pouvoir être éteinte avant un temps déterminé. C. 508.

SECTION III.

De l'Effet du Cautionnement entre les Cofidéjusseurs.

2033. Lorsque plusieurs personnes ont cautionné un même débiteur pour une même dette, la caution qui a acquitté la dette, a recours contre les autres cautions, chacune pour sa part et portion; — mais ce recours n'a lieu que lorsque la caution a payé dans l'un des cas énoncés en l'article précédent. C. 1251, 1252, 2025 s., 2032.

CHAPITRE III.

DE L'EXTINCTION DU CAUTIONNEMENT.

2034. L'obligation qui résulte du cautionnement s'éteint par les mêmes causes que les autres obligations. C. 1234, 2057 3°. Co. *lettre de ch.*; 155; *assur.*, 384.

2035. La confusion qui s'opère dans la personne du débiteur principal et de sa caution, lorsqu'ils deviennent héritiers l'un de l'autre, n'éteint point l'action du créancier contre celui qui s'est rendu caution de la caution. C. 1301, 2014, 2043.

2036. La caution peut opposer au créancier toutes les exceptions qui appartiennent au débiteur principal, et qui sont inhérentes à la dette; — mais elle ne peut opposer les exceptions qui sont purement personnelles au débiteur. C. 2012 s., *paiem. consignat.*, 1236, 1261, 1262; *novat.*, 1281; *remise*, 1287; *compensat*, 1294 s.; *confus.*, 1301; *serment*, 1365; *prescript.*, 2250.

2037. La caution est déchargée, lorsque la subrogation aux droits, hypothèques et privilèges du créancier, ne peut plus, par le fait de ce créancier, s'opérer en faveur de la caution. C. *subrog.*, 1250, 1252, 1382.

2038. L'acceptation volontaire que le créancier a faite d'un immeuble ou d'un effet quelconque en paiement de la dette principale, décharge la caution, encore que le créancier vienne à en être évincé. C. 1243, 1271.

2039. La simple prorogation de terme, accordée par le créancier au débiteur principal, ne décharge point la caution, qui peut, en ce cas, poursuivre le débiteur pour le forcer au paiement. C. 2032.

CHAPITRE IV.

DE LA CAUTION LÉGALE ET DE LA CAUTION JUDICIAIRE.

2040. Toutes les fois qu'une personne est obligée, par la loi ou par une condamnation, à fournir une caution, la caution offerte doit remplir les conditions prescrites par les articles 2018 et 2019. — Lorsqu'il s'agit d'un cautionnement judiciaire, la caution doit, en outre, être susceptible de contrainte par corps. C. *contr.*, 2060, 2064, 2066 s.; *caut.*, *judic.*, 2040. Pr. 17, 135, 166, 167, 417, 423, 517 s., 832. I. c. 120.

2041. Celui qui ne peut pas trouver une caution, est reçu à donner à sa place un gage en nantissement suffisant. C. 2072. Pr. 167, 517 s. I. c. 120. O. 3 *juillet* 1816, *art.* 2.

2042. La caution judiciaire ne peut point demander la discussion du débiteur principal. C. 2021 s.

2043. Celui qui a simplement cautionné la caution judiciaire, ne peut demander la discussion du débiteur principal et de la caution.

TITRE XV.

DES TRANSACTIONS.

(Décrété le 20 mars 1804. Promulgué le 30 du même mois.)

2044. La transaction est un contrat par lequel les parties terminent une contestation née, ou préviennent une contestation à naître. — Ce contrat doit être rédigé par écrit. C. *en fait de partage*, 888. (1)

2045. Pour transiger, il faut avoir la capacité de disposer des objets compris dans la transaction. — Le tuteur ne peut transiger pour le mineur ou l'interdit que conformément à l'art. 467 au titre *de la Minorité, de la Tutelle et de l'Émancipation*; et il ne peut transiger avec le mineur devenu majeur, sur le compte de tutelle, que conformément à l'article 472 au même titre. — Les communes et établissemens publics ne peuvent transiger qu'avec l'autorisation expresse du roi. C. 128, 217 s., 467, 472, 484, 499, 509, 513, 1124, 1449, 1538, 1554, 1576, 1989. Pr. 249, 1003, 1004. Co. 487. L. 18 *juillet* 1837, *art.* 20, 59.

2046. On peut transiger sur l'intérêt civil qui résulte d'un délit. — La transaction n'empêche pas la poursuite du ministère public. Pr. 249. I. c. 1, 4.

2047. On peut ajouter à une transaction la stipulation d'une peine contre celui qui manquera de l'exécuter. C. 1226 s.

2048. Les transactions se renferment dans leur objet: la renonciation qui y est faite à tous droits, actions et prétentions, ne s'entend que de ce qui est relatif au différend qui y a donné lieu. C. 1163, 2057.

2049. Les transactions ne règlent que les différends qui s'y trouvent compris, soit que les parties aient manifesté leur intention par des expressions spéciales ou générales, soit que l'on reconnaisse cette intention par une suite nécessaire de ce qui est exprimé. C. 1156, 1175, 2057.

2050. Si celui qui avait transigé sur un droit qu'il avait de son chef, acquiert ensuite un droit semblable du chef d'une autre personne, il n'est point, quant au droit nouvellement acquis, lié par la transaction antérieure.

2051. La transaction faite par l'un des intéressés ne lie point les autres intéressés, et ne peut être opposée par eux. C. 1165.

2052. Les transactions ont, entre les parties, l'autorité de la chose jugée en dernier ressort. — Elles ne peuvent être attaquées pour cause d'erreur de droit, ni pour cause de lésion. C. *partage*, 888; *erreur*, 1110; *lésion*, 1118, 1305, 1313; *chose jugée*, 1351 s.

2053. Néanmoins une transaction peut être rescindée, lorsqu'il y a erreur dans la personne ou sur l'objet de la contestation. — Elle peut l'être dans tous les cas où il y a dol ou violence. C. 1109 s.; *except.*, 2057 s. Pr. 480. P. *peines*, 400.

---

(1) *Droits d'enregistrement*: L. 22 frimaire an VII, *art.* 68, § 1er; L. 28 avril 1816, *art.* 44.

2054. Il y a également lieu à l'action en rescision contre une transaction, lorsqu'elle a été faite en exécution d'un titre nul, à moins que les parties n'aient expressément traité sur la nullité. C. 1110, 1131, 1338.

2055. La transaction faite sur pièces qui depuis ont été reconnues fausses, est entièrement nulle. C. 1131. Pr. 214 s., 249, 448, 480. I. c. 448 s.

2056. La transaction sur un procès terminé par un jugement passé en force de chose jugée, dont les parties ou l'une d'elles n'avaient point connaissance, est nulle. — Si le jugement ignoré des parties était susceptible d'appel, la transaction sera valable. C. 1110, 1351 s. Pr. 1010.

2057. Lorsque les parties ont transigé généralement sur toutes les affaires qu'elles pouvaient avoir ensemble, les titres qui leur étaient alors inconnus, et qui auraient été postérieurement découverts, ne sont point une cause de rescision, à moins qu'ils n'aient été retenus par le fait de l'une des parties; — Mais la transaction serait nulle si elle n'avait qu'un objet sur lequel il serait constaté, par des titres nouvellement découverts, que l'une des parties n'avait aucun droit. Pr. 448, 480, 488.

2058. L'erreur de calcul dans une transaction doit être réparée. C. 2053. Pr. 541.

TITRE XVI.

DE LA CONTRAINTE PAR CORPS EN MATIÈRE CIVILE. (1)

(Décrété le 13 février 1804. Promulgué le 23 du même mois.)

2059. La contrainte par corps a lieu, en matière civile, pour le stellionat. — Il y a stellionat, — Lorsqu'on vend ou qu'on hypothèque un immeuble dont on sait n'être pas propriétaire; — *Lorsqu'on présente comme* libres des biens hypothéqués, ou que l'on déclare des hypothèques moindres que celles dont ces biens sont chargés. C. 1599, 2064, 2066, 2136. L. 17 *avril* 1832, *art.* 18.

2060. La contrainte par corps a lieu pareillement, — 1° Pour dépôt nécessaire; C. 1949; — 2° En cas de réintégrande, pour le délaissement, ordonné par justice, d'un fonds dont le propriétaire a été dépouillé par voie de fait; pour la restitution des fruits qui en ont été perçus pendant l'indue possession, et pour le paiement des dommages et intérêts adjugés au propriétaire, Pr. *restit. de fruits*, 526; *fol enchériss.*, 710, 740. Co. *adjud. de nav.*, 209; *équip. de bât.*, 231. L. 25 *mai* 1838, *art.* 6. — 3° Pour répétition de deniers consignés entre les mains de personnes publiques établies à cet effet; C. 1961. Pr. 126 s., 534. L. 28 *nivôse an* XIII, *art.* 5. — 4° Pour la représentation des choses déposées aux séquestres, commissaires et autres gardiens; C. 1956. Pr. 603, 685, 824. — 5° Contre les cautions judiciaires et contre les cautions des contraignables par corps, lorsqu'elles se sont soumises à cette contrainte, Pr. 824. C. 2040 s. I. c. 120 s. — 6° Contre tous officiers publics, pour la représentation de leurs minutes, quand elle est ordonnée: Pr. 201, 221, 839. I. c. 452, 454. — 7° contre les notaires, les avoués et les huissiers, pour la restitution des titres à eux confiés, et des deniers par eux reçus pour leurs cliens, par suite de leurs fonctions. Pr. 126 s., 107, 191, 320, 536.

2061. Ceux qui, par un jugement rendu au pétitoire, et passé en force de chose jugée, ont été condamnés à désemparer un fonds, et qui refusent d'obéir, peuvent, par un second jugement, être contraints par corps, quinzaine après la signification du premier jugement à personne ou domicile. — Si le fonds ou l'héritage est éloigné de plus de cinq myriamètres du domicile de la partie condamnée, il sera ajouté au délai de quinzaine, un jour par cinq myriamètres. Pr. 683, 712, 1033.

2062. La contrainte par corps ne peut être ordonnée contre les fer-

(1) V. L. 17 *avril* 1832, sur la Contrainte par corps. *App.*

miers pour le paiement des fermages des biens ruraux, si elle n'a été stipulée formellement dans l'acte de bail. Néanmoins les fermiers et les colons partiaires peuvent être contraints par corps, faute par eux de représenter, à la fin du bail, le cheptel de bétail, les semences et les instrumens aratoires qui leur ont été confiés; à moins qu'ils ne justifient que le déficit de ces objets ne procède point de leur fait. C. 1765, 1778, 1821 s., 1827 s. L. 17 *avril* 1832, *art.* 7.

2063. Hors les cas déterminés par les articles précédens, ou qui pourraient l'être à l'avenir par une loi formelle, il est défendu à tous juges de prononcer la contrainte par corps; à tous notaires et greffiers de recevoir des actes dans lesquels elle serait stipulée, et à tous Français de consentir pareils actes, encore qu'ils eussent été passés en pays étranger; le tout à peine de nullité, dépens, dommages et intérêts. C. 2070; *contraintes autorisées*, Pr. 126 s., 152, 213, 264, 320; L. 17 *avril* 1832, *art.* 14 s.; *durée de la contr.*, L. 17 *avril* 1832, *art.* 7, 17; *prohibit.*, *cessat.*, *élargiss.*, C. 1270, 2017, 2064, 2066; L. 17 *avril* 1832, *art.* 19 s.; Pr. 780 s., 800 s.; Co. 231, 540; Ch. 29, 43; *contr. illég.*, Pr. 505; P. 341 s.

2064. Dans les cas même ci-dessus énoncés, la contrainte par corps ne peut être prononcée contre les mineurs. C. 2070.

2065. Elle ne peut être prononcée pour une somme moindre de trois cents francs. C. 2070.

2066. Elle ne peut être prononcée contre les septuagénaires, les femmes et les filles, que dans les cas de stellionat. — Il suffit que la soixante-dixième année soit commencée, pour jouir de la faveur accordée aux septuagénaires. — La contrainte par corps pour cause de stellionat pendant le mariage, n'a lieu contre les femmes mariées que lorsqu'elles sont séparées de biens, ou lorsqu'elles ont des biens dont elles se sont réservé la libre administration, et à raison des engagemens qui concernent ces biens. — Les femmes qui, étant en communauté, se seraient obligées conjointement ou solidairement avec leur mari, ne pourront être réputées stellionataires à raison de ces contrats. C. *femme*, *commun.*, *sépar.*, 1431, 1449, 1487, 1536 s., 1574 s., 2059, 2070. Pr. *septuag.*, 800; *femme étrang.*, L. 17 *avril* 1832, *art.* 18.

2067. La contrainte par corps, dans les cas même où elle est autorisée par la loi, ne peut être appliquée qu'en vertu d'un jugement. Pr. 552, 780 s.

2068. L'appel ne suspend pas la contrainte par corps prononcée par un jugement provisoirement exécutoire en donnant caution. Pr. 135 s., 155, 457 s.

2069. L'exercice de la contrainte par corps n'empêche ni ne suspend les poursuites et les exécutions sur les biens. C. *cumul des exécutions*, 2204, 2209, 2210; Pr. 551, 556.

2070. Il n'est point dérogé aux lois particulières qui autorisent la contrainte par corps dans les matières de commerce, ni aux lois de police correctionnelle, ni à celles qui concernent l'administration des deniers publics. C. 2065. Co. 636, 637. I. c. 80, 120, 157, 355, 456. P. 52, 53, 467, 469. F. 24, 28, 46, 211 s., 215 s. L. 15 *avril* 1829, *art.* 77 s., 81 s. L. 17 *avril* 1832, *art.* 1 s., 8 s., 19 s., 33 s., 46.

TITRE XVII.

DU NANTISSEMENT.

(Décrété le 16 mars 1804. Promulgué le 26 du même mois.)

2071. Le nantissement est un contrat par lequel un débiteur remet une chose à son créancier pour sûreté de la dette. C. 2041.

2072. Le nantissement d'une chose mobilière s'appelle *gage*. — Celui d'une chose immobilière s'appelle *antichrèse*.

CHAPITRE PREMIER.

DU GAGE.

2073. Le gage confère au créancier le droit de se faire payer sur la chose qui en est l'objet, par privilége et préférence aux autres créanciers. C. 2095, 2102 2°.

2074. Ce privilége n'a lieu qu'autant qu'il y a un acte public ou sous seing privé, dûment enregistré, contenant la déclaration de la somme due, ainsi que l'espèce et la nature des choses remises en gage, ou un état annexé de leurs qualité, poids et mesure. — La rédaction de l'acte par écrit et son enregistrement ne sont néanmoins prescrits qu'en matière excédant la valeur de cent cinquante francs. C. *preuves*, 1315 s., 1341 s. *Co. commissionn.*, 93. (1)

2075. Le privilége énoncé en l'article précédent ne s'établit sur les meubles incorporels, tels que les créances mobilières, que par acte public ou sous seing privé, aussi enregistré, et signifié au débiteur de la créance donnée en gage. C. *subrogation*, 1250 2°; *tradition*, 1607, 1690; *intérêt*, 2081.

2076. Dans tous les cas, le privilége ne subsiste sur le gage qu'autant que ce gage a été mis et est resté en la possession du créancier, ou d'un tiers convenu entre les parties. C. 1606, 1607, 1689, 2102 2°; *remise*; 1286.

2077. Le gage peut être donné par un tiers pour le débiteur. C. *dispos. analog.*, 1236, 1249 s., 2014, 2090.

2078. Le créancier ne peut, à défaut de paiement, disposer du gage; sauf à lui à faire ordonner en justice que ce gage lui demeurera en paiement et jusqu'à due concurrence, d'après une estimation faite par experts, ou qu'il sera vendu aux enchères. — Toute clause qui autoriserait le créancier à s'approprier le gage, ou à en disposer sans les formalités ci-dessus, est nulle. C. 2087 s. *Pr. expert.*, 302 s.; *enchères*, 617 s.; *meubles incorp.*, 557 s., 656 s. P. 408.

2079. Jusqu'à l'expropriation du débiteur, s'il y a lieu, il reste propriétaire du gage, qui n'est, dans la main du créancier, qu'un dépôt assurant le privilége de celui-ci. C. 2073, 2088.

2080. Le créancier répond, selon les règles établies au titre *des Contrats ou des Obligations conventionnelles en général*, de la perte ou détérioration du gage qui serait survenue par sa négligence. C. 1137, 1146 s., 1245, 1302 s., 1383; *louage*, 1728 s.; *prêt*, 1880 s.; *dépôt*, 1927 s. — De son côté, le débiteur doit tenir compte au créancier des dépenses utiles et nécessaires que celui-ci a faites pour la conservation du gage. C. *gest. d'aff.*, 1375; *prêt*, 1890; *dépôt*, 1947; *antichr.*, 2086.

2081. S'il s'agit d'une créance donnée en gage, et que cette créance porte intérêts, le créancier impute ces intérêts sur ceux qui peuvent lui être dus. — Si la dette pour sûreté de laquelle la créance a été donnée en gage, ne porte point elle-même intérêts, l'imputation se fait sur le capital de la dette. C. 1254, 2085.

2082. Le débiteur ne peut, à moins que le détenteur du gage n'en abuse, en réclamer la restitution qu'après avoir entièrement payé, tant en principal qu'intérêts et frais, la dette pour sûreté de laquelle le gage a été donné. — S'il existait de la part du même débiteur, envers le même créancier, une autre dette contractée postérieurement à la mise en gage, et devenue exigible avant le paiement de la première dette, le créancier ne pourra être tenu de se dessaisir du gage avant d'être entièrement payé de l'une et de l'autre dette, lors même qu'il n'y aurait eu aucune stipulation pour affecter le gage au paiement de la seconde. C. *abus*, 618; *dépôt*, 1948; *antichrèse*, 2087. Co. 547.

2083. Le gage est indivisible nonobstant la divisibilité de la dette entre les héritiers du débiteur ou ceux du créancier. — L'héritier du débiteur, qui a payé sa portion de la dette, ne peut demander la restitution de sa portion dans le gage, tant que la dette n'est pas entièrement acquittée. — Réciproquement, l'héritier du créancier, qui a reçu sa portion de la dette, ne peut remettre le gage au préjudice de ceux de ses co-

(1) *Droits d'enregistrement : L.* 22 frimaire an VII, *art.* 68, § 1er 6°.

héritiers qui ne sont pas payés. C. *indivisibilité*, 1218 s., 1222 s.; *antichrèse*, 2090.

2084. Les dispositions ci-dessus ne sont applicables ni aux matières de commerce, ni aux maisons de prêt sur gage autorisées, et à l'égard desquelles on suit les lois et réglemens qui les concernent. Co. 546 s. P. 411.

CHAPITRE II.

DE L'ANTICHRÈSE.

2085. L'antichrèse ne s'établit que par écrit.(1)—Le créancier n'acquiert par ce contrat que la faculté de percevoir les fruits de l'immeuble, à la charge de les imputer annuellement sur les intérêts, s'il lui en est dû, et ensuite sur le capital de sa créance. C. *fruits*, 582 s.; *intérêts*, 1254, 2081, 2089; *comparez usufr.*, 578 s.; *réméré*, 1659.

2086. Le créancier est tenu, s'il n'en est autrement convenu, de payer les contributions et les charges annuelles de l'immeuble qu'il tient en antichrèse. — Il doit également, sous peine de dommages et intérêts, pourvoir à l'entretien et aux réparations utiles et nécessaires de l'immeuble, sauf à prélever sur les fruits toutes les dépenses relatives à ces divers objets. C. 1137, 1149, 1375, 1381, 2080; *comparez usufr.*, 600 s.

2087. Le débiteur ne peut, avant l'entier acquittement de la dette, réclamer la jouissance de l'immeuble qu'il a remis en antichrèse. — Mais le créancier qui veut se décharger des obligations exprimées en l'article précédent, peut toujours, à moins qu'il n'ait renoncé à ce droit, contraindre le débiteur à reprendre la jouissance de son immeuble. C. *gage*, 2078, 2082; *comparez* 622, 656, 699, 802 1°, 2168 s.

2088. Le créancier ne devient point propriétaire de l'immeuble par le seul défaut de paiement au terme convenu; toute clause contraire est nulle; en ce cas, il peut poursuivre l'expropriation de son débiteur par les voies légales. C. *gage*, 2078; *vente*, *expropr.*, 2169 s., 2204. Pr. 551, 673 s.

2089. Lorsque les parties ont stipulé que les fruits se compenseront avec les intérêts, ou totalement, ou jusqu'à une certaine concurrence, cette convention s'exécute comme toute autre qui n'est point prohibée par les lois. C. 1907.

2090. Les dispositions des articles 2077 et 2083 s'appliquent à l'antichrèse comme au gage.

2091. Tout ce qui est statué au présent chapitre, ne préjudicie point aux droits que des tiers pourraient avoir sur le fonds de l'immeuble remis à titre d'antichrèse. — Si le créancier, muni à ce titre, a d'ailleurs sur le fonds, des priviléges ou hypothèques légalement établis et conservés, il les exerce à son ordre et comme tout autre créancier. C. 2166 s. Co. 446.

TITRE XVIII.

DES PRIVILÉGES ET HYPOTHÈQUES.

(Décrété le 19 mars 1804. Promulgué le 29 du meme mois.)

CHAPITRE PREMIER.

DISPOSITIONS GÉNÉRALES.

2092. Quiconque s'est obligé personnellement, est tenu de remplir son engagement sur tous ses biens mobiliers et immobiliers, présens et à venir. C. 2204.

2093. Les biens du débiteur sont le gage commun de ses créanciers; et le prix s'en distribue entre eux par contribution, à moins qu'il n'y ait entre les créanciers des causes légitimes de préférence. C. 1218. Pr. 655, 656 s., 749 s. Co. 546 s., 552 s., 565 s.

2094. Les causes légitimes de préférence sont les priviléges et hypothèques. C. 2095 s., 2114 s.

CHAPITRE II.

DES PRIVILÉGES.

2095. Le privilége est un droit que

(1) *Droits d'enregistrement*; L. 22 frim. an VII, *art.* 15 5°; *art.* 69, § 5 5°; L. 28 avril 1816, *art.* 54.

la qualité de la créance donne à un créancier d'être préféré aux autres créanciers, même hypothécaires. C. *effets*, 2106; 2166; *extinction*, 2180 1.

2096. Entre les créanciers privilégiés, la préférence se règle par les différentes qualités des priviléges. C. 2101, 2105. Pr. 661, 662.

2097. Les créanciers privilégiés qui sont dans le même rang, sont payés par concurrence.

2098. Le privilége, à raison des droits du trésor royal, et l'ordre dans lequel il s'exerce, sont réglés par les lois qui les concernent. — Le trésor royal ne peut cependant obtenir de privilége au préjudice des droits antérieurement acquis à des tiers. C. 2121. (L. 5 *sept.* 1807, L. 12 *nov.* 1808.)

2099. Les priviléges peuvent être sur les meubles ou sur les immeubles.

SECTION I.

Des Priviléges sur les Meubles.

2100. Les priviléges sont ou généraux, ou particuliers sur certains meubles.

§ Ier. *Des Priviléges généraux sur les Meubles.*

2101. Les créances privilégiées sur la généralité des meubles sont celles ci-après exprimées, et s'exercent dans l'ordre suivant. C. *trésor pub.*, 2098, *s. l. imm.*, 2104, 2105, *sans inscript.*, 2107. — 1° Les frais de justice; C. 810, 2034, 2098; Pr. 609, 657, 662, 714, 777, 997 s., 986 s., Co. 461. — 2° Les frais funéraires; — 3° Les frais quelconques de la dernière maladie, concurremment entre ceux à qui ils sont dus; C. *prescript.*, 2272, — 4° Les salaires des gens de service, pour l'année échue et ce qui est dû sur l'année courante; C. 1781; *prescript.*, 2272. Co. 549. — 5° Les fournitures de subsistances faites au débiteur et à sa famille; savoir, pendant les six derniers mois, par les marchands en détail, tels que boulangers, bouchers et autres; et pendant la dernière année, par les maîtres de pension et marchands en gros. C. 1329, 1333; *prescript.*, 2271, 2272.

§ II. *Des Priviléges sur certains Meubles.*

2102. Les créances privilégiées sur certains meubles sont, — 1° Les loyers et fermages des immeubles, sur les fruits de la récolte de l'année, et sur le prix de tout ce qui garnit la maison louée ou la ferme, et de tout ce qui sert à l'exploitation de la ferme; savoir, pour tout ce qui est échu, et pour tout ce qui est à échoir, si les baux sont authentiques, ou si, étant sous signature privée, ils ont une date certaine; et, dans ces deux cas, les autres créanciers ont le droit de relouer la maison ou la ferme pour le restant du bail, et de faire leur profit des baux ou fermages, à la charge toutefois de payer au propriétaire tout ce qui lui serait encore dû; C. 1728 s., 1752 s., 1766 s., 1778, 1821 s. Pr. 661, 662. Co. 280. — Et, à défaut de baux authentiques, ou lors qu'étant sous signature privée, ils n'ont pas une date certaine, pour une année à partir de l'expiration de l'année courante; C. 1714 s.; *acte authent.*, 1317 s.; *acte s. s.-privé*, 1322, 1328. — Le même privilége a lieu pour les réparations locatives, et pour tout ce qui concerne l'exécution du bail; C. 1720, 1728 s., 1754, 1755. L. 25 *mai* 1838, *art.* 5 2°. — Néanmoins les sommes dues pour les semences ou pour les frais de la récolte de l'année, sont payées sur le prix de la récolte, et celles dues pour ustensiles, sur le prix de ces ustensiles, par préférence au propriétaire, dans l'un et l'autre cas; C. 2102 3°. — Le propriétaire peut saisir les meubles qui garnissent sa maison ou sa ferme, lorsqu'ils ont été déplacés sans son consentement, et il conserve sur eux son privilége, pourvu qu'il ait fait la revendication; savoir, lorsqu'il s'agit du mobilier qui garnissait une ferme, dans le délai de quarante jours; et dans celui de quinzaine, s'il s'agit des meubles garnissant une maison; Pr. *choses insaisissables*, 593; *opposition sur le prix*, 609; *saisie-brandon*, 626 s.; *saisie-gagerie*, 819 s.; *revendication*, 826 s.; — 2° La créance sur le gage dont le créancier est saisi. C. *gage*, 2073 s. Co. 446, 546 s. — 3° Les frais faits pour la conservation de la chose ; C. 1137, 1375, 1381, 1787 s., 1890, 1999, 2080, 2102 3°. Co. 93, 94, 95, 191, 320, 334, 417. — 4° Le prix d'effets mobiliers non payés, s'ils sont encore en la possession du débiteur, soit qu'il ait acheté à terme ou sans terme ; C. 1650 ; *subrog.*, 1250. Co. 191 8°, 550. — Si la vente a été faite sans terme, le vendeur peut même revendiquer ces effets tant qu'ils sont en la possession de l'acheteur, et en empêcher la revente, pourvu que la revendication soit faite dans la huitaine de la livraison, et que les effets se trouvent dans le même état dans lequel cette livraison a été faite. C. *résolut. de vente*, 1184, 1657 ; *revend.*, 2279. Pr. 826 s. — Le privilége du vendeur ne s'exerce toutefois qu'après celui du propriétaire de la maison ou de la ferme, à moins qu'il ne soit prouvé que le propriétaire avait connaissance que les meubles et autres objets garnissant sa maison ou sa ferme n'appartenaient pas au locataire ; C. 1813, 2102 1°. Pr. 661, 662. — Il n'est rien innové aux lois et usages du commerce sur la revendication. Co, 550, 574 s. — 5° Les fournitures d'un aubergiste, sur les effets du voyageur qui ont été transportés dans son auberge. C. *respons.* ; 1952 s. ; *prescript.*, 2271 s. — 6° Les frais de voiture et les dépenses accessoires, sur la chose voiturée, C. *voit.*, 1782 s. ; Co. 106 s. — 7°. Les créances résultant d'abus et prévarications commis par les fonctionnaires publics dans l'exercice de leurs fonctions, sur les fonds de leur cautionnement, et sur les intérêts qui en peuvent être dus. (V. *Déc.* 28 *août* 1808.)

SECTION II.

Des Priviléges sur les Immeubles.

2103. Les créanciers privilégiés sur les immeubles sont, C. 2104, 2105 ; *trésor pub.*, 2098 ; *inscript.*, 2106 s., 2113 ; *discuss. ne p. être opp.*, 2171, — 1° Le vendeur, sur l'immeuble vendu, pour le paiement du prix ; — S'il y a plusieurs ventes successives dont le prix soit dû en tout ou en partie, le premier vendeur est préféré au second, le deuxième au troisième, et ainsi de suite ; C. 1140, 1141, 1650 s. ; *transcript.*, 2108. — 2° Ceux qui ont fourni les deniers pour l'acquisition d'un immeuble, pourvu qu'il soit authentiquement constaté, par l'acte d'emprunt, que la somme était destinée à cet emploi, et, par la quittance du vendeur, que ce paiement a été fait des deniers empruntés, C. *subrog.*, 1250 ; *cession*, 1689 s. ; *transcript.*, 2108. Pr. *secùs*, 687. — 3° Les cohéritiers, sur les immeubles de la succession, pour la garantie des partages faits entre eux, et des soulte ou retour de lots ; C. 827, 833, 883 s., 2109. — 4° Les architectes, entrepreneurs, maçons et autres ouvriers employés pour édifier, reconstruire ou réparer des bâtimens, canaux, ou autres ouvrages quelconques, pourvu néanmoins que, par un expert nommé d'office par le tribunal de première instance dans le ressort duquel les bâtimens sont situés, il ait été dressé préalablement un procès-verbal, à l'effet de constater l'état des lieux relativement aux ouvrages que le propriétaire déclarera avoir dessein de faire, et que les ouvrages aient été, dans les six mois au plus de leur perfection, reçus par un expert également nommé d'office ; — Mais le montant du privilége ne peut excéder les valeurs constatées par le second procès-verbal, et il se réduit à la plus-value existante à l'époque de l'aliénation de l'immeuble et résultant des travaux qui y ont été faits ; C. 1792 s., 1798 s., 2270 ; *inscript.*, 2110. — 5° Ceux qui ont prêté les deniers pour payer ou rembourser les ouvriers, jouissent du même privilége, pourvu que cet emploi soit authentiquement constaté par l'acte d'emprunt, et par la quittance des ouvriers, ainsi qu'il a été dit ci-dessus pour ceux qui ont prêté les deniers pour l'acquisition d'un immeuble. C. *subrog.*, 1250 ; *cession*, 1689 s. ; *inscript.*, 2110.

SECTION III.

Des Priviléges qui s'étendent sur les Meubles et les Immeubles.

2104. Les priviléges qui s'étendent

sur les meubles et les immeubles sont ceux énoncés en l'art. 2101. C. 2098, 2105, 2107.

2105. Lorsqu'à défaut de mobilier les privilégiés énoncés en l'article précédent se présentent pour être payés sur le prix d'un immeuble en concurrence avec les créanciers privilégiés sur l'immeuble, les paiemens se font dans l'ordre qui suit : — 1° Les frais de justice et autres énoncés en l'article 2101 ; — 2° Les créances désignées en l'art. 2103.

SECTION IV.

Comment se conservent les Privilèges.

2106. Entre les créanciers, les priviléges ne produisent d'effet à l'égard des immeubles qu'autant qu'ils sont rendus publics par inscription sur les registres du conservateur des hypothèques, de la manière déterminée par la loi, et à compter de la date de cette inscription, sous les seules exceptions qui suivent. C. *trésor public*, 2098, 2113, 2198 ; *forme des inscript.*, 2146 s. ; *exception*, 2107.

2107. Sont exceptées de la formalité de l'inscription, les créances énoncées en l'art. 2101. *Voyez néanmoins*, C. 2166, Pr. 834.

2108. Le vendeur privilégié conserve son privilége par la transcription du titre qui a transféré la propriété à l'acquéreur, et qui constate que la totalité ou partie du prix lui est due ; à l'effet de quoi la transcription du contrat faite par l'acquéreur vaudra inscription pour le vendeur et pour le prêteur qui lui aura fourni les deniers payés, et qui sera subrogé aux droits du vendeur par le même contrat : sera néanmoins le conservateur des hypothèques tenu, sous peine de tous dommages et intérêts envers les tiers, de faire d'office l'inscription sur son registre, des créances résultant de l'acte translatif de propriété, tant en faveur du vendeur qu'en faveur des prêteurs, qui pourront aussi faire faire, si elle ne l'a été, la transcription du contrat de vente, à l'effet d'acquérir l'inscription de ce qui leur est dû sur le prix. C. 2103 1° *et* 2°, 2113, 2181, 2199 s. Pr. *enchères*, 834 s. (1)

2109. Le cohéritier ou copartageant conserve son privilége sur les biens de chaque lot ou sur le bien licité, pour les soulte et retour de lots, ou pour le prix de la licitation, par l'inscription faite à sa diligence, dans soixante jours, à dater de l'acte de partage ou de l'adjudication par licitation ; durant lequel temps aucune hypothèque ne peut avoir lieu sur le bien chargé de soulte ou adjugé par licitation, au préjudice du créancier de la soulte ou du prix. C. 2103 3°, 2113. Pr. 834 s.

2110. Les architectes, entrepreneurs, maçons et autres ouvriers employés pour édifier, reconstruire ou réparer des bâtimens, canaux ou autres ouvrages, et ceux qui ont, pour les payer et rembourser, prêté les deniers dont l'emploi a été constaté, conservent, par la double inscription faite, 1° du procès-verbal qui constate l'état des lieux ; 2° du procès-verbal de réception, leur privilége à la date de l'inscription du premier procès-verbal. C. 2103 4° *et* 5°, 2113 ; *comparez* 2095, 2134 s.

2111. Les créanciers et légataires qui demandent la séparation du patrimoine du défunt, conformément à l'art. 878, au titre *des Successions*, conservent, à l'égard des créanciers des héritiers ou représentans du défunt, leur privilége sur les immeubles de la succession, par les inscriptions faites sur chacun de ces biens, dans les six mois à compter de l'ouverture de la succession. — Avant l'expiration de ce délai, aucune hypothèque ne peut être établie avec effet sur ces biens par les héritiers ou représentans au préjudice de ces créanciers ou légataires. C. 878, 2113, 2146.

2112. Les cessionnaires de ces diverses créances privilégiées exercent tous les mêmes droits que les cédans, en leur lieu et place. C. *subrog.*, 1249 s. ; *transport*, *cession*, 1692 s.

(1) *Droits de transcription*, L. 21 ventôse an VII, *art.* 25 s. ; L. 28 avril 1816, *art.* 52, 54, 61 ; Salaire du conservateur, L. 21 ventôse an VII, *art.* 15 ; *Déc.* 21 septembre 1810, n° 7.

2113. Toutes créances privilégiées soumises à la formalité de l'inscription, à l'égard desquelles les conditions ci-dessus prescrites pour conserver le privilége n'ont pas été accomplies, ne cessent pas néanmoins d'être hypothécaires; mais l'hypothèque ne date, à l'égard des tiers, que de l'époque des inscriptions qui auront dû être faites ainsi qu'il sera ci-après expliqué. C. 2098; *rang des hypoth.*, 2134 s.; *renouvellement*, 2154.

CHAPITRE III.

DES HYPOTHÈQUES.

2114. L'hypothèque est un droit réel sur les immeubles affectés à l'acquittement d'une obligation. — Elle est, de sa nature, indivisible, et subsiste en entier sur tous les immeubles affectés, sur chacun et sur chaque portion de ces immeubles. — Elle les suit dans quelques mains qu'ils passent. C. *indivisibles*, 1222 s.; *effets*, 2166 s.; *extinction*, 2180 s.

2115. L'hypothèque n'a lieu que dans les cas et suivant les formes autorisés par la loi.

2116. Elle est ou légale, ou judiciaire, ou conventionnelle.

2117. L'hypothèque légale est celle qui résulte de la loi. C. 2121 s. — L'hypothèque judiciaire est celle qui résulte des jugemens ou actes judiciaires. C. 2123. — L'hypothèque conventionnelle est celle qui dépend des conventions, et de la forme extérieure des actes et des contrats. C. 2124 s.

2118. Sont seuls susceptibles d'hypothèques, — 1° Les biens immobiliers qui sont dans le commerce, et leurs accessoires réputés immeubles; C. 517 s. — 2° L'usufruit des mêmes biens et accessoires pendant le temps de sa durée. C *access.*, 552.; *usufr.*, 578 s.; *amélior.*, 2133, 2134; *expropr.*, 2204.

2119. Les meubles n'ont pas de suite par hypothèque. C. *meubles immobilisés*, 522 s.

2120. Il n'est rien innové par le présent Code aux dispositions des lois maritimes concernant les navires et bâtimens de mer. Co. 190 s.

SECTION I.

Des Hypothèques légales.

2121. Les droits et créances auxquels l'hypothèque légale est attribuée, sont, — Ceux des femmes mariées, sur les biens de leur mari. C. 1467 s., 1492 s., 1503, 1510, 1514, 1515 s., 1520 s., 1531, 1564 s., 1579. — Ceux des mineurs et interdits, sur les biens de leur tuteur, C. 469 s., 509; *aliénés*, L. 30 *juin* 1838, *art.* 34. Ceux de l'état, des communes et des établissemens publics, sur les biens des receveurs et administrateurs comptables. C. *tresor pub.*, 2098; *leur rang*, 2135 s.; *inscript.*, 2153 s.; *purge*, 2193 s.; *créanc. et légat.*, 873, 1017.

2122. Le créancier qui a une hypothèque légale peut exercer son droit sur tous les immeubles appartenant à son débiteur, et sur ceux qui pourront lui appartenir dans la suite, sous les modifications qui seront ci après exprimées. C. *réduct.*, 2140 s., 2161. Co. 563.

SECTION II.

Des Hypothèques judiciaires.

2123. L'hypothèque judiciaire résulte des jugemens, soit contradictoires, soit par défaut, définitifs ou provisoires, en faveur de celui qui les a obtenus. Elle résulte aussi des reconnaissances ou vérifications, faites en jugement, des signatures apposées à un acte obligatoire sous seing privé. (1) Pr. *vérification d'écritures*, 193 s. — Elle peut s'exercer sur les immeubles actuels du débiteur et sur ceux qu'il pourra acquérir, sauf aussi les modifications qui seront ci-après exprimées. — Les décisions arbitrales n'emportent hypothèque qu'autant qu'elles sont revêtues de l'ordonnance judiciaire d'exécution. Pr 1020 s. — L'hypothèque ne peut pareillement résulter des jugemens rendus en pays étranger, qu'autant qu'ils ont été déclarés exécutoires par un tribunal français; sans préjudice des dispositions contraires qui peuvent être dans les lois politiques ou dans les traités. C. *disposit. anal.*, 2122, 2128 s.; *ré-*

(1) Inscriptions hypothécaires sous seing privé. V. *L.* 3 sept. 1807. (*App.*)

duct., 2161 s. Pr. *vérific. d'écrit.*, 193 s.; *jugem. en pays étr.*, 546; *enchères*, 834 s. I. c. 121. (1)

SECTION III.

Des Hypothèques conventionnelles.

2124. Les hypothèques conventionnelles ne peuvent être consenties que par ceux qui ont la capacité d'aliéner les immeubles qu'ils y soumettent. C. 128, 217, 457, 1124 s., 1305 s., 1421, 1428, 1449, 1507 s., 1535, 1538, 1554, 1594, 1598 s., 1988, 2059. Co. 6, 7, 446 s.

2125. Ceux qui n'ont sur l'immeuble qu'un droit suspendu par une condition, ou résoluble dans certains cas, ou sujet à rescision, ne peuvent consentir qu'une hypothèque soumise aux mêmes conditions ou à la même rescision. C. *rapport*, 865; *réduct.*, 929; *retour*, 952; *révoc.*, 954, 958, 963; *condit. susp.*, 1181 s.; *résolut.*, 1183 s., 1654; *rescis.*, 1304, 1674 s.; *réméré*, 1659 s.; *inscript. p. une val. estim.*, 2132.

2126. Les biens des mineurs, des interdits, et ceux des absens, tant que la possession n'en est déférée que provisoirement, ne peuvent être hypothéqués que pour les causes et dans les formes établies par la loi, ou en vertu de jugemens. C. 128, 457 s., 484, 499, 509, 513. Co. 6, 7.

2127. L'hypothèque conventionnelle ne peut être consentie que par acte passé en forme authentique devant deux notaires ou devant un notaire et deux témoins. L. 25 *ventôse an XI, art.* 1, 9 s. Pr. *enchères*, 834.

2128. Les contrats passés en pays étranger ne peuvent donner d'hypothèque sur les biens de France, s'il n'y a des dispositions contraires à ce principe dans les lois politiques ou dans les traités. C. *jug. en pays étr.*, 2123 *et la note.* Pr. 546; *enchères*, 834.

2129. Il n'y a d'hypothèque conventionnelle valable que celle qui, soit dans le titre authentique constitutif de la créance, soit dans un acte authentique postérieur, déclare spécialement la nature et la situation de chacun des immeubles actuellement appartenant au débiteur, sur lesquels il consent l'hypothèque de la créance. Chacun de tous ses biens présens peut être nominativement soumis à l'hypothèque. — Les biens à venir ne peuvent pas être hypothéqués. C. 1130; *secùs*, 2122, 2123, 2130 s.; *discuss.*, *inad.*, 2171.

2130. Néanmoins, si les biens présens et libres du débiteur sont insuffisans pour la sûreté de la créance, il peut, en exprimant cette insuffisance, consentir que chacun des biens qu'il acquerra par la suite, y demeure affecté à mesure des acquisitions. C. *réduct.*, 2161 s.

2131. Pareillement, en cas que l'immeuble ou les immeubles présens, assujettis à l'hypothèque, eussent péri, ou éprouvé des dégradations, de manière qu'ils fussent devenus insuffisans pour la sûreté du créancier, celui-ci pourra ou poursuivre dès à présent son remboursement, ou obtenir un supplément d'hypothèque. C. 1188.

2132. L'hypothèque conventionnelle n'est valable qu'autant que la somme pour laquelle elle est consentie, est certaine et déterminée par l'acte : si la créance résultant de l'obligation est conditionnelle pour son existence, ou indéterminée dans sa valeur, le créancier ne pourra requérir l'inscription dont il sera parlé ci-après, que jusqu'à concurrence d'une valeur estimative par lui déclarée expressément, et que le débiteur aura droit de faire réduire, s'il y a lieu. C. *hypoth. condit.*, 2125; *inscript.*, 2148 4°; *radiat.*, 2159; *réduct.*, 2163.

2133. L'hypothèque acquise s'é-

(1) *Extrait de l'Ordonnance de Louis XIII du 15 janvier 1629. Art.* 121. Les jugemens rendus, contracts ou obligations receuës ès royaumes et souverainetez estrangères, pour quelque cause que ce soit, n'auront aucune hypothèque ni exécution en notre dit royaume. Ains tiendront les contracts lieu de simples promesses ; et nonobstant les jugemens, nos sujets contre lesquels ils auront esté rendus, pourront de nouveau débattre leurs droicts comme entiers par-devant nos officiers.

tend à toutes les améliorations survenues à l'immeuble hypothéqué. C. *immeubles*, 517 s.; *accessoires*, 522 s., 552 s., 2118.

SECTION IV.
Du Rang que les Hypothèques ont entre elles.

2134. Entre les créanciers, l'hypothèque, soit légale, soit judiciaire, soit conventionnelle, n'a de rang que du jour de l'inscription prise par le créancier sur les registres du conservateur, dans la forme et de la manière prescrites par la loi, sauf les exceptions portées en l'article suivant. C. 2106, 2113; *inscript.*, 2146 s. Pr. 834. Co. 490. I. c. 121.

2135. L'hypothèque existe, indépendamment de toute inscription, — 1° Au profit des mineurs et interdits, sur les immeubles appartenant à leur tuteur, à raison de sa gestion, du jour de l'acceptation de la tutelle; — 2° Au profit des femmes, pour raison de leurs dot et conventions matrimoniales, sur les immeubles de leur mari, et à compter du jour du mariage. Co. 563, 564. — La femme n'a hypothèque pour les sommes dotales qui proviennent de successions à elle échues, ou de donations à elle faites pendant le mariage, qu'à compter de l'ouverture des successions ou du jour que les donations ont eu leur effet. — Elle n'a hypothèque pour l'indemnité des dettes qu'elle a contractées avec son mari, et pour le remploi de ses propres aliénés, qu'à compter du jour de l'obligation ou de la vente. C. *hypoth. lég.*, 2121; *purge*, 2193 s. — Dans aucun cas, la disposition du présent article ne pourra préjudicier aux droits acquis à des tiers avant la publication du présent titre.

2136. Sont toutefois les maris et les tuteurs tenus de rendre publiques les hypothèques dont leurs biens sont grevés, et, à cet effet, de requérir eux-mêmes, sans aucun délai, inscription aux bureaux à ce établis, sur les immeubles à eux appartenant, et sur ceux qui pourront leur appartenir par la suite. — Les maris et les tuteurs qui, ayant manqué de requérir et de faire faire les inscriptions ordonnées par le présent article, auraient consenti ou laissé prendre des priviléges ou des hypothèques sur leurs immeubles, sans déclarer expressément que lesdits immeubles étaient affectés à l'hypothèque légale des femmes et des mineurs, seront réputés stellionataires, et, comme tels, contraignables par corps. C. 2154; *stellionat*, 2059, 2137 s.; *purgé*, 2190 s.; *domm. int.*, C. 1142, 1149. Pr. 126, 132.

2137. Les subrogés tuteurs seront tenus, sous leur responsabilité personnelle, et sous peine de tous dommages et intérêts, de veiller à ce que les inscriptions soient prises sans délai sur les biens du tuteur, pour raison de sa gestion, même de faire faire lesdites inscriptions. C. 420 s., 2142, 2194; *domm. et int.*, 1142, 1149. Pr. 126, 132.

2138. A défaut par les maris, tuteurs, subrogés tuteurs, de faire faire les inscriptions ordonnées par les articles précédens, elles seront requises par le procureur du roi près le tribunal de première instance du domicile des maris et tuteurs, ou du lieu de la situation des biens. C. 2194 s.

2139. Pourront les parens, soit du mari, soit de la femme, et les parens du mineur, ou, à défaut de parens, ses amis, requérir lesdites inscriptions; elles pourront aussi être requises par la femme, et par les mineurs. C. 2194 s.

2140. Lorsque, dans le contrat de mariage, les parties majeures seront convenues qu'il ne sera pris d'inscription que sur un ou certains immeubles du mari, les immeubles qui ne seraient pas indiqués pour l'inscription resteront libres et affranchis de l'hypothèque, pour la dot de la femme et pour ses reprises et conventions matrimoniales. Il ne pourra pas être convenu qu'il ne sera pris aucune inscription. C. 2122, 2156.

2141. Il en sera de même pour les immeubles du tuteur, lorsque les parens, en conseil de famille, auront été d'avis qu'il ne soit pris d'inscription que sur certains immeubles. C. 407 s., 2122, 2156.

2142. Dans le cas des deux articles

précédens, le mari, le tuteur et le subrogé tuteur, ne seront tenus de requérir inscription que sur les immeubles indiqués.

2143. Lorsque l'hypothèque n'aura pas été restreinte par l'acte de nomination du tuteur, celui-ci pourra, dans le cas où l'hypothèque générale sur les immeubles excéderait notoirement les sûretés suffisantes pour sa gestion, demander que cette hypothèque soit restreinte aux immeubles suffisans pour opérer une pleine garantie en faveur du mineur. — La demande sera formée contre le subrogé tuteur, et elle devra être précédée d'un avis de famille. C. 407 s., 420 s., 2122, 2162, 2164 s. Pr. 882 s.

2144. Pourra pareillement le mari, du consentement de sa femme, et après avoir pris l'avis des quatre plus proches parens d'icelle, réunis en assemblée de famille, demander que l'hypothèque générale sur tous ses immeubles, pour raison de la dot, des reprises et conventions matrimoniales, soit restreinte aux immeubles suffisans pour la conservation entière des droits de la femme. C. 2140, 2162, 2164 s.

2145. Les jugemens sur les demandes des maris et des tuteurs ne seront rendus qu'après avoir entendu le procureur du roi, et contradictoirement avec lui. — Dans le cas où le tribunal prononcera la réduction de l'hypothèque à certains immeubles, les inscriptions prises sur tous les autres seront rayées. C. *f. des actions*, 2156, 2157 s. Pr. 83 s., 885 s.

CHAPITRE IV.

DU MODE DE L'INSCRIPTION DES PRIVILÉGES ET HYPOTHÈQUES. (1)

2146. Les inscriptions se font au bureau de conservation des hypothèques dans l'arrondissement duquel sont situés les biens soumis au privilége ou à l'hypothèque. Elles ne produisent aucun effet, si elles sont prises dans le délai pendant lequel les actes faits avant l'ouverture des faillites sont déclarés nuls. — Il en est de même entre les créanciers d'une succession, si l'inscription n'a été faite par l'un d'eux que depuis l'ouverture, et dans le cas où la succession n'est acceptée que par bénéfice d'inventaire. C. 2106, 2134 s.; *délai p. délibérer*, 797 s.; *extinct.*, 2180; *purge*, 2194 s.; *conservat.*, 2197, 2199 s. Co. *faillite*, 446 s., 490. Pr. *délai*, 834 s.

2147. Tous les créanciers inscrits le même jour exercent en concurrence une hypothèque de la même date, sans distinction entre l'inscription du matin et celle du soir, quand cette différence serait marquée par le conservateur. C. *dispos. anal.*, 2260.

2148. Pour opérer l'inscription, le créancier représente, soit par lui-même, soit par un tiers, au conservateur des hypothèques, l'original en brevet ou une expédition authentique du jugement ou de l'acte qui donne naissance au privilége ou à l'hypothèque. — Il y joint deux bordereaux écrits sur papier timbré, dont l'un peut être porté sur l'expédition du titre : ils contiennent, C. *hypoth. judic.*, 2123; *conventionn.*, 2129; *lég.*, 2135 s.; *conserv.*, 2199 s. — 1° Les nom, prénom, domicile du créancier, sa profession s'il en a une, et l'élection d'un domicile pour lui dans un lieu quelconque de l'arrondissement du bureau; C. *domicile*, 111, 2152; — 2° Les nom, prénom, domicile du débiteur, sa profession s'il en a une connue, ou une désignation individuelle et spéciale, telle que le conservateur puisse reconnaître et distinguer dans tous les cas l'individu grevé d'hypothèque; — 3° La date et la nature du titre; — 4° Le montant du capital des créances exprimées dans le titre, ou évaluées par l'inscrivant, pour les rentes et prestations, ou pour les droits éventuels, conditionnels ou indéterminés, dans les cas où cette évaluation est ordonnée; comme aussi le montant des accessoires

(1) *Droits d'inscription : L.* 21 ventôse an VII, *art.* 20 s., 27; *L.* 28 avril 1816, *art.* 60; *L.* 6 messidor an VII, *art.* 1 s. — *Salaires du conservateur : L.* 21 ventôse an VII, *art.* 15; *Déc.* 21 sept. 1810.

de ces capitaux, et l'époque de l'exigibilité, C. 2153, 2163, 2165 s. L. 4 *septembre* 1807. — 5° L'indication de l'espèce et de la situation des biens sur lesquels il entend conserver son privilége ou son hypothèque. — Cette dernière disposition n'est pas nécessaire dans le cas des hypothèques légales ou judiciaires : à défaut de convention, une seule inscription, pour ces hypothèques, frappe tous les immeubles compris dans l'arrondissement du bureau.

2149. Les inscriptions à faire sur les biens d'une personne décédée, pourront être faites sous la simple désignation du défunt, ainsi qu'il est dit au n° 2 de l'article précédent.

2150. Le conservateur fait mention, sur son registre, du contenu aux bordereaux, et remet au requérant, tant le titre ou l'expédition du titre, que l'un des bordereaux, au pied duquel il certifie avoir fait l'inscription. C. *conservat.*, 2197 s., 2202 s. Pr. 857. (*Av. C.* 26 *décembre* 1810.)

2151. Le créancier inscrit pour un capital produisant intérêt ou arrérage, a droit d'être colloqué pour deux années seulement, et pour l'année courante, au même rang d'hypothèque que pour son capital ; sans préjudice des inscriptions particulières à prendre, portant hypothèque à compter de leur date, pour les arrérages autres que ceux conservés par la première inscription. C. 2197 s., 2202 s.

2152. Il est loisible à celui qui a requis une inscription, ainsi qu'à ses représentans, ou cessionnaires par acte authentique, de changer sur le registre des hypothèques le domicile par lui élu, à la charge d'en choisir et indiquer un autre dans le même arrondissement. C. 2148. (1)

2153. Les droits d'hypothèque purement légale de l'état, des communes et des établissemens publics sur les biens des comptables, ceux des mineurs ou interdits sur les tuteurs, des femmes mariées sur leurs époux, seront inscrits sur la représentation de deux bordereaux, contenant seulement, C. 2121. — 1° Les nom, prénom, profession et domicile réel du créancier, et le domicile qui sera par lui, ou pour lui, élu dans l'arrondissement ; C. 2148. — 2° Les nom, prénom, profession, domicile, ou désignation précise du débiteur ; — 3° La nature des droits à conserver, et le montant de leur valeur quant aux objets déterminés, sans être tenu de le fixer quant à ceux qui sont conditionnels, éventuels ou indéterminés.

2154. Les inscriptions conservent l'hypothèque et le privilége pendant dix années, à compter du jour de leur date ; leur effet cesse si ces inscriptions n'ont été renouvelées avant l'expiration de ce délai. C. 2146. (*Av. C.* 22 *janv.* 1808.)

2155. Les frais des inscriptions sont à la charge du débiteur, s'il n'y a stipulation contraire ; l'avance en est faite par l'inscrivant, si ce n'est quant aux hypothèques légales, pour l'inscription desquelles le conservateur a son recours contre le débiteur. Les frais de la transcription, qui peut être requise par le vendeur, sont à la charge de l'acquéreur. C. 1593, 2108, 2121. Pr. 834 s.

2156. Les actions auxquelles les inscriptions peuvent donner lieu contre les créanciers seront intentées devant le tribunal compétent, par exploits faits à leur personne, ou au dernier des domiciles élus sur le registre ; et ce, nonobstant le décès soit des créanciers, soit de ceux chez lesquels ils auront fait élection de domicile. C. 111, 2145, 2148, 2153, 2159 ; *purge*, 2183, 2185. Pr. 832 s.

CHAPITRE V.

DE LA RADIATION ET RÉDUCTION DES INSCRIPTIONS.

2157. Les inscriptions sont rayées du consentement des parties intéressées et ayant capacité à cet effet, ou en vertu d'un jugement en dernier ressort ou passé en force de chose jugée. C. *consentem.*, 1109 s., 1124 s.,

(1) *Salaire du conservateur : L.* 21 ventôse an VII, *art.* 15 ; *Déc.* 21 sept. 1810, n° 4.

2180 2°; *chose j.*, 1351; *restriction*, 2143 s.; *radiat.*, 2160 s. Pr. 548 s. (1)

2158. Dans l'un et l'autre cas, ceux qui requièrent la radiation déposent au bureau du conservateur l'expédition de l'acte authentique portant consentement, ou celle du jugement. Pr. 772.

2159. La radiation non consentie est demandée au tribunal dans le ressort duquel l'inscription a été faite, si ce n'est lorsque cette inscription a eu lieu pour sûreté d'une condamnation éventuelle ou indéterminée, sur l'exécution ou liquidation de laquelle le débiteur et le créancier prétendu sont en instance ou doivent être jugés dans un autre tribunal; auquel cas la demande en radiation doit y être portée ou renvoyée. C. 2132, 2156. Pr. 171. (2) — Cependant la convention faite par le créancier et le débiteur, de porter, en cas de contestation, la demande à un tribunal qu'ils auraient désigné, recevra son exécution entre eux. C. 111, 1134. Pr. 7.

2160. La radiation doit être ordonnée par les tribunaux, lorsque l'inscription a été faite sans être fondée ni sur la loi, ni sur un titre, ou lorsqu'elle l'a été en vertu d'un titre soit irrégulier, soit éteint ou soldé, ou lorsque les droits de privilége ou d'hypothèque sont effacés par les voies légales. C. 2157, 2180. Pr. 772. 774.

2161. Toutes les fois que les inscriptions prises par un créancier qui, d'après la loi, aurait droit d'en prendre sur les biens présens ou sur les biens à venir d'un débiteur, sans limitation convenue, seront portées sur plus de domaines différens qu'il n'est nécessaire à la sûreté des créances, l'action en réduction des inscriptions, ou en radiation d'une partie en ce qui excède la proportion convenable, est ouverte au débiteur. On y suit les règles de compétence établies dans l'article 2159. — La disposition du présent article ne s'applique pas aux hypothèques conventionnelles. C. 1134, 2122, 2123, 2124, 2131, 2143 s.

2162. Sont réputées excessives les inscriptions qui frappent sur plusieurs domaines, lorsque la valeur d'un seul ou de quelques-uns d'entre eux excède de plus d'un tiers en fonds libres le montant des créances en capital et accessoires légaux.

2163. Peuvent aussi être réduites, comme excessives, les inscriptions prises d'après l'évaluation faite par le créancier, des créances qui, en ce qui concerne l'hypothèque à établir pour leur sûreté, n'ont pas été réglées par la convention, et qui, par leur nature, sont conditionnelles, éventuelles ou indéterminées. C. 2125, 2132, 2148 4°.

2164. L'excès, dans ce cas, est arbitré par les juges, d'après les circonstances, les probabilités des chances et les présomptions de fait, de manière à concilier les droits vraisemblables du créancier avec l'intérêt du crédit raisonnable à conserver au débiteur; sans préjudice des nouvelles inscriptions à prendre avec hypothèque du jour de leur date, lorsque l'événement aura porté les créances indéterminées à une somme plus forte. C. 1353.

2165. La valeur des immeubles dont la comparaison est à faire avec celle des créances et le tiers en sus, est déterminée par quinze fois la valeur du revenu déclaré par la matrice du rôle de la contribution foncière, ou indiqué par la cote de contribution sur le rôle, selon la proportion qui existe dans les communes de la situation entre cette matrice ou cette cote et le revenu, pour les immeubles non sujets à dépérissement, et dix fois cette valeur pour ceux qui y sont sujets. Pourront néanmoins les juges

(1) *Salaire du conservateur* : *L.* 21 ventôse an VII, *art.* 15; *Déc.* 21 septembre 1810, n° 5.

(2) La cour (des comptes) prononcera sur les demandes en réduction et translation d'hypothèques, formées par des comptables encore en exercice, ou par ceux hors d'exercice dont les comptes ne sont pas définitivement apurés, en exigeant les sûretés suffisantes pour la conservation des droits du trésor. (*L.* 16 sept. 1807, *art.* 15.

s'aider, en outre, des éclaircissemens qui peuvent résulter des baux non suspects, des procès-verbaux d'estimation qui ont pu être dressés précédemment à des époques rapprochées, et autres actes semblables, et évaluer le revenu au taux moyen entre les résultats de ces divers renseignemens.

CHAPITRE VI.

DE L'EFFET DES PRIVILÉGES ET HYPOTHÈQUES CONTRE LES TIERS DÉTENTEURS.

2166. Les créanciers ayant privilége ou hypothèque inscrite sur un immeuble, le suivent en quelques mains qu'il passe, pour être colloqués et payés suivant l'ordre de leurs créances ou inscriptions. C. *priv.*, 2106 s., 2134 s., 2146 s., 2198; *distribution*, 2218. Pr. 749 s., 834 s., 991.

2167. Si le tiers détenteur ne remplit pas les formalités qui seront ci-après établies, pour purger sa propriété, il demeure, par l'effet seul des inscriptions, obligé comme détenteur à toutes les dettes hypothécaires, et jouit des termes et délais accordés au débiteur originaire. C. *délaissem.*, 2172; *purge*, 2181 s., 2193 s.

2168. Le tiers détenteur est tenu, dans le même cas, ou de payer tous les intérêts et capitaux exigibles, à quelque somme qu'ils puissent monter, ou de délaisser l'immeuble hypothéqué, sans aucune réserve. C. 2169 s., 2172 s.

2169. Faute par le tiers détenteur de satisfaire pleinement à l'une de ces obligations, chaque créancier hypothécaire a droit de faire vendre sur lui l'immeuble hypothéqué, trente jours après commandement fait au débiteur originaire, et sommation faite au tiers détenteur de payer la dette exigible ou de délaisser l'héritage. C. *délaiss.*, 2172 s.; *purge*, 2183; *expropr.*, 2204, 2213, 2215. Pr. 673 s.

2170. Néanmoins le tiers détenteur qui n'est pas personnellement obligé à la dette, peut s'opposer à la vente de l'héritage hypothéqué qui lui a été transmis, s'il est demeuré d'autres immeubles hypothéqués à la même dette dans la possession du principal ou des principaux obligés, et en requérir la discussion préalable selon la forme réglée au titre *du Cautionnement* : pendant cette discussion, il est sursis à la vente de l'héritage hypothéqué. C. 2021 s.

2171. L'exception de discussion ne peut être opposée au créancier privilégié ou ayant hypothèque spéciale sur l'immeuble. C. *priv.*, 2103, 2104 s.; *hypoth. spéc.*, 2129; *mineur*, *interd.*, 2206 s.

2172. Quant au délaissement par hypothèque, il peut être fait par tous les tiers détenteurs qui ne sont pas personnellement obligés à la dette, et qui ont la capacité d'aliéner. C. *capacité*, 1124.

2173. Il peut l'être même après que le tiers détenteur a reconnu l'obligation ou subi condamnation en cette qualité seulement : le délaissement n'empêche pas que, jusqu'à l'adjudication, le tiers détenteur ne puisse reprendre l'immeuble en payant toute la dette et les frais. C. 2168 s. Pr. *adjudication*, 706.

2174. Le délaissement par hypothèque se fait au greffe du tribunal de la situation des biens; et il en est donné acte par ce tribunal. — Sur la pétition du plus diligent des intéressés, il est créé à l'immeuble délaissé un curateur sur lequel la vente de l'immeuble est poursuivie dans les formes prescrites pour les expropriations. C *curateur*, 812; *expropr.* 2204.

2175. Les détériorations qui procèdent du fait ou de la négligence du tiers détenteur, au préjudice des créanciers hypothécaires ou privilégiés, donnent lieu contre lui à une action en indemnité; mais il ne peut répéter ses impenses et améliorations que jusqu'à concurrence de la plus-value résultant de l'amélioration. C. 861 s., 1382, 1631.

2176. Les fruits de l'immeuble hypothéqué ne sont dus par le tiers détenteur qu'à compter du jour de la sommation de payer ou de délaisser, et, si les poursuites commencées ont été abandonnées pendant trois ans, à compter de la nouvelle sommation qui sera faite. C. *command.* 2169, 2217. Pr. 597.

2177. Les servitudes et droits réels

que le tiers détenteur avait sur l'immeuble avant sa possession, renaissent après le délaissement ou après l'adjudication faite sur lui. C. 705, 704. — Ses créanciers personnels, après tous ceux qui sont inscrits sur les précédens propriétaires, exercent leur hypothèque à leur rang, sur le bien délaissé ou adjugé. C. 2134.

2178. Le tiers détenteur qui a payé la dette hypothécaire, ou délaissé l'immeuble hypothéqué, ou subi l'expropriation de cet immeuble, a le recours en garantie, tel que de droit, contre le débiteur principal. C. 611, 874, 1020, 1024, 1251, 1625 s.

2179. Le tiers détenteur qui veut purger sa propriété en payant le prix, observe les formalités qui sont établies dans le chapitre VIII du présent titre. C. 2181 s., 2193 s.

CHAPITRE VII.

DE L'EXTINCTION DES PRIVILÉGES ET HYPOTHÈQUES.

2180. Les priviléges et hypothèques s'éteignent, — 1° Par l'extinction de l'obligation principale, C. 1234. — 2° Par la renonciation du créancier à l'hypothèque, C. 2157 s.; — 3° Par l'accomplissement des formalités et conditions prescrites aux tiers détenteurs pour purger les biens par eux acquis; C. 2181 s., 2193 s. — 4° Par la prescription. C. 2219 s., 2236 s., 2242 s., 2251 s. — La prescription est acquise au débiteur, quant aux biens qui sont dans ses mains, par le temps fixé pour la prescription des actions qui donnent l'hypothèque ou le privilége. C. 2260 s. — Quant aux biens qui sont dans la main d'un tiers détenteur, elle lui est acquise par le temps réglé pour la prescription de la propriété à son profit: dans le cas où la prescription suppose un titre, elle ne commence à courir que du jour où il a été transcrit sur les registres du conservateur. C. 2262, 2265 s.; *transcript.*, 2181. — Les inscriptions prises par le créancier n'interrompent pas le cours de la prescription établie par la loi en faveur du débiteur ou du tiers détenteur. C. 2154, 2242 s.

CHAPITRE VIII.

DU MODE DE PURGER LES PROPRIÉTÉS DES PRIVILÉGES ET HYPOTHÈQUES.

2181. Les contrats translatifs de la propriété d'immeubles ou droits réels immobiliers, que les tiers détenteurs voudront purger de priviléges et hypothèques, seront transcrits en entier par le conservateur des hypothèques dans l'arrondissement duquel les biens sont situés. — Cette transcription se fera sur un registre à ce destiné, et le conservateur sera tenu d'en donner reconnaissance au requérant. C. *transcript.*, 2108; *hypoth. lég.*, 2193 s.; *conserv.*, 2196 s., 2199 s. Pr. 834. (1)

2182. La simple transcription des titres translatifs de propriété sur le registre du conservateur, ne purge pas les hypothèques et priviléges établis sur l'immeuble. — Le vendeur ne transmet à l'acquéreur que la propriété et les droits qu'il avait lui-même sur la chose vendue : il les transmet sous l'affectation des mêmes priviléges et hypothèques dont il était chargé. C. 1599, 2125, 2166.

2183. Si le nouveau propriétaire veut se garantir de l'effet des poursuites autorisées dans le chapitre VI du présent titre, il est tenu, soit avant les poursuites, soit dans le mois, au plus tard, à compter de la première sommation qui lui est faite, de notifier aux créanciers, aux domiciles par eux élus dans leurs inscriptions, C. 2148 1°, 2152, 2169, 2195 s. Pr. 832, 835. T. 29, 143. — 1° Extrait de son titre, contenant seulement la date et qualité de l'acte, le nom et la désignation précise du vendeur ou du donateur, la nature et la situation de la chose vendue ou donnée; et, s'il s'agit d'un corps de biens, la dénomination générale seulement du domaine et des arrondissemens dans lesquels il est situé, le prix et les charges faisant partie du prix de la vente, ou l'éva-

(1) Purge en cas de concession de mine, *L.* 21 avril 1810, *art.* 17 s. (*App.*) — En cas d'expropriation forcée, *L.* 3 mai 1841, *tit.* 3. (*App.*)

luation de la chose, si elle a été donnée, C. *ventilat.*, 2192 ; — 2° Extrait de la transcription de l'acte de vente; C. 2181, 2196 ; — 3° Un tableau sur trois colonnes, dont la première contiendra la date des hypothèques et celle des inscriptions ; la seconde, le nom des créanciers ; la troisième, le montant des créances inscrites. C. 2148 1°, 2196.

2184. L'acquéreur ou le donataire déclarera, par le même acte, qu'il est prêt à acquitter, sur-le-champ, les dettes et charges hypothécaires, jusqu'à concurrence seulement du prix, sans distinction des dettes exigibles ou non exigibles. C. 1188, 2167 s.

2185. Lorsque le nouveau propriétaire a fait cette notification dans le délai fixé, tout créancier dont le titre est inscrit, peut requérir la mise de l'immeuble aux enchères et adjudications publiques : à la charge, — 1° Que cette réquisition sera signifiée au nouveau propriétaire dans quarante jours, au plus tard, de la notification faite à la requête de ce dernier, en y ajoutant deux jours par cinq myriamètres de distance entre le domicile élu et le domicile réel de chaque créancier requérant ; Pr. *comparez* 1033. — 2° Qu'elle contiendra soumission du requérant, de porter ou faire porter le prix à un dixième en sus de celui qui aura été stipulé dans le contrat, ou déclaré par le nouveau propriétaire ; — 3° Que la même signification sera faite dans le même délai au précédent propriétaire, débiteur principal ; — 4° Que l'original et les copies de ces exploits seront signés par le créancier requérant, ou par son fondé de procuration expresse, lequel, en ce cas, est tenu de donner copie de sa procuration ; C. 1997. — 5° Qu'il offrira de donner caution jusqu'à concurrence du prix et des charges. C. 2040, 2041. Pr. 518 s. (1) — Le tout à peine de nullité. C. *désistement*, 2190 ; *ventilat.*, 2192. Pr. *surench.*, 708 s., 832 s., 834 ; *nullité*, 1029. Co. 573. T. 65.

2186. A défaut, par les créanciers, d'avoir requis la mise aux enchères dans le délai et les formes prescrits, la valeur de l'immeuble demeure définitivement fixée au prix stipulé dans le contrat, ou déclaré par le nouveau propriétaire, lequel est, en conséquence, libéré de tout privilége et hypothèque, en payant ledit prix aux créanciers qui seront en ordre de recevoir, ou en le consignant. C. 1257. 2180 3°. Pr. 835. *Ord. 3 juillet* 1816, art. 2.

2187. En cas de revente sur enchères, elle aura lieu suivant les formes établies pour les expropriations forcées, à la diligence soit du créancier qui l'aura requise, soit du nouveau propriétaire. — Le poursuivant énoncera dans les affiches le prix stipulé dans le contrat, ou déclaré, et la somme en sus à laquelle le créancier s'est obligé de la porter ou faire porter. C. *expropriat.*, 2204. Pr. *surenchère*, 708 s., 832 s., 836 s. Co. 573.

2188. L'adjudicataire est tenu, au-delà du prix de son adjudication, de restituer à l'acquéreur ou au donataire dépossédé les frais et loyaux coûts de son contrat, ceux de la transcription sur les registres du conservateur, ceux de notification, et ceux faits par lui pour parvenir à la revente. C. *dispos. anal.*, 1630, 1699.

2189. L'acquéreur ou le donataire qui conserve l'immeuble mis aux enchères, en se rendant dernier enchérisseur, n'est pas tenu de faire transcrire le jugement d'adjudication

2190. Le désistement du créancier requérant la mise aux enchères, ne peut, même quand le créancier paierait le montant de la soumission, empêcher l'adjudication publique, si ce n'est du consentement exprès de tous les autres créanciers hypothécaires.

2191. L'acquéreur qui se sera rendu adjudicataire aura son recours tel

---

(1) Loi 21 *février* 1827. — *Article unique.* Dans le cas prévu par les articles 2185 du Code civil et 832 du Code de procédure civile, si la mise aux enchères est requise au nom de l'Etat, le trésor royal sera dispensé d'offrir et de donner la caution.

que de droit contre le vendeur, pour le remboursement de ce qui excède le prix stipulé par son titre, et pour l'intérêt de cet excédant, à compter du jour de chaque paiement. C. *garantie*, 1625 s., 2192.

2192. Dans le cas où le titre du nouveau propriétaire comprendrait des immeubles et des meubles, ou plusieurs immeubles, les uns hypothéqués, les autres non hypothéqués, situés dans le même ou dans divers arrondissemens de bureaux, aliénés pour un seul et même prix, ou pour des prix distincts et séparés, soumis ou non à la même exploitation, le prix de chaque immeuble frappé d'inscriptions particulières et séparées, sera déclaré dans la notification du nouveau propriétaire, par ventilation, s'il y a lieu, du prix total exprimé dans le titre. — Le créancier surenchérisseur ne pourra, en aucun cas, être contraint d'étendre sa soumission ni sur le mobilier, ni sur d'autres immeubles que ceux qui sont hypothéqués à sa créance et situés dans le même arrondissement; sauf le recours du nouveau propriétaire contre ses auteurs, pour l'indemnité du dommage qu'il éprouverait, soit de la division des objets de son acquisition, soit de celle des exploitations. C. 2183, 2185, 2191, 2211.

CHAPITRE IX.

DU MODE DE PURGER LES HYPOTHÈQUES, QUAND IL N'EXISTE PAS D'INSCRIPTION SUR LES BIENS DES MARIS ET DES TUTEURS.

2193. Pourront les acquéreurs d'immeubles appartenant à des maris ou à des tuteurs, lorsqu'il n'existera pas d'inscription sur lesdits immeubles à raison de la gestion du tuteur, ou des dot, reprises et conventions matrimoniales de la femme, purger les hypothèques qui existeraient sur les biens par eux acquis. C. 2121, 2135 s., 2153, 2181.

2194. A cet effet, ils déposeront copie dûment collationnée du contrat translatif de propriété au greffe du tribunal civil du lieu de la situation des biens, et ils certifieront par acte signifié, tant à la femme ou au subrogé tuteur, qu'au procureur du roi près le tribunal, le dépôt qu'ils auront fait. Extrait de ce contrat, contenant sa date, les noms, prénoms, professions et domiciles des contractans, la désignation de la nature et de la situation des biens, le prix et les autres charges de la vente, sera et restera affiché pendant deux mois dans l'auditoire du tribunal; pendant lequel temps, les femmes, les maris, tuteurs, subrogés tuteurs, mineurs, interdits, parens ou amis, et le procureur du roi, seront reçus à requérir s'il y a lieu, et à faire faire au bureau du conservateur des hypothèques, des inscriptions sur l'immeuble aliéné, qui auront le même effet que si elles avaient été prises le jour du contrat de mariage, ou le jour de l'entrée en gestion du tuteur; sans préjudice des poursuites qui pourraient avoir lieu contre les maris et les tuteurs, ainsi qu'il a été dit ci-dessus, pour hypothèques par eux consenties au profit de tierces personnes sans leur avoir déclaré que les immeubles étaient déjà grevés d'hypothèques, en raison du mariage ou de la tutelle. C. 2059, 2135, 2136 s., 2146 s., 2183. (*Av. C.* 1er *juin* 1807; 8 *mai* 1812.)

2195 Si, dans le cours des deux mois, de l'exposition du contrat, il n'a pas été fait d'inscription du chef des femmes, mineurs ou interdits, sur les immeubles vendus, ils passent à l'acquéreur sans aucune charge, à raison des dot, reprises et conventions matrimoniales de la femme, ou de la gestion du tuteur, et sauf le recours, s'il y a lieu, contre le mari et le tuteur. — S'il a été pris des inscriptions du chef desdites femmes, mineurs ou interdits, et s'il existe des créanciers antérieurs qui absorbent le prix en totalité ou en partie, l'acquéreur est libéré du prix ou de la portion du prix par lui payée aux créanciers placés en ordre utile; et les inscriptions du chef des femmes, mineurs ou interdits, seront rayées, ou en totalité, ou jusqu'à due concurrence. — Si les inscriptions du chef des femmes, mineurs ou interdits, sont les plus anciennes, l'acquéreur ne pourra faire aucun paiement du prix au préjudice desdites inscriptions, qui auront toujours, ainsi qu'il a été dit ci-dessus, la date du contrat de mariage, ou de l'entrée en gestion du tuteur; et, dans ce cas, les inscriptions des autres créanciers qui ne viennent pas en ordre utile, seront rayées. C. 2134, 2135.

CHAPITRE X.

DE LA PUBLICITÉ DES REGISTRES, ET DE LA RESPONSABILITÉ DES CONSERVATEURS.

2196. Les conservateurs des hypothèques sont tenus de délivrer à tous ceux qui le requièrent, copie des actes transcrits sur leurs registres et celle des inscriptions subsistantes, ou certificat qu'il n'en existe aucune. C. 2183, 2199, 2202. (1)

2197. Ils sont responsables du préjudice résultant, C. 1149, 1382, 2102 7°, 2202, 2203. — 1° de l'omission sur leurs registres, des transcriptions d'actes de mutation, et des inscriptions requises en leurs bureaux; C. 2108, 2146 s., 2181, 2194, 2199. — 2° du défaut de mention dans leurs certificats, d'une ou de plusieurs des inscriptions existantes, à moins, dans ce dernier cas, que l'erreur ne provînt de désignations insuffisantes qui ne pourraient leur être imputées. C. 2196.

2198. L'immeuble à l'égard duquel le conservateur aurait omis dans ses certificats une ou plusieurs des charges inscrites, en demeure, sauf la responsabilité du conservateur, affranchi dans les mains du nouveau possesseur, pourvu qu'il ait requis le certificat depuis la transcription de son titre; sans préjudice néanmoins du droit des créanciers de se faire colloquer suivant l'ordre qui leur appartient, tant que le prix n'a pas été payé par l'acquéreur, ou tant que l'ordre fait entre les créanciers n'a pas été homologué. C. 2134, 2183, 2202 s., 2218. Pr. 749 s., 775 s.

2199. Dans aucun cas, les conservateurs ne peuvent refuser ni retarder la transcription des actes de mutation, l'inscription des droits hypothécaires, ni la délivrance des certificats requis, sous peine des dommages et intérêts des parties; à l'effet de quoi, procès-verbaux des refus ou retardemens seront, à la diligence des requérans, dressés sur-le-champ, soit par un juge de paix, soit par un huissier audiencier du tribunal, soit par un autre huissier ou un notaire assisté de deux témoins. C. *inscript.*, 2146 s., 2194; *transcript.*, 2108, 2181; *peine*, 2197, 2202 s.

2200. Néanmoins les conservateurs seront tenus d'avoir un registre sur lequel ils inscriront, jour par jour et par ordre numérique, les remises qui leur seront faites d'actes de mutation pour être transcrits, ou de bordereaux pour être inscrits; ils donneront au requérant une reconnaissance sur papier timbré, qui rappellera le numéro du registre sur lequel la remise aura été inscrite, et ils ne pourront transcrire les actes de mutation ni inscrire les bordereaux sur les registres à ce destinés, qu'à la date et dans l'ordre des remises qui leur en auront été faites. C. 2148, 2153, 2181, 2202 s. (2)

2201. Tous les registres des conservateurs sont en papier timbré, cotés et paraphés à chaque page par première et dernière, par l'un des juges du tribunal dans le ressort duquel le bureau est établi. Les registres seront arrêtés chaque jour comme ceux d'enregistrement des actes. L. 21 *ventôse an* VII, *art.* 16, 17, 18.

2202. Les conservateurs sont tenus de se conformer, dans l'exercice de leurs fonctions, à toutes les dispositions du présent chapitre, à peine d'une amende de deux cents à mille francs pour la première contravention, et de destitution pour la se-

(1) *Salaire du conservateur* : L. 21 ventôse an VII, *art.* 15; *Déc.* 21 sept. 1810.

(2) *Salaire du conservateur* pour l'enregistrement et la reconnaissance du dépôt : *Déc.* 21 septembre 1810, n° 1.

conde; sans préjudice des dommages et intérêts des parties, lesquels seront payés avant l'amende. C. 1149, 1382, 2102 7°, 2197.

2203. Les mentions de dépôts, les inscriptions et transcriptions, sont faites sur les registres, de suite, sans aucun blanc ni interligne, à peine, contre le conservateur, de mille à deux mille francs d'amende, et des dommages et intérêts des parties, payables aussi par préférence à l'amende.

TITRE XIX.

DE L'EXPROPRIATION FORCÉE ET DES ORDRES ENTRE LES CRÉANCIERS.

(Décrété le 19 mars 1804. Promulgué le 29 du même mois.)

CHAPITRE PREMIER.

DE L'EXPROPRIATION FORCÉE.

2204. Le créancier peut poursuivre l'expropriation, 1° des biens immobiliers et de leurs accessoires réputés immeubles appartenant en propriété à son débiteur; 2° de l'usufruit appartenant au débiteur sur les biens de même nature. C. 517 s., 522 s., 552 s., 578 s., 2092 s., 2118 Pr 675 s.

2205. Néanmoins la part indivise d'un cohéritier dans les immeubles d'une succession ne peut être mise en vente par ses créanciers personnels, avant le partage ou la licitation qu'ils peuvent provoquer s'ils le jugent convenable, ou dans lesquels ils ont le droit d'intervenir conformément à l'article 882, au titre *des Successions*. C. *droits des créanc.*, 882, 1166.

2206. Les immeubles d'un mineur, même émancipé, ou d'un interdit, ne peuvent être mis en vente avant la discussion du mobilier.

2207. La discussion du mobilier n'est pas requise avant l'expropriation des immeubles possédés par indivis entre un majeur et un mineur ou interdit, si la dette leur est commune, ni dans le cas où les poursuites ont été commencées contre un majeur, ou avant l'interdiction.

2208. L'expropriation des immeubles qui font partie de la communauté, se poursuit contre le mari, débiteur, seul, quoique la femme soit obligée à la dette. C. 1421, 1431; *femme débitrice*, 1484, 1425 1426 s. Co., 5, 7. — Celle des immeubles de la femme qui ne sont point entrés en communauté, se poursuit contre le mari et la femme, laquelle, au refus du mari de procéder avec elle, ou si le mari est mineur, peut être autorisée en justice. C. 217 s., 1428, 1449, 1510, 1535, 1558, 1554 s., 1558, 1576. Pr. 861 s. Co. 5, 7.— En cas de minorité du mari et de la femme, ou de minorité de la femme seule, si son mari majeur refuse de procéder avec elle, il est nommé par le tribunal un tuteur à la femme, contre lequel la poursuite est exercée. C. 476, 480, 482.

2209. Le créancier ne peut poursuivre la vente des immeubles qui ne lui sont pas hypothéqués, que dans le cas d'insuffisance des biens qui lui sont hypothéqués.

2210 La vente forcée des biens situés dans différens arrondissemens ne peut être provoquée que successivement, à moins qu'ils ne fassent partie d'une seule et même exploitation. — Elle est suivie dans le tribunal dans le ressort duquel se trouve le chef-lieu de l'exploitation, ou à défaut de chef-lieu, la partie de biens qui présente le plus grand revenu, d'après la matrice du rôle. (V. *Déc.* 14 *novembre* 1808.)

2211. Si les biens hypothéqués au créancier, et les biens non hypothéqués, ou les biens situés dans divers arrondissemens, font partie d'une seule et même exploitation, la vente des uns et des autres est poursuivie ensemble, si le débiteur le requiert; et ventilation se fait du prix de l'adjudication, s'il y a lieu. C. *ventilat.*, 2192.

2212. Si le débiteur justifie, par baux authentiques, que le revenu net et libre de ses immeubles pendant une année, suffit pour le paiement de la dette en capital, intérêts et frais, et s'il en offre la délégation au créancier, la poursuite peut être suspendue par les juges, sauf à être reprise s'il survient quelque opposition ou obstacle au paiement. C. 1244; *délégat.* 1275 s.; *titre authent.*, 1317.

2213. La vente forcée des immeubles ne peut être poursuivie qu'en vertu d'un titre authentique et exécutoire, pour une dette certaine et liquide. Si la dette est en espèces non liquidées, la poursuite est valable; mais l'adjudication ne pourra être faite qu'après la liquidation. Pr. 545 s., 551, 673.

2214. Le cessionnaire d'un titre exécutoire ne peut poursuivre l'expropriation qu'après que la signification du transport a été faite au débiteur. C. 1689 s., 2112; *héritier*, 877; *subrog.*, 1249 s.

2215. La poursuite peut avoir lieu en vertu d'un jugement provisoire ou définitif, exécutoire par provision, nonobstant appel; mais l'adjudication ne peut se faire qu'après un jugement définitif en dernier ressort, ou passé en force de chose jugée. C. 1351. Pr. 12, 135, 155, 417, 450, 458, 459, 548 s. Co. 641. — La poursuite ne peut s'exercer en vertu de jugemens rendus par défaut durant le délai de l'opposition. Pr. *secùs*, 159. Co. 643.

2216. La poursuite ne peut être annulée sous prétexte que le créancier l'aurait commencée pour une somme plus forte que celle qui lui est due.

2217. Toute poursuite en expropriation d'immeubles doit être précédée d'un commandement de payer, fait, à la diligence et requête du créancier, à la personne du débiteur ou à son domicile, par le ministère d'un huissier. — Les formes du commandement et celles de la poursuite sur l'expropriation sont réglées par les lois sur la procédure. Pr. 147, 548 s., 551, 673.

CHAPITRE II.

DE L'ORDRE ET DE LA DISTRIBUTION DU PRIX ENTRE LES CRÉANCIERS.

2218. L'ordre et la distribution du prix des immeubles, et la manière d'y procéder, sont réglés par les lois sur la procédure. Pr. 656 s., 661 s., 749 s., 775 s.

TITRE XX.

DE LA PRESCRIPTION.

(Décrété le 15 mars 1804. Promulgué le 25 du même mois.)

CHAPITRE PREMIER.

DISPOSITIONS GÉNÉRALES.

2219. La prescription est un moyen d'acquérir ou de se libérer par un certain laps de temps, et sous les conditions déterminées par la loi. C. 712, 1234, 2180.

2220. On ne peut, d'avance, renoncer à la prescription : on peut renoncer à la prescription acquise. C. 1130, 2222, 2224 s.

2221. La renonciation à la prescription est expresse ou tacite : la renonciation tacite résulte d'un fait qui suppose l'abandon du droit acquis. C. 1338, *dispos. anal.*, 778.

2222. Celui qui ne peut aliéner, ne peut renoncer à la prescription acquise. C. 128, 217, 457, 1124 s., 1508 s., 1421, 1428, 1449, 1507 s., 1535, 1538, 1554 s., 1561, 1594, 1598 s., 1988. Co. 446 s.

2223. Les juges ne peuvent pas suppléer d'office le moyen résultant de la prescription.

2224. La prescription peut être opposée en tout état de cause, même devant la cour royale, à moins que la partie qui n'aurait pas opposé le moyen de la prescription ne doive, par les circonstances, être présumée y avoir renoncé. C. 2221. Pr. 464, 465.

2225. Les créanciers, ou toute autre personne ayant intérêt à ce que la prescription soit acquise, peuvent l'opposer, encore que le débiteur ou le propriétaire y renonce. C. 1166, 1167, 1236.

2226. On ne peut prescrire le domaine des choses qui ne sont point dans le commerce. C. 1128, 1598.

2227. L'état, les établissemens publics et les communes sont soumis aux mêmes prescriptions que les particuliers, et peuvent également les opposer. C. 541, 542, 560, 2264. Pr. *péremption*, 398.

CHAPITRE II.

DE LA POSSESSION.

2228. La possession est la détention ou la jouissance d'une chose ou d'un droit que nous tenons ou que nous exerçons par nous-mêmes, ou par un autre qui la tient ou qui l'exerce en notre nom. **Pr.** *actions possess.*, 3, 23 s. — **L.** 25 *mai* 1838, *art.* 6.

2229. Pour pouvoir prescrire, il faut une possession continue et non interrompue, paisible, publique, non équivoque, et à titre de propriétaire. **C.** 1350, 1352, 2230 s.; *interruption*, 2242 s.

2230. On est toujours présumé posséder pour soi, et à titre de propriétaire, s'il n'est prouvé qu'on a commencé à posséder pour un autre. **C.** 1350, 1352, 2234.

2231. Quand on a commencé à posséder pour autrui, on est toujours présumé posséder au même titre, s'il n'y a preuve du contraire. **C.** 1350, 1352, 2234, 2236, 2240 s.

2232. Les actes de pure faculté et ceux de simple tolérance ne peuvent fonder ni possession ni prescription. **C.** 691, 2229.

2233. Les actes de violence ne peuvent fonder non plus une possession capable d'opérer la prescription. — La possession utile ne commence que lorsque la violence a cessé. **C.** *violence*, 1111 s., 2229.

2234. Le possesseur actuel qui prouve avoir possédé anciennement, est présumé avoir possédé dans le temps intermédiaire, sauf la preuve contraire. **C.** 1350, 1352, 2230 s.

2235. Pour compléter la prescription, on peut joindre à sa possession celle de son auteur, de quelque manière qu'on lui ait succédé, soit à titre universel ou particulier, soit à titre lucratif ou onéreux. **C.** *hérit. ay. cause*, 724, 1122, 2228, 2237.

CHAPITRE III.

DES CAUSES QUI EMPÊCHENT LA PRESCRIPTION.

2236. Ceux qui possèdent pour autrui, ne prescrivent jamais, par quelque laps de temps que ce soit. — Ainsi, le fermier, le dépositaire, l'usufruitier, et tous autres qui détiennent précairement la chose du propriétaire, ne peuvent la prescrire. **C.** 2231, 2240 s.; *absence*, 132; *usufr.*, 599; *bail à louage*, 1709; *dépôt*, 1937; *sécus*; *réméré*, 1665. **Co.** *capitaine de navire*, 430.

2237. Les héritiers de ceux qui tenaient la chose à quelqu'un des titres désignés par l'article précédent, ne peuvent non plus prescrire. **C.** *hérit. ay. cause*, 724, 1122, 2235.

2238. Néanmoins les personnes énoncées dans les articles 2236 et 2237 peuvent prescrire, si le titre de leur possession se trouve interverti, soit par une cause venant d'un tiers, soit par la contradiction qu'elles ont opposée au droit du propriétaire. **C.** 2240 s.

2239. Ceux à qui les fermiers, dépositaires et autres détenteurs précaires ont transmis la chose par un titre translatif de propriété, peuvent la prescrire. **C.** 2265 s.

2240. On ne peut pas prescrire contre son titre, en ce sens que l'on ne peut point se changer à soi-même la cause et le principe de sa possession. **C.** 2231.

2241. On peut prescrire contre son titre, en ce sens que l'on prescrit la libération de l'obligation que l'on a contractée. **C.** 1234.

CHAPITRE IV.

DES CAUSES QUI INTERROMPENT OU QUI SUSPENDENT LE COURS DE LA PRESCRIPTION.

SECTION I.

Des Causes qui interrompent la Prescription.

2242. La prescription peut être interrompue ou naturellement ou civilement. **C.** 2229.

2243. Il y a interruption naturelle, lorsque le possesseur est privé, pendant plus d'un an, de la jouissance de la chose, soit par l'ancien propriétaire, soit même par un tiers. **Pr.** 3 2° 23 s. **L.** 25 *mai* 1838, *art.* 6.

2244. Une citation en justice, un

commandement ou une saisie, signifiés à celui qu'on veut empêcher de prescrire, forment l'interruption civile. C. 2245 s., 2274. Pr. 1 s., 59, 583, 626, 636, 675, 780.

2245. La citation en conciliation devant le bureau de paix, interrompt la prescription, du jour de sa date, lorsqu'elle est suivie d'une assignation en justice donnée dans les délais de droit. C. 2246 s. Pr. 57.

2246. La citation en justice, donnée même devant un juge incompétent, interrompt la prescription. Pr. 168 s.

2247. Si l'assignation est nulle par défaut de forme, Pr. 59, 1029. — Si le demandeur se désiste de sa demande, Pr. 403. — S'il laisse périmer l'instance, Pr. 397 s. — Ou si sa demande est rejetée, C. 1350, 1351. — L'interruption est regardée comme non avenue.

2248. La prescription est interrompue par la reconnaissance que le débiteur ou le possesseur fait du droit de celui contre lequel il prescrivait. C. 1337 s., 1354 s.

2249. L'interpellation faite, conformément aux articles ci-dessus, à l'un des débiteurs solidaires, ou sa reconnaissance, interrompt la prescription contre tous les autres, même contre leurs héritiers. — L'interpellation faite à l'un des héritiers d'un débiteur solidaire, ou la reconnaissance de cet héritier, n'interrompt pas la prescription à l'égard des autres cohéritiers, quand même la créance serait hypothécaire, si l'obligation n'est indivisible. — Cette interpellation ou cette reconnaissance n'interrompt la prescription, à l'égard des autres codébiteurs, que pour la part dont cet héritier est tenu. — Pour interrompre la prescription pour le tout, à l'égard des autres codébiteurs, il faut l'interpellation faite à tous les héritiers du débiteur décédé, ou la reconnaissance de tous ces héritiers. C. *solid.*, 1199, 1206, 1213; *divis. et indivis.*, 1217 s., 1222 s.; *servit.*, 709.

2250. L'interpellation faite au débiteur principal, ou sa reconnaissance, interrompt la prescription contre la caution. C. 2034, 2036.

SECTION II.

Des Causes qui suspendent le cours de la Prescription.

2251. La prescription court contre toutes personnes, à moins qu'elles ne soient dans quelque exception établie par une loi. C. *servit.*, 709 s.; 2253, 2252 s.

2252. La prescription ne court pas contre les mineurs et les interdits, sauf ce qui est dit à l'article 2278, et à l'exception des autres cas déterminés par la loi. C. *servit.*, 709, 710, 1663, 1676, 2278. Pr. *péremp.*, 398.

2253. Elle ne court point entre époux. C. 1099, 1595.

2254. La prescription court contre la femme mariée, encore qu'elle ne soit point séparée par contrat de mariage ou en justice, à l'égard des biens dont le mari a l'administration, sauf son recours contre le mari. C. 1428, 1531.

2255. Néanmoins elle ne court point, pendant le mariage, à l'égard de l'aliénation d'un fonds constitué selon le régime dotal, conformément à l'article 1561, au titre *du Contrat de mariage et des Droits respectifs des époux*. C. 1561, 1562.

2256. La prescription est pareillement suspendue pendant le mariage, — 1° Dans le cas où l'action de la femme ne pourrait être exercée qu'après une option à faire sur l'acceptation ou la renonciation à la communauté; C. 1453 s. — 2° Dans le cas où le mari, ayant vendu le bien propre de la femme sans son consentement, est garant de la vente, et dans tous les autres cas où l'action de la femme réfléchirait contre le mari. C. 1428, 1535, 1599, 1626 s.

2257. La prescription ne court point, — A l'égard d'une créance qui dépend d'une condition, jusqu'à ce que la condition arrive; C. 1181 s. — A l'égard d'une action en garantie, jusqu'à ce que l'éviction ait lieu; C. 1626 s. — A l'égard d'une créance à jour fixe, jusqu'à ce que ce jour soit arrivé. C. 1185 s.

2258. La prescription ne court pas contre l'héritier bénéficiaire, à l'égard des créances qu'il a contre la succession. C. 802 s. Pr. 996. — Elle court contre une succession vacante, quoique non pourvue de curateur. C. 811 s.

2259. Elle court encore pendant les trois mois pour faire inventaire, et les quarante jours pour délibérer. C. 795 s., 1457. Pr. 174, 187.

CHAPITRE V.

DU TEMPS REQUIS POUR PRESCRIRE.

SECTION I.

Dispositions générales.

2260. La prescription se compte par jours, et non par heures. C. *disp. anal.*, 2147.

2261. Elle est acquise lorsque le dernier jour du terme est accompli.

SECTION II.

De la Prescription trentenaire

2262. Toutes les actions, tant réelles que personnelles, sont prescrites par trente ans, sans que celui qui allègue cette prescription soit obligé d'en rapporter un titre, ou qu'on puisse lui opposer l'exception déduite de la mauvaise foi. C. 617, 706, 712, 966, 1234, 2281, *except.*, 328, 2236 s., 2242 s., 2251 s.

2263. Après vingt huit ans de la date du dernier titre, le débiteur d'une rente peut être contraint à fournir à ses frais un titre nouvel à son créancier ou à ses ayant cause. C. 1258, 1337 s., 2248.

2264. Les règles de la prescription sur d'autres objets que ceux mentionnés dans le présent titre, sont expliquées dans les titres qui leur sont propres. C. *prescriptions et déchéances diverses : absence*, 133; *null. de mar.*, 181; *récl. d'état*, 328, 330; *tut.*, 475; *usufr.*, 617, 619; *cours d'eau*, 559, 642; *servit.*, 690, 706 s.; *success.*, 789 s.; *créanc. non oppos.*, 809; *sépar. de patrim.*, 878; *garant. cohér.*, 886; *révoc. p. ingrat.*, 957, 1047, *p. surven. d'enf.*, 966; *resc.*, 1304; *suppl. de prix*, 1622; *réméré*, 1660 s.; *lésion*, 1676; *société*, 1854; *privil. hypoth.*, 2180. Co. *associés*, 64; *avaries*, 108; *eff. de comm.*, 155, 189; *capit. de nav.*, 450; *contr. à la grosse*, 431 s.; *frêt*, 433 s. I. Cr. *actions et peines*, 635 s., 639 s. C. 32. (1)

SECTION III.

De la prescription par dix et vingt ans.

2265. Celui qui acquiert de bonne foi et par juste titre un immeuble, en prescrit la propriété par dix ans, si le véritable propriétaire habite dans le ressort de la cour royale dans l'étendue de laquelle l'immeuble est situé; et par vingt ans, s'il est domicilié hors dudit ressort. C. 550, 2267, 2268 s.

2266. Si le véritable propriétaire a eu son domicile en différens temps, dans le ressort et hors du ressort, il faut, pour compléter la prescription, ajouter à ce qui manque aux dix ans de présence, un nombre d'années d'absence double de celui qui manque, pour compléter les dix ans de présence.

2267. Le titre nul par défaut de forme, ne peut servir de base à la prescription de dix et vingt ans. C. *bonne foi*, 550.

2268. La bonne foi est toujours présumée, et c'est à celui qui allègue la mauvaise foi à la prouver. C. 1116.

2269. Il suffit que la bonne foi ait existé au moment de l'acquisition. C. 2251.

2270. Après dix ans, l'architecte et les entrepreneurs sont déchargés de la garantie des gros ouvrages qu'ils ont faits ou dirigés. C. 1792.

SECTION IV.

De quelques Prescriptions particulières.

2271. L'action des maîtres et instituteurs des sciences et arts, pour les leçons qu'ils donnent au mois; C. 1710, 1779. — Celle des hôteliers et traiteurs, à raison du logement et de la nourriture qu'ils fournissent, C. 1758, *privil.*, 2102 5°. — Celle des ouvriers et gens de travail, pour le paiement de leurs journées, fournitures et salaires, C. 1779, *foi accordée au maître*, 1781; *privil.*, 2101 4°. —

(1) Prescription pour et contre la régie de l'Enregistrement : V. L. 22 frimaire an VII, art. 61, 62; L. 16 juin 1824, art. 14.

Se prescrivent par six mois. C. 2260 s., 2274 s., 2278.

2272. L'action des médecins, chirurgiens et apothicaires, pour leurs visites, opérations et médicamens; C. *privil.*, 2101 3°. — Celle des huissiers, pour le salaire des actes qu'ils signifient, et des commissions qu'ils exécutent, C. *contrainte*, 2060 7°; *décharge*, 2276. Pr. 60. — Celle des marchands, pour les marchandises qu'ils vendent aux particuliers non marchands; Co. 1. — Celle des maîtres de pension, pour le prix de la pension de leurs élèves; et des autres maîtres, pour le prix de l'apprentissage; C. *privil.*, 2101 5°. — Celle des domestiques qui se louent à l'année, pour le paiement de leur salaire, C. 1779; *foi accordée au maître*, 1781; *privil.*, 2101 4°. — Se prescrivent par un an. C. 2260 s., 2274 s., 2278.

2273. L'action des avoués, pour le paiement de leurs frais et salaires, se prescrit par deux ans, à compter du jugement des procès, ou de la conciliation des parties, ou depuis la révocation desdits avoués. A l'égard des affaires non terminées, ils ne peuvent former de demandes pour leurs frais et salaires qui remonteraient à plus de cinq ans. C. 2260 s., 2274 s., 2276, 2278. Pr. 49 5°, 60.

2274. La prescription, dans les cas ci-dessus, a lieu, quoiqu'il y ait eu continuation de fournitures, livraisons, services et travaux. — Elle ne cesse de courir que lorsqu'il y a eu compte arrêté, cédule ou obligation, ou citation en justice non périmée. C. 2244, 2278. Pr. *péremption*, 15, 156, 397 s., 469.

2275. Néanmoins ceux auxquels ces prescriptions seront opposées, peuvent déférer le serment à ceux qui les opposent, sur la question de savoir si la chose a été réellement payée. — Le serment pourra être déféré aux veuves et héritiers, ou aux tuteurs de ces derniers, s'ils sont mineurs, pour qu'ils aient à déclarer s'ils ne savent pas que la chose soit due. C. *serment*, 1358 s., 2278. Co. 189. P. 366.

2276. Les juges et avoués sont déchargés des pièces cinq ans après le jugement des procès. — Les huissiers, après deux ans, depuis l'exécution de la commission, ou la signification des actes dont ils étaient chargés, en sont pareillement déchargés. C. 2060 7° 2272 s., 2278.

2277. Les arrérages de rentes perpétuelles et viagères; — Ceux des pensions alimentaires; — Les loyers des maisons, et le prix de ferme des biens ruraux; — Les intérêts des sommes prêtées, et généralement tout ce qui est payable par année, ou à des termes périodiques plus courts, — Se prescrivent par cinq ans. C. 584, 1015, 1728, 1905 s., 1909, 1910, 2278.

2278. Les prescriptions dont il s'agit dans les articles de la présente section, courent contre les mineurs et les interdits; sauf leur recours contre leurs tuteurs. C. *secus*, 2252.

2279. En fait de meubles, la possession vaut titre. — Néanmoins celui qui a perdu ou auquel il a été volé une chose, peut la revendiquer pendant trois ans, à compter du jour de la perte ou du vol, contre celui dans les mains duquel il la trouve; sauf à celui-ci son recours contre celui duquel il la tient. C. *meubles*, 527 s.; *bonne foi*, 550, 1141; *recours contre le voleur*, 1302, 1382; *dépôt*, 1926. Pr. *revendic.*, 826 s.

2280. Si le possesseur actuel de la chose volée ou perdue l'a achetée dans une foire ou dans un marché, ou dans une vente publique, ou d'un marchand vendant des choses pareilles, le propriétaire originaire ne peut se la faire rendre qu'en remboursant au possesseur le prix qu'elle lui a coûté.

2281. Les prescriptions commencées à l'époque de la publication du présent titre seront réglées conformément aux lois anciennes. — Néanmoins les prescriptions alors commencées, et pour lesquelles il faudrait encore, suivant les anciennes lois, plus de trente ans à compter de la même époque, seront accomplies par ce laps de trente ans. C. 2, 691, 2227, 2262 s.

FIN DU CODE CIVIL.

CODE DE PROCÉDURE CIVILE.

BIBLIOTHÈQUE

PREMIÈRE PARTIE.

PROCÉDURE DEVANT LES TRIBUNAUX.

LIVRE PREMIER.

DE LA JUSTICE DE PAIX. (1)

(Décrété le 14 avril 1806. Promulgué le 24 du même mois.)

TITRE PREMIER.

DES CITATIONS.

Art. 1er. Toute citation devant les juges de paix contiendra la date des jour, mois et an, les noms, profession et domicile du demandeur, les noms, demeure et immatricule de l'huissier, les noms et demeure du défendeur; elle énoncera sommairement l'objet et les moyens de la demande, et indiquera le juge de paix qui doit connaître de la demande, et le jour et l'heure de la comparution. Pr. *citation*, 4 s., 61, 65, 1030. L. 25 *mai* 1838, *art.* 17, 19. C. *domicile*, 102 s. — T. 7, 21. (2)

2. En matière purement personnelle ou mobilière, la citation sera donnée devant le juge du domicile du défendeur; s'il n'a pas de domicile, devant le juge de sa résidence. Pr. 50 1°, 59, 69 8°; *réglem. de juge*, 363 s.; *connexité, litispendance*, 171. C. *domicile*, 102, 111, *étrangers*, 14, 15; *compt.* L. 25 *mai* 1838, *art.* 1er.

3. Elle le sera devant le juge de la situation de l'objet litigieux, lorsqu'il s'agira. — 1° Des actions pour dommages aux champs, fruits et récoltes; L. 25 *mai* 1838, *art.* 5 1°. P. *dévast. de récoltes*, 444 s. — 2° Des déplacemens de bornes, des usurpations de terres, arbres, haies, fossés et autres clôtures, commis dans l'année; des entreprises sur les cours d'eau, commises pareillement dans l'année, et de toutes autres actions possessoires; L. 25 *mai* 1838, *art.* 6. Pr. 23 s. C. 2060 2°, 2228 s., 2243. P. 456; Pr. *bornes*, 38. C. 646. P. 389. Pr. *fossés*, 38. C. 666 s.; *cours d'eau*, 645; — 3° Des réparations locatives; C. 1754, 2102. L. 25 *mai* 1838, *art.* 5 2°. — 4° Des indemnités prétendues par le fermier ou locataire pour non jouissance, lorsque le droit ne sera pas contesté; et des dégradations alléguées par le propriétaire. L. 25 *mai* 1838, *art.* 4. C. 1721 s., 1731 s., 1769 s.; *contestat. entre le locateur et le locataire*, L. 25 *mai* 1838, *art.* 2, 3.

4. La citation sera notifiée par *l'huissier de la justice de paix* du domicile du défendeur; en cas d'empêchement, par celui qui sera commis par le juge: copie en sera laissée à la partie; s'il ne se trouve personne en son domicile, la copie sera laissée au maire ou adjoint de la commune, qui visera l'original sans frais. Pr. 1, 52, 61 s., 66, 68, 72, 1039. L. 25 *mai* 1838, *art.* 16, 19. — *L'huissier de la justice de paix* ne pourra instrumenter pour ses parens en ligne directe, ni pour ses frères, sœurs, et alliés au même degré. Pr. *copie*, 68, 601, 628, 673, 676, 677, 691. T. 7, 21.

5. Il y aura un jour au moins entre celui de la citation et le jour indiqué pour la comparution, si la partie citée est domiciliée dans la distance de trois myriamètres. — Si elle est domiciliée au delà de cette distance, il sera ajouté un jour par trois myria-

---

(1) V. *Loi* 25 *mai* 1838, *sur les Justices de Paix.* (*App.*)

(2) *Droits d'enregistrement*: Citations, L. 22 *frimaire an* VII, *art.* 68, § 1er,

mètres. — Dans le cas où les délais n'auront point été observés, si le défendeur ne comparaît pas, le juge ordonnera qu'il sera réassigné, et les frais de la première citation seront à la charge du demandeur. Pr. 8, 19, 173, 1033.

6. Dans les cas urgens, le juge donnera une cédule pour abréger les délais, et pourra permettre de citer, même dans le jour et à l'heure indiqués. Pr. 63, 72; *bref. dél.*, 795. L. 25 *mai* 1838, *art.* 17, 19. T. 7.

7. Les parties pourront toujours se présenter volontairement devant un juge de paix; auquel cas il jugera leur différend, soit en dernier ressort, si les lois ou les parties l'y autorisent, soit à la charge de l'appel, encore qu'il ne fût le juge naturel des parties, ni à raison du domicile du défendeur, ni à raison de la situation de l'objet litigieux. — La déclaration des parties qui demanderont jugement, sera signée par elles, ou mention sera faite si elles ne peuvent signer. Pr. *compares* 1005 s. L. 18-26 *octobre* 1790, *tit.* 1er, *art.* 11. T. 11.

TITRE II.

DES AUDIENCES DU JUGE DE PAIX, ET DE LA COMPARUTION DES PARTIES.

8. Les juges de paix indiqueront au moins deux audiences par semaine: ils pourront juger tous les jours, même ceux de dimanches et fêtes, le matin et l'après-midi. — Ils pourront donner audience chez eux, en tenant les portes ouvertes. Pr. *plaidoiries*, 10, 13, 87. T. 9, 27.

9. Au jour fixé par la citation, ou convenu entre les parties, elles comparaîtront *en personne ou par leurs fondés de pouvoir*, sans qu'elles puissent faire signifier aucune défense. Pr. 18. L. 25 *mai* 1838, *art.* 18, 19.

10. Les parties seront tenues de s'expliquer avec modération devant le juge, et de garder en tout le respect qui est dû à la justice: si elles y manquent, le juge les y rappellera d'abord par un avertissement; en cas de récidive, elles pourront être condamnées à une amende qui n'excédera pas la somme de dix francs, avec affiches du jugement, dont le nombre n'excédera pas celui des communes du canton. Pr. *troubles à l'audience*, 88 s., 781 4o; I. Cr. 504 s.; P. 222 s.

11. Dans le cas d'insulte ou irrévérence grave envers le juge, il en dressera procès-verbal, et pourra condamner à un emprisonnement de trois jours au plus. Pr. 90 s. I. Cr. 181, 504 s. P. 222, 226, 228 s.

12. Les jugemens, dans les cas prévus par les précédens articles, seront exécutoires par provision. Pr. 17, 18.

13. Les parties ou leurs fondés de pouvoir seront entendus contradictoirement. La cause sera jugée sur-le-champ, ou à la première audience; le juge, s'il le croit nécessaire, se fera remettre les pièces. Pr. 7, 9, 15, 19 s.

14. Lorsqu'une des parties déclarera vouloir s'inscrire en faux, déniera l'écriture, ou déclarera ne pas la reconnaître, le juge lui en donnera acte: il paraphera la pièce, et renverra la cause devant les juges qui doivent en connaître. Pr. *vérificat.*, 193 s.; *inscript. de faux*, 214, 427. T. 7.

15. Dans les cas où un interlocutoire aurait été ordonné, la cause sera jugée définitivement, au plus tard dans le délai de quatre mois du jour du jugement interlocutoire: après ce délai, l'instance sera périmée de droit; le jugement qui serait rendu sur le fond, sera sujet à l'appel, même dans les matières dont le juge de paix connaît en dernier ressort, et sera annulé, sur la réquisition de la partie intéressée. Pr. 452 2o, 473, 1029. — Si l'instance est périmée par la faute du juge, il sera passible des dommages et intérêts. Pr. *perempt.*, 397 s.; *appel*, 404; *prise à partie*, 505 no 5, 509.

16. L'appel des jugemens de la justice de paix ne sera pas recevable *après les trois mois*, à dater du jour de la signification faite par l'huissier de la justice de paix, ou tel autre, commis par le juge. L. 25 *mai* 1838, *art.* 13, 14. Pr. 31, 404, 443 s., 455, 456. T. 1, 3, 21, 27.

17. Les jugemens des justices de paix, jusqu'à concurrence de troi cents francs, seront exécutoires par provision, nonobstant l'appel, et sans qu'il soit besoin de fournir caution: les juges de paix pourront, dans les autres cas, ordonner l'exécution provisoire de leurs jugemens, mais à la charge de donner caution. L. 25 *mai* 1838, *art.* 11, 12. Pr. 12, 135, 155, 458 s. T. 21.

18. Les minutes de tout jugement seront portées par le greffier sur la feuille d'audience, et signées par le juge qui aura tenu l'audience et par le greffier. Pr. 30, 138, 139. (1)

TITRE III.

DES JUGEMENS PAR DÉFAUT, ET DES OPPOSITIONS A CES JUGEMENS.

19. Si, au jour indiqué par la citation, l'une des parties ne comparaît pas, la cause sera jugée par défaut, sauf la réassignation dans le cas prévu dans le dernier alinéa de l'article 5. Pr. 21, 150 s. T. 21.

20. La partie condamnée par défaut pourra former opposition, dans les trois jours de la signification faite par l'huissier du juge de paix, ou autre qu'il aura commis. — L'opposition contiendra sommairement les moyens de la partie, et assignation au prochain jour d'audience, en observant toutefois les délais prescrits pour les citations: elle indiquera les jour et heure de la comparution, et sera notifiée ainsi qu'il est dit ci-dessus. Pr. 1 s. T. 21.

21. Si le juge de paix sait par lui-même, ou par les représentations qui lui seraient faites à l'audience par les proches, voisins ou amis du défendeur, que celui-ci n'a pu être instruit de la procédure, il pourra, en adjugeant le défaut, fixer, pour le délai de l'opposition, le temps qui lui paraîtra convenable; et, dans le cas où la prorogation n'aurait été ni accordée d'office ni demandée, le défaillant pourra être relevé de la rigueur du délai, et admis à opposition, en justifiant qu'à raison d'absence ou de maladie grave, il n'a pu être instruit de la procédure. L. 18-26 *octobre* 1790, *tit.* III, *art.* 5.

22. La partie opposante qui se laisserait juger une seconde fois par défaut, ne sera plus reçue à former une nouvelle opposition. Pr. 165.

TITRE IV.

DES JUGEMENS SUR LES ACTIONS POSSESSOIRES.

23. Les actions possessoires ne seront recevables qu'autant qu'elles auront été formées dans l'année du trouble, par ceux qui, depuis une année au moins, étaient en possession paisible par eux ou les leurs, à titre non précaire. Pr. 3 2°. C. 2228 s., 2243. L. 25 *mai* 1838, *art.* 6.

24. Si la possession ou le trouble sont déniés, l'enquête qui sera ordonnée ne pourra porter sur le fond du droit. Pr. *enquêtes*, 34 s.

25. Le possessoire et le pétitoire ne seront jamais cumulés.

26. Le demandeur au pétitoire ne sera plus recevable à agir au possessoire.

27. Le défendeur au possessoire ne pourra se pourvoir au pétitoire qu'après que l'instance sur le possessoire aura été terminée: il ne pourra, s'il a succombé, se pourvoir qu'après qu'il aura pleinement satisfait aux condamnations prononcées contre lui. — Si néanmoins la partie qui les a obtenues était en retard de les faire liquider, le juge du pétitoire pourra fixer, pour cette liquidation, un délai, après lequel l'action au pétitoire sera reçue.

TITRE V.

DES JUGEMENS QUI NE SONT PAS DÉFINITIFS, ET DE LEUR EXÉCUTION.

28. Les jugemens qui ne seront pas définitifs ne seront point expédiés, quand ils auront été rendus contradictoirement et prononcés en présence des parties. Dans le cas où le jugement ordonnerait une opération à laquelle les parties devraient

(1) *Droits d'enregistrement :* jugemens : *L.* 22 *frimaire an* VII, *art.* 68, § 1er et 2, *art.* 69, § 2; *L.* 28 *avril* 1816, *art.* 38, 44. — Appels: *L.* 22 *frim. an* VII, *art.* 68, § 4.

assister, il indiquera le lieu, le jour et l'heure, et la prononciation vaudra citation. Pr. 31, 34 s., 41 s., 451.

29. Si le jugement ordonne une opération par des gens de l'art, le juge délivrera à la partie requérante, cédule de citation pour appeler les experts; elle fera mention du lieu, du jour, de l'heure, et contiendra le fait, les motifs, et la disposition du jugement relative à l'opération ordonnée. — Si le jugement ordonne une enquête, la cédule de citation fera mention de la date du jugement, du lieu, du jour et de l'heure. Pr. 34 s., 41 s. T. 7, 21, 24, 25.

30. Toutes les fois que le juge de paix se transportera sur le lieu contentieux, soit pour en faire la visite, soit pour entendre les témoins, il sera accompagné du greffier, qui apportera la minute du jugement préparatoire. Pr. 28, 41. T. 12.

31. Il n'y aura lieu à l'appel des jugemens préparatoires qu'après le jugement définitif et conjointement avec l'appel de ce jugement; mais l'exécution des jugemens préparatoires ne portera aucun préjudice aux droits des parties sur l'appel, sans qu'elles soient obligées de faire à cet égard aucune protestation ni réserve. — L'appel des jugemens interlocutoires est permis avant que le jugement définitif ait été rendu. — Dans ce cas, il sera donné expédition du jugement interlocutoire. Pr. 16, 404, 443, 451, 452, 454, 456. T. 21.

TITRE VI.

DE LA MISE EN CAUSE DES GARANS.

32. Si, au jour de la première comparution, le défendeur demande à mettre garant en cause, le juge accordera délai suffisant en raison de la distance du domicile du garant : la citation donnée au garant sera libellée, sans qu'il soit besoin de lui notifier le jugement qui ordonne sa mise en cause. Pr. 1 s.; *formes et délais*, 175 s., 186. T. 21.

33. Si la mise en cause n'a pas été demandée à la première comparution, ou si la citation n'a pas été faite dans le délai fixé, il sera procédé, sans délai, au jugement de l'action principale, sauf à statuer séparément sur la demande en garantie. Pr. 178, 179.

TITRE VII.

DES ENQUÊTES.

34. Si les parties sont contraires en faits de nature à être constatés par témoins, et dont le juge de paix trouve la vérification utile et admissible, il ordonnera la preuve et en fixera précisément l'objet. Pr. 28 s., 252 s., 407 s., 412. T. 21, 24.

35. Au jour indiqué, les témoins, après avoir dit leurs noms, profession, âge et demeure, feront le serment de dire vérité, et déclareront s'ils sont parens ou alliés des parties et à quel degré, et s'ils sont leurs serviteurs ou domestiques. Pr. 262 s.

36. Ils seront entendus séparément, en présence des parties, si elles comparaissent; elles seront tenues de fournir leurs reproches avant la déposition, et de les signer; si elles ne le savent ou ne le peuvent, il en sera fait mention : les reproches ne pourront être reçus après la déposition commencée, qu'autant qu'ils seront justifiés par écrit. Pr. 40, 270, 283, 287 s., 413. T. 24.

37. Les parties n'interrompront point les témoins : après la déposition, le juge pourra, sur la réquisition des parties, et même d'office, faire aux témoins les interpellations convenables. Pr. 273, 276.

38. Dans tous les cas où la vue du lieu peut être utile pour l'intelligence des dépositions, et spécialement dans les actions pour déplacement de bornes, usurpations de terres, arbres, haies, fossés ou autres clôtures, et pour entreprises sur les cours d'eau, le juge de paix se transportera, s'il le croit nécessaire, sur le lieu, et ordonnera que les témoins y seront entendus. Pr. 28, 30, 41 s. T. 8.

39. Dans les causes sujettes à l'appel, le greffier dressera procès-verbal de l'audition des témoins : cet acte contiendra leurs noms, âge, profession et demeure, leur serment de dire vérité, leur déclaration s'ils sont parens, alliés, serviteurs ou domestiques des parties, et les reproches qui auraient été fournis contre eux. Lecture de ce procès-verbal sera faite à chaque témoin pour la partie qui le concerne ; il signera sa déposition, ou mention sera faite qu'il ne sait ou ne peut signer. Le procès-verbal sera, en outre, signé par le juge et le greffier. Il sera procédé immédiatement au jugement, ou au plus tard à la première audience. Pr. 15, 35, 274 s., 411, 412. (1)

40. Dans les causes de nature à être jugées en dernier ressort, il ne sera point dressé de procès-verbal; mais le jugement énoncera les noms, âge, profession et demeure des témoins, leur serment, leur déclaration s'ils sont parens, alliés, serviteurs ou domestiques des parties, les reproches, et le résultat des dépositions. Pr. 43, 410.

TITRE VIII.

DES VISITES DES LIEUX, ET DES APPRÉCIATIONS.

41. Lorsqu'il s'agira, soit de constater l'état des lieux, soit d'apprécier la valeur des indemnités et dédommagemens demandés, le juge de paix ordonnera que le lieu contentieux sera visité par lui, en présence des parties. Pr. 28 s., 38, 295 s. T. 8.

42. Si l'objet de la visite ou de l'appréciation exige des connaissances qui soient étrangères au juge, il ordonnera que les gens de l'art, qu'il nommera par le même jugement, feront la visite avec lui, et donneront leur avis : il pourra juger sur le lieu même, sans désemparer. Dans les causes sujettes à l'appel, procès-verbal de la visite sera dressé par le greffier, qui constatera le serment prêté par les experts. Le procès-verbal sera signé par le juge, par le greffier et par les experts; et si les experts ne savent ou ne peuvent signer, il en sera fait mention. Pr. 28, 29, 302 s., 322. T. 21, 25. (2)

43. Dans les causes non sujettes à l'appel, il ne sera point dressé de procès-verbal; mais le jugement énoncera les noms des experts, la prestation de leur serment, et le résultat de leur avis. Pr. 40.

TITRE IX.

DE LA RÉCUSATION DES JUGES DE PAIX.

44. Les juges de paix pourront être récusés, 1° quand ils auront intérêt personnel à la contestation; 2° quand ils seront parens ou alliés d'une des parties, jusqu'au degré de cousin germain inclusivement; 3° si, dans l'année qui a précédé la récusation, il y a eu procès criminel entre eux et l'une des parties ou son conjoint, ou ses parens et alliés en ligne directe; 4° s'il y a procès civil existant entre eux et l'une des parties, ou son conjoint; 5° s'ils ont donné un avis écrit dans l'affaire. Pr. *récus. des aut. juges*, 378 s., 382. C. *parenté*, 758.

45. La partie qui voudra récuser un juge de paix, sera tenue de former la récusation et d'en exposer les motifs par un acte qu'elle fera signifier, par le premier huissier requis, au greffier de la justice de paix, qui visera l'original. L'exploit sera signé, sur l'original et la copie, par la partie ou son fondé de pouvoir spécial. La copie sera déposée au greffe, et communiquée immédiatement au juge par le greffier. Pr. 380, 384 s. T. 14, 30.

46. Le juge sera tenu de donner au bas de cet acte, dans le délai de deux jours, sa déclaration par écrit, portant, ou son acquiescement à la récusation, ou son refus de s'abstenir, avec ses réponses aux moyens de récusation. Pr. 47, 386 s. T. 14.

47. Dans les trois jours de la réponse du juge qui refuse de s'abstenir, ou faute par lui de répondre, expédition de l'acte de récusation, et de la déclaration du juge, s'il y en a, sera envoyée par le greffier, sur la réquisition de la partie la plus diligente, au procureur du roi près le tribunal de première instance dans le

(1) *Droits d'enregistrement : L.* 22 *frimaire an* VII, *art.* 68, § 2, n° 6; *L.* 28 *avril* 1816, *art.* 44, n° 10.

(2) *Droits d'enregistrement : L.* 22 *frimaire an* VII, *art.* 68, § 1er; *L.* 28 *avril* 1816, *art.* 43.

ressort duquel la justice de paix est située : la récusation y sera jugée en dernier ressort dans la huitaine, sur les conclusions du procureur du roi sans qu'il soit besoin d'appeler les parties. L. 26 *ventôse an* XII. T. 14. (1)

LIVRE II.

DES TRIBUNAUX INFÉRIEURS.

(Suite du Décret du 24 avril 1806.)

TITRE PREMIER.

DE LA CONCILIATION.

48. Aucune demande principale introductive d'instance entre parties capables de transiger, et sur des objets qui peuvent être la matière d'une transaction, ne sera reçue dans les tribunaux de première instance, que le défendeur n'ait été préalablement appelé en conciliation devant le juge de paix, ou que les parties n'y aient volontairement comparu. C. 1125 s., 2045. Pr. *comparez* 1003.

49. Sont dispensées du préliminaire de la conciliation, — 1° Les demandes qui intéressent l'état et le domaine, (2) les communes, les établissemens publics, les mineurs, les interdits, les curateurs aux successions vacantes; Pr. 69, 998 s., 1032. C. 811. — 2° Les demandes qui requièrent célérité; Pr. 72, 404. — 3° Les demandes en intervention ou en garantie; Pr. 175 s., 339. — 4° Les demandes en matière de commerce; Pr. 415 s. — 5° Les demandes de mise en liberté; celles en main-levée de saisie ou opposition, en paiement de loyers, fermages ou arrérages de rentes ou pensions; celles des avoués en paiement de frais; Pr. *liberté*, 795 s.; *main-levée*, 566; *loyers*, 404; *avoués*, 60. — 6° Les demandes formées contre plus de deux parties, encore qu'elles aient le même intérêt, 59; — 7° Les demandes en vérification d'écritures, en désaveu, en règlement de juges, en renvoi, en prise à partie; les demandes contre un tiers saisi, et en général sur les saisies, sur les offres réelles, sur la remise des titres, sur leur communication, sur les séparations de biens, sur les tutelles et curatelles; et enfin toutes les causes exceptées par les lois. Pr. *vérificat. d'écrit.*, 193 s.; *désaveu*, 354; *règl. de juges*, 364 s.; *renvoi*, 370 s.; *prise à partie*, 511 s.; *saisies*, 566, 570, 608 s., 637 s., 666, 718 s., 761 s., 795 s.; *offres réelles*, 815 s.; *titres*, 188 s., 839 s.; *séparat.*, 865, 871; *tutelles et curatelles*, 883 s., 890 s. C. 440, 448 s., 473, 480, 492 s., 514. CAUSES EXCEPTÉES : Pr. *experts*, 320; *reprise d'instance*, 345 : *rectific. d'acte de l'état civil*, 856.

50. Le défendeur sera cité en conciliation, — 1° En matière personnelle et réelle, devant le juge de paix de son domicile; s'il y a deux défendeurs, devant le juge de l'un d'eux, au choix du demandeur; Pr. 2, 59. C. *domicile*, 102. — 2° En matière de société autre que celle de commerce, tant qu'elle existe, devant le juge du lieu où elle est établie; C. 1832. — 3° En matière de succession, sur les demandes entre héritiers, jusqu'au partage inclusivement; sur les demandes qui seraient intentées par les créanciers du défunt avant le partage; sur les demandes relatives à l'exécution des dispositions à cause de mort, jusqu'au jugement définitif devant le juge de paix du lieu où la succession est ouverte. C. *success.*, 110.

51. Le délai de la citation sera de trois jours au moins. Pr. 1033.

52. La citation sera donnée par un huissier de la justice de paix du défendeur; elle énoncera sommairement l'objet de la conciliation. Pr. 1, 4 s. T. 21. L. 25 *mai* 1838, *art.* 16. (3)

---

(1) *Droits d'enregistrement* : acte de récusation, L. 22 *frimaire an* VII, *art.* 68, § 1er. — Jugement sur la récusation, L. 22 *frimaire an* VII, *art.* 68, § 3; L. 28 *avril* 1816, *art.* 45.

(2) Action intentée à *raison du domaine de l'État*. V. L. 28 *octobre*-5 *nov.* 1790, *tit.* 3, *art.* 15; *Av. C.* 28 *août* 1823.

(3) *Droits d'enregistrement* : citation, L. 22 frimaire an VII, *art.* 68, § 1, n° 30. — Procès-verbal, L. 22 frimaire an VII, *art.* 68, § 1, n° 47.

53. Les parties comparaîtront en personne; en cas d'empêchement, par un fondé de pouvoir. Pr. 9. T. 69. L. 25 *mai* 1838, *art.* 18, 19.

54. Lors de la comparution, le demandeur pourra expliquer, même augmenter sa demande, et le défendeur former celles qu'il jugera convenables : le procès-verbal qui en sera dressé contiendra les conditions de l'arrangement, s'il y en a; dans le cas contraire, il fera sommairement mention que les parties n'ont pu s'accorder. — Les conventions des parties, insérées au procès-verbal, ont force d'obligation privée. Pr. 58, 65. C. 1317, 1322, s. T. 10.

55. Si l'une des parties défère le serment à l'autre, le juge de paix le recevra, ou fera mention du refus de le prêter. C. 1358 s., 1361 s.

56. Celle des parties qui ne comparaîtra pas, sera condamnée à une amende de dix francs; et toute audience lui sera refusée jusqu'à ce qu'elle ait justifié de la quittance. Pr. 58, 1029.

57. La citation en conciliation interrompra la prescription, et fera courir les intérêts; le tout, pourvu que la demande soit formée dans le mois, à dater du jour de la non comparution ou de la non conciliation C. 1154 s., 2245 s., 2274.

58. En cas de non comparution de l'une des parties, il en sera fait mention sur le registre du greffe de la justice de paix, et sur l'original ou la copie de la citation, sans qu'il soit besoin de dresser procès-verbal. Pr. 65. T. 13.

TITRE II.

DES AJOURNEMENS.

59. En matière personnelle, le défendeur sera assigné devant le tribunal de son domicile : s'il n'a pas de domicile, devant le tribunal de sa résidence; C. 102 s., 111. Pr. 69 8°. — S'il y a plusieurs défendeurs, devant le tribunal du domicile de l'un d'eux, au choix du demandeur; — En matière réelle, devant le tribunal de la situation de l'objet litigieux; Pr. 64. — En matière mixte, devant le juge de la situation, ou devant le juge du domicile du défendeur; — En matière de société, tant qu'elle existe, devant le juge du lieu où elle est établie; Co. 18 s. C. 1832 s. — En matière de succession, 1° sur les demandes entre héritiers, jusqu'au partage inclusivement; 2° sur les demandes qui seraient intentées par des créanciers du défunt, avant le partage; 3° sur les demandes relatives à l'exécution des dispositions à cause de mort, jusqu'au jugement définitif, devant le tribunal du lieu où la succession est ouverte; C. 110. Pr. 986, 997. — En matière de faillite, devant le juge du domicile du failli; Co. 438. — En matière de garantie, devant le juge où la demande originaire sera pendante; Pr. 175 s., 181. C. 1640. — Enfin, en cas d'élection de domicile pour l'exécution d'un acte, devant le tribunal du domicile élu, ou devant le tribunal du domicile réel du défendeur, conformément à l'art. 111 du Code civil. Pr. 2 s., 50 s., 64, 68; *connexité*, 171, 337 s., 359 s.; *désaveu*, 356; *règl. de juges*, 363; *renvoi*, 368; *aff. commerc.*, 420; *tierce-opp.*, 475; *requête civ.*, 490, 493; *prise à partie*, 509; *reddit. de comptes*, 527 s.; *exécut. de jug.*, 472 s., 553 s.; *saisie-arrêt*, 567; *emprisonn.*, 780, 787, 794, 805; *saisie-foraine*, 822; *saisie-revendic.*, 831; *cession de biens*, 899; *arbitr.*, 1020, 1028. C. *étrangers*, 14, 15; I. c. *matières crim.*, 3. Pr. *suspicion légit.*; (Const. 22 frimaire an VIII), *note sur l'art.* 368. T. 27, 68. Pr. 20.

60. Les demandes formées pour frais par les officiers ministériels, seront portées au tribunal où les frais ont été faits. Pr. 49 5°. T. 9, 151.

61. L'exploit d'ajournement contiendra, 1° La date des jour, mois et an, les noms, profession et domicile du demandeur, la constitution de l'avoué qui occupera pour lui, et chez lequel l'élection de domicile sera de droit, à moins d'une élection contraire par le même exploit; — 2° Les noms, demeure et immatricule de l'huissier, les noms et demeure du défendeur, et mention de la personne à laquelle copie de l'exploit sera laissée; — 3° L'objet de la demande, l'exposé sommaire des moyens; — 4° L'indication du tribunal qui doit connaître de la demande, et du délai pour comparaître: le tout à peine de nullité. Pr. 1, 68, 72, 1029; réassign., 153, 156. T. 27, 68. (1)

62. Dans le cas du transport d'un huissier, il ne lui sera payé pour tous frais de déplacement qu'une journée au plus. Pr. 67, 71. T. 62, 66.

63. Aucun exploit ne sera donné un jour de fête légale, si ce n'est en vertu de permission du président du tribunal. Pr. 781, 828, 1037. (2)

64. En matière réelle ou mixte, les exploits énonceront la nature de l'héritage, la commune, et, autant qu'il est possible, la partie de la commune où il est situé, et deux au moins des tenans et aboutissans; s'il s'agit d'un domaine, corps de ferme ou métairie, il suffira d'en désigner le nom et la situation; le tout à peine de nullité. Pr. 59.

65. Il sera donné, avec l'exploit, copie du procès-verbal de non conciliation, ou copie de la mention de non comparution, à peine de nullité; sera aussi donnée copie des pièces ou de la partie des pièces sur lesquelles la demande est fondée: à défaut de ces copies, celles que le demandeur sera tenu de donner dans le cours de l'instance, n'entreront point en taxe. Pr. 54, 58. T. 28.

66. L'huissier ne pourra instrumenter pour ses parens et alliés, et ceux de sa femme, en ligne directe à l'infini, ni pour ses parens et alliés collatéraux, jusqu'au degré de cousin issu de germain inclusivement; le tout à peine de nullité. Pr. 4, 71. 1029, 1031.

67. Les huissiers seront tenus de mettre à la fin de l'original et de la copie de l'exploit, le coût d'icelui, à peine de cinq francs d'amende, payables à l'instant de l'enregistrement. Pr. 62, 1029. T. 66.

68. Tous exploits seront faits à personne ou domicile: mais si l'huissier ne trouve au domicile ni la partie, ni aucun de ses parens ou serviteurs, il remettra de suite la copie à un voisin, qui signera l'original; si ce voisin ne peut ou ne veut signer, l'huissier remettra la copie au maire ou adjoint de la commune, lequel visera l'original sans frais. L'huissier fera mention du tout, tant sur l'original que sur la copie. Pr. 4, 61, 70, 71, 419, 1039. Co. 173. C. 102 s.; infract. Déc. 14 juin 1813, art. 45; signific. dans les palais royaux, O. 20 août 1817; aliénés, L. 30 juin 1838, art. 35.

69. Seront assignés, 1° L'état, lorsqu'il s'agit de domaines et droits domaniaux, en la personne ou au domicile du préfet du département où siége le tribunal devant lequel doit être portée la demande en première instance; Pr. 49. — 2° Le trésor royal, en la personne ou au bureau de l'agent; — 3° Les administrations ou établissemens publics, en leurs bureaux, dans le lieu où réside le siége de l'administration; dans les autres lieux, en la personne et au bureau de leur préposé; — 4° Le roi, pour ses domaines, en la personne du procureur du roi de l'arrondissement; (V. L. 2 mars 1832, art. 27.) — 5° Les communes, en la personne ou au domicile du maire; et à Paris, en la personne ou au domicile du préfet; — Dans les cas ci-dessus, l'original sera visé de celui à qui copie de l'exploit sera laissée; en cas d'absence ou de refus, le visa sera donné, soit par le juge de paix, soit par le procureur du roi près le tribunal de première instance, auquel, en ce cas, la copie sera laissée; Pr. 1039. —

(1) *Droits d'enregistrement*: L. 22 frimaire an VII, art. 68, § 1; L. 28 avril 1816, art. 43. — Ces articles s'appliquent à tous les exploits et significations à personne ou domicile, à moins d'exception.

(2) *Les fêtes légales* sont, outre les dimanches, la Nativité de N.-S., l'Ascension, l'Assomption, la Toussaint (*L.* 18 germinal an X, *art.* 41, 57; *Arr.* 29 germinal an X); le 1er Janvier (*Av. C.* 20 mars 1810); l'Anniversaire des Journées des 27, 28, 29 juillet 1830. (*Ord.* 6 juillet 1831.)

6° Les sociétés de commerce, tant qu'elles existent, en leur maison sociale; et s'il n'y en a pas, en la personne ou au domicile de l'un des associés; Co. 19, 22, 23 s., 31 s., 42 s. — 7° Les unions et directions de créanciers, en la personne ou au domicile de l'un des syndics ou directeurs; Co. 443, 529, 532 s. — 8° Ceux qui n'ont aucun domicile connu en France, au lieu de leur résidence actuelle: si le lieu n'est pas connu, l'exploit sera affiché à la principale porte de l'auditoire du tribunal où la demande est portée; une seconde copie sera donnée au procureur du roi, lequel visera l'original; Pr. 1039. — 9° Ceux qui habitent le territoire français hors du continent, et ceux qui sont établis chez l'étranger, au domicile du procureur du roi près le tribunal où sera portée la demande, lequel visera l'original, et enverra la copie, pour les premiers, au ministre de la marine, et, pour les seconds, à celui des affaires étrangères. Pr. 560, 1039. T. 27.

70. Ce qui est prescrit par les deux articles précédens, sera observé à peine de nullité. Pr. 1029.

71. Si un exploit est déclaré nul par le fait de l'huissier, il pourra être condamné aux frais de l'exploit et de la procédure annulée, sans préjudice des dommages et intérêts de la partie, suivant les circonstances. Pr. 126, 132, 609, 826, 1031. C. 1149, 1382.

72. Le délai ordinaire des ajournemens, pour ceux qui sont domiciliés en France, sera de huitaine. Pr. 1033. — Dans les cas qui requerront célérité, le président pourra, par ordonnance rendue sur requête, permettre d'assigner à bref délai. Pr. *bref délai*, 76, 404, 417 s., 457; *chang. d'ét.*, 345 s.; *enregistrem.*, 269. T. 77.

73. Si celui qui est assigné demeure hors de la France continentale, le délai sera, — 1° Pour ceux demeurant en Corse, dans l'île d'Elbe ou de Capraja, en Angleterre et dans les états limitrophes de la France, de deux mois; — 2° Pour ceux demeurant dans les autres états de l'Europe, de quatre mois; — 3° Pour ceux demeurant hors d'Europe, en deçà du Cap de Bonne-Espérance, de six mois; — Et pour ceux demeurant au-delà, d'un an. Pr. 74; *appel*, 445, 446; *requête civ.*, 486; *saisie-arrêt*, 560, 639.

74. Lorsqu'une assignation à une partie domiciliée hors de la France sera donnée à sa personne en France, elle n'emportera que les délais ordinaires, sauf au tribunal à les prolonger, s'il y a lieu.

TITRE III.

CONSTITUTION D'AVOUÉS, ET DÉFENSES.

75. Le défendeur sera tenu, dans les délais de l'ajournement, de constituer avoué; ce qui se fera par acte signifié d'avoué à avoué. Le défendeur ni le demandeur ne pourront révoquer leur avoué sans en constituer un autre. Les procédures faites et jugemens obtenus contre l'avoué révoqué et non remplacé seront valables. Pr. 61 1°, 148, 149 s., 342 s., 352 s., 470, 529, 760, 932, 1038. T. 68, 70. (1)

76. Si la demande a été formée à bref délai, le défendeur pourra, au jour de l'échéance, faire présenter à l'audience un avoué, auquel il sera donné acte de sa constitution; ce jugement ne sera point levé: l'avoué sera tenu de réitérer, dans le jour, sa constitution par acte; faute par lui de le faire, le jugement sera levé à ses frais. Pr. 72, 470. T. 81.

77. Dans la quinzaine du jour de la constitution, le défendeur fera signifier ses défenses signées de son avoué; elles contiendront offre de communiquer les pièces à l'appui ou à l'amiable, d'avoué à avoué, ou par la voie du greffe. Pr. 75, 81, 104, 405. T. 72, 91.

78. Dans la huitaine suivante, le demandeur fera signifier sa réponse aux défenses. Pr. 75, 81.

(1) *Droits d'enregistrement*: L. 28 avril 1816, *art.* 41, 42. — Ces articles s'appliquent à toutes les significations d'avoué à avoué.

79. Si le défendeur n'a point fourni ses défenses dans le délai de quinzaine, le demandeur poursuivra l'audience sur un simple acte d'avoué à avoué. Pr. 75, 80, 405. T. 70.

80. Après l'expiration du délai accordé au demandeur pour faire signifier sa réponse, la partie la plus diligente pourra poursuivre l'audience sur un simple acte d'avoué à avoué; pourra même le demandeur poursuivre l'audience, après la signification des défenses, et sans y répondre. Pr. 75, 154.

81. Aucunes autres écritures ni significations n'entreront en taxe. Pr. 82, 105, 1031.

82. Dans tous les cas où l'audience peut être poursuivie sur un acte d'avoué à avoué, il n'en sera admis en taxe qu'un seul pour chaque partie. Pr. 154, 1031. T. 70.

TITRE IV.

DE LA COMMUNICATION AU MINISTÈRE PUBLIC.

83. Seront communiquées au procureur du roi les causes suivantes: — 1° Celles qui concernent l'ordre public, l'État, le domaine, les communes, les établissemens publics, les dons et legs au profit des pauvres; C. 537, 713, 768, 910, 937. Pr. 227, 249, 251, 359, 498, 668, 762, 782, 900, 1039. Co. 459, 482, 483, 606 s., 609 s. — 2° Celles qui concernent l'etat des personnes et les tutelles; C. 7 s., 54, 99, 177, 180 s., 199 s., 307 s., 318, 326 s., 339, 340 s., 355 s., 369, 377, 382, 440 s., 448 s., 473, 491, 496, 515, 1073. — Pr. 856, 858, 879, 891. — 3° Les déclinatoires sur incompétence; Pr. 168 s. — 4° Les réglemens de juge, les recusations et renvois pour parenté et alliance; Pr. 47, 311, 363 s., 371, 385, 394. — 5° Les prises à partie; Pr. 505 s. — 6° Les causes des femmes non autorisées par leurs maris, ou même autorisées, lorsqu'il s'agit de leur dot, et qu'elles sont mariées sous le régime dotal; les causes des mineurs et généralement toutes celles où l'une des parties est défendue par un curateur; C. 219 s., 388, 464, 465, 482, 499, 509, 513, 1124 s., 1304 s., 1560, 1563, 1564 s., 2208. Pr. 862 s., 883, 885 s., L. 30 juin 1838, art. 40. — 7° Les causes concernant ou intéressant les personnes présumées absentes. C. 114, 116, 118, 123, 129, 134. Pr. 859. — Le procureur du roi pourra néanmoins prendre communication de toutes les autres causes dans lesquelles il croira son ministère nécessaire; le tribunal pourra même l'ordonner d'office. T. 90.

84. En cas d'absence ou empêchement des procureurs du roi et de leurs substituts, ils seront remplacés par l'un des juges ou suppléans. L. 22 *ventôse an XII, art.* 30. *Déc.* 14 *décembre* 1810, *art.* 33.

TITRE V.

DES AUDIENCES, DE LEUR PUBLICITÉ ET DE LEUR POLICE.

85. Pourront les parties, assistées de leurs avoués, se défendre elles-mêmes: le tribunal cependant aura la faculté de leur interdire ce droit, s'il reconnaît que la passion, ou l'inexpérience, les empêche de discuter leur cause avec la décence convenable ou la clarté nécessaire pour l'instruction des juges. Pr. *cours royales*, 470. (1)

86. Les parties ne pourront charger de leur défense, soit verbale, soit par écrit, même à titre de consultation, les juges en activité de service, procureurs généraux, avocats généraux, procureurs du roi, substituts des procureurs généraux et du roi, même dans les tribunaux autres que ceux près desquels ils exercent leurs fonctions; pourront néanmoins les juges, procureurs généraux, avocats généraux, procureurs du roi, et substituts des procureurs généraux et du roi, plaider, dans tous les tribunaux, leurs causes personnelles, et celles de leurs femmes, parens ou

(1) V. *App.* les diverses lois sur la plaidoirie et l'exercice de la profession d'avocat. *L.* 22 ventôse an XII; *Déc.* 14 décembre 1810, 2 juillet 1812; *Ord.* 27 février 1822, 20 novembre 1822, 27 août 1830.

alliés en ligne directe, et de leurs pupilles. Pr. *récusation*, 378 8°, 470.

87. Les plaidoiries seront publiques, excepté dans le cas où la loi ordonne qu'elles seront secrètes. Pourra cependant le tribunal ordonner qu'elles se feront à huis clos, si la discussion publique devait entraîner ou scandale ou des inconvéniens graves; mais, dans ce cas, le tribunal sera tenu d'en délibérer, et de rendre compte de sa délibération au procureur général près la cour royale; et si la cause est pendante dans une cour royale, au ministre de la justice. Pr. 8, 111 s., 141, 470, 879. I. c. 153, 171, 190, 210. T. 83. *Ch.* 55.

88. Ceux qui assisteront aux audiences, se tiendront découverts, dans le respect et le silence : tout ce que le président ordonnera pour le maintien de l'ordre sera exécuté ponctuellement et à l'instant. — La même disposition sera observée dans les lieux où, soit les juges, soit les procureurs du roi, exerceront des fonctions de leur état. Pr. 10, 276, 1036, I. c. 84, 181, 267, 504 s. *Déc.* 14 *décembre* 1810, *art.* 35 s.; O. 20 *novembre* 1822, *art.* 43.

89. Si un ou plusieurs individus, quels qu'ils soient, interrompent le silence, donnent des signes d'approbation ou d'improbation, soit à la défense des parties, soit aux discours des juges ou du ministère public, soit aux interpellations, avertissemens ou ordres des président, juge-commissaire ou procureur du roi, soit aux jugemens ou ordonnances, causent ou excitent du tumulte de quelque manière que ce soit, et si, après l'avertissement des huissiers, ils ne rentrent pas dans l'ordre sur-le-champ, il leur sera enjoint de se retirer, et les résistans seront saisis et déposés à l'instant dans la maison d'arrêt pour vingt-quatre heures : ils y seront reçus sur l'exhibition de l'ordre du président, qui sera mentionné au procès-verbal de l'audience. Pr. 10 s., 781 4°. I. c. 34, 267, 504 s.

90. Si le trouble est causé par un individu remplissant une fonction près le tribunal, il pourra, outre la peine ci-dessus, être suspendu de ses fonctions; la suspension, pour la première fois, ne pourra excéder le terme de trois mois. Le jugement sera exécutoire par provision, ainsi que dans le cas de l'article précédent. C. 10 s., 1036. I. c. 267, 504 s. P. 377. *Déc.* 14 *décembre* 1810, *art.* 39. O. 20 *novembre* 1822, *art.* 43.

91. Ceux qui outrageraient ou menaceraient les juges ou les officiers de justice dans l'exercice de leurs fonctions, seront, de l'ordonnance du président, du juge-commissaire ou du procureur du roi, chacun dans le lieu dont la police lui appartient, saisis et déposés à l'instant dans la maison d'arrêt, interrogés dans les vingt-quatre heures, et condamnés par le tribunal, sur le vu du procès-verbal qui constatera le délit, à une détention qui ne pourra excéder le mois, et à une amende qui ne pourra être moindre de vingt-cinq francs, ni excéder trois cents francs. — Si le délinquant ne peut être saisi à l'instant, le tribunal prononcera contre lui, dans les vingt-quatre heures, les peines ci-dessus, sauf l'opposition que le condamné pourra former dans les dix jours du jugement, en se mettant en état de détention. Pr. 11. I. c. 181, 504 s., 508. P. 222 à 233.

92. Si les délits commis méritaien peine afflictive ou infamante, le prévenu sera envoyé en état de mandat de dépôt devant le tribunal compétent, pour être poursuivi et puni suivant les règles établies par le Code d'instruction criminelle. I. c. 506 s. P. 222 à 233.

TITRE VI.

DES DÉLIBÉRÉS ET INSTRUCTIONS PAR ÉCRIT.

93. Le tribunal pourra ordonner que les pièces seront mises sur le bureau, pour en être délibéré au rapport d'un juge nommé par le jugement, avec indication du jour auquel le rapport sera fait. Pr. 110, 111, 116, 342 s., 405, 470; *la loi ind. plus. causes sujettes au rapport*, 198, 202, 232, 280, 371, 385, 394, 428, 539, 542, 668, 762, 779, 856, 859, 863,

885, 891, 981, 987. Co. 441, 452, 462, 467, 472, 498, 514, 527, 538, 579. T. 84.

94. Les parties et leurs défenseurs seront tenus d'exécuter le jugement qui ordonnera le délibéré, sans qu'il soit besoin de le lever, ni signifier, et sans sommation : si l'une des parties ne remet point ses pièces, la cause sera jugée sur les pièces de l'autre. T. 90.

95. Si une affaire ne paraît pas susceptible d'être jugée sur plaidoirie ou délibéré, le tribunal ordonnera qu'elle sera instruite par écrit, pour *en être fait rapport par l'un des juges* nommé par le jugement. — Aucune cause ne peut être mise en rapport qu'à l'audience et à la pluralité des voix. Pr. 110, 338, 341, 380 s., 461, 470. T. 84.

96. Dans la quinzaine de la signification du jugement, le demandeur fera signifier une requête contenant ses moyens ; elle sera terminée par un *état* des pièces produites au soutien. — Le demandeur sera tenu, dans les vingt-quatre heures qui suivront cette signification, de produire au greffe et de faire signifier l'acte de produit. Pr. 75, 98 s., 104, 105, 218. P. 409. T. 70, 73, 78, 91.

97. Dans la quinzaine de la production du demandeur au greffe, le défendeur en prendra communication, et fera signifier sa réponse avec état, au bas des pièces au soutien ; dans les vingt-quatre heures de cette signification, il rétablira au greffe la production par lui prise en communication, fera la sienne, et en signifiera l'acte. — Dans le cas où il y aurait plusieurs défendeurs, s'ils ont tout à la fois des avoués et des intérêts différens, ils auront chacun les délais ci-dessus fixés, pour prendre communication, répondre et produire ; la communication leur sera donnée successivement, à commencer par le plus diligent. Pr. 75, 100, 106, 189, 534. T. 70, 73, 91.

98. Si le demandeur n'avait pas produit dans le délai ci-dessus fixé, le défendeur mettra sa production au greffe, ainsi qu'il a été dit ci-dessus : le demandeur n'aura que huitaine pour en prendre communication et contredire ; ce délai passé, il sera procédé au jugement, sur la production du défendeur. Pr. 96, 100, 106, 189, 524.

99. Si c'est le défendeur qui ne produit pas dans le délai qui lui est accordé, il sera procédé au jugement, sur la production du demandeur. Pr. 96, 524.

100. Si l'un des délais fixés expire sans qu'aucun des défendeurs ait pris communication, il sera procédé au jugement sur ce qui aura été produit. Pr. 96 s., 524.

101. Faute par le demandeur de produire, le défendeur le plus diligent mettra sa production au greffe ; et l'instruction sera continuée ainsi qu'il est dit ci-dessus. Pr. 96 s.

102. Si l'une des parties veut produire de nouvelles pièces, elle le fera au greffe, avec acte de produit *contenant* état desdites pièces, lequel sera signifié à avoué, sans requête de production nouvelle ni écritures, à peine de rejet de la taxe, lors même que l'état des pièces contiendrait de nouvelles conclusions. Pr. 75, 105, 1031. T. 71, 90.

103. L'autre partie aura huitaine pour prendre communication, et *fournir sa réponse*, qui ne pourra excéder six rôles. Pr. 75, 106. T. 75, 90.

104. Les avoués déclareront, au bas des originaux et des copies de toutes leurs requêtes et écritures, le nombre des rôles, qui sera aussi *énoncé dans l'acte de produit*, à peine de rejet lors de la taxe. T. 72, 74.

105. Il ne sera passé en taxe que les écritures et significations énoncées au présent titre. Pr. 1031.

106. Les communications seront prises au greffe sur les récépissés des avoués, qui en contiendront la date.

107. Si les avoués ne rétablissent, dans les délais ci-dessus fixés, les productions par eux prises en communication, il sera, sur le certificat du greffier, et sur un simple acte pour venir plaider, rendu jugement à l'audience, qui les condamnera personnellement, et sans appel, à ladite remise, aux frais du jugement, sans répétition, et en dix francs au moins de dommages-intérêts par chaque jour de retard. — Si les avoués ne rétablissent les productions dans la huitaine de la signification dudit jugement, le tribunal pourra prononcer, sans appel, de plus forts dommages-intérêts, même condamner l'avoué par corps, et l'interdire pour tel temps qu'il estimera convenable. — Lesdites condamnations pourront être prononcées sur la demande des parties, sans qu'elles aient besoin d'avoués, et sur un simple mémoire qu'elles remettront ou au président, ou au rapporteur, ou au procureur du roi. Pr. 75, 126, 151, 191, 536, 758. C. 1149, 2060 7°. T. 90.

108. Il sera tenu au greffe un registre sur lequel seront portées toutes les productions, suivant leur ordre de dates : ce registre, divisé en colonnes, contiendra la date de la production, les noms des parties, de leurs avoués et du rapporteur ; il sera laissé une colonne en blanc.

109. Lorsque toutes les parties auront produit, ou après l'expiration des délais ci-dessus fixés, le greffier, sur la réquisition de la partie la plus diligente, remettra les pièces au rapporteur, qui s'en chargera, en signant sur la colonne laissée en blanc au registre des productions. Pr. 114, 542 s. T. 90.

110. Si le rapporteur décède, se démet, ou ne peut faire le rapport, il en sera commis un autre, sur requête, par ordonnance du président, signifiée à partie ou à son avoué trois jours au moins avant le rapport. Pr. 61, 75, 93, 95. T. 70, 76.

111. Tous rapports, même sur délibérés, seront faits à l'audience ; le rapporteur résumera le fait et les moyens sans ouvrir son avis ; les défenseurs n'auront, sous aucun prétexte, la parole après le rapport ; ils pourront seulement remettre sur-le-champ au président de simples notes énonciatives des faits sur lesquels ils prétendraient que le rapport a été incomplet ou inexact. Pr. 93, 95, 542 ; *audience*, 87 ; *incidents*, 338, 341.

112. Si la cause est susceptible de communication, le procureur du roi sera entendu en ses conclusions à l'audience. Pr. 83.

113. Les jugemens rendus sur les pièces de l'une des parties, faute par l'autre d'avoir produit, ne seront point susceptibles d'opposition. Pr. 350 s. ; *arbitres*, 1016. T. 85.

114. Après le jugement, le rapporteur remettra les pièces au greffe ; et il en sera déchargé par la seule radiation de sa signature sur le registre des productions. Pr. 108, 109.

115. Les avoués, en retirant leurs pièces, émargeront le registre ; cet émargement servira de décharge au greffier. Pr. 105 s., 114. T. 72, 73, 74, 90, 91.

TITRE VII.

DES JUGEMENS.

116. Les jugemens seront rendus à la pluralité des voix, et prononcés sur le champ : néanmoins les juges pourront se retirer dans la chambre du conseil pour y recueillir les avis ; ils pourront aussi continuer la cause à une des prochaines audiences, pour prononcer le jugement. Pr. 470. T. 86.

117. S'il se forme plus de deux opinions, les juges plus faibles en nombre seront tenus de se réunir à l'une des deux opinions qui auront été émises par le plus grand nombre ; toutefois ils ne seront tenus de s'y réunir qu'après que les voix auront été recueillies une seconde fois. Pr. *appel*, 467.

118. En cas de partage, on appellera, pour le vider, un juge ; à défaut du juge, un suppléant ; à son défaut, un avocat attaché au barreau ; et à son défaut, un avoué, tous appelés selon l'ordre du tableau : l'affaire sera de nouveau plaidée. Pr. *appel*, 468.

119. Si le jugement ordonne la comparution des parties, il indiquera le jour de la comparution. Pr. 109, 470 ; *comparez* 324 s., 330 s.

120. Tout jugement qui ordonnera un serment, énoncera les faits sur lesquels il sera reçu. Pr. 209, 470. C. 1357 s. P. 366.

121. Le serment sera fait par la

partie en personne, et à l'audience. Dans le cas d'un empêchement légitime et dûment constaté, le serment pourra être prêté devant le juge que le tribunal aura commis, et qui se transportera chez la partie, assisté du greffier. — Si la partie à laquelle le serment est déféré, est trop éloignée, le tribunal pourra ordonner qu'elle prêtera le serment devant le tribunal du lieu de sa résidence. — Dans tous les cas, le serment sera fait en présence de l'autre partie, ou elle dûment appelée par acte d'avoué à avoué, et, s'il n'y a pas d'avoué constitué, par exploit contenant l'indication du jour de la prestation. Pr. 534, 1035. C. 1357, 1358 s. P. 366. T. 29, 70. Pr. secùs, 572.

122. Dans les cas où les tribunaux peuvent accorder des délais pour l'exécution de leurs jugemens, ils le feront par le jugement même qui statuera sur la contestation, et qui énoncera les motifs du délai. Pr. 124 s., 470. C. 1184, 1244, 1900 s., 2212. Co. 157.

123. Le délai courra du jour du jugement, s'il est contradictoire, et de celui de la signification, s'il est par défaut. Pr. 1033.

124. Le débiteur ne pourra obtenir un délai, ni jouir du délai qui lui aura été accordé, si ses biens sont vendus à la requête d'autres créanciers, s'il est en état de faillite, de contumace, ou s'il est constitué prisonnier, ni enfin lorsque, par son fait, il aura diminué les sûretés qu'il avait données par le contrat à son créancier. Pr. 122. C. 1188, 1613, 1913. Co. 444.

125. Les actes conservatoires seront valables, nonobstant le délai accordé.

126. La contrainte par corps ne sera prononcée que dans les cas prévus par la loi : il est néanmoins laissé à la prudence des juges de la prononcer, (1) 1° Pour dommages et intérêts en matière civile, au-dessus de la somme de trois cents francs ; — 2° Pour reliquats de comptes de tutelle, curatelle, d'administration de corps et communauté, établissemens publics, ou de toute administration confiée par justice, et pour toutes restitutions à faire par suite desdits comptes. Pr. 107, 191, 213, 524, 540, 603 s., 683, 710, 712, 740, 780 s. C. 474, 1146 s., 2059 s., 2063.

127. Pourront les juges, dans les cas énoncés en l'article précédent, ordonner qu'il sera sursis à l'exécution de la contrainte par corps, pendant le temps qu'ils fixeront ; après lequel elle sera exercée sans nouveau jugement. Ce sursis ne pourra être accordé que par le jugement qui statuera sur la contestation, et qui énoncera les motifs du délai. Pr. 122 s. C. 1184, 1244, 1900, 2212.

128. Tous jugemens qui condamneront en des dommages et intérêts, en contiendront la liquidation, ou ordonneront qu'ils seront donnés par état. Pr. 137, 470, 523 s., 543 s. C. 1146 s.

129. Les jugemens qui condamneront à une restitution de fruits, ordonneront qu'elle sera faite en nature pour la dernière année ; et pour les années précédentes, suivant les mercuriales du marché le plus voisin, eu égard aux saisons et aux prix communs de l'année ; sinon à dire d'experts, à défaut de mercuriales. Si la restitution en nature pour la dernière année est impossible, elle se fera comme pour les années précédentes. Pr. 526 s.

130. Toute partie qui succombera sera condamnée aux dépens. Pr. 131, 132, 137, 185, 192, 193, 338, 401, 403, 470, 525, 543 s., 662, 1031. C. 2101 2°. L. c. 162, 194, 368. (2)

131. Pourront néanmoins les dépens être compensés en tout ou en partie, entre conjoints, ascendans, descendans, frères et sœurs, ou alliés au même degré : les juges pourront aussi compenser les dépens en tout ou en partie, si les parties succombent respectivement sur quelques chefs.

132. Les avoués et huissiers qui auront excédé les bornes de leur ministère, les tuteurs, curateurs, héritiers bénéficiaires ou autres administrateurs qui auront compromis les in-

(1) V. L. 17 avril 1832, sur la contrainte par corps. (App.)
(2) Droits d'enregistrement : dépens, L. 22 frimaire an VII, art. 69, § 2, n° 9.

térêts de leur administration, pourront être condamnés aux dépens, en leur nom et sans répétition, même aux dommages et intérêts s'il y a lieu; sans préjudice de l'interdiction contre les avoués et huissiers, et de la destitution contre les tuteurs et autres, suivant la gravité des circonstances. Pr. *exploits*, 71, 1030 s.; *jugem.*, 128; *désaveu*, 360 s.; *delais d'app.*, 444, *liquid. de domm.-int.*, 523 s.; *actes nuls*, 1031. C. *tutelle*, 389, 455 s., 480 s.; *interdit*, 499, 509, 515; *conseil jud.*, 513; *hérit. bénéf.*, 803 s.; *curat. à success. vac.*, 814; *débiteur*, 1146; *délits, quasi-délits*, 1382; *administrat. du mari*, 1428 s., 1531, 1549 s., 1577 s; *sociétés*, 1856 s.; Co. 22, 24 s., 32; *faillite*, 462, 489, 519, 529, 537.

133. Les avoués pourront demander la distraction des dépens à leur profit, en affirmant, lors de la prononciation du jugement, qu'ils ont fait la plus grande partie des avances. La distraction des dépens ne pourra être prononcée que par le jugement qui en portera la condamnation: dans ce cas, la taxe sera poursuivie et l'exécutoire délivré au nom de l'avoué, sans préjudice de l'action contre sa partie. Pr. 470.

134. S'il a été formé une demande provisoire, et que la cause soit en état sur le provisoire et sur le fond, les juges seront tenus de prononcer sur le tout par un seul jugement. Pr. 172, 288, 338, 470.

135. L'exécution provisoire sans caution sera ordonnée, s'il y a titre authentique, promesse reconnue, ou condamnation précédente par jugement dont il n'y ait point d'appel. C. 1317, 1322, 2061. Pr. 193 s. — L'exécution provisoire pourra être ordonnée, avec ou sans caution, lorsqu'il s'agira, Pr. 17, 137, 155, 439, 457 s., 809, 840, 1024. — 1° D'apposition et levée de scellés, ou confection d'inventaire; Pr. 921, 931, 941 s. — 2° De réparations urgentes; C. 1724. — 3° D'expulsion des lieux, lorsqu'il n'y a pas de bail, ou que le bail est expiré; C. 1737, 1743. — 4° De séquestres, commissaires et gardiens; Pr. 596 s., 603 s., 628 s., 681, 821, 823, 830, 914. C. 1955 s. — 5° De réceptions de caution et certificateurs; Pr. 521. — 6° De nomination de tuteurs, curateurs, et autres administrateurs, et de reddition de compte; Pr. 527 s., 884 s. — 7° De pensions ou provisions alimentaires. C. 205 s., 212, 268 s.

136. Si les juges ont omis de prononcer l'exécution provisoire, ils ne pourront l'ordonner par un second jugement, sauf aux parties à la demander sur l'appel. Pr. 122, 458 s.

137. L'exécution provisoire ne pourra être ordonnée pour les dépens, quand même ils seraient adjugés pour tenir lieu de dommages et intérêts. Pr. 130, 459.

138. Le président et le greffier signeront la minute de chaque jugement aussitôt qu'il sera rendu: il sera fait mention, en marge de la feuille d'audience, des juges et du procureur du roi qui y auront assisté; cette mention sera également signée par le président et le greffier. Pr. 139 s., 470.

139. Les greffiers qui délivreront expédition d'un jugement avant qu'il ait été signé seront poursuivis comme faussaires. Pr. 140, 1029 s. I. c. 196, 448 s.

140. Les procureurs du roi et généraux se feront représenter tous les mois les minutes des jugemens, et vérifieront s'il a été satisfait aux dispositions ci-dessus: en cas de contravention, ils en dresseront procès-verbal, pour être procédé ainsi qu'il appartiendra. I. c. 196.

141. La rédaction des jugemens contiendra les noms des juges, du procureur du roi, s'il a été entendu, ainsi que des avoués; les noms, professions et demeures des parties, leurs conclusions, l'exposition sommaire des points de fait et de droit, les motifs et le dispositif des jugemens. Pr. 83, 111, 142 s., 433. I. c. 196. (1)

142. La rédaction sera faite sur les qualités signifiées entre les parties: en

(1) *Droits d'enregistrement*: *L.* 22 frimaire an VII, art. 68, § 2 et 3.

conséquence, celle qui voudra lever un jugement contradictoire, sera tenue de signifier à l'avoué de son adversaire, les qualités, contenant les noms, professions et demeures des parties, les conclusions, et les points de fait et de droit. **Pr.** 75, 141, 470. **T.** 87, 88.

143. L'original de cette signification restera pendant vingt-quatre heures entre les mains des huissiers audienciers.

144. L'avoué qui voudra s'opposer, soit aux qualités, soit à l'exposé des points de fait et de droit, le déclarera à l'huissier, qui sera tenu d'en faire mention. **T.** 90.

145. Sur un simple acte d'avoué à avoué, les parties seront réglées sur cette opposition par le juge qui aura présidé; en cas d'empêchement, par le plus ancien, suivant l'ordre du tableau. **Pr.** 75. **T.** 70, 90.

146. Les expéditions des jugemens seront intitulées et terminées au nom du roi, conformément à l'art. 57 (48) de la Charte constitutionnelle. **Pr.** 470, 545; *formule exécut.*, **O.** 16 août 1805.

147. S'il y a avoué en cause, le jugement ne pourra être exécuté qu'après avoir été signifié à avoué, à peine de nullité; les jugemens provisoires et définitifs qui prononceront des condamnations, seront en outre signifiés à la partie, à personne ou domicile, et il sera fait mention de la signification à l'avoué. **Pr.** 61, 75, 155 s., 470, 548 s., 763, 1029. **T.** 29.

148. Si l'avoué est décédé ou a cessé de postuler, la signification à partie suffira; mais il sera fait mention du décès ou de la cessation des fonctions de l'avoué. **Pr.** 75, 162, 342 s, 470, 1038.

TITRE VIII.

DES JUGEMENS PAR DÉFAUT ET OPPOSITIONS.

149. Si le défendeur ne constitue pas avoué, ou si l'avoué constitué ne se présente pas au jour indiqué pour l'audience, il sera donné défaut. **Pr.** 75, 153, 154, 157, 158; *reprise d'inst.* 342 s., 349 s.; *juge de paix*, 19 s. *trib. de comm.*, 434; *cours royales*, 470. **T.** 29, 82.

150. Le défaut sera prononcé à l'audience, sur l'appel de la cause; et les conclusions de la partie qui le requiert, seront adjugées, si elles se trouvent justes et bien vérifiées: pourront néanmoins les juges faire mettre les pièces sur le bureau, pour prononcer le jugement à l'audience suivante. **Pr.** 19, 93 s., 141, 434, 470.

151. Lorsque plusieurs parties auront été citées pour le même objet à différens délais, il ne sera pris défaut contre aucune d'elles qu'après l'échéance du plus long délai. **Pr.** 470; *délais*, 72 s., 1033.

152. Toutes les parties appelées et défaillantes seront comprises dans le même défaut; et s'il en est pris contre chacune d'elles séparément, les frais desdits défauts n'entreront point en taxe, et resteront à la charge de l'avoué, sans qu'il puisse les répéter contre la partie. **Pr.** *actes frustrat.*, 132, 1031.

153. Si de deux ou de plusieurs parties assignées, l'une fait défaut et l'autre comparaît, le profit du défaut sera joint, et le jugement de jonction sera signifié à la partie défaillante par un huissier commis: la signification contiendra assignation au jour auquel la cause sera appelée; il sera statué par un seul jugement, qui ne sera pas susceptible d'opposition. **Pr.** 61, 156, 209, 470. **T.** 29.

154. Le défendeur qui aura constitué avoué, pourra, sans avoir fourni de défenses, suivre l'audience par un seul acte, et prendre défaut contre le demandeur qui ne comparaîtrait pas. **Pr.** 76, 80, 82; *trib. de comm.*, 434; *cours royales*, 470.

155. Les jugemens par défaut ne seront pas exécutés avant l'échéance de la huitaine de la signification à avoué, s'il y a eu constitution d'avoué, et de la signification à personne ou domicile, s'il n'y a pas eu constitution

---

art. 69, § 2; *L.* 28 avril 1816, *art.* 38, 44, 45, 46, 47, 48, 49. — Ces articles s'appliquent à toutes les condamnations.

d'avoué, à moins qu'en cas d'urgence l'exécution n'en ait été ordonnée avant l'expiration de ce délai, dans les cas prévus par l'art. 135. — Pourront aussi les juges, dans le cas seulement où il y aurait péril en la demeure, ordonner l'exécution nonobstant l'opposition, avec ou sans caution; ce qui ne pourra se faire que par le même jugement. Pr. *justice de paix*, 17; *exécution provis.*, 135, 147, 439; *significat.*, 435; *appel*, 459; *cours royales*, 470.

156. Tous jugemens par défaut contre une partie qui n'a pas constitué d'avoué, seront signifiés par un huissier commis, soit par le tribunal, soit par le juge du domicile du défaillant que le tribunal aura désigné; ils seront exécutés dans les six mois de leur obtention, sinon seront réputés non avenus. Pr. 61, 155, 159, 350, 370 s., 435, 470, 548 s., 1029 s. T. 29, 76, 89.

157. Si le jugement est rendu contre une partie ayant un avoué, l'opposition ne sera recevable que pendant huitaine, à compter du jour de la signification à avoué. Pr. 113, 155, 159 s., 165, 257, 436, 470; *référés*, 809. T. 89.

158. S'il est rendu contre une partie qui n'a pas d'avoué, l'opposition sera recevable jusqu'à l'exécution du jugement. Pr. 113, 159, 162, 165, 470.

159. Le jugement est réputé exécuté, lorsque les meubles saisis ont été vendus, ou que le condamné a été emprisonné ou recommandé, ou que la saisie d'un ou de plusieurs de ses immeubles lui a été notifiée, ou que les frais ont été payés, ou enfin lorsqu'il y a quelque acte duquel il résulte nécessairement que l'exécution du jugement a été connue de la partie défaillante : l'opposition formée dans les délais ci-dessus et dans les formes ci-après prescrites, suspend l'exécution, si elle n'a pas été ordonnée nonobstant opposition. Pr. 155 s., 617 s., 677, 783, 795; *désaveu*, 362; *comparez* C. 2215.

160. Lorsque le jugement aura été rendu contre une partie ayant un avoué, l'opposition ne sera recevable qu'autant qu'elle aura été formée par requête d'avoué à avoué. Pr. 75, 157, 161, 165, 470.

161. La requête contiendra les moyens d'opposition, à moins que des moyens de défense n'aient été signifiés avant le jugement, auquel cas il suffira de déclarer qu'on les emploie comme moyens d'opposition : l'opposition qui ne sera pas signifiée dans cette forme, n'arrêtera pas l'exécution; elle sera rejetée sur un simple acte, et sans qu'il soit besoin d'aucune autre instruction. Pr. 157, 160, 437, 1029. T. 75.

162. Lorsque le jugement aura été rendu contre une partie n'ayant pas d'avoué, l'opposition pourra être formée, soit par acte extrajudiciaire, soit par déclaration sur les commandemens, procès-verbaux de saisie ou d'emprisonnement, ou tout autre acte d'exécution, à la charge par l'opposant de la réitérer avec constitution d'avoué, par requête, dans la huitaine; passé lequel temps elle ne sera plus recevable, et l'exécution sera continuée, sans qu'il soit besoin de le faire ordonner. — Si l'avoué de la partie qui a obtenu le jugement, est décédé, ou ne peut plus postuler, elle fera notifier une nouvelle constitution d'avoué au défaillant, lequel sera tenu, dans les délais ci-dessus, à compter de la signification, de réitérer son opposition par requête, avec constitution d'avoué. — Dans aucun cas, les moyens d'opposition fournis postérieurement à la requête n'entreront en taxe. Pr. 148, 158, 165, 342 s., 438, 470, 1038. T. 29.

163. Il sera tenu au greffe un registre sur lequel l'avoué de l'opposant fera mention sommaire de l'opposition, en énonçant les noms des parties et de leurs avoués, les dates du jugement et de l'opposition : il ne sera dû de droit d'enregistrement que dans le cas où il en serait délivré expédition. Pr. *objet du registre*, 164, 470, 548 s. T. 90.

164. Aucun jugement par défaut ne sera exécuté à l'égard d'un tiers, que sur un certificat du greffier, constatant qu'il n'y a aucune opposition portée sur le registre. Pr. 470, 548, 734. T. 90.

165. L'opposition ne pourra jamais être reçue contre un jugement qui aurait débouté d'une première opposition. Pr. 115, 157 s., 351.

TITRE IX.

DES EXCEPTIONS.

§ Ier. *De la Caution à fournir par les Étrangers.*

166. Tous étrangers, demandeurs principaux ou intervenans, seront tenus, si le défendeur le requiert, avant toute exception, de fournir caution de payer les frais et dommages-intérêts auxquels ils pourraient être condamnés. Pr. *sauf en mat. de comm.*, 423; *cautionn.*, 517 s. C. 11, 13, 16, 2040, 2041. T. 75.

167. Le jugement qui ordonnera la caution, fixera la somme jusqu'à concurrence de laquelle elle sera fournie : le demandeur qui consignera cette somme ou qui justifiera que ses immeubles situés en France sont suffisans pour en répondre, sera dispensé de fournir caution. C. 16, 2041.

§ II. *Des Renvois.*

168. La partie qui aura été appelée devant un tribunal autre que celui qui doit connaître de la contestation, pourra demander son renvoi devant les juges compétens. Pr. 59 s. T. 75.

169. Elle sera tenue de former cette demande préalablement à toutes autres exceptions et défenses. Pr. 166, 171 s., 173, 186.

170. Si néanmoins le tribunal était incompétent à raison de la matière, le renvoi pourra être demandé, en tout état de cause; et si le renvoi n'était pas demandé, le tribunal sera tenu de renvoyer d'office devant qui de droit. Pr. 2 s., 414 s., 424. Co. 61; *matières administratives*, L. 16-24 *août* 1790, *tit.* 2, *art.* 13; *conflits*, O. 1er *juin* 1828.

171. S'il a été formé précédemment, en un autre tribunal, une demande pour le même objet, ou si la contestation est connexe à une cause déjà pendante en un autre tribunal, le renvoi pourra être demandé et ordonné. Pr. 363.

172. Toute demande en renvoi sera jugée sommairement, sans qu'elle puisse être réservée ni jointe au principal. Pr. 405 s., 425; *juge de paix*, L. 25 *mai* 1838, *art.* 14.

§ III. *Des Nullités.*

173. Toute nullité d'exploit ou d'acte de procédure est couverte, si elle n'est proposée avant toute défense ou exception autre que les exceptions d'incompétence. Pr. 166, 169, 186. T. 75.

§ IV. *Des Exceptions dilatoires.*

174. L'héritier, la veuve, la femme *divorcée* ou séparée de biens, assignée comme commune, auront trois mois du jour de l'ouverture de la succession ou dissolution de la communauté, pour faire inventaire, et quarante jours pour délibérer : si l'inventaire a été fait avant les trois mois, le délai de quarante jours commencera du jour qu'il aura été parachevé. — S'ils justifient que l'inventaire n'a pu être fait dans les trois mois, il leur sera accordé un délai convenable pour le faire, et quarante jours pour délibérer; ce qui sera réglé sommairement. — L'héritier conserve néanmoins, après l'expiration des délais ci-dessus accordés, la faculté de faire encore inventaire et de se porter héritier bénéficiaire, s'il n'a pas fait d'ailleurs acte d'héritier, ou s'il n'existe pas contre lui de jugement passé en force de chose jugée qui le condamne en qualité d'héritier pur et simple. Pr 177, 186 s., 1033. C. 795 s., 1456 s. T. 75.

175. Celui qui prétendra avoir droit d'appeler en garantie, sera tenu de le faire dans la huitaine du jour de la demande originaire, outre un jour pour trois myriamètres. S'il y a plusieurs garans intéressés en la même garantie, il n'y aura qu'un seul délai pour tous, qui sera réglé selon la distance du lieu de la demeure du garant le plus éloigné. Pr. 32 s., 49, 177 s., 186, 337 s., 1033. C. 1640.

176. Si le garant prétend avoir droit d'en appeler un autre en sous-garantie, il sera tenu de le faire dans le délai ci-dessus, à compter du jour de la demande en garantie formée contre lui; ce qui sera successivement observé à l'égard du sous-garant ultérieur.

177. Si néanmoins le défendeur originaire est assigné dans les délais pour faire inventaire et délibérer, le délai pour appeler garant ne commencera que du jour où ceux pour faire inventaire et délibérer seront expirés.

178. Il n'y aura pas d'autre délai pour appeler garant, en quelque matière que ce soit, sous prétexte de minorité ou autre cause privilégiée; sauf à poursuivre les garans, mais sans que le jugement de la demande principale en soit retardé. Pr. 1029; *justice de paix*, 33.

179. Si les délais des assignations en garantie ne sont échus en même temps que celui de la demande originaire, il ne sera pris aucun défaut contre le défendeur originaire, lorsqu'avant l'expiration du délai, il aura déclaré, par acte d'avoué à avoué, qu'il a formé sa demande en garantie; sauf, si le défendeur, après l'échéance du délai pour appeler le garant, ne justifie pas de la demande en garantie, à faire droit sur la demande originaire; même à le condamner à des dommages-intérêts, si la demande en garantie par lui alléguée se trouve n'avoir pas été formée. Pr. 5, 337 s. T. 70.

180. Si le demandeur originaire soutient qu'il n'y a lieu au délai pour appeler garant, l'incident sera jugé sommairement. Pr. *aff. somm.*, 404 s. T. 75.

181. Ceux qui seront assignés en garantie, seront tenus de procéder devant le tribunal où la demande originaire sera pendante, encore qu'ils dénient être garans; mais s'il paraît par écrit, ou par l'évidence du fait, que la demande originaire n'a été formée que pour les traduire hors de leur tribunal, ils y seront renvoyés. Pr. 59, 168 s., 171; *incidens*, 337 s. *Ch.* 53.

182. En garantie formelle, pour les matières réelles ou hypothécaires, le garant pourra toujours prendre le fait et cause du garanti, qui sera mis hors de cause, s'il le requiert avant le premier jugement. — Cependant le garanti, quoique mis hors de cause, pourra y assister pour la conservation de ses droits, et le demandeur originaire pourra demander qu'il y reste pour la conservation des siens. Pr. 185. C. 1625 s. 2178.

183. En garantie simple, le garant pourra seulement intervenir, sans prendre le fait et cause du garanti. Pr. *interv.*, 339 s. C. 2011 s.

184. Si les demandes originaire et en garantie sont en état d'être jugées en même temps, il y sera fait droit conjointement; sinon le demandeur originaire pourra faire juger sa demande séparément : le même jugement prononcera sur la disjonction, si les deux instances ont été jointes; sauf, après le jugement du principal, à faire droit sur la garantie, s'il y échet. Pr. 171.

185. Les jugemens rendus contre les garans formels seront exécutoires contre les garantis. — Il suffira de signifier le jugement aux garantis, soit qu'ils aient été mis hors de cause, ou qu'ils y aient assisté, sans qu'il soit besoin d'autre demande ni procédure. A l'égard des dépens, dommages et intérêts, la liquidation et l'exécution ne pourront en être faites que contre les garans. — Néanmoins, en cas d'insolvabilité du garant, le garanti sera passible des dépens, à moins qu'il n'ait été mis hors de cause; il le sera aussi des dommages et intérêts, si le tribunal juge qu'il y a lieu. Pr. *liquid. des dep., domm. et int.*, 128; 130, 523 s., 543 s.

186. Les exceptions dilatoires seront proposées conjointement et avant toutes défenses au fond. Pr. 166, 169, 173, 187; *incidens*, 338. C. 1225 1670, 1685, 2022, 2026.

187. L'héritier, la veuve et la femme divorcée ou séparée, pourront ne proposer leurs exceptions dilatoires qu'après l'échéance des délais pour faire inventaire et délibérer. Pr. 174, 186.

§ V. *De la Communication des Pièces.*

188. Les parties pourront respectivement demander, par un simple acte, communication des pièces employées contre elles, dans les trois jours où lesdites pièces auront été signifiées ou employées. Pr. 1033. T. 70.

189. La communication sera faite entre avoués, sur récépissé, ou par dépôt au greffe : les pièces ne pourront être déplacées, si ce n'est qu'il y en ait minute, ou que la partie y consente. Pr. 97 s., 218. T. 91.

190. Le délai de la communication sera fixé, ou par le récépissé de l'avoué, ou par le jugement qui l'aura ordonnée : s'il n'était pas fixé, il sera de trois jours. Pr. 209.

191. Si, après l'expiration du délai, l'avoué n'a pas rétabli les pièces, il sera, sur simple requête, et même sur simple mémoire de la partie, rendu ordonnance portant qu'il sera contraint à ladite remise, incontinent et par corps; même à payer trois francs de dommages-intérêts à l'autre partie par chaque jour de retard, du jour de la signification de ladite ordonnance, outre les frais desdites requête et ordonnance, qu'il ne pourra répéter contre son constituant. Pr. 107, 126, 132, 1029, 1031. C. 2060 7°. T. 70, 76.

192. En cas d'opposition, l'incident sera réglé sommairement : si l'avoué succombe, il sera condamné personnellement aux dépens de l'incident, même en tels autres dommages-intérêts et peines qu'il appartiendra, suivant la nature des circonstances. Pr. 405 s. T. 75.

TITRE X.

DE LA VÉRIFICATION DES ÉCRITURES.

193. Lorsqu'il s'agira de reconnaissance et vérification d'écritures privées, le demandeur pourra, sans permission du juge, faire assigner à trois jours pour avoir acte de la reconnaissance, ou pour faire tenir l'écrit pour reconnu. — Si le défendeur ne dénie pas la signature, tous les frais relatifs à la reconnaissance ou à la vérification, même ceux de l'enregistrement de l'écrit, seront à la charge du demandeur. Pr. *just. de paix*, 14; *exempts de concil.*, 49 7°; *ajournem.*, 59; *dép.*, 130; *délai*, 1033. L. 3 sept. 1807.

194. Si le défendeur ne comparaît pas, il sera donné défaut, et l'écrit sera tenu pour reconnu : si le défendeur reconnaît l'écrit, le jugement en donnera acte au demandeur. Pr. *faux incid.*, 214.

195. Si le défendeur dénie la signature à lui attribuée, ou déclare ne pas reconnaître celle attribuée à un tiers, la vérification en pourra être ordonnée tant par titre que par experts et par témoins. Pr. 212; *faux incid.*, 232 s.

196. Le jugement qui autorisera la vérification, ordonnera qu'elle sera faite par trois experts, et les nommera d'office, à moins que les parties ne se soient accordées pour les nommer. Le même jugement commettra le juge devant qui la vérification se fera; il portera aussi que la pièce à vérifier sera déposée au greffe, après que son état aura été constaté, et qu'elle aura été signée et paraphée par le demandeur ou son avoué, et par le greffier, lequel dressera du tout un procès-verbal. Pr. 209, 470; *faux incid.*, 219, 225; *rapp. d'experts*, 302 s. I. c. 448 T. 76, 92.

197. En cas de récusation contre le juge-commissaire ou les experts, il sera procédé ainsi qu'il est prescrit aux titres XIV et XXI du présent livre. Pr. 308 s., 378 s.

198. Dans les trois jours du dépôt de la pièce, le défendeur pourra en prendre communication au greffe sans déplacement : lors de ladite communication, la pièce sera paraphée par lui, ou par son avoué, ou par son fondé de pouvoir spécial; et le greffier en dressera procès-verbal. Pr. 218, 1033. T. 76, 92.

199. Au jour indiqué par l'ordonnance du juge-commissaire, et sur la sommation de la partie la plus diligente signifiée à avoué s'il en a été constitué, sinon à domicile, par un huissier commis par ladite ordonnance, les parties seront tenues de comparaître devant ledit commissaire, pour convenir de pièces de comparaison : si le demandeur en vérification ne comparaît pas, la pièce sera rejetée; si c'est le défendeur, le juge pourra tenir la pièce pour reconnue. Dans les deux cas, le jugement sera rendu à la prochaine audience, sur le rapport du juge-commissaire, sans acte à venir plaider : il sera susceptible d'opposition. Pr. 61, 75, 214. T. 76, 92.

200. Si les parties ne s'accordent pas sur les pièces de comparaison, le juge ne pourra recevoir comme telles, — 1° Que les signatures apposées aux actes par-devant notaires, ou celles apposées aux actes judiciaires, en présence du juge et du greffier, ou enfin les pièces écrites et signées par celui dont il s'agit de comparer l'écriture, en qualité de juge, greffier, notaire, avoué, huissier, ou comme faisant, à tout autre titre, fonction de personne publique ; — 2° Les écritures et signatures privées, reconnues par celui à qui est attribuée la pièce à vérifier, mais non celles déniées ou non reconnues par lui, encore qu'elles eussent été précédemment vérifiées et reconnues être de lui. — Si la dénégation ou méconnaissance ne porte que sur partie de la pièce à vérifier, le juge pourra ordonner que le surplus de ladite pièce servira de pièce de comparaison. Pr. 256. I. c. 455, 456.

201. Si les pièces de comparaison sont entre les mains de dépositaires publics ou autres, le juge-commissaire ordonnera qu'aux jour et heure par lui indiqués les détenteurs desdites pièces les apporteront au lieu où se fera la vérification ; à peine, contre les dépositaires publics, d'être contraints par corps, et les autres par les voies ordinaires, sauf même à prononcer contre ces derniers la contrainte par corps, s'il y échet. Pr. 204 s., 221, 245. C. 2060 6°. I. c. 454. T. 166.

202. Si les pièces de comparaison ne peuvent être déplacées, ou si les détenteurs sont trop éloignés, il est laissé à la prudence du tribunal d'ordonner, sur le rapport du juge-commissaire, et après avoir entendu le procureur du roi, que la vérification se fera dans le lieu de la demeure des dépositaires, ou dans le lieu le plus proche, ou que, dans un délai déterminé, les pièces seront envoyées au greffe par les voies que le tribunal indiquera par son jugement. Pr. 222.

203. Dans ce dernier cas, si le dépositaire est personne publique, il fera préalablement expédition ou copie collationnée des pièces, laquelle sera vérifiée sur la minute ou original par le président du tribunal de son arrondissement, qui en dressera procès-verbal ; ladite expédition ou copie sera mise par le dépositaire au rang de ses minutes, pour en tenir lieu jusqu'au renvoi des pièces ; et il pourra en délivrer des grosses ou expéditions, en faisant mention du procès-verbal qui aura été dressé. — Le dépositaire sera remboursé de ses frais par le demandeur en vérification, sur la taxe qui en sera faite par le juge qui aura dressé le procès-verbal, d'après lequel sera délivré exécutoire. Pr. 205, 245. I. c. 455.

204. La partie la plus diligente fera sommer par exploit les experts et les dépositaires de se trouver aux lieu, jour et heure indiqués par l'ordonnance du juge-commissaire, les experts, à l'effet de prêter serment et de procéder à la vérification, et les dépositaires, à l'effet de représenter les pièces de comparaison : il sera fait sommation à la partie d'être présente, par acte d'avoué à avoué. Il sera dressé du tout procès-verbal : il en sera donné aux dépositaires copie par extrait, en ce qui les concerne, ainsi que du jugement. Pr. 61, 75, 336. T. 29, 70, 76. 166.

205. Lorsque les pièces seront représentées par les dépositaires, il est laissé à la prudence du juge-commissaire d'ordonner qu'ils resteront présens à la vérification, pour la garde desdites pièces, et qu'ils les retireront et représenteront à chaque vacation ; ou d'ordonner qu'elles resteront déposées ès mains du greffier, qui s'en chargera par procès-verbal : dans ce dernier cas, le dépositaire, s'il est personne publique, pourra en faire expédition, ainsi qu'il est dit par l'art. 203 ; et ce, encore que le lieu où se fait la vérification soit hors de l'arrondissement dans lequel le dépositaire a le droit d'instrumenter. Pr. 203, 245. I. c. 455. T. 166.

206. A défaut ou en cas d'insuffisance des pièces de comparaison, le juge-commissaire pourra ordonner qu'il sera fait un corps d'écritures, lequel sera dicté par les experts, le demandeur présent ou appelé. I. c. 461. T. 70, 92.

207. Les experts ayant prêté serment, les pièces leur étant communiquées, ou le corps d'écritures fait, les parties se retireront, après avoir fait, sur le procès-verbal du juge-commissaire, telles réquisitions et observations qu'elles aviseront. Pr. 236, 315 s. T. 92.

208. Les experts procéderont conjointement à la vérification, au greffe, devant le greffier ou devant le juge, s'il l'a ainsi ordonné; et s'ils ne peuvent terminer le même jour, ils remettront à jour et heure certains indiqués par le juge ou par le greffier. Pr. 256, 317 s. T. 164.

209. Leur rapport sera annexé à la minute du procès-verbal du juge-commissaire, sans qu'il soit besoin de l'affirmer; les pièces seront remises aux dépositaires, qui en déchargeront le greffier sur le procès-verbal. — La taxe des journées et vacations des experts sera faite sur le procès-verbal, et il en sera délivré exécutoire contre le demandeur en vérification. Pr. 210, 242 s., 318 s. I. c. 463. (1)

210. Les trois experts seront tenus de dresser un rapport commun et motivé, et de ne former qu'un seul avis à la pluralité des voix. — S'il y a des avis différens, le rapport en contiendra les motifs, sans qu'il soit permis de faire connaître l'avis particulier des experts. Pr. 318 s., 322, 323.

211. Pourront être entendus comme témoins, ceux qui auront vu écrire ou signer l'écrit en question, ou qui auront connaissance de faits pouvant servir à découvrir la vérité.

212. En procédant à l'audition des témoins, les pièces déniées ou méconnues leur seront représentées, et seront par eux paraphées; il en sera fait mention, ainsi que de leur refus: seront, au surplus, observées les règles ci-après prescrites pour les enquêtes. Pr. 254, 252 s. I. c. 457.

213. S'il est prouvé que la pièce est écrite ou signée par celui qui l'a déniée, il sera condamné à cent cinquante francs d'amende envers le domaine, outre les dépens, dommages et intérêts de la partie, et pourra être condamné par corps même pour le principal. Pr. 126, 214, 246 s., 552, 780 s., 1029. C. 2060.

TITRE XI.

DU FAUX INCIDENT CIVIL.

214. Celui qui prétend qu'une pièce signifiée, communiquée ou produite dans le cours de la procédure, est fausse ou falsifiée, peut, s'il y échet, être reçu à s'inscrire en faux, encore que ladite pièce ait été vérifiée, soit avec le demandeur, soit avec le défendeur en faux, à d'autres fins que celles d'une poursuite de faux principal ou incident, et qu'en conséquence il soit intervenu un jugement sur le fondement de ladite pièce comme véritable. Pr. *justice de paix*, 14; *vérification*, 194, 199; *tribunal de commerce*, 427; *cours royales*, 470; *arbitres*, 1015. I. c. 458 s. P. *peines*, 145 s., 150 s.

215. Celui qui voudra s'inscrire en faux, sera tenu préalablement de sommer l'autre partie, par acte d'avoué à avoué, de déclarer si elle veut ou non se servir de la pièce, avec déclaration que, dans le cas où elle s'en servirait, il s'inscrira en faux. Pr. 75. I. c. 458 s. T. 71.

216. Dans les huit jours, la partie sommée doit faire signifier, par acte d'avoué, sa déclaration, signée d'elle, ou du porteur de sa procuration spéciale et authentique, dont copie sera donnée, si elle entend ou non se servir de la pièce arguée de faux. Pr. 75, 1033. I. c. 459. T. 71.

217. Si le défendeur à cette sommation ne fait cette déclaration, ou

---

(1) *Droits d'enregistrement*: rapport des experts, *L.* 22 frimaire an VII, *art.* 68, § 1er; *L.* 28 avril 1816, *art.* 43. — Procès-verbal du juge, *L.* 22 frimaire an VII, *art.* 68, § 2; *L.* 28 avril 1816, *art.* 44, 45. Ces derniers articles s'appliquent à tous les actes et jugements préparatoires et d'instruction.

s'il déclare qu'il ne veut pas se servir de la pièce, le demandeur pourra se pourvoir à l'audience sur un simple *acte*, pour *faire ordonner* que la pièce maintenue fausse sera rejetée par rapport au défendeur; *sauf au* demandeur à en tirer telles inductions ou conséquences qu'il jugera à propos, ou à former telles demandes qu'il avisera, pour ses dommages et intérêts. Pr. 75, 220, 224, 230, 251. I. c. 459.

218. Si le défendeur déclare qu'il veut se servir de la pièce, le demandeur déclarera *par acte au greffe*, signé de lui ou de son fondé de pouvoir spécial et authentique, qu'il entend s'inscrire en faux; il poursuivra l'audience sur un simple acte, à l'effet de faire admettre l'inscription, et de faire nommer le commissaire devant lequel elle sera poursuivie. Pr. 246 s., 427. I. c. 459. T. 92. (1)

219. Le défendeur sera tenu de remettre la pièce arguée de faux, au greffe, *dans trois jours de la signification* du jugement qui aura admis l'inscription et nommé *le commissaire*, et de signifier l'acte de mise au greffe dans les trois jours suivans. Pr. 196 s. T. 72, 91.

220. Faute par le défendeur de satisfaire, dans ledit délai, à ce qui est prescrit par l'article précédent, le demandeur pourra se pourvoir à l'audience, pour faire statuer sur le rejet de ladite pièce, *suivant ce qui est* porté en l'art. 217 ci-dessus; si mieux il n'aime demander qu'il lui soit permis de faire remettre ladite pièce au greffe, à ses frais, dont il sera remboursé par le défendeur comme de frais préjudiciaux, à l'effet de quoi il lui en sera délivré exécutoire. Pr. 217, 1033. T. 91.

221. En cas qu'il y ait minute de la pièce arguée de faux, il sera ordonné, s'il y a lieu, par le *juge-commissaire*, sur la requête du demandeur, que le défendeur sera tenu, dans le temps qui lui sera prescrit, de faire apporter ladite minute au greffe, et que les dépositaires d'icelle y seront contraints, les fonctionnaires publics par corps, et ceux qui ne le sont pas, par voie de saisie, amende, et même par corps s'il y échet. Pr. 201, 259. C. 2060 6°. T. 70, 76, 92, 166.

222. Il est laissé à la prudence du tribunal d'ordonner, sur le rapport du juge-commissaire, qu'il sera procédé à la continuation de la poursuite du faux, sans attendre l'apport de la minute; comme aussi de statuer ce qu'il appartiendra, en cas que ladite minute ne pût être rapportée, ou qu'il fût suffisamment justifié qu'elle a été soustraite ou qu'elle est perdue. Pr. 202, 209.

223. Le délai pour l'apport de la minute court du jour de la signification de l'ordonnance ou du jugement au domicile de ceux qui l'ont en leur possession. Pr. 1033. T. 29.

224. Le délai qui aura été prescrit au défendeur pour faire apporter la minute, courra du jour de la signification de l'ordonnance ou du jugement à son avoué; et, faute par le *défendeur d'avoir fait les diligences* nécessaires pour l'apport de ladite minute dans ce délai, *le demandeur* pourra se pourvoir à l'audience, ainsi qu'il est dit art. 217. — Les diligences ci-dessus prescrites au défendeur seront remplies, en signifiant par lui aux dépositaires, dans le délai qui aura été prescrit, copie de la signification qui lui aura été faite de l'ordonnance ou du jugement ordonnant l'apport de ladite minute, sans qu'il soit besoin, par lui, de lever expédition de ladite ordonnance ou *dudit* jugement. Pr. 202, 1033. T. 70.

225. La remise de ladite pièce prétendue fausse étant faite au greffe, l'acte en sera signifié à l'avoué du demandeur, avec sommation d'être présent au procès-verbal; et, trois jours après cette signification, il sera dressé procès-verbal de l'état de la pièce. — *Si c'est le* demandeur qui a fait faire la remise, ledit procès-verbal sera fait dans les *trois* jours de ladite

(1) *Droits d'enregistrement*: déclaration, *L.* 22 frimaire an VII, *art.* 20, 68, § 2; *L.* 28 avril 1816, *art.* 44, 45. — Ces articles s'appliquent généralement aux actes faits aux greffes.

remise, sommation préalablement faite au défendeur d'y être présent. Pr. 75, 209, 196, 227. I. c. 448 s. T. 70, 166.

226. S'il a été ordonné que les minutes seraient apportées, le procès-verbal sera dressé conjointement, tant desdites minutes, que des expéditions arguées de faux, dans les délais ci-dessus : pourra néanmoins le tribunal ordonner, suivant l'exigence des cas, qu'il sera d'abord dressé procès-verbal de l'état desdites expéditions, sans attendre l'apport desdites minutes, de l'état desquelles il sera, en ce cas, dressé procès-verbal séparément. Pr. 196. I. c. 448 s. T. 92.

227. Le procès-verbal contiendra mention et description des ratures, surcharges, interlignes et autres circonstances du même genre ; il sera dressé par le juge-commissaire, en présence du procureur du roi, du demandeur et du défendeur, ou de leurs fondés de procurations authentiques et spéciales : lesdites pièces et minutes seront paraphées par le juge-commissaire et le procureur du roi, par le défendeur et le demandeur, s'ils peuvent ou veulent les parapher : sinon il en sera fait mention. Dans le cas de non-comparution de l'une ou de l'autre des parties, il sera donné défaut et passé outre au procès verbal. Pr. 196, 198. I. c. 448 s.

228. Le demandeur en faux, ou son avoué, pourra prendre communication, en tout état de cause, des pièces arguées de faux, par les mains du greffier, sans déplacement et sans retard. T. 91, 92.

229. Dans les huit jours qui suivront ledit procès-verbal, le demandeur sera tenu de signifier au défendeur ses moyens de faux, lesquels contiendront les faits, circonstances et preuves par lesquels il prétend établir le faux ou la falsification, sinon le défendeur pourra se pourvoir à l'audience pour faire ordonner, s'il y échet, que ledit demandeur demeurera déchu de son inscription en faux. Pr. 75, 217, 247, 1033. T. 75.

230. Sera tenu le défendeur, dans les huit jours de la signification des moyens de faux, d'y répondre par écrit ; sinon le demandeur pourra se pourvoir à l'audience pour faire statuer sur le rejet de la pièce, suivant ce qui est prescrit art. 217 ci-dessus. Pr. 75, 217, 1033. T. 75.

231. Trois jours après lesdites réponses, la partie la plus diligente pourra poursuivre l'audience ; et les moyens de faux seront admis ou rejetés, en tout ou en partie : il sera ordonné, s'il y échet, que lesdits moyens ou aucuns d'eux demeureront joints, soit à l'incident en faux, si quelques-uns desdits moyens ont été admis, soit à la cause ou au procès principal ; le tout suivant la qualité desdits moyens et l'exigence des cas. Pr. 246, 251.

232. Le jugement ordonnera que les moyens admis seront prouvés, tant par titres que par témoins, devant le juge commis, sauf au défendeur la preuve contraire, et qu'il sera procédé à la vérification des pièces arguées de faux, par trois experts écrivains, qui seront nommés d'office par le même jugement. Pr. 195, 209, 212, 234, 252 s., 302 s. T. 164.

233. Les moyens de faux qui seront déclarés pertinens et admissibles, seront énoncés expressément dans le dispositif du jugement qui permettra d'en faire preuve, et il ne sera fait preuve d'aucun autre moyen. Pourront néanmoins les experts faire telles observations dépendantes de leur art qu'ils jugeront à propos, sur les pièces prétendues fausses, sauf aux juges à y avoir tel égard que de raison.

234. En procédant à l'audition des témoins, seront observées les formalités ci-après prescrites pour les enquêtes ; les pièces prétendues fausses leur seront représentées, et paraphées d'eux, s'ils peuvent ou veulent les parapher ; sinon il en sera fait mention. — A l'égard des pièces de comparaison et autres qui doivent être représentées aux experts, elles pourront l'être aussi aux témoins, en tout ou en partie, si le juge-commissaire l'estime convenable ; auquel cas elles seront par eux paraphées, ainsi qu'il est ci-dessus prescrit. Pr. 207, 212, 252 s. I. c. 457.

235. Si les témoins représentent

quelques pièces lors de leur déposition, elles y demeureront jointes, après avoir été paraphées, tant par le juge-commissaire que par lesdits témoins, s'ils peuvent ou veulent le faire; sinon il en sera fait mention: et si lesdites pièces font preuve du faux ou de la vérité des pièces arguées, elles seront représentées aux autres témoins qui en auraient connaissance; et elles seront par eux paraphées, suivant ce qui est ci-dessus prescrit. Pr. 212. I. c. 457.

236. La preuve par experts se fera en la forme suivante: — 1° Les pièces de comparaison seront convenues entre les parties, ou indiquées par le juge, ainsi qu'il est dit à l'art. 200, titre *de la Vérification des Écritures.* — 2° Seront remis aux experts, le jugement qui aura admis l'inscription de faux; les pièces prétendues fausses; le procès-verbal de l'état d'icelles; le jugement qui aura admis les moyens de faux et ordonné le rapport d'experts; les pièces de comparaison, lorsqu'il en aura été fourni; le procès-verbal de présentation d'icelles, et le jugement par lequel elles auront été reçues: les experts mentionneront dans leur rapport la remise de toutes les pièces susdites, et l'examen auquel ils auront procédé, sans pouvoir en dresser aucun procès-verbal; ils parapheront les pièces prétendues fausses. — Dans le cas où les témoins auraient joint des pièces à leur déposition, la partie pourra requérir et le juge-commissaire ordonner qu'elles seront représentées aux experts. — 3° Seront, au surplus, observées audit rapport les règles prescrites au titre *de la Vérification des Écritures.* Pr. 195 s., 302 s.

237. En cas de récusation, soit contre le juge-commissaire, soit contre les experts, il y sera procédé ainsi qu'il est prescrit aux titres XIV et XXI du présent livre. Pr. 197 s., 308 s., 378 s.

238. Lorsque l'instruction sera achevée, le jugement sera poursuivi sur un simple acte. Pr. 75.

239. S'il résulte, de la procédure, des indices de faux ou de falsification, et que les auteurs ou complices soient vivans, et la poursuite du crime non éteinte par la prescription d'après les dispositions du Code pénal, le président délivrera mandat d'amener contre les prévenus, et remplira, à cet égard, les fonctions d'officier de police judiciaire. P. 150. I. c. 61 s., 462, 637.

240. Dans le cas de l'article précédent, il sera sursis à statuer sur le civil, jusqu'après le jugement sur le faux. Pr. 250. C. 1319. I. c. 3.

241. Lorsqu'en statuant sur l'inscription de faux, le tribunal aura ordonné la suppression, la lacération ou la radiation en tout ou en partie, même la réformation ou le rétablissement des pièces déclarées fausses, il sera sursis à l'exécution de ce chef du jugement, tant que le condamné sera dans le délai de se pourvoir par appel, requête civile ou cassation, ou qu'il n'aura pas formellement et valablement acquiescé au jugement. Pr. 244. I. c. 463.

242. Par le jugement qui interviendra sur le faux, il sera statué, ainsi qu'il appartiendra, sur la remise des pièces, soit aux parties, soit aux témoins qui les auront fournies ou représentées; ce qui aura lieu même à l'égard des pièces prétendues fausses, lorsqu'elles ne seront pas jugées telles: à l'égard des pièces qui auront été tirées d'un dépôt public, il sera ordonné qu'elles seront remises aux dépositaires, ou renvoyées par les greffiers de la manière prescrite par le tribunal; le tout sans qu'il soit rendu séparément un autre jugement sur la remise des pièces, laquelle néanmoins ne pourra être faite qu'après le délai prescrit par l'article précédent. Pr. 209, 244. I. c. 463.

243. Il sera sursis, pendant ledit délai, à la remise des pièces de comparaison ou autres, si ce n'est qu'il en soit autrement ordonné par le tribunal, sur la requête des dépositaires desdites pièces, ou des parties qui auraient intérêt de la demander.

244. Il est enjoint aux greffiers de se conformer exactement aux articles précédens, en ce qui les regarde, à peine d'interdiction, d'amende qui ne pourra être moindre de cent francs, et des dommages-intérêts des parties, même d'être procédé extraordinairement s'il y échet. Pr. 126, 128, 1029 s.

245. Pendant que lesdites pièces demeureront au greffe, les greffiers ne pourront délivrer aucune copie ni expédition des pièces prétendues fausses, si ce n'est en vertu d'un jugement; à l'égard des actes dont les originaux ou minutes auront été remis au greffe, et notamment des registres sur lesquels il y aurait des actes non argués de faux, lesdits greffiers pourront en délivrer des expéditions aux parties qui auront droit d'en demander, sans qu'ils puissent prendre de plus grands droits que ceux qui seraient dus aux dépositaires desdits originaux ou minutes: et sera le présent article exécuté, sous les peines portées par l'article précédent — S'il a été fait par les dépositaires des minutes desdites pièces, des expéditions pour tenir lieu desdites minutes, en exécution de l'art. 203 du titre *de la Vérification des Ecritures*, lesdits actes ne pourront être expédiés que par lesdits dépositaires. Pr. 126, 128, 203, 205, 1029.

246. Le demandeur en faux qui succombera, sera condamné à une amende qui ne pourra être moindre de trois cents francs, et à tels dommages et intérêts qu'il appartiendra. Pr. 126, 128, 213, 247 s., 250, 1029.

247. L'amende sera encourue toutes les fois que l'inscription en faux ayant été faite au greffe, et la demande à fin de s'inscrire admise, le demandeur s'en sera désisté volontairement ou aura succombé, ou que les parties auront été mises hors de procès, soit par le défaut de moyens ou de preuves suffisantes, soit faute d'avoir satisfait, de la part du demandeur, aux diligences et formalités ci-dessus prescrites; ce qui aura lieu, en quelques termes que la prononciation soit conçue, et encore que le jugement ne portât point condamnation d'amende: le tout, quand même le demandeur offrirait de poursuivre le faux par la voie extraordinaire. Pr. 229, 250, 1029.

248. L'amende ne sera pas encourue, lorsque la pièce, ou une des pièces arguées de faux, aura été déclarée fausse en tout ou en partie, ou lorsqu'elle aura été rejetée de la cause ou du procès, comme aussi lorsque la demande à fin de s'inscrire en faux n'aura pas été admise; et ce, de quelques termes que les juges se soient servis pour rejeter ladite demande, ou pour n'y avoir pas d'égard.

249. Aucune transaction sur la poursuite du faux incident ne pourra être exécutée, si elle n'a été homologuée en justice, après avoir été communiquée au ministère public, lequel pourra faire, à ce sujet, telles réquisitions qu'il jugera à propos. C. 2046. I. c. 4.

250. Le demandeur en faux pourra toujours se pourvoir, par la voie criminelle, en faux principal; et, dans ce cas, il sera sursis au jugement de la cause, à moins que les juges n'estiment que le procès puisse être jugé indépendamment de la pièce arguée de faux. Pr. 240, 448. C. 1319, 2046. I. c. 3.

251. Tout jugement d'instruction ou définitif, en matière de faux, ne pourra être rendu que sur les conclusions du ministère public. Pr. 83. T. 90.

TITRE XII.

DES ENQUÊTES.

252. Les faits dont une partie demandera à faire preuve seront articulés succinctement par un simple acte de conclusion, sans écritures ni requête. — Ils seront, également par un simple acte, déniés ou reconnus dans les trois jours; sinon ils pourront être tenus pour confessés ou avérés. Pr. *justice de paix*, 34; *tribunal de comm.*, 432; *cours royales*, 470; *matières somm.*, 407, 413; *simple acte*, 75. T. 71.

253. Si les faits sont admissibles, qu'ils soient déniés, et que la loi n'en défende pas la preuve, elle pourra être ordonnée. Pr. 209. C. 1341 s.

254. Le tribunal pourra aussi ordonner d'office la preuve des faits qui lui paraîtront concluans, si la loi ne le défend pas.

255. Le jugement qui ordonnera la preuve contiendra, — 1° Les faits à prouver ; — 2° La nomination du juge devant qui l'enquête sera faite. — Si les témoins sont trop éloignés, il pourra être ordonné que l'enquête sera faite devant un juge commis par un tribunal désigné à cet effet. Pr. 209, 1035.

256. La preuve contraire sera de droit : la preuve du demandeur et la preuve contraire seront commencées et terminées dans les délais fixés par les articles suivans.

257. Si l'enquête est faite au même lieu où le jugement a été rendu, ou dans la distance de trois myriamètres, elle sera commencée dans la huitaine du jour de la signification à avoué; si le jugement est rendu contre une partie qui n'avait point d'avoué, le délai courra du jour de la signification à personne ou domicile : ces délais courent également contre celui qui a signifié le jugement ; le tout à peine de nullité. — Si le jugement est susceptible d'opposition, le délai courra du jour de l'expiration des délais de l'opposition. Pr. 157 s., 278 s., 292 s., 1029, 1035.

258. Si l'enquête doit être faite à une plus grande distance, le jugement fixera le délai dans lequel elle sera commencée. Pr. 278, 1035.

259. L'enquête est censée commencée, pour chacune des parties respectivement, par l'ordonnance qu'elle obtient du juge-commissaire, à l'effet d'assigner les témoins aux jour et heure par lui indiqués. — En conséquence, *le juge-commissaire ouvrira* les procès-verbaux respectifs par la mention de la réquisition et de la délivrance de son ordonnance. T. 76, 91. (1)

260. Les témoins seront assignés à personne ou domicile : ceux domiciliés dans l'étendue de trois myriamètres du lieu où se fait l'enquête, le seront au moins un jour avant l'audition; il sera ajouté un jour par trois myriamètres, pour ceux domiciliés à une plus grande distance. Il sera donné copie à chaque témoin, du dispositif du jugement, seulement en ce qui concerne les faits admis, et de l'ordonnance du juge-commissaire; le tout à peine de nullité des dépositions des témoins envers lesquels les formalités ci-dessus n'auraient pas été observées. Pr. 61, 267, 294, 413, 1029, 1033. I. c. 510 s. T. 29.

261. La partie sera assignée pour être présente à l'enquête, au domicile de son avoué, si elle en a constitué, sinon à son domicile ; le tout trois jours au moins avant l'audition : les noms, professions et demeures des témoins à produire contre elle, lui seront notifiés ; le tout à peine de nullité, comme ci-dessus. Pr. 61, 267 s., 275, 408, 413, 1029, 1031. T. 29.

262. Les témoins seront entendus séparément, tant en présence qu'en l'absence des parties. — Chaque témoin, avant d'être entendu, déclarera ses noms, profession, âge et demeure, s'il est parent ou allié de l'une des parties, à quel degré, s'il est serviteur ou domestique de l'une d'elles; il fera serment de dire vérité : le tout à peine de nullité. Pr. 35, 268, 275, 1029.

263. Les témoins défaillans seront condamnés, par ordonnances du juge-commissaire qui seront exécutoires nonobstant opposition ou appel, à une somme qui ne pourra être moindre de dix francs, au profit de la partie, à titre de dommages et intérêts; ils pourront de plus être condamnés, par la même ordonnance, *à une amende qui ne pourra excéder* la somme de cent francs. — Les témoins défaillans seront réassignés à leurs frais. Pr. 61, 413, 782, 1029. I. c. 80, 86, 157, 304, 355, 579.

264. Si les témoins réassignés sont encore défaillans, ils seront condamnés, et par corps, à une amende de cent francs ; le juge-commissaire pourra même décerner contre eux un mandat d'amener. Pr. 1029. I. c. 80, 157, 355.

---

(1) *Droits d'enregistrement* : *L.* 22 frimaire an VII, *art.* 68, § 2 ; *L.* 28 avril 1816, *art.* 44, 45. — Ces articles s'appliquent à toutes les ordonnances de juges, rendues sur requêtes ou mémoires.

265. Si le témoin justifie qu'il n'a pu se présenter au jour indiqué, le juge-commissaire le déchargera, après sa déposition, de l'amende et des frais de réassignation. I. c. 81, 158, 356.

266. Si le témoin justifie qu'il est dans l'impossibilité de se présenter au jour indiqué, le juge-commissaire lui accordera un délai suffisant, qui néanmoins ne pourra excéder celui fixé pour l'enquête, ou se transportera pour recevoir la déposition. Si le témoin est éloigné, le juge-commissaire renverra devant le président du tribunal du lieu, qui entendra le témoin ou commettra un juge : le greffier de ce tribunal fera parvenir de suite la minute du procès-verbal au greffe du tribunal où le procès est pendant, sauf à lui à prendre exécutoire pour les frais contre la partie à la requête de qui le témoin aura été entendu. Pr. 412, 782, 1035. I. c. 83 s.

267. Si les témoins ne peuvent être entendus le même jour, le juge-commissaire remettra à jour et heure certains ; et il ne sera donné nouvelle assignation ni aux témoins, ni à la partie, encore qu'elle n'ait pas comparu. Pr. 269. T. 167.

268. Nul ne pourra être assigné comme témoin, s'il est parent ou allié en ligne directe de l'une des parties, ou son conjoint, même divorcé. Pr. 270, 275, 282 s.; *sommaires*, 413. C. 251. I. c. 156, 322. P. 28, 42.

269. Les procès-verbaux d'enquête contiendront la date des jour et heure, les comparutions ou défauts des parties et témoins, la représentation des assignations, les remises à autres jour et heure, si elles sont ordonnées, à peine de nullité. Pr. 209, 275, 294, 1029.

270. Les reproches seront proposés par la partie ou par son avoué avant la déposition du témoin, qui sera tenu de s'expliquer sur iceux ; ils seront circonstanciés et pertinens, et non en termes vagues et généraux. Les reproches et les explications du témoin seront consignés dans le procès-verbal. Pr. 36, 268, 275, 282 s., 289 s., 413. T. 92.

271. Le témoin déposera, sans qu'il lui soit permis de lire aucun projet écrit. Sa déposition sera consignée sur le procès-verbal ; elle lui sera lue, et il lui sera demandé s'il y persiste ; le tout à peine de nullité : il lui sera demandé aussi s'il requiert taxe. Pr. 275, 292 s., 333, 1029. I. c. 333.

272. Lors de la lecture de sa déposition, le témoin pourra faire tels changemens et additions que bon lui semblera ; ils seront écrits à la suite ou à la marge de sa déposition ; il lui en sera donné lecture, ainsi que de la déposition, et mention en sera faite ; le tout à peine de nullité. Pr. 275, 292 s., 1029.

273. Le juge-commissaire pourra, soit d'office, soit sur la réquisition des parties ou de l'une d'elles, faire au témoin les interpellations qu'il croira convenables pour éclaircir sa déposition : les réponses du témoin seront signées de lui, après lui avoir été lues, ou mention sera faite s'il ne veut ou ne peut signer ; elles seront également signées du juge et du greffier ; le tout à peine de nullité. Pr. 37, 275, 292 s., 413, 1029.

274. La déposition du témoin, ainsi que les changemens et additions qu'il pourra y faire, seront signés par lui, le juge et le greffier ; et si le témoin ne veut ou ne peut signer, il en sera fait mention ; le tout à peine de nullité. Il sera fait mention de la taxe, s'il la requiert, ou de son refus. Pr. 275, 277, 292 s., 1029.

275. Les procès-verbaux feront mention de l'observation des formalités prescrites par les articles 261, 262, 269, 270, 271, 272, 273 et 274 ci-dessus : ils seront signés, à la fin, par le juge et le greffier, et par les parties si elles le veulent ou le peuvent ; en cas de refus, il en sera fait mention : le tout à peine de nullité. Pr. 209, 277, 280, 292 s., 1029.

276. La partie ne pourra, ni interrompre le témoin dans sa déposition, ni lui faire aucune interpellation directe, mais sera tenue de s'adresser au juge-commissaire, à peine de dix francs d'amende, et de plus forte amende, même d'exclusion, en cas de récidive ; ce qui sera prononcé par le juge-commissaire. Ses ordonnances seront exécutoires nonobstant appel ou opposition. Pr. 88 s., 1029.

277. Si le témoin requiert taxe, elle sera faite par le juge-commissaire sur la copie de l'assignation, et elle vaudra exécutoire ; le juge fera mention de la taxe sur son procès-verbal. Pr. 274, 415. T. 167.

278. L'enquête sera respectivement parachevée dans la huitaine de l'audition des premiers témoins, à peine de nullité, si le jugement qui l'a ordonnée n'a fixé un plus long délai. Pr. 257, 279 s., 292 s., 1029, 1031.

279. Si néanmoins l'une des parties demande prorogation dans le délai fixé pour la confection de l'enquête, le tribunal pourra l'accorder. Pr. 257, 278, 280, 409.

280. La prorogation sera demandée sur le procès-verbal du juge-commissaire, et ordonnée sur le référé qu'il en fera à l'audience, au jour indiqué par son procès-verbal, sans sommation ni avenir, si les parties ou leurs avoues ont été présens ; il ne sera accordé qu'une seule prorogation, à peine de nullité. Pr. 275, 1029.

281. La partie qui aura fait entendre plus de cinq témoins sur un même fait, ne pourra répéter les frais des autres dépositions. Pr. 415, 1031.

282. Aucun reproche ne sera proposé après la déposition, s'il n'est justifié par écrit. Pr. 270, 289 s. T. 71.

283. Pourront être reprochés, les parens ou alliés de l'une ou de l'autre des parties, jusqu'au degré de cousin issu de germain inclusivement ; les parens et alliés des conjoints au degré ci-dessus, si le conjoint est vivant, ou si la partie ou le témoin en a des enfans vivans : en cas que le conjoint soit décédé, et qu'il n'ait pas laissé de descendans, pourront être reprochés les parens et alliés en ligne directe, les frères, beaux-frères, sœurs et belles-sœurs. — Pourront aussi être reprochés, le témoin héritier présomptif ou donataire ; celui qui aura bu ou mangé avec la partie, et à ses frais, depuis la prononciation du jugement qui a ordonné l'enquête ; celui qui aura donné des certificats sur les faits relatifs au procès ; les serviteurs et domestiques ; le témoin en état d'accusation ; celui qui aura été condamné à une peine afflictive ou infamante, ou même à une peine correctionnelle pour cause de vol. Pr. 268, 284 s., 287, 289 s. C. 25. I. c. 156, 322. P. 28. 42, 400, 401.

284. Le témoin reproché sera entendu dans sa déposition. Pr. 270, 291.

285. Pourront les individus âgés de moins de quinze ans révolus être entendus, sauf à avoir à leurs dépositions tel égard que de raison. Pr. 413. I. c. 79.

286. Le délai pour faire enquête étant expiré, la partie la plus diligente fera signifier à avoué copie des procès-verbaux, et poursuivra l'audience sur un simple acte. Pr. 75, 82. T. 70.

287. Il sera statué sommairement sur les reproches. Pr. 283, 404 s.

288. Si néanmoins le fond de la cause était en état, il pourra être prononcé sur le tout par un seul jugement. Pr. 134, 172, 338.

289. Si les reproches proposés avant la déposition ne sont justifiés par écrit, la partie sera tenue d'en offrir la preuve, et de désigner les témoins ; autrement elle n'y sera plus reçue : le tout sans préjudice des réparations, dommages et intérêts qui pourraient être dus au témoin reproché. Pr. 126, 268, 270, 282 s., 287 s. T. 71.

290. La preuve, s'il y échet, sera ordonnée par le tribunal, sauf la preuve contraire, et sera faite dans la forme ci-après réglée pour les enquêtes sommaires. Aucun reproche ne pourra y être proposé, s'il n'est justifié par écrit. Pr. 407 s.

291. Si les reproches sont admis, la déposition du témoin reproché ne sera point lue. Pr. 294.

292. L'enquête ou la déposition déclarée nulle par la faute du juge-commissaire, sera recommencée à ses frais ; les délais de la nouvelle enquête ou de la nouvelle audition de témoins courront du jour de la signification du jugement qui l'aura ordonnée : la partie pourra faire entendre les mêmes témoins ; et si quelques-uns ne peuvent être entendus, les juges auront tel égard que de raison aux dépositions par eux faites dans la première enquête. Pr. 257 s., 260 s., 271 s., 278, 1029.

293. L'enquête déclarée nulle par la faute de l'avoué ou par celle de l'huissier, ne sera pas recommencée; mais la partie pourra en répéter les frais contre eux, même des dommages et intérêts en cas de manifeste négligence; ce qui est laissé à l'arbitrage du juge. Pr. 71, 126, 132, 257 s., 260 s., 271 s., 278, 360, 1031.

294. La nullité d'une ou de plusieurs dépositions n'entraîne pas celle de l'enquête. Pr. 260 s., 291.

TITRE XIII.

DES DESCENTES SUR LES LIEUX.

295. Le tribunal pourra, dans le cas où il le croira nécessaire, ordonner que l'un des juges se transportera sur les lieux; mais il ne pourra l'ordonner dans les matières où il n'échoit qu'un simple rapport d'experts, s'il n'en est requis par l'une ou par l'autre des parties. Pr. 41, 209, 296, 470; *rapp. d'experts*, 302 s.

296. Le jugement commettra l'un des juges qui y auront assisté. Pr. 1035.

297. Sur la requête de la partie la plus diligente, le juge-commissaire rendra une ordonnance qui fixera les lieu, jour et heure de la descente; la signification en sera faite d'avoué à avoué, et vaudra sommation. T. 70, 76, 92.

298. Le juge commissaire fera mention, sur la minute de son procès verbal, des jours employés au transport, séjour et retour. Pr. 209.

299. L'expédition du procès-verbal sera signifiée par la partie la plus diligente aux avoués des autres parties; et trois jours après, elle pourra poursuivre l'audience sur un simple acte. Pr. 75, 82, T. 70.

300. La présence du ministère public ne sera nécessaire que dans le cas où il sera lui-même partie. Pr. 83 s.

301. Les frais de transport seront avancés par la partie requérante, et par elle consignés au greffe. Pr. 319, 852.

TITRE XIV.

DES RAPPORTS D'EXPERTS.

302. Lorsqu'il y aura lieu à un rapport d'experts, il sera ordonné par un jugement, lequel énoncera clairement les objets de l'expertise. Pr. 209, 295, 971. C. *lésion*, 1675, 1678 s.

303. L'expertise ne pourra se faire que par trois experts, à moins que les parties ne consentent qu'il soit procédé par un seul. Pr. 196 s., 232 s., 429 s., 954 s. C. 126, 453, 466, 824, 834, 1678 s.

304. Si, lors du jugement qui ordonne l'expertise, les parties se sont accordées pour nommer les experts, le même jugement leur donnera acte de la nomination.

305. Si les experts ne sont pas convenus par les parties, le jugement ordonnera qu'elles seront tenues d'en nommer dans les trois jours de la signification; sinon, qu'il sera procédé à l'opération par les experts qui seront nommés d'office par le même jugement. — Ce même jugement nommera le juge-commissaire, qui recevra le serment des experts convenus ou nommés d'office: pourra néanmoins le tribunal ordonner que les experts prêteront leur serment devant le juge de paix du canton où ils procéderont. Pr. 1033, 1035.

306. Dans le délai ci-dessus, les parties qui se seront accordées pour la nomination des experts, en feront leur déclaration au greffe. Pr. 1035. T. 91. (1)

307. Après l'expiration du délai ci-dessus, la partie la plus diligente prendra l'ordonnance du juge, et fera sommation aux experts nommés par les parties ou d'office, pour faire leur serment, sans qu'il soit nécessaire que les parties y soient présentes. Pr. 61, 259. T. 29, 76, 91.

308. Les récusations ne pourront être proposées que contre les experts nommés d'office, à moins que les cau

(1) *Droits d'enregistrement*: L. 22 frimaire an VII, *art.* 20, 68, § 2; L. 28 avril 1816, *art.* 44, 45. — Nominations d'experts par acte extra-judiciaire; L. 22 frimaire an VII, *art.* 68, § 1er; L. 28 avril 1816, *art.* 45.

ses n'en soient survenues depuis la nomination et avant le serment. Pr. 197, 237, 430.

309. La partie qui aura des moyens de récusation à proposer, sera tenue de le faire dans les trois jours de la nomination, par un simple acte signé d'elle ou de son mandataire spécial, contenant les causes de récusation, et les preuves, si elle en a, ou l'offre de les vérifier par témoins : le délai ci-dessus expiré, la récusation ne pourra être proposée, et l'expert prêtera serment au jour indiqué par la sommation. Pr. 75. 209, 1035. T. 71.

310. Les experts pourront être récusés par les motifs pour lesquels les témoins peuvent être reprochés. Pr. 283. C. 25. P. 28, 42, 43.

311. La récusation contestée sera jugée sommairement à l'audience, sur un simple acte, et sur les conclusions du ministère public; les juges pourront ordonner la preuve par témoins, laquelle sera faite dans la forme ci-après prescrite pour les enquêtes sommaires. Pr. 75, 83, 405 s. T. 71.

312. Le jugement sur la récusation sera exécutoire, nonobstant l'appel. Pr. 135, 391.

313. Si la récusation est admise, il sera d'office, par le même jugement, nommé un nouvel expert ou de nouveaux experts à la place de celui ou de ceux récusés.

314. Si la récusation est rejetée, la partie qui l'aura faite sera condamnée en tels dommages et intérêts qu'il appartiendra, même envers l'expert, s'il le requiert; mais, dans ce dernier cas, il ne pourra demeurer expert. Pr. 126, 128, 390. C. *dommages-intérêts*, 1146 s.

315. Le procès-verbal de prestation de serment contiendra indication, par les experts, du lieu et des jour et heure de leur opération. — En cas de présence des parties ou de leurs avoués, cette indication vaudra sommation. — En cas d'absence, il sera fait sommation aux parties, par acte d'avoué, de se trouver aux jour et heure que les experts auront indiqués. Pr. 75; *enquêtes, etc.*, 267, 280; *sommations*, 1034. T. 70, 91.

316. Si quelque expert n'accepte point la nomination, ou ne se présente point, soit pour le serment, soit pour l'expertise, aux jour et heure indiqués, les parties s'accorderont sur-le-champ pour en nommer un autre à sa place; sinon la nomination pourra être faite d'office par le tribunal. — L'expert qui, après avoir prêté serment, ne remplira pas sa mission, pourra être condamné par le tribunal qui l'avait commis, à tous les frais frustratoires, et même aux dommages-intérêts, s'il y échet. Pr. 304, 305, 320; *dommages et intér.*, 126, 128. C. 1146 s.

317. Le jugement qui aura ordonné le rapport, et les pièces nécessaires, seront remis aux experts; les parties pourront faire tels dires et réquisitions qu'elles jugeront convenables : il en sera fait mention dans le rapport; il sera rédigé sur le lieu contentieux, ou dans le lieu et aux jour et heure qui seront indiqués par les experts. — La rédaction sera écrite par un des experts et signée par tous : s'ils ne savent pas tous écrire, elle sera écrite et signée par le greffier de la justice de paix du lieu où ils auront procédé. Pr. 956. T. 15, 92.

318. Les experts dresseront un seul rapport; ils ne formeront qu'un seul avis à la pluralité des voix. — Ils indiqueront néanmoins, en cas d'avis différens, les motifs des divers avis, sans faire connaître quel a été l'avis personnel de chacun d'eux. Pr. *vérificat. d'écrit.*, 210; *vente jud.*, 956. C. *partage*, 824; *lésion*, 1679. (1)

319. La minute du rapport sera déposée au greffe du tribunal qui aura ordonné l'expertise, sans nouveau serment de la part des experts : leurs vacations seront taxées par le président au bas de la minute; et il en sera délivré exécutoire contre la partie qui aura requis l'expertise, ou qui l'aura poursuivie si elle a été ordonnée d'office. Pr. 209, 301, 956. (2)

---

(1) *Droits d'enregistrement* : L. 22 frimaire an VII, *art.* 68, § 1er; L. 28 avril 1816, *art.* 45.

(2) *Droits d'enregistrement* : L. 22 frimaire an VII, *art.* 69, § 2, n° 9.

320. En cas de retard ou de refus de la part des experts de déposer leur rapport, ils pourront être assignés à trois jours, sans préliminaire de conciliation, par devant le tribunal qui les aura commis, pour se voir condamner, même par corps s'il y échet, à faire ledit dépôt : il y sera statué sommairement et sans instruction. Pr. 61, 316. T. 159.

321. Le rapport sera levé et signifié à avoue par la partie la plus diligente; l'audience sera poursuivie sur un simple acte. Pr. 75, 82 s., 186, 299. T. 70.

322. Si les juges ne trouvent point dans le rapport les éclaircissemens suffisans, ils pourront ordonner d'office une nouvelle expertise, par un ou plusieurs experts qu'ils nommeront également d'office, et qui pourront demander aux précédens experts les renseignemens qu'ils trouveront convenables.

323. Les juges ne sont point astreints à suivre l'avis des experts, si leur conviction s'y oppose. (1)

TITRE XV.

DE L'INTERROGATOIRE SUR FAITS ET ARTICLES.

324. Les parties peuvent, en toutes matières et en tout état de cause, demander de se faire interroger respectivement sur faits et articles pertinens concernant seulement la matière dont est question, sans retard de l'instruction ni du jugement. Pr. 119; *trib. de comm.*, 428.

325. L'interrogatoire ne pourra être ordonné que sur requête contenant les faits et par jugement rendu à l'audience : il y sera procédé, soit devant le président, soit devant un juge par lui commis. Pr. 209. T. 79.

326. En cas d'éloignement, le président pourra commettre le président du tribunal dans le ressort duquel la partie réside, ou le juge de paix du canton de cette résidence. Pr. 1035.

327. Le juge commis indiquera, au bas de l'ordonnance qui l'aura nommé, les jour et heure de l'interrogatoire; le tout sans qu'il soit besoin de procès-verbal contenant réquisition ou délivrance de son ordonnance.

328. En cas d'empêchement légitime de la partie, le juge se transportera au lieu où elle est retenue. Pr. 333.

329. Vingt-quatre heures au moins avant l'interrogatoire, seront signifiées par le même exploit, à personne ou domicile, la requête et les ordonnances du tribunal, du président ou du juge qui devra procéder à l'interrogatoire, avec assignation donnée par un huissier qu'il aura commis à cet effet. Pr. 61. T. 29.

330. Si l'assigné ne comparaît pas, ou refuse de répondre après avoir comparu, il en sera dressé procès-verbal sommaire, et les faits pourront être tenus pour avérés. Pr. 209.

331. Si, ayant fait défaut sur l'assignation, il se présente avant le jugement, il sera interrogé, en payant les frais du premier procès-verbal et de la signification, sans répétition.

332. Si, au jour de l'interrogatoire, la partie assignée justifie d'empêchement légitime, le juge indiquera un autre jour pour l'interrogatoire, sans nouvelle assignation.

333. La partie répondra en personne, sans pouvoir lire aucun projet de réponse par écrit, et sans assistance de conseil, aux faits contenus en la requête, même à ceux sur lesquels le juge l'interrogera d'office; les réponses seront précises et pertinentes sur chaque fait, et sans aucun terme calomnieux ni injurieux; celui qui aura requis l'interrogatoire, ne pourra y assister. Pr. *témoin*, 271.

334. L'interrogatoire achevé sera lu à la partie, avec interpellation de déclarer si elle a dit vérité et persiste; si elle ajoute, l'addition sera rédigée en marge ou à la suite de l'interrogatoire; elle lui sera lue, et il lui sera fait la même interpellation : elle signera l'interrogatoire et les additions; et si elle ne sait ou ne veut signer il en sera fait mention. Pr. 209, 271 s.

335. La partie qui voudra faire

(1) *Secùs*, en matière d'enregistrement; *L.* 22 frimaire an VII, *art.* 17 s.

usage de l'interrogatoire, le fera signifier, sans qu'il puisse être un sujet d'écritures de part ni d'autre. Pr. 75. T. 70.

336. Seront tenues les administrations d'établissemens publics de nommer un administrateur ou agent pour répondre sur les faits et articles qui leur auront été communiqués: elles donneront, à cet effet, un pouvoir spécial dans lequel les réponses seront expliquées et affirmées véritables, sinon les faits pourront être tenus pour avérés; sans préjudice de faire interroger les administrateurs et agens sur les faits qui leur seront personnels, pour y avoir, par le tribunal, tel égard que de raison. Pr. 1032.

TITRE XVI.

DES INCIDENS.

§ Ier. *Des demandes incidentes.*

337. Les demandes incidentes seront formées par un simple acte contenant les moyens et les conclusions, avec offre de communiquer les pièces justificatives sur récépissé, ou par dépôt au greffe. — Le défendeur à l'incident donnera sa réponse par un simple acte. Pr. 75, 77, 82, 188 s., 406. T. 71.

338. Toutes demandes incidentes seront formées en même temps; les frais de celles qui seraient proposées postérieurement, et dont les causes auraient existé à l'époque des premières, ne pourront être répetés. — Les demandes incidentes seront jugées par préalable, s'il y a lieu; et, dans les affaires sur lesquelles il aura été ordonné une instruction par écrit, l'incident sera porté à l'audience, pour être statué ce qu'il appartiendra. Pr. 134, 186, 288, 341, 1031.

§ II. *De l'Intervention.*

339. L'intervention sera formée par requête qui contiendra les moyens et conclusions, dont il sera donné copie ainsi que des pièces justificatives. Pr. 49 30, 75, 406, 466, 536. T. 75.

340. L'intervention ne pourra retarder le jugement de la cause principale, quand elle sera en état. Pr. 343.

341. Dans les affaires sur lesquelles il aura été ordonné une instruction par écrit, si l'intervention est contestée par l'une des parties, l'incident sera porté à l'audience. Pr. 338.

TITRE XVII.

DES REPRISES D'INSTANCES, ET CONSTITUTION DE NOUVEL AVOUÉ.

342. Le jugement de l'affaire qui sera en état ne sera différé, ni par le changement d'état des parties, ni par la cessation des fonctions dans lesquelles elles procédaient, ni par leur mort, ni par les décès, démissions, interdictions ou destitutions de leurs avoués. Pr. 75, 93, 148, 162, 397, 426, 1038.

343. L'affaire sera en état, lorsque la plaidoirie sera commencée; la plaidoirie sera réputée commencée, quand les conclusions auront été contradictoirement prises à l'audience. — Dans les affaires qui s'instruisent par écrit, la cause sera en état quand l'instruction sera complète, ou quand les delais pour les productions et réponses seront expirés. Pr. 75, 90, 98, 369.

344. Dans les affaires qui ne seront pas en état, toutes procedures faites postérieurement à la notification de la mort de l'une des parties seront nulles: il ne sera pas besoin de signifier les décès, démissions, interdictions ni destitutions des avoués; les poursuites faites et les jugemens obtenus depuis seront nuls, s'il n'y a constitution de nouvel avoué. Pr. 75, 447, 1029, 1038. T. 70.

345. Ni le changement d'état des parties, ni la cessation des fonctions dans lesquelles elles procédaient, n'empêcheront la continuation des procédures. — Néanmoins le défendeur qui n'aurait pas constitué avoué avant le changement d'état ou le décès du demandeur, sera assigné de nouveau à un délai de huitaine, pour voir adjuger les conclusions, et sans qu'il soit besoin de conciliation préalable. Pr. 61, 72 s., 75, 1038.

346. L'assignation en reprise ou en constitution sera donnée aux délais fixés au titre *des Ajournemens*, avec indication des noms des avoués qui occupaient, et du rapporteur, s'il y en a. Pr. 61, 72.

347. L'instance sera reprise par acte d'avoué à avoué. Pr. 75. T. 71.

348. Si la partie assignée en reprise conteste, l'incident sera jugé sommairement. Pr. 404 s. T. 75.

349. Si, à l'expiration du délai, la partie assignée en reprise ou en constitution ne comparaît pas, il sera rendu jugement qui tiendra la cause pour reprise, et ordonnera qu'il sera procédé suivant les derniers erremens, et sans qu'il puisse y avoir d'autres délais que ceux qui restaient à courir. Pr. 149 s.

350. Le jugement rendu par défaut contre une partie, sur la demande en reprise d'instance ou en constitution de nouvel avoué, sera signifié par un huissier commis : si l'affaire est en rapport, la signification énoncera le nom du rapporteur. Pr. 61, 95, 156. T. 29.

351. L'opposition à ce jugement sera portée à l'audience, même dans les affaires en rapport. Pr. 95, 157 s., 165.

TITRE XVIII.

DU DÉSAVEU.

352. Aucunes offres, aucun aveu ou consentement, ne pourront être faits, donnés ou acceptés sans un pouvoir spécial, à peine de désaveu. Pr. 49, 75 s., 402 s., 812 s. C. 1109, 1258 s., 1356, 1987.

353. Le désaveu sera fait au greffe du tribunal qui devra en connaître, par un acte signé de la partie, ou du porteur de sa procuration spéciale et authentique : l'acte contiendra les moyens, conclusions, et constitution d'avoué. Pr. 218. T. 92.

354. Si le désaveu est formé dans le cours d'une instance encore pendante, il sera signifié, sans autre demande, par acte d'avoué, tant à l'avoué contre lequel le désaveu est dirigé, qu'aux autres avoués de la cause; et ladite signification vaudra sommation de défendre au désaveu. Pr. 75. T. 70, 75, 76.

355. Si l'avoué n'exerce plus ses fonctions, le désaveu sera signifié par l'exploit à son domicile : s'il est mort, le désaveu sera signifié à ses héritiers, avec assignation au tribunal où l'instance est pendante, et notifié aux parties de l'instance par acte d'avoué à avoué. Pr. 61. T. 29, 70.

356. Le désaveu sera toujours porté au tribunal devant lequel la procédure désavouée aura été instruite, encore que l'instance dans le cours de laquelle il est formé soit pendante en un autre tribunal; le désaveu sera dénoncé aux parties de l'instance principale, qui seront appelées dans celle de désaveu. Pr. 59, 61, 171 358.

357. Il sera sursis à toute procédure et au jugement de l'instance principale, jusqu'à celui du désaveu, à peine de nullité; sauf cependant à ordonner que le désavouant fera juger le désaveu dans un délai fixe, sinon qu'il sera fait droit. Pr. 209, 1029.

358. Lorsque le désaveu concernera un acte sur lequel il n'y a point instance, la demande sera portée au tribunal du défendeur. Pr. 59, 356.

359. Toute demande en désaveu sera communiquée au ministère public. Pr. 83 s.

360. Si le désaveu est déclaré valable, le jugement, ou les dispositions du jugement relatives aux chefs qui ont donné lieu au désaveu, demeureront annulées et comme non avenues : le désavoué sera condamné, envers le demandeur et les autres parties, en tous dommages intérêts, même puni d'interdiction, ou poursuivi extraordinairement, suivant la gravité du cas et la nature des circonstances. Pr. 126, 128, 132, 1029 s. C. 1146 s.

361. Si le désaveu est rejeté, il sera fait mention du jugement de rejet en marge de l'acte de désaveu, et le demandeur pourra être condamné, envers le désavoué et les autres parties, en tels dommages et réparations qu'il appartiendra. Pr. 126, 128. C. 1146 s. T. 91.

362. Si le désaveu est formé à l'occasion d'un jugement qui aura acquis force de chose jugée, il ne pourra être reçu après la huitaine, à dater du jour où le jugement devra être réputé exécuté, aux termes de l'art. 159 ci-dessus. Pr. 356.

TITRE XIX.

DES RÈGLEMENS DE JUGES.

363. Si un différend est porté à deux ou à plusieurs tribunaux de paix ressortissant au même tribunal, le règlement de juges sera porté à ce tribunal. — Si les tribunaux de paix relèvent de tribunaux différens, le règlement de juges sera porté à la cour royale. — Si ces tribunaux ne ressortissent pas à la même cour royale, le règlement sera porté à la cour de cassation. — Si un différend est porté à deux ou à plusieurs tribunaux de première instance ressortissant à la même cour royale, le règlement de juges sera porté à cette cour : il sera porté à la cour de cassation, si les tribunaux ne ressortissent pas tous à la même cour royale ou si le conflit existe entre une ou plusieurs cours. Pr. 170, 171. I. c. 525 s. (1)

364. Sur le vu des demandes formées dans différens tribunaux, il sera rendu, sur requête, jugement portant permission d'assigner en règlement, et les juges pourront ordonner qu'il sera sursis à toutes procédures dans lesdits tribunaux. Pr. 209. I. c. 528 s. T. 78.

365. Le demandeur signifiera le jugement et assignera les parties au domicile de leurs avoués. (2) — Le délai pour signifier le jugement et pour assigner sera de quinzaine, à compter du jour du jugement. — Le délai pour comparaître sera celui des ajournemens, en comptant les distances d'après le domicile respectif des avoués. Pr. 72, 366, 1033. T. 29.

366. Si le demandeur n'a pas assigné dans les délais ci-dessus, il demeurera déchu du règlement de juges, sans qu'il soit besoin de le faire ordonner ; et les poursuites pourront être continuées dans le tribunal saisi par le défendeur en règlement. Pr. 1029.

367. Le demandeur qui succombera pourra être condamné aux dommages-intérêts envers les autres parties. Pr. 126, 128. C. 1146 s. I. c. 541.

TITRE XX.

DU RENVOI A UN AUTRE TRIBUNAL POUR PARENTÉ OU ALLIANCE.

368. Lorsqu'une partie aura deux parens ou alliés jusqu'au degré de cousin issu de germain inclusivement, parmi les juges d'un tribunal de première instance, ou trois parens ou alliés au même degré dans une cour royale ; ou lorsqu'elle aura un parent audit degré parmi les juges du tribunal de première instance, ou deux parens dans la cour royale, et qu'elle-même sera membre du tribunal ou de cette cour, l'autre partie pourra demander le renvoi. Pr. 49 7°.

369. Le renvoi sera demandé avant le commencement de la plaidoirie ; et, si l'affaire est en rapport, avant que l'instruction soit achevée, ou que les délais soient expirés, sinon il ne sera plus reçu. Pr. 93 s., 543, 382. I. c. 543.

370. Le renvoi sera proposé par acte au greffe, lequel contiendra les moyens, et sera signé de la partie ou de son fondé de procuration spéciale et authentique. Pr. 218, 384, 592. T. 92.

371. Sur l'expédition dudit acte, présentée avec les pièces justificatives, il sera rendu jugement qui ordonnera, 1° la communication aux juges à raison desquels le renvoi est demandé, pour faire, dans un délai fixe, leur déclaration au bas de l'expédition du jugement ; 2° la communication au ministère public ; 3° le rapport, à jour indiqué, par l'un des juges nommés par ledit jugement. Pr. *récusation*, 385 s. I. c. 546 s.

372. L'expédition de l'acte à fin de renvoi, les pièces y annexées, et le ju-

---

(1) Pour les conflits d'attribution et de juridiction entre les tribunaux et l'autorité administrative, V. *Ord.* 1er juin 1828. (*App.*)

(2) *Droits d'enregistrement* : V. *note sur l'art.* 61. — Devant les cours royales ou la cour de cassation : *L.* 28 avril 1816, *art.* 44, 45.

gement mentionné en l'article précédent, seront signifiés aux autres parties. Pr. 75. T. 70, 91.

373. Si les causes de la demande en renvoi sont avouées ou justifiées dans un tribunal de première instance, le renvoi sera fait à l'un des autres tribunaux ressortissant en la même cour royale; et si c'est dans une cour royale, le renvoi sera fait à l'une des trois cours les plus voisines. T. 75.

374. Celui qui succombera sur sa demande en renvoi, sera condamné à une amende qui ne pourra être moindre de cinquante francs, sans préjudice des dommages-intérêts de la partie, s'il y a lieu. Pr. 126, 128, 390, 1029.

375. Si le renvoi est prononcé, qu'il n'y ait pas d'appel, ou que l'appelant ait succombé, la contestation sera portée devant le tribunal qui devra en connaître, sur simple assignation, et la procédure y sera continuée suivant ses derniers erremens. Pr. 61, 373.

376. Dans tous les cas, l'appel du jugement de renvoi sera suspensif. Pr. 396, 457. I. c. 550.

377. Sont applicables audit appel, les dispositions des articles 392, 393, 394, 395, titre *de la Récusation*, ci-après.

TITRE XXI.

DE LA RÉCUSATION.

378. Tout juge peut être récusé pour les causes ci-après : — 1° S'il est parent ou allié des parties, ou de l'une d'elles, jusqu'au degré de cousin issu de germain inclusivement; — 2° Si la femme du juge est parente ou alliée de l'une des parties, ou si le juge est parent ou allié de la femme de l'une des parties, au degré ci-dessus, lorsque la femme est vivante, ou qu'étant décédée, il en existe des enfans : si elle est décédée et qu'il n'y ait point d'enfans, le beau-père, le gendre ni les beaux-frères ne pourront être juges; — La disposition relative à la femme décédée s'appliquera à la femme divorcée, s'il existe des enfans du mariage dissous; — 3° Si le juge, sa femme, leurs ascendans et descendans, ou alliés dans la même ligne, ont un différend sur pareille question que celle dont il s'agit entre les parties; — 4° S'ils ont un procès en leur nom dans un tribunal où l'une des parties sera juge; s'ils sont créanciers ou débiteurs d'une des parties; 5° — Si dans les cinq ans qui ont précédé la récusation, il y a eu procès criminel entre eux et l'une des parties, ou son conjoint, ou ses parens ou alliés en ligne directe; — 6° S'il y a procès civil entre le juge, sa femme, leurs ascendans et descendans, ou alliés dans la même ligne, et l'une des parties et que ce procès, s'il a été intenté par la partie, l'ait été avant l'instance dans laquelle la récusation est proposée; si, ce procès étant terminé, il ne l'a été que dans les six mois précédant la récusation; — 7° Si le juge est tuteur, subrogé tuteur ou curateur, héritier présomptif, ou donataire, maître ou commensal de l'une des parties; s'il est administrateur de quelque établissement, société ou direction, partie dans la cause; si l'une des parties est sa présomptive héritière; — 8° Si le juge a donné conseil, plaidé ou écrit sur le différend; s'il en a précédemment connu comme juge ou comme arbitre; s'il a sollicité, recommandé ou fourni aux frais du procès; s'il a déposé comme témoin; si, depuis le commencement du procès, il a bu ou mangé avec l'une ou l'autre des parties dans leur maison, ou reçu d'elle des présens; — 9° S'il y a inimitié capitale entre lui et l'une des parties; s'il y a eu, de sa part, agressions, injures ou menaces, verbalement ou par écrit, depuis l'instance, ou dans les six mois précédant la récusation proposée. Pr. *juge de paix*, 14, 368 s., 514; *arbitre*, 1014. C. 206.

379. Il n'y aura pas lieu à récusation, dans les cas où le juge serait parent du tuteur ou du curateur de l'une des deux parties, ou des membres ou administrateurs d'un établissement, société, direction ou union, partie dans la cause, à moins que lesdits tuteurs, administrateurs ou intéressés, n'aient un intérêt distinct ou personnel.

380. Tout juge qui saura cause de récusation *en sa personne, sera* tenu de la déclarer à la chambre, qui décidera s'il doit s'abstenir.

381. Les causes de récusation relatives aux juges sont applicables au ministère public, lorsqu'il est partie jointe; mais il n'est pas récusable, *lorsqu'il est partie principale.*

382. Celui qui voudra récuser, devra le faire avant le commencement de la plaidoirie; et, si l'affaire est en rapport, avant que l'instruction soit achevée, ou que les délais soient expirés, à moins que les causes de la récusation ne soient survenues postérieurement. Pr. 93 s., 343, 369.

383. La récusation contre les juges commis aux descentes, enquêtes et autres opérations, ne pourra être proposée que dans les trois jours qui courront: 1° si le jugement est contradictoire, du jour du jugement; 2° si le jugement est par défaut et qu'il n'y ait pas d'opposition, du jour de l'expiration de la huitaine de l'opposition; 3° si le jugement a été rendu par défaut et qu'il y ait eu opposition, du jour du débouté d'opposition, même par défaut. Pr. 1033.

384. La récusation sera proposée par un acte au greffe, qui en contiendra les moyens, et sera signé de la partie, ou du fondé de sa procuration authentique et spéciale, laquelle sera annexée à l'acte. Pr. 218; *renvoi*, 370. T. 92.

385. Sur l'expédition de l'acte de récusation, remise dans les vingt-quatre heures par le greffier au président du tribunal, il sera, sur le rapport du président et les conclusions du ministère public, rendu jugement qui, si la récusation est *inadmissible, la rejettera; et, si elle est* admissible, ordonnera, 1° la communication au juge récusé, pour s'expliquer en termes précis sur les faits, dans le délai qui sera fixé par le jugement; 2° la communication au ministère public, et indiquera le jour où le rapport sera fait par l'un des juges nommé par ledit jugement. Pr. 371.

386. Le juge récusé fera sa déclaration au greffe, à la suite de la minute de l'acte de récusation.

387. *A compter du jour du jugement* qui ordonnera la communication, tous jugemens et opérations seront suspendus: si cependant l'une des parties prétend que l'opération est urgente et qu'il y a péril dans le retard, l'incident sera porté à l'audience sur un simple acte, et le tribunal pourra ordonner qu'il sera procédé par un autre juge. Pr. 75, 391.

388. Si le juge récusé convient des faits qui ont motivé sa récusation, ou si ces faits sont prouvés, il sera ordonné qu'il s'abstiendra.

389. Si le récusant n'apporte preuve par écrit ou commencement de preuve des causes de la récusation, il est laissé à la prudence du tribunal de rejeter la récusation sur la simple déclaration du juge, ou d'ordonner la preuve testimoniale. C. 1347, 1348.

390. Celui dont la récusation aura été déclarée non admissible, ou non recevable, sera condamné à telle amende qu'il plaira au tribunal, laquelle ne pourra être moindre de cent francs, et sans préjudice, s'il y a lieu, de l'action du juge en réparation et dommages et intérêts, auquel cas il ne pourra demeurer juge. Pr. 126, 128, 314, 1029. C. 1146 s.

391. Tout jugement sur récusation, même dans les matières où le tribunal de première instance juge en dernier ressort, sera susceptible d'appel: si néanmoins la partie soutient qu'attendu l'urgence, il est nécessaire de procéder à une opération sans attendre que l'appel soit jugé, l'incident sera porté à l'audience sur un simple acte; et le tribunal qui aura rejeté la récusation, pourra ordonner qu'il sera procédé à l'opération par un autre juge. Pr. 376, 387.

392. Celui qui voudra appeler, sera tenu de le faire dans les cinq jours du jugement, par un acte au greffe, lequel sera motivé et contiendra énonciation du dépôt au greffe des pièces au soutien. Pr. 218, 377, 396, 1033.

393. L'expédition de l'acte de récusation, de la déclaration du juge, du jugement, de l'appel, et les pièces jointes, seront envoyées sous trois jours par le greffier, à la requête et aux frais de l'appelant, au greffier de la cour royale.

394. Dans les trois jours de la remise au greffier de la cour royale, il présentera lesdites pièces à la cour, laquelle indiquera le jour du jugement, et commettra l'un des juges; sur son rapport et sur les conclusions du ministère public, il sera rendu à l'audience jugement, sans qu'il soit nécessaire d'appeler les parties.

395. Dans les vingt-quatre heures de l'expédition du jugement, le greffier de la cour royale renverra les pièces à lui adressées, au greffier du tribunal de première instance.

396. L'appelant sera tenu, dans le mois du jour du jugement de première instance qui aura rejeté sa récusation, de signifier aux parties le jugement sur l'appel, ou certificat du greffier de la cour royale, contenant que l'appel n'est pas jugé, et indication du jour déterminé par la cour : sinon le jugement qui aura rejeté la récusation, sera exécuté par provision; et ce qui sera fait en conséquence sera valable, encore que la récusation fût admise sur l'appel. Pr. 61, 734. T. 70.

TITRE XXII.

DE LA PÉREMPTION.

397. Toute instance, encore qu'il n'y ait pas eu constitution d'avoué, sera éteinte par discontinuation de poursuites pendant trois ans. — Ce délai sera augmenté de six mois, dans tous les cas où il y aura lieu à demande en reprise d'instance, ou constitution de nouvel avoué. Pr. *just. de p.*, 15; *jug. par déf.*, 156; *reprise*, 342 s.; *saisie immobil.*, 674; *déchéance*, 1029.

398. La péremption courra contre l'état, les établissemens publics, et toutes personnes, même mineures, sauf leur recours contre les administrateurs et tuteurs. C. 2278.

399. La péremption n'aura pas lieu de droit; elle se couvrira par les actes valables faits par l'une ou l'autre des parties avant la demande en péremption. Pr. *secùs*, 15, 156.

400. Elle sera demandée par requête d'avoué à avoué, à moins que l'avoué ne soit décédé, ou interdit, ou suspendu, depuis le moment où elle a été acquise. Pr. 75, 342 s., T. 75.

401. La péremption n'éteint pas l'action; elle emporte seulement extinction de la procédure, sans qu'on puisse, dans aucun cas, opposer aucun des actes de la procédure éteinte, ni s'en prévaloir. Pr. *secùs*, 469. — En cas de péremption, le demandeur principal est condamné à tous les frais de la procédure périmée. Pr. 130, 543 s.

TITRE XXIII.

DU DÉSISTEMENT.

402. Le désistement peut être fait et accepté par de simples actes signés des parties ou de leurs mandataires, et signifiés d'avoué à avoué. Pr. 75, 352 s. C. 1987 s. T. 71.

403. Le désistement, lorsqu'il aura été accepté, emportera de plein droit consentement que les choses soient remises de part et d'autre au même état qu'elles étaient avant la demande. — Il emportera également soumission de payer les frais, au paiement desquels la partie qui se sera désistée sera contrainte sur simple ordonnance du président mise au bas de la taxe, parties présentes, ou appelées par acte d'avoué à avoué. Pr. 75. — Cette ordonnance, si elle émane d'un tribunal de première instance, sera exécutée nonobstant opposition ou appel; elle sera exécutée nonobstant opposition, si elle émane d'une cour royale. Pr. 130, 543 s. T. 70, 76.

TITRE XXIV.

DES MATIÈRES SOMMAIRES.

404. Seront réputés matières sommaires, et instruits comme tels, — Les appels des juges de paix; — Les demandes pures personnelles, à quelque somme qu'elles puissent monter, quand il y a titre, pourvu qu'il ne soit pas contesté; — Les demandes formées sans titre, lorsqu'elles n'excèdent pas *mille francs*; (quinze cents francs, L. 11 avril 1838.) — Les demandes provisoires ou qui requièrent célérité ; — Les demandes en paiement de loyers et fermages et arrerages de rentes. Pr. *appels des just. de paix*, 16, 31 ; *célérité, loyers, fermages*, 49 2° et 5°, 72. T. 67. (1)

405. Les matières sommaires seront jugées à l'audience, après les délais de la citation échus, sur un simple acte, sans autres procédures ni formalités. Pr. 75, 82. T. 67.

406. Les demandes incidentes et les interventions seront formées par requête d'avoué, qui ne pourra contenir que des conclusions motivées. Pr. *incidens*, 327 s. ; *intervention*, 339 s.

407. S'il y a lieu à enquête, le jugement qui l'ordonnera contiendra les faits, sans qu'il soit besoin de les articuler préalablement, et fixera les jour et heure où les témoins seront entendus à l'audience. Pr. *enquête dev. le juge de paix*, 34 s. ; *dans les aff. non somm.*, 252 s. ; *dev. le trib. de comm.*, 432.

408. Les témoins seront assignés au moins un jour avant celui de l'audition. Pr. 260, 413, 1033. T. 76.

409. Si l'une des parties demande prorogation, l'incident sera jugé sur-le-champ. Pr. 279 s.

410. Lorsque le jugement ne sera pas susceptible d'appel, il ne sera point dressé procès-verbal de l'enquête ; il sera seulement fait mention, dans le jugement, des noms des témoins, et du résultat de leurs dépositions. Pr. 40, 262 s., 269 s., 432.

411. Si le jugement est susceptible d'appel, il sera dressé procès-verbal, qui contiendra les sermens des témoins, leur déclaration s'ils sont parens, alliés, serviteurs ou domestiques des parties, les reproches qui auraient été formés contre eux, et le résultat de leurs dépositions. Pr. 36, 37, 39, 209, 262, 269 s., 432.

412. Si les témoins sont éloignés ou empêchés, le tribunal pourra commettre le tribunal ou le juge de paix de leur résidence : dans ce cas, l'enquête sera rédigée par écrit ; il en sera dressé procès-verbal. Pr. 209, 266, 1035.

413. Seront observées en la confection des enquêtes sommaires les dispositions du titre XII, *des Enquêtes*, relatives aux formalités ci-après : — La copie aux témoins, du dispositif du jugement par lequel ils sont appelés ; Pr. 260. — Copie à la partie, des noms des témoins ; Pr. 261. — L'amende et les peines contre les témoins défaillans ; Pr. 263. — La prohibition d'entendre les conjoints des parties, les parens et alliés en ligne directe ; Pr. 268. — Les reproches par la partie présente, la manière de les juger, les interpellations aux témoins, la taxe ; Pr. 270, 273, 277, 283 s. — Le nombre des témoins dont les voyages passent en taxe ; Pr. 281. — La faculté d'entendre les individus âgés de moins de quinze ans révolus. Pr. 285.

---

(1) Plusieurs autres affaires non rappelées dans l'art. 404 doivent néanmoins suivant la loi être jugées sommairement, telles sont les récusations d'experts (*Pr.* 311) ; les remises de rapport, (320) ; les réceptions de caution (521, 832) ; les revendications de meubles (608) ; appel de distribution de deniers et d'ordonnance de référés (669, 809) ; demandes en élargissement (805) ; en compulsoire (847) ; contestations sur les collocations dans l'ordre (761.) — Les destitutions de tuteur (*Civ.* 449) ; les contestations relatives aux partages (*Civ.* 823) ; sur le cahier des charges pour licitation (*Pr.* 973.) — Il en est de même des affaires ci-après désignées, sauf que l'instruction n'en est pas purement orale. — Les demandes en renvoi (*Pr.* 172 ; *T.* 75) ; les reproches de témoins (*Pr.* 287 ; *T.* 71) ; les oppositions aux garanties, restitution de pièces, reprises d'instances (*Pr.* 180, 192, 348 ; *T.* 96) ; les incidens sur saisie mobilière (*Pr.* 718 ; *T.* 117, 119, 122, 125) ; les subrogations à poursuites d'ordre (*Pr.* 779) ; nullités d'emprisonnement (794 s.) ; demandes d'expéditions d'actes (840) ; opposition aux délibérations de famille (884) ; appel en matière de collocation d'ordre (765.)

TITRE XXV.

PROCÉDURE DEVANT LES TRIBUNAUX DE COMMERCE.

414. La procédure devant les tribunaux de commerce se fait sans le ministère d'avoué. Co. *huissiers*, 627.

415. Toute demande doit y être formée par exploit d'ajournement, suivant les formalités ci-dessus prescrites au titre *des Ajournemens*. Pr. 59, 61, 68, 69. T. 29.

416. Le délai sera au moins d'un jour. Pr. 1033.

417. Dans les cas qui requerront célérité, le président du tribunal pourra permettre d'assigner, même de jour à jour et d'heure à heure, et de saisir les effets mobiliers : il pourra, suivant l'exigence des cas, assujettir le demandeur à donner caution, ou à justifier de solvabilité suffisante. Ses ordonnances seront exécutoires nonobstant opposition ou appel. Pr. 72, 259, 418. Co. 172.

418. Dans les affaires maritimes où il existe des parties non domiciliées, et dans celles où il s'agit d'agrès, victuailles, équipages et radoubs de vaisseaux prêts à mettre à la voile, et autres matières urgentes et provisoires, l'assignation de jour à jour ou d'heure à heure pourra être donnée sans ordonnance, et le défaut pourra être jugé sur-le-champ. T. 29.

419. Toutes assignations données à bord à la personne assignée seront valables. Pr. 68.

420. Le demandeur pourra assigner, à son choix, — Devant le tribunal du domicile du défendeur; C. 102, 111. — Devant celui dans l'arrondissement duquel la promesse a été faite et la marchandise livrée; — Devant celui dans l'arrondissement duquel le paiement devait être effectué.

421. Les parties seront tenues de comparaître en personne, ou par le ministère d'un fondé de procuration spéciale. Co. 627.

422. Si les parties comparaissent, et qu'à la première audience il n'intervienne pas jugement définitif, les parties non domiciliées dans le lieu où siège le tribunal, seront tenues d'y faire l'élection d'un domicile. — L'élection de domicile doit être mentionnée sur le plumitif de l'audience; à défaut de cette élection, toute signification, même celle du jugement définitif, sera faite valablement au greffe du tribunal. Pr. 440. C. 111.

423. Les étrangers demandeurs ne peuvent être obligés, en matière de commerce, à fournir une caution de payer les frais et dommages-intérêts auxquels ils pourront être condamnés, même lorsque la demande est portée devant un tribunal civil dans les lieux où il n'y a pas de tribunal de commerce. Pr. 166 s. C. 16.

424. Si le tribunal est incompétent à raison de la matière, il renverra les parties, encore que le déclinatoire n'ait pas été proposé. — Le déclinatoire pour toute autre cause ne pourra être proposé que préalablement à toute autre défense. Pr. *renvois*, 168, 169 s., 442.

425. Le même jugement pourra, en rejetant le déclinatoire, statuer sur le fond, mais par deux dispositions distinctes, l'une sur la compétence, l'autre sur le fond ; les dispositions sur la compétence pourront toujours être attaquées par la voie de l'appel. Pr. 172, 454.

426. Les veuves et héritiers des justiciables du tribunal de commerce y seront assignés en reprise, ou par action nouvelle, sauf, si les qualités sont contestées, à les renvoyer aux tribunaux ordinaires pour y être réglés, et ensuite être jugés sur le fond au tribunal de commerce. Pr. *reprise d'inst.*, 342 s. Co. 62, 189, 437, 478, 481, 614.

427. Si une pièce produite est méconnue, déniée ou arguée de faux, et que la partie persiste à s'en servir, le tribunal renverra devant les juges qui doivent en connaître, et il sera sursis au jugement de la demande principale. — Néanmoins, si la pièce n'est relative qu'à un des chefs de la demande, il pourra être passé outre au jugement des autres chefs. Pr. 14, 214 s., 218, 442.

428. Le tribunal pourra, dans tous les cas, ordonner, même d'office, que les parties seront entendues en personne, à l'audience ou dans la chambre, et, s'il y a empêchement légitime, commettre un des juges, ou même un juge de paix, pour les entendre, lequel dressera procès-verbal de leurs déclarations. Pr. 119, 209, 324 s., 330, 1035.

429. S'il y a lieu à renvoyer les parties devant des arbitres, pour examen de comptes, pièces et registres, il sera nommé un ou trois arbitres pour entendre les parties, et les concilier, si faire se peut, sinon donner leur avis. — S'il y a lieu à visite ou estimation d'ouvrages ou marchandises, il sera nommé un ou trois experts. — Les arbitres et les experts seront nommés d'office par le tribunal, à moins que les parties n'en conviennent à l'audience. Pr. 209, 470; *experts*, 303 s. Co. *arbitres juges*, 52 s. T. 29.

430. La récusation ne pourra être proposée que dans les trois jours de la nomination. Pr. 308 s.

431. Le rapport des arbitres et experts sera déposé au greffe du tribunal. Pr. 318, 319.

432. Si le tribunal ordonne la preuve par témoins, il y sera procédé dans les formes ci-dessus prescrites pour les enquêtes sommaires. Néanmoins, dans les causes sujettes à appel, les dépositions seront rédigées par écrit par le greffier, et signées par le témoin; en cas de refus, mention en sera faite. Pr. 209, 407, 410 s., 782. C. 1341. Co. 109, 498.

433. Seront observées, dans la rédaction et l'expédition des jugemens, les formes prescrites dans les articles 141 et 146 pour les tribunaux de première instance. Pr. 141, 146, 545 s.

434. Si le demandeur ne se présente pas, le tribunal donnera défaut, et renverra le défendeur de la demande. — Si le défendeur ne comparaît pas, il sera donné défaut, et les conclusions du demandeur seront adjugées, si elles se trouvent justes et bien vérifiées. Pr. 149 s., 154. Co. 643.

435. Aucun jugement par défaut ne pourra être signifié que par un huissier commis à cet effet par le tribunal; la signification contiendra, à peine de nullité, élection de domicile dans la commune où elle se fait, si le demandeur n'y est domicilié. — Le jugement sera exécutoire un jour après la signification et jusqu'à l'opposition. Pr. 61, 155, 156. Co. 643. T. 29.

436. L'opposition ne sera plus recevable après la huitaine du jour de la signification. Pr. 158 s. T. 29. (1)

437. L'opposition contiendra les moyens de l'opposant, et assignation dans le délai de la loi; elle sera signifiée au domicile élu. Pr. 61, 161 s. T. 29.

438. L'opposition faite à l'instant de l'exécution, par déclaration sur le procès-verbal de l'huissier, arrêtera l'exécution; à la charge, par l'opposant, de la réitérer dans les trois jours par exploit contenant assignation; passé lequel délai, elle sera censée non avenue. Pr. 162.

439. Les tribunaux de commerce pourront ordonner l'exécution provisoire de leurs jugemens, nonobstant l'appel, et sans caution, lorsqu'il y aura titre non attaqué, ou condamnation précédente dont il n'y aura pas d'appel : dans les autres cas, l'exécution provisoire n'aura lieu qu'à la charge de donner caution, ou de justifier de solvabilité suffisante. Pr. 135 s., 449, 459 s. T. 29.

440. La caution sera présentée par acte signifié au domicile de l'appelant, s'il demeure dans le lieu où siège le tribunal, sinon au domicile par lui élu en exécution de l'article 422, avec sommation à jour et heure fixes de se présenter au greffe pour prendre communication, sans déplacement, des titres de la caution, s'il est ordonné qu'elle en fournira, et à l'audience, pour voir prononcer sur l'admission, en cas de contestation. Pr. 61, 518 s. C. 2011 s., 2018 s., 2040 s. T. 29.

441. Si l'appelant ne comparaît pas, ou ne conteste point la caution, elle fera sa soumission au greffe; s'il conteste, il sera statué au jour indiqué par la sommation : dans tous les cas, le jugement sera exécutoire, nonobstant opposition, ou appel. Pr. 218, 519 s. T. 29.

(1) Il a été dérogé à cet article par l'article 643 du Code de commerce.

442. Les tribunaux de commerce ne connaîtront point de l'exécution de leurs jugemens. Pr. 427, 472, 553. Co. 200.

LIVRE III.

DES COURS ROYALES. (1)

(Décret du 17 avril 1806. Promulgué le 27 du même mois.)

TITRE UNIQUE.

DE L'APPEL, ET DE L'INSTRUCTION SUR L'APPEL.

443. Le délai pour interjeter appel sera de trois mois : il courra, pour les jugemens contradictoires, du jour de la signification à personne ou domicile; — Pour les jugemens par défaut, du jour où l'opposition ne sera plus recevable. — L'intimé pourra néanmoins interjeter incidemment appel en tout état de cause, quand même il aurait signifié le jugement sans protestation. Pr. 16; *déchéance*, 444, 446; *jours utiles*, 1033. Co. *de jud. arbitr.*, 52; *de comm.*, 645, 648. T. 176; *délais moindres de trois mois*, Pr. *renvois*, 377; *récusation*, 392; *contribution*, 669; *saisie immobilière*, 731, 732; *ordre*, 763; *référé*, 809. C. *adoption*, 357.

444. Ces délais emporteront déchéance : ils courront contre toutes parties, sauf le recours contre qui de droit; mais ils ne courront contre le mineur non émancipé, que du jour où le jugement aura été signifié tant au tuteur qu'au subrogé tuteur, encore que ce dernier n'ait pas été en cause. Pr. 1029; *recours*, 132, 178; *req. civile*, 484. C. *tuteur, subr. tut.*, 420, 450.

445. Ceux qui demeurent hors de la France continentale auront, pour interjeter appel, outre le délai de trois mois depuis la signification du jugement, le délai des ajournemens réglé par l'art. 73 ci-dessus. Pr. *ajournem.*, 74; *req. civile*, 485, 486; *saisie*, 659; *délais*, 1033. Co. *faillite*, 492.

446. Ceux qui sont absens du territoire européen du royaume pour service de terre ou de mer, ou employés dans les négociations extérieures pour le service de l'état, auront, pour interjeter appel, outre le délai de trois mois depuis la signification du jugement, le délai d'une année. Pr. *requête civ.*, 485.

447. Les délais de l'appel seront suspendus par la mort de la partie condamnée. — Ils ne reprendront leur cours qu'après la signification du jugement faite au domicile du défunt, avec les formalités prescrites en l'article 61, et à compter de l'expiration des délais pour faire inventaire et délibérer, si le jugement a été signifié avant que ces derniers délais fussent expirés. — Cette signification pourra être faite aux héritiers collectivement, et sans désignation des noms et qualités. Pr. *décès*, 344 s.; *requête civ.*, 487. C. 795, 798, 1457, 1458. T. 29.

448. Dans le cas où le jugement aurait été rendu sur une pièce fausse, ou si la partie avait été condamnée faute de représenter une pièce décisive qui était retenue par son adversaire, les délais de l'appel ne courront que du jour où le faux aura été reconnu ou juridiquement constaté, ou que la pièce aura été recouvrée, pourvu que, dans ce dernier cas, il y ait preuve par écrit du jour où la pièce a été recouvrée, et non autrement. Pr. *sursis*, 240, 250; *requête civ.*, 480 9° et 10°, 488.

449. Aucun appel d'un jugement non exécutoire par provision ne pourra être interjeté dans la huitaine, à dater du jour du jugement; les appels interjetés dans ce délai seront déclarés non recevables, sauf à l'appelant à les réitérer, s'il est encore dans le délai. Pr. *exécution provis.*, 135; *opposit.*, 455; *référé*, 809. Co. 645.

450. L'exécution des jugemens non exécutoires par provision sera suspendue pendant ladite huitaine. Pr. 155. I. c. 203.

451. L'appel d'un jugement préparatoire ne pourra être interjeté qu'après le jugement définitif et conjoin-

(1) V. *L.* 27 ventôse an VIII, 20 avril 1810; *Déc.* 30 mars 1808; *Déc.* 6 juillet 1810, *Co.* 644.

sement avec l'appel de ce jugement, et le délai de l'appel ne courra que du jour de la signification du jugement définitif; cet appel sera recevable, encore que le jugement préparatoire ait été exécuté sans réserves. — L'appel d'un jugement interlocutoire pourra être interjeté avant le jugement définitif; il en sera de même des jugemens qui auraient accordé une provision. Pr. 51.

452. Sont réputés préparatoires les jugemens rendus pour l'instruction de la cause, et qui tendent à mettre le procès en état de recevoir jugement définitif. — Sont réputés interlocutoires les jugemens rendus lorsque le tribunal ordonne, avant dire droit, une preuve, une vérification, ou une instruction qui préjuge le fond. Pr. 190, 255, 295, 302, 325.

453. Seront sujets à l'appel les jugemens qualifiés en dernier ressort, lorsqu'ils auront été rendus par des juges qui ne pouvaient prononcer qu'en première instance. — Ne seront recevables les appels des jugemens rendus sur des matières dont la connaissance en dernier ressort appartient aux premiers juges, mais qu'ils auraient omis de qualifier, ou qu'ils auraient qualifiés en premier ressort. Pr. *récusation*, 391; *incomp.*, 454; *arbitr.*, 1028; *exécution provis.*, 457 s. Co. 639 646; *compétence*, L. 11 avril 1838; L. 4 mars 1840.

454. Lorsqu'il s'agira d'incompétence, l'appel sera recevable, encore que le jugement ait été qualifié en dernier ressort. Pr. 16, 168, 376, 425; *just. de p.*, L. 25 mai 1838, art. 14.

455. Les appels des jugemens susceptibles d'opposition ne seront point recevables pendant la durée du délai pour l'opposition. Pr. 20 s., 157, 158 s., 449; *référé*, 809.

456. L'acte d'appel contiendra assignation dans les délais de la loi, et sera signifié à personne ou domicile, à peine de nullité. Pr. *ajourn.*, 59 s., *délais*, 72 s., 1033; *nullités*, 173 s., 445 s., 1029; *en cas de saisie*, 584, 731; C. *domicile*, 102 s., 111. T. 29. (1)

457. L'appel des jugemens définitifs ou interlocutoires sera suspensif, si le jugement ne prononce pas l'exécution provisoire dans les cas où elle est autorisée. — L'exécution des jugemens mal à propos qualifiés en dernier ressort ne pourra être suspendue qu'en vertu de défenses obtenues par l'appelant, à l'audience de la cour royale, sur assignation à bref délai. — A l'égard des jugemens non qualifiés, ou qualifiés en premier ressort, et dans lesquels les juges étaient autorisés à prononcer en dernier ressort, l'exécution provisoire pourra en être ordonnée par la cour royale, à l'audience, et sur un simple acte. Pr. 61; *exécut. prov.*, 135 s.; *jugem. de renvoi*, 376; *ressort*, 453, 458 s. T. 148.

458. Si l'exécution provisoire n'a pas été prononcée dans les cas où elle est autorisée, l'intimé pourra, sur un simple acte, la faire ordonner à l'audience, avant le jugement de l'appel. Pr. 75, 136 s., 453 s. T. 148.

459. Si l'exécution provisoire a été ordonnée hors des cas prévus par la loi, l'appelant pourra obtenir des défenses à l'audience, sur assignation à bref délai, sans qu'il puisse en être accordé sur requête non communiquée. Pr. 61, 459, 460. Co. 647. T. 148.

460. En aucun autre cas, il ne pourra être accordé des défenses, ni être rendu aucun jugement tendant à arrêter directement ou indirectement l'exécution du jugement, à peine de nullité. Pr. 478; *requête civ.*, 497. Co. 647.

461. Tout appel, même de jugement rendu sur instruction par écrit, sera porté à l'audience; sauf à la cour à ordonner l'instruction par écrit, s'il y a lieu. Pr. 95 s., 809.

462. Dans la huitaine de la constitution d'avoué par l'intimé, l'appelant signifiera ses griefs contre le jugement. L'intimé répondra dans la huitaine suivante. L'audience sera poursuivie sans autre procédure. Pr. 75, 77 s., 456, 1031.

463. Les appels de jugemens ren-

(1) *Droits d'enregistrement* : L. 22 frimaire an VII, *art.* 68, § 4, 5.

dus en matière sommaire seront portés à l'audience sur simple acte, et sans autre procédure. Il en sera de même de l'appel des autres jugemens, lorsque l'intimé n'aura pas comparu. Pr. 75, 82, 404 s. Co. 648.

464. Il ne sera formé, en cause d'appel, aucune nouvelle demande, à moins qu'il ne s'agisse de compensation, ou que la demande nouvelle ne soit la défense à l'action principale. — Pourront aussi les parties demander des intérêts, arrérages, loyers et autres accessoires échus depuis le jugement de première instance, et les dommages et intérêts pour le préjudice souffert depuis ledit jugement. Pr. 731. C. *access.*, 547 s., 583, 584; *dommages et intérêts*, 1146 s.; *compensat.*, 1289 s.; *loyers*, 1728; *intér.*, 1905 s.

465. Dans les cas prévus par l'article précédent, les nouvelles demandes et les exceptions du défendeur ne pourront être formées que par de simples actes de conclusions motivées. — Il en sera de même, dans les cas où les parties voudraient changer ou modifier leurs conclusions. — Toute pièce d'écriture qui ne sera que la répétition des moyens ou exceptions déjà employées par écrit, soit en première instance, soit sur l'appel, ne passera point en taxe. — Si la même pièce contient à la fois et de nouveaux moyens ou exceptions, et la répétition des anciens, on n'allouera en taxe que la partie relative aux nouveaux moyens ou exceptions. Pr. 75, 1030, 1031.

466. Aucune intervention ne sera reçue, si ce n'est de la part de ceux qui auraient droit de former tierce opposition. Pr. *interv.*, 339 s.; *tierce opposition*, 474, 475 s.; *séparation de biens*, 871. C. 560, 449, 618, 865, 882, 1166 s., 1447, 2205, 2225. Co. 661, 494, 525.

467. S'il se forme plus de deux opinions, les juges plus faibles en nombre seront tenus de se réunir à l'une des deux opinions qui auront été émises par le plus grand nombre. Pr. 117.

468. En cas de partage dans une cour royale, on appellera, pour le vider, un au moins ou plusieurs des *juges qui n'auront pas connu de l'affaire*; et toujours en nombre impair, en suivant l'ordre du tableau : l'affaire sera de nouveau plaidée, ou de nouveau rapportée s'il *s'agit* d'une instruction par écrit. — Dans les cas où tous les juges auraient connu de l'affaire, il sera appelé, pour le jugement, trois anciens jurisconsultes. Pr. 118.

469. La péremption en cause d'appel aura l'effet de donner au jugement dont est appel la force de chose jugée. Pr. 397 s.; *secùs*, 401. C. 1351.

470. Les autres règles établies pour les tribunaux inférieurs seront observées dans les cours royales.

471. L'appelant qui succombera, sera condamné à une amende de cinq francs, s'il s'agit du jugement d'un juge de paix, et de dix francs sur l'appel d'un jugement de tribunal de première instance ou de commerce. Pr. *renvoi*, 374; *récusat.*, 390; *tierce opposition*, 479; *requête civile*, 500; *prise à partie*, 513, 516, 1029. T. 90.

472. Si le jugement est confirmé, l'exécution appartiendra au tribunal dont est appel : si le jugement est infirmé, l'exécution, entre les mêmes parties, appartiendra à la cour royale qui aura prononcé, ou à un autre tribunal qu'elle aura indiqué par le même arrêt; sauf les cas de la demande en nullité d'emprisonnement, en expropriation forcée, et autres dans lesquels la loi attribue juridiction. Pr. 442, 528, 567, 794, 1020. C. 2210.

473. Lorsqu'il y aura appel d'un jugement interlocutoire, si le jugement est infirmé, et que la matière soit disposée à recevoir une décision définitive, les cours royales et autres tribunaux d'appel pourront statuer en même temps sur le fond définitivement, par un seul et même jugement. Pr. 134, 288. — Il en sera de même dans les cas où les cours royales ou autres tribunaux d'appel infirmeraient, soit pour vice de forme, soit pour toute autre cause, des jugemens définitifs. Pr. 528.

LIVRE IV.

DES VOIES EXTRAORDINAIRES POUR ATTAQUER LES JUGEMENS.

(Suite du Décret du 17 avril 1806.)

TITRE PREMIER.

DE LA TIERCE OPPOSITION.

474. *Une partie peut former tierce* opposition à un jugement qui préjudicie à ses droits, et lors duquel, ni elle ni ceux qu'elle représente, n'ont été appelés. **Pr.** *intervention*, 466; *sép. de biens*, 873; *avis de parens*, 888; *jug. arbitral*, 1022. **C.** 100, 622, 1166 s., 1351, 1447, 2225. **Co.** 66, 580.

475. La tierce opposition formée par action principale, sera portée au tribunal qui aura rendu le jugement attaqué. — La tierce opposition incidente à une contestation dont un tribunal est saisi, sera formée par requête à ce tribunal, s'il est égal ou supérieur à celui qui a rendu le jugement. **Pr.** 61, 75, 337 s., 490, 495. **T.** 75.

476. S'il n'est égal ou supérieur, la tierce opposition incidente sera portée, par action principale, au tribunal qui aura rendu le jugement.

477. Le tribunal devant lequel le jugement attaqué aura été produit, pourra, suivant les circonstances, passer outre ou surseoir. **Pr.** 478, 491.

478. Les jugemens passés en force de chose jugée, portant condamnation à délaisser la possession d'un héritage, seront exécutés contre les parties condamnées, nonobstant la tierce opposition et sans y préjudicier. — Dans les autres cas, les juges pourront, suivant les circonstances, suspendre l'exécution du jugement. **Pr.** *chose jugée*, 497. **C.** 1351.

479. La partie dont la tierce opposition sera rejetée, sera condamnée à une amende qui ne pourra être moindre de cinquante francs, sans préjudice des dommages et intérêts de la partie, s'il y a lieu. **Pr.** 126, 128, 471, 1029. **C.** 1146 s.

TITRE II.

DE LA REQUÊTE CIVILE.

480. Les jugemens contradictoires rendus en dernier ressort par les tribunaux de première instance et les cours royales, et les jugemens par défaut rendus aussi en dernier ressort, et qui ne sont plus susceptibles d'opposition, pourront être rétractés, sur la requête de ceux qui auront été parties ou dûment appelés, pour les causes ci-après: **Pr.** 497 s., 503, 1026, 1029. — 1° S'il y a eu dol personnel; **Pr.** 488. **C.** 1116. — 2° Si les formes prescrites à peine de nullité ont été violées, soit avant, soit lors des jugemens, pourvu que la nullité n'ait pas été couverte par les parties: **Pr.** 173, 1029 s. **L.** 20 *avril* 1810, *art.* 7. — 3° S'il a été prononcé sur choses non demandées; — 4° S'il a été adjugé plus qu'il n'a été demandé; — 5° S'il a été omis de prononcer sur l'un des chefs de demande; — 6° S'il y a contrariété de jugemens en dernier ressort, entre les mêmes parties et sur les mêmes moyens, dans les mêmes cours ou tribunaux: **Pr.** 489, 501, 504. **C.** 1351. — 7° Si, dans un même jugement, il y a *des dispositions contraires*; — 8° Si, dans les cas où la loi exige la communication au ministère public, cette communication n'a pas eu lieu, et que le jugement ait été rendu contre celui pour qui elle était ordonnée; **Pr.** 83. **L.** 20 *avril* 1810, *art.* 7. — 9° Si l'on a jugé sur pièces reconnues ou déclarées fausses depuis le jugement; **Pr.** 448, 488. — 10° Si, depuis le jugement, il a été recouvré des pièces décisives, et qui avaient été retenues par le fait de la partie. **Pr.** 448, 488. **C.** 2057.

481. L'état, les communes, les établissemens publics et les mineurs, seront encore reçus à se pourvoir, s'ils n'ont été défendus, ou s'ils ne l'ont été valablement. **Pr.** *concilial.*, 49 1°; *ministère public*, 83. **C.** 1305.

482. S'il n'y a ouverture que contre un chef de jugement, il sera seul rétracté, à moins que les autres n'en soient dépendans.

483. La requête civile sera signifiée avec assignation, dans les trois mois, à l'égard des majeurs, du jour de la signification à personne ou domicile, du jugement attaqué. Pr. 61, 492, 1033. T. 78.

484. Le délai de trois mois ne courra contre les mineurs que du jour de la signification du jugement, faite, depuis leur majorité, à personne ou domicile. Pr. 178, 444; *aliénés*, L. 30 *juin* 1838, *art.* 38, 39.

485. Lorsque le demandeur sera absent du territoire européen du royaume pour un service de terre ou de mer, ou employé dans les négociations extérieures pour le service de l'état, il aura, outre le délai ordinaire de trois mois depuis la signification du jugement, le délai d'une année. Pr. *appel*, 446.

486. Ceux qui demeurent hors de la France continentale, auront, outre le délai de trois mois depuis la signification du jugement, le délai des ajournemens réglé par l'article 73 ci-dessus. Pr. 445.

487. Si la partie condamnée est décédée dans les délais ci-dessus fixés pour se pourvoir, ce qui en restera à courir ne commencera, contre la succession, que dans les délais et de la manière prescrits en l'article 447 ci-dessus. Pr. *reprise d'inst.*, 344; *appel*, 447.

488. Lorsque les ouvertures de requête civile seront le faux, le dol, ou la découverte de pièces nouvelles, les délais ne courront que du jour où, soit le faux, soit le dol, auront été reconnus, ou les pièces découvertes; pourvu que, dans ces deux derniers cas, il y ait preuve par écrit du jour, et non autrement. Pr. *appel*, 448, 480 1°, 9°, 10°. C. 2057.

489. S'il y a contrariété de jugemens, le délai courra du jour de la signification du dernier jugement. Pr. 480 6°, 501, 504.

490. La requête civile sera portée au même tribunal où le jugement attaqué aura été rendu; il pourra y être statué par les mêmes juges. Pr. 475 s., 493, 502; *jugem. arbit.*, 1026.

491. Si une partie veut attaquer par la requête civile un jugement produit dans une cause pendante en un tribunal autre que celui qui l'a rendu, elle se pourvoira devant le tribunal qui a rendu le jugement attaqué; et le tribunal saisi de la cause dans laquelle il est produit pourra, suivant les circonstances, passer outre ou surseoir. Pr. *tierce oppos.*, 477.

492. La requête civile sera formée par assignation au domicile de l'avoué de la partie qui a obtenu le jugement attaqué, si elle est formée dans les six mois de la date du jugement; après ce délai, l'assignation sera donnée au domicile de la partie. Pr. *reprise*, 344 s., 483. T. 78.

493. Si la requête civile est formée incidemment devant un tribunal compétent pour en connaître, elle le sera par requête d'avoué à avoué; mais si elle est incidente à une contestation portée dans un autre tribunal que celui qui a rendu le jugement, elle sera formée par assignation devant les juges qui ont rendu le jugement. Pr. 61, 75, 337 s., 475, 490, 492, 496, 502, 1038. T. 75.

494. La requête civile d'aucune partie autre que celle qui stipule les intérêts de l'état, ne sera reçue, si, avant que cette requête ait été présentée, il n'a été consigné une somme de trois cents francs pour amende, et cent cinquante francs pour les dommages-intérêts de la partie, sans préjudice de plus amples dommages-intérêts, s'il y a lieu : la consignation sera de moitié, si le jugement est par défaut ou par forclusion, et du quart, s'il s'agit de jugemens rendus par les tribunaux de première instance. Pr. 500. T. 90.

495. La quittance du receveur sera signifiée en tête de la demande, ainsi qu'une consultation de trois avocats exerçant depuis dix ans au moins près un des tribunaux du ressort de la cour royale dans lequel le jugement a été rendu. — La consultation contiendra déclaration qu'ils sont d'avis de la requête civile, et elle en énoncera aussi les ouvertures; sinon la requête ne sera pas reçue. Pr. 499. T. 140.

496. Si la requête civile est signifiée dans les six mois de la date du jugement, l'avoué de la partie qui a obtenu le jugement, sera constitué de droit sans nouveau pouvoir. Pr. 493, 1038.

497. La requête civile n'empêchera pas l'exécution du jugement attaqué; nulles défenses ne pourront être accordées: celui qui aura été condamné à délaisser un héritage, ne sera reçu à plaider sur la requête civile qu'en rapportant la preuve de l'exécution du jugement au principal. Pr. *compar.* 457, 460, 478.

498. Toute requête civile sera communiquée au ministère public. Pr. 83 s.

499. Aucun moyen autre que les ouvertures de requête civile énoncées en la consultation, ne sera discuté à l'audience ni par écrit. Pr. 495.

500. Le jugement qui rejettera la requête civile, condamnera le demandeur à l'amende et aux dommages-intérêts ci-dessus fixés, sans préjudice de plus amples dommages-intérêts, s'il y a lieu. Pr. 126, 128, 494, 1029. C. 1146 s.

501. Si la requête civile est admise, le jugement sera rétracté, et les parties seront remises au même état où elles étaient avant ce jugement; les sommes consignées seront rendues, et les objets des condamnations qui auront été perçus en vertu du jugement rétracté, seront restitués.—Lorsque la requête civile aura été entérinée pour raison de contrariété de jugemens, le jugement qui entérinera la requête civile, ordonnera que le premier jugement sera exécuté selon sa forme et teneur. Pr. 480 6°, 489, 503, 504. C. 1351. T. 90, 92.

502. Le fond de la contestation sur laquelle le jugement rétracté aura été rendu, sera porté au même tribunal qui aura statué sur la requête civile. Pr. 490, 493.

503. Aucune partie ne pourra se pourvoir en requête civile, soit contre le jugement déjà attaqué par cette voie, soit contre le jugement qui l'aura rejetée, soit contre celui rendu sur le rescisoire, à peine de nullité et de dommages-intérêts, même contre l'avoué qui, ayant occupé sur la première demande, occuperait sur la seconde. Pr. 1029 s.

504. La contrariété de jugemens rendus en dernier ressort, entre les mêmes parties et sur les mêmes moyens en différens tribunaux, donne ouverture à cassation: et l'instance est formée et jugée conformément aux lois qui sont particulières à la cour de cassation. Pr. 480 6°. C. 1351. (1)

TITRE III.

DE LA PRISE A PARTIE.

505. Les juges peuvent être pris à partie dans les cas suivans: Pr. 49 7°, 83. — 1° S'il y a dol, fraude ou concussion, qu'on prétendrait avoir été commis, soit dans le cours de l'instruction, soit lors des jugemens; C. 1116. P. 174, 177 s. — 2° Si la prise à partie est expressément prononcée par la loi; I. c. 77, 112, 164, 271, 703. — 3° Si la loi déclare les juges responsables, à peine de dommages et intérêts; Pr. 15, 928. C. 2063. P. 114, 117, 119. — 4° S'il y a déni de justice. Pr. 506 s. C. 4. P. 185.

506. Il y a déni de justice, lorsque les juges refusent de répondre les requêtes ou négligent de juger les affaires en état et en tour d'être jugées. C. 4. P. 185.

507. Le déni de justice sera constaté par deux réquisitions faites aux juges en la personne des greffiers, et signifiées de trois en trois jours au moins pour les juges de paix et de commerce, et de huitaine en huitaine au moins pour les autres juges: tout huissier requis sera tenu de faire ces réquisitions, à peine d'interdiction. Pr. 61. T. 29.

508. Après les deux réquisitions, le juge pourra être pris à partie. I. c. 479 s., 483 s.

509. La prise à partie contre les juges de paix, contre les tribunaux de commerce ou de première instance, ou contre quelqu'un de leurs membres, et la prise à partie contre un conseiller à une cour royale ou à une cour d'assises, seront portées à la cour royale du ressort. — La prise à

(1) V. *Règlement du Conseil* de 1738, *L.* 1er décembre 1790, 27 ventôse an VIII.

partie contre les cours d'assises, contre les cours royales ou l'une de leurs sections, sera portée à la *haute cour*, conformément à l'article 101 de l'acte du 18 mai 1804. I. c. 479 s., 483 s. (1)

510. Néanmoins aucun juge ne pourra être pris à partie sans permission préalable du tribunal devant lequel la prise à partie sera portée.

511. Il sera présenté, à cet effet, une requête signée de la partie ou de son fondé de procuration authentique et spéciale, laquelle procuration sera annexée à la requête, ainsi que les pièces justificatives, s'il y en a, à peine de nullité. Pr. 1029. (2)

512. Il ne pourra être employé aucun terme injurieux contre les juges, à peine, contre la partie, de telle amende, et contre son avoué, de telle injonction ou suspension qu'il appartiendra. Pr. 1036.

513. Si la requête est rejetée, la partie sera condamnée à une amende qui ne pourra être moindre de trois cents francs, sans préjudice des dommages et intérêts envers les parties, s'il y a lieu. Pr. 126, 128, 516, 1029. C. 1146 s. (3)

514. Si la requête est admise, elle sera signifiée dans trois jours au juge pris à partie, qui sera tenu de fournir ses défenses dans la huitaine. (4) — Il s'abstiendra de la connaissance du différend; il s'abstiendra même, jusqu'au jugement définitif de la prise à partie, de toutes les causes que la partie, ou ses parens en ligne directe, ou son conjoint, pourront avoir dans son tribunal, à peine de nullité des jugemens. Pr. *recus.*, 378 s.; *nullité*, 1029. T. 29, 75.

515. La prise à partie sera portée à l'audience sur un simple acte, et sera jugée par une autre section que celle qui l'aura admise : si la cour royale n'est composée que d'une section, le jugement de la prise à partie sera renvoyé à la cour royale la plus voisine par la cour de cassation. Pr. 82, 368.

516. Si le demandeur est débouté, il sera condamné à une amende qui ne pourra être moindre de trois cents francs, sans préjudice des dommages-intérêts envers les parties, s'il y a lieu. Pr. 513, 1029.

LIVRE V.

DE L'EXÉCUTION DES JUGEMENS.

(Décret du 21 avril 1806. Promulgué le 1er mai suivant.)

TITRE PREMIER.

DES RÉCEPTIONS DE CAUTIONS.

517. Le jugement qui ordonnera de fournir caution fixera le délai dans lequel elle sera présentée, et celui dans lequel elle sera acceptée ou contestée. Pr. 17, 135, 155, 459, 542, 832, 992, 1035. C. 16, 120, 626, 771, 807, 1518, 1613, 2018, 2040 s. Co. 120, 151, 384, 472. I. c. 117 s.

518. La caution sera présentée par exploit signifié à la partie, si elle n'a point d'avoué, et par acte d'avoué, si elle en a constitué, avec copie de l'acte de dépôt, qui sera fait au greffe, des titres qui constatent la solvabilité de la caution, sauf le cas où la loi n'exige pas que la solvabilité soit établie par titres. Pr. 61, 75, 218, 440. C. 2019. T. 71, 91.

519. La partie pourra prendre au greffe communication des titres; si elle accepte la caution, elle le déclarera par un simple acte : dans ce cas, ou si la partie ne conteste pas dans le délai, la caution fera au greffe sa-

---

(1) La haute-cour, créée par cet acte, n'existant plus, c'est à la cour de cassation que la prise à partie doit être portée; L. 27 novembre-1er décembre 1790, art. 2.

(2) *Droits d'enregistrement* : Cours royales, *L.* 22 frimaire an VII, *art.* 68, § 2; *L.* 28 avril 1816, *art.* 45. — Cour de cassation, *L.* 28 avril 1816, *art.* 47.

(3) *Droits d'enregistrement* : Cours royales, L. 28 avril 1816, *art* 46. — Cour de cassation, L. 28 avril 1816, *art.* 47.

(4) *Droits d'enregistrement* : Cours royales, *L.* 28 avril 1816, *art.* 45. — Cour de cassation, L. 28 avril 1816, *art.* 46. — Signification de l'arrêt, V. *la note sur l'art.* 61. Pr.

soumission, qui sera exécutoire sans jugement, même pour la contrainte par corps, s'il y a lieu à contrainte. Pr. 75, 522. T. 71, 91. (1)

520. Si la partie conteste la caution dans le délai fixé par le jugement, l'audience sera poursuivie sur un simple acte. Pr. 75, 82, 994. T. 71.

521. Les réceptions de caution seront jugées sommairement, sans requête ni écritures; le jugement sera exécuté nonobstant appel. Pr. 135 s., 404 s.

522. Si la caution est admise, elle fera sa soumission, conformément à l'art. 519 ci-dessus. C. 2040 s. T. 91.

TITRE II.

DE LA LIQUIDATION DES DOMMAGES-INTÉRÊTS.

523. Lorsque l'arrêt ou le jugement n'aura pas fixé les dommages-intérêts, la déclaration en sera signifiée à l'avoué du défendeur, s'il en a été constitué; et les pièces seront communiquées sur récépissé de l'avoué, ou par la voie du greffe. Pr. 75, 97, 98, 126, 128, 218, 551. C. 1146 s. T. 91, 141.

524. Le défendeur sera tenu, dans les délais fixés par les art. 97 et 98, et sous les peines y portées, de remettre lesdites pièces, et, huitaine après l'expiration desdits délais, de faire ses offres au demandeur, de la somme qu'il avisera pour les dommages-intérêts; sinon, la cause sera portée sur un simple acte à l'audience, et il sera condamné à payer le montant de la déclaration, si elle est trouvée juste et bien vérifiée. Pr. 75, 126, 128, 812 s. C. 1257 s. T. 71, 143. (2)

525. Si les offres contestées sont jugées suffisantes, le demandeur sera condamné aux dépens, du jour des offres. Pr. 130. C. 1260.

TITRE III.

DE LA LIQUIDATION DES FRUITS.

526. Celui qui sera condamné à restituer des fruits, en rendra compte dans la forme ci-après; et il sera procédé comme sur les autres comptes rendus en justice. Pr. 129, 527 s., 551. C. 547 s., 582 s.

TITRE IV.

DES REDDITIONS DE COMPTES.

527. Les comptables commis par justice seront poursuivis devant les juges qui les auront commis; les tuteurs, devant les juges du lieu où la tutelle a été déférée; tous autres comptables, devant les juges de leur domicile. Pr. 59, 995, 996. C. 108, 110, 406, 471 s. — Co. 540.

528. En cas d'appel d'un jugement qui aurait rejeté une demande en reddition de compte, l'arrêt infirmatif renverra, pour la reddition et le jugement du compte, au tribunal où la demande avait été formée, ou à tout autre tribunal de première instance que l'arrêt indiquera. — Si le compte a été rendu et jugé en première instance, l'exécution de l'arrêt infirmatif appartiendra à la cour qui l'aura rendu, ou à un autre tribunal qu'elle aura indiqué par le même arrêt. Pr. 472 s.

529. Les oyants qui auront le même intérêt, nommeront un seul avoué: faute de s'accorder sur le choix, le plus ancien occupera, et néanmoins chacun des oyants pourra en constituer un; mais les frais occasionnés par cette constitution particulière, et faits tant activement que passivement, seront supportés par l'oyant. Pr. *avoué*, 75 s.; *frais*, 130, 536, 1031.

530. Tout jugement portant condamnation de rendre compte fixera le délai dans lequel le compte sera rendu, et commettra un juge. Pr. 1035.

531. Si le préambule du compte, en y comprenant la mention de l'acte ou du jugement qui aura commis le rendant, et du jugement qui aura ordonné le compte, excède six rôles, l'excédant ne passera point en taxe. Pr. 1031. T. 75.

532. Le rendant n'emploiera pour dépenses communes que les frais de voyage, s'il y a lieu, les vacations de

(1) *Droits d'enregistrement*: L. 22 frimaire an VII, *art.* 69, § 2.
(2) *Droits d'enregistrement*: L. 22 frimaire an VII, *art.* 69, § 2, n° 9.

l'avoué qui aura mis en ordre les pièces du compte, les grosses et copies, les frais de présentation et affirmation. T. 92.

533. Le compte contiendra les recette et dépense effectives; il sera terminé par *la récapitulation* de la balance desdites recette et dépense, sauf à faire un chapitre particulier des objets à recouvrer.

534. Le rendant présentera et affirmera son compte en personne ou par procureur spécial, dans le délai fixé, et au jour indiqué par le juge-commissaire, les oyans présens, ou appelés à personne ou domicile, s'ils n'ont avoué, et par acte d'avoué, s'ils en ont constitué. Pr. 61, 75, 209. — Le délai passé, le rendant y sera contraint par saisie et vente de ses biens jusqu'à concurrence d'une somme que le tribunal arbitrera; il pourra même y être contraint par corps, si le tribunal l'estime convenable. Pr. *contrainte*, 126; *saisie*, 551; *serment*, 572. T. 29, 70, 92.

535. Le compte présenté et affirmé, si la recette excède la dépense, l'oyant pourra requérir du juge-commissaire exécutoire de cet excédant, sans approbation du compte. Pr. 141. T. 92.

536. Après la présentation et affirmation, le compte sera signifié à l'avoué de l'oyant : les pièces justificatives seront cotées et paraphées par l'avoué du rendant; si elles sont communiquées sur récépissé, elles seront rétablies dans le délai qui sera fixé *par le juge-commissaire, sous les peines* portées par l'art. 107. — Si les oyans ont constitué avoués différens, la copie et la communication ci-dessus seront données à l'avoué plus ancien seulement, s'ils ont le même intérêt, et à chaque avoué, s'ils ont des intérêts différens. — S'il y a des créanciers intervenans, ils n'auront tous ensemble qu'une seule communication, tant du compte que des pièces justificatives, par les mains du plus ancien des avoués qu'ils auront constitués. Pr. 75, 539, 529. T. 92.

537. Les quittances de fournisseurs, ouvriers, maîtres de pension, et autres de même nature, produites comme pièces justificatives du compte, sont dispensées de l'enregistrement.

538. Aux jour et heure indiqués par le commissaire, les parties se présenteront devant lui pour fournir débats, soutenemens et réponses sur son procès-verbal : si les parties ne se présentent *pas, l'affaire sera portée* à l'audience sur un simple acte. Pr. 75, 209. T. 92.

539. Si les parties ne s'accordent pas, le commissaire ordonnera qu'il en sera par lui fait rapport à l'audience, au jour qu'il indiquera; elles seront tenues de s'y trouver, sans aucune sommation. Pr. 209, 94, 280, 542, 977.

540. Le jugement qui interviendra sur l'instance de compte, contiendra le calcul de la recette et des dépenses, et fixera le reliquat précis, s'il y en a aucun. Pr. 141.

541. Il ne sera procédé à la révision d'aucun compte, sauf aux parties, s'il y a erreurs, omissions, faux ou doubles emplois, à en former leurs demandes devant les mêmes juges. C. 2058.

542. Si l'oyant est défaillant, le commissaire fera son rapport au jour par lui indiqué : les articles seront alloués, s'ils sont justifiés; le rendant, s'il est reliquataire, gardera les fonds, sans intérêts; et s'il ne s'agit point d'un compte de tutelle, le comptable donnera caution, si mieux il n'aime consigner. Pr. *contrainte*, 126, 132; *caut.*, 517 s.; *rapport*, 539; *consignat.*, 816. C. 1257 s.; *reliquat, intérêts dus par tuteur*, 474.

TITRE V.

DE LA LIQUIDATION DES DÉPENS ET FRAIS.

543. La liquidation des dépens et frais sera faite, en matière sommaire, par le jugement qui les adjugera. Pr. 130, 404 s. *Déc. supplém.*, 16 *fév.* 1807, *art.* 1er. (*App.* T.)

544. La manière de procéder à la liquidation des dépens et frais dans les autres matières, sera déterminée par un ou plusieurs réglemens d'administration publique, qui seront exécutoires le même jour que le présent Code, et qui, après trois ans au plus tard, seront présentés en forme de loi au corps législatif, avec les changemens dont ils auront paru susceptibles. *Déc.* 16 *fév.* 1807, *liquid. des dépens*, *art.* 2 s.

TITRE VI.

RÈGLES GÉNÉRALES SUR L'EXÉCUTION FORCÉE DES JUGEMENS ET ACTES.

545. Nul jugement ni acte ne pourront être mis à exécution, s'ils ne portent le même intitulé que les lois et ne sont terminés par un mandement aux officiers de justice, ainsi qu'il est dit art. 146. **Pr.** 146, 433. **C.** *titres authent.*, 1317 s. **O.** 16 *août* 1830.

546. Les jugemens rendus par les tribunaux étrangers, et les actes reçus par les officiers étrangers, ne seront susceptibles d'exécution en France, que de la manière et dans les cas prévus par les art. 2123 et 2128 du Code civil. **C.** 2123, 2128.

547. Les jugemens rendus et les actes passés en France seront exécutoires dans tout le royaume, sans *visa* ni *pareatis*, encore que l'exécution ait lieu hors du ressort du tribunal par lequel les jugemens ont été rendus ou dans le territoire duquel les actes ont été passés. **Pr.** 146, 433. **I. c.** 982.; *légalisation.* **L.** 25 *ventôse an* XI, *art.* 28.

548. Les jugemens qui prononceront une main-levée, une radiation d'inscription hypothécaire, un paiement, ou quelque autre chose à faire par un tiers ou à sa charge, ne seront exécutoires, par les tiers ou contre eux, même après les délais de l'opposition ou de l'appel, que sur le certificat de l'avoué de la partie poursuivante, contenant la date de la signification du jugement faite au domicile de la partie condamnée, et sur l'attestation du greffier constatant qu'il n'existe contre le jugement ni opposition ni appel. **Pr.** 147 s., 156, 163 s., 857. **C.** 1962, 2157 s. **T.** 90. (1)

549. A cet effet, l'avoué de l'appelant fera mention de l'appel, dans la forme et sur le registre prescrits par l'art. 163. — **T.** 90.

550. Sur le certificat qu'il n'existe aucune opposition ni appel sur ce registre, les séquestres, conservateurs, et tous autres, seront tenus de satisfaire au jugement. **Pr.** 857. **C.** 1962, 2157 s.

551. Il ne sera procédé à aucune saisie mobilière ou immobilière, qu'en vertu d'un titre exécutoire, et pour choses liquides et certaines : si la dette exigible n'est pas d'une somme en argent, il sera sursis, après la saisie, à toutes poursuites ultérieures, jusqu'à ce que l'appréciation en ait été faite. **Pr.** 525 s., 526, 527 s., 543 s., 545 s., 559. **C.** 2213.

552. La contrainte par corps, pour objet susceptible de liquidation, ne pourra être exécutée qu'après que la liquidation aura été faite en argent. **Pr.** 126, 780 s. **C.** 2059 s.

553. Les contestations élevées sur l'exécution des jugemens des tribunaux de commerce seront portées au tribunal de première instance du lieu où l'exécution se poursuivra. **Pr.** 442, 472. **Co.** 631 s.

554. Si les difficultés élevées sur l'exécution des jugemens ou actes requièrent célérité, le tribunal du lieu y statuera provisoirement, et renverra la connaissance du fond au tribunal d'exécution. **Pr.** 49, 72, 404, 417, 794, 806 s.

555. L'officier insulté dans l'exercice de ses fonctions dressera procès-verbal de rébellion ; et il sera procédé suivant les règles établies par le Code d'instruction criminelle. **Pr.** 785. **P.** 209 s.

556. La remise de l'acte ou du jugement à l'huissier vaudra pouvoir pour toutes exécutions autres que la saisie immobilière et l'emprisonnement, pour lesquels il sera besoin d'un pouvoir spécial. **Pr.** 352 s. ; *saisie immob.*, 673 s. ; *emprisonn.*, 780 s.

TITRE VII.

DES SAISIES-ARRÊTS OU OPPOSITIONS.

557. Tout créancier peut, en vertu de titres authentiques ou privés, saisir-arrêter entre les mains d'un tiers les sommes et effets appartenant à son débiteur, ou s'opposer à leur remise. **Pr.** 609 ; *exécution*, 545 ;

(1) *Droits d'enregistrement* : *L.* 22 frimaire an VII, *art.* 68, § 1er, nos 10 et 17.

oppos., 817. C. 1166, 1317 s., 1532 s. Co. *lettre de change*, 149. T. 29.

558. S'il n'y a pas de titre, le juge du domicile du débiteur, et même celui du domicile du tiers-saisi, pourront, sur requête, permettre la saisie-arrêt et opposition. Pr. 259, 559. T. 29, 77. (*Déc. 30 mars 1808, art. 54.*)

559. *Tout exploit de saisie-arrêt* ou opposition, fait en vertu d'un titre, contiendra l'énonciation du titre et de la somme pour laquelle elle est faite : si l'exploit est fait en vertu de la permission du juge, l'ordonnance énoncera la somme pour laquelle la saisie-arrêt ou opposition est faite, et il sera donné copie de l'ordonnance en tête de l'exploit. — Si la créance pour laquelle on demande la permission de saisir-arrêter n'est pas liquide, l'évaluation provisoire en sera faite par le juge. — L'exploit contiendra aussi élection de domicile dans le lieu où demeure le tiers-saisi, si le saisissant n'y demeure pas ; le tout à peine de nullité. Pr. 61, 551. T. 29.

560. *La saisie-arrêt ou opposition* entre les mains de personne non demeurant en France sur le continent, ne pourra point être faite au domicile des procureurs du roi ; elle devra être signifiée à personne ou à domicile. Pr. 69 9°, 659.

561. La saisie-arrêt ou opposition formée entre les mains des receveurs, dépositaires ou administrateurs de caisses ou deniers publics, en cette qualité, ne sera point valable, si l'exploit n'est fait à la personne préposée pour le recevoir, et s'il n'est visé par elle sur l'original, ou, en cas de refus, par le procureur du roi. Pr. 569, 1039. (1)

562. L'huissier qui aura signé la saisie-arrêt ou opposition, sera tenu, s'il en est requis, de justifier de l'existence du saisissant à l'époque où le pouvoir de saisir a été donné, à peine d'interdiction, et des dommages et intérêts des parties. Pr. 71, 1031.

563. Dans la huitaine de la saisie-arrêt ou opposition, outre un jour pour trois myriamètres de distance entre le domicile du tiers-saisi et celui du saisissant, et un jour pour trois myriamètres de distance entre le domicile de ce dernier et celui du débiteur saisi, le saisissant sera tenu de dénoncer la saisie-arrêt ou opposition au débiteur saisi, et de l'assigner en validité. Pr. 61, 565 s., 641, 1033. T. 29.

564. Dans un pareil délai, outre celui en raison des distances, à compter du jour de la demande en validité, cette demande sera dénoncée, à la requête du saisissant, au tiers-saisi, qui ne sera tenu de faire aucune déclaration avant que cette dénonciation lui ait été faite. Pr. 61, 1033. T. 29.

565. Faute de demande en validité, la saisie ou opposition sera nulle : faute de dénonciation de cette demande au tiers-saisi, les paiemens par lui faits jusqu'à la dénonciation seront valables. Pr. 563 s. C. 1691.

566. En aucun cas il ne sera nécessaire de faire précéder la demande en validité par une citation en conciliation. Pr. 49 7°.

567. La demande en validité, et la demande en main-levée formée par la partie saisie, seront portées devant le tribunal du domicile de la partie saisie. Pr. 59, 570.

568. Le tiers-saisi ne pourra être assigné en déclaration, s'il n'y a titre authentique, ou jugement qui ait déclaré la saisie-arrêt ou l'opposition valable. Pr. 545, 557, 569 s.

569. Les fonctionnaires publics dont il est parlé à l'article 561, ne seront point assignés en déclaration ; mais ils délivreront un certificat constatant s'il est dû à la partie saisie, et énonçant la somme, si elle est liquide. Pr. 561, 571, 573. T. 91.

570. Le tiers-saisi sera assigné, sans citation préalable en conciliation, devant le tribunal qui doit connaître de la saisie ; sauf à lui, si sa déclaration est contestée, à deman-

(1) *Dispositions législatives* sur les saisies-arrêts et oppositions entre les mains des préposés de l'administration : V. *Déc.* 14-19 février 1792, 30 mai 1793, 13 pluviôse, 28 floréal an XIII, 18 août 1807; *L.* 9 juillet 1836.

der son renvoi devant son juge. Pr. 49 7°, 59, 567, 658. T. 29, 75.

571. Le tiers-saisi assigné fera sa déclaration, et l'affirmera au greffe, s'il est sur les lieux : sinon, devant le juge de paix de son domicile, sans qu'il soit besoin, dans ce cas, de réitérer l'affirmation au greffe. Pr. 564, 577 s., 658. (1)

572. La déclaration et l'affirmation pourront être faites par procuration spéciale.

573. La déclaration énoncera les causes et le montant de la dette; les paiémens à compte, si aucuns ont été faits; l'acte ou les causes de libération, si le tiers-saisi n'est plus débiteur; et, dans tous les cas, les saisies-arrêts ou oppositions formées entre ses mains. Pr. 569, 577 s. T. 92.

574. Les pièces justificatives de la déclaration seront annexées à cette déclaration; le tout sera déposé au greffe, et l'acte de dépôt sera signifié par un seul acte contenant constitution d'avoué. Pr. 218. T. 70, 92.

575. S'il survient de nouvelles saisies-arrêts ou oppositions, le tiers-saisi les dénoncera à l'avoué du premier saisissant, par extrait contenant les noms et élection de domicile des saisissans, et les causes des saisies-arrêts ou oppositions. Pr. 569, 658, 817. T 70.

576. Si la déclaration n'est pas contestée, il ne sera fait aucune autre procédure, ni de la part du tiers-saisi, ni contre lui. Pr. 638.

577. Le tiers-saisi qui ne fera pas sa déclaration ou qui ne fera pas les justifications ordonnées par les articles ci-dessus, sera déclaré débiteur pur et simple des causes de la saisie.

578. Si la saisie-arrêt ou opposition est formée sur effets mobiliers, le tiers-saisi sera tenu de joindre à sa déclaration un état détaillé desdits effets. T. 70. (2)

579. Si la saisie-arrêt ou opposition est déclarée valable, il sera procédé à la vente et distribution du prix, ainsi qu'il sera dit au titre *de la Distribution par contribution*. Pr. 612, 656 s.

580. Les traitemens et pensions dus par l'état ne pourront être saisis que pour la portion déterminée par les lois ou par les réglemens et ordonnances royaux. (3)

581. Seront insaisissables, 1° les choses déclarées insaisissables par la loi : 2° les provisions alimentaires adjugées par justice; 3° les sommes et objets disponibles déclarés insaisissables par le testateur ou donateur; 4° les sommes et pensions pour alimens, encore que le testament ou l'acte de donation ne les déclare pas insaisissables. Pr. 582, 592 s., 1004. C. 259, 268, 301, 1981.

582. Les provisions alimentaires ne pourront être saisies que pour cause d'alimens; les objets mentionnés aux numeros 3 et 4 du précédent article pourront être saisis par des créanciers postérieurs à l'acte de donation ou à l'ouverture du legs; et ce, en vertu de la permission du juge, et pour la portion qu'il déterminera. T. 77.

TITRE VIII.

DES SAISIES-EXÉCUTIONS.

583. Toute saisie-exécution sera précédée d'un commandement à la personne ou au domicile du débiteur,

(1) *Droits d'enregistrement* : *L.* 22 frimaire an VII, *art.* 68, § 1er; *L.* 28 avril 1816, *art.* 43.

(2) *Droits d'enregistrement* : *L.* 22 frimaire an VII, *art.* 68, § 1er, n° 51.

(3) Les traitemens des *fonctionnaires publics* et *employés civils* sont saisissables, savoir : pour un cinquième, sur les sommes non excédant 1000 fr., pour un quart sur les 5000 fr. suivans; et pour un tiers sur la portion excédant 6000 fr. (*L.* 21 ventôse an IX.) — Les traitemens des *militaires* sont saisissables pour un cinquième; (*L.* 19 pluviôse an VIII.) — Ceux des *ecclésiastiques* sont insaisissables dans leur totalité; (*Arr.* 18 nivôse an XI.) — Pour ce qui est relatif aux *pensions*, V. *Décl.* 7 janvier 1779; *Arr.* 7 thermidor an X; *Déc.* 11 janvier, 2 février 1808, *L.* 11 avril 1831, *art.* 28; *L.* 18 avril 1831, *art.* 50; *L.* 19 mai 1834, *art.* 20.

fait au moins un jour avant la saisie, et contenant notification du titre, s'il n'a déjà été notifié. Pr. 61, 551, 626, 636, 819 s. T. 29.

584. Il contiendra élection de domicile jusqu'à la fin de la poursuite, dans la commune où doit se faire l'exécution, *si le créancier n'y demeure*; et le débiteur pourra faire à ce domicile élu toutes significations, même d'offres réelles et d'appel. Pr. 59, 456. C. 111, 1258 6°, 1264. T. 29.

585. L'huissier sera assisté de deux témoins, Français, majeurs, non parens ni alliés des parties ou de l'huissier, jusqu'au degré de cousin issu de germain inclusivement, ni leurs domestiques; il énoncera sur le procès-verbal leurs noms, professions et demeures : les témoins signeront l'original et les copies. La partie poursuivante ne pourra être présente à la saisie. T. 31.

586. Les formalités des exploits seront observées dans les procès-verbaux de saisie-exécution; ils contiendront itératif commandement, si la saisie est faite en la demeure du saisi. Pr. 61. T. 31.

587. Si les portes sont fermées, ou si l'ouverture en est refusée, l'huissier pourra établir gardien aux portes pour empêcher le divertissement : il se retirera sur-le-champ, sans assignation, devant le juge de paix, *ou*, à son défaut, devant le commissaire de police, et dans les communes où il n'y en a pas, devant le maire, et à son défaut, devant l'adjoint, en présence desquels l'ouverture des portes, même celle des meubles fermans, sera faite, au fur et à mesure de la saisie. L'officier qui se transportera, ne dressera point de procès-verbal; mais il signera celui de l'huissier, lequel ne pourra dresser du tout qu'un seul et même procès-verbal. Pr. 591. T. 6, 31, 32.

588. Le procès-verbal contiendra la désignation détaillée des objets saisis : s'il y a des marchandises, elles seront pesées, mesurées ou jaugées, suivant leur nature. Pr. 595, 623. T. 31.

589. L'argenterie sera spécifiée par pièces et poinçons, et elle sera pesée. Pr. 621. T. 31.

590. S'il y a des deniers comptans, il sera fait mention du nombre et de la qualité des espèces : l'huissier les déposera au lieu établi pour les consignations : à moins que le saisissant et la partie saisie, ensemble les opposans, s'il y en a, ne conviennent d'un autre dépositaire. T. 31, 33. O. 3 *juillet* 1816, *art.* 2.

591. Si le saisi est absent, et qu'il y ait refus d'ouvrir aucune pièce ou meuble, l'huissier en requerra l'ouverture; et, s'il se trouve des papiers, il requerra l'apposition des scellés par l'officier appelé pour l'ouverture. Pr. 587.

592. Ne pourront être saisis, Pr. 581, 593, — 1° Les objets que la loi déclare *immeubles par destination*; C. 525 s. — 2° Le coucher nécessaire des saisis, ceux de leurs enfans vivant avec eux; les habits dont les saisis sont vêtus et couverts; Pr. 593; — 3° *Les livres relatifs à la profession* du saisi, jusqu'à la somme de trois cents francs, à son choix; — 4° Les machines et instrumens servant à l'enseignement, pratique ou exercice des *sciences et arts, jusqu'à concurrence* de la même somme, et au choix du saisi; — 5° Les équipemens des militaires, suivant l'ordonnance et le grade; — 6° Les outils des artisans, *nécessaires à leurs occupations* personnelles; — 7° Les farines et menues denrées nécessaires à la consommation du saisi et de sa famille pendant un mois; — 8° Enfin, une vache, ou trois brebis, ou deux chèvres, au choix du saisi, avec les pailles, fourrages et grains nécessaires pour la litière et la nourriture desdits animaux pendant un mois.

593. Lesdits objets ne pourront être saisis pour aucune créance, même celle de l'état, si ce n'est pour alimens fournis à la partie saisie, ou sommes dues aux fabricans ou vendeurs desdits objets, ou à celui qui aura prêté pour les acheter, fabriquer ou réparer; pour fermages et moissons des terres à la culture desquelles ils sont employés; loyers des manufactures, moulins, pressoirs, usines dont ils dépendent, et loyers des lieux servant à l'habitation personnelle du débiteur. — Les objets spécifiés sous le n° 2 du précédent article ne pourront être saisis pour aucune créance. Pr. 582. C. privil., 2102.

594. En cas de saisie d'animaux et ustensiles servant à l'exploitation des terres, le juge de paix pourra, sur la demande du saisissant, le propriétaire et le saisi entendus ou appelés, établir un gérant à l'exploitation. Pr. 598. C. 1961, 2000.

595. Le procès-verbal contiendra indication du jour de la vente. Pr. 602, 613 s., 1034.

596. Si la partie saisie offre un gardien solvable, et qui se charge volontairement et sur-le-champ, il sera établi par l'huissier. Pr. 598, 628. C. 1961 s. T. 34.

597. Si le saisi ne présente gardien solvable et de la qualité requise, il en sera établi un par l'huissier. Pr. 603.

598. Ne pourront être établis gardiens, le saisissant, son conjoint, ses parens et alliés jusqu'au degré de cousin issu de germain inclusivement, et ses domestiques; mais le saisi, son conjoint, ses parens, alliés et domestiques, pourront être établis gardiens, de leur consentement et de celui du saisissant. Pr. 628, 821, 823, 830.

599. Le procès-verbal sera fait sans déplacer; il sera signé par le gardien en l'original et la copie; s'il ne sait signer, il en sera fait mention; et il lui sera laissé copie du procès-verbal. Pr. 601 s.

600. Ceux qui, par voies de fait, empêcheraient l'établissement du gardien, ou qui enlèveraient et détourneraient des effets saisis, seront poursuivis conformément au Code d'instruction criminelle. P. 209 s., 379 s., 400, 401.

601. Si la saisie est faite au domicile de la partie, copie lui sera laissée sur-le-champ du procès-verbal, signée des personnes qui auront signé l'original; si la partie est absente, copie sera remise au maire ou adjoint, ou au magistrat qui, en cas de refus de portes, aura fait faire ouverture, et qui visera l'original. Pr. 599, 1039. T. 31.

602. Si la saisie est faite hors du domicile et en l'absence du saisi, copie lui sera notifiée dans le jour, outre un jour pour trois myriamètres; sinon les frais de garde et le délai pour la vente ne courront que du jour de la notification. Pr. 1033. T. 29.

603. Le gardien ne peut se servir des choses saisies, les louer ou prêter, à peine de privation des frais de garde, et de dommages-intérêts, au paiement desquels il sera contraignable par corps. Pr. contr., 126. C. séquestre, 1961 s., 2060. — P. 400, 408.

604. Si les objets saisis ont produit quelques profits ou revenus, il est tenu d'en compter, même par corps. Pr. 126. C. 1936, 1961 s., 2060.

605. Il peut demander sa décharge, si la vente n'a pas été faite au jour indiqué par le procès-verbal, sans qu'elle ait été empêchée par quelque obstacle; et, en cas d'empêchement, la décharge peut être demandée deux mois après la saisie, sauf au saisissant à faire nommer un autre gardien. T. 34.

606. La décharge sera demandée contre le saisissant et le saisi, par une assignation en référé devant le juge du lieu de la saisie: si elle est accordée, il sera préalablement procédé au récolement des effets saisis, parties appelées. Pr. 61, 806 s. T. 29, 35.

607. Il sera passé outre, nonobstant toutes réclamations de la part de la partie saisie, sur lesquelles il sera statué en référé. Pr. 806 s.

608. Celui qui se prétendra propriétaire des objets saisis ou de partie d'iceux, pourra s'opposer à la vente par exploit signifié au gardien, et dénoncé au saisissant et au saisi, contenant assignation libellée et l'énonciation des preuves de propriété, à peine de nullité: il y sera statué par le tribunal du lieu de la saisie, comme en matière sommaire. — Le réclamant qui succombera sera condamné, s'il y échet, aux dommages et intérêts du saisissant. Pr. 126, 128,

141, 404 s., 606, 725 s.; *revendic.*, 826 s.; *nullité*, 1029. C. 549 s., 2102 4°. T. 29.

609. Les créanciers du saisi, pour quelque cause que ce soit, même pour loyers, ne pourront former opposition que sur le prix de la vente: leurs oppositions en contiendront les causes; elles seront signifiées au saisissant et à l'huissier ou autre officier chargé de la vente, avec élection de domicile dans le lieu où la saisie est faite, si l'opposant n'y est pas domicilié: le tout à peine de nullité des oppositions, et des dommages-intérêts contre l'huissier, s'il y a lieu. Pr. 61, 71, 610, 615, 622, 1029, 1031. C. 2102 1°. T. 29.

610. Le créancier opposant ne pourra faire aucune poursuite, si ce n'est contre la partie saisie, et pour obtenir condamnation: il n'en sera fait aucune contre lui, sauf à discuter les causes de son opposition lors de la distribution des deniers. Pr. 656.

611. L'huissier qui, se présentant pour saisir, trouverait une saisie déjà faite et un gardien établi, ne pourra pas saisir de nouveau; mais il pourra procéder au récolement des meubles et effets sur le procès-verbal, que le gardien sera tenu de lui représenter: il saisira les effets omis, et fera sommation au premier saisissant de vendre le tout dans la huitaine: le procès-verbal de récolement vaudra opposition sur les deniers de la vente. Pr. 61, 680; T. 36.

612. Faute par le saisissant de faire vendre dans le délai ci-après fixé, tout opposant ayant titre exécutoire pourra, sommation préalablement faite au saisissant, et sans former aucune demande en subrogation, faire procéder au récolement des effets saisis, sur la copie du procès-verbal de saisie, que le gardien sera tenu de représenter, et de suite à la vente. Pr. 616, 721 s. T. 29.

613. Il y aura au moins huit jours entre la signification de la saisie au débiteur et la vente. Pr. 595, 602, 614.

614. Si la vente se fait à un jour autre que celui indiqué par la signification, la partie saisie sera appelée, avec un jour d'intervalle, outre un jour pour trois myriamètres en raison de la distance du domicile du saisi, et du lieu où les effets seront vendus. Pr. 595, 602, 613, 1033. T. 29.

615. Les opposans ne seront point appelés. Pr. 609 s.

616. Le procès-verbal de récolement qui précèdera la vente, ne contiendra aucune énonciation des effets saisis, mais seulement de ceux en déficit, s'il y en a. Pr. 61, 612. T. 37.

617. La vente sera faite au plus prochain marché public, aux jour et heure ordinaires des marchés, ou un jour de dimanche: pourra néanmoins le tribunal permettre de vendre les effets en un autre lieu plus avantageux. Dans tous les cas, elle sera annoncée un jour auparavant par quatre placards au moins, affichés, l'un au lieu où sont les effets, l'autre à la porte de la maison commune, le troisième au marché du lieu, et s'il n'y en a pas, au marché voisin, le quatrième à la porte de l'auditoire de la justice de paix; et si la vente se fait dans un lieu autre que le marché ou le lieu où sont les effets, un cinquième placard sera apposé au lieu où se fera la vente. La vente sera, en outre, annoncée, par la voie des journaux, dans les villes où il y en a. Pr. 618 s., 622 s., 631, 945, 949. T. 38, 76.

618. Les placards indiqueront les lieu, jour et heure de la vente, et la nature des objets sans détail particulier. Pr. 630.

619. L'apposition sera constatée par exploit, auquel sera annexé un exemplaire du placard. Pr. 61.

620. S'il s'agit de barques, chaloupes et autres bâtimens de mer du port de dix tonneaux et au-dessous, bacs, galiotes, bateaux et autres bâtimens de rivière, moulins et autres édifices mobiles, assis sur bateaux ou autrement, il sera procédé à leur adjudication sur les ports, gares ou quais où ils se trouvent: il sera affiché quatre placards au moins, conformément à l'article précédent; et il sera fait, à trois divers jours conséculifs, trois publications au lieu où sont lesdits objets : la première publication ne sera faite que huit jours au moins après la signification de la saisie. Dans les villes où il s'imprime des journaux, il sera suppléé à ces trois publications par l'insertion qui sera faite au journal, de l'annonce de ladite vente, laquelle annonce sera répétée trois fois dans le cours du mois précédant la vente. C. *meubles*, 531. Co. 207 s. T. 41.

621. La vaisselle d'argent, les bagues et joyaux de la valeur de trois cents francs au moins, ne pourront être vendus qu'après placards apposés en la forme ci-dessus, et trois expositions, soit au marché, soit dans l'endroit où sont lesdits effets; sans que néanmoins, dans aucun cas, lesdits objets puissent être vendus au-dessous de leur valeur réelle, s'il s'agit de vaisselle d'argent, ni au-dessus de l'estimation qui en aura été faite par des gens de l'art, s'il s'agit de bagues et joyaux. — Dans les villes où il s'imprime des journaux, les trois publications seront suppléées comme il est dit en l'article précédent. Pr. *saisie*, 589. Co. 560. T. 41.

622. Lorsque la valeur des effets saisis excédera le montant des causes de la saisie et des oppositions, il ne sera procédé qu'à la vente des objets suffisant à fournir somme nécessaire pour le paiement des créances et frais.

623. Le procès-verbal constatera la présence ou le défaut de comparution de la partie saisie. T. 40.

624. L'adjudication sera faite au plus offrant, en payant comptant : faute de paiement, l'effet sera revendu sur-le-champ à la folle enchère de l'adjudicataire. Pr. 1031. C. 1649. P. 412. (1)

625. Les commissaires-priseurs et huissiers seront personnellement responsables du prix des adjudications, et feront mention, dans leurs procès-verbaux, des noms et domiciles des adjudicataires : ils ne pourront recevoir d'eux aucune somme au-dessus de l'enchère, à peine de concussion. Pr. 132, 1030. C. 2060. P. 169 s.

TITRE IX.

DE LA SAISIE DES FRUITS PENDANS PAR RACINE, OU DE LA SAISIE-BRANDON.

626. La saisie-brandon ne pourra être faite que dans les six semaines qui précéderont l'époque ordinaire de la maturité des fruits : elle sera précédée d'un commandement, avec un jour d'intervalle. Pr. *command.*, 61, 583 : *fruits d'imm. sais.*, 681 s. C. 520. T. 29.

627. Le procès-verbal de saisie contiendra l'indication de chaque pièce, sa contenance et sa situation, et deux au moins de ses tenans et aboutissans, et la nature des fruits. Pr. 61, 675. T. 40, 43.

628. Le garde champêtre sera établi gardien, à moins qu'il ne soit compris dans l'exclusion portée par l'article 598 ; s'il n'est présent, la saisie lui sera signifiée : il sera aussi laissé copie au maire de la commune de la situation, et l'original sera visé par lui. — Si les communes sur lesquelles les biens sont situés sont contiguës ou voisines, il sera établi un seul gardien, autre néanmoins qu'un garde champêtre : le visa sera donné par le maire de la commune du chef-lieu de l'exploitation ; et s'il n'y en a pas, par le maire de la commune où est située la majeure partie des biens. Pr. *gardien*, 597 s. : *copie au maire*, 1039. T. 29, 44, 45.

629. La vente sera annoncée par placards affichés, huitaine au moins avant la vente, à la porte du saisi, à celle de la maison commune, et, s'il n'y en a pas, au lieu où s'apposent les actes de l'autorité publique ; au principal marché du lieu, et, s'il n'y en a pas, au marché le plus voisin, et à la porte de l'auditoire de la justice de paix. Pr. 617 s.

630. Les placards désigneront les jour, heure et lieu de la vente; les

(1) *Droits d'enregistrement* : *L.* 22 frimaire an VII, *art.* 69, § 5. — Folle enchère : *L.* 22 frimaire an VII, *art.* 69, § 5 ; *L.* 28 avril 1816, *art.* 44. — Quittances données aux officiers publics : *Av. C.* 21 octobre 1809. V. *pour la forme des ventes publiques*, *L.* 22 pluviôse an VII.

noms et demeures du saisi et du saisissant ; la quantité d'hectares et la nature de chaque espèce de fruits, la commune où ils sont situés, sans autre désignation. Pr. 618.

631. L'apposition des placards sera constatée ainsi qu'il est dit au titre *des Saisies-Exécutions.* Pr. 619.

632. La vente sera faite un jour de dimanche ou de marché. Pr. 613 s., 617.

633. Elle pourra être faite sur les lieux où sur la place de la commune où est située la majeure partie des objets saisis. — La vente pourra aussi être faite sur le marché du lieu, et s'il n'y en a pas, sur le marché le plus voisin. Pr. 617.

634. Seront, au surplus, observées les formalités prescrites au titre *des Saisies-Exécutions.* Pr. 583 s.

635. Il sera procédé à la distribution du prix de la vente ainsi qu'il sera dit au titre *de la Distribution par contribution.* Pr. 656 s.

TITRE X (a).

DE LA SAISIE DES RENTES CONSTITUÉES SUR PARTICULIERS.

636. (1) La saisie d'une rente constituée en perpétuel ou en viager, moyennant un capital déterminé, ou pour prix de la vente d'un immeuble, ou de la cession de fonds immobiliers, ou à tout autre titre onéreux ou gratuit, ne peut avoir lieu qu'en vertu d'un titre exécutoire. — Elle sera précédée d'un commandement fait à la personne ou au domicile de la partie obligée ou condamnée, au moins un jour avant la saisie, et contenant notification du titre, si elle n'a déjà été faite. Pr. 61, 543 s., 581 s., 583 s., 655. C. 530, 1909 s., 1968 s., 1981. T. 29, 128.

637. (2) La rente sera saisie entre les mains de celui qui la doit, par exploit contenant, outre les formalités ordinaires, l'énonciation du titre constitutif de la rente, de sa quotité, de son capital, s'il y en a un, et du titre de la créance du saisissant ; les noms, profession et demeure de la partie saisie ; élection de domicile chez un avoué près le tribunal devant lequel la vente sera poursuivie, et assignation au tiers saisi en déclaration devant le même tribunal. Pr. 49 7°, 61, 559, 570, 640, 655. T. 46.

638. (3) Les dispositions contenues aux art. 570, 571, 572, 573, 574, 575 et 576, relatives aux formalités que doit remplir le tiers-saisi, seront observées par le débiteur de la rente. — Si ce débiteur ne fait pas sa déclaration, s'il la fait tardivement, ou s'il ne fait pas les justifications ordonnées, il pourra, selon les cas, être condamné à servir la rente faute d'avoir justifié de sa libération, ou à des dommages intérêts résultant, soit de son silence, soit du retard apporté à faire sa déclaration, soit de la procédure à laquelle il aura donné lieu. Pr. 577.

639. (4) La saisie entre les mains de personnes non demeurant en France sur le continent sera signifiée à personne ou domicile ; et seront observés, pour la citation, les délais prescrits par l'article 73. Pr. 560, 641, 655.

640. (5) L'exploit de saisie vaudra toujours saisie-arrêt des arrérages échus et à échoir jusqu'à la distribution. Pr. 657.

641. (6) Dans les trois jours de la

(a) LOI 24 MAI 1842.

ARTICLE UNIQUE. Le titre X du livre V de la première partie du Code de procédure civile, relatif à la saisie des rentes constituées sur particuliers, est remplacé par les dispositions suivantes.

Nota. Les chiffres mis en note indiquent le rapport des articles de l'ancien texte du Code avec la nouvelle rédaction.

(1) 636. — (2) 637. — (3) 638. — (4) 639. — (5) 640. — (6) 641.

saisie, outre un jour par cinq myriamètres de distance entre le domicile du débiteur de la rente et celui du saisissant, et pareil délai en raison de la distance entre le domicile de ce dernier et celui de la partie saisie, le saisissant sera tenu de la dénoncer à la partie saisie et de lui notifier le jour de la publication du cahier des charges. Pr. 61, 563, 643, 655, 686, 1033. T. 29 — (7) Lorsque le débiteur de la rente sera domicilié hors du continent de la France, le délai pour la dénonciation ne courra que du jour de l'échéance de la citation au tiers saisi. Pr. 73, 639.

642. (8) Dix jours au plus tôt, quinze jours au plus tard, après la dénonciation à la partie saisie, outre le délai des distances, tel qu'il est réglé par l'art. 641, le saisissant déposera au greffe du tribunal devant lequel se poursuit la vente, le cahier des charges contenant les noms, professions et demeures du saisissant, de la partie saisie et du débiteur de la rente, la nature de cette rente, sa quotité, celle du capital, s'il y en a un, la date et l'énonciation du titre en vertu duquel elle est constituée, l'énonciation de l'inscription, si le titre contient hypothèque et si cette hypothèque a été inscrite pour sûreté de la rente; les noms et demeure de l'avoué du poursuivant, les conditions de l'adjudication et la mise à prix, avec indication du jour de la publication du cahier des charges. Pr. 218, 655, 690.

643. (9) Dix jours au plus tôt, vingt jours au plus tard, après le dépôt au greffe du cahier des charges, il sera fait, à l'audience et au jour indiqué, lecture et publication de ce cahier des charges; le tribunal en donnera acte au poursuivant. Pr. 655, 691, 694.

644. Le tribunal statuera immédiatement sur les dires et observations qui auront été insérés au cahier des charges, et fixera les jour et heure où il procèdera à l'adjudication; le délai entre la publication et l'adjudication sera de dix jours au moins et de vingt jours au plus. Le jugement sera porté à la suite de la mise à prix ou des dires des parties. Pr. 650, 655, 691, 694.

645. (10) Après la publication du cahier des charges, et huit jours au moins avant l'adjudication, un extrait de ce cahier, contenant, outre les renseignements énoncés en l'art. 642, l'indication du jour de l'adjudication, sera affiché, 1° à la porte du domicile du saisi; 2° à la porte du domicile du débiteur de la rente; 3° à la principale porte du tribunal; 4° à la principale place du lieu où la vente se poursuit. Pr. 617 s., 655, 691 s.

646. (11) Pareil extrait sera inséré, dans le même délai, au journal indiqué pour recevoir les annonces judiciaires, conformément à l'art. 696. Pr. 655.

647. Il sera justifié des affiches et de l'insertion au journal conformément aux articles 698 et 699, et il pourra être passé en taxe un plus grand nombre d'affiches et d'insertions aux journaux, dans les cas prévus par les articles 697 et 700.

648. (12) Les règles et formalités prescrites, au titre de la *Saisie immobilière*, par les articles 701, 702, 703, 704, 705, 706, 707, 711, 712, 713, 714 et 741, seront observées pour l'adjudication des rentes.

649. (13) Faute par l'adjudicataire d'exécuter les clauses de l'adjudication, la rente sera vendue à sa folle enchère, et il sera procédé ainsi qu'il est dit aux articles 734, 735, 736, 738, 739 et 740. Néanmoins le délai entre les nouvelles affiches et l'adjudication sera de cinq jours au moins et de dix jours au plus, et la signification prescrite par l'art. 736 précèdera de cinq jours au moins le jour de la nouvelle adjudication.

650. (14) La partie saisie sera te-

(7) 642. — (8) 643. — (9) 643, 648, 649. — (10) 644, 645, 650. — (11) 646, 650. — (12) 647, 651, 652. — (13) 652. — (14) 654.

nue de proposer ses moyens de nullité, contre la procédure antérieure à la publication du cahier des charges, un jour au moins avant le jour fixé pour cette publication, et contre la procédure postérieure, un jour au moins avant l'adjudication : le tout à peine de déchéance. Il sera statué par le tribunal, sur un simple acte d'avoué, et si les moyens sont rejetés il sera immédiatement procédé, soit à la publication du cahier des charges, soit à l'adjudication. Pr. 75, 209, 728 s.

651. Aucun jugement ou arrêt par défaut, en matière de saisie de rentes constituées sur particuliers, ne sera sujet à opposition. L'appel des jugements qui statueront sur les moyens de nullité, tant en la forme qu'au fond, ou sur d'autres incidents, et qui seront relatifs à la procédure antérieure à la publication du cahier des charges, sera considéré comme non avenu, s'il est interjeté après les huit jours, à compter de la signification à avoué, ou, s'il n'y a pas d'avoué, à compter de la signification à personne ou à domicile, soit réel, soit élu ; et la partie saisie ne pourra, sur l'appel, proposer des moyens autres que ceux qui auront été présentés en première instance. — L'appel sera signifié au domicile de l'avoué, et, s'il n'y a pas d'avoué, au domicile réel ou élu de l'intimé. Il sera notifié en même temps au greffier du tribunal et visé par lui. L'acte d'appel énoncera les griefs. Pr. 147, 456, 464, 655, 731, 739.

652. Ne pourront être attaqués par la voie de l'appel, 1° les jugements qui, sans statuer sur des incidents, donneront acte de la publication du cahier des charges, ou qui prononceront l'adjudication; 2° ceux qui statueront sur des nullités postérieures à la publication du cahier des charges. Pr. 643 s., 650, 730.

653. (15) Si la rente a été saisie par deux créanciers, la poursuite appartiendra à celui qui, le premier, aura dénoncé ; en cas de concurrence, au porteur du titre le plus ancien : et si les titres sont de même date, à l'avoué le plus ancien. Pr. 719 s.

654. (16) La distribution du prix sera faite ainsi qu'il sera prescrit au titre *de la Distribution par contribution*, sans préjudice néanmoins des hypothèques établies antérieurement à la loi du 11 brumaire an VII (1er novembre 1798). Pr. 656.

655. Les formalités prescrites par les articles 636, 637, 639, 641, 642, 643, 644, 645, 646 et 651, seront observées à peine de nullité. Pr. 1029.

TITRE XI.

DE LA DISTRIBUTION PAR CONTRIBUTION.

656. Si les deniers arrêtés ou le prix des ventes ne suffisent pas pour payer les créanciers, le saisi et les créanciers seront tenus, dans le mois, de convenir de la distribution par contribution. Pr. 579, 635, 659, 749, 990. — O. 3 *juillet* 1816, *art.* 2, 4.

657. Faute par le saisi et les créanciers de s'accorder dans ledit délai, l'officier qui aura fait la vente, sera tenu de consigner, dans la huitaine suivante, et à la charge de toutes les oppositions, le montant de la vente, déduction faite de ses frais d'après la taxe qui aura été faite par le juge sur la minute du procès-verbal : il sera fait mention de cette taxe dans les expéditions. Pr. 659, 814. C. 1259. T. 42. — O. 3 *juill.* 1816, *art.* 2, 4.

658. Il sera tenu au greffe un registre des contributions, sur lequel un juge sera commis par le président, sur la réquisition du saisissant, ou, à son défaut, de la partie la plus diligente : cette réquisition sera faite par simple note portée sur le registre. Pr. 750 s., 777. T. 95.

659. Après l'expiration des délais portés aux articles 656 et 657, et en vertu de l'ordonnance du juge commis, les créanciers seront sommés de produire, et la partie saisie de prendre communication des pièces produites, et de contredire, s'il y échet. Pr. 61, 752 s. T. *imm.*, 6, 16.

---

(15) 653. — (16) 655.

660. Dans le mois de la sommation, les créanciers opposans, soit entre les mains du saisissant, soit en celles de l'officier qui aura procédé à la vente, produiront, à peine de forclusion, leurs titres ès-mains du juge commis, avec acte contenant demande en collocation et constitution d'avoué. Pr. 209, 664, 754. T. 29, 97.

661. Le même acte contiendra la demande à fin de privilége : néanmoins le propriétaire pourra appeler la partie saisie et l'avoué plus ancien en référé devant le juge-commissaire, pour faire statuer préliminairement sur son privilége pour raison des loyers à lui dus. Pr. 806 s. C. 2102. T. 29, 97, 98.

662. Les frais de poursuite seront prélevés, par privilége, avant toute créance autre que celle pour loyers dus au propriétaire. Pr. 714. C. 2101 1°, 2102.

663. Le délai ci-dessus fixé, expiré, et même auparavant, si les créanciers ont produit, le commissaire dressera, ensuite de son procès-verbal, l'état de distribution sur les pièces produites ; le poursuivant dénoncera, par acte d'avoué, la clôture du procès-verbal aux créanciers produisans et à la partie saisie, avec sommation d'en prendre communication, et de contredire sur le procès-verbal du commissaire dans la quinzaine. Pr. 75, 209. 666, 755. T. 29, 99, 100.

664. Faute par les créanciers et la partie saisie de prendre communication ès-mains du juge-commissaire dans ledit délai, ils demeureront forclos, sans nouvelle sommation ni jugement ; il ne sera fait aucun dire, s'il n'y a lieu à contester. Pr. 756 s. Co. 503.

665. S'il n'y a point de contestation, le juge-commissaire clora son procès-verbal, arrêtera la distribution des deniers, et ordonnera que le greffier délivrera mandement aux créanciers, en affirmant par eux la sincérité de leurs créances. Pr. 141, 670 2., 759. T. 101.

666. S'il s'élève des difficultés, le juge-commissaire renverra à l'audience ; elle sera poursuivie par la partie la plus diligente, sur un simple acte d'avoué à avoué, sans autre procédure. Pr. 75, 82, 405, 758.

667. Le créancier contestant, celui contesté, la partie saisie, et l'avoué le plus ancien des opposans, seront seuls en cause ; le poursuivant ne pourra être appelé en cette qualité. Pr. 669, 760, 1031.

668. Le jugement sera rendu sur le rapport du juge-commissaire et les conclusions du ministère public. Pr. 83 s., 93 s., 111, 141, 761.

669. L'appel de ce jugement sera interjeté dans les dix jours de la signification à avoué : l'acte d'appel sera signifié au domicile de l'avoué ; il contiendra citation et énonciation des griefs ; il y sera statué comme en matière sommaire. — Ne pourront être intimées sur ledit appel que les parties indiquées par l'art. 667. Pr. 404 s., 443 s., 456, 667, 763 s.

670. Après l'expiration du délai fixé pour l'appel, et en cas d'appel, après la signification de l'arrêt au domicile de l'avoué, le juge-commissaire clora son procès-verbal, ainsi qu'il est prescrit par l'art. 665. — Pr. 61, 665, 671, 767.

671. Huitaine après la clôture du procès-verbal, le greffier délivrera les mandemens aux créanciers, en affirmant par eux la sincérité de leur créance par devant lui. Pr. 218, 665, 771. T. 101. — O. 3 *juillet*, art. 4.

672. Les intérêts des sommes admises en distribution cesseront du jour de la clôture du procès-verbal de distribution, s'il ne s'élève pas de contestation ; en cas de contestation, du jour de la signification du jugement qui aura statué ; en cas d'appel, quinzaine après la signification du jugement sur appel. Pr. 665, 668 s., 767.

TITRE XII.

DE LA SAISIE IMMOBILIÈRE. (1)

673. La saisie immobilière sera précédée d'un commandement à per-

(1) *Loi* 2 juin 1841. — Art. 1er. Les titres XII et XIII du livre V de la première partie du Code de procédure civile, et le décret du 2 février 1811,

sonne ou domicile; en tête de cet acte, il sera donné copie entière du titre en vertu duquel elle est faite. Ce commandement contiendra élection de domicile dans le lieu où siége le tribunal qui devra connaître de la saisie, si le créancier n'y demeure pas; il énoncera que, faute de paiement, il sera procédé à la saisie des immeubles du débiteur; l'huissier ne se fera pas assister de témoins; il fera, dans le jour, viser l'original par le maire du lieu où le commandement sera signifié. Pr. 61, 68, 545 s., 583, 636, 677, 715, 1039. C. 2204 s., 2210, 2213, 2217, 2244. T. imm., 3, 16.

674. La saisie immobilière ne pourra être faite que trente jours après le commandement: si le créancier laisse écouler plus de quatre vingt-dix jours entre le commandement et la saisie, il sera tenu de le réitérer dans les formes et avec le délai ci-dessus. Pr. 715, 1033. C. 2216.

675. Le procès-verbal de saisie contiendra, outre toutes les formalités communes à tous les exploits, — 1° L'énonciation du titre exécutoire en vertu duquel la saisie est faite; — 2° La mention du transport de l'huissier sur les biens saisis; — 3° L'indication des biens saisis, savoir: — Si c'est une maison, l'arrondissement, la commune, la rue, le numéro s'il y en a, et, dans le cas contraire, deux au moins des tenans et aboutissans; — Si ce sont des biens ruraux, la désignation des bâtimens quand il y en aura, la nature et la contenance approximative de chaque pièce, le nom du fermier ou colon s'il y en a, l'arrondissement et la commune où les biens sont situés; — 4° La copie littérale de la matrice du rôle de la contribution foncière pour les articles saisis; — 5° L'indication du tribunal où la saisie sera portée; — 6° Et enfin constitution d'avoué chez lequel le domicile du saisissant sera élu de droit. Pr. 61, 627, 682, 715. C. 2204 s. T. imm., 4, 16.

676. Le procès-verbal de saisie sera visé, avant l'enregistrement, par le maire de la commune dans laquelle sera situé l'immeuble saisi; et, si la saisie comprend des biens situés dans plusieurs communes, le visa sera donné successivement par chacun des maires à la suite de la partie du procès-verbal relative aux biens situés dans sa commune. Pr. 715, 1039. C. 2210.

677. La saisie immobilière sera dénoncée au saisi dans les quinze jours qui suivront celui de la clôture du procès-verbal, outre un jour par cinq myriamètres de distance entre le domicile du saisi et le lieu où siége le tribunal qui doit connaître de la saisie. L'original sera visé dans le jour par le maire du lieu où l'acte de dénonciation aura été signifié. Pr. 61, 675, 693, 715, 1033, 1039. T. imm., 4, 16.

678. La saisie immobilière et l'exploit de dénonciation seront transcrits, au plus tard, dans les quinze jours qui suivront celui de la dénonciation, sur le registre à ce destiné au bureau des hypothèques de la situation des biens, pour la partie des objets saisis qui se trouvent dans l'arrondissement. Pr. 677, 679, 712, 715, 719 s. C. 2108, 2200. T. imm., 6, 16. (1)

679. Si le conservateur ne peut procéder à la transcription de la saisie à l'instant où elle lui est présentée, il fera mention sur l'original, qui lui sera laissé, des heure, jour, mois et an auxquels il aura été remis; et, en cas de concurrence, le premier présenté sera transcrit. Pr. 680. C. 2200.

680. S'il y a eu précédente saisie, le conservateur constatera son refus

---

relatifs à la saisie immobilière et à ses incidens, seront remplacés par les dispositions suivantes: — Art. 9. Les ventes judiciaires qui seront commencées antérieurement à la promulgation de la présente loi continueront à être régies par les anciennes dispositions du Code de procédure civile et du décret du 2 février 1811. — Les ventes seront censées commencées, savoir: pour la saisie immobilière, si le procès-verbal a été transcrit, et pour les autres ventes, si les placards ont été affichés.

(1) Droits du conservateur: 1 fr. Ord. 10 oct. 1841, art. 2.

en marge de la seconde ; il énoncera la date de la précédente saisie, les noms, demeures et professions du saisissant et du saisi, l'indication du tribunal où la saisie est portée, le nom de l'avoué du saisissant, et la date de la transcription. Pr. 719 s. (1)

681. Si les immeubles saisis ne sont pas loués ou affermés, le saisi restera en possession jusqu'à la vente, comme séquestre judiciaire, à moins que, sur la demande d'un ou plusieurs créanciers, il n'en soit autrement ordonné par le président du tribunal, dans la forme des ordonnances sur référé — Les créanciers pourront néanmoins, après y avoir été autorisés par ordonnance du président rendue dans la même forme, faire procéder à la coupe et à la vente, en tout ou en partie, des fruits pendans par les racines. — Les fruits seront vendus aux enchères, ou de toute autre manière autorisée par le président, dans le délai qu'il aura fixé, et le prix sera déposé à la caisse des dépôts et consignations. Pr. 209, 685 s., 806 s. C. 1961 s. O. 3 *juillet* 1816, *art.* 2 n° 9. T. *imm.*, 3, 16.

682. Les fruits naturels et industriels recueillis postérieurement à la transcription, ou le prix qui en proviendra, seront immobilisés pour être distribués avec le prix de l'immeuble par ordre d'hypothèque. Pr. 677, 685. C. 526. O. 3 *juillet* 1816, *art.* 2 n° 9.

683. Le saisi ne pourra faire aucune coupe de bois ni dégradation, à peine de dommages et intérêts, auxquels il sera contraint par corps, sans préjudice, s'il y a lieu, des peines portées dans les articles 400 et 431 du Code pénal. Pr. 126, 681, 780 s. C. 2060 s.

684. Les baux qui n'auront pas acquis date certaine avant le commandement pourront être annulés, si les créanciers ou l'adjudicataire le demandent. C. 1328, 1743 s. T. *imm.*, 3, 16.

685. Les loyers et fermages seront immobilisés à partir de la transcription de la saisie, pour être distribués avec le prix de l'immeuble par ordre d'hypothèque. Un simple acte d'opposition à la requête du poursuivant ou de tout autre créancier vaudra saisie-arrêt entre les mains des fermiers et locataires, qui ne pourront se libérer qu'en exécution de mandemens de collocation, ou par le versement de loyers ou fermages à la caisse des consignations ; ce versement aura lieu à leur réquisition, ou sur la simple sommation des créanciers. A défaut d'opposition, les paiemens faits au débiteur seront valables, et celui-ci sera comptable, comme séquestre judiciaire, des sommes qu'il aura reçues. Pr. 685, 682. C. 1962 s. T. *imm.*, 3, 16.

686. La partie saisie ne peut, à compter du jour de la transcription de la saisie, aliéner les immeubles saisis, à peine de nullité, et sans qu'il soit besoin de la faire prononcer. Pr. 677, 682. C. 1594, 1599.

687. Néanmoins, l'aliénation ainsi faite aura son exécution si, avant le jour fixé pour l'adjudication, l'acquéreur consigne somme suffisante pour acquitter en principal, intérêts et frais, ce qui est dû aux créanciers inscrits, ainsi qu'au saisissant, et s'il leur signifie l'acte de consignation. Pr. 817 s. C. 1257 s. T. *imm.*, 3, 16.

688. Si les deniers ainsi déposés ont été empruntés, les prêteurs n'auront d'hypothèque que postérieurement aux créanciers inscrits lors de l'aliénation. C. 2103 2°.

689. A défaut de consignation avant l'adjudication, il ne pourra être accordé, sous aucun prétexte, de délai pour l'effectuer. Pr. 720, 727. C. 1244, 1900, 2212.

690. Dans les vingt jours, au plus tard, après la transcription, le poursuivant déposera au greffe du tribunal le cahier des charges, contenant : Pr. 218. 1° L'énonciation du titre exécutoire en vertu duquel la saisie a été faite, du commandement, du procès-verbal de saisie, ainsi que des autres actes et jugemens intervenus postérieurement ; Pr. 643. — 2° La désignation des immeubles, telle qu'elle a été insérée dans le procès-verbal ; Pr. 675. — 3° Les conditions de la vente ; Pr.

(1) *Droits du conservateur* : 1 fr, *Ord*, 10 oct. 1841, art. 2.

694 s. — 4° Une mise à prix de la part du poursuivant. Pr. 694 s., 712, 715. T. *imm.*, 11, 18.

691. Dans les huit jours, au plus tard, après le dépôt au greffe, outre un jour par cinq myriamètres de distance entre le domicile du saisi et le lieu où siége le tribunal, sommation sera faite au saisi, à personne ou domicile, de prendre communication du cahier des charges, de fournir ses dires et observations, et d'assister à la lecture et publication qui en sera faite, ainsi qu'à la fixation du jour de l'adjudication. Cette sommation indiquera les jour, lieu et heure de la publication. Pr. 61, 692 s., 715, 1033. T. *imm.*, 3, 16.

692. Pareille sommation sera faite, dans le même délai de huitaine aux créanciers inscrits sur les biens saisis, aux domiciles élus dans les inscriptions. — Si parmi les créanciers inscrits se trouve le vendeur de l'immeuble saisi, la sommation à ce créancier portera, qu'à défaut de former sa demande en résolution et de la notifier au greffe avant l'adjudication, il sera définitivement déchu, à l'égard de l'adjudicataire, du droit de la faire prononcer. Pr. 61, 693, 715, 1033. C. 1654 s., 2103, 2148. T. *imm.*, 3, 7, 16.

693. Mention de la notification prescrite par les deux articles précédens sera faite dans les huit jours de la date du dernier exploit de notification, en marge de la transcription de la saisie, au bureau des hypothèques. (1) — Du jour de cette mention, la saisie ne pourra plus être rayée que du consentement des créanciers inscrits, ou en vertu de jugemens rendus contre eux. Pr. 678, 715, 721. T. *imm.*, 7. (2)

694. Trente jours au plus tôt et quarante jours au plus tard après le dépôt du cahier des charges, il sera fait à l'audience, et au jour indiqué, publication et lecture du cahier des charges. — Trois jours au plus tard avant la publication, le poursuivant, la partie saisie et les créanciers inscrits seront tenus de faire insérer, à la suite de la mise à prix, leurs dires et observations ayant pour objet d'introduire des modifications dans ledit cahier. Passé ce délai, ils ne seront plus recevables à proposer de changemens, dires ou observations. Pr. 209. 218, 690, 691 s., 715.

695. Au jour indiqué par la sommation faite au saisi et aux créanciers, le tribunal donnera acte au poursuivant des lectures et publications du cahier des charges, statuera sur les dires et observations qui y auront été insérés, et fixera les jour et heure où il procédera à l'adjudication. Le délai entre la publication et l'adjudication sera de trente jours au moins et de soixante au plus. — Le jugement sera porté sur le cahier des charges à la suite de la mise à prix ou des dires des parties. Pr. 209, 712, 718, T. *imm.*, 7, 16.

696. Quarante jours au plus tôt et vingt jours au plus tard avant l'adjudication, l'avoué du poursuivant fera insérer, dans un journal publié dans le département où sont situés les biens, un extrait signé de lui et contenant : — 1° La date de la saisie et de sa transcription ; — 2° Les noms, professions, demeures du saisi, du saisissant et de l'avoué de ce dernier ; — 3° La désignation des immeubles, telle qu'elle a été insérée dans le procès-verbal ; — 4° La mise à prix ; — 5° L'indication du tribunal où la saisie se poursuit, et des jour, lieu et heure de l'adjudication. — A cet effet, les cours royales, chambres réunies, après un avis motivé des tribunaux de première instance respectifs, et sur les réquisitions écrites du ministère public, désigneront chaque année, dans la première quinzaine de décembre, pour chaque arrondissement de leur ressort, parmi les journaux qui se publient dans le département, un ou plusieurs journaux où devront être insérées les annonces judiciaires. Les cours royales règle-

(1) *Droits du conservateur* : 1 fr. *Ord.* 10 oct. 1841, art. 2.

(2) *Droits du conservateur* : mention prescrite par les art. 691, 692, 1 fr. — Radiation de la saisie immobilière, 1 fr. *Ord.* 10 oct. 1841, art. 2.

ront en même temps le tarif de l'impression de ces annonces. Néanmoins toutes les annonces judiciaires relatives à la même saisie seront insérées dans le même journal. Pr. 646, 675, 678, 690, 697, 698, 715, 836, 868, 960. C. 2210. T. *imm.*, 11.

697. Lorsque, indépendamment des insertions prescrites par l'article précédent, le poursuivant, le saisi, ou l'un des créanciers inscrits, estimera qu'il y aurait lieu de faire d'autres annonces de l'adjudication par la voie des journaux, le président du tribunal devant lequel se poursuit la vente pourra, si l'importance des biens paraît l'exiger, autoriser cette insertion extraordinaire. Les frais n'entreront en taxe que dans le cas où cette autorisation aurait été accordée. L'ordonnance du président ne sera soumise à aucun recours. Pr. 259, 696, 700. T. *imm.*, 11.

698. Il sera justifié de l'insertion aux journaux par un exemplaire de la feuille, contenant l'extrait énoncé en l'article précédent; cet exemplaire portera la signature de l'imprimeur, légalisée par le maire. Pr. 696, 715. T. *imm.*, 11. (1)

699. Extrait pareil à celui qui est prescrit par l'article 696, sera imprimé en forme de placard et affiché, dans le même délai, — 1° A la porte du domicile du saisi; — 2° A la porte principale des édifices saisis; — 3° A la principale place de la commune où le saisi est domicilié, ainsi qu'à la principale place de la commune où les biens sont situés, et de celle où siége le tribunal devant lequel se poursuit la vente; — 4° A la porte extérieure des mairies du domicile du saisi et des communes de la situation des biens; — 5° Au lieu où se tient le principal marché de chacune de ces communes, et, lorsqu'il n'y en a pas, au lieu où se tient le principal marché de chacune des deux communes les plus voisines dans l'arrondissement; — 6° A la porte de l'auditoire du juge de paix de la situation des bâtimens; et s'il n'y a pas de bâtimens, à la porte de l'auditoire de la justice de paix où se trouve la majeure partie des biens saisis; — 7° Aux portes extérieures des tribunaux du domicile du saisi, de la situation des biens, et de la vente. — L'huissier attestera, par un procès-verbal rédigé sur un exemplaire du placard, que l'apposition a été faite aux lieux déterminés par la loi, sans les détailler. — Le procès-verbal sera visé par le maire de chacune des communes dans lesquelles l'apposition aura été faite. Pr. 61, 645 s., 696 s., 700, 715, 1039. T. *imm.*, 4, 16, 11, 19. (2)

700. Selon la nature et l'importance des biens, il pourra être passé en taxe jusqu'à cinq cents exemplaires des placards, non compris le nombre d'affiches prescrit par l'art. 699. Pr. 697. T. *imm.*, 16, 19.

701. Les frais de la poursuite seront taxés par le juge, et il ne pourra être rien exigé au-delà du montant de la taxe. Toute stipulation contraire, quelle qu'en soit la forme, sera nulle de droit. — Le montant de la taxe sera publiquement annoncé avant l'ouverture des enchères, et il en sera fait mention dans le jugement d'adjudication. Pr. 1029. C. 6.

702. Au jour indiqué pour l'adjudication, il y sera procédé sur la demande du poursuivant, et, à son défaut, sur celle de l'un des créanciers inscrits. Pr. 695 s., 706. C. 2212, 2213, 2215. T. *imm.*, 11.

703. Néanmoins l'adjudication pourra être remise sur la demande du poursuivant, ou de l'un des créanciers inscrits, ou de la partie saisie, mais seulement pour causes graves et dûment justifiées. — Le jugement qui prononcera la remise fixera de nouveau le jour de l'adjudication,

---

(1) *Droits d'enregistrement* : certificat de l'imprimeur : *L.* 22 frimaire an VII, *art.* 68, § 1er, *n°* 17.

(2) *Loi* 2 juin 1841. — Art. 10. Dans les six mois de la promulgation de la présente loi, il sera pourvu, par une ordonnance royale rendue suivant la forme des règlemens d'administration publique, au mode de conservation des affiches.

qui ne pourra être éloigné de moins de quinze jours, ni de plus de soixante. — Ce jugement ne sera susceptible d'aucun recours. Pr. 209. C. 2212. T. *imm.*, 11, 14.

704. Dans ce cas, l'adjudication sera annoncée huit jours au moins à l'avance par des insertions et des placards, conformément aux art. 696 et 699. Pr. 715, 741. T. *imm.*, 4, 15.

705. Les enchères sont faites par le ministère d'avoués et à l'audience. Aussitôt que les enchères seront ouvertes, il sera allumé successivement des bougies préparées de manière que chacune ait une durée d'environ une minute. (1) — L'enchérisseur cesse d'être obligé, si son enchère est couverte par une autre, lors même que cette dernière serait déclarée nulle. Pr. 651, 715. P. 412. T. *imm.*, 6, 16.

706. *L'adjudication* ne pourra être faite qu'après l'extinction de trois bougies allumées successivement. — S'il ne survient pas d'enchères pendant la durée de ces bougies, le poursuivant sera déclaré adjudicataire pour la mise à prix. — Si, pendant la durée d'une des trois premières bougies, il survient des enchères, l'adjudication ne pourra être faite qu'après l'extinction de deux bougies sans nouvelle enchère survenue pendant leur durée. Pr. 690, 715, 733 s. P. 412. T. *imm.*, 6, 11, 16.

707. L'avoué dernier enchérisseur sera tenu, dans les trois jours de l'adjudication, de déclarer *l'adjudicataire et de fournir son acceptation*, sinon de représenter son pouvoir, lequel demeurera annexé à la minute de sa déclaration ; faute de ce faire, il sera réputé adjudicataire en son nom, sans préjudice des dispositions de l'article 711. Pr. 733 s., 1029. C. 1596 s.

708. Toute personne pourra, dans les huit jours qui suivront l'adjudication, faire, par le ministère d'un avoué, une surenchère, pourvu qu'elle soit du sixième au moins du prix principal de la vente. Pr. 711, 965, 973. C. 1596 s. T. *imm.*, 12, 16.

709. La surenchère sera faite au greffe du tribunal qui a prononcé l'adjudication : elle contiendra constitution d'avoué et ne pourra être rétractée ; elle devra être dénoncée par le surenchérisseur, dans les trois jours, aux avoués de l'adjudicataire, du poursuivant et de la partie saisie, si elle a constitué avoué, sans néanmoins qu'il soit nécessaire de faire cette dénonciation à la personne ou au domicile de la partie saisie qui n'aurait pas d'avoué. — La dénonciation sera faite par un simple acte, contenant avenir pour l'audience qui suivra l'expiration de la quinzaine sans autre procédure. — L'indication du jour de cette adjudication sera faite de la manière prescrite par les articles 696 et 699. — Si le surenchérisseur ne dénonce pas la surenchère dans le délai ci-dessus fixé, le poursuivant ou tout créancier inscrit, ou le saisi, pourra le faire dans les trois jours qui suivront l'expiration de ce délai ; faute de quoi la surenchère sera nulle de droit, et sans qu'il soit besoin de faire prononcer la nullité. Pr. 75, 82, 218, 715, 965, 973, 1029. T. *imm.*, 4, 11, 16.

710. Au jour indiqué il sera ouvert de nouvelles enchères, auxquelles toute personne pourra concourir ; s'il ne se présente pas d'enchérisseurs, le surenchérisseur sera déclaré adjudicataire : en cas de folle enchère, il sera tenu par corps de la différence entre son prix et celui *de la vente*. — Lorsqu'une seconde adjudication aura eu lieu, après la surenchère ci-dessus, aucune autre surenchère des mêmes biens ne pourra être reçue. Pr. 733 s., 735, 740, 780 s. C. 2063.

711. Les avoués ne pourront enchérir pour les membres du tribunal devant lequel se poursuit la vente, à peine de nullité de l'adjudication ou de la surenchère, et de dommages-intérêts. — Ils ne pourront, sous les

---

(1) *Loi 2 juin 1841.* — *Art.* 10. L'emploi des bougies, dans les adjudications publiques, pourra être remplacé par un autre moyen, en vertu d'une ordonnance royale rendue suivant la forme des règlemens d'administration publique.

mêmes peines, enchérir pour le saisi ni pour les personnes notoirement insolvables. L'avoué poursuivant ne pourra se rendre personnellement adjudicataire ni surenchérisseur, à peine de nullité de l'adjudication ou de la surenchère, et de dommages-intérêts envers toutes les parties. Pr. 126, 128, 132, 705, 708, 964, 1029, 1031. C. 1149, 1382, 1596 s.

712. (1) Le jugement d'adjudication ne sera autre que la copie du cahier des charges, rédigé ainsi qu'il est dit ne l'art. 690; il sera revêtu de l'intitulé des jugemens et du mandement qui les termine, avec injonction à la partie saisie de délaisser la possession aussitôt après la signification du jugement, sous peine d'y être contrainte, même par corps. Pr. 146, 682, 717. C. 2061, 2215. O. 16 *août* 1830.

713. Le jugement d'adjudication ne sera délivré à l'adjudicataire, qu'à la charge, par lui, de rapporter au greffier quittance des frais ordinaires de poursuite, et la preuve qu'il a satisfait aux conditions du cahier des charges qui doivent être exécutées avant cette délivrance. La quittance et les pieces justificatives demeureront annexées à la minute du jugement, et seront copiées à la suite de l'adjudication. Faute par l'adjudicataire de faire ces justifications dans les vingt jours de l'adjudication, il y sera contraint par la voie de la folle enchère, ainsi qu'il sera dit ci-après, sans préjudice des autres voies de droit. Pr. 682, 733 s., 739. C. 1634, 1649.

714. Les frais extraordinaires de poursuite seront payés par privilége sur le prix, lorsqu'il en aura été ainsi ordonné par jugement. Pr. 662, 713, 723. C. 2101 n° 1.

715. Les formalités et délais prescrits par les articles 673, 674, 675, 676, 677, 678, 690, 691, 692, 693, 694, 696, 698, 699, 704, 705, 706, 709 § 1er et 3, seront observées, à peine de nullité. — La nullité prononcée pour défaut de désignation de l'un ou de plusieurs des immeubles compris dans la saisie n'entraînera pas nécessairement la nullité de la poursuite en ce qui concerne les autres immeubles. Pr. 675 3°. — Les nullités prononcées par le présent article pourront être proposées par tous ceux qui y auront intérêt. Pr. 1029.

716. Le jugement d'adjudication ne sera signifié qu'à la personne ou au domicile de la partie saisie. Pr. 61. — Mention sommaire du jugement d'adjudication sera faite en marge de la transcription de la saisie, à la diligence de l'adjudicataire. Pr. 678 s. T. *imm.*, 3, 7, 16.

717. L'adjudication ne transmet à l'adjudicataire d'autres droits à la propriété que ceux appartenant au saisi. C. 2125, 2182. — Néanmoins l'adjudicataire ne pourra être troublé dans sa propriété par aucune demande en résolution fondée sur le défaut de paiement du prix des anciennes aliénations, à moins qu'avant l'adjudication la demande n'ait été notifiée au greffe du tribunal où se poursuit la vente. — Si la demande a été notifiée en temps utile, il sera sursis à l'adjudication, et le tribunal, sur la réclamation du poursuivant ou de tout créancier inscrit, fixera le délai dans lequel le vendeur sera tenu de mettre à fin l'instance en résolution. — Le poursuivant pourra intervenir dans cette instance. Pr. 339 s. — Ce délai expiré sans que la demande en résolution ait été définitivement jugée, il sera passé outre à l'adjudication, à moins que, pour des causes graves et dûment justifiées, le tribunal n'ait accordé un nouveau délai pour le jugement de l'action en résolution. — Si, faute par le vendeur de se conformer aux prescriptions du tribunal, l'adjudication avait eu lieu avant le jugement de la demande en résolution, l'adjudicataire ne pourrait pas être poursuivi à raison des droits des anciens vendeurs, sauf à ceux-ci à faire valoir, s'il y avait lieu, leurs titres de créance, dans l'ordre et distribution du prix de l'adjudication. C. 1654 s. T. *imm.*, 3, 16.

(1) *Droits d'enregistrement* : L. 22 frimaire an VII, *art.* 60, § 7 ; L. 28 avril 1816, *art.* 52 (*y compris le droit de transcription.*)

TITRE XIII.

DES INCIDENS DE LA SAISIE IMMOBILIÈRE.

718. Toute demande incidente à une poursuite en saisie immobilière sera formée par un simple acte d'avoué à avoué, contenant les moyens et conclusions. Cette demande sera formée contre toute partie n'ayant pas d'avoué en cause, par exploit d'ajournement à huit jours, sans augmentation de délai à raison des distances, si ce n'est dans le cas de l'article 726, et sans préliminaire de conciliation. Ces demandes seront instruites et jugées comme affaires sommaires. Tout jugement qui interviendra ne pourra être rendu que sur les conclusions du ministère public. Pr. 49, 61, 75, 83 s., 337, 404 s., 673 s., 728 s., 730 s. T. *imm.*, 3, 16, 17.

719. Si deux saisissans ont fait transcrire deux saisies de biens différens, poursuivies devant le même tribunal, elles seront réunies, sur la requête de la partie la plus diligente, et seront continuées par le premier saisissant. La jonction sera ordonnée, encore que l'une des saisies soit plus ample que l'autre; mais elle ne pourra, en aucun cas, être demandée après le dépôt du cahier des charges : en cas de concurrence, la poursuite appartiendra à l'avoué porteur du titre plus ancien; et, si les titres sont de la même date, à l'avoué le plus ancien. Pr. 200, 611, 653, 673, 678 s., 690.

720. Si une seconde saisie, présentée à la transcription, est plus ample que la première, elle sera transcrite pour les objets non compris dans la première saisie, et le second saisissant sera tenu de dénoncer la saisie au premier saisissant, qui poursuivra sur les deux, si elles sont au même état; sinon, il surseoira à la première, et suivra sur la deuxième jusqu'à ce qu'elle soit au même degré : elles seront alors réunies en une seule poursuite, qui sera portée devant le tribunal de la première saisie. Pr. 61, 678 s., 721 s. C. 2210, 2211. T. *imm.*, 7, 16.

721. Faute par le premier saisissant d'avoir poursuivi sur la seconde saisie à lui dénoncée, conformément à l'article ci-dessus, le second saisissant pourra, par un simple acte, demander la subrogation. Pr. 75, 612, 718, 730, 833.

722. La subrogation pourra être également demandée s'il y a collusion, fraude, ou négligence, sous la réserve, en cas de collusion ou fraude, des dommages-intérêts envers qui il appartiendra. — Il y a négligence, lorsque le poursuivant n'a pas rempli une formalité ou n'a pas fait un acte de procédure dans les délais prescrits. Pr. 126, 128, 132, 730 s., 833, 1030. C. 1146 s., 1382.

723. La partie qui succombera sur la demande en subrogation sera condamnée personnellement aux dépens. — Le poursuivant contre lequel la subrogation aura été prononcée, sera tenu de remettre les pièces de la poursuite au subrogé, sur son récépissé; il ne sera payé de ses frais de poursuite qu'après l'adjudication, soit sur le prix, soit par l'adjudicataire. Pr. 130, 714. C. 2060 7°.

724. Lorsqu'une saisie immobilière aura été rayée, le plus diligent des saisissans postérieurs pourra poursuivre sur sa saisie, encore qu'il ne se soit pas présenté le premier à la transcription. Pr. 678 s.

725. La demande en distraction de tout ou partie des objets saisis, sera formée, tant contre le saisissant que contre la partie saisie; elle sera formée aussi contre le créancier premier inscrit et au domicile élu dans l'inscription. — Si le saisi n'a pas constitué avoué durant la poursuite, le délai prescrit pour la comparution sera augmenté d'un jour par cinq myriamètres de distance entre son domicile et le lieu où siége le tribunal, sans que ce délai puisse être augmenté à l'égard de la partie qui serait domiciliée hors du territoire continental du royaume. Pr. 608, 727, 826 s., 1033. T. *imm.*, 3, 16.

726. La demande en distraction contiendra l'énonciation des titres justificatifs, qui seront déposés au greffe, et la copie de l'acte de dépôt. Pr. 218, 826 s. T. *imm.*, 7, 16.

727. Si la distraction demandée n'est que d'une partie des objets saisis, il sera passé outre, nonobstant cette demande, à l'adjudication du surplus des objets saisis. Pourront néanmoins les juges, sur la demande des parties intéressées, ordonner le sursis pour le tout. — Si la distraction partielle est ordonnée, le poursuivant sera admis à changer la mise à prix portée au cahier des charges. Pr. 209, 694, 741.

728. Les moyens de nullité, tant en la forme qu'au fond, contre la procédure qui précède la publication du cahier des charges, devront être proposés, à peine de déchéance, trois jours au plus tard avant cette publication. — S'ils sont admis, la poursuite pourra être reprise à partir du dernier acte valable, et les délais pour accomplir les actes suivans courront à dater du jugement ou arrêt qui aura définitivement prononcé sur la nullité. — S'ils sont rejetés, il sera donné acte, par le même jugement, de la lecture et publication du cahier des charges, conformément à l'article 695. Pr. 173, 209, 715, 729, 1029.

729. Les moyens de nullité contre la procédure postérieure à la publication du cahier des charges seront proposés, sous la même peine de déchéance, au plus tard, trois jours avant l'adjudication. — Au jour fixé pour l'adjudication, et immédiatement avant l'ouverture des enchères, il sera statué sur les moyens de nullité. — S'ils sont admis, le tribunal annulera la poursuite, à partir du jugement de publication, en autorisera la reprise à partir de ce jugement, et fixera de nouveau le jour de l'adjudication. — S'ils sont rejetés, il sera passé outre aux enchères et à l'adjudication. Pr. 173, 209, 715, 728, 730, 739.

730. Ne pourront être attaqués par la voie de l'appel, 1° les jugements qui statueront sur la demande en subrogation contre le poursuivant, à moins qu'elle n'ait été intentée pour collusion ou fraude ; 2° ceux qui, sans statuer sur des incidents, donneront acte de la publication du cahier des charges ou prononceront l'adjudication, soit avant, soit après surenchère ; 3° ceux qui statueront sur des nullités postérieures à la publication du cahier des charges. Pr. 695, 706, 710, 712, 721 s., 739.

731. L'appel de tous autres jugements sera considéré comme non avenu, s'il est interjeté après les dix jours à compter de la signification à avoué, ou, s'il n'y a point d'avoué, à compter de la signification à personne ou au domicile soit réel, soit élu. — Ce délai sera augmenté d'un jour par cinq myriamètres de distance, conformément à l'article 725, dans le cas où le jugement aura été rendu sur une demande en distraction. — Dans les cas où il y aura lieu à l'appel, la cour royale statuera dans la quinzaine. Les arrêts rendus par défaut ne seront pas susceptibles d'opposition. Pr. *except.* à 157 s., 443, 464, 739, 1033.

732. L'appel sera signifié au domicile de l'avoué, et, s'il n'y a pas d'avoué, au domicile réel ou élu de l'intimé ; il sera notifié en même tems au greffier du tribunal et visé par lui. La partie saisie ne pourra, sur l'appel, proposer des moyens autres que ceux qui auront été présentés en première instance. L'acte d'appel énoncera les griefs : le tout à peine de nullité. Pr. 147, 456, 1029. T. *imm.*, 3, 16.

733. Faute par l'adjudicataire d'exécuter les clauses de l'adjudication, l'immeuble sera vendu à sa folle enchère. Pr. 738, 739.

734. Si la folle enchère est poursuivie avant la délivrance du jugement d'adjudication, celui qui poursuivra la folle enchère se fera délivrer par le greffier un certificat constatant que l'adjudicataire n'a point justifié de l'acquit des conditions exigibles de l'adjudication. — S'il y a eu opposition à la délivrance du certificat, il sera statué, à la requête de la partie la plus diligente, par le président du tribunal, en état de référé. Pr. 209, 715, 739, 806. T. *imm.*, 12, 16. (1)

735. Sur ce certificat, et sans autre procédure ni jugement, ou si la

(1) *Droits d'enregistrement : L.* 22 frimaire an VII, *art.* 68, § 1er. — Tous les certificats des greffiers sont sujets aux mêmes droits.

folle enchère est poursuivie après la délivrance du jugement d'adjudication, trois jours après la signification du bordereau de collocation avec commandement, il sera apposé de nouveaux placards et inséré de nouvelles annonces dans la forme ci-dessus prescrite. — Ces placards et annonces indiqueront, en outre, les noms et demeure du fol enchérisseur, le montant de l'adjudication, une mise à prix par le poursuivant, et le jour auquel aura lieu, sur l'ancien cahier des charges, la nouvelle adjudication. — Le délai entre les nouvelles affiches et annonces et l'adjudication sera de quinze jours au moins, et de trente jours au plus. Pr. 696 s., 699, 739. T. *imm.*, 3, 4, 16.

736. Quinze jours au moins avant l'adjudication, signification sera faite des jour et heure de cette adjudication à l'avoué de l'adjudicataire; et à la partie saisie au domicile de son avoué, et, si elle n'en a pas, à son domicile. Pr. 61, 75, 739, T. *imm.*, 3, 16.

737. L'adjudication pourra être remise, conformément à l'article 703, mais seulement sur la demande du poursuivant. Pr. 703, 704, 739.

738. Si le fol enchérisseur justifiait de l'acquit des conditions de l'adjudication et de la consignation d'une somme réglée par le président du tribunal pour les frais de folle enchère, il ne serait pas procédé à l'adjudication. Pr. 209, 687, 733.

739. Les formalités et délais prescrits par les articles 734, 735, 736, 737, seront observés à peine de nullité. — Les moyens de nullité seront proposés et jugés comme il est dit en l'article 729. — Aucune opposition ne sera reçue contre les jugemens par défaut en matière de folle enchère, et les jugemens qui statueront sur les nullités, pourront seuls être attaqués par la voie de l'appel dans les délais et suivant les formes prescrites par les articles 731 et 732. — Seront observés, lors de l'adjudication sur folle enchère, les articles 705, 706, 707 et 711. Pr. 173, 715, 1029. (1)

740. Le fol enchérisseur est tenu, par corps, de la différence entre son prix et celui de la revente sur folle enchère, sans pouvoir réclamer l'excédant, s'il y en a : cet excédant sera payé aux créanciers, ou, si les créanciers sont désintéressés, à la partie saisie. Pr. 710. C. 2063; *secus*, 2191.

741. Lorsque, à raison d'un incident ou pour tout autre motif légal, l'adjudication aura été retardée, il sera apposé de nouvelles affiches et fait de nouvelles annonces dans les délais fixés par l'article 704. Pr. 696 s., 699 s. T. *imm.*, 4, 16.

742. Toute convention portant qu'à défaut d'exécution des engagemens pris envers lui, le créancier aura le droit de faire vendre les immeubles de son débiteur sans remplir les formalités prescrites pour la saisie immobilière, est nulle et non avenue. C. 6.

743. Les immeubles appartenant à des majeurs, maîtres de disposer de leurs droits ne pourront, à peine de nullité, être mis aux enchères en justice lorsqu'il ne s'agira que de ventes volontaires. — Néanmoins, lorsqu'un immeuble aura été saisi réellement, et lorsque la saisie aura été transcrite, il sera libre aux intéressés, s'ils sont tous majeurs et maîtres de leurs droits, de demander que l'adjudication soit faite aux enchères, devant notaire ou en justice, sans autres formalités et conditions que celles qui sont prescrites aux articles 958, 959, 960, 961, 962, 964 et 965, pour la vente des biens immeubles appartenant à des mineurs. — Seront regardés comme seuls intéressés, avant la sommation aux créanciers prescrite par l'article 692, le poursuivant et le saisi, et, après cette sommation, ces derniers et tous les créanciers inscrits. — Si une partie seulement des biens dependant d'une même exploitation avait été saisie, le débiteur pourra demander que le surplus soit compris dans la même adjudication. Pr. 744 s., 985, 1029. C. 6, 819, 2211. T. *imm*, 4, 16.

---

(1) *Droits d'enregistrement*; L. 22 frimaire an VII, *art.* 68, § 1er, *art.* 69, § 7; L. 28 avril 1816, *art.* 44, 52.

744. Pourront former les mêmes demandes ou s'y adjoindre. — Le tuteur du mineur ou interdit, spécialement autorisé par un avis de parents; — Le mineur émancipé, assisté de son curateur; — Et généralement tous les administrateurs légaux des biens d'autrui. Pr. 883 s., 968. C. 457 s., 482, 497, 499, 509, 513, 537, 2206.

745. Les demandes autorisées par les articles 743, paragraphe 2, et 744, seront formées par une simple requête présentée au tribunal saisi de la poursuite : cette requête sera signée par les avoués de toutes les parties. — Elle contiendra une mise à prix qui servira d'estimation. Pr. 718. T. *imm.*, 7, 16.

746. Le jugement sera rendu sur le rapport d'un juge et sur les conclusions du ministère public. — Si la demande est admise, le tribunal fixera le jour de la vente et renverra, pour procéder à l'adjudication, soit devant un notaire, soit devant un juge du siége ou devant un juge de tout autre tribunal. — Le jugement ne sera pas signifié, et ne sera susceptible ni d'opposition ni d'appel. Pr. 83, 209, 718, 730.

747. Si, après le jugement, il survient un changement dans l'état des parties, soit par décès ou faillite, soit autrement, ou si les parties sont représentées par des mineurs, des héritiers bénéficiaires ou autres incapables, le jugement continuera à recevoir sa pleine et entière exécution. Pr. 342 s.

748. Dans la huitaine du jugement de conversion, mention sommaire en sera faite, à la diligence du poursuivant, en marge de la transcription de la saisie. Pr. 678. — Les fruits immobilisés en exécution des dispositions de l'article 682 conserveront ce caractère, sans préjudice du droit qui appartient au poursuivant de se conformer, pour les loyers et fermages, à l'art. 685. — Sera également maintenue la prohibition d'aliéner faite par l'art. 686. T. *imm.*, 7, 16. (1)

TITRE XIV.

DE L'ORDRE.

749. Dans le mois de la signification du jugement d'adjudication, s'il n'est pas attaqué; en cas d'appel, dans le mois de la signification du jugement confirmatif, les créanciers et la partie saisie seront tenus de se régler entre eux sur la distribution du prix. Pr. 656, 712, 991. C. 2193 s.

750. Le mois expiré, faute par les créanciers et la partie saisie de s'être réglés entre eux, le saisissant, dans la huitaine, et à son défaut, après ce délai, le créancier le plus diligent ou l'adjudicataire, requerra la nomination d'un juge-commissaire, devant lequel il sera procédé à l'ordre. Pr. 657, 775, 779. T. 130.

751. Il sera tenu au greffe, à cet effet, un registre des adjudications, sur lequel le requérant l'ordre fera son réquisitoire, à la suite duquel le président du tribunal nommera un juge-commissaire. Pr. 658.

752. Le poursuivant prendra l'ordonnance du juge-commis, qui ouvrira le procès-verbal d'ordre, auquel sera annexé un extrait délivré par le conservateur, de toutes les inscriptions existantes. Pr. 259, 659. T. 131.

753. En vertu de l'ordonnance du commissaire, les créanciers seront sommés de produire, par acte signifié aux domiciles élus par leurs inscriptions, ou à celui de leurs avoués, s'il y en a de constitués. Pr. 61, 75, 659. T. 26, 132.

754. Dans le mois de cette sommation, chaque créancier sera tenu de produire ses titres avec acte de produit, signé de son avoué, et contenant demande en collocation. Le commissaire fera mention de la remise sur son procès-verbal. Pr. 218, 660, 757. T. 133.

755. Le mois expiré, et même auparavant, si les créanciers ont produit, le commissaire dressera, ensuite de son procès-verbal, un état de collocation sur les pièces produites. Le poursuivant dénoncera, par acte d'avoué à avoué, aux créanciers pro-

(1) *Droits du conservateur* : 1 fr. *Ord.* 10 oct. 1841, art. 2.

duisans et à la partie saisie, la confection de l'état de collocation, avec sommation d'en prendre communication, et de contredire, s'il y échet, sur le procès-verbal du commissaire, dans le délai d'un mois. Pr. 75, 663, 756. T. 134.

756. Faute par les créanciers produisans de prendre communication des productions ès mains du commissaire dans ledit délai, ils demeureront forclos, sans nouvelle sommation ni jugement; il ne sera fait aucun dire, s'il n'y a contestation. Pr. 660, 664, 758, 778. Co. 513.

757. Les créanciers qui n'auront produit qu'après le délai fixé, supporteront sans répétition, et sans pouvoir les employer dans aucun cas, les frais auxquels leur production tardive, et la déclaration d'icelle aux créanciers à l'effet d'en prendre connaissance, auront donné lieu. Ils seront garans des intérêts qui auront couru, à compter du jour où ils auraient cessé si la production eût été faite dans le délai fixé. Pr. 756, 759, 767, 774. T. 136.

758. En cas de contestation, le commissaire renverra les contestans à l'audience, et néanmoins arrêtera l'ordre pour les créances antérieures à celles contestées, et ordonnera la délivrance des bordereaux de collocation de ces créanciers, qui ne seront tenus à aucun rapport à l'égard de ceux qui produiraient postérieurement. Pr. 141, 209, 666 s., 767, 771 s.

759. S'il ne s'élève aucune contestation, le juge-commissaire fera la clôture de l'ordre; il liquidera les frais de radiation et de poursuite d'ordre, qui seront colloqués par préférence à toutes autres créances; il prononcera la déchéance des créanciers non produisans, ordonnera la délivrance des bordereaux de collocation aux créanciers utilement colloqués, et la radiation des inscriptions de ceux non utilement colloqués. Il sera fait distraction en faveur de l'adjudicataire, sur le montant de chaque bordereau, des frais de radiation de l'inscription. Pr. 141, 665, 762, 767 s., 772, 777. T. 137.

760. Les créanciers postérieurs en ordre d'hypothèque aux collocations contestées seront tenus, dans la huitaine du mois accordé pour contredire, de s'accorder entre eux sur le choix d'un avoué; sinon ils seront représentés par l'avoué du dernier créancier colloqué. Le créancier qui contestera individuellement, supportera les frais auxquels sa contestation particulière aura donné lieu, sans pouvoir les répéter ni employer en aucun cas. L'avoué poursuivant ne pourra en cette qualité être appelé dans la contestation. Pr. 130, 667 s., 770.

761. L'audience sera poursuivie par la partie la plus diligente, sur un simple acte d'avoué à avoué, sans autre procédure. Pr. 75, 82, 668, 765.

762. Le jugement sera rendu sur le rapport du juge-commissaire et les conclusions du ministère public; il contiendra liquidation des frais. Pr. 83, 666, 668.

763. L'appel de ce jugement ne sera reçu, s'il n'est interjeté dans les dix jours de sa signification à avoué, outre un jour par trois myriamètres de distance du domicile réel de chaque partie; il contiendra assignation, et l'énonciation des griefs. Pr. 443 s., 456, 669, 1033.

764. L'avoué du créancier dernier colloqué pourra être intimé s'il y a lieu. Pr. 667, 669.

765. Il ne sera signifié sur l'appel que des conclusions motivées de la part des intimés; et l'audience sera poursuivie ainsi qu'il est dit en l'article 761.

766. L'arrêt contiendra liquidation des frais: les parties qui succomberont sur l'appel, seront condamnées aux dépens, sans pouvoir les répéter. Pr. 762, 768, 770.

767. Quinzaine après le jugement des contestations, et, en cas d'appel, quinzaine après la signification de l'arrêt qui y aura statué, le commissaire arrêtera définitivement l'ordre des créances contestées et de celles postérieures, et ce, conformément à ce qui est prescrit par l'art. 759: les intérêts et arrérages des créanciers utilement colloqués cesseront, Pr. 670, 672, 762, 770.

768. Les frais de l'avoué qui aura représenté les créanciers contestans, seront colloqués, par préférence à toutes autres créances, sur ce qui restera de deniers à distribuer, déduction faite de ceux qui auront été employés à acquitter les créances antérieures à celles contestées. Pr. 759, 776, 777. C. 2101 1°.

769. L'arrêt qui autorisera l'emploi des frais prononcera la subrogation au profit du créancier sur lequel les fonds manqueront, ou de la partie saisie. L'exécutoire énoncera cette disposition, et indiquera la partie qui devra en profiter. Pr. 130.

770. La partie saisie et le créancier sur lequel les fonds manqueront, auront leur recours contre ceux qui auront succombé dans la contestation, pour les intérêts et arrérages qui auront couru pendant le cours desdites contestations. Pr. 757, 766 s.

771. Dans les dix jours après l'ordonnance du juge-commissaire, le greffier délivrera à chaque créancier utilement colloqué le bordereau de collocation, qui sera exécutoire contre l'acquéreur. Pr. 671, 758.

772. Le créancier colloqué, en donnant quittance du montant de sa collocation, consentira la radiation de son inscription. Pr. 759, 773 s. C. 2158.

773. Au fur et à mesure du paiement des collocations, le conservateur des hypothèques, sur la représentation du bordereau et de la quittance du créancier, déchargera d'office l'inscription, jusqu'à concurrence de la somme acquittée. Pr. 759, 772. C. 2158.

774. L'inscription d'office sera rayée définitivement, en justifiant, par l'adjudicataire, du paiement de la totalité de son prix, soit aux créanciers utilement colloqués, soit à la partie saisie, et de l'ordonnance du juge-commissaire qui prononce la radiation des inscriptions des créanciers non colloqués. Pr. 579, 772 s. C. 2157 s. T. 137.

775. En cas d'aliénation autre que celle par expropriation, l'ordre ne pourra être provoqué s'il n'y a plus de trois créanciers inscrits; et il le sera par le créancier le plus diligent ou l'acquéreur après l'expiration des trente jours qui suivront les délais prescrits par les articles 2185 et 2194 du Code civil.

776. L'ordre sera introduit et réglé dans les formes prescrites par le présent titre.

777. L'acquéreur sera employé par préférence pour le coût de l'extrait des inscriptions et dénonciations aux créanciers inscrits. Pr. 759, 768. C. 2101 1°.

778. Tout créancier pourra prendre inscription pour conserver les droits de son débiteur; mais le montant de la collocation du débiteur sera distribué, comme chose mobilière, entre tous les créanciers inscrits ou opposans avant la clôture de l'ordre. Pr. 669 s. C. 1166, 2193 s.

779. En cas de retard ou de négligence dans la poursuite d'ordre, la subrogation pourra être demandée. La demande en sera formée par requête insérée au procès-verbal d'ordre, communiquée au poursuivant par acte d'avoué, jugée sommairement en la chambre du conseil, sur le rapport du juge-commissaire. Pr. 75, 721 s., 750. T. 138.

TITRE XV.

DE L'EMPRISONNEMENT.

780. Aucune contrainte par corps ne pourra être mise à exécution qu'un jour après la signification, avec commandement, du jugement qui l'a prononcée. *Exceptions*, Ch. 29. 43. L. 17 *avril* 1832, *art.* 32. — Cette signification sera faite par un huissier commis par ledit jugement ou par le président du tribunal de première instance du lieu où se trouve le débiteur. — La signification contiendra aussi élection de domicile dans la commune où siége le tribunal qui a rendu ce jugement, si le créancier n'y demeure pas. Pr. 126 s., 156 s., 552, 784, 790, 794, 1033. C. 16, 61, 111, 2059 s., 2063 s., 2069 s. P. 341 s. T. 51, 76.

781. Le débiteur ne pourra être

arrêté, 1° Avant le lever et après le coucher du soleil; — 2° Les jours de fête légale; Pr. 63. — 3° Dans les édifices consacrés au culte, et pendant les exercices religieux seulement; — 4° Dans le lieu et pendant la tenue des séances des autorités constituées; — 5° Dans une maison quelconque, même dans son domicile, à moins qu'il eût été ainsi ordonné par le juge de paix du lieu, lequel juge *de paix devra*, dans ce cas, se transporter dans la maison avec l'officier ministériel. Pr. 795, 1037. Ch. 29, 43, P. 184. T. 6, 52. — *Except.*, *Déc.* 14 mars 1808, art. 15. (1)

782. Le débiteur ne pourra non plus être arrêté, lorsque, appelé comme témoin devant *un directeur du jury* (2) ou devant un tribunal de première instance, ou une cour royale ou d'assises, il sera porteur d'un sauf-conduit. — Le sauf-conduit pourra être accordé par le *directeur du jury*, par le président du tribunal ou de la cour où les témoins devront être entendus. Les conclusions du ministère public seront nécessaires. — Le sauf-conduit réglera la durée de son effet, à peine de nullité. — En vertu du sauf-conduit, le débiteur ne pourra être arrêté, ni le jour fixé pour sa comparution, ni pendant le temps nécessaire *pour aller et pour revenir*. Pr. 35, 266, 432, 794.

783. Le procès-verbal d'emprisonnement contiendra, outre les *formalités ordinaires des exploits*, 1° itératif commandement; 2° élection de domicile dans la commune où le débiteur sera détenu, si le créancier n'y demeure pas: l'huissier sera assisté de deux recors. Pr. 61, 787, 789, 794. T. 53.

784. S'il s'est écoulé une année entière depuis le commandement, il sera fait un nouveau commandement par un huissier commis à cet effet. Pr. 61, 780, 804.

785. En cas de rébellion, l'huissier pourra établir garnison aux portes pour empêcher l'évasion et requérir la force armée; et le débiteur sera poursuivi conformément aux dispositions du Code d'instruction criminelle. Pr. 555. I. c. 554. P. 188, 209 s.

786. Si le débiteur requiert qu'il en soit référé, il sera conduit sur-le-champ devant le président du tribunal de première instance du lieu où l'arrestation aura été faite, lequel statuera en état de référé: si l'arrestation est faite hors des heures de l'audience, le débiteur sera conduit chez le président. Pr. 806 s. L. 17 *avril* 1832, *art.* 22. T. 54.

787. *L'ordonnance sur référé sera* consignée sur le procès-verbal de l'huissier, et sera exécutée sur-le-champ. Pr. 794, 811.

788. Si le débiteur ne requiert pas qu'il en soit référé, ou si, en cas de référé, le président ordonne qu'il soit passé outre, le débiteur sera conduit dans la prison du lieu; et s'il n'y en a pas, dans celle du lieu le plus voisin: l'huissier et tous autres qui conduiraient, recevraient ou retiendraient le débiteur dans un lieu de détention non légalement désigné comme tel, seront poursuivis comme coupables du crime de détention arbitraire. Pr. 794. I. c. 615 s. P. 119 s.

789. L'écrou du débiteur énoncera, 1° Le jugement; 2° Les noms et domicile du créancier; 3° L'élection de domicile, s'il ne demeure pas dans la commune; 4° Les noms, demeure et profession du débiteur; 5° la consignation d'un mois d'alimens au moins; 6° Enfin, mention de la copie qui sera laissée au débiteur, parlant à sa personne, tant du procès-verbal d'emprisonnement que de l'écrou. Il sera signé de l'huissier. Pr. 783, 791, 794 s. T. 53, 55.

790. Le gardien ou geolier transcrira sur son registre le jugement qui autorise l'arrestation: faute par l'huissier de représenter ce jugement, le geolier refusera de recevoir le débiteur et de l'écrouer. Pr. 780, 794. T. 56.

(1) *Droits d'enregistrement* de l'ordonnance du juge de paix: *L.* 22 frimaire an VII, *art.* 68, § 1er.

(2) Devant un juge d'instruction. *I. c.*, *art.* 71.

791. Le créancier sera tenu de consigner les alimens d'avance. Les alimens ne pourront être retirés, lorsqu'il y aura recommandation, si ce n'est du consentement du recommandant. Pr. 789, 794, 800, 803 s. L. 17 *avril* 1832, *art.* 29 s.

792. Le débiteur pourra être recommandé par ceux qui auraient le droit d'exercer contre lui la contrainte par corps. Celui qui est arrêté comme prévenu d'un délit, peut aussi être recommandé; et il sera retenu par l'effet de la recommandation, encore que son élargissement ait été prononcé et qu'il ait été acquitté du délit. Pr. 126 s., 552, 794, 796. C. 2059 s. T. 57.

793. Seront observées pour les recommandations, les formalités ci-dessus prescrites pour l'emprisonnement: néanmoins l'huissier ne sera pas assisté de recors; et le recommandant sera dispensé de consigner les alimens, s'ils ont été consignés. — Le créancier qui a fait emprisonner, pourra se pourvoir contre le recommandant devant le tribunal du lieu où le débiteur est détenu, à l'effet de le faire contribuer au paiement des alimens par portion égale. Pr. 780 s., 789, 791, 794, 796. T. 57.

794. A défaut d'observation des formalités ci-dessus prescrites, le débiteur pourra demander la nullité de l'emprisonnement, et la demande sera portée au tribunal du lieu où il est détenu: si la demande en nullité est fondée sur des moyens du fond, elle sera portée devant le tribunal de l'exécution du jugement. Pr. 472, 553, 554, 780 s., 799.

795. Dans tous les cas, la demande pourra être formée à bref délai, en vertu de permission du juge, et l'assignation donnée par huissier commis au domicile élu par l'écrou: la cause sera jugée sommairement, sur les conclusions du ministère public. Pr. 49, 61, 72, 83 s., 404 s., 789, 802, 805. T. 77.

796. La nullité de l'emprisonnement, pour quelque cause qu'elle soit prononcée, n'emporte point la nullité des recommandations. Pr. 792, 1030. T. 58.

797. Le débiteur dont l'emprisonnement est déclaré nul, ne peut être arrêté pour la même dette qu'un jour au moins après sa sortie. Pr. 804.

798. Le débiteur sera mis en liberté, en consignant entre les mains du geôlier de la prison les causes de son emprisonnement et les frais de la capture. Pr. 800, 802. L. 17 *avril* 1832, *art.* 15, 16, 23 s.; *consignat.*, O. 3 *juillet* 1816, *art.* 2.

799. Si l'emprisonnement est déclaré nul, le créancier pourra être condamné en des dommages-intérêts envers le débiteur. Pr. 126, 128, 794, 1031.

800. Le débiteur légalement incarcéré obtiendra son élargissement, T. 77. L. 17 *avril* 1832, *art.* 23 s. — 1° Par le consentement du créancier qui l'a fait incarcérer, et des recommandans, s'il y en a; Pr. 801. C. 1109. — 2° Par le paiement ou la consignation des sommes dues tant au créancier qui a fait emprisonner qu'au recommandant, des intérêts échus, des frais liquidés, de ceux d'emprisonnement, et de la restitution des alimens consignés; C. *paiem.*, 1235 s. L. 17 *avril* 1832, *art.* 23 s. Pr. *consignation*, 798, 802. C. 1257 s. — 3° Par le bénéfice de cession; Pr. 898 s. C. 1265 s. Co. 541. — 4° A défaut par les créanciers d'avoir consigné d'avance les alimens; Pr. 791, 803 s. — 5° Et enfin, si le débiteur a commencé sa soixante-dixième année, et si, dans ce dernier cas, il n'est pas stellionataire. C. 2066. L. 17 *avril* 1832, *art.* 6, 18. (1)

801. Le consentement à la sortie du débiteur pourra être donné, soit devant notaire, soit sur le registre d'écrou. (2)

802. La consignation de la dette sera faite entre les mains du geolier, sans qu'il soit besoin de la faire or-

(1) V. encore les cas prévus par les art. 15 et 16 de la loi du 17 avril 1832, sur la contrainte par corps, dans lesquels l'étranger peut obtenir son élargissement.

(2) *Droits d'enregistrement :* L. 28 avril 1816, *art.* 43.

donner ; si le geolier refuse, il sera assigné à bref délai devant le tribunal du lieu, en vertu de permission : l'assignation sera donnée par huissier commis. Pr. 61, 72, 554, 798 s., 800, 805. T. 77.

803. L'élargissement, faute de consignation d'alimens, sera ordonné sur le certificat de non-consignation, délivré par le geôlier, et annexé à la requête présentée au président du tribunal, sans sommation préalable. — Si cependant le créancier en retard de consigner les alimens fait la consignation avant que le débiteur ait formé sa demande en élargissement, cette demande ne sera plus recevable. Pr. 800, 804. L. 17 *avril* 1832, *art.* 30. T. 77.

804. Lorsque l'élargissement aura été ordonné faute de consignation d'alimens, le créancier ne pourra de nouveau faire emprisonner le débiteur, qu'en lui remboursant les frais par lui faits pour obtenir son élargissement, ou les consignant, à son refus, ès mains du greffier, et en consignant aussi d'avance six mois d'alimens : on ne sera point tenu de recommencer les formalités préalables à l'emprisonnement, s'il a lieu dans l'année du commandement. Pr. 784, 787 ; *disposition nouvelle*, L. 17 *avril* 1832, *art.* 31.

805. Les demandes en élargissement seront portées au tribunal dans le ressort duquel le débiteur est détenu. Elles seront formées à bref délai, au domicile élu par l'écrou, en vertu de permission du juge, sur requête présentée à cet effet : elles seront communiquées au ministère public, et jugées, sans instruction, à la première audience, préférablement à toutes autres causes, sans remise ni tour de rôle. Pr. 61, 72, 554, 786, 794, 795, 802. L. 17 *avril* 1832, *art.* 30.

TITRE XVI.

DES RÉFÉRÉS.

806. Dans tous les cas d'urgence, ou lorsqu'il s'agira de statuer provisoirement sur les difficultés relatives à l'exécution d'un titre exécutoire ou d'un jugement, il sera procédé ainsi qu'il va être réglé ci-après. Pr. *décharge des gardiens*, 606, 607 ; *contrib.*, 661 ; *saisie immob.*, 681, 734 ; *empris.*, 786 s. ; *ouvert. de portes*, 829 ; *expéd. d'actes*, 843, 845, 852 ; *scellés*, 921 s. ; *invent.*, 944 ; *ventes*, 948. T. 93.

807. La demande sera portée à une audience tenue à cet effet par le président du tribunal de première instance, ou par le juge qui le remplace, aux jour et heure indiqués par le tribunal. Pr. 61. 553. T. 29.

808. Si néanmoins le cas requiert célérité, le président, ou celui qui le représentera, pourra permettre d'assigner, soit à l'audience, soit à son hôtel, à heure indiquée, même les jours de fête ; et, dans ce cas, l'assignation ne pourra être donnée qu'en vertu de l'ordonnance du juge, qui commettra un huissier à cet effet. Pr. 72, 554. T. 76.

809. Les ordonnances sur référés ne feront aucun préjudice au principal ; elles seront exécutoires par provision, sans caution, si le juge n'a pas ordonné qu'il en serait fourni une. — Elles ne seront pas susceptibles d'opposition. — Dans les cas où la loi autorise l'appel, cet appel pourra être interjeté même avant le délai de huitaine, à dater du jugement : et il ne sera point recevable s'il a été interjeté après la quinzaine, à dater du jour de la signification du jugement. Pr. 456. — L'appel sera jugé sommairement et sans procédure. Pr. 135 s., 449, 455, 841. T. 29, 149. (1)

810. Les minutes des ordonnances sur référés seront déposées au greffe. Pr. 1040 ; *except.*, 787, 922, 944.

811. Dans le cas d'absolue nécessité, le juge pourra ordonner l'exécution de son ordonnance sur la minute.

(1) *Droits d'enregistrement* : L. 22 frimaire an VII, *art.* 68, § 2 ; L. 28 avril 1816, *art.* 44, 45.

DEUXIÈME PARTIE.

PROCÉDURES DIVERSES.

LIVRE PREMIER.

(Décret du 22 avril 1806. Promulgué le 2 mai suivant.)

TITRE PREMIER.

DES OFFRES DE PAIEMENT, ET DE LA CONSIGNATION.

812. Tout procès-verbal d'offres désignera l'objet offert, de manière qu'on ne puisse y en substituer un autre; et si ce sont des espèces, il en contiendra l'énumération et la qualité. Pr. *pouvoir spéc.*, 352. C. *offres, consignat.*, 1257 s.

813. Le procès-verbal fera mention de la réponse, du refus ou de l'acceptation du créancier, et s'il a signé, refusé ou déclaré ne pouvoir signer. T. 59.

814. Si le créancier refuse les offres, le débiteur peut, pour se libérer, consigner la somme ou la chose offerte, en observant les formalités prescrites par l'art. 1259 du Code civil. C. 1259, 1264. (1)

815. La demande qui pourra être intentée, soit en validité, soit en nullité des offres ou de la consignation, sera formée d'après les règles établies pour les demandes principales: si elle est incidente, elle le sera par requête. Pr. 61, 75; *excepté de la concil.*, 49 7°; *ajournem.*, 59 s; *incid.*, 337 s. T. 75.

816. Le jugement qui déclarera les offres valables, ordonnera, dans le cas où la consignation n'aurait pas encore eu lieu, que, faute par le créancier d'avoir reçu la somme ou la chose offerte, elle sera consignée: il prononcera la cessation des intérêts, du jour de la réalisation. Pr. 141. C. 1259 s., 1264. (2)

817. La consignation volontaire ou ordonnée sera toujours à la charge des oppositions, s'il en existe, et en les dénonçant au créancier. Pr. *opposit.*, 557 s., 573, 575.

818. Le surplus est réglé par les dispositions du Code civil, relatives aux offres de paiement et à la consignation. C. 1257 s., 1264; *subrog.*, *lég.*, 1251.

TITRE II.

DU DROIT DES PROPRIÉTAIRES SUR LES MEUBLES, EFFETS ET FRUITS DE LEURS LOCATAIRES ET FERMIERS, OU DE LA SAISIE-GAGERIE ET DE LA SAISIE-ARRÊT SUR DÉBITEURS FORAINS.

819. Les propriétaires et principaux locataires de maisons ou biens ruraux, soit qu'il y ait bail, soit qu'il n'y en ait pas, peuvent, un jour après le commandement, et sans permission du juge, faire saisir-gager, pour loyers et fermages échus, les effets et fruits étant dans lesdites maisons ou bâtimens ruraux, et sur les terres. — Ils peuvent même faire saisir-gager à l'instant, en vertu de la permission qu'ils en auront obtenue, sur requête, du président du tribunal de première instance. (3) — Ils peuvent aussi saisir les meubles qui garnissaient la maison ou la ferme, lorsqu'ils ont été déplacés sans leur consentement; et ils conservent sur eux leur privilége, pourvu qu'ils en aient fait la revendi-

---

(1) La consignation se fait à Paris, à la caisse des dépôts et consignations, et dans les départemens chez les receveurs généraux et particuliers qui sont ses préposés. (L. 28 nivôse an XIII, 28 avril 1816, art. 110; *Ord.* 3 juillet 1816, 19 janvier 1835. *Pr.* 301; *Co.* 209.)

(2) Suivant l'article 1259 du Code civil, les intérêts sont dus jusqu'au jour du dépôt.

(3) *Droits d'enregistrement*: ordonnance du président, *L.* 22 frimaire an VII, *art.* 68, § 2; *L.* 28 avril 1816, *art.* 44. — Ordonnance du juge de paix, *L.* 22 frimaire an VII, *art.* 68, § 1er.

cation, conformément à l'art. 2102 du Code civil. C. 2102 6e *al.* Pr. *formes*, 586 s., 593, 609; *revendic.*, 826 s.; *compétence*, L. 25 *mai* 1838, *art.* 3, 10. C. *privilége*, 1728, 2102 1°, 4°. T. 29, 61, 76.

820. Peuvent les effets des sous-fermiers et sous-locataires, garnissant les lieux par eux occupés, et les fruits des terres qu'ils sous-louent, être saisis-gagés pour les loyers et fermages dus par le locataire ou fermier de qui ils tiennent; mais ils obtiendront main-levée, en justifiant qu'ils ont payé sans fraude, et sans qu'ils puissent opposer des paiemens faits par anticipation. C. 1753, 2102 1°.

821. La saisie-gagerie sera faite en la même forme que la saisie-exécution : le saisi pourra être constitué gardien; et s'il y a des fruits, elle sera faite dans la forme établie par le titre IX du livre précédent. Pr. 586 s., 598, 626 s. L. 25 *mai* 1838, *art.* 10.

822. Tout créancier, même sans titre, peut, sans commandement préalable, mais avec permission du président du tribunal de première instance et même du juge de paix, faire saisir les effets trouvés en la commune qu'il habite, appartenant à son débiteur forain. Pr. 819. T. 61, 63, 76.

823. Le saisissant sera gardien des effets, s'ils sont en ses mains; sinon, il sera établi un gardien. Pr. 598.

824. Il ne pourra être procédé à la vente, sur les saisies énoncées au présent titre, qu'après qu'elles auront été déclarées valables : le saisi, dans le cas de l'art. 821, le saisissant, dans le cas de l'art. 823, ou le gardien, s'il en a été établi, seront condamnés par corps à la représentation des effets. Pr. *contrainte*, 126 s., 780 s.; *vente*, 613 s., 617 s. C. 2059.

825. Seront, au surplus, observées les règles ci-devant prescrites pour la saisie-exécution, la vente et la distribution des deniers. Pr. 586 s., 617 s., 656 s. T. 61.

TITRE III.

DE LA SAISIE-REVENDICATION.

826. Il ne pourra être procédé à aucune saisie-revendication, qu'en vertu d'ordonnance du président du tribunal de première instance rendue sur requête; et ce, à peine de dommages-intérêts tant contre la partie que contre l'huissier qui aura procédé à la saisie. Pr. 259, 608, 727 s. C. 2102, 1°, 4°, 2279. Co. 574 s. T. 77. C. *secus, s'il s'agit d'une chose déposée*, 1926.

827. Toute requête à fin de saisie-revendication désignera sommairement les effets. T. 77.

828. Le juge pourra permettre la saisie-revendication, même les jours de fête légale. Pr. 8, 63, 1037.

829. Si celui chez lequel sont les effets qu'on veut revendiquer, refuse les portes ou s'oppose à la saisie, il en sera référé au juge; et cependant il sera sursis à la saisie, sauf au requérant à établir garnison aux portes. Pr. 808 s. T. 29, 62.

830. La saisie-revendication sera faite en la même forme que la saisie-exécution, si ce n'est que celui chez qui elle est faite pourra être constitué gardien. Pr. 61, 586 s., 598, 806 s.

831. La demande en validité de la saisie sera portée devant le tribunal du domicile de celui sur qui elle est faite; et si elle est connexe à une instance déjà pendante, elle le sera au tribunal saisi de cette instance. Pr. 59, 61, 75, 171.

TITRE IV.

DE LA SURENCHÈRE SUR ALIÉNATION VOLONTAIRE. (1)

832. Les notifications et réquisi-

---

(1) V. les *art.* 2183, 2184 et 2185 du Code civil. — *Loi* 2 juin 1841, *art.* 2. — Les art. 832, 833, 836, 837 et 838, titre IV du livre Ier de la deuxième partie du Code de procédure civile, relatifs à la surenchère sur aliénation volontaire, seront remplacés par les dispositions suivantes : — Art. 9. Les ventes judiciaires qui seront commencées antérieurement à la promulgation de la présente loi, continueront à être régies par les anciennes dispositions

tions prescrites par les articles 2183 et 2185 du Code civil, seront faites par un huissier commis à cet effet, sur simple requête, par le président du tribunal de première instance de l'arrondissement où elles auront lieu; elles contiendront constitution d'avoué près le tribunal où la surenchère et l'ordre devront être portés. L'acte de réquisition de mise aux enchères contiendra, avec l'offre et l'indication de la caution, assignation à trois jours devant le tribunal, pour la réception de cette caution, à laquelle il sera procédé comme en matière sommaire. Cette assignation sera notifiée au domicile de l'avoué constitué; il sera donné copie, en même temps, de l'acte de soumission de la caution et du dépôt au greffe des titres qui constatent sa solvabilité. — Dans le cas où le surenchérisseur donnerait un nantissement en argent ou en rentes sur l'Etat, à défaut de caution, conformément à l'article 2041 du Code civil, il fera notifier avec son assignation copie de l'acte constatant la réalisation de ce nantissement. — Si la caution est rejetée, la surenchère sera déclarée nulle et l'acquéreur maintenu, à moins qu'il n'ait été fait d'autres surenchères par d'autres créanciers. Pr. 61, 218, 259, 404 s., 517 s., 838. T. *imm.*, 4, 5, 8, 16. (1)

833. Lorsqu'une surenchère aura été notifiée avec assignation dans les termes de l'article 832 ci-dessus, chacun des créanciers inscrits aura le droit de se faire subroger à la poursuite, si le surenchérisseur ou le nouveau propriétaire ne donne pas suite à l'action dans le mois de la surenchère. — La subrogation sera demandée par simple requête en intervention, et signifiée par acte d'avoué à avoué. — Le même droit de subrogation reste ouvert au profit des créanciers inscrits, lorsque, dans le cours de la poursuite, il y a collusion, fraude ou négligence de la part du poursuivant. — Dans tous les cas ci-dessus, la subrogation aura lieu aux risques et périls du surenchérisseur, sa caution continuant à être obligée. Pr. 75, 761 s.

834. Les créanciers qui, ayant une hypothèque aux termes des art. 2123, 2127 et 2128 du Code civil, n'auront pas fait inscrire leurs titres antérieurement aux aliénations qui seront faites à l'avenir des immeubles hypothéqués, ne seront reçus à requérir la mise aux enchères, conformément aux dispositions du chap. VIII, titre XVIII du livre III du Code civil, qu'en justifiant de l'inscription qu'ils auront prise depuis l'acte translatif de propriété, et au plus tard dans la quinzaine de la transcription de cet acte. C. 2146, 2166. — Il en sera de même à l'égard des créanciers ayant privilége sur des immeubles, sans préjudice des autres droits résultant au vendeur et aux héritiers, des articles 2108 et 2109 du Code civil.

835. Dans le cas de l'article précédent, le nouveau propriétaire n'est pas tenu de faire aux créanciers dont l'inscription n'est pas antérieure à la transcription de l'acte, les significations prescrites par les art. 2183 et 2184 du Code civil; et dans tous les cas, faute par les créanciers d'avoir requis la mise aux enchères dans le délai et les formes prescrits, le nouveau propriétaire n'est tenu que du paiement du prix, conformément à l'art. 2186 du Code civil.

836. Pour parvenir à la revente sur enchère, prévue par l'art. 2187 du Code civil, le poursuivant fera imprimer des placards qui contiendront, 1° la date et la nature de l'acte d'aliénation sur lequel la surenchère a été faite, le nom du notaire qui l'aura reçu ou de toute autorité appelée à sa confection; — 2° Le prix énoncé dans l'acte, s'il s'agit d'une vente, ou l'évaluation donnée aux immeubles dans la notification aux créanciers inscrits, s'il s'agit d'un échange ou d'une donation; — 3° le

---

du Code de procédure civile. Les ventes seront censées commencées si les placards ont été affichés.

(1) La loi du 21 février 1827 dispense le trésor royal de fournir caution.

montant de la surenchère ; — 4° les noms, professions, domiciles du précédent propriétaire, de l'acquéreur *ou donataire, du surenchérisseur*, ainsi que du créancier qui lui est subrogé dans le cas de l'article 833 ; — 5° l'indication sommaire de la nature et de la situation des biens aliénés : — 6° le nom et la demeure de l'avoué constitué pour le poursuivant : — 7° l'indication du tribunal où la surenchère se poursuit, ainsi que des jour, lieu et heure de l'adjudication. — Ces placards seront apposés, quinze jours au moins, et trente jours au plus avant l'adjudication, à la porte du domicile de l'ancien propriétaire et aux lieux désignés dans l'article 699 du présent Code. — Dans le même délai, l'insertion des énonciations qui précèdent sera faite dans le journal désigné en exécution de l'article 696, et le tout sera constaté comme il est dit dans les art. 698 et 699. Pr. 696 s., 699 s., 838. T. *imm.*, 4, 16.

837. Quinze jours au moins, et trente jours au plus avant l'adjudication, sommation sera faite à l'ancien et au nouveau propriétaire d'assister à cette adjudication, aux lieu, jour et heure indiqués. Pareille sommation sera faite au créancier surenchérisseur, si c'est le nouveau propriétaire ou un autre créancier subrogé qui poursuit. — Dans le même délai, l'acte d'aliénation sera déposé au greffe et tiendra lieu de minute d'enchère. — Le prix porté dans l'acte ou la valeur déclarée et le montant de la surenchère tiendront lieu d'enchère. Pr. 61, 218, 690, 833, 838. T. *imm.* 3, 16.

838. Le surenchérisseur, même au cas de subrogation à la poursuite sera déclaré adjudicataire si, au jour fixé pour l'adjudication, il ne se présente pas d'autre enchérisseur. — Sont applicables au cas de surenchère les articles 701, 702, 705, 706, 707, 711, 712, 713, 717, 731, 732, 733 du présent Code, ainsi que les articles 734 et suivans relatifs à la folle enchère. — Les formalités prescrites par les articles 705 et 706, 832, 836 et 837 seront observées à peine de nullité. — Les nullités devront être proposées, à peine de déchéance, savoir : celles qui concerneront la déclaration de surenchère et l'assignation, avant le jugement qui doit statuer sur la réception de la caution ; celles qui seront relatives aux formalités de la mise en vente, trois jours au moins avant l'adjudication ; il sera statué sur les premières par le jugement de réception de la caution, et sur les autres avant l'adjudication et, autant que possible, par le jugement même de cette adjudication. — Aucun jugement ou arrêt par défaut en matière de surenchère, sur aliénation volontaire, ne sera susceptible d'opposition. — Les jugemens qui statueront sur les nullités antérieures à la réception de la caution, ou sur la réception même de cette caution, et ceux qui prononceront sur la demande en subrogation intentée pour collusion ou fraude, seront seuls susceptibles d'être attaqués par la voie de l'appel. — L'adjudication par suite de surenchère sur aliénation volontaire, ne pourra être frappée d'aucune autre surenchère. — Les effets de l'adjudication à la suite de surenchère sur aliénation volontaire, seront réglés, à l'égard du vendeur et de l'adjudicataire, par les dispositions de l'art. 717 ci-dessus. Pr. 173, 723 s., 730 s., 1029.

TITRE V.

DES VOIES A PRENDRE POUR AVOIR EXPÉDITION OU COPIE D'UN ACTE, OU POUR LE FAIRE RÉFORMER.

839. Le notaire ou autre dépositaire qui refusera de délivrer expédition ou copie d'un acte aux parties intéressées en nom direct, héritiers ou ayant-droit, y sera condamné, et par corps, sur assignation à bref délai, donnée en vertu de permission du président du tribunal de première instance, sans préliminaire de conciliation. Pr. *concilliat.*, 49 7° ; *assign.*, 61, 72 ; *contrainte*, 780 s., 843, 844 s. C. 2060 6°. T. 78.

840. L'affaire sera jugée sommairement, et le jugement exécuté, nonobstant opposition ou appel. Pr. 135 s., 141, 504 s.

841. La partie qui voudra obtenir copie d'un acte non enregistré, ou même resté imparfait, présentera sa requête au président du tribunal de première instance, sauf l'exécution des lois et réglemens relatifs à l'enregistrement. Pr. 844. T. 29, 78. (1)

842. La délivrance sera faite, s'il y a lieu, en exécution de l'ordonnance mise en suite de la requête: et il en sera fait mention au bas de la copie délivrée. Pr. 259.

843. En cas de refus de la part du notaire ou dépositaire, il en sera référé au président du tribunal de première instance. Pr. 806 s.

844. La partie qui voudra se faire délivrer une seconde grosse, soit d'une minute d'acte, soit par forme d'ampliation sur une grosse déposée, présentera, à cet effet, requête au président du tribunal de première instance: en vertu de l'ordonnance qui interviendra, elle fera sommation au notaire pour faire la délivrance à jour et heure indiqués, et aux parties intéressées, pour y être présentes; mention sera faite de cette ordonnance au bas de la seconde grosse, ainsi que de la somme pour laquelle on pourra exécuter, si la créance est acquittée ou cédée en partie. Pr. 61, 259, 850, 854. C. 45. L. 25 *ventôse an* XI, *art.* 26. T. 29, 78.

845. En cas de contestation, les parties se pourvoiront en référé. Pr. 806 s.

846. Celui qui, dans le cours d'une instance, voudra se faire délivrer expédition ou extrait d'un acte dans lequel il n'aura pas été partie, se pourvoira ainsi qu'il va être réglé. Pr. 853. C. 45.

847. La demande à fin de compulsoire sera formée par requête d'avoué à avoué: elle sera portée à l'audience sur un simple acte, et jugée sommairement sans aucune procédure. Pr. 75, 404 s. T. 75. (2)

848. Le jugement sera exécutoire, nonobstant appel ou opposition. Pr. 135 s.

849. Les procès-verbaux de compulsoire ou collation seront dressés et l'expédition ou copie délivrée par le notaire ou dépositaire, à moins que le tribunal qui l'aura ordonnée n'ait commis un de ses membres, ou tout autre juge de tribunal de première instance, ou un autre notaire. T. 168. L. 25 *ventôse an* XI, *art.* 24. (3)

850. Dans tous les cas, les parties pourront assister au procès-verbal, et y insérer tels dires qu'elles aviseront. T. 92.

851. Si les frais et déboursés de la minute de l'acte sont dus au dépositaire, il pourra refuser expédition tant qu'il ne sera pas payé desdits frais, outre ceux d'expédition.

852. Les parties pourront collationner l'expédition ou copie à la minute, dont lecture sera faite par le dépositaire: si elles prétendent qu'elles ne sont pas conformes, il en sera référé, à jour indiqué par le procès-verbal, au président du tribunal, lequel fera la collation; à cet effet, le dépositaire sera tenu d'apporter la minute. — Les frais du procès-verbal, ainsi que ceux du transport du dépositaire, seront avancés par le requérant. Pr. *frais*, 301. T. 168.

853. Les greffiers et dépositaires des registres publics en délivreront, sans ordonnance de justice, expédition, copie ou extrait, à tous requérans, à la charge de leurs droits, à peine de dépens, dommages et intérêts. C. 45, 2060 6°.

854. Une seconde expédition exécutoire d'un jugement ne sera délivrée à la même partie qu'en vertu d'ordonnance du président du tribu-

(1) Cette requête doit être suivie de sommation au notaire et aux intéressés. *T.* 29. — Sauf les amendes encourues pour défaut d'enregistrement; le requérant en fait l'avance, sauf son recours. V. *L.* 22 frimaire an VII, *art* 10, 29, 30, 33, 34, 35, 36, 41, 65; *L.* 25 ventôse an XI, *art.* 53, 68. (*App.*)

(2) *Droits d'enregistrement*: *L.* 22 frimaire an VII, *art.* 68, § 2; *L.* 28 avril 1816, *art.* 44, 45.

(3) *Droits d'enregistrement*: *L.* 22 frimaire an VII, *art.* 68, § 1er, n° 51.

nal où il aura été rendu. — Seront observées les formalités prescrites pour la délivrance des secondes grosses des actes devant notaires. Pr. 844. T. 78.

855. Celui qui voudra faire ordonner la rectification d'un acte de l'état civil, présentera requête au président du tribunal de première instance. C. 99 s. T. 78.

856. Il y sera statué sur rapport, et sur les conclusions du ministère public. Les juges ordonneront, s'ils l'estiment convenable, que les parties intéressées seront appelées, et que le conseil de famille sera préalablement convoqué. — S'il y a lieu d'appeler les parties intéressées, la demande sera formée par exploit, sans préliminaire de conciliation. — Elle le sera par acte d'avoué, si les parties sont en instance. Pr. 49, 61, 75, 259, 882 s. C. 54. T. 29, 71.

857. Aucune rectification, aucun changement, ne pourront être faits sur l'acte; mais les jugemens de rectification seront inscrits sur les registres par l'officier de l'état civil, aussitôt qu'ils lui auront été remis: mention en sera faite en marge de l'acte réformé; et l'acte ne sera plus délivré qu'avec les rectifications ordonnées, à peine de tous dommages-intérêts contre l'officier qui l'aurait délivré. Pr. 126, 128. C. 49, 99, 101.

858. Dans le cas où il n'y aurait d'autre partie que le demandeur en rectification, et où il croirait avoir à se plaindre du jugement, il pourra, dans les trois mois depuis la date de ce jugement, se pourvoir à la cour royale, en présentant au président une requête, sur laquelle sera indiqué un jour auquel il sera statué à l'audience sur les conclusions du ministère public. Pr. 443 s, C. 54. T. 150.

TITRE VI.

DE QUELQUES DISPOSITIONS RELATIVES A L'ENVOI EN POSSESSION DES BIENS D'UN ABSENT. (1)

859. Dans le cas prévu par l'art. 112 du Code civil, et pour y faire statuer, il sera présenté requête au président du tribunal. Sur cette requête, à laquelle seront joints les pièces et documens, le président *commettra un juge pour faire le rapport* au jour indiqué; et le jugement sera prononcé après avoir entendu le procureur du roi. Pr. 141. C. 114. T. 78.

860. Il sera procédé de même dans le cas où il s'agirait de l'envoi en possession provisoire autorisé par l'article 120 du Code civil. T. 78.

TITRE VII.

AUTORISATION DE LA FEMME MARIÉE.

861. La femme qui voudra se faire autoriser à la *poursuite de ses droits*, après avoir fait une sommation à son mari, et sur le refus par lui fait, présentera requête au président, qui rendra ordonnance portant permission de citer le mari, à jour indiqué, à la chambre du conseil, pour déduire les causes de son refus. Pr. 259, 878. C. 215 s., 218 s. T. 29, 78.

862. Le mari entendu, ou faute par lui de se présenter, il sera rendu, sur les conclusions du ministère public, jugement qui statuera sur la demande de la *femme*. Pr. 83, 209.

863. Dans le cas de l'absence présumée du mari, ou lorsqu'elle aura été déclarée, la femme qui voudra se faire autoriser à la poursuite de ses droits, présentera également requête au président du tribunal, qui ordonnera la communication au ministère public, et commettra un juge pour faire son rapport à jour indiqué. Pr. 83, 865. C. 112, 115, 222. T. 78.

864. La femme de l'interdit se fera autoriser en la forme prescrite par l'article précédent; elle joindra à sa requête le jugement d'interdiction. Pr. 83, C. 222, 224. T. 78.

TITRE VIII.

DES SÉPARATIONS DE BIENS.

865. Aucune demande en séparation de biens ne pourra être formée sans une autorisation préalable, que le président du tribunal devra donner sur la requête qui lui sera présentée à

(1) V. les articles 112 à 120 du Code civil.

cet effet. Pourra néanmoins le président, avant de donner l'autorisation, faire les observations qui lui paraîtront convenables. Pr. 49, 7°, 259, 869. C. 311, 1443 s. Co. 65 s. T. 78.

866. Le greffier du tribunal inscrira, sans délai, dans un tableau placé à cet effet dans l'auditoire, un extrait de la demande en séparation, lequel contiendra, — 1° La date de la demande; — 2° Les noms, prénoms, profession et demeure des époux; — 3° Les noms et demeure de l'avoué constitué, qui sera tenu de remettre, à cet effet, ledit extrait au greffier, dans les trois jours de la demande. Pr. 218, 869. Co. 65 s. T. 92.

867. Pareil extrait sera inséré dans les tableaux placés, à cet effet, dans l'auditoire du tribunal de commerce, dans les chambres d'avoués de première instance et dans celles de notaires, le tout dans les lieux où il y en a : lesdites insertions seront certifiées par les greffiers et par les secrétaires des chambres. Pr. 869. Co. 65. T. 92.

868. Le même extrait sera inséré, à la poursuite de la femme, dans l'un des journaux qui s'impriment dans le lieu où siége le tribunal; et s'il n'y en a pas, dans l'un de ceux établis dans le département, s'il y en a. — Ladite insertion sera justifiée ainsi qu'il est dit au titre *de la Saisie immobilière*, art. 683. Pr. 758, 783 s., 869. Co. 65. T. 92.

869. Il ne pourra être, sauf les actes conservatoires, prononcé, sur la demande en séparation, aucun jugement qu'un mois après l'observation des formalités ci-dessus prescrites, et qui seront observées à peine de nullité, laquelle pourra être opposée par le mari ou par ses créanciers. Pr. 871, 1029. Co. 65.

870. L'aveu du mari ne fera pas preuve, lors même qu'il n'y aurait pas de créanciers. C. 1443, 1447. Co. 65.

871. Les créanciers du mari pourront, jusqu'au jugement définitif, sommer l'avoué de la femme, par acte d'avoué à avoué, de leur communiquer la demande en séparation et les pièces justificatives, même intervenir pour la conservation de leurs droits; sans préliminaire de conciliation. Pr. 75, 339, 873. C. 1447. Co. 65. T. 70, 75.

872. Le jugement de séparation sera lu publiquement, l'audience tenante, au tribunal de commerce du lieu, s'il y en a : extrait de ce jugement, contenant la date, la désignation du tribunal où il a été rendu, les noms, prénoms, profession et demeure des époux, sera inséré sur un tableau à ce destiné, et exposé pendant un an dans l'auditoire des tribunaux de première instance et de commerce du domicile du mari, même lorsqu'il ne sera pas négociant; et s'il n'y a pas de tribunal de commerce, dans la principale salle de la maison commune du domicile du mari. Pareil extrait sera inséré au tableau exposé en la chambre des avoués et notaires s'il y en a. La femme ne pourra commencer l'exécution du jugement que du jour où les formalités ci-dessus auront été remplies, sans que néanmoins il soit nécessaire d'attendre l'expiration du susdit délai d'un an. — Le tout, sans préjudice des dispositions portées en l'art. 1445 du Code civil. Pr. 880. C. 1445. Co. 66 s. T. 92.

873. Si les formalités prescrites au présent titre ont été observées, les créanciers du mari ne seront plus reçus, après l'expiration du délai dont il s'agit dans l'article précédent, à se pourvoir par tierce opposition contre le jugement de séparation. Pr. 1029. C. 1447. Co. 65, 67.

874. La renonciation de la femme à la communauté sera faite au greffe du tribunal saisi de la demande en séparation. Pr. 997. C. 1457. Co. 65, 67. T. 91.

TITRE IX.

DE LA SÉPARATION DE CORPS, ET DU *DIVORCE*.

875. L'époux qui voudra se pourvoir en séparation de corps, sera tenu de présenter au président du tribunal de son domicile, requête contenant sommairement les faits; il y joindra les pièces à l'appui, s'il y en a. C. 306 s., 311. T. 79.

876. La requête sera répondue d'une ordonnance portant que les parties comparaîtront devant le président au jour qui sera indiqué par ladite ordonnance. Pr. 259. T. 29.

877. Les parties seront tenues de comparaître en personne, sans pouvoir se faire assister d'avoués ni de conseils.

878. Le président fera aux deux époux les représentations qu'il croira propres à opérer un rapprochement: s'il ne peut y parvenir, il rendra ensuite de la première ordonnance, une seconde portant qu'attendu qu'il n'a pu concilier les parties, il les renvoie à se pourvoir, sans citation préalable au bureau de conciliation: il autorisera par la même ordonnance la femme à procéder sur la demande, et à se retirer provisoirement dans telle maison dont les parties seront convenues, ou qu'il indiquera d'office; il ordonnera que les effets à l'usage journalier de la femme lui seront remis. Les demandes en provision seront portées à l'audience. C. 268 s. Pr. 49, 209.

879. La cause sera instruite dans les formes établies pour les autres demandes, et jugée sur les conclusions du ministère public. Pr. 83. C. 307.

880. Extrait du jugement qui prononcera la séparation, sera inséré aux tableaux exposés tant dans l'auditoire des tribunaux que dans les chambres d'avoués et notaires, ainsi qu'il est dit art. 872. T. 92.

881. A l'égard du *divorce*, il sera procédé comme il est prescrit au Code civil. C. 229 s.; L. 8 *mai* 1816.

TITRE X.

DES AVIS DE PARENS. (1)

882. Lorsque la nomination d'un tuteur n'aura pas été faite en sa présence, elle lui sera notifiée, à la diligence du membre de l'assemblée qui aura été désigné par elle: ladite notification sera faite dans les trois jours de la délibération, outre un jour par trois myriamètres de distance entre le lieu où s'est tenue l'assemblée et le domicile du tuteur. Pr. 61, 895, 968, 1033. C. 406 s., 438 s.

883. Toutes les fois que les délibérations du conseil de famille ne seront pas unanimes, l'avis de chacun des membres qui la composent sera mentionné dans le procès-verbal. — Le tuteur, subrogé tuteur ou curateur, même les membres de l'assemblée, pourront se pourvoir contre la délibération; ils formeront leur demande contre les membres qui auront été d'avis de la délibération, sans qu'il soit nécessaire d'appeler en conciliation. Pr. 49, 7°, 888. C. 416. T. 29.

884. La cause sera jugée sommairement. Pr. 404 s.

885. Dans tous les cas où il s'agit d'une délibération sujette à homologation, une expédition de la délibération sera présentée au président, lequel, par ordonnance au bas de ladite délibération, ordonnera la communication au ministère public, et commettra un juge pour en faire le rapport à jour indiqué. Pr. 259. C. 458, 467. T. 78.

886. Le procureur du roi donnera ses conclusions au bas de ladite ordonnance; la minute du jugement d'homologation sera mise à la suite desdites conclusions sur le même cahier. Pr. 141.

887. Si le tuteur, ou autre chargé de poursuivre l'homologation, ne le fait dans le délai fixé par la délibération, ou, à défaut de fixation, dans le délai de quinzaine, un des membres de l'assemblée pourra poursuivre l'homologation contre le tuteur, et aux frais de celui-ci sans répétition.

888. Ceux des membres de l'assemblée qui croiront devoir s'opposer à l'homologation, le déclareront, par acte extrajudiciaire, à celui qui est chargé de la poursuivre; et s'ils n'ont pas été appelés, ils pourront former opposition au jugement. Pr. 61, 883. T. 29.

889. Les jugemens rendus sur dé-

(1) V. les articles 160, 405 à 417, 446 s., 454 s., 478 s., 483 s., 494 s. du Code civil.

libération du conseil de famille seront sujets à l'appel. C. 448 s.

TITRE XI.

DE L'INTERDICTION. (1)

890. Dans toute poursuite d'interdiction, les faits d'imbécillité, de démence ou de fureur, seront énoncés en la requête présentée au président du tribunal; on y joindra les pièces justificatives, et l'on indiquera les témoins. C. 489 s., 492 s. T. 79. T. cr. 117 s.

891. Le président du tribunal ordonnera la communication de la requête au ministère public, et commettra un juge pour faire rapport à jour indiqué. Pr. 83, 259.

892. Sur le rapport du juge et les conclusions du procureur du roi, le tribunal ordonnera que le conseil de *famille*, *formé selon le mode déterminé* par le Code civil, section IV du chapitre II, au titre *de la Minorité, de la Tutelle et de l'Émancipation*, donnera son avis sur l'état de la personne dont l'interdiction est demandée. C. 406 s., 494 s. T. 92.

893. La requête et l'avis du conseil de famille seront signifiés au défendeur avant qu'il soit procédé à son interrogatoire. — Si l'interrogatoire et les pièces produites sont insuffisans, et si les faits peuvent être justifiés par témoins, le tribunal ordonnera, s'il y a lieu, l'enquête, qui se fera en la forme ordinaire. — Il pourra ordonner, si les circonstances l'exigent, que l'enquête sera faite hors de la présence du défendeur; mais dans ce cas, son conseil pourra le représenter. Pr. 61 252 s., 890, 892. C. 496.

894. L'appel interjeté par celui dont l'interdiction aura été prononcée, sera dirigé contre le provoquant. — L'appel interjeté par le provoquant, ou par un des membres de l'assemblée, le sera contre celui dont l'interdiction aura été provoquée. — En cas de nomination de conseil, l'appel de celui auquel il aura été donné sera dirigé contre le provoquant. Pr. 443 s., 456.

895. S'il n'y a pas d'appel du jugement d'interdiction, ou s'il est confirmé sur l'appel, il sera pourvu à la nomination d'un tuteur et d'un subrogé tuteur à l'interdit, suivant les règles prescrites au titre *Des Avis de parens*. — L'administrateur provisoire nommé en exécution de l'art. 497 du Code civil, cessera ses fonctions, et rendra compte au tuteur, s'il ne l'est pas lui-même. Pr. *compte*, 527 s.; *avis de parens*, 882 s. C. 405 s., 420 s., 427 s.

896. La demande *en main-levée* d'interdiction sera instruite et jugée dans la même forme que l'interdiction. Pr. 890 s. C. 512. (2)

897. Le jugement qui prononcera défenses de plaider, transiger, emprunter, recevoir un capital mobilier, en donner décharge, aliéner ou hypothéquer sans assistance de conseil, sera affiché dans la forme prescrite par l'article 501 du Code civil. C. 501, 513 s.

TITRE XII.

DU BÉNÉFICE DE CESSION.

898. Les débiteurs qui seront dans le cas de réclamer la cession judiciaire accordée par l'art. 1268 du Code civil seront tenus, à cet effet, de déposer au greffe du tribunal où la demande sera portée leur bilan, leurs livres, s'ils en ont, et leurs titres actifs. Pr. 218. C. 1265 s. Co. 541. T. 92.

899. Le débiteur se pourvoira devant le tribunal de son domicile. Pr. 61.

900. La demande sera communiquée au ministère public; elle ne suspendra l'effet d'aucune poursuite, sauf aux juges à ordonner, parties appelées, qu'il sera sursis provisoirement. Pr. 83, 109.

---

(1) V. les articles 489 à 501 du Code civil.

(2) Pour les demandes ayant pour objet de faire ordonner la sortie d'une personne retenue dans un établissement d'aliénés, V. L. 30 juin 1838, *art.* 29. (*App.*)

901. Le débiteur admis au bénéfice de cession sera tenu de réitérer sa cession en personne, et non par procureur, ses créanciers appelés, à l'audience du tribunal de commerce de son domicile; et s'il n'y en a pas, à la maison commune, un jour de séance : la déclaration du débiteur sera constatée, dans ce dernier cas, par procès-verbal de l'huissier, qui sera signé par le maire. Pr. 61, 1039. Co. 635 4°. T. 64.

902. Si le débiteur est détenu, le jugement qui l'admettra au bénéfice de cession, ordonnera son extraction, avec les précautions en tel cas requises et accoutumées, à l'effet de faire sa déclaration conformément à l'article précédent. Pr. 141, 800. C. 1270. T. 65.

903. Les nom, prénom, profession et demeure du débiteur, seront insérés dans un tableau public à ce destiné, placé dans l'auditoire du tribunal de commerce de son domicile, ou du tribunal de première instance qui en fait les fonctions, et dans le lieu des séances de la maison commune. T. 92.

904. Le jugement qui admettra au bénéfice de cession, vaudra pouvoir aux créanciers, à l'effet de faire vendre les biens meubles et immeubles du débiteur; et il sera procédé à cette vente dans les formes prescrites pour les héritiers sous bénéfice d'inventaire. Pr. 946 s., 953 s. C. 1269.

905. Ne pourront être admis au bénéfice de cession, les étrangers, les stellionataires, les banqueroutiers frauduleux, les personnes condamnées pour cause de vol ou d'escroquerie, ni les personnes comptables, tuteurs administrateurs et dépositaires. C. 1268; *étranger*, 11: *dépositaire infidèle*, 1945; *stellionat*, 2059. Co. *commerçant*, 541. P. *vol*, 379; *escroquerie*, 405.

906. Il n'est au surplus rien préjugé, par les dispositions du présent titre, à l'égard du commerce, aux usages duquel il n'est, quant à présent, rien innové. Co. 539 s., 541.

LIVRE II.

PROCÉDURES RELATIVES A L'OUVERTURE D'UNE SUCCESSION.

(Décret du 28 avril 1806. Promulgué le 8 mai suivant.)

TITRE PREMIER.

DE L'APPOSITION DES SCELLÉS APRÈS DÉCÈS.

907. Lorsqu'il y aura lieu à l'apposition des scellés après décès, elle sera faite par les juges de paix, et à leur défaut, par leurs suppléans. Pr. 591, 912 s., 924. C. 270, 601, 769, 773, 810, 819 s., 1006 s., 1031, 1034. Co. *faillite*, 455 s. P. *bris de scellés*, 249.

908. Les juges de paix et leurs suppléans se serviront d'un sceau particulier, qui restera entre leurs mains, et dont l'empreinte sera déposée au greffe du tribunal de première instance.

909. L'apposition des scellés pourra être requise, — 1° Par tous ceux qui prétendront droit dans la succession ou dans la communauté; — 2° Par tous créanciers fondés en titre exécutoire, ou autorisés par une permission, soit du président du tribunal de première instance, soit du juge de paix du canton où le scellé doit être apposé; — 3° Et en cas d'absence, soit du conjoint, soit des héritiers ou de l'un d'eux, par les personnes qui demeuraient avec le défunt, et par ses serviteurs et domestiques. Pr. 930. C. 819 s. T. 1, 16, 78, 94.

910. Les prétendans droit et les créanciers mineurs émancipés pourront requérir l'apposition des scellés sans l'assistance de leur curateur. — S'ils sont mineurs non émancipés, et s'ils n'ont pas de tuteur, ou s'il est absent, elle pourra être requise par un de leurs parens. Pr. 882. C. 406, 481, 490.

911. Le scellé sera apposé, soit à la diligence du ministère public, soit sur la déclaration du maire ou adjoint de la commune, et même d'office par le juge de paix, — 1° Si le mineur est sans tuteur, et que le scellé ne soit pas requis par un parent; — 2° Si le conjoint, ou si les héritiers ou l'un d'eux, sont absens; — 3° Si le défunt était dépositaire public; auquel cas le scellé ne sera apposé que pour raison de ce dépôt et sur les objets qui le composent. Pr. 914. C. 819. T. 94 : *militaires*, L. 11 *ventôse*; 16 *fructidor an* II; *Arr.* 13 *nivôse an* X.

912. Le scellé ne pourra être apposé que par le juge de paix des lieux ou par ses suppléans. Pr. 907, 915 s.

913. Si le scellé n'a pas été apposé avant l'inhumation, le juge constatera, par son procès-verbal, le moment où il a été requis de l'apposer, et les causes qui ont retardé soit la réquisition, soit l'apposition.

914. Le procès-verbal d'apposition contiendra, — 1° La date des an, mois, jour et heure; — 2° Les motifs de l'apposition; — 3° Les noms, profession et demeure du requérant, s'il y en a, et son élection de domicile dans la commune où le scellé est apposé, s'il n'y demeure; — 4° S'il n'y a pas de partie requérante, le procès-verbal énoncera que le scellé a été apposé d'office ou sur le réquisitoire ou sur la déclaration de l'un des fonctionnaires dénommés dans l'art. 911; — 5° L'ordonnance qui permet le scellé, s'il en a été rendu; — 6° Les comparutions et dires des parties; — 7° La désignation des lieux, bureaux, coffres, armoires, sur les ouvertures desquels le scellé a été apposé; — 8° Une description sommaire des effets qui ne sont pas mis sous les scellés. Pr. 924; — 9° Le serment, lors de la clôture de l'apposition, par ceux qui demeurent dans le lieu, qu'ils n'ont rien détourné, vu ni su qu'il ait été rien détourné directement ni indirectement. — 10° L'établissement du gardien présenté, s'il a les qualités requises; sauf, s'il ne les a pas, ou s'il n'en est pas présenté, à en établir un d'office par le juge de paix. Pr. 596. C. 2060. (1)

915 Les clefs des serrures sur lesquelles le scellé a été apposé resteront, jusqu'à sa levée, entre les mains du greffier de la justice de paix, lequel fera mention, sur le procès-verbal, de la remise qui lui en aura été faite; et ne pourront le juge ni le greffier aller, jusqu'à la levée, dans la maison où est le scellé, à peine d'interdiction, à moins qu'ils n'en soient requis, ou que leur transport n'ait été précédé d'une ordonnance motivée.

916. Si, lors de l'apposition, il est trouvé un testament ou autres papiers cachetés, le juge de paix en constatera la forme extérieure, le sceau et la suscription s'il y en a, paraphera l'enveloppe avec les parties présentes, si elles le savent ou le peuvent, et indiquera les jour et heure où le paquet sera par lui présenté au président du tribunal de première instance : il fera mention du tout sur son procès-verbal, lequel sera signé des parties, sinon mention sera faite de leur refus. Pr. 920. C. 976, 1007. T. 2, 3, 16, 94.

917. Sur la réquisition de toute partie intéressée, le juge de paix fera, avant l'apposition du scellé, la perquisition du testament dont l'existence sera annoncée; et s'il le trouve, il procédera ainsi qu'il est dit ci-dessus.

918. Aux jour et heure indiqués, sans qu'il soit besoin d'aucune assignation, les paquets trouvés cachetés seront présentés par le juge de paix au président du tribunal de première instance, lequel en fera l'ouverture, en constatera l'état, et en ordonnera le dépôt si le contenu concerne la succession. C. 1007. T. 94.

919. Si les paquets cachetés paraissent, par leur suscription, ou par quelque autre preuve écrite, appartenir à des tiers, le président du tribunal ordonnera que ces tiers seront appelés dans un délai qu'il fixera, pour qu'ils puissent assister à l'ouverture : il la fera au jour indiqué, en leur présence ou à leur défaut; et si les paquets sont étrangers à la succession, il les leur remettra sans en faire connaître le contenu, ou les cachètera de nouveau pour leur être remis à leur première réquisition.

920. Si un testament est trouvé ou-

(1) *Droits d'enregistrement* des procès-verbaux d'apposition, de reconnaissance et de levée des scellés : *L.* 22 frimaire an VII, *art.* 68, § 2.

vert, le juge de paix en constatera l'état, et observera ce qui est prescrit en l'art. 916. Pr. 916 s. T. 94.

921. Si les portes sont fermées, s'il se rencontre des obstacles à l'apposition des scellés, s'il s'élève, soit avant soit pendant le scellé, des difficultés, il y sera statué en référé par le président du tribunal. A cet effet, il sera sursis, et établi par le juge de paix garnison extérieure, même intérieure si le cas y échet; et il en référera sur-le-champ *au président du tribunal.* — Pourra néanmoins le juge de paix, s'il y a péril dans *le retard*, statuer par provision, sauf à en référer ensuite au président du tribunal. Pr. *référé*, 806 s. T. 2, 3, 16, 94. (1)

922. Dans tous les cas où il sera référé par le juge de paix au président du tribunal, soit en matière de scellé, soit en autre matière, ce qui sera fait et ordonné sera constaté sur le procès-verbal dressé par le juge de paix; le président signera ses ordonnances sur ledit procès-verbal. Pr. 135, 809, 811. T. 94.

923. *Lorsque l'inventaire* sera parachevé, les scellés ne pourront être apposés, à moins que l'inventaire ne soit attaqué, et qu'il ne soit ainsi ordonné par le président du tribunal. — Si l'apposition des scellés est requise pendant le cours de l'inventaire, les scellés ne seront apposés que sur les objets non inventoriés.

924. S'il n'y a aucun effet mobilier, le juge de paix dressera un procès-verbal de carence. — S'il y a des effets mobiliers qui soient nécessaires à l'usage des personnes qui restent dans la maison, ou sur lesquels le scellé ne puisse être mis, le juge de paix fera un procès-verbal contenant description sommaire desdits effets. Pr. 914 8°.

925. Dans les communes où la population est de vingt mille âmes et au-dessus, il sera tenu, au greffe du tribunal de première instance, un registre d'ordre pour les scellés, sur lequel seront inscrits, d'après la déclaration que les juges de paix de l'arrondissement seront tenus d'y faire parvenir dans les vingt-quatre heures de l'apposition, 1° les noms et demeures des personnes sur les effets desquelles le scellé aura été apposé, 2° le nom et la demeure du juge qui a fait l'apposition, 3° le jour où elle a été faite. T. 17.

TITRE II.

DES OPPOSITIONS AUX SCELLÉS.

926. Les oppositions aux scellés *pourront être faites*, soit par une déclaration sur le procès-verbal de scellé, soit par exploit signifié au greffier du juge de paix. Pr. 912, 927, 931 s., 1039. C. 821. T. 18, 20, 21.

927. Toutes oppositions à scellé contiendront, à peine de nullité, outre les formalités communes à tout exploit, — 1° Élection de domicile dans la commune ou dans l'arrondissement de la justice de paix où le scellé est apposé, si l'opposant n'y demeure pas; — 2° L'énonciation précise de la cause de l'opposition. Pr. 61.

TITRE III.

DE LA LEVÉE DU SCELLÉ.

928. Le scellé ne pourra être levé et l'inventaire fait que trois jours après l'inhumation s'il a été apposé auparavant, et trois jours après l'apposition si elle a été faite depuis l'inhumation, à peine de nullité des procès-verbaux de levée de scellés et inventaire, et des dommages et intérêts contre ceux qui les auront faits et requis; le tout, à moins que, pour des causes urgentes et dont il sera fait mention dans son ordonnance, il n'en soit autrement ordonné par le président du tribunal de première instance. Dans ce cas, si les parties qui ont droit d'assister à la levée ne sont pas présentes, il sera appelé pour elles, tant à la levée qu'à l'inventaire, un notaire nommé d'office par le président. Pr. 135, 936, 940. T. 77.

929. Si les héritiers ou quelques-uns d'eux sont mineurs non émancipés, il ne sera pas procédé à la levée des scellés, qu'ils n'aient été, ou préalablement pourvus de tuteurs, ou émancipés. Pr. 882 s., 911. C. 405 s., 476 s. T. 94.

(1) *Droits d'enregistrement : L.* 22 frimaire an VII, *art.* 68, § 1er.

930. Tous ceux qui ont droit de faire apposer les scellés, pourront en requérir la levée, excepté ceux qui ne les ont fait apposer qu'en exécution de l'art. 909, n° 3 ci-dessus. Pr. 909, 910, 911, 940. Co. 479.

931. Les formalités pour parvenir à la levée des scellés, seront, — 1° Une réquisition à cet effet, consignée sur le procès-verbal du juge de paix; — 2° Une ordonnance du juge, indicative des jour et heure où la levée sera faite (1); — 3° Une sommation d'assister à cette levée, faite au conjoint survivant, aux présomptifs héritiers, à l'exécuteur testamentaire, aux légataires universels et à titre universel, s'ils sont connus, et aux opposans. Pr. 61. — Il ne sera pas besoin d'appeler les intéressés demeurant hors de la distance de cinq myriamètres; mais on appellera pour eux, à la levée et à l'inventaire, un notaire nommé d'office par le président du tribunal de première instance. — Les opposans seront appelés aux domiciles par eux élus. Pr. 928, 936, 942. T. 77, 94.

932. Le conjoint, l'exécuteur testamentaire, les héritiers, les légataires universels et ceux à titre universel, pourront assister à toutes les vacations de la levée du scellé et de l'inventaire, en personne ou par un mandataire. — Les opposans ne pourront assister, soit en personne, soit par un mandataire, qu'à la première vacation; ils seront tenus de se faire représenter, aux vacations suivantes, par un seul mandataire pour tous, dont ils conviendront; sinon il sera nommé d'office par le juge. — Si parmi ces mandataires se trouvent des avoués près le tribunal de première instance du ressort, ils justifieront de leurs pouvoirs par la représentation du titre de leur partie; et l'avoué le plus ancien, suivant l'ordre du tableau, des créanciers fondés en titre authentique, assistera de droit pour tous les opposans: si aucun des créanciers n'est fondé en titre authentique, l'avoué le plus ancien des opposans fondés en titre privé assistera. L'ancienneté sera définitivement réglée à la première vacation. Pr. 934. T. 1, 16, 94.

933. Si l'un des opposans avait des intérêts différens de ceux des autres, ou des intérêts contraires, il pourra assister en personne, ou par un mandataire particulier, à ses frais. T. 94.

934. Les opposans pour la conservation des droits de leur débiteur ne pourront assister à la première vacation, ni concourir au choix d'un mandataire commun pour les autres vacations. Pr. 778, 932. C. 1166. T. 1, 16, 94.

935. Le conjoint commun en biens, les héritiers, l'exécuteur testamentaire, et les légataires universels ou à titre universel, pourront convenir du choix d'un ou deux notaires, et d'un ou deux commissaires-priseurs ou experts; s'ils n'en conviennent pas, il sera procédé, suivant la nature des objets, par un ou deux notaires, commissaires-priseurs ou experts, nommés d'office par le président du tribunal de première instance. Les experts prêteront serment devant le juge de paix. T. 2, 3, 16.

936. Le procès-verbal de levée contiendra, 1° la date; 2° les noms, profession, demeure et élection de domicile du requérant; 3° l'énonciation de l'ordonnance délivrée pour la levée; 4° l'énonciation de la sommation prescrite par l'art. 931 ci-dessus; 5° les comparutions et dires des parties; 6° la nomination des notaires, commissaires-priseurs et experts qui doivent opérer; 7° la reconnaissance des scellés, s'ils sont sains et entiers; s'ils ne le sont pas, l'état des altérations, sauf à se pourvoir ainsi qu'il appartiendra pour raison desdites altérations; 8° les réquisitions à fin de perquisitions, le résultat desdites perquisitions, et toutes autres demandes sur lesquelles il y aura lieu de statuer. Pr. 914, 917, 930 s., 935. P. 249 s.

937. Les scellés seront levés successivement, et à fur et mesure de la confection de l'inventaire; ils seront réapposés à la fin de chaque vacation. Co. 479 s. T. 16, 94.

938. On pourra réunir les objets de même nature, pour être invento-

(1) *Droits d'enregistrement*: L. 22 frimaire an VII, art. 68, § 1er.

riés successivement suivant leur ordre ; ils seront, dans ce cas, replacés sous les scellés.

939. S'il est trouvé des objets et papiers étrangers à la succession et réclamés par des tiers, ils seront remis à qui il appartiendra ; s'ils ne peuvent être remis à l'instant, et qu'il soit nécessaire d'en faire la description, elle sera faite sur le procès-verbal des scellés, et non sur l'inventaire.

940. Si la cause de l'apposition des scellés cesse avant qu'ils soient levés, ou pendant le cours de leur levée, ils seront levés sans description. Pr. 907 s., 930. T. 94.

TITRE IV.

DE L'INVENTAIRE. (1)

941. L'inventaire peut être requis par ceux qui ont droit de requérir la levée du scellé. Pr. 909, s., 930. T. 168.

942. Il doit être fait en présence, 1° du conjoint survivant, 2° des héritiers présomptifs, 3° de l'exécuteur testamentaire si le testament est connu, 4° des donataires, et légataires universels ou à titre universel, soit en propriété, soit en usufruit, ou eux dûment appelés, s'ils demeurent dans la distance de cinq myriamètres; s'ils demeurent au-delà, il sera appelé, pour tous les absens, un seul notaire, nommé par le président du tribunal de première instance, pour représenter les parties appelées et défaillantes. Pr. 931, 936. C. 112.

943. Outre les formalités communes à tous les actes devant notaires, l'inventaire contiendra, — 1° Les noms, professions et demeures des requérans, des comparans, des défaillans et des absens, s'ils sont connus, du notaire appelé pour les représenter, des commissaires-priseurs et experts; et la mention de l'ordonnance qui commet le notaire pour les absens et défaillans; — 2° L'indication des lieux où l'inventaire est fait; — 3° La description et estimation des effets laquelle sera faite à juste valeur et sans crue; — 4° La désignation des qualité, poids et titre de l'argenterie; — 5° La désignation des espèces en numéraire; — 6° Les papiers seront cotés par première et dernière; ils seront paraphés de la main d'un des notaires; s'il y a des livres et registres de commerce, l'état en sera constaté, les feuillets en seront pareillement cotés et paraphés, s'ils ne le sont; s'il y a des blancs dans les pages écrites, ils seront bâtonnés; — 7° La déclaration des titres actifs et passifs; — 8° La mention du serment prêté, lors de la clôture de l'inventaire, par ceux qui ont été en possession des objets avant l'inventaire ou qui ont habité la maison dans laquelle sont lesdits objets, *qu'ils n'en ont détourné, vu détourner* ni su qu'il en ait été détourné aucun; — 9° La remise des effets et papiers, s'il y a lieu, entre les mains de la personne dont on conviendra, ou qui à défaut sera nommée par le président du tribunal. Pr. 588, s. C. 113, 451, 825, 842. *Déc. 10 brum. an XIV.* (2)

944. Si, lors de l'inventaire, il s'élève des difficultés, ou s'il est formé des réquisitions pour l'administration de la communauté ou de la succession, ou pour autres objets, et qu'il n'y soit déféré par les autres parties, les notaires délaisseront les parties à se pourvoir en référé devant le président du tribunal de première instance; ils pourront en référer eux-mêmes, s'ils résident dans le canton où siège le tribunal : dans ce cas, le président mettra son ordonnance sur la minute du procès-verbal. Pr. 806, s. T. 168.

TITRE V.

DE LA VENTE DU MOBILIER.

945. Lorsque la vente des meubles dépendans d'une succession aura lieu en exécution de l'art. 826 du Code civil, cette vente sera faite dans les formes prescrites au titre *des Sai-*

(1) L'inventaire a lieu principalement dans les cas prévus par les art. 126, 270, 451, 600, 626, 769, 794 s., 813, 1031, 1058, 1456, 1504, 1532 du Code civil; 479 s. du Code de commerce.

(2) *Droits d'enregistrement : L.* 22 frimaire an VII, *art.* 68, § 2.

sies-exécutions. Pr. 617 s., 949 s., 1000. C. 796, 806.

946. Il y sera procédé sur la réquisition de l'une des parties intéressées, en vertu de l'ordonnance du président du tribunal de première instance, et par un officier public. Pr. 259, 945 s. T. 77.

947. On appellera les parties ayant droit d'assister à l'inventaire, et qui demeureront ou auront élu domicile dans la distance de cinq myriamètres : l'acte sera signifié au domicile élu. Pr. 61, 931, 942, 950. T. 29.

948. S'il s'élève des difficultés, il pourra être statué provisoirement en référé par le président du tribunal de première instance. Pr. 806 s.

949. La vente se fera dans le lieu où sont les effets s'il n'en est autrement ordonné. Pr. 945; secùs 617, 620, 621.

950. La vente sera faite tant en absence que présence, sans appeler personne pour les non-comparans. Pr. 947.

951. Le procès verbal fera mention de la présence ou de l'absence du requérant.

952. Si toutes les parties sont majeures, présentes et d'accord, et qu'il n'y ait aucun tiers intéressé, elles ne seront obligées à aucune des formalités ci-dessus. Pr. 985.

TITRE VI. (1)

DE LA VENTE DES BIENS IMMEUBLES APPARTENANT A DES MINEURS.

953. La vente des immeubles appartenant à des mineurs ne pourra être ordonnée que d'après un avis de parens énonçant la nature des biens et leur valeur approximative. — Cet avis ne sera pas nécessaire si les biens appartiennent en même tems à des majeurs, et si la vente est poursuivie par eux. Il sera procédé alors conformément au titre *des Partages et Licitations.* Pr. 882 s., 966 s. C. 457 s., 460.

954. Lorsque le tribunal homologuera cet avis, il déclarera, par le même jugement, que la vente aura lieu soit devant l'un des juges du tribunal à l'audience des criées, soit devant un notaire à cet effet commis. — Si les immeubles sont situés dans plusieurs arrondissemens, le tribunal pourra commettre un notaire dans chacun de ces arrondissemens, et même donner commission rogatoire à chacun des tribunaux de la situation de ces biens. Pr. 209, 743, 957 s., 969. C. 459. T. *imm.*, 9, § 1, 4.

955. Le jugement qui ordonnera la vente déterminera la mise à prix de chacun des immeubles à vendre et les conditions de la vente. Cette mise à prix sera réglée, soit d'après l'avis des parens, soit d'après les titres de propriété, soit d'après les baux authentiques ou sous seing-privé ayant date certaine, et, à défaut de baux, d'après le rôle de la contribution foncière. — Néanmoins le tribunal pourra, suivant les circonstances, faire procéder à l'estimation totale ou partielle des immeubles. — Cette estimation aura lieu, selon l'importance et la nature des biens, par un ou trois experts que le tribunal commettra à cet effet. Pr. 209, 302 s. T. *imm.*, 15, 16.

956. Si l'estimation a été ordonnée, l'expert ou les experts, après avoir prêté serment, soit devant le président du tribunal, soit devant un juge de paix commis par lui, rédigeront leur rapport, qui indiquera sommairement les bases de l'estimation, sans entrer dans le détail descriptif des biens à vendre. — La minute du rapport sera déposée au greffe du tribunal. Il n'en sera pas délivré d'expédition. Pr. 218, 315 s., 318 s. T. *imm.*, 9, 15, 16.

957. Les enchères seront ouvertes sur un cahier des charges déposé par l'avoué au greffe du tribunal, ou dressé par le notaire commis, et déposé dans son étude, si la vente doit avoir lieu devant notaire. — Ce cahier contiendra : — 1° L'énonciation du jugement qui a autorisé la vente ; — 2° Celle des titres qui établissent la propriété ; — 3° L'indication de la nature ainsi que de la situation des

---

(1) *Loi* 2 juin 1841. — Art. 3. Les articles composant le titre VI, de la *Vente des biens immeubles*, du livre II de la deuxième partie du Code de procédure civile, seront remplacés par les dispositions suivantes.

biens à vendre, celle des corps d'héritage, de leur contenance approximative, et de deux des tenans et aboutissans; — 4° L'énonciation du prix auquel les enchères seront ouvertes, et les conditions de la vente. Pr. 218, 696, 743. C. 459.

958. Après le dépôt du cahier des charges, il sera rédigé et imprimé des placards qui contiendront : 1° L'énonciation du jugement qui aura autorisé la vente ; — 2° Les noms, professions et domiciles du mineur, de son tuteur et de son subrogé-tuteur ; — 3° La désignation des biens, telle qu'elle a été insérée dans le cahier des charges ; — 4° Le prix auquel seront ouvertes les enchères sur chacun des biens à vendre ; — 5° Les jour, lieu et heure de l'adjudication, ainsi que l'indication soit du notaire et de sa demeure, soit du tribunal devant lequel l'adjudication aura lieu, et, dans tous les cas, de l'avoué du vendeur. Pr. 699 s., 743, 964. C. 459.

959. Les placards seront affichés quinze jours au moins, trente jours au plus avant l'adjudication, aux lieux désignés dans l'article 699, et, en outre, à la porte du notaire qui procédera à la vente ; ce dont il sera justifié conformément au même article. Pr. 699 s., 743. T. imm. 4, 16.

960. Copie de ces placards sera insérée, dans le même délai, au journal indiqué par l'article 696, et dans celui qui aura été désigné pour l'arrondissement où se poursuit la vente, si ce n'est pas l'arrondissement de la situation des biens. — Il en sera justifié conformément à l'article 698. Pr. 696 s., 743.

961. Selon la nature et l'importance des biens, il pourra être donné à la vente une plus grande publicité, conformément aux articles 697 et 700.

962. Le subrogé-tuteur du mineur sera appelé à la vente, ainsi que le prescrit l'article 459 du Code civil ; à cet effet, le jour, le lieu et l'heure de l'adjudication lui seront notifiés un mois d'avance, avec avertissement qu'il y sera procédé tant en son absence qu'en sa présence. Pr. 61, 743. T. imm. 3, 16.

963. Si, au jour indiqué pour l'adjudication, les enchères ne s'élèvent pas à la mise à prix, le tribunal pourra ordonner, sur simple requête en la chambre du conseil, que les biens seront adjugés au-dessous de l'estimation ; l'adjudication sera remise à un délai fixé par le jugement, et qui ne pourra être moindre de quinzaine. — Cette adjudication sera encore indiquée par des placards et des insertions dans les journaux, comme il est dit ci-dessus, huit jours au moins avant l'adjudication. Pr. 209, 704, 959 s., 988. P. 412. T. imm. 9, 84.

964. Sont déclarés communs au présent titre les articles 701, 705, 706, 707, 711, 712, 713, 733, 734, 735, 736, 737, 738, 739, 740, 741 et 742. — Néanmoins si les enchères sont reçues par un notaire, elles pourront être faites par toutes personnes sans ministère d'avoué. Pr. 972. — Dans le cas de vente devant notaire, s'il y a lieu à folle enchère, la poursuite sera portée devant le tribunal. — Le certificat constatant que l'adjudicataire n'a pas justifié de l'acquit des conditions, sera délivré par le notaire. Le procès-verbal d'adjudication sera déposé au greffe, pour servir d'enchère. Pr. 218, 734 s. T. imm. 12, 16.

965. Dans les huit jours qui suivront l'adjudication, toute personne pourra faire une surenchère du sixième, en se conformant aux formalités et délais réglés par les articles 708, 709 et 710 ci-dessus. — Lorsqu'une seconde adjudication aura eu lieu après la surenchère ci-dessus, aucune autre surenchère des mêmes biens ne pourra être reçue. Pr. 973.

TITRE VII. (1)

DES PARTAGES ET LICITATIONS. (2)

966. Dans les cas des art. 823 et

---

(1) Loi 2 juin 1841. — Art. 4. Les art. 969, 970, 971, 972, 973, 975 et 976 du titre VII, *des Partages et Licitations*, livre II, deuxième partie du Code de procédure civile, seront remplacés par les dispositions suivantes :

(2) V. les art. 823 à 839 du Code civil.

838 du Code civil, lorsque le partage doit être fait en justice, la partie la plus diligente se pourvoira. Pr. 59, 61, 988. C. 465, 815, 817, 822 s., 882 s.

967. Entre deux demandeurs, la poursuite appartiendra à celui qui aura fait viser le premier l'original de son exploit par le greffier du tribunal: ce visa sera daté du jour et de l'heure. C. 823, 838. Pr. 1039. T. 78, 90.

968. Le tuteur spécial et particulier qui doit être donné à chaque mineur ayant des intérêts opposés, sera nommé suivant les règles contenues au titre *des Avis de parens*. Pr. 882 s., 954 s. C. 838 s.

969. Le jugement qui prononcera sur la demande en partage commettra, s'il y a lieu, un juge, conformément à l'art. 823 du Code civil, et en même temps un notaire. — Si, dans le cours des opérations, le juge ou le notaire est empêché, le président du tribunal pourvoira au remplacement par une ordonnance sur requête, laquelle ne sera susceptible ni d'opposition ni d'appel. Pr. 209, 259, 954 s. C. 459 s., 823 s. T. imm., 3, 10, § 1.

970. En prononçant sur cette demande, le tribunal ordonnera par le même jugement le partage, s'il peut avoir lieu, ou la vente par licitation, qui sera faite devant un membre du tribunal ou devant un notaire, conformément à l'article 955. — Le tribunal pourra, soit qu'il ordonne le partage, soit qu'il ordonne la licitation, déclarer qu'il y sera immédiatement procédé sans expertise préalable, même lorsqu'il y aura des mineurs en cause; dans le cas de licitation, le tribunal déterminera la mise à prix, conformément à l'article 955. Pr. 209, 954 s., 977 s., 982 s. C. 824. (1)

971. Lorsque le tribunal ordonnera l'expertise, il pourra commettre un ou trois experts, qui prêteront serment comme il est dit en l'article 956. — Les nominations et rapports d'experts seront faits suivant les formalités prescrites au titre *des Rapports d'experts*. — Les rapports d'experts présenteront sommairement les bases de l'estimation, sans entrer dans le détail descriptif des biens à partager ou à liciter. — Le poursuivant demandera l'entérinement du rapport par un simple acte de conclusion d'avoué à avoué. Pr. 75, 82, 209, 318, 319. T. imm., 10.

972. On se conformera pour la vente, aux formalités prescrites dans le titre *de la Vente des biens immeubles appartenant à des mineurs*, en ajoutant dans le cahier des charges: — Les noms, demeure et profession du poursuivant, les noms et demeure de son avoué; — Les noms, demeures et professions des colicitans et de leurs avoués. Pr. 953 s., 957 s. T. imm., 4, 16.

973. Dans la huitaine du dépôt du cahier des charges au greffe ou chez le notaire, sommation sera faite, par un simple acte, aux colicitans, en l'étude de leurs avoués, d'en prendre communication. — S'il s'élève des difficultés sur le cahier des charges, elles seront vidées à l'audience, sans aucune requête, et sur un simple acte d'avoué à avoué. — Le jugement qui interviendra ne pourra être attaqué que par la voie de l'appel, dans les formes et les délais prescrits par les articles 731 et 732 du présent code. — Tout autre jugement sur les difficultés relatives aux formalités postérieures à la sommation de prendre communication du cahier des charges ne pourra être attaqué ni par opposition, ni par appel. — Si, au jour indiqué pour l'adjudication, les enchères ne couvrent pas la mise à prix, il sera procédé comme il est dit en l'article 963. — Dans les huit jours de l'adjudication, toute personne pourra surenchérir d'un sixième du prix principal, en se conformant aux conditions et aux formalités prescrites par les articles 708, 709 et 710. — Cette surenchère produira le même effet que dans les ventes de biens de mineurs. Pr. 75, 82, 209, 405, 965, 977. C. 822 s. T. imm., 10.

(1) *Droits d'enregistrement* du partage: L. 22 frimaire an VII, *art.* 68, § 3; L. 28 avril 1816, *art.* 45.

974. Lorsque la situation des immeubles aura exigé plusieurs expertises distinctes, et que chaque immeuble aura été déclaré impartageable, il n'y aura cependant pas lieu à licitation, s'il résulte du rapprochement des rapports que la totalité des immeubles peut se partager commodément. C. 826 s., 832 s., 862.

975. Si la demande en partage n'a pour objet que la division d'un ou plusieurs immeubles sur lesquels les droits des intéressés soient déjà liquidés, les experts, en procédant à l'estimation, composeront les lots ainsi qu'il est prescrit par l'art. 466 du Code civil; et, après que leur rapport aura été entériné, les lots seront tirés au sort, soit devant le juge-commissaire, soit devant le notaire déjà commis par le tribunal, aux termes de l'article 969. Pr. 978. C. 466, 831 s.

976. Dans les autres cas, et notamment lorsque le tribunal aura ordonné le partage sans faire procéder à un rapport d'experts, le poursuivant fera sommer les copartageans de comparaître, au jour indiqué, devant le notaire commis, à l'effet de procéder aux compte, rapport, formation de masse, prélèvemens, composition de lots et fournissemens, ainsi qu'il est ordonné par le Code civil, art. 828. — Il en sera de même après qu'il aura été procédé à la licitation, si le prix de l'adjudication doit être confondu avec d'autres objets dans une masse commune de partage pour former la balance entre les divers lots. Pr. 969, 970 s. C. 828 s.

977. Le notaire commis procédera seul et sans l'assistance d'un second notaire ou de témoins : si les parties se font assister auprès de lui d'un conseil, les honoraires de ce conseil n'entreront point dans les frais de partage, et seront à leur charge. — Au cas de l'art. 837 du Code civil, le notaire rédigera en un procès-verbal séparé les difficultés et dires des parties : ce procès-verbal sera, par lui, remis au greffe, et y sera retenu. — Si le juge-commissaire renvoie les parties à l'audience, l'indication du jour où elles devront comparaître leur tiendra lieu d'ajournement. — Il ne sera fait aucune sommation pour comparaître, soit devant le juge, soit à l'audience. Pr. 970, 972, 973, 981. T. 92, 168.

978. Lorsque la masse du partage, les rapports et prélèvemens à faire par chacune des parties intéressées, auront été établis par le notaire, suivant les art. 829, 830 et 831 du Code civil, les lots seront faits par l'un des cohéritiers, s'ils sont tous majeurs, s'ils s'accordent sur le choix, et si celui qu'ils auront choisi accepte la commission : dans le cas contraire, le notaire, sans qu'il soit besoin d'aucune autre procédure, renverra les parties devant le juge-commissaire, et celui-ci nommera un expert. Pr. 975 s. C. 831, 834 s. T. 168.

979. Le cohéritier choisi par les parties, ou l'expert nommé pour la formation des lots, en établira la composition par un rapport qui sera reçu et rédigé par le notaire à la suite des opérations précédentes.

980. Lorsque les lots auront été fixés, et que les contestations sur leur formation, s'il y en a eu, auront été jugées, le poursuivant fera sommer les copartageans à l'effet de se trouver, à jour indiqué, en l'étude du notaire, pour assister à la clôture de son procès-verbal, en entendre lecture, et le signer avec lui, s'ils le peuvent et le veulent. C. 835. T. 29.

981. Le notaire remettra l'expédition du procès-verbal de partage à la partie la plus diligente pour en poursuivre l'homologation par le tribunal; sur le rapport du juge-commissaire, le tribunal homologuera le partage, s'il y a lieu, les parties présentes, ou appelées si toutes n'ont pas comparu à la clôture du procès-verbal, et sur les conclusions du procureur du roi, dans le cas où la qualité des parties requerra son ministère.

982. Le jugement d'homologation ordonnera le tirage des lots, soit devant le juge-commissaire, soit devant le notaire, lequel en fera la délivrance aussitôt après le tirage. Pr. 969 s. C. 834. T. 92.

983. Soit le greffier, soit le notaire, seront tenus de délivrer tels extraits, en tout ou en partie, du procès-verbal de partage que les parties intéressées requerront. Pr. 839 s.

984. Les formalités ci-dessus seront suivies dans les licitations et partages tendant à faire cesser l'indivision, lorsque des mineurs ou autres personnes non jouissant de leurs droits civils y auront intérêt. Pr. 819, 837 s.

985. Au surplus, lorsque tous les copropriétaires ou cohéritiers seront majeurs, jouissant de leurs droits civils, présens ou dûment représentés, ils pourront s'abstenir des voies judiciaires, ou les abandonner en tout état de cause, et s'accorder pour procéder de telle manière qu'ils aviseront. Pr. 952. C. 819.

TITRE VIII.

DU BÉNÉFICE D'INVENTAIRE.

986. Si l'héritier veut, avant de prendre qualité, et conformément au Code civil, se faire autoriser à procéder à la vente d'effets mobiliers dépendans de la succession, il présentera, à cet effet, requête au président du tribunal de première instance dans le ressort duquel la succession est ouverte. — La vente en sera faite par un officier public, après les affiches et publications ci-dessus prescrites pour la vente du mobilier. Pr. 259, 617 s., 945 s., 989, 1000 s. C. 793, 796, 805. T. 77.

987. (1) S'il y a lieu à vendre des immeubles dépendans de la succession, l'héritier bénéficiaire présentera au président du tribunal de première instance du lieu de l'ouverture de la succession une requête dans laquelle ces immeubles seront désignés sommairement. Cette requête sera communiquée au ministère public; sur ses conclusions et le rapport du juge nommé à cet effet, il sera rendu jugement qui autorisera la vente et fixera la mise à prix, ou qui ordonnera préalablement que les immeubles seront vus et estimés par un expert nommé d'office. — Dans ce dernier cas, le rapport de l'expert sera entériné sur requête par le tribunal, et sur les conclusions du ministère public le tribunal ordonnera la vente. Pr. 83, 300, 259, 302 s., 955 s. C. 806.

988. Il sera procédé à la vente, dans chacun des cas ci-dessus prévus, suivant les formalités prescrites au titre de la *Vente des biens immeubles appartenant à des mineurs*. Pr. 953 s. — Sont déclarés communs au présent titre, les articles 701, 702, 705, 706, 707, 711, 712, 713, 733, 734, 735, 736, 737, 738, 739, 740, 741, 742, les deux derniers paragraphes de l'article 964 et l'article 965 du présent Code. — L'héritier bénéficiaire sera réputé héritier pur et simple, s'il a vendu des immeubles sans se conformer aux règles prescrites par le présent titre. C. 778, 792, 800, 801, 806. T. *imm.*, 4, 16.

989. S'il y a lieu à faire procéder à la vente du mobilier et des rentes dépendant de la succession, la vente sera faite suivant les formes prescrites pour la vente de ces sortes de biens, à peine contre l'héritier bénéficiaire d'être réputé héritier pur et simple. Pr. *rentes*, 643 s.; *meubles*, 945 s., 986. C. 796, 805.

990. Le prix de la vente du mobilier sera distribué par contribution entre les créanciers opposans, suivant les formalités indiquées au titre *de la Distribution par contribution*. Pr. 656 s. C. 808 s.

991. Le prix de la vente des immeubles sera distribué suivant l'ordre des priviléges et hypothèques. Pr. 749 s., 775. C. 806, 808, 809, 2166.

992. Le créancier, ou autre partie intéressée, qui voudra obliger l'héritier bénéficiaire à donner caution, lui fera faire sommation, à cet effet, par acte extrajudiciaire signifié à personne

---

(1) *Loi* 2 juin 1841. — Art. 5. Les art. 987 et 988 du titre VIII du *Bénéfice d'inventaire*, livre II, deuxième partie du Code de procédure civile, seront remplacés par les dispositions suivantes: — Art. 9. Les ventes judiciaires qui seront commencées antérieurement à la promulgation de la présente loi, continueront à être régies par les anciennes dispositions du Code de procédure civile. — Les ventes seront censées commencées si les placards ont été affichés.

ou domicile. Pr. 61; caution, 517 s. C. 807. T. 29.

993. Dans les trois jours de cette sommation, outre un jour par trois myriamètres de distance entre le domicile de l'héritier et la commune où siége le tribunal, il sera tenu de présenter caution au greffe du tribunal de l'ouverture de la succession, dans la forme prescrite pour les réceptions de caution. Pr. 518 s., 1033. C. 807.

994. S'il s'élève des difficultés relativement à la réception de la caution, les créanciers provoquans seront représentés par l'avoué le plus ancien. Pr. 520 s.

995. Seront observées, pour la reddition du compte du bénéfice d'inventaire, les formes prescrites au titre *des Redditions de compter.* Pr. 527 s. 803 s., 809 s.

996. Les actions à intenter par l'héritier bénéficiaire contre la succession, seront intentées contre les autres héritiers; et s'il n'y en a pas, ou qu'elles *soient intentées par tous*, elles le seront contre un curateur au bénéfice d'inventaire, nommé en la même forme que le curateur à la succession vacante. Pr. 998 s. — C. 802, 812; *prescript.*, 2258.

TITRE IX.

DE LA RENONCIATION A LA COMMUNAUTÉ, DE LA VENTE DES IMMEUBLES DOTAUX, ET DE LA RENONCIATION A LA SUCCESSION. (1)

997. Les renonciations à communauté ou à succession seront faites au greffe du tribunal dans l'arrondissement duquel la dissolution de la communauté ou l'ouverture de la succession se sera opérée, sur le registre prescrit par l'art. 784 du Code civil, et en conformité de l'article 1457 du même Code, sans qu'il soit besoin d'autre formalité. Pr. 874. C. 784 s., 1453, 1461, 1463, 1466. T. 91. (2) — Lorsqu'il y aura lieu de vendre des immeubles dotaux dans les cas prévus par l'article 1558 du Code civil, la vente sera préalablement autorisée sur requête, par jugement rendu en audience publique. Pr. 709. — Seront, au surplus, applicables les articles 955, 956, et suivans du titre *de la Vente des biens immeubles appartenant à des mineurs.* T. imm. 4, 5, 16.

TITRE X.

DU CURATEUR A UNE SUCCESSION VACANTE.

998. Lorsqu'après l'expiration des délais pour faire inventaire et pour délibérer, il ne se présente personne qui réclame une succession, qu'il n'y a pas d'héritier connu, ou que les héritiers connus y ont renoncé, cette succession est réputée vacante; elle est pourvue d'un curateur, conformément à l'art. 812 du Code civil. Pr. 49, 142, 910. C. 755, 812 s. T. 77.

999. En cas de concurrence entre deux ou plusieurs curateurs, le premier nommé sera préféré, sans qu'il soit besoin de jugement.

1000. *Le curateur est tenu*, avant tout, de faire constater l'état de la succession par un inventaire, si fait n'a été, et de faire vendre les meubles suivant les formalités prescrites aux titres *de l'Inventaire et de la Vente du mobilier.* Pr. 941 s., 945 s. C. 813 s.

1001. Il ne pourra être procédé à la vente des immeubles et rentes que suivant les formes qui ont été prescrites au titre *du Bénéfice d'Inventaire.* Pr. 987 s., 989. C. 805, 813. T. 128.

1002. Les formalités prescrites pour l'héritier bénéficiaire, s'appliqueront également au mode d'administration et au compte à rendre par le curateur à la succession vacante. Pr. 986 s. C. 814.

LIVRE III.

(Décret du 29 avril 1806. Promulgué le 9 mai suivant.)

TITRE UNIQUE.

DES ARBITRAGES.

1003. Toutes personnes peuvent

---

(1) Loi 2 juin 1841. — Art. 6. Le titre IX, livre II, deuxième partie du Code de procédure, sera ainsi rectifié :

(2) *Droits d'enregistrement : L.* 22 frimaire an VII, *art.* 68, § 1er, n° 38; *L.* 28 avril 1816, *art.* 43.

compromettre sur les droits dont elles ont la libre disposition. Pr. 1004, 1006 s. C. 128, 217 s., 499, 513, 1124, 1449, 1838, 1884, 1576, 1989. Co. *arbitr. forcé*, 51, 63.

1004. On ne peut compromettre sur les dons et legs d'alimens, logement et vêtemens; sur les séparations d'entre mari et femme, *divorces*, questions d'état, ni sur aucune des contestations qui seraient sujettes à communication au ministère public. Pr. 83, 581 s., 718, 746, 987, 1010.

1005. Le compromis pourra être fait par procès-verbal devant les arbitres choisis, ou par acte devant notaire, ou sous signature privée. Co. *arbitr. forcé*, 53. (1)

1006. Le compromis désignera les objets en litige et les noms des arbitres, à peine de nullité. Pr. 1027 2°, 1028 5°, 1029.

1007. Le compromis sera valable, encore qu'il ne fixe pas de délai; et, en ce cas, la mission des arbitres ne durera que trois mois, du jour du compromis. Pr. 1012, 1013, 1015 s., 1018, 1028. Co. *arbitr. forcé*, 54.

1008. Pendant le délai de l'arbitrage, les arbitres ne pourront être révoqués que du consentement unanime des parties. C. 1134.

1009. Les parties et les arbitres suivront, dans la procédure, les délais et les formes établis pour les tribunaux, si les parties n'en sont autrement convenues. Pr. 1011, 1027, 1033.

1010. Les parties pourront, lors et depuis le compromis, renoncer à l'appel. — Lorsque l'arbitrage sera sur appel ou sur requête civile, le jugement arbitral sera définitif et sans appel. Pr. 1023 s., 1026, 1028. Co 52 63.

1011. Les actes de l'instruction, et les procès-verbaux du ministère des arbitres, seront faits par tous les arbitres, si le compromis ne les autorise à commettre l'un d'eux. Pr. 209, 1009.

1012. Le compromis finit, 1° par le décès, refus, déport ou empêchement d'un des arbitres, s'il n'y a clause qu'il sera passé outre, ou que le remplacement sera au choix des parties ou au choix de l'arbitre ou des arbitres restans; 2° par l'expiration du délai stipulé, ou de celui de trois mois s'il n'en a pas été réglé; 3° par le partage, si les arbitres n'ont pas le pouvoir de prendre un tiers-arbitre. Pr. 1007, 1014, 1017. Co. 54; *arbitr. forcé*, 55, 59, 60.

1013. Le décès, lorsque tous les héritiers sont majeurs, ne mettra pas fin au compromis: le délai pour instruire et juger sera suspendu pendant celui pour faire inventaire et délibérer. Pr. 1007. C. 795 s.

1014. Les arbitres ne pourront se déporter, si leurs opérations sont commencées: ils ne pourront être récusés, si ce n'est pour cause survenue depuis le compromis. Pr. 1012, *récus.*, 378 s.

1015. S'il est formé inscription de faux, même purement civile, ou s'il s'élève quelque incident criminel, les arbitres délaisseront les parties à se pourvoir, et les délais de l'arbitrage continueront à courir du jour du jugement de l'incident. Pr. 14, 427, 1007.

1016. Chacune des parties sera tenue de produire ses défenses et pièces, quinzaine au moins avant l'expiration du délai du compromis; et seront tenus les arbitres de juger sur ce qui aura été produit. — Le jugement sera signé par chacun des arbitres; et dans le cas où il y aurait plus de deux arbitres, si la minorité refusait de le signer, les autres arbitres en feraient mention et le jugement aura le même effet que s'il avait été signé par chacun des arbitres. — Un jugement arbitral ne sera, dans aucun cas, sujet à l'opposition. Pr. 1007, 1028. Co. *arbitr. forcé*, 56 s.

1017. En cas de partage, les arbitres autorisés à nommer un tiers seront tenus de le faire par la décision qui prononce le partage: s'ils ne peuvent en convenir, ils le déclareront sur le procès-verbal, et le tiers sera nommé par le président du tribunal qui doit ordonner l'exécution de la décision

(1) *Droits d'enregistrement*: L. 22 frimaire an VII, *art.* 68, § 1er; L. 28 avril 1816, *art.* 44.

arbitrale. — Il sera, à cet effet, présenté requête par la partie la plus diligente. — Dans les deux cas, les arbitres divisés seront tenus de rédiger leur avis distinct et motivé, soit dans le même procès-verbal, soit dans des procès-verbaux séparés. Pr. 209, 1012, 1020. Co. 60. T. 77.

1018. Le tiers-arbitre sera tenu de juger dans le mois du jour de son acceptation, à moins que ce délai n'ait été prolongé par l'acte de la nomination : il ne pourra prononcer qu'après avoir conféré avec les arbitres divisés, qui seront sommés de se réunir à cet effet. — Si tous les arbitres ne se réunissent pas, le tiers-arbitre prononcera seul ; et néanmoins il sera tenu de se conformer à l'un des avis des autres arbitres. Pr. 1007. T. 29.

1019. Les arbitres et tiers-arbitres décideront d'après les règles du droit, à moins que le compromis ne leur donne pouvoir de prononcer comme amiables compositeurs.

1020. Le jugement arbitral sera rendu exécutoire par une ordonnance du président du tribunal de première instance dans le ressort duquel il a été rendu : à cet effet, la minute du jugement sera déposée dans les trois jours, par l'un des arbitres, au greffe du tribunal. — S'il avait été compromis sur l'appel d'un jugement, la décision arbitrale sera déposée au greffe de la cour royale, et l'ordonnance rendue par le président de cette cour. — Les poursuites pour les frais du dépôt et les droits d'enregistrement ne pourront être faites que contre les parties. Pr. 151, 218, 545 s., 1021, 1023, 1028. C. 2125. Co. 61. T. 91.

1021. Les jugemens arbitraux, même ceux préparatoires, ne pourront être exécutés qu'après l'ordonnance qui sera accordée, à cet effet, par le président du tribunal, au bas ou en marge de la minute, sans qu'il soit besoin d'en communiquer au ministère public ; et sera ladite ordonnance expédiée ensuite de l'expédition de la décision. — La connaissance de l'exécution du jugement appartient au tribunal qui a rendu l'ordonnance. Pr. 259, 472, 454 s., 1004.

1022. Les jugemens arbitraux ne pourront, en aucun cas, être opposés à des tiers. C. 1165 s., 1351. Pr. 474 s.

1023. L'appel des jugemens arbitraux sera porté, savoir : devant les tribunaux de première instance, pour les matières qui, s'il n'y eût point eu d'arbitrage, eussent été, soit en premier, soit en dernier ressort, de la compétence des juges de paix ; et, devant les cours royales, pour les matières qui eussent été, soit en premier, soit en dernier ressort, de la compétence des tribunaux de première instance. Pr. 456, 457, 1010, 1026, 1028.

1024. Les règles sur l'exécution provisoire des jugemens des tribunaux sont applicables aux jugemens arbitraux. Pr. 135 s., 155, 457 s.

1025. Si l'appel est rejeté, l'appelant sera condamné à la même amende que s'il s'agissait d'un jugement des tribunaux ordinaires. Pr. 471.

1026. La requête civile pourra être prise contre les jugemens arbitraux, dans les délais, formes, et cas ci-devant désignés pour les jugemens des tribunaux ordinaires. — Elle sera portée devant le tribunal qui eût été compétent pour connaître de l'appel. Pr. 480 s., 1028.

1027. Ne pourront cependant être proposés pour ouvertures, — 1° L'inobservation des formes ordinaires, si les parties n'en étaient autrement convenues, ainsi qu'il est dit en l'art. 1009 ; — 2° Le moyen résultant de ce qu'il aura été prononcé sur choses non demandées, sauf à se pourvoir en nullité, suivant l'article ci-après. Pr. 1009, 1028.

1028. Il ne sera besoin de se pourvoir par appel ni requête civile dans les cas suivans : — 1° Si le jugement a été rendu sans compromis, ou hors des termes du compromis ; — 2° S'il l'a été sur compromis nul ou expiré ; — 3° S'il n'a été rendu que par quelques arbitres non autorisés à juger en l'absence des autres ; — 4° S'il l'a été par un tiers sans en avoir conféré avec les arbitres partagés ; — 5° Enfin s'il a été prononcé sur choses non demandées. — Dans tous ces cas, les parties se pourvoiront par opposition à l'ordonnance d'exécution, devant le tribunal qui l'aura rendue, et demanderont la nullité de l'acte qualifié *jugement arbitral*. — Il ne pourra y avoir recours en cassation que contre les jugemens des tribunaux, rendus soit sur requête civile, soit sur appel d'un jugement arbitral. Pr. 1004, 1006, 1012, 1018, 1020.

Dispositions générales.

1029. Aucune des nullités, amendes et déchéances prononcées dans le présent Code n'est comminatoire. Pr. *Nullités*, 61, 66, 70, 147, 161, 257, 260, 261, 262, 269, 271, 272, 270, 274, 275, 278, 286, 344, 357, 360, 456, 480, 503, 511, 514, 608, 609, 701, 709, 711, 715, 739, 743, 746, 794, 838, 869, 1006; *amendes*, 56, 67, 191, 213, 244, 245, 246, 247, 263, 264, 276, 292, 374, 390, 413, 471, 479, 500, 512, 516, 1030, 1039; *déchéance*, 16, 156, 178, 366, 397, 444, 707, 708, 873.

1030. Aucun exploit ou acte de procédure ne pourra être déclaré nul, si la nullité n'en est pas formellement prononcée par la loi. — Dans les cas où la loi n'aurait pas prononcé la nullité, l'officier ministériel pourra, soit pour omission, soit pour contravention, être condamné à une amende, qui ne sera pas moindre de cinq francs et n'excédera pas cent francs. Pr. 1, 465, 500, 796.

1031. Les procédures et les actes nuls ou frustratoires, et les actes qui auront donné lieu à une condamnation d'amende, seront à la charge des officiers ministériels qui les auront faits, lesquels, suivant l'exigence des cas, seront en outre passibles des dommages et intérêts de la partie, et pourront même être suspendus de leurs fonctions. Pr. 63, 66, 71, 81, 82, 102, 105, 130, 132, 152, 191, 261, 281, 293, 338, 360, 462, 465, 500, 529, 531, 562, 609, 624, 667, 707, 713, 799, 838, 964; *dommages et intérêts*, 126, 128. C. 1146 s., 1382 s.

1032. Les communes et les établissemens publics seront tenus, pour former une demande en justice, de se conformer aux lois administratives. Pr. 49, 336. L. 18 *juillet* 1837, *art.* 19, 20, 49 s.

1033. Le jour de la signification ni celui de l'échéance ne sont jamais comptés pour le délai général fixé pour les ajournemens, les citations, sommations et autres actes faits à personne ou domicile : ce délai sera augmenté d'un jour à raison de trois myriamètres de distance; et quand il y aura lieu à voyage ou envoi et retour, l'augmentation sera du double. Pr. 5, 61, 72, 123, 151, 174, 175, 188, 193, 216, 220, 223, 224, 229, 230, 257, 258, 260, 363, 383, 392, 408, 416, 445, 456, 483, 563, 564, 602, 614, 641, 674, 680, 681, 695, 703, 704, 730, 763, 780, 882, 993. (1)

1034. Les sommations pour être présent aux rapports d'experts, ainsi que les assignations données en vertu de jugement de jonction, indiqueront seulement le lieu, le jour et l'heure de la première vacation ou de la première audience : elles n'auront pas besoin d'être réitérées, quoique la vacation ou l'audience ait été continuée à un autre jour. Pr. 315.

1035. Quand il s'agira de recevoir un serment, une caution, de procéder à une enquête, à un interrogatoire sur faits et articles, de nommer des experts, et généralement de faire une opération quelconque en vertu d'un jugement, et que les parties ou les lieux contentieux, seront trop éloignés, les juges pourront commettre un tribunal voisin, un juge, ou même un juge de paix, suivant l'exigence des cas; ils pourront même autoriser un tribunal à nommer, soit un de ses membres, soit un juge de paix, pour procéder aux opérations ordonnées. Pr. 121, 255, 266, 296, 305, 309, 326, 412, 428, 517, 550.

1036. Les tribunaux, suivant la gravité des circonstances, pourront, dans les causes dont ils seront saisis,

---

(1) *Loi* 2 juin 1841. — Art. 7. Lorsqu'il y aura lieu, dans l'un des cas prévus par les dispositions relatives aux différentes ventes judiciaires de biens immeubles, d'augmenter un délai à raison des distances, l'augmentation sera d'un jour par cinq myriamètres de distance.

prononcer, même d'office, des injonctions, supprimer des écrits, les déclarer calomnieux, et ordonner l'impression et l'affiche de leurs jugemens. Pr. 88, 90, 512, I. c. 504 s. L. 17 mai 1819, art. 23.

1037. Aucune signification ni exécution ne pourra être faite, depuis le 1er octobre jusqu'au 31 mars, avant six heures du matin et après six heures du soir; et depuis le 1er avril jusqu'au 30 septembre, avant quatre heures du matin et après neuf heures du soir; non plus que les jours de fête légale, si ce n'est en vertu de permission du juge, dans le cas où il y aurait péril en la demeure. Pr. 63, 781, 828. (1)

1038. Les avoués qui ont occupé dans les causes où il est intervenu des jugemens définitifs, seront tenus d'occuper sur l'exécution de ces jugemens, sans nouveaux pouvoirs, pourvu qu'elle ait lieu dans l'année de la prononciation des jugemens. Pr. 61, 75, 162, 342, 344 s., 493, 496.

1039. Toutes significations faites à des personnes publiques préposées pour les recevoir seront visées par elles sans frais sur l'original. — En cas de refus, l'original sera visé par le procureur du roi près le tribunal de première instance de leur domicile. Les refusans pourront être condamnés, sur les conclusions du ministère public, à une amende, qui ne pourra être moindre de cinq francs. Pr. 4, 68, 69, 561, 601, 628, 673, 676, 677, 698, 699, 901, 916, 959, 961, 967, 1029. T. 19.

1040. Tous actes et procès-verbaux du ministère du juge seront faits au lieu où siége le tribunal; le juge y sera toujours assisté du greffier, qui gardera les minutes et délivrera les expéditions : en cas d'urgence, le juge pourra répondre en sa demeure les requêtes qui lui seront présentées; le tout, sauf l'exécution des dispositions portées au titre *des Référés*. Pr. 806 s.; *enquêtes*, 266, 428; *interrogat.*, 328.

1041. Le présent Code sera exécuté à dater du 1er janvier 1807 : en conséquence, tous procès qui seront intentés depuis cette époque, seront instruits conformément à ses dispositions. Toutes lois, coutumes, usages et réglemens relatifs à la procédure civile, seront abrogés. *Av. C.* 1er *juin*; 16 *fév.* 1807.

1042. Avant cette époque, il sera fait, tant pour la taxe des frais que pour la police et discipline des tribunaux, des règlemens d'administration publique. — Dans trois ans au plus tard, les dispositions de ces réglemens qui contiendraient des mesures législatives seront présentées au corps législatif en forme de loi. (2)

---

(1) Le décret du 4 août 1806 est conforme.

(2) V. *Déc.* 16 février 1807, 30 mars, 12 juillet 1808, 18 juin 1811, *Tarifs civil et criminel*; 30 mars 1808, 6 et 19 juillet, 18 août 1810; *L.* 20 avril 1810; *Ord.* 27 février 1822, *Organisation judiciaire.*

FIN DU CODE DE PROCÉDURE CIVILE.

BIBLIOTHÈQUE

CODE DE COMMERCE.(1)

LIVRE PREMIER.

DU COMMERCE EN GÉNÉRAL.

(Tit. Ier. — VII. Loi décrétée le 10 septembre 1807, promulguée le 20. — Tit. VIII. Loi décrétée le 11, promulguée le 21.)

TITRE PREMIER.

DES COMMERÇANS.

Art. 1er. Sont commerçans ceux qui exercent des actes de commerce, et en font leur profession habituelle. Co. *fonct. incompat.*, 85; *actes de com.*, 631 s., 638; *patentes*, L. 1er *brum.* an VII.

2. Tout mineur émancipé de l'un et de l'autre sexe, âgé de dix-huit ans accomplis, qui voudra profiter de la faculté que lui accorde l'art. 487 du Code civil, de faire le commerce, ne pourra en commencer les opérations, ni être réputé majeur, quant aux engagemens par lui contractés pour faits de commerce, 1° s'il n'a été préalablement autorisé par son père, ou par sa mère, en cas de décès, interdiction ou absence du père, ou, à défaut du père et de la mère, par une délibération du conseil de famille, homologuée par le tribunal civil; 2° si, en outre, l'acte d'autorisation n'a été enregistré et affiché au tribunal de commerce du lieu où le mineur veut établir son domicile. Co. 3, 6, *lett. de ch.*, 114. C. *émancip.*, 476, 477 s.; 487; *restitut.*, 1125, 1308; *contr. par corps*, L. 17 avril 1832.

3. La disposition de l'article précédent est applicable aux mineurs même non commerçans, à l'égard de tous les faits qui sont déclarés faits de commerce par les dispositions des art. 632 et 633. Co. 114. L. 17 *avril* 1832, *art.* 2.

4. La femme ne peut être marchande publique sans le consentement de son mari. Co. 5, 7; *contrat de mariage*, 67 s. C. 220.

5. La femme, si elle est marchande publique, peut, sans l'autorisation de son mari, s'obliger pour ce qui concerne son négoce; et, audit cas, elle oblige aussi son mari, s'il y a communauté entre eux. — Elle n'est pas réputée marchande publique, si elle ne fait que détailler les marchandises du commerce de son mari; elle n'est réputée telle que lorsqu'elle fait un commerce séparé. Co. 7, 65, 67 s. C. 220, 1426.

6. Les mineurs marchands, autorisés comme il est dit ci-dessus, peuvent engager et hypothéquer leurs immeubles. — Ils peuvent même les aliéner, mais en suivant les formalités prescrites par les art. 457 et suivans du Code civil. Co. 2; *lett. de ch.*, 114. C. 457 s., 460, 484, 487, 1125, 1308, 2085 s., 2124 s., 2126.

7. Les femmes marchandes publiques peuvent également engager, hypothéquer et aliéner leurs immeubles. — Toutefois leurs biens stipulés dotaux, quand elles sont mariées sous le régime dotal, ne peuvent être hypothéqués ni aliénés que dans les cas déterminés et avec les formes réglées par le Code civil. Co. 4 s., 65, 67; 561. C. 220, 1426, 1449, 1535, 1558, 1554 s.

TITRE II.

DES LIVRES DE COMMERCE. (2)

8. Tout commerçant est tenu d'avoir un livre-journal qui *présente*, jour par jour, ses dettes actives et passives,

---

(1) Texte d'après l'ordonnance du 31 janvier 1841, promulgué le 6 février suivant.

(2) *Loi* 20 *juillet* 1837, *concernant les livres de commerce.* — Art. 4. A dater du

les opérations de son commerce, ses négociations, acceptations ou endossemens d'effets, et généralement tout ce qu'il reçoit et paie, à quelque titre que ce soit; et qui énonce, mois par mois, les sommes employées à la dépense de sa maison : le tout indépendamment des autres livres usités dans le commerce, mais qui ne sont pas indispensables. — Il est tenu de mettre en liasse les lettres missives qu'il reçoit, et de copier sur un registre celles qu'il envoie. Co. 10 s., 84, 96, 102, 224; *banqueroute*, 586, 591. C. 1785, P. 421.

9. Il est tenu de faire, tous les ans, sous seing privé, un inventaire de ses effets mobiliers et immobiliers, et de ses dettes actives et passives, et de le copier, année par année, sur un registre spécial à ce destiné. Co. *communicat.*, 14; *faillite*, 586, 591.

10. Le livre-journal et le livre des inventaires seront paraphés et visés une fois par année. — Le livre de copies de lettres ne sera pas soumis à cette formalité. — Tous seront tenus par ordre de dates, sans blancs, lacunes ni transports en marge.

11. Les livres dont la tenue est ordonnée par les articles 8 et 9 ci-dessus, seront cotés, paraphés et visés, soit par un des juges des tribunaux de commerce, soit par le maire ou un adjoint, dans la forme ordinaire et sans frais. Les commerçans seront tenus de conserver ces livres pendant dix ans.

12. Les livres de commerce, régulièrement tenus, peuvent être admis par le juge pour faire preuve entre commerçans pour faits de commerce Co. 8, 14, s., 17, 109. C. 1329, 1330.

13. Les livres que les individus faisant le commerce sont obligés de tenir, et pour lesquels ils n'auront pas observé les formalités ci-dessus prescrites, ne pourront être représentés ni faire foi en justice, au profit de ceux qui les auront tenus; sans préjudice de ce qui sera réglé au livre *des Faillites et Banqueroutes*. Co. 17, 586 6°, 591. C. 1331.

14. La communication des livres et inventaires ne peut être ordonnée en justice que dans les affaires de succession, communauté, partage de société, et en cas de faillite. Co. 51 s., 471.

15. Dans le cours d'une contestation, la représentation des livres peut être ordonnée par le juge, même d'office, à l'effet d'en extraire ce qui concerne le différend. Co. 12, s., 17, 109. I. c. 87 s., 269.

16. En cas que les livres dont la représentation est offerte, requise ou ordonnée, soient dans des lieux éloignés du tribunal saisi de l'affaire, les juges peuvent adresser une commission rogatoire au tribunal de commerce du lieu, ou déléguer un juge de paix pour en prendre connaissance, dresser un procès-verbal du contenu, et l'envoyer au tribunal saisi de l'affaire. Pr. 1035. I. c. 90.

17. Si la partie aux livres de laquelle on offre d'ajouter foi, refuse de les représenter, le juge peut déférer le serment à l'autre partie. Co. 12, 12, 14. C. 1366 s. Pr. 120 s. P. 366.

TITRE III.

DES SOCIÉTÉS.

SECTION I.

Des diverses Sociétés, et de leurs Règles.

18. Le contrat de société se règle par le droit civil, par les lois particulières au commerce, et par les conventions des parties. C. 1107, 1832 s., 1873.

19. La loi reconnaît trois espèces de sociétés commerciales : — La société en nom collectif, Co. 20. — La société en commandite, Co. 23. — La société anonyme. Co. 29 s.

1er janvier 1838, il sera ajouté trois centimes additionnels au principal de la contribution des patentes, pour tenir lieu du droit du timbre des livres de commerce, qui en seront alors affranchis. Aucune partie de ces centimes additionnels n'entrera dans le calcul de la portion du droit des patentes qui est attribuée aux communes. — (*Cette mesure est générale et doit frapper tous ceux qui sont soumis au droit de patente.*) (*Rapport.*)

20. La *société en nom collectif* est celle que contractent deux personnes ou un plus grand nombre, et qui a pour objet de faire le commerce sous une raison sociale. Co. 24, 39, 41, s., 46.

21. Les noms des associés peuvent seuls faire partie de la raison sociale. Co. 23, 25.

22. Les associés en nom collectif indiqués dans l'acte de société, sont solidaires pour tous les engagemens de la société, encore qu'un seul des associés ait signé, pourvu que ce soit sous la raison sociale. Co. 26. C. 1862, s.

23. La *société en commandite* se contracte entre un ou plusieurs associés responsables et solidaires, et un ou plusieurs associés, simples bailleurs de fonds, que l'on nomme *commanditaires* ou *associés en commandite*. — Elle est régie sous un nom social, qui doit être nécessairement celui d'un ou plusieurs des associés responsables et solidaires. Co 26 s., 38 s., 41 s., 46.

24. Lorsqu'il y a plusieurs associés solidaires et en nom, soit que tous gèrent ensemble, soit qu'un ou plusieurs gèrent pour tous, la société est, à la fois, société en nom collectif à leur égard, et société en commandite à l'égard des simples bailleurs de fonds. Co. 20.

25. Le nom d'un associé commanditaire ne peut faire partie de la raison sociale. Co. 21, 23, 27, 28.

26. L'associé commanditaire n'est passible des pertes que jusqu'à concurrence des fonds qu'il a mis ou dû mettre dans la société. Co. 23, 27 s., 33. C. 1862 s.

27. L'associé commanditaire ne peut faire aucun acte de gestion, ni être employé pour les affaires de la société, même en vertu de procuration. Co. 23, 25, 28.

28. En cas de contravention à la prohibition mentionnée dans l'article précédent, l'associé commanditaire est obligé solidairement, avec les associés en nom collectif, pour toutes les dettes et engagemens de la société. Co. 24, 25, 27. *Av. C.* 17 *mai* 1809.

29. La *société anonyme* n'existe point sous un nom social : elle n'est désignée par le nom d'aucun des associés. Co. 30 s., 37, 40, 45. (1)

30. Elle est qualifiée par la désignation de l'objet de son entreprise.

31. Elle est administrée par des mandataires à temps, révocables, associés ou non associés, salariés ou gratuits. C. 1986, 2002, 2003 s.

32. Les administrateurs ne sont responsables que de l'exécution du mandat qu'ils ont reçu. — Ils ne contractent, à raison de leur gestion, aucune obligation personnelle ni solidaire relativement aux engagemens de la société. C. 1992 s., 1995 s.

33. Les associés ne sont passibles que de la perte du montant de leur intérêt dans la société. Co. 26. C. 1862 s.

34. Le capital de la société anonyme se divise en actions et même en coupons d'action d'une valeur égale. Co. 35 s. ; *mines*, L. 21 *avril*, *art.* 8.

35. L'action peut être établie sous la forme d'un titre au porteur. — Dans ce cas, la cession s'opère par la tradition du titre. C. *secùs*, 1690.

36. La propriété des actions peut être établie par une inscription sur les registres de la société. — Dans ce cas, la cession s'opère par une déclaration de transfert inscrite sur les registres, et signée de celui qui fait le transport ou d'un fondé de pouvoir. C. *comparez* 1689. (2)

37. La société anonyme ne peut exister qu'avec l'autorisation du roi, et avec son approbation pour l'acte qui la constitue ; cette approbation doit être donnée dans la forme prescrite pour les réglemens d'administration publique. Co. 29 s., 40, 45 ; *tontines*, *Av. C.* 1er *avril*, 15 *oct.* 1809 ; *formalités à remplir* ; *Inst. du ministère de l'int.*, 31 *déc.* 1807.

38. Le capital des sociétés en commandite pourra être aussi divisé en

---

(1) *Lois et statuts* sur la Banque de France, 24 germinal an XI, 22 avril 1806, 16 janvier, 18 mai 1808, et la loi du 30 juin 1840 qui proroge jusqu'au 31 décembre 1867 le privilége de la Banque.

(2) *Droits d'enregistrement* ; L. 22 frimaire an VII, *art.* 69, 2 s.

actions, sans aucune autre dérogation aux règles établies pour ce genre de société. Co. 34 s.

39. Les sociétés en nom collectif ou en commandite doivent être constatées par des actes publics ou sous signature privée, en se conformant, dans ce dernier cas, à l'art. 1325 du Code civil. Co. 20, 23, 41 s., *secùs*, 49. C. 1317, 1325, 1341, 1347, 1834 (1).

40. Les sociétés anonymes ne peuvent être formées que par des actes publics. Co. 29, s., 37, 45 s. C. 1317.

41. Aucune preuve par témoins ne peut être admise contre et outre le contenu dans les actes de société, ni sur ce qui serait allégué avoir été dit avant l'acte, lors de l'acte ou depuis, encore qu'il s'agisse d'une somme au-dessous de cent cinquante francs. Co. 39. C. 1341, 1834.

42. (*Ainsi modifié : Loi* 31 *mars* 1833.) L'extrait des actes de société en nom collectif et en commandite doit être remis, dans la quinzaine de leur date, au greffe du tribunal de commerce de l'arrondissement dans lequel est établie la maison du commerce social, pour être transcrit sur le registre, et affiché pendant trois mois dans la salle des audiences. — Si la société a plusieurs maisons de commerce situées dans divers arrondissemens, la remise, la transcription et l'affiche de cet extrait, seront faites au tribunal de commerce de chaque arrondissement. — Chaque année, dans la première quinzaine de janvier, les tribunaux de commerce désigneront, au chef-lieu de leur ressort, et, à leur défaut, dans la ville la plus voisine, un ou plusieurs journaux où devront être insérés, dans la quinzaine de leur date, les extraits d'acte de société en nom collectif ou en commandite, et régleront le tarif de l'impression de ces extraits. — Il sera justifié de cette insertion par un exemplaire du journal certifié par l'imprimeur, légalisé par le maire et enregistré dans les trois mois de sa date. — Ces formalités seront observées, à peine de nullité, à l'égard des intéressés; mais le défaut d'aucune d'elles ne pourra être opposé à des tiers par les associés. Co. 20, 23, 39 s., 45, 46, 64; *secùs* 49 s. Pr. 1029. (2)

43. L'extrait doit contenir, — Les noms, prénoms, qualités et demeures des associés autres que les actionnaires ou commanditaires, — La raison de commerce de la société, — La désignation de ceux des associés autorisés à gérer, administrer et signer pour la société, — Le montant des valeurs fournies ou à fournir par actions ou en commandite, — L'époque où la société doit commencer, et celle où elle doit finir.

44. L'extrait des actes de société est signé, pour les actes publics, par les notaires, et, pour les actes sous seing privé, par tous les associés, si la so-

---

(1) *Droits d'enregistrement : L.* 22 frimaire an VII, *art.* 68, § 3; *L.* 28 avril 1816, *art.* 45. — *Actes de prêts sur dépôts et consignations*, V. L. 8 septembre 1830.

(2) *Droits d'enregistrement : L.* 22 frimaire an VII, actes notariés, *art.* 8; actes sous seing privé, *art.* 68, § 1er.

Décret 12 *février* 1814 *concernant les Extraits d'Actes de Société dont l'affiche est ordonnée par l'art.* 42 *du Code de commerce.* — Art. 1er. Indépendamment de l'affiche ordonnée par l'art. 42 du Code de commerce, et dans le délai y mentionné et sous les mêmes peines, tout extrait d'acte de société, conformément à l'art. 43 du même Code, sera inséré dans les affiches judiciaires et dans le journal du commerce du département de la Seine. — 2. Pareille insertion aura lieu pour tous les changemens qui pourront être faits pendant la durée de la société, soit par la retraite d'un ou de plusieurs associés, soit par les nouvelles conventions qu'ils peuvent faire entre eux pendant la durée de l'association. — Les formalités prescrites par les deux articles ci-dessus, seront également observées dans les autres départemens, et les insertions faites dans les affiches judiciaires et les journaux de commerce du département où les tribunaux de commerce seront placés.

ciété est en nom collectif, et par les associés solidaires ou gérans, si la société est en commandite, soit qu'elle se divise ou ne se divise pas en actions.

45. L'ordonnance du roi qui autorise les sociétés anonymes, devra être affichée avec l'acte d'association et pendant le même temps. Co. 29 s., 37, 40, 42.

46. Toute continuation de société, après son terme expiré, sera constatée par une déclaration des co-associés. — Cette déclaration, et tous actes portant dissolution de société avant le terme fixé pour sa durée par l'acte qui l'établit, tout changement ou retraite d'associés, toutes nouvelles stipulations ou clauses, tout changement à la raison de société, sont soumis aux formalités prescrites par les art. 42, 43 et 44. — En cas d'omission de ces formalités, il y aura lieu à l'application des dispositions pénales de l'art. 42, *dernier* (1) alinéa. Co. 20, 23, 39 s., 42, 49, 50.

47. Indépendamment des trois espèces de sociétés ci-dessus, la loi reconnaît les *associations commerciales en participation*. Co. 19 s., 48 s.

48. Ces associations sont relatives à une ou plusieurs *opérations de commerce*; elles ont lieu pour les objets, dans les formes, avec les proportions d'intérêt et aux conditions convenues entre les participans. C. 1841 s.

49. Les associations en participation peuvent être constatées par la représentation des livres, de la correspondance, ou par la preuve testimoniale, si le tribunal juge qu'elle peut être admise. Co. 109; *secùs*, 39 s.

50. Les associations commerciales en participation ne sont pas sujettes aux formalités prescrites pour les autres sociétés. Co. 39 s., 42 s., 46.

SECTION II.

Des Contestations entre Associés, et de la Manière de les décider.

51. Toute contestation entre associés, et pour raison de la société, sera jugée par des arbitres. Co. 62. Pr. *comparez* 429. s., 1003 s.

52. Il y aura lieu à l'appel du jugement arbitral ou au pourvoi en cassation, si la renonciation n'a pas été stipulée. L'appel sera porté devant la cour royale. Co. 63, 644. Pr. 1010. 1023.

53. La nomination des arbitres se fait — Par un acte sous signature privée, — Par acte notarié, — Par acte extrajudiciaire, — Par un consentement donné en justice. Co. 55. Pr. 1005 s.

54. Le délai pour le jugement est fixé par les parties, lors de la nomination des arbitres; et, s'ils ne sont pas d'accord sur le délai, il sera réglé par les juges. Pr. *comparez* 1007, 1012.

55. En cas de refus de l'un ou de plusieurs des associés de nommer des arbitres, les arbitres sont nommés d'office par le tribunal de commerce. Co. 53, 60.

56. Les parties remettent leurs pièces et mémoires aux arbitres, sans aucune formalité de justice. Co. 59. Pr. *comparez* 1009, 1016.

57. L'associé en retard de remettre les pièces et mémoires, est sommé de le faire dans les dix jours. Co. 58, 59.

58. Les arbitres peuvent, suivant l'exigence des cas, proroger le délai, pour la production des pièces.

59. S'il n'y a renouvellement de délai, ou si le nouveau délai est expiré, les arbitres jugent sur les seules pièces et mémoires remis. Pr. *dispos. anal.*, 98 s.

60. En cas de partage, les arbitres nomment un sur-arbitre, s'il n'est nommé par le compromis : si les arbitres sont discordans sur le choix, le sur-arbitre est nommé par le tribunal de commerce. Pr. 1017, 1018.

61. Le jugement arbitral est motivé. Pr. 141; L. 20 *avril* 1810, *art.* 7. — Il est déposé au greffe du tribunal de commerce. — Il est rendu exécutoire sans aucune modification, et transcrit sur les registres, en vertu d'une ordonnance du président du tribunal, lequel est tenu de la rendre pure et simple, et dans le délai de trois

(1) Au lieu de *troisième* alinéa. (L. 31 mars 1833.) — *Droits d'enregistrement* : L. 22 frimaire an VII, *art.* 68, § 1er.

jours du dépôt au greffe. C. 2123. Pr. 1020.

62. Les dispositions ci-dessus sont communes aux veuves, héritiers ou ayant-cause des associés. Co. 63, 64.

63. Si des mineurs sont intéressés dans une contestation pour raison d'une société commerciale, le tuteur ne pourra renoncer à la faculté d'appeler du jugement arbitral. Co. 52. C. 467, 2045. Pr. 1010.-1015.

64. Toutes actions contre les associés non liquidateurs et leurs veuves, héritiers ou ayant-cause, sont prescrites cinq ans après la fin ou la dissolution de la société, si l'acte de société qui en énonce la durée, ou l'acte de dissolution, a été affiché et enregistré conformément aux articles 42, 43, 44 et 46, et si, depuis cette formalité remplie, la prescription n'a été interrompue à leur égard par aucune poursuite judiciaire. C. 2242 s., 2251 s., 2264.

TITRE IV.

DES SÉPARATIONS DE BIENS.

65. Toute demande en séparation de biens sera poursuivie, instruite et jugée conformément à ce qui est prescrit au Code civil, liv. III, tit. V, chap. II, sec. III, et au Code de procédure civile, 2e partie, liv. I, titre VIII. Co. 4, 5, 7. C. 1441 s. Pr. 49 7°. 865 s. T. 78.

66. Tout jugement qui prononcera une séparation de corps ou un *divorce* (1) entre mari et femme dont l'un serait commerçant, sera soumis aux formalités prescrites par l'art. 872 du Code de procédure civile; à défaut de quoi, les créanciers seront toujours admis à s'y opposer, pour ce qui touche leurs intérêts, et à contredire toute liquidation qui en aurait été la suite. C. 1445 s. Pr. 872 s.

67. Tout contrat de mariage entre époux dont l'un sera commerçant, sera transmis par extrait, dans le mois de sa date, aux greffes et chambres désignés par l'art. 872 du Code de procédure civile, pour être exposé au tableau, conformément au même article. Co. *commerçant*, 1. — Cet extrait annoncera si les époux sont mariés en communauté, s'ils sont séparés de biens, ou s'ils ont contracté sous le régime dotal.

68. Le notaire qui aura reçu le contrat de mariage sera tenu de faire la remise ordonnée par l'article précédent, sous peine de cent francs d'amende, et même de destitution et de responsabilité envers les créanciers, s'il est prouvé que l'omission soit la suite d'une collusion. C. 1149, 1382, 2102 7°. Pr. 126.

69. (*Ainsi modifié : L. 28 mai 1838.*) L'époux séparé de biens, ou marié sous le régime dotal, qui embrasserait la profession de commerçant postérieurement à son mariage, sera tenu de faire pareille remise dans le mois du jour où il aura ouvert son commerce; à défaut de cette remise, il pourra être, en cas de faillite, condamné comme banqueroutier simple. Co. 67 s., 586. Pr. 872 s. P. 402.

70. La même remise sera faite, sous les mêmes peines, dans l'année de la publication de la présente loi, par tout époux séparé de biens, ou marié sous le régime dotal, qui, au moment de ladite publication, exercerait la profession de commerçant. Co. 67 s. Pr. 872 s.

TITRE V.

DES BOURSES DE COMMERCE, AGENS DE CHANGE ET COURTIERS.

SECTION I.

Des Bourses de Commerce.

71. La bourse de commerce est la réunion qui a lieu, sous l'autorité du roi, des commerçans, capitaines de navire, agens de change et courtiers. Co. 75, 613.

72. Le résultat des négociations et des transactions qui s'opèrent dans la bourse, détermine le cours du change, des marchandises, des assurances, du fret ou nolis, du prix des transports par terre ou par eau, des effets publics et autres dont le cours

(1) Le divorce est aboli : *L.* 8 mai 1816.

est susceptible d'être coté. Co. 76. P. 419.

73. Ces divers cou sont constatés par les agens de change et courtiers, dans la forme prescrite par les réglemens de police généraux ou particuliers. Co. 76. P. 404.

SECTION II.

Des Agens de Change et Courtiers.

74. La loi reconnaît, pour les actes de commerce, des agens intermédiaires; savoir, les agens de change et les courtiers. Co. 76, 78, 81, 83 s., 87 s., 486. P. 404. *Cautionnement* : L. 28 *avril* 1816, *art.* 90; O. 1er *mai* 1816; *agens de ch.*; *Arr.* 27 *prairial an* x. (1)

75. Il y en a dans toutes les villes qui ont une bourse de commerce. — Ils sont nommés par le roi.

76. Les agens de change, constitués de la manière prescrite par la loi, ont seuls le droit de faire les négociations des effets publics et autres susceptibles d'être cotés; de faire pour le compte d'autrui les négociations des lettres de change ou billets, et de tous papiers commerçables, et d'en constater le cours. — Les agens de change pourront faire, concurremment avec les courtiers de marchandises, les négociations et le courtage des ventes ou achats des matières métalliques. Ils ont seuls le droit d'en constater le cours. Co. 73, 78, 81, 83 s., 87 s., 109, 181, 186.

77. Il y a des courtiers de marchandises, — Des courtiers d'assurances, — Des courtiers interprètes et conducteurs de navires, — Des courtiers de transport par terre et par eau. Co. 76, 78 s., 81, 83 s., 87 s.

78. Les courtiers de marchandises, constitués de la manière prescrite par la loi, ont seuls le droit de faire le courtage des marchandises, d'en constater le cours; ils exercent, concurremment avec les agens de change, le courtage des matières métalliques. Co. 76, 81 s.

79. Les courtiers d'assurances rédigent les contrats ou polices d'assurance, concurremment avec les notaires; ils en attestent la vérité par leur signature, certifient le taux des primes pour tous les voyages de mer ou de rivière. Co. 72, 81 s., 332 s.

80. Les courtiers interprètes et conducteurs de navires font le courtage des affrètemens : ils ont, en outre, seuls le droit de traduire, en cas de contestations portées devant les tribunaux, les déclarations, chartes-parties, connaissemens, contrats, et tous actes de commerce dont la traduction serait nécessaire; enfin, de constater le cours du fret ou du nolis. — Dans les affaires contentieuses de commerce, et pour le service des douanes, ils serviront seuls de truchement à tous étrangers, maîtres de navire, marchands, équipages de vaisseau et autres personnes de mer. Co. 81 s., 234, 245, 273 s., 281 s., 312, 339, 340, 414, 416.

81. Le même individu peut, si l'acte du gouvernement qui l'institue l'y autorise, cumuler les fonctions d'agent de change, de courtier de marchandises ou d'assurances, et de courtier interprète et conducteur de navires. Co. 77 s.

82. Les courtiers de transport par terre et par eau, constitués selon la loi, ont seuls, dans les lieux où ils sont établis, le droit de faire le courtage des transports par terre et par eau : ils ne peuvent cumuler, dans aucun cas et sous aucun prétexte, les fonctions de courtiers de marchandises, d'assurances, ou de courtiers conducteurs de navires, désignées aux art. 78, 79 et 80. Co. 96 s., 103 s.

83. Ceux qui ont fait faillite ne peuvent être agens de change ni courtiers, s'ils n'ont été réhabilités. Co. 89, 437, 604 s., 613.

84. Les agens de change et courtiers sont tenus d'avoir un livre revêtu des formes prescrites par l'art. 11. — Ils sont tenus de consigner dans ce livre, jour par jour et par ordre de dates, sans ratures, interlignes ni

(1) *Droits d'enregistrement* : déclaration de propriété par le courtier : L. 22 frimaire an VII, *art.* 68, § 1er; L. 28 avril 1816, *art.* 43. — Droits sur la vente : L. 15 mai 1818, *art.* 74.

transpositions, et sans abréviations ni chiffres, toutes les conditions des ventes, achats, assurances, négociations, et en général de toutes les opérations faites par leur ministère.

85. Un agent de change ou courtier ne peut, dans aucun cas et sous aucun prétexte, faire des opérations de commerce ou de banque pour son compte. — Il ne peut s'intéresser directement ni indirectement, sous son nom, ou sous un nom interposé, dans aucune entreprise commerciale. — Il ne peut recevoir ni payer pour le compte de ses commettans. Co. 87.

86. Il ne peut se rendre garant de l'exécution des marchés dans lesquels il s'entremet. Co. 87.

87. Toute contravention aux dispositions énoncées dans les deux articles précédens, entraîne la peine de destitution, et une condamnation d'amende, qui sera prononcée par le tribunal de police correctionnelle, et qui ne peut être au-dessus de trois mille francs, sans préjudice de l'action des parties en dommages et intérêts. C. 1149, 1382, 2102 7°. Pr. 126.

88. Tout agent de change ou courtier destitué en vertu de l'article précédent, ne peut être réintégré dans ses fonctions.

89. En cas de faillite, tout agent de change ou courtier est poursuivi comme banqueroutier. Co. 437 s., 584 s., 591. P. 404.

90. Il sera pourvu, par des réglemens d'administration publique, à tout ce qui est relatif à la négociation et transmission de propriété des effets publics. P. 419, 421 s. L. 28 *floréal an* VII; 14 *avril* 1819; *Arr.* 27 *prairial an* X, *art.* 15 s.; O. 12 *novembre* 1823.

TITRE VI.

DES COMMISSIONNAIRES.

SECTION I.

Des Commissionnaires en général.

91. Le commissionnaire est celui qui agit en son propre nom, ou sous un nom social, pour le compte d'un commettant. Co. 576. C. *comparez* 1119.

92. Les devoirs et les droits du commissionnaire, qui agit au nom d'un commettant, sont déterminés par le Code civil, liv. III, tit. XIII. C. *mandat*, 1984 s., 1992, 1998 s.

93. Tout commissionnaire qui a fait des avances sur des marchandises à lui expédiées d'une autre place pour être vendues pour le compte d'un commettant, a privilége, pour le remboursement de ses avances, intérêts et frais, sur la valeur des marchandises, si elles sont à sa disposition, dans ses magasins, ou dans un dépôt public, ou si, avant qu'elles soient arrivées, il peut constater, par un connaissement ou par une lettre de voiture, l'expédition qui lui en a été faite. Co. 94, 95. C. 2102 2° 3°. (1)

94. Si les marchandises ont été vendues et livrées pour le compte du commettant, le commissionnaire se rembourse, sur le produit de la vente, du montant de ses avances, intérêts et frais, par préférence aux créanciers du commettant.

95. Tous prêts, avances ou paiemens qui pourraient être faits sur des marchandises déposées ou consignées par un individu résidant dans le lieu du domicile du commissionnaire, ne donnent privilége au commissionnaire ou dépositaire qu'autant qu'il s'est conformé aux dispositions prescrites par le Code civil, livre III, titre XVII, pour les prêts sur gages ou nantissemens. Co. 93 s. C. 2074 s., 2084, 2102.

SECTION II.

Des Commissionnaires pour les transports par terre et par eau.

96. Le commissionnaire qui se charge d'un transport par terre ou par eau, est tenu d'inscrire sur son livre-journal la déclaration de la nature et de la quantité des marchan-

(1) Les actes de prêts sur dépôts ou consignations de marchandises, fonds publics français, et actions des compagnies d'industrie et de finance, dans le cas prévu par l'art. 93 du Code de commerce, seront admis à l'enregistrement moyennant le droit fixe de 2 fr. (L. 8 sept. 1830.)

dises, et, s'il en est requis, de leur valeur. Co. 8 s., 107. C. 1782 s. P. 386, 387.

97. Il est garant de l'arrivée des marchandises et effets dans le délai déterminé par la lettre de voiture, hors les cas de la force majeure légalement constatée. Co. 100 s., 103 s., 108. C. 1783 s. P. 386 s.

98. Il est garant des avaries ou pertes de marchandises et effets, s'il n'y a stipulation contraire dans la lettre de voiture, ou force majeure. Co. 100, 103, 108. C. 1137, 1784.

99. Il est garant des faits du commissionnaire intermédiaire auquel il adresse les marchandises. Co. 100, 103 s., 108. C. 1784, 1994.

100. La marchandise sortie du magasin du vendeur ou de l'expéditeur, voyage, s'il n'y a convention contraire, aux risques et périls de celui à qui elle appartient, sauf son recours contre le commissionnaire et le voiturier chargés du transport. Co. 97 s. C. 1138.

101. La lettre de voiture forme un contrat entre l'expéditeur et le voiturier, ou entre l'expéditeur, le commissionnaire et le voiturier.

102. La lettre de voiture doit être datée. — Elle doit exprimer, — La nature et le poids ou la contenance des objets à transporter, — Le délai dans lequel le transport doit être effectué. — Elle indique, — Le nom et le domicile du commissionnaire par l'entremise duquel le transport s'opère, s'il y en a un, — Le nom de celui à qui la marchandise est adressée, — Le nom et le domicile du voiturier. — Elle énonce, — Le prix de la voiture, — L'indemnité due pour cause de retard. — Elle est signée par l'expéditeur ou le commissionnaire. — Elle présente en marge les marques et numéros des objets à transporter. — La lettre de voiture est copiée par le commissionnaire sur un registre coté et paraphé, sans intervalle et de suite. Co. 281 s. C. 1785. (1)

SECTION III.

Du Voiturier.

103. Le voiturier est garant de la perte des objets à transporter, hors les cas de la force majeure. — Il est garant des avaries autres que celles qui proviennent du vice propre de la chose ou de la force majeure. Co. 98, 105, 107 s., 229 s., 248. C. 1137, 1784, 2102 6°. P. 387.

104. Si, par l'effet de la force majeure, le transport n'est pas effectué dans le délai convenu, il n'y a pas lieu à indemnité contre le voiturier pour cause de retard. Co. 97, 105, 230.

105. La réception des objets transportés et le paiement du prix de la voiture éteignent toute action contre le voiturier. Co. 101, 102. C. 1282 s.

106. En cas de refus ou contestation pour la réception des objets transportés, leur état est vérifié et constaté par des experts nommés par le président du tribunal de commerce, ou, à son défaut, par le juge de paix, et par ordonnance au pied d'une requête. — Le dépôt ou séquestre, et ensuite le transport dans un dépôt public, peut en être ordonné. C. 1961 s. — La vente peut en être ordonnée en faveur du voiturier, jusqu'à concurrence du prix de la voiture. Co. 93 s. C. 2078, 2102 6°.

107. Les dispositions contenues dans le présent titre sont communes aux maîtres de bateaux, entrepreneurs de diligences et voitures publiques. Co. 96 s., 103 s.

108. Toutes actions contre le commissionnaire et le voiturier, à raison de la perte ou de l'avarie des marchandises, sont prescrites, après six mois, pour les expéditions faites dans l'intérieur de la France, et après un an, pour celles faites à l'étranger; le tout à compter, pour les cas de perte, du jour où le transport des marchandises aurait dû être effec-

(1) Elle est assujettie au timbre de dimension. — Mais non lorsque le propriétaire fait conduire par ses propres voituriers et domestiques ou fermiers le produit de ses récoltes. (*Déc.* 3 janvier 1809.) — *Droits d'enregistrement*; L. 22 frimaire an VII, art. 68, § 1er.

tué, et pour les cas d'avarie, du jour où la remise des marchandises aura été faite; sans préjudice des cas de fraude ou d'infidélité. Co. 97 s., 103; *vente d'effets non réclam.* *Déc.* 13 *août* 1810.

TITRE VII.

DES ACHATS ET VENTES

109. Les achats et ventes se constatent, (1) — Par actes publics, — Par actes sous signature privée, — Par le bordereau ou arrêté d'un agent de change ou courtier, dûment signé par les parties, — Par une facture acceptée, L. 4 *juillet* 1837, *art.* 5. — Par la correspondance, — Par les livres des parties, L. 4 *juillet* 1837, *art.* 5. — Par la preuve testimoniale, dans le cas où le tribunal croira devoir l'admettre. C. *preuve littérale*, 1317 s., 1322 s.; *exigée en mat. de comm.*, Co. 41, 195, 218, 220, 273, 282, 311, 321, 332, 412; *agens de ch. et court.*, Co. 76, 78, 80, 82, 84, 181; *livres et correspond.*, Co. 8, 12; *preuve testimon.*, C. 1341; Co. 49; *présompt.*, C. 1350 s., 1353, Co. 117; *aveu*, 1354 s.; *serm.*, 1357 s.

TITRE VIII.

DE LA LETTRE DE CHANGE, DU BILLET A ORDRE ET DE LA PRESCRIPTION.

SECTION I.

De la Lettre de change. (2)

§ Ier. *De la Forme de la Lettre de change.*

110. La lettre de change est tirée d'un lieu sur un autre; Co. 112 s., *prescript.* 189. — Elle est datée; — Elle énonce — La somme à payer, — Le nom de celui qui doit payer, — L'époque et le lieu où le paiement doit s'effectuer, Co. 129 s. — La valeur fournie en espèces, en marchandises, en compte, ou de toute autre manière; Co. *endoss.*, 137. — Elle est à l'ordre d'un tiers, ou à l'ordre du tireur lui-même; Co. 137. — Si elle est par 1re, 2e, 3e, 4e, etc., elle l'exprime. Co. 147 s.

111. Une lettre de change peut être tirée sur un individu, et payable au domicile d'un tiers. — Elle peut être tirée par ordre et pour le compte d'un tiers.

112. Sont réputées simples promesses toutes lettres de change contenant supposition, soit de nom, soit de qualité, soit de domicile, soit des lieux d'où elles *sont* tirées ou dans lesquels elles *sont* payables. Co. 139, 636 s. P. 147.

113. La signature des femmes et des filles non négociantes ou marchandes publiques sur lettre de change, ne vaut, à leur égard, que comme simple promesse. Co. 637. C. 217. L. 17 *avril* 1832, *art.* 2.

114. Les lettres de change souscrites par des mineurs non négocians sont nulles à leur égard, sauf les droits respectifs des parties, conformément à l'art. 1312 du Code civil Co. 2, 3. L. 17 *avril* 1832, *art.* 2; *agens de change et court.*, Co. 85.

§ II. *De la Provision.*

115. (*Ainsi modifié: loi* 19 *mars* 1817.) La provision doit être faite par le tireur, ou par celui pour le compte de qui la lettre de change sera tirée, sans que le tireur pour *compte d'autrui* cesse d'être personnellement obligé envers les *endosseurs et le porteur seulement*. Co. 111, 117.

116. Il y a provision, si, à l'échéance de la lettre de change, celui sur qui elle est fournie est redevable au tireur, ou à celui pour compte de qui elle est tirée, d'une somme au moins égale au montant de la lettre de change.

117. L'acceptation suppose la provision. — Elle en établit la preuve à l'égard des endosseurs. C. 1350, 1352. — Soit qu'il y ait ou non acceptation, le tireur seul est tenu de prouver, en cas de dénégation, que

(1) Cette règle s'applique généralement à tous les actes de commerce. (Co. 12, 49, 152, 250, 286, 339, 377 s., 493 s., 383 s., 632, 633.)

(2) *Droits d'enregistrement : L.* 28 *avril* 1816, *art.* 50. — *Timbre des billets à ordre et lettres de change.* V. L. 24 *mai* 1834 et 20 *juillet* 1837. (*App.*)

ceux sur qui la lettre était tirée, avaient provision à l'échéance : sinon il est tenu de la garantir, quoique le protêt ait été fait après les délais fixés. Co. 118 s.; *échéance*, 170 : *protêt*, 173 s.

§ III. *De l'Acceptation.*

118. Le tireur et les endosseurs d'une lettre de change sont garans solidaires de l'acceptation et du paiement à l'échéance. Co. 121 s., 128, 136 s., 140, 143 s., 444.

119. Le refus d'acceptation est constaté par un acte que l'on nomme *protêt faute d'acceptation*. Co. 126, 156, 163 s., 173 s.

120. Sur la notification du protêt faute d'acceptation, les endosseurs et le tireur sont respectivement tenus de donner caution pour assurer le paiement de la lettre de change à son échéance, ou d'en effectuer le remboursement avec les frais de protêt et de rechange. — La caution, soit du tireur, soit de l'endosseur, n'est solidaire qu'avec celui qu'elle a cautionné. C. 2040. 2041, Pr. 517 s.

121. Celui qui accepte une lettre de change, contracte l'obligation d'en payer le montant. — L'accepteur n'est pas restituable contre son acceptation, quand même le tireur aurait failli à son insu avant qu'il eût accepté. Co. 148, 449.

122. L'acceptation d'une lettre de change doit être signée. — L'acceptation est exprimée par le mot *accepté*. — Elle est datée, si la lettre est à un ou plusieurs jours ou mois de vue ; — Et, dans ce dernier cas, le défaut de date de l'acceptation rend la lettre exigible au terme y exprimé, à compter de sa date.

123. L'acceptation d'une lettre de change payable dans un autre lieu que celui de la résidence de l'accepteur, indique le domicile où le paiement doit être effectué ou les diligences faites. Co. 143 s. C. 111.

124. L'acceptation ne peut être conditionnelle ; mais elle peut être restreinte quant à la somme acceptée. — Dans ce cas, le porteur est tenu de faire protester la lettre de change pour le surplus. Co. 156.

125. Une lettre de change doit être acceptée à sa présentation, ou au plus tard dans les vingt-quatre heures de la présentation. — Après les vingt-quatre heures, si elle n'est pas rendue, acceptée ou non acceptée, celui qui l'a retenue est passible de dommages-intérêts envers le porteur. C. 1149, 1382.

§ IV. *De l'Acceptation par intervention.*

126. Lors du protêt faute d'acceptation, la lettre de change peut être acceptée par un tiers intervenant pour le tireur ou pour l'un des endosseurs. Co. 119. — L'intervention est mentionnée dans l'acte du protêt : elle est signée par l'intervenant. Co. *intervenant*, 158 s.; 173 s. C. 1120, 1236, 1375.

127. L'intervenant est tenu de notifier sans délai son intervention à celui pour qui il est intervenu.

128. Le porteur de la lettre de change conserve tous ses droits contre le tireur et les endosseurs, à raison du défaut d'acceptation par celui sur qui la lettre était tirée, nonobstant toutes acceptations par intervention. Co. *droits du porteur*, 118, 160 s.

§ V. *De l'Échéance.*

129. Une lettre de change peut être tirée, Co. 144 s., 160 s.

à vue, Co. 122, 130 s., 134 s.

à un ou plusieurs jours à un ou plusieurs mois à une ou plusieurs usances, Co. 132.	de vue,
à un ou plusieurs jours à un ou plusieurs mois à une ou plusieurs usances	de date,

à jour fixe ou à jour déterminé, en foire. Co. 133.

130. La lettre de change à vue est payable à sa présentation. Co. 160, 161 s.

131. L'échéance d'une lettre de change

à un ou plusieurs jours
à un ou plusieurs mois
à une ou plusieurs usances.
} de vue,

est fixée par la date de l'acceptation, ou par celle du protêt faute d'acceptation. Co. 126 s., 174.

132. L'usance est de trente jours, qui courent du lendemain de la date de la lettre de change. — Les mois sont tels qu'ils sont fixés par le calendrier grégorien.

133. Une lettre de change payable en foire est échue la veille du jour fixé pour la clôture de la foire, ou le jour de la foire, si elle ne dure qu'un jour. Co. 161, 162 s.

134. Si l'échéance d'une lettre de change est à un jour férié légal, elle est payable la veille. Co. 161, 162.

135. Tous délais de grâce, de faveur, d'usage ou d'habitude locale, pour le paiement des lettres de change, sont abrogés. Co. 157, 161; *effet non présenté à échéance*, L. 6 *therm. an* III.

§ VI. *De l'Endossement.*

136. La propriété d'une lettre de change se transmet par la voie de l'endossement. Co. 138 s., 140, 164, 159, 164, 542; *de billet à ordre*, 187; *de connaiss.*, 281; *de contrat à la grosse*, 313 s.; *revendic.*, 574 s.

137. L'endossement est daté. — Il exprime la valeur fournie. — Il énonce le nom de celui à l'ordre de qui il est passé. Co. 110, 138, 159.

138. Si l'endossement n'est pas conforme aux dispositions de l'article précédent, il n'opère pas le transport; il n'est qu'une procuration. Co. *revendic.*, 574 s.

139. Il est défendu d'antidater les ordres, à peine de faux. P. 147.

§ VII. *De la Solidarité.*

140. Tous ceux qui ont signé, accepté ou endossé une lettre de change, sont tenus à la garantie solidaire envers le porteur. Co. 118, 160 s., 164, 542; *billet à ordre*, 187. C. *eff. de la solid.*, 1200 s.

§ VIII. *De l'Aval.*

141. Le paiement d'une lettre de change, indépendamment de l'acceptation et de l'endossement, peut être garanti par un aval. Co. 118, 140; *billet à ordre*, 187.

142. Cette garantie est fournie, par un tiers, sur la lettre même ou par acte séparé. — Le donneur d'aval est tenu solidairement et par les mêmes voies que les tireur et endosseurs, sauf les conventions différentes des parties. Co. *garantie*, 164 s., C. 2011; Co. *déchéance*, 171.

§ IX. *Du Paiement.*

143. Une lettre de change doit être payée dans la monnaie qu'elle indique. Co. 187; *comparez* 1338; *billet de banque*, Av. C. 30 *frim.* an XIV; *monn. de cuivre*, *billon*, *Déc.* 18 *août* 1810; *passe de sacs*, *Déc.* 1er *juillet* 1809.

144. Celui qui paie une lettre de change avant son échéance, est responsable de la validité du paiement. Co. 129 s., 146, 161.

145. Celui qui paie une lettre de change à son échéance et sans opposition, est présumé valablement libéré. Co. 129 s., 149 s., 161. C. 1240.

146. Le porteur d'une lettre de change ne peut être contraint d'en recevoir le paiement avant l'échéance. C. 1187.

147. Le paiement d'une lettre de change fait sur une seconde, troisième, quatrième, etc., est valable lorsque la seconde, troisième, quatrième, etc., porte que ce paiement annule l'effet des autres. Co. 110, 148 s.

148. Celui qui paie une lettre de change sur une seconde, troisième, quatrième, etc., sans retirer celle sur laquelle se trouve son acceptation, n'opère point sa libération à l'égard du tiers porteur de son acceptation. Co. 110, 121 s.

149. Il n'est admis d'opposition au paiement qu'en cas de perte de la lettre de change, ou de la faillite du porteur. Co. 145, 150; *faillite*, 437 s.

150. En cas de perte d'une lettre de change *non acceptée*, celui à qui elle appartient peut en poursuivre le paiement sur une seconde, troisième, quatrième, etc. Co. 148, 152 s., 154, 175.

151. Si la lettre de change perdue est revêtue de l'acceptation, le paiement ne peut en être exigé sur une seconde, troisième, quatrième, etc., que par ordonnance du juge, et en donnant caution. Co. 152, 155. C. 2040, 2041. Pr. 517 s.

152. Si celui qui a perdu la lettre de change, qu'elle soit acceptée ou non, ne peut représenter la seconde, troisième, quatrième, etc., il peut demander le paiement de la lettre de change perdue, et l'obtenir par l'ordonnance du juge, en justifiant de sa propriété par ses livres, et en donnant caution. Co. 8, 12, 109, 155.

153. En cas de refus de paiement, sur la demande formée en vertu des deux articles précédens, le propriétaire de la lettre de change perdue conserve tous ses droits par un acte de protestation. — Cet acte doit être fait le lendemain de l'échéance de la lettre de change perdue. Co. 162. — Il doit être notifié aux tireur et endosseurs, dans les formes et délais prescrits ci-après pour la notification du protêt. Co. 162 s.

154. Le propriétaire de la lettre de change égarée doit, pour s'en procurer la seconde, s'adresser à son endosseur immédiat, qui est tenu de lui prêter son nom et ses soins pour agir envers son propre endosseur; et ainsi en remontant d'endosseur en endosseur jusqu'au tireur de la lettre. Le propriétaire de la lettre de change égarée supportera les frais.

155. L'engagement de la caution, mentionné dans les art. 151 et 152, est éteint après trois ans, si, pendant ce temps, il n'y a eu ni demandes ni poursuites juridiques. Co. 189.

156. Les paiemens faits à compte sur le montant d'une lettre de change sont à la décharge des tireur et endosseurs. — Le porteur est tenu de faire protester la lettre de change pour le surplus. Co. 124, 158, 163, 173 s.

157. Les juges ne peuvent accorder aucun délai pour le paiement d'une lettre de change. Co. 135, 161. C. *secùs*, 1244.

§ X. *Du Paiement par intervention.*

158. Une lettre de change protestée peut être payée par tout intervenant pour le tireur ou pour l'un des endosseurs. — L'intervention et le paiement seront constatés dans l'acte de protêt ou à la suite de l'acte. Co. 126 s. C. 1236.

159. Celui qui paie une lettre de change par intervention, est subrogé aux droits du porteur, et tenu des mêmes devoirs pour les formalités à remplir. C. 1251. — Si le paiement par intervention est fait pour le compte du tireur, tous les endosseurs sont libérés. — S'il est fait pour un endosseur, les endosseurs subséquens sont libérés. — S'il y a concurrence pour le paiement d'une lettre de change par intervention, celui qui opère le plus de libérations est préféré. — Si celui sur qui la lettre était originairement tirée, et sur qui a été fait le protêt faute d'acceptation, se présente pour la payer, il sera préféré à tous autres. Co. 119, 160 s.

§ XI. *Des Droits et Devoirs du porteur.*

160. (*Ainsi modifié : Loi du 19 mars 1817.*) Le porteur d'une lettre de change tirée du continent et des îles de l'Europe, et payable dans les possessions européennes de la France, soit à vue, soit à un ou plusieurs jours ou mois ou usances de vue, doit en exiger le paiement ou l'acceptation dans les six mois de sa date, sous peine de perdre son recours sur les endosseurs et même sur le tireur, si celui-ci a fait provision. — Le délai est de huit mois pour les lettres de change tirées des Échelles du Levant et des côtes septentrionales de l'Afrique, sur les possessions européennes de la France; et réciproquement, du continent et des îles de l'Europe sur les établissemens français aux Échelles du Levant et aux côtes septentrionales de l'Afrique. — Le délai est d'un an pour les lettres de change tirées des côtes occidentales de l'Afrique, jusques et compris le cap de Bonne-Espérance. — Il est aussi d'un an pour les lettres de change tirées du continent et des îles des Indes occidentales sur les possessions européennes de la France; et réciproquement, du continent et des îles de l'Europe sur les possessions françaises ou établissemens français aux côtes occidentales de l'Afrique, au continent et aux *îles des Indes occidentales.* — Le délai est de deux ans pour les lettres de change tirées du continent et des îles des Indes orientales sur les possessions européennes de la France; et réciproquement, du continent et des îles de l'Europe sur les possessions françaises ou établissemens français au continent et aux îles des Indes orientales. — La *même* déchéance aura lieu contre le porteur d'une lettre de change à vue, à un ou plusieurs jours, mois ou usances de vue, tirée de la France, des possessions ou établissemens français, et payable dans les pays étrangers, qui n'en exigera pas le paiement ou l'acceptation dans les délais ci-dessus prescrits pour chacune des distances respectives. — Les délais ci-dessus de huit mois, d'un an et de deux ans, sont doublés en temps de guerre maritime. — Les dispositions ci-dessus ne préjudicieront néanmoins pas aux stipulations contraires qui pourraient intervenir entre le preneur, le tireur et même les endosseurs. Co. 128 s., 125, 143 s., 173 s., 187.

161. Le porteur d'une lettre de change doit en exiger le paiement le jour de son échéance. Co. 129 s., 133 s. (1)

162. Le refus de paiement doit être constaté, le lendemain du jour de l'échéance, par un acte que l'on nomme *protêt faute de paiement.* — Si ce *jour est un jour férié légal*, le protêt est fait le jour suivant. Co. 133 s., 173 s., 184 s. (2)

163. Le porteur n'est dispensé du protêt faute de paiement, ni par le protêt faute d'acceptation, ni par la mort ou faillite de celui sur qui la lettre de change est tirée. — Dans le cas de faillite de l'accepteur avant l'échéance, *le porteur peut faire protester*, et exercer son recours. Co. 119, 156, 173 s., 444. C. 1188 Pr. 124.

164. Le porteur d'une lettre de change protestée faute de paiement, peut exercer son action en garantie, — Ou individuellement contre le tireur et chacun des endosseurs, — Ou collectivement contre les endosseurs et le tireur. — La même faculté existe pour chacun des endosseurs, à l'égard du tireur et des endosseurs qui le précèdent. Co. 140, 153, 165 s., 172.

165. Si le porteur exerce le recours individuellement contre son cédant, il doit lui faire notifier le protêt, et, à défaut de remboursement, le faire citer en jugement dans les quinze jours qui suivent la date du protêt, si celui-ci réside dans la distance de cinq myriamètres. — Ce délai, à l'égard du cédant domicilié à plus de cinq myriamètres de l'endroit où la lettre de change était payable, sera augmenté d'un jour par deux myriamètres et demi excédant les cinq myriamètres. Co. 164, 167, 168 s., 171 s. — *comparez* C. 2185; Pr. 1033.

166. Les lettres de change tirées de France et payables hors du territoire continental de la France, en Europe, étant protestées, les tireurs et endosseurs résidant en France seront poursuivis dans les délais ci-*après*: — De deux mois pour celles

(1) L'exception tirée de la force majeure est applicable aux cas de l'invasion de l'ennemi et des événemens de guerre, pour relever le porteur de lettres de change et de billets à ordre, de la déchéance prononcée par le Code de commerce, à défaut de protêt à l'échéance, et de dénonciation aux tireurs et endosseurs dans les délais, et que l'application, selon les cas et les circonstances, appartient à la prudence des juges. (*Av. C.* 27 janv. 1814.)

(2) Le 1er janvier doit être considéré comme une des fêtes auxquelles *s'applique* l'art. 162 du Code *de commerce; en* conséquence, lorsqu'il y aura refus de paiement d'un effet de commerce échu la veille, cet effet ne pourra être protesté que le 2 janvier. (*Av. C.* 20 mars 1810.)

qui étaient payables en Corse, dans l'île d'Elbe ou de Capraja, en Angleterre et dans les états limitrophes de la France ; — De quatre mois pour celles qui étaient payables dans les autres états de l'Europe ; — De six mois pour celles qui étaient payables aux Échelles du Levant et sur les côtes septentrionales de l'Afrique ; — D'un an pour celles qui étaient payables aux côtes occidentales de l'Afrique, jusques et compris le cap de Bonne-Espérance, et dans les Indes occidentales ; — De deux ans pour celles qui étaient payables dans les Indes orientales. — Ces délais seront observés dans les mêmes proportions pour le recours à exercer contre les tireurs et endosseurs résidant dans les possessions françaises situées hors d'Europe. — Les délais ci-dessus, de six mois, d'un an et de deux ans, seront doublés en temps de guerre maritime. Co. 160 s., 164, 165, 167 s., 171 s.

167. Si le porteur exerce son recours collectivement contre les endosseurs et le tireur, il jouit, à l'égard de chacun d'eux, du délai déterminé par les articles précédens. — Chacun des endosseurs a le droit d'exercer le même recours, ou individuellement, ou collectivement, dans le même délai. — A leur égard, le délai court du lendemain de la date de la citation en justice. Co. 165 s., 168 s., 189.

168. Après l'expiration des délais ci dessus, — Pour la présentation de la lettre de change à vue, ou à un ou plusieurs jours ou mois ou usances de vue, — Pour le protêt faute de paiement, — Pour l'exercice de l'action en garantie, — Le porteur de la lettre de change est déchu de tous droits contre les endosseurs. Co. 160 s., 162, 164 s., 171.

169. Les endosseurs sont également déchus de toute action en garantie contre leurs cédans, après les délais ci-dessus prescrits, chacun en ce qui le concerne. Co. 140, 160, 164 s.

170. La même déchéance a lieu contre le porteur et les endosseurs, à l'égard du tireur lui-même, si ce dernier justifie qu'il y avait provision à l'échéance de la lettre de change. — Le porteur, en ce cas, ne conserve d'action que contre celui sur qui la lettre était tirée. Co. 115 s., 160 s., 171.

171. Les effets de la déchéance prononcée par les trois articles précédens, cessent en faveur du porteur, contre le tireur, ou contre celui des endosseurs qui, après l'expiration des délais fixés pour le protêt, la notification du protêt ou la citation en jugement, a reçu par compte, compensation ou autrement, les fonds destinés au paiement de la lettre de change. Co. 168 s.

172. Indépendamment des formalités prescrites pour l'exercice de l'action en garantie, le porteur d'une lettre de change protestée faute de paiement, peut, en obtenant la permission du juge, saisir conservatoirement les effets mobiliers des tireur, accepteurs et endosseurs. Co. 164 s. Pr. 417.

§ XII. *Des Protêts.* (1)

173. Les protêts faute d'acceptation ou de paiement, sont faits par deux notaires, ou par un notaire et deux témoins, ou par un huissier et deux témoins. — Le protêt doit être fait, — Au domicile de celui sur qui la lettre de change était payable, ou à son dernier domicile connu ; — Au domicile des personnes indiquées par la lettre de change pour la payer au besoin, — Au domicile du tiers qui a accepté par intervention ; — Le tout par un seul et même acte. — En cas de fausse indication de domicile, le protêt est précédé d'un acte de perquisition. Co. 119, 124, 126 s., 156, 162 s., 175, 184 s., 187, 189. Pr. 68. T. 65.

174. L'acte de protêt contient, — La transcription littérale de la lettre de change, de l'acceptation, des endossemens, et des recommandations qui y sont indiquées, — La sommation de payer le montant de la lettre

(1) *Droits d'enregistrement* : *L.* 22 frimaire an VII, *art.* 68, § 1er ; *L.* 28 avril 1816, *art.* 44 : *L.* 24 mai 1834, *art.* 22, 23.

de change. — Il énonce, — La présence ou l'absence de celui qui doit payer, — Les motifs du refus de payer, et l'impuissance ou le refus de signer.

175. Nul acte, de la part du porteur de la lettre de change, ne peut suppléer l'acte de protêt, hors le cas prévu par les art. 150 et suivans, touchant la perte de la lettre de change.

176. Les notaires et les huissiers sont tenus, à peine de destitution, dépens, dommages-intérêts envers les parties, de laisser copie exacte des protêts, et de les inscrire en entier, jour par jour et par ordre de dates, dans un registre particulier, coté, paraphé, et tenu dans les formes prescrites pour les répertoires. Co. *compte de ret.*, 181. C. 1149, 1382. Pr. 71, 156, 132, 1031.

§ XIII. *Du Rechange.*

177. Le rechange s'effectue par une retraite. Co. *retraite*, 178 s.; *billet à ordre*, 187; *déchéance*, 168.

178. La retraite est une nouvelle lettre de change, au moyen de laquelle le porteur se rembourse sur le tireur, ou sur l'un des endosseurs, du principal de la lettre protestée, de ses frais, et du nouveau change qu'il paie. Co. 110 s., 140; *compte de ret.*, 181 s.; *intérêts*, 184 s.

179. Le rechange se règle, à l'égard du tireur, par le cours du change du lieu où la lettre de change était payable, sur le lieu d'où elle a été tirée. — Il se règle, à l'égard des endosseurs, par le cours du change du lieu où la lettre de change a été remise ou négociée par eux, sur le lieu où le remboursement s'effectue. Co. 72, 76, 181 s.

180. La retraite est accompagnée d'un compte de retour.

181. Le compte de retour comprend, — Le principal de la lettre de change protestée, — Les frais de protêt et autres frais légitimes, tels que commission de banque, courtage, timbre et ports de lettres. — Il énonce le nom de celui sur qui la retraite est faite, et le prix du change auquel elle est négociée. — Il est certifié par un agent de change. — Dans les lieux où il n'y a pas d'agent de change, il est certifié par deux commerçans. — Il est accompagné de la lettre de change protestée, du protêt, ou d'une expédition de l'acte de protêt. — Dans le cas où la retraite est faite sur l'un des endosseurs, elle est accompagnée, en outre, d'un certificat qui constate le cours du change du lieu où la lettre de change était payable, sur le lieu d'où elle a été tirée. Co. 178 s., 182 s., 186.

182. Il ne peut être fait plusieurs comptes de retour sur une même lettre de change. — Ce compte de retour est remboursé d'endosseur à endosseur respectivement, et définitivement par le tireur.

183. Les rechanges ne peuvent être cumulés. Chaque endosseur n'en supporte qu'un seul, ainsi que le tireur.

184. L'intérêt du principal de la lettre de change protestée faute de paiement est dû à compter du jour du protêt. Co. 162, 173, 185, 187. C. 1139, 1153; *inter.*, L. 3 sept. 1807.

185. L'intérêt des frais de protêt, rechange, et autres frais légitimes, n'est dû qu'à compter du jour de la demande en justice. C. 1153.

186. Il n'est point dû de rechange, si le compte de retour n'est pas accompagné des certificats d'agens de change ou de commerçans, prescrits par l'art. 181.

SECTION II.

Du Billet à ordre. (1)

187. Toutes les dispositions relatives aux lettres de change, et concernant, Co. 110 s. — L'échéance, Co. 129 s. — L'endossement, Co. 136 s. — La solidarité, Co. 140. — L'aval, Co. 141, 142. — Le paiement, Co. 143 s., 155, 156 s. — Le paiement par intervention, Co. 158 s. — Le protêt, Co. 160 s. — Les devoirs et droits du porteur, Co. 173 s. — Le rechange ou les intérêts, Co. 177 s. — sont applicables aux billets à ordre, sans préjudice des dispositions relatives aux cas prévus par les articles 636, 637 et

(1) *Droits d'enregistrement* : L. 22 frimaire an VII, *art.* 69, § 2.

638. — Co. *prescript.*, 189; *compétence*, 634 s. C. 1326.

188. Le billet à ordre est daté. — Il énonce — La somme à payer; — Le nom de celui à l'ordre de qui il est souscrit, — L'époque à laquelle le paiement doit s'effectuer, — La valeur qui a été fournie en espèces, en marchandises, en compte, ou de toute autre manière. Co. 110, 636 s.

SECTION III.

De la Prescription.

189. Toutes actions relatives aux lettres de change, et à ceux des billets à ordre souscrits par des négocians, marchands ou banquiers, ou pour faits de commerce, se prescrivent par cinq ans, à compter du jour du protêt, ou de la dernière poursuite juridique, s'il n'y a eu condamnation, ou si la dette n'a été reconnue par acte séparé. — Néanmoins les prétendus débiteurs seront tenus, s'ils en sont requis, d'affirmer, sous serment, qu'ils ne sont plus redevables; et leurs veuves, héritiers ou ayant-cause, qu'ils estiment de bonne foi qu'il n'est plus rien dû. Co. 100, 187. C. 1354 s., 1357 s., 2242 s., 2278. Pr. 120 s. P. 366.

LIVRE II.

DU COMMERCE MARITIME.

(Tit. Ier. — VIII. — IX. — X. — XI. — XIV. — Lois décrétées le 15 septembre 1807, promulguées le 25.)

TITRE PREMIER.

DES NAVIRES ET AUTRES BATIMENS DE MER.

190. Les navires et autres bâtimens de mer sont meubles. — Néanmoins ils sont affectés aux dettes du vendeur, et spécialement à celles que la loi déclare privilégiées. Co. 191 s., 197, 280. C. 531, 2092, 2100 s., 2120. Pr. 620.

191. Sont privilégiées, et dans l'ordre où elles sont rangées, les dettes ci-après désignées, Co. 192 s., 214, 331. C. 2101, 2102; — 1° Les frais de justice et autres, faits pour parvenir à la vente et à la distribution du prix, Co. 192 1°, 3°, 197 s.; — 2° Les droits de pilotage, tonnage, *cale*, *amarrage* et bassin ou avant-bassin, Co. 192 2°; — 3° Les gages du gardien, et frais de garde du bâtiment, depuis son entrée dans le port jusqu'à la vente, Co. 192 3°; — 4° Le loyer des magasins où se trouvent déposés les agrès et les apparaux. Co. 192 3°; — 5° Les frais d'entretien du bâtiment et de ses agrès et apparaux, depuis son dernier voyage et son entrée dans le port, Co. 192 3°; — 6° Les gages et loyers du capitaine et autres gens de l'équipage employés au dernier voyage, Co. 192 4°, 194, 271; — 7° Les sommes prêtées au capitaine pour les besoins du bâtiment pendant le dernier voyage, et le remboursement du prix des marchandises par lui vendues pour le même objet, Co. 192 5°, 194, 311 s.; — 8° Les sommes dues au vendeur, aux fournisseurs et ouvriers employés à la construction, si le navire n'a point encore fait de voyage; et les sommes dues aux créanciers pour fournitures, travaux, main-d'œuvre, pour radoub, victuailles, armement et équipement, avant le départ du navire, s'il a déjà navigué, Co. 192 6°, 194; — 9° Les sommes prêtées à la grosse sur le corps, quille, agrès, apparaux, pour radoub, victuailles, armement et équipement, avant le départ du navire, Co. 192 7°, 312, 315 s., 320 s. — 10° Le montant des primes d'assurances faites sur le corps, quille, agrès, apparaux, et sur armement et équipement du navire, dues pour le dernier voyage, Co. 192 8°, 194, 334; — 11° Les dommages-intérêts dus aux affréteurs, pour le défaut de délivrance des marchandises qu'ils ont chargées, ou pour remboursement des avaries souffertes par lesdites marchandises par la faute du capitaine ou de l'équipage. Co. 192 9°. — Les créanciers compris dans chacun des numéros du présent article viendront en concurrence, et au marc le franc, en cas d'insuffisance du prix. C. 2097.

192. Le privilège accordé aux dettes énoncées dans le précédent article, ne peut être exercé qu'autant qu'elles seront justifiées dans les formes suivantes, Co. 193. — 1° Les frais de justice seront constatés par les états de frais arrêtés par les tribunaux compétens; — 2° Les droits de tonnage et autres, par les quittances légales des receveurs; — 3° Les dettes désignées par les num. 1, 3, 4 et 5 de l'art. 191, seront constatées par des états arrêtés par le président du tribunal de commerce; — 4° Les gages et loyers de l'équipage, par les rôles d'armement et désarmement arrêtés dans les bureaux de l'inscription maritime; Co. 250. — 5° Les sommes prêtées et la valeur des marchandises vendues pour les besoins du navire pendant le dernier voyage, par des états arrêtés par le capitaine, appuyés de procès-verbaux signés par le capitaine et les principaux de l'équipage, constatant la nécessité des emprunts. — 6° La vente du navire par un acte ayant date certaine, et les fournitures pour l'armement, équipement et victuailles du navire, seront constatées par les mémoires, factures ou états visés par le capitaine et arrêtés par l'armateur, dont un double sera déposé au greffe du tribunal de commerce avant le départ du navire, ou, au plus tard, dans les dix jours après son départ. C. *date certaine*, 1317, 1328. — 7° Les sommes prêtées à la grosse sur le corps, quille, agrès, apparaux, armement et équipement, avant le départ du navire, seront constatées par des contrats passés devant notaires, ou sous signature privée, dont les expéditions ou doubles seront déposés au greffe du tribunal de commerce dans les dix jours de leur date. Co. 311, 312. — 8° Les primes d'assurance seront constatées par les polices ou par les extraits des livres des courtiers d'assurances. Co. 79, 84, 332. — 9° Les dommages-intérêts dus aux affréteurs seront constatés par les jugemens, ou par les décisions arbitrales qui seront intervenues.

193. Les privilèges des créanciers seront éteints, — Indépendamment des moyens généraux d'extinction des obligations, C. 1234 s. — Par la vente en justice faite dans les formes établies par le titre suivant; Co. 197 s. — Ou lorsqu'après une vente volontaire le navire aura fait un voyage en mer sous le nom et aux risques de l'acquéreur, et sans opposition de la part des créanciers du vendeur. Co. 194, 195. 196.

194. Un navire est censé avoir fait un voyage en mer, — Lorsque son départ et son arrivée auront été constatés dans deux ports différens et trente jours après le départ; — Lorsque, sans être arrivé dans un autre port, il s'est écoulé plus de soixante jours entre le départ et le retour dans le même port, ou lorsque le navire, parti pour un voyage de long cours, a été plus de soixante jours en voyage, sans réclamation de la part des créanciers du vendeur.

195. La vente volontaire d'un navire doit être faite par écrit, et peut avoir lieu par acte public, ou par acte sous signature privée. (1) — Elle peut être faite pour le navire entier, ou pour une portion du navire, le navire étant dans le port ou en voyage. Co. 633. C 1317 s., 1322 s.

196. La vente volontaire d'un navire en voyage ne préjudicie pas aux créanciers du vendeur. En conséquence, nonobstant la vente, le navire ou son prix continue d'être le gage desdits créanciers, qui peuvent même, s'ils le jugent convenable, attaquer la vente pour cause de fraude. Co. 190, 193. C. 1167, 2268.

TITRE II.

DE LA SAISIE ET VENTE DES NAVIRES.

197. Tous bâtimens de mer peuvent être saisis et vendus par autorité de justice; et le privilège des créanciers sera purgé par les formalités

(1) *Droits d'enregistrement* : L. 21 avril 1818, *art.* 64.

suivantes. Co. 191, 215. Pr. 545 s., 583 s., 620.

198. Il ne pourra être procédé à la saisie que vingt-quatre heures après le commandement de payer. Co. 199 s. Pr. 551 s., 583 s.

199. Le commandement devra être fait à la personne du propriétaire ou à son domicile, s'il s'agit d'une action générale à exercer contre lui. Co. 201. Pr. 68. — Le commandement pourra être fait au capitaine du navire, si la créance est du nombre de celles qui sont susceptibles de privilège sur le navire, aux termes de l'article 191.

200. L'huissier énonce dans le procès-verbal, — Les nom, profession et demeure du créancier pour qui il agit; — Le titre en vertu duquel il procède; — La somme dont il poursuit le paiement; — L'élection de domicile faite par le créancier dans le lieu où siége le tribunal devant lequel la vente doit être poursuivie, et dans le lieu où le navire saisi est amarré; (1) Co. 204, 627. Pr. 442. — Les noms du propriétaire et du capitaine; — Le nom, l'espèce et le tonnage du bâtiment. — Il fait l'énonciation et la description des chaloupes, canots, agrès, ustensiles, armes, munitions et provisions. Pr. 588. — Il établit un gardien. Pr. 596. T. 34. P. 400.

201. Si le propriétaire du navire saisi demeure dans l'arrondissement du tribunal, le saisissant doit lui faire notifier, dans le délai de trois jours, copie du procès-verbal de saisie, et le faire citer devant le tribunal, pour voir procéder à la vente des choses saisies. Pr. 59, 1033. — Si le propriétaire n'est point domicilié dans l'arrondissement du tribunal, les significations et citations lui sont données à la personne du capitaine du bâtiment saisi, ou, en son absence, à celui qui représente le propriétaire ou le capitaine; et le délai de trois jours est augmenté d'un jour à raison de deux myriamètres et demi (cinq lieues) de la distance de son domicile. Co. 165, 199. — S'il est étranger et hors de France, les citations et significations sont données ainsi qu'il est prescrit par le Code de procédure civile, art. 69. Pr. 69, 73, 74.

202. Si la saisie a pour objet un bâtiment dont le tonnage soit au-dessus de dix tonneaux, — Il sera fait trois criées et publications des objets en vente. — Les criées et publications seront faites consécutivement, de huitaine en huitaine, à la bourse et dans la principale place publique du lieu où le bâtiment est amarré. — L'avis en sera inséré dans un des papiers publics imprimés dans le lieu où siége le tribunal devant lequel la saisie se poursuit; et s'il n'y en a pas, dans l'un de ceux qui seraient imprimés dans le département. Co. 207. Pr. 617, 620.

203. Dans les deux jours qui suivent chaque criée et publication, il est apposé des affiches, — Au grand mât du bâtiment saisi, — A la porte principale du tribunal devant lequel on procède, — Dans la place publique et sur le quai du port où le bâtiment est amarré, ainsi qu'à la bourse de commerce. Co. 207. Pr. 620.

204. Les criées, publications et affiches doivent désigner — Les nom, profession et demeure du poursuivant, — Les titres en vertu desquels il agit, — Le montant de la somme qui lui est due, — L'élection de domicile par lui faite dans le lieu où siége le tribunal, et dans le lieu où le bâtiment est amarré, — Les nom et domicile du propriétaire du navire saisi, — Le nom du bâtiment, et, s'il est armé ou en armement, celui du capitaine, — Le tonnage du navire, — Le lieu où il est gissant ou flottant, — Le nom de l'avoué du poursuivant, — La première mise à prix, — Les jours des audiences auxquelles les enchères seront reçues. Co. 200.

205. Après la première criée, les enchères seront reçues le jour indiqué par l'affiche. — Le juge commis d'office pour la vente continue de recevoir les enchères après chaque criée, de huitaine en huitaine, à jour certain fixé par son ordonnance.

(1) La connaissance des ventes des navires saisis appartient aux tribunaux ordinaires. (*Av. C.* 17 mai 1809.)

206. Après la troisième criée, l'adjudication est faite au plus offrant et dernier enchérisseur, à l'extinction des feux, sans autre formalité. — Le juge commis d'office peut accorder une ou deux remises, de huitaine chacune. — Elles sont publiées et affichées. *Co.* 202, 209.

207. Si la saisie porte sur des barques, chaloupes et autres bâtimens du port de dix tonneaux et au-dessous, l'adjudication sera faite à l'audience, après la publication sur le quai pendant trois jours consécutifs, avec affiche au mât, ou, à défaut, en autre lieu apparent du bâtiment, et à la porte du tribunal. — Il sera observé un délai de huit jours francs entre la signification de la saisie et la vente. *Co.* 201, 202, 205, 209. *Pr.* 620, 1033.

208. L'adjudication du navire fait cesser les fonctions du capitaine; sauf à lui à se pourvoir en dédommagement contre qui de droit. *Co.* 218, 219, 221 s.

209. Les adjudicataires des navires de tout tonnage seront tenus de payer le prix de leur adjudication dans le délai de vingt-quatre heures, ou de le consigner, sans frais, au greffe du tribunal de commerce, à peine d'y être contraints par corps. — A défaut de paiement ou de consignation, le bâtiment sera remis en vente, et adjugé trois jours après une nouvelle publication et affiche unique, à la folle enchère des adjudicataires, qui seront également contraints par corps pour le paiement du déficit, des dommages, des intérêts et des frais. *Pr.* 126, 624, 737, 744; *consignation*, *O.* 3 *juillet* 1816, *art.* 1 *et* 14.

210. Les demandes en distraction seront formées et notifiées au greffe du tribunal avant l'adjudication. — Si les demandes en distraction ne sont formées qu'après l'adjudication, elles seront converties, de plein droit, en oppositions à la délivrance des sommes provenant de la vente. *Co.* 212. *Pr.* 557 s., 608, 727 s.

211. Le demandeur ou l'opposant aura trois jours pour fournir ses moyens. — Le défendeur aura trois jours pour contredire. — La cause sera portée à l'audience sur une simple citation. *Pr.* 82.

212. Pendant trois jours après celui de l'adjudication, les oppositions à la délivrance du prix seront reçues; passé ce temps, elles ne seront plus admises. *Pr.* 557 s.

213. Les créanciers opposans sont tenus de produire au greffe leurs titres de créance, dans les trois jours qui suivent la sommation qui leur en est faite par le créancier poursuivant ou par le tiers saisi: faute de quoi il sera procédé à la distribution du prix de la vente, sans qu'ils y soient compris. *Pr.* 656 s.

214. La collocation des créanciers et la distribution de deniers sont faites entre les créanciers privilégiés, dans l'ordre prescrit par l'art. 191; et entre les autres créanciers, au marc le franc de leurs créances. — Tout créancier colloqué l'est tant pour son principal que pour les intérêts et frais.

215. Le bâtiment prêt à faire voile n'est pas saisissable, si ce n'est à raison de dettes contractées pour le voyage qu'il va faire: et même, dans ce dernier cas, le cautionnement de ces dettes empêche la saisie. *Co.* 231. — Le bâtiment est censé prêt à faire voile lorsque le capitaine est muni de ses expéditions pour son voyage. *C.* 1350, 1352.

TITRE III.

DES PROPRIÉTAIRES DE NAVIRES.

216. (*Ainsi modifié* : *L.* 14 *juin* 1841). Tout propriétaire de navire est civilement responsable des faits du capitaine, et tenu des engagemens contractés par ce dernier, pour ce qui est relatif au navire et à l'expédition. — Il peut, dans tous les cas, s'affranchir des obligations ci-dessus par l'abandon du navire et du fret. — Toutefois, la faculté de faire abandon n'est point accordée à celui qui est en même temps capitaine et propriétaire ou copropriétaire du navire. Lorsque le capitaine ne sera que copropriétaire, il ne sera responsable des engagemens contractés par lui, pour ce qui est relatif au navire et à l'expédition, que dans la proportion de son intérêt. Co. 191, 208, 221 s., 234, 270, 286 s., 298, 353, 405, 407: comparez 369 s. C. 1202, 1214, 1290, 1384. I. c. 1 s., 637 s.

217. Les propriétaires des navires équipés en guerre ne seront toutefois responsables des délits et déprédations commis en mer par les gens de guerre qui sont sur leurs navires, ou par les équipages, que jusqu'à concurrence de la somme pour laquelle ils auront donné caution, à moins qu'ils n'en soient participans ou complices. Co. 223. I. c. 2. P. 59 s. L. 10 avril 1825, art. 9, 19.

218. Le propriétaire peut congédier le capitaine. — Il n'y a pas lieu à indemnité, s'il n'y a convention par écrit. Co. 208, 219.

219. Si le capitaine congédié est copropriétaire du navire, il peut renoncer à la copropriété, et exiger le remboursement du capital qui la représente. — Le montant de ce capital est déterminé par des experts convenus, ou nommés d'office. Co. 414. Pr. 302 s.

220. En tout ce qui concerne l'intérêt commun des propriétaires d'un navire, l'avis de la majorité est suivi. — La majorité se détermine par une portion d'intérêt dans le navire, excédant la moitié de sa valeur. — La licitation du navire ne peut être accordée que sur la demande des propriétaires, formant ensemble la moitié de l'intérêt total dans le navire, s'il n'y a, par écrit, convention contraire. Co. comparez 410, 507. C. secùs, 815 s.

TITRE IV.

DU CAPITAINE.

221. Tout capitaine, maître ou patron, chargé de la conduite d'un navire ou autre bâtiment, est garant de ses fautes, même légères, dans l'exercice de ses fonctions. Co. 216 s., 230, 236 s., 251 s., 293 s., 405, 407, 433 s., 435 s. C. 1382, 1383, 1992.

222. Il est responsable des marchandises dont il se charge. — Il en fournit une reconnaissance. — Cette reconnaissance se nomme *connaissement*. Co. 97 s., 226 s., 236 s., 259 s., 284 s., 293, 420. C. 1782 s., 1952 s. (1)

223. Il appartient au capitaine de former l'équipage du vaisseau, et de choisir et louer les matelots et autres gens de l'équipage; ce qu'il fera néanmoins de concert avec les propriétaires, lorsqu'il sera dans le lieu de leur demeure. Co. 217, 250 s.

224. Le capitaine tient un registre coté et paraphé par l'un des juges du tribunal de commerce, ou par le maire ou son adjoint, dans les lieux où il n'y a pas de tribunal de commerce. — Ce registre contient, — Les résolutions prises pendant le voyage, — La recette et la dépense concernant le navire, et généralement tout ce qui concerne le fait de sa charge, et tout ce qui peut donner lieu à un compte à rendre, à une demande à former. Co. 228, 234, 241, 242, 249, 397, 400, 410 s.

225. Le capitaine est tenu, avant de prendre charge, de faire visiter son navire, aux termes et dans les formes prescrits par les réglemens. L. 9-13 août 1791, titre 3; O. 29 octobre 1833, art. 43. — Le procès verbal de visite est déposé au greffe du tribunal de commerce: il en est délivré extrait au capitaine. Co. 226, 228, 297, 430. (2)

226. Le capitaine est tenu d'avoir à bord, — L'acte de propriété du navire, Co. 195. — L'acte de francisation, (3) — Le rôle d'équipage, Co. 250. — Les connaissemens et chartes-parties, Co. 222, 273 s., 281 s., 286. — Les procès-verbaux de visite, Co.

---

(1) *Droits d'enregistrement* : L. 22 frimaire an VII, art. 68, § 1er; L. 28 avril 1816, art. 44.

(2) Ou par le juge de paix du canton dans les ports où il n'y a pas de tribunal de commerce. (Ord. 1er nov. 1826.) — *Droits d'enregistrement* : L. 22 frimaire an VII, art. 68, § 1er, no 35; L. 28 avril 1816, art. 43.

(3) L'acte de francisation est délivré par la douane: (L. 27 vendémiaire an II, art. 10) il est signé par le ministre des finances; (Arr. minist. 30 juin 1829.) Coût de l'acte de francisation : L. des douanes, 2 juillet 1836, art. 6.

225. — Les acquits de paiement ou à caution des douanes. Co. 228.

227. Le capitaine est tenu d'être en personne dans son navire, à l'entrée et à la sortie des ports, havres ou rivières. Co. 228, 241. *Déc.* 12 *décembre* 1806, *art.* 32.

228. En cas de contravention aux obligations imposées par les quatre articles précédens, le capitaine est responsable de tous les événemens envers les intéressés au navire et au chargement. Co. 221, 222, 229, 230, 287. C. 1149, 1382 s.

229. Le capitaine répond également de tout le dommage qui peut arriver aux marchandises qu'il aurait chargées sur le tillac de son vaisseau sans le consentement par écrit du chargeur. Co. 222, 230, 236, 239 s., 421. — Cette disposition n'est point applicable au petit cabotage. Co. 103 s.

230. La responsabilité du capitaine ne cesse que par la preuve d'obstacles de force majeure. C. 1148, 1302.

231. Le capitaine et les gens de l'équipage qui sont à bord, ou qui sur les chaloupes se rendent à bord pour faire voile, ne peuvent être arrêtés pour dettes civiles, si ce n'est à raison de celles qu'ils auront contractées pour le voyage; et même, dans ce dernier cas, il ne peuvent être arrêtés, s'ils donnent caution. Co. 215. C. 2040, 2041, 2063, 2070.

232. Le capitaine, dans le lieu de la demeure des propriétaires ou de leurs fondés de pouvoir, ne peut, sans leur autorisation spéciale, faire travailler au radoub du bâtiment, acheter des voiles, cordages et autres choses pour le bâtiment, prendre à cet effet de l'argent sur le corps du navire, ni fréter le navire. Co. 236 s., 321.

233. Si le bâtiment était frété du consentement des propriétaires, et que quelques uns d'eux fissent refus de contribuer aux frais nécessaires pour l'expédier, le capitaine pourra, en ce cas, vingt-quatre heures après sommation faite aux refusans de fournir leur contingent, emprunter à la grosse pour leur compte sur leur portion d'intérêt dans le navire, avec autorisation du juge. Co. 322. O. 29 *octobre* 1833, *art.* 31.

234. (*Ainsi modifié* : L. 14 *juin* 1841). Si, pendant le cours du voyage, il y a nécessité de radoub, ou d'achat de victuailles, le capitaine, après l'avoir constaté par un procès-verbal signé des principaux de l'équipage, pourra, en se faisant autoriser en France par le tribunal de commerce, ou, à défaut, par le juge de paix, chez l'étranger par le consul français, ou, à défaut, par le magistrat des lieux, emprunter sur corps et quille du vaisseau, mettre en gage ou vendre des marchandises jusqu'à concurrence de la somme que les besoins constatés exigent. — Les propriétaires, ou le capitaine qui les représente, tiendront compte des marchandises vendues, d'après le cours des marchandises de même nature et qualité dans le lieu de la décharge du navire, à l'époque de son arrivée. Co. 72, 191, 236, 249, 298, 312, 400. — L'affréteur unique ou les chargeurs divers, qui seront tous d'accord, pourront s'opposer à la vente ou à la mise en gage de leurs marchandises, en les déchargeant et en payant le fret en proportion de ce que le voyage est avancé. A défaut du consentement d'une partie des chargeurs, celui qui voudra user de la faculté de déchargement sera tenu du fret entier sur ses marchandises. Co. 216, 298. C. 1167.

235. Le capitaine, avant son départ d'un port étranger ou des colonies françaises pour revenir en France, sera tenu d'envoyer à ses propriétaires ou à leurs fondés de pouvoir, un compte signé de lui, contenant l'état de son chargement, le prix des marchandises de sa cargaison, les sommes par lui empruntées, les noms et demeure des prêteurs. O. 29 *octobre* 1833, *art.* 45.

236. Le capitaine qui aura, sans nécessité, pris de l'argent sur le corps, avitaillement ou équipement du navire, engagé ou vendu des marchandises ou des victuailles, ou qui aura employé dans ses comptes des avaries et des dépenses supposées, sera responsable envers l'armement, et personnellement tenu du remboursement de l'argent ou du paiement des objets, sans préjudice de la poursuite criminelle, s'il y a lieu. Co. 234, 298. L. 10 avril 1825, art. 13.

237. Hors le cas d'innavigabilité légalement constatée, le capitaine ne peut, à peine de nullité de la vente, vendre le navire sans un pouvoir spécial des propriétaires. Co. 242, 390 s. C. 1988, 1989. O. 29 *octobre* 1833, *art.* 32 s. L. 10 *avril* 1825, *art.* 14.

238. Tout capitaine de navire, engagé pour un voyage, est tenu de l'achever, à peine de tous dépens, dommages-intérêts envers les propriétaires et les affréteurs. Co. 241, 252. s. C. 1991.

239. Le capitaine qui navigue à profit commun sur le chargement, ne peut faire aucun trafic ni commerce pour son compte particulier, s'il n'y a convention contraire. Co. 240, 251.

240. En cas de contravention aux dispositions mentionnées dans l'article précédent, les marchandises embarquées par le capitaine pour son compte particulier, sont confisquées au profit des autres intéressés.

241. Le capitaine ne peut abandonner son navire pendant le voyage, pour quelque danger que ce soit, sans l'avis des officiers et principaux de l'équipage; et, en ce cas, il est tenu de sauver avec lui l'argent et ce qu'il pourra des marchandises les plus précieuses de son chargement, sous peine d'en répondre en son propre nom. — Si les objets ainsi tirés du navire sont perdus par quelque cas fortuit, le capitaine en demeurera déchargé. Co. 227, 236, 246 s., 410 s.

242. Le capitaine est tenu, dans les vingt-quatre heures de son arrivée, de faire viser son registre, et de faire son rapport. (1) Co. 224. — Le rapport doit énoncer le lieu et le tems de son départ, la route qu'il a tenue, les hasards qu'il a courus, les désordres arrivés dans le navire, et toutes les circonstances remarquables de son voyage. Co. 243 s., 247 s. O. 29 *oct.* 1833, *art.* 10, 11.

243. Le rapport est fait au greffe devant le président du tribunal de commerce. — Dans les lieux où il n'y a pas de tribunal de commerce, le rapport est fait au juge de paix de l'arrondissement. — Le juge de paix qui a reçu le rapport, est tenu de l'envoyer, sans délai, au président du tribunal de commerce le plus voisin. — Dans l'un et l'autre cas, le dépôt en est fait au greffe du tribunal de commerce. O. 29 *octobre* 1833, *art.* 10, 11.

244. Si le capitaine aborde dans un port étranger, il est tenu de se présenter au consul de France, de lui faire un rapport, et de prendre un certificat constatant l'époque de son arrivée et de son départ, l'état et la nature de son chargement. O. 29 *octobre* 1833, *art.* 10, 11, 45.

245. Si, pendant le cours du voyage, le capitaine est obligé de relâcher dans un port français, il est tenu de déclarer au président du tribunal de commerce du lieu les causes de sa relâche. (2) — Dans les lieux où il n'y a pas de tribunal de commerce, la déclaration est faite au juge de paix du canton — Si la relâche forcée a lieu dans un port étranger, la déclaration

(1) *Droits d'enregistrement*: L. 22 frimaire an VII, *art.* 68, § 1er, no 35; L. 28 avril 1816, *art.* 43.

(2) En cas de relâche forcée dans un port français, le capitaine doit, dans les vingt-quatre heures, justifier par un rapport des causes de la relâche; ce rapport est fait au bureau de la régie. Le délai ne court pas les jours de dimanche et fête. De plus, il doit représenter son manifeste et mentionner dans son rapport le nombre de caisses, balles, ballots et tonneaux de son chargement, représenter ses chartes-parties, connaissemens ou polices de chargement, indiquer le port de sa destination ultérieure, et prendre certificat du tout à peine de 500 fr. d'amende, à la sûreté desquels les bâtimens et marchandises sont retenus. (L. 6-22 août 1791, *tit.* 1er, *art.* 4, *tit.* 6, *art.* 1er. — Si quelques opérations exigent le déchargement; V. *tit.* 6 de la loi précitée et L. 4 germinal an II, *tit.* 2, *art.* 6.

est faite au consul de France, ou, à son défaut, au magistrat du lieu. O. 29 *octobre* 1833, *art.* 12.

246. Le capitaine qui a fait naufrage, et qui s'est sauvé seul ou avec partie de son équipage, est tenu de se présenter devant le juge du lieu, ou, à défaut de juge, devant toute autre autorité civile, d'y faire son rapport, de le faire vérifier par ceux de son équipage qui se seraient sauvés et se trouveraient avec lui, et d'en lever expédition. Co. 248, 258 s., 298, 327, 330, 414 s.

247. Pour vérifier le rapport du capitaine, le juge reçoit l'interrogatoire des gens de l'équipage, et, s'il est possible, des passagers, sans préjudice des autres preuves. — Les rapports non vérifiés ne sont point admis à la décharge du capitaine, et ne font point foi en justice, excepté dans le cas où le capitaine naufragé s'est sauvé seul dans le lieu où il a fait son rapport. — La preuve des faits contraires est réservée aux parties. Pr. 256.

248. Hors les cas de péril imminent, le capitaine ne peut décharger aucune marchandise avant d'avoir fait son rapport, à peine de poursuites extraordinaires contre lui. Co. 242. L. 10 avril 1825, art. 14.

249. Si les victuailles du bâtiment manquent pendant le voyage, le capitaine, en prenant l'avis des principaux de l'équipage, pourra contraindre ceux qui auront des vivres en particulier de les mettre en commun, à la charge de leur en payer la valeur. Co. 234.

TITRE V.

DE L'ENGAGEMENT ET DES LOYERS DES MATELOTS ET GENS DE L'ÉQUIPAGE.

250. Les conditions d'engagement du capitaine et des hommes d'équipage d'un navire sont constatées par le rôle d'équipage, ou par les conventions des parties. Co. 100, 191 s., 218, 226, 238, 270 s., 433, 633. (1)

251. Le capitaine et les gens de l'équipage ne peuvent, sous aucun prétexte, charger dans le navire aucune marchandise pour leur compte, sans la permission des propriétaires et sans en payer le fret, s'ils n'y sont autorisés par l'engagement. Co. 239.

252. Si le voyage est rompu par le fait des propriétaires, capitaine ou affréteurs, avant le départ du navire, les matelots loués au voyage ou au mois sont payés des journées par eux employées à l'équipement du navire. Ils retiennent pour indemnité les avances reçues. — Si les avances ne sont pas encore payées, ils reçoivent pour indemnité un mois de leurs gages convenus. — Si la rupture arrive après le voyage commencé, les matelots loués au voyage sont payés en entier aux termes de leur convention. — Les matelots loués au mois reçoivent leurs loyers stipulés pour le temps qu'ils ont servi, et en outre, pour indemnité, la moitié de leurs gages pour le reste de la durée présumée du voyage pour lequel ils étaient engagés. — Les matelots loués au voyage ou au mois reçoivent, en outre, leur conduite de retour jusqu'au lieu du départ du navire, à moins que le capitaine, les propriétaires ou affréteurs, ou l'officier d'administration, ne leur procurent leur embarquement sur un autre navire revenant audit lieu de leur départ. Co. 218, 238, 253 s., 257 s., 262 s., 265, 271, 272, 288 s., 304, 319, 349.

253. S'il y a interdiction de commerce avec le lieu de la destination du navire, ou si le navire est arrêté par ordre du gouvernement avant le voyage commencé, — Il n'est dû aux matelots que les journées employées à équiper le bâtiment. Co. 261, 272, 276, 299, 300. C. 1148.

254. Si l'interdiction de commerce ou l'arrêt du navire arrive pendant le cours du voyage, — Dans le cas d'interdiction, les matelots sont payés à proportion du temps qu'ils auront servi; — Dans le cas de l'arrêt, le loyer des matelots engagés au mois court pour moitié pendant le temps de l'arrêt; — Le loyer des matelots

---

(1) Sont exempts de la formalité de l'enregistrement, les rôles d'équipages et les engagemens des matelots et gens de mer. *L.* 22 *frim. an* VII, *art.* 70.

engagés au voyage est payé aux termes de leur engagement. Co. 272.

255. Si le voyage est prolongé, le prix des loyers des matelots engagés au voyage est augmenté à proportion de la prolongation. Co. 256, 257 s., 272.

256. Si la décharge du navire se fait volontairement dans un lieu plus rapproché que celui qui est désigné par l'affrétement, il ne leur est fait aucune diminution. Co. 255.

257. Si les matelots sont engagés au profit ou au fret, il ne leur est dû aucun dédommagement ni journées pour la rupture, le retardement ou la prolongation de voyage occasionnés par force majeure. — Si la rupture, le retardement ou la prolongation arrivent par le fait des chargeurs, les gens de l'équipage ont part aux indemnités qui sont adjugées au navire. — Ces indemnités sont partagées entre les propriétaires du navire et les gens de l'équipage, dans la même proportion que l'aurait été le fret. — Si l'empêchement arrive par le fait du capitaine ou des propriétaires, ils sont tenus des indemnités dues aux gens de l'équipage. Co. 216 s., 258.

258. En cas de prise, de bris et naufrage, avec perte entière du navire et des marchandises, les matelots ne peuvent prétendre aucun loyer. — Ils ne sont point tenus de restituer ce qui leur a été avancé sur leurs loyers. Co. 256, 272, 306, 501. C. 1186, 1302.

259. Si quelque partie du navire est sauvée, les matelots engagés au voyage ou au mois sont payés de leurs loyers échus sur les débris du navire qu'ils ont sauvé. — Si les débris ne suffisent pas, ou s'il n'y a que des marchandises sauvées, ils sont payés de leurs loyers subsidiairement sur le fret. Co. 191 s., 261, 327, 428. C. 2102 3°.

260. Les matelots engagés au fret sont payés de leurs loyers seulement sur le fret, à proportion de celui que reçoit le capitaine. Co. 191 s. 293 s., 296, 298 s., 303 s.

261. De quelque manière que les matelots soient loués, ils sont payés des journées par eux employées à sauver les débris et les effets naufragés. Co. 253, 259. C. 2102 3°.

262. Le matelot est payé de ses loyers, traité et pansé aux dépens du navire, s'il tombe malade pendant le voyage, ou s'il est blessé au service du navire. Co. 263 s., 272.

263. Le matelot est traité et pansé aux dépens du navire et du chargement, s'il est blessé en combattant contre les ennemis et les pirates. Co. 272, 400 6°.

264. Si le matelot, sorti du navire sans autorisation, est blessé à terre, les frais de ses pansement et traitement sont à sa charge ; il pourra même être congédié par le capitaine. — Ses loyers, en ce cas, ne lui seront payés qu'à proportion du temps qu'il aura servi. Co. 272.

265. En cas de mort d'un matelot pendant le voyage, si le matelot est engagé au mois, ses loyers sont dus à sa succession jusqu'au jour de son décès. — Si le matelot est engagé au voyage, la moitié de ses loyers est due s'il meurt en allant ou au port d'arrivée. — Le total de ses loyers est dû s'il meurt en revenant. — Si le matelot est engagé au profit ou au fret, sa part entière est due s'il meurt le voyage commencé. — Les loyers du matelot tué en défendant le navire sont dus en entier pour tout le voyage, si le navire arrive à bon port. Co. 262, 263, 272.

266. Le matelot pris dans le navire et fait esclave ne peut rien prétendre contre le capitaine, les propriétaires ni les affréteurs, pour le paiement de son rachat. — Il est payé de ses loyers jusqu'au jour où il est pris et fait esclave. Co. 265, 267 s., 272.

267. Le matelot pris et fait esclave, s'il a été envoyé en mer ou à terre pour le service du navire, a droit à l'entier paiement de ses loyers. — Il a droit au paiement d'une indemnité pour son rachat, si le navire arrive à bon port. Co. 262, 266, 268 s., 272.

268. L'indemnité est due par les propriétaires du navire, si le matelot a été envoyé en mer ou à terre pour le service du navire. — L'indemnité est due par les propriétaires du navire et du chargement, si le matelot a été envoyé en mer ou à terre pour le service du navire et du chargement. Co. 216 s.

269. Le montant de l'indemnité est fixé à six cents francs. — Le recouvrement et l'emploi en seront faits suivant les formes déterminées par le gouvernement, dans un règlement relatif au rachat des captifs.

270. Tout matelot qui justifie qu'il est congédié sans cause valable, a droit à une indemnité contre le capitaine. — L'indemnité est fixée au tiers des loyers, si le congé a lieu avant le voyage commencé. — L'indemnité est fixée à la totalité des loyers et aux frais du retour, si le congé a lieu pendant le cours du voyage. — Le capitaine ne peut, dans aucun des cas ci-dessus, répéter le montant de l'indemnité contre les propriétaires du navire. — Il n'y a pas lieu à indemnité, si le matelot est congédié avant la clôture du rôle d'équipage. — Dans aucun cas, le capitaine ne peut congédier un matelot dans les pays étrangers. O. 29 *octobre* 1833, *art.* 24.

271. Le navire et le fret sont spécialement affectés aux loyers des matelots. Co. 191, 286 s., 307, 428, 433. *Arr.* 5 *germinal*, 26 *floréal an* XII.

272. Toutes les dispositions concernant les loyers, pansement et rachat des matelots, sont communes aux officiers et à tous autres gens de l'équipage. Co. 250 s., 433, 633.

TITRE VI.

DES CHARTES-PARTIES, AFFRÉTEMENS OU NOLISSEMENS.

273. Toute convention pour louage d'un vaisseau, appelée *charte-partie*, *affrétement* ou *nolissement*, doit être rédigée par écrit. Co. 80. C. 1317 s., 1322 s. — Elle énonce, — Le nom et le tonnage du navire, — Le nom du capitaine, — Les noms du fréteur et de l'affréteur, — Le lieu et le temps convenus pour la charge et pour la décharge, — Le prix du fret ou nolis. — Si l'affrétement est total ou partiel. — L'indemnité convenue pour les cas de retard. C. 226, 286 s., 633.

274. Si le temps de la charge et de la décharge du navire n'est point fixé par les conventions des parties, il est réglé suivant l'usage des lieux. C. 1159.

275. Si le navire est frété au mois, et s'il n'y a convention contraire, le fret court du jour où le navire a fait voile. Co. 300.

276. Si, avant le départ du navire, il y a interdiction de commerce avec le pays pour lequel il est destiné, les conventions sont résolues sans dommages-intérêts de part ni d'autre. — Le chargeur est tenu des frais de la charge et de la décharge de ses marchandises. Co. 253 s., 299 s., 350, 369, 387 s. C. 1148.

277. S'il existe une force majeure qui n'empêche que pour un temps la sortie du navire, les conventions subsistent, et il n'y a pas lieu à dommages-intérêts à raison du retard. — Elles subsistent également, et il n'y a lieu à aucune augmentation de fret, si la force majeure arrive pendant le voyage. C. 1148.

278. Le chargeur peut, pendant l'arrêt du navire, faire décharger ses marchandises à ses frais, à condition de les recharger ou d'indemniser le capitaine.

279. Dans le cas de blocus du port pour lequel le navire est destiné, le capitaine est tenu, s'il n'a des ordres contraires, de se rendre dans un des ports voisins de la même puissance où il lui sera permis d'aborder.

280. Le navire, les agrès et apparaux, le fret et les marchandises chargées, sont respectivement affectés à l'exécution des conventions des parties. C. 191 s., 271.

TITRE VII.

DU CONNAISSEMENT. (1)

281. Le connaissement doit exprimer la nature et la quantité ainsi que les espèces ou qualités des objets à transporter. — Il indique, — Le nom

(1) *Droits d'enregistrement* : L. 22 frimaire an VII, *art.* 68, § 1er ; L. 28 avril 1816, *art.* 44.

du chargeur. — Le nom et l'adresse de celui à qui l'expédition est faite, — Le nom et le domicile du capitaine, — Le nom et le tonnage du navire, — Le lieu du départ et celui de la destination. — Il énonce le prix du fret. Co. 286 s. — Il présente en marge les marques et numéros des objets à transporter. Co. 222, 226, 228, 282 s., 345, 418, 420. — Le connaissement peut être à ordre, ou au porteur, ou à personne dénommée. Co. 136 s.

282. Chaque connaissement est fait en quatre originaux au moins : — Un pour le chargeur, — Un pour celui à qui les marchandises sont adressées, — Un pour le capitaine, — Un pour l'armateur du bâtiment. — Les quatre originaux sont signés par le chargeur et par le capitaine, dans les vingt-quatre heures après le chargement. — Le chargeur est tenu de fournir au capitaine, dans le même délai, les acquits des marchandises chargées. Co. 226, 344, 420. C. comparez 1325.

283. Le connaissement, rédigé dans la forme ci dessus prescrite, fait foi entre toutes les parties intéressées au chargement, et entre elles et les assureurs. C. 1317, 1322.

284. En cas de diversité entre les connaissemens d'un même chargement, celui qui sera entre les mains du capitaine fera foi, s'il est rempli de la main du chargeur, ou de celle de son commissionnaire; et celui qui est présenté par le chargeur ou le consignataire sera suivi, s'il est rempli de la main du capitaine.

285. Tout commissionnaire ou consignataire qui aura reçu les marchandises mentionnées dans les connaissemens ou chartes-parties, sera tenu d'en donner reçu au capitaine qui le demandera, à peine de tous dépens, dommages-intérêts, même de ceux de retardement. C. 1149, 1382. Pr. 126.

TITRE VIII.

DU FRET OU NOLIS.

286. Le prix du loyer d'un navire ou autre bâtiment de mer est appelé *fret* ou *nolis*. — Il est réglé par les conventions des parties. — Il est constaté par la charte-partie ou par le connaissement. — Il a lieu pour la totalité ou pour partie du bâtiment, pour un voyage entier ou pour un temps limité, au tonneau, au quintal, à forfait, ou à cueillette, avec désignation du tonnage du vaisseau. Co. 273 s., 281 s., 307 s., 386, 433, 635.

287. Si le navire est loué en totalité, et que l'affréteur ne lui donne pas toute sa charge, le capitaine ne peut prendre d'autres marchandises sans le consentement de l'affréteur. — L'affréteur profite du fret des marchandises qui complètent le chargement du navire qu'il a entièrement affrété. Co. 229, 239 s, 251.

288. L'affréteur qui n'a pas chargé la quantité de marchandises portée par la charte-partie, est tenu de payer le fret en entier, et pour le chargement complet auquel il s'est engagé. Co. 273. — S'il en charge davantage, il paie le fret de l'excédant sur le prix réglé par la charte-partie. — Si cependant l'affréteur, sans avoir rien chargé, rompt le voyage avant le départ, il paiera en indemnité, au capitaine, la moitié du fret convenu par la charte-partie pour la totalité du chargement qu'il devait faire. — Si le navire a reçu une partie de son chargement, et qu'il parte à non-charge, le fret entier sera dû au capitaine. Co. 252, 273, 291, 294, 349.

289. Le capitaine qui a déclaré le navire d'un plus grand port qu'il n'est, est tenu des dommages-intérêts envers l'affréteur. Co. 216, 221, 273. C. 1149, 1382. Pr. 126.

290. N'est réputé y avoir erreur en la déclaration du tonnage d'un navire, si l'erreur n'excède un quarantième, ou si la déclaration est conforme au certificat de jauge.

291. Si le navire est chargé à cueillette, soit au quintal, au tonneau ou à forfait, le chargeur peut retirer ses marchandises, avant le départ du navire, en payant le demi-fret. — Il supportera les frais de charge, ainsi que ceux de décharge et de rechargement des autres marchandises qu'il faudrait déplacer, et ceux du retardement. Co. 286, 288, 293.

292. Le capitaine peut faire mettre à terre, dans le lieu du chargement, les marchandises trouvées dans son navire, si elles ne lui ont point été déclarées, ou en prendre le fret au plus haut prix qui sera payé dans le même lieu pour les marchandises de même nature.

293. Le chargeur qui retire ses marchandises pendant le voyage, est tenu de payer le fret en entier et tous les frais de déplacement occasionnés par le déchargement : si les marchandises sont retirées pour cause des faits ou des fautes du capitaine, celui-ci est responsable de tous les frais. Co. 216, 221.

294. Si le navire est arrêté au départ, pendant la route, ou au lieu de sa décharge, par le fait de l'affréteur, les frais du retardement sont dus par l'affréteur. — Si, ayant été frété pour l'aller et le retour, le navire fait son retour sans chargement ou avec un chargement incomplet, le fret entier est dû au capitaine, ainsi que l'intérêt du retardement.

295. Le capitaine est tenu des dommages-intérêts envers l'affréteur, si, par son fait, le navire a été arrêté ou retardé au départ, pendant sa route, ou au lieu de sa décharge. — Ces dommages-intérêts sont réglés par des experts. Co. 216, 221, 414. C. 1149, 1382. Pr. 126.

296. Si le capitaine est contraint de faire radouber le navire pendant le voyage, l'affréteur est tenu d'attendre, ou de payer le fret en entier. — Dans le cas où le navire ne pourrait être radoubé, le capitaine est tenu d'en louer un autre. — Si le capitaine n'a pu louer un autre navire, le fret n'est dû qu'à proportion de ce que le voyage est avancé. Co. 237, 241, 391.

297. Le capitaine perd son fret, et répond des dommages-intérêts de l'affréteur, si celui-ci prouve que, lorsque le navire a fait voile, il était hors d'état de naviguer. — La preuve est admissible nonobstant et contre les certificats de visite au départ. Co. 216, 225. C. 1149, 1382. Pr. 126.

298. (*Ainsi modifié : L. 14 juin 1841.*) Le fret est dû pour les marchandises que le capitaine a été contraint de vendre pour subvenir aux victuailles, radoub et autres nécessités pressantes du navire, en tenant par lui compte de leur valeur, au prix que le reste, ou autre pareille marchandise de même qualité, sera vendu au lieu de la décharge, si le navire arrive à bon port. — Si le navire se perd le capitaine tiendra compte des marchandises sur le pied qu'il les aura vendues, en retenant également le fret porté aux connaissemens. Co. 234, 236, 246, 258. — Sauf, dans ces deux cas, le droit réservé aux propriétaires de navire par le paragraphe 2 de l'article 216. — Lorsque de l'exercice de ce droit résultera une perte pour ceux dont les marchandises auront été vendues ou mises en gage, elle sera répartie au marc le franc sur la valeur de ces marchandises et de toutes celles qui sont arrivées à leur destination ou qui ont été sauvées du naufrage postérieurement aux événemens de mer qui ont nécessité la vente ou la mise en gage. C. 216, 234, 236, 246, 258; *comparez* 401.

299. S'il arrive interdiction de commerce avec le pays pour lequel le navire est en route, et qu'il soit obligé de revenir avec son chargement, il n'est dû au capitaine que le fret de l'aller, quoique le vaisseau ait été affrété pour l'aller et le retour. Co. 253, 276. C. 1148.

300. Si le vaisseau est arrêté dans le cours de son voyage par l'ordre d'une puissance, — Il n'est dû aucun fret pour le temps de sa détention, si le navire est affrété au mois; ni augmentation de fret, s'il est loué au voyage. — La nourriture et les loyers de l'équipage pendant la détention du navire, sont réputés avaries. Co. 258 s., 275, 397 s.

301. Le capitaine est payé du fret des marchandises jetées à la mer pour le salut commun, à la charge de contribution. Co. 410 s.

302. Il n'est dû aucun fret pour les marchandises perdues par naufrage ou échouement, pillées par des pirates ou prises par les ennemis. — Le capitaine est tenu de restituer le fret qui lui aura été avancé, s'il n'y a convention contraire. Co. 246 s., 258 s. C. 1148.

303. Si le navire et les marchandises sont rachetés, ou si les marchandises sont sauvées du naufrage, le capitaine est payé du fret jusqu'au lieu de la prise ou du naufrage. — Il est payé du fret entier en contribuant au rachat, s'il conduit les marchandises au lieu de leur destination.

304. La contribution pour le rachat se fait sur le prix courant des marchandises au lieu de leur décharge, déduction faite des frais, et sur la moitié du navire et du fret. — Les loyers des matelots n'entrent point en contribution.

305. Si le consignataire refuse de recevoir les marchandises, le capitaine peut, par autorité de justice, en faire vendre pour le paiement de son fret, et faire ordonner le dépôt du surplus. — S'il y a insuffisance, il conserve son recours contre le chargeur. Co. 93, 106, 191 s., 306 s.

306. Le capitaine ne peut retenir les marchandises dans son navire, faute de paiement de son fret; — Il peut, dans le temps de la décharge, demander le dépôt en mains tierces jusqu'au paiement de son fret. C. 1961.

307. Le capitaine est préféré, pour son fret, sur les marchandises de son chargement, pendant quinzaine après leur délivrance, si elles n'ont passé en mains tierces. Co. 191 6°, 271, 286.

308. En cas de faillite des chargeurs ou réclamateurs avant l'expiration de la quinzaine, le capitaine est privilégié sur tous les créanciers pour le paiement de son fret et des avaries qui lui sont dues. Co. 93 s., 397 s., 546 s.

309. En aucun cas le chargeur ne peut demander de diminution sur le prix du fret.

310. Le chargeur ne peut abandonner pour le fret les marchandises diminuées de prix, ou détériorées par leur vice propre ou par cas fortuit. — Si toutefois des futailles contenant vin, huile, miel et autres liquides, ont tellement coulé qu'elles soient vides ou presque vides, lesdites futailles pourront être abandonnées pour le fret. Co. 216, 569 s. C. 1148.

TITRE IX.

DES CONTRATS A LA GROSSE.

311. Le contrat à la grosse est fait devant notaire, ou sous signature privée. (1) — Il énonce, — Le capital prêté et la somme convenue pour le profit maritime, — Les objets sur lesquels le prêt est affecté, — Les noms du navire et du capitaine, — Ceux du prêteur et de l'emprunteur; — Si le prêt a lieu pour un voyage, — Pour quel voyage, et pour quel temps; — L'époque du remboursement. Co. 191 9°, 315 s., 318, 320 s., 325 s., 329 s., 432, 633, C. 1317, 1322, 1964.

312. Tout prêteur à la grosse, en France, est tenu de faire enregistrer son contrat au greffe du tribunal de commerce, dans les dix jours de la date, à peine de perdre son privilége; Co. 191 s. — Et si le contrat est fait à l'étranger, il est soumis aux formalités prescrites à l'article 234.

313. Tout acte de prêt à la grosse peut être négocié par la voie de l'endossement, s'il est à ordre. — En ce cas, la négociation de cet acte a les mêmes effets et produit les mêmes actions en garantie que celle des autres effets de commerce. Co. 136 s., 140 s., 314.

314. La garantie de paiement ne s'étend pas au profit maritime, à moins que le contraire n'ait été expressément stipulé. Co. 318.

315. Les emprunts à la grosse peuvent être affectés, — Sur le corps et quille du navire, — Sur les agrès et apparaux, — Sur l'armement et les victuailles, — Sur le chargement, — Sur la totalité de ces objets conjointement, ou sur une partie déterminée de chacun d'eux. Co. 191 9°, 234.

316. Tout emprunt à la grosse, fait pour une somme excédant la valeur des objets sur lesquels il est affecté, peut être déclaré nul, à la demande du prêteur, s'il est prouvé qu'il y a fraude de la part de l'emprunteur. Co. 319, 336. C. 1116.

317. S'il n'y a fraude, le contrat est valable jusqu'à la concurrence de la valeur des effets affectés à l'em-

(1) *Droits d'enregistrement* : L. 22 frimaire an VII, art. 69, § 2.

prunt, d'après l'estimation qui en est faite ou convenue ; — Le surplus de la somme empruntée est remboursé avec intérêt au cours de la place.

318. Tous emprunts sur le fret à faire du navire et sur le profit espéré des marchandises, sont prohibés. — Le prêteur, dans ce cas, n'a droit qu'au remboursement du capital, sans aucun intérêt. Co. 314.

319. Nul prêt à la grosse ne peut être fait aux matelots ou gens de mer sur leurs loyers ou voyages. Co. 250 s.

320. Le navire, les agrès et les apparaux, l'armement et les victuailles, même le fret acquis, sont affectés par privilége au capital et intérêts de l'argent donné à la grosse sur le corps et quille du vaisseau. — Le chargement est également affecté au capital et intérêts de l'argent donné à la grosse sur le chargement. — Si l'emprunt a été fait sur un objet particulier du navire ou du chargement, le privilége n'a lieu que sur l'objet, et dans la proportion de la quotité affectée à l'emprunt. Co. 191 9°, 315.

321. Un emprunt à la grosse fait par le capitaine dans le lieu de la demeure des propriétaires du navire, sans leur autorisation authentique ou leur intervention dans l'acte, ne donne action et privilége que sur la portion que le capitaine peut avoir au navire et au fret. Co. 232, 236.

322. Sont affectées aux sommes empruntées, même dans le lieu de la demeure des intéressés, pour radoub et victuailles, les parts et portions des propriétaires qui n'auraient pas fourni leur contingent pour mettre le bâtiment en état, dans les vingt-quatre heures de la sommation qui leur en sera faite. Co. 233.

323. Les emprunts faits pour le dernier voyage du navire sont remboursés par préférence aux sommes prêtées pour un précédent voyage, quand même il serait déclaré qu'elles sont laissées par continuation ou renouvellement. — Les sommes empruntées pendant le voyage sont préférées à celles qui auraient été empruntées avant le départ du navire ; et s'il y a plusieurs emprunts faits pendant le même voyage, le dernier emprunt sera toujours préféré à celui qui l'aura précédé.

324. Le prêteur à la grosse sur marchandises chargées dans un navire désigné au contrat, ne supporte pas la perte des marchandises, même par fortune de mer, si elles ont été chargées sur un autre navire, à moins qu'il ne soit légalement constaté que ce chargement a eu lieu par force majeure. Co. 341. C. 1148.

325. Si les effets sur lesquels le prêt à la grosse a eu lieu, sont entièrement perdus, et que la perte soit arrivée par cas fortuit, dans le temps et dans le lieu des risques, la somme prêtée ne peut être réclamée.

326. Les déchets, diminutions et pertes qui arrivent par le vice propre de la chose, et les dommages causés par le fait de l'emprunteur, ne sont point à la charge du prêteur. Co. 103, 324 s.

327. En cas de naufrage, le paiement des sommes empruntées à la grosse est réduit à la valeur des effets sauvés et affectés au contrat, déduction faite des frais de sauvetage. Co. 258, 259, 302 s., 331, 386, 417.

328. Si le temps des risques n'est point déterminé par le contrat, il court, à l'égard du navire, des agrès, apparaux, armement et victuailles, du jour que le navire a fait voile, jusqu'au jour où il est ancré ou amarré au port ou lieu de sa destination. — A l'égard des marchandises, le temps des risques court du jour qu'elles ont été chargées dans le navire, ou dans les gabares pour les y porter, jusqu'au jour où elles sont délivrées à terre. Co. 341.

329. Celui qui emprunte à la grosse sur des marchandises, n'est point libéré par la perte du navire et du chargement, s'il ne justifie qu'il y avait, pour son compte, des effets jusqu'à la concurrence de la somme empruntée. Co. 316.

330. Les prêteurs à la grosse contribuent, à la décharge des emprunteurs, aux avaries communes. — Les avaries simples sont aussi à la charge des prêteurs, s'il n'y a convention contraire. Co. 397 s.

331. S'il y a contrat à la grosse et

assurance sur le même navire ou sur le même chargement, le produit des effets sauvés du naufrage est partagé entre le prêteur à la grosse, *pour son capital seulement*, et l'assureur, pour les sommes assurées, au marc le franc de leur intérêt respectif, sans préjudice des priviléges établis à l'article 191. Co. 327, 417.

TITRE X.

DES ASSURANCES.

SECTION I.

Du Contrat d'assurance, de sa forme et de son objet.

332. Le contrat d'assurance est rédigé par écrit. — Il est daté du jour auquel il est souscrit. — Il est énoncé si c'est avant ou après midi. — Il peut être fait sous signature privée. — Il ne peut contenir aucun blanc. — Il exprime, — Le nom et le domicile de celui qui fait assurer, sa qualité de propriétaire ou de commissionnaire, — Le nom et la désignation du navire, — Le nom du capitaine, — Le lieu où les marchandises ont été ou doivent être chargées, — Le port d'où ce navire a dû ou doit partir, — Les ports ou rades dans lesquels il doit charger ou décharger, — Ceux dans lesquels il doit entrer, — La nature et la valeur ou l'estimation des marchandises ou objets que l'on fait assurer, — Les temps auxquels les risques doivent commencer et finir, — La somme assurée, — La prime ou le coût de l'assurance, — La soumission des parties à des arbitres, en cas de contestation, si elle a été convenue, — Et généralement toutes les autres conditions dont les parties sont convenues. Co. 79, 81, 191 s., 334 s., 337 s., 341, 342, 347 s., 357 s., 361, 432, 434, 435 s., 633. C. 1317, 1322. (1)

333. La même police peut contenir plusieurs assurances, soit à raison des marchandises, soit à raison du taux de la prime, soit à raison de différens assureurs. Co. 335.

334. L'assurance peut avoir pour objet, — Le corps et quille du vaisseau, vide ou chargé, armé ou non armé, seul ou accompagné, — Les agrès et apparaux, — Les armemens, — Les victuailles, — Les sommes prêtées à la grosse, — Les marchandises du chargement, et toutes autres choses ou valeurs estimables à prix d'argent, sujettes aux risques de la navigation. Co. 342, 347, 355.

335. L'assurance peut être faite sur le tout ou sur une partie desdits objets, conjointement ou séparément. — Elle peut être faite en temps de paix ou en temps de guerre, avant ou pendant le voyage du vaisseau. — Elle peut être faite pour l'aller et le retour, ou seulement pour l'un des deux, pour le voyage entier ou pour un temps limité; — Pour tous voyages et transports par mer, rivières et canaux navigables. Co. 356, 358 s.

336. En cas de fraude dans l'estimation des effets assurés, en cas de supposition ou de falsification, l'assureur peut faire procéder à la vérification et estimation des objets, sans préjudice de toutes autres poursuites, soit civiles, soit criminelles. Co. 316, 348, 357 s., 380. C. 1116. P. 146 s., 405.

337. Les chargemens faits aux Echelles du Levant, aux côtes d'Afrique et autres parties du monde, pour l'Europe, peuvent être assurés, sur quelque navire qu'ils aient lieu, sans désignation du navire ni du capitaine. — Les marchandises elles-mêmes peuvent, en ce cas, être assurées sans désignation de leur nature et espèce. — Mais la police doit indiquer celui à qui l'expédition est faite ou doit être consignée, s'il n'y a convention contraire dans la police d'assurance. Co. 332.

338. Tout effet dont le prix est stipulé dans le contrat en monnaie étrangère, est évalué au prix que la monnaie stipulée vaut en monnaie de France, suivant le cours à l'époque de la signature de la police. Co. 72, 143.

339. Si la valeur des marchandises n'est point fixée par le contrat, elle

(1) *Droits d'enregistrement* : L. 22 frimaire an VII, *art.* 69, § 2; L. 28 avril 1816, *art.* 51; L. 16 juin 1824, *art.* 5.

peut être justifiée par les factures ou par les livres : à défaut, l'estimation en est faite suivant le prix courant au temps et au lieu du chargement, y compris tous les droits payés et les frais faits jusqu'à bord. Co. 109. C. 1353.

340. Si l'assurance est faite sur le retour d'un pays où le commerce ne se fait que par troc, et que l'estimation des marchandises ne soit pas faite par la police, elle sera réglée sur le pied de la valeur de celles qui ont été données en échange, en y joignant les frais de transport. C. 1350, 1352, 1353.

341. Si le contrat d'assurance ne règle point le temps des risques, les risques commencent et finissent dans le temps réglé par l'article 328 pour les contrats à la grosse.

342. L'assureur peut faire réassurer par d'autres les effets qu'il a assurés. — L'assuré peut faire assurer le coût de l'assurance. — La prime de réassurance peut être moindre ou plus forte que celle de l'assurance. Co. 334, 347, 357.

343. L'augmentation de prime qui aura été stipulée en temps de paix pour le temps de guerre qui pourrait survenir, et dont la quotité n'aura pas été déterminée par les contrats d'assurance, est réglée par les tribunaux, en ayant égard aux risques, aux circonstances et aux stipulations de chaque police d'assurance.

344. En cas de perte des marchandises assurées et chargées pour le compte du capitaine sur le vaisseau qu'il commande, le capitaine est tenu de justifier aux assureurs l'achat des marchandises, et d'en fournir un connaissement signé par deux des principaux de l'équipage. Co. 222, 281 s.

345. Tout homme de l'équipage et tout passager qui apportent des pays étrangers des marchandises assurées en France, sont tenus d'en laisser un connaissement dans les lieux où le chargement s'effectue, entre les mains du consul de France, et, à défaut, entre les mains d'un Français notable négociant, ou du magistrat du lieu. O. 29 *octobre* 1833, *art.* 47.

346. Si l'assureur tombe en faillite lorsque le risque n'est pas encore fini, l'assuré peut demander caution, ou la résiliation du contrat. — L'assureur a le même droit en cas de faillite de l'assuré. Co. *faillite*, 437 s. C. *caution*, 2040 s.

347. Le contrat d'assurance est nul s'il a pour objet, — Le fret des marchandises existant à bord du navire, — Le profit espéré des marchandises, — Les loyers des gens de mer, — Les sommes empruntées à la grosse, — Les profits maritimes des sommes prêtées à la grosse. Co. 318, 329, 334 365.

348. Toute réticence, toute fausse déclaration de la part de l'assuré, toute différence entre le contrat d'assurance et le connaissement, qui diminueraient l'opinion du risque ou en changeraient le sujet, annulent l'assurance. — L'assurance est nulle, même dans le cas où la réticence, la fausse déclaration ou la différence, n'auraient pas influé sur le dommage ou la perte de l'objet assuré. Co. 357 s., 365 s., 380.

SECTION II.

Des Obligations de l'Assureur et de l'Assuré.

349. Si le voyage est rompu avant le départ du vaisseau, même par le fait de l'assuré, l'assurance est annulée ; l'assureur reçoit, à titre d'indemnité, demi pour cent de la somme assurée. Co. 352, 288 s., 633.

350. Sont aux risques des assureurs, toutes pertes et dommages qui arrivent aux objets assurés, par tempête, naufrage, échouement, abordage fortuit, changemens forcés de route, de voyage ou de vaisseau, par jet, feu, prise, pillage, arrêt par ordre de puissance, déclaration de guerre, représailles, et généralement par toutes les autres fortunes de mer. Co. 351 s., 355 s., 407, 435 s. O. 29 *octobre* 1833, *art.* 29.

351. Tout changement de route, de voyage ou de vaisseau, et toutes pertes et dommages provenant du fait de l'assuré, ne sont point à la charge de l'assureur ; et même la prime lui est acquise, s'il a commencé à courir les risques. Co. 361, 364, 391 s.

352. Les déchets, diminutions et pertes qui arrivent par le vice propre de la chose, et les dommages causés par le fait et faute des propriétaires, affréteurs ou chargeurs, ne sont point à la charge des assureurs.

353. L'assureur n'est point tenu des prévarications et fautes du capitaine et de l'équipage, connues sous le nom de *baraterie de patron*, s'il n'y a convention contraire. Co. 216, 221 s. L. 10 avril 1825. *App.*

354. L'assureur n'est point tenu du pilotage, touage et lamanage, ni d'aucune espèce de droits imposés sur le navire et les marchandises. *Déc.* 12 *décembre* 1806, *sur le pilotage.*

355. Il sera fait désignation dans la police, des marchandises sujettes, par leur nature, à détérioration particulière ou diminution, comme blés ou sels, ou marchandises susceptibles de coulage; sinon les assureurs ne répondront point des dommages ou pertes qui pourraient arriver à ces mêmes denrées, si ce n'est toutefois que l'assuré eût ignoré la nature du chargement lors de la signature de la police. Co. 332.

356. Si l'assurance a pour objet des marchandises pour l'aller et le retour, et si, le vaisseau étant parvenu à sa première destination, il ne se fait point de chargement en retour, ou si le chargement en retour n'est pas complet, l'assureur reçoit seulement les deux tiers proportionnels de la prime convenue, s'il n'y a stipulation contraire.

357. Un contrat d'assurance ou de réassurance consenti pour une somme excédant la valeur des effets chargés, est nul à l'égard de l'assuré seulement, s'il est prouvé qu'il y a dol ou fraude de sa part. Co. 336, 359, 380. C. 1116.

358. S'il n'y a ni dol ni fraude, le contrat est valable jusqu'à concurrence de la valeur des effets chargés, d'après l'estimation qui en est faite ou convenue. — En cas de pertes, les assureurs sont tenus d'y contribuer chacun à proportion des sommes par eux assurées. — Ils ne reçoivent pas la prime de cet excédant de valeur, mais seulement l'indemnité de demi pour cent. Co. 359, 360, 401.

359. S'il existe plusieurs contrats d'assurance faits sans fraude sur le même chargement, et que le premier contrat assure l'entière valeur des effets chargés, il subsistera seul. — Les assureurs qui ont signé les contrats subséquens, sont libérés; ils ne reçoivent que demi pour cent de la somme assurée. — Si l'entière valeur des effets chargés n'est pas assurée par le premier contrat, les assureurs qui ont signé les contrats subséquens répondent de l'excédant en suivant l'ordre de la date des contrats. Co. 335, 357 s.

360. S'il y a des effets chargés pour le montant des sommes assurées, en cas de perte d'une partie, elle sera payée par tous les assureurs de ces effets, au marc le franc de leur intérêt. Co. 358, 401.

361 Si l'assurance a lieu divisément pour des marchandises qui doivent être chargées sur plusieurs vaisseaux désignés, avec énonciation de la somme assurée sur chacun, et si le chargement entier est mis sur un seul vaisseau, ou sur un moindre nombre qu'il n'en est désigné dans le contrat, l'assureur n'est tenu que de la somme qu'il a assurée sur le vaisseau ou sur les vaisseaux qui ont reçu le chargement, nonobstant la perte de tous les vaisseaux désignés; et il recevra néanmoins demi pour cent des sommes dont les assurances se trouvent annulées. Co. 351 s., 392.

362. Si le capitaine a la liberté d'entrer dans différens ports pour compléter ou échanger son chargement, l'assureur ne court les risques des effets assurés que lorsqu'ils sont à bord, s'il n'y a convention contraire.

363. Si l'assurance est faite pour un temps limité, l'assureur est libre après l'expiration du temps, et l'assuré peut faire assurer les nouveaux risques.

364. L'assureur est déchargé des risques, et la prime lui est acquise, si l'assuré envoie le vaisseau en un lieu plus éloigné que celui qui est désigné par le contrat, quoique sur la même route. — L'assurance a son entier effet, si le voyage est raccourci. Co. 351 s., 361, 391 s.

365. Toute assurance faite après la perte ou l'arrivée des objets assurés est nulle, s'il y a présomption qu'avant la signature du contrat l'assuré a pu être informé de la perte, ou l'assureur de l'arrivée des objets assurés. Co. 348, 366, 368.

366. La présomption existe si, en comptant trois quarts de myriamètre (une lieue et demie) par heure, sans préjudice des autres preuves, il est établi que de l'endroit de l'arrivée ou de la perte du vaisseau, ou du lieu où la première nouvelle en est arrivée, elle a pu être portée dans le lieu où le contrat d'assurance a été passé, avant la signature du contrat. C. 1350, 1352.

367. Si cependant l'assurance est faite sur bonnes ou mauvaises nouvelles, la présomption mentionnée dans les articles précédens n'est point admise. — Le contrat n'est annulé que sur la preuve que l'assuré savait la perte, ou l'assureur l'arrivée du navire, avant la signature du contrat. Co. 368.

368. En cas de preuve contre l'assuré, celui-ci paie à l'assureur une double prime. — En cas de preuve contre l'assureur, celui-ci paie à l'assuré une somme double de la prime convenue. — Celui d'entre eux contre qui la preuve est faite est poursuivi correctionnellement. Co. 109. C. 1348. P. 405.

SECTION III.

Du Délaissement. (1)

369. Le délaissement des objets assurés peut être fait, — En cas de prise, — De naufrage, — D'échouement avec bris, — D'innavigabilité par fortune de mer, — En cas d'arrêt d'une puissance étrangère, — En cas de perte ou détérioration des effets assurés, si la détérioration ou la perte va au moins à trois quarts. — Il peut être fait, en cas d'arrêt de la part du gouvernement, après le voyage commencé. Co. 216, 372 s., 381, 387, 389, 395.

370. Il ne peut être fait avant le voyage commencé. Co. 297, 389 s.

371. Tous autres dommages sont réputés avaries, et se règlent, entre les assureurs et les assurés, à raison de leurs intérêts. Co. 397 s., 401 s., 409, 435, 436.

372. Le délaissement des objets assurés ne peut être partiel ni conditionnel. — Il ne s'étend qu'aux effets qui sont l'objet de l'assurance et du risque. Co. 332, 350.

373. Le délaissement doit être fait aux assureurs dans le terme de six mois, à partir du jour de la réception de la nouvelle de la perte arrivée aux ports ou côtes de l'Europe, ou sur celles d'Asie et d'Afrique, dans la Méditerranée, ou bien, en cas de prise, de la réception de celle de la conduite du navire dans l'un des ports ou lieux situés aux côtes ci-dessus mentionnées; — Dans le délai d'un an après la réception de la nouvelle, ou de la perte arrivée ou de la prise conduite aux colonies des Indes occidentales, aux îles Açores, Canaries, Madère et autres îles et côtes occidentales d'Afrique et orientales d'Amérique; — Dans le délai de deux ans après la nouvelle des pertes arrivées ou des prises conduites dans toutes les autres parties du monde. — Et, ces délais passés, les assurés ne seront plus recevables à faire le délaissement. Co. 375, 379 s., 382 s., 385 s., 431.

374. Dans le cas où le délaissement peut être fait, et dans le cas de tous autres accidens aux risques des assureurs, l'assuré est tenu de signifier à l'assureur les avis qu'il a reçus. — La signification doit être faite dans les trois jours de la réception de l'avis. Co. 378, 384, 387, 390. Pr. 1033.

375. Si, après un an expiré, à compter du jour du départ du navire, ou du jour auquel se rapportent les dernières nouvelles reçues, pour les voyages ordinaires, — Après deux ans pour les voyages de long cours, — L'assuré déclare n'avoir reçu aucune nouvelle de son navire, il peut

(1) *Droits d'enregistrement* : *L.* 22 frimaire an VII, *art.* 69, § 2; *L.* 28 avril 1816, *art.* 51.

faire le délaissement à l'assureur, et demander le paiement de l'assurance, sans qu'il soit besoin d'attestation de la perte. — Après l'expiration de l'an ou des deux ans, l'assuré a, pour agir, les délais établis par l'art. 373. Co. 377.

376. Dans le cas d'une assurance pour temps limité, après l'expiration des délais établis, comme ci-dessus, pour les voyages ordinaires et pour ceux de long cours, la perte du navire est présumée arrivée dans le temps de l'assurance. C. 1350, 1352.

377. Sont réputés voyages de long cours ceux qui se font aux Indes orientales et occidentales, à la mer Pacifique, au Canada, à Terre-Neuve, au Groënland, et aux autres côtes et îles de l'Amérique méridionale et septentrionale, aux Açores, Canaries, à Madère; et dans toutes les côtes et pays situés sur l'Océan au-delà des détroits de Gibraltar et du Sund.

378. L'assuré peut, par la signification mentionnée en l'article 374, ou faire le délaissement avec sommation à l'assureur de payer la somme assurée dans le délai fixé par le contrat, ou se réserver de faire le délaissement dans les délais fixés par la loi.

379. L'assuré est tenu, en faisant le délaissement, de déclarer toutes les assurances qu'il a faites ou fait faire, même celles qu'il a ordonnées, et l'argent qu'il a pris à la grosse, soit sur le navire, soit sur les marchandises; faute de quoi, le délai du paiement, qui doit commencer à courir du jour du délaissement, sera suspendu jusqu'au jour où il fera notifier ladite déclaration, sans qu'il en résulte aucune prorogation du délai établi pour former l'action en délaissement. Co. 359.

380. En cas de déclaration frauduleuse, l'assuré est privé des effets de l'assurance; il est tenu de payer les sommes empruntées, nonobstant la perte ou la prise du navire. Co. 336, 348, 357 s., C. 1116, 1268.

381. En cas de naufrage ou d'échouement avec bris, l'assuré doit, sans préjudice du délaissement à faire en temps et lieu, travailler au recouvrement des effets naufragés. — Sur son affirmation, les frais de recouvrement lui sont alloués jusqu'à concurrence de la valeur des effets recouvrés. Co. 261, 593, C. 2102 3°. O. 29 *octobre* 1833, *art.* 55 s.

382. Si l'époque du paiement n'est point fixée par le contrat, l'assureur est tenu de payer l'assurance trois mois après la signification du délaissement. Co. 373.

383. Les actes justificatifs du chargement et de la perte sont signifiés à l'assureur avant qu'il puisse être poursuivi pour le paiement des sommes assurées. Co. 222, 246 s., 281, 384 s.

384. L'assureur est admis à la preuve des faits contraires à ceux qui sont consignés dans les attestations. Pr. 256. — L'admission à la preuve ne suspend pas les condamnations de l'assureur au paiement provisoire de la somme assurée, à la charge par l'assuré de donner caution. C. 2040 s. — L'engagement de la caution est éteint après quatre années révolues, s'il n'y a pas eu de poursuite. C. 2244, 2264.

385. Le délaissement signifié et accepté ou jugé valable, les effets assurés appartiennent à l'assureur, à partir de l'époque du délaissement. — L'assureur ne peut, sous prétexte du retour du navire, se dispenser de payer la somme assurée.

386. Le fret des marchandises sauvées, quand même il aurait été payé d'avance, fait partie du délaissement du navire, et appartient également à l'assureur, sans préjudice des droits des prêteurs à la grosse, de ceux des matelots pour leur loyer, et des frais et dépenses pendant le voyage. Co. 191, 271, 286 s., 320, 327.

387. En cas d'arrêt de la part d'une puissance, l'assuré est tenu de faire la signification à l'assureur, dans les trois jours de la réception de la nouvelle. — Le délaissement des objets arrêtés ne peut être fait qu'après un délai de six mois de la signification, si l'arrêt a eu lieu dans les mers d'Europe, dans la Méditerranée, ou dans la Baltique; — Qu'après le délai d'un an, si l'arrêt a eu lieu en pays plus éloigné. — Ces délais ne courent que du jour de la signification de l'arrêt,

— Dans le cas où les marchandises arrêtées seraient périssables, les délais ci-dessus mentionnés sont réduits à un mois et demi pour le premier cas, et à trois mois pour le second cas. Co. 373, 374. Pr. 1033.

388. Pendant les délais portés par l'article précédent, les assurés sont tenus de faire toutes diligences qui peuvent dépendre d'eux, à l'effet d'obtenir la main-levée des effets arrêtés. — Pourront, de leur côté, les assureurs, ou de concert avec les assurés, ou séparément, faire toutes démarches à même fin.

389. Le délaissement à titre d'innavigabilité ne peut être fait, si le navire échoué peut être relevé, réparé, et mis en état de continuer sa route pour le lieu de sa destination. — Dans ce cas, l'assuré conserve son recours sur les assureurs, pour les frais et avaries occasionnés par l'échouement. Co. 369, 370, 400.

390. Si le navire a été déclaré innavigable, l'assuré sur le chargement est tenu d'en faire la notification dans le délai de trois jours de la réception de la nouvelle. Co. 374, 387.

391. Le capitaine est tenu, dans ce cas, de faire toutes diligences pour se procurer un autre navire à l'effet de transporter les marchandises au lieu de leur destination. Co. 237 s., 241, 296.

392. L'assureur court les risques des marchandises chargées sur un autre navire, dans le cas prévu par l'article précédent, jusqu'à leur arrivée et leur déchargement. Co. 351, 361.

393. L'assureur est tenu, en outre, des avaries, frais de déchargement, magasinage, rembarquement, de l'excédant du fret, et de tous autres frais qui auront été faits pour sauver les marchandises, jusqu'à concurrence de la somme assurée. Co. 371, 381, 397. C. 2102 3°.

394. Si, dans les délais prescrits par l'art. 387, le capitaine n'a pu trouver de navire pour recharger les marchandises et les conduire au lieu de leur destination, l'assuré peut en faire le délaissement. Co. 391.

395. En cas de prise, si l'assuré n'a pu en donner avis à l'assureur, il peut racheter les effets sans attendre son ordre. — L'assuré est tenu de signifier à l'assureur la composition qu'il aura faite, aussitôt qu'il en aura les moyens. Co. 369, 396, 400.

396. L'assureur a le choix de prendre la composition à son compte, ou d'y renoncer : il est tenu de notifier son choix à l'assuré, dans les vingt-quatre heures qui suivent la signification de la composition. — S'il déclare prendre la composition à son profit, il est tenu de contribuer, sans délai, au paiement du rachat dans les termes de la convention, et à proportion de son intérêt ; et il continue de courir les risques du voyage, conformément au contrat d'assurance. — S'il déclare renoncer au profit de la composition, il est tenu au paiement de la somme assurée, sans pouvoir rien prétendre aux effets rachetés. — Lorsque l'assureur n'a pas notifié son choix dans le délai susdit, il est censé avoir renoncé au profit de la composition. C. 1350, 1352.

TITRE XI.

DES AVARIES.

397. Toutes dépenses extraordinaires faites pour le navire et les marchandises conjointement ou séparément, — Tout dommage qui arrive au navire et aux marchandises, depuis leur chargement et départ jusqu'à leur retour et déchargement, — sont réputés avaries. Co. 308, 330, 371, 393, 400, 403, 435 s.

398. A défaut de conventions spéciales entre toutes les parties, les avaries sont réglées conformément aux dispositions ci-après.

399. Les avaries sont de deux classes, avaries grosses ou communes, et avaries simples ou particulières.

400. Sont avaries communes, — 1° Les choses données par composition et à titre de rachat du navire et des marchandises ; Co. 395 s. — 2° Celles qui sont jetées à la mer ; Co. 410 s. — 3° Les câbles ou mâts rompus ou coupés ; Co. 389. — 4° Les ancres et autres effets abandonnés pour le salut commun ; Co. 410 s. — 5° Les dommages occasionnés par le let aux marchandises restées dans le navire; Co. 410 s., 426. — 6° Les pansement et nourriture des matelots blessés en défendant le navire, les loyer et nourriture des matelots pendant la détention, quand le navire est arrêté en voyage par ordre d'une puissance, et pendant les réparations des dommages volontairement soufferts pour le salut commun, si le navire est affrété au mois; Co. 262 s., 300. — 7° Les frais du déchargement pour alléger le navire et entrer dans un havre ou dans une rivière, quand le navire est contraint de le faire par tempête ou par la poursuite de l'ennemi; Co. 410 s., 427. — 8° Les frais faits pour remettre à flot le navire échoué dans l'intention d'éviter la perte totale ou la prise; C. 2102 3°. — Et en général, les dommages soufferts volontairement et les dépenses faites d'après délibérations motivées, pour le bien et salut commun du navire et des marchandises, depuis leur chargement et départ jusqu'à leur retour et déchargement. Co. 234, 408.

401. Les avaries communes sont supportées par les marchandises et par la moitié du navire et du fret, au marc le franc de la valeur. Co. 308, 330, 358, 360, 371, 404 s. O. 29 *octobre* 1833, *art.* 28 s.

402. Le prix des marchandises est établi par leur valeur au lieu du déchargement. Co. 72, 414, 417.

403. Sont avaries particulières, — 1° Le dommage arrivé aux marchandises par leur vice propre, par tempête, prise, naufrage ou échouement; — 2° Les frais faits pour les sauver; — 3° La perte des câbles, ancres, voiles, mâts, cordages, causée par tempête ou autre accident de mer; — Les dépenses résultant de toutes relâches occasionnées par la perte fortuite de ces objets, soit par le besoin d'avitaillement, soit par voie d'eau à réparer; — 4° La nourriture et le loyer des matelots pendant la détention, quand le navire est arrêté en voyage par ordre d'une puissance, et pendant les réparations qu'on est obligé d'y faire, si le navire est affrété au voyage; — 5° La nourriture et le loyer des matelots pendant la quarantaine, que le navire soit loué au voyage ou au mois; — Et en général, les dépenses faites et le dommage souffert pour le navire seul, ou pour les marchandises seules, depuis leur chargement et départ jusqu'à leur retour et déchargement. Co. 330, 408. C. 1148, 1302 s., 2102 3°.

404. Les avaries particulières sont supportées et payées par le propriétaire de la chose qui a essuyé le dommage ou occasionné la dépense. Co. 401.

405. Les dommages arrivés aux marchandises, faute par le capitaine d'avoir bien fermé les écoutilles, amarré le navire, fourni de bons guindages, et pour tous autres accidens provenant de la négligence du capitaine ou de l'équipage, sont également des avaries particulières supportées par le propriétaire des marchandises, mais pour lesquelles il a son recours contre le capitaine, le navire et le fret. Co. 216, 221, 407, 435 s. C. 1382 s.

406. Les lamanages, touages, pilotages, pour entrer dans les havres ou rivières, ou pour en sortir, les droits de congés, visites, rapports, tonnes, balises, ancrages et autres droits de navigation, ne sont point avaries; mais ils sont de simples frais à la charge du navire.

407. En cas d'abordage de navires, si l'événement a été purement fortuit, le dommage est supporté, sans répétition, par celui des navires qui l'a éprouvé. — Si l'abordage a été fait par la faute de l'un des capitaines, le dommage est payé par celui qui l'a causé. — S'il y a doute dans les causes de l'abordage, le dommage est réparé à frais communs, et par égale portion, par les navires qui l'ont fait et souffert. — Dans ces deux derniers cas, l'estimation du dommage est faite par experts. Co. 216, 221, 350, 435 s. C. 1148, 1149, 1382 s.

408. Une demande pour avaries n'est point recevable, si l'avarie commune n'excède pas un pour cent de la valeur cumulée du navire et des marchandises, et si l'avarie particulière n'excède pas aussi un pour cent de la valeur de la chose endommagée.

409. La clause *franc d'avaries* affranchit les assureurs de toutes avaries, soit communes, soit particulières, excepté dans les cas qui donnent ouverture au délaissement; et, dans ces cas, les assurés ont l'option entre le délaissement et l'exercice d'action d'avarie. Co. 369, 371.

TITRE XII.

DU JET ET DE LA CONTRIBUTION.

410. Si, par tempête ou par la chasse de l'ennemi, le capitaine se croit obligé, pour le salut du navire, de jeter en mer une partie de son chargement, de couper ses mâts ou d'abandonner ses ancres, il prend l'avis des intéressés au chargement qui se trouvent dans le vaisseau, et des principaux de l'équipage. — S'il y a diversité d'avis, celui du capitaine et des principaux de l'équipage est suivi. Co. 241. L. 10 *avril* 1825, *art.* 15.

411. Les choses les moins nécessaires, les plus pesantes et de moindre prix, sont jetées les premières, et ensuite les marchandises du premier pont au choix du capitaine, et par l'avis des principaux de l'équipage.

412. Le capitaine est tenu de rédiger par écrit la délibération, aussitôt qu'il en a les moyens. — La délibération exprime—Les motifs qui ont déterminé le jet, — Les objets jetés ou endommagés. — Elle présente la signature des délibérans, ou les motifs de leur refus de signer. — Elle est transcrite sur le registre. Co. 224, 242, 246 s.

413. Au premier port où le navire abordera, le capitaine est tenu, dans les vingt-quatre heures de son arrivée, d'affirmer les faits contenus dans la délibération transcrite sur le registre. Co. 246 s.

414. L'état des pertes et dommages est fait dans le lieu du déchargement du navire, à la diligence du capitaine et par experts. — Les experts sont nommés par le tribunal de commerce, si le déchargement se fait dans un port français. — Dans les lieux où il n'y a pas de tribunal de commerce, les experts sont nommés par le juge de paix. — Ils sont nommés par le consul de France, et, à son défaut, par le magistrat du lieu, si la décharge se fait dans un port étranger. — Les experts prêtent serment avant d'opérer.

415. Les marchandises jetées sont estimées suivant le prix courant du lieu du déchargement; leur qualité est constatée par la production des connaissemens, et des factures s'il y en a. Co. 109.

416. Les experts nommés en vertu de l'article précédent font la répartition des pertes et dommages. — La répartition est rendue exécutoire par l'homologation du tribunal. — Dans les ports étrangers, la répartition est rendue exécutoire par le consul de France, ou, à son défaut, par tout tribunal compétent sur les lieux.

417. La répartition pour le paiement des pertes et dommages est faite sur les effets jetés et sauvés, et sur moitié du navire et du fret, à proportion de leur valeur au lieu du déchargement. Co. 327, 331, 419 s., 423, 427.

418. Si la qualité des marchandises a été déguisée par le connaissement, et qu'elles se trouvent d'une plus grande valeur, elles contribuent sur le pied de leur estimation, si elles sont sauvées; —Elles sont payées d'après la qualité désignée par le connaissement, si elles sont perdues. — Si les marchandises déclarées sont d'une qualité inférieure à celle qui est indiquée par le connaissement, elles contribuent d'après la qualité indiquée par le connaissement, si elles sont sauvées; — elles sont payées sur le pied de leur valeur, si elles sont jetées ou endommagées.

419. Les munitions de guerre et de bouche, et les hardes des gens de l'équipage, ne contribuent point au jet; la valeur de celles qui auront été jetées sera payée par contribution sur tous les autres effets.

420. Les effets dont il n'y a pas de connaissement ou déclaration du capitaine ne sont pas payés s'ils sont jetés; ils contribuent s'ils sont sauvés. Co. 222, 281, 418, 421.

421. Les effets chargés sur le tillac du navire contribuent s'ils sont sauvés. — S'ils sont jetés, ou endommagés par le jet, le propriétaire n'est point admis à former une demande en contribution : il ne peut exercer son recours que contre le capitaine. Co. 229.

422. Il n'y a lieu à contribution pour raison du dommage arrivé au navire, que dans le cas où le dommage a été fait pour faciliter le jet. Co. 426.

423. Si le jet ne sauve le navire, il n'y a lieu à aucune contribution. — Les marchandises sauvées ne sont point tenues du paiement ni du dédommagement de celles qui ont été jetées ou endommagées. Co. 427.

424. Si le jet sauve le navire, et si le navire, en continuant sa route vient à se perdre, les effets sauvés contribuent au jet sur le pied de leur valeur en l'état où ils se trouvent, déduction faite des frais de sauvetage. C. 2102, 3°. O. 29 *octobre* 1833, *art.* 70 s.

425. Les effets jetés ne contribuent en aucun cas au paiement des dommages arrivés depuis le jet aux marchandises sauvées. — Les marchandises ne contribuent point au paiement du navire perdu, ou réduit à l'état d'innavigabilité.

426. Si, en vertu d'une délibération, le navire a été ouvert pour en extraire les marchandises, elles contribuent à la réparation du dommage causé au navire. Co. 241, 422.

427. En cas de perte des marchandises mises dans des barques pour alléger le navire entrant dans un port ou une rivière, la répartition en est faite sur le navire et son chargement en entier. — Si le navire périt avec le reste de son chargement, il n'est fait aucune répartition sur les marchandises mises dans les alléges, quoiqu'elles arrivent à bon port. Co. 423.

428. Dans tous les cas ci-dessus exprimés, le capitaine et l'équipage sont privilégiés sur les marchandises ou le prix en provenant, pour le montant de la contribution. Co. 259, 271, 272, 307.

429. Si, depuis la répartition, les effets jetés sont recouvrés par les propriétaires, ils sont tenus de rapporter au capitaine et aux intéressés ce qu'ils ont reçu dans la contribution, déduction faite des dommages causés par le jet et des frais de recouvrement.

TITRE XIII.

DES PRESCRIPTIONS.

430. Le capitaine ne peut acquérir la propriété du navire par voie de prescription. C. 2236, 2238.

431. L'action en délaissement est prescrite dans les délais exprimés par l'article 373.

432. Toute action dérivant d'un contrat à la grosse, ou d'une police d'assurance, est prescrite après cinq ans, à compter de la date du contrat. Co. 311 s., 332 s., 434. Co. 1317, 1322.

433. Sont prescrites, — Toutes actions en paiement pour fret de navire, gages et loyers des officiers, matelots et autres gens de l'équipage, un an après le voyage fini ; — Pour nourriture fournie aux matelots par l'ordre du capitaine, un an après la livraison ; — Pour fournitures de bois et autres choses nécessaires aux constructions, équipement et avitaillement du navire, un an après ces fournitures faites ; — Pour salaires d'ouvriers, et pour ouvrages faits, un an après la réception des ouvrages ; — Toute demande en délivrance de marchandises, un an après l'arrivée du navire. Co. 250 s., 272, 286, 434. C. 2275.

434. La prescription ne peut avoir lieu, s'il y a cédule, obligation, arrêté de compte ou interpellation judiciaire. C. 2244.

TITRE XIV.

FINS DE NON-RECEVOIR.

435. Sont non-recevables, — Toutes actions contre le capitaine et les assureurs, pour dommage arrivé à la marchandise, si elle a été reçue sans protestation ; — Toutes actions contre l'affréteur, pour avaries, si le capitaine a livré les marchandises et reçu son fret sans avoir protesté ; — Toutes actions en indemnité pour dommages causés par l'abordage dans un lieu où le capitaine a pu agir; s'il n'y point fait de réclamation. Co. 221 s., 352 s., 401-404, 407, 436.

436. Ces protestations et réclamations sont nulles, si elles ne sont faites et signifiées dans les vingt-quatre heures, et si, dans le mois de leur date, elles ne sont suivies d'une demande en justice. Co. 2033.

LIVRE III.

DES FAILLITES ET DES BANQUEROUTES. (1)

(Loi sanctionnée le 28 mai 1838, promulguée le 8 juin.)

TITRE PREMIER.

DE LA FAILLITE.

Dispositions générales.

437. Tout commerçant qui cesse ses paiemens est en état de faillite. Co. 438, 440, 443 s.; *compétence*, 635; *banq. simple*, 585, 586; *banq. fraud.*, 591 s. — La faillite d'un commerçant peut être déclarée après son décès, lorsqu'il est mort en état de cessation de paiemens. Co. 478, 481; *réhabilit.*, 614. — La déclaration de la faillite ne pourra être, soit prononcée d'office, soit demandée par les créanciers, que dans l'année qui suivra le décès.

CHAPITRE Ier.

DE LA DÉCLARATION DE FAILLITE ET DE SES EFFETS.

438. (2) Tout failli sera tenu, dans les trois jours de la cessation de ses paiemens, d'en faire la déclaration au greffe du tribunal de commerce de son domicile. Le jour de la cessation de paiemens sera compris dans les trois jours. Co. 456, 586. — En cas de faillite d'une société en nom collectif, la déclaration contiendra le nom et l'indication du domicile de chacun des associés solidaires. Elle sera faite au greffe du tribunal dans le ressort duquel se trouve le siége du principal établissement de la société. Co. 20, 21; *scellés*, 458; *concordat*, 531; *banquer. simple*, 586; *réhabilit.*, 604.

439. La déclaration du failli devra être accompagnée du dépôt du bilan, ou contenir l'indication des motifs qui empêcheraient le failli de le déposer. Le bilan contiendra l'énumération et l'évaluation de tous les biens mobiliers et immobiliers du débiteur, l'état des dettes actives et passives, le tableau des profits et pertes, le tableau des dépenses; il devra être certifié véritable, daté et signé par le débiteur. Co. 456; *bilan*, 476 s., 522; *banquer. simple*, 586, 591.

440. La faillite est déclarée par jugement du tribunal de commerce, rendu soit sur la déclaration du failli, soit à la requête d'un ou de plusieurs créanciers, soit d'office. Ce jugement sera exécutoire provisoirement. Co. 437, 438, 441, 451, 455, 462, 580. Pr. 135.

441. Par le jugement déclaratif de la faillite, ou par jugement ul-

(1) *Loi* 28 mai-8 juin 1838 sur *les Faillites et Banqueroutes*. — Le livre III du Code de commerce, sur les faillites et banqueroutes, ainsi que les articles 69 et 635 du même Code, seront remplacés par les dispositions suivantes. — Néanmoins les faillites déclarées antérieurement à la promulgation de la présente loi continueront à être régies par les anciennes dispositions du Code de commerce, sauf en ce qui concerne la réhabilitation et l'application des articles 527 et 528.

(2) *Droits d'enregistrement* : L. 22 frimaire an VII, art. 68, § 1er; Dépôt de bilan, L. 22 frimaire an VII, art. 68, § 2; L. 28 avril 1816, art. 44.

térieur rendu sur le rapport du juge-commissaire, le tribunal déterminera, soit d'office, soit sur la poursuite de toute partie intéressée, l'époque à laquelle a eu lieu la cessation de paiemens. A défaut de détermination spéciale, la cessation de paiemens sera réputée avoir eu lieu à partir du jugement déclaratif de la faillite. Co. 446 s.; *juge-commiss.*, 451; *opposit.*, 580; *faill. après décès*, 437; *banquer.*, 585 4°, 586 4°.

442. Les jugemens rendus en vertu des deux articles précédens seront affichés et insérés par extrait dans les journaux, tant du lieu où la faillite aura été déclarée que de tous les lieux où le failli aura des établissemens commerciaux, suivant le mode établi par l'art. 42 du présent Code. Co. 600; *avances*, 461; *réhabilit.*, 607.

443. Le jugement déclaratif de la faillite emporte de plein droit à partir de sa date, dessaisissement pour le failli de l'administration de tous ses biens, même de ceux qui peuvent lui échoir tant qu'il est en état de faillite. *Constit.* 22 *frimaire an* VIII, art. 5. Co. *annulat.*, 476 s.; *failli*, 474, 487, 494, 528, 552, 580. — A partir de ce jugement, toute action mobilière ou immobilière ne pourra être suivie ou intentée que contre les syndics. Co. 462 s., 476, 484, 487, 499, 532 s. Pr. *qualité*, 69 7°. — Il en sera de même de toute voie d'exécution tant sur les meubles que sur les immeubles. Co. 450, 527. — Le tribunal, lorsqu'il le jugera convenable, pourra recevoir le failli partie intervenante. Co. 479, 486 s., 494, 512, 528, 580. Pr. 339.

444. Le jugement déclaratif de faillite rend exigibles, à l'égard du failli, les dettes passives non échues. C. 1188. — En cas de faillite du souscripteur d'un billet à ordre, de l'accepteur d'une lettre de change ou du tireur à défaut d'acceptation, les autres obligés seront tenus de donner caution pour le paiement à l'échéance, s'ils n'aiment mieux payer immédiatement. Co. 163; comparez 151, 152, 155. C. 2040, 2041.

445. Le jugement déclaratif de faillite arrête, à l'égard de la masse seulement, le cours des intérêts de toute créance non garantie par un privilége, par un nantissement ou par une hypothèque. Co. 604. — Les intérêts des créances garanties ne pourront être réclamés que sur les sommes provenant des biens affectés au privilége, à l'hypothèque ou au nantissement. Co. *Droits hypoth.*, 446, 448, 552 s.

446. Sont nuls et sans effets, relativement à la masse, lorsqu'ils auront été faits par le débiteur depuis l'époque déterminée par le tribunal comme étant celle de la cessation de ses paiemens, ou dans les dix jours qui auront précédé cette époque; Co. *cessat. de paiem.*, 441. C. 1167, 1350, 1352. — Tous actes translatifs de propriétés mobilières ou immobilières à titre gratuit; C. 780, 894, 918, 1076 s., 1081 s., 1091 s., 1969. — Tous paiemens, soit en espèces, soit par transport, vente, compensation ou autrement, pour dettes non échues, et pour dettes échues, tous paiemens faits autrement qu'en espèces ou effets de commerce; C. *paiem.*, 1235 s.; *exemple de dation en paiement*, 1595. Co. 447. — Toute hypothèque conventionnelle ou judiciaire et tous droits d'antichrèse ou de nantissement constitués sur les biens du débiteur pour dettes antérieurement contractées. C. 2073 s., 2085 s., 2123 s.

447. Tous autres paiemens faits par le débiteur pour dettes échues, et tous autres actes à titre onéreux par lui passés après la cessation de ses paiemens et avant le jugement déclaratif de faillite, pourront être annulés si, de la part de ceux qui ont reçu du débiteur, ou qui ont traité avec lui, ils ont eu lieu avec connaissance de la cessation de ses paiemens. Co. 446. 449. C. 1167, 1350, 1352.

448. Les droits d'hypothèque et de privilége valablement acquis pourront être inscrits jusqu'au jour du jugement déclaratif de la faillite. Co. 445, 552 s. — Néanmoins, les inscriptions prises après l'époque de la cessation de paiemens, ou dans les dix jours qui précèdent, pourront être déclarées nulles, s'il s'est écoulé plus de quinze jours entre la date de l'acte constitutif de l'hypothèque ou du privilége et celle de l'inscription. Co. *cessat. de paiem.*, 441. C. 1167, 1350, 1352; *inscript.*, 2146. — Ce délai sera augmenté d'un jour à raison de cinq myriamètres de distance entre le lieu où le droit d'hypothèque aura été acquis et le lieu où l'inscription sera prise. Co. 492, 582, *comparez* Co. 165. C. 2185. Pr. 1033.

449. Dans le cas où des lettres de change auraient été payées après l'époque fixée comme étant celle de la cessation de paiemens et avant le jugement déclaratif de faillite, l'action en rapport ne pourra être intentée que contre celui pour compte duquel la lettre de change aura été fournie. — S'il s'agit d'un billet à ordre, l'action ne pourra être exercée que contre le premier endosseur. — Dans l'un et l'autre cas, la preuve que celui à qui on demande le rapport avait connaissance de la cessation de paiemens à l'époque de l'émission du titre, devra être fournie. Co. 446, 447. C. 1167, 1350, 1352.

450. Toutes voies d'exécution pour parvenir au paiement des loyers sur les effets mobiliers servant à l'exploitation du commerce du failli seront suspendues pendant trente jours, à partir du jugement déclaratif de faillite, sans préjudice de toutes mesures conservatoires, et du droit qui serait acquis au propriétaire de reprendre possession des lieux loués. C. 1741, 1752, 1766. Pr. 819 s. Co. *voie d'exécut.*, 443. — Dans ce cas, la suspension des voies d'exécution établie au présent article cessera de plein droit.

CHAPITRE II.

DE LA NOMINATION DU JUGE-COMMISSAIRE.

451. Par le jugement qui déclarera la faillite, le tribunal de commerce désignera l'un de ses membres pour juge-commissaire. Co. *remplacem.*, 454; *cessat. de fonction*, 519; *nominat. nouv.*, 522; *jugem.*, 583.

452. Le juge-commissaire sera chargé spécialement d'accélérer et de surveiller les opérations et la gestion de la faillite. — Il fera au tribunal de commerce le rapport de toutes les contestations que la faillite pourra faire naître, et qui seront de la compétence de ce tribunal. Co. 441, 462, 465 s., 469, 470 s., 485, 486, 488, 493, 505, 504 s., 506, 514, 527 s., 534, 547, 551, 560, 566 s., 572, 578 s., 583.

453. Les ordonnances du juge-commissaire ne seront susceptibles de recours que dans les cas prévus par la loi. Ces recours seront portés devant le tribunal de commerce. Co. 466, 474, 530, 567, 583.

454. Le tribunal de commerce pourra, à toutes les époques, remplacer le juge-commissaire de la faillite par un autre de ses membres. Co. *juge-commiss.*, 451, 522; *jugem.*, 583.

CHAPITRE III.

DE L'APPOSITION DES SCELLÉS ET DES PREMIÈRES DISPOSITIONS A L'ÉGARD DE LA PERSONNE DU FAILLI.

455. Par le jugement qui déclarera la faillite, le tribunal ordonnera l'apposition des scellés et le dépôt de la personne du failli dans la maison d'arrêt pour dettes, ou la garde de sa personne par un officier de police ou de justice, ou par un gendarme. (1) Co. *arrestat.*, 456, 460, 461; *sauf-conduit*, 472, 583. — Néanmoins, si le juge-commissaire estime que l'actif du failli peut être inventorié en un seul jour, il ne sera point apposé de scellés, et il devra être immédiatement procédé à l'inventaire. (2) Co. *scellés*, 457, 458, 461, 468, 469, 522. Pr. 907, 912, 915 s., 925; *invent.*, 943, 944. Co. 469, 480, 522. — Il ne pourra, en cet état, être reçu, contre le failli, d'écrou ou recommandation pour aucune espèce de dettes. Pr. 792.

---

(1) A Paris, la garde du failli peut être confiée aux gardes du commerce. (*Déc.* 14 mars 1808.)

(2) *Droits d'enregistrement* : *L.* 24 mai 1834, *art.* 11.

456. Lorsque le failli se sera conformé aux articles 438 et 439, et ne sera point, au moment de la déclaration, incarcéré pour dettes, ou pour autre cause, le tribunal pourra l'affranchir du dépôt ou de la garde de sa personne. Co. 455, 472. — La disposition du jugement qui affranchirait le failli du dépôt ou de la garde de sa personne pourra toujours, suivant les circonstances, être ultérieurement rapportée par le tribunal de commerce, même d'office. Co. 583.

457. Le greffier du tribunal de commerce adressera, sur-le-champ, au juge de paix, avis de la disposition du jugement qui aura ordonné l'apposition des scellés. Co. 455, 459. 468 s. — Le juge de paix pourra, même avant ce jugement, apposer les scellés, soit d'office, soit sur la réquisition d'un ou plusieurs créanciers, mais seulement dans le cas de disparition du débiteur ou de détournement de tout ou partie de son actif. Co. 593 s. Pr. 911, 912.

458. Les scellés seront apposés sur les magasins, comptoirs, caisses, portefeuilles, livres, papiers, meubles et effets du failli. Co. 469, 471. — En cas de faillite d'une société en nom collectif, les scellés seront apposés, non seulement dans le siége principal de la société, mais encore dans le domicile séparé de chacun des associés solidaires. Co. 20, 21, 438, 531. — Dans tous les cas, le juge de paix donnera, sans délai, au président du tribunal de commerce, avis de l'apposition des scellés. Co. 479.

459. Le greffier du tribunal de commerce adressera, dans les vingt-quatre heures, au procureur du roi du ressort, extrait des jugemens déclaratifs de faillite, mentionnant les principales indications et dispositions qu'ils contiennent. Co. *greffier*, 457; *minist. public*, 466, 483, 584, 602, 606 s.; *rapport*, 482.

460. Les dispositions qui ordonneront le dépôt de la personne du failli dans une maison d'arrêt pour dettes, ou la garde de sa personne, seront exécutées à la diligence, soit du ministère public, soit des syndics de la faillite. Co. 455, 456, 462, 483.

461. Lorsque les deniers appartenant à la faillite ne pourront suffire immédiatement aux frais du jugement de déclaration de la faillite, d'affiche et d'insertion de ce jugement dans les journaux, d'apposition des scellés, d'arrestation et d'incarcération du failli, l'avance de ces frais sera faite, sur ordonnance du juge-commissaire, par le trésor public, qui en sera remboursé par privilége sur les premiers recouvremens, sans préjudice du privilége du propriétaire. Co. *frais de poursuite*, 587 s., 592. C. *privilége*, 2101 1°.

CHAPITRE IV.

DE LA NOMINATION ET DU REMPLACEMENT DES SYNDICS PROVISOIRES.

462. Par le jugement qui déclarera la faillite, le tribunal de commerce nommera un ou plusieurs syndics provisoires. Co. 449, 585; *parenté*, 463; *ress. de fonctions*, 519. — Le juge-commissaire convoquera immédiatement les créanciers présumés à se réunir dans un délai qui n'excédera pas quinze jours. Il consultera les créanciers présens à cette réunion, tant sur la composition de l'état des créanciers présumés que sur la nomination de nouveaux syndics. Il sera dressé procès-verbal de leurs dires et observations, lequel sera représenté au tribunal. Co. 492, 529, 536. — Sur le vu de ce procès-verbal et de l'état des créanciers présumés, et, sur le rapport du juge-commissaire, le tribunal nommera de nouveaux syndics, ou continuera les premiers dans leurs fonctions. Co. 583. — Les syndics ainsi institués sont définitifs; cependant ils peuvent être remplacés par le tribunal de commerce, dans les cas et suivant les formes qui seront déterminés. Co. 464, 467, 524, 583. — Le nombre des syndics pourra être, à toute époque, porté jusqu'à trois; ils pourront être choisis parmi les personnes étrangères à la masse, et recevoir, quelle que soit leur qualité, après avoir rendu compte de leur gestion, une indemnité que le tribunal arbitrera sur le rapport du juge-commissaire. Co. 465.

463. Aucun parent ou allié du failli, jusqu'au quatrième degré inclusivement, ne pourra être nommé syndic. C. *degrés*, 735 s.

464. Lorsqu'il y aura lieu de procéder à l'adjonction ou au remplacement d'un ou plusieurs syndics, il en sera référé par le juge-commissaire au tribunal de commerce, qui procédera à la nomination suivant les formes établies par l'article 462. Co. 512, 583.

465. S'il a été nommé plusieurs syndics, ils ne pourront agir que collectivement; néanmoins, le juge-commissaire peut donner à un ou plusieurs d'entre eux des autorisations spéciales à l'effet de faire séparément certains actes d'administration. Dans ce dernier cas, les syndics autorisés seront seuls responsables. C. 1382 s., 1995.

466. S'il s'élève des réclamations contre quelqu'une des opérations des syndics, le juge-commissaire statuera, dans le délai de trois jours, sauf recours devant le tribunal de commerce. Co. 453, 583. — Les décisions du juge-commissaire sont exécutoires par provision. Pr. 135.

467. Le juge-commissaire pourra, soit sur les réclamations à lui adressées par le failli ou par des créanciers, soit même d'office, proposer la révocation d'un ou plusieurs des syndics. — Si, dans les huit jours, le juge-commissaire n'a pas fait droit aux réclamations qui lui ont été adressées, ces réclamations pourront être portées devant le tribunal. — Le tribunal, en chambre du conseil, entendra le rapport du juge-commissaire et les explications des syndics, et prononcera à l'audience sur la révocation. Co. 462, 524, 583.

CHAPITRE V.

DES FONCTIONS DES SYNDICS.

SECTION I.

Dispositions générales.

468. Si l'apposition des scellés n'avait point eu lieu avant la nomination des syndics, ils requerront le juge de paix d'y procéder. Co. *scellés*, 455, 458, 469, 521. Pr. 907 s.

469. Le juge-commissaire pourra également, sur la demande des syndics, les dispenser de faire placer sous les scellés, ou les autoriser à en faire extraire : — 1° Les vêtemens, hardes, meubles et effets nécessaires au failli et à sa famille, et dont la délivrance sera autorisée par le juge-commissaire sur l'état que lui en soumettront les syndics; — 2° Les objets sujets à dépérissement prochain ou à dépréciation imminente; Co. 470. — 3° Les objets servant à l'exploitation du fonds de commerce, lorsque cette exploitation ne pourrait être interrompue sans préjudice pour les créanciers. Co. 456, 470. — Les objets compris dans les deux paragraphes précédens seront de suite inventoriés avec prisée par les syndics, en présence du juge de paix, qui signera le procès-verbal. Co. 480. Pr. 924.

470. La vente des objets sujets à dépérissement, ou à dépréciation imminente, ou dispendieux à conserver, et l'exploitation du fonds de commerce, auront lieu à la diligence des syndics, sur l'autorisation du juge-commissaire. Co. 486, 583.

471. Les livres seront extraits des scellés et remis par le juge de paix aux syndics, après avoir été arrêtés par lui; il constatera sommairement, par son procès-verbal, l'état dans lequel ils se trouveront. Co. 458, 475; *minist. public*, 483. — Les effets de portefeuille à courte échéance ou susceptibles d'acceptation, ou pour lesquels il faudra faire des actes conservatoires, seront aussi extraits des scellés par le juge de paix, décrits et remis aux syndics pour en faire le recouvrement. Le bordereau en sera remis au juge-commissaire. Co. 490. — Les autres créances seront recouvrées par les syndics sur leurs quittances. Les lettres adressées au failli seront remises aux syndics, qui les ouvriront; il pourra, s'il est présent, assister à l'ouverture. Co. 445, 484, 485.

472. Le juge-commissaire, d'après l'état apparent des affaires du failli, pourra proposer sa mise en liberté avec sauf-conduit provisoire de sa personne. Si le tribunal accorde le sauf-conduit, il pourra obliger le failli à fournir caution de se représenter, sous peine de paiement d'une somme que le tribunal arbitrera, et qui sera dévolue à la masse. Co. 455, 456, 460, 583; 586 5°. C. 2040, 2041. (1).

473. A défaut, par le juge-commissaire, de proposer un sauf-conduit pour le failli, ce dernier pourra présenter sa demande au tribunal de commerce, qui statuera, en audience publique, après avoir entendu le juge-commissaire. Co. 472, 583.

474. Le failli pourra obtenir pour lui et sa famille, sur l'actif de sa faillite, des secours alimentaires qui seront fixés, sur la proposition des syndics, par le juge-commissaire, sauf appel au tribunal, en cas de contestation. Co. 530; *vêtemens*, 469; *recours*, 455, 583.

475. Les syndics appelleront le failli auprès d'eux pour clore et arrêter les livres en sa présence. Co. *livres*, 472, 485. — S'il ne se rend pas à l'invitation, il sera sommé de comparaître dans les quarante-huit heures au plus tard. — Soit qu'il ait ou non obtenu un sauf-conduit, il pourra comparaître par fondé de pouvoirs, s'il justifie de causes d'empêchement, reconnues valables par le juge-commissaire. Co. 472, 505, 586.

476. Dans le cas où le bilan n'aurait pas été déposé par le failli, les syndics le dresseront immédiatement à l'aide des livres et papiers du failli, et des renseignemens qu'ils se procureront, et ils le déposeront au greffe du tribunal de commerce. Co. *bilan*, 439, 522.

477. Le juge-commissaire est autorisé à entendre le failli, ses commis et employés, et toute autre personne, tant sur ce qui concerne la formation du bilan que sur les causes et les circonstances de la faillite. Co. 498.

478. Lorsqu'un commerçant aura été déclaré en faillite après son décès, ou lorsque le failli viendra à décéder après la déclaration de la faillite, sa veuve, ses enfans et ses héritiers pourront se présenter ou se faire représenter pour le suppléer dans la formation du bilan, ainsi que dans toutes les autres opérations de la faillite. Co. 487, 481; *compensat.*, 475, 505; *réhabilit.*, 614.

SECTION II.

De la Levée des Scellés, et de l'Inventaire.

479. Dans les trois jours, les syndics requerront la levée des scellés, et procéderont à l'inventaire des biens du failli, lequel sera présent ou dûment appelé. Co. *scellés*, 455, 468, 469, 522. Pr. 928, 931.

480. L'inventaire sera dressé en double minute par les syndics, à mesure que les scellés seront levés, et en présence du juge de paix, qui le signera à chaque vacation. L'une de ces minutes sera déposée au greffe du tribunal de commerce, dans les vingt-quatre heures; l'autre restera entre les mains des syndics. Pr. 937, 943. — Les syndics seront libres de se faire aider, pour sa rédaction comme pour l'estimation des objets, par qui ils jugeront convenable. Co. 488. Pr. 943 1°. — Il sera fait récolement des objets qui, conformément à l'art. 469, n'auraient pas été mis sous les scellés, et auraient déjà été inventoriés et prisés. Co. ministère public, 483.

481. En cas de déclaration de faillite après décès, lorsqu'il n'aura point été fait d'inventaire antérieurement à cette déclaration, ou en cas de décès du failli avant l'ouverture de l'inventaire, il y sera procédé immédiatement, dans les formes du précédent article, et en présence des héritiers, ou eux dûment appelés. Co. 478.

482. En toute faillite, les syndics, dans la quinzaine de leur entrée ou de leur maintien en fonctions, seront tenus de remettre au juge-commissaire un mémoire ou compte sommaire de l'état apparent de la faillite, de ses principales causes et circonstances, et des caractères qu'elle

(1) *Droits d'enregistrement* : L. 22 frimaire an VII, art. 68, § 1er; L. 28 avril 1816, art. 50.

paraît avoir. — Le juge-commissaire transmettra immédiatement les mémoires, avec ses observations, au procureur du roi. S'ils ne lui ont pas été remis dans les délais prescrits, il devra en prévenir le procureur du roi, et lui indiquer les causes du retard. Co. 459.

483. Les officiers du ministère public pourront se transporter au domicile du failli et assister à l'inventaire. Co. 459, 479, 522. — Ils auront, à toute époque, le droit de requérir communication de tous les actes, livres ou papiers relatifs à la faillite. Co. 471, 602, 603.

SECTION III.

De la Vente des Marchandises et Meubles, et des Recouvremens.

484. L'inventaire terminé, les marchandises, l'argent, les titres actifs, les livres et papiers, meubles et effets du débiteur, seront remis aux syndics, qui s'en chargeront au bas dudit inventaire. Co. 443, 471, 519.

485. Les syndics continueront de procéder, sous la surveillance du juge-commissaire, au recouvrement des dettes actives. Co. 443, 471, 490.

486. Le juge-commissaire pourra, le failli entendu ou dûment appelé, autoriser les syndics à procéder à la vente des effets mobiliers ou marchandises. Co. 470, 534, 560 s., 571 s., 583. — Il décidera si la vente se fera soit à l'amiable, soit aux enchères publiques, par l'entremise de courtiers ou de tous autres officiers publics préposés à cet effet. *Déc. 22 novembre 1811, 17 avril 1812.* — Les syndics choisiront dans la classe d'officiers publics déterminée par le juge-commissaire, celui dont ils voudront employer le ministère. Pr. 945, 946. (1)

487. Les syndics pourront, avec l'autorisation du juge-commissaire, et le failli dûment appelé, transiger sur toutes contestations qui intéressent la masse, même sur celles qui sont relatives à des droits et actions immobiliers. Co. 535. — Si l'objet de la transaction est d'une valeur indéterminée ou qui excède 300 fr., la transaction ne sera obligatoire qu'après avoir été homologuée, savoir : par le tribunal de commerce pour les transactions relatives à des droits mobiliers, et par le tribunal civil pour les transactions relatives à des droits immobiliers. Co. 500. — Le failli sera appelé à l'homologation ; il aura, dans tous les cas, la faculté de s'y opposer. Son opposition suffira pour empêcher la transaction, si elle a pour objet des biens immobiliers. Co. *failli*, 443.

488. Si le failli a été affranchi du dépôt, ou s'il a obtenu un sauf-conduit, les syndics pourront l'employer pour faciliter et éclairer leur gestion ; le juge-commissaire fixera les conditions de son travail. Co. 443, 472, 475, 480.

489. Les deniers provenant des ventes et des recouvremens seront, sous la déduction des sommes arbitrées par le juge-commissaire, pour le montant des dépenses et frais, versés immédiatement à la caisse des dépôts et consignations. Dans les trois jours des recettes, il sera justifié au juge-commissaire desdits versemens ; *en cas de retard, les syndics devront* les intérêts des sommes qu'ils n'auront point versées. C. 1149, 1153. Pr. 126, 132. — Les deniers versés par les syndics et tous autres consignés par des tiers, pour compte de la faillite, ne pourront être retirés qu'en vertu d'une ordonnance du juge-commissaire. S'il existe des oppositions, les syndics devront préalablement en obtenir la main-levée. — Le juge-commissaire pourra ordonner que le versement sera fait par la caisse directement entre les mains des créanciers de la faillite, sur un état de répartition dressé par les syndics et ordonnancé par lui. Co. 565, 566, 568.

SECTION IV.

Des Actes conservatoires.

490. A compter de leur entrée en fonctions, les syndics seront tenus

(1) *Droits d'enregistrement* : *L.* 24 mai 1834, *art.* 12.

de faire tous actes pour la conservation des droits du failli contre ses débiteurs. Co. 471, 485. — Ils seront aussi tenus de requérir l'inscription aux hypothèques sur les immeubles des débiteurs du failli, si elle n'a pas été requise par lui ; l'inscription sera prise au nom de la masse par les syndics, qui joindront à leurs bordereaux un certificat constatant leur nomination. C. 1166. — Ils seront tenus aussi de prendre inscription, au nom de la masse des créanciers, sur les immeubles du failli dont ils connaîtront l'existence. L'inscription sera reçue sur un simple bordereau énonçant qu'il y a faillite, et relatant la date du jugement par lequel ils auront été nommés. Co. 517. C. 2146 s., 2154.

SECTION V.

De la Vérification des Créances.

491. A partir du jugement déclaratif de la faillite, les créanciers pourront remettre au greffier leurs titres, avec un bordereau indicatif des sommes par eux réclamées. Le greffier devra en tenir état et en donner récépissé. C. 440, 522 s., 581. — Il ne sera responsable des titres que pendant cinq années, à partir du jour de l'ouverture du procès-verbal de vérification. C. 2276.

492. Les créanciers qui, à l'époque du maintien ou du remplacement des syndics, en exécution du troisième paragraphe de l'article 462, n'auront pas remis leurs titres, seront immédiatement avertis, par des insertions dans les journaux et par lettres du greffier, qu'ils doivent se présenter en personne ou par fondés de pouvoirs, dans le délai de vingt jours, à partir desdites insertions, aux syndics de la faillite, et leur remettre leurs titres accompagnés d'un bordereau indicatif des sommes par eux réclamées, si mieux ils n'aiment en faire le dépôt au greffe du tribunal de commerce ; il leur en sera donné récépissé. Co. 442, 491, 522, 523. — A l'égard des créanciers domiciliés en France, hors du lieu où siége le tribunal saisi de l'instruction de la faillite, ce délai sera augmenté d'un jour par cinq myriamètres de distance entre le lieu où siége le tribunal et le domicile du créancier. Co. 448, 582 ; comparez Co. 165 ; C. 2185. Pr. 1033. — A l'égard des créanciers domiciliés hors du territoire continental de la France, ce délai sera augmenté conformément aux règles de l'article 73 du Code de procédure civile.

493. La vérification des créances commencera dans les trois jours de l'expiration des délais déterminés par les premier et deuxième paragraphes de l'article 492. Elle sera continuée sans interruption. Elle se fera aux lieu, jour et heure indiqués par le juge-commissaire. L'avertissement aux créanciers, ordonné par l'article précédent, contiendra mention de cette indication. Néanmoins, les créanciers seront de nouveau convoqués à cet effet, tant par lettres du greffier que par insertions dans les journaux. Co. 442, 492, 522. — Les créances des syndics seront vérifiées par le juge-commissaire ; les autres le seront contradictoirement entre le créancier ou son fondé de pouvoirs et les syndics, en présence du juge-commissaire, qui en dressera procès-verbal. Co. 494.

494. Tout créancier vérifié ou porté au bilan pourra assister à la vérification des créances, et fournir des contredits aux vérifications faites et à faire. Le failli aura le même droit. Co. 498.

495. Le procès-verbal de vérification indiquera le domicile des créanciers et de leurs fondés de pouvoirs. Co. 492. — Il contiendra la description sommaire des titres, mentionnera les surcharges, ratures et interlignes, et exprimera si la créance est admise ou contestée. Co. 497, 498.

496. Dans tous les cas, le juge-commissaire pourra, même d'office, ordonner la représentation des livres du créancier, ou demander, en vertu d'un compulsoire, qu'il en soit rapporté un extrait fait par les juges du lieu. Co. *livres*, 14, 15, 16. Pr. *compuls.*, 849 s.

497. Si la créance est admise, les syndics signeront, sur chacun des titres, la déclaration suivante :

Admis au passif de la faillite de....., pour la somme de........, le........ — Le juge-commissaire visera la déclaration. — Chaque créancier, dans la huitaine au plus tard, après que sa créance aura été vérifiée, sera tenu d'affirmer, entre les mains du juge-commissaire, que ladite créance est sincère et véritable. Co. 499, 503, 593. (1)

498. Si la créance est contestée, le juge-commissaire pourra, sans qu'il soit besoin de citation, renvoyer à bref délai devant le tribunal de commerce, qui jugera *sur son rapport*. Co. 500, 503. — Le tribunal de commerce pourra ordonner qu'il soit fait, devant le juge-commissaire, enquête sur les faits, et que les personnes qui pourront fournir des renseignemens soient, à cet effet, citées par-devant lui. Co. 477. Pr. *enquête*, 407, 432.

499. Lorsque la contestation sur l'admission d'une créance aura été portée devant le tribunal de commerce, ce tribunal, si la cause n'est point en état de recevoir jugement définitif avant l'expiration des délais fixés, à l'égard des personnes domiciliées en France, par les articles 492 et 497, ordonnera, selon les circonstances, qu'il sera sursis ou passé outre à la convocation de l'assemblée pour la formation du concordat. Co. 502. — Si le tribunal ordonne qu'il sera passé outre, il pourra décider par provision que le créancier contesté sera admis dans les délibérations pour une somme que le même jugement déterminera. Co. 500, 504, 516, 583.

500. Lorsque la contestation sera portée devant un tribunal civil, le tribunal de commerce décidera s'il sera sursis ou passé outre; dans ce dernier cas, le tribunal civil saisi de la contestation jugera, à bref délai, sur requête des syndics, signifiée au créancier contesté, et sans autre procédure, si la créance sera admise par provision, et pour quelle somme. Co. 499, 583. — Dans le cas où une créance serait l'objet d'une instruction criminelle ou correctionnelle, le tribunal de commerce pourra également prononcer le sursis; s'il ordonne de passer outre, il ne pourra accorder l'admission par provision, et le créancier contesté ne pourra prendre part aux opérations de la faillite, tant que les tribunaux compétens n'auront pas statué. Co. 512, 516.

501. Le créancier dont le privilége ou l'hypothèque seulement serait contesté, sera admis dans les délibérations de la faillite comme créancier ordinaire. Co. 508.

502. A l'*expiration des délais* déterminés par les articles 492 et 497, à l'égard des personnes domiciliées en France, il sera passé outre à la formation du concordat et à toutes les opérations de la faillite, sous l'exception portée aux articles 567 et 568 en faveur des créanciers domiciliés hors du territoire continental de la France. Co. 504 s.

503. A défaut de comparution et affirmation dans les délais qui leur sont applicables, les défaillans connus ou inconnus ne seront pas compris dans les répartitions à faire: toutefois, la voie de l'opposition leur sera ouverte jusqu'à la distribution des deniers inclusivement; *les frais* de l'opposition demeureront toujours à leur charge. — Leur opposition ne pourra suspendre l'exécution des répartitions ordonnancées par le juge-commissaire; mais s'il est procédé à des répartitions nouvelles avant qu'il ait été statué sur leur opposition, ils seront compris pour la somme qui sera provisoirement déterminée par le tribunal, et qui sera tenue en *réserve* jusqu'au jugement de leur opposition. — S'ils se font ultérieurement reconnaître créanciers, ils ne pourront rien réclamer sur les répartitions ordonnancées par le juge-commissaire; mais ils auront le droit de prélever sur l'actif, non encore réparti, les dividendes afférens à leurs créances dans les premières répartitions. Co. 499, 500, 524, 553, 565 s. Pr. 135, 664, 756, 758.

(1) *Droits d'enregistrement*: L. 24 mai 1834, *art.* 13.

CHAPITRE VI.

DU CONCORDAT ET DE L'UNION.

SECTION I.

De la Convocation et de l'Assemblée des Créanciers.

504. Dans les trois jours qui suivront les délais prescrits pour l'affirmation, le juge-commissaire fera convoquer, par le greffier, à l'effet de délibérer sur la formation du concordat, les créanciers dont les créances auront été vérifiées et affirmées, ou admises par provision. Les insertions dans les journaux et les lettres de convocation indiqueront l'objet de l'assemblée. Co. 492, 497, 499, 500, 505.

505. Aux lieu, jour et heure qui seront fixés par le juge-commissaire, l'assemblée se formera sous sa présidence ; les créanciers vérifiés et affirmés, ou admis par provision, s'y présenteront en personne ou par fondés de pouvoirs. Co. 497, 499, 500, 505. — Le failli sera appelé à cette assemblée ; il devra s'y présenter en personne, s'il a été dispensé de la mise en dépôt, ou s'il a obtenu un sauf-conduit, et il ne pourra s'y faire représenter que pour des motifs valables et approuvés par le juge-commissaire. Co. 475, 478, 488, 586.

506. Les syndics feront à l'assemblée un rapport sur l'état de la faillite, sur les formalités qui auront été remplies et les opérations qui auront eu lieu ; le failli sera entendu. Co. 478, 505. — Le rapport des syndics sera remis, signé d'eux, au juge-commissaire, qui dressera procès-verbal de ce qui aura été dit et décidé dans l'assemblée. Co. 452.

SECTION II.

Du Concordat.

§ I. *De la Formation du Concordat.*

507. Il ne pourra être consenti de traité entre les créanciers délibérans et le débiteur failli, qu'après l'accomplissement des formalités ci-dessus prescrites. — Ce traité ne s'établira que par le concours d'un nombre de créanciers formant la majorité, et représentant, en outre, les trois quarts de la totalité des créances vérifiées et affirmées, ou admises par provision, conformément à la section 5 du chapitre v : le tout à peine de nullité. Co. 509 ; sursis, 510, 512 ; *union*, 529. (1)

508. Les créanciers hypothécaires inscrits ou dispensés d'inscription, et les créanciers privilégiés ou nantis d'un gage, n'auront pas voix dans les opérations relatives au concordat pour lesdites créances, et elles n'y seront comptées que s'ils renoncent à leurs hypothèques, gages ou privilèges. — Le vote au concordat emportera de plein droit cette renonciation. Co. 501, 546, 552 s. C. 1350, 1352.

509. Le concordat sera, à peine de nullité, signé séance tenante. S'il est consenti seulement par la majorité en nombre ou par la majorité des trois quarts en somme, la délibération sera remise à huitaine pour tout délai ; dans ce cas, les résolutions prises et les adhésions données, lors de la première assemblée, demeureront sans effet. Co. 507 ; *opposit.*, 512 ; *union*, 529.

510. Si le failli a été condamné comme banqueroutier frauduleux, le concordat ne pourra être formé. Co. 511, 520 s., 591 s., 601 s. — Lorsqu'une instruction en banqueroute frauduleuse aura été commencée, les créanciers seront convoqués à l'effet de décider s'ils se réservent de délibérer sur un concordat, en cas d'acquittement, et si, en conséquence, ils surseoient à statuer jusqu'après l'issue des poursuites. — Ce sursis ne pourra être prononcé qu'à la majorité en nombre et en somme déterminée par l'article 507. Si, à l'expiration du sursis, il y a lieu à délibérer sur le concordat, les règles établies par le précédent article seront applicables aux nouvelles délibérations.

---

(1) *Droits d'enregistrement* : L. 22 frimaire an VII, *art.* 69, § 2, 1 ; L. 24 mai 1834, *art.* 14.

511. Si le failli a été condamné comme banqueroutier simple, le concordat pourra être formé. Néanmoins, en cas de poursuites commencées, les créanciers pourront surseoir à délibérer jusqu'après l'issue des poursuites, en se conformant aux dispositions de l'article précédent. Co. 510; *banquer. simple*, 585, 586, 601 s.

512. Tous les créanciers ayant eu droit de concourir au concordat, ou dont les droits auront été reconnus depuis, pourront y former opposition. Co. 507, 518. — L'opposition sera motivée, et devra être signifiée aux syndics et au failli, à peine de nullité, dans les huit jours qui suivront le concordat; elle contiendra assignation à la première audience du tribunal de commerce. Co. 513. — S'il n'a été nommé qu'un seul syndic et s'il se rend opposant au concordat, il devra provoquer la nomination d'un nouveau syndic, vis-à-vis duquel il sera tenu de remplir les formes prescrites au présent article. Co. 464. — Si le jugement de l'opposition est subordonné à la solution de questions étrangères, à raison de la matière, à la compétence du tribunal de commerce, ce tribunal surseoira à prononcer jusqu'après la décision de ces questions. — Il fixera un bref délai dans lequel le créancier opposant devra saisir les juges compétens et justifier de ses diligences. Co. 452, 500. Pr. 170, 424, 427.

513. L'homologation du concordat sera poursuivie devant le tribunal de commerce, à la requête de la partie la plus diligente; le tribunal ne pourra statuer avant l'expiration du délai de huitaine, fixé par l'article précédent. Co. *compét.*, 635. — Si, pendant ce délai, il a été formé des oppositions, le tribunal statuera sur ces oppositions et sur l'homologation par un seul et même jugement. Co. 516 s. — Si l'opposition est admise, l'annulation du concordat sera prononcée à l'égard de tous les intéressés. Co. 515, 520 s.

514. Dans tous les cas, avant qu'il soit statué sur l'homologation, le juge-commissaire fera au tribunal de commerce un rapport sur les caractères de la faillite et sur l'admissibilité du concordat. Co. *juge-commiss.*, 452, 538.

515. En cas d'inobservation des règles ci-dessus prescrites, ou lorsque des motifs tirés, soit de l'intérêt public, soit de l'intérêt des créanciers, paraîtront de nature à empêcher le concordat, le tribunal en refusera l'homologation. Co. 513.

§ II. *Des Effets du Concordat.*

516. L'homologation du concordat le rendra obligatoire pour tous les créanciers portés ou non portés au bilan, vérifiés ou non vérifiés, et même pour les créanciers domiciliés hors du territoire continental de la France, ainsi que pour ceux qui, en vertu des articles 499 et 500, auraient été admis par provision à délibérer, quelle que soit la somme que le jugement définitif leur attribuerait ultérieurement. Co. 492, 499, 500, 567, 568; *banquer. fraud.*, 521 s.

517. L'homologation conservera à chacun des créanciers, sur les immeubles du failli, l'hypothèque inscrite en vertu du troisième paragraphe de l'article 490. A cet effet, les syndics feront inscrire aux hypothèques le jugement d'homologation, à moins qu'il n'en ait été décidé autrement par le concordat. Co. 490, 513. C. 2146.

518. Aucune action en nullité du concordat ne sera recevable, après l'homologation, que pour cause de dol découvert depuis cette homologation, et résultant, soit de la dissimulation de l'actif, soit de l'exagération du passif. Co. 512, 520 s., 593. C. 1116.

519. Aussitôt après que le jugement d'homologation sera passé en force de chose jugée, les fonctions des syndics cesseront. Co. 462; C. *chose jugée*, 1351. — Les syndics rendront au failli leur compte définitif, en présence du juge-commissaire; ce compte sera débattu et arrêté. Ils remettront au failli l'universalité de ses biens, livres, papiers et effets. Le failli en donnera décharge. Co. 536, 537. Pr. 527 s. — Il sera dressé du tout procès-verbal par le juge-commissaire, dont les fonctions cesseront. Co. 452. — En cas de contestation, le tribunal de commerce prononcera. Co. *compét.*, 635.

§ III. *De l'Annulation ou de la Résolution du Concordat.*

520. L'annulation du concordat, soit pour dol, soit par suite de condamnation pour banqueroute frauduleuse intervenue après son homologation, libère de plein droit les cautions. Co. 518, 521 s. — En cas d'inexécution, par le failli, des conditions de son concordat, la résolution de ce traité pourra être poursuivie contre lui devant le tribunal de commerce, en présence des cautions, s'il en existe, ou elles dûment appelées. C. 1184. — La résolution du concordat ne libérera pas les cautions qui y seront intervenues pour en garantir l'exécution totale ou partielle.

521. Lorsque, après l'homologation du concordat, le failli sera poursuivi pour banqueroute frauduleuse, et placé sous mandat de dépôt ou d'arrêt, le tribunal de commerce pourra prescrire telles mesures conservatoires qu'il appartiendra. Ces mesures cesseront de plein droit du jour de la déclaration qu'il n'y a lieu à suivre, de l'ordonnance d'acquittement ou de l'arrêt d'absolution. Co. 450, 455, 471, 490, 516; *compét.*, 635. I. c. 95 s., 128 s., 229, 358.

522. Sur le vu de l'arrêt de condamnation pour banqueroute frauduleuse, ou par le jugement qui prononcera, soit l'annulation, soit la résolution du concordat, le tribunal de commerce nommera un juge-commissaire et un ou plusieurs syndics. Co. *juge-commiss.*, 451, 454, 519; *syndics*, 462; *jugement*, 583. — Ces syndics pourront faire apposer les scellés. Co. 455 s. — Ils procéderont, sans retard, avec l'assistance du juge de paix, sur l'ancien inventaire, au récolement des valeurs, actions et des papiers, et procéderont, s'il y a lieu, à un supplément d'inventaire. Co. 480, 483. — Ils dresseront un bilan supplémentaire. Co. 439, 476 s. — Ils feront immédiatement afficher et insérer dans les journaux à ce destinés, avec un extrait du jugement qui les nomme, invitation aux créanciers nouveaux, s'il en existe, de produire, dans le délai de vingt jours, leurs titres de créances à la vérification. Cette invitation sera faite aussi par lettres du greffier, conformément aux articles 492 et 493. Co. 442, 600.

523. Il sera procédé, sans retard, à la vérification des titres de créances produits en vertu de l'article précédent. Co. 491 s. — Il n'y aura pas lieu à nouvelle vérification des créances antérieurement admises et affirmées sans préjudice néanmoins du rejet ou de la réduction de celles qui depuis auraient été payées en tout ou en partie. Co. *contredits*, 494.

524. Ces opérations mises à fin, s'il n'intervient pas de nouveau concordat, les créanciers seront convoqués à l'effet de donner leur avis sur le maintien ou le remplacement des syndics. Co. 462. — Il ne sera procédé aux repartitions qu'après l'expiration, à l'égard des créanciers nouveaux, des délais accordés aux personnes domiciliées en France, par les articles 492 et 497. Co. *répartit.*, 565 s.

525. Les actes faits par le failli postérieurement au jugement d'homologation, et antérieurement à l'annulation ou à la résolution du concordat, ne seront annulés qu'en cas de fraude aux droits des créanciers. Co. 513. C. 1167.

526. Les créanciers antérieurs au concordat rentreront dans l'intégralité de leurs droits à l'égard du failli seulement; mais ils ne pourront figurer dans la masse que pour les proportions suivantes, savoir : — S'ils n'ont touché aucune part du dividende, pour l'intégralité de leurs créances; s'ils ont reçu une partie du dividende, pour la portion de leurs créances primitives correspondante à la portion du dividende promis qu'ils n'auront pas touchée. — Les dispositions du présent article seront applicables au cas où une seconde faillite viendra à s'ouvrir, sans qu'il y ait eu préalablement annulation ou résolution du concordat.

SECTION III.

De la Clôture en cas d'insuffisance de l'Actif.

527. Si, à quelque époque que ce soit, avant l'homologation du concordat ou la formation de l'union, le cours des opérations de la faillite se trouve arrêté par insuffisance de l'actif, le tribunal de commerce pourra, sur le rapport du juge-commissaire, prononcer, même d'office, la clôture des opérations de la faillite. Co. *juge-commiss.*, 452. — Ce jugement fera rentrer chaque créancier dans l'exercice de ses actions individuelles, tant contre les biens que contre la personne du failli. Co. 443, 539, 545. — Pendant un mois, à partir de sa date, l'exécution de ce jugement sera suspendue (1).

528. Le failli ou tout autre intéressé, pourra, à toute époque, le faire rapporter par le tribunal, en justifiant qu'il existe des fonds pour faire face aux frais des opérations de la faillite, ou en faisant consigner, entre les mains des syndics, somme suffisante pour y pourvoir. Co. 527. — Dans tous les cas, les frais des poursuites exercées en vertu de l'article précédent devront être préalablement acquittés. (2) C. 2101 1°.

SECTION IV.

De l'Union des Créanciers.

529. S'il n'intervient point de concordat, les créanciers seront de plein droit en état d'union. Co. 507; *dissol.*, 537 s. — Le juge-commissaire les consultera immédiatement, tant sur les faits de la gestion que sur l'utilité du maintien ou du remplacement des syndics. Les créanciers privilégiés, hypothécaires ou nantis d'un gage, seront admis à cette délibération. — Co. *secus*, 508. — Il sera dressé procès-verbal des dires et observations des créanciers, et, sur le vu de cette pièce, le tribunal de commerce statuera comme il est dit à l'art. 462. (3) — Les syndics qui ne seraient pas maintenus devront rendre leur compte aux nouveaux syndics, en présence du juge-commissaire, le failli dûment appelé. Co. 462, 519, 536. Pr. 527 s.

530. Les créanciers seront consultés sur la question de savoir si un secours pourra être accordé au failli sur l'actif de la faillite. Co. 474. — Lorsque la majorité des créanciers présens y aura consenti, une somme pourra être accordée au failli à titre de secours sur l'actif de la faillite. Les syndics en proposeront la quotité, qui sera fixée par le juge-commissaire, sauf recours au tribunal de commerce, de la part des syndics seulement. Co. 453, 466, 583.

531. Lorsqu'une société de commerce sera en faillite, les créanciers pourront ne consentir de concordat qu'en faveur d'un ou de plusieurs des associés. — En ce cas, tout l'actif social demeurera sous le régime de l'union. Les biens personnels de ceux avec lesquels le concordat aura été consenti en seront exclus, et le traité particulier passé avec eux ne pourra contenir l'engagement de payer un dividende que sur des valeurs étrangères à l'actif social. — L'associé qui aura obtenu un concordat particulier sera déchargé de toute solidarité. Co. 29 s., 438, 458; *réhabilit.*, 604.

532. Les syndics représentent la masse des créanciers et sont chargés de procéder à la liquidation. Co. 443, 534. — Néanmoins, les créanciers pourront leur donner mandat pour continuer l'exploitation de l'actif. — La délibération qui leur conférera ce mandat en déterminera la durée et l'étendue, et fixera les sommes qu'ils pourront garder entre leurs mains, à l'effet de pourvoir aux frais et dépenses. Elle ne pourra être prise qu'en présence du juge-commissaire, et à la majorité des trois quarts des créanciers en nombre et en somme. Co. 452, 507. — La voie de l'opposition sera ouverte contre cette délibération au

(1) et (2) Ces deux dispositions s'appliquent même aux faillites ouvertes antérieurement à la promulgation de la présente loi. (*L.* 28 mai 1838.)

(3) *Droits d'enregistrement* : *L.* 22 frimaire an VII, *art.* 68, § 3.

failli et aux *créanciers dissidens.* — Cette opposition ne sera pas suspensive de l'exécution.

533 Lorsque les opérations des syndics entraîneront des engagemens *qui excèderaient l'actif de l'union*, les créanciers qui auront autorisé ces opérations seront seuls tenus personnellement au-delà de leur part dans l'actif, mais seulement dans les limites du mandat qu'ils auront donné; ils contribueront au prorata de leurs créances. C. 1997, 1998.

534. Les syndics sont chargés de poursuivre la vente des immeubles, marchandises et effets mobiliers du failli, et la liquidation de ses dettes actives et passives; le tout sous la surveillance du juge-commissaire, et sans qu'il soit besoin d'appeler le failli. Co. 532, 572.

535. Les syndics pourront, en se conformant aux règles prescrites par l'article 487, transiger sur toute espèce de droits appartenant au failli, nonobstant toute opposition de sa part. Co. 487, 570.

536. Les créanciers en état d'union seront convoqués, au moins une fois dans la première année, et, s'il y a lieu, dans les années suivantes, par le juge-commissaire. — Dans ces assemblées, les syndics devront rendre compte de leur gestion. Co. 519, 529, 537. — Ils seront continués ou remplacés dans l'exercice de leurs fonctions, suivant les formes prescrites par les articles 462 et 529.

537. Lorsque la liquidation de la faillite sera terminée, les créanciers seront convoqués par le juge-commissaire. — Dans cette dernière assemblée, les syndics rendront leur compte. Le failli sera présent ou dûment appelé. Co. 519, 529, 536. Pr. 527. — Les créanciers donneront leur avis sur l'excusabilité du failli. Il sera dressé, à cet effet, un procès-verbal dans lequel chacun des créanciers pourra consigner ses dires et observations. — Après la clôture de cette assemblée, l'union sera dissoute de plein droit. Co. *union*, 529.

538. Le juge-commissaire présentera au tribunal la délibération des créanciers relative à l'excusabilité du failli, *et un rapport sur les caractères* et les circonstances de la faillite. Co. 453. — Le tribunal prononcera si le failli est ou non excusable.

539. Si le failli n'est pas déclaré excusable, les créanciers rentreront dans l'exercice de leurs actions individuelles, tant contre sa personne que sur ses biens. Co. 443, 527, 545. — S'il est déclaré excusable, il demeurera affranchi de la contrainte par corps à l'égard des créanciers de sa faillite, et ne pourra plus être poursuivi par eux que sur ses biens, sauf les exceptions prononcées par les lois spéciales.

540. Ne pourront être déclarés excusables: les banqueroutiers frauduleux, les stellionataires, les personnes condamnées pour vol, escroquerie ou abus de confiance, les comptables de deniers publics. Co. 591. C. 2059. P. 379 s., 401, 405, 406 s.

541. Aucun débiteur commerçant ne sera recevable à demander son admission au bénéfice de cession de biens. C. 1265. Pr. 898.

CHAPITRE VII.

DES DIFFÉRENTES ESPÈCES DE CRÉANCIERS, ET DE LEURS DROITS EN CAS DE FAILLITE.

SECTION I.

Des Co-obligés et des Cautions.

542. Le créancier porteur d'engagemens souscrits, endossés ou garantis solidairement par le failli et d'autres co-obligés qui sont en faillite, participera aux distributions dans toutes les masses, et y figurera pour la valeur nominale de son titre jusqu'à parfait paiement. Co. 543, 565. C. 1200 s., 2021, s.

543. Aucun recours, pour raison des dividendes payés, n'est ouvert aux faillites des co-obligés les unes contre les autres, si ce n'est lorsque la réunion des dividendes que donneraient ces faillites excèderait le montant total de la créance, en principal et accessoires, auquel cas cet excédant sera dévolu, suivant l'ordre des engagemens, à ceux des co-obligés qui auraient les autres pour garans.

544. Si le créancier porteur d'engagemens solidaires entre le failli et d'autres co-obligés a reçu, avant la faillite, un à-compte sur sa créance, il ne sera compris dans la masse que sous la déduction de cet à-compte, et conservera, pour ce qui lui restera dû, ses droits contre le co-obligé ou la caution. Co. 542. — Le co-obligé ou la caution qui aura fait le paiement partiel sera compris dans la même masse pour tout ce qu'il aura payé à la décharge du failli. Co. 542, 565.

545. Nonobstant le concordat, les créanciers conservent leur action pour la totalité de leur créance contre les co-obligés du failli. Co. 604.

SECTION II.

Des Créanciers nantis de gage, et des Créanciers privilégiés sur les Biens meubles.

546. Les créanciers du failli qui seront valablement nantis de gages ne seront inscrits dans la masse que pour mémoire. Co. 508, 547 s. C. 2071, 2072, 2075 s.

547. Les syndics pourront, à toute époque, avec l'autorisation du juge-commissaire, retirer les gages au profit de la faillite, en remboursant la dette. Co. 548. C. 2082, 2083, 2102 2°.

548. Dans le cas où le gage ne sera pas retiré par les syndics, s'il est vendu par le créancier moyennant un prix qui excède la créance, le surplus sera recouvré par les syndics; si le prix est moindre que la créance, le créancier nanti viendra à contribution pour le surplus, dans la masse, comme créancier ordinaire. Co. 552, 565; C. 2078.

549. Le salaire acquis aux ouvriers employés directement par le failli, pendant le mois qui aura précédé la déclaration de faillite, sera admis au nombre des créances privilégiées, au même rang que le privilége établi par l'article 2101 du Code civil pour le salaire des gens de service. — Les salaires dus aux commis pour les six mois qui auront précédé la déclaration de faillite seront admis au même rang.

550. Le privilége et le droit de revendication, établis par le n° 4 de l'article 2102 du Code civil, au profit du vendeur d'effets mobiliers, ne seront point admis en cas de faillite. Co. 574 s.

551. Les syndics présenteront au juge-commissaire l'état des créanciers se prétendant privilégiés sur les biens meubles, et le juge-commissaire autorisera, s'il y a lieu, le paiement de ces créanciers sur les premiers deniers rentrés. Co. 452. — Si le privilége est contesté, le tribunal prononcera. Co. *compétence*, 635. Pr. 661, 662.

SECTION III.

Des Droits des créanciers hypothécaires et privilégiés sur les Immeubles.

552. Lorsque la distribution du prix des immeubles sera faite antérieurement à celle du prix des biens meubles, ou simultanément, les créanciers privilégiés ou hypothécaires, non remplis sur le prix des immeubles, concourront, à proportion de ce qui leur restera dû, avec les créanciers chirographaires, sur les deniers appartenant à la masse chirographaire, pourvu toutefois que leurs créances aient été vérifiées et affirmées suivant les formes ci-dessus établies. Co. 565, 571.

553. Si une ou plusieurs distributions des deniers mobiliers précèdent la distribution du prix des immeubles, les créanciers privilégiés et hypothécaires, vérifiés et affirmés concourront aux répartitions dans la proportion de leurs créances totales, et sauf, le cas échéant, les distractions dont il sera parlé ci-après. Co. 552, 565.

554. Après la vente des immeubles et le réglement définitif de l'ordre entre les créanciers hypothécaires et privilégiés, ceux d'entre eux qui viendront en ordre utile sur le prix des immeubles pour la totalité de leur créance ne toucheront le montant de leur collocation hypothécaire que sous la déduction des sommes par eux perçues dans la masse chirographaire. — Les sommes ainsi déduites ne resteront point dans la masse hypothécaire, mais retourneront à la masse chirographaire, au profit de laquelle il en sera fait distraction. Co. 565 s. C. 1251.

555. A l'égard des créanciers hypothécaires qui ne seront colloqués que partiellement dans la distribution du prix des immeubles, il sera procédé comme il suit : leurs droits sur la masse chirographaire seront définitivement réglés d'après les sommes dont ils resteront créanciers après leur collocation immobilière, et les deniers qu'ils auront touchés au-delà de cette proportion, dans la distribution antérieure, leur seront retenus sur le montant de leur collocation hypothécaire, et reversés dans la masse chirographaire. C. 1251.

556. Les créanciers qui ne viennent point en ordre utile seront considérés comme chirographaires, et soumis comme tels aux effets du concordat et de toutes les opérations de la masse chirographaire. Co. 565 s.

SECTION IV.
Des Droits des Femmes.

557. En cas de faillite du mari, la femme dont les apports en immeubles ne se trouveraient pas mis en communauté reprendra en nature lesdits immeubles et ceux qui lui seront survenus par succession ou par donation entre-vifs ou testamentaire. Co. 561. C. 1470, 1493, 1551, 1559, 1564 s., 1577 s.

558. La femme reprendra pareillement les immeubles acquis par elle et en son nom des deniers provenant desdites successions et donations, pourvu que la déclaration d'emploi soit expressément stipulée au contrat d'acquisition, et que l'origine des deniers soit constatée par inventaire ou par tout autre acte authentique. Co. 559 s. C. 1402, 1435 s., 1470, 1493 s., 1553, 1559.

559. Sous quelque régime qu'ait été formé le contrat de mariage, hors le cas prévu par l'article précédent, la présomption légale est que les biens acquis par la femme du failli appartiennent à son mari, ont été payés de ses deniers, et doivent être réunis à la masse de son actif, sauf à la femme à fournir la preuve du contraire. Co. 562. C. 1350, 1352, 1402, 1404, 1553.

560. La femme pourra reprendre en nature les effets mobiliers qu'elle s'est constitués par contrat de mariage, ou qui lui sont advenus par succession, donation entre-vifs ou testamentaire, et qui ne seront pas entrés en communauté, toutes les fois que l'identité en sera prouvée par inventaire ou tout autre acte authentique. — A défaut, par la femme, de faire cette preuve, tous les effets mobiliers, tant à l'usage du mari qu'à celui de la femme, sous quelque régime qu'ait été contracté le mariage, seront acquis aux créanciers, sauf aux syndics à lui remettre, avec l'autorisation du juge-commissaire, les habits et linge nécessaires à son usage. Co. 557, 563. C. 1350, 1352.

561. L'action en reprise, résultant des dispositions des art. 557 et 558, ne sera exercée par la femme qu'à la charge des dettes et hypothèques dont les biens sont légalement grevés, soit que la femme s'y soit obligée volontairement, soit qu'elle y ait été condamnée. C. 1428, 1449, 1538, 1538, 1554, 1576, 2124.

562. Si la femme a payé des dettes pour son mari, la présomption légale est qu'elle l'a fait des deniers de celui-ci, et elle ne pourra, en conséquence, exercer aucune action dans la faillite, sauf la preuve contraire, comme il est dit à l'art. 559. Co. 559. C. 1350, 1352.

563. Lorsque le mari sera commerçant au moment de la célébration du mariage, ou lorsque, n'ayant pas alors d'autre profession déterminée, il sera devenu commerçant dans l'année, les immeubles qui lui appartiendraient à l'époque de la célébration du mariage, ou qui lui seraient advenus depuis, soit par succession, soit par donation entre-vifs ou testamentaire, seront seuls soumis à l'hypothèque de la femme : Co. *commerçant*, 1. — 1° Pour les deniers et effets mobiliers qu'elle aura apportés en dot, ou qui lui seront advenus depuis le mariage par succession ou donation entre-vifs ou testamentaire, et dont elle prouvera la délivrance ou le paiement par acte ayant date certaine; 2° pour le remploi de ses biens aliénés pendant le mariage; 3° pour l'indemnité des dettes par elle contractées avec son mari. C. 2121, 2135; *date certaine*, 1317, 1328.

564. La femme dont le mari était commerçant à l'époque de la célébration du mariage, ou dont le mari, n'ayant pas alors d'autre profession déterminée, sera devenu commerçant dans l'année qui suivra cette célébration, ne pourra exercer dans la faillite aucune action à raison des avantages portés au contrat de mariage, et, dans ce cas, les créanciers ne pourront, de leur côté, se prévaloir des avantages faits par la femme au mari dans ce même contrat. C. 1091, 1096, 1480, 1496, 1515, 1527.

CHAPITRE VIII.

DE LA RÉPARTITION ENTRE LES CRÉANCIERS ET DE LA LIQUIDATION DU MOBILIER.

565. Le montant de l'actif mobilier, distraction faite des frais et dépenses de l'administration de la faillite, des secours qui auraient été accordés au failli ou à sa famille, et des sommes payées aux créanciers privilégiés, sera réparti entre tous les créanciers au marc le franc de leurs créances vérifiées et affirmées. Co. 489, 503, 524, 552 s.

566. A cet effet les syndics remettront tous les mois, au juge-commissaire, un état de situation de la faillite, et des deniers déposés à la caisse des dépôts et consignations; le juge-commissaire ordonnera, s'il y a lieu, une répartition entre les créanciers, en fixera la quotité, et veillera à ce que tous les créanciers en soient avertis. Co. 489, 567 s.

567. Il ne sera procédé à aucune répartition entre les créanciers domiciliés en France, qu'après la mise en réserve de la part correspondante aux créances pour lesquelles les créanciers domiciliés hors du territoire continental de la France seront portés sur le bilan. — Lorsque ces créances ne paraîtront pas portées sur le bilan d'une manière exacte, le juge-commissaire pourra décider que la réserve sera augmentée, sauf aux syndics à se pourvoir contre cette décision devant le tribunal de commerce. Co. 453, 568.

568. Cette part sera mise en réserve et demeurera à la caisse des dépôts et consignations, jusqu'à l'expiration du délai déterminé par le dernier paragraphe de l'article 492; elle sera répartie entre les créanciers reconnus, si les créanciers domiciliés en pays étranger n'ont pas fait vérifier leurs créances, conformément aux dispositions de la présente loi. Co. 492, 495, 497. — Une pareille réserve sera faite pour raison de créances sur l'admission desquelles il n'aurait pas été statué définitivement. Co. 499.

569. Nul paiement ne sera fait par les syndics que sur la représentation du titre constitutif de la créance. — Les syndics mentionneront sur le titre la somme payée par eux ou ordonnancée conformément à l'article 489. — Néanmoins, en cas d'impossibilité de représenter le titre, le juge-commissaire pourra autoriser le paiement sur le vu du procès-verbal de vérification. Co. 452. — Dans tous les cas, le créancier donnera la quittance en marge de l'état de répartition. (1)

570. L'union pourra se faire autoriser par le tribunal de commerce, le failli dûment appelé, à traiter à forfait de tout ou partie des droits et actions dont le recouvrement n'aurait pas été opéré, et à les aliéner; en ce cas, les syndics feront tous les actes nécessaires. — *Tout créancier* pourra s'adresser au juge-commissaire pour provoquer une délibération de l'union à cet égard. Co. 487, 535.

CHAPITRE IX.

DE LA VENTE DES IMMEUBLES DU FAILLI.

571. A partir du jugement qui déclarera la faillite, les créanciers ne pourront poursuivre l'expropriation des immeubles sur lesquels ils n'au-

(1) *Droits d'enregistrement* : L. 24 mai 1834, art. 15.

ront pas d'hypothèques. Co. 440, 443, 527, 534, 572.

572. S'il n'y a pas de poursuite en expropriation des immeubles commencée avant l'époque de l'union, les syndics seuls seront admis à poursuivre la vente ; ils seront tenus d'y procéder dans la huitaine sous l'autorisation du juge-commissaire, suivant les formes prescrites pour la vente des biens des mineurs. Co. 527, 534. Pr. 953 s.

573. La surenchère, après adjudication des immeubles du failli sur la poursuite des syndics, n'aura lieu qu'aux conditions et dans les formes suivantes : — La surenchère devra être faite dans la quinzaine. — Elle ne pourra être au-dessous du dixième du prix principal de l'adjudication. Elle sera faite au greffe du tribunal civil, suivant les formes prescrites par les art. 708 et 709 (1) du Code de procédure civile ; toute personne sera admise à surenchérir. — Toute personne sera également admise à concourir à l'adjudication par suite de surenchère. Cette adjudication demeurera définitive et ne pourra être suivie d'aucune autre surenchère. C. 2185. Pr. 708, 709.

CHAPITRE X.

DE LA REVENDICATION.

574. Pourront être revendiquées, en cas de faillite, les remises en effets de commerce ou autres titres non encore payés, et qui se trouveront en nature dans le portefeuille du failli à l'époque de sa faillite, lorsque ces remises auront été faites par le propriétaire, avec le simple mandat d'en faire le recouvrement et d'en garder la valeur à sa disposition, ou lorsqu'elles auront été, de sa part, spécialement affectées à des paiemens déterminés. Co. 91 s., 138, 187.

575. Pourront être également revendiquées, aussi long-temps qu'elles existeront en nature, en tout ou en partie, les marchandises consignées au failli à titre de dépôt, ou pour être vendues pour le compte du propriétaire. — Pourra même être revendiqué le prix ou la partie du prix desdites marchandises qui n'aura été ni payé, ni réglé en valeur, ni compensé en compte courant entre le failli et l'acheteur. Co. 91 s.

576. Pourront être revendiquées les marchandises expédiées au failli, tant que la tradition n'en aura point été effectuée dans ses magasins, ou dans ceux du commissionnaire chargé de les vendre pour le compte du failli. Co. 550. C. 2102 4°. — Néanmoins, la revendication ne sera pas recevable si, avant leur arrivée, les marchandises ont été vendues sans fraude, sur factures et connaissemens, ou lettres de voiture signées par l'expéditeur. — Le revendiquant sera tenu de rembourser à la masse les à-comptes par lui reçus, ainsi que toutes avances faites pour fret ou voiture, commission, assurances, ou autres frais, et de payer les sommes qui seraient dues pour mêmes causes. Co. 578.

577. Pourront être retenues par le vendeur les marchandises, par lui vendues, qui ne seront pas délivrées au failli, ou qui n'auront pas encore été expédiées, soit à lui, soit à un tiers pour son compte. Co. 576, 578.

578. Dans le cas prévu par les deux articles précédens, et sous l'autorisation du juge-commissaire, les syndics auront la faculté d'exiger la livraison des marchandises, en payant au vendeur le prix convenu entre lui et le failli. C. 1184.

579. Les syndics pourront, avec l'approbation du juge-commissaire, admettre les demandes en revendication ; s'il y a contestation, le tribunal prononcera, après avoir entendu le juge-commissaire. Co. 452, 635.

CHAPITRE XI.

DES VOIES DE RECOURS CONTRE LES JUGEMENS RENDUS EN MATIÈRE DE FAILLITE.

580. Le jugement déclaratif de la faillite, et celui qui fixera à une date antérieure l'époque de la cessation de paiement, seront susceptibles d'op-

(1) Au lieu de 710 et 711 ; *L.* 2 *juin* 1841.

position, de la part du failli, dans la huitaine, et de la part de toute autre partie intéressée, pendant un mois. *Ces délais courront à partir des jours* où les formalités de l'affiche et de l'insertion énoncées dans l'art. 442, *auront été accomplies*. Co. 440, 442.

581. Aucune demande des créanciers tendant à faire fixer la date de *la cessation des paiemens* à une époque autre que celle qui résulterait du jugement déclaratif de faillite ou d'un jugement postérieur, *ne sera recevable* après l'expiration des délais pour la vérification et l'affirmation des créances. Ces délais expirés, l'époque de la cessation de paiemens demeurera irrévocablement déterminée à l'égard des créanciers. Co. 441, 492, 493, 497.

582. Le délai d'appel, pour tout jugement rendu en matière de faillite, sera de quinze jours seulement à compter de la signification. Co. 583, 645. Pr. 443. — Ce délai sera augmenté à raison d'un jour par cinq myriamètres pour les parties qui seront domiciliées à une distance excédant cinq myriamètres du lieu où siége le tribunal. Co. 448, 492. Pr. *comparez* 1033.

583. Ne seront susceptibles ni d'opposition, ni d'appel, ni de recours en cassation : — 1° Les jugemens relatifs à la nomination ou au remplacement du juge-commissaire, à la nomination ou à la révocation des syndics: Co. *juge-commiss.*, 451, 454, 522; *syndics*, 462, 464, 467, 522. — 2° Les jugemens qui statuent sur les demandes de sauf-conduit et sur celles de secours pour le failli et sa famille; Co. 472, 473, 474, 530. — 3° Les jugemens qui autorisent à vendre les effets ou marchandises appartenant à la faillite; Co. 470, 486. — 4° Les jugemens qui prononcent sursis au concordat, ou admission provisionnelle de créanciers contestés; Co. 499, 500, 510. — 5° Les jugemens par lesquels le tribunal de commerce statue sur les recours formés contre les ordonnances rendues par le juge-commissaire dans les limites de ses attributions. Co. 453, 466, 474, 530, 567.

TITRE II.

DES BANQUEROUTES.

CHAPITRE I.

DE LA BANQUEROUTE SIMPLE.

584. Les cas de banqueroute simple seront punis des peines portées au Code pénal, et jugés par les tribunaux de police correctionnelle, sur la poursuite des syndics, de tout créancier, ou du ministère public. P. 402. I. c. 179, 182. Co. *agent de ch., courtier*, 89; P. 404. Co. *poursuite*, 589; *réhabilitation*, 612.

585. Sera déclaré banqueroutier simple tout commerçant failli qui se trouvera dans un des cas suivans : — 1° Si ses dépenses personnelles ou les dépenses de sa maison sont jugées excessives; — 2° S'il a consommé de fortes sommes, soit à des opérations de pur hasard, soit à des opérations fictives de bourse ou sur marchandises; — 3° Si, dans l'intention de retarder sa faillite, il a fait des achats pour revendre au-dessous du cours; si, dans la même intention, il s'est livré à des emprunts, circulation d'effets, ou autres moyens ruineux de se procurer des fonds; — 4° Si, après cessation de ses paiemens, il a payé un créancier au préjudice de la masse. Co. 586, 597; *ag., de change, courtier*, 89.

586. Pourra être déclaré banqueroutier simple tout commerçant failli qui se trouvera dans un des cas suivans : — 1° S'il a contracté, pour le compte d'autrui, sans recevoir des valeurs en échange, des engagemens jugés trop considérables eu égard à sa situation lorsqu'il les a contractés; — 2° S'il est de nouveau déclaré en faillite sans avoir satisfait aux obligations d'un précédent concordat; Co. 520 s. — 3° Si, étant marié sous le régime dotal, ou séparé de biens, il ne s'est pas conformé aux articles 69 et 70; — 4° Si, dans les trois jours de la cessation de ses paiemens, il n'a pas fait au greffe la déclaration exigée par les articles 438 et 439, ou si cette déclaration ne contient pas les noms de tous les associés solidaires; — 5° Si, sans empêchement légitime, il ne s'est pas présenté en personne aux syndics dans les cas et dans les délais fixés, ou si, après avoir obtenu un sauf-conduit, il ne s'est pas représenté à justice; Co. 472, 475, 508. — 6° S'il n'a pas tenu de livres et fait exactement inventaire; si ses livres ou inventaires sont incomplets ou irrégulièrement tenus, ou s'ils n'offrent pas sa véritable situation active ou passive, sans néanmoins qu'il y ait fraude. Co. 8, 9, 471.

587. *Les frais de poursuite en banqueroute simple intentée par le ministère public ne pourront, en aucun cas, être mis à la charge de la masse.* — En cas de concordat, le recours du Trésor public contre le failli pour ces frais ne pourra être exercé qu'après l'expiration des termes accordés par ce traité. Co. *concor.*, 461; *banq. fraud.*, 592. I. c. 194.

588. Les frais de poursuite intentée par les syndics, au nom des créanciers, seront supportés, s'il y a acquittement, par la masse, et s'il y a condamnation, par le Trésor public, sauf son recours contre le failli, conformément à l'article précédent. Co. 590. I. c. 194.

589. Les syndics ne pourront intenter de poursuite en banqueroute simple, ni se porter partie civile au nom de la masse, qu'après y avoir été autorisés par une délibération prise à la majorité individuelle des créanciers présens. Co. *comparez* 507, 510. I. c. 63.

590. Les frais de poursuite intentée par un créancier seront supportés, s'il y a condamnation, par le Trésor public; s'il y a acquittement, par le créancier poursuivant. Co. 588. I. c. 194.

CHAPITRE II.

DE LA BANQUEROUTE FRAUDULEUSE.

591. Sera déclaré banqueroutier frauduleux, et puni des peines portées au Code pénal, tout commerçant failli qui aura soustrait ses livres, détourné ou dissimulé une partie de son actif, ou qui, soit dans ses écritures, soit par des actes publics ou des engagemens sous signature privée, soit par son bilan, se sera frauduleusement reconnu débiteur de sommes qu'il ne devait pas. P. 402, 404. Co. *agent de ch.*, 89.

592. Les frais de poursuite en banqueroute frauduleuse ne pourront, en aucun cas, être mis à la charge de la masse. Co. 587, 461. — Si un ou plusieurs créanciers se sont rendus parties civiles en leur nom personnel, les frais, en cas d'acquittement, demeureront à leur charge. Co. 588, 590. I. c. 368.

CHAPITRE III.

DES CRIMES ET DES DÉLITS COMMIS DANS LES FAILLITES PAR D'AUTRES QUE PAR LES FAILLIS.

593. Seront *condamnés* aux peines de la banqueroute frauduleuse : — 1° Les individus convaincus d'avoir, dans l'intérêt du failli, soustrait, recélé ou dissimulé tout ou partie de ses biens, meubles ou immeubles; le tout sans préjudice des autres cas prévus par l'article 60 du Code pénal; — 2° Les individus convaincus d'avoir frauduleusement présenté dans la faillite et affirmé, soit en leur nom, soit par interposition de personnes, des créances supposées; — 3° Les individus qui, faisant le commerce sous le nom d'autrui ou sous un nom supposé, se seront rendus coupables de faits prévus en l'article 591. P. *complicité*, 60, 403. Co. 594.

594. Le conjoint, les descendans ou les ascendans du failli, ou ses alliés aux mêmes degrés, qui auraient détourné, diverti ou recélé des effets appartenant à la faillite, sans avoir agi de complicité avec le failli, seront punis des peines du vol. P. *peines*, 400, 401; *comparez* 380.

595. Dans les cas prévus par les articles précédens, la cour ou le tribunal saisis statueront, lors même qu'il y aurait acquittement : 1° d'office sur la réintégration à la masse des créanciers de tous biens, droits ou actions frauduleusement soustraits; 2° sur les dommages-intérêts qui seraient demandés, et que le jugement ou l'arrêt arbitrera. C. *domm. intér.*,

1149, 1382. Pr. 126, 128. Co. *compét.*, 601, 635.

596. Tout syndic qui se sera rendu coupable de malversation dans sa gestion sera puni correctionnellement des peines portées en l'article 406 du Code penal. P. 52, 406, 463. Co. 497. Pr. 132.

597. Le créancier qui aura stipulé, soit avec le failli, soit avec toutes autres personnes, des avantages particuliers à raison de son vote dans les délibérations de la faillite, ou qui aura fait un traité particulier duquel résulterait en sa faveur un avantage à la charge de l'actif du failli, sera puni correctionnellement d'un emprisonnement qui ne pourra excéder une année, et d'une amende qui ne pourra être au-dessus de 2,000 fr. — L'emprisonnement pourra être porté à deux ans si le créancier est syndic de la faillite. Co. 596, 598.

598. Les conventions seront, en outre, déclarées nulles à l'égard de toutes personnes, et même à l'égard du failli. C. 1116. — Le créancier sera tenu de rapporter à qui de droit les sommes ou valeurs qu'il aura reçues en vertu des conventions annulées.

599. Dans le cas où l'annulation des conventions serait poursuivie par la voie civile, l'action sera portée devant les tribunaux de commerce. Co. 635.

600. Tous arrêts et jugemens de condamnation rendus, tant en vertu du présent chapitre que des deux chapitres précédens, seront affichés et publiés suivant les formes établies par l'article 42 du Code de commerce, aux frais des condamnés. Co. 442.

CHAPITRE IV.

DE L'ADMINISTRATION DES BIENS EN CAS DE BANQUEROUTE.

601. Dans tous les cas de poursuite et de condamnation pour banqueroute simple ou frauduleuse, les actions civiles autres que celles dont il est parlé dans l'article 598 resteront séparées, et toutes les dispositions relatives aux biens, prescrites pour la faillite, seront exécutées sans qu'elles puissent être attribuées ni évoquées aux tribunaux de police correctionnelle, ni aux cours d'assises. Co. *compétence*, 651, 635.

602. Seront cependant tenus, les syndics de la faillite, de remettre au ministère public les pièces, titres, papiers et renseignemens qui leur seront demandés. Co. 483, 603.

603. Les pièces, titres et papiers délivrés par les syndics seront, pendant le cours de l'instruction, tenus en état de communication par la voie du greffe; cette communication aura lieu sur la réquisition des syndics, qui pourront y prendre des extraits privés, ou en requérir d'authentiques, qui leur seront expédiés par le greffier. Pr. *communicat.*, 106, 189, 853. — Les pièces, titres et papiers dont le dépôt judiciaire n'aurait pas été ordonné seront, après l'arrêt ou le jugement, remis aux syndics, qui en donneront décharge. Co. 602.

TITRE III.

DE LA RÉHABILITATION. (1)

604. Le failli qui aura intégralement acquitté en principal, intérêts et frais, toutes les sommes par lui dues, pourra obtenir sa réhabilitation. Co. *opposition*, 608; *rejet*, 610; *agent de ch.*, 83. — Il ne pourra l'obtenir, s'il est l'associé d'une maison de commerce tombée en faillite, qu'après avoir justifié que toutes les dettes de la société ont été intégralement acquittées en principal, intérêts et frais, lors même qu'un concordat particulier lui aurait été consenti. Co. *associé*, 531.

605. Toute demande en réhabilitation sera adressée à la cour royale dans le ressort de laquelle le failli sera domicilié. Le demandeur devra joindre à sa requête les quittances et autres pièces justificatives. Co. *admiss.*, *rejet*, 610.

606. Le procureur général près

(1) Les dispositions de ce titre sont applicables aux faillites ouvertes antérieurement à la promulgation de la présente loi. (*L.* 28 mai 1838.)

la cour royale, sur la communication qui lui aura été faite de la requête, en adressera des expéditions certifiées de lui au procureur du roi et au président du tribunal de commerce du domicile du demandeur, et si celui-ci a changé de domicile depuis la faillite, au procureur du roi et au président du tribunal de commerce de l'arrondissement où elle a eu lieu, en les chargeant de recueillir tous les renseignemens qu'ils pourront se procurer sur la vérité des faits exposés. Co. 605, 611.

607. A cet effet, à la diligence tant du procureur du roi que du président du tribunal de commerce, copie de ladite requête restera affichée pendant un délai de deux mois, tant dans les salles d'audience de chaque tribunal qu'à la bourse et à la maison commune, et sera insérée par extrait dans les papiers publics. Co. 605, 609.

608. Tout créancier qui n'aura pas été payé intégralement de sa créance en principal, intérêts et frais, et toute autre partie intéressée, pourra, pendant la durée de l'affiche, former opposition à la réhabilitation par simple acte au greffe, appuyé des pièces justificatives. Le créancier opposant ne pourra jamais être partie dans la procédure de réhabilitation. Co. 604, 610.

609. Après l'expiration de deux mois, le procureur du roi et le président du tribunal de commerce transmettront, chacun séparément, au procureur général près la cour royale, les renseignemens qu'ils auront recueillis et les oppositions qui auront pu être formées, ils y joindront leurs avis sur la demande. Co. 606, 608.

610. Le procureur général près la cour royale fera rendre arrêt portant admission ou rejet de la demande en réhabilitation. Si la demande est rejetée, elle ne pourra être reproduite qu'après une année d'intervalle. Co. 604, 606, 611.

611. L'arrêt portant réhabilitation sera transmis aux procureurs du roi et aux présidens des tribunaux auxquels la demande aura été adressée. Ces tribunaux en feront faire la lecture publique et la transcription sur leurs registres.

612. Ne seront point admis à la réhabilitation les banqueroutiers frauduleux, les personnes condamnées pour vol, escroquerie ou abus de confiance, les stellionataires, ni les tuteurs, administrateurs ou autres comptables qui n'auront pas rendu et soldé leurs comptes. Co. 591. C. 2059. Pr. 132. P. 579 s., 405 s. — Pourra être admis à la réhabilitation le banqueroutier simple qui aura subi la peine à laquelle il aura été condamné. Co. 585, 586.

613. Nul commerçant failli ne pourra se présenter à la bourse, à moins qu'il n'ait obtenu sa réhabilitation. Co. 71, 604, 611.

614. Le failli pourra être réhabilité après sa mort. Co. 437, § 2.

LIVRE IV.

DE LA JURIDICTION COMMERCIALE.

(Loi décrétée le 14 septembre 1807. Promulguée le 24.)

TITRE PREMIER.

DE L'ORGANISATION DES TRIBUNAUX DE COMMERCE.

615. Un règlement d'administration publique déterminera le nombre des tribunaux de commerce, et les villes qui seront susceptibles d'en recevoir par l'étendue de leur commerce et de leur industrie. Co. 640, 641. Ch. 51; *org. des trib. de comm. Déc.* 6 *octobre* 1809.

616. L'arrondissement de chaque tribunal de commerce sera le même que celui du tribunal civil dans le ressort duquel il sera placé; et s'il se trouve plusieurs tribunaux de commerce dans le ressort d'un seul tribunal civil, il leur sera assigné des arrondissemens particuliers.

617. (*Ainsi rectifié, loi du 3 mars 1840*). Chaque tribunal de commerce sera composé d'un président, de juges et de suppléans. Le nombre des juges ne pourra pas être au-dessous de deux, ni au-dessus de quatorze, non compris le président. Le nombre des suppléans sera proportionné au besoin du service. Un règlement d'administration publique fixera, pour chaque tribunal, le nombre des juges et celui des suppléans. (1)

618. Les membres des tribunaux de commerce seront élus dans une assemblée composée de commerçans notables, et principalement des chefs des maisons les plus anciennes et les plus recommandables par la probité, l'esprit d'ordre et d'économie. Co. 1, s.

619. La liste des notables sera dressée, sur tous les commerçans de l'arrondissement, par le préfet, et approuvée par le ministre de *l'intérieur* (2) : leur nombre ne peut être au-dessous de vingt-cinq dans les villes où la population n'excède pas quinze mille âmes ; dans les autres villes, il doit être augmenté à raison d'un électeur pour mille âmes de population.

620. Tout commerçant pourra être nommé juge ou suppléant, s'il est âgé de trente ans, s'il exerce le commerce avec honneur et distinction depuis cinq ans. Le président devra être âgé de quarante ans, et ne pourra être choisi que parmi les anciens juges, y compris ceux qui ont exercé dans les tribunaux actuels, et même les anciens juges-consuls des marchands. Co. 1, s.

621. L'élection sera faite au scrutin individuel, à la pluralité absolue des suffrages ; et lorsqu'il s'agira d'élire le président, l'objet spécial de cette élection sera annoncé avant d'aller au scrutin.

622. A la première élection, le président et la moitié des juges et des suppléans dont le tribunal sera composé, seront nommés pour deux ans ; la seconde moitié des juges et des suppléans sera nommée pour un an : aux élections postérieures, toutes les nominations seront faites pour deux ans.

(*Paragraphe ajouté par la loi du 3 mars 1840*). Tous les membres compris dans une même élection seront soumis simultanément au renouvellement périodique, encore bien que l'institution de l'un ou de plusieurs d'entre eux ait été différée.

623. (*Ainsi modifié, loi du 3 mars 1840*). Le président et les juges, sortant d'exercice après deux années, pourront être réélus immédiatement pour deux autres années. Cette nouvelle période expirée, ils ne seront éligibles qu'après un an d'intervalle. — Tout membre élu en remplacement d'un autre, par suite de décès ou de toute autre cause, ne demeurera en exercice que pendant la durée du mandat confié à son prédécesseur.

624. Il y aura près de chaque tribunal un greffier et des huissiers nommés par le roi : leurs droits, vacations et devoirs, seront fixés par un règlement d'administration publique. O. 9 *octobre* 1825.

625. Il sera établi, pour la ville de Paris seulement, des gardes du commerce pour l'exécution des jugemens emportant la contrainte par corps : la forme de leur organisation et leurs attributions seront déterminées par un règlement particulier. L. 14 *mars* 1808.

626. Les jugemens, dans les tribunaux de commerce, seront rendus par trois juges au moins ; aucun suppléant ne pourra être appelé que pour compléter ce nombre.

627. Le ministère des avoués est interdit dans les tribunaux de commerce, conformément à l'article 414 du Code de procédure civile ; nul ne pourra plaider pour une partie devant ces tribunaux, si la partie, présente à l'audience, ne l'autorise, ou s'il n'est muni d'un pouvoir spécial. Ce pou-

(1) A l'avenir, le tribunal de commerce de Paris sera composé d'un président, de dix juges et de seize suppléans. (*Ord.* 17 juillet 1840.)

(2) Cette liste est actuellement approuvée par le ministre du commerce et de l'agriculture. (*Ord.* 2 janvier 1838.)

voir, qui pourra être donné au bas de l'original ou de la copie de l'assignation, sera exhibé au greffier avant l'appel de la cause, et par lui visé sans frais. (1)

(*Paragraphe ajouté par la loi du 3 mars 1840*). Dans les causes portées devant les tribunaux de commerce, aucun huissier ne pourra, ni assister comme conseil, ni représenter les parties en qualité de procureur fondé, à peine d'une amende de vingt-cinq à cinquante francs, qui sera prononcée, sans appel, par le tribunal, sans préjudice des peines disciplinaires contre les huissiers contrevenans. — Cette disposition n'est pas applicable aux huissiers qui se trouveront dans l'un des cas prévus par l'art. 86 du Code de procédure civile.

628. Les fonctions des juges de commerce sont seulement honorifiques.

629. Ils prêtent serment avant d'entrer en fonctions, à l'audience de la cour royale, lorsqu'elle siége dans l'arrondissement communal où le tribunal de commerce est établi : dans le cas contraire, la cour royale commet, si les juges de commerce le demandent, le tribunal civil de l'arrondissement pour recevoir leur serment; et, dans ce cas, le tribunal en dresse procès-verbal, et l'envoie à la cour royale, qui en ordonne l'insertion dans ses registres. Ces formalités sont remplies sur les conclusions du ministère public, et sans frais. Pr. 85, 1035.

630. Les tribunaux de commerce sont dans les attributions et sous la surveillance du ministre de la justice.

TITRE II.

DE LA COMPÉTENCE DES TRIBUNAUX DE COMMERCE.

631. Les tribunaux de commerce connaîtront, — 1° De toutes contestations relatives aux engagemens et transactions entre négocians, marchands et banquiers; — 2° Entre toutes personnes, des contestations relatives aux actes de commerce. Co. 1 s., 632 s. Pr. 442.

632. La loi répute actes de commerce, — Tout achat de denrées et marchandises pour les revendre, soit en nature, soit après les avoir travaillées et mises en œuvre, ou même pour en louer simplement l'usage; — Toute entreprise de manufactures, de commission, de transport par terre ou par eau; — Toute entreprise de fournitures, d'agences, bureaux d'affaires, établissemens de ventes à l'encan, de spectacles publics; — Toute opération de change, banque et courtage; — Toutes les opérations des banques publiques; — Toutes obligations entre négocians, marchands et banquiers; — Entre toutes personnes, les lettres de change, ou remises d'argent faites de place en place. Co. 636 s., 638.

633. La loi répute pareillement actes de commerce, — Toute entreprise de construction, et tous achats, ventes et reventes de bâtimens pour la navigation intérieure et extérieure; — Toutes expéditions maritimes; — Tout achat ou vente d'agrès, apparaux et avitaillemens; — Tout affrétement ou nolissement, emprunt ou prêt à la grosse; toutes assurances et autres contrats concernant le commerce de mer; — Tous accords et conventions pour salaires et loyers d'équipages; — Tous engagemens de gens de mer, pour le service de bâtimens de commerce. Co. 190 s., 195, 221 s., 250 s., 273 s., 286 s., 311 s., 332 s.

634. Les tribunaux de commerce connaîtront également, — 1° Des actions contre les facteurs, commis des marchands ou leurs serviteurs, pour le fait seulement du trafic du marchand auquel ils sont attachés; — 2° Des billets faits par les receveurs, payeurs, percepteurs ou autres comptables des deniers publics. Co. 636 s.

635. (*Ainsi modifié, Loi du 28 mai 1838.*) Les tribunaux de commerce

(1) Lorsqu'une partie aura été défendue devant le tribunal de commerce par un tiers, il sera fait mention expresse dans la minute du jugement qui interviendra, soit de l'autorisation que ce tiers aura reçue de la partie présente, soit du pouvoir spécial dont il aura été muni. (*Ord.* 10 mars 1825.)

connaîtront de tout ce qui concerne les faillites, conformément à ce qui est prescrit au Livre troisième du présent Code. Co. 440, 453, 475, 498, 500, 512 s., 519, 521, 527, 558, 561, 570, 599, 601; réhabilit., 605.

636. Lorsque les lettres de change ne seront réputées que simples promesses aux termes de l'article 112, ou lorsque les billets à ordre ne porteront que des signatures d'individus non négocians, et n'auront pas pour occasion des opérations de commerce, trafic, change, banque ou courtage, le tribunal de commerce sera tenu de renvoyer au tribunal civil, s'il en est requis par le défendeur. Co. 1 s., 112, 187, 632 s., 634, 637. Pr. 168 s.

637. Lorsque ces lettres de change et ces billets à ordre porteront en même temps des signatures d'individus négocians et d'individus non négocians, le tribunal de commerce en connaîtra; mais il ne pourra prononcer la contrainte par corps contre les individus non négocians, à moins qu'ils ne se soient engagés à l'occasion d'opérations de commerce, trafic, change, banque ou courtage. Co. 1 s., 632 s., 634. L. 17 avril 1832, art. 2, 3.

638. Ne seront point de la compétence des tribunaux de commerce, les actions intentées contre un propriétaire, cultivateur ou vigneron, pour vente de denrées provenant de son cru, les actions intentées contre un commerçant, pour paiement de denrées et marchandises achetées pour son usage particulier. — Néanmoins les billets souscrits par un commerçant seront censés faits pour son commerce, et ceux des receveurs, payeurs, percepteurs ou autres comptables de deniers publics, seront censés faits pour leur gestion lorsqu'une autre cause n'y sera point énoncée. Co. 1 s., 632 s., 634, 636. C. 1340, 1332.

639. (*Ainsi modifié par la loi du 3 mars 1840*). Les tribunaux de commerce jugeront en dernier ressort: — 1° Toutes les demandes dans lesquelles les parties justiciables de ces tribunaux, et usant de leurs droits, auront déclaré vouloir être jugées définitivement et sans appel; — 2° Toutes les demandes dont le principal n'excédera pas la valeur de quinze cents francs; — 3° Les demandes reconventionnelles ou en compensation, lors même que, réunies à la demande principale, elles excéderaient quinze cents francs. — Si l'une des demandes principale ou reconventionnelle s'élève au-dessus des limites ci-dessus indiquées, le tribunal ne prononcera sur toutes qu'en premier ressort. Néanmoins, il sera statué en dernier ressort sur les demandes en dommages intérêts, lorsqu'elles seront fondées exclusivement sur la demande principale elle-même. (1)

640. Dans les arrondissemens où il n'y aura pas de tribunaux de commerce, les juges du tribunal civil exerceront les fonctions et connaîtront des matières attribuées aux juges de commerce par la présente loi.

641. L'instruction, dans ce cas, aura lieu dans la même forme que devant les tribunaux de commerce, et les jugemens produiront les mêmes effets. Pr. 414 s.

TITRE III.

DE LA FORME DE PROCÉDER DEVANT LES TRIBUNAUX DE COMMERCE.

642. La forme de procéder devant les tribunaux de commerce sera suivie telle qu'elle a été réglée par le titre XXV du livre II de la 1re partie du Code de procédure civile. Pr. 414 s.

643. Néanmoins les articles 156, 158 et 159 du même Code, relatifs aux jugemens par défaut rendus par les tribunaux inférieurs, seront applicables aux jugemens par défaut rendus par les tribunaux de commerce.

644. Les appels des jugemens des tribunaux de commerce seront portés par-devant les cours dans le ressort desquelles ces tribunaux sont situés. Co. 645 s. Pr. 443 s.

(1) Ces dispositions ne s'appliquent pas aux demandes introduites avant la promulgation de la loi du 3 mars 1840.

TITRE IV.

DE LA FORME DE PROCÉDER DEVANT LES COURS ROYALES.

645. Le délai pour interjeter appel des jugemens des tribunaux de commerce sera de trois mois, à compter du jour de la signification du jugement, pour ceux qui auront été rendus contradictoirement, et du jour de l'expiration du délai de l'opposition, pour ceux qui auront été rendus par défaut : l'appel pourra être interjeté le jour même du jugement. Pr. 443 s.; secùs, 449.

646. (*Ainsi modifié, loi du 3 mars 1840*). Dans les limites de la compétence fixée par l'article 639 pour le dernier ressort, l'appel ne sera pas reçu, encore que le jugement n'énonce pas qu'il est rendu en dernier ressort, et même quand il énoncerait qu'il est rendu à la charge d'appel.

647. Les cours royales ne pourront, en aucun cas, à peine de nullité, et même des dommages et intérêts des parties, s'il y a lieu, accorder des défenses ni surseoir à l'exécution des jugemens des tribunaux de commerce, quand même ils seraient attaqués d'incompétence ; mais elles pourront, suivant l'exigence des cas, accorder la permission de citer extraordinairement à jour et heure fixes, pour plaider sur l'appel. C. 1149, 1382. Pr. 156, 460.

648. Les appels des jugemens des tribunaux de commerce seront instruits et jugés dans les cours, comme appels de jugemens rendus en matière sommaire. La procédure, jusque et y compris l'arrêt définitif, sera conforme à celle qui est prescrite, pour les causes d'appel en matière civile, au livre III de la 1re partie du Code de procédure civile. Pr. 443 s., 463 s.

FIN DU CODE DE COMMERCE.

CODE D'INSTRUCTION CRIMINELLE[1].

BIBLIOTHÈQUE

DISPOSITIONS PRÉLIMINAIRES.

(Loi décrétée le 17 novembre 1808. Promulguée le 27 du même mois.)

Art. 1er. L'action pour l'application des peines n'appartient qu'aux fonctionnaires auxquels elle est confiée par la loi. — L'action en réparation du dommage causé par un crime, par un délit ou par une contravention, peut être exercée par tous ceux qui ont souffert de ce dommage. I. c. 3 s., 19, 22, 145, 165, 167, 182, 197, 202, 210, 216, 271 s., 287 s., 361 s., 373, 413, 544, 557, 635 s. C. 1383 s. P. 55. L. 6 *juillet* 1810, 65.

2. L'action publique pour l'application de la peine s'éteint par la mort du prévenu. C. 31. — L'action civile, pour la réparation du dommage, peut être exercée contre le prévenu et contre ses représentans. C. 870 s., 1006, 1009, 1012, 1122, 1220, 1382 s. — L'une et l'autre action s'éteignent par la prescription, ainsi qu'il est réglé au livre II, titre VII, chapitre V, *de la Prescription*. I. c. 635 s.

3. L'action civile peut être poursuivie en même temps et devant les mêmes juges que l'action publique. — Elle peut aussi l'être séparément : dans ce cas, l'exercice en est suspendu, tant qu'il n'a pas été prononcé définitivement sur l'action publique intentée avant ou pendant la poursuite de l'action civile. I. c. 1, 66 s., 145 s., 358 s., 362, 366, 429, 585, 635. C. 235. P. 117. Co. 595 ; *comparez* 601, C. *secùs*, 327.

4. La renonciation à l'action civile ne peut arrêter ni suspendre l'exercice de l'action publique. I. c. 66, 67, C. 2046. Pr. 249, *comparez* C. 1363. P. 366.

5. Tout Français qui se sera rendu coupable, hors du territoire de France, d'un crime attentatoire à la sûreté de l'état, de contrefaction du sceau de l'état, de monnaies nationales ayant cours, de papiers nationaux, de billets de banque autorisées par la loi, pourra être poursuivi, jugé et puni en France, d'après les dispositions des lois françaises. I. c. 7, 24. C. 3.

6. Cette disposition pourra être étendue aux étrangers qui, auteurs ou complices des mêmes crimes, seraient arrêtés en France, ou dont le gouvernement obtiendrait l'extradition. I. c. 5, 24.

7. Tout Français qui se sera rendu coupable, hors du territoire du royaume, d'un crime contre un Français, pourra, à son retour en France, y être poursuivi et jugé, s'il n'a pas été poursuivi et jugé en pays étranger, et si le Français offensé rend plainte contre lui. I. c. 24.

---

(1) A compter du 1er juin prochain, date à partir de laquelle la loi de ce jour sur les réformes dans la législation pénale sera exécutoire, il ne sera reconnu comme texte officiel du Code d'instruction criminelle que le texte dont la teneur suit. (*Ord.* 28 avril 1832.)

LIVRE PREMIER.

DE LA POLICE JUDICIAIRE ET DES OFFICIERS DE POLICE QUI L'EXERCENT.

(Suite de la Loi du 17 novembre 1808.)

CHAPITRE PREMIER.

DE LA POLICE JUDICIAIRE.

8. La police judiciaire recherche les crimes, les délits et les contraventions, en rassemble les preuves, et en livre les auteurs aux tribunaux chargés de les punir. I. c. 9, 10.

9. La police judiciaire sera exercée sous l'autorité des cours royales, et suivant les distinctions qui vont être établies. — Par les gardes champêtres et les gardes forestiers, I. c. 16 s. F. 160 s. — Par les commissaires de police, I. c. 48 s., — Par les maires et les adjoints de maire, I. c. 10, 11, 14 s., 50. — Par les procureurs du roi et leurs substituts, I. c. 22 s. — Par les juges de paix, I. c. 48 s., — Par les officiers de gendarmerie, I. c. 48 s., — Par les commissaires généraux de police, I. c. 48 s., — Et par les juges d'instruction. I. c. 55 s., 279, 464, 484. P. 198, 462.

10. Les préfets des départemens, et le préfet de police à Paris, pourront faire personnellement, ou requérir les officiers de police judiciaire, *chacun en ce qui le concerne*, de faire tous actes nécessaires à l'effet de constater les crimes, délits et contraventions, et d'en livrer les auteurs aux tribunaux chargés de les punir, *conformément* à l'article 8 ci-dessus. I. c. 514.

CHAPITRE II.

DES MAIRES, DES ADJOINTS DE MAIRE, ET DES COMMISSAIRES DE POLICE.

11. Les commissaires de police, et dans les communes où il n'y en a point, les maires, au défaut de ceux-ci les adjoints de maire, rechercheront les *contraventions* de police, même celles qui sont sous la surveillance spéciale des gardes forestiers et champêtres, à l'égard desquels ils auront concurrence et même prévention. — Ils recevront les rapports, dénonciations et plaintes qui seront relatifs aux *contraventions de police*. — Ils consigneront dans les procès-verbaux qu'ils rédigeront à cet effet, la nature et les circonstances des contraventions, le temps et le lieu où elles auront été commises, les preuves ou indices à la charge de ceux qui en seront présumés coupables. I. c. 15, 16 s., 20 s., 31 s., 50 s., 63 s., 144, 154, 279 s. P. 464 s.

12. Dans les communes divisées en plusieurs arrondissemens, les commissaires de police exerceront ces fonctions dans toute l'étendue de la commune où ils sont établis, sans pouvoir *alléguer que* les contraventions ont été commises hors de l'arrondissement particulier auquel ils sont préposés. — Ces arrondissemens ne limitent ni ne circonscrivent leurs pouvoirs respectifs, mais indiquent seulement les termes dans lesquels chacun d'eux est plus spécialement astreint à un exercice constant et régulier de ses fonctions.

13. Lorsque l'un des commissaires de police d'une même commune se trouvera légitimement empêché, celui de l'arrondissement voisin est tenu de le suppléer, sans qu'il puisse retarder le service pour lequel il sera requis, sous prétexte qu'il n'est pas le plus voisin du commissaire empêché, ou que l'empêchement n'est pas légitime ou n'est pas prouvé.

14. Dans les communes où il n'y a qu'un commissaire de police, s'il se trouve légitimement empêché, le maire, ou, au défaut de celui-ci, l'adjoint de maire, le remplacera, tant que durera l'empêchement. I. c. 11. L. 18 *juillet* 1837, art. 9 s.

15. Les maires ou adjoints de maire remettront à l'officier par qui sera rempli le ministère public près le tribunal de police, toutes les pièces et renseignemens, dans les trois jours au plus tard, y compris celui où ils ont reconnu le fait sur lequel ils ont procédé. I. c. 20.

CHAPITRE III.

DES GARDES CHAMPÊTRES ET FORESTIERS.

16. Les gardes champêtres et les gardes forestiers, considérés comme officiers de police judiciaire, sont chargés de rechercher, chacun dans le territoire pour lequel ils auront été assermentés, les délits et les contraventions de police qui auront porté atteinte aux propriétés rurales et forestières. — Ils dresseront des procès-verbaux, à l'effet de constater la nature, les circonstances, le temps, le lieu des délits et des contraventions, ainsi que les preuves et les indices qu'ils auront pu en recueillir. — Ils suivront les choses enlevées, dans les lieux où elles auront été transportées, et les mettront en séquestre : ils ne pourront néanmoins s'introduire dans les maisons, ateliers, bâtimens, cours adjacentes et enclos, si ce n'est en présence soit du juge de paix, soit de son suppléant, soit du commissaire de police, soit du maire du lieu, soit de son adjoint; et le procès-verbal qui devra en être dressé sera signé par celui en présence duquel il aura été fait. — Ils arrêteront, et conduiront devant le juge de paix ou devant le maire, tout individu qu'ils auront surpris en flagrant délit, ou qui sera dénoncé par la clameur publique, lorsque ce délit emportera la peine d'emprisonnement, ou une peine plus grave. — Ils se feront donner, pour cet effet, main-forte par le maire ou par l'adjoint de maire du lieu, qui ne pourra s'y refuser. I. c. 11, 18, 20; *flagrant délit*, 41, 106; *procès-verb.*, 154. F. 5, 160, 176. T. cr. 37. C. *séquestre*, 1961 s. F. *viol. de domicile*. 184.

17. Les gardes champêtres et forestiers sont, comme officiers de police judiciaire, sous la surveillance du procureur du roi, sans préjudice de leur subordination à l'égard de leurs supérieurs dans l'administration. I. c. 9; *surveillance*, 279 s., 479, 483 s.

18. Les gardes forestiers de l'administration, des communes et des établissemens publics, remettront leurs procès-verbaux au conservateur, inspecteur ou sous inspecteur forestier, dans le délai fixé par l'article 15. — L'officier qui aura reçu l'affirmation sera tenu, dans la huitaine, d'en donner avis au procureur du roi. I. c. 15, 20, 182. F. 165. (1)

19. Le conservateur, inspecteur ou sous inspecteur, fera citer les prévenus ou les personnes civilement responsables devant le tribunal correctionnel. I. c. 179 s. C. 1384. P. 73 s. T. cr. 71. F. 159, 166, 209 s.

20. Les procès-verbaux des gardes champêtres des communes, et ceux des gardes champêtres et forestiers des particuliers, seront, lorsqu'il s'agira de simples contraventions, remis par eux, dans le délai fixé par l'article 15, au commissaire de police de la commune chef lieu de la justice de paix, ou au maire dans les communes où il n'y a point de commissaire de police; et lorsqu'il s'agira d'un délit de nature à mériter une peine correctionnelle, la remise sera faite au procureur du roi. I. c. 15, 18, 19, 137, 139, 144. T. cr. 90. F. 188 s.

21. Si le procès verbal a pour objet une contravention de police, il sera procédé par le commissaire de police de la commune chef-lieu de

---

(1) *Droits d'enregistrement* : L. 22 frimaire an VII, *art.* 70, § 2, 3; *Ord.* 22 mai 1816. — Ces dispositions s'appliquent non-seulement aux procès-verbaux et à leur affirmation, mais à tous les actes et jugemens en matière criminelle, correctionnelle et de police, qui sont exempts de la formalite de l'enregistrement, ou doivent être enregistrés *gratis*, *à moins qu'il n'y ait une partie civile*. Dans ce dernier cas, les droits sont tels qu'ils ont été indiqués au Code de procédure civile.

la justice de paix, par le maire, ou à son défaut, par l'adjoint de maire, dans les communes où il n'y a point de commissaire de police, ainsi qu'il sera réglé au chapitre 1er, titre 1er du livre II du présent Code. I. c. 137 s., 144 s.

CHAPITRE IV.

DES PROCUREURS DU ROI ET DE LEURS SUBSTITUTS.

SECTION I.

De la Compétence des Procureurs du Roi, relativement à la Police judiciaire.

22. Les procureurs du roi sont chargés de la recherche et de la poursuite de tous les délits dont la connaissance appartient aux tribunaux de police correctionnelle, ou aux cours d'assises. I. c. 1, 26, 29 s., 47, 51 s., 100 s., 117, 121, 132 s., 182, 249.

23. Sont également compétens pour remplir les fonctions déléguées par l'article précédent, le procureur du roi du lieu du crime ou délit, celui de la résidence du prévenu, et celui du lieu où le prévenu pourra être trouvé. I. c. 29 s., 63, 69.

24. Ces fonctions, lorsqu'il s'agira de crimes ou de délits commis hors du territoire français, dans les cas énoncés aux articles 5, 6 et 7, seront remplies par le procureur du roi du lieu où résidera le prévenu, ou par celui du lieu où il pourra être trouvé, ou par celui de sa dernière résidence connue. I. c. 23, 63, 69.

25. Les procureurs du roi et tous autres officiers de police judiciaire auront, dans l'exercice de leurs fonctions, le droit de requérir directement la force publique. I. c. 16, 99, 108, 376; *gendarmes*, L. 28 *germ. an* VI, *art.* 157, *Ord.* 20 *octobre* 1820, *art.* 149. P. 234. (1)

26. Le procureur du roi sera, en cas d'empêchement, remplacé par son substitut, ou, s'il a plusieurs substituts, par le plus ancien. S'il n'a pas de substitut, il sera remplacé par un juge commis à cet effet par le président. (2)

27. Les procureurs du roi seront tenus, aussitôt que *les délits parviendront* à leur connaissance, d'en donner avis au procureur général près la cour royale, et d'exécuter ses ordres relativement à *tous actes de police judiciaire*. I. c. 249 s., 274 s., 290. L. 20 *avril* 1810, 6, 45, 47. L. 6 *juillet* 1810, 42 s.

28. Ils pourvoiront à l'envoi, à la notification et à l'exécution des ordonnances qui seront rendues par le juge d'instruction, d'après les règles qui seront ci-après établies au chapitre *des Juges d'instruction*. I. c. 22, 59, 72, 86 s.; *opp. à mise en liberté*, 135.

SECTION II.

Mode de procéder des Procureurs du Roi dans l'exercice de leurs fonctions.

29. Toute autorité constituée, tout fonctionnaire ou officier public, qui, dans l'exercice de ses fonctions, acquerra la connaissance d'un crime ou d'un délit, sera tenu d'en donner avis sur-le-champ au procureur du roi près le tribunal dans le ressort duquel ce crime ou délit aura été commis, ou dans lequel le prévenu pourrait être trouvé, et de transmettre à ce magistrat tous les renseignemens, *procès-verbaux et actes qui y sont relatifs*. I. c. 23, 40, 63, 358, 449, 485 s. Pr. 505 s. P. 336, 359, 367, 378, 433.

30. Toute personne qui aura été témoin d'un attentat, soit contre la sûreté publique, soit contre la vie ou la propriété d'un individu, sera pareillement tenu d'en donner avis au procureur du roi, soit du lieu du crime ou délit, soit du lieu où le prévenu pourra être trouvé. I. c. 23; *flagr. délit*, 40, 48, 50, 106; *partie*

---

(1) Les huissiers chargés de mettre un mandat ou ordonnance de prise de corps à exécution, peuvent requérir *directement* la force publique: le mandat ou ordonnance dont ils sont porteurs leur en donne le droit. *T. cr.*

(2) Cet article a été modifié par le *Déc.* 18 août 1810, *art.* 20, 21, 22 s.

civ., 66, 69 ; *témoins*, 325, 358 s. C. 727. P. 373, 378.

31. Les dénonciations seront rédigées par les dénonciateurs, ou par leurs fondés de procuration spéciale, ou par le procureur du roi s'il en est requis ; elles seront toujours signées par le procureur du roi à chaque feuillet, et par les dénonciateurs ou par leurs fondés de pouvoir. — Si les dénonciateurs ou leurs fondés de pouvoir ne savent ou ne veulent pas signer, il en sera fait mention. — La procuration demeurera toujours annexée à la dénonciation ; et le dénonciateur pourra se faire délivrer, mais à ses frais, une copie de sa dénonciation. I. c. 39 s., 48, 50, 63, 275, 358 s. T. cr. 42.

32. Dans tous les cas de flagrant délit, lorsque le fait sera de nature à entraîner une peine afflictive ou infamante, le procureur du roi se transportera sur le lieu, sans aucun retard, pour y dresser les procès-verbaux nécessaires à l'effet de constater le corps du délit, son état, l'état des lieux, et pour recevoir les déclarations des personnes qui auraient été présentes, ou qui auraient des renseignemens à donner. — Le procureur du roi donnera avis de son transport au juge d'instruction, sans être toutefois tenu de l'attendre pour procéder, ainsi qu'il est dit au présent chapitre. I. c. 33 s., 41 s., 46 s., 61 s., 49 s. ; *collèges*, *Déc.* 15 *nov.* 1811, *art.* 157 s. ; *résidences royales*, O. 20 *août* 1817, *art.* 3 s. P. *peines*, 6 s.

33. Le procureur du roi pourra aussi, dans le cas de l'article précédent, appeler à son procès-verbal les parens, voisins ou domestiques présumés en état de donner des éclaircissemens sur le fait ; il recevra leurs déclarations, qu'ils signeront : les déclarations reçues en conséquence du présent article et de l'article précédent seront signées par les parties, ou, en cas de refus, il en sera fait mention. I. c. 39, 42 ; *flagr. délit*, 46 s., 60.

34. Il pourra défendre que qui que ce soit sorte de la maison, ou s'éloigne du lieu, jusqu'après la clôture de son procès-verbal. — Tout contrevenant à cette défense sera, s'il peut être saisi, déposé dans la maison d'arrêt : la peine encourue pour la contravention sera prononcée par le juge d'instruction, sur les conclusions du procureur du roi, après que le contrevenant aura été cité et entendu, ou par défaut s'il ne comparaît pas, sans autre formalité ni délai, et sans opposition ni appel. — La peine ne pourra excéder dix jours d'emprisonnement et cent francs d'amende. I. c. 46, 504 s. Pr. 88 s. T. cr. 71.

35. Le procureur du roi se saisira des armes et de tout ce qui paraîtra avoir servi ou avoir été destiné à commettre le crime ou le délit, ainsi que tout ce qui paraîtra en avoir été le produit, enfin de tout ce qui pourra servir à la manifestation de la vérité : il interpellera le prévenu de s'expliquer sur les choses saisies qui lui seront représentées ; il dressera du tout un procès-verbal, qui sera signé par le prévenu, ou mention sera faite de son refus. I. c. 38, 39, 42, 46, 60, 89, 133, 154. T. cr. 37.

36. Si la nature du crime ou du délit est telle, que la preuve puisse vraisemblablement être acquise par les papiers ou autres pièces et effets en la possession du prévenu, le procureur du roi se transportera de suite dans le domicile du prévenu, pour y faire la perquisition des objets qu'il jugera utiles à la manifestation de la vérité. I. c. 39, 42, 46, 60, 89. P. 184. T. cr. 88.

37. S'il existe, dans le domicile du prévenu, des papiers ou effets qui puissent servir à conviction ou à décharge, le procureur du roi en dressera procès-verbal, et se saisira desdits effets ou papiers. I. c. 39, 42, 46 ; *pièces à convict.*, 135, 190, 228, 291 s., 329, 474. T. cr. 37.

38. Les objets saisis seront clos et cachetés, si faire se peut ; ou s'ils ne sont pas susceptibles de recevoir des caractères d'écriture, ils seront mis dans un vase ou dans un sac, sur lequel le procureur du roi attachera une bande de papier qu'il scellera de son sceau. I. c. 35 s., 39, 42, 46. T. cr. 37.

39. Les opérations prescrites par les articles précédens seront faites en présence du prévenu, s'il a été arrêté; et s'il ne veut ou ne peut y assister, en présence d'un fondé de pouvoir qu'il pourra nommer. Les objets lui seront présentés à l'effet de les reconnaître et de les parapher, s'il y a lieu; et, au cas de refus, il en sera fait mention au procès-verbal. I. c. 35 s., 42, 46.

40. Le procureur du roi, audit cas de flagrant délit, et lorsque le fait sera de nature à entraîner peine afflictive ou infamante, fera saisir les prévenus présens contre lesquels il existerait des indices graves. I. c. 41, 42 s., 46, 60. P. *peines*, 6 s. Ch. 29, 44. — Si le prévenu n'est pas présent, le procureur du roi rendra une ordonnance à l'effet de le faire comparaître; cette ordonnance s'appelle *mandat d'amener*. I. c. 91 s. — La dénonciation seule ne constitue pas une présomption suffisante pour décerner cette ordonnance contre un individu ayant domicile. I. c. 30 s. — Le procureur du roi interrogera sur-le-champ le prévenu amené devant lui. I. c. 103 s.; *indices graves*, 221 s. P. *forfaiture*, 121. T. cr. 71, 3°, 4°.

41. Le délit qui se commet actuellement, ou qui vient de se commettre, est un flagrant délit. — Seront aussi réputés flagrant délit, le cas où le prévenu est poursuivi par la clameur publique, et celui où le prévenu est trouvé saisi d'effets, armes, instrumens ou papiers faisant présumer qu'il est auteur ou complice, pourvu que ce soit dans un temps voisin du délit. I. c. 32 s., 42 s., 46, 106 s. P. 121.

42. Les procès-verbaux du procureur du roi, en exécution des articles précédens, seront faits et rédigés en la présence et revêtus de la signature du commissaire de police de la commune dans laquelle le crime ou le délit aura été commis, ou du maire, ou de l'adjoint du maire, ou de deux citoyens domiciliés dans la même commune. — Pourra néanmoins le procureur du roi dresser les procès-verbaux sans assistance de témoins, lorsqu'il n'y aura pas possibilité de s'en procurer tout de suite. — Chaque feuillet du procès-verbal sera signé par le procureur du roi et par les personnes qui y auront assisté: en cas de refus ou d'impossibilité de signer de la part de celles-ci, il en sera fait mention. I. c. 35, 46, 48 s., 59, 154.

43. Le procureur du roi se fera accompagner, au besoin, d'une ou de deux personnes, présumées, par leur art ou profession, capables d'apprécier la nature et les circonstances du crime ou délit. I. c. 44, 46 s., 60. T. cr. 16 s., 88, 90 s.

44. S'il s'agit d'une mort violente, ou d'une mort dont la cause soit inconnue et suspecte, le procureur du roi se fera assister d'un ou deux officiers de santé, qui feront leur rapport sur les causes de la mort et sur l'état du cadavre. — Les personnes appelées, dans les cas du présent article et de l'article précédent, prêteront, devant le procureur du roi, le serment de faire leur rapport et de donner leur avis en leur honneur et conscience. C. 81, 82. I. c. 46 s., 60. T. cr. 16 s., 90 s.

45. Le procureur du roi transmettra sans délai, au juge d'instruction, les procès-verbaux, actes, pièces et instrumens dressés ou saisis en conséquence des articles précédens, pour être procédé ainsi qu'il sera dit au chapitre *des Juges d'instruction*; et cependant le prévenu restera sous la main de la justice en état de mandat d'amener. I. c. 46 s., 60 s.

46. Les attributions faites ci-dessus au procureur du roi pour les cas de flagrant délit auront lieu aussi toutes les fois que, s'agissant d'un crime ou délit, même non flagrant, commis dans l'intérieur d'une maison, le chef de cette maison requerra le procureur du roi de le constater. I. c. 32 à 45, 47, 52, 55. P. *abus d'aut.*, 184; *flagr. dél.*, 475 12°. T. cr. 88.

47. Hors les cas énoncés dans les articles 32 et 46, le procureur du roi, instruit, soit par une dénonciation, soit par toute autre voie, qu'il a été commis dans son arrondissement un crime ou un délit, ou qu'une personne qui en est prévenue se trouve dans son arrondissement, sera tenu de requérir le juge d'instruction d'ordonner qu'il en soit informé, même de se transporter, s'il est besoin, sur *les lieux*, à l'effet d'y dresser tous les procès-verbaux nécessaires, ainsi qu'il sera dit au chapitre *des Juges d'instruction*. I. c. 22, 29 s., 61 s., 71 s. P. 184. T. cr. 88.

CHAPITRE V.

DES OFFICIERS DE POLICE AUXILIAIRES DU PROCUREUR DU ROI.

48. Les juges de paix, les officiers de gendarmerie, les commissaires généraux de police, recevront les dénonciations de crimes ou délits commis dans les lieux où ils exercent leurs fonctions habituelles. T. c. 16, 29 s., 53 s. (1)

49. Dans le cas de flagrant délit, ou dans le cas de réquisition de la part d'un chef de maison, ils dresseront *les procès verbaux*, recevront les déclarations des témoins, feront les visites et les autres actes qui sont, auxdits cas, de la compétence des procureurs du roi, le tout dans les formes et suivant les règles établies au chapitre *des Procureurs du Roi*. I. c. 22 s., 41 s., 46 s., 51 s. T. cr. 88.

50. Les maires, adjoints de maire, et les commissaires de police, recevront également les dénonciations et feront les actes énoncés en l'article précédent, en se conformant aux mêmes règles. I. c. 16, 32 s., 46 s., 51 s. T. cr. 88.

51. Dans les cas de concurrence entre les procureurs du roi et les officiers de police énoncés aux articles précédens, le procureur du roi fera les actes attribués à la police judiciaire : *s'il a été prévenu, il pourra* continuer la procédure, et autoriser l'officier qui l'aura commencée à la suivre. T. cr. 88.

52. Le procureur du roi, exerçant son ministère dans les cas des articles 32 et 46, pourra, s'il le juge utile et nécessaire, charger un officier de police auxiliaire de partie des actes de sa compétence. T. cr. 88.

53. Les officiers de police auxiliaires renverront, sans délai, les dénonciations, procès-verbaux et autres actes par eux faits dans les cas de leur compétence, au *procureur du roi*, qui sera tenu d'examiner sans retard les procédures, et de les transmettre, avec les réquisitions qu'il jugera convenables, au juge d'instruction. I. c. 11, 16, 45, 47, 48, 50, 61, 64.

54. Dans les cas de dénonciation de crimes ou délits autres que ceux qu'ils sont directement chargés de constater, les officiers de police judiciaire transmettront aussi *sans* délai au procureur du roi les dénonciations qui leur auront été faites, et le procureur du roi les remettra au juge d'instruction, avec son réquisitoire. I. c. 40, 45, 47, 64.

CHAPITRE VI.

DES JUGES D'INSTRUCTION.

SECTION I.

Du Juge d'instruction.

55. Il y aura, dans chaque arrondissement communal, un juge d'instruction. Il sera choisi par sa majesté parmi les juges du tribunal civil, pour trois ans : il pourra être continué plus long-temps; et il conservera séance au jugement des affaires civiles, suivant le rang de sa réception. I. c. 59 s.; *assises*, 257; *nullit.*, 415; *prév. de del.*, 479 s., 483 s.; *vis. de prisons*, 611, 613.

56. Il sera établi un second juge d'instruction dans les arrondissemens où il pourrait être nécessaire; ce juge sera membre du tribunal civil. — Il y aura à Paris six juges d'instruction. (2)

57. Les juges d'instruction seront, quant aux fonctions de police judiciaire, sous la surveillance du pro-

---

(1) Les fonctions de la gendarmerie, relatives à la police judiciaire, sont expliquées dans la loi du 28 germinal an VI, art. 5, 97, 98, 125, 126 s., 141, 148, 165 s., 194. — Les fonctions et attributions des commissaires généraux de police sont déterminées par les *Déc.* 5 brumaire an IX et 19 fructidor an XIII. — V. *L.* 11 germinal an XI, *art.* 19.

(2) V. *Déc.* 18 août 1810, 6 mars 1811; *Ord.* 27 juin 1820; *L.* 31 juillet; *Ord.* 1er août 1821, 19 mai 1825, 15 juill. 1837, 17 juill. 1840; *L.* 25 avril 1841.

cureur général près la cour royale. I. c. 279 s., 289, 479 s., 483 s.

58. Dans les villes où il n'y a qu'un juge d'instruction, s'il est absent, malade ou autrement empêché, le tribunal de première instance désignera l'un des juges de ce tribunal pour le remplacer.

SECTION II.

Fonctions du Juge d'instruction.

DISTINCTION 1re. — *Des cas de flagrant délit.*

59. Le juge d'instruction, dans tous les cas réputés flagrant délit, peut faire directement, et par lui-même, tous les actes attribués au procureur du roi, en se conformant aux règles établies au chapitre *des Procureurs du Roi et de leurs Substituts.* Le juge d'instruction peut requérir la présence du procureur du roi, sans aucun retard néanmoins des opérations prescrites dans ledit chapitre. I. c. 32 s., 41, 62. T. cr. 88.

60. Lorsque le flagrant délit aura déjà été constaté, et que le procureur du roi transmettra les actes et pièces au juge d'instruction, celui ci sera tenu de faire, sans délai, l'examen de la procédure. — Il peut refaire les actes ou ceux des actes qui ne lui paraîtraient pas complets. I. c. 32 s., 41. T. cr. 88.

DISTINCTION II. — *De l'Instruction.*

§ Ier. *Dispositions générales.*

61. Hors les cas de flagrant délit, le juge d'instruction ne fera aucun acte d'instruction et de poursuite qu'il n'ait donné communication de la procédure au procureur du roi. Il la lui communiquera pareillement lorsqu'elle sera terminée; et le procureur du roi fera les réquisitions qu'il jugera convenables, sans pouvoir retenir la procédure plus de trois jours. — Néanmoins le juge d'instruction délivrera, s'il y a lieu, le mandat d'amener, et même le mandat de dépôt, sans que ces mandats doivent être précédés des conclusions du procureur du roi. I. c. 47, 53, 64, 70, 91 s., 127 s., 280 s., 484. T. cr. 71, 3°, 4°.

62. Lorsque le juge d'instruction se transportera sur les lieux, il sera toujours accompagné du procureur du roi et du greffier du tribunal. I. c. 59. T. cr. 88.

§ II. *Des Plaintes.*

63. Toute personne qui se prétendra lésée par un crime ou délit pourra en rendre plainte et se constituer partie civile devant le juge d'instruction, soit du lieu du crime ou délit, soit du lieu de la résidence du prévenu, soit du lieu où il pourra être trouvé. I. c. *compét.*, 23, 69; *dénonciat.*, 31, 65 s.; *citation*, 145, 183; *comparut.*, 147, 184; *trib. saisi*, 182; *renvois*, 275; *act. civ.*, 359. T. cr. 42, 160.

64. Les plaintes qui auraient été adressées au procureur du roi seront par lui transmises au juge d'instruction avec son réquisitoire; celles qui auraient été présentées aux officiers auxiliaires de police seront par eux envoyées au procureur du roi, et transmises par lui au juge d'instruction, aussi avec son réquisitoire. — Dans les matières du ressort de la police correctionnelle, la partie lésée pourra s'adresser directement au tribunal correctionnel, dans la forme qui sera ci-après réglée. I. c. 45, 47 s., 53 s., 61, 145, 182, 275.

65. Les dispositions de l'article 31, concernant les dénonciations, seront communes aux plaintes. T. cr. 42.

66. Les plaignans ne seront réputés partie civile, s'ils ne le déclarent formellement, soit par la plainte, soit par acte subséquent, ou s'ils ne prennent, par l'un ou par l'autre, des conclusions en dommages-intérêts: ils pourront se départir dans les vingt-quatre heures: dans le cas du désistement, ils ne sont pas tenus des frais depuis qu'il aura été signifié, sans préjudice néanmoins des dommages-intérêts des prévenus, s'il y a lieu. I. c. 63, 67 s., 358 s. P. 373. T. cr. 42, 157 s.

67. Les plaignans pourront se porter partie civile en tout état de cause jusqu'à la clôture des débats: mais en aucun cas leur désistement après le jugement ne peut être valable, quoiqu'il ait été donné dans les vingt-quatre *heures de leur déclaration* qu'ils se portent partie civile. I. c. 63, 359.

68. *Toute partie civile* qui ne demeurera pas dans l'arrondissement communal où se fait l'instruction, sera tenue d'y élire domicile par acte passé au greffe du tribunal. Pr. 218. — A défaut d'élection de domicile par la partie civile, elle ne pourra opposer le défaut de signification contre les actes qui auraient dû lui être signifiés aux termes de la loi. I. c. *domicile*, 111, 187, 555. T. cr. 41.

69. Dans le cas où le juge d'instruction ne serait ni celui du lieu du *crime ou délit*, ni celui de la résidence du prévenu, ni celui du lieu où il pourra être trouvé, il renverra la plainte devant le juge d'instruction qui pourrait en connaître. I. c. 23, 29 s., 63.

70. Le juge d'instruction compétent pour connaître de la plainte, en ordonnera la communication au procureur du roi, pour être par lui requis ce qu'il appartiendra. I. c. 61.

§ III. *De l'Audition des Témoins.*

71. Le *juge d'instruction fera citer* devant lui les personnes qui auront été indiquées par la dénonciation, par la plainte, par le procureur du roi ou autrement, comme ayant connaissance, soit du crime ou délit, soit de ses circonstances. I. c. 74 s., 510. C. 25. P. 34, 42.

72. Les témoins seront cités par un huissier, ou par un agent de la force publique, à la requête du procureur du roi. I. c. 28, 170, 324. T. cr. 71. (1)

73. Ils seront entendus séparément, et hors de la présence du prévenu, par le juge d'instruction, assisté de *son greffier*. I. c. 332 s., 510 s.; *greffier*, 62.

74. Ils représenteront, avant d'être entendus, la citation *qui leur aura* été donnée pour déposer; et il en sera fait mention dans le procès-verbal. I. c. 71, 77, 324.

75. Les témoins prêteront serment de dire toute la vérité, rien que la vérité; le juge d'instruction leur demandera leurs noms, prénoms, âge, état, profession, demeure; s'ils sont domestiques, parens ou alliés des parties, et à quel degré : il sera fait mention de la demande, et des réponses des témoins. I. c. 33, 77; *serment*, 155, 317, 322. C. 25. P. 34, 42, 43.

76. Les dépositions seront signées du juge, du greffier, et du témoin, après que lecture lui en aura été faite et qu'il aura déclaré y persister : si le témoin ne veut ou ne peut signer, il en sera fait mention. — Chaque page du cahier d'information sera signée par le juge et par le greffier.

77. Les formalités prescrites par les trois articles précédens seront remplies, à peine de cinquante francs d'amende contre le greffier, même, s'il y a lieu, de prise à partie contre le juge d'instruction. I. c. *prise à partie*, 164. Pr. 506 s.

78. Aucune interligne ne pourra être faite : les ratures et les renvois seront approuvés et signés par le juge d'instruction, par le greffier et par le témoin, sous les peines portées en l'article précédent. Les interlignes, ratures et renvois non approuvés, seront réputés non avenus.

79. Les enfans de l'un et de l'autre sexe, au-dessous de l'âge de quinze ans, pourront être entendus, par forme de déclaration et sans prestation de serment. I. c. 317.

80. Toute personne citée pour être entendue en témoignage sera tenue de comparaître et de satisfaire à la citation : sinon, elle pourra y être contrainte par le juge d'instruction,

---

(1) L'huissier ne peut signifier une citation hors le ressort du tribunal auquel il est attaché, sans un mandement exprès et par écrit du procureur du roi ou du juge d'instruction, qui doit exprimer les causes, le nom de l'huissier, le nombre et la nature des actes, le lieu, et ne peut être donné que pour cause grave. (*L.* 5 pluviôse an XIII, *art.* 1er; *Déc.* 18 juin 1811, *art.* 84; *T. cr.* 84.) — Les gendarmes sont agens de la force publique. (*L.* 5 pluviôse an XIII, *art.* 1er.)

qui, à cet effet, sur les conclusions du procureur du roi, sans autre formalité ni délai, et sans appel, prononcera une amende qui n'excédera *pas cent francs*, *et pourra ordonner* que la personne citée sera contrainte par corps à venir donner son témoignage. I. c. 82, 86, 92, 257 s., 304, 354 s., 510 s. Pr. 264, 782. P. 236, L. 17 *avril* 1832, 33 s. T. cr. 71.

81. Le témoin, ainsi condamné à l'amende sur le premier défaut, et qui, *sur la seconde citation*, produira devant le juge d'instruction des excuses légitimes, pourra, sur les conclusions du procureur du roi, être déchargé de l'amende. T. cr. 71.

82. Chaque témoin qui demandera une indemnité, sera taxé par le juge d'instruction. T. cr. 26 s., 31, 90 s., 135.

83. Lorsqu'il sera constaté, par le certificat d'un officier de santé, que des témoins se trouvent dans l'impossibilité de comparaître sur la citation qui leur aura été donnée, le juge d'instruction se transportera en leur demeure, quand ils habiteront dans le canton de la justice de paix du domicile du juge d'instruction. — Si les témoins habitent hors du canton, le juge d'instruction pourra commettre le juge de paix de leur habitation à l'effet de recevoir leur déposition, et il enverra au juge de paix des notes et instructions qui feront connaître les faits sur lesquels les témoins devront déposer. I. c. 91 s., 510 s. T. cr. 88.

84. Si les témoins résident hors de l'arrondissement du juge d'instruction, celui-ci requerra le juge d'instruction de l'arrondissement dans lequel les témoins sont résidans, de se transporter auprès d'eux pour recevoir leurs dépositions. — Dans le cas où les témoins n'habiteraient pas le canton du juge d'instruction ainsi requis, il pourra commettre le juge de paix de leur habitation, à l'effet de recevoir leurs dépositions, ainsi qu'il est dit *dans l'article précédent*. I. c. 103, 303, 451, 510 s. T. cr. 88.

85. Le juge qui aura reçu les dépositions en conséquence des articles 83 et 84 *ci-dessus*, les enverra closes et cachetées au juge d'instruction du tribunal saisi de l'affaire. I. c. 103.

86. Si le témoin auprès duquel le juge *se sera transporté*, dans les cas prévus par les trois articles précédens, n'était pas dans l'impossibilité de comparaître sur la citation qui lui avait *été donnée*, *le juge décernera* un mandat de dépôt contre le témoin et l'officier de santé qui aura délivré le certificat ci-dessus mentionné. — La *peine portée en pareil cas sera* prononcée par le juge d'instruction du même lieu, et sur la réquisition du procureur du roi, en la forme prescrite par l'article 80. I. c. 61, 95 s. P. 159, 236. T. cr. 42.

§ IV. *Des Preuves par écrit, et des Pièces de conviction.*

87. Le juge d'instruction se transportera, s'il en est requis, et pourra même se transporter d'office dans le domicile du prévenu, pour y faire la perquisition des papiers, effets, et généralement de tous les objets qui seront jugés utiles à la manifestation de la vérité. I. c. 36 s., 61, 62, 89. T. cr. 88.

88. Le juge d'instruction pourra pareillement se transporter dans les autres lieux où il présumerait qu'on aurait caché les objets dont il est parlé dans l'article précédent. I. c. 36 s. T. cr. 88.

89. Les dispositions des articles 35, 36, 37, 38 et 39 concernant la saisie des objets dont la perquisition peut être faite par le procureur du roi, dans les cas de flagrant délit, sont communes au juge d'instruction. T. cr. 37.

90. Si les papiers ou les effets dont il y aura lieu de faire la perquisition, sont hors de l'arrondissement du juge d'instruction, il requerra le juge d'instruction du lieu où l'on peut les trouver, de procéder aux opérations prescrites par les articles précédens. I. c. 83 s., 103, 451, 464. Pr. 1035. T. cr. 37, 88.

CHAPITRE VII.

DES MANDATS DE COMPARUTION, DE DÉPÔT, D'AMENER ET D'ARRÊT.

91. Lorsque l'inculpé sera domicilie, et que le fait sera de nature à ne donner lieu qu'à une peine correctionnelle, le juge d'instruction pourra, s'il le juge convenable, ne décerner contre l'inculpé qu'un mandat de comparution, sauf, après l'avoir interrogé, à convertir le mandat en tel autre mandat qu'il appartiendra. Si l'inculpé fait défaut, le juge d'instruction décernera contre lui un mandat d'amener. — Il décernera pareillement mandat d'amener contre toute personne, de quelque qualité qu'elle soit, inculpée d'un délit emportant peine afflictive ou infamante. I. c. 40, 61, 93, 95, 97 s., 112, 479 s. P. 121, 129 s. L. 20 avril 1810, 10. Ch. 29, 43, 44, 47. Constit. 22 frimaire an VIII, art. 68, 71, 75.

92. Il peut aussi donner des mandats d'amener contre les témoins qui refusent de comparaître sur la citation à eux donnée, conformément à l'article 80, et sans préjudice de l'amende portée en cet article.

93. Dans le cas de mandat de comparution, il interrogera de suite; dans le cas de mandat d'amener, dans les vingt quatre heures au plus tard. I. c. 40, 91, 103, 332 s. P. 114, 117.

94. Il pourra, après avoir entendu les prévenus, et le procureur du roi ouï, décerner, lorsque le fait emportera peine afflictive ou infamante ou emprisonnement correctionnel, un mandat d'arrêt dans la forme qui sera ci-après présentée. I. c. 96 s. P. 121, 129. L. 20 avril 1810, 58.

95. Les mandats de comparution, d'amener et de dépôt, seront signés par celui qui les aura décernés, et munis de son sceau. — Le prévenu y sera nommé ou désigné le plus clairement qu'il sera possible. I. c. 112, 617.

96. Les mêmes formalités seront observées dans le mandat d'arrêt; ce mandat contiendra de plus l'énonciation du fait pour lequel il est décerné, et la citation de la loi qui déclare que ce fait est un crime ou délit. I. c. 112.

97. Les mandats de comparution, d'amener, de dépôt ou d'arrêt, seront notifiés par un huissier, ou par un agent de la force publique, lequel en fera l'exhibition au prévenu, et lui en délivrera copie. — Le mandat d'arrêt sera exhibé au prévenu, lors même qu'il serait déjà détenu, et il lui en sera délivré copie. I. c. 28, 72, 105, 109, 111. P. 184, 209 s.

98. Les mandats d'amener, de comparution, de dépôt et d'arrêt, seront exécutoires dans toute l'étendue du royaume. — Si le prévenu est trouvé hors de l'arrondissement de l'officier qui aura délivré le mandat de dépôt ou d'arrêt, il sera conduit devant le juge de paix ou son suppléant, et, à leur défaut, devant le maire ou l'adjoint de maire, ou le commissaire de police du lieu, lequel visera le mandat, sans pouvoir en empêcher l'exécution. I. c. 100, 107.

99. Le prévenu qui refusera d'obéir au mandat d'amener, ou qui, après avoir déclaré qu'il est prêt à obéir, tentera de s'évader, devra être contraint. — Le porteur du mandat d'amener emploiera, au besoin, la force publique du lieu le plus voisin: elle sera tenue de marcher, sur la réquisition contenue dans le mandat d'amener. I. c. 25, 108, 603, 608 s.

100. Néanmoins, lorsqu'après plus de deux jours depuis la date du mandat d'amener, le prévenu aura été trouvé hors de l'arrondissement de l'officier qui a délivré ce mandat, et à une distance de plus de cinq myriamètres du domicile de cet officier, ce prévenu pourra n'être pas contraint de se rendre au mandat; mais alors le procureur du roi de l'arrondissement où il aura été trouvé, et devant lequel il sera conduit, décernera un mandat de dépôt en vertu duquel il sera retenu dans la maison d'arrêt. — Le mandat d'amener devra être pleinement exécuté, si le prévenu a été trouvé muni d'effets, de papiers ou d'instrumens qui feront présumer qu'il est auteur ou complice du délit pour raison duquel il est recherché, quels que soient le délai et la distance dans lesquels il aura été trouvé. I. c. 104, 127 s., 603 s., 608.

101. Dans les vingt-quatre heures de l'exécution du mandat de dépôt, le procureur du roi qui l'aura délivre en donnera avis, et transmettra les procès-verbaux, s'il en a été dressé, à l'officier qui a décerné le mandat d'amener.

102. L'officier qui a délivré le mandat d'amener, et auquel les pièces sont ainsi transmises, communiquera le tout, dans un pareil délai, au juge d'instruction près duquel il exerce; ce juge se conformera aux dispositions de l'article 90. I. c. 55 s., 60, 61, 87 s., 431, 464.

103. Le juge d'instruction saisi de l'affaire directement ou par renvoi en exécution de l'article 90, transmettra, sous cachet, au juge d'instruction du lieu où le prévenu a été trouvé, les pièces, notes et renseignemens relatifs au délit, afin de faire subir interrogatoire à ce prévenu. — Toutes les pièces seront ensuite également renvoyées, avec l'interrogatoire, au juge saisi de l'affaire. I. c. 93.

104. Si, dans le cours de l'instruction, le juge saisi de l'affaire décerne un mandat d'arrêt, il pourra ordonner, par ce mandat, que le prévenu sera transféré dans la maison d'arrêt du lieu où se fait l'instruction. — S'il n'est pas exprimé dans le mandat d'arrêt que le prévenu sera ainsi transféré, il restera en la maison d'arrêt de l'arrondissement dans lequel il aura été trouvé, jusqu'à ce qu'il ait été statué par la chambre du conseil, conformément aux articles 127, 128, 129, 130, 131, 132 et 133 ci-après. I. c. 100, 603 s., 608 s.

105. Si le prévenu contre lequel il a été décerné un mandat d'amener ne peut être trouvé, ce mandat sera exhibé au maire, ou à l'adjoint, ou au commissaire de police de la commune de la résidence du prévenu. — Le maire, l'adjoint ou le commissaire de police, mettra son visa sur l'original de l'acte de notification. I. c. 91, 97. Pr. 1039.

106. Tout dépositaire de la force publique, et même toute personne, sera tenu de saisir le prévenu surpris en flagrant délit, ou poursuivi, soit par la clameur publique, soit dans les cas assimilés au flagrant délit, et de le conduire devant le procureur du roi, sans qu'il soit besoin de mandat d'amener, si le crime ou délit emporte peine afflictive ou infamante. I. c. 30, 40, 41. P. 475 12°.

107. Sur l'exhibition du mandat de dépôt, le prévenu sera reçu et gardé dans la maison d'arrêt établie près le tribunal correctionnel; et le gardien remettra à l'huissier ou à l'agent de la force publique chargé de l'exécution du mandat, une reconnaissance de la remise du prévenu. I. c. 95, 97, 98, 111, 603 s., 608 s.

108. L'officier chargé de l'exécution d'un mandat de dépôt ou d'arrêt, se fera accompagner d'une force suffisante pour que le prévenu ne puisse se soustraire à la loi. — Cette force sera prise dans le lieu le plus à portée de celui où le mandat d'arrêt ou de dépôt devra s'exécuter; et elle est tenue de marcher, sur la réquisition directement faite au commandant et contenue dans le mandat. I. c. 25, 99, 617.

109. Si le prévenu ne peut être saisi, le mandat d'arrêt sera notifié à sa dernière habitation; et il sera dressé procès-verbal de perquisition. — Ce procès-verbal sera dressé en présence des deux plus proches voisins du prévenu que le porteur du mandat d'arrêt pourra trouver: ils le signeront; ou s'ils ne savent ou ne veulent pas signer, il en sera fait mention, ainsi que de l'interpellation qui en aura été faite. — Le porteur du mandat d'arrêt fera ensuite viser son procès-verbal par le juge de paix ou son suppléant, ou, à son défaut, par le maire, l'adjoint ou le commissaire de police du lieu, et lui en laissera copie. — Le mandat d'arrêt et le procès-verbal seront ensuite remis au greffe du tribunal. I. c. 97, 105, 111. T. cr. 71, 76, 77.

110. Le prévenu saisi en vertu d'un mandat d'arrêt ou de dépôt, sera conduit, sans délai, dans la maison d'arrêt indiquée par le mandat. I. c. 603 s., 608 s. T. cr. 4 s., 171.

111. L'officier chargé de l'exécution du mandat d'arrêt ou de dépôt, remettra le prévenu au gardien de la maison d'arrêt, qui lui en donnera décharge; le tout dans la forme prescrite par l'article 107. — Il porfera ensuite au greffe du tribunal correctionnel les pièces relatives à l'arrestation, et en prendra une reconnaissance. — Il exhibera ces décharge et reconnaissance dans les vingt-quatre heures au juge d'instruction : celui-ci mettra sur l'une et sur l'autre son vu, qu'il datera et signera. I. c. 105.

112. L'inobservation des formalités prescrites pour les mandats de comparution, de dépôt, d'amener et d'arrêt, sera toujours punie d'une amende *de cinquante francs au moins* contre le greffier, et, s'il y a lieu, d'injonctions au juge d'instruction et au procureur du roi, même de prise à partie s'il y échet. I. c. 29, 77, 91 s., 96 s.

CHAPITRE VIII.

DE LA LIBERTÉ PROVISOIRE ET DU CAUTIONNEMENT.

113. La liberte provisoire ne pourra jamais être accordée au prévenu lorsque le titre de l'accusation emportera une peine afflictive ou infamante. P. 7, 8.

114. Si le fait n'emporte pas une peine afflictive ou infamante, mais *seulement une* peine *correctionnelle*, la chambre du conseil pourra, sur la demande du prévenu, et sur les conclusions du procureur du roi, ordonner que le prévenu sera mis provisoirement en liberté, moyennant caution solvable de se représenter à tous les actes de la procédure, et pour l'exécution du jugement, aussitôt qu'il en *sera requis*. — La *mise* en liberté provisoire avec caution pourra être demandée et accordée en tout état de cause. I. c. 118 s. T. cr. 42, 71. (1)

115. Néanmoins les vagabonds et les repris de justice ne pourront, en aucun cas, être mis en liberté provisoire. P. 270.

116. La demande en liberté provisoire *sera* notifiée à la partie civile, à son domicile ou à celui qu'elle aura élu. I. c. 68. Pr. 61. T. cr. 71.

117. La solvabilité de la caution *offerte sera discutée par le procureur* du roi, et par la partie civile, dûment appelée. — Elle devra être justifiée par des immeubles libres, pour le montant du cautionnement et une moitié en sus, si mieux n'aime la caution déposer dans la caisse de l'enregistrement et des domaines le montant du cautionnement en espèces. I. c. 119 s. C. 2019. T. cr. 42, 71.

118. Le prévenu sera admis à être sa propre caution, soit en déposant le montant du cautionnement, soit en justifiant d'immeubles libres pour le montant du cautionnement et une moitié en sus, et en faisant, dans l'un ou l'autre cas, la soumission dont il sera parlé ci-après. I. c. 114, 117, 120. C. 2041. T. cr. 42.

119. Le cautionnement ne pourra être au-dessous de cinq cents francs. — Si la peine correctionnelle était à la fois l'emprisonnement et une amende dont le double excéderait cinq cents francs, le cautionnement ne pourrait pas être exigé d'une somme plus forte que le double de cette amende. — S'il avait résulté du délit un dommage civil appréciable en argent, le cautionnement sera triple de la valeur du dommage, ainsi qu'il sera arbitré, pour cet effet seulement, par le juge d'instruction, sans néanmoins que dans ce cas le cautionnement puisse être au-dessous de cinq cents francs. I. c. 117, 121.

120. La caution *admise fera sa* soumission, soit au greffe du tribunal, soit devant notaires, de payer entre les mains du receveur de l'enregistrement le montant du cautionnement, en cas que le prévenu soit constitué en défaut de se représenter. — Cette soumission entraînera la contrainte par corps contre la caution : une expédition *en forme exécutoire en* sera remise à la partie civile, avant que le prévenu soit mis en liberté provisoire. I. c. 114, 122 s. C. *contr. par corps*, 2040, 2041 s.; L. 17 *avril* 1832,

(1) *Contravention aux lois sur les tabacs* : L. 24 décembre 1814, *art.* 49; L. 28 avril 1816, *art.* 224. — *Délits de la Presse* : L. 26 mai 1819, *art.* 28. V. *Lois de la Presse*, *App. au C. pénal.* — *Droits d'enregistrement* : L. 22 frimaire an VII, *art.* 68, § 1er; L. 28 avril 1816, *art.* 50.

art. 34; *consignation*, O. 3 *juillet* 1816, *art.* 2. T. cr. 42.

121. Les espèces déposées et les immeubles servant de cautionnement, seront affectés par privilége, 1° au paiement des réparations civiles et des frais avancés par la partie civile, 2° aux amendes, le tout néanmoins sans préjudice du privilége du trésor royal, à raison des frais faits par la partie publique. — Le procureur du roi et la partie civile pourront prendre inscription hypothécaire, sans attendre le jugement définitif. L'inscription prise à la requête de l'un ou de l'autre, profitera à tous les deux. C. 2106 s., 2146 s. P. 54. T. cr. 124. 125.

122. Le juge d'instruction rendra, le cas arrivant, sur les conclusions du procureur du roi ou sur la demande de la partie civile, une ordonnance pour le paiement de la somme cautionnée. — Ce paiement sera poursuivi à la requête du procureur du roi, et à la diligence du directeur de l'enregistrement. Les sommes recouvrées seront versées dans la caisse de l'enregistrement, sans préjudice des poursuites et des droits de la partie civile. I. c. 120, 125 s. Pr. 209. T. cr. 42.

123. Le juge d'instruction délivrera, dans la même forme et sur les mêmes réquisitions, une ordonnance de contrainte contre la caution ou les cautions d'un individu mis sous la surveillance spéciale du gouvernement, lorsque celui-ci aura été condamné, par un jugement devenu irrévocable, pour un crime ou pour un délit commis dans l'intervalle déterminé par l'acte de cautionnement. I. c. 125 s. Pr. 209. P. 11, 44 s., 58, 67, 271 s. T. cr. 42.

124. Le prévenu ne sera mis en liberté provisoire sous caution, qu'après avoir élu domicile dans le lieu où siége le tribunal correctionnel, par un acte reçu au greffe de ce tribunal. I. c. *partie civile*, 68. T. cr. 42.

125. Outre les poursuites contre la caution, s'il y a lieu, le prévenu sera saisi et écroué dans la maison d'arrêt, en exécution d'une ordonnance du juge d'instruction. T. cr. 42.

126. Le prévenu qui aurait laissé contraindre sa caution au paiement, ne sera plus, à l'avenir, recevable en aucun cas à demander de nouveau sa liberté provisoire moyennant caution. I. c. 120.

CHAPITRE IX.

DU RAPPORT DES JUGES D'INSTRUCTION QUAND LA PROCÉDURE EST COMPLÈTE.

127. Le juge d'instruction sera tenu de rendre compte, au moins une fois par semaine, des affaires dont l'instruction lui est dévolue. — Le compte sera rendu à la chambre du conseil, composée de trois juges au moins, y compris le juge d'instruction; communication préalablement donnée au procureur du roi, pour être par lui requis ce qu'il appartiendra. I. c. 104.

128. Si les juges sont d'avis que le fait ne présente ni crime, ni délit, ni contravention, ou qu'il n'existe aucune charge contre l'inculpé, il sera déclaré qu'il n'y a pas lieu à poursuivre; et si l'inculpé avait été arrêté, il sera mis en liberté. I. c. 104, 135 s., 637. T. cr. 42, 71.

129. S'ils sont d'avis que le fait n'est qu'une simple contravention de police, l'inculpé sera renvoyé au tribunal de police, et il sera remis en liberté s'il est arrêté. — Les dispositions du présent article et de l'article précédent ne pourront préjudicier aux droits de la partie civile ou de la partie publique, ainsi qu'il sera expliqué ci-après. I. c. 135 s., 137 s., 637. T. cr. 42, 71.

130. Si le délit est reconnu de nature à être puni par des peines correctionnelles, le prévenu sera renvoyé au tribunal de police correctionnelle. — Si, dans ce cas, le délit peut entraîner la peine d'emprisonnement, le prévenu, s'il est en arrestation, y demeurera provisoirement. I. c. 135 s., 179 s., 182. T. cr. 42, 71.

131. Si le délit ne doit pas entraîner la peine de l'emprisonnement, le prévenu sera mis en liberté, à la charge de se représenter, à jour fixe, devant le tribunal compétent. I. c. 135 s. T. cr. 42, 71.

132. Dans tous les cas de renvoi,

soit à la police municipale, soit à la police correctionnelle, le procureur du roi est tenu d'envoyer, dans les vingt-quatre heures au plus tard, au greffe du tribunal qui doit prononcer, toutes les pièces après les avoir cotées.

133. Si, sur le rapport fait à la chambre du conseil par le juge d'instruction, les juges ou l'un d'eux estiment que le fait est de nature à être puni de peines afflictives ou infamantes, et que la prévention contre l'inculpé est suffisamment établie, les pièces d'instruction, le procès-verbal constatant le corps du délit, et un état des pièces servant à conviction, seront transmis sans délai, par le procureur du roi, au procureur général près la cour royale, pour être procédé ainsi qu'il sera dit au chapitre *des Mises en accusation.* — Les pièces de conviction resteront au tribunal d'instruction, sauf ce qui sera dit aux articles 248 et 291. I. c. 217 s., 228, 231, 235, 248, 291.

134. La chambre du conseil décernera dans ce cas, contre le prévenu, une ordonnance de prise de corps, qui sera adressée avec les autres pièces au procureur général. I. cr. 231 s., 239. — Cette ordonnance contiendra le nom du prévenu, son signalement, son domicile, s'ils sont connus, l'exposé du fait et la nature du délit.

135. Lorsque la mise en liberté des prévenus sera ordonnée conformément aux articles 128, 129 et 131 ci-dessus, le procureur du roi ou la partie civile pourra s'opposer à leur élargissement. L'opposition devra être formée dans un délai de vingt-quatre heures, qui courra, contre le procureur du roi, à compter du jour de l'ordonnance de mise en liberté, et contre la partie civile, à compter du jour de la signification à elle faite de ladite ordonnance au domicile par elle élu dans le lieu où siége le tribunal. L'envoi des pièces sera fait ainsi qu'il est dit à l'article 132. I. c. 68, 116, 133, 217. T. cr. 71. — Le prévenu gardera prison jusqu'après l'expiration du susdit délai.

136. La partie civile qui succombera dans son opposition sera condamnée aux dommages-intérêts envers le prévenu. I. c. 366. Pr. 126, 128, 141.

LIVRE II.

DE LA JUSTICE.

TITRE PREMIER.

DES TRIBUNAUX DE POLICE.

(Loi décrétée le 19 novembre 1808. Promulguée le 29 du même mois.)

CHAPITRE PREMIER.

DES TRIBUNAUX DE SIMPLE POLICE.

137. Sont considérés comme contraventions de police simple, les faits qui, d'après les dispositions du quatrième livre du Code pénal, peuvent donner lieu, soit à quinze francs d'amende ou au-dessous, soit à cinq jours d'emprisonnement ou au-dessous, qu'il y ait ou non confiscation des choses saisies, et quelle qu'en soit la valeur. I. c. 139, 166, 179. P. 464 s.

138. La connaissance des contraventions de police est attribuée au juge de paix et au maire, suivant les règles et les distinctions qui seront ci-après établies. I. c. 139 s., 192. P. 163, 171, 190.

§ Ier. *Du Tribunal du Juge de paix comme Juge de police.*

139. Les juges de paix connaîtront exclusivement, — 1° Des contraventions commises dans l'étendue de la commune chef-lieu du canton; — 2° Des contraventions dans les autres communes de leur arrondissement, lorsque, hors le cas où les coupables auront été pris en flagrant délit, les contraventions auront été commises par des personnes non domiciliées ou non présentes dans la commune ou lorsque les témoins qui doivent déposer n'y sont pas résidans ou présens; — 3° Des contraventions à raison desquelles la partie qui réclame conclut, pour ses dommages-intérêts, à une somme indéterminée ou à une somme excédant quinze francs; — 4° Des contraventions forestières poursuivies à la requête des particuliers; F. 163, 171, 190. — 5° Des injures verbales; I. c. 505. L. 17 *mai* 1819, *art.* 19, 20; 26 *mai* 1819, *art.* 14; 25 *mars* 1822, *art.* 18; — 6° Des affiches, annonces, ventes, distributions ou débits d'ouvrages, écrits ou gravures, contraires aux mœurs; — P. 287. L. 8 *avril* 1831; — 7° De l'action contre les gens qui font le métier de deviner et pronostiquer, ou d'expliquer les songes. I. c. 137, 140, 166, 192. P. 479.

140. Les juges de paix connaîtront aussi, mais concurremment avec les maires, de toutes autres contraventions commises dans leur arrondissement. I. c. 166 s.

141. Dans les communes dans lesquelles il n'y a qu'un juge de paix, il connaîtra seul des affaires attribuées à son tribunal; les greffiers et les huissiers de la justice de paix feront le service pour les affaires de police. L. 25 *mai* 1838, *art.* 16.

142. Dans les communes divisées en deux justices de paix ou plus, le service au tribunal de police sera fait successivement par chaque juge de paix, en commençant par le plus ancien : il y aura, dans ce cas, un greffier particulier pour le tribunal de police.

143. Il pourra aussi, dans le cas de l'article précédent, y avoir deux sections pour la police : chaque section sera tenue par un juge de paix; et le greffier aura un commis assermenté pour le suppléer. (1)

144. Les fonctions du ministère public, pour les faits de police, seront remplies par le commissaire du lieu où siégera le tribunal : en cas d'empêchement du commissaire de police, ou s'il n'y en a point, elles seront remplies par le maire, qui pourra se faire remplacer par son adjoint. — S'il y a plusieurs commissaires de police, le procureur général près la cour royale nommera celui ou ceux d'entre eux qui feront le service. I. c. 9, 167. Pr. 381.

145. Les citations pour contravention de police seront faites à la requête du ministère public, ou de la partie qui réclame. — Elles seront notifiées par un huissier; il en sera laissé copie au prévenu, ou à la personne civilement responsable. I. c. 1 s., 137, 148; *citat.*, 141, 169. Pr. 1 s., 61. C. *responsable*, 1384; P. 73. T. cr. 71.

146. La citation ne pourra être donnée à un délai moindre que vingt-quatre heures, outre un jour par trois myriamètres, à peine de nullité *tant de la citation que du jugement* qui serait rendu par défaut. Néanmoins cette nullité ne pourra être proposée qu'à la première audience, avant toute exception et défense. — Dans les cas urgens, les délais pourront être abrégés et les parties citées à comparaître même *dans le jour*, et à heure indiquée, en vertu d'une cédule délivrée par le juge de paix. I. c. 151, 169. Pr. 5, 1033. T. cr. 71.

147. Les parties pourront comparaître volontairement et sur un simple avertissement, sans qu'il soit besoin de citation. I. c. 149, 169.

148. Avant le jour de l'audience, le juge de paix pourra, sur la réquisition du ministère public ou de la partie civile, estimer ou faire estimer les dommages, dresser ou faire dresser des procès-verbaux, faire ou ordonner tous actes requérant célérité, I. c. *dommages*, 1 s. Pr. 30, 41 s. T. cr. 16 s.

149. Si la personne citée ne comparaît pas au jour et à l'heure fixés par la citation, elle sera jugée par défaut. I. c. 146, 152 s., 159 s., 186. Pr. 19. T. cr. 71.

150. La personne condamnée par défaut ne sera plus recevable à s'opposer à l'exécution du jugement, si elle ne se présente à l'audience indi-

(1) Relativement à l'organisation de ces tribunaux, V. *Déc.* 18 août 1810, art. 38, 39, 40.

quée par l'article suivant; sauf ce qui sera ci-après réglé sur l'appel et le recours en cassation. I. c. *appel*, 174; *opp. correc.*, 187, 203. Pr. 455.

151. L'opposition au jugement par défaut pourra être faite par déclaration en réponse au bas de l'acte de signification, ou par acte notifié dans les trois jours de la signification, outre un jour par trois myriamètres. — L'opposition emportera de droit citation à la première audience après l'expiration des délais, et sera réputée non avenue si l'opposant ne comparaît pas. I. c. *opp. correct.*, 187. T. cr. 71.

152. La personne citée comparaîtra par elle-même, ou par un fondé de procuration spéciale. I. c. 149, 185.

153. L'instruction de chaque affaire sera publique, à peine de nullité. — Elle se fera dans l'ordre suivant: — Les procès-verbaux, s'il y en a, seront lus par le greffier; — Les témoins, s'il en a été appelé par le ministère public ou la partie civile, seront entendus s'il y a lieu; la partie civile prendra ses conclusions; I. c. 71 s., 155 s., 510 s. C. 25. P. 34, 42 s. — La personne citée proposera sa défense, et fera entendre ses témoins, si elle en a amené ou fait citer, et si, aux termes de l'article suivant, elle est recevable à les produire; — Le ministère public résumera l'affaire et donnera ses conclusions: la partie citée pourra proposer ses observations. I. c. 144. — Le tribunal de police prononcera le jugement dans l'audience où l'instruction aura été terminée, et, au plus tard, dans l'audience suivante. I. c. 171, 190. T. cr. 42, 71.

154. Les contraventions seront prouvées, soit par procès-verbaux ou rapports, soit par témoins à défaut de rapports et procès-verbaux, ou à leur appui. — Nul ne sera admis, à peine de nullité, à faire preuve par témoins outre ou contre le contenu aux procès-verbaux ou rapports des officiers de police ayant reçu de la loi le pouvoir de constater les délits ou les contraventions jusqu'à inscription de faux. Quant aux procès-verbaux et rapports faits par des agens, préposés ou officiers auxquels la loi n'a pas accordé le droit d'en être crus jusqu'à inscription de faux, ils pourront être débattus par des preuves contraires, soit écrites, soit testimoniales, si le tribunal juge à propos de les admettre. I. c. 11, 16, 35, 189. C. 1341 s., 1348, 1353.

155. Les témoins feront à l'audience, sous peine de nullité, le serment de dire toute la vérité, rien que la vérité; et le greffier en tiendra note, ainsi que de leurs noms, prénoms, âge, profession et demeure, et de leurs principales déclarations. I. c. 75, 157 s., 317.

156. Les ascendans ou descendans de la personne prévenue, ses frères et sœurs ou alliés en pareil degré, la femme ou son mari, même après le divorce prononcé, ne seront ni appelés ni reçus en témoignage; sans néanmoins que l'audition des personnes ci-dessus désignées puisse opérer une nullité, lorsque, soit le ministère public, soit la partie civile, soit le prévenu, ne se sont pas opposés à ce qu'elles soient entendues. I. c. 317, 322. P. 34, 42, 378, 401.

157. Les témoins qui ne satisferont pas à la citation pourront y être contraints par le tribunal, qui, à cet effet et sur la réquisition du ministère public, prononcera dans la même audience, sur le premier défaut, l'amende, et en cas d'un second défaut, la contrainte par corps. I. c. 80 s., 170. P. 159, 236. Pr. 264. T. cr. 42, 71. L. 17 avril 1832, 19, 21, 22.

158. Le témoin ainsi condamné à l'amende sur le premier défaut, et qui, sur la seconde citation, produira devant le tribunal des excuses légitimes, pourra, sur les conclusions du ministère public, être déchargé de l'amende. — Si le témoin n'est pas cité de nouveau, il pourra volontairement comparaître, par lui ou par un fondé de procuration spéciale, à l'audience suivante, pour présenter ses excuses, et obtenir, s'il y a lieu, décharge de l'amende. I. c. 80, 81 s. P. 236. T. cr. 42, 71.

159. Si le fait ne présente ni délit ni contravention de police, le tribunal annulera la citation et tout ce qui aura suivi, et statuera par le même jugement sur les demandes en dommages-intérêts. I. c. 66, 212. T. cr. 42.

160. Si le fait est un délit qui emporte une peine correctionnelle ou plus grave, le tribunal renverra les parties devant le procureur du roi. I. c. 47, 61 s., 71 s., 91 s., 127 s., 182. T. cr. 42, 71.

161. Si le prévenu est convaincu de contravention de police, le tribunal prononcera la peine, et statuera par le même jugement sur les demandes en restitution et en dommages-intérêts. I. c. 137, 159, 192. T. cr. 42.

162. La partie qui succombera sera condamnée aux frais, même envers la partie publique. — Les dépens seront liquidés par le jugement. I. c. 66, 137, 194, 368. Pr. 141. P. 52, 469. T. cr. 156, 174.

163. Tout jugement définitif de condamnation sera motivé, et les termes de la loi appliquée y seront insérés, à peine de nullité. Il y sera fait mention s'il est rendu en dernier ressort ou en première instance. I. c. 172, 195, 369, 411. Pr. 455. T. cr. 58.

164. La minute du jugement sera signée par le juge qui aura tenu l'audience, dans les vingt-quatre heures au plus tard, à peine de vingt-cinq francs d'amende contre le greffier, et de prise à partie, s'il y a lieu, tant contre le greffier que contre le président. I. c. 196, 370. Pr. 505 s.

165. Le ministère public et la partie civile poursuivront l'exécution du jugement, chacun en ce qui le concerne. I. c. 1 s., 22, 28, 145, 167, 197. L. 17 avril 1832, art. 33 s.

§ II. *De la Juridiction des Maires comme Juges de police.*

166. Les maires des communes non chefs-lieux de canton connaîtront, concurremment avec les juges de paix, des contraventions commises dans l'étendue de leur commune, par les personnes prises en flagrant délit, ou par des personnes qui résident dans la commune ou qui y sont présentes, lorsque les témoins y seront aussi résidans ou présens, et lorsque la partie réclamante conclura pour ses dommages-intérêts à une somme déterminée, qui n'excédera pas celle de quinze francs. — Ils ne pourront jamais connaître des contraventions attribuées exclusivement aux juges de paix par l'art. 139, ni d'aucune des matières dont la connaissance est attribuée aux juges de paix considérés comme juges civils. I. c. 139 s., 505.

167. Le ministère public sera exercé auprès du maire, dans les matières de police, par l'adjoint : en l'absence de l'adjoint, ou lorsque l'adjoint remplacera le maire comme juge de police, le ministère public sera exercé par un membre du conseil municipal, qui sera désigné à cet effet par le procureur du roi, pour une année entière. I. c. 144.

168. Les fonctions de greffier des maires dans les affaires de police, seront exercées par un citoyen que le maire proposera, et qui prêtera serment en cette qualité au tribunal de police correctionnelle. (1) Il recevra, pour ses expéditions, les émolumens attribués au greffier du juge de paix. T. cr. 41 s., 47. T. 9, 12, 15 s.

169. Le ministère des huissiers ne sera pas nécessaire pour les citations aux parties ; elles pourront être faites par un avertissement du maire, qui annoncera au défendeur le fait dont il est inculpé, le jour et l'heure où il doit se présenter. I. c. 145 s., 147, 149, 171.

170. Il en sera de même des citations aux témoins ; elles pourront être faites par un avertissement qui indiquera le moment où leur déposition sera reçue. I. c. 72, 74, 157.

171. Le maire donnera son audience dans la maison commune ; il entendra publiquement les parties et les témoins. — Seront, au surplus, observées les dispositions des articles 149, 150, 151, 153, 154, 155, 156, 157, 158, 159 et 160, concernant l'instruction et les jugemens au tribunal du juge de paix.

(1) *Droits d'enregistrement* : L. 22 frimaire an VII, *art.* 68, § 3.

§ III. *De l'Appel des Jugemens de police.*

172. Les jugemens rendus en matière de police pourront être attaqués par la voie de l'appel, lorsqu'ils prononceront un emprisonnement, ou lorsque les amendes, restitutions et autres réparations civiles excéderont la somme de cinq francs, outre les dépens. I. c. 173 s., 177. T. cr. 71.

173. L'appel sera suspensif. I. c. 174, 203.

174. L'appel des jugemens rendus par le tribunal de police sera porté au tribunal correctionnel : cet appel sera interjeté dans les dix jours de la signification de la sentence à personne ou domicile ; il sera suivi et jugé dans la même forme que les appels des sentences des justices de paix. I. c. 202, 203. Pr. 455, 456 s. T. cr. 71.

175. Lorsque, sur l'appel, le procureur du roi ou l'une des parties le requerra, les témoins pourront être entendus de nouveau, et il pourra même en être entendu d'autres.

176. Les dispositions des articles précédens sur la solennité de l'instruction, la nature des preuves, la forme, l'authenticité et la signature du jugement définitif, la condamnation aux frais, ainsi que les peines que ces articles prononcent, seront communes aux jugemens rendus, sur l'appel, par les tribunaux correctionnels. I. c. 149 s.

177. Le ministère public et les parties pourront, s'il y a lieu, se pourvoir en cassation contre les jugemens rendus en dernier ressort par le tribunal de police, ou contre les jugemens rendus par le tribunal correctionnel, sur l'appel des jugemens de police. — Le recours aura lieu dans la forme et dans les délais qui seront prescrits. I. c. 150, 373, 413, 417 s., 427. T. cr. 71.

178. Au commencement de chaque trimestre, les juges de paix et les maires transmettront au procureur du roi l'extrait des jugemens de police qui auront été rendus dans le trimestre précédent, et qui auront prononcé la peine d'emprisonnement. Cet extrait sera délivré sans frais par le greffier. — Le procureur du roi le déposera au greffe du tribunal correctionnel. — Il en rendra un compte sommaire au procureur général près la cour royale. I. c. 27, 198, 600 s.

CHAPITRE II.

DES TRIBUNAUX EN MATIÈRE CORRECTIONNELLE.

179. Les tribunaux de première instance en matière civile connaîtront en outre, sous le titre de tribunaux correctionnels, de tous les délits forestiers poursuivis à la requête de l'administration, et de tous les délits dont la peine excède cinq jours d'emprisonnement et quinze francs d'amende. I. c. 137, 182 s., 192. F. 171, 190. L. 20 *avril* 1810, 7, 10. *scellés*, I. c. 181, 479, 480 s., 505 ; C. 308 ; L. 8 *octobre* 1830. I. c. *appels de police*, 174 ; *mineurs de seize ans*. P. 68.

180. Ces tribunaux pourront, en matière correctionnelle, prononcer au nombre de trois juges. L. 20 *avril* 1810, 40.

181. S'il se commet un délit correctionnel dans l'enceinte et pendant la durée de l'audience, le président dressera procès-verbal du fait, entendra le prévenu et les témoins, et le tribunal appliquera, sans désemparer, les peines prononcées par la loi. — Cette disposition aura son exécution pour les délits correctionnels commis dans l'enceinte et pendant la durée des audiences de nos cours, et même des audiences du tribunal civil, sans préjudice de l'appel de droit des jugemens rendus dans ces cas par les tribunaux civils ou correctionnels. I. c. 504 s. Pr. 88 s.

182. Le tribunal sera saisi, en matière correctionnelle, de la connaissance des délits de sa compétence, soit par le renvoi qui lui en sera fait d'après les art. 130 et 160 ci-dessus, soit par la citation donnée directement au prévenu et aux personnes civilement responsables du délit par la partie civile, et, à l'égard des délits forestiers, par le conservateur, inspecteur ou sous-inspecteur forestier, ou par les gardes généraux, et, dans tous les cas, par le procureur du roi. I. c. 16 s., 64, 230. F. 172. T. cr. 71.

183. La partie civile fera, par l'acte de citation, élection de domicile dans la ville où siége le tribunal : la citation énoncera les faits, et tiendra lieu de plainte. I. c. 68, 145.

184. Il y aura au moins un délai de trois jours, outre un jour par trois myriamètres, entre la citation et le jugement, à peine de nullité de la condamnation qui serait prononcée par défaut contre la personne citée. — Néanmoins cette nullité ne pourra être proposée qu'à la première audience, et avant toute exception ou défense. I. c. 146. P. 1033.

185. Dans les affaires relatives à des délits qui n'entraîneront pas la peine d'emprisonnement, le prévenu pourra se faire représenter par un avoué ; le tribunal pourra néanmoins ordonner sa comparution en personne. I. c. 152, 186. T. cr. 71.

186. Si le prévenu ne comparaît pas, il sera jugé par défaut. I. c. 146, 149, 152, 190, 195. T. cr. 71.

187. La condamnation par défaut sera comme non avenue, si, dans les cinq jours de la signification qui en aura été faite au prévenu ou à son domicile, outre un jour par cinq myriamètres, celui-ci forme opposition à l'exécution du jugement, et notifie son opposition tant au ministère public qu'à la partie civile. — Néanmoins les frais de l'expédition, de la signification du jugement par défaut, et de l'opposition, demeureront à la charge du prévenu. I. c. 68, 150 s., 185. T. cr. 71.

188. L'opposition emportera de droit citation à la première audience ; elle sera non avenue, si l'opposant n'y comparaît pas ; et le jugement que le tribunal aura rendu sur l'opposition, ne pourra être attaqué par la partie qui l'aura formée, si ce n'est par appel, ainsi qu'il sera dit ci-après. — Le tribunal pourra, s'il y échet, accorder une provision ; et cette disposition sera exécutoire nonobstant l'appel. I. c. 151, 184, 203. T. cr. 42, 71.

189. La preuve des délits correctionnels se fera de la manière prescrite aux articles 154, 155 et 156 ci-dessus, concernant les contraventions de police. Les dispositions des articles 157, 158, 159, 160 et 161, sont communes aux tribunaux en matière correctionnelle. P. *adultère*, 338.

190. L'instruction sera publique, à peine de nullité. — Le procureur du roi, la partie civile ou son défenseur, et, à l'égard des délits forestiers, le conservateur, inspecteur ou sous-inspecteur forestier, ou à leur défaut le garde général, (1) exposeront l'affaire : les procès-verbaux ou rapports, s'il en a été dressé, seront lus par le greffier ; les témoins pour et contre seront entendus, s'il y a lieu, et les reproches proposés et jugés ; les pièces pouvant servir à conviction ou à décharge seront représentées aux témoins et aux parties ; le prévenu sera interrogé ; le prévenu et les personnes civilement responsables proposeront leurs défenses ; le procureur du roi résumera l'affaire et donnera ses conclusions ; le prévenu et les personnes civilement responsables du délit pourront répliquer. — Le jugement sera prononcé de suite, ou, au plus tard, à l'audience qui suivra celle où l'instruction aura été terminée. I. c. 26 s., 82, 153, 155 s., 189, 210. F. 174. T. cr. 42, 71.

191. Si le fait n'est réputé ni délit ni contravention de police, le tribunal annulera l'instruction, la citation et tout ce qui aura suivi, renverra le prévenu, et statuera sur les demandes en dommages-intérêts. I. c. 159, 206, 212, 229. T. cr. 42.

192. Si le fait n'est qu'une contravention de police, et si la partie publique ou la partie civile n'a pas demandé le renvoi, le tribunal appliquera la peine, et statuera, s'il y a lieu, sur les dommages-intérêts. — Dans ce cas, son jugement sera en

(1) Les agens chargés de la poursuite ont une place particulière à la suite du parquet du procureur du roi et de ses substituts. (*Déc.* 18 juin 1809 ; *Ord.* 1er août 1827, *art.* 185.)

dernier ressort. I. c. 137, 139, 213, 230, 365. Pr. 453. T. cr. 42.

193. Si le fait est de nature à mériter une peine afflictive ou infamante, le tribunal pourra décerner de suite le mandat de dépôt ou le mandat d'arrêt; et il renverra le prévenu devant le juge d'instruction compétent. I. c. 91, 94, 214. P. 6 s. T. cr. 42.

194. Tout jugement de condamnation rendu contre le prévenu et contre les personnes civilement responsables du délit, ou contre la partie civile, les condamnera aux frais, même envers la partie publique. — Les frais seront liquidés par le même jugement. I. c. 66, 162. Pr. 141. P. 52. T. cr. 174.

195. Dans le dispositif de tout jugement de condamnation seront énoncés les faits dont les personnes citées seront jugées coupables ou responsables, la peine et les condamnations civiles. — Le texte de la loi dont on fera l'application, sera lu à l'audience par le président; il sera fait mention de cette lecture dans le jugement, et le texte de la loi y sera inséré, sous peine de cinquante francs d'amende contre le greffier. I. c. 163, 369.

196. La minute du jugement sera signée au plus tard dans les vingt-quatre heures, par les juges qui l'auront rendu. Pr. 138. — Les greffiers qui délivreront expédition d'un jugement avant qu'il ait été signé, seront poursuivis comme faussaires. Pr. 139, 140. — Les procureurs du roi se feront représenter, tous les mois, les minutes des jugemens; et, en cas de contravention au présent article, ils en dresseront procès-verbal pour être procédé ainsi qu'il appartiendra. I. c. 164, 370.

197. Le jugement sera exécuté à la requête du procureur du roi et de la partie civile, chacun en ce qui le concerne. — Néanmoins les poursuites pour le recouvrement des amendes et confiscations seront faites au nom du procureur du roi, par le directeur de la régie des droits d'enregistrement et domaines. I. c. 2, 22, 28, 165. F. 55. L. 17 avril 1832, art. 33 s.

198. Le procureur du roi sera tenu, dans les quinze jours qui suivront la prononciation du jugement, d'en envoyer un extrait au procureur général près la cour royale. I. c. 27, 178, 202 4°, 274 s. T. cr. 44.

199. Les jugemens rendus en matière correctionnelle pourront être attaqués par la voie de l'appel. I. c. 200 s.; *secùs*, 192, 483. L. 20 *avril* 1810, 10. T. cr. 71.

200. Les appels des jugemens rendus en police correctionnelle seront portés des tribunaux d'arrondissement au tribunal du chef-lieu du département. — Les appels des jugemens rendus en police correctionnelle au chef lieu du département, seront portés au tribunal du chef-lieu du département voisin quand il sera dans le ressort de la même cour royale, sans néanmoins que les tribunaux puissent, dans aucun cas, être respectivement juges d'appel de leurs jugemens. — Il sera formé un tableau des tribunaux de chef lieu auxquels les appels seront portés. L. 20 *avril* 1810, *art.* 40. *Déc.* 18 *août* 1810.

201. Dans le département où siége la cour royale, les appels des jugemens rendus en police correctionnelle seront portés à ladite cour. — Seront également portés à ladite cour les appels des jugemens rendus en police correctionnelle dans le chef-lieu d'un département voisin, lorsque la distance de cette cour ne sera pas plus forte que celle du chef-lieu d'un autre département. *Déc.* 18 *août* 1810.

202. La faculté d'appeler appartiendra, I. c. 206 s. T. cr. 44. — 1° Aux parties prévenues ou responsables; I. c. 2, 182, C. 1384; F. 206; P. 73. — 2° A la partie civile, quant à ses intérêts civils seulement; I. c. 66; — 3° A l'administration forestière; I. c. 16 s., 19, 182, F. 183. — 4° Au procureur du roi près le tribunal de première instance, lequel, dans le cas où il n'appellerait pas, sera tenu, dans le délai de quinzaine, d'adresser un extrait du jugement au magistrat du ministère public près le tribunal ou la cour qui doit connaître de l'appel; — 5° Au ministère public près le tribunal ou la cour qui doit prononcer sur l'appel. I. c. 198, 205, 287 s. T. cr. 44.

203. Il y aura, sauf l'exception portée en l'article 205 ci-après, déchéance de l'appel, si la déclaration d'appeler n'a pas été faite au greffe du tribunal qui a rendu le jugement, dix jours au plus tard après celui où il a été prononcé, et, si le jugement est rendu par défaut, dix jours au plus tard après celui de la signification qui en aura été faite à la partie condamnée ou à son domicile, outre un jour par trois myriamètres. — Pendant ce délai et pendant l'instance d'appel, il sera sursis à l'exécution du jugement. I. c. 188, 204 s.; *comparez* 174. T. cr. 71.

204. La requête contenant les moyens d'appel pourra être remise dans le même délai, au même greffe; elle sera signée de l'appelant, ou d'un avoué, ou de tout autre fondé de pouvoir spécial. — Dans ce dernier cas, le pouvoir sera annexé à la requête. — Cette requête pourra aussi être remise directement au greffe du tribunal où l'appel sera porté. I. c. 151, 207 s.

205. Le ministère public près le tribunal ou la cour qui doit connaître de l'appel, devra notifier son recours, soit au prévenu, soit à la personne civilement responsable du délit, dans les deux mois à compter du jour de la prononciation du jugement, ou, si le jugement lui a été légalement notifié par l'une des parties, dans le mois du jour de cette notification; sinon, il sera déchu. I. c. 192, 202, 287 s. C. 1384; P. 73. T. cr. 71.

206. La mise en liberté du prévenu acquitté ne pourra être suspendue, lorsqu'aucun appel n'aura été déclaré ou notifié dans les trois jours de la prononciation du jugement. I. c. 191 s., 203.

207. La requête, si elle a été remise au greffe du tribunal de première instance, et les pièces, seront envoyées, par le procureur du roi au greffe de la cour ou du tribunal auquel l'appel sera porté, dans les vingt-quatre heures après la déclaration ou la remise de la notification d'appel. — Si celui contre lequel le jugement a été rendu est en état d'arrestation, il sera, dans le même délai, et par ordre du procureur du roi, transféré dans la maison d'arrêt du lieu où siége la cour ou le tribunal qui jugera l'appel. I. c. 204. T. cr. 3. 4 s.

208. Les jugemens rendus par défaut sur l'appel, pourront être attaqués par la voie de l'opposition, dans *la même forme et dans les mêmes* délais que les jugemens par défaut rendus par les tribunaux correctionnels. — L'opposition emportera de droit citation à la première audience, et sera comme non avenue, si l'opposant n'y comparaît pas. Le jugement qui interviendra sur l'opposition ne pourra être attaqué par la partie qui l'aura formée, si ce n'est devant la cour de cassation. I. c. 187 s.

209. L'appel sera jugé à l'audience, dans le mois, sur un rapport fait par l'un des juges. I. c. 190.

210. A la suite du rapport, et avant que le rapporteur et les juges émettent leur opinion, le prévenu, soit qu'il ait été acquitté, soit qu'il ait été condamné, les personnes civilement responsables du délit, la partie civile, et le procureur du roi, seront entendus dans la forme et dans l'ordre prescrits par l'article 190. I. c. 185, 190, 287 s.

211. Les dispositions des articles précédens sur la solennité de l'instruction, la nature des preuves, la forme, l'authenticité et la signature du jugement définitif de première instance, la condamnation aux frais, ainsi que les peines que ces articles prononcent, seront communes aux jugemens rendus sur l'appel. I. c. 154 s., 175, 189 s., 194 s.

212. Si le jugement est réformé parce que le fait n'est réputé délit ni contravention de police par aucune loi, la cour ou le tribunal renverra le prévenu, et statuera, s'il y a lieu, sur les dommages-intérêts. I. c. 159, 191, 229. Pr. 141. T. cr. 71.

213. Si le jugement est annulé parce que le fait ne présente qu'une contravention de police, et si la partie publique et la partie civile n'ont pas demandé le renvoi, la cour ou le tribunal prononcera la peine, et statuera également, s'il y a lieu, sur les dommages-intérêts. I. c. 137, 159, 192, 230, 365. Pr. 141. T. cr. 71.

214. Si le jugement est annulé parce que le délit est de nature à mériter une peine afflictive ou infamante, la cour ou le tribunal décernera, s'il y a lieu, le mandat de dépôt, ou même le mandat d'arrêt, et renverra le prévenu devant le fonctionnaire public compétent, autre toutefois que celui qui aura rendu le jugement ou fait l'instruction. I. c. 91, 94, 193, 430, 431.

215. Si le jugement est annulé pour violation ou omission non réparée de formes prescrites par la loi à peine de nullité, la cour ou le tribunal statuera sur le fond. Pr. *comparez* 473.

216. La partie civile, le prévenu, la partie publique, les personnes civilement responsables du délit, pourront se pourvoir en cassation contre le jugement. I. c. 150, 177, 373, 408, 413, 416 s., 427.

TITRE II.

DES AFFAIRES QUI DOIVENT ÊTRE SOUMISES AU JURY.

(Loi décrétée le 9 décembre 1808. Promulguée le 19 du même mois.)

CHAPITRE PREMIER.

DES MISES EN ACCUSATION.

217. Le procureur général près la cour royale sera tenu de mettre l'affaire en état dans les cinq jours de la réception des pièces qui lui auront été transmises, en exécution de l'article 133 ou de l'article 135, et de faire son rapport dans les cinq jours suivans, au plus tard. — Pendant ce temps, la partie civile et le prévenu pourront fournir les mémoires qu'ils estimeront convenables, sans que le rapport puisse être retardé. I. c. *procureur gén.*, 220, 222, 224, 234, 238, 241, 271 s.

218. Une section de la cour royale, spécialement formée à cet effet, sera tenue de se réunir, au moins une fois par semaine, à la chambre du conseil, pour entendre le rapport du procureur général, et statuer sur ses réquisitions. I. c. 133, 135, 257. L. 6 *juillet* 1810, 2, 3, 19.

219. Le président sera tenu de faire prononcer la section au plus tard dans les trois jours du rapport du procureur général. I. c. 224, 225 s.

220. Si l'affaire est de la nature de celles qui sont réservées à la *haute cour*, (1) ou à la cour de cassation, le procureur général est tenu d'en requérir la suspension et le renvoi, et la section de l'ordonner. I. c. 250, 480 s., 483 s.

221. Hors le cas prévu par l'article précédent, les juges examineront s'il existe contre le prévenu des preuves ou des indices d'un fait qualifié crime par la loi, et si ces preuves ou indices sont assez graves pour que la mise en accusation soit prononcée. I. c. 229 s., 635, 637.

222. Le greffier donnera aux juges, en présence du procureur général, lecture de toutes les pièces du procès; elles seront ensuite laissées sur le bureau, ainsi que les mémoires que la partie civile et le prévenu auront fournis. I. c. 217, 275.

223. La partie civile, le prévenu, les témoins, ne paraîtront point.

224. Le procureur général, après avoir déposé sur le bureau sa réquisition écrite et signée, se retirera ainsi que le greffier. I. c. 276.

225. *Les juges délibéreront* entre eux sans désemparer, et sans communiquer avec personne. I. c. 219, 223 s.

226. La cour statuera, par un seul et même arrêt sur les délits connexes dont les pièces se trouveront en même temps produites devant elle. I. c. 307 s., 526 s., 540.

227. Les délits sont connexes, soit

(1) La haute-cour créée par l'acte du 18 mai 1804 ne subsiste plus; une partie de sa juridiction est attribuée à la Chambre des Pairs, par les art. 28, 29, 47 de la *Charte*.

lorsqu'ils ont été commis en même temps par plusieurs personnes réunies, soit lorsqu'ils ont été commis par différentes personnes, même en différens temps et en divers lieux, mais par suite d'un concert formé à l'avance entre elles, soit lorsque les coupables ont commis les uns pour se procurer les moyens de commettre les autres, pour en faciliter, pour en consommer l'exécution, ou pour en assurer l'impunité. I. c. 307, 308, 433, 526 s., 540.

228. Les juges pourront ordonner, s'il y échet, des informations nouvelles. — Ils pourront également ordonner, s'il y a lieu, l'apport des pièces servant à conviction qui seront restées déposées au greffe du tribunal de première instance : — Le tout dans le plus court délai. I. c. 231, 235 s., 635, 637.

229. Si la cour n'aperçoit aucune trace d'un délit prévu par la loi, ou si elle ne trouve pas des indices suffisans de culpabilité, elle ordonnera la mise en liberté du prévenu ; ce qui sera exécuté sur-le-champ, s'il n'est retenu pour autre cause. — Dans le même cas, lorsque la cour statuera sur une opposition à la mise en liberté du prévenu prononcée par les premiers juges, elle confirmera leur ordonnance ; ce qui sera exécuté comme il est dit au précédent paragraphe. I. c. 128 s., 135, 159, 191, 212, 246 s., 635 s.

230. Si la cour estime que le prévenu doit être renvoyé à un tribunal de simple police ou à un tribunal de police correctionnelle, elle prononcera le renvoi, et indiquera le tribunal qui doit en connaître. — Dans le cas de renvoi à un tribunal de simple police, le prévenu sera mis en liberté. I. c. 129 s., 192, 213. T. cr. 71.

231. Si le fait est qualifié crime par la loi, et que la cour trouve des charges suffisantes pour motiver la mise en accusation, elle ordonnera le renvoi du prévenu aux assises. — Si le délit a été mal qualifié dans l'ordonnance de prise de corps, la cour l'annulera, et en décernera une nouvelle. — Si la cour, en prononçant l'accusation du prévenu, statue sur une opposition à sa mise en liberté, elle annulera l'ordonnance des premiers juges, et décernera une ordonnance de prise de corps. I. c. 133 s., 232 s., 271, 635, 637. T. cr. 71.

232. Toutes les fois que la cour décernera des ordonnances de prise de corps, elle se conformera au second paragraphe de l'article 134. I. c. 233. T. cr. 71.

233. L'ordonnance de prise de corps, soit qu'elle ait été rendue par les premiers juges, soit qu'elle l'ait été par la cour, sera insérée dans l'arrêt de mise en accusation, lequel contiendra l'ordre de conduire l'accusé dans la maison de justice établie près la cour où il sera renvoyé. I. c. 134, 232, 239.

234. Les arrêts seront signés par chacun des juges qui les auront rendus ; il y sera fait mention, à peine de nullité, tant de la réquisition du ministère public, que du nom de chacun des juges. I. c. 164, 196, 299, 370, 521 s.

235. Dans toutes les affaires, les cours royales, tant qu'elles n'auront pas décidé s'il y a lieu de prononcer la mise en accusation, pourront d'office, soit qu'il y ait ou non une instruction commencée par les premiers juges, ordonner des poursuites, se faire apporter les pièces, informer ou faire informer, et statuer ensuite ce qu'il appartiendra. I. c. 228, 246 s., 250, 274, 276. L. 20 *avril* 1810, 11. L. 6 *juillet* 1810. 64 s.

236. Dans le cas du précédent article, un des membres de la section dont il est parlé en l'article 218, fera les fonctions de juge-instructeur.

237. Le juge entendra les témoins, ou commettra, pour recevoir leurs dépositions, un des juges du tribunal de première instance dans le ressort duquel ils demeurent, interrogera le prévenu, fera constater par écrit toutes les preuves ou indices qui pourront être recueillis, et décernera, suivant les circonstances, les mandats d'amener, de dépôt ou d'arrêt. I. c. 71 s., 87 s., 91 s. T. cr. 71.

238. Le procureur-général fera son rapport dans les cinq jours de la remise que le juge-instructeur lui aura faite des pièces. I. c. 217.

239. Il ne sera décerné préalablement aucune ordonnance de prise de corps ; et s'il résulte de l'examen, qu'il y a lieu de renvoyer le prévenu à la cour d'assises, ou au tribunal de police correctionnelle, l'arrêt portera cette ordonnance, ou celle de se représenter, si le prévenu a été admis à la liberté sous caution. I. c. 233. T. cr. 71.

240. Seront, au surplus, observées les autres dispositions du présent Code, qui ne sont point contraires aux cinq articles précédens. I. c. 218, 219 s.

241. Dans tous les cas où le prévenu sera renvoyé à la cour d'assises, le procureur général sera tenu de rédiger un acte d'accusation. — L'acte d'accusation exposera, 1° la nature du délit qui forme la base de l'accusation, 2° le fait et toutes les circonstances qui peuvent aggraver ou diminuer la peine : le prévenu y sera dénommé et clairement désigné. — L'acte d'accusation sera terminé par le résumé suivant : —*En conséquence N... est accusé d'avoir commis tel meurtre, tel vol, ou tel autre crime, avec telle et telle circonstance.* I. c. 231, 237 s., 271. 313.

242. L'arrêt de renvoi et l'acte d'accusation seront signifiés à l'accusé, et il lui sera laissé copie du tout. T. cr. 71.

243. Dans les vingt-quatre heures qui suivront cette signification, l'accusé sera transféré de la maison d'arrêt dans la maison de justice établie près la cour où il doit être jugé. T. cr. 4 s.

244. Si l'accusé ne peut être saisi ou ne se présente point, on procédera contre lui par contumace, ainsi qu'il sera réglé ci-après au chapitre II du titre IV du présent livre. I. c. 465 s.

245. Le procureur général donnera avis de l'arrêt de renvoi à la cour d'assises, tant au maire du lieu du domicile de l'accusé s'il est connu, qu'à celui du lieu où le délit a été commis.

246. Le prévenu à l'égard duquel la cour royale aura décidé qu'il n'y a pas lieu au renvoi à la cour d'assises ne pourra plus y être traduit à raison du même fait, à moins qu'il ne survienne de nouvelles charges. I. c. 229, 247 s.

247. Sont considérés comme charges nouvelles, les déclarations des témoins, pièces et procès-verbaux qui, n'ayant pu être soumis à l'examen de la cour royale, sont cependant de nature, soit à fortifier les preuves que la cour aurait trouvées trop faibles, soit à donner aux faits de nouveaux développemens utiles à la manifestation de la vérité.

248. En ce cas, l'officier de police judiciaire, ou le juge d'instruction, adressera, sans délai, copie des pièces et charges au procureur général près la cour royale ; et sur la réquisition du procureur général, le président de la section criminelle indiquera le juge devant lequel il sera, à la poursuite de l'officier du ministère public, procédé à une nouvelle instruction, conformément à ce qui a été prescrit. — Pourra toutefois le juge d'instruction décerner, s'il y a lieu, sur les nouvelles charges, et avant leur envoi au procureur général, un mandat de dépôt contre le prévenu qui aurait été déjà mis en liberté d'après les dispositions de l'article 229. I. c. 71 s., 87 s., 95 s.

249. Le procureur du roi enverra, tous les huit jours, au procureur général, une notice de toutes les affaires criminelles, de police correctionnelle ou de simple police, qui seront survenues. I. c. 27, 250, 274 s., 290.

250. Lorsque, dans la notice des causes de police correctionnelle ou de simple police, le procureur général trouvera qu'elles présentent des caractères plus graves, il pourra ordonner l'apport des pièces dans la quinzaine seulement de la réception de la notice, pour ensuite être par lui fait, dans un autre délai de quinzaine du jour de la réception des pièces, telles réquisitions qu'il estimera convenables, et par la cour être ordonné dans le délai de trois jours ce qu'il appartiendra. I. c. 160, 193, 214, 217 s., 235, 360.

CHAPITRE II.

DE LA FORMATION DES COURS D'ASSISES.

251. Il sera tenu des assises dans chaque département, pour juger les individus que la cour royale y aura renvoyés. I. c. 231, 258 *s.*

252. Dans les départements où siégent les cours royales, les assises seront tenues par trois des membres de la cour, dont l'un sera président. — Les fonctions du ministère public seront remplies, soit par le procureur général, soit par un des avocats généraux, soit par un des substituts du procureur général. — Le greffier de la cour y exercera ses fonctions par lui-même ou par l'un de ses commis assermentés. I. c. 257 s., 265, 271, 372.

253. Dans les autres départemens, la cour d'assises sera composée, 1° d'un conseiller à la cour royale délégué à cet effet, et qui sera président de la cour d'assises ; 2° de deux juges pris, soit parmi les conseillers de la cour royale, lorsque celle-ci jugera convenable de les déléguer à cet effet, soit parmi les présidens ou juges du tribunal de première instance du lieu de la tenue des assises ; 3° du procureur du roi près le tribunal, ou de l'un de ses substituts, sans préjudice des dispositions contenues dans les articles 265, 271 et 284 ; 4° du greffier du tribunal ou de l'un de ses commis assermentés. I. c. 252, 257, 264, 271, 284, 288, 372.

254. (*Abrogé. Loi 4 mars* 1831.)

255. (*Abrogé. Loi 4 mars* 1831.)

256. (*Abrogé. Loi 10 déc.* 1830.)

257. Les membres de la cour royale qui auront voté sur la mise en accusation ne pourront, dans la même affaire, ni présider les assises, ni assister le président, à peine de nullité. — Il en sera de même à l'égard du juge d'instruction. I. c. 55, 218, 408. Pr. 378.

258. Les assises se tiendront ordinairement dans le chef-lieu de chaque département. — La cour royale pourra néanmoins désigner un tribunal autre que celui du chef-lieu. I. c. 252. L. 20 *avril* 1810, 17, 21. L. 6 *juillet* 1810, 90.

259. La tenue des assises aura lieu tous les trois mois. — Elles pourront se tenir plus souvent, si le besoin l'exige. L. 20 *avril* 1810, 19, 20 s. L. *juillet* 1810, 80, 81.

260. Le jour *où les assises doivent* s'ouvrir, sera fixé par le président de *la cour d'assises.* — Les assises ne seront closes qu'après que toutes les affaires criminelles qui étaient en état lors de leur ouverture, y auront été portées. I. c. 241 s., 261. L. 20 *avril* 1810, 20 s., 66. L. 6 *juillet* 1810, 80 s., 86 s.

261. Les accusés qui ne seront arrivés dans la maison de justice qu'après l'ouverture des assises, ne pourront y être jugés que lorsque le procureur général l'aura requis, lorsque les accusés y auront consenti, et lorsque le *président l'aura ordonné.* — En ce cas, le procureur général et *les accusés seront considérés* comme ayant renoncé à la faculté de se pourvoir en nullité contre l'arrêt portant renvoi à la cour d'assises. I. c. 296, 299 s.

262. Les arrêts de la cour d'assises ne pourront être attaqués que par la voie de la cassation et dans les formes déterminées par la loi. I. c. 295, 299 s., 416 s. ; *révision*, 443. L. 20 *avril* 1810, 7, 17.

263. Si, depuis la notification faite aux jurés, en exécution de l'article 389 du présent Code, le président de la cour d'assises se trouve dans l'impossibilité de remplir *ses fonctions*, il sera remplacé par le plus ancien des autres juges de la cour royale nommés ou délégués pour l'assister ; et, s'il n'a pour assesseur aucun juge de la cour royale, par le président du tribunal de première instance. I. c. 257.

264. Les juges de la cour royale seront, en cas d'absence ou de tout autre empêchement, remplacés par d'autres juges de la même cour, et à leur défaut par des juges de première instance ; ceux de première instance le seront par les suppléans. I. c. 253. L. 6 *juillet* 1810, 97. — Les juges-auditeurs qui seront présens et auront l'âge requis, concourront pour le remplacement avec les juges de première instance, suivan l'ordre de leur réception. L. 10 *décembre* 1830.

265. Le procureur général pourra, même étant présent, déléguer ses fonctions à l'un de ses substituts. — Cette disposition est commune, à la cour royale et à la cour d'assises. I. c. 271 s. L. 6 *juillet* 1810, 48 s.

§ Ier. *Fonctions du président.*

266. Le président est chargé, 1° d'entendre l'accusé lors de son arrivée dans la maison de justice; 2° de convoquer les jurés, et de les tirer au sort. — Il pourra déléguer ces fonctions à l'un des juges. I. c. 260, 293 s., 306, 399, 465 s., 611, 613. L. 6 *juillet* 1810, 91. T. cr. 71.

267. Il sera de plus chargé personnellement de diriger les jurés dans l'exercice de leurs fonctions, de leur exposer l'affaire sur laquelle ils auront à délibérer, même de leur rappeler leur devoir, de présider à toute l'instruction, et de déterminer l'ordre entre ceux qui demanderont à parler. — Il aura la police de l'audience. I. c. 181, 310 s., 319, 327, 334 s., 341 s., 504 s. Pr. 88 s.

268. Le président est investi d'un pouvoir discrétionnaire, en vertu duquel il pourra prendre sur lui tout ce qu'il croira utile pour découvrir la vérité; et la loi charge son honneur et sa conscience d'employer tous ses efforts pour en favoriser la manifestation. I. c. 269, 327.

269. Il pourra, dans le cours des débats, appeler, même par mandat d'amener, et entendre toutes personnes, ou se faire apporter toutes nouvelles pièces qui lui paraîtraient, d'après les nouveaux développemens donnés à l'audience, soit par les accusés, soit par les témoins, pouvoir répandre un jour utile sur le fait contesté. — Les témoins ainsi appelés ne prêteront point serment, et leurs déclarations ne seront considérées que comme renseignemens. I. c. 33, 79, 315. C. 25. P. 34 42, 43. T. cr. 71.

270. Le président devra rejeter tout ce qui tendrait à prolonger les débats sans donner lieu d'espérer plus de certitude dans les résultats.

§ II. *Fonctions du procureur général près la cour royale.*

271. Le procureur général près la cour royale poursuivra, soit par lui-même, soit par son substitut, toute personne mise en accusation suivant les formes prescrites au chapitre 1er du présent titre. Il ne pourra porter à la cour aucune autre accusation, à peine de nullité, et, s'il y a lieu, de prise à partie. I. c. 231, 241, 408. P. 122. (1)

272. Aussitôt que le procureur général ou son substitut aura reçu les pièces, il apportera tous ses soins à ce que les actes préliminaires soient faits et que tout soit en état, pour que les débats puissent commencer à l'époque de l'ouverture des assises. I. c. 242 s., 291, 293 s., 332 s.

273. Il assistera aux débats; il requerra l'application de la peine; il sera présent à la prononciation de l'arrêt. I. c. 276 s., 299.

274. Le procureur général, soit d'office, soit par les ordres du ministre de la justice, charge le procureur du roi de poursuivre les délits dont il a connaissance. I. c. 27, 271 s. L. 20 *avril* 1810, 6, 45 s.

275. Il reçoit les dénonciations et les plaintes qui lui sont adressées directement, soit par la cour royale, soit par un fonctionnaire public, soit par un simple citoyen, et il en tient registre. — Il les transmet au procureur du roi. I. c. 63 s.

276. Il fait, au nom de la loi, toutes les réquisitions qu'il juge utiles; la cour est tenue de lui en donner acte et d'en délibérer. I. c. 278, 408.

277. Les réquisitions du procureur général doivent être de lui signées;

(1) Les fonctions de procureur général sont tracées dans les art. 144, 217, 222, 224, 238, 241, 245, 250 s., 251, 265, 271 s., 284, 292 s., 298, 300, 306 s., 315 s., 319, 322 s., 326, 328, 330 s., 335, 358, 362, 368, 373 s., 379, 384, 387, 433, 441, 464, 473, 480, 484, 520, 544. *L.* 20 avril 1810, *art.* 6, 45 s.; *L.* 6 juillet 1810, *art.* 42 s.

celles faites dans le cours d'un débat seront retenues par le greffier sur son procès-verbal ; et elles seront aussi signées par le procureur général : toutes les décisions auxquelles auront donné lieu ces réquisitions seront signées par le juge qui aura présidé et par le greffier. I. c. 308, 326, 330 s., 372.

278. *Lorsque la cour ne déférera pas à la réquisition du procureur général, l'instruction ni le jugement ne seront arrêtés ni suspendus, sauf après l'arrêt, s'il y a lieu, le recours en cassation par le procureur général.* I. c. 276, 408.

279. Tous les officiers de police judiciaire, même les juges d'instruction, sont soumis à la surveillance du procureur général. — Tous ceux qui, d'après l'article 9 du présent Code, sont, à raison de fonctions, même administratives, appelés par la loi à faire quelques actes de la police judiciaire, sont, sous ce rapport seulement, soumis à la même surveillance. I. c. 27, 57, 249, 280 s., 289 s. L. 20 *avril* 1810, 48 *s.*, 60 *s.*

280. En cas de négligence des officiers de police judiciaire et des juges d'instruction, le procureur général les avertira : cet avertissement sera consigné par lui sur un registre tenu à cet effet. L. 20 *avril* 1810, 48 s.

281. En cas de récidive, le procureur général les dénoncera à la cour. — Sur l'autorisation de la cour, le procureur général les fera citer à la chambre du conseil. — La cour leur enjoindra d'être plus exacts à l'avenir, et les condamnera aux frais tant de la citation que de l'expédition et de la signification de l'arrêt. I. c. 485 s. L. 20 *avril* 1810, 60 s. T. cr. 42, 71.

282. Il y aura récidive, lorsque le fonctionnaire sera repris, pour quelque affaire que ce soit, avant l'expiration d'une année, à compter du *jour de l'avertissement consigné sur le registre.*

283. Dans tous les cas où les procureurs du roi et les présidens sont autorisés à remplir les fonctions d'officier de police judiciaire ou de juge d'instruction, ils pourront déléguer au procureur du roi, au juge d'instruction, et au juge de paix, même d'un arrondissement communal voisin du lieu du délit, les fonctions qui *leur sont respectivement attribuées*, autres que le pouvoir de délivrer les mandats d'amener, de dépôt et d'arrêt contre les prévenus. I. c. 52, 46, 303, 330, 431, 433, 484.

§ III. *Fonctions du Procureur du roi au criminel* (1).

284. Le procureur du roi au criminel, dont il est parlé en l'art. 253, remplacera, près la cour d'assises (2), le procureur-général dans les départemens autres que celui où siége la cour royale, sans préjudice de la faculté que le procureur général aura toujours de s'y rendre lui-même pour y exercer ses fonctions. I. c. 253, 288. L. 20 *avril* 1810, 6, 45 s.

285. Ce substitut résidera dans le chef-lieu du département.

---

(1) Plusieurs dispositions contenues dans ce paragraphe sont sans objet depuis la loi du 25 décembre 1815.

Loi 25 décembre 1815, relative à la suppression des places de Substituts des Procureurs généraux faisant fonctions de Procureurs criminels dans les départemens. — Art. 1er. Les places de substituts des procureurs généraux faisant fonctions de procureurs criminels dans les départemens, sont supprimées. — 2. Les fonctions du ministère public qui étaient attribuées à nos procureurs au criminel, seront exercées par nos procureurs près les tribunaux de première instance des arrondissemens dans lesquels siégeront les cours d'assises, ou par leurs substituts. — 3. Les fonctions de surveillance qui étaient attribuées à nos procureurs au criminel par le Code d'instruction criminelle et les réglemens postérieurs, seront exercées directement par nos procureurs généraux.

(2) L'ancien article 253 a été modifié d'abord dans le texte publié officiellement le 9 septembre 1816, puis par la loi du 4 mars 1831.

286. Si les assises se tiennent dans une autre ville que le chef-lieu, il s'y transportera.

287. Le procureur du roi au criminel remplira aussi les fonctions du ministère public dans l'instruction et dans le jugement des appels de police correctionnelle. I. c. 202 s., 210.

288. En cas d'empêchement momentané, il sera remplacé par le procureur du roi près le tribunal de première instance du chef-lieu.

289. Il surveillera les officiers de police judiciaire du département. I. c. 279.

290. Il rendra compte au procureur général, une fois tous les trois mois, et plus souvent s'il en est requis, de l'état de la justice du département, en matière criminelle, de police correctionnelle et de simple police. I. c. 27, 249 s., 274 s.

CHAPITRE III.

DE LA PROCÉDURE DEVANT LA COUR D'ASSISES.

291. Quand l'accusation aura été prononcée, si l'affaire ne doit pas être jugée dans le lieu où siége la cour royale, le procès sera, par les ordres du procureur général, envoyé, dans les vingt-quatre heures, au greffe du tribunal de première instance du chef-lieu du département, ou au greffe du tribunal qui pourrait avoir été désigné. — Dans tous les cas, les pièces servant à conviction qui seront restées déposées au greffe du tribunal d'instruction, ou qui auraient été apportées à celui de la cour royale, seront réunies dans le même délai au greffe où doivent être remises les pièces du procès. I. c. 133, 217.

292. Les vingt-quatre heures courront du moment de la signification faite à l'accusé, de l'arrêt de renvoi devant la cour d'assises. — L'accusé, s'il est détenu, sera, dans le même délai, envoyé dans la maison de justice du lieu où doivent se tenir les assises. T. cr. 4 s., 71.

293. Vingt-quatre heures au plus tard après la remise des pièces au greffe et l'arrivée de l'accusé dans la maison de justice, celui-ci sera interrogé par le président de la cour d'assises, ou par le juge qu'il aura délégué. I. c. 266. L. 6 *juillet* 1810, 91.

294. L'accusé sera interpellé de déclarer le choix qu'il aura fait d'un conseil pour l'aider dans sa défense; sinon le juge lui en désignera un sur-le-champ, à peine de nullité de tout ce qui suivra. — Cette désignation sera comme non avenue, et la nullité ne sera pas prononcée, si l'accusé choisit un conseil. I. c. 295 s., 302, 305, 311, 335, 399, 408, 468.

295. Le conseil de l'accusé ne pourra être choisi par lui ou désigné par le juge que parmi les avocats ou avoués de la cour royale ou de son ressort, à moins que l'accusé n'obtienne du président de la cour d'assises, la permission de prendre pour conseil un de ses parens ou amis. *Exceptions*, O. 27 *août* 1830, 30 *mars* 1835.

296. Le juge avertira de plus l'accusé que, dans le cas où il se croirait fondé à former une demande en nullité, il doit faire sa déclaration dans les cinq jours suivans, et qu'après l'expiration de ce délai il n'y sera plus recevable. — L'exécution du présent article et des deux précédens sera constatée par un procès-verbal, que signeront l'accusé, le juge et le greffier : si l'accusé ne sait ou ne veut pas signer, le procès-verbal en fera mention. I. c. 261, 299 s.

297. Si l'accusé n'a point été averti, conformément au précédent article, la nullité ne sera pas couverte par son silence : ses droits seront conservés, sauf à les faire valoir après l'arrêt définitif. I. c. 261.

298. Le procureur général est tenu de faire sa déclaration dans le même délai, à compter de l'interrogatoire, et sous la même peine de déchéance portée en l'article 296. I. c. 293 s.

299. La déclaration de l'accusé et celle du procureur général doivent énoncer l'objet de la demande en nullité. — Cette demande ne peut être formée que contre l'arrêt de renvoi à la cour d'assises, et dans les trois cas suivans : — 1° Si le fait n'est pas qualifié crime par la loi; — 2° Si le ministère public n'a pas été entendu; — 3° Si l'arrêt n'a pas été rendu par le nombre de juges fixé par la loi. I. c. 254, 262, 408; *cassat.*, 416, 429, 432 s.

300. La déclaration doit être faite au greffe. — Aussitôt qu'elle aura été reçue par le greffier, l'expédition de l'arrêt sera transmise par le procureur général près la cour royale, au procureur général près la cour de cassation, laquelle sera tenue de prononcer, toutes affaires cessantes. I. c. 296 s., 423 s. T. cr. 42.

301. Nonobstant la demande en nullité, l'instruction sera continuée jusqu'aux débats exclusivement. I. c. 305.

302. Le conseil pourra communiquer avec l'accusé après son interrogatoire. — Il pourra aussi prendre communication de toutes les pièces, sans déplacement et sans retarder l'instruction. I. c. 294 s., 305, 499.

303. S'il y a de nouveaux témoins à entendre et qu'ils résident hors du lieu où se tient la cour d'assises, le président, ou le juge qui le remplace, pourra commettre, pour recevoir leurs dépositions, le juge d'instruction de l'arrondissement où ils résident, ou même d'un autre arrondissement : celui ci, après les avoir reçues, les enverra closes et cachetées au greffier qui doit exercer ses fonctions à la cour d'assises. I. c. 83 s., 283, 324, 431, 433. T. cr. 71.

304. Les témoins qui n'auront pas comparu sur la citation du président ou du juge commis par lui, et qui n'auront pas justifié qu'ils en étaient légitimement empêchés, ou qui refuseront de faire leurs dépositions, seront jugés par la cour d'assises, et punis conformément à l'article 80. I. c. 80 s.

305. Les conseils des accusés pourront prendre ou faire prendre, à leurs frais, copie de telles pièces du procès qu'ils jugeront utiles à leur défense. — Il ne sera délivré gratuitement aux accusés, en quelque nombre qu'ils puissent être, et dans tous les cas, qu'une seule copie des procès-verbaux constatant le délit, et des déclarations écrites des témoins. — Les présidens, les juges et le procureur général, sont tenus de veiller à l'exécution du présent article. I. c. 302. T. cr. 42, 54, 55.

306. Si le procureur général ou l'accusé ont des motifs pour demander que l'affaire ne soit pas portée à la première assemblée du jury, ils présenteront au président de la cour d'assises une requête en prorogation de délai. — Le président décidera si cette prorogation doit être accordée; il pourra aussi, d'office, proroger le délai. I. c. 266 s. T. cr. 55.

307. Lorsqu'il aura été formé, à raison du même délit, plusieurs actes d'accusation contre différens accusés, le procureur général pourra en requérir la jonction, et le président pourra l'ordonner, même d'office. I. c. 226 s., 308.

308. Lorsque l'acte d'accusation contiendra *plusieurs délits non connexes*, le procureur général pourra requérir que les accusés ne soient mis en jugement, quant à présent, que sur l'un ou quelques-uns de ces délits, et le président pourra l'ordonner d'office. I. c. 227, 276 s., 307.

309. Au jour fixé pour l'ouverture des assises, la cour ayant pris séance douze jurés se placeront, *dans l'ordre* désigné par le sort, sur des siéges séparés du public, des parties et des témoins, en face de celui qui est destiné à l'accusé. I. c. 253, 381 s., 388, 393, 405.

CHAPITRE IV.

DE L'EXAMEN, DU JUGEMENT ET DE L'EXÉCUTION.

SECTION I.
De l'Examen.

310. L'accusé comparaîtra libre, et seulement accompagné de gardes pour l'empêcher de s'évader. Le président lui demandera son nom, ses prénoms, son âge, sa profession, sa demeure et le lieu de sa naissance. (1)

311. Le président avertira le conseil de l'accusé, qu'il ne peut rien dire contre sa conscience ou contre le respect dû aux lois, et qu'il doit s'ex-

(1) V. L. 9 sept. 1835 sur les cours d'assises, *art.* 8, 9, 10 et 11. (*App.*)

primer avec décence et modération. I. c. 294 s., 302, 305, 319, 355, 468. Pr. 1036. P. 377. *Déc.* 14 *décembre* 1810. O. 20 *novembre* 1822.

312. Le président adressera aux jurés, debout et découverts, le discours suivant : — « Vous jurez et promettez » devant Dieu et devant les hommes » d'examiner avec l'attention la plus » scrupuleuse les charges qui seront » portées contre N. ; de ne trahir ni les » intérêts de l'accusé, ni ceux de la » société, qui l'accuse ; de ne communiquer avec personne jusqu'après votre déclaration ; de n'écouter ni la » haine ou la méchanceté, ni la crainte » ou l'affection ; de vous décider d'après les charges et les moyens de défense, suivant votre conscience et votre intime conviction, avec l'impartialité et la fermeté qui conviennent » à un homme probe et libre. » — Chacun des jurés, appelé individuellement par le président, répondra, en levant la main, *Je le jure*, à peine de nullité. I. c. 408.

313. Immédiatement après, le président avertira l'accusé d'être attentif à ce qu'il va entendre. — Il ordonnera au greffier de lire l'arrêt de la cour royale portant renvoi à la cour d'assises, et l'acte d'accusation. — Le greffier fera cette lecture à haute voix.

314. Après cette lecture, le président rappellera à l'accusé ce qui est contenu en l'acte d'accusation, et lui dira : « Voilà de quoi vous êtes accusé ; » vous allez entendre les charges qui » seront produites contre vous. »

315. Le procureur général exposera le sujet de l'accusation ; il présentera ensuite la liste des témoins qui devront être entendus, soit à sa requête, soit à la requête de la partie civile, soit à celle de l'accusé. — Cette liste sera lue à haute voix par le greffier. — Elle ne pourra contenir que les témoins dont les noms, profession et résidence auront été notifiés, vingt-quatre heures au moins avant l'examen de ces témoins, à l'accusé, par le procureur général ou la partie civile, et au procureur général par l'accusé ; sans préjudice de la faculté accordée au président par l'art. 269. — L'accusé et le procureur général pourront, en conséquence, s'opposer à l'audition d'un témoin qui n'aurait pas été indiqué ou qui n'aurait pas été clairement désigné dans l'acte de notification. I. c. *témoin*, 80 s., 324, 354 s., 510 s. — La cour statuera de suite sur cette opposition. I. c. 408.

316. Le président ordonnera aux témoins de se retirer dans la chambre qui leur sera destinée. Ils n'en sortiront que pour déposer. Le président prendra des précautions, s'il en est besoin, pour empêcher les témoins de conférer entre eux du délit et de l'accusé, avant leur déposition. I. c. 320, 326 s., 510 s.

317. Les témoins déposeront séparément l'un de l'autre, dans l'ordre établi par le procureur général. Avant de déposer, ils prêteront, à peine de nullité, le serment de parler sans haine et sans crainte, de dire toute la vérité et rien que la vérité. — Le président leur demandera leurs noms, prénoms, âge, profession, leur domicile ou résidence, s'ils connaissaient l'accusé avant le fait mentionné dans l'acte d'accusation, s'ils sont parens ou alliés, soit de l'accusé, soit de la partie civile, et à quel degré ; il leur demandera encore s'ils ne sont pas attachés au service de l'un ou de l'autre : cela fait, les témoins déposeront oralement. I. c. 75, 79, 269, 318, 320, 322, 362, 408, 477, 510 s. ; *milit.*, L. 18 *prair. an* II. C. 25. P. 34, 42, 43.

318. Le président fera tenir note, par le greffier, des additions, changemens ou variations qui pourraient exister entre la déposition d'un témoin et ses précédentes déclarations. — Le procureur général et l'accusé pourront requérir le président de faire tenir les notes de ces changemens, additions et variations. I. c. 328, 372.

319. Après chaque déposition, le président demandera au témoin si c'est de l'accusé présent qu'il a entendu parler ; il demandera ensuite à l'accusé s'il veut répondre à ce qui vient d'être dit contre lui. — Le témoin ne pourra être interrompu : l'accusé ou son conseil pourront le questionner par l'organe du président, après sa déposition, et dire, tant contre lui que contre son témoignage, tout ce qui pourra être utile à la défense de l'accusé. I. c. 311, 325. Pr. 1036. P. 377. T. cr. 71. — Le président pourra également demander au témoin et à l'accusé, tous les éclaircissemens qu'il croira nécessaires à la manifestation de la vérité. — Les juges, le procureur général et les jurés auront la même faculté, en demandant la parole au président. La partie civile ne pourra faire de questions, soit au témoin, soit à l'accusé, que par l'organe du président.

320. Chaque témoin, après sa déposition, restera dans l'auditoire, si le président n'en a ordonné autrement, jusqu'à ce que les jurés se soient retirés pour donner leur déclaration. I. c. 316, 346 s.

321. Après l'audition des témoins produits par le procureur général et par la partie civile, l'accusé fera entendre ceux dont il aura notifié la liste, soit sur les faits mentionnés dans l'acte d'accusation, soit pour attester qu'il est homme d'honneur, de probité, et d'une conduite irréprochable. — Les citations faites à la requête des accusés seront à leurs frais, ainsi que les salaires des témoins cités, s'ils en requièrent; sauf au procureur général à faire citer à sa requête les témoins qui lui seront indiqués par l'accusé, dans le cas où il jugerait que leur déclaration pût être utile pour la découverte de la vérité.

322. Ne pourront être reçues les dépositions, — 1° Du père, de la mère, de l'aïeul, de l'aïeule, ou de tout autre ascendant de l'accusé ou de l'un des accusés présens et soumis au même débat; — 2° Du fils, fille, petit-fils, petite-fille, ou de tout autre descendant; — 3° Des frères et sœurs; — 4° Des alliés aux mêmes degrés; — 5° Du mari ou de la femme, même après le divorce prononcé; — 6° Des dénonciateurs dont la dénonciation est récompensée pécuniairement par la loi; — Sans néanmoins que l'audition des personnes ci-dessus désignées puisse opérer une nullité, lorsque, soit le procureur général, soit la partie civile, soit les accusés, ne se sont pas opposés à ce qu'elles soient entendues. I. c. 77, 82, 156, 408, 510 s. C. 25. P. 34, 42, 43, 378.

323. Les dénonciateurs autres que ceux récompensés pécuniairement par la loi pourront être entendus en témoignage; mais le jury sera averti de leur qualité de dénonciateurs. I. c. 30 s.

324. Les témoins produits par le procureur général ou par l'accusé seront entendus dans le débat, même lorsqu'ils n'auraient pas préalablement déposé par écrit, lorsqu'ils n'auraient reçu aucune assignation, pourvu, dans tous les cas, que ces témoins soient portés sur la liste mentionnée dans l'article 315. I. c. 72, 74.

325. Les témoins, par quelque partie qu'ils soient produits, ne pourront jamais s'interpeller entre eux. I. c. 319.

326. L'accusé pourra demander, après qu'ils auront déposé, que ceux qu'il désignera se retirent de l'auditoire, et qu'un ou plusieurs d'entre eux soient introduits et entendus de nouveau, soit séparément, soit en présence les uns des autres. — Le procureur général aura la même faculté. — Le président pourra aussi l'ordonner d'office. I. c. 316, 320, 327, 498.

327. Le président pourra, avant, pendant ou après l'audition d'un témoin, faire retirer un ou plusieurs accusés, et les examiner séparément sur quelques circonstances du procès; mais il aura soin de ne reprendre la suite des débats généraux, qu'après avoir instruit chaque accusé de ce qui se sera fait en son absence, et de ce qui en sera résulté. I. c. 267 s.

328. Pendant l'examen, les jurés, le procureur général et les juges pourront prendre note de ce qui leur paraîtra important, soit dans les dépositions des témoins, soit dans la défense de l'accusé, pourvu que la discussion n'en soit pas interrompue. I. c. 318.

329. Dans le cours ou à la suite des dépositions, le président fera représenter à l'accusé toutes les pièces relatives au délit, et pouvant servir à conviction; il l'interpellera de répondre personnellement s'il les reconnaît;

le président les fera aussi représenter aux témoins, s'il y a lieu.

330. Si, d'après les débats, la déposition d'un témoin paraît fausse, le président pourra, sur la réquisition soit du procureur général, soit de la partie civile, soit de l'accusé, et même d'office, faire sur-le-champ mettre le témoin en état d'arrestation. Le procureur général, et le président ou l'un des juges par lui commis, rempliront à son égard, le premier, les fonctions d'officier de police judiciaire; le second, les fonctions attribuées aux juges d'instruction dans les autres cas. — Les pièces d'instruction seront ensuite transmises à la cour royale, pour y être statué sur la mise en accusation. I. c. 59 s., 71 s., 217, 331, 445 s. P. 361 s.

331. Dans le cas de l'article précédent, le procureur général, la partie civile ou l'accusé, pourront immédiatement requérir, et la cour ordonner, même d'office, le renvoi de l'affaire à la prochaine session. I. c. 355, 445 s.

332. Dans le cas où l'accusé, les témoins ou l'un d'eux ne parleraient pas la même langue ou le même idiome, le président nommera d'office, à peine de nullité, un interprète âgé de vingt un ans au moins, et lui fera, sous la même peine, prêter serment de traduire fidèlement les discours à transmettre entre ceux qui parlent des langages différens. — L'accusé et le procureur général pourront récuser l'interprète, en motivant leur récusation. — La cour prononcera. — L'interprète ne pourra, à peine de nullité, même du consentement de l'accusé ni du procureur général, être pris parmi les témoins, les juges et les jurés. I. c. 317, 385, 408. Pr. 378 s. T. cr. 16 s.

333. Si l'accusé est sourd muet et ne sait pas écrire, le président nommera d'office pour son interprète la personne qui aura le plus d'habitude de converser avec lui. — Il en sera de même à l'égard du témoin sourd-muet. — Le surplus des dispositions du précédent article sera exécuté. — Dans le cas où le sourd-muet saurait écrire, le greffier écrira les questions et observations qui lui seront faites; elles seront remises à l'accusé ou au témoin, qui donneront par écrit leurs réponses ou déclarations. Il sera fait lecture du tout par le greffier.

334. Le président déterminera celui des accusés qui devra être soumis le premier aux débats, en commençant par le principal accusé, s'il y en a un. — Il se fera ensuite un débat particulier sur chacun des autres accusés.

335. A la suite des dépositions des témoins, et des dires respectifs auxquels elles auront donné lieu, la partie civile, ou son conseil et le procureur général seront entendus, et développeront les moyens qui appuient l'accusation. — L'accusé et son conseil pourront leur répondre. — La réplique sera permise à la partie civile et au procureur général; mais l'accuse ou son conseil auront toujours la parole les derniers. — Le président déclarera ensuite que les débats sont terminés. I. c. 271, 274 s., 294, 311, 319, 468. Pr. 1036.

336. Le président résumera l'affaire. — Il fera remarquer aux jurés les principales preuves pour ou contre l'accusé. — Il leur rappellera les fonctions qu'ils auront à remplir. — Il posera les questions ainsi qu'il sera dit ci-après.

337. La question résultant de l'acte d'accusation sera posée en ces termes : — « L'accusé est il coupable d'avoir »commis tel meurtre, tel vol ou tel »autre crime, avec toutes les circon»stances comprises dans le résumé »de l'acte d'accusation? » I. c. 241, 338 s.

338. S'il résulte des débats une ou plusieurs circonstances aggravantes, non mentionnées dans l'acte d'accusation, le président ajoutera la question suivante : — « L'accusé a-t-il commis le »crime avec telle ou telle circonstance?» I. c. 345 s., 379 s.

339. Lorsque l'accusé aura proposé pour excuse un fait admis comme tel par la loi, le président devra, à peine de nullité, poser la question ainsi qu'il suit : — « Tel fait est-il constant? » I. c. 346, 367. P. 65, 321, 326.

340. Si l'accusé a moins de seize ans, le président posera, à peine de nullité, cette question : — « L'accusé a-t-il agi avec discernement ? » P. 66, 67, 68.

341. (*Ainsi rect. L. 9 sept.* 1835.) En toute matière criminelle, même en cas de récidive, le président, après avoir posé les questions résultant de l'acte d'accusation et des débats, avertira le jury, à peine de nullité, que, s'il pense, à la majorité, qu'il existe, en faveur d'un ou de plusieurs accusés reconnus coupables, des circonstances atténuantes, il devra en faire la déclaration en ces termes : — « A la majorité, il y a des circonstances atténuantes en faveur de tel accusé. » — Ensuite le président remettra les questions écrites aux jurés dans la personne du chef du jury, et il leur remettra en même temps l'acte d'accusation, les procès-verbaux qui constatent les délits, et les pièces du procès autres que les déclarations écrites des témoins. — Le président avertira le jury que son vote doit avoir lieu au scrutin secret. — Il avertira également les jurés que, si l'accusé est déclaré coupable du fait principal à la simple majorité, ils doivent en faire mention en tête de leur déclaration. I. c. 352. — Il fera retirer l'accusé de l'auditoire. I. c. 344.

342. Les questions étant posées et remises aux jurés, ils se rendront dans leur chambre pour y délibérer. — Leur chef sera le premier juré sorti par le sort, ou celui qui sera désigné par eux, et du consentement de ce dernier. — Avant de commencer la délibération, le chef des jurés leur fera lecture de l'instruction suivante, qui sera, en outre, affichée en gros caractères dans le lieu le plus apparent de leur chambre : — « La loi ne demande »pas compte aux jurés des moyens par »lesquels ils se sont convaincus ; elle »ne leur prescrit point de règles des»quelles ils doivent faire particulière»ment dépendre la plénitude et la suf»fisance d'une preuve ; elle leur pres»crit de s'interroger eux-mêmes dans »le silence et le recueillement, et de »chercher, dans la sincérité de leur »conscience, quelle impression ont »faite sur leur raison les preuves rap»portées contre l'accusé, et les moyens »de sa défense. La loi ne leur dit »point : *Vous tiendrez pour vrai tout »fait attesté par tel ou tel nombre de »témoins* ; elle ne leur dit pas non »plus, *Vous ne regarderez pas comme »suffisamment établie, toute preuve qui »ne sera pas formée de tel procès-ver»bal, de telles pièces, de tant de té»moins ou de tant d'indices* ; elle ne »leur fait que cette seule question, »qui renferme toute la mesure de »leurs devoirs : *Avez-vous une intime »conviction ?* — Ce qu'il est bien essen»tiel de ne pas perdre de vue, c'est »que toute la délibération du jury »porte sur l'acte d'accusation ; c'est »aux faits qui le constituent et qui en »dépendent, qu'ils doivent unique»ment s'attacher ; et ils manquent à »leur premier devoir, lorsque, pen»sant aux dispositions des lois péna»les, ils considèrent les suites que »pourra avoir, par rapport à l'accusé, »la déclaration qu'ils ont à faire. Leur »mission n'a pas pour objet la pour»suite ni la punition des délits ; ils ne »sont appelés que pour décider si l'ac»cusé est, ou non, coupable du crime »qu'on lui impute. » I. c. 267 s.

343. Les jurés ne pourront sortir de leur chambre qu'après avoir formé leur déclaration. — L'entrée n'en pourra être permise pendant leur délibération, pour quelque cause que ce soit, que par le président et par écrit. — Le président est tenu de donner au chef de la gendarmerie de service, l'ordre spécial et par écrit de faire garder les issues de leur chambre : ce chef sera dénommé et qualifié dans l'ordre. — La cour pourra punir le juré contrevenant, d'une amende de cinq cents francs au plus. Tout autre qui aura enfreint l'ordre, ou celui qui ne l'aura pas fait exécuter, pourra être puni d'un emprisonnement de vingt-quatre heures. I. c. 353. T. cr. 42, 71.

344. Les jurés délibèreront sur le fait principal, et ensuite sur chacune des circonstances. I. c. 341, 352 s.

345. (*Ainsi rect. L. 9 sept.* 1835.) Le chef du jury lira successivement chacune des questions posées comme il est dit en l'article 336, et le vote aura lieu ensuite au scrutin secret (1), tant sur le fait principal et les circonstances aggravantes que sur l'existence des circonstances atténuantes. I. c. 337, 338 s., 341.

346. (*Ainsi rect. L. 9 sept. 1835.*) Il sera procédé de même et au scrutin secret, sur les questions qui seraient posées dans les cas prévus par les articles 339 et 340.

347. (*Ainsi rect. L. 9 sept. 1835.*) La décision du jury, tant contre l'accusé que sur les circonstances atténuantes, se formera à la majorité, à peine de nullité. — La déclaration du jury constatera la majorité, à peine de nullité, sans que le nombre de voix puisse y être exprimé, si ce n'est dans le cas prévu par le quatrième paragraphe de l'article 341. I. c. 350, 408.

348. Les jurés rentreront ensuite dans l'auditoire, et reprendront leur place. — Le président leur demandera quel est le résultat de leur délibération. — Le chef du jury se lèvera, et, la main placée sur son cœur, il dira : *Sur mon honneur et ma conscience, devant Dieu et devant les hommes, la déclaration du jury est : Oui, l'accusé, etc Non, l'accusé, etc.*

349. La déclaration du jury sera signée par le chef et remise par lui au président, le tout en présence des jurés. — Le président la signera, et la fera signer par le greffier.

350. La déclaration du jury ne pourra jamais être soumise à aucun recours. I. c. 352, 358, 360, 408 s. P. 181 s.

351. *Abrogé. L. 4 mars 1831, art. 4.*

352. (*Ainsi rectifié. L. 9 sept. 1835.*) Si néanmoins les juges sont unanimement convaincus que les jurés, tout en observant les formes, se sont trompés au fond, la cour déclarera qu'il est sursis au jugement, et renverra l'affaire à la session suivante, pour être soumise à un nouveau jury, dont ne pourra faire partie aucun des premiers jurés. — Lorsque l'accusé

---

(1) Loi 13 mai 1836, *sur le Mode du Vote du Jury au scrutin secret.*

Art. 1er. Le jury votera par bulletins écrits et par scrutins distincts et successifs, sur le fait principal d'abord, et, s'il y a lieu, sur chacune des circonstances aggravantes, sur chacun des faits d'excuse légale, sur la question de discernement, et enfin sur la question des circonstances atténuantes, que le chef du jury sera tenu de poser toutes les fois que la culpabilité de l'accusé aura été reconnue.

2. A cet effet, chacun des jurés, appelé par le chef du jury, recevra de lui un bulletin ouvert, marqué du timbre de la cour d'assises, et portant ces mots : *Sur mon honneur et ma conscience, ma déclaration est.....* Il écrira à la suite, ou fera écrire secrètement, par un juré de son choix, le mot *oui* ou le mot *non*, sur une table disposée de manière à ce que personne ne puisse voir le vote inscrit au bulletin. Il remettra le bulletin écrit et fermé au chef du jury, qui le déposera dans une urne ou boîte destinée à cet usage.

3. Le chef du jury dépouillera chaque scrutin en présence des jurés, qui pourront vérifier les bulletins.

Il en consignera sur-le-champ le résultat en marge ou à la suite de la question résolue, sans néanmoins exprimer le nombre des suffrages, si ce n'est lorsque la décision affirmative, sur le fait principal, aura été prise à la simple majorité.

La déclaration du jury, en ce qui concerne les circonstances atténuantes, n'exprimera le résultat du scrutin qu'autant qu'il sera affirmatif.

4. S'il arrivait que dans le nombre des bulletins il s'en trouvât sur lesquels aucun vote ne fût exprimé, ils seraient comptés comme portant une réponse favorable à l'accusé. Il en serait de même des bulletins que six jurés au moins auraient déclarés illisibles.

5. Immédiatement après le dépouillement de chaque scrutin, les bulletins seront brûlés en présence du jury.

6. La présente loi sera affichée, en gros caractères, dans la chambre des délibérations du jury.

n'aura été déclaré coupable qu'à la simple majorité, il suffira que la majorité des juges soit d'avis de surseoir au jugement et de renvoyer l'affaire à la session suivante, pour que cette mesure soit ordonnée par la cour. — Nul n'aura le droit de provoquer cette mesure : la cour ne pourra l'ordonner que d'office, et immédiatement après que la déclaration du jury aura été prononcée publiquement, et dans le cas où l'accusé aura été convaincu ; jamais lorsqu'il n'aura pas été déclaré coupable. — La cour sera tenue de prononcer immédiatement après la déclaration du second jury, même quand elle serait conforme à la première. I. c. 350. P. 181 s.

353. L'examen et les débats, une fois entamés, devront être continués sans interruption, et sans aucune espece de communication au dehors, jusqu'après la déclaration du jury inclusivement. Le président ne pourra les suspendre que pendant les intervalles nécessaires pour le repos des juges, des jurés, des témoins et des accusés. I. c. 343, 354, 406.

354. Lorsqu'un témoin qui aura été cité ne comparaîtra pas, la cour pourra, sur la réquisition du procureur général, et avant que les débats soient ouverts par la déposition du premier témoin inscrit sur la liste, renvoyer l'affaire à la prochaine session. I. c. 355, 406. T. cr. 71.

355. Si, à raison de la non-comparution du témoin, l'affaire est renvoyée à la session suivante, tous les frais de citation, actes, voyages de témoins, et autres ayant pour objet de faire juger l'affaire, seront à la charge de ce témoin, et il y sera contraint, même par corps, sur la réquisition du procureur général, par l'arrêt qui renverra les débats à la session suivante. — Le même arrêt ordonnera, de plus, que ce témoin sera amené par la force publique devant la cour, pour y être entendu. — Et néanmoins, dans tous les cas, le témoin qui ne comparaîtra pas, ou qui refusera soit de prêter serment, soit de faire sa déposition, sera condamné à la peine portée en l'article 80. I. c. 304. 315. T. cr. 71. L. 17 *avril* 1832, 19, 21 s.

356. La voie de l'opposition sera ouverte contre ces condamnations, dans les dix jours de la signification qui en aura été faite au témoin condamné ou à son domicile, outre un jour par cinq myriamètres ; et l'opposition sera reçue s'il prouve qu'il a été légitimement empêché, ou que l'amende contre lui prononcée doit être modérée.

SECTION II.

Du Jugement et de l'Exécution.

357. Le président fera comparaître l'accusé, et le greffier lira en sa présence la déclaration du jury. I. c. 371, 376.

358. Lorsque l'accusé aura été déclaré non coupable, le président prononcera qu'il est acquitté de l'accusation, et ordonnera qu'il soit mis en liberté, s'il n'est retenu pour autre cause. I. c. 360, 364, 367, 409, 412. T. cr. 42, 71. — La cour statuera ensuite sur les dommages-intérêts respectivement prétendus, après que les parties auront proposé leurs fins de non-recevoir ou leurs défenses, et que le procureur général aura été entendu. I. c. 362, 366, 463. C. 1146 s., 1510, 1382 s. P. 10, 51 s., 73 s. — La cour pourra néanmoins, si elle le juge convenable, commettre l'un des juges, pour entendre les parties, prendre connaissance des pièces, et faire son rapport à l'audience, où les parties pourront encore présenter leurs observations, et où le ministère public sera entendu de nouveau. — L'accusé acquitté pourra aussi obtenir des dommages-intérêts contre ses dénonciateurs, pour fait de calomnie ; sans néanmoins que les membres des autorités constituées puissent être ainsi poursuivis à raison des avis qu'ils sont tenus de donner, concernant les délits dont ils ont cru acquérir la connaissance dans l'exercice de leurs fonctions, et sauf contre eux la demande en prise à partie, s'il y a lieu. I. c. 30 s., 66 s., 212, 359 s. C. 727. P. 373. — Le procureur général sera tenu, sur la réquisition de l'accusé, de lui faire connaître ses dénonciateurs.

359. Les demandes en dommages-intérêts, formées soit par l'accusé contre ses dénonciateurs ou la partie civile, soit par la partie civile contre l'accusé *ou le condamné*, *seront portées* à la cour d'assises. — La partie civile est tenue de former sa demande en dommages-intérêts avant le jugement; plus tard, elle sera non-recevable. — Il en est de même de l'accuse, s'il a connu son dénonciateur. — Dans le cas où l'accusé n'aurait connu son dénonciateur que depuis le jugement, mais avant la fin de la *session*, *il sera tenu*, *sous peine de* déchéance, de porter sa demande à la cour d'assises : s'il ne l'a connu qu'après la clôture de la session, sa demande sera portée au tribunal civil. — A l'égard des tiers qui n'auraient pas été partie au procès, ils s'adresseront au *tribunal civil*. *I. c.* 63, 66 s., 362, 366. *C.* 1146 s., 1310, 1382 s.

360. Toute personne acquittée légalement ne pourra plus être reprise ni accusée à raison du même fait. *I. c.* 7, 246, 350, 358, 364, 366, 408.

361. Lorsque, dans le cours des débats, l'accusé aura été inculpé sur un autre fait, soit par des pièces, soit par les *dépositions des témoins*, le président, après avoir prononcé qu'il est acquitté de l'accusation, ordonnera qu'il soit poursuivi à raison du nouveau fait : en conséquence, il le renverra en état de mandat de comparution ou d'amener, suivant les distinctions établies par l'article 91, et même en état de mandat d'arrêt, s'il y échet, devant le juge d'instruction de l'*arrondissement où siège* la cour, pour être procédé à une nouvelle instruction. — Cette disposition ne sera toutefois exécutée que dans le cas où, avant la clôture des débats, le ministère public aura fait des réserves à fin de poursuite. *I. c.* 338, 360, 365, 379. *T. cr.* 71.

362. Lorsque l'accusé aura été déclaré coupable, le procureur général fera sa réquisition à la cour pour l'application de la loi. — La partie civile fera la sienne pour restitution et dommages-intérêts. *I. c.* 67, 359.

363. Le président demandera à l'accusé s'il n'a rien à dire pour sa défense. — L'accusé ni son conseil ne pourront plus plaider que le fait est faux, mais seulement qu'il n'est pas *défendu ou qualifié délit par la loi*, ou qu'il ne mérite pas la peine dont le procureur général a requis l'application, ou qu'il n'emporte pas de dommages-intérêts au profit de la partie civile, ou enfin que celle-ci élève trop haut les dommages-intérêts qui lui sont dus.

364. La cour prononcera l'absolution de l'accusé, si le fait dont il est déclaré coupable n'est pas défendu par une loi pénale. *I. c.* 229, 358, 366, 410, 429.

365. Si ce fait est défendu, la cour prononcera la peine établie par la loi, même dans le cas où, d'après les débats, il se trouverait n'être plus de la *compétence de la cour d'assises*. — En cas de conviction de plusieurs crimes ou délits, la peine la plus forte sera seule prononcée. *I. c.* 192, 366, 379.

366. Dans le cas d'absolution comme dans celui d'acquittement ou de condamnation, la cour statuera sur les dommages-intérêts prétendus par la partie civile ou par l'accusé; elle les liquidera par le même arrêt, ou commettra l'un des juges pour entendre les parties, prendre connaissance des pièces, et faire du tout son rapport, ainsi qu'il est dit article 358. — La cour ordonnera aussi que les effets pris seront restitués au propriétaire. — Néanmoins, s'il y a eu condamnation, cette restitution ne sera faite qu'en justifiant par le propriétaire, que le condamné a laissé passer les délais sans se pourvoir en cassation, ou s'il s'est pourvu, que l'affaire est définitivement terminée. *I. c.* 359, 364 s., 412. *C.* 1146 s., 1310, 1382 s. *P.* 10, 51 s., 73 s.

367. Lorsque l'accusé aura été déclaré excusable, la cour prononcera conformément au Code pénal. *I. c.* 339. *P.* 65, 321 s., 326.

368. L'accusé, ou la partie civile, qui succombera, sera condamné aux frais envers l'état et envers l'autre partie. — Dans les affaires soumises au jury, la partie civile qui n'aura pas succombé ne sera jamais tenue des frais. — Dans le cas où elle en aura consigné, en exécution du décret du 18 juin 1811, ils lui seront restitués. I. c. 66, 162, 194, 211, 478. P. 52. T. cr. 156, 160, 162, 174 s.; *sommes consignées*, O. 28 *juin* 1832.

369. Les juges délibéreront et opineront à voix basse; ils pourront, pour cet effet, se retirer dans la chambre du conseil; mais l'arrêt sera prononcé à haute voix par le président, en présence du public et de l'accusé. (*Except.*, L. 9 *sept.* 1835, *art.* 9.) — Avant de le prononcer, le président est tenu de lire le texte de la loi sur laquelle il est fondé. (1) — Le greffier écrira l'arrêt; il y insérera le texte de la loi appliquée, sous peine de cent francs d'amende. I. c. 163, 195, 411, 376.

370. La minute de l'arrêt sera signée par les juges qui l'auront rendu, à peine de cent francs d'amende contre le greffier, et, s'il y a lieu, de prise à partie tant contre le greffier que contre les juges. — Elle sera signée dans les vingt-quatre heures de la prononciation de l'arrêt. I. c. 164, 196. T. cr. 58.

371. Après avoir prononcé l'arrêt, le président pourra, selon les circonstances, exhorter l'accusé à la fermeté, à la résignation, ou à réformer sa conduite. — Il l'avertira de la faculté qui lui est accordée de se pourvoir en cassation, et du terme dans lequel l'exercice de cette faculté est circonscrit. I. c. 357, 373 s., 376.

372. Le greffier dressera un procès-verbal de la séance, à l'effet de constater que les formalités prescrites ont été observées. — Il ne sera fait mention au procès-verbal, ni des réponses des accusés, ni du contenu aux dépositions; sans préjudice toutefois de l'exécution de l'article 318, concernant les changemens, variations et contradictions dans les déclarations des témoins. — Le procès-verbal sera signé par le président et par le greffier, et ne pourra être imprimé à l'avance. — Les dispositions du présent article seront exécutées à peine de nullité. — Le défaut de procès-verbal et l'inexécution des dispositions du 3e paragraphe qui précède, seront punis de cinq cents francs d'amende contre le greffier. I. c. 277.

373. Le condamné aura trois jours francs après celui où son arrêt lui aura été prononcé, pour déclarer au greffe qu'il se pourvoit en cassation. — Le procureur général pourra, dans le même délai, déclarer au greffe qu'il demande la cassation de l'arrêt. — La partie civile aura aussi le même délai; mais elle ne pourra se pourvoir que quant aux dispositions relatives à *ses intérêts civils*. — Pendant ces trois jours, et s'il y a eu recours en cassation, jusqu'à la réception de l'arrêt de la cour de cassation, il sera sursis à l'exécution de l'arrêt de la cour. I. c. 300, 374 s., 417, 421, 425.

374. Dans les cas prévus par les articles 409 et 412 du présent Code, le procureur général ou la partie civile n'auront que vingt-quatre heures pour se pourvoir. I. c. 408 s., 412, 425, 442.

375. La condamnation sera exécutée, dans les vingt-quatre heures qui suivront les délais mentionnés en l'article 373, s'il n'y a point de recours en cassation; ou, en cas de recours, dans les vingt-quatre heures de la réception de l'arrêt de la cour de cassation qui aura rejeté la demande. I. c. 365; *secùs*, 379, 443 s. P. 25, 27.

376. La condamnation sera exécutée par les ordres du procureur général; il aura le droit de requérir directement, pour cet effet, l'assis-

(1) Aucune peine infamante ne doit être exécutée contre un membre de la légion d'honneur, s'il n'a été préalablement dégradé. — Après la prononciation de l'arrêt, le président doit ajouter : *vous avez manqué à l'honneur; je déclare, au nom de la légion, que vous avez cessé d'en être membre. Ord.* 26 *mars* 1816, *art.* 57, 58. — Si un membre de l'Université était repris de justice et condamné pour crime, il cesserait par le fait même de sa condamnation, d'être membre de l'Université : sa dégradation lui sera prononcée par le président après sa condamnation. (*Déc.* 15 *nov.* 1811, *art.* 163.)

tance de la force publique. I. c. 28, 271 s. P. 25, 26. 334, 475 12°; L. 21 germinal an IV.

377. Si le condamné veut faire une déclaration, elle sera reçue par l'un des juges du lieu de l'exécution, assisté du greffier.

378. Le procès-verbal d'exécution sera, sous peine de cent francs d'amende, dressé par le greffier, et transcrit par lui, dans les vingt-quatre heures, au pied de la minute de l'arrêt. La transcription sera signée par lui; et il fera mention du tout, sous la même peine, en marge du procès-verbal. Cette mention sera également signée, et la transcription fera preuve comme le procès-verbal même. T. cr. 45, 52, 53. C. 79.

379. Lorsque, pendant les débats qui auront précédé l'arrêt de condamnation, l'accusé aura été inculpé, soit par des pièces, soit par des dépositions de témoins, sur d'autres crimes que ceux dont il était accusé; si ces crimes nouvellement manifestes méritent une peine plus grave que les premiers, ou si l'accusé a des complices en état d'arrestation, la cour ordonnera qu'il soit poursuivi à raison de ces nouveaux faits, suivant les formes prescrites par le présent Code. — Dans ces deux cas, le procureur général surseoira à l'exécution de l'arrêt qui a prononcé la première condamnation, jusqu'à ce qu'il ait été statué sur le second procès. I. c. 361, 365.

380. Toutes les minutes des arrêts rendus aux assises seront réunies et déposées au greffe du tribunal de première instance du chef lieu du département. — Sont exceptées les minutes des arrêts rendus par la cour d'assises du département où siège la cour royale, lesquelles resteront déposées au greffe de ladite cour.

CHAPITRE V.

DU JURY ET DE LA MANIÈRE DE LE FORMER.

SECTION I.
Du Jury.

381. Nul ne peut remplir les fonctions de juré, s'il n'a trente ans accomplis et s'il ne jouit des droits politiques et civils, à peine de nullité. I. c. 408. C. 7 s., 17 s., 225. P. 34, 42. — Les jurés seront pris parmi les membres des colléges électoraux et parmi les personnes désignées dans les paragraphes 3 et suivans de l'article 382.

382. Le 1er août de chaque année, le préfet de chaque département dressera une liste qui sera divisée en deux parties. — La première partie sera rédigée conformément à l'article 3 de la loi du 29 juin 1820, et comprendra toutes les personnes qui rempliront les conditions requises pour faire partie des colléges électoraux du département. — La seconde partie comprendra, — 1° Les électeurs qui, ayant leur domicile réel dans le département, exerceraient leurs droits électoraux dans un autre département; — 2° Les fonctionnaires publics nommés par le roi et exerçant des fonctions gratuites; — 3° Les officiers des armées de terre et de mer en retraite; — 4° Les docteurs et licenciés de l'une ou de plusieurs des facultés de droit, des sciences et des lettres; les docteurs en médecine; les membres et correspondans de l'institut; les membres des autres sociétés savantes reconnues par le roi; — 5° Les notaires, après trois ans d'exercice de leurs fonctions. — Les officiers des armées de terre et de mer en retraite ne seront portés dans la liste générale qu'après qu'il aura été justifié qu'ils jouissent d'une pension de retraite de douze cents francs au moins, et qu'ils ont depuis cinq ans un domicile reel dans le département. — Les licenciés de l'une des facultés de droit, des sciences et des lettres, qui ne seraient pas inscrits sur le tableau des avocats et des avoués près les cours et tribunaux, ou qui ne seraient pas chargés de l'enseignement de quelqu'une des matières appartenant à la faculté où ils auront pris leur licence, ne seront portés sur la liste générale qu'après qu'il aura été justifié qu'ils ont depuis dix ans un domicile réel dans le département. — Dans les départemens où les deux parties de la liste ne comprendraient pas huit cents individus, ce nombre sera complété par une liste supplémentaire, formée des individus les plus imposés parmi ceux qui n'auront pas été inscrits sur la première. I. c. 381, 390, 396.

383. Les fonctions de juré sont incompatibles avec celles de ministre, de préfet, de sous préfet, de juge, de procureur général, de procureur du roi, et de leurs substituts. — Elles sont également incompatibles avec celles de ministre d'un culte quelconque. — Les conseillers d'état chargés d'une partie d'administration, les commissaires du roi près les administrations ou régies, les septuagénaires, seront dispensés, s'ils le requièrent.

384. Les listes dressées en exécution de l'article 382 seront affichées au chef-lieu de chaque commune au plus tard le 15 août, et seront arrêtées et closes le 30 septembre. — Un exemplaire en sera déposé et conservé au secrétariat des mairies, des sous-préfectures et des préfectures, pour être donné en communication à toutes les personnes qui le requerront. — Il sera statué, suivant le mode établi par les art. 5 et 6 de la loi du 5 février 1817, sur les réclamations qui seraient formées contre la rédaction des listes. — Ces réclamations seront inscrites au secrétariat général de la préfecture, selon l'ordre et la date de leur réception. — Elles seront formées par simple mémoire et sans frais.

385. Nul ne pourra cesser de faire partie des listes prescrites par l'article 382 qu'en vertu d'une décision motivée ou d'un jugement, contre lesquels le recours ou l'appel auront un effet suspensif. I. c. 396.

386. Lorsque les colléges électoraux seront convoqués, la première partie de la dernière liste qui aura été arrêtée le 30 septembre précédent en exécution de l'article 384, tiendra lieu de la liste prescrite par l'article 5 de la loi du 5 février 1817 et par l'article 3 de la loi du 29 juin 1820. — Les préfets feront imprimer et afficher, dans ce cas, un tableau de rectification, contenant l'indication des individus qui auront acquis ou perdu, depuis la publication de la liste générale, les qualités exigées pour exercer les droits électoraux. S'il s'est écoulé plus de deux mois depuis la clôture de la liste, les préfets en feront publier et afficher de nouveau la première partie avec le tableau de rectification. — Les réclamations de ceux qui auraient été omis dans la première partie de la liste arrêtée et close le 30 septembre, et qui auraient acquis les droits électoraux antérieurement à sa publication, ne seront admises qu'autant qu'elles auront été formées avant le 1er octobre.

387. Après le 30 septembre, les préfets extrairont, sous leur responsabilité, des listes générales dressées en exécution de l'article 382, une liste pour le service du jury de l'année suivante. — Cette liste sera composée du quart des listes générales, sans pouvoir excéder le nombre de trois cents noms, si ce n'est dans le département de la Seine, où elle sera composée de quinze cents. — Elle sera transmise immédiatement par le préfet au ministre de la justice, au premier président de la cour royale et au procureur général. — Nul ne sera porté deux ans de suite sur la liste prescrite par le présent article.

388. Dix jours au moins avant l'ouverture des assises, le premier président de la cour royale tirera au sort, sur la liste transmise par le préfet, trente-six noms qui formeront la liste des jurés pour toute la durée de la session. — Il tirera en outre quatre jurés supplémentaires pris parmi les individus mentionnés au troisième paragraphe de l'article 395. — Le tirage sera fait en audience publique de la première chambre de la cour, ou de la chambre des vacations. I. c. 394, 406.

389. La liste entière ne sera point envoyée aux citoyens qui la composent; mais le préfet notifiera à chacun d'eux l'extrait de la liste qui constate que son nom y est porté. Cette notification leur sera faite huit jours au moins avant celui où la liste doit servir. — Ce jour sera mentionné dans la notification, laquelle contiendra aussi une sommation de se trouver au jour indiqué, sous les peines portées au présent Code. — A défaut de notification à la personne, elle sera faite à son domicile, ainsi qu'à celui du maire ou de l'adjoint du lieu, celui-ci est tenu de lui en donner connaissance. I. c. 394 s.

390. Si parmi les quarante individus désignés par le sort il s'en trouve un ou plusieurs qui, depuis la formation de la liste arrêtée en exécution de l'article 387, soient décédés, ou aient été légalement privés des capacités exigées pour exercer les fonctions de jurés, ou aient accepté un emploi incompatible avec ces fonctions, la cour, après avoir entendu le procureur général, procédera, séance tenante, à leur remplacement. — Ce remplacement aura lieu dans la forme déterminée par l'article 388. I. c. 381, 382.

391. La liste des jurés sera comme non avenue après le service pour lequel elle aura été formée. — Hors les cas d'assises extraordinaires, les jurés qui auront satisfait aux réquisitions prescrites par l'article 389, ne pourront être placés plus d'une fois dans la même année sur la liste formée en exécution de l'article 387. — Dans les cas d'assises extraordinaires, ils ne pourront être placés sur cette liste plus de deux fois dans la même année. — Ne seront pas considérés comme ayant satisfait auxdites réquisitions ceux qui auront, avant l'ouverture de la session, fait admettre des excuses dont la cour d'assises aura jugé les causes temporaires. — Leurs noms, et ceux des jurés condamnés à l'amende pour la première ou deuxième fois, seront, immédiatement après la session, adressés au premier président de la cour royale, qui les reportera sur la liste formée en exécution de l'article 387; et s'il ne reste plus de tirage à faire pour la même année, ils seront ajoutés à la liste de l'année suivante. I. c. 387.

392. Nul ne peut être juré dans la même affaire où il aura été officier de police judiciaire, témoin, interprète, expert ou partie, à peine de nullité. I. c. 9, 332, 408.

SECTION II.

De la manière de former et de convoquer le Jury.

393. Au jour indiqué pour le jugement de chaque affaire, s'il y a moins de trente jurés présens, le nombre sera complété par les jurés supplémentaires mentionnés en l'article 388, lesquels seront appelés dans l'ordre de leur inscription sur la liste formée en vertu dudit article. — En cas d'insuffisance, le président désignera, en audience publique et par la voie du sort, les jurés qui devront compléter le nombre de trente. — Ils seront pris parmi ceux des individus inscrits sur la liste dressée en exécution de l'article 387 qui résideront dans la ville où se tiendront les assises, et subsidiairement parmi les autres habitans de cette ville qui seront compris dans les listes prescrites par l'article 382. — Les dispositions de l'article 391 ne s'appliquent pas aux remplacemens opérés en vertu du présent article. I. c. 381, 382, 392, 394, 395 s.

394. Le nombre de douze jurés est nécessaire pour former un jury. — Lorsqu'un procès criminel paraîtra de nature à entraîner de longs débats, la cour d'assises pourra ordonner, avant le tirage de la liste des jurés, qu'indépendamment de douze jurés il en sera tiré au sort un ou deux autres qui assisteront aux débats. — Dans le cas où l'un ou deux des douze jurés seraient empêchés de suivre les débats jusqu'à la déclaration définitive du jury, ils seront remplacés par les jurés suppléans. — Le remplacement se fera suivant l'ordre dans lequel les jurés suppléans auront été appelés par le sort. I. c. 309, 381 s., 390, 392, 393, 395, 399 s., 408.

395. La liste des jurés sera notifiée à chaque accusé la veille du jour déterminé pour la formation du tableau : cette notification sera nulle, ainsi que tout ce qui aura suivi, si elle est faite plus tôt ou plus tard. I. c. 388 s., 392 s., 408. T. cr. 71.

396. Tout juré qui ne se sera pas rendu à son poste sur la citation qui lui aura été notifiée, sera condamné par la cour d'assises à une amende, laquelle sera, — Pour la première fois, de cinq cents francs; — Pour la seconde, de mille francs; — Et pour la troisième, de quinze cents francs; — Cette dernière fois, il sera de plus déclaré incapable d'exercer à l'avenir les fonctions de juré. L'arrêt sera imprimé et affiché à ses frais. I. c. 398.

397. Seront exceptés ceux qui justifieront qu'ils étaient dans l'impossibilité de se rendre au jour indiqué. — La cour prononcera sur la validité de l'excuse. I. c. 393 s., 398 s.

398. Les peines portées en l'article 396 sont applicables à tout juré qui, même s'étant rendu à son poste, se retirerait avant l'expiration de ses fonctions, sans une excuse valable, qui sera également jugée par la cour. P. 159, 256. T. cr. 42, 71.

399. Au jour indiqué, et pour chaque affaire, l'appel des jurés non excusés et non dispensés sera fait avant l'ouverture de l'audience, en leur présence, et en présence de l'accusé et du procureur général. — Le nom de chaque juré répondant à l'appel sera déposé dans une urne. — L'accusé premièrement ou son conseil, et le procureur général, récuseront tels jurés qu'ils jugeront à propos, à mesure que leurs noms sortiront de l'urne, sauf la limitation exprimée ci-après. — L'accusé, son conseil, ni le procureur général ne pourront exposer leurs motifs de récusation. — Le jury de jugement sera formé à l'instant où il sera sorti de l'urne douze noms de jurés non récusés. I. c. 266, 393. 394, 400 s., 408.

400. Les récusations que pourront faire l'accusé et le procureur général s'arrêteront lorsqu'il ne restera que douze jurés. I. c. 399, 401 s., 406, 408.

401. L'accusé et le procureur général pourront exercer un égal nombre de récusations ; et cependant, si les jurés sont en nombre impair, les accusés pourront exercer une récusation de plus que le procureur général. I. c. 399 s., 402 s., 406, 408.

402. S'il y a plusieurs accusés, ils pourront se concerter pour exercer leurs récusations ; ils pourront les exercer séparément. — Dans l'un et l'autre cas, ils ne pourront excéder le nombre de récusations déterminé pour un seul accusé par les articles précédens.

403. Si les accusés ne se concertent pas pour récuser, le sort réglera entre eux le rang dans lequel ils feront les récusations. Dans ce cas, les jurés récusés par un seul, et dans cet ordre, le seront pour tous, jusqu'à ce que le nombre des récusations soit épuisé. I. c. 406, 408.

404. Les accusés pourront se concerter pour exercer une partie des récusations, sauf à exercer le surplus suivant le rang fixé par le sort. I. c. 403, 406, 408.

405. L'examen de l'accusé commencera immédiatement après la formation du tableau. I. c. 309.

406. Si, par quelque événement, l'examen des accusés sur les délits ou sur quelques-uns des délits compris dans l'acte ou dans les actes d'accusation, est renvoyé à la session suivante, il sera fait une autre liste ; il sera procédé à de nouvelles récusations, et à la formation d'un nouveau tableau de douze jurés, d'après les règles prescrites ci-dessus, à peine de nullité. I. c. 352 s., 390, 408.

TITRE III.

DES MANIÈRES DE SE POURVOIR CONTRE LES ARRÊTS OU JUGEMENS.

(Loi décrétée le 12 décembre 1808. Promulguée le 20.)

CHAPITRE PREMIER.

DES NULLITÉS DE L'INSTRUCTION ET DU JUGEMENT.

407. Les arrêts et jugemens rendus en dernier ressort, en matière criminelle, correctionnelle ou de police, ainsi que l'instruction et les poursuites qui les auront précédés, pourront être annulés dans les cas suivans, et sur des recours dirigés d'après les distinctions qui vont être établies. I. c. 416. L. 20 *avril* 1810, 7, 17.

§ Ier. *Matières criminelles.*

408. Lorsque l'accusé aura subi une condamnation, et que, soit dans l'arrêt de la cour royale qui aura ordonné son renvoi devant une cour d'assises, soit dans l'instruction et la procédure qui auront été faites devant cette dernière cour, soit dans l'arrêt même de condamnation, il y aura eu violation ou omission de quelques-unes des formalités que le présent Code prescrit sous peine de nullité, cette omission ou violation donnera lieu, sur la poursuite de la partie condamnée ou du ministère public, à l'annulation de l'arrêt de condamnation, et de ce qui l'a précédé, à partir du plus ancien acte nul. — Il en sera de même, tant dans les cas d'incompétence que lorsqu'il aura été omis ou refusé de prononcer, soit sur une ou plusieurs demandes de l'accusé, soit sur une ou plusieurs réquisitions du ministère public, tendant à user d'une faculté ou d'un droit accordé par la loi, bien que la peine de nullité ne fût pas textuellement attachée à l'absence de la formalité dont l'exécution aura été demandée ou requise. (1)

409. Dans le cas d'acquittement de l'accusé, l'annulation de l'ordonnance qui l'aura prononcé, et de ce qui l'aura précédé, ne pourra être poursuivie par le ministère public que dans l'intérêt de la loi et sans préjudicier à la partie acquittée. I. c. 358, 374. 412 s., 442.

410. Lorsque la nullité procédera de ce que l'arrêt aura prononcé une peine autre que celle appliquée par la loi à la nature du crime, l'annulation de l'arrêt pourra être poursuivie tant par le ministère public que par la partie condamnée. — La même action appartiendra au ministère public contre les arrêts d'absolution mentionnés en l'article 364, si l'absolution a été prononcée sur le fondement de la non-existence d'une loi pénale qui pourtant aurait existé. I. c. 408 s., 411 s., 434.

411. Lorsque la peine prononcée sera la même que celle portée par la loi qui s'applique au crime, nul ne pourra demander l'annulation de l'arrêt, sous le prétexte qu'il y aurait erreur dans la citation du texte de la loi. I. c. 414.

412. Dans aucun cas la partie civile ne pourra poursuivre l'annulation d'une *ordonnance d'acquittement* ou d'un arrêt d'absolution : mais si l'arrêt a prononcé contre elle des condamnations civiles, supérieures aux demandes de la partie acquittée ou absoute, cette disposition de l'arrêt pourra être annulée sur la demande de la partie civile. I. c. 358, 366, 374, 415, 429.

§ II. *Matières correctionnelles et de police.*

413. Les voies d'annulation exprimées en l'art. 408 sont, en matière *correctionnelle* et *de police*, respectivement ouvertes à la partie poursuivie pour un délit ou une contravention, au ministère public, et à la partie civile, s'il y en a une, contre tous arrêts ou jugemens en dernier ressort, sans distinction de ceux qui ont prononcé le renvoi de la partie ou sa condamnation. — Néanmoins, lorsque le renvoi de cette partie aura été prononcé, nul ne pourra se prévaloir contre elle de la violation ou omission des formes prescrites pour assurer sa défense. I. c. 177, 216, 373, 409, 410 s., 414, 416 s., 426, 427, 441, 442, 475. L. 20 avril 1810, 7, 17.

414. La disposition de l'article 411 est applicable aux arrêts et jugemens en dernier ressort rendus en matière correctionnelle et de police. I. c. 410 s.

§ III. *Disposition commune aux deux paragraphes précédens.*

415. Dans le cas où, soit la cour de cassation, soit une cour royale, annulera une instruction, elle pourra ordonner que les frais de la procédure à recommencer seront à la charge de l'officier ou juge-instructeur qui aura commis la nullité. — Néanmoins la

(1) *Nullités*, 257, 271, 294, 312, 317, 322, 332, 333, 347, 381, 394, 406, 410 ; *L.* 20 avril 1810, *art.* 7, 17 ; *l'infraction des art.* 246, 261, 315, 330, 360, 392, 393, 394, 399 s. *peut aussi opérer nullité* ; *Incompétence*, 220, 251 s., 263 s., 273, 358 s. ; *Prononcer*, 276, 278.

présente disposition n'aura lieu que pour des fautes très-graves, et à l'égard seulement des nullités qui seront commises deux ans après la mise en activité du présent Code.

CHAPITRE II.

DES DEMANDES EN CASSATION.

416. Le recours en cassation contre les arrêts préparatoires et d'instruction ou les jugemens en dernier ressort de cette qualité, ne sera ouvert qu'après l'arrêt ou jugement définitif: l'exécution volontaire de tels arrêts ou jugemens préparatoires ne pourra, en aucun cas, être opposée comme fin de non-recevoir. — La présente disposition ne s'applique point aux arrêts ou jugemens rendus sur la compétence. I. c. 187, 208, 408, 413, 425, 429. (1)

417. La déclaration de recours sera faite au greffier par la partie condamnée, et signée d'elle et du greffier; et si le déclarant ne peut ou ne veut signer, le greffier en fera mention. — Cette déclaration pourra être faite, dans la même forme, par l'avoué de la partie condamnée ou par un fondé de pouvoir spécial; dans ce dernier cas, le pouvoir demeurera annexé à la déclaration. — Elle sera inscrite sur un registre à ce destiné; ce registre sera public, et toute personne aura le droit de s'en faire délivrer des extraits. I. c. 152, 177, 216, 373 s., 413, 416. T. cr. 44.

418. Lorsque le recours en cassation contre un arrêt ou jugement en dernier ressort, rendu en matière criminelle, correctionnelle ou de police, sera exercé soit par la partie civile, s'il y en a une, soit par le ministère public, ce recours, outre l'inscription énoncée dans l'article précédent, sera notifié à la partie contre laquelle il sera dirigé, dans le délai de trois jours. — Lorsque cette partie sera actuellement détenue, l'acte contenant la déclaration de recours lui sera lu par le greffier; elle le signera, et si elle ne le peut ou ne le veut, le greffier en fera mention. — Lorsqu'elle sera en liberté, le demandeur en cassation lui notifiera son recours par le ministère d'un huissier, soit à sa personne, soit au domicile par elle élu: le délai sera, en ce cas, augmenté d'un jour par chaque distance de trois myriamètres. T. cr. 71.

419. La partie civile qui se sera pourvue en cassation est tenue de joindre aux pièces une expédition authentique de l'arrêt. — Elle est tenue, à peine de déchéance, de consigner une amende de cent cinquante francs, ou de la moitié de cette somme si l'arrêt est rendu par contumace ou par défaut. I. c. 420 s., 436, 437. T. cr. 42.

420. Sont dispensés de l'amende, 1° les condamnés en matière criminelle; 2° les agens publics pour affaires qui concernent directement l'administration et les domaines ou revenus de l'état. — A l'égard de toutes autres personnes, l'amende sera encourue par celles qui succomberont dans leur recours; seront néanmoins dispensées de la consigner celles qui joindront à leur demande en cassation, 1° un extrait du rôle des contributions, constatant qu'elles paient moins de six francs, ou un certificat du percepteur de leur commune, portant qu'elles ne sont point imposées; 2° un certificat d'indigence à elles délivré par le maire de la commune de leur domicile ou par son adjoint, visé par le sous préfet et approuvé par le préfet de leur département.

421. Les condamnés, même en matière correctionnelle ou de police, à une peine emportant privation de la liberté, ne seront pas admis à se pourvoir en cassation, lorsqu'ils ne seront pas actuellement en état, ou lorsqu'ils n'auront pas été mis en liberté sous caution. — L'acte de leur écrou, ou de leur mise en liberté sous caution, sera annexé à l'acte de recours en cassation. — Néanmoins, lorsque le recours en cassation sera motivé sur l'incompétence, il suffira au demandeur, pour que son recours soit reçu, de justifier qu'il s'est ac-

(1) *Droits d'Enregistrement*: L. 28 avril 1816, *art.* 47.

tuellement constitué dans la maison de justice du lieu où siége la cour de cassation : le gardien de cette maison pourra l'y recevoir, sur la représentation de sa demande adressée au procureur général près cette cour, et visée par ce magistrat.

422. Le condamné ou la partie civile, soit en faisant sa déclaration, soit dans les dix jours suivans, pourra déposer au greffe de la cour ou du tribunal qui aura rendu l'arrêt ou le jugement attaqué, une requête contenant ses moyens de cassation. Le greffier lui en donnera reconnaissance, et remettra sur-le-champ cette requête au magistrat chargé du ministère public.

423. Après les dix jours qui suivront la déclaration, ce magistrat fera passer au ministre de la justice les pièces du procès et les requêtes des parties, si elles en ont déposé. — Le greffier de la cour ou du tribunal qui aura rendu l'arrêt ou le jugement attaqué, rédigera sans frais et joindra un inventaire des pièces, sous peine de cent francs d'amende, laquelle sera prononcée par la cour de cassation. T. cr. 60.

424. Dans les vingt-quatre heures de la réception de ces pièces, le ministre de la justice les adressera à la cour de cassation, et il en donnera avis au magistrat qui les lui aura transmises. — Les condamnés pourront aussi transmettre directement au greffe de la cour de cassation, soit leurs requêtes, soit les expéditions ou copies signifiées tant de l'arrêt ou du jugement que de leurs demandes en cassation; néanmoins la partie civile ne pourra user du bénéfice de la présente disposition sans le ministère d'un avocat à la cour de cassation.

425. La cour de cassation, en toute affaire criminelle, correctionnelle ou de police, pourra statuer sur le recours en cassation, aussitôt après l'expiration des délais portés au présent chapitre, et devra y statuer, dans le mois au plus tard, à compter du jour où ces délais seront expirés. I. c. 373 s., 413, 416 s.

426. La cour de cassation rejettera la demande ou annulera l'arrêt ou le jugement, sans qu'il soit besoin d'un arrêt préalable d'admission. I. c. 413, 429 s.; L. 27 vent. an VIII, 85.

427. Lorsque la cour de cassation annulera un arrêt ou un jugement rendu soit en matière correctionnelle, soit en matière de police, elle renverra le procès et les parties devant une cour ou un tribunal de même qualité que celui qui aura rendu l'arrêt ou le jugement annulé. I. c. 177, 216, 413, 429, 434.

428. Lorsque la cour de cassation annulera un arrêt rendu en matière criminelle, il sera procédé comme il est dit aux sept articles suivans.

429. La cour de cassation prononcera le renvoi du procès, savoir : — Devant une cour royale autre que celle qui aura réglé la compétence et prononcé la mise en accusation, si l'arrêt est annulé pour l'une des causes exprimées en l'article 299; — Devant une cour d'assises autre que celle qui aura rendu l'arrêt, si l'arrêt et l'instruction sont annulés pour cause de nullités commises à la cour d'assises; — Devant un tribunal de première instance autre que celui auquel aura appartenu le juge d'instruction, si l'arrêt et l'instruction sont annulés aux chefs seulement qui concernent les intérêts civils : dans ce cas, le tribunal sera saisi sans citation préalable en conciliation. — Si l'arrêt et la procédure sont annulés pour cause d'incompétence, la cour de cassation renverra le procès devant les juges qui doivent en connaître, et les désignera : toutefois, si la compétence se trouvait appartenir au tribunal de première instance où siége le juge qui aurait fait la première instruction, le renvoi sera fait à un autre tribunal de première instance. — Lorsque l'arrêt sera annulé parce que le fait qui aura donné lieu à une condamnation se trouvera n'être pas un délit qualifié par la loi, le renvoi, s'il y a une partie civile, sera fait devant un tribunal de première instance autre que celui auquel aura appartenu le juge d'instruction; et, s'il n'y a pas de partie civile, aucun renvoi ne sera prononcé. I. c. 299, 364, 408 s., 412, 416, 427.

430. Dans tous les cas où la cour de cassation est autorisée à choisir une cour ou un tribunal pour le jugement d'une affaire renvoyée, ce choix ne pourra résulter que d'une délibération spéciale, prise en la chambre du conseil, immédiatement après la prononciation de l'arrêt de cassation, et dont il sera fait mention expresse dans cet arrêt. I. c. 214, 431.

431. Les nouveaux juges d'instruction auxquels il pourrait être fait des délégations pour compléter l'instruction des affaires renvoyées, ne pourront être pris parmi les juges d'instruction établis dans le ressort de la cour dont l'arrêt aura été annulé. I. c. 84, 90, 214, 283, 303, 430, 432.

432. Lorsque le renvoi aura été fait à une cour royale, celle-ci, après avoir réparé l'instruction en ce qui la concerne, désignera, dans son ressort, la cour d'assises par laquelle le procès devra être jugé.

433. Lorsque le procès aura été renvoyé devant une cour d'assises, et qu'il y aura des complices qui ne seront pas en état d'accusation, cette cour commettra un juge d'instruction, et le procureur général, l'un de ses substituts, pour faire, chacun en ce qui le concerne, l'instruction, dont les pièces seront ensuite adressées à la cour royale, qui prononcera s'il y a lieu ou non à la mise en accusation. I. c. 226 s., 283, 303.

434. Si l'arrêt a été annulé pour avoir prononcé une peine autre que celle que la loi applique à la nature du crime, la cour d'assises à qui le procès sera renvoyé, rendra son arrêt sur la déclaration déjà faite par le jury. — Si l'arrêt a été annulé pour autre cause, il sera procédé à de nouveaux débats devant la cour d'assises à laquelle le procès sera renvoyé. — La cour de cassation n'annulera qu'une partie de l'arrêt, lorsque la nullité ne viciera qu'une ou quelques-unes de ses dispositions. I. c. 410 s.

435. L'accusé dont la condamnation aura été annulée, et qui devra subir un nouveau jugement au criminel, sera traduit, soit en état d'arrestation, soit en exécution de l'ordonnance de prise de corps, devant la cour royale ou d'assises à qui son procès sera renvoyé. I. c. 134.

436. La partie civile qui succombera dans son recours, soit en matière criminelle, soit en matière correctionnelle ou de police, sera condamnée à une indemnité de cent cinquante francs, et aux frais envers la partie acquittée, absoute ou renvoyée : la partie civile sera de plus condamnée, envers l'état, à une amende de cent cinquante francs, ou de soixante-quinze francs seulement si l'arrêt ou le jugement a été rendu par contumace ou par défaut. — Les administrations ou régies de l'état et les agens publics qui succomberont, ne seront condamnés qu'aux frais et à l'indemnité. I. c. 419, 420.

437. Lorsque l'arrêt ou le jugement aura été annulé, l'amende consignée sera rendue sans aucun délai, en quelques termes que soit conçu l'arrêt qui aura statué sur le recours, et quand même il aurait omis d'en ordonner la restitution.

438. Lorsqu'une demande en cassation aura été rejetée, la partie qui l'avait formée ne pourra plus se pourvoir en cassation contre le même arrêt ou jugement, sous quelque prétexte et par quelque moyen que ce soit.

439. L'arrêt qui aura rejeté la demande en cassation sera délivré dans les trois jours au procureur général près la cour de cassation, par simple extrait signé du greffier, lequel sera adressé au ministre de la justice, et envoyé par celui-ci au magistrat chargé du ministère public près la cour ou le tribunal qui aura rendu l'arrêt ou le jugement attaqué. I. c. 375.

440. Lorsqu'après une première cassation le second arrêt ou jugement sur le fond sera attaqué par les mêmes moyens, il sera procédé selon les formes prescrites par la loi du 16 septembre 1807 (1).

441. Lorsque, sur l'exhibition d'un ordre formel à lui donné par le

(1) La loi du 16 sept. 1807 a été remplacée par la loi du 30 juillet 1828, qui a été elle-même *abrogée par la loi du 1er avril 1837*.

ministre de la justice, le procureur général près la cour de cassation dénoncera à la section criminelle, des actes judiciaires, arrêts ou jugemens contraires à la loi, ces actes, arrêts ou jugemens pourront être annulés, et les officiers de police ou les juges poursuivis, s'il y a lieu, de la manière exprimée au chapitre III du titre IV du présent livre. I. c. 483 s. P. 114, 119, 122, 127 s.

442. Lorsqu'il aura été rendu par une cour royale ou d'assises, ou par un tribunal correctionnel ou de police, un arrêt ou jugement en dernier ressort, sujet à cassation, et contre lequel néanmoins aucune des parties n'aurait réclamé dans le délai déterminé, le procureur général près la cour de cassation pourra aussi d'office, et nonobstant l'expiration du délai, en donner connaissance à la cour de cassation : l'arrêt ou le jugement sera cassé, sans que les parties puissent s'en prévaloir pour s'opposer à son exécution.

CHAPITRE III.

DES DEMANDES EN RÉVISION.

443. Lorsqu'un accusé aura été condamné pour un crime, et qu'un autre accusé aura aussi été condamné par un autre arrêt, comme auteur du même crime; si les deux arrêts ne peuvent se concilier, et sont la preuve de l'innocence de l'un ou de l'autre condamné, l'exécution des deux arrêts sera suspendue, quand même la demande en cassation de l'un ou de l'autre arrêt aurait été rejetée. — Le ministre de la justice, soit d'office, soit sur la réclamation des condamnés ou de l'un d'eux, ou du procureur général, chargera le procureur général près la cour de cassation, de dénoncer les deux arrêts à cette cour. — Ladite cour, section criminelle, après avoir vérifié que les deux condamnations ne peuvent se concilier, cassera les deux arrêts, et renverra les accusés, pour être procédé sur les actes d'accusation subsistans, devant une cour autre que celles qui auront rendu les deux arrêts. I. c. 375.

444. Lorsqu'après une condamnation pour homicide, il sera, de l'ordre exprès du ministre de la justice, adressé à la cour de cassation, section criminelle, des pièces représentées postérieurement à la condamnation et propres à faire naître de suffisans indices sur l'existence de la personne dont la mort supposée aurait donné lieu à la condamnation, cette cour pourra préparatoirement désigner une cour royale pour reconnaître l'existence et l'identité de la personne prétendue homicidée, et les constater par l'interrogatoire de cette personne, par audition de témoins, et par tous les moyens propres à mettre en évidence le fait destructif de la condamnation. — L'exécution de la condamnation sera de plein droit suspendue par l'ordre du ministre de la justice, jusqu'à ce que la cour de cassation ait prononcé, et, s'il y a lieu ensuite, par l'arrêt préparatoire de cette cour. — La cour désignée par celle de cassation, prononcera simplement sur l'identité ou non-identité de la personne; et après que son arrêt aura été, avec la procédure, transmis à la cour de cassation, celle-ci pourra casser l'arrêt de condamnation, et même renvoyer, s'il y a lieu, l'affaire à une cour d'assises autre que celles qui en auraient primitivement connu. I. c. 375, 447, 518 s. P. 296 s.

445. Lorsqu'après une condamnation contre un accusé, l'un ou plusieurs des témoins qui avaient déposé à charge contre lui, seront poursuivis pour avoir porté un faux témoignage dans le procès, et si l'accusation en faux témoignage est admise contre eux, ou même s'il est décerné contre eux des mandats d'arrêt, il sera sursis à l'exécution de l'arrêt de condamnation, quand même la cour de cassation aurait rejeté la requête du condamné. — Si les témoins sont ensuite condamnés pour faux témoignage à charge, le ministre de la justice, soit d'office, soit sur la réclamation de l'individu condamné par le premier arrêt, ou du procureur général, chargera le procureur général près la cour de cassation de dénoncer le fait à cette cour. — Ladite cour, après avoir vérifié la déclaration du jury, sur laquelle le second arrêt aura été rendu, annulera le premier arrêt, si par cette déclaration les témoins sont convaincus de faux témoignage à charge contre le premier condamné; et, pour être procédé contre l'accusé sur l'acte d'accusation subsistant, elle le renverra devant une cour d'assises autre que celles qui auront rendu soit le premier, soit le second arrêt. — Si les accusés de faux témoignage sont acquittés, le sursis sera levé de droit, et l'arrêt de condamnation sera exécuté. I. c. 330, 375, 446.

446. Les témoins condamnés pour faux témoignage ne pourront pas être entendus dans les nouveaux débats.

447. Lorsqu'il y aura lieu de réviser une condamnation pour la cause exprimée en l'article 444, et que cette condamnation aura été portée contre un individu mort depuis, la cour de cassation créera un curateur à sa mémoire, avec lequel se fera l'instruction, et qui exercera tous les droits du condamné. — Si, par le résultat de la nouvelle procédure, la première condamnation se trouve avoir été portée injustement, le nouvel arrêt déchargera la mémoire du condamné de l'accusation qui avait été portée contre lui.

TITRE IV.

DE QUELQUES PROCÉDURES PARTICULIÈRES.

(Chap. Ier. — IV. Loi décrétée le 12 décembre 1808, promulguée le 22 du même mois. Chap. VI. — VII. Loi décrétée le 13; promulguée le 23.)

CHAPITRE PREMIER.

DU FAUX.

448. Dans tous les procès pour faux en écriture, la pièce arguée de faux, aussitôt qu'elle aura été produite, sera déposée au greffe, signée et paraphée à toutes les pages par le greffier, qui dressera un procès-verbal détaillé de l'état matériel de la pièce, et par la personne qui l'aura déposée, si elle sait signer, ce dont il sera fait mention; le tout à peine de cinquante francs d'amende contre le greffier qui l'aura reçue sans que cette formalité ait été remplie. I. c. 449 s. Pr. 225 s., P. 145 s.

449. Si la pièce arguée de faux est tirée d'un dépôt public, le fonctionnaire qui s'en dessaisira, la signera aussi et la paraphera, comme il vient d'être dit, sous peine d'une pareille amende. I. c. 29, 462.

450. La pièce arguée de faux sera de plus signée par l'officier de police judiciaire, et par la partie civile ou son avoué, si ceux-ci se présentent. — Elle le sera également par le prévenu, au moment de sa comparution. — Si les comparans, ou quelques-uns d'entre eux, ne peuvent pas ou ne veulent pas signer, le procès-verbal en fera mention. — En cas de négligence ou d'omission, le greffier sera puni de cinquante francs d'amende.

451. Les plaintes et dénonciations en faux pourront toujours être suivies, lors même que les pièces qui en sont l'objet auraient servi de fondement à des actes judiciaires ou civils. Pr. 214, 239, 250.

452. Tout dépositaire public ou particulier de pièces arguées de faux est tenu, sous peine d'y être contraint par corps, de les remettre, sur l'ordonnance donnée par l'officier du ministère public ou par le juge d'instruction. — Cette ordonnance et l'acte de dépôt lui serviront de décharge envers tous ceux qui auront intérêt à la pièce. I. c. 454. C. 2060 6°. Pr. 221. L. 17 avril 1832, 7. T. cr. 23 s., 42, 71 s.

453. Les pièces qui seront fournies pour servir de comparaison seront signées et paraphées, comme il est dit aux trois premiers articles du présent chapitre pour la pièce arguée de faux, et sous les mêmes peines. I. c. 448 s. Pr. 200 s., 236.

454. Tous dépositaires publics pourront être contraints, même par corps, à fournir les pièces de comparaison qui seront en leur possession : l'ordonnance par écrit et l'acte de dépôt leur serviront de décharge envers ceux qui pourraient avoir intérêt à ces piecés. I. c. 452, 456. C. 2060 6°. Pr. 201 s. L. 17 *avril* 1832, 7. T. cr. 13 s., 42, 71, 90 s.

455. S'il est nécessaire de déplacer une pièce authentique, il en sera laissé au dépositaire une copie collationnée, laquelle sera vérifiée sur la minute ou l'original par le président du tribunal de son arrondissement, qui en dressera procès-verbal ; et si le dépositaire est une personne publique, cette copie sera par lui mise au rang de ses minutes, pour en tenir lieu jusqu'au renvoi de la pièce, et il pourra en délivrer des grosses ou expéditions, en faisant mention du procès-verbal. — Néanmoins, si la pièce se trouve faire partie d'un registre, de manière à ne pouvoir en être momentanément distraite, le tribunal pourra, en ordonnant l'apport du registre, dispenser de la formalité établie par le présent article. Pr. 202 s., 236, 245 s. T. cr. 42.

456. Les écritures privées peuvent aussi être produites pour pièces de comparaison, et être admises à ce titre, si les parties intéressées les reconnaissent. — Néanmoins les particuliers qui, même de leur aveu, en sont possesseurs, ne peuvent être immédiatement contraints à les remettre ; mais si, après avoir été cités devant le tribunal saisi pour faire cette remise ou déduire les motifs de leur refus, ils succombent, l'arrêt ou le jugement pourra ordonner qu'ils y seront contraints par corps. Pr. 200 s. 236. L. 17 *avril* 1832, *art.* 7. T. cr. 42, 71.

457. Lorsque les témoins s'expliqueront sur une pièce du procès, ils la parapheront et la signeront ; et s'ils ne peuvent signer, le procès-verbal en fera mention. Pr. 214, 254, 253 s.

458. Si, dans le cours d'une instruction ou d'une procédure, une pièce produite est arguée de faux par l'une des parties, elle sommera l'autre de déclarer si elle entend se servir de la pièce. I. c. 460. Pr. 214 s., 427.

459. La pièce sera rejetée du procès, si la partie déclare qu'elle ne veut pas s'en servir, ou si, dans le délai de huit jours, elle ne fait aucune déclaration ; et il sera passé outre à l'instruction et au jugement. — Si la partie déclare qu'elle entend se servir de la pièce, l'instruction sur le faux sera suivie incidemment devant la cour ou le tribunal saisi de l'affaire principale. C. 1319, 2046. Pr. 215 s.

460. Si la partie qui a argué de faux la pièce, soutient que celui qui l'a produite est l'auteur ou le complice du faux, ou s'il résulte de la procédure que l'auteur ou le complice du faux soit vivant, et la poursuite du crime non éteinte par la prescription, l'accusation sera suivie criminellement dans les formes ci-dessus prescrites. — Si le procès est engagé au civil, il sera sursis au jugement jusqu'à ce qu'il ait été prononcé sur le faux. — S'il s'agit de crimes, délits ou contraventions, la cour ou le tribunal saisi est tenu de décider préalablement, et après avoir entendu l'officier chargé du ministère public, s'il *y a lieu ou non à surseoir.* I. c. 448 s., 458. C. 1319. Pr. 14, 239, 240, 250, 427, 448.

461. Le prévenu ou l'accusé pourra être requis de produire et de former un corps d'écriture ; en cas de refus ou de silence, le procès-verbal en fera mention. Pr. 206.

462. Si une cour ou un tribunal trouve dans la visite d'un procès, même civil, des indices sur un faux et sur la personne qui l'a commis, l'officier chargé du ministère public ou le président transmettra les pièces au substitut du procureur général près le juge d'instruction, soit du lieu où le délit paraîtra avoir été commis, soit du lieu où le prévenu pourra être saisi, et il pourra même délivrer le mandat d'amener. I. c. 29, 449. T. cr. 71.

463. Lorsque des actes authentiques auront été déclarés faux en tout ou en partie, la cour ou le tribunal qui aura connu du faux, ordonnera qu'ils soient rétablis, rayés ou réformés, et du tout il sera dressé procès-verbal. — Les pièces de comparaison seront renvoyées dans les dépôts d'où elles auront été tirées, ou seront remises aux personnes qui les auront communiquées ; le tout dans le délai de quinzaine à compter du jour de l'arrêt ou du jugement, à peine d'une amende de cinquante francs contre le greffier. Pr. 241 s.; tierce oppos., 474.

464. Le surplus de l'instruction sur le faux se fera comme sur les autres délits, sauf l'exception suivante. — Les présidens des cours d'assises, les procureurs généraux ou leurs substituts, les juges d'instruction et les juges de paix, pourront continuer, hors de leur ressort, les visites nécessaires chez les personnes soupçonnées d'avoir fabriqué, introduit, distribué de faux papiers royaux, de faux billets de la banque de France ou des banques de département. — La présente disposition a lieu également pour le crime de fausse monnaie, ou de contrefaçon du sceau de l'état. T. cr. 88.

CHAPITRE II.

DES CONTUMACES.

465. Lorsqu'après un arrêt de mise en accusation, l'accusé n'aura pu être saisi, ou ne se présentera pas dans les dix jours de la notification qui en aura été faite à son domicile, — Ou lorsqu'après s'être présenté ou avoir été saisi, il se sera évadé, — Le président de la cour d'assises, ou, en son absence, le président du tribunal de première instance, et à défaut de l'un et de l'autre, le plus ancien juge de ce tribunal, rendra une ordonnance portant qu'il sera tenu de se représenter dans un nouveau délai de dix jours (sinon, il sera déclaré rebelle à la loi); qu'il sera suspendu de l'exercice des droits de citoyen; que ses biens seront séquestrés pendant l'instruction de la contumace; que toute action en justice lui sera interdite pendant le même temps, qu'il sera procédé contre lui, et que toute personne est tenue d'indiquer le lieu où il se trouve. — Cette ordonnance fera de plus mention du crime, et de l'ordonnance de prise de corps. I. c. 244, 469, 471. C. 25 s. T. cr. 42, 71.

466. Cette ordonnance sera publiée à son de trompe ou de caisse, le dimanche suivant, et affichée à la porte du domicile de l'accusé, à celle du maire, et à celle de l'auditoire de la cour d'assises. — Le procureur général ou son substitut adressera aussi cette ordonnance au directeur des domaines et droits d'enregistrement du domicile du contumax. T. cr. 71, 79.

467. Après un délai de dix jours, il sera procédé au jugement de la contumace.

468. Aucun conseil, aucun avoué, ne pourra se présenter pour défendre l'accusé contumax. — Si l'accusé est absent du territoire européen de la France, ou s'il est dans l'impossibilité absolue de se rendre, ses parens ou ses amis pourront présenter son excuse et en plaider la légitimité.

469. Si la cour trouve l'excuse légitime, elle ordonnera qu'il sera sursis au jugement de l'accusé et au séquestre de ses biens, pendant un temps qui sera fixé, eu égard à la nature de l'excuse et à la distance des lieux.

470. Hors ce cas, il sera procédé de suite à la lecture de l'arrêt de renvoi à la cour d'assises de l'acte de notification de l'ordonnance ayant pour objet la représentation du contumax et des procès-verbaux dressés pour en constater la publication et l'affiche. — Après cette lecture, la cour, sur les conclusions du procureur général ou de son substitut, prononcera sur la contumace. — Si l'instruction n'est pas conforme à la loi, la cour la déclarera nulle, et ordonnera qu'elle sera recommencée à partir du plus ancien acte illégal. — Si l'instruction est régulière, la cour prononcera sur l'accusation et statuera sur les intérêts civils, le tout sans assistance ni intervention de jurés.

471. Si le contumax est condamné, ses biens seront, à partir de l'exécution de l'arrêt, considérés et régis comme biens d'absent; et le compte du séquestre sera rendu à qui il appartiendra, après que la condamnation sera devenue irrévocable par l'expiration du délai donné pour purger la contumace. I. c. 476, 635, 641. C. 28, 120 s. Pr. 527 s., 859 s.

472. Extrait du jugement de condamnation sera, dans les trois jours de la prononciation, à la diligence du procureur général ou de son substitut, affiché par l'exécuteur des jugemens criminels, à un poteau qui sera planté au milieu de l'une des places publiques de la ville chef-lieu de l'arrondissement où le crime aura été commis. — Pareil extrait sera, dans le même délai, adressé au directeur des domaines et droits d'enregistrement du domicile du contumax. P. 26. T. cr. 44.

473. Le recours en cassation ne sera ouvert contre les jugemens de contumace qu'au procureur général, et à la partie civile en ce qui la regarde. I. c. 373 s., 408 s., 416.

474. En aucun cas la contumace d'un accusé ne suspendra ni ne retardera de plein droit l'instruction, à l'égard de ses coaccusés présens. — La cour pourra ordonner, après le jugement de ceux-ci, la remise des effets déposés au greffe comme pièces de conviction, lorsqu'ils seront réclamés par les propriétaires ou ayant-droit. Elle pourra aussi ne l'ordonner qu'à charge de représenter, s'il y a lieu. — Cette remise sera précédée d'un procès-verbal de description, dressé par le greffier, à peine de cent francs d'amende.

475. Durant le séquestre, il peut être accordé des secours à la femme, aux enfans, au père ou à la mère de l'accusé, s'ils sont dans le besoin. — Ces secours seront réglés par l'autorité administrative. C. 25, 28, 33.

476. Si l'accusé se constitue prisonnier, ou s'il est arrêté avant que la peine soit éteinte par prescription, le jugement rendu par contumace et les procédures faites contre lui depuis l'ordonnance de prise de corps ou de se représenter, seront anéantis de plein droit, et il sera procédé à son égard dans la forme ordinaire. — Si cependant la condamnation par contumace était de nature à emporter la mort civile, et si l'accusé n'a été arrêté ou ne s'est représenté qu'après les cinq ans qui ont suivi l'exécution du jugement de contumace, ce jugement, conformément à l'article 30 du Code civil, conservera, pour le passé, les effets que la mort civile aurait produits dans l'intervalle écoulé depuis l'expiration des cinq ans jusqu'au jour de la comparution de l'accusé en justice. I. c. 635, 641. C. 26 s., 30, 31, 32.

477. Dans les cas prévus par l'article précédent, si, pour quelque cause que ce soit, des témoins ne peuvent être produits aux débats, leurs dépositions écrites et les réponses écrites des autres accusés du même délit seront lues à l'audience : il en sera de même de toutes les autres pièces qui seront jugées par le président être de nature à répandre la lumière sur le délit et les coupables. I. c. 317.

478. Le contumax qui, après s'être représenté, obtiendrait son renvoi de l'accusation, sera toujours condamné aux frais occasionnés par sa contumace. I. c. 368. C. 31. (1)

CHAPITRE III.

DES CRIMES COMMIS PAR DES JUGES, HORS DE LEURS FONCTIONS, ET DANS L'EXERCICE DE LEURS FONCTIONS.

SECTION I.

De la poursuite et instruction contre des Juges, pour crimes et délits par eux commis hors de leurs fonctions.

479. Lorsqu'un juge de paix, un membre du tribunal correctionnel ou de première instance, ou un officier chargé du ministère public près l'un de ces tribunaux, sera prévenu d'avoir commis hors de ses fonctions, un délit emportant une peine correctionnelle, le procureur général près la cour royale le fera citer devant cette cour, qui prononcera sans qu'il puisse y avoir appel. I. c. 274, 501, 502. P. 9 s. L. 20 avril 1810, 10. L. 6 juillet 1810, 4. T. cr. 71. (2)

(1) La mort d'un condamné avant l'exécution laisse subsister les adjudications civiles et les condamnations aux dépens. (Av. C. 26 fruct. an XIII.)

(2) Cet article et les suivans ont été rendus applicables aux membres de l'Université et aux étudians, lorsque les procureurs généraux jugent à propos de le requérir, et les cours royales de l'ordonner. (Déc. 15 novembre 1811, art. 160.)

480. S'il s'agit d'un crime emportant peine afflictive ou infamante, le procureur général près la cour royale et le premier président de cette cour désigneront, le premier, le magistrat qui exercera les fonctions d'officier de police judiciaire; le second, le magistrat qui exercera les fonctions de juge d'instruction. I. c. 283, 302, 502. P. 6, 7, 8.

481. Si c'est un membre de cour royale, ou un officier exerçant près d'elle le ministère public, qui soit prévenu d'avoir commis un délit ou un crime hors de ses fonctions, l'officier qui aura reçu les dénonciations ou les plaintes, sera tenu d'en envoyer de suite des copies au ministre de la justice, sans aucun retard de l'instruction, qui sera continuée comme il est précédemment réglé, et il adressera pareillement au ministre une copie des pièces. I. c. 482, 502. P. 121. T. cr. 42.

482. Le ministre de la justice transmettra les pièces à la cour de cassation, qui renverra l'affaire, s'il y a lieu, soit à un tribunal de police correctionnelle, soit à un juge d'instruction, pris l'un et l'autre hors du ressort de la cour à laquelle appartient le membre inculpé. — S'il s'agit de prononcer la mise en accusation, le renvoi sera fait à une autre cour royale. I. c. 128, 130, 133. L. 20 avril 1810, 10, 18.

SECTION II.

De la poursuite et instruction contre des Juges et Tribunaux autres que les Membres de la Cour de cassation, les Cours royales et les Cours d'assises, pour forfaitures et autres crimes ou délits relatifs à leurs fonctions.

483. Lorsqu'un juge de paix ou de police, ou un juge faisant partie d'un tribunal de commerce, un officier de police judiciaire, un membre de tribunal correctionnel ou de première instance, ou un officier chargé du ministère public près l'un de ces juges ou tribunaux, sera prévenu d'avoir commis, dans l'exercice de ses fonctions, un délit emportant une peine correctionnelle, ce délit sera poursuivi et jugé comme il est dit à l'article 479. I. c. 441. Pr. 505 s.

484. Lorsque des fonctionnaires de la qualité exprimée en l'article précédent seront prévenus d'avoir commis un crime emportant la peine de forfaiture ou autre plus grave, les fonctions ordinairement dévolues au juge d'instruction et au procureur du roi seront immédiatement remplies par le premier président et le procureur général près la cour royale, chacun en ce qui le concerne, ou par tels autres officiers qu'ils auront respectivement et spécialement désignés à cet effet. — Jusqu'à cette délégation, et dans le cas où il existerait un corps de délit, il pourra être constaté par tout officier de police judiciaire; et pour le surplus de la procédure, on suivra les dispositions générales du présent Code. I. c. 283, 303, 502. P. 121, 126, 183.

485. Lorsque le crime commis dans l'*exercice des fonctions et emportant* la peine de forfaiture ou autre plus grave, sera imputé, soit à un tribunal entier de commerce, correctionnel ou de première instance, soit individuellement à un ou plusieurs membres des cours royales, et aux procureurs généraux et substituts près ces cours, il sera procédé comme il suit. I. c. 494.

486. Le crime sera dénoncé au ministre de la justice, qui donnera, s'il y a lieu, ordre au procureur général près la cour de cassation, de le poursuivre sur la dénonciation. — Le crime pourra aussi être dénoncé directement à la cour de cassation par les personnes qui se prétendront lésées, mais seulement lorsqu'elles demanderont à prendre le tribunal ou le juge à partie, ou lorsque la dénonciation sera incidente à une affaire pendante à la cour de cassation. I. c. 30 s., 491 s. Pr. 510 s.

487. Si le procureur général près la cour de cassation ne trouve pas dans les pièces à lui transmises par le ministre de la justice, ou produites par les parties, tous les renseignemens qu'il jugera nécessaires, il sera, sur son réquisitoire, désigné par le premier président de cette cour un de ses membres, pour l'audition des témoins, et tous autres actes d'instruction qu'il peut y avoir lieu de faire dans la ville où siége la cour de cassation. I. c. 71 s. T. cr. 71.

488. Lorsqu'il y aura des témoins à entendre ou des actes d'instruction à faire hors de la ville où siége la cour de cassation, le premier président de cette cour fera, à ce sujet, toutes délégations nécessaires, à un juge d'instruction, même d'un département ou d'un arrondissement autres que ceux du tribunal ou du juge prévenu. I. c. 84, 283, 303, 490, 503. T. cr. 88.

489. Après avoir entendu les témoins et terminé l'instruction qui lui aura été déléguée, le juge d'instruction mentionné en l'article précédent renverra les procès-verbaux et les autres actes, clos et cachetés, au premier président de la cour de cassation. I. c. 85, 303 s. T. cr. 59.

490. Sur le vu, soit des pièces qui auront été transmises par le ministre de la justice, ou produites par les parties, soit des renseignemens ultérieurs qu'il se sera procurés, le premier président décernera, s'il y a lieu, le mandat de dépôt. — Ce mandat désignera la maison d'arrêt dans laquelle le prévenu devra être déposé. I. c. 95 s. T. cr. 71.

491. Le premier président de la cour de cassation ordonnera de suite la communication de la procédure au procureur général, qui, dans les cinq jours suivans, adressera à la section des requêtes son réquisitoire contenant la dénonciation du prévenu. I. c. 486, 495.

492. Soit que la dénonciation portée à la section des requêtes ait été, ou non, précédée d'un mandat de dépôt, cette section y statuera, toutes affaires cessantes. — Si elle la rejette, elle ordonnera la mise en liberté du prévenu. — Si elle l'admet, elle renverra le tribunal ou le juge prévenu, devant les juges de la section civile, qui prononceront sur la mise en accusation. I. c. 128 s. T. cr. 71.

493. La dénonciation incidente à une affaire pendante à la cour de cassation, sera portée devant la section saisie de l'affaire ; et si elle est admise elle sera renvoyée de la section criminelle ou de celle des requêtes à la section civile, et de la section civile à celle des requêtes. I. c. 486, 491, 496 s.

494. Lorsque, dans l'examen d'une demande en prise à partie ou de toute autre affaire, et sans qu'il y ait de dénonciation directe ni incidente, l'une des sections de la cour de cassation apercevra quelque délit de nature à faire poursuivre criminellement un tribunal ou un juge de la qualité exprimée en l'article 479, elle pourra d'office ordonner le renvoi, conformément à l'article précédent. (1)

495. Lorsque l'examen d'une affaire portée devant les sections réunies donnera lieu au renvoi d'office exprimé dans l'article qui précède, ce renvoi sera fait à la section civile.

496. Dans tous les cas, la section à laquelle sera fait le renvoi sur dénonciation ou d'office, prononcera sur la mise en accusation. — Son président remplira les fonctions que la loi attribue aux juges d'instruction. I. c. 55 s., 91 s., 499.

497. Ce président pourra déléguer l'audition des témoins et l'interrogatoire des prévenus à un autre juge d'instruction, pris même hors de l'arrondissement et du département où se trouvera le prévenu. I. c. 84, 283, 303, 480, 488. T. cr. 88.

498. Le mandat d'arrêt que délivrera le président désignera la maison d'arrêt dans laquelle le prévenu devra être conduit. I. c. 94 s., 490.

499. La section de la cour de cassation, saisie de l'affaire, délibèrera sur la mise en accusation, en séance non publique ; les juges devront être en nombre impair. — Si la majorité des juges trouve que la mise en accusation ne doit pas avoir lieu, la dé-

(1) C'est probablement par erreur que cet article relate l'art. 479 ; *il faut lire* 485.

nonciation sera rejetée par un arrêt, et le procureur général fera mettre le prévenu en liberté. I. c. 229 s., 496 s.

500. Si la majorité des juges est pour la mise en accusation, cette mise en accusation sera prononcée par un arrêt, qui portera en même temps ordonnance de prise de corps. — En exécution de cet arrêt, l'accusé sera transféré dans la maison de justice de la cour d'assises qui sera désignée par celle de cassation, dans l'arrêt même. I. c. 231 s., 430. L. 20 avril 1810, 18. T. cr. 71.

501. L'instruction, ainsi faite devant la cour de cassation, ne pourra être attaquée quant à la forme. — Elle sera commune aux complices du tribunal ou du juge poursuivi, lors même qu'ils n'exerceraient point de fonctions judiciaires. I. c. 226 s.

502. Seront au surplus observées les autres dispositions du présent Code qui ne sont pas contraires aux formes de procéder prescrites par le présent chapitre.

503. Lorsqu'il se trouvera, dans la section criminelle saisie du recours en cassation dirigé contre l'arrêt de la cour d'assises à laquelle l'affaire aura été renvoyée, des juges qui auront concouru à la mise en accusation dans l'une des autres sections, ils s'abstiendront. — Et néanmoins, dans le cas d'un second recours qui donnera lieu à la réunion des sections, tous les juges pourront en connaître.

CHAPITRE IV.

DES DÉLITS CONTRAIRES AU RESPECT DU AUX AUTORITÉS CONSTITUÉES. (1)

504. Lorsqu'à l'audience ou en tout autre lieu où se fait publiquement une instruction judiciaire, l'un ou plusieurs des assistans donneront des signes publics soit d'approbation, soit d'improbation, ou exciteront du tumulte, de quelque manière que ce soit, le président ou le juge les fera expulser; s'ils résistent à ses ordres, ou s'ils rentrent, le président ou le juge ordonnera de les arrêter et conduire dans la maison d'arrêt : il sera fait mention de cet ordre dans le procès-verbal; et sur l'exhibition qui en sera faite au gardien de la maison d'arrêt, les perturbateurs y seront reçus et retenus pendant vingt-quatre heures. I. c. 509. Pr. 89, 781 4°. P. 222 s.

505. Lorsque le tumulte aura été accompagné d'injures ou voies de fait donnant lieu à l'application ultérieure de peines correctionnelles ou de police, ces peines pourront être, séance tenante et immédiatement après que les faits auront été constatés, prononcées, savoir : — Celles de simple police, sans appel, de quelque tribunal ou juge qu'elles émanent; — Et celles de police correctionnelle, à la charge de l'appel, si la condamnation a été portée par un tribunal sujet à appel, ou par un juge seul. I. c. 181, 413. Pr. 91. P. 222 s.

506. S'il s'agit d'un crime commis à l'audience d'un juge seul, ou d'un tribunal sujet à appel, le juge ou le tribunal, après avoir fait arrêter le délinquant et dressé procès-verbal des faits, enverra les pièces et le prévenu devant les juges compétens. I. c. 29. Pr. 91. P. 228 s.

507. A l'égard des voies de fait qui auraient dégénéré en crimes, ou de tous autres crimes flagrans et commis à l'audience de la cour de cassation, d'une cour royale ou d'une cour d'assises, la cour procédera au jugement de suite et sans désemparer. — Elle entendra les témoins, le délinquant et le conseil qu'il aura choisi ou qui lui aura été désigné par le président; et, après avoir constaté les faits et ouï le procureur général ou son substitut, le tout publiquement, elle appliquera la peine par un arrêt, qui sera motivé. I. c. 181.

508. Dans le cas de l'article précédent, si les juges présens à l'audience sont au nombre de cinq ou de six, il faudra quatre voix pour opérer la condamnation. — S'ils sont au nombre de sept, il faudra cinq voix pour condamner. — Au nombre de huit et au-delà, l'arrêt de condamnation sera prononcé aux trois quarts des voix, de manière toutefois que, dans le cal-

(1) V. *Loi* 9 septembre 1835, *sur les cours d'assises.*

cul de ces trois quarts, les fractions, s'il s'en trouve, soient appliquées en faveur de l'absolution.

509. Les préfets, sous-préfets, maires et adjoints, officiers de police administrative ou judiciaire, lorsqu'ils rempliront publiquement quelques actes de leur ministère, exerceront aussi les fonctions de police réglées par l'article 504 ; et, après avoir fait saisir les perturbateurs, ils dresseront procès-verbal du délit, et enverront ce procès-verbal, s'il y a lieu, ainsi que les prévenus, devant les juges compétens. I. c. 29.

CHAPITRE V.

DE LA MANIÈRE DONT SERONT REÇUES, EN MATIÈRE CRIMINELLE, CORRECTIONNELLE ET DE POLICE, LES DÉPOSITIONS DES PRINCES ET DE CERTAINS FONCTIONNAIRES DE L'ÉTAT.

510. Les princes ou princesses du sang royal, les grands dignitaires et le ministre de la justice ne pourront jamais être cités comme témoins, même pour les débats qui ont lieu en présence du jury, si ce n'est dans le cas où le roi, sur la demande d'une partie et le rapport du ministre de la justice, aurait, par une ordonnance spéciale, autorisé cette comparution. I. c. 71, 317, 511, 512 s.

511. Les dépositions des personnes de cette qualité seront, sauf l'exception ci-dessus prévue, rédigées par écrit et reçues par le premier président de la cour royale, si les personnes dénommées en l'article précédent résident ou se trouvent au chef-lieu d'une cour royale ; sinon, par le président du tribunal de première instance de l'arrondissement dans lequel elles auraient leur domicile, ou se trouveraient accidentellement. — Il sera, à cet effet, adressé par la cour ou le juge d'instruction saisi de l'affaire, au président ci-dessus nommé, un état des faits, demandes et questions sur lesquels le témoignage est requis. — Ce président se transportera aux demeures des personnes dont il s'agit, pour recevoir leurs dépositions. I. c. 83, 303. T. cr. 88.

512. Les dépositions ainsi reçues seront immédiatement remises au greffe, ou envoyées closes et cachetées à celui de la cour ou du juge requérant, et communiquées sans délai à l'officier chargé du ministère public. — Dans l'examen devant le jury, elles seront lues publiquement aux jurés et soumises aux débats, sous peine de nullité. I. c. 85, 303, 305, 519.

513. Dans le cas où le roi aurait ordonné ou autorisé la comparution de quelques unes des personnes ci-dessus désignées, devant le jury, l'ordonnance désignera le cérémonial à observer à leur égard.

514. (1) A l'égard des ministres autres que le ministre de la justice, des grands officiers de la couronne, conseillers d'état chargés d'une partie dans l'administration publique, généraux en chef actuellement en service, ambassadeurs ou autres agens du roi accrédités près les cours étrangères, il sera procédé comme il suit. — Si leur déposition est requise devant la cour d'assises, ou devant le juge d'instruction du lieu de leur résidence ou de celui où ils se trouveraient accidentellement, ils devront la fournir dans les formes ordinaires. — S'il s'agit d'une déposition relative à une affaire poursuivie hors du lieu où ils résident pour l'exercice de leurs fonctions, et de celui où ils se trouveraient accidentellement, et si cette déposition n'est pas requise devant le jury, le président ou le juge d'instruction saisi de l'affaire adressera à celui du lieu où résident ces fonctionnaires à raison de leurs fonctions, un état des faits, demandes et questions, sur lesquels leur témoignage est requis. — S'il s'agit du témoignage d'un agent résidant auprès d'un gouvernement étranger, cet état sera adressé au ministre de la justice, qui en fera le renvoi sur les lieux, et désignera la personne qui recevra la déposition.

515. Le président ou le juge d'instruction auquel sera adressé l'état

(1) Il a été dérogé à cet article et aux suivans par le *décret* du 4 mai 1812. — *Art.* 1er. Nos ministres ne pourront être entendus comme

mentionné en l'article précédent, fera assigner le fonctionnaire devant lui, et recevra sa déposition par écrit. I. c. 514.

516. Cette déposition sera envoyée close et cachetée au greffe de la cour ou du juge requérant, communiquée et lue, comme il est dit en l'art. 512. et sous *les* mêmes peines. I. c. 514.

517. Si les fonctionnaires de la qualité exprimée dans l'article 514 sont cités à comparaître comme témoins devant un jury assemblé hors du lieu où ils résident pour l'exercice de leurs fonctions, ou de celui où ils se trouveraient accidentellement, ils pourront en être dispensés par une ordonnance du roi. — Dans ce cas ils déposeront par écrit, et l'on observera les dispositions prescrites par les articles 514, 515 et 516.

CHAPITRE VI.

DE LA RECONNAISSANCE DE L'IDENTITÉ DES INDIVIDUS CONDAMNÉS, ÉVADÉS ET REPRIS.

518. La reconnaissance de l'identité d'un individu condamné, évadé et repris, sera faite par la cour qui aura prononcé sa condamnation. — Il en sera de même de l'identité d'un individu condamné à la déportation ou au bannissement, qui aura enfreint son ban et sera repris; et la cour, en prononçant l'identité, lui appliquera, de plus, la peine attachée par la loi à son infraction. P. 17, 33; contumace, I. c. 510 s.

519. Tous ces jugemens seront rendus sans assistance de jurés, après que la cour aura entendu les témoins appelés tant à la requête du procureur général qu'à celle de l'individu repris, si ce dernier en a fait citer. — L'audience sera publique, et l'individu repris sera présent, à peine de nullité. I. c. 517 s.

520. Le procureur général et l'individu repris pourront se pourvoir en cassation, dans la forme et dans le délai déterminés par le présent Code, contre l'arrêt rendu sur la poursuite en reconnaissance d'identité. I. c. 373 s., 408 s., 416 s.

---

témoins, que dans le cas où, sur la demande du ministère public ou d'une partie, et sur le rapport de notre ministre de la justice, nous aurions, par un décret spécial, autorisé leur audition. — 2. Le décret portant cette autorisation réglera en même temps la manière dont nos ministres seront entendus, et le cérémonial à observer à leur égard. — 3. Dans les affaires où nos préfets auront agi en vertu de l'art. 10 de notre Code d'instruction criminelle, si le bien de la justice exige qu'il leur soit demandé de nouveaux renseignemens, les officiers chargés de l'instruction leur demanderont ces renseignemens par écrit, et nos préfets seront tenus de les donner dans la même forme. — 4. Dans les affaires, autres que celles spécifiées aux précédens articles, si nos préfets ont été cités comme témoins, et qu'ils allèguent, pour s'en excuser, la nécessité de notre service, il ne sera pas donné de suite à la citation. — Dans ce cas, les officiers chargés de l'instruction, après qu'ils se seront entendus avec eux sur le jour et l'heure, viendront dans leur demeure, pour recevoir leur déposition, et il sera procédé à cet égard ainsi qu'il est prescrit à l'article 516 de notre dit Code. — 5. Lorsque nos préfets, cités comme témoins, ne s'excuseront pas, ainsi qu'il est dit à l'article précédent, ils seront reçus par un huissier à la première porte du palais de justice, introduits dans le parquet, et placés sur un siége particulier. — Ils seront reconduits de la même manière qu'ils auront été reçus. — 6. Les dispositions des deux articles précédens sont déclarées communes aux grands officiers de l'Empire, aux présidens de notre conseil d'État, aux ministres d'État et conseillers d'État lorsqu'ils sont chargés d'une administration publique, à nos généraux actuellement en service, à nos ambassadeurs et autres agens diplomatiques près les cours étrangères. — *Militaires* : V. *Loi* 18 prairial an 11.

CHAPITRE VII.

MANIÈRE DE PROCÉDER EN CAS DE DESTRUCTION OU D'ENLÈVEMENT DES PIÈCES OU DU JUGEMENT D'UNE AFFAIRE.

521. Lorsque, par l'effet d'un incendie, d'une inondation ou de toute autre cause extraordinaire, des minutes d'arrêts rendus en matière criminelle ou correctionnelle, et non encore exécutés, ou des procédures encore indécises, auront été détruites, enlevées, ou se trouveront égarées, et qu'il n'aura pas été possible de les rétablir, il sera procédé ainsi qu'il suit.

522. S'il existe une expédition ou copie authentique de l'arrêt, elle sera considérée comme minute, et en conséquence remise dans le dépôt destiné à la conservation des arrêts. — A cet effet, tout officier public ou tout individu dépositaire d'une expédition ou d'une copie authentique de l'arrêt, est tenu, sous peine d'y être contraint par corps, de la remettre au greffe de la cour qui l'a rendu, sur l'ordre qui en sera donné par le président de cette cour. — Cet ordre lui servira de décharge envers ceux qui auront intérêt à la pièce. — Le dépositaire de l'expédition ou copie authentique de la minute détruite, enlevée ou égarée, aura la liberté, en la remettant dans le dépôt public, de s'en faire délivrer une expédition sans frais. C. 1334 s., 2060 6°. Pr. 839 s. T. cr. 71.

523. Lorsqu'il n'existera plus, en matière criminelle, d'expédition ni de copie authentique de l'arrêt, si la déclaration du jury existe encore en minute ou en copie authentique, on procédera, d'après cette déclaration, à un nouveau jugement. C. 1334 s.

524. Lorsque la déclaration du jury ne pourra plus être représentée, ou lorsque l'affaire aura été jugée sans jurés, et qu'il n'en existera aucun acte par écrit, l'instruction sera recommencée, à partir du point où les pièces se trouveront manquer tant en minute qu'en expédition ou copie authentique.

TITRE V.

DES RÈGLEMENS DE JUGES, ET DES RENVOIS D'UN TRIBUNAL A UN AUTRE.

(Loi décrétée le 14 décembre 1808. Promulguée le 24 du même mois.)

CHAPITRE PREMIER.

DES RÈGLEMENS DE JUGES.

525. Toutes demandes en règlement de juges seront instruites et jugées sommairement et sur simples mémoires. I. c. 528 s. Pr. 363 s.

526. Il y aura lieu à être réglé de juges par la cour de cassation, en matière criminelle, correctionnelle ou de police, lorsque des cours, tribunaux, ou juges d'instruction, ne ressortissant point les uns aux autres, seront saisis de la connaissance du même délit ou de délits connexes, ou de la même contravention. I. c. 226, 527, 539, 540. Pr. 363 s.

527. Il y aura lieu également à être réglé de juges par la cour de cassation, lorsqu'un tribunal militaire ou maritime, ou un officier de police militaire, ou tout autre tribunal d'exception, d'une part, une cour royale, ou d'assises, un tribunal jugeant correctionnellement, un tribunal de police ou un juge d'instruction, d'autre part, seront saisis de la connaissance du même délit ou de délits connexes, ou de la même contravention. Pr. 363 s.

528. Sur le vu de la requête et des pièces, la cour de cassation, section criminelle, ordonnera que le tout soit *communiqué* aux parties, ou statuera définitivement, sauf l'opposition. I. c. *communiqué*, 529 s., *oppos.*, 532 s. Pr. 364 s. T. cr. 71.

529. Dans le cas où la communication serait ordonnée sur le pourvoi en conflit du prévenu, de l'accusé ou de la partie civile, l'arrêt enjoindra à l'un et à l'autre des officiers chargés du ministère public près les autorités judiciaires concurremment saisies, de transmettre les pièces du procès et leur avis motivé sur le conflit.

530. Lorsque la communication sera ordonnée sur le pourvoi de l'un de ces officiers, l'arrêt ordonnera à l'autre de transmettre les pièces et son avis motivé.

531. L'arrêt de *soit communiqué* fera mention sommaire des actes d'où naîtra le conflit, et fixera, selon la distance des lieux, le délai dans lequel les pièces et les avis motivés seront apportés au greffe. — La notification qui sera faite de cet arrêt aux parties, emportera de plein droit sursis au jugement du procès, et, en matière criminelle, à la mise en accusation, ou, si elle a déjà été prononcée, à la formation du jury dans les cours d'assises, mais non aux actes et aux procédures conservatoires ou d'instruction. — Le prévenu ou l'accusé et la partie civile pourront présenter leurs moyens sur le conflit, dans la forme réglée par le chapitre II du titre III du présent livre, pour le recours en cassation. I. c. 413, 422 s., 534, 536. Pr. 364 s. T. cr. 71.

532. Lorsque, sur la simple requête, il sera intervenu arrêt qui aura statué sur la demande en règlement de juges, cet arrêt sera, à la diligence du procureur général près la cour de cassation, et par l'intermédiaire du ministre de la justice, notifié à l'officier chargé du ministère public près la cour, le tribunal ou le magistrat dessaisi. — Il sera notifié de même au prévenu ou à l'accusé, et à la partie civile, s'il y en a une. I. c. 538. Pr. 364.

533. Le prévenu ou l'accusé et la partie civile pourront former opposition à l'arrêt dans le délai de trois jours, et dans les formes prescrites par le chapitre II du titre III du présent livre, pour le recours en cassation. I. c. 416, 535, 537.

534. L'opposition dont il est parlé au précédent article, entraînera de plein droit sursis au jugement du procès, comme il est dit en l'article 531.

535. Le prévenu qui ne sera pas en arrestation, l'accusé qui ne sera pas retenu dans la maison de justice, et la partie civile, ne seront point admis au bénéfice de l'opposition, s'ils n'ont antérieurement, ou dans le délai fixé par l'article 533, élu domicile dans le lieu où siége l'une des autorités judiciaires en conflit. — A défaut de cette élection, ils ne pourront non plus exciper de ce qu'il ne leur aurait été fourni aucune communication, dont le poursuivant sera dispensé à leur égard. I. c. 68.

536. La cour de cassation, en jugeant le conflit, statuera sur tous les actes qui pourraient avoir été faits par la cour, le tribunal ou le magistrat qu'elle dessaisira. I. c. 531, 541.

537. Les arrêts rendus sur des conflits ne pourront pas être attaqués par la voie de l'opposition, lorsqu'ils auront été précédés d'un arrêt de *soit communiqué*, dûment exécuté. I. c. 529, 530, 531; *secùs*, 532, 533.

538. L'arrêt rendu, ou après un *soit communiqué*, ou sur une opposition, sera notifié aux mêmes parties et dans la même forme que l'arrêt qui l'aura précédé. I. c. 532. T. cr. 71.

539. Lorsque le prévenu ou l'accusé, l'officier chargé du ministère public, ou la partie civile, aura excipé de l'incompétence d'un tribunal de première instance ou d'un juge d'instruction, ou proposé un déclinatoire, soit que l'exception ait été admise ou rejetée, nul ne pourra recourir à la cour de cassation pour être réglé de juges; sauf à se pourvoir devant la cour royale contre la décision portée par le tribunal de première instance ou le juge d'instruction, et à se pourvoir en cassation, s'il y a lieu, contre l'arrêt rendu par la cour royale.

540. Lorsque deux juges d'instruction ou deux tribunaux de première instance, établis dans le ressort de la même cour royale, seront saisis de la connaissance du même délit ou de délits connexes, les parties seront réglées de juges par cette cour, suivant la forme prescrite au présent chapitre, sauf le recours, s'il y a lieu, à la cour de cassation. — Lorsque deux tribunaux de police simple seront saisis de la connaissance de la même contravention ou de contraventions connexes, les parties seront réglées de juges par le tribunal auquel ils ressortissent l'un et l'autre; et s'ils ressortissent à différens tribunaux, elles seront réglées par la cour royale, sauf le recours, s'il y a lieu, à la cour de cassation. I. c. 526, 528 s. Pr. 363.

541. La partie civile, le prévenu ou l'accusé qui succombera dans la demande en règlement de juges qu'il aura introduite, pourra être condamné à une amende qui toutefois n'excédera point la somme de trois cents francs, dont moitié sera pour la partie. Pr. 367.

CHAPITRE II.

DES RENVOIS D'UN TRIBUNAL A UN AUTRE.

542. En matière criminelle, correctionnelle et de police, la cour de cassation peut, sur la réquisition du procureur général près cette cour, renvoyer la connaissance d'une affaire, d'une cour royale ou d'assises à une autre, d'un tribunal correctionnel ou de police à un autre tribunal de même qualité, d'un juge d'instruction à un autre juge d'instruction, pour cause de sûreté publique ou de suspicion légitime. — Ce renvoi peut aussi être ordonné sur la réquisition des parties intéressées, mais seulement pour cause de suspicion légitime. Pr. 368 s., 378 s.

543. La partie intéressée qui aura procédé volontairement devant une cour, un tribunal ou un juge d'instruction, ne sera reçue à demander le renvoi qu'à raison des circonstances survenues depuis, lorsqu'elles seront de nature à faire naître une suspicion légitime. I. c. 552. Pr. 369, 382.

544. Les officiers chargés du ministère public pourront se pourvoir immédiatement devant la cour de cassation, pour demander le renvoi pour cause de suspicion légitime; mais, lorsqu'il s'agira d'une demande en renvoi pour cause de sûreté publique, ils seront tenus d'adresser leurs réclamations, leurs motifs et les pièces à l'appui, au ministre de la justice, qui les transmettra, s'il y a lieu, à la cour de cassation.

545. Sur le vu de la requête et des pièces, la cour de cassation, section criminelle, statuera définitivement, sauf l'opposition, ou ordonnera que le tout soit communiqué. I. c. 528 s., 535. Pr. 373 s.

546. Lorsque le renvoi sera demandé par le prévenu, l'accusé, ou la partie civile, et que la cour de cassation ne jugera à propos ni d'accueillir ni de rejeter cette demande sur-le-champ, l'arrêt en ordonnera la communication à l'officier chargé du ministère public près la cour, le tribunal ou le juge d'instruction saisi de la connaissance du délit, et enjoindra à cet officier de transmettre les pièces avec son avis motivé sur la demande en renvoi; l'arrêt ordonnera de plus, s'il y a lieu, que la communication sera faite à l'autre partie. I. c. 529. T. cr. 71.

547. Lorsque la demande en renvoi sera formée par l'officier chargé du ministère public, et que la cour de cassation n'y statuera point définitivement, elle ordonnera, s'il y a lieu, que la communication sera faite aux parties, ou prononcera telle autre disposition préparatoire qu'elle jugera nécessaire.

548. Tout arrêt qui, sur le vu de la requête et des pièces, aura définitivement statué sur une demande en renvoi, sera, à la diligence du procureur général près la cour de cassation, et par l'intermédiaire du ministre de la justice, notifié, soit à l'officier chargé du ministère public près la cour, le tribunal ou le juge d'instruction dessaisi, soit à la partie civile, au prévenu ou à l'accusé en personne ou au domicile élu. I. c. 532. T. cr. 71.

549. L'opposition ne sera pas reçue, si elle n'est pas formée d'après les règles et dans le délai fixés au chapitre 1er du présent titre. I. c. 533.

550. L'opposition reçue emporte de plein droit sursis au jugement du procès, comme il est dit en l'art. 531.

551. Les articles 525, 530, 531, 534, 535, 536, 537, 538 et 541, seront communs aux demandes en renvoi d'un tribunal à un autre.

552. L'arrêt qui aura rejeté une demande en renvoi n'exclura pas une nouvelle demande en renvoi fondée sur des faits survenus depuis. I. c. 543.

TITRE VI.

DES COURS SPÉCIALES. (1)

(Loi décrétée le 15 décembre 1808. Promulguée le 25.)

553 à 599. *Abrogés.*

TITRE VII.

DE QUELQUES OBJETS D'INTÉRÊT PUBLIC ET DE SURETÉ GÉNÉRALE.

(Loi décrétée le 16 décembre 1808. Promulguée le 26 du même mois.)

CHAPITRE PREMIER.

DU DÉPÔT GÉNÉRAL DE LA NOTICE DES JUGEMENS.

600. Les greffiers des tribunaux correctionnels et des cours d'assises seront tenus de consigner, par ordre alphabétique, sur un registre particulier, les noms, prénoms, professions, âge et résidences de tous les individus condamnés à un emprisonnement correctionnel ou à une plus forte peine : ce registre contiendra une notice sommaire de chaque affaire et de la condamnation, à peine de cinquante francs d'amende pour chaque omission.

601. Tous les trois mois, les greffiers enverront, sous peine de cent francs d'amende, copie de ces registres au ministre de la justice et à celui de la police générale.

602. Ces deux ministres feront tenir, dans la même forme, un registre général composé de ces diverses copies.

CHAPITRE II.

DES PRISONS, MAISONS D'ARRÊT ET DE JUSTICE.

603. Indépendamment des prisons établies pour peines, il y aura dans chaque arrondissement, près du tribunal de première instance, une maison d'arrêt pour y retenir les prévenus ; et, près de chaque cour d'assises, une maison de justice pour y retenir ceux contre lesquels il aura été rendu une ordonnance de prise de corps. I. c. 100, 104, 107, 110 s., 243, 604 s. P. 122.

604. Les maisons d'arrêt et de justice seront entièrement distinctes des prisons établies pour peines. I. c. 233, 243, 603, 608 s.

605. Les préfets veilleront à ce que ces différentes maisons soient non-seulement sûres, mais propres, et telles que la santé des prisonniers ne puisse être aucunement altérée.

606. Les gardiens de ces maisons seront nommés par les préfets.

607. Les gardiens des maisons d'arrêt, des maisons de justice et des prisons, seront tenus d'avoir un registre. — Ce registre sera signé et paraphé à toutes les pages, par le juge d'instruction, pour les maisons d'arrêt ; par le président de la cour d'assises, ou, en son absence, par le président du tribunal de première instance, pour les maisons de justice ; et par le préfet, pour les prisons pour peines. I. c. 608 s., 618.

608. Tout exécuteur de mandat d'arrêt, d'ordonnance de prise de corps, d'arrêt ou de jugement de condamnation, est tenu, avant de remettre au gardien la personne qu'il conduira, de faire inscrire sur le registre l'acte dont il sera porteur ; l'acte de remise sera écrit devant lui. — Le tout sera signé tant par lui que par le gardien. — Le gardien lui en remettra une copie signée de lui, pour sa décharge. I. c. 100, 104, 107, 110 s., 243, 603 s., 615.

609. Nul gardien ne pourra, à peine d'être poursuivi et puni comme coupable de détention arbitraire, recevoir ni retenir aucune personne qu'en vertu soit d'un mandat de dé-

(1) Ce titre est devenu sans objet par suite de l'abolition des cours spéciales, qui, conformément à l'article 54 de la Charte constitutionnelle, ne peuvent pas être rétablies. — Les cours prévôtales ont connu pendant leur existence des crimes qui étaient attribués aux cours spéciales par le Code d'instruction criminelle. (L. 20 décembre 1815.)

pôt, soit d'un mandat d'arrêt décerné selon les formes prescrites par la loi, soit d'un arrêt de renvoi devant une cour d'assises, d'un décret d'accusation ou d'un arrêt ou jugement de condamnation à peine *afflictive ou* à un emprisonnement, et sans que la transcription en ait été faite sur son registre. I. c. 615, 618. P. 119, 120.

610. Le registre ci-dessus mentionné contiendra également, en marge de l'acte de remise, la date de la sortie du prisonnier, ainsi que l'ordonnance, l'arrêt ou le jugement en vertu duquel elle aura lieu.

611. Le juge d'instruction est tenu de visiter, au moins une fois par mois, les personnes retenues dans la maison d'arrêt de l'arrondissement. — Une fois au moins dans le cours de chaque session de la cour d'assises, le président de cette cour est tenu de visiter les personnes retenues dans la maison de justice. — Le préfet est tenu de visiter, au moins une fois par an, toutes les maisons de justice et prisons, et tous les prisonniers du département. I. c. 613.

612. Indépendamment des visites ordonnées par l'article précédent, le maire de chaque commune où il y aura soit une maison d'arrêt, soit une maison de justice, soit une prison, et, dans les communes où il y aura plusieurs maires, le préfet de police ou le commissaire général de police, est tenu de faire, au moins une fois par mois, la visite de ces maisons.

613. Le maire, le préfet de police ou le commissaire général de police, veillera à ce que la nourriture des prisonniers soit suffisante et saine : la police de ces maisons lui appartiendra. — Le juge d'instruction et le président des assises pourront néanmoins donner respectivement tous les ordres qui devront être exécutés dans les maisons d'arrêt et de justice, et qu'ils croiront nécessaires, soit pour l'instruction, soit pour le jugement.

614. Si quelque prisonnier use de menaces, injures ou violences, soit à l'égard du gardien ou de ses préposés, soit à l'égard des autres prisonniers, il sera, sur les ordres de qui il appartiendra, resserré plus étroitement, enfermé seul, même mis aux fers en cas de fureur ou de violence grave, sans préjudice des poursuites auxquelles il pourrait avoir donné lieu. P. 209 s.

CHAPITRE III.

DES MOYENS D'ASSURER LA LIBERTÉ INDIVIDUELLE CONTRE LES DÉTENTIONS ILLÉGALES OU D'AUTRES ACTES ARBITRAIRES.

615. En exécution des articles 77, 78, 79, 80, 81 et 82 de l'acte des constitutions du 22 frimaire an VIII. (1)

---

(1) *Art.* 77. « Pour que l'acte qui ordonne l'arrestation d'une personne » puisse être exécuté, il faut, 1° qu'il exprime formellement le motif de » l'arrestation, et la loi en exécution de laquelle elle est ordonnée ; 2° qu'il » émane d'un fonctionnaire à qui la loi ait donné formellement ce pouvoir ; » 3° qu'il soit notifié à la personne arrêtée et qu'il lui en soit laissé copie.

78. « Un gardien ou geôlier ne peut recevoir ou détenir aucune personne » qu'après avoir transcrit sur son registre l'acte qui ordonne l'arrestation ; » cet acte doit être un mandat donné dans les formes prescrites par l'article » précédent, ou une ordonnance de prise de corps, ou un décret d'accusation, ou un jugement.

79. « Tout gardien ou geôlier est tenu, sans qu'aucun ordre puisse l'en » dispenser, de représenter la personne détenue à l'officier civil ayant la police de la maison de détention, toutes les fois qu'il en sera requis par cet » officier.

80. « La représentation de la personne détenue ne pourra être refusée à » ses parens et amis, porteurs de l'ordre de l'officier civil, lequel sera toujours » tenu de l'accorder, à moins que le gardien ou le geôlier ne représente une » ordonnance du juge pour tenir la personne au secret.

81. « Tous ceux qui, n'ayant point reçu de la loi le pouvoir de faire arrêter, donneront, signeront, exécuteront l'arrestation d'une personne quel-

quiconque aura connaissance qu'un individu est détenu dans un lieu qui n'a pas été destiné à servir de maison d'arrêt, de justice, ou de prison, est tenu d'en donner avis au juge de paix, au procureur du roi ou à son substitut, ou au juge d'instruction, ou au procureur général près la cour royale. P. 114 s., 119 s. Ch. 4. (1)

616. Tout juge de paix, tout officier chargé du ministère public, tout juge d'instruction, est tenu d'office, ou sur l'avis qu'il en aura reçu, sous peine d'être poursuivi comme complice de détention arbitraire, de s'y transporter aussitôt, et de faire mettre en liberté la personne détenue, ou, s'il est allégué quelque cause légale de détention, de la faire conduire sur-le-champ devant le magistrat compétent. — Il dressera du tout son procès-verbal. P. 119 s.

617. Il rendra, au besoin, une ordonnance, dans la forme prescrite par l'article 95 du présent Code. — En cas de résistance, il pourra se faire assister de la force nécessaire; et toute personne requise est tenue de prêter main-forte. I. c. 99, 108.

618. Tout gardien qui aura refusé, ou de montrer au porteur de l'ordre de l'officier civil ayant la police de la maison d'arrêt, de justice, ou de la prison, la personne du détenu, sur la réquisition qui en sera faite, ou de montrer l'ordre qui le lui défend, ou de faire au juge de paix l'exhibition de ses registres, ou de lui laisser prendre telle copie que celui-ci croira nécessaire de partie de ses registres, sera poursuivi comme coupable ou complice de détention arbitraire. I. c. 609. P. 120.

CHAPITRE IV.

DE LA RÉHABILITATION DES CONDAMNÉS. (2)

619. Tout condamné à une peine afflictive ou infamante qui aura subi sa peine, ou qui aura obtenu, soit des lettres de commutation, soit des lettres de grâce, pourra être réhabilité. — La demande en réhabilitation ne pourra être formée par les condamnés aux travaux forcés à temps, à la détention ou à la réclusion, que cinq ans après l'expiration de leur peine; et par les condamnés à la dégradation civique, qu'après cinq ans à compter du jour où la condamnation sera devenue irrévocable, et cinq ans après qu'ils auront subi la peine de l'emprisonnement, s'ils y ont été condamnés. En cas de commutation, la demande en réhabilitation ne pourra être formée que cinq ans après l'expiration de la nouvelle peine, et, en cas de grâce, que cinq ans après l'en-

---

» conque; tous ceux qui, même dans le cas de l'arrestation autorisée par la » loi, recevront ou retiendront la personne arrêtée, dans un lieu de déten» tion non publiquement et légalement désigné comme tel, et tous les gar» diens ou geôliers qui contreviendront aux dispositions des trois articles » précédens, seront coupables du crime de détention arbitraire.

82. « Toutes rigueurs employées dans les arrestations, détentions ou exé» cutions, autres que celles autorsées par les lois, sont des crimes. »

(1) Quiconque aura connaissance qu'un homme est détenu illégalement dans un lieu, est tenu d'en donner avis à l'un des officiers municipaux ou au juge de paix du canton; il pourra aussi en faire sa déclaration signée de lui, au greffe de la municipalité ou du juge de paix. — Ces officiers publics, d'après la connaissance qu'ils en auront, seront tenus de se transporter aussitôt, et de faire remettre en liberté la personne détenue, à peine de répondre de leur négligence, et même d'être poursuivis comme coupables d'attentat à la liberté individuelle, s'il est prouvé qu'ils avaient connaissance de la détention. (*L.* 16-29 septembre 1791, *tit.* 14, *art.* 3, 4. — *V. I. c. art.* 618.)

(2) Les *pensions* des militaires retraités perdues par l'effet des condamnations afflictives ou infamantes ne peuvent être rétablies qu'après la *réhabilitation* du condamné. (*Av. C.* 8 janvier 1823.) — L'*exclusion* prononcée par l'art. 13 de la loi du 22 mars 1831 est perpétuelle. (*Av. C.* 19 janv. 1832.)

registrement des lettres de grâce. I. c. 633 s. P. 7 s.

620. Nul ne sera admis à demander sa réhabilitation, s'il ne demeure depuis cinq ans dans le même arrondissement communal, s'il n'est pas domicilié depuis deux ans accomplis dans le territoire de la municipalité à laquelle sa demande est adressée, et s'il ne joint à sa demande des attestations de bonne conduite qui lui auront été données par les conseils municipaux, et par les municipalités dans le territoire desquelles il aura demeuré ou résidé pendant le temps qui aura précédé sa demande. — Ces attestations de bonne conduite ne pourront lui être délivrées qu'à l'instant où il quitterait son domicile ou son habitation. — Les attestations exigées ci-dessus devront être approuvées par le sous-préfet et le procureur du roi ou son substitut, et par les juges de paix des lieux où il aura demeuré ou résidé.

621. La demande en réhabilitation, les attestations exigées par l'article précédent, et l'expédition du jugement de condamnation, seront déposées au greffe de la cour royale dans le ressort de laquelle résidera le condamné.

622. La requête et les pièces seront communiquées au procureur général; il donnera ses conclusions motivées et par écrit.

623. L'affaire sera rapportée à la chambre criminelle.

624. La cour et le ministère public pourront, en tout état de cause, ordonner de nouvelles informations. I. c. 628 s.

625. La notice de la demande en réhabilitation sera insérée au journal judiciaire du lieu où siége la cour qui devra donner son avis, et du lieu où la condamnation aura été prononcée.

626. La cour, le procureur général entendu, donnera son avis.

627. Cet avis ne pourra être donné que trois mois au moins après la présentation de la demande en réhabilitation.

628. Si la cour est d'avis que la demande en réhabilitation ne peut être admise, le condamné pourra se pourvoir de nouveau après un nouvel intervalle de cinq ans.

629. Si la cour pense que la demande en réhabilitation peut être admise, son avis, ensemble les pièces exigées par l'article 620, seront, par le procureur général, et dans le plus bref délai, transmis au ministre de la justice, qui pourra consulter le tribunal qui aura prononcé la condamnation.

630. Il en sera fait rapport à sa majesté par le ministre de la justice.

631. Si la réhabilitation est prononcée, il en sera expédié des lettres où l'avis de la cour sera inséré.

632. Les lettres de réhabilitation seront adressées à la cour qui aura délibéré l'avis; il en sera envoyé copie authentique à la cour qui aura prononcé la condamnation; et transcription des lettres sera faite en marge de la minute de l'arrêt de condamnation.

633. La réhabilitation fera cesser, pour l'avenir, dans la personne du condamné, toutes les incapacités qui résultaient de la condamnation. I. c. 553, 619. P. 29, 31, 34, 47 s.

634. Le condamné pour récidive ne sera jamais admis à la réhabilitation. P. 56 s.

CHAPITRE V.

DE LA PRESCRIPTION.

635. Les peines portées par les arrêts ou jugemens rendus en matière criminelle, se prescriront par vingt années révolues, à compter de la date des arrêts ou jugemens. — Néanmoins le condamné ne pourra résider dans le département où demeureraient, soit celui sur lequel ou contre la propriété duquel le crime aurait été commis, soit ses héritiers directs. — Le gouvernement pourra assigner au condamné le lieu de son domicile. I. c. 637, 642. C. 32, 726, 727. P. 7, 8, 46.

636. Les peines portées par les arrêts ou jugemens rendus en matière correctionnelle, se prescriront par cinq années révolues, à compter de la date de l'arrêt ou du jugement rendu en dernier ressort; et à l'égard des peines prononcées par les tribunaux de première instance, à compter du jour où ils ne pourront plus être attaqués par la voie de l'appel. I. c. 203, 205, 638, 641. P. 9.

637. L'action publique et l'action civile résultant d'un crime de nature à entraîner la peine de mort ou des peines afflictives perpétuelles, ou de tout autre crime emportant peine afflictive ou infamante, se prescriront après dix années révolues, à compter du jour où le crime aura été commis, si dans cet intervalle il n'a été fait aucun acte d'instruction ni de poursuite. — S'il a été fait, dans cet intervalle, des actes d'instruction ou de poursuite non suivis de jugement, l'action publique et l'action civile ne se prescriront qu'après dix années révolues, à compter du dernier acte, à l'égard même des personnes qui ne seraient pas impliquées dans cet acte d'instruction ou de poursuite. I. c. 635, 638, 643; *comp.* C. 2262, 2264; Pr. 239.

638. Dans les deux cas exprimés en l'article précédent, et suivant les distinctions d'époques qui y sont établies, la durée de la prescription sera réduite à trois années révolues, s'il s'agit d'un délit de nature à être puni correctionnellement. I. c. 636 s., 642, 643.

639. Les peines portées par les jugemens rendus pour contraventions de police seront prescrites après deux années révolues; savoir, pour les peines prononcées par arrêt ou jugement en dernier ressort, à compter du jour de l'arrêt; et, à l'égard des peines prononcées par les tribunaux de première instance, à compter du jour où ils ne pourront plus être attaqués par la voie de l'appel. I. c. 137 s., 174, 640, 642, 643.

640. L'action publique et l'action civile pour une contravention de police, seront prescrites après une année révolue, à compter du jour où elle aura été commise, même lorsqu'il y aura eu procès-verbal, saisie, instruction ou poursuite, si dans cet intervalle il n'est point intervenu de condamnation; s'il y a eu un jugement définitif de première instance, de nature à être attaqué par la voie de l'appel, l'action publique et l'action civile se prescriront après une année révolue, à compter de la notification de l'appel qui en aura été interjeté. I. c. 137, 639, 642.

641. En aucun cas, les condamnés par défaut ou par contumace, dont la peine est prescrite, ne pourront être admis à se présenter pour purger le défaut ou la contumace. I. c. 476 s. C. 32.

642. Les condamnations civiles portées par les arrêts ou par les jugemens rendus en matière criminelle, correctionnelle ou de police, et devenus irrévocables, se prescriront d'après les règles établies par le Code civil. I. c. 635, 636, 639. C. 2244 s., 2248 s., 2252, 2262 s.

643. Les dispositions du présent chapitre ne dérogent point aux lois particulières relatives à la prescription des actions résultant de certains délits ou de certaines contraventions. F. 484. (1)

(1) Cette exception s'applique particulièrement aux délits suivans: — Les délits de chasse se prescrivent par le délai d'un mois, à compter du jour où ils ont été commis. (*L.* 22-30 avril 1790, *art.* 12.) — Les délits ruraux se prescrivent par un mois à compter du jour du délit. (*L.* 28 septembre-6 octobre 1791, *tit.* 1er, *sect.* 7, *art.* 8.) — Les crimes et délits commis par la voie de la presse se prescrivent par six mois révolus, à compter du fait de publication. (*L.* 26 mai 1819, *art.* 29.) — Les actions en réparation de délits et contraventions en matière forestière se prescrivent par trois mois à compter du jour où les délits et contraventions ont été constatés, lorsque les prévenus sont désignés dans les procès-verbaux: dans le cas contraire, le délai de prescription est de six mois. (F. 185.) — Les actions en réparations de délits, en matière de pêche fluviale, se prescrivent par un mois, lorsque les prévenus sont désignés dans les procès-verbaux; sinon, par trois mois. (*L.* 15 avril 1829, *art.* 62.)

FIN DU CODE D'INSTRUCTION CRIMINELLE.

BIBLIOTHÈQUE

CODE PÉNAL.(1)

DISPOSITIONS PRÉLIMINAIRES.

(Loi décrétée le 12 février 1810. Promulguée le 22 du même mois.)

Art. 1er. L'infraction que les lois punissent des peines de police est une *contravention*. P. 464 s. I. c. 21, 137 s. — L'infraction que les lois punissent de peines correctionnelles est un *délit*. P. 3, 9, 59. I. c. 179 s. — L'infraction que les lois punissent d'une peine afflictive ou infamante est un *crime*. P. 6, 7, 8.

2. Toute tentative de *crime* qui aura été manifestée par un commencement d'exécution, si elle n'a été suspendue ou si elle n'a manqué son effet que par des circonstances indépendantes de la volonté de son auteur, est considérée comme le *crime* même. P. 76, 88 s., 301; *comparez* 90, 317 s., 302. I. c. 458 s.

3. Les tentatives de *délits* ne sont considérées comme *délits*, que dans les cas déterminés par une disposition spéciale de la loi. P. 179, 401, 405, 414, 415.

4. Nulle contravention, nul délit, nul crime, ne peuvent être punis de peines qui n'étaient pas prononcées par la loi avant qu'ils fussent commis. P. 43, 50.

5. Les dispositions du présent Code ne s'appliquent pas aux contraventions, délits et crimes *militaires*. P. 56.

LIVRE PREMIER.

DES PEINES EN MATIÈRE CRIMINELLE ET CORRECTIONNELLE ET DE LEURS EFFETS.

(Suite de la loi du 12 février 1810.)

6. Les peines en matière criminelle sont ou afflictives et infamantes, ou seulement infamantes. P. 7, 8. C. 24, 231, 306.

7. Les peines afflictives et infamantes sont : — 1° La mort; P. 12, 13, 14, 27, 36. C. 23, 26 s. — 2° Les travaux forcés à perpétuité; P. 15, 18, 22. C. 24, 26 s. — 3° La déportation; P. 17, 18, 36. C. 24, 26 s. — 4° Les travaux forcés à temps; P. 19, 22 s., 28 s., 36, 47. — 5° La détention; P. 20, 28 s., 36, 47. — 6° La réclusion; P. 21, 22, 28 s., 36, 47.

8. Les peines infamantes sont : — 1° Le bannissement; P. 28, 32 s., 36, 48. — 2° La dégradation civique. P. 34, 35, 36.

9. Les peines en matière correctionnelle sont : — 1° L'emprisonnement à temps dans un lieu de correction; P. 40, 41. — 2° L'interdic-

---

(1) *Ordonnance* du Roi, 28 avril 1832.

Vu la loi en date de ce jour sur les réformes à introduire dans la législation pénale; — Vu les art. 54 et 59 de la Charte constitutionnelle; — Sur le rapport de notre garde des sceaux, ministre secrétaire d'État au département de la justice, — Nous avons ordonné et ordonnons ce qui suit :

A compter du 1er juin prochain, date à partir de laquelle la loi de ce jour sur les réformes dans la législation pénale sera exécutoire, il ne sera reconnu comme texte officiel du Code pénal que le texte dont la teneur suit : etc., etc.

tion à temps de certains droits civiques, civils ou de famille; P. 42, 43. — 3° L'amende. P. 11, 52.

10. La condamnation aux peines établies par la loi est toujours prononcée sans préjudice des restitutions et dommages-intérêts qui peuvent être dus aux parties. P. 51 s., 73 s., 117 s., 234, 244, 468. C. 1146 s., 1382 s. I.c. 2 s., 358, 366.

11. Le renvoi sous la surveillance spéciale de la haute police, l'amende, et la confiscation spéciale, soit du corps du délit quand la propriété en appartient au condamné, soit des choses produites par le délit, soit de celles qui ont servi ou qui ont été destinées à le commettre, sont des peines communes aux matières criminelles et correctionnelles. P. 44, 45, 47, 180, 464, 470.

CHAPITRE PREMIER.

DES PEINES EN MATIÈRE CRIMINELLE.

12. Tout condamné à mort aura la tête tranchée. P. 7, 13 s., 27, 36. C. 23, 26 s.

13. Le coupable condamné à mort pour parricide sera conduit sur le lieu de l'exécution, en chemise, nu-pieds, et la tête couverte d'un voile noir. — Il sera exposé sur l'échafaud pendant qu'un huissier fera au peuple lecture de l'arrêt de condamnation, et il sera immédiatement exécuté à mort. P. 86 s., 299, 302; *non excusable*, 323.

14. Les corps des suppliciés seront délivrés à leurs familles, si elles les réclament, à la charge par elles de les faire inhumer sans aucun appareil.

15. Les hommes condamnés aux travaux forcés seront employés aux travaux les plus pénibles; ils traîneront à leurs pieds un boulet, ou seront attachés deux à deux avec une chaîne, lorsque la nature du travail auquel ils seront employés le permettra. P. 18, 22, 28 s., 36, 47, 56; *except.*, 70, 71, 72.

16. Les femmes et les filles condamnées aux travaux forcés n'y seront employées que dans l'intérieur d'une maison de force. P. 18, 22, 28 s., 36, 47, 56; *except.*, 70, 71. I.c. 603.

17. (*Ainsi rectifié, L. 9 sept. 1835.*) La peine de la déportation consistera à être transporté et à demeurer à perpétuité dans un lieu déterminé par la loi, hors du territoire continental du royaume. — Si le déporté rentre sur le territoire du royaume, il sera, sur la seule preuve de son identité, condamné aux travaux forcés à perpétuité. P. 15, 18, 22, 36, 70 s. — Le déporté qui ne sera pas rentré sur le territoire du royaume, mais qui sera saisi dans des pays occupés par les armées françaises, sera conduit dans le lieu de sa déportation. — Tant qu'il n'aura pas été établi un lieu de déportation, le condamné subira à perpétuité la peine de la détention, soit dans une prison du royaume, soit dans une prison située hors du territoire continental, dans l'une des possessions françaises, qui sera déterminée par la loi, selon que les juges l'auront expressément décidé par l'arrêt de condamnation. P. 20. — Lorsque les communications seront interrompues entre la métropole et le lieu de l'exécution de la peine, l'exécution aura lieu provisoirement en France.

18. Les condamnations aux travaux forcés à perpétuité et à la déportation, emporteront mort civile. P. 7, 15, 17. C. 22 s. — Néanmoins le gouvernement pourra accorder au condamné à la déportation, l'exercice des droits civils ou de quelques-uns de ces droits.

19. La condamnation à la peine des travaux forcés à temps sera prononcée pour cinq ans au moins, et vingt ans au plus. P. 7, 15, 22, 23, 28, 29 s., 36, 47, 56, 67, 70 s.

20. Quiconque aura été condamné à la détention sera renfermé dans l'une des forteresses situées sur le territoire continental du royaume, qui auront été déterminées par une ordonnance du roi rendue dans la forme des réglemens d'administration publique. — Il communiquera avec les personnes placées dans l'intérieur du lieu de la détention ou avec celles du dehors, conformément aux réglemens de police établis par une ordonnance du roi. — La détention ne peut être prononcée pour moins de cinq ans, ni pour plus de vingt ans, sauf le cas prévu par l'article 33. P. 17, 23, 28, 29 s., 33, 47, 56, 67, 71.

21. Tout individu de l'un ou l'autre sexe, condamné à la peine de la réclusion, sera renfermé dans une maison de force, et employé à des travaux dont le produit pourra être en partie appliqué à son profit, ainsi qu'il sera réglé par le gouvernement. — La durée de cette peine sera au moins de cinq années, et de dix ans au plus. P. 21 s., 28, 29 s., 36, 47, 56, 67, 71.

22. Quiconque aura été condamné à l'une des peines des travaux forcés à perpétuité, des travaux forcés à temps, ou de la réclusion, avant de subir sa peine, demeurera durant une heure exposé aux regards du peuple sur la place publique. Au-dessus de sa tête sera placé un écriteau portant, en caractères gros et lisibles, ses noms, sa profession, son domicile, sa peine et la cause de sa condamnation. P. 7, 15, 21, 25 s. — En cas de condamnation aux travaux forcés à temps, ou à la réclusion, la cour d'assises pourra ordonner par son arrêt, que le condamné, s'il n'est pas en état de récidive, ne subira pas l'exposition publique. P. *sceau*, *faux*, 165. — Néanmoins, l'exposition publique ne sera jamais prononcée à l'égard des mineurs de dix-huit ans et des septuagénaires.

23. La durée des peines temporaires comptera du jour où la condamnation sera devenue irrévocable. I. c. 123, 161, 172, 173, 174, 177, 187 s., 199 s., 203, 208, 216, 373, 375. P. 24.

24. Néanmoins, à l'égard des condamnations à l'emprisonnement prononcées contre les individus en état de détention préalable, la durée de la peine, si le condamné ne s'est pas pourvu, comptera du jour du jugement ou de l'arrêt, nonobstant l'appel ou le pourvoi du ministère public, et quel que soit le résultat de cet appel ou de ce pourvoi. — Il en sera de même dans les cas où la peine aura été réduite, sur l'appel ou le pourvoi du condamné. P. 23.

25. Aucune condamnation ne pourra être exécutée les jours de fêtes nationales ou religieuses, ni les dimanches. Pr. 63, 781, 1037.

26. L'exécution se fera sur l'une des places publiques du lieu qui sera indiqué par l'arrêt de condamnation. I. c. 376.

27. Si une femme condamnée à mort se déclare, et s'il est vérifié qu'elle est enceinte, elle ne subira la peine qu'après sa délivrance.

28. La condamnation à la peine des travaux forcés à temps, de la détention, de la réclusion ou du bannissement, emportera la dégradation civique. La dégradation civique sera encourue du jour où la condamnation sera devenue irrévocable, et, en cas de condamnation par contumace, du jour de l'exécution par effigie. P. 8, 19, 21, 23, 32, 34. I. c. *condamn. irrévoc.*, 123, 373, 375; *exécut. par effigie*, 472. C. *comparez mort civile*, 26, 27.

29. Quiconque aura été condamné à la peine des travaux forcés à temps, de la détention ou de la réclusion, sera, de plus, pendant la durée de sa peine, en état d'interdiction légale; il lui sera nommé un tuteur et un subrogé-tuteur pour gérer et administrer ses biens, dans les formes prescrites pour les nominations des tuteurs et subrogés-tuteurs aux interdits. C. 505. I. c. *comparez* 471. Pr. 882 s., 895.

30. Les biens du condamné lui seront remis après qu'il aura subi sa peine, et le tuteur lui rendra compte de son administration. P. 31. C. 469 s., 509, 2121, 2135. Pr. 527 s.

31. Pendant la durée de la peine, il ne pourra lui être remis aucune somme, aucune provision, aucune portion de ses revenus.

32. Quiconque aura été condamné au bannissement, sera transporté, par ordre du gouvernement, hors du territoire du royaume. — La durée du bannissement sera au moins de cinq années, et de dix ans au plus. P. 8, 25, 28, 33, 48, 56, 67.

33. Si le banni, avant l'expiration de sa peine, rentre sur le territoire du royaume, il sera, sur la seule preuve de son identité, condamné à la détention pour un temps au moins égal à celui qui restait à courir jusqu'à l'expiration du bannissement, et qui ne pourra excéder le double de ce temps. P. 20. I. c. *identité*, 518.

34. La dégradation civique consiste : — 1° Dans la destitution et l'exclusion des condamnés de toutes fonctions, emplois ou offices publics; — 2° Dans la privation du droit de vote, d'élection, d'éligibilité, et en général de tous les droits civiques et politiques, et du droit de porter aucune décoration; — 3° Dans l'incapacité d'être juré-expert, d'être employé comme témoin dans des actes, et de déposer en justice autrement que pour y donner de simples renseignemens; — 4° Dans l'incapacité de faire partie d'aucun conseil de famille, et d'être tuteur, curateur, subrogé-tuteur ou conseil judiciaire, si ce n'est de ses propres enfans et sur l'avis conforme de la famille; C. 443. — 5° Dans la privation du droit de port d'armes, du droit de faire partie de la garde nationale, de servir dans les armées françaises, de tenir école, ou d'enseigner et d'être employé dans aucun établissement d'instruction, à titre de professeur, maître ou surveillant. *Comparez* C. 25; P. 42. I. c. *réhabilit.*, 633. (1)

35. Toutes les fois que la dégradation civique sera prononcée comme peine principale, elle pourra être accompagnée d'un emprisonnement dont la durée, fixée par l'arrêt de condamnation, n'excédera pas cinq ans. — Si le coupable est un étranger ou un Français ayant perdu la qualité de citoyen, la peine de l'emprisonnement devra toujours être prononcée. P. 40, 41, 362. C. 7.

36. Tous arrêts qui porteront la peine de mort, des travaux forcés à perpétuité et à temps, la déportation, la détention, la réclusion, la dégradation civique et le bannissement, seront imprimés par extrait. — Ils seront affichés dans la ville centrale du département, dans celle où l'arrêt aura été rendu, dans la commune du lieu où le délit aura été commis, dans celle où se fera l'exécution, et dans celle du domicile du condamné. T. cr. 104.

37. — **38.** — **39.** *Abrogés. Art.* 57, *Charte.*

CHAPITRE II.

DES PEINES EN MATIÈRE CORRECTIONNELLE.

40. Quiconque aura été condamné à la peine d'emprisonnement sera renfermé dans une maison de correction : il y sera employé à l'un des travaux établis dans cette maison, selon son choix. P. 9, 198. I. c. 604. — La durée de cette peine sera au moins de six jours, et de cinq années au plus; sauf les cas de récidive ou autres où la loi aura déterminé d'autres limites. P. 57, 58, 69, 463, 464. — La peine à un jour d'emprisonnement est de vingt-quatre heures; — Celle à un mois est de trente jours.

41. Les produits du travail de chaque détenu pour délit correctionnel, seront appliqués, partie aux dépenses communes de la maison, partie à lui procurer quelques adoucissemens, s'il les mérite, partie à former pour lui, au temps de sa sortie, un fonds de réserve; le tout ainsi qu'il sera ordonné par des règlemens d'administration publique.

42. Les tribunaux, jugeant correctionnellement, pourront, dans certains cas, interdire, en tout ou en partie, l'exercice des droits civiques, civils et de famille suivans : — 1° De vote et d'élection; — 2° D'éligibilité; — 3° D'être appelé ou nommé aux fonctions de jurés ou autres fonctions publiques, ou aux emplois de l'administration, ou d'exercer ces fonctions ou emplois; — 4° Du port d'armes; — 5° De vote et de suffrage dans les délibérations de famille; — 6° D'être tuteur, curateur, si ce n'est de ses enfans, et sur l'avis seulement de la famille; — 7° D'être expert ou employé comme témoin dans les actes; — 8° De témoignage en justice, autrement que pour y faire de simples déclarations. P. 9; *comparez* 28, 34. C. 25. 26, 27.

(1) *Voy.* la note sur l'article 369, Code d'instruction criminelle.

43. Les tribunaux ne prononceront l'interdiction mentionnée dans l'article précédent, que lorsqu'elle aura été autorisée ou ordonnée par une disposition particulière de la loi. P. 4.

CHAPITRE III.

DES PEINES ET DES AUTRES CONDAMNATIONS QUI PEUVENT ÊTRE PRONONCÉES POUR CRIMES OU DÉLITS.

44. L'effet du renvoi sous la surveillance de la haute police sera de donner au gouvernement le droit de déterminer certains lieux dans lesquels il sera interdit au condamné de paraître après qu'il aura subi sa peine. En outre, le condamné devra déclarer, avant sa mise en liberté, le lieu où il veut fixer sa résidence; il recevra une feuille de route réglant l'itinéraire dont il ne pourra s'écarter, et la durée de son séjour dans chaque lieu de passage. Il sera tenu de se présenter, dans les vingt-quatre heures de son arrivée, devant le maire de la commune; il ne pourra changer de résidence sans avoir indiqué, trois jours à l'avance, à ce fonctionnaire, le lieu où il se propose d'aller habiter, et sans avoir reçu de lui une nouvelle feuille de route. P. 11, 45, 49, 58, 229. I. c. 635.

45. En cas de désobéissance aux dispositions prescrites par l'article précédent, l'individu mis sous la surveillance de la haute police sera condamné, par les tribunaux correctionnels, à un emprisonnement qui ne pourra excéder cinq ans. P. 40 s.; *comparez* 229.

46. *Abrogé*; L. 28 *avril* 1832.

47. Les coupables, condamnés aux travaux forcés à temps, à la détention et à la réclusion, seront, de plein droit, après qu'ils auront subi leur peine, et pendant toute la vie, sous la surveillance de la haute police. P. 19, 20, 21 s., 44.

48. Les coupables condamnés au bannissement seront, de plein droit, sous la même surveillance pendant un temps égal à la durée de la peine qu'ils auront subie. P. 32.

49. Devront être renvoyés sous la même surveillance, ceux qui auront été condamnés pour crimes ou délits qui intéressent la sûreté intérieure ou extérieure de l'état. P. 75 s.

50. Hors les cas déterminés par les articles précédens, les condamnés ne seront placés sous la surveillance de la haute police de l'état que dans le cas où une disposition particulière de la loi l'aurait permis. P. 4.

51. Quand il y aura lieu à restitution, le coupable pourra être condamné en outre, envers la partie lésée, si elle le requiert, à des indemnités dont la détermination est laissée à la justice de la cour ou du tribunal, lorsque la loi ne les aura pas réglées, sans que la cour ou le tribunal puisse, du consentement même de ladite partie, en prononcer l'application à une œuvre quelconque. P. 10, 52, 54, 75 s., 117, 119, 429, 468 s. C. 1146 s., 1382 s. I. c. 2, 366.

52. L'exécution des condamnations à l'amende, aux restitutions, aux dommages-intérêts et aux frais, pourra être poursuivie par la voie de la contrainte par corps. P. 53, 467, 469. L. 17 *avril* 1832, *tit.* 5.

53. (1) Lorsque des amendes et des frais seront prononcés au profit de l'état, si, après l'expiration de la peine afflictive ou infamante, l'emprisonnement du condamné, pour l'acquit de ces condamnations pécuniaires, a duré une année complète, il pourra, sur la preuve acquise par les voies de droit, de son absolue insolvabilité, obtenir sa liberté provisoire. — La durée de l'emprisonnement sera réduite à six mois s'il s'agit d'un délit; sauf, dans tous les cas, à reprendre la contrainte par corps, s'il survient au condamné quelque moyen de solvabilité. P. 467.

54. En cas de concurrence de l'amende avec les restitutions et les dommages-intérêts, sur les biens insuffisans du condamné, ces dernières condamnations obtiendront la préférence. P. 10, 468. C. *privil. du trésor*, 2098. I. c. 121.

---

(1) Cet article a été modifié par le titre V de la loi du 17 avril 1832, sur la *contrainte par corps*. (*App.*)

55. Tous les individus condamnés pour un même crime, ou pour un même délit, seront tenus solidairement des amendes, des restitutions, des dommages-intérêts et des frais. I. c. 162, 194, 358 s., 368. C. 1200 s. (1)

CHAPITRE IV.

DES PEINES DE LA RÉCIDIVE POUR CRIMES ET DÉLITS.

56. Quiconque, ayant été condamné à une peine afflictive ou infamante, aura commis un second crime emportant, comme peine principale la dégradation civique, sera condamné à la peine du bannissement. P. 7, 8, 32. — Si le second crime emporte la peine du bannissement, il sera condamné à la peine de la détention. P. 7, 8, 20, 23, 28, 29, 47. — Si le second crime emporte la peine de la réclusion, il sera condamné à la peine des travaux forcés à temps. P. 7, 8, 15 s., 19, 22, 23, 28, 29, 47, 70 s. — Si le second crime emporte la peine de la détention, il sera condamné au *maximum* de la même peine, laquelle pourra être élevée jusqu'au double. P. 7, 8, 20, 23, 28, 29, 47. — Si le second crime emporte la peine des travaux forcés à temps, il sera condamné au *maximum* de la même peine, laquelle pourra être élevée jusqu'au double. P. 7, 8, 15 s., 19, 22, 23, 28, 29, 47, 70 s. — Si le second crime emporte la peine de la déportation, il sera condamné aux travaux forcés à perpétuité. P. 7, 8, 15, 18, 22, 70 s. C. 22 s. — Quiconque, ayant été condamné aux travaux forcés à perpétuité, aura commis un second crime emportant la même peine, sera condamné à la peine de mort. P. 12, 13, 27, 36. C. 22 s. — Toutefois, l'individu condamné par un tribunal militaire ou maritime, ne sera, en cas de crime ou délit postérieur, passible des peines de la récidive qu'autant que la première condamnation aurait été prononcée pour des crimes ou délits punissables d'après les lois pénales ordinaires.

57. Quiconque, ayant été condamné pour un crime, aura commis un délit de nature à être puni correctionnellement, sera condamné au *maximum* de la peine portée par la loi, et cette peine pourra être élevée jusqu'au double. P. 40 s.

58. Les coupables condamnés correctionnellement à un emprisonnement de plus d'une année, seront aussi, en cas de nouveau délit, condamnés au *maximum* de la peine portée par la loi, et cette peine pourra être élevée jusqu'au double : ils seront de plus mis sous la surveillance spéciale du gouvernement pendant au moins cinq années, et dix ans au plus. P. 40 s., 44 ; *dispos. spéc.*, 199 s. ; *récid. de contrav.*, 483.

LIVRE II.

DES PERSONNES PUNISSABLES, EXCUSABLES OU RESPONSABLES, POUR CRIMES OU POUR DÉLITS.

(Loi décrétée le 13 février 1810. Promulguée le 23 du même mois.)

CHAPITRE UNIQUE.

59. Les complices d'un crime ou d'un délit seront punis de la même peine que les auteurs mêmes de ce crime ou de ce délit, sauf les cas où la loi en aurait disposé autrement. P. 55, 60 s., 202, 210 s., 217, 285, 291 s., 380, 403 ; *except. et atténuat.*, 63 s., 100, 108, 114, 116, 138, 190, 213, 284 s., 288, 338, 441. Co. 593 s.

60. Seront punis comme complices d'une action qualifiée crime ou délit, ceux qui, par dons, promesses, menaces, abus d'autorité ou de pouvoir, machinations ou artifices coupables, auront provoqué à cette action, ou

(1) Cet article s'applique également aux cas de complicité, et aux cas de crimes ou délits commis par plusieurs personnes.

donné des instructions pour la commettre. — Ceux qui auront procuré des armes, des instrumens, ou tout autre moyen qui aura servi à l'action, sachant qu'ils devaient y servir; — Ceux qui auront, avec connaissance, aidé ou assisté l'auteur ou les auteurs de l'action, dans les faits qui l'auront préparée ou facilitée, ou dans ceux qui l'auront consommée; sans préjudice des peines qui seront spécialement portées par le présent Code contre les auteurs de complots ou de provocations attentatoires à la sûreté intérieure ou extérieure de l'état, même dans le cas où le crime qui était l'objet des conspirateurs ou des provocateurs, n'aurait pas été commis. P. 59, 293, 399; *armes*, 101; *complots*, 86 s.

61. Ceux qui, connaissant la conduite criminelle des malfaiteurs exerçant des brigandages ou des violences contre la sûreté de l'état, la paix publique, les personnes ou les propriétés, leur fournissent habituellement logement, lieu de retraite ou de réunion, seront punis comme leurs complices. P. 73, 83, 99, 268.

62. Ceux qui sciemment auront recélé, en tout ou en partie, des choses enlevées, détournées ou obtenues à l'aide d'un crime ou d'un délit, seront aussi punis comme complices de ce crime ou délit. P. 59, 60, 63, 145 s., 304, 400.

63. Néanmoins, la peine de mort, lorsqu'elle sera applicable aux auteurs des crimes, sera remplacée, à l'égard des recéleurs, par celle des travaux forcés à perpétuité. — Dans tous les cas, les peines des travaux forcés à perpétuité ou de la déportation, lorsqu'il y aura lieu, ne pourront être prononcées contre les recéleurs qu'autant qu'ils seront convaincus d'avoir eu, au temps du recélé, connaissance des circonstances auxquelles la loi attache les peines de mort, des travaux forcés à perpétuité et de la déportation; sinon ils ne subiront que la peine des travaux forcés à temps. P. 59, 62, 145 s., 304, 381 s.

64. Il n'y a ni crime ni délit, lorsque le prévenu était en état de démence au temps de l'action, ou lorsqu'il a été contraint par une force à laquelle il n'a pu résister. C. *viol.*, 1112 s.; *comparez* P. 114, 116, 190 s.; *démence*, 489 s., 901, L. 30 *juin* 1838.

65. Nul crime ou délit ne peut être excusé, ni la peine mitigée, que dans les cas et dans les circonstances où la loi déclare le fait excusable, ou permet de lui appliquer une peine moins rigoureuse. P. 66 s., 100, 108, 135, 138, 213, 247 s., 273, 284 s., 288, 343, 348 § 2, 357, 380, 441; *circonst. atten.*, 463. I. c. 339, 345, 346 s., 367.

66. Lorsque l'accusé aura moins de seize ans, s'il est décidé qu'il a agi *sans discernement*, il sera acquitté; mais il sera, selon les circonstances, remis à ses parens, ou conduit dans une maison de correction, pour y être élevé et détenu pendant tel nombre d'années que le jugement déterminera, et qui toutefois ne pourra excéder l'époque où il aura accompli sa vingtième année. P. 67, 68, 271, 463. I. c. 340, 346 s.

67. S'il est décidé qu'il a agi *avec discernement*, les peines seront prononcées ainsi qu'il suit: — S'il a encouru la peine de mort, des travaux forcés à perpétuité, de la déportation, il sera condamné à la peine de dix à vingt ans d'emprisonnement dans une maison de correction; — S'il a encouru la peine des travaux forcés à temps, de la détention ou de la réclusion, il sera condamné à être renfermé dans une maison de correction, pour un temps égal au tiers au moins et à la moitié au plus de celui pour lequel il aurait pu être condamné à l'une de ces peines. — Dans tous les cas, il pourra être mis, par l'arrêt ou le jugement, sous la surveillance de la haute police pendant cinq ans au moins et dix ans au plus. — S'il a encouru la peine de la dégradation civique ou du bannissement, il sera condamné à être enfermé, d'un an à cinq ans, dans une maison de correction. P. 40, 44, 59, 68, 69.

68. L'individu, âgé de moins de seize ans, qui n'aura pas de complices présens au-dessus de cet âge, et qui sera prévenu de crimes autres que ceux que la loi punit de la peine de mort, de celle des travaux forcés à perpétuité, de la peine de la déportation ou de celle de la détention, sera jugé par les tribunaux correctionnels, qui se conformeront aux deux articles ci-dessus. I. c. 226 s., 231.

69. Dans tous les cas où le mineur de seize ans n'aura commis qu'un simple délit, la peine qui sera prononcée contre lui ne pourra s'élever au-dessus de la moitié de celle à laquelle il aurait pu être condamné s'il avait eu seize ans. P. 67, 271.

70. Les peines des travaux forcés à perpétuité, de la déportation et des travaux forcés à temps, ne seront prononcées contre aucun individu âgé de soixante-dix ans accomplis au moment du jugement. P. 15, 16, 17, 19, 71, 72 s.

71. Ces peines seront remplacées, à leur égard, savoir : celle de la déportation, par la détention à perpétuité ; et les autres, par celle de la réclusion, soit à perpétuité, soit à temps, selon la durée de la peine qu'elle remplacera. P. 17, 20, 21.

72. Tout condamné à la peine des travaux forcés à perpétuité ou à temps, dès qu'il aura atteint l'âge de soixante-dix ans accomplis, en sera relevé, et sera renfermé dans la maison de force pour tout le temps à expirer de sa peine, comme s'il n'eût été condamné qu'à la réclusion. P. 21, 70 s.

73. Les aubergistes et hôteliers convaincus d'avoir logé, plus de vingt-quatre heures, quelqu'un qui, pendant son séjour, aurait commis un crime ou un délit, seront civilement responsables des restitutions, des indemnités et des frais adjugés à ceux à qui ce crime ou ce délit aurait causé quelque dommage, faute par eux d'avoir inscrit sur leur registre le nom, la profession et le domicile du coupable ; sans préjudice de leur responsabilité dans le cas des articles 1952 et 1953 du Code civil. P. 51, 61, 99, 268, 386, 475 2°.

74. Dans les autres cas de responsabilité civile qui pourront se présenter dans les affaires criminelles, correctionnelles ou de police, les cours et tribunaux devant qui ces affaires seront portées, se conformeront aux dispositions du Code civil, livre III, titre IV, chap. II. I. c. 161, 162, 182, 194. C. 1382 s., 1384.

LIVRE III.

DES CRIMES, DES DÉLITS ET DE LEUR PUNITION.

TITRE PREMIER.

CRIMES ET DÉLITS CONTRE LA CHOSE PUBLIQUE.

(Chap. Ier — II. Loi décrétée le 15 février 1810. Promulguée le 25 du même mois. — Chap. III. Loi décrétée le 16. Promulguée le 26.)

CHAPITRE PREMIER.

CRIMES ET DÉLITS CONTRE LA SÛRETÉ DE L'ÉTAT. (1)

SECTION I.

Des Crimes et Délits contre la sûreté extérieure de l'État.

75. Tout Français qui aura porté les armes contre la France, sera puni de mort. P. 7, 12, 64, 66 s.; *pirates*, L. 10 *avril* 1825, *art.* 3, 7.

76. Quiconque aura pratiqué des machinations ou entretenu des intelligences avec les puissances étrangères ou leurs agens, pour les engager à commettre des hostilités ou à entreprendre la guerre contre la France, ou pour leur en procurer les moyens, sera puni de mort. — Cette disposition aura lieu dans le cas même où lesdites machinations ou intelligences n'auraient pas été suivies d'hostilités. P. 2, 7, 12, 64, 66 s., 78.

77. Sera également puni de mort, quiconque aura pratiqué des manœuvres ou entretenu des intelligences

(1) *L.* 8 octobre 1830, sur l'application du jury aux délits de la presse et aux délits politiques. (*Lois de la Presse. App. P.*)

avec les ennemis de l'état, à l'effet de faciliter leur entrée sur le territoire et dépendances du royaume, ou de leur livrer des villes, forteresses, places, postes, ports, magasins, arsenaux, vaisseaux ou bâtimens appartenant à la France, ou de fournir aux ennemis des secours en soldats, hommes, argent, vivres, armes ou munitions, ou de seconder les progrès de leurs armes sur les possessions ou contre les forces françaises de terre ou de mer, soit en ébranlant la fidélité des officiers, soldats, matelots ou autres, envers le roi et l'état, soit de toute autre manière. P. 7, 12, 64, 66 s.; L. 10 *avril* 1825, *art.* 4, 8.

78. Si la correspondance avec les sujets d'une puissance ennemie, sans avoir pour objet l'un des crimes énoncés en l'article précédent, a néanmoins eu pour résultat de fournir aux ennemis des instructions nuisibles à la situation militaire ou politique de la France ou de ses alliés, ceux qui auront entretenu cette correspondance seront punis de la détention, sans préjudice de plus fortes peines, dans le cas où ces instructions auraient été la suite d'un concert constituant un fait d'espionnage. P. 7, 20, 47, 64, 66 s.

79. Les peines exprimées aux articles 76 et 77 seront les mêmes, soit que les machinations ou manœuvres énoncées en ces articles aient été commises envers la France, soit qu'elles l'aient été envers les alliés de la France, agissant contre l'ennemi commun.

80. Sera puni des peines exprimées en l'article 76, tout fonctionnaire public, tout agent du gouvernement, ou toute autre personne qui, chargée ou instruite officiellement ou à raison de son état, du secret d'une négociation ou d'une expédition, l'aura livré aux agens d'une puissance étrangère ou de l'ennemi.

81. Tout fonctionnaire public, tout agent, tout préposé du gouvernement, chargé, à raison de ses fonctions, du dépôt des plans de fortifications, arsenaux, ports ou rades, qui aura livré ces plans ou l'un de ces plans à l'ennemi ou aux agens de l'ennemi, sera puni de mort. P. 7, 12, 64. — Il sera puni de la détention, s'il a livré ces plans aux agens d'une puissance étrangère, neutre ou alliée. P. 7, 20, 64.

82. Toute autre personne qui, étant parvenue, par corruption, fraude ou violence, à soustraire lesdits plans, les aura livrés ou à l'ennemi ou aux agens d'une puissance étrangère, sera punie comme le fonctionnaire ou agent mentionné dans l'article précédent, et selon les distinctions qui y sont établies. — Si lesdits plans se trouvaient, sans le préalable emploi de mauvaises voies, entre les mains de la personne qui les a livrés, la peine sera, au premier cas mentionné dans l'art. 81, la déportation. P. 17, 64, 66 s. —Et au second cas du même article, un emprisonnement de deux à cinq ans. P. 40 s., 49, 64, 66, 69.

83. Quiconque aura recélé, ou aura fait recéler les espions ou les soldats ennemis envoyés à la découverte et qu'il aura connus pour tels, sera condamné à la peine de mort. P. 12, 64, 66 s.

84. Quiconque aura, par des actions hostiles non approuvées par le gouvernement, exposé l'état à une déclaration de guerre, sera puni du bannissement; et, si la guerre s'en est suivie, de la déportation. P. 17, 32, 64. L. 10 *avril* 1825, *art.* 2, 6.

85. Quiconque aura, par des actes non approuvés par le gouvernement, exposé des Français à éprouver des représailles, sera puni du bannissement. P. 32, 64, 66 s. L. 10 *avril* 1825, *art.* 1, 2, 5, 6.

SECTION II.

Des crimes contre la sûreté intérieure de l'État.

§ Ier. *Des Attentats et Complots dirigés contre le Roi et sa famille.*

86. L'attentat contre la vie ou contre la personne du roi est puni de la peine du parricide. P. 12, 13, 64, 66 s., 97, 323. — L'attentat contre la vie ou contre la personne des membres de la famille royale, est puni de la peine de mort. P. 12, 64, 66 s., 97. — Toute offense commise publiquement envers la personne du roi sera punie d'un emprisonnement de six mois à cinq ans et d'une amende de cinq cents francs à dix mille francs. Le coupable pourra en outre être interdit de tout ou partie des droits mentionnés en l'article 42, pendant un temps égal à celui de l'emprisonnement auquel il aura été condamné. Ce temps courra à compter du jour où le coupable aura subi sa peine. P. 40 s., 49, 64, 66, 69, 97. L. 9 sept. 1835, art. 1, s.

87. L'attentat dont le but sera, soit de détruire, soit de changer le gouvernement ou l'ordre de successibilité au trône, soit d'exciter les citoyens ou habitans à s'armer contre l'autorité royale, sera puni de mort. P. 7, 12, 64, 66 s., 97. L. 9 *septembre* 1835.

88. (1) L'exécution ou la tentative constitueront seules l'attentat. P. 2.

89. (2) Le complot ayant pour but les crimes mentionnés aux articles 86 et 87, s'il a été suivi d'un acte commis ou commencé pour en préparer l'exécution, sera puni de la déportation. P. 17, 64, 66 s. — S'il n'a été suivi d'aucun acte commis ou commencé pour en préparer l'exécution, la peine sera celle de la détention. P. 20, 64, 66 s. — Il y a complot dès que la résolution d'agir est concertée et arrêtée entre deux ou plusieurs personnes. — S'il y a eu proposition faite et non agréée de former un complot pour arriver aux crimes mentionnés dans les articles 86 et 87, celui qui aura fait une telle proposition sera puni d'un emprisonnement d'un an à cinq ans. Le coupable pourra de plus être interdit, en tout ou en partie, des droits mentionnés en l'article 42. P. 40 s, 49, 64, 66, 69.

90. Lorsqu'un individu aura formé seul la résolution de commettre l'un des crimes prévus par l'art. 86, et qu'un acte pour en préparer l'exécution aura été commis ou commencé par lui seul et sans assistance, la peine sera celle de la détention. P. 20, 64, 66 s.; *comparez* 2.

§ II. *Des Crimes tendant à troubler l'État par la guerre civile, l'illégal emploi de la force armée, la dévastation et le pillage publics.*

91. L'attentat dont le but sera, soit d'exciter la guerre civile en armant ou en portant les citoyens ou habitans à s'armer les uns contre les autres, soit de porter la dévastation, le massacre et le pillage dans une ou plusieurs communes, sera puni de mort. P. 7, 12, 64, 66 s., 97. — Le complot ayant pour but l'un des crimes prévus au présent article, et la proposition de former ce complot, seront punis des peines portées en l'article 89, suivant les distinctions qui y sont établies.

92. Seront punis de mort ceux qui auront levé ou fait lever des troupes armées, engagé ou enrôlé, fait engager ou enrôler des soldats, ou leur auront fourni ou procuré des armes ou munitions, sans ordre ou autorisation du pouvoir légitime. P. 12, 64, 66 s.

93. Ceux qui, sans droit ou motif légitime, auront pris le commandement d'un corps d'armée, d'une troupe, d'une flotte, d'une escadre, d'un bâtiment de guerre, d'une place forte, d'un poste, d'un port, d'une ville; — Ceux qui auront retenu, contre l'ordre du gouvernement, un commandement militaire quelconque; — Les commandans qui auront tenu leur armée ou troupe rassemblée, après que le licenciement ou la séparation en auront été ordonnés, — Seront punis de la peine de mort. P. 12, 64, 97. L. 10 avril 1825, art. 4, 8.

94. Toute personne qui, pouvant disposer de la force publique, en aura requis ou ordonné, fait requérir ou ordonner l'action ou l'emploi contre

---

(1) *Ancien art.* 88. Il y a attentat dès qu'un acte est commis ou commencé pour parvenir à l'exécution de ces crimes, quoiqu'ils n'aient pas été consommés.

(2) *Ancien art.* 89. Il y a complot dès que la résolution d'agir est concertée et arrêtée entre deux conspirateurs, ou un plus grand nombre, quoiqu'il n'y ait pas eu d'attentat.

la levée des gens de guerre légalement établie, sera punie de la déportation. P. 17, 64. — Si cette réquisition ou cet ordre ont été suivis de leur effet, le coupable sera puni de mort. P. 12, 64.

95. Tout individu qui aura incendié ou détruit, par l'explosion d'une mine, des édifices, magasins, arsenaux, vaisseaux, ou autres propriétés appartenant à l'état, sera puni de mort. P. 12, 64, 66 s., 434. L. 10 *avril* 1825, *art.* 11.

96. Quiconque, soit pour envahir des domaines, propriétés ou deniers publics, places, villes, forteresses, postes, magasins, arsenaux, ports, vaisseaux ou bâtimens appartenant à l'état, soit pour piller ou partager des propriétés publiques ou nationales, ou celles d'une généralité de citoyens, soit enfin pour faire attaque ou résistance envers la force publique agissant contre les auteurs de ces crimes, se sera mis à la tête de bandes armées, ou y aura exercé une fonction ou commandement quelconque, sera puni de mort. P. 12, 64, 102, 209 s. — Les mêmes peines seront appliquées à ceux qui auront dirigé l'association, levé ou fait lever, organisé ou fait organiser les bandes, ou leur auront, sciemment et volontairement, fourni ou procuré des armes, munitions et instrumens de crime, ou envoyé des convois de subsistances, ou qui auront de toute autre manière pratiqué des intelligences avec les directeurs ou commandans des bandes. P. 12, 60, 64, 66 s., 265, 440 s., 475; *responsabil. des communes*, L. 16 *prair. an* III; 10 *vendém. an* IV.

97. Dans le cas où l'un ou plusieurs des crimes mentionnés aux articles 86, 87, et 91 auront été exécutés ou simplement tentés par une bande, la peine de mort sera appliquée, sans distinction de grades, à tous les individus faisant partie de la bande et qui auront été saisis sur le lieu de la réunion séditieuse. P. 12, 64, 66 s., 96. — Sera puni des mêmes peines, quoique non saisi sur le lieu, quiconque aura dirigé la sédition, ou aura exercé dans la bande un emploi ou commandement quelconque.

98. Hors le cas où la réunion séditieuse aurait eu pour objet ou résultat l'un ou plusieurs des crimes énoncés aux articles 86, 87 et 91, les individus faisant partie des bandes dont il est parlé ci-dessus, sans y exercer aucun commandement ni emploi, et qui auront été saisis sur les lieux, seront punis de la déportation. P. 17, 64, 66 s., 100, 209, 219, 265, 441.

99. Ceux qui, connaissant le but et le caractère desdites bandes, leur auront, sans contrainte, fourni des logemens, lieux de retraite ou de réunion, seront condamnés à la peine des travaux forcés à temps. P. 15 s., 19, 22, 61, 64, 66 s., 70 s., 73, 268.

100. Il ne sera prononcé aucune peine, pour le fait de sédition, contre ceux qui, ayant fait partie de ces bandes sans y exercer aucun commandement, et sans y remplir aucun emploi ni fonctions, se seront retirés au premier avertissement des autorités civiles ou militaires, ou même depuis, lorsqu'ils n'auront été saisis que hors des lieux de la réunion séditieuse, sans opposer de résistance et sans armes. P. 91 s., 213, 265 s., 441. (1) — Ils ne seront punis, dans ces cas, que des crimes particuliers qu'ils auraient personnellement commis; et néanmoins ils pourront être renvoyés, pour cinq ans ou au plus jusqu'à dix, sous la surveillance spéciale de la haute police. P. 44 s. 49, 64, 66 s.

101. Sont compris dans le mot *armes*, toutes machines, tous instrumens ou ustensiles tranchans, perçans ou contondans. — Les couteaux et ciseaux de poche, les cannes simples, ne seront réputés armes qu'autant qu'il en aura été fait usage pour tuer, blesser ou frapper. P. 314.

Disposition commune aux deux Paragraphes de la présente Section.

102. (*Abrogé. Loi* 17 *mai* 1819, *art.* 26. L. Pr. 153.)

---

(1) *L.* 24 mai 1834, sur les détenteurs d'armes et de munitions de guerre.

SECTION III.

De la révélation et de la non-révélation des Crimes qui compromettent la sûreté intérieure ou extérieure de l'État.

103 à **107**. *Abrogés.*

108. Seront exemptés des peines prononcées contre les auteurs de complots ou d'autres crimes attentatoires à la sûreté intérieure ou extérieure de l'état, ceux des coupables qui, avant toute exécution ou tentative de ces complots ou de ces crimes, et avant toutes poursuites commencées, auront les premiers donné au gouvernement ou aux autorités administratives ou de police judiciaire, connaissance de ces complots ou crimes, et de leurs auteurs ou complices, ou qui, même depuis le commencement des poursuites, auront procuré l'arrestation desdits auteurs ou complices. — Les coupables qui auront donné ces connaissances ou procuré ces arrestations, pourront néanmoins être condamnés à rester pour la vie ou à temps sous la surveillance de la haute police. P. 44 s., 49, 64, 138, 144.

CHAPITRE II.

CRIMES ET DÉLITS CONTRE LA CHARTE CONSTITUTIONNELLE.

SECTION I.

Des Crimes et Délits relatifs à l'exercice des Droits civiques.

109. Lorsque, par attroupement, voies de fait ou menaces, on aura empêché un ou plusieurs citoyens d'exercer leurs droits civiques, chacun des coupables sera puni d'un emprisonnement de six mois au moins et de deux ans au plus, et de l'interdiction du droit de voter et d'être éligible pendant cinq ans au moins et dix ans au plus. P. 40, 42, 64, 66, 69.

110. Si ce crime a été commis par suite d'un plan concerté pour être exécuté soit dans tout le royaume, soit dans un ou plusieurs départemens, soit dans un ou plusieurs arrondissemens communaux, la peine sera le bannissement. P. 7, 32, 64, 66 s.

111. Tout citoyen qui, étant chargé, dans un scrutin, du dépouillement des billets contenant les suffrages des citoyens, sera surpris falsifiant ces billets, ou en soustrayant de la masse, ou y en ajoutant, ou inscrivant sur les billets des votans non lettrés des noms autres que ceux qui lui auraient été déclarés, sera puni de la peine de la dégradation civique. P. 8, 34 s., 64.

112. Toutes autres personnes coupables des faits énoncés dans l'article précédent, seront punies d'un emprisonnement de six mois au moins et de deux ans au plus, et de l'interdiction du droit de voter et d'être éligibles pendant cinq ans au moins et dix ans au plus. P. 40, 42 s., 64.

113. Tout citoyen qui aura, dans les élections, acheté ou vendu un suffrage à un prix quelconque, sera puni d'interdiction des droits de citoyen et de toute fonction ou emploi public, pendant cinq ans au moins et dix ans au plus. — Seront en outre le vendeur et l'acheteur du suffrage, condamnés chacun à une amende double de la valeur des choses reçues ou promises. P. 42, 52; *comparez* 177.

SECTION II.

Attentats à la Liberté.

114. Lorsqu'un fonctionnaire public, un agent ou un préposé du gouvernement, aura ordonné ou fait quelque acte arbitraire, ou attentatoire soit à la liberté individuelle, soit aux droits civiques d'un ou de plusieurs citoyens, soit à la charte, il sera condamné à la peine de la dégradation civique. P. 34, 117, 341 s. Ch. 4. — Si néanmoins il justifie qu'il a agi par ordre de ses supérieurs pour des objets du ressort de ceux-ci, sur lesquels il leur était dû obéissance hiérarchique, il sera exempt de la peine, laquelle sera, dans ce cas, appliquée seulement aux supérieurs qui auront donné l'ordre. P. 64, 190. I. c. 615. *Constit. 22 frim. an VIII, art.* 75.

115. Si c'est un ministre qui a ordonné ou fait les actes ou l'un des actes mentionnés en l'article précédent, et si, après les invitations mentionnées dans les articles 63 et 67 du sénatus-consulte du 28 floréal an XII, il a refusé ou négligé de faire réparer ces actes dans les délais fixés par ledit acte, il sera puni du bannissement (1). P. 32, 116.

116. Si les ministres prévenus d'avoir ordonné ou autorisé l'acte contraire à la charte prétendent que la signature à eux imputée leur a été surprise, ils seront tenus, en faisant cesser l'acte, de dénoncer celui qu'ils déclareront auteur de la surprise; sinon, ils seront poursuivis personnellement. P. *comparez* 64.

117. Les dommages-intérêts qui pourraient être prononcés à raison des attentats exprimés dans l'article 114, seront demandés, soit sur la poursuite criminelle, soit par la voie civile, et seront réglés, eu égard aux personnes, aux circonstances et au préjudice souffert, sans qu'en aucun cas, et quel que soit l'individu lésé, lesdits dommages-intérêts puissent être au-dessous de vingt-cinq francs pour chaque jour de détention illégale et arbitraire et pour chaque individu. P. 10, 52, 54 s., 121. I. c. 1 s.

118. Si l'acte contraire à la charte a été fait d'après une fausse signature du nom d'un ministre ou d'un fonctionnaire public, les auteurs du faux et ceux qui en auront sciemment fait usage seront punis des travaux forcés à temps, dont le *maximum* sera toujours appliqué dans ce cas. P. 15 s., 19, 66 s., 70 s., 115, 147, 165.

119. Les fonctionnaires publics chargés de la police administrative ou judiciaire, qui auront refusé ou négligé de déférer à une réclamation légale tendant à constater les détentions illégales et arbitraires, soit dans les maisons destinées à la garde des détenus, soit partout ailleurs, et qui ne justifieront pas les avoir dénoncées à l'autorité supérieure, seront punis de la dégradation civique, et tenus des dommages-intérêts, lesquels seront réglés comme il est dit dans l'article 117. P. 34, 52, 120, 341 s. I. c. 9, 609, 615 s.

120. Les gardiens et concierges des maisons de dépôt, d'arrêt, de justice ou de peine, qui auront reçu un prisonnier sans mandat ou jugement, ou sans ordre provisoire du gouvernement; ceux qui l'auront retenu, ou auront refusé de le représenter à l'officier de police ou au porteur de ses ordres, sans justifier de la défense du procureur du roi ou du juge; ceux qui auront refusé d'exhiber leurs registres à l'officier de police, seront, comme coupables de détention arbitraire, punis de six mois à deux ans d'emprisonnement, et d'une amende de seize francs à deux cents francs. P. 40 s., 52 s. I. c. 609, 618.

121. Seront, comme coupables de forfaiture, punis de la dégradation civique, tout officier de police judiciaire, tous procureurs généraux ou du roi, tous substituts, tous juges, qui auront provoqué, donné ou signé un jugement, une ordonnance ou un mandat tendant à la poursuite personnelle ou accusation, soit d'un ministre, soit d'un membre de la chambre des pairs, de la chambre des députés ou du conseil d'état, sans les autorisations prescrites par les lois de l'état; ou qui, hors les cas de flagrant délit ou de clameur publique, auront, sans les mêmes autorisations, donné ou signé l'ordre ou le mandat de saisir ou arrêter un ou plusieurs ministres, ou membres de la chambre des pairs, de la chambre des députés ou du conseil d'état. P. 34, 64, 166. I. c. 40, 484 s. Ch. 29, 44.

122. Seront aussi punis de la dégradation civique, les procureurs généraux ou du roi, les substituts, les juges ou les officiers publics qui auront retenu ou fait retenir un individu hors des lieux déterminés par le gouvernement ou par l'administration publique, ou qui auront traduit un citoyen devant une cour d'assises sans qu'il ait été préalablement mis légalement en accusation. P. 34, 64. I. c. 271, 603 s., 615 s. Ch. 4.

(1) Les articles 60 et 67 du sénatus consulte du 28 floréal an XII se rattachaient à l'institution aujourd'hui abolie des *commissions sénatoriales de la liberté individuelle et de la liberté de la presse*.

SECTION III.

Coalition des Fonctionnaires.

123. Tout concert de mesures contraires aux lois, pratiqué soit par la réunion d'individus ou de corps dépositaires de quelque partie de l'autorité publique, soit par députation ou correspondance entre eux, sera puni d'un emprisonnement de deux mois au moins et de six mois au plus, contre chaque coupable, qui pourra de plus être condamné à l'interdiction des droits civiques, et de tout emploi public, pendant dix ans au plus. P. 40 s., 42 s. L. 22 *juin* 1833, *art.* 19.

124. Si, par l'un des moyens exprimés ci-dessus, il a été concerté des mesures contre l'exécution des lois ou contre les ordres du gouvernement, la peine sera le bannissement. P. 32, 48. — Si ce concert a eu lieu entre les autorités civiles et les corps militaires ou leurs chefs, ceux qui en seront les auteurs ou provocateurs seront punis de la déportation; les autres coupables seront bannis. P. 17, 32, 48.

125. Dans le cas où ce concert aurait eu pour objet ou résultat un complot attentatoire à la sûreté intérieure de l'état, les coupables seront punis de mort. P. 12, 86 s., 91 s.

126. Seront coupables de forfaiture, et punis de la dégradation civique, — Les fonctionnaires publics qui auront, par délibération, arrêté de donner des démissions dont l'objet ou l'effet serait d'empêcher ou de suspendre soit l'administration de la justice, soit l'accomplissement d'un service quelconque. P. 34, 166 s.

SECTION IV.

Empiétement des Autorités administratives et judiciaires.

127. Seront coupables de forfaiture, et punis de la dégradation civique, — 1° Les juges, les procureurs généraux ou du roi, ou leurs substituts, les officiers de police, qui se seront immiscés dans l'exercice du pouvoir législatif, soit par des règlemens contenant des dispositions législatives, soit en arrêtant ou en suspendant l'exécution d'une ou de plusieurs lois, soit en délibérant sur le point de savoir si les lois seront publiées ou exécutées; — 2° Les juges, les procureurs généraux ou du roi, ou leurs substituts, les officiers de police judiciaire, qui auraient excédé leur pouvoir, en s'immisçant dans les matières attribuées aux autorités administratives, soit en faisant des règlemens sur ces matières, soit en défendant d'exécuter les ordres émanés de l'administration, ou qui, ayant permis ou ordonné de citer des administrateurs pour raison de l'exercice de leurs fonctions, auraient persisté dans l'exécution de leurs jugemens ou ordonnances, nonobstant l'annulation qui en aurait été prononcée, ou le conflit qui leur aurait été notifié. P. 34, 128 s., 166 s., 185. I. c. 483 s. C. 1, 5. *Ord.* 1er *juin* 1828.

128. Les juges qui, sur la revendication formellement faite par l'autorité administrative d'une affaire portée devant eux, auront néanmoins procédé au jugement avant la décision de l'autorité supérieure, seront punis chacun d'une amende de seize francs au moins et de cent cinquante francs au plus. — Les officiers du ministère public qui auront fait des réquisitions ou donné des conclusions pour ledit jugement, seront punis de la même peine. P. 9, 52 s. I. c. 483 s.

129. La peine sera d'une amende de cent francs au moins et de cinq cents francs au plus contre chacun des juges qui, après une réclamation légale des parties intéressées ou de l'autorité administrative, auront, sans autorisation du gouvernement, rendu des ordonnances ou décerné des mandats contre ses agens ou préposés prévenus de crimes ou délits commis dans l'exercice de leurs fonctions. — La même peine sera appliquée aux officiers du ministère public ou de police, qui auront requis lesdites ordonnances ou mandats. P. 9, 52 s. I. c. 483 s.

130. Les préfets, sous-préfets, maires et autres administrateurs qui se seront immiscés dans l'exercice du pouvoir législatif, comme il est dit au n° 1er de l'article 127, ou qui se seront ingérés de prendre des arrêtés généraux tendant à intimer des ordres ou des défenses quelconques à des cours ou tribunaux, seront punis de la dégradation civique. P. 34, 64.

131. Lorsque ces administrateurs entreprendront sur les fonctions judiciaires en s'ingérant de connaître de droits et intérêts privés du ressort des tribunaux, et qu'après la réclamation des parties ou de l'une d'elles, ils auront néanmoins décidé l'affaire avant que l'autorité supérieure ait prononcé, ils seront punis d'une amende de seize francs au moins et de cent cinquante francs au plus. P. 52 s.

CHAPITRE III.

CRIMES ET DÉLITS CONTRE LA PAIX PUBLIQUE.

SECTION I.

Du Faux.

§ Ier. *Fausse Monnaie.*

132. Quiconque aura contrefait ou altéré les monnaies d'or ou d'argent ayant cours légal en France, ou participé à l'émission ou exposition desdites monnaies contrefaites ou altérées, ou à leur introduction sur le territoire français, sera puni des travaux forcés à perpétuité. P. 15 s., 64, 66 s., 70 s., 135, 138, 165 s.

133. Celui qui aura contrefait ou altéré des monnaies de billon ou de cuivre ayant cours légal en France, ou participé à l'émission ou exposition desdites monnaies contrefaites ou altérées, ou à leur introduction sur le territoire français, sera puni des travaux forcés à temps. P. 15 s., 19, 64, 66 s., 70 s., 135, 138, 165 s.

134. Tout individu qui aura, en France, contrefait ou altéré des monnaies étrangères, ou participé à l'émission, exposition ou introduction en France de monnaies étrangères contrefaites ou altérées, sera puni des travaux forcés à temps. P. 15 s., 19, 64, 66 s., 70 s., 135, 165 s.

135. La participation énoncée aux précédens articles ne s'applique point à ceux qui, ayant reçu pour bonnes des pièces de monnaies contrefaites ou altérées, les ont remises en circulation. — Toutefois celui qui aura fait usage desdites pièces après en avoir vérifié ou fait vérifier les vices, sera puni d'une amende triple au moins et sextuple au plus de la somme représentée par les pièces qu'il aura rendues à la circulation, sans que cette amende puisse en aucun cas être inférieure à seize francs. P. 52, 165.

136. *Abrogé.*

137. *Abrogé.*

138. Les personnes coupables des crimes mentionnés aux articles 132 et 133, seront exemptes de peines, si, avant la consommation de ces crimes et avant toutes poursuites, elles en ont donné connaissance et révélé les auteurs aux autorités constituées, ou si, même après les poursuites commencées, elles ont procuré l'arrestation des autres coupables. — Elles pourront néanmoins être mises, pour la vie ou à temps, sous la surveillance spéciale de la haute police. P. 44 s., 108, 144.

§ II. *Contrefaçon des Sceaux de l'État, des Billets de banque, des Effets publics, et des Poinçons, Timbres et Marques.*

139. Ceux qui auront contrefait le sceau de l'état ou fait usage du sceau contrefait; — Ceux qui auront contrefait ou falsifié, soit des effets émis par le trésor public avec son timbre, soit des billets de banques autorisées par la loi, ou qui auront fait usage de ces effets et billets contrefaits ou falsifiés, ou qui les auront introduits dans l'enceinte du territoire français, — Seront punis des travaux forcés à perpétuité. P. 15 s., 64, 66 s., 70 s., 138, 142, 144, 165 s.

140. Ceux qui auront contrefait ou falsifié, soit un ou plusieurs timbres nationaux, soit les marteaux de l'état servant aux marques forestières, soit le poinçon ou les poinçons servant à marquer les matières d'or ou d'argent, ou qui auront fait usage des papiers, effets, timbres, marteaux ou poinçons falsifiés ou contrefaits, seront punis des travaux forcés à temps, dont le maximum sera toujours appliqué dans ce cas. P. 15 s., 19, 64, 66 s., 70 s., 165 s.

141. Sera puni de la réclusion, quiconque s'étant indûment procuré les vrais timbres, marteaux ou poinçons ayant l'une des destinations exprimées en l'article 140, en aura fait une application ou usage préjudiciable aux droits ou intérêts de l'état. P. 21 s., 64, 66 s., 165.

142. Ceux qui auront contrefait les marques destinées à être apposées, au nom du gouvernement, sur les diverses espèces de denrées ou de marchandises, ou qui auront fait usage de ces fausses marques; — Ceux qui auront contrefait le sceau, timbre ou marque d'une autorité quelconque, ou d'un établissement particulier de banque ou de commerce, ou qui auront fait usage des sceaux, timbres ou marques contrefaits, (1) — Seront punis de la réclusion. P. 21 s., 64, 66 s., 165.

143. Sera puni de la dégradation civique, quiconque, s'étant indûment procuré les vrais sceaux, timbres ou marques ayant l'une des destinations exprimées en l'article 142, en aura fait une application ou usage préjudiciable aux droits ou intérêts de l'état, d'une autorité quelconque, ou même d'un établissement particulier. P. 34, 64, 66 s., 165.

144. Les dispositions de l'art. 138 sont applicables aux crimes mentionnés dans l'article 139.

§ III. *Des Faux en écritures publiques ou authentiques, et de commerce ou de banque.*

145. Tout fonctionnaire ou officier public qui, dans l'exercice de ses fonctions, aura commis un faux, — Soit par fausses signatures, — Soit par altération des actes, écritures ou signatures, — Soit par supposition de personnes, — Soit par des écritures faites ou intercalées sur des registres ou d'autres actes publics, depuis leur confection ou clôture, — Sera puni des travaux forcés à perpétuité. P. 15, 64, 70 s., 121, 164, 165; *comparez* 405. I. c. 448 s.

146. Sera aussi puni des travaux forcés à perpétuité, tout fonctionnaire ou officier public qui, en rédigeant des actes de son ministère, en aura frauduleusement dénaturé la substance ou les circonstances, soit en écrivant des conventions autres que celles qui auraient été tracées ou dictées par les parties, soit en constatant comme vrais des faits faux, ou comme avoués des faits qui ne l'étaient pas. P. 15, 64, 70 s., 164, 165.

147. Seront punies des travaux forcés à temps, toutes autres personnes qui auront commis un faux en écriture authentique et publique, ou en écriture de commerce ou de banque, — Soit par contrefaçon ou altération d'écritures ou de signatures, — Soit par fabrication de conventions, dispositions, obligations ou décharges, ou par leur insertion après coup dans ces actes, — Soit par addition ou altération de clauses, de déclarations ou de faits que ces actes avaient pour objet de recevoir et de constater. P. 15, 19 s., 64, 66 s., 70 s., 118, 163 s., 165; *comparez* 405, 407.

148. Dans tous les cas exprimés au présent paragraphe, celui qui aura fait usage des actes faux sera puni des travaux forcés à temps. P. 15 s., 19, 64, 66 s., 70 s., 163 s., 165.

149. Sont exceptés des dispositions ci-dessus, les faux commis dans les passe-ports et feuilles de route, sur lesquels il sera particulièrement statué ci-après. P. 153 s.

§ IV. *Du Faux en écriture privée.*

150. Tout individu qui aura, de l'une des manières exprimées en l'article 147, commis un faux en écriture privée, sera puni de la réclusion. P. 21 s., 64, 66 s., 163 s., 165, 405, 407. I. c. 448 s.

151. Sera puni de la même peine celui qui aura fait usage de la pièce fausse. P. 21 s., 64, 66 s., 163 s., 165. I. c. 448 s.

152. Sont exceptés des dispositions ci-dessus, les faux certificats de l'es-

(1) *Marques des fabricans* : V. *L.* 22 germinal an XI, art. 18; *Déc.* 22 juin 1809, art. 5 et 7. — *Altérations et suppositions de noms sur les produits fabriqués* : V. *L.* 28 juillet 1824.

pèce dont il sera ci-après parlé. P. 159 s.

§ V. *Des Faux commis dans les Passe-ports, Feuilles de route et Certificats.*

153. Quiconque fabriquera un faux passe-port ou falsifiera un passe-port originairement véritable, ou fera usage d'un passe-port fabriqué ou falsifié, sera puni d'un emprisonnement d'une année au moins et de cinq ans au plus. P. 40 s., 64, 66, 69, 163 s., 258, 281, 463.

154. Quiconque prendra, dans un passe-port, un nom supposé, ou aura concouru comme témoin à faire délivrer le passe-port sous le nom supposé, sera puni d'un emprisonnement de trois mois à un an. — Les logeurs et aubergistes qui sciemment inscriront sur leurs registres, sous des noms faux ou supposés, les personnes logées chez eux, seront punis d'un emprisonnement de six jours au moins et d'un mois au plus. P. 40, 64, 66, 69, 163 s., 281, 475 2°.

155. Les officiers publics qui délivreront un passe-port à une personne qu'ils ne connaîtront pas personnellement, sans avoir fait attester ses noms et qualités par deux citoyens à eux connus, seront punis d'un emprisonnement d'un mois à six mois. P. 40 s., 64, 164. — Si l'officier public, instruit de la supposition du nom, a néanmoins délivré le passe-port sous le nom supposé, il sera puni du bannissement. P. 32, 64.

156. Quiconque fabriquera une fausse feuille de route, ou falsifiera une feuille de route originairement véritable, ou fera usage d'une feuille de route fabriquée ou falsifiée, sera puni, savoir : — D'un emprisonnement d'une année au moins et de cinq ans au plus, si la fausse feuille de route n'a eu pour objet que de tromper la surveillance de l'autorité publique. P. 40 s., 64, 66, 69, 163 s. — Du bannissement, si le trésor royal a payé au porteur de la fausse feuille, des frais de route qui ne lui étaient pas dus ou qui excédaient ceux auxquels il pouvait avoir droit, le tout néanmoins au-dessous de cent francs; P. 32, 64, 66 s., 163 s. — Et de la réclusion, si les sommes indûment reçues par le porteur de la feuille s'élèvent à cent francs ou au delà. P. 21 s., 64, 66 s., 163 s., 165, 281.

157. Les peines portées en l'article précédent seront appliquées, selon les distinctions qui y sont posées, à toute personne qui se sera fait délivrer, par l'officier public, une feuille de route sous un nom supposé.

158. Si l'officier public était instruit de la supposition de nom lorsqu'il a délivré la feuille, il sera puni, savoir, — Dans le premier cas posé par l'article 156, du bannissement; P. 32, 64, 164 s. — Dans le second cas du même article, de la réclusion; P. 21 s., 64, 164 s. — Et dans le troisième cas, des travaux forcés à temps. P. 15 s., 19, 64, 70 s., 164 s.

159. Toute personne qui, pour se rédimer elle-même ou en affranchir une autre d'un service public quelconque, fabriquera, sous le nom d'un médecin, chirurgien ou autre officier de santé, un certificat de maladie ou d'infirmité, sera punie d'un emprisonnement de deux à cinq ans. P. 40 s., 64, 164, 181.

160. Tout médecin, chirurgien ou autre officier de santé qui, pour favoriser quelqu'un, certifiera faussement des maladies ou infirmités propres à dispenser d'un service public, sera puni d'un emprisonnement de deux à cinq ans. P. 40 s., 64, 164. — S'il y a été mû par dons ou promesses, il sera puni du bannissement : les corrupteurs seront, en ce cas, punis de la même peine. P. 32, 164, 177 s. L. 23 *mars* 1832, *art.* 45.

161. Quiconque fabriquera, sous le nom d'un fonctionnaire ou officier public, un certificat de bonne conduite, indigence ou autres circonstances propres à appeler la bienveillance du gouvernement ou des particuliers sur la personne y désignée, et à lui procurer places, crédit ou secours, sera puni d'un emprisonnement de six mois à deux ans. — La même peine sera appliquée, 1° à celui qui falsifiera un certificat de cette espèce, originairement véritable, pour l'approprier à une personne autre que celle à laquelle il a été primitivement délivré ; 2° à tout individu qui se sera servi du certificat ainsi fabriqué ou falsifié P. 40 s. 64 66, 69, 163 s., 281.

162. Les faux certificats de toute autre nature, et d'où il pourrait résulter soit lésion envers des tiers, soit préjudice envers le trésor royal, seront punis, selon qu'il y aura lieu, d'après les dispositions des paragraphes III et IV de la présente section. P. 145 à 152.

– Dispositions communes.

163. L'application des peines portées contre ceux qui ont fait usage de monnaies, billets, sceaux, timbres, marteaux, poinçons, marques et écrits faux, contrefaits, fabriqués ou falsifiés, cessera toutes les fois que le faux n'aura pas été connu de la personne qui aura fait usage de la chose fausse. P. 132 s., 139 s., 148, 151, 153 s., 156, 161.

164. Il sera prononcé contre les coupables une amende dont le *maximum* pourra être porté jusqu'au quart du bénéfice illégitime que le faux aura procuré ou était destiné à procurer aux auteurs du crime, à leurs complices ou à ceux qui ont fait usage de la pièce fausse. Le *minimum* de cette amende ne pourra être inférieur à cent francs. P. 52 s.

165. Tout faussaire condamné, soit aux travaux forcés, soit à la réclusion, subira l'exposition publique. P. 22.

SECTION II.

De la Forfaiture et des Crimes et Délits des Fonctionnaires publics dans l'exercice de leurs fonctions

166. Tout crime commis par un fonctionnaire public dans l'exercice de ses fonctions, est une forfaiture. P. 1, 121, 126 s., 167 s., 183. I. c. 483 s.

167. Toute forfaiture pour laquelle la loi ne prononce pas de peines plus graves, est punie de la dégradation civique. P. 34, 64.

168. Les simples délits ne constituent pas les fonctionnaires en forfaiture. P. 1.

§ Ier. *Des Soustractions commises par les Dépositaires publics.*

169. Tout percepteur, tout commis à une perception, dépositaire ou comptable public, qui aura détourné ou soustrait des deniers publics ou privés, ou effets actifs en tenant lieu, ou des pièces, titres, actes, effets mobiliers qui étaient entre ses mains en vertu de ses fonctions, sera puni des travaux forcés à temps, si les choses détournées ou soustraites sont d'une valeur au-dessus de trois mille francs. P. 15, 19, 64, 70 s., 172, 250 s., 408.

170. La peine des travaux forcés à temps aura lieu également, quelle que soit la valeur des deniers ou des effets détournés ou soustraits, si cette valeur égale ou excède soit le tiers de la recette ou du dépôt, s'il s'agit de deniers ou effets une fois reçus ou déposés, soit le cautionnement, s'il s'agit d'une recette ou d'un dépôt attaché à une place sujette à cautionnement, soit enfin le tiers du produit commun de la recette pendant un mois, s'il s'agit d'une recette composée de rentrées successives et non sujette à cautionnement. P. 15, 19, 64, 70 s., 172, 250 s., 408.

171. Si les valeurs détournées ou soustraites sont au-dessous de trois mille francs, et en outre inférieures aux mesures exprimées en l'article précédent, la peine sera un emprisonnement de deux ans au moins et de cinq ans au plus, et le condamné sera de plus déclaré à jamais incapable d'exercer aucune fonction publique. P. 40, 42, 64, 172.

172. Dans les cas exprimés aux trois articles précédens, il sera toujours prononcé contre le condamné une amende dont le *maximum* sera le quart des restitutions et indemnités, et le *minimum* le douzième. P. 10, 52, 54 s.

173. Tout juge, administrateur, fonctionnaire ou officier public qui aura détruit, supprimé, soustrait ou détourné les actes et titres dont il était dépositaire en cette qualité, ou qui lui auront été remis ou communiqués à raison de ses fonctions, sera puni des travaux forcés à temps. — Tous agens, préposés ou commis, soit du gouvernement, soit des dépositaires publics, qui se seront rendus coupables des mêmes soustractions, seront soumis à la même peine. P. 15, 19, 64, 70 s., 254 s. I. c. 483 s.

§ II. *Des Concussions commises par des Fonctionnaires publics.*

174. Tous fonctionnaires, tous officiers publics, leurs commis ou préposés, tous percepteurs des droits, taxes, contributions, deniers, revenus publics ou communaux, et leurs commis ou préposés, qui se seront rendus coupables du crime de concussion, en ordonnant de percevoir ou en exigeant ou en recevant ce qu'ils savaient n'être pas dû, ou excéder ce qui était dû pour droits, taxes, contributions, deniers ou revenus, ou pour salaires ou traitemens, seront punis, savoir, les fonctionnaires ou les officiers publics, de la peine de la réclusion; et leurs commis ou préposés, d'un emprisonnement, de deux ans au moins et de cinq ans au plus. P. 21 s., 40 s., 64. — Les coupables seront de plus condamnés à une amende dont le *maximum* sera le quart des restitutions et des dommages-intérêts, et le *minimum* le douzième. P. 10, 52, 54 s.

§ III. *Des Délits de Fonctionnaires qui se seront ingérés dans des Affaires ou Commerces incompatibles avec leur qualité.*

175. Tout fonctionnaire, tout officier public, tout agent du gouvernement, qui, soit ouvertement, soit par actes simulés, soit par interposition de personnes, aura pris ou reçu quelque intérêt que ce soit, dans les actes, adjudications, entreprises ou régies dont il a ou avait, au temps de l'acte, en tout ou en partie, l'administration ou la surveillance, sera puni d'un emprisonnement de six mois au moins et de deux ans au plus, et sera condamné à une amende qui ne pourra excéder le quart des restitutions et des indemnités, ni être au-dessous du douzième. — Il sera de plus déclaré à jamais incapable d'exercer aucune fonction publique. — La présente disposition est applicable à tout fonctionnaire ou agent du gouvernement qui aura pris un intérêt quelconque dans une affaire dont il était chargé d'ordonnancer le paiement ou de faire la liquidation. P. 40, 42 s., 52 s. C. 1596. Pr. 711.

176. Tout commandant des divisions militaires, des départemens ou des places et villes, tout préfet ou sous-préfet, qui aura, dans l'étendue des lieux où il a droit d'exercer son autorité, fait ouvertement, ou par des actes simulés, ou par interposition de personnes, le commerce de grains, grenailles, farines, substances farineuses, vins ou boissons, autres que ceux provenant de ses propriétés, sera puni d'une amende de cinq cents francs au moins, de dix mille francs au plus, et de la confiscation des denrées appartenant à ce commerce. P. 11, 52 s. C. 1596.

§ IV. *De la Corruption des Fonctionnaires publics.*

177. Tout fonctionnaire public de l'ordre administratif ou judiciaire, tout agent ou préposé d'une administration publique, qui aura agréé des offres ou promesses, ou reçu des dons ou présens pour faire un acte de sa fonction ou de son emploi, même juste, mais non sujet à salaire, sera puni de la dégradation civique, et condamné à une amende double de la valeur des promesses agréées ou des choses reçues, sans que ladite amende puisse être inférieure à deux cents francs. — La présente disposition est applicable à tout fonctionnaire, agent ou préposé de la qualité ci-dessus exprimée, qui, par offres ou promesses agréées, dons ou présens reçus, se sera abstenu de faire un acte qui entrait dans l'ordre de ses devoirs. P. 34, 52 s., 123, 180 s. I. c. 483 s.

178. Dans le cas où la corruption aurait pour objet un fait criminel emportant une peine plus forte que celle de la dégradation civique, cette peine plus forte sera appliquée aux coupables.

179. Quiconque aura contraint ou tenté de contraindre par voies de fait ou menaces, corrompu ou tenté de corrompre par promesses, offres, dons ou présens, un fonctionnaire, agent ou préposé, de la qualité exprimée en l'article 177, pour obtenir, soit une opinion favorable, soit des procès-verbaux, états, certificats ou estimations contraires à la vérité ; soit des places, emplois, adjudications, entreprises ou autres bénéfices quelconques, soit enfin tout autre acte du ministère du fonctionnaire, agent ou préposé ; sera puni des mêmes peines que le fonctionnaire, agent ou préposé corrompu. P. 2, 3, 113, 177 s., 180 s., 224 s., 242, 365. I. c. 483 s. Pr. 505 s. — Toutefois, si les tentatives de contrainte ou corruption n'ont eu aucun effet, les auteurs de ces tentatives seront simplement punis d'un emprisonnement de trois mois au moins et de six mois au plus, et d'une amende de cent francs à trois cents francs. P. 40 s., 52 s.

180. Il ne sera jamais fait au corrupteur restitution des choses par lui livrées, ni de leur valeur : elles seront confisquées au profit des hospices des lieux où la corruption aura été commise. P. 11.

181. Si c'est un juge prononçant en matière criminelle, ou un juré, qui s'est laissé corrompre, soit en faveur, soit au préjudice de l'accusé, il sera puni de la réclusion, outre l'amende ordonnée par l'article 177. P. 21, 52 s., 64. I. c. 484 s. Pr. 505 s.

182. Si, par l'effet de la corruption, il y a eu condamnation à une peine supérieure à celle de la réclusion, cette peine, quelle qu'elle soit, sera appliquée au juge ou juré coupable de corruption. I. c. 484 s.

183. Tout juge ou administrateur qui se sera décidé par faveur pour une partie ou par inimitié contre elle, sera coupable de forfaiture et puni de la dégradation civique. P. 34, 166 s. I. c. 484 s.

§ V. *Des Abus d'autorité.*

Ire Classe. — *Des Abus d'autorité contre les Particuliers.*

184. Tout fonctionnaire de l'ordre administratif ou judiciaire, tout officier de justice ou de police, tout commandant ou agent de la force publique, qui, agissant en sadite qualité, se sera introduit dans le domicile d'un citoyen contre le gré de celui-ci ; hors les cas prévus par la loi, et sans les formalités qu'elle a prescrites, sera puni d'un emprisonnement de six jours à un an, et d'une amende de seize francs à cinq cents francs, sans préjudice de l'application du second paragraphe de l'article 114. — Tout individu qui se sera introduit à l'aide de menaces ou de violence dans le domicile d'un citoyen, sera puni d'un emprisonnement de six jours à trois mois, et d'une amende de seize francs à deux cents francs. P. 40 s., 52 s. I. c. 16, 52, 46 s., 483 s. Pr. 781 5°. *Constit. 22 frim. an VIII, art. 76.*

185. Tout juge ou tribunal, tout administrateur ou autorité administrative, qui, sous quelque prétexte que ce soit, même du silence ou de l'obscurité de la loi, aura dénié de rendre la justice qu'il doit aux parties, après en avoir été requis, et qui aura persévéré dans son déni, après avertissement ou injonction de ses supérieurs, pourra être poursuivi, et sera puni d'une amende de deux cents francs au moins et de cinq cents francs au plus, et de l'interdiction de l'exercice des fonctions publiques depuis cinq ans jusqu'à vingt. P. 42 s., 52 s., 127 s. I. c. 483 s. C. 4. Pr. 505. L. *21 mars 1832, art.* 44.

186. Lorsqu'un fonctionnaire ou un officier public, un administrateur, un agent ou un préposé du gouvernement ou de la police, un exécuteur des mandats de justice ou jugemens, un commandant en chef ou en sous-ordre de la force publique, aura, sans motif légitime, usé ou fait user de violences envers les personnes, dans l'exercice ou à l'occasion de l'exercice de ses fonctions, il sera puni selon la nature et la gravité de ces violences, et en élevant la peine suivant la règle posée par l'article 198 ci-après. P. 309 s.

187. Toute suppression, toute ouverture de lettres confiées à la poste, commise ou facilitée par un fonctionnaire ou un agent du gouvernement ou de l'administration des postes, sera punie d'une amende de seize francs à cinq cents francs, et d'un emprisonnement de trois mois à cinq ans. Le coupable sera, de plus, interdit de toute fonction ou emploi public pendant cinq ans au moins et dix ans au plus. P. 40, 42 s., 52 s., 64.

IIe Classe. — *Des Abus d'autorité contre la chose publique.*

188. Tout fonctionnaire public, agent ou préposé du gouvernement, de quelque état et grade qu'il soit, qui aura requis ou ordonné, fait requérir ou ordonner, l'action ou l'emploi de la force publique contre l'exécution d'une loi ou contre la perception d'une contribution légale, ou contre l'exécution soit d'une ordonnance ou mandat de justice, soit de tout autre ordre émané de l'autorité légitime, sera puni de la réclusion. P. 20 s., 64, 190 s., 209 s.

189. Si cette réquisition ou cet ordre ont été suivis de leur effet, la peine sera le *maximum* de la réclusion. P. 21, 22.

190. Les peines énoncées aux articles 188 et 189 ne cesseront d'être applicables aux fonctionnaires ou préposés qui auraient agi par ordre de leurs supérieurs, qu'autant que cet ordre aura été donné par ceux-ci pour des objets de leur ressort, et sur lesquels il leur était dû obéissance hiérarchique ; dans ce cas, les peines portées ci-dessus ne seront appliquées qu'aux supérieurs qui les premiers auront donné cet ordre. P. 64, 114 s.

191. Si, par suite desdits ordres ou réquisitions, il survient d'autres crimes punissables de peines plus fortes que celles exprimées aux articles 188 et 189, ces peines plus fortes seront appliquées aux fonctionnaires, agens ou préposés coupables d'avoir donné lesdits ordres ou fait lesdites réquisitions. P. 182, 186, 303, 306, 208, 216, 264, 295.

§ VI. *De quelques Délits relatifs à la tenue des Actes de l'état civil.*

192. Les officiers de l'état civil qui auront inscrit leurs actes sur de simples feuilles volantes seront punis d'un emprisonnement d'un mois au moins et de trois mois au plus, et d'une amende de seize francs à deux cents francs. P. 40 s., 52, 195. C. 52.

193. Lorsque, pour la validité d'un mariage, la loi prescrit le consentement des père, mère ou autres personnes, et que l'officier de l'état civil ne se sera point assuré de l'existence de ce consentement, il sera puni d'une amende de seize francs à trois cents francs, et d'un emprisonnement de six mois au moins et d'un an au plus. P. 40 s., 52, 195. C. 156 s.

194. L'officier de l'état civil sera aussi puni de seize francs à trois cents francs d'amende, lorsqu'il aura reçu, avant le temps prescrit par l'article 228 du Code civil, l'acte de mariage d'une femme ayant déjà été mariée. P. 52, 195, 340.

195. Les peines portées aux articles précédens contre les officiers de l'état civil leur seront appliquées, lors même que la nullité de leurs actes n'aurait pas été demandée ou aurait été couverte ; le tout sans préjudice des peines plus fortes prononcées en cas de collusion, et sans préjudice aussi des autres dispositions pénales du titre v du livre Ier du Code civil. P. 177 s., 340. C. 156 s., 185, 193 s., 200.

§ VII. *De l'Exercice de l'autorité publique illégalement anticipé ou prolongé.*

196. Tout fonctionnaire public qui sera entré en exercice de ses fonctions sans avoir prêté le serment, pourra être poursuivi, et sera puni d'une amende de seize francs à cent cinquante francs. P. 52 s. L. 31 août 1830.

197. Tout fonctionnaire public révoqué, destitué, suspendu ou interdit légalement, qui, après en avoir eu la connaissance officielle, aura continué l'exercice de ses fonctions, ou qui, étant électif ou temporaire, les aura exercées après avoir été remplacé, sera puni d'un emprisonnement de six mois au moins et de deux ans au plus, et d'une amende de cent francs à cinq cents francs. Il sera interdit de l'exercice de toute fonction publique pour cinq ans au moins et dix ans au plus, à compter du jour où il aura subi sa peine : le tout sans préjudice des plus fortes peines portées contre les officiers ou les commandans militaires, par l'article 93 du présent Code. P. 40 s., 52 s., 258 s. C. 2102 7°.

Dispositions particulières.

198. Hors les cas où la loi règle spécialement les peines encourues pour crimes ou délits commis par les fonctionnaires ou officiers publics, ceux d'entre eux qui auront participé à d'autres crimes ou délits qu'ils étaient chargés de surveiller ou de réprimer, seront punis comme il suit : — S'il s'agit d'un délit de police correctionnelle, ils subiront toujours le *maximum* de la peine attachée à l'espèce de délit ; — Et s'il s'agit de crimes, ils seront condamnés, savoir : — A la réclusion, si le crime emporte contre tout autre coupable la peine du bannissement ou de la dégradation civique ; — Aux travaux forcés à temps, si le crime emporte contre tout autre coupable la peine de la réclusion ou de la détention ; — Et aux travaux forcés à perpétuité, lorsque le crime emportera contre tout autre coupable la peine de la déportation ou celle des travaux forcés à temps. — Au-delà des cas qui viennent d'être exprimés, la peine commune sera appliquée sans aggravation. P. 186, 335, 462. C. 2102 7°.

SECTION III.

Des Troubles apportés à l'ordre public par les Ministres des cultes dans l'exercice de leur ministère.

§ Ier. *Des Contraventions propres à compromettre l'état civil des Personnes.*

199. Tout ministre d'un culte qui procédera aux cérémonies religieuses d'un mariage, sans qu'il lui ait été justifié d'un acte de mariage préalablement reçu par les officiers de l'état civil, sera, pour la première fois, puni d'une amende de *seize francs* à cent francs. P. 52 s., 64, 356.

200. En cas de nouvelles contraventions de l'espèce exprimée en l'article précédent, le ministre du culte qui les aura commises sera puni, savoir : — Pour la première récidive, d'un emprisonnement de deux à cinq ans ; P. 40 s., 52 s., 64 ; — Et pour la seconde, de la détention. P. 20, 64.

§ II. *Des Critiques, Censures ou Provocations dirigées contre l'Autorité publique dans un discours pastoral prononcé publiquement.*

201. Les ministres des cultes qui prononceront, dans l'exercice de leur ministère, et en assemblée publique, un discours contenant la critique ou censure du gouvernement, d'une loi, d'une ordonnance royale ou de tout autre acte de l'autorité publique, seront punis d'un emprisonnement de trois mois à deux ans. P. 40 s., 313.

202. Si le discours contient une provocation directe à la désobéissance aux lois ou autres actes de l'autorité publique, ou s'il tend à soulever ou armer une partie des citoyens contre les autres, le ministre du culte qui l'aura prononcé sera puni d'un emprisonnement de deux à cinq ans, si la provocation n'a été suivie d'aucun effet ; et du bannissement, si elle a donné lieu à la désobéissance, autre toutefois que celle qui aurait dégénéré en sédition ou révolte. P. 32, 40 s., 64, 313.

203. Lorsque la provocation aura été suivie d'une sédition ou révolte dont la nature donnera lieu contre l'un ou plusieurs des coupables à une peine plus forte que celle du bannissement, cette peine, quelle qu'elle soit, sera appliquée au ministre coupable de la provocation. P. 92, 96 s., 191, 206, 265 s., 313, 440 s.

§ III. *Des Critiques, Censures ou Provocations dirigées contre l'Autorité publique dans un écrit pastoral.*

204. Tout écrit contenant des instructions pastorales, en quelque forme que ce soit, et dans lequel un ministre de culte se sera ingéré de critique, ou censure, soit le gouvernement, soit tout acte de l'autorité publique, emportera la peine du bannissement contre le ministre qui l'aura publié. P. 32, 64.

205. Si l'écrit mentionné en l'article précédent contient une provocation directe à la désobéissance aux lois ou autres actes de l'autorité publique, ou s'il tend à soulever ou armer une partie des citoyens contre les autres, le ministre qui l'aura publié sera puni de la détention. P. 20, 64.

206. Lorsque la provocation contenue dans l'écrit pastoral aura été suivie d'une sédition ou révolte dont la nature donnera lieu contre l'un ou plusieurs des coupables à une peine plus forte que celle de la *déportation* (1), cette peine quelle qu'elle soit, sera appliquée au ministre coupable de la provocation. P. 17, 92, 96, 102, 208, 265 s., 313, 440 s.

§ IV. *De la Correspondance des Ministres des cultes avec des Cours ou Puissances étrangères, sur des matières de religion.*

207. Tout ministre d'un culte qui aura, sur des questions ou matières religieuses, entretenu une correspondance avec une cour ou puissance étrangère, sans en avoir préalablement informé le ministre du roi chargé de la surveillance des cultes, et sans avoir obtenu son autorisation, sera, pour ce seul fait, puni d'une amende de cent francs à cinq cents francs, et d'un emprisonnement d'un mois à deux ans. P. 40 s., 52 s.

208. Si la correspondance mentionnée en l'article précédent a été accompagnée ou suivie d'autres faits contraires aux dispositions formelles d'une loi ou d'une ordonnance du roi, le coupable sera puni du bannissement, à moins que la peine résultant de la nature de ces faits ne soit plus forte, auquel cas cette peine plus forte sera seule appliquée. P. 32.

SECTION IV.

Résistance, Désobéissance et autres Manquemens envers l'Autorité publique.

§ 1er. *Rébellion.*

209. Toute attaque, toute résistance avec violences et voies de fait envers les officiers ministériels, les gardes champêtres ou forestiers, la force publique, les préposés à la perception des taxes et des contributions, les porteurs de contraintes, les préposés des douanes, les séquestres, les officiers ou agens de la police administrative ou judiciaire, agissant pour l'exécution des lois, des ordres ou ordonnances de l'autorité publique, des mandats de justice ou jugemens, est qualifiée, selon les circonstances, crime ou délit de rébellion. P. 96, 98, 188, 210, 220 s., 230 s., 438. (2)

210. Si elle a été commise par plus de vingt personnes armées, les coupables seront punis des travaux forcés à temps; et s'il n'y a pas eu port d'armes, ils seront punis de la réclusion. P. 15 s., 19, 21 s., 64, 66 s., 70 s., 96, 98, 101, 214, 217, 265 s., 291 s., 313 s.

211. Si la rébellion a été commise par une réunion armée de trois personnes ou plus jusqu'à vingt inclusivement, la peine sera la réclusion; s'il n'y a pas eu port d'armes, la peine sera un emprisonnement de six mois au moins et deux ans au plus. P. 21 s., 40, 64, 66 s., 101, 188 s., 214, 217, 218, 313 s.

212. Si la rébellion n'a été commise que par une ou deux personnes, avec armes, elle sera punie d'un emprisonnement de six mois à deux ans, et si elle a eu lieu sans armes, d'un emprisonnement de six jours à six mois. P. 40 s., 218. L. 10 *avril* 1831, *sur les attroupemens.*

213. En cas de rébellion avec bande ou attroupement, l'article 100 du présent Code sera applicable aux rebelles sans fonctions ni emplois dans la ban-

(1) Au lieu de *déportation*, lisez *détention.*
(2) V. *Loi* 9 *septembre* 1835 *sur les Cours d'assises.* (*Appendice.*)

de, qui se seront retirés au premier avertissement de l'autorité publique, ou même depuis, s'ils n'ont été saisis que hors du lieu de la rébellion, et sans nouvelle résistance et sans armes.

214. Toute réunion d'individus pour un crime ou un délit, est réputée réunion armée, lorsque plus de deux personnes portent des armes ostensibles. P. 101.

215. Les personnes qui se trouveraient munies d'armes cachées, et qui auraient fait partie d'une troupe ou réunion non réputée armée, seront individuellement punies comme si elles avaient fait partie d'une troupe ou réunion armée. P. 101, 211.

216. Les auteurs des crimes et délits commis pendant le cours et à l'occasion d'une rébellion, seront punis des peines prononcées contre chacun de ces crimes, si elles sont plus fortes que celles de la rébellion. P. 191, 231 s.

217. (*Abrogé : Loi 17 mai* 1819.)

218. Dans tous les cas où il sera prononcé, pour fait de rébellion, une simple peine d'emprisonnement, les coupables pourront être condamnés en outre à une amende de seize francs à deux cents francs. P. 52 s.

219. Seront punies comme réunions de rebelles, celles qui auront été formées avec ou sans armes, et accompagnées de violences ou de menaces contre l'autorité administrative, les officiers et les agens de police, ou contre la force publique, — 1° Par les ouvriers ou journaliers, dans les ateliers publics ou manufactures; — 2° Par les individus admis dans les hospices; — 3° Par les prisonniers prévenus, accusés ou condamnés. P. 210 s., 415 s. I. c. 614.

220. La peine appliquée pour rébellion à des prisonniers prévenus, accusés ou condamnés relativement à d'autres crimes ou délits, sera par eux subie, savoir : — Par ceux qui, à raison des crimes ou délits qui ont causé leur détention, sont ou seraient condamnés à une peine non capitale ni perpétuelle, immédiatement après l'expiration de cette peine; — Et par les autres, immédiatement après l'arrêt ou jugement en dernier ressort, qui les aura acquittés ou renvoyés absous du fait pour lequel ils étaient détenus. I. c. 614; *secùs*, 365.

221. Les chefs d'une rébellion, et ceux qui l'auront provoquée, pourront être condamnés à rester, après l'expiration de leur peine, sous la surveillance spéciale de la haute police pendant cinq ans au moins et dix ans au plus. P. 44 s.

§ II. *Outrages et Violences envers les Dépositaires de l'autorité et de la force publique.*

222. Lorsqu'un ou plusieurs magistrats de l'ordre administratif ou judiciaire auront reçu, dans l'exercice de leurs fonctions, ou à l'occasion de cet exercice, quelque outrage par paroles tendant à inculper leur honneur ou leur délicatesse, celui qui les aura ainsi outragés sera puni d'un emprisonnement d'un mois à deux ans. — Si l'outrage a eu lieu à l'audience d'une cour ou d'un tribunal, l'emprisonnement sera de deux à cinq ans. P. 40 s., 179, 226, 471 11°. I. c. 504, 505. Pr. 11, 99. I. Pr. 108, 120 s., 190 s.

223. L'outrage fait par gestes ou menaces à un magistrat dans l'exercice ou à l'occasion de l'exercice de ses fonctions, sera puni d'un mois à six mois d'emprisonnement; et si l'outrage a eu lieu à l'audience d'une cour ou d'un tribunal, il sera puni d'un emprisonnement d'un mois à deux ans. P. 40, 179, 226, 472. Pr. 91. I. c. 504 s., 509.

224. L'outrage fait par paroles, gestes ou menaces, à tout officier ministériel, ou agent dépositaire de la force publique, dans l'exercice ou à l'occasion de l'exercice de ses fonctions, sera puni d'une amende de seize francs à deux cents francs. P. 52, 179, 227, 230, 231, 412, 463.

225. La peine sera de six jours à un mois d'emprisonnement, si l'outrage mentionné en l'article précédent a été dirigé contre un commandant de la force publique. P. 40, 226, 471 11°.

226. Dans le cas des articles 222, 223 et 225, l'offenseur pourra être, outre l'emprisonnement, condamné à faire réparation, soit à la première audience, soit par écrit; et le temps de l'emprisonnement prononcé contre lui ne sera compté qu'à dater du jour où la réparation aura eu lieu.

227. Dans le cas de l'article 224, l'offenseur pourra de même, outre l'amende, être condamné à faire réparation à l'offensé; et s'il retarde ou refuse, il sera contraint par corps. L. 17 *avril* 1832, *tit.* 5.

228. Tout individu qui, même sans armes, et sans qu'il en soit résulté de blessures, aura frappé un magistrat dans l'exercice de ses fonctions, ou à l'occasion de cet exercice, sera puni d'un emprisonnement de deux à cinq ans. — Si cette voie de fait a eu lieu à l'audience d'une cour ou d'un tribunal, le coupable sera en outre puni de la dégradation civique. P. 34, 40 s., 64, 66 s., 186, 229, 231.

229. Dans l'un et l'autre des cas exprimés en l'article précédent, le coupable pourra de plus être condamné à s'éloigner, pendant cinq à dix ans, du lieu où siége le magistrat, et d'un rayon de deux myriamètres. — Cette disposition aura son exécution à dater du jour où le condamné aura subi sa peine. — Si le condamné enfreint cet ordre avant l'expiration du temps fixé, il sera puni du bannissement. P. 32, 45.

230. Les violences de l'espèce exprimée en l'art. 228, dirigées contre un officier ministériel, un agent de la force publique, ou un citoyen chargé d'un ministère de service public, si elles ont eu lieu pendant qu'ils exerçaient leur ministère ou à cette occasion, seront punies d'un emprisonnement d'un mois à six mois. P. 40 s., 186, 209 s., 222, 231.

231. Si les violences exercées contre les fonctionnaires et agens désignés aux articles 228 et 230, ont été la cause d'effusion de sang, blessures ou maladie, la peine sera la réclusion; si la mort s'en est suivie dans les quarante jours, le coupable sera puni des travaux forcés à perpétuité. P. 15 s., 64, 66 s., 70 s., 186, 216.

232. Dans le cas même où ces violences n'auraient pas causé d'effusion de sang, blessures ou maladie, les coups seront punis de la réclusion, s'ils ont été portés avec préméditation ou de guet-apens. P. 21 s., 47, 64, 66 s., 186, 216, 230, 297.

233. Si les coups ont été portés ou les blessures faites à un des fonctionnaires ou agens désignés aux articles 228 et 230, dans l'exercice ou à l'occasion de l'exercice de leurs fonctions, avec intention de donner la mort, le coupable sera puni de mort. P. 12, 296, 304.

§ III. *Refus d'un Service dû légalement.*

234. Tout commandant, tout officier ou sous-officier de la force publique qui, après en avoir été légalement requis par l'autorité civile, aura refusé de faire agir la force à ses ordres, sera puni d'un emprisonnement d'un mois à trois mois, sans préjudice des réparations civiles qui pourraient être dues aux termes de l'article 10 du présent Code. P. 40 s., 52, 54, 475 12°. I. c. 25, 99, 376. L. 22 *mars* 1831, *art.* 7 s.; 10 *avril* 1834.

235. Les lois pénales et réglemens relatifs à la conscription militaire continueront de recevoir leur exécution. Ch. 11. L. 21 *mars* 1832, *art.* 58 s.

236. Les témoins et jurés qui auront allégué une excuse reconnue fausse, seront condamnés, outre les amendes prononcées pour la non-comparution, à un emprisonnement de six jours à deux mois. P. 40 s., 159, 160. I. c. 80 s., 86, 157 s., 304, 396.

§ IV. *Évasion de détenus, Recèlement de criminels.* (1)

237. Toutes les fois qu'une évasion de détenus aura lieu, les huissiers, les commandans en chef ou en sous-ordre, soit de la gendarmerie, soit de la force armée servant d'escorte ou garnissant les postes, les concierges, gardiens, geôliers, et tous autres préposés à la conduite, au transport ou

(1) V. *Déc.* 8 janvier 1810 concernant les préposés responsables de l'évasion des détenus dans les hôpitaux civils et militaires.

à la garde des détenus, seront punis ainsi qu'il suit.

238. Si l'évadé était prévenu de délits de police, ou de crimes simplement infamans, ou s'il était prisonnier de guerre, les préposés à sa garde ou conduite seront punis, en cas de négligence, d'un emprisonnement de six jours à deux mois, et en cas de connivence, d'un emprisonnement de six mois à deux ans. — Ceux qui, n'étant pas chargés de la garde ou de la conduite du détenu, auront procuré ou facilité son évasion, seront punis de six jours à trois mois d'emprisonnement. P. 40, 242, 244, 246.

239. Si les détenus évadés, ou l'un d'eux, étaient prévenus ou accusés d'un crime de nature à entraîner une peine afflictive à temps, ou condamnés pour l'un de ces crimes, la peine sera, contre les préposés à la garde ou conduite, en cas de négligence, un emprisonnement de deux mois à six mois; en cas de connivence, la réclusion. P. 7, 21 s., 40 s., 64. — Les individus non chargés de la garde des détenus, qui auront procuré ou facilité l'évasion, seront punis d'un emprisonnement de trois mois à deux ans. P. 40 s., 64, 66, 69, 242, 244, 246.

240. Si les évadés, ou si l'un d'eux, sont prévenus ou accusés de crimes de nature à entraîner la peine de mort ou des peines perpétuelles, ou s'ils sont condamnés à l'une de ces peines, leurs conducteurs ou gardiens seront punis d'un an à deux ans d'emprisonnement, en cas de négligence; et des travaux forcés à temps, en cas de connivence. P. 15 s., 19, 40, 64, 70 s. — Les individus non chargés de la conduite ou de la garde, qui auront facilité ou procuré l'évasion, seront punis d'un emprisonnement d'un an au moins, et de cinq ans au plus. P. 40 s., 64, 66, 69, 242, 244, 246.

241. Si l'évasion a eu lieu ou a été tentée avec violences ou bris de prison, les peines contre ceux qui l'auront favorisée en fournissant des instrumens propres à l'opérer, seront, au cas que l'évadé fût de la qualité exprimée en l'art. 238, trois mois à deux ans d'emprisonnement; au cas de l'article 239, deux à cinq ans d'emprisonnement; et au cas de l'article 240, la réclusion. P. 21 s., 40 s., 64, 66 s., 242 s., 245, 246.

242. Dans tous les cas ci-dessus, lorsque les tiers qui auront procuré ou facilité l'évasion, y seront parvenus en corrompant les gardiens ou geôliers, ou de connivence avec eux, ils seront punis des mêmes peines que lesdits gardiens et geôliers. P. 179 s., 237 s., 245.

243. Si l'évasion avec bris ou violences a été favorisée par transmission d'armes, les gardiens et conducteurs qui y auront participé seront punis des travaux forcés à perpétuité; les autres personnes, des travaux forcés à temps. P. 15 s., 19, 64, 66 s., 70 s., 101, 244, 245.

244. Tous ceux qui auront connivé à l'évasion d'un détenu seront solidairement condamnés, à titre de dommages-intérêts, à tout ce que la partie civile du détenu aurait eu droit d'obtenir contre lui. P. 10, 52, 55, 238 s., 245.

245. A l'égard des détenus qui se seront évadés ou qui auront tenté de s'évader par bris de prison ou par violences, ils seront, pour ce seul fait, punis de six mois à un an d'emprisonnement, et subiront cette peine immédiatement après l'expiration de celle qu'ils auront encourue pour le crime ou délit à raison duquel ils étaient détenus, ou immédiatement après l'arrêt ou jugement qui les aura acquittés ou renvoyés absous dudit crime ou délit; le tout sans préjudice de plus fortes peines qu'ils auraient pu encourir pour d'autres crimes qu'ils auraient commis dans leurs violences. P. 40 s., 64, 66, 69. I. c. *secùs*, 365.

246. Quiconque sera condamné, pour avoir favorisé une évasion ou des tentatives d'évasion, à un emprisonnement de plus de six mois, pourra, en outre, être mis sous la surveillance spéciale de la haute police, pour un intervalle de cinq à dix ans. P. 44, 64, 66, 69, 237 s.

247. Les peines d'emprisonnement ci-dessus établies contre les conducteurs ou les gardiens, en cas de négligence seulement, cesseront lorsque les évadés seront repris ou représentés, pourvu que ce soit dans les quatre mois de l'évasion, et qu'ils ne soient pas arrêtés pour d'autres crimes ou délits commis postérieurement. P. 238 s.

248. Ceux qui auront recélé ou fait recéler des personnes qu'ils savaient avoir commis des crimes emportant peine afflictive, seront punis de trois mois d'emprisonnement au moins, et de deux ans au plus. P. 7, 40 s. — Sont exceptés de la présente disposition les ascendans ou descendans, époux ou épouse même divorcés, frères ou sœurs des criminels recélés, ou leurs alliés aux mêmes degrés.

§ V. *Bris de scellés et Enlèvement de pièces dans les Dépôts publics.*

249. Lorsque les scellés apposés, soit par ordre du gouvernement, soit par suite d'une ordonnance de justice rendue en quelque matière que ce soit, auront été brisés, les gardiens seront punis, pour simple négligence, de six jours à six mois d'emprisonnement. P. 40 s., 64. Pr. 907 s.

250. Si le bris des scellés s'applique à des papiers et effets d'un individu prévenu ou accusé d'un crime emportant la peine de mort, des travaux forcés à perpétuité, ou de la déportation, ou qui soit condamné à l'une de ces peines, le gardien négligent sera puni de six mois à deux ans d'emprisonnement. P. 40, 64. Pr. 907 s.

251. Quiconque aura, à dessein, brisé des scellés apposés sur des papiers ou effets de la qualité énoncée en l'article précédent, ou participé au bris des scellés, sera puni de la réclusion; et si c'est le gardien lui-même, il sera puni des travaux forcés à temps. P. 15 s., 19, 21 s., 64, 66 s., 70 s.

252. A l'égard de tous autres bris de scellés, les coupables seront punis de six mois à deux ans d'emprisonnement; et si c'est le gardien lui-même, il sera puni de deux à cinq ans de la même peine. P. 40 s., 64, 66, 69.

253. Tout vol commis à l'aide d'un bris de scellés sera puni comme vol commis à l'aide d'effraction. P. 384, 393 s.

254. Quant aux soustractions, destructions et enlèvemens de pièces ou de procédures criminelles, ou d'autres papiers, registres, actes et effets, contenus dans des archives, greffes ou dépôts publics, ou remis à un dépositaire public en cette qualité, les peines seront, contre les greffiers, archivistes, notaires ou autres dépositaires négligens, de trois mois à un an d'emprisonnement, et d'une amende de cent francs à trois cents francs. P. 40, 52, 64, 169, 255, 408.

255. Quiconque se sera rendu coupable des soustractions, enlèvemens ou destructions mentionnés en l'article précédent, sera puni de la réclusion. P. 21 s., 64, 66 s. — Si le crime est l'ouvrage du dépositaire lui-même, il sera puni des travaux forcés à temps. P. 15 s., 19, 64, 66 s., 70 s., 254, 408.

256. Si le bris de scellés, les soustractions, enlèvemens ou destructions de pièces ont été commis avec violences envers les personnes, la peine sera, contre toute personne, celle des travaux forcés à temps, sans préjudice de peines plus fortes, s'il y a lieu, d'après la nature des violences et des autres crimes qui y seraient joints. P. 15 s., 19, 64, 66 s., 70 s., 295 s., 382, 400.

§ VI. *Dégradation de monumens.*

257. Quiconque aura détruit, abattu, mutilé ou dégradé des monumens, statues et autres objets destinés à l'utilité ou à la décoration publique, et élevés par l'autorité publique ou avec son autorisation, sera puni d'un emprisonnement d'un mois à deux ans, et d'une amende de cent francs à cinq cents francs. P. 40 s., 52.

§ VII. *Usurpations de titres ou fonctions.*

258. Quiconque, sans titre, se sera immiscé dans des fonctions publiques, civiles ou militaires, ou aura fait les actes d'une de ces fonctions, sera puni d'un emprisonnement de deux à cinq ans, sans préjudice de la peine de faux, si l'acte porte le caractère de ce crime. P. 40 s., 64, 145 s., 197. 344.

259. Toute personne qui aura publiquement porté un costume, un uniforme ou une décoration qui ne lui appartiendra pas, sera punie d'un emprisonnement de six mois à deux ans. P. 40 s., 64, 66, 69, 344, 381, 384. (*V. Ord.* 10 *février* 1831, *portant abrog. de celles qui ont créé des décorations à l'occasion ou à la suite des événemens de* 1814 *et de* 1815, *Append.*)

§ VIII. *Entraves au libre exercice des cultes.*

260. Tout particulier qui, par des voies de fait ou des menaces, aura contraint ou empêché une ou plusieurs personnes d'exercer l'un des cultes autorisés, d'assister à l'exercice de ce culte, de célébrer certaines fêtes, d'observer certains jours de repos, et, en conséquence, d'ouvrir ou de fermer leurs ateliers, boutiques ou magasins, et de faire ou quitter certains travaux, sera puni, pour ce seul fait, d'une amende de seize francs à deux cents francs, et d'un emprisonnement de six jours à deux mois. P. 40 s., 52 s., 264. Ch. 5, 6. L. 18 *nov.* 1814.

261. Ceux qui auront empêché, retardé ou interrompu les exercices d'un culte par des troubles ou désordres causés dans le temple ou autre lieu destiné ou servant actuellement à ces exercices, seront punis d'une amende de seize francs à trois cents francs, et d'un emprisonnement de six jours à trois mois. P. 40, 52, 264.

262. Toute personne qui aura, par paroles ou gestes, outragé les objets d'un culte dans les lieux destinés ou servant actuellement à son exercice, ou les ministres de ce culte dans leurs fonctions, sera punie d'une amende de seize francs à cinq cents francs, et d'un emprisonnement de quinze jours à six mois. P. 40, 52, 264. L. 25 *mars* 1822, *art.* 6. I. Pr. 191.

263. Quiconque aura frappé le ministre d'un culte dans ses fonctions, sera puni de la dégradation civique. P. 34, 64, 66 s.

264. Les dispositions du présent paragraphe ne s'appliquent qu'aux troubles, outrages ou voies de fait dont la nature ou les circonstances ne donneront pas lieu à de plus fortes peines, d'après les autres dispositions du présent Code. P. 191, 309 s.

SECTION V.

Associations de malfaiteurs, Vagabondage et Mendicité.

§ Ier. *Associations de malfaiteurs.*

265. Toute association de malfaiteurs envers les personnes ou les propriétés, est un crime contre la paix publique. P. 210 s., 440 s.

266. Ce crime existe par le seul fait d'organisation de bandes ou de correspondance entre elles et leurs chefs ou commandans, ou de conventions tendant à rendre compte ou à faire distribution ou partage du produit des méfaits. P. 291 s.

267. Quand ce crime n'aurait été accompagné ni suivi d'aucun autre, les auteurs, directeurs de l'association, et les commandans en chef ou en sous-ordre de ces bandes, seront punis des travaux forcés à temps. P. 15 s., 19, 64, 66 s., 70 s.

268. Seront punis de la réclusion tous autres individus chargés d'un service quelconque dans ces bandes, et ceux qui auront sciemment et volontairement fourni aux bandes ou à leurs divisions, des armes, munitions, instrumens de crime, logement, retraite ou lieu de réunion. P. 21 s., 60, 64, 66 s., 73, 96, 98, 265 s.

§ II. *Vagabondage.*

269. Le vagabondage est un délit. P. 270 s., 277 s.

270. Les vagabonds ou gens sans aveu sont ceux qui n'ont ni domicile certain, ni moyens de subsistance, et qui n'exercent habituellement ni métier, ni profession.

271. Les vagabonds ou gens sans aveu qui auront été légalement déclarés tels, seront, pour ce seul fait, punis de trois à six mois d'emprisonnement. Ils seront renvoyés, après avoir subi leur peine, sous la surveillance de la haute police pendant cinq ans au moins et dix ans au plus. P. 40 s., 44 s., 282. — Néanmoins les vagabonds âgés de moins de seize ans ne pourront être condamnés à la peine d'emprisonnement; mais, sur la preuve des faits de vagabondage, ils seront renvoyés sous la surveillance de la haute police jusqu'à l'âge de vingt ans accomplis, à moins qu'avant cet âge ils n'aient contracté un engagement régulier dans les armées de terre ou de mer. P. 44 s. L. 21 mars 1832.

272. Les individus déclarés vagabonds par jugement, pourront, s'ils sont étrangers, être conduits, par les ordres du gouvernement, hors du territoire du royaume. (1)

273. Les vagabonds nés en France pourront, après un jugement même passé en force de chose jugée, être réclamés par délibération du conseil municipal de la commune où ils sont nés, ou cautionnés par un citoyen solvable. — Si le gouvernement accueille la réclamation ou agrée la caution, les individus ainsi réclamés ou cautionnés seront, par ses ordres, renvoyés ou conduits dans la commune qui les aura réclamés, ou dans celle qui leur sera assignée pour résidence, sur la demande de la caution.

§ III. *Mendicité.*

274. Toute personne qui aura été trouvée mendiant dans un lieu pour lequel il existera un établissement public organisé afin d'obvier à la mendicité, sera punie de trois à six mois d'emprisonnement, et sera, après l'expiration de sa peine, conduite au dépôt de mendicité. P. 40 s., 277 s.

275. Dans les lieux où il n'existe point encore de tels établissemens, les mendians d'habitude valides seront punis d'un mois à trois mois d'emprisonnement. — S'ils ont été arrêtés hors du canton de leur résidence, ils seront punis d'un emprisonnement de six mois à deux ans. P. 40 s., 277 s.

276. Tous mendians, même invalides, qui auront usé de menaces, ou seront entrés sans permission du propriétaire ou des personnes de sa maison, soit dans une habitation, soit dans un enclos en dépendant, — Ou qui feindront des plaies ou infirmités, — Ou qui mendieront en réunion, à moins que ce ne soient le mari et la femme, le père ou la mère et leurs jeunes enfans, l'aveugle et son conducteur, — Seront punis d'un emprisonnement de six mois à deux ans. P. 40 s., 277 s.

Dispositions communes aux Vagabonds et Mendians.

277. Tout mendiant ou vagabond qui aura été saisi travesti d'une manière quelconque, — Ou porteur d'armes, bien qu'il n'en ait usé ni menacé, — Ou muni de limes, crochets ou autres instrumens propres soit à commettre des vols ou d'autres délits, soit à lui procurer les moyens de pénétrer dans les maisons, — Sera puni de deux à cinq ans d'emprisonnement. P. 40 s., 101, 259, 282, 381, 384.

278. Tout mendiant ou vagabond

(1) Tous étrangers voyageant dans l'intérieur de la France, ou y résidant sans y avoir une mission des puissances neutres et amies reconnues par le gouvernement français, ou sans y avoir acquis le titre de citoyen, sont mis sous la surveillance spéciale du gouvernement, qui pourra retirer leurs passe-ports, et leur enjoindre de sortir du territoire français, s'il juge leur présence susceptible de troubler l'ordre et la tranquillité publiques. (*L.* 28 vendémiaire an VI, *art.* 7). — Étrangers réfugiés en France : V. *L.* 21 avril 1832, 1er mai 1834, 24 juillet 1839. — Tout ouvrier travaillant en qualité de compagnon ou garçon, devra se pourvoir d'un livret. — Indépendamment de l'exécution de la loi sur les passe-ports, l'ouvrier sera tenu de faire viser son dernier congé par le maire ou son adjoint, et de faire indiquer le lieu où il se propose de se rendre. — Tout ouvrier qui voyagerait sans être muni d'un livret ainsi visé, sera réputé vagabond, et pourra être arrêté et puni comme tel. (*Arr.* 9 frimaire an XII, *art.* 1, 3.)

qui sera trouvé porteur d'un ou de plusieurs effets d'une valeur supérieure à cent francs, et qui ne justifiera point d'où ils lui proviennent, sera puni de la peine portée en l'article 276.

279. Tout mendiant ou vagabond qui aura exercé quelque acte de violence que ce soit envers les personnes, sera puni de la réclusion, sans préjudice de peines plus fortes, s'il y a lieu, à raison du genre et des circonstances de la violence. P. 21 s., 64, 66 s., 309 s.

280. *Abrogé.*

281. Les peines établies par le présent Code contre les individus porteurs de faux certificats, faux passe-ports ou fausses feuilles de route, seront toujours, dans leur espèce, portées au *maximum* quand elles seront appliquées à des vagabonds ou mendians. P. 153 à 162.

282. Les mendians qui auront été condamnés aux peines portées par les articles précédens, seront renvoyés, après l'expiration de leur peine, sous la surveillance de la haute police pour cinq ans au moins et dix ans au plus. P. 44, 45, 271.

SECTION VI.

Délits commis par la voie d'Écrits, Images ou Gravures, distribués sans nom d'Auteur, Imprimeur ou Graveur.

283. Toute publication ou distribution d'ouvrages, écrits, avis, bulletins, affiches, journaux, feuilles périodiques ou autres imprimés, dans lesquels *ne se* trouvera pas l'indication vraie des noms, profession et demeure de l'auteur ou de l'imprimeur, sera, pour ce seul fait, punie d'un emprisonnement de six jours à six *mois*, contre toute personne qui aura sciemment contribué à la publication ou distribution. P. 40 s., 286, 289. L. 21 *octobre* 1814; 10 *décembre* 1830; 16 *février* 1834. L. Pr. 87 s., 239 s., 257 s.

284. Cette disposition sera réduite à des peines de simple police, — 1° A l'égard des crieurs, afficheurs, vendeurs ou distributeurs qui auront fait connaître la personne de laquelle ils tiennent l'écrit imprimé; — 2° A l'égard de quiconque aura fait connaître l'imprimeur; — 3° A l'égard même de l'imprimeur qui aura fait connaître l'auteur. P. 288, 290, 475 13°, 477 3°.

285. Si l'écrit imprimé contient quelques provocations à des crimes ou délits, les crieurs, afficheurs, vendeurs et distributeurs seront punis comme complices des provocateurs, à moins qu'ils n'aient fait connaître ceux dont ils tiennent l'écrit contenant la provocation. — En cas de révélation, ils n'encourront qu'un emprisonnement de six jours à trois mois; et la peine de complicité ne restera applicable qu'à ceux qui n'auront point fait connaître les personnes dont ils auront reçu l'écrit imprimé, et à l'imprimeur, s'il est connu. P. 40 s., 59 s., 293, 313. L. 17 *mai* 1819, *art.* 1 s. L. Pr. 108.

286. Dans tous les cas ci-dessus, il y aura confiscation des exemplaires saisis. *Saisie*, L. 21 *oct.* 1814, *art.* 15 s.; L. 26 *mai* 1819, *art.* 7 s. L. Pr. 85, 140.

287. Toute exposition ou distribution de chansons, pamphlets, figures ou images contraires aux bonnes mœurs, sera punie d'une amende de seize francs à cinq cents francs, d'un emprisonnement d'un mois à un an, et de la confiscation des planches et des exemplaires imprimés ou gravés de chansons, figures ou autres objets du délit. P. 11, 40, 52, 465. L. 9 *sept.* 1835, *art.* 20 s. L. Pr. 278.

288. La peine d'emprisonnement et l'amende prononcées par l'article précédent seront réduites à des peines de simple police, — 1° A l'égard des crieurs, vendeurs ou distributeurs qui auront fait connaître la personne qui leur a remis l'objet du délit; — 2° A l'égard de quiconque aura fait connaître l'imprimeur ou le graveur; — 3° A l'égard même de l'imprimeur ou du graveur qui auront fait connaître l'auteur ou la personne qui les aura chargés de l'impression ou de la gravure. P. 284, 475 13°, 477 3°. L. 21 *oct.* 1814, *art.* 19. L. Pr. 89.

289. Dans tous les cas exprimés en la présente section, et où l'auteur sera connu, il subira le *maximum* de la peine attachée à l'espèce du délit.

Disposition particulière.

290. (*Abrogé. Loi 10 décembre 1830.*) L. 10 *décembre* 1830, 16 *février* 1834, L. Pr. 259 s., 257 s.

SECTION VII.

Des Associations ou Réunions illicites.

291. Nulle association de plus de vingt personnes, dont le but sera de se réunir tous les jours ou à certains jours marqués pour s'occuper d'objets religieux, littéraires, politiques ou autres, ne pourra se former qu'avec l'agrément du gouvernement, et sous les conditions qu'il plaira à l'autorité publique d'imposer à la société. — Dans le nombre de personnes indiqué par le présent article ne sont pas comprises celles domiciliées dans la maison où l'association se réunit. — V. *Loi* 10 *avril* 1834, *sur les associations.* (*Append.*)

292. Toute association de la nature ci-dessus exprimée qui se sera formée sans autorisation, ou qui, après l'avoir obtenue, aura enfreint les conditions à elle imposées, sera dissoute. — Les chefs, directeurs ou administrateurs de l'association seront en outre punis d'une amende de seize francs à deux cents francs. P. 52 s.

293. Si, par discours, exhortations, invocations ou prières, en quelque langue que ce soit, ou par lecture, affiche, publication ou distribution d'écrits quelconques, il a été fait, dans ces assemblées, quelque provocation à des crimes ou à des délits, la peine sera de cent francs à trois cents francs d'amende, et de trois mois à deux ans d'emprisonnement, contre les chefs, directeurs et administrateurs de ces associations; sans préjudice des peines plus fortes qui seraient portées par la loi contre les individus personnellement coupables de la provocation, lesquels, en aucun cas, ne pourront être punis d'une peine moindre que celle infligée aux chefs, directeurs et administrateurs de l'association. P. 40 s., 52 s., 60, 191, 313.

294. Tout individu qui, sans la permission de l'autorité municipale, aura accordé ou consenti l'usage de sa maison ou de son appartement, en tout ou en partie, pour la réunion des membres d'une association même autorisée, ou pour l'exercice d'un culte, sera puni d'une amende de seize francs à deux cents francs. P. 52. L. 7 *vend. an* IV.

TITRE II.

CRIMES ET DÉLITS CONTRE LES PARTICULIERS.

CHAPITRE PREMIER.

Crimes et Délits contre les Personnes.

(Loi décrétée le 17 février 1810, promulguée le 27 du même mois.)

SECTION I.

Meurtres et autres Crimes capitaux, Menaces d'attentats contre les personnes.

§ 1er. *Meurtre, Assassinat, Parricide, Infanticide, Empoisonnement.*

295. L'homicide commis volontairement est qualifié meurtre. P. 64, 319, 321 s., 324, 326 s., 437.

296. Tout meurtre commis avec préméditation ou de guet-apens, est qualifié assassinat. P. 297, 298, 302, 327 s.

297. La préméditation consiste dans le dessein formé, avant l'action, d'attenter à la personne d'un individu déterminé, ou même de celui qui sera trouvé ou rencontré, quand même ce dessein serait dépendant de quelque circonstance ou de quelque condition.

298. Le guet-apens consiste à attendre plus ou moins de temps, dans un ou divers lieux, un individu, soit pour lui donner la mort, soit pour exercer sur lui des actes de violence.

299. Est qualifié parricide le meurtre des pères ou mères légitimes, naturels ou adoptifs, ou de tout autre ascendant légitime. P. 13, 86, 302, 312, *non excus.*, 319, 323.

300. Est qualifié infanticide le

meurtre d'un enfant nouveau-né. P. 302, 317, 319.

301. Est qualifié empoisonnement tout attentat à la vie d'une personne, par l'effet de substances qui peuvent donner la mort plus ou moins promptement, de quelque manière que ces substances aient été employées ou administrées, et quelles qu'en aient été les suites. P. 302, 317, 452.

302. Tout coupable d'assassinat, de parricide, d'infanticide et d'empoisonnement, sera puni de mort, sans préjudice de la disposition particulière contenue en l'article 13, relativement au parricide. P. 12, 64, 66 s., 316, 321 s., 327 s.

303. Seront punis comme coupables d'assassinat, tous malfaiteurs, quelle que soit leur dénomination, qui, pour l'exécution de leurs crimes, emploient des tortures ou commettent des actes de barbarie. P. 64, 66 s., 302, 344.

304. Le meurtre emportera la peine de mort, lorsqu'il aura précédé, accompagné ou suivi un autre crime. — Le meurtre emportera également la peine de mort, lorsqu'il aura eu pour objet, soit de préparer, faciliter ou exécuter un délit, soit de favoriser la fuite, ou d'assurer l'impunité des auteurs ou complices de ce délit. P. 12, 64, 66 s., 319, 321 s., 327 s., 437. — En tout autre cas, le coupable de meurtre sera puni des travaux forcés à perpétuité. P. 15 s., 65, 64, 66 s., 70 s.; *secùs*, 233.

§ II. *Menaces.*

305. Quiconque aura menacé, par écrit anonyme ou signé, d'assassinat, d'empoisonnement, ou de tout autre attentat contre les personnes, qui serait punissable de la peine de mort, des travaux forcés à perpétuité, ou de la déportation, sera puni de la peine des travaux forcés à temps, dans le cas où la menace aurait été faite avec ordre de déposer une somme d'argent dans un lieu indiqué, ou de remplir toute autre condition. P. 15 s., 19, 64, 66 s., 179, 313, 344, 436.

306. Si cette menace n'a été accompagnée d'aucun ordre ou condition, la peine sera d'un emprisonnement de deux ans au moins, et de cinq ans au plus, et d'une amende de cent francs à six cents francs. P. 40 s., 52 s., 308, 313, 436.

307. Si la menace faite avec ordre ou sous condition a été verbale, le coupable sera puni d'un emprisonnement de six mois à deux ans, et d'une amende de vingt-cinq francs à trois cents francs. P. 40 s., 52.

308. Dans les cas prévus par les deux précédents articles, le coupable pourra de plus être mis, par l'arrêt ou le jugement, sous la surveillance de la haute police, pour cinq ans au moins et dix au plus. P. 11, 44 s.

SECTION II.

Blessures et Coups volontaires non qualifiés Meurtre, et autres Crimes et Délits volontaires.

309. Sera puni de la réclusion, tout individu qui, volontairement, aura fait des blessures ou porté des coups, s'il est résulté de ces sortes de violences une maladie ou incapacité de travail personnel pendant plus de vingt jours. P. 21 s., 64, 66, s., 186, 312, 320, 321 s. — Si les coups portés ou les blessures faites volontairement, mais sans intention de donner la mort, l'ont pourtant occasionnée, le coupable sera puni de la peine des travaux forcés à temps. P. 15, s., 19, 64, 66 s., 70, s., 319, 321 s.

310. Lorsqu'il y aura eu préméditation ou guet-apens, la peine sera, si la mort s'en est suivie, celle des travaux forcés à perpétuité, et si la mort ne s'en est pas suivie, celle des travaux forcés à temps. P. 15 s., 19, 64, 66 s., 70 s., 186, 297 s., 312, 319 s., 321 s.

311. Lorsque les blessures ou les coups n'auront occasionné aucune maladie ou incapacité de travail personnel de l'espèce mentionnée en l'article 309, le coupable sera puni d'un emprisonnement de six jours à deux ans, et d'une amende de seize francs à deux cents francs, ou de l'une de ces deux peines seulement. P. 40 s., 52, 64, 66, 69, 186, 263, 312, 315, 320, 321 s., 327 s. — S'il y a eu préméditation ou guet-apens, l'emprisonnement sera de deux ans à cinq ans, et l'amende de cinquante francs à cinq cents francs. P. 297 s.

312. Dans les cas prévus par les articles 309, 310 et 311, si le coupable a commis le crime envers ses père ou mère légitimes, naturels ou adoptifs, ou autres ascendans légitimes, il sera puni ainsi qu'il suit. — Si l'article auquel le cas se référera prononce l'emprisonnement et l'amende, le coupable subira la peine de la réclusion. P. 21 s., 66 s., 321 s. — Si l'article prononce la peine de la réclusion, il subira celle des travaux forcés à temps. P. 15 s., 19, 66 s., 70 s., 321. — Si l'article prononce la peine des travaux forcés à temps, il subira celle des travaux forcés à perpétuité. P. 15 s., 66 s., 70 s., 321 s.

313. Les crimes et les délits prévus dans la présente section et dans la section précédente, s'ils sont commis en réunion séditieuse, avec rébellion ou pillage, sont imputables aux chefs, auteurs, instigateurs et provocateurs de ces réunions, rébellions ou pillages, qui seront punis comme coupables de ces crimes ou de ces délits, et condamnés aux mêmes peines que ceux qui les auront personnellement commis. P. 60, 96, 205, 206, 209 s., 217, 295 s., 315, 440 s. — *Pillage de grains*, L. 16 *prairial an* III; 10 *vendém. an* IV.

314. Tout individu qui aura fabriqué ou débité des stilets, tromblons ou quelque espèce que ce soit d'armes prohibées par la loi ou par des réglemens d'administration publique, sera puni d'un emprisonnement de six jours à six mois. — Celui qui sera porteur desdites armes sera puni d'une amende de seize francs à deux cents francs. — Dans l'un et l'autre cas, les armes seront confisquées (1). — Le tout sans préjudice de plus forte peine, s'il y échet, en cas de complicité de crime. P. 11, 49 s., 52 s., 64, 66 s.

315. Outre les peines correctionnelles mentionnées dans les articles précédens, les tribunaux pourront prononcer le renvoi sous la surveillance de la haute police depuis deux ans jusqu'à dix ans. P. 11, 44.

316. Toute personne coupable du crime de castration subira la peine des travaux forcés à perpétuité. — Si la mort en est résultée avant l'expiration des quarante jours qui auront suivi le crime, le coupable subira la peine de mort. P. 12, 15. 64, 66 s., 70 s.; *excus.*, 325.

317. Quiconque, par alimens, breuvages, médicamens, violences, ou par tout autre moyen, aura procuré l'avortement d'une femme enceinte, soit qu'elle y ait consenti ou non, sera puni de la réclusion. P. 21 s., 64, 66 s., 321 s. — La même peine sera prononcée contre la femme qui se sera procuré l'avortement à elle-même, ou qui aura consenti à faire usage des moyens à elle indiqués ou administrés à cet effet, si l'avortement s'en est suivi. — Les médecins, chirurgiens et autres officiers de santé, ainsi que les pharmaciens qui auront indiqué ou administré ces moyens, seront condamnés à la peine des travaux forcés à temps, dans le cas où l'avortement aurait eu lieu. P. 15 s., 19, 64, 70 s. — Celui qui aura occasionné à autrui une maladie ou incapacité de travail personnel, en lui administrant volontairement, de quelque manière que ce soit, des substances qui, sans être de nature à donner la mort, sont nuisibles à la santé, sera puni d'un emprisonnement d'un mois à cinq ans, et d'une amende de seize francs à cinq cents francs; il pourra de plus être renvoyé sous la surveillance de la haute police pendant deux ans au moins et dix ans au plus. P. 40 s., 44.

(1) *Dispositions législatives concernant les armes prohibées.* V. 1° *Ord.* de 1669, *tit.* 30, concernant les armes et chasses dans les forêts royales; 2° *Décl.* 23 mars 1728, concernant les armes prohibées; 3° *Déc.* 15 décembre 1805, qui interdit l'usage et le port des fusils et pistolets à vent; 4° *Loi* 24 mai 1834, contre les détenteurs d'armes ou de munitions de guerre; 5° *Ord.* 25 février 1837, sur les pistolets de poche.

52 s., 64, 66, 69, 321 s. — Si la maladie ou incapacité de travail personnel a duré plus de vingt jours, la peine sera celle de la réclusion. P. 21 s., 64, 66 s., 321 s. — Si le coupable a commis, soit le délit soit le crime, spécifiés aux deux paragraphes ci-dessus, envers un de ses ascendans, tels qu'ils sont désignés en l'article 312, il sera puni, au premier cas, de la réclusion, et au second cas, des travaux forcés à temps. P. 21 s., 15 s., 19, 64, 68 s., 70 s., 321 s.

318. Quiconque aura vendu ou débité des boissons falsifiées, contenant des mixtions nuisibles à la santé, sera puni d'un emprisonnement de six jours à deux ans, et d'une amende de seize francs à cinq cents francs. — Seront saisies et confisquées les boissons falsifiées trouvées appartenir au vendeur ou débitant. P. 11, 40, 52 s., 301, 317, 387, 475 6°, 476 s. *Déc.* 15 *décembre* 1813.

SECTION III.

Homicide, Blessures et Coups involontaires, Crimes et Délits excusables, et Cas où ils ne peuvent être excusés; Homicide, Blessures et Coups qui ne sont ni crimes ni délits.

§ Ier. *Homicide, Blessures et Coups involontaires.*

319. Quiconque, par maladresse, imprudence, inattention, négligence ou inobservation des règlemens, aura commis involontairement un homicide, ou en aura involontairement été la cause, sera puni d'un emprisonnement de trois mois à deux ans, et d'une amende de cinquante francs à six cents francs. P. 40 s., 52 s., 64, 66, 69, 295 s.; *accid. dans les mines*, V. *Déc.* 13 *janvier* 1813, *art.* 22.

320. S'il n'est résulté du défaut d'adresse ou de précaution que des blessures ou coups, l'emprisonnement sera de six jours à deux mois, et l'amende sera de seize francs à cent francs. P. 40 s., 52 s., 64, 66, 69, 309 s.

§ II. *Crimes et Délits excusables, et Cas où ils ne peuvent être excusés.*

321. Le meurtre ainsi que les blessures et les coups sont excusables, s'ils ont été provoqués par des coups ou violences graves envers les personnes. P. 65, 304, 309, 311, 326. I. c. 339 s.

322. Les crimes et délits mentionnés au précédent article sont également excusables, s'ils ont été commis en repoussant pendant le jour l'escalade ou l'effraction des clôtures, murs ou entrée d'une maison ou d'un appartement habité ou de leurs dépendances. — Si le fait est arrivé pendant la nuit, ce cas est réglé par l'article 329. P. 396, 393, 397.

323. Le parricide n'est jamais excusable. P. 13, 65, 86, 299, 312.

324. Le meurtre commis par l'époux sur l'épouse, ou par celle-ci sur son époux, n'est pas excusable, si la vie de l'époux ou de l'épouse qui a commis le meurtre n'a pas été mise en péril dans le moment même où le meurtre a eu lieu. — Néanmoins, dans le cas d'adultère, prévu par l'article 336, le meurtre commis par l'époux sur son épouse, ainsi que sur le complice, à l'instant où il les surprend en flagrant délit dans la maison conjugale, est excusable. P. 65. I. c. *flagrant délit*, 41.

325. Le crime de castration, s'il a été immédiatement provoqué par un outrage violent à la pudeur, sera considéré comme meurtre ou blessures excusables. P. 65, 316, 326.

326. Lorsque le fait d'excuse sera prouvé, — S'il s'agit d'un crime emportant la peine de mort, ou celle des travaux forcés à perpétuité, ou celle de la déportation, la peine sera réduite à un emprisonnement d'un an à cinq ans; — S'il s'agit de tout autre crime, elle sera réduite à un emprisonnement de six mois à deux ans; — Dans ces deux premiers cas, les coupables pourront de plus être mis par l'arrêt ou le jugement sous la surveillance de la haute police pendant cinq ans au moins, et dix ans au plus. — S'il s'agit d'un délit, la peine sera réduite à un emprisonnement de six jours à six mois. P. 11, 40, 44, 64, 65, 66, 69. I. c. 339 s.

§ III. *Homicide, Blessures et Coups non qualifiés crimes ni délits.*

327. Il n'y a ni crime ni délit, lorsque l'homicide, les blessures et les coups étaient ordonnés par la loi et commandés par l'autorité légitime. P. 64, 114, 190, 295, 304, 309, 311.

328. Il n'y a ni crime ni délit, lorsque l'homicide, les blessures et les coups étaient commandés par la nécessité actuelle de la légitime défense de soi-même ou d'autrui. P. 295, 304, 309, 311, 322, 329.

329. Sont compris dans les cas de nécessité actuelle de défense, les deux cas suivans : — 1° Si l'homicide a été commis, si les blessures ont été faites, ou si les coups ont été portés en repoussant pendant la nuit l'escalade ou l'effraction des clôtures, murs ou entrée d'une maison ou d'un appartement habité ou de leurs dépendances; — 2° Si le fait a eu lieu en se défendant contre les auteurs de vols ou de pillages exécutés avec violence. P. 321, 393, 395, 397.

SECTION IV.

Attentats aux Mœurs.

330. Toute personne qui aura commis un outrage public à la pudeur, sera punie d'un emprisonnement de trois mois à un an, et d'une amende de seize francs à deux cents francs. P. 40 s., 52 s.; 64, 66, 69.

331. Tout attentat à la pudeur, consommé ou tenté sans violence sur la personne d'un enfant de l'un ou de l'autre sexe âgé de moins de onze ans, sera puni de la réclusion. P. 21 s., 64, 66 s.

332. Quiconque aura commis le crime de viol sera puni des travaux forcés à temps. P. 15, 19, 64, 66 s., 70 s. — Si le crime a été commis sur la personne d'un enfant au-dessous de l'âge de quinze ans accomplis, le coupable subira le *maximum* de la peine des travaux forcés à temps. P. 19. — Quiconque aura commis un attentat à la pudeur, consommé ou tenté avec violence contre des individus de l'un ou de l'autre sexe, sera puni de la réclusion. P. 21 s., 64, 66, s. — Si le crime a été commis sur la personne d'un enfant au-dessous de l'âge de quinze ans accomplis, le coupable subira la peine des travaux forcés à temps. P. 15, 19, 64, 66 s., 70 s.

333. Si les coupables sont les ascendans de la personne sur laquelle a été commis l'attentat, s'ils sont de la classe de ceux qui ont autorité sur elle, s'ils sont ses instituteurs ou ses *serviteurs à gages*, ou serviteurs à gages des personnes ci-dessus désignées, s'ils sont fonctionnaires ou ministres d'un culte, ou si le coupable, quel qu'il soit, a été aidé dans son crime par une ou plusieurs personnes, la peine sera celle des travaux forcés à temps, dans le cas prévu par l'article 331, et des travaux forcés à perpétuité, dans les cas prévus par l'article précédent. P. 15 s., 60, 70 s., 198.

334. Quiconque aura attenté aux mœurs, en excitant, favorisant ou facilitant habituellement la débauche ou la corruption de la jeunesse de l'un ou de l'autre sexe au-dessous de l'âge de vingt-un ans, sera puni d'un emprisonnement de six mois à deux ans, et d'une amende de cinquante francs à cinq cents francs. — Si la prostitution ou la corruption a été excitée, favorisée ou facilitée par leurs pères, mères, tuteurs ou autres personnes chargées de leur surveillance, la peine sera de deux ans à cinq ans d'emprisonnement, et de trois cents francs à mille francs d'amende. P. 40 s., 44, 52 s., 335.

335. Les coupables du délit mentionné au précédent article seront interdits de toute tutelle et curatelle, et de toute participation aux conseils de famille; savoir, les individus auxquels s'applique le premier paragraphe de cet article, pendant deux ans au moins, et cinq ans au plus, et ceux dont il est parlé au second paragraphe, pendant dix ans au moins, et vingt ans au plus. — Si le délit a été commis par le père ou la mère, le coupable sera de plus privé des droits et avantages à lui accordés sur la personne et les biens de l'enfant par le Code civil, livre 1er, titre IX, *de la Puissance paternelle*. — Dans tous les cas, les coupables pourront de plus être mis, par l'arrêt ou le jugement, sous la surveillance de la haute police, en observant, pour la durée de la surveillance, ce qui vient d'être établi pour la durée de l'interdiction mentionnée au présent article. P. 11, 42, 44. C. 371 s.

336. L'adultère de la femme ne pourra être dénoncé que par le mari: cette faculté même cessera, s'il est dans le cas prévu par l'article 339. P. 324. C. 229, 306.

337. La femme convaincue d'adultère subira la peine de l'emprisonnement pendant trois mois au moins, et deux ans au plus. — Le mari restera le maître d'arrêter l'effet de cette condamnation, en consentant à reprendre sa femme. P. 40 s., 64, 66, 69. C. 308 s.

338. Le complice de la femme adultère sera puni de l'emprisonnement pendant le même espace de temps, et, en outre, d'une amende de cent francs à deux mille francs. P. 40 s., 52 s., 59 s. — Les seules preuves qui pourront être admises contre le prévenu de complicité seront, outre le flagrant délit, celles résultant de lettres ou autres pièces écrites par le prévenu. I. c. 41, 87 s.

339. Le mari qui aura entretenu une concubine dans la maison conjugale, et qui aura été convaincu sur la plainte de la femme, sera puni d'une amende de cent francs à deux mille francs. P. 52 s., 336. C. 230, 306.

340. Quiconque étant engagé dans les liens du mariage en aura contracté un autre avant la dissolution du précédent, sera puni de la peine des travaux forcés à temps. — L'officier public qui aura prêté son ministère à ce mariage, connaissant l'existence du précédent, sera condamné à la même peine. P. 15 s., 19, 60, 64, 194 s. C. 147, 184.

SECTION V.

Arrestations illégales et Séquestrations de personnes.

341. Seront punis de la peine des travaux forcés à temps, ceux qui, sans ordre des autorités constituées et hors les cas où la loi ordonne de saisir des prévenus, auront arrêté, détenu ou séquestré des personnes quelconques. — Quiconque aura prêté un lieu pour exécuter la détention ou séquestration, subira la même peine. P. 15 s., 19, 70 s., 114 s., 119. I. c. 615 s. Ch. 4.

342. Si la détention ou séquestration a duré plus d'un mois, la peine sera celle des travaux forcés à perpétuité. P. 15 s., 70 s.

343. La peine sera réduite à l'emprisonnement de deux ans à cinq ans, si les coupables des délits mentionnés en l'article 341, non encore poursuivis de fait, ont rendu la liberté à la personne arrêtée, séquestrée ou détenue, avant le dixième jour accompli depuis celui de l'arrestation, détention ou séquestration. Ils pourront néanmoins être renvoyés sous la surveillance de la haute police, depuis cinq ans jusqu'à dix ans. P. 11, 40 s., 44.

344. Dans chacun des deux cas suivans, — 1° Si l'arrestation a été exécutée avec le faux costume, sous un faux nom, ou sur un faux ordre de l'autorité publique; — 2° Si l'individu arrêté, détenu ou séquestré, a été menacé de la mort, — Les coupables seront punis des travaux forcés à perpétuité. P. 15 s., 70 s. — Mais la peine sera celle de la mort, si les personnes arrêtées, détenues ou séquestrées, ont été soumises à des tortures corporelles. P. 12, 259, 303, 305 s., 381 4°.

SECTION VI.

Crimes et Délits tendant à empêcher ou détruire la preuve de l'état civil d'un enfant, ou à compromettre son existence; Enlèvement de Mineurs; Infraction aux lois sur les Inhumations.

§ Ier. *Crimes et Délits envers l'Enfant.*

345. Les coupables d'enlèvement, de recélé ou de suppression d'un enfant, de substitution d'un enfant à un autre, ou de supposition d'un enfant à une femme qui ne sera pas accouchée, seront punis de la réclusion. — La même peine aura lieu contre ceux qui, étant chargés d'un enfant, ne le représenteront point aux personnes qui ont le droit de le réclamer. P. 21 s., 354 s., C. 328, 329.

346. Toute personne qui, ayant assisté à un accouchement, n'aura pas fait la déclaration à elle prescrite par l'article 56 du Code civil, et dans les délais fixés par l'art. 55 du même Code, sera punie d'un emprisonnement de six jours à six mois, et d'une amende de seize francs à trois cents francs. P. 40 s., 52 s.

347. Toute personne qui, ayant trouvé un enfant nouveau-né, ne l'aura pas remis à l'officier de l'état civil, ainsi qu'il est prescrit par l'article 58 du Code civil, sera punie des peines portées au précédent article. — La présente disposition n'est point applicable à celui qui aurait consenti à se charger de l'enfant, et qui aurait fait sa déclaration à cet égard devant la municipalité du lieu où l'enfant a été trouvé.

348. Ceux qui auront porté à un hospice un enfant au-dessous de l'âge de sept ans accomplis, qui leur aurait été confié afin qu'ils en prissent soin ou pour toute autre cause, seront punis d'un emprisonnement de six semaines à six mois, et d'une amende de seize francs à cinquante francs. P. 40 s., 52, 345. — Toutefois aucune peine ne sera prononcée, s'ils n'étaient pas tenus ou ne s'étaient pas obligés de pourvoir gratuitement à la nourriture et à l'entretien de l'enfant, et si personne n'y avait pourvu.

349. Ceux qui auront exposé et délaissé en un lieu solitaire un enfant au-dessous de l'âge de sept ans accomplis, ceux qui auront donné l'ordre de l'exposer ainsi, si cet ordre a été exécuté, seront, pour ce seul fait, condamnés à un emprisonnement de six mois à deux ans, et à une amende de seize francs à deux cents francs. P. 40 s., 52 s., 351 s.

350. La peine portée au précédent article sera de deux ans à cinq ans, et l'amende de cinquante francs à quatre cents francs, contre les tuteurs ou tutrices, instituteurs ou institutrices de l'enfant exposé et délaissé par eux ou par leur ordre. P. 40 s., 52 s., 351 s.

351. Si, par suite de l'exposition et du délaissement prévus par les articles 349 et 350, l'enfant est demeuré mutilé ou estropié, l'action sera considérée comme blessures volontaires à lui faites par la personne qui l'a exposé et délaissé; et si la mort s'en est suivie, l'action sera considérée comme meurtre : au premier cas, les coupables subiront la peine applicable aux blessures volontaires; et, au second cas, celle du meurtre. P. 295, 304, 309 s., 353.

352. Ceux qui auront exposé et délaissé en un lieu non solitaire un enfant au-dessous de l'âge de sept ans accomplis, seront punis d'un emprisonnement de trois mois à un an, et d'une amende de seize francs à cent francs. P. 40 s., 52 s., 349 s.

353. Le délit prévu par le précédent article sera puni d'un emprisonnement de six mois à deux ans, et d'une amende de vingt-cinq francs à deux cents francs, s'il a été commis par les tuteurs ou tutrices, instituteurs ou institutrices de l'enfant. P. 40 s., 52 s., 349 s.

§ II. *Enlèvement de Mineurs.*

354. Quiconque aura, par fraude ou violence, enlevé ou fait enlever des mineurs, ou les aura entraînés, détournés ou déplacés, ou les aura fait entraîner, détourner ou déplacer des lieux où ils étaient mis par ceux à l'autorité ou à la direction desquels ils étaient soumis ou confiés, subira la peine de la réclusion. P. 21 s., 64, 66 s., 345, 356.

355. Si la personne ainsi enlevée ou détournée est une fille au-dessous de seize ans accomplis, la peine sera celle des travaux forcés à temps. P. 15 s., 19, 64, 66 s., 70 s.

356. Quand la fille au-dessous de seize ans aurait consenti à son enlèvement ou suivi volontairement le ravisseur, si celui-ci était majeur de vingt-un ans ou au-dessus, il sera condamné aux travaux forcés à temps. P. 15 s., 19, 70 s., 354. — Si le ravisseur n'avait pas encore vingt-un ans, il sera puni d'un emprisonnement de deux à cinq ans. P. 40 s., 66, 69. C. 340.

357. Dans le cas où le ravisseur aurait épousé la fille qu'il a enlevée, il ne pourra être poursuivi que sur la plainte des personnes qui, d'après le Code civil, ont le droit de demander la nullité du mariage, ni condamné qu'après que la nullité du mariage aura été prononcée. C. 180 s.

§ III. *Infraction aux lois sur les Inhumations.*

358. Ceux qui, sans l'autorisation préalable de l'officier public, dans le cas où elle est prescrite, auront fait inhumer un individu décédé, seront punis de six jours à deux mois d'emprisonnement, et d'une amende de seize francs à cinquante francs; sans préjudice de la poursuite des crimes dont les auteurs de ce délit pourraient être prévenus dans cette circonstance. — La même peine aura lieu contre ceux qui auront contrevenu, de quelque manière que ce soit, à la loi et aux réglemens relatifs aux inhumations précipitées. P. 40 s., 52 s. C. 77 s. *Déc. 23 prairial an* XII.

359. Quiconque aura recélé ou caché le cadavre d'une personne homicidée ou morte des suites de coups ou blessures, sera puni d'un emprisonnement de six mois à deux ans, et d'une amende de cinquante francs à quatre cents francs; sans préjudice de peines plus graves, s'il a participé au crime. P. 40 s., 52 s., 59 s.

360. Sera puni d'un emprisonnement de trois mois à un an, et de seize francs à deux cents francs d'amende, quiconque se sera rendu coupable de violation de tombeaux ou de sépultures; sans préjudice des peines contre les crimes ou délits qui seraient joints à celui-ci. P. 40 s., 52 s. *Déc. 23 prairial an* XII, *art.* 17.

SECTION VII.

Faux témoignage, Calomnie, Injures, Révélation de secrets.

§ Ier. *Faux témoignage.*

361. Quiconque sera coupable de faux témoignage en matière criminelle, soit contre l'accusé, soit en sa faveur, sera puni de la peine des travaux forcés à temps. P. 15 s., 19, 70 s. I. c. 330 s., 445 s. — Si néanmoins l'accusé a été condamné à une peine plus forte que celle des travaux forcés à temps, le faux témoin qui a déposé contre lui subira la même peine.

362. Quiconque sera coupable de faux témoignage en matière correctionnelle, soit contre le prévenu, soit en sa faveur, sera puni de la réclusion. P. 21 s., 364. — Quiconque sera coupable de faux témoignage en matière de police, soit contre le prévenu, soit en sa faveur, sera puni de la dégradation civique et de la peine de l'emprisonnement pour un an au moins et cinq ans au plus. P. 34. 35, 364.

363. Le coupable de faux témoignage, en matière civile, sera puni de la peine de la réclusion. P. 21 s., 364.

364. Le faux témoin en matière correctionnelle ou civile, qui aura reçu de l'argent, une récompense quelconque ou des promesses, sera puni des travaux forcés à temps. P. 15 s., 19, 70 s. — Le faux témoin en matière de police, qui aura reçu de l'argent, une récompense quelconque ou des promesses, sera puni de la réclusion. P. 21 s. — Dans tous les cas, ce que le faux témoin aura reçu sera confisqué. P. 11.

365. Le coupable de subornation de témoins sera passible des mêmes peines que le faux témoin, selon les distinctions contenues dans les articles 361, 362, 363 et 364. P. 15 s., 19, 21 s., 34 s., 40 s., 60.

366. Celui à qui le serment aura été déféré ou référé en matière civile, et qui aura fait un faux serment, sera puni de la dégradation civique. P. 34 s. C. *comparez* 1363.

§ II. *Calomnie, Injures, Révélation de secrets.*

367 à 372. (*Abrogés. Lois* 17 *mai* 1819; 25 *mars* 1822.) L. Pr. 186. (1)

(1) La loi du 17 mai 1819, modifiée par celle du 25 mars 1822, a abrogé

373. Quiconque aura fait par écrit une dénonciation calomnieuse contre un ou plusieurs individus, aux officiers de justice ou de police administrative ou judiciaire, sera puni d'un emprisonnement d'un mois à un an, et d'une amende de cent francs à trois mille francs. P. 40 s., 52 s. C. 727. I. c. 358.

374 et **375.** (*Abrogés. Lois 17 mai 1819, 25 mars 1822.*) L. Pr. 133, 186.

376. Toutes autres injures ou expressions outrageantes, qui n'auront pas eu ce double caractère de gravité et de publicité, ne donneront lieu qu'à des peines de simple police. P. 471 11°.

377. (*Abrogé. Lois 17 mai 1819, 25 mars 1822.*) L. Pr. 133, 186.

378. Les médecins, chirurgiens et autres officiers de santé, ainsi que les pharmaciens, les sages-femmes, et toutes autres personnes dépositaires, par état ou profession, des secrets qu'on leur confie, qui, hors le cas où la loi les oblige à se porter dénonciateurs, auront révélé ces secrets, seront punis d'un emprisonnement d'un mois à six mois, et d'une amende de cent francs à cinq cents francs. P. 40 s., 52 s.

CHAPITRE II.

CRIMES ET DÉLITS CONTRE LES PROPRIÉTÉS.

(Loi décrétée le 19 février 1810. Promulguée le 1er mars suivant.)

SECTION I.

Vols.

379. Quiconque a soustrait frauduleusement une chose qui ne lui appartient pas, est coupable de vol. P. 253, 255, 380 s. C. 1293, 1302, 2279. (1)

380. Les soustractions commises par des maris au préjudice de leurs femmes, par des femmes au préjudice de leurs maris, par un veuf ou une veuve quant aux choses qui avaient appartenu à l'époux décédé, par des enfans ou autres descendans au préjudice de leurs pères ou mères ou autres ascendans, par des pères et mères ou autres ascendans au préjudice de leurs enfans ou autres descendans, ou par des alliés aux mêmes degrés, ne pourront donner lieu qu'à des réparations civiles. C. 1382 s. — A l'égard de tous autres individus qui auraient recélé ou appliqué à leur profit tout ou partie des objets volés, ils seront punis comme coupables de vol. P. 62 s. ; *achats : Ord. 8 nov. 1780, art. 1 s.*

381. Seront punis des travaux forcés à perpétuité, les individus coupables de vols commis avec la réunion des cinq circonstances suivantes : P. 15 s., 64, 66 s., 70 s. — 1° Si le vol a été commis la nuit ; — 2° S'il a été commis par deux ou plusieurs personnes ; P. *comparez* 59 s. — 3° Si les coupables ou l'un d'eux étaient porteurs d'armes apparentes ou cachées ; P. 101 ; — 4° S'ils ont commis le crime soit à l'aide d'effraction extérieure, ou d'escalade ou de fausses clefs, dans une maison, appartement, chambre ou logement habités ou servant à l'habitation, ou leurs dépendances, soit en prenant le titre d'un fonctionnaire public ou d'un officier civil ou militaire, ou après s'être revêtus de l'uniforme ou du costume du fonctionnaire ou de l'officier, ou en alléguant un faux ordre de l'autorité civile ou militaire ; P. 259, 344, 384, 390, 393 s., 397 s. — 5° S'ils ont commis le crime avec violence ou menace de faire usage de leurs armes. P. 305 s.

382. Sera puni de la peine des travaux forcés à temps, tout individu coupable de vol commis à l'aide de violence, et, de plus, avec deux des quatre premières circonstances prévues par le précédent article. P. 15 s., 19, 64, 66 s., 70 s. — Si même la violence à l'aide de laquelle le vol a été commis a laissé des traces de blessures ou de contusions, cette cir-

---

les art. 367, 368, 369, 371, 372, 374, 375 et 377 du présent paragraphe. V. à la suite de ce Code les *Lois de la Presse*.

(1) V. *Déclaration* 26 janvier 1749, concernant l'inscription des ouvrages déposés chez les orfèvres pour les raccommoder. (*App.*)

constance seule suffira pour que la peine des travaux forcés à perpétuité soit prononcée. P. 15 s., 64, 66 s., 70 s.

383. Les vols commis sur les chemins publics emporteront la peine des travaux forcés à perpétuité, lorsqu'ils auront été commis avec deux des circonstances prévues dans l'article 381. P. 15 s., 64, 66 s., 70 s. — Ils emporteront la peine des travaux forcés à temps, lorsqu'ils auront été commis avec une seule de ces circonstances. P. 15 s., 19, 64, 66 s., 70 s. — Dans les autres cas, la peine sera celle de la réclusion. P. 21 s., 64, 66 s. L. 10 *avril* 1825, *art.* 2, 6.

384. Sera puni de la peine des travaux forcés à temps, tout individu coupable de vol commis à l'aide d'un des moyens énoncés dans le n° 4 de l'article 381, même quoique l'effraction, l'escalade et l'usage des fausses clefs aient eu lieu dans des édifices, parcs ou enclos non servant à l'habitation et non dépendant des maisons habitées, et lors même que l'effraction n'aurait été qu'intérieure. P. 15 s., 19, 22, 70, 253, 391, 393 s., 397 s.

385. Sera également puni de la peine des travaux forcés à temps, tout individu coupable de vol commis, soit avec violence, lorsqu'elle n'aura laissé aucune trace de blessure ou de contusion, et qu'elle ne sera accompagnée d'aucune autre circonstance, soit sans violence, mais avec la réunion des *trois* circonstances suivantes : — 1° Si le vol a été commis la nuit; — 2° S'il a été commis par deux ou plusieurs personnes; — 3° Si le coupable, ou l'un des coupables, était porteur d'armes apparentes ou cachées. P. 15 s., 19, 64, 66 s., 70 s.

386. Sera puni de la peine de la réclusion, tout individu coupable de vol commis dans l'un des cas ci après : — 1° Si le vol a été commis la nuit, et par deux ou plusieurs personnes, ou s'il a été commis avec une de ces deux circonstances seulement, mais en même temps dans un lieu habité ou servant à l'habitation, ou dans les édifices consacrés aux cultes légalement établis en France; — 2° Si le coupable, ou l'un des coupables, était porteur d'armes apparentes ou cachées; même quoique le lieu où le vol a été commis ne fût ni habité ni servant à l'habitation, et encore quoique le vol ait été commis le jour et par une seule personne; 3° Si le voleur est un domestique ou un homme de service à gages, même lorsqu'il aura commis le vol envers des personnes qu'il ne servait pas, mais qui se trouvaient, soit dans la maison de son maître, soit dans celle où il l'accompagnait; ou si c'est un ouvrier, compagnon ou apprenti, *dans la maison*, l'atelier ou le magasin de son maître, ou un individu travaillant habituellement dans l'habitation où il aura volé; — 4° Si le vol a été commis par un aubergiste, un *hôtelier*, un voiturier, un batelier ou un de leurs préposés, lorsqu'ils auront volé tout ou partie des choses qui leur étaient confiées à ce titre. P. 21 s., 64, 66 s. L. 10 *avril* 1825, *art.* 15.

387. Les voituriers, bateliers ou leurs *préposés*, qui auront altéré des vins ou toute autre espèce de liquides ou de marchandises dont le transport leur avait été confié, et qui auront commis cette altération par le mélange *de substances malfaisantes*, seront punis de la peine portée au précédent article. P. 21 s. — S'il n'y a pas eu mélange de substances malfaisantes, la peine sera un emprisonnement d'un mois à un an, et une amende de seize francs à cent francs. P. 40 s., 52. L. 10 *avril* 1825, *art.* 15.

388. Quiconque aura volé ou tenté de voler dans les champs, des chevaux ou bêtes de charge, de voiture ou de monture, gros et menus bestiaux, ou des instrumens d'agriculture, sera puni d'un emprisonnement d'un an au moins et de cinq ans au plus, et d'une amende de seize francs à cinq cents francs. — Il en sera de même à l'égard des vols de bois dans les ventes, et de pierres dans les carrières, ainsi qu'à l'égard du vol de poisson en étang, vivier ou réservoir. P. 40 s., 52 s. C. 564. — Quiconque aura volé ou tenté de voler dans les champs, des récoltes ou autres productions utiles de la terre, déjà détachées du sol, ou des meules de grains faisant partie de récoltes, sera puni d'un emprisonnement de quinze jours à deux ans, et d'une amende de seize francs à deux cents francs. P. 40 s., 52 s. — Si le vol a été commis, soit la nuit, soit par plusieurs personnes, soit à l'aide de voitures ou d'animaux de charge, l'emprisonnement sera d'un an à cinq ans, et l'amende de seize francs à cinq cents francs. P. 40 s., 52 s. — Lorsque le vol ou la tentative de vol de récoltes ou autres productions utiles de la terre, qui, avant d'être soustraites, n'étaient pas encore détachées du sol, aura eu lieu, soit avec des paniers ou des sacs ou autres objets équivalens, soit la nuit, soit à l'aide de voitures ou d'animaux de charge, soit par plusieurs personnes, la peine sera d'un emprisonnement de quinze jours à deux ans, et d'une amende de seize francs à deux cents francs. P. 40 s., 52. — Dans tous les cas spécifiés au présent article, les coupables pourront, indépendamment de la peine principale, être interdits de tout ou partie des droits mentionnés en l'article 42, pendant cinq ans au moins et dix ans au plus, à compter du jour où ils auront subi leur peine. Ils pourront aussi être mis, par l'arrêt ou le jugement, sous la surveillance de la haute police pendant le même nombre d'années. P. 44 s.

389. Sera puni de la réclusion celui qui, pour commettre un vol, aura enlevé ou déplacé des bornes servant de séparation aux propriétés. P. 21 s., 64, 66 s.

390. Est réputé *maison habitée*, tout bâtiment, logement, loge, cabane, même mobile, qui, sans être actuellement habité, est destiné à l'habitation, et tout ce qui en dépend, comme cours, basses-cours, granges, écuries, édifices qui y sont enfermés, quel qu'en soit l'usage, et quand même ils auraient une clôture particulière dans la clôture ou enceinte générale. P. 451. C. 1350, 1352.

391. Est réputé *parc* ou *enclos*, tout terrain environné de fossés, de pieux, de claies, de planches, de haies vives ou sèches, ou de murs de quelque espèce de matériaux que ce soit, quelles que soient la hauteur, la profondeur, la vétusté, la dégradation de ces diverses clôtures, quand il n'y aurait pas de porte fermant à clef ou autrement, ou quand la porte serait à claire-voie et ouverte habituellement. C. 1350, 1352.

392. Les parcs mobiles destinés à contenir du bétail dans la campagne, de quelque matière qu'ils soient faits, sont aussi réputés enclos; et lorsqu'ils tiennent aux cabanes mobiles ou autres abris destinés aux gardiens, ils sont réputés dépendans de maison habitée. C. 1350, 1352.

393. Est qualifié *effraction*, tout forcement, rupture, dégradation, démolition, enlèvement de murs, toits, planchers, portes, fenêtres, serrures, cadenas, ou autres ustensiles ou instrumens servant à fermer ou à empêcher le passage, et de toute espèce de clôture, quelle qu'elle soit. P. 381, 384, 394 s. C. 1350, 1352.

394. Les effractions sont extérieures ou intérieures.

395. Les effractions extérieures sont celles à l'aide desquelles on peut s'introduire dans les maisons, cours, basses-cours, enclos ou dépendances, ou dans les appartemens ou logemens particuliers.

396. Les effractions intérieures sont celles qui, après l'introduction dans les lieux mentionnés en l'article précédent, sont faites aux portes ou clôtures du dedans, ainsi qu'aux armoires ou autres meubles fermés. — Est compris dans la classe des effractions intérieures, le simple enlèvement des caisses, boîtes, ballots sous toile et corde, et autres meubles fermés, qui contiennent des effets quelconques, bien que l'effraction n'ait pas été faite sur le lieu.

397. Est qualifiée *escalade*, toute entrée dans les maisons, bâtimens, cours, basses-cours, édifices quelconques, jardins, parcs et enclos, exécutée par-dessus les murs, portes, toitures ou toute autre clôture. — L'entrée par une ouverture souterraine, autre que celle qui a été établie pour servir d'entrée, est une circonstance de même gravité que l'escalade. P. 381, 384. C. 1350, 1352.

398. Sont qualifiés *fausses clefs*, tous crochets, rossignols, passe-partout, clefs imitées, contrefaites, altérées, ou qui n'ont pas été destinées par le propriétaire, locataire, aubergiste ou logeur, aux serrures, cadenas, ou aux fermetures quelconques auxquelles le coupable les aura employées. C. 1556, 1352; *vente de clés* : *Ord.* 8 *nov.* 1780, *art.* 8.

399. Quiconque aura contrefait ou altéré des clefs, sera condamné à un emprisonnement de trois mois à deux ans, et à une amende de vingt-cinq francs à cent cinquante francs. P. 40 s., 52, 64, 66, 69. — Si le coupable est un serrurier de profession, il sera puni de la réclusion. P. 21 s., 64, 66 s. — Le tout sans préjudice de plus fortes peines, s'il y échet, en cas de complicité de crime. P. 59 s.

400. Quiconque aura extorqué par force, violence ou contrainte, la signature ou la *remise* d'un écrit, d'un acte, d'un titre, d'une pièce quelconque contenant ou opérant obligation, disposition ou décharge, sera puni de la peine des travaux forcés à temps. P. 15 s., 19, 64, 66 s., 70 s. — Le saisi qui aura détruit, détourné ou tenté de détourner des objets saisis sur lui et confiés à sa garde, sera puni des peines portées en l'article 406. P. 40 s., 42, 52 s. — Il sera puni des peines portées en l'article 401, si la garde des objets saisis, et par lui détruits ou détournés avait été confiée à un tiers. P. 40 s., 42, 44, 52 s. — Celui qui aura recélé sciemment les objets détournés, le conjoint, les ascendans et descendans du saisi qui l'auront aidé dans la destruction ou le détournement de ces objets, seront punis d'une peine égale à celle qu'il aura encourue. P. 62.

401. Les autres vols non spécifiés dans la présente section, les larcins et filouteries, ainsi que les tentatives de ces mêmes délits, seront punis d'un emprisonnement d'un an au moins et de cinq ans au plus, et pourront même l'être d'une amende qui sera de seize francs au moins et de cinq cents francs au plus. — Les coupables pourront encore être interdits des droits mentionnés en l'article 42 du présent Code, pendant cinq ans au moins et dix ans au plus, à compter du jour où ils auront subi leur peine. — Ils pourront aussi être mis, par l'arrêt ou le jugement, sous la surveillance de la haute police pendant le même nombre d'années. P. 2, 3, 40 s., 42, 44 s., 52 s., 379 s. Co. 594.

SECTION II.

Banqueroutes, Escroqueries, et autres espèces de Fraude.

§ Ier. *Banqueroute et Escroquerie.* (1)

402. Ceux qui, dans les cas prévus par le Code de commerce, seront déclarés coupables de banqueroute, seront punis ainsi qu'il suit : — Les banqueroutiers frauduleux seront punis de la peine des travaux forcés à temps; P. 15 s., 19, 70 s. Co. 591 s., 593 s. — Les banqueroutiers simples seront punis d'un emprisonnement d'un mois au moins et de deux ans au plus. P. 40 s., 52 s. Co. 584 s.

403. Ceux qui, conformément au Code de commerce, seront déclarés complices de banqueroute frauduleuse, seront punis de la même peine que les banqueroutiers frauduleux. Co. 593 s.

404. Les agens de change et courtiers qui auront fait faillite, seront punis de la peine des travaux forcés à temps ; s'ils sont convaincus de banqueroute frauduleuse, la peine sera celle des travaux forcés à perpétuité. P. 15 s., 19, 70 s. Co. 89.

405. Quiconque, soit en faisant usage de faux noms ou de fausses qualités, soit en employant des manœuvres frauduleuses pour persuader l'existence de fausses entreprises, d'un pouvoir ou d'un crédit imaginaire, ou pour faire naître l'espérance ou la crainte d'un succès, d'un accident ou de tout autre événement chimérique, se sera fait remettre ou délivrer des fonds, des meubles ou des

(1) L'officier qui se rend coupable des crimes et délits prévus par les art. 402, 403, 405, 406, 407, perd son grade. (*Loi* 19 *mai* 1834, *App.*)

obligations, dispositions, billets, promesses, quittances ou décharges, et aura, par un de ces moyens, escroqué ou tenté d'escroquer la totalité ou partie de la fortune d'autrui, sera puni d'un emprisonnement d'un an au moins et de cinq ans au plus, et d'une amende de cinquante francs au moins et de trois mille francs au plus. —Le coupable pourra être, en outre, à compter du jour où il aura subi sa peine, interdit, pendant cinq ans au moins et dix ans au plus, des droits mentionnés en l'article 42 du présent Code : le tout sauf les peines plus graves, s'il y a crime de faux. P. 40 s., 42, 64, 139 s., 145 s., 150 s., 153 s.

§ II. *Abus de confiance.*

406. Quiconque aura abusé des besoins, des faiblesses ou des passions d'un mineur, pour lui faire souscrire, à son préjudice, des obligations, quittances ou décharges, pour prêt d'argent ou de choses mobilières, ou d'effets de commerce, ou de tous autres effets obligatoires, sous quelque forme que cette négociation ait été faite ou deguisée, sera puni d'un emprisonnement de deux mois au moins, de deux ans au plus, et d'une amende qui ne pourra excéder le quart des restitutions et des dommages-intérêts qui seront dus aux parties lésées, ni être moindre de vingt-cinq francs. — La disposition portée au second paragraphe du précédent article, pourra de plus être appliquée. P. 40 s., 42, 52.

407. Quiconque, abusant d'un blanc-seing qui lui aura été confié, aura frauduleusement écrit au dessus une obligation ou décharge, ou tout autre acte pouvant compromettre la personne ou la fortune du signataire, sera puni des peines portées en l'article 405. P. 40 s., 42, 52. — Dans le cas où le blanc-seing ne lui aurait pas été confié, il sera poursuivi comme faussaire et puni comme tel. P. 145 s., 150 s.

408. Quiconque aura détourné ou dissipé, au préjudice des propriétaires, possesseurs ou détenteurs, des effets, deniers, marchandises, billets, quittances ou tous autres écrits contenant ou opérant obligation ou décharge, qui ne lui auraient été remis qu'à titre de louage, de dépôt, de mandat, ou pour un travail salarié ou non salarié, à la charge de les rendre ou représenter, ou d'en faire un usage ou un emploi déterminé, sera puni des peines portées en l'article 406. P. 40 s., 42, 52 s., 66, 69. Co. 590 s. — Si l'abus de confiance prévu et puni par le précédent paragraphe a été commis par un domestique, homme de service à gages, élève, clerc, commis, ouvrier, compagnon ou apprenti, au préjudice de son maître, la peine sera celle de la réclusion. P. 21 s., 66 s. — Le tout sans préjudice de ce qui est dit aux articles 254, 255 et 256, relativement aux soustractions et enlèvemens de deniers, effets ou pièces, commis dans les dépôts publics. L. 10 avril 1825, art. 12.

409. Quiconque, après avoir produit dans une contestation judiciaire, quelque titre, pièce ou mémoire, l'aura soustrait de quelque manière que ce soit, sera puni d'une amende de vingt-cinq francs à trois cents francs. P. 52 s. — Cette peine sera prononcée par le tribunal saisi de la contestation. I. c. secùs, 179.

§ III. *Contravention aux Réglemens sur les maisons de jeu, les loteries et les maisons de prêt sur gages.* (1)

410. Ceux qui auront tenu une maison de jeux de hasard, et y auront admis le public, soit librement, soit sur la présentation des intéressés ou affiliés, les banquiers de cette maison, tous ceux qui auront établi ou tenu des loteries non autorisées par la loi, tous administrateurs, préposés ou agens de ces établissemens, seront punis d'un emprisonnement de deux mois au moins, et de six mois au plus, et d'une amende de cent francs à six mille francs. — Les coupables pourront être de plus, à compter du jour où ils auront subi leur peine, interdits, pendant cinq ans au moins et dix ans au plus, des

(1) Loi 21 mai 1836, portant prohibition des loteries. (App.)

droits mentionnés en l'article 42 du présent Code. — Dans tous les cas, seront confisqués tous les fonds ou effets qui seront trouvés exposés au jeu ou mis à la loterie, les meubles, instrumens, ustensiles, appareils employés ou destinés au service des jeux ou des loteries, les meubles et les effets mobiliers dont les lieux seront garnis ou décorés. P. 11, 40 s., 42, 52, 475 5°, 477.

411. Ceux qui auront établi ou tenu des maisons de prêt sur gages ou nantissement, sans autorisation légale, ou qui, ayant une autorisation, n'auront pas tenu un registre conforme aux règlemens, contenant de suite, sans aucun blanc ni interligne, les sommes ou les objets prêtés, les noms, domicile et profession des emprunteurs, la nature, la qualité, la valeur des objets mis en nantissement, seront punis d'un emprisonnement de quinze jours au moins, de trois mois au plus, et d'une amende de cent francs à deux mille francs. P. 40 s., 52 s.; *comparez* 60, 294. C. 2084.

§ IV. *Entraves apportées à la liberté des Enchères.*

412. Ceux qui, dans les adjudications de la propriété, de l'usufruit ou de la location des choses mobilières ou immobilières, d'une entreprise, d'une fourniture, d'une exploitation ou d'un service quelconque, auront entravé ou troublé la liberté des enchères ou des soumissions, par voies de fait, violences ou menaces, soit avant, soit pendant les enchères ou les soumissions, seront punis d'un emprisonnement de quinze jours au moins, de trois mois au plus, et d'une amende de cent francs au moins et de cinq mille francs au plus. — La même peine aura lieu contre ceux qui, par dons ou promesses, auront écarté les enchérisseurs. P. 40 s., 52 s., 224. F. 22.

§ V. *Violation des Règlemens relatifs aux manufactures, au commerce et aux arts.*

413. Toute violation des règlemens d'administration publique, relatifs aux produits des manufactures françaises qui s'exporteront à l'étranger, et qui ont pour objet de garantir la bonne qualité, les dimensions et la nature de la fabrication, sera punie d'une amende de deux cents francs au moins, de trois mille francs au plus, et de la confiscation des marchandises. Ces deux peines pourront être prononcées cumulativement ou séparément, selon les circonstances. P. 11, 52 s.

414. Toute coalition entre ceux qui font travailler des ouvriers, tendant à forcer injustement et abusivement l'abaissement des salaires, suivie d'une tentative ou d'un commencement d'exécution, sera punie d'un emprisonnement de six jours à un mois, et d'une amende de deux cents francs à trois mille francs. P. 40 s., 52 s.

415. Toute coalition de la part des ouvriers pour faire cesser en même temps de travailler, interdire le travail dans un atelier, empêcher de s'y rendre et d'y rester avant ou après de certaines heures, et en général pour suspendre, empêcher, enchérir les travaux, s'il y a eu tentative ou commencement d'exécution, sera punie d'un emprisonnement d'un mois au moins et de trois mois au plus. — Les chefs ou moteurs seront punis d'un emprisonnement de deux à cinq ans. P. 40 s., 52 s., 64, 66, 69, 416.

416. Seront aussi punis de la peine portée par l'article précédent, et d'après les mêmes distinctions, les ouvriers qui auront prononcé des amendes, des défenses, des interdictions, ou toutes proscriptions sous le nom de *damnations* et sous quelque qualification que ce puisse être, soit contre les directeurs d'ateliers et entrepreneurs d'ouvrages, soit les uns contre les autres. — Dans le cas du présent article et dans celui du précédent, les chefs ou moteurs du délit pourront, après l'expiration de leur peine, être mis sous la surveillance de la haute police pendant deux ans au moins et cinq ans au plus. P. 44.

417. Quiconque, dans la vue de nuire à l'industrie française, aura fait passer en pays étranger des directeurs, commis ou des ouvriers d'un établissement, sera puni d'un emprisonnement de six mois à deux ans, et d'une amende de cinquante francs à trois cents francs. P. 40 s., 52 s.

418. Tout directeur, commis, ouvrier de fabrique, qui aura communiqué à des étrangers ou à des Français résidant en pays étranger, des secrets de la fabrique où il est employé, sera puni de la réclusion et d'une amende de cinq cents francs à vingt mille francs. P. 21 s., 52 s., 64, 66 s. — Si ces secrets ont été communiqués à des Français résidant en France, la peine sera d'un emprisonnement de trois mois à deux ans, et d'une amende de seize francs à deux cents francs. P. 40 s., 52 s., 64, 66, 69.

419. Tous ceux qui, par des faits faux ou calomnieux semés à dessein dans le public, par des sur-offres faites aux prix que demandaient les vendeurs eux-mêmes, par réunion ou coalition entre les principaux détenteurs d'une même marchandise ou denrée, tendant à ne la pas vendre ou à ne la vendre qu'à un certain prix, ou qui, par des voies ou moyens frauduleux quelconques, auront opéré la hausse ou la baisse du prix des denrées ou marchandises ou des papiers et effets publics au-dessus ou au-dessous des prix qu'aurait déterminés la concurrence naturelle et libre du commerce, seront punis d'un emprisonnement d'un mois au moins, d'un an au plus, et d'une amende de cinq cents francs à dix mille francs. Les coupables pourront de plus être mis, par l'arrêt ou le jugement, sous la surveillance de la haute police pendant deux ans au moins et cinq ans au plus. P. 40, 44, 52 s.

420. La peine sera d'un emprisonnement de deux mois au moins et de deux ans au plus, et d'une amende de mille francs à vingt mille francs, si ces manœuvres ont été pratiquées sur grains, grenailles, farines, substances farineuses, pain, vin ou toute autre boisson. P. 40, 52 s. — La mise en surveillance qui pourra être prononcée sera de cinq ans au moins et de dix ans au plus. P. 44.

421. Les paris qui auront été faits sur la hausse ou la baisse des effets publics seront punis des peines portées par l'article 419. P. 40, 44, 52 s.

422. Sera réputée pari de ce genre, toute convention de vendre ou de livrer des effets publics qui ne seront pas prouvés par le vendeur avoir existé à sa disposition au temps de la convention, ou avoir dû s'y trouver au temps de la livraison. C. 1350, 1352.

423. Quiconque aura trompé l'acheteur sur le titre des matières d'or ou d'argent, (1) sur la qualité d'une pierre fausse vendue pour fine, sur la nature de toutes marchandises; quiconque, par usage de faux poids ou de fausses mesures, aura trompé sur la quantité des choses vendues, sera puni de l'emprisonnement pendant trois mois au moins, un an au plus, et d'une amende qui ne pourra excéder le quart des restitutions et dommages-intérêts, ni être au-dessous de cinquante francs. — Les objets du délit, ou leur valeur, s'ils appartiennent encore au vendeur, seront confisqués : les faux poids et les fausses mesures seront aussi confisqués, et

(1) Tous les ouvrages d'orfèvrerie et d'argenterie fabriqués en France doivent être conformes aux titres prescrits par la loi, respectivement suivant leur nature. — Il y a trois titres légaux pour les ouvrages d'or et deux pour les ouvrages d'argent, savoir : — Pour l'or, le premier de 920 millièmes (22 karats 1/32 1/2 environ); le deuxième de 840 millièmes (20 karats 5/32 et 1/8); le troisième de 750 millièmes (18 karats.) — Et pour l'argent, le premier de 950 millièmes (11 deniers, 9 grains 7/10); le deuxième de 800 millièmes (9 deniers, 11 grains 1/2.) — La tolérance des titres pour l'or est de trois millièmes; celle des titres pour l'argent est de cinq millièmes. Dans le cas de contravention la peine est une amende de deux cents francs pour la première; cinq cents francs pour la deuxième; mille francs pour la troisième, et en outre le commerce de l'orfèvrerie est interdit au contrevenant. (*L.* 19 brumaire an VI, *art.* 1er, 4, 5, 80.)

de plus seront brisés. P. 11, 40 s., 51 s., 66, 69, 405, 479 5°, 481 (1).

424. Si le vendeur et l'acheteur se sont servis, dans leurs marchés, d'autres poids ou d'autres mesures que ceux qui ont été établis par les lois de l'état, l'acheteur sera privé de toute action contre le vendeur qui l'aura trompé par l'usage de poids ou de mesures prohibés; sans préjudice de l'action publique pour la punition tant de cette fraude que de l'emploi même des poids et des mesures prohibés. — La peine, en cas de fraude, sera celle portée par l'article précédent. — La peine pour l'emploi des mesures et poids prohibés sera déterminée par le livre IV du présent Code, contenant les peines de simple police. P. 479 6°, 481. L. 4 juill. 1837.

425. Toute édition d'écrits, de composition musicale, de dessin, de peinture ou de toute autre production, imprimée ou gravée en entier ou en partie, au mépris des lois et réglemens relatifs à la propriété des auteurs, est une contrefaçon; et toute contrefaçon est un délit. (2).

426. Le débit d'ouvrages contrefaits, l'introduction sur le territoire français d'ouvrages qui, après avoir été imprimés en France, ont été contrefaits chez l'étranger, sont un délit de la même espèce. P. 425, 427, 429; *droits des auteurs*. L. Pr. 1 s., 9 s., 55 s.

427. La peine contre le contrefacteur, ou contre l'introducteur, sera une amende de cent francs au moins et de deux mille francs au plus; et contre le débitant, une amende de vingt-cinq francs au moins et de cinq cents francs au plus. — La confiscation de l'édition contrefaite sera prononcée tant contre le contrefacteur que contre l'introducteur et le débitant. — Les planches, moules ou matrices des objets contrefaits, seront aussi confisqués. P. 11, 52 s., 429.

428. Tout directeur, tout entrepreneur de spectacle, toute association d'artistes, qui aura fait représenter sur son théâtre des ouvrages dramatiques, au mépris des lois et réglemens relatifs à la propriété des auteurs, sera puni d'une amende de cinquante francs au moins, de cinq cents francs au plus, et de la confiscation des recettes. P. 52 s., 429.

429. Dans les cas prévus par les quatre articles précédens, le produit des confiscations, ou les recettes confisquées, seront remis au propriétaire pour l'indemniser d'autant du préjudice qu'il aura souffert; le surplus de son indemnité, ou l'entière indemnité, s'il n'y a eu ni vente d'objets confisqués ni saisie de recettes, sera réglé par les voies ordinaires. P. 51 s. *Déc.* 5 *février* 1810, *art.* 41, 42. L. Pr. 55, 56.

§ VI. *Délits des Fournisseurs.*

430. Tous individus chargés, comme membres de compagnie ou individuellement, de fournitures, d'entreprises ou régies pour le compte des armées de terre et de mer, qui, sans y avoir été contraints par une force majeure, auront fait manquer le service dont ils sont chargés, seront punis de la peine de la réclusion et d'une amende qui ne pourra excéder le quart des dommages-intérêts, ni être au-dessous de cinq cents francs; le tout sans préjudice de peines plus fortes en cas d'intelligence avec l'ennemi. P. 21 s., 52 s., 64, 433; *intellig.*, 77 s.

431. Lorsque la cessation du service proviendra du fait des agens des fournisseurs, les agens seront condamnés aux peines portées par le précédent article. — Les fournisseurs et leurs agens seront également condamnés, lorsque les uns et les autres auront participé au crime. P. 59 s.

432. Si des fonctionnaires publics ou des agens, préposés ou salariés du gouvernement, ont aidé les coupables à faire manquer le service, ils seront

(1) Les dispositions de cet article sont applicables aux altérations et suppositions de noms sur les procédés des fabriques. V. L. 28 juillet 1824. (*App.*)

(2) Les droits des auteurs sont établis par les lois 19 juillet 1793, *Décrets* 1er et 7 germinal an XIII, 5 février 1810. (V. *App. au Code pénal.*)

punis de la peine des travaux forcés à temps; sans préjudice de peines plus fortes en cas d'intelligence avec l'ennemi. P. 15, 19, 77, 433.

433. Quoique le service n'ait pas manqué, si, par négligence, les livraisons et les travaux ont été retardés, ou s'il y a eu fraude sur la nature, la qualité ou la quantité des travaux ou main-d'œuvres, ou des choses fournies, les coupables seront punis d'un emprisonnement de six mois au moins et de cinq ans au plus, et d'une amende qui ne pourra excéder le quart des dommages-intérêts, ni être moindre de cent francs. P. 40, s., 52 s. — Dans les divers cas prévus par les articles composant le présent paragraphe, la poursuite ne pourra être faite que sur la dénonciation du gouvernement. I. c. 1 s., 4.

SECTION III.

Destructions, Dégradations, Dommages.

434. Quiconque aura volontairement mis le feu à des édifices, navires, bateaux, magasins, chantiers, quand ils sont habités ou servent à l'habitation, et généralement aux lieux habités ou servant à l'habitation, qu'ils appartiennent ou n'appartiennent pas à l'auteur du crime, sera puni de mort. P. 12, 64, 66 s., 95. L. 10 *avril* 1825, *art.* 11. — Sera puni de la même peine quiconque aura volontairement mis le feu à tout édifice servant à des réunions de citoyens. P. 95. — Quiconque aura volontairement mis le feu à des édifices, navires, bateaux, magasins, chantiers, lorsqu'ils ne sont ni habités ni servant à habitation, ou à des forêts, bois taillis ou récoltes sur pied, lorsque ces objets ne lui appartiennent pas, sera puni de la peine des travaux forcés à perpétuité. P. 15 s., 64, 66 s., 70 s. — Celui qui, en mettant le feu à l'un des objets énumérés dans le paragraphe précédent et à lui même appartenant, aura volontairement causé un préjudice quelconque à autrui, sera puni des travaux forcés à temps. P. 15 s., 19, 64, 66 s., 70 s. — Quiconque aura volontairement mis le feu à des bois ou récoltes abattus, soit que les bois soient en tas ou en cordes, et les récoltes en tas ou en meules, si ces objets ne lui appartiennent pas, sera puni des travaux forcés à temps. P. 15 s., 19. L. 10 *avril* 1825, *art.* 13. — Celui qui, en mettant le feu à l'un des objets énumérés dans le paragraphe précédent et à lui-même appartenant, aura volontairement causé un préjudice quelconque à autrui, sera puni de la réclusion. P. 21 s., 64, 66 s. — Celui qui aura communiqué l'incendie à l'un des objets énumérés dans les précédens paragraphes, en mettant volontairement le feu à des objets quelconques, appartenant soit à lui, soit à autrui, et placés de manière à communiquer ledit incendie, sera puni de la même peine que s'il avait directement mis le feu à l'un desdits objets. — Dans tous les cas, si l'incendie a occasionné la mort d'une ou plusieurs personnes se trouvant dans les lieux incendiés au moment où il a éclaté, la peine sera la mort. P. 12, 64, 66 s.

435. La peine sera la même, d'après les distinctions faites en l'article précédent, contre ceux qui auront détruit, par l'effet d'une mine, des édifices, navires, bateaux, magasins ou chantiers. P. 95.

436. La menace d'incendier une habitation ou toute autre propriété sera punie de la peine portée contre la menace d'assassinat, et d'après les distinctions établies par les articles 305, 306 et 307.

437. Quiconque aura volontairement détruit ou renversé, par quelque moyen que ce soit, en tout ou en partie, des édifices, des ponts, digues ou chaussées, ou autres constructions qu'il savait appartenir à autrui, sera puni de la réclusion, et d'une amende qui ne pourra excéder le quart des restitutions et indemnités, ni être au dessous de cent francs. P. 21 s., 52 s., 257, 451. — S'il y a eu homicide ou blessures, le coupable sera, dans le premier cas, puni de mort, et dans le second, puni de la peine des travaux forcés à temps. P. *mort*, 12, 304; *trav. forcés*,

15 s., 19, 309 ; *except.*, 64, 66 s., 70 s.

438. Quiconque, par des voies de fait, se sera opposé à la confection des travaux autorisés par le gouvernement, sera puni d'un emprisonnement de trois mois à deux ans, et d'une amende qui ne pourra excéder le quart des dommages-intérêts, ni être au-dessous de seize francs. P. 40 s., 52, 209 s., 462. — Les moteurs subiront le *maximum* de la peine.

439. Quiconque aura volontairement brûlé ou détruit, d'une manière quelconque, des registres, minutes ou actes originaux de l'autorité publique, des titres, billets, lettres de change, effets de commerce ou de banque, contenant ou opérant obligation, disposition ou décharge, sera puni ainsi qu'il suit : — Si les pièces détruites sont des actes de l'autorité publique, ou des effets de commerce ou de banque, la peine sera la réclusion. P. 21 s., 64, 66 s. — S'il s'agit de toute autre pièce, le coupable sera puni d'un emprisonnement de deux à cinq ans, et d'une amende de cent francs à trois cents francs. P. 40 s., 52, 462, 479 1°, 2°, 3°.

440. Tout pillage, tout dégât de denrées ou marchandises, effets, propriétés mobilières, commis en réunion ou bande et à force ouverte, sera puni des travaux forcés à temps ; chacun des coupables sera de plus condamné à une amende de deux cents francs à cinq mille francs. P. 15 s., 19, 52 s., 64, 66 s., 70 s., 96 s., 265 s., 441 s., 475 12°. L. 16 *prairial an* III ; 10 *vendémiaire an* IV.

441. Néanmoins ceux qui prouveront avoir été entraînés par des provocations ou sollicitations à prendre part à ces violences, pourront n'être punis que de la peine de la réclusion. P. 21 s., 64, 66 s., 100, 213.

442. Si les denrées pillées ou détruites sont des grains, grenailles ou farines, substances farineuses, pain, vin ou autre boisson, la peine que subiront les chefs, instigateurs ou provocateurs seulement, sera le *maximum* des travaux forcés à temps, et celui de l'amende prononcée par l'article 440. P. 15 s., 19, 52 s., 64, 66 s., 475 12°. L. 16 *prairial an* III ; 10 *vendémiaire an* IV.

443. Quiconque, à l'aide d'une liqueur corrosive ou par tout autre moyen, aura volontairement gâté des marchandises ou matières servant à la fabrication, sera puni d'un emprisonnement d'un mois à deux ans, et d'une amende qui ne pourra excéder le quart des dommages-intérêts, ni être moindre de seize francs. — Si le délit a été commis par un ouvrier de la fabrique ou par un commis de la maison de commerce, l'emprisonnement sera de deux à cinq ans, sans préjudice de l'amende, ainsi qu'il vient d'être dit. P. 40 s., 52 s., 462.

444. Quiconque aura dévasté des récoltes sur pied ou des plants venus naturellement ou faits de main d'homme, sera puni d'un emprisonnement de deux ans au moins, de cinq ans au plus. — Les coupables pourront de plus être mis, par l'arrêt ou le jugement, sous la surveillance de la haute police pendant cinq ans au moins et dix ans au plus. P. 40, 44, 52, 64, 66, 69, 449 s., 455, 462.

445. Quiconque aura abattu un ou plusieurs arbres qu'il savait appartenir à autrui, sera puni d'un emprisonnement qui ne sera pas au-dessous de six jours, ni au-dessus de six mois, à raison de chaque arbre, sans que la totalité puisse excéder cinq ans. P. 40 s., 52, 64, 66, 69, 448, 450, 455, 462. F. 192 s.

446. Les peines seront les mêmes à raison de chaque arbre mutilé, coupé ou écorcé de manière à le faire périr. P. 448, 450, 455, 462.

447. S'il y a eu destruction d'une ou de plusieurs greffes, l'emprisonnement sera de six jours à deux mois, à raison de chaque greffe, sans que la totalité puisse excéder deux ans. P. 40, 52, 64, 66, 69, 448, 450, 455, 462.

448. Le *minimum* de la peine sera de vingt jours dans les cas prévus par les articles 445 et 446, et de dix jours dans le cas prévu par l'article 447, si les arbres étaient plantés sur les places, routes, chemins, rues ou voies publiques ou vicinales ou de traverse. P. 40, 52, 64, 66, 69, 450, 455, 462.

449. Quiconque aura coupé des

grains ou des fourrages qu'il savait appartenir à autrui, sera puni d'un emprisonnement qui ne sera pas au-dessous de six jours, ni au-dessus de deux mois. P. 40, 52, 64, 66, 69, 444, 450, 455, 462.

450. L'emprisonnement sera de vingt jours au moins et de quatre mois au plus, s'il a été coupé du grain en vert. — Dans les cas prévus par le présent article et les six précédens, si le fait a été commis en haine d'un fonctionnaire public et à raison de ses fonctions, le coupable sera puni du *maximum* de la peine établie par l'article auquel le cas se référera. — Il en sera de même, quoique cette circonstance n'existe point, si le fait a été commis pendant la nuit. P. 40, 52, 64, 66 s., 444 s., 455, 462.

451. Toute rupture, toute destruction d'instrumens d'agriculture, de parcs de bestiaux, de cabanes de gardiens, sera punie d'un emprisonnement d'un mois au moins, d'un an au plus. P. 40, 52, 64, 66, 69, 388, 437, 455, 462, 479 1°.

452. Quiconque aura empoisonné des chevaux ou autres bêtes de voiture, de monture ou de charge, des bestiaux à cornes, des moutons, chèvres ou porcs, ou des poissons dans des étangs, viviers ou réservoirs, sera puni d'un emprisonnement d'un an à cinq ans, et d'une amende de seize francs à trois cents francs. Les coupables pourront être mis, par l'arrêt ou le jugement, sous la surveillance de la haute police pendant deux ans au moins et cinq ans au plus. P. 40, 44, 52, 64, 66, 69, 301, 388, 454, 455, 462, 479, 2°. C. 564.

453. Ceux qui, sans nécessité, auront tué l'un des animaux mentionnés au précédent article, seront punis ainsi qu'il suit : — Si le délit a été commis dans les bâtimens, enclos et dépendances ou sur les terres dont le maître de l'animal tué était propriétaire, locataire, colon ou fermier, la peine sera un emprisonnement de deux mois à six mois ; — S'il a été commis dans les lieux dont le coupable était propriétaire, locataire, colon ou fermier, l'emprisonnement sera de six jours à un mois ; — S'il a été commis dans tout autre lieu, l'emprisonnement sera de quinze jours à six semaines. — Le *maximum* de la peine sera toujours prononcé en cas de violation de clôture. P. 40 s., 52 s., 64, 66, 69, 455, 462.

454. Quiconque aura, sans nécessité, tué un animal domestique dans un lieu dont celui à qui cet animal appartient est propriétaire, locataire, colon ou fermier, sera puni d'un emprisonnement de six jours au moins et de six mois au plus. — S'il y a eu violation de clôture, le *maximum* de la peine sera prononcé. P. 40 s., 52, 64, 66, 69, 455, 462 s.

455. Dans les cas prévus par les articles 444 et suivans jusqu'au précédent article inclusivement, il sera prononcé une amende qui ne pourra excéder le quart des restitutions et dommages-intérêts, ni être au-dessous de seize francs. P. 52 s.

456. Quiconque aura, en tout ou en partie, comblé des fossés, détruit des clôtures, de quelques matériaux qu'elles soient faites, coupé ou arraché des haies vives ou sèches ; quiconque aura déplacé ou supprimé des bornes, ou pieds corniers, ou autres arbres plantés ou reconnus pour établir les limites entre différens héritages, sera puni d'un emprisonnement qui ne pourra être au-dessous d'un mois ni excéder une année, et d'une amende égale au quart des restitutions et des dommages-intérêts, qui, dans aucun cas, ne pourra être au-dessous de cinquante francs. P. 40 s., 52 s., 64, 66, 69, 389, 444 s., 462.

457. Seront punis d'une amende qui ne pourra excéder le quart des restitutions et des dommages-intérêts, ni être au-dessous de cinquante francs, les propriétaires ou fermiers, ou toute personne jouissant de moulins, usines ou étangs, qui, par l'élévation du déversoir de leurs eaux au-dessus de la hauteur déterminée par l'autorité compétente, auront inondé les chemins ou les propriétés d'autrui. — S'il est résulté du fait quelques dégradations, la peine sera, outre l'amende, un emprisonnement de six jours à un mois. P. 40 s., 52 s., 64, 66, 69, 462.

L. 28 *septembre*-6 *octobre* 1791, *tit.* 2, *art.* 15, 16.

458. L'incendie des propriétés mobilières ou immobilières d'autrui, qui aura été causé par la vétusté ou le défaut soit de réparations, soit de nettoyage des fours, cheminées, forges, maisons ou usines prochaines, ou par des feux allumés dans les champs à moins de cent mètres des maisons, édifices, forêts, bruyères, bois, vergers, plantations, haies, meules, tas de grains, pailles, foins, fourrages, ou de tout autre dépôt, de matières combustibles, ou par des feux ou lumières portés ou laissés sans précaution suffisante, ou par des pièces d'artifice allumées ou tirées par négligence ou imprudence, sera puni d'une amende de cinquante francs au moins, et de cinq cents francs au plus. P. 52 s., 64, 66, 69, 434, 459, 462, 471 1°, 475 12°, 479 4°.

459. Tout détenteur ou gardien d'animaux ou de bestiaux soupçonnés d'être infectés de maladie contagieuse, qui n'aura pas averti sur-le-champ le maire de la commune où ils se trouvent, et qui même, avant que le maire ait répondu à l'avertissement, ne les aura pas tenus renfermés, sera puni d'un emprisonnement de six jours à deux mois, et d'une amende de seize francs à deux cents francs. P. 40 s., 52 s., 462. L. 28 *septembre*-6 *octobre* 1791, *tit.* 2, *art.* 23. L. 3 *mars* 1822, *Ord.* 7 *août* 1822 *sur la police sanit.*

460. Seront également punis d'un emprisonnement de deux mois à six mois, et d'une amende de cent francs à cinq cents francs, ceux qui, au mépris des défenses de l'administration, auront laissé leurs animaux ou bestiaux infectés communiquer avec d'autres. P. 40, 52 s., 64, 66, 69, 462, 475 7°, 479 2°.

461. Si, dans la communication mentionnée au précédent article, il est résulté une contagion parmi les autres animaux, ceux qui auront contrevenu aux défenses de l'autorité administrative seront punis d'un emprisonnement de deux ans à cinq ans, et d'une amende de cent francs à mille francs; le tout sans préjudice de l'exécution des lois et réglemens relatifs aux maladies épizootiques, et de l'application des peines y portées. P. 40 s., 52 s., 64, 66, 69, 462 s. (1)

462. Si les délits de police correctionnelle dont il est parlé au présent chapitre ont été commis par des gardes champêtres ou forestiers, ou des officiers de police, à quelque titre que ce soit, la peine d'emprisonnement sera d'un mois au moins, et d'un tiers au plus en sus de la peine la plus forte qui serait appliquée à un autre coupable du même délit.

Dispositions générales.

463. Les peines prononcées par la loi contre celui ou ceux des accusés reconnus coupables, en faveur de qui le jury aura déclaré les circonstances atténuantes, seront modifiées ainsi qu'il suit: — Si la peine prononcée par la loi est la mort, la cour appliquera la peine des travaux forcés à perpétuité ou celle des travaux forcés à temps. Néanmoins, s'il s'agit de crimes contre la sûreté extérieure ou intérieure de l'état, la cour appliquera la peine de la déportation ou celle de la détention; mais dans les cas prévus par les articles 86, 96 et 97, elle appliquera la peine des travaux forcés à perpétuité ou celle des travaux forcés à temps. P. 15 s., 17, 19, 20, 70 s. — Si la peine est celle des travaux forcés à perpétuité, la cour appliquera la peine des travaux forcés à temps ou celle de la réclusion. P. 15, s., 21 s., 70 s. — Si la peine est celle de la déportation, la cour appliquera la peine de la détention ou celle du bannissement. P. 20, 32. — Si la peine est celle des travaux forcés à temps, la cour appliquera la peine

(1) *Concernant les Epizooties*, V. *Arr.* 10 avril 1714, 24 mars 1745, 19 juillet 1746, 18 décembre 1774, 30 janvier 1775, 16 juillet 1784; *L.* 28 septembre-6 octobre 1791, tit. 2, art. 23; *Arr.* 17 vendémiaire an XI; *Ord.* 27 janvier 1815; *L.* 3 mars 1822; *Ord.* 7 août 1822; et *Inst. minist. de l'int.* 23 messidor an V.

de la réclusion ou les dispositions de l'article 401, sans toutefois pouvoir réduire la durée de l'emprisonnement au-dessous de deux ans. P. 21 s., 40 s., 42, 44, 52 s. — Si la peine est celle de la réclusion, de la détention, du bannissement ou de la dégradation civique, la cour appliquera les dispositions de l'article 401, sans toutefois pouvoir réduire la durée de l'emprisonnement au-dessous d'un an. P. 40 s., 42, 44, 52 s. — Dans les cas où le Code prononce le *maximum* d'une peine afflictive, s'il existe des circonstances atténuantes, la cour appliquera le *minimum* de la peine, ou même la peine inférieure. P. 56, 57. 58, 140, 189, 198, 281, 289, 332, 438, 442, 450, 452, 454. — Dans tous les cas où la peine de l'emprisonnement et celle de l'amende sont prononcées par le Code pénal, si les circonstances paraissent atténuantes, les tribunaux correctionnels sont autorisés, même en cas de récidive, à réduire l'emprisonnement même au-dessous de six jours, et l'amende même au-dessous de seize francs; ils pourront aussi prononcer séparément l'une ou l'autre de ces peines, et même substituer l'amende à l'emprisonnement, sans qu'en aucun cas elle puisse être au-dessous des peines de simple police. P. 464, 483 (1).

LIVRE IV.

CONTRAVENTIONS DE POLICE, ET PEINES.

(Loi décrétée le 20 février 1810. Promulguée le 2 mars suivant.)

CHAPITRE PREMIER.

DES PEINES.

464. Les peines de police sont, — L'emprisonnement, P. *correct.*, 40 s.; *simple police*, 465. — L'amende, P. *correct.*, 9, 11, 52 s.; *simple police*, 466. — Et la confiscation de certains objets saisis. P. 11, 470.

465. L'emprisonnement, pour contravention de police, ne pourra être moindre d'un jour, ni excéder cinq jours, selon les classes, distinctions et cas ci-après spécifiés. — Les jours d'emprisonnement sont des jours complets de vingt-quatre heures. P. 40 s.

466. Les amendes pour contravention pourront être prononcées depuis un franc jusqu'à quinze francs inclusivement, selon les distinctions et classes ci-après spécifiées, et seront appliquées au profit de la commune où la contravention aura été commise. P. 52. (2)

467. La contrainte par corps a lieu pour le paiement de l'amende. — Néanmoins le condamné ne pourra être, pour cet objet, détenu plus de quinze jours, s'il justifie de son insolvabilité. L. 17 *avril* 1832, *tit.* 5.

468. En cas d'insuffisance des biens, les restitutions et les indemnités dues à la partie lésée sont préférées à l'amende. P. 54.

469. Les restitutions, indemnités et frais entraîneront la contrainte par corps, et le condamné gardera prison jusqu'à parfait paiement : néanmoins, si ces condamnations sont prononcées au profit de l'état, les condamnés pourront jouir de la faculté accordée par l'art. 467, dans le cas d'insolvabilité prévu par cet article. P. 10. C. 1146 s., 1382 s. T cr. 175. L. 17 *avril* 1832, *tit.* 5.

---

(1) Les dispositions de l'art. 463 sont applicables aux lois suivantes : 10 décembre 1830, *Afficheurs et Crieurs publics.* — 21 mars 1832, *Recrutement.* — 10 avril 1834, *Associations.* — 1er mai 1834, *Réfugiés étrangers.* — 24 mai 1834, *Détenteurs d'armes ou munitions de guerre.* — 2 mai 1837, *Lignes télégraphiques.* — 30 juin 1838, *Aliénés.*

(2) V. *Ord.* 23 décembre 1823, relative au recouvrement des amendes de police correctionnelle et à la répartition du produit de ces amendes.

470. — Les tribunaux de police pourront aussi, dans les cas déterminés par la loi, prononcer la confiscation, soit des choses saisies en contravention, soit des choses produites par la contravention, soit des matières ou des instrumens qui ont servi ou étaient destinés à la commettre. P. 472 s., 477, 481.

CHAPITRE II.

CONTRAVENTIONS ET PEINES.

SECTION I.

Première Classe.

471. — Seront punis d'amende, depuis un franc jusqu'à cinq francs inclusivement, P. 466, 474. L. c. 639, 640. — 1° Ceux qui auront négligé d'entretenir, réparer ou nettoyer les fours, cheminées ou usines où l'on fait usage du feu; P. 458; — 2° Ceux qui auront violé la défense de tirer, en certains lieux, des pièces d'artifice; P. 470, 472 s. — 3° Les aubergistes et autres qui, obligés à l'éclairage, l'auront négligé; ceux qui auront négligé de nettoyer les rues ou passages, dans les communes où ce soin est laissé à la charge des habitans; — 4° Ceux qui auront embarrassé la voie publique, en y déposant ou y laissant sans nécessité, des matériaux ou des choses quelconques qui empêchent ou diminuent la liberté ou la sûreté du passage; ceux qui, en contravention aux lois et réglemens, auront négligé d'éclairer les matériaux par eux entreposés ou les excavations par eux faites dans les rues et places; P. 471 7°, 479 4°. — 5° Ceux qui auront négligé ou refusé d'exécuter les réglemens ou arrêtés concernant la petite voirie, ou d'obéir à la sommation émanée de l'autorité administrative, de réparer ou démolir les édifices menaçant ruine; P. 471 4°, 475 12, 479 4°. C. 1386. — 6° Ceux qui auront jeté ou exposé au devant de leurs édifices des choses de nature à nuire par leur chute ou par des exhalaisons insalubres; P. 319 s., 471 12°, 475 8°, 476, 479 3°, 4°. C. 1385 s. — 7° Ceux qui auront laissé dans les rues, chemins, places, lieux publics, ou dans les champs, des coutres de charrue, pinces, barres, barreaux ou autres machines, ou instrumens, ou armes dont puissent abuser les voleurs et autres malfaiteurs; P. 470, 471 4°, 472, 479 4°. C. 1383 s. — 8° Ceux qui auront négligé d'écheniller dans les campagnes ou jardins où ce soin est prescrit par la loi ou les réglemens; (L. 26 ventôse an IV); — 9° Ceux qui, sans autre circonstance prévue par les lois, auront cueilli ou mangé, sur le lieu même, des fruits appartenant à autrui; P. 388, 471 10°, 475 1°, 15°. — 10° Ceux qui, sans autre circonstance, auront glané, râtelé ou grapillé dans les champs non encore entièrement dépouillés et vidés de leurs recoltes, ou avant le moment du lever ou après celui du coucher du soleil; P. 471 9°, 473, 475 15°. — 11° Ceux qui, sans avoir été provoqués, auront proféré contre quelqu'un des injures, autres que celles prévues depuis l'art. 367 jusques et compris l'article 378; I. c. 139 5°. (1) — 12° Ceux qui imprudemment auront jeté des immondices sur quelque personne. P. 471 6°. 475 8°, 476, 479 3°, 4°. C. 1382 s. — 13° Ceux qui, n'étant ni propriétaires, ni usufruitiers, ni locataires, ni fermiers, ni jouissant d'un terrain ou d'un droit de passage, ou qui n'étant agens ni préposés d'aucune de ces personnes, seront entrés et auront passé sur ce terrain ou sur partie de ce terrain, s'il est préparé ou ensemencé; P. 471 14°, 475 9°, 10°. C. 1382 s. — 14° Ceux qui auront laissé passer leurs bestiaux ou leurs bêtes de trait, de charge ou de monture, sur le terrain d'autrui, avant l'enlèvement de la récolte; P. 471 13°, 475 9°, 10°. C. 1382 s. — 15° (2) Ceux qui auront contrevenu aux réglemens légalement faits par l'autorité administrative, et ceux qui ne se seront pas conformés aux réglemens ou ar-

(1) V. *Lois de la Presse*, 186, *App. C. P.*

(2) Le paragraphe 15 a été ajouté à l'ancien art. 471 par la loi du 28 avril 1832.

rêtés publiés par l'autorité municipale, en vertu des articles 3 et 4, titre XI de la loi du 16-24 août 1790, et de l'article 46, titre Ier de la loi du 19-22 juillet 1791. I, c. 157. (1)

472. Seront, en outre, confisquées, les pièces d'artifice saisies dans le cas du no 2 de l'art. 471, les coutres, les instrumens et les armes mentionnés dans le no 7 du même article. P. 470, 471 2°, 7°.

473. La peine d'emprisonnement, pendant trois jours au plus, pourra de plus être prononcée, selon les circonstances, contre ceux qui auront tiré des pièces d'artifice; contre ceux qui auront glané, râtelé ou grapillé en contravention au no 10 de l'article 471. P. 465, 471 2°, 10°.

474. La peine d'emprisonnement contre toutes les personnes mentionnées en l'article 471, aura toujours lieu, en cas de récidive, pendant trois jours au plus. P. 465, 483.

SECTION II.

Deuxième Classe.

475. Seront punis d'amende, de-

---

(1) Loi du 16-24 août 1790.

TITRE XI. — *De la Police municipale.*

Art. 3. Les objets de police confiés à la vigilance et à l'autorité des corps municipaux, sont : — 1° Tout ce qui intéresse la sûreté et la commodité du passage dans les rues, quais, places et voies publiques; ce qui comprend le nettoiement, l'illumination, l'enlèvement des encombremens, la démolition ou la réparation des bâtimens menaçant ruine, l'interdiction de rien exposer aux fenêtres ou autre partie des bâtimens, qui puisse nuire par sa chûte, et celle de rien jeter qui puisse blesser ou endommager les passans, ou causer des exhalaisons nuisibles; — 2° Le soin de réprimer ou de punir les délits contre la tranquillité publique, tels que les rixes et disputes accompagnées d'ameutement dans les rues, le tumulte excité dans les lieux d'assemblées publiques, les bruits et attroupemens nocturnes qui troublent le repos des citoyens; — 3° Le maintien du bon ordre dans les endroits où il se fait de grands rassemblemens d'hommes, tels que les foires, marchés, réjouissances et cérémonies publiques, spectacles, jeux, cafés, églises et autres lieux publics; — 4° L'inspection sur la fidélité du débit des denrées qui se vendent au poids, à l'aune ou à la mesure, et sur la salubrité des comestibles exposés en vente publique; — 5° Le soin de prévenir par des précautions convenables, et celui de faire cesser par la distribution des secours nécessaires, les accidens et fléaux calamiteux, tels que les incendies, les épidémies, les épizooties, en provoquant aussi dans ces deux derniers cas l'autorité des administrations de département et de district; — 6° Le soin d'obvier ou de remédier aux événemens fâcheux qui pourraient être occasionnés par les insensés ou les furieux laissés en liberté, et par la divagation des animaux malfaisans ou féroces.

4. Les spectacles publics ne pourront être permis et autorisés que par les officiers municipaux.

Loi du 19-22 *juillet* 1791.

TITRE Ier.

Art. 46. Aucun tribunal de police municipale ni aucun corps municipal ne pourra faire de règlement. Le corps municipal néanmoins pourra, sous le nom et l'intitulé de *délibérations*, et sauf la réformation, s'il y a lieu, par l'administration du département, sur l'avis de celle du district, faire des arrêtés sur les objets qui suivent : — 1° Lorsqu'il s'agira d'ordonner les précautions locales sur les objets confiés à sa vigilance et à son autorité, par les articles 3 et 4 du titre XI du décret du 16 août sur l'*organisation judiciaire*; — 2° De publier de nouveau les lois et réglemens de police, ou de rappeler les citoyens à leur observation.

puis six francs jusqu'à dix francs inclusivement. P. 466, 476 s., 483. I. c. 639, 640. — 1° Ceux qui auront contrevenu aux bans des vendanges ou autres bans autorisés par les réglemens; P. 471 5°. — 2° Les aubergistes, hôteliers, logeurs ou loueurs de maisons garnies, qui auront négligé d'inscrire de suite, et sans aucun blanc, sur un registre tenu régulièrement, les noms, qualités, domicile habituel, dates d'entrée et de sortie de toute personne qui aurait couché ou passé une nuit dans leurs maisons; ceux d'entre eux qui auraient manqué à représenter ce registre aux époques déterminées par les réglemens, ou lorsqu'ils en auraient été requis, aux maires, adjoints, officiers ou commissaires de police, ou aux citoyens commis à cet effet : le tout sans préjudice des cas de responsabilité mentionnés en l'article 73 du présent Code, relativement aux crimes ou aux délits de ceux qui, ayant logé ou séjourné chez eux, n'auraient pas été régulièrement inscrits; P. 61, 154. C. 1952 s. (1) — 3° Les rouliers, charretiers, conducteurs de voitures quelconques ou de bêtes de charge, qui auraient contrevenu aux réglemens par lesquels ils sont obligés de se tenir constamment à portée de leurs chevaux, bêtes de trait ou de charge et de leurs voitures, et en état de les guider et conduire; d'occuper un seul côté des rues, chemins ou voies publiques; de se détourner ou ranger devant toutes autres voitures, et, à leur approche, de leur laisser libre au moins la moitié des rues, chaussées, routes et chemins; P. 475 4°, 476, 479 2°. Ord. 15 mai 18[illegible]. — 4° Ceux qui auront fait ou laissé courir les chevaux, bêtes de trait, de charge ou de monture, dans l'intérieur d'un lieu habité, ou violé les réglemens contre le chargement, la rapidité ou la mauvaise direction des voitures; P. 475 3°, 76, 479 2°. C. 1384 s. — (2) Ceux qui contreviendront aux dispositions des ordonnances et réglemens ayant pour objet : — La solidité des voitures publiques; — Leur poids; Ord. 4 fev. 1820, art. 8; 15 fevrier 1837. — Le mode de leur chargement; Ord. 4 fév. 1820, art. 8; 27 sept. 1827. — Le nombre et la sûreté des voyageurs; — L'indication, dans l'intérieur des voitures, des places qu'elles contiennent et du prix des places; L. 28 juin 1829. — L'indication, à l'extérieur, du nom du propriétaire; L. 28 juin 1829. P. 476, 479 2°. — 5° Ceux qui auront établi ou tenu dans les rues, chemins, places ou lieux publics, des jeux de loterie ou d'autres jeux de hasard; P. 410 1°, 477, 478. — 6° Ceux qui auront vendu ou débité des boissons falsifiées; sans préjudice des peines plus sévères qui seront prononcées par les tribunaux de police correctionnelle, dans le cas où elles contiendraient des mixtions nuisibles à la santé; P. 318, 476 s. — 7° Ceux qui auraient laissé divaguer des fous ou des furieux étant sous leur garde, ou des animaux malfaisans ou féroces; ceux qui auront excité ou n'auront pas retenu leurs chiens, lorsqu'ils attaquent ou poursuivent les passans, quand même il n'en serait résulté aucun mal, ni dommages; P. 459 s., 479 2°. C. 1382 s. — 8° Ceux qui auraient jeté des pierres ou d'autres corps durs ou des immondices contre les maisons, édifices et clôtures d'autrui, ou dans les jardins ou enclos, et ceux aussi qui auraient volontairement jeté des corps durs ou des immondices sur quelqu'un; P. 311, 471 6°, 12°, 476, 479 5°. — 9° Ceux qui, n'étant propriétaires, usufruitiers, ni jouissant d'un terrain où d'un droit de passage, y sont entrés et y ont passé dans le temps

(1) V. 1° Ord. 6 novembre 1778, relative au logement et à la réception des filles et femmes de mauvaise vie. — 2° Ord. de police 8 novembre 1780, art. 5, 8, concernant la sûreté publique.

(2) A partir de ces mots, la fin du n° 4 a été ajoutée par la loi du 28 avril 1832 à l'ancien art. 475, déjà modifié dans les mêmes termes par la loi du 28 juin 1829.

où ce terrain était chargé de grains en tuyau, de raisins ou autres fruits mûrs ou voisins de la maturité; P. 471 9°, 13°, 14°. — 10° Ceux qui auraient fait ou laissé passer des bestiaux, animaux de trait, de charge ou de monture, sur le terrain d'autrui, ensemencé ou chargé d'une récolte, en quelque saison que ce soit, ou dans un bois taillis appartenant à autrui; P. 471 13°, 14°, 476. C. 1382, 1385. — 11° Ceux qui auraient refusé de recevoir les espèces et monnaies nationales, non fausses ni altérées, selon la valeur pour laquelle elles ont cours; P. 133. Déc. 10 août 1810. — 12° Ceux qui, le pouvant, auront refusé ou négligé de faire les travaux, le service, ou de prêter le secours dont ils auront été requis, dans les circonstances d'accidens, tumultes, naufrage, inondation, incendie ou autres calamités, ainsi que dans les cas de brigandages, pillages, flagrant délit, clameur publique ou d'exécution judiciaire; P. 96 s., 234 s., 434, 440, 458. I. c. 46, 106, 376. — 13° Les personnes désignées aux art. 284 et 288 du présent Code; — 14° (1) Ceux qui exposent en vente des comestibles gâtés, corrompus ou nuisibles; P. 475 6°, 477. — 15° Ceux qui déroberont, sans aucune des circonstances prévues en l'article 388, des récoltes ou autres productions utiles à la terre, qui, avant d'être soustraites, n'étaient pas encore détachées du sol. P. 388, 401, 471 9°, 10°.

476. Pourra, suivant les circonstances, être prononcé, outre l'amende portée en l'article précédent, l'emprisonnement pendant trois jours au plus, contre les rouliers, charretiers, voituriers et conducteurs en contravention; contre ceux qui auront contrevenu (2) aux réglemens ayant pour objet, soit la rapidité, la mauvaise direction ou le chargement des voitures ou des animaux, soit la solidité des voitures publiques, leur poids, le mode de leur chargement, le nombre et la sûreté des voyageurs; contre les vendeurs et débitans de boissons falsifiées; contre ceux qui auraient jeté des corps durs ou des immondices. P. 465, 475 3°, 4°, 6°, 8°, 10°, 478.

477. Seront saisis et confisqués, 1° les tables, instrumens, appareils des jeux ou des loteries établies dans les rues, chemins et voies publiques, ainsi que les enjeux, les fonds, denrées, objets ou lots proposés aux joueurs, dans le cas de l'article 475 (475 5°); 2° les boissons falsifiées, trouvées appartenir au vendeur et débitant: ces boissons seront répandues; 3° les écrits ou gravures contraires aux mœurs: ces objets seront mis sous le pilon; 4° les comestibles gâtés, corrompus ou nuisibles: ces comestibles seront détruits (3). P. 470, 475 5°, 6°, 13°, 14°.

478. La peine de l'emprisonnement pendant cinq jours au plus sera toujours prononcée en cas de récidive, contre toutes les personnes mentionnées dans l'article 475. P. 465, 476, 483. — (4) Les individus mentionnés au n° 5 du même article qui seraient repris pour le même fait en état de récidive, seront traduits devant le tribunal de police correctionnelle, et punis d'un emprisonnement de six jours à un mois, et d'une amende de seize francs à deux cents francs. P. 410, 475 5°.

SECTION III.

Troisième Classe.

479. Seront punis d'une amende de onze à quinze francs inclusivement. P. 466, 480 s. I. c. 639, 640. — 1° Ceux qui, hors les cas prévus depuis l'article 434 jusques et compris l'article 462, auront volontairement causé du dommage aux propriétés mobilières d'autrui; C.

---

(1) Les deux numéros 14 et 15 ont été ajoutés à l'ancien art. 475 par la loi du 28 avril 1832.

(2) Cette disposition a été ajoutée, par la loi du 28 avril 1832, à l'ancien art. 476, conformément à la loi du 28 juin 1829.

(3) Ce n° 4 a été ajouté, par la loi du 28 avril 1832, à l'ancien art. 477.

(4) Le second alinéa de cet article a été ajouté par la loi du 28 avril 1832.

1382 s. — 2° Ceux qui auront occasionné la mort ou la blessure des animaux ou bestiaux appartenant à autrui, par l'effet de la divagation des fous ou furieux, ou d'animaux malfaisans ou féroces, ou par la rapidité ou la mauvaise direction ou le chargement excessif des voitures, chevaux, bêtes de trait, de charge ou de monture; P. 452, 475 3°, 4°, 7°. C. 1385. — 3° Ceux qui auront occasionné les mêmes dommages par l'emploi ou l'usage d'armes sans précaution ou avec maladresse, ou par jet de pierres ou d'autres corps durs; P. 471 6°, 12°, 475 8°, 480 1°. — 4° Ceux qui auront causé les mêmes accidens par la vétusté, la dégradation, le défaut de réparation ou d'entretien des maisons ou édifices, ou par l'encombrement ou l'excavation, ou telles autres œuvres, dans ou près les rues, chemins, places ou voies publiques, sans les précautions ou signaux ordonnés ou d'usage; P. 458, 471 4°, 7°. C. 1386. — 5° Ceux qui auront de faux poids ou de fausses mesures dans leurs magasins, boutiques, ateliers ou maisons de commerce, ou dans les halles, foires ou marchés, sans préjudice des peines qui seront prononcées par les tribunaux de police correctionnelle contre ceux qui auraient fait usage de ces faux poids ou de ces fausses mesures; P. 423 s., 480. 481. — 6°. Ceux qui emploieront des poids ou des mesures différens de ceux qui sont établis par les lois en vigueur; P. 481 (1); — Les boulangers et bouchers qui vendront le pain ou la viande au-delà du prix fixé par la taxe légalement faite et publiée; P. 480 2° (2) — 7° Les gens qui font le métier de deviner et pronostiquer, ou d'expliquer les songes; P. 480 4°, 481 2°; — 8° Les auteurs ou complices de bruits ou tapages injurieux ou nocturnes, troublant la tranquillité des habitans. P. 480 5°. — 9° (3) Ceux qui auront méchamment enlevé ou déchiré les affiches apposées par ordre de l'administration; — 10° Ceux qui mèneront sur le terrain d'autrui des bestiaux, de quelque nature qu'ils soient, et notamment dans les prairies artificielles, dans les vignes, oseraies, dans les plants de câpriers, dans ceux d'oliviers, de mûriers, de grenadiers, d'orangers, et d'arbres du même genre, dans tous les plants ou pépinières d'arbres fruitiers ou autres, faits de main d'homme; P. 471 14°, 475 10°. — 11° Ceux qui auront dégradé ou détérioré, de quelque manière que ce soit, les chemins publics, ou usurpé sur leur largeur; P. 471 4°, 5°, 479 4°. — 12° Ceux qui, sans y être dûment autorisés, auront enlevé des chemins publics les gazons, terres ou pierres, ou qui, dans les lieux appartenant aux communes, auraient enlevé les terres ou matériaux, à moins qu'il n'existe un usage général qui l'autorise. P. 471 5°, 479 11°.

480. Pourra, selon les circonstances, être prononcée la peine d'emprisonnement pendant cinq jours au plus, — 1° Contre ceux qui auront occasionné la mort ou la blessure des animaux ou bestiaux appartenant à autrui, dans les cas prévus par le n° 3 du précédent article; 2° contre les possesseurs de faux poids et de fausses mesures; 3° contre ceux qui emploient des poids ou des mesures différens de ceux que la loi en vigueur a établis (4); contre les boulangers et bouchers, dans les cas prévus par le paragraphe 6 de l'article précédent; 4° contre les interprètes de songes; 5° contre les auteurs ou complices de bruits ou tapages injurieux ou nocturnes. P. 465, 479 3°, 5°, 6°, 7°, 8°.

481. Seront, de plus, saisis et

(1) V. *Loi* 4 juillet 1837, relative aux poids et mesures. (*App.*)

(2) La fin de ce numéro 6° a été ajoutée, par la loi du 28 avril 1832, à l'ancien art. 479.

(3) Les numéros 9°, 10°, 11° et 12° ont été ajoutés, par la loi du 28 avril 1832, à l'ancien art. 479.

(4) La fin de ce numéro 3° a été ajoutée, par la loi du 28 avril 1832, à l'ancien art. 480. V. L. 4 juillet 1837.

confisqués 1° les faux poids, les fausses mesures, ainsi que les poids et les mesures différens de ceux que la loi a établis; 2° les instrumens, ustensiles et costumes servant ou destinés à l'exercice du métier de devin, pronostiqueur, ou interprète de songes. P. 470, 479 5°, 6°, 7°.

482. La peine d'emprisonnement pendant cinq jours aura toujours lieu, pour récidive, contre les personnes et dans les cas mentionnés en l'article 479. P. 465, 483.

Disposition commune aux trois Sections ci-dessus.

483. Il y a récidive dans tous les cas prévus par le présent livre, lorsqu'il a été rendu contre le contrevenant, dans les douze mois précédens, un premier jugement pour contravention de police commise dans le ressort du même tribunal. P. 474, 478, 482; *récidive de crimes ou délits*, 56 s. — (1) L'art. 463 du présent Code sera applicable à toutes les contraventions ci-dessus indiquées.

Disposition générale.

484. Dans toutes les matières qui n'ont pas été réglées par le présent Code et qui sont régies par des lois et règlemens particuliers, les cours et les tribunaux continueront de les observer. C. 1. I. c. 643.

(1) Ce second alinéa a été ajouté, par la loi du 28 avril 1832, à l'ancien art 483.

FIN DU CODE PÉNAL.

LOIS DE LA PRESSE.

1793-1842.

Nota. Les articles abrogés sont imprimés en caractères *italiques*; ceux modifiés principalement par la loi du 9 septembre 1835 sont précédés de cette marque (*.)

DÉCRET

De la Convention, relatif aux droits de propriété des auteurs d'écrits en tout genre, des compositeurs de musique, des peintres et des dessinateurs.

(19 juillet 1793.)

1. — Art. 1er. Les auteurs d'écrits en tout genre, les compositeurs de musique, les peintres et les dessinateurs qui feront graver des tableaux ou dessins, jouiront, durant leur vie entière, du droit exclusif de vendre, faire vendre, distribuer leurs ouvrages dans le territoire de la République, et d'en céder la propriété en tout ou en partie. 55.

2. — 2. Leurs héritiers ou cessionnaires jouiront du même droit durant l'espace de dix ans après la mort des auteurs. L. Pr. 9 s., 53, 54. P. 427, 429.

3. — 3. Les *officiers de paix* seront tenus de faire confisquer à la réquisition et au profit des auteurs, compositeurs, peintres, dessinateurs et autres, leurs héritiers ou cessionnaires, tous les exemplaires des éditions imprimées ou gravées sans la permission formelle et par écrit des auteurs. 8, 427, 428.

4. — 4. Tout contrefacteur sera tenu de payer au véritable propriétaire une somme équivalente au prix de trois mille exemplaires de l'édition originale. L. Pr. 55, 56, 57. P. 425 s.

5. — 5. Tout débitant d'édition contrefaite, s'il n'est pas reconnu contrefacteur, sera tenu de payer au véritable propriétaire une somme équivalente au prix de cinq cents exemplaires de l'édition originale. P. 427, 429.

6. — 6. Tout citoyen qui mettra au jour un ouvrage, soit de littérature ou de gravure, dans quelque genre que ce soit, sera obligé d'en déposer deux exemplaires *à la bibliothèque nationale, ou au cabinet des estampes de la République, dont il recevra un reçu signé par le bibliothécaire; faute de quoi il ne pourra être admis en justice pour la poursuite des contrefacteurs.* 101, 102.

7. — 7. Les héritiers de l'auteur d'un ouvrage de littérature ou de gravure, ou de toute autre production de l'esprit ou du génie qui appartient aux beaux-arts, en auront la propriété exclusive pendant *dix années*. L. Pr. 53, 9. P. 425 s.

LOI

Interprétative de celle du 19 juillet 1793, qui assure aux auteurs et artistes la propriété de leurs ouvrages.

(25 prairial an III (13 juin 1795.)

8. — Art. 1er. Les fonctions attribuées aux officiers de paix, par l'art. 3

de la loi du 19 juillet 1793, seront à l'avenir exercées par les commissaires de police et par les juges de paix dans les lieux où il n'y a pas de commissaires de police. 3, 227, 228.

DÉCRET

Concernant les Droits des Propriétaires d'ouvrages posthumes (1).

(1er germinal an XIII (22 mars 1805.)

Napoléon, etc., sur le rapport du ministre de l'intérieur, — Vu les lois sur les propriétés littéraires; — Considérant qu'elles déclarent propriétés publiques, les ouvrages des auteurs morts depuis plus de dix ans. 7; — Que les dépositaires, acquéreurs, héritiers ou propriétaires des ouvrages posthumes d'auteurs morts depuis plus de dix ans, hésitent à publier ces ouvrages, dans la crainte de s'en voir contester la propriété exclusive, et dans l'incertitude de la durée de cette propriété; — Que l'ouvrage inédit est comme l'ouvrage qui n'existe pas, et que celui qui le publie a le droit de l'auteur décédé, et doit en jouir pendant sa vie; — Que cependant s'il réimprimait en même temps et dans une seule édition, avec les œuvres posthumes, les ouvrages déjà publiés du même auteur, il en résulterait en sa faveur une espèce de privilége pour la vente d'ouvrages devenus propriété publique; — Le conseil d'État entendu, décrète :

9. — Art. 1er. Les propriétaires par succession ou à autre titre, d'un ouvrage posthume, ont les mêmes droits que l'auteur, et les dispositions des lois sur la propriété exclusive des auteurs et sur sa durée, leur sont applicables; toutefois à la charge d'imprimer séparément les œuvres posthumes, et sans les joindre à une nouvelle édition des ouvrages déjà publiés et devenus propriété publique. L. Pr. 7, 13, 15, 53 s., 67. P. 425 s.

10. — 2. Le grand juge, ministre de la justice, et les ministres de l'intérieur et de la police générale, sont chargés, chacun en ce qui le concerne, de l'exécution du présent décret.

DÉCRET

Concernant l'Impression des Livres d'église, des heures et des prières.

(7 germinal an XIII (28 mars 1805.)

11. — Art. 1er. Les livres d'église, les heures et prières, ne pourront être imprimés ou réimprimés que d'après la permission donnée par les évêques diocésains; laquelle permission sera textuellement rapportée et imprimée en tête de chaque exemplaire.

12. — 2. Les imprimeurs, libraires qui feraient imprimer, réimprimer des livres d'église, des heures ou prières, sans avoir obtenu cette permission, seront poursuivis conformément à la loi du 19 juillet 1793. — L. Pr. 4, 5. P. 425 s.

DÉCRET

Concernant les Théâtres.

(8 juin 1806.)

13. — 12. Les propriétaires d'ouvrages dramatiques posthumes ont les mêmes droits que l'auteur; et les dispositions sur la propriété des auteurs et sur sa durée, leur sont applicables, ainsi qu'il est dit au décret du 1er germinal an XIII. 9, 77.

DÉCRET

Concernant les Manuscrits des bibliothèques et autres établissemens publics du royaume.

(20 février 1809.)

14. — Art. 1er. Les manuscrits des archives de notre ministère des relations extérieures, et ceux des biblio-

(1) V. ci-après, décret concernant les théâtres, du 8 juin 1806.

thèques royales, départementales et communales, ou des autres établissemens de notre empire, soit que ces manuscrits existent dans les dépôts auxquels ils appartiennent, soit qu'ils en aient été soustraits, ou que leurs minutes n'y aient pas été déposées aux termes des anciens règlemens, sont la propriété de l'État, et ne peuvent être imprimés et publiés sans autorisation. (*Pap. diplomat.; Ord.* 18 *août* 1833.)

15. — 2. Cette autorisation sera donnée par notre ministre des relations extérieures, pour la publication des ouvrages dans lesquels se trouveront des copies, extraits ou citations des manuscrits qui appartiennent aux archives de son ministère, et par notre ministre de l'intérieur, pour celle des ouvrages dans lesquels se trouveront des copies, extraits ou citations des manuscrits qui appartiennent à l'un des autres établissemens publics mentionnés dans l'article précédent.

DÉCRET

Contenant règlement sur l'Imprimerie et sur la Librairie.

(5 février 1810.)

TITRE Ier.

DE LA DIRECTION DE L'IMPRIMERIE ET DE LA LIBRAIRIE.

16. — Art. 1er. Il y aura un *directeur général*, chargé, sous les ordres de notre ministre de l'intérieur, de tout ce qui est relatif à l'imprimerie et la librairie. (V. *Ord.* 6 *avril* 1834.)

17. — 2. *Six auditeurs seront placés auprès du directeur général.*

TITRE II.

DE LA PROFESSION D'IMPRIMEUR.

18. — 3. A dater du 1er janvier 1811, le nombre des imprimeurs dans chaque département sera fixé, et celui des imprimeurs, à Paris, réduit à *soixante*. (Porté à 80. *Décret* 11 *février* 1811.)

19. — 4. La réduction dans le nombre des imprimeurs ne pourra être effectuée sans qu'on ait préalablement pourvu à ce que les imprimeurs actuels qui seront supprimés reçoivent une indemnité de ceux qui seront conservés. (V. *Décret* 2 *février* 1811.)

20. — 5. Les imprimeurs seront brevetés et assermentés. 81 s.

21. — 6. Ils seront tenus d'avoir à Paris quatre presses, et dans les départemens, deux.

22. — 7. Lorsqu'il viendra à vaquer des places d'imprimeurs, soit par décès, soit autrement, ceux qui leur succéderont ne pourront recevoir leurs brevets et être admis au serment, qu'après avoir justifié de leur capacité, de leurs bonnes vie et mœurs, et de leur attachement à la patrie et au souverain. 47.

23. — 8. On aura, lors des remplacemens, des égards particuliers pour les familles des imprimeurs décédés. 81.

24. — 9. Le brevet d'imprimeur sera délivré par *notre directeur général de l'imprimerie*, et soumis à l'approbation de notre ministre de l'intérieur; il sera enregistré au tribunal civil du lieu de la résidence de l'impétrant, qui y prêtera serment de ne rien imprimer de contraire aux devoirs envers le souverain et à l'intérêt de l'État.

TITRE III.

DE LA POLICE DE L'IMPRIMERIE.

SECTION 1re.

De la Garantie de l'Administration.

25 à 42. *Abrogés.*

TITRE IV.

DES LIBRAIRES.

43. — 29. A dater du premier janvier 1811, les libraires seront brevetés et assermentés. 81.

44. — 30. Les brevets de libraires seront délivrés par notre *directeur général* de l'imprimerie, et soumis à l'approbation de notre ministre de l'intérieur; ils seront enregistrés au tribunal civil du lieu de la résidence de l'impétrant, qui y prêtera serment *de ne vendre, débiter et distribuer aucun ouvrage contraire aux devoirs envers le souverain et à l'intérêt de l'État.* 93 s.

45. — **31**. La profession de libraire pourra être exercée concurremment avec celle d'imprimeur.

46. — **32**. L'imprimeur qui voudra réunir la profession de libraire sera tenu de remplir les formalités qui sont imposées aux libraires. — Le libraire qui voudra réunir la profession d'imprimeur, sera tenu de remplir les formalités qui sont imposées aux imprimeurs.

47. — **33**. Les brevets ne pourront être accordés aux libraires qui voudront s'établir à l'avenir, qu'après qu'ils auront justifié de leurs bonnes vie et mœurs *et de leur attachement à la patrie et au souverain.* 22.

TITRE V.

DES LIVRES IMPRIMÉS A L'ÉTRANGER.

48. — **34**. Aucun livre en langue française ou latine imprimé à l'étranger ne pourra entrer en France sans payer un droit d'entrée.

49. — **35**. *Ce droit ne pourra être au-dessous de cinquante pour cent de la valeur de l'ouvrage.* — Le tarif en sera rédigé *par le directeur général de la librairie, et délibéré en notre conseil d'État, sur le rapport de notre ministre de l'intérieur.* (1)

50. — **36**. Indépendamment des dispositions de l'article 34, aucun livre imprimé ou réimprimé hors de la France ne pourra être introduit en France *sans une permission du directeur général* de la librairie, annonçant le bureau de douane par lequel il entrera.

51. — **37**. En conséquence, tout ballot de livres venant de l'étranger sera mis, par le préposé des douanes, sous corde et sous plomb, et envoyé à la préfecture la plus voisine.

52. — **38**. *Abrogé.*

TITRE VI.

DE LA PROPRIÉTÉ ET DE SA GARANTIE.

53. — **39**. Le droit de propriété est garanti à l'auteur et à sa veuve pendant leur vie, si les conventions matrimoniales de celle-ci lui en donnent le droit, et à leurs enfans pendant vingt ans. L. Pr. 1 s., 9, 13, 67. P. 425 s.

54. — **40**. Les auteurs, soit nationaux, soit étrangers, de tout ouvrage imprimé ou gravé, peuvent céder leur droit à un imprimeur ou libraire, ou à toute autre personne, qui est alors substituée en leur lieu et place pour eux et leurs ayant-cause, comme il est dit à l'article précédent. L. Pr. 1 s., 9, 13, 67. P. 425 s.

TITRE VII.

SECTION 1re.

Des délits en matière de librairie, et du mode de les punir et de les constater.

55. — **41**. Il y aura lieu à confiscation et amende au profit de l'État, dans les cas suivans, sans préjudice des dispositions du Code pénal: 85. — 1° Si l'ouvrage est sans nom d'auteur ou d'imprimeur; — 2° Si l'auteur ou l'imprimeur n'a pas fait, avant l'impression de l'ouvrage, l'enregistrement et la déclaration prescrite aux articles 11 et 12; — 3° Si c'est une contrefaçon, c'est-à-dire si c'est un ouvrage imprimé sans le consentement et au préjudice de l'auteur ou éditeur, ou de leurs ayant-cause.

56. — **42**. Dans ce dernier cas, il y aura lieu en outre à des dommages-intérêts envers l'auteur ou éditeur, ou leurs ayant-cause, et l'édition ou les exemplaires contrefaits seront confisqués à leur profit. P. 429.

57. — **43**. Les peines seront prononcées, et les dommages-intérêts seront arbitrés par le tribunal correctionnel ou criminel, selon les cas et d'après les lois.

58. — **44**. Le produit des confiscations et des amendes sera appliqué, ainsi que le produit du droit sur les livres venant de l'étranger, aux dépenses de la direction générale de l'imprimerie et librairie. 84, 85.

---

(1) Ces droits sont: langues mortes ou étrangères, 10 francs les cent kil.; langue française, *mém. scientifiques*, 50 francs; ouvrages publiés, 100 francs; *réimpress. légale d'ouvrages publiés en France*, 150 francs; *contrefaçons*, prohibées.

SECTION II.

Du mode de constater les Délits et Contraventions.

59. — 45. Les délits et contraventions seront constatés par *les inspecteurs de l'imprimerie et de la librairie*, les officiers de police, et en outre par les préposés aux douanes, pour les livres venant de l'étranger. — Chacun dressera procès-verbal de la nature du délit et contravention, des circonstances et dépendances, et le remettra au préfet de son arrondissement, pour être adressé au *directeur général*. 217 s.

60. — 46. Les objets saisis seront déposés provisoirement au secrétariat de la mairie ou au commissariat général de la sous-préfecture ou de la préfecture la plus voisine du lieu où le délit ou la contravention sont constatés, sauf l'envoi ultérieur à qui de droit.

61. — 47. Nos procureurs généraux ou impériaux seront tenus de poursuivre d'office dans tous les cas prévus à la section précédente, sur la simple remise qui leur sera faite d'une copie des procès-verbaux dûment affirmés.

TITRE VIII.

DISPOSITIONS DIVERSES.

62. — 48. Chaque imprimeur sera tenu de déposer à la préfecture de son département, et à Paris, à la préfecture de police, *cinq exemplaires de chaque ouvrage*; savoir : — Un pour la bibliothèque impériale, un pour le ministre de l'intérieur, *un pour la bibliothèque de notre Conseil-d'Etat, un pour le directeur général de la librairie*. 84, 204.

63. — 49. Il sera statué par des réglemens particuliers, comme il est dit à l'article 3, sur ce qui concerne : — 1° Les imprimeurs et libraires, leur réception et leur police; — 2° Les libraires étaleurs, lesquels ne sont pas compris dans les dispositions ci-dessus; — 3° Les fondeurs de caractères; — 4° Les graveurs; — 5° Les relieurs et ceux qui travaillent dans toutes les autres parties de l'art ou du commerce de l'imprimerie et librairie.

64. — 50. Ces réglemens seront proposés et arrêtés en Conseil d'Etat, sur la proposition du *directeur général* de la librairie et le rapport de notre ministre de l'intérieur.

DÉCRET

Sur l'Impression des Lois.

(6 juillet 1810.)

65. — 1. Il est défendu à toutes personnes d'imprimer et débiter les sénatus-consultes, codes, lois et réglemens d'administration publique, avant leur insertion et publication, par la voie du bulletin au chef-lieu de département. (1)

66. — 2. Les éditions faites en contravention de l'article précédent, seront saisies à la requête de nos procureurs-généraux, et la confiscation en sera prononcée par le tribunal de police correctionnelle.

DÉCRET

Concernant les Presses, Fontes, Caractères et autres ustensiles d'imprimerie qui se trouveront en possession d'individus non brevetés.

(18 novembre 1810.)

67. — 1. A dater du 1er janvier 1811, ceux de nos sujets qui cesseront d'exercer la profession d'imprimeurs, et généralement tous ceux qui, n'exerçant pas ladite profession, se trouveront propriétaires, possesseurs ou détenteurs de presses, fontes, caractères ou autres ustensiles

(1) Il est permis à tous imprimeurs ou libraires, d'imprimer et de débiter les lois et ordonnances du royaume aussitôt après leur publication officielle au Bulletin des lois. (*Ord.* 12 janvier 1820. V. Renouard : *Droit des Auteurs*, t. 2, p. 153.)

d'imprimerie, devront, dans le délai d'un mois, faire la déclaration desdits objets, dans le département de la Seine, au préfet de police, et dans les autres départemens, au préfet. — Sont exceptées de cette disposition les presses à cylindre, servant à tirer des copies.

68. — 4. Sont sujets aux dispositions de l'art. 1er du présent décret les imagers, dominotiers et tapissiers.

69. — 5. Les contraventions au présent décret seront punies d'un emprisonnement de six jours à six mois; et constatées et poursuivies conformément aux dispositions de la section II du titre VII du décret du 5 février 1810. — 59 s.

AVIS DU CONSEIL D'ÉTAT

Portant que le décret du 5 février 1810 n'a rien innové, quant aux Droits des auteurs d'ouvrages dramatiques et des compositeurs de musique.

(20 août 1811.)

70. — 1. Le conseil d'Etat, qui, d'après le renvoi ordonné, a entendu le rapport de la section de l'intérieur sur celui du ministre de ce département, relativement à la question de savoir si les dispositions du décret du 5 février 1810, art. 39 et 40, sont applicables aux auteurs d'ouvrages dramatiques; — Est d'avis que le décret n'a rien innové quant aux droits des auteurs des ouvrages dramatiques et des compositeurs de musique, et que ces droits doivent être reglés conformément aux lois existantes antérieurement audit décret du 5 février. 9, 13, 53, 54.

DÉCRET

Sur les Brevets de Libraires.

(11 juillet 1812.)

71. — 1. Les dispositions de notre décret du 2 février 1811, relatives aux brevets des imprimeurs, sont déclarées applicables et rendues communes aux libraires.

72. — 2. Leur brevet sera conforme au modèle ci-annexé.

73. — 3. Ne sont pas compris dans ces dispositions les libraires-étaleurs-bouquinistes. (1)

LOI

Relative à la liberté de la Presse.

(21 octobre 1814.)

TITRE Ier.

DE LA PUBLICATION DES OUVRAGES.

74 à 80. — 1 à 10.

(Ce titre a été abrogé par l'abolition de la censure.)

TITRE II.

DE LA POLICE DE LA PRESSE.

81. — 11. Nul ne sera imprimeur ni libraire s'il n'est breveté par le roi, et assermenté. 24, 44, 45, 47.

82. — 12. Le brevet pourra être retiré à tout imprimeur ou libraire qui aura été convaincu, par un jugement, de contravention aux lois et règlemens. (*Except.* 151, 211.)

83. — 13. Les imprimeries clandestines seront détruites, et les possesseurs et dépositaires punis d'une amende de 10,000 fr. et d'un emprisonnement de six mois. 106, 107. — Sera réputée clandestine toute imprimerie non déclarée à la direction générale de la librairie, et pour laquelle il n'aura pas été obtenu de permission.

84. — 14. Nul imprimeur ne pourra imprimer un écrit avant d'avoir déclaré qu'il se propose de l'imprimer, ni le mettre en vente ou le publier, de quelque manière que ce soit, avant d'avoir déposé le nombre prescrit d'exemplaires, savoir : à Paris, au secrétariat de la direction générale; et dans les départemens, au secrétariat de la préfecture. 94, 104.

85. — 15. Il y a lieu à saisie et

---

(1) Les étaleurs libraires doivent avoir une permission délivrée par l'autorité locale, permission toujours révocable.

séquestre d'un ouvrage, 105, 140 s. — 1° Si l'imprimeur ne représente pas les récépissés de la déclaration et du dépôt ordonné en l'article précédent; — 2° Si chaque exemplaire ne porte pas le vrai nom et la vraie demeure de l'imprimeur : — 3° Si l'ouvrage est déféré aux tribunaux pour son contenu.

86. — **16.** Le défaut de déclaration avant l'impression, et le défaut de dépôt avant la publication, constatés comme il est dit en l'article précédent, seront punis chacun d'une amende de 1,000 fr. pour la première fois, et de 2,000 fr. pour la seconde.

87. — **17.** Le défaut d'indication, de la part de l'imprimeur, de son nom et de sa demeure, sera puni d'une amende de 3,000 francs. L'indication d'un faux nom et d'une fausse demeure sera punie d'une amende de 6,000 fr. sans préjudice de l'emprisonnement prononcé par le Code pénal. P. 283, 284, 286.

88. — **18.** Les exemplaires saisis par simple contravention à la présente loi, seront restitués après le paiement des amendes. 105.

89. — **19.** Tout libraire chez qui il sera trouvé ou qui sera convaincu d'avoir mis en vente ou distribué un ouvrage sans nom d'imprimeur, sera condamné à une amende de 2,000 fr., à moins qu'il ne prouve qu'il a été imprimé avant la promulgation de la présente loi. L'amende sera réduite à 1,000 fr. si le libraire fait connaître l'imprimeur.

90. — **20.** Les contraventions seront constatées par les procès-verbaux *des inspecteurs de la librairie*, et des commissaires de police. 97, 227, 228.

91. — **21.** Le ministère public poursuivra d'office les contrevenans par-devant les tribunaux de police correctionnelle, sur la dénonciation du *directeur général de la librairie* et la remise d'une copie des procès-verbaux.

92. — **22.** Les dispositions du titre 1er cesseront d'avoir leur effet à la fin de la session de 1816, à moins qu'elles n'aient été renouvelées par une loi, si les circonstances le faisaient juger nécessaire.

ORDONNANCE

Relative à l'Impression, au Dépôt et à la Publication des ouvrages.

(24 octobre 1814.)

93. — Art. **1er.** Les brevets d'imprimeur et de libraire délivrés jusqu'à ce jour sont confirmés : les conditions auxquelles il en sera délivré à l'avenir, seront déterminées par un nouveau règlement. 63, 81, 106.

94. — **2.** Chaque imprimeur sera tenu, conformément aux réglemens, d'avoir un livre coté et paraphé par le maire de la ville où il réside, où il inscrira par ordre de dates, et avec une série de numéros, le titre littéral de tous les ouvrages qu'il se propose d'imprimer; le nombre des feuilles, des volumes et des exemplaires, et le format de l'édition. Ce livre sera représenté, à toute réquisition, *aux inspecteurs de la librairie*, et aux commissaires de police, et visé par eux s'ils le jugent convenable. 227 s. — La déclaration prescrite par l'article 14 de la loi du 21 octobre 1814 sera conforme à l'inscription portée au livre. 84.

95. — **3.** Les dispositions dudit article s'appliquent aux estampes et aux planches gravées accompagnées d'un texte. 278.

96. — **4.** Le nombre d'exemplaires qui doivent être déposés, ainsi qu'il est dit au même article, reste fixé à *cinq*, lesquels seront répartis ainsi qu'il suit : un pour notre bibliothèque, *un pour notre amé et féal chevalier le chancelier de France*, un pour notre ministre secrétaire-d'Etat au département de l'intérieur, *un pour le directeur général de la librairie, et le cinquième pour le censeur qui aura été ou qui sera chargé d'examiner l'ouvrage*. 204.

97. — **5.** *Abrogé.* (*Charte, art.* 7.)

98. — **6.** *Abrogé.* (*Charte, art.* 7.)

99. — **7.** En exécution de l'art. 20, les commissaires de police rechercheront et constateront d'office toutes les contraventions; et ils seront tenus aussi de déférer à toutes les réquisitions qui leur seront adressées à cet

effet par les préfets, sous-préfets et maires, et *par les inspecteurs de la librairie*. Ils enverront dans les vingt-quatre heures tous les procès-verbaux qu'ils auront dressés, à Paris, *au directeur général de la librairie*; et dans les départemens, aux préfets, qui les feront passer sur-le-champ au *directeur général*, seul chargé par l'art. 21 de dénoncer les contrevenans aux tribunaux.

100. — **8.** Le nombre d'épreuves des estampes et planches gravées, sans texte, qui doivent être déposées pour notre bibliothèque, reste fixé à deux, dont une avant la lettre ou en couleur, s'il en a été tiré ou imprimé de cette espèce. — Il sera déposé en outre *trois épreuves, dont une pour notre amé et féal chevalier le chancelier de France, une pour notre ministre secrétaire-d'État au département de l'intérieur*, et *la troisième pour le directeur général de la librairie*. 204, 278.

101. — **9.** Le dépôt ordonné en l'article précédent sera fait, à Paris, au secrétariat *de la direction générale*; et dans les départemens au secrétariat de la préfecture. Le récépissé détaillé qui en sera délivré à l'auteur, formera son titre de propriété, conformément aux dispositions de la loi du 19 juillet 1793.

102. — **10.** Toute estampe ou planche gravée, publiée ou mise en vente avant le dépôt de *cinq* épreuves constaté par le récépissé, sera saisie par les *inspecteurs de la librairie* et les commissaires de police, qui en dresseront procès-verbal. 204, 227.

103. — **11.** Il est défendu de publier aucune estampe et gravure diffamatoire ou contraire aux bonnes mœurs, sous la peine prononcée par le Code pénal. L. Pr. 108, 278. P. 287.

104. — **12.** *Abrogé. (Charte, art. 7).*

LOI

Relative aux Écrits saisis en vertu de la loi du 21 octobre 1814.

(28 février 1817.) (1)

105. — *Article unique.* Lorsqu'un écrit aura été saisi en vertu de l'article 15 du titre II de la loi du 21 octobre 1814, l'ordre de saisie et le procès-verbal seront, sous peine de nullité, notifiés dans les vingt-quatre heures à la partie saisie, qui pourra y former opposition. — En cas d'opposition, le procureur du roi fera toute diligence pour que dans la huitaine, à dater du jour de ladite opposition, il soit statué sur la saisie. — Le délai de huitaine expiré, la saisie, si elle n'est maintenue par le tribunal, demeurera, de plein droit, périmée et sans effet, et tous dépositaires de l'ouvrage saisi seront tenus de le remettre au propriétaire.

ORDONNANCE

Relative aux Impressions lithographiques.

(8 octobre 1817.)

106. — Art. 1er. Nul ne sera im-

(1) « L'abrogation de cette loi a été prononcée en termes exprès et d'une manière générale par l'art. 31 de la loi du 26 mai 1819. Il semblerait donc qu'aujourd'hui cette loi ainsi abrogée ne dut plus recevoir son application dans aucun cas. Cependant la cour de cassation en a décidé autrement; elle a jugé que l'art. 31 de la loi du 26 mai s'appliquait seulement aux saisies motivées *sur le contenu de l'ouvrage*, et non à celles qui sont faites pour l'une des causes énoncées aux deux premiers nos de la loi du 21 octobre 1814, c'est-à-dire *pour contravention*; que dans ce dernier cas, la saisie était réglée par la loi du 28 février 1817, *non abrogée quant à ce. (Art. 22 août 1823.)* — La loi de 1817 n'ayant jamais eu pour objet que de régler la procédure pour les cas prévus par l'art. 15 de la loi du 21 octobre 1814, les saisies pour contrefaçon ne sont pas régies par la présente ni par celle du 26 mai 1819. » (M. *Parant, Lois de la Presse.*)

primeur-lithographe, s'il n'est breveté et assermenté. 81 s., 93.

107. — **2.** Toutes les impressions lithographiques seront soumises à la déclaration et au dépôt avant la publication, comme tous les autres ouvrages d'imprimerie. 83 s., 204.

LOI

Sur la Répression des crimes et délits commis par la voie de la Presse, ou par tout autre moyen de publication.

(17 mai 1819.)

CHAPITRE PREMIER.

DE LA PROVOCATION PUBLIQUE AUX CRIMES ET DÉLITS.

108. — Art. **1er**. Quiconque, soit par des discours, des cris ou menaces proférés dans des lieux ou réunions publics, soit par des écrits, des imprimés, des dessins, des gravures, des peintures ou emblèmes vendus ou distribués, mis en vente ou exposés dans des lieux ou réunions publics, soit par des placards et affiches exposés aux regards du public, aura provoqué l'auteur ou les auteurs de toute action qualifiée crime ou délit à la commettre, sera réputé complice, et puni comme tel. 146, 186, 259, 229, 257.

109. * — **2.** Quiconque aura, par l'un des moyens énoncés en l'art. 1er, provoqué à commettre un ou plusieurs crimes, sans que ladite provocation ait été suivie d'aucun effet, sera puni d'un emprisonnement qui ne pourra être de moins de trois mois, ni excéder cinq années, et d'une amende qui ne pourra être au-dessous de cinquante francs, ni excéder six mille francs. 259, 23.

110. — **3.** Quiconque aura, par l'un des mêmes moyens, provoqué à commettre un ou plusieurs délits, sans que ladite provocation ait été suivie d'aucun effet, sera puni d'un emprisonnement de trois jours à deux années, et d'une amende de trente francs à quatre mille francs, ou de l'une de ces deux peines seulement, selon les circonstances, sauf les cas dans lesquels la loi prononcerait une peine moins grave contre l'auteur même du délit, laquelle sera alors appliquée au provocateur.

111. — **4.** *Sera réputée provocation au crime, et punie des peines portées par l'art.* 2, *toute attaque formelle par l'un des moyens énoncés en l'art.* 1er, *soit contre l'inviolabilité de la personne du Roi, soit contre l'ordre de successibilité au trône, soit contre l'autorité constitutionnelle du Roi et des Chambres.* 187, 257, 263.

112. — **5.** *Seront réputés provocation au délit, et punis des peines portées par l'art.* 3, — 1° *Tous cris séditieux publiquement proférés, autres que ceux qui rentreraient dans la disposition de l'art.* 4; — 193. — 2° *l'enlèvement ou la dégradation des signes publics de l'autorité royale, opérés par haine ou mépris de cette autorité*; 194. — 3° *Le port public de tous signes extérieurs de ralliement non autorisés par le Roi ou par des règlemens de police*; 194. — 4° *L'attaque formelle, par l'un des moyens énoncés en l'art.* 1er, *des droits garantis par les articles* 5 *et* 9 *de la Charte constitutionnelle.* 188.

113. — **6.** La provocation, par l'un des mêmes moyens, à la désobéissance aux lois, sera également punie des peines portées en l'article 3. — P. 201 s.

114. — **7.** Il n'est point dérogé aux lois qui punissent la provocation et la complicité résultant de tous actes autres que les faits de publication prévus par la présente loi. P. 60, 201 s., 285.

CHAPITRE II.

DES OUTRAGES A LA MORALE PUBLIQUE ET RELIGIEUSE, OU AUX BONNES MŒURS.

115. — **8.** Tout outrage à la morale publique et religieuse, ou aux bonnes mœurs, par l'un des moyens énoncés en l'article 1er, sera puni d'un emprisonnement d'un mois à un an, et d'une amende de seize francs à cinq cents francs. — I. Pr. 186, 266 P. 287, 288.

CHAPITRE III.

DES OFFENSES PUBLIQUES ENVERS LA PERSONNE DU ROI.

116. * — **9.** Quiconque, par l'un

des moyens énoncés en l'art. 1er de la présente loi, se sera rendu coupable d'offenses envers la personne du roi, sera puni d'un emprisonnement qui ne pourra être de moins de six mois, ni excéder cinq années, et d'une amende qui ne pourra être au-dessous de cinq cents francs, ni excéder dix mille francs. — Le coupable pourra, en outre, être interdit de tout ou partie des droits mentionnés en l'art. 42 du Code pénal, pendant un temps égal à celui de l'emprisonnement auquel il aura été condamné : ce temps courra à compter du jour où le coupable aura subi sa peine. L. Pr. 260, 261. P. 86.

CHAPITRE IV.

DES OFFENSES PUBLIQUES ENVERS LES MEMBRES DE LA FAMILLE ROYALE, LES CHAMBRES, LES SOUVERAINS ET LES CHEFS DES GOUVERNEMENS ÉTRANGERS.

117. — 10. L'offense, par l'un des moyens énoncés en l'article 1er, envers les membres de la famille royale, sera punie d'un emprisonnement d'un mois à trois ans, et d'une amende de cent francs à cinq mille francs.

118. — 11. L'offense, par l'un des mêmes moyens, envers les chambres ou l'une d'elles, sera punie d'un emprisonnement d'un mois à trois ans, et d'une amende de cent francs à cinq mille francs. 135, 200 s., 231.

119. — 12. L'offense, par l'un des mêmes moyens, envers la personne des souverains ou envers celle des chefs des gouvernemens étrangers, sera punie d'un emprisonnement d'un mois à trois ans, et d'une amende de cent francs à cinq mille francs. 136.

CHAPITRE V.

DE LA DIFFAMATION ET DE L'INJURE PUBLIQUES.

120. — 13. Toute allégation ou imputation d'un fait qui porte atteinte à l'honneur ou à la considération de la personne ou du corps auquel le fait est imputé, est une diffamation. — Toute expression outrageante, terme de mépris ou invective, qui ne renferme l'imputation d'aucun fait, est une injure. 153.

121. — 14. La diffamation et l'injure commises par l'un des moyens énoncés en l'article 1er de la présente loi, seront punies d'après les distinctions suivantes. 108, 267.

122. — 15. *La diffamation ou l'injure envers les cours, tribunaux ou autres corps constitués, sera punie d'un emprisonnement de quinze jours à deux ans, et d'une amende de cinquante francs à quatre mille francs.* 157, 190.

123. — 16. La diffamation envers tout *dépositaire* ou agent de l'autorité publique, pour des faits relatifs à ses fonctions, sera punie d'un emprisonnement de huit jours à dix-huit mois, et d'une amende de cinquante francs à trois mille francs. — L'emprisonnement et l'amende pourront, dans ce cas, être infligés cumulativement ou séparément, selon les circonstances. L. Pr. 158, 153. P. 222.

124. — 17. La diffamation envers les ambassadeurs, ministres plénipotentiaires, envoyés, chargés d'affaires ou autres agens diplomatiques accrédités près du roi, sera punie d'un emprisonnement de huit jours à dix-huit mois, et d'une amende de cinquante francs à trois mille francs, ou de l'une de ces deux peines seulement, selon les circonstances. 158.

125. — 18. La diffamation envers les particuliers sera punie d'un emprisonnement de cinq jours à un an, et d'une amende de vingt-cinq francs à deux mille francs, ou de l'une de ces deux peines seulement, selon les circonstances. 127, 157.

126. — 19. L'injure contre les personnes désignées par les art. 16 et 17 de la présente loi sera punie d'un emprisonnement de cinq jours à un an, et d'une amende de vingt cinq francs à deux mille francs, ou de l'une de ces deux peines seulement, selon les circonstances. — L'injure contre les particuliers sera punie d'une amende de seize francs à cinq cents francs. 123, 191.

127. — 20. Néanmoins, l'injure qui ne renfermerait pas l'imputation d'un vice déterminé, ou qui ne serait pas publique, continuera d'être punie des peines de simple police. P. 471 n° 11, 474.

CHAPITRE VI.

DISPOSITIONS GÉNÉRALES.

128. — 21. Ne donneront ouverture à aucune action, les discours tenus dans le sein de l'une des deux chambres, ainsi que les rapports ou toutes autres pièces imprimées par ordre de l'une des deux chambres.

129. — 22. Ne donnera lieu à aucune action, le compte fidèle des séances publiques de la chambre des députés, rendu de bonne foi dans les journaux. 192.

130. — 23. Ne donneront lieu à aucune action en diffamation ou injure, les discours prononcés ou les écrits produits devant les tribunaux; pourront, néanmoins, les juges saisis de la cause, en statuant sur le fond, prononcer la suppression des écrits injurieux ou diffamatoires, et condamner qui il appartiendra en des dommages-intérêts. —Les juges pourront aussi, dans le même cas, faire des injonctions aux avocats et officiers ministériels, ou même les suspendre de leurs fonctions. — La durée de cette suspension ne pourra excéder six mois; en cas de récidive, elle sera d'un an au moins et de cinq ans au plus. — Pourront, toutefois, les faits diffamatoires étrangers à la cause, donner ouverture, soit à l'action publique, soit à l'action civile des parties, lorsqu'elle leur aura été réservée par les tribunaux, et, dans tous les cas, à l'action civile des tiers. L. P. 219, 220. P. 377.

131. — 24. Les imprimeurs d'écrits dont les auteurs seraient mis en jugement en vertu de la présente loi, et qui auraient rempli les obligations prescrites par le titre II de la loi du 21 octobre 1814, ne pourront être recherchés pour le simple fait d'impression de ces écrits, à moins qu'ils n'aient agi sciemment, ainsi qu'il est dit à l'article 60 du Code pénal, qui définit la complicité. 84 s., 114.

132. — 25. En cas de récidive des crimes et délits prévus par la présente loi, il pourra y avoir lieu à l'aggravation des peines prononcées par le chapitre IV, livre Ier du Code pénal. P. 56. 57, 58.

133. — 26. Les articles 102, 217, 367, 368, 369, 370, 371, 372, 374, 375, 377 du Code pénal, et la loi du 9 novembre 1815, sont abrogés. — Toutes les autres dispositions du Code pénal, auxquelles il n'est pas dérogé par la présente loi, continueront d'être exécutées. P. 375.

LOI

Relative à la Poursuite et au Jugement des crimes et délits commis par la voie de la presse, ou par tout autre moyen de publication.

(26 mai 1819.)

134. — Art. 1er. La poursuite des crimes et délits commis par voie de la presse, ou par tout autre moyen de publication, aura lieu d'office et à la requête du ministère public, sous les modifications suivantes. 140, 144.

135. — 2. Dans le cas d'offense envers les chambres ou l'une d'elles, par voie de publication, la poursuite n'aura lieu qu'autant que la chambre, qui se croira offensée, l'aura autorisée. 118 s., 162, 200.

136. — 3. Dans le cas du même délit contre la personne des souverains et celle des chefs des gouvernemens étrangers, la poursuite n'aura lieu que sur la plainte ou à la requête du souverain ou du chef du gouvernement qui se croira offensé. 119.

137. — 4. Dans les cas de diffamation ou d'injure contre les cours et tribunaux, ou autres corps constitués, la poursuite n'aura lieu qu'après une délibération de ces corps, prise en assemblée générale et requérant les poursuites. 190.

138. — 5. Dans le cas des mêmes délits contre tout dépositaire ou agent de l'autorité publique, contre tout agent diplomatique étranger, accrédité près du roi, ou contre tout particulier, la poursuite n'aura lieu que sur la plainte de la partie qui se prétendra lésée. 124.

139. — 6. La partie publique, dans son réquisitoire, si elle poursuit d'office, ou le plaignant, dans sa plainte, seront tenus d'articuler et de qualifier les provocations, attaques offenses,

outrages, faits diffamatoires ou injures, à raison desquels la poursuite est intentée, et ce, à peine de nullité de la poursuite.

140. — 7. Immédiatement après avoir reçu le réquisitoire ou la plainte, le juge d'instruction pourra ordonner la saisie des écrits, imprimés, placards, dessins, gravures, peintures, emblêmes ou autres instrumens de publication. — L'ordre de saisir et le procès-verbal de saisie seront notifiés, dans les trois jours de ladite saisie, à la personne entre les mains de laquelle la saisie aura été faite, à peine de nullité. 144.

141. — 8. Dans les huit jours de ladite notification, le juge d'instruction est tenu de faire son rapport à la chambre du conseil, qui procède ainsi qu'il est dit au Code d'instruction criminelle, livre Ier, chapitre IX, sauf les dispositions ci-après. L. Pr. 144. I. c. 127 à 136.

142. — 9. Si la chambre du conseil est unanimement d'avis qu'il n'y a pas lieu à poursuivre, elle prononce la main levée de la saisie.

143. — 10. Dans le cas contraire, ou dans le cas de pourvoi du procureur du roi ou de la partie civile contre la décision de la chambre du conseil, les pièces sont transmises, sans délai, au procureur général près la cour royale, qui est tenu, dans les cinq jours de la réception, de faire son rapport à la chambre des mises en accusation, laquelle est tenue de prononcer dans les trois jours dudit rapport. 144.

144. — 11. A défaut par la chambre du conseil du tribunal de première instance d'avoir prononcé dans les dix jours de la notification du procès-verbal de saisie, la saisie sera de plein droit périmée. Elle le sera également à défaut par la cour royale d'avoir prononcé sur cette même saisie dans les dix jours du dépôt en son greffe de la requête que la partie saisie est autorisée à présenter, à l'appui de son pourvoi, contre l'ordonnance de la chambre du conseil. Tous les dépositaires des objets saisis seront tenus de les rendre au propriétaire sur la simple exhibition du certificat des greffiers respectifs, constatant qu'il n'y a pas eu d'ordonnance ou d'arrêt dans les délais ci-dessus prescrits. — Les greffiers sont tenus de délivrer ce certificat à la première réquisition, sous peine d'une amende de trois cents francs, sans préjudice des dommages-intérêts, s'il y a lieu. — Toutes les fois qu'il ne s'agira que d'un simple délit, la péremption de la saisie entraînera celle de l'action publique. 105.

145. — 12. Dans les cas où les formalités prescrites par les lois et règlemens concernant le dépôt auront été remplies, les poursuites à la requête du ministère public ne pourront être faites que devant les juges du lieu où le dépôt aura été opéré, ou de celui de la résidence du prévenu. — En cas de contravention aux dispositions ci-dessus rappelées concernant le dépôt, les poursuites pourront être faites soit devant le juge de la résidence du prévenu, soit dans les lieux où les écrits et autres instrumens de publication auront été saisis. — Dans tous les cas, la poursuite à la requête de la partie plaignante pourra être portée devant les juges de son domicile, lorsque la publication y aura été effectuée. 87.

146. — 13. Les crimes et délits commis par la voie de la presse ou tout autre moyen de publication, à l'exception de ceux désignés dans l'article suivant, seront renvoyés par la chambre des mises en accusation de la cour royale devant la cour d'assises, pour être jugés à la plus prochaine session. L'arrêt de renvoi sera de suite notifié au prévenu. 229, 285.

147. — 14. Les délits de diffamation verbale ou d'injure verbale contre toute personne, et ceux de diffamation ou d'injure par une voie de publication quelconque contre des particuliers, seront jugés par les tribunaux de police correctionnelle, sauf les cas attribués aux tribunaux de simple police. L. Pr. 123, 250. P. 471, 475.

148. — 15. Sont tenues, la chambre du conseil du tribunal de première instance, dans le jugement de mise en prévention, et la chambre des mises en accusation de la cour royale, dans l'arrêt de renvoi devant la cour d'as-

sises, d'articuler et de qualifier les faits à raison desquels lesdits prévention ou renvoi sont prononcés, à peine de nullité desdits jugement ou arrêt. 140, 282.

149. — **16.** Lorsque la mise en accusation aura été prononcée pour crimes commis par voie de publication, et que l'accusé n'aura pu être saisi, ou qu'il ne se présentera pas, il sera procédé contre lui, ainsi qu'il est prescrit au livre II, titre IV du Code d'instruction criminelle, chapitre *des Contumaces*. I. c. 465 s.

150. — **17.** Lorsque le renvoi à la cour d'assises aura été fait pour délits spécifiés dans la présente loi, le prévenu s'il n'est présent au jour fixé pour le jugement par l'ordonnance du président, dûment notifiée audit prévenu ou à son domicile, dix jours au moins avant l'échéance, outre un jour par cinq myriamètres de distance, sera jugé par défaut. La cour statuera sans assistance ni intervention de jurés, tant sur l'action publique que sur l'action civile. 283.

151. — **18.** Le prévenu pourra former opposition à l'arrêt par défaut dans les dix jours de la notification qui lui en aura été faite ou à son domicile, outre un jour par cinq myriamètres de distance, à charge de notifier son opposition, tant au ministère public qu'à la partie civile. 283. — Le prévenu supportera, sans recours, les frais de l'expédition et de la signification de l'arrêt par défaut et de l'opposition, ainsi que de l'assignation et de la taxe des témoins appelés à l'audience pour le jugement de l'opposition.

152. — **19.** Dans les cinq jours de la notification de l'opposition, le prévenu devra déposer au greffe une requête tendant à obtenir du président de la cour d'assises une ordonnance fixant le jour du jugement de l'opposition ; cette ordonnance fixera le jour aux plus prochaines assises ; elle sera signifiée, à la requête du ministère public, tant au prévenu qu'au plaignant, avec assignation au jour fixé, dix jours au moins avant l'échéance. Faute par le prévenu de remplir les formalités mises à sa charge par le présent article, ou de comparaître par lui-même ou par un fondé de pouvoir au jour fixé par l'ordonnance, l'opposition sera réputée non avenue, et l'arrêt par défaut sera définitif.

153. — **20.** Nul ne sera admis à prouver la vérité des faits diffamatoires, si ce n'est dans le cas d'imputation contre des dépositaires ou agens de l'autorité, ou contre toutes personnes ayant agi dans un caractère public, de faits relatifs à leurs fonctions. Dans ce cas, les faits pourront être prouvés par devant la cour d'assises par toutes les voies ordinaires, sauf la preuve contraire par les mêmes voies. — La preuve des faits imputés met l'auteur de l'imputation à l'abri de toute peine, sans préjudice des peines prononcées contre toute injure qui ne serait pas nécessairement dépendante des mêmes faits. 229.

154. — **21.** Le prévenu qui voudra être admis à prouver la vérité des faits dans le cas prévu par le précédent article, devra, dans les huit jours qui suivront la notification de l'arrêt de renvoi devant la cour d'assises, ou de l'opposition à l'arrêt par défaut rendu contre lui, faire signifier au plaignant : 254 s. — 1° Les faits articulés et qualifiés dans cet arrêt desquels il entend prouver la vérité ; — 2° La copie des pièces ; — 3° Les noms, professions et demeures des témoins par lesquels il entend faire sa preuve. — Cette signification contiendra élection de domicile près la cour d'assises ; le tout à peine d'être déchu de la preuve.

155. — **22** Dans les huit jours suivans, le plaignant sera tenu de faire signifier au prévenu, au domicile par lui élu, la copie des pièces, et les noms, professions, et demeures des témoins par lesquels il entend faire la preuve contraire ; le tout également sous peine de déchéance.

156. — **23.** Le plaignant en diffamation ou injure pourra faire entendre des témoins qui attesteront sa moralité. Les noms, professions et demeures de ces témoins seront notifiés au prévenu ou à son domicile, un jour au moins avant l'audition. — Le prévenu ne sera point admis à faire entendre des témoins contre la moralité du plaignant.

157. — 24. Le plaignant sera tenu, immédiatement après l'arrêt de renvoi, d'élire domicile près la cour d'assises, et de notifier cette élection au prévenu et au ministère public ; à défaut de quoi toutes significations seront faites valablement au plaignant au greffe de la cour. — Lorsque le prévenu sera en état d'arrestation, toutes notifications, pour être valables, devront lui être faites à personne.

158. — 25. Lorsque les faits imputés seront punissables selon la loi, et qu'il y aura des poursuites commencées à la requête du ministère public, ou que l'auteur de l'imputation aura dénoncé ces faits, il sera, durant l'instruction, sursis à la poursuite et au jugement du délit de diffamation.

159. — 26. Tout arrêt de condamnation contre les auteurs ou complices des crimes et délits commis par voie de publication, ordonnera la suppression ou la destruction des objets saisis, ou de tous ceux qui pourront l'être ultérieurement, en tout ou en partie, suivant qu'il y aura lieu pour l'effet de la condamnation. — L'impression ou l'affiche de l'arrêt pourront être ordonnées aux frais du condamné. — Ces arrêts seront rendus publics dans la même forme que les jugemens portant déclaration d'absence. C. 118.

160. — 27. Quiconque, après que la condamnation d'un écrit, de dessins ou gravures, sera réputée connue par la publication dans les formes prescrites par l'article précédent, les réimprimera, vendra ou distribuera, subira le *maximum* de la peine qu'aurait pu encourir l'auteur. 108, 115.

161. — 28. Toute personne inculpée d'un délit commis par la voie de la presse, ou par tout autre moyen de publication, contre laquelle il aura été décerné un mandat de dépôt ou d'arrêt, obtiendra sa mise en liberté provisoire, moyennant caution. La caution à exiger de l'inculpé ne pourra être supérieure au double du *maximum* de l'amende prononcée par la loi contre le délit qui lui est imputé.

162. — 29. L'action publique contre les crimes et délits commis par la voie de la presse, ou tout autre moyen de publication, se prescrira par six mois révolus, à compter du fait de publication qui donnera lieu à la poursuite. — Pour faire courir cette prescription de six mois, la publication d'un écrit devra être précédée du dépôt et de la déclaration que l'éditeur entend le publier. 84. — S'il a été fait, dans cet intervalle, un acte de poursuite ou d'instruction, l'action publique ne se prescrira qu'après un an, à compter du dernier acte, à l'égard même des personnes qui ne seraient pas impliquées dans ces actes d'instruction ou de poursuite. — Néanmoins, dans le cas d'offense envers les chambres, le délai ne courra pas dans l'intervalle de leurs sessions. 135, 200. — L'action civile ne se prescrira, dans tous les cas, que par la révolution de trois années, à compter du fait de la publication.

163. — 30. Les délits commis par la voie de la presse ou par tout autre moyen de publication, et qui ne seraient point encore jugés, le seront suivant les formes prescrites par la présente loi.

164. — 31. La loi du 28 février 1817 est abrogée. — Les dispositions du Code d'instruction criminelle auxquelles il n'est pas dérogé par la présente loi, continueront d'être exécutées. (105 *et la note.*)

LOI

Relative à la publication de journaux ou écrits périodiques.

(9 juin 1819.)

165. — Art. 1er. Les propriétaires ou éditeurs de tout journal ou écrit périodique, consacré en tout ou en partie aux nouvelles ou matières politiques, et paraissant, soit à jour fixe, soit par livraison et irrégulièrement, mais plus d'une fois par mois, seront tenus : — 1° De faire une déclaration indiquant le nom, au moins d'un propriétaire ou éditeur responsable, sa demeure, et l'imprimerie dûment autorisée, dans laquelle le journal ou l'écrit périodique doit être imprimé ; — 2° *De fournir un cautionnement, qui sera, dans les dé-*

partemens de la Seine, de Seine-et-Oise et Seine-et-Marne, de 10,000 francs de rente pour les journaux quotidiens, et de 5,000 pour les journaux ou écrits périodiques paraissant à des termes moins rapprochés; — Et dans les autres départemens, le cautionnement relatif aux journaux quotidiens sera de 2,500 francs de rente dans les villes de 50,000 âmes et au-dessus; de 1,500 francs de rente dans les villes au-dessous, et de la moitié de ces rentes pour les journaux ou écrits périodiques qui paraissent à des termes moins rapprochés. — Les cautionnemens pourront être également effectués à la caisse des consignations, en y versant le capital de la rente au cours du jour du dépôt. 178, 179, 180, 205 à 212, 271 s.

166. — 2. La responsabilité des auteurs ou éditeurs indiqués dans la déclaration s'étendra à tous les articles insérés dans le journal ou écrit périodique, sans préjudice de la solidarité des auteurs ou rédacteurs desdits articles. 212, 274.

167. — 3. Le cautionnement sera affecté, par privilége, aux dépens, dommages-intérêts, et amendes auxquels les propriétaires ou éditeurs pourront être condamnés; le prélèvement s'opérera dans l'ordre indiqué au présent article. En cas d'insuffisance, il y aura lieu à recours solidaire sur les biens des propriétaires ou éditeurs déclarés responsables du journal ou écrit périodique, et des auteurs et rédacteurs des articles condamnés. 217.

168. — 4. Les condamnations encourues devront être acquittées et le cautionnement libéré ou complété dans les quinze jours de la notification de l'arrêt; les quinze jours révolus sans que la libération ou le complètement ait été opéré, et jusqu'à ce qu'il le soit, le journal ou écrit périodique cessera de paraître. 170, 217, 182.

169. — 5. *Au moment de la publication de chaque feuille ou livraison du journal ou écrit périodique, il en sera remis, à la préfecture pour les chefs-lieux de département, à la sous-préfecture pour ceux d'arrondissement, et, dans les autres villes, à la mairie, un exemplaire signé d'un propriétaire ou éditeur responsable.* 212. — Cette formalité ne pourra ni retarder ni suspendre le départ ou la distribution du journal ou écrit périodique.

170. — 6. Quiconque publiera un journal ou écrit périodique sans avoir satisfait aux conditions prescrites par les articles 1, 4 et 5 de la présente loi, sera puni correctionnellement d'un emprisonnement d'un mois à six mois, et d'une amende de deux cents francs à douze cents francs. 205, 207, 210, 273, 296.

171. — 7. Les éditeurs de tout journal ou écrit périodique ne pourront rendre compte des séances secrètes des chambres, ou de l'une d'elles, sans leur autorisation. 176, 177, 220.

172.* — 8. Tout journal sera tenu d'insérer les publications officielles qui lui seront adressées, à cet effet, par le gouvernement, le lendemain du jour de l'envoi de ces pièces, sous la seule condition du paiement des frais d'insertion. 176, 177, 276.

173. — 9. Les propriétaires ou éditeurs responsables d'un journal ou écrit périodique, ou auteurs ou rédacteurs d'articles imprimés dans ledit journal ou écrit, prévenus de crimes ou délits pour faits de publication, seront poursuivis et jugés dans les formes et suivant les distinctions prescrites à l'égard de toutes les autres publications. 196, 276.

174. — 10. En cas de condamnation, les mêmes peines leur seront appliquées: toutefois les amendes *pourront être élevées au double*, et en cas de récidive, portées au quadruple, sans préjudice des peines de la récidive prononcées par le Code pénal. L. Pr. 218, 219, 270. P. 56 s.

175. — 11. Les éditeurs du journal ou écrit périodique seront tenus d'insérer dans l'une des feuilles ou des livraisons qui paraîtront dans le mois du jugement ou de l'arrêt intervenu contre eux, extrait contenant les motifs et le dispositif dudit jugement ou arrêt.

176. — 12. La contravention aux articles 7, 8 et 11 de la présente loi, sera punie correctionnellement d'une amende de cent francs à mille francs.

177. — 13. Les poursuites, auxquelles pourront donner lieu les con-

traventions aux articles 7, 8 et 11 de la présente loi, se prescriront par le laps de trois mois, à compter de la contravention, ou de l'interruption des poursuites, s'il y en a de commencées en temps utile.

ORDONNANCE

Concernant l'Exécution de la loi relative à la publication des journaux et écrits périodiques.

(9 juin 1819.)

178. * — Art. **1er**. L'éditeur ou propriétaire d'un journal ou écrit périodique, de la nature de ceux désignés par l'article 1er de la loi de ce jour, *qui voudra fournir en rentes*, 271, le cautionnement prescrit par la loi(1), déclarera à l'agent judiciaire du trésor royal qu'il affecte l'inscription dont il est propriétaire au cautionnement de son entreprise. L'acte de cautionnement sera fait double entre l'agent judiciaire et le titulaire de l'inscription. — L'inscription donnée en cautionnement sera déposée à la caisse centrale du trésor royal. Les arrérages continueront à en être payés sur la représentation d'un bordereau délivré par l'agent judiciaire. — Lorsque le cautionnement sera fourni en inscription departementale, le directeur de l'enregistrement remplira, pour le département au livre auxiliaire duquel appartient la rente, les fonctions ci-dessus attribuées à l'agent judiciaire; l'inscription sera déposée à la caisse du receveur des domaines du chef-lieu. — Les mêmes formalités devront être remplies par tout propriétaire d'une rente qui déclarerait l'affecter au cautionnement de l'entreprise formée par un éditeur ou propriétaire de journal.

179. — **2**. Toute inscription directe ou départementale, affectée à un cautionnement, devra être *visée pour cautionnement*, soit par le directeur du grand livre, soit par le receveur général, avant d'être présentée à l'agent judiciaire ou au directeur de l'enregistrement, à l'appui de la déclaration prescrite par l'article précédent.

180. * — **3**. Lorsque le cautionnement aura été, soit versé à la caisse des consignations, *soit fourni en rente*, l'éditeur ou propriétaire fera, devant le préfet du departement, ou, à Paris, devant le préfet de police, la déclaration prescrite par le n° 1 de l'article 1er de la loi. Il représentera en même temps, soit le reçu de la caisse des consignations, soit l'acte constatant qu'il a fourni son cautionnement en *rentes*. 271. — Le préfet donnera sur-le-champ acte de la déclaration, et de la justification du cautionnement. — La publication du journal ou de l'écrit periodique pourra commencer immédiatement apres.

181. — **4**. *La remise au moment de la publication de chaque feuille ou livraison du journal ou écrit périodique, exigée par l'article 5 de la loi, sera faite à Paris, à la préfecture de police*. 212.

182. * — **5**. Sur le vu du jugement ou de l'arrêt qui, à défaut par la partie condamnee d'avoir acquitté le montant des condamnations contre elle prononcées dans le délai prescrit par l'article 4 de la loi, aurait ordonné la vente de l'inscription affectée au cautionnement, cette inscription sera vendue, jusqu'à concurrence, à la requête de la partie plaignante, ou, en cas d'amende, à celle du préposé de la regie de l'enregistrement, chargé de la perception des amendes.

Cette vente sera opérée par les soins de l'agent judiciaire, le lendemain de la notification à lui faite du jugement ou de l'arrêt. — Les rentes départementales seront, dans le même cas, transmises par le directeur de l'enregistrement à l'agent judiciaire, lequel en fera faire immediatement la vente, et en enverra le produit au directeur de l'enregistrement en un mandat de la caisse centrale du trésor sur le receveur general. Il y joindra

(1) Le cautionnement ne peut plus être versé *en rentes*, mais seulement en numéraire. *Loi* 9 septembre 1835. V. 271.

le bordereau de l'agent de change pour justification des frais de courtage. — Le prélèvement sur le capital résultant de la vente sera fait ainsi qu'il est dit à l'article 5 de la loi. 167.

183. — 6. Le complètement ou le remplacement d'un cautionnement aura lieu dans les formes prescrites pour le cautionnement primitif. 205 s, 271.

184. — 7. Le propriétaire ou éditeur de journal ou écrit périodique qui voudra cesser son entreprise, en fera declaration au préfet du département, ou, à Paris, au préfet de police. Le préfet lui donnera acte de ladite déclaration; sur le vu de cette pièce, et après un délai de trois mois, son cautionnement sera remboursé ou libéré, à moins que, par suite de condamnations ou de poursuites commencées, des oppositions n'aient été faites, soit à la caisse des consignations, soit entre les mains de l'agent judiciaire ou du directeur de l'enregistrement.

185. — 8. Il est accordé aux éditeurs ou propriétaires des journaux et écrits périodiques designés par l'article 1er de la loi, actuellement existans, un délai de quinze jours pour accomplir les formalites prescrites par la loi de ce jour et par la présente ordonnance.

LOI

Relative à la répression et à la poursuite des delits commis par la voie de la presse ou par tout autre moyen de publication.

(25 mars 1822.)

TITRE Ier.

DE LA RÉPRESSION.

186. — Art. 1er. Quiconque, par l'un des moyens enoncés en l'article 1er de la loi du 17 mai 1819, aura outragé ou tourné en dérision la *religion de l'État*, sera puni d'un emprisonnement de trois mois à cinq ans et d'une amende de trois cents francs à six mille francs. — Les mêmes peines seront prononcées contre quiconque aura outragé ou tourné en dérision toute autre religion dont l'établissement est legalement reconnu en France. 108.

187. — 2. *Toute attaque, par l'un des mêmes moyens, contre la dignité royale, l'ordre de successibilité au trône, les droits que le roi tient de sa naissance, ceux en vertu desquels il a donné la Charte, son autorité constitutionnelle, l'inviolabilité de sa personne, les droits ou l'autorité des chambres, sera puni d'un emprisonnement de trois mois à cinq ans et d'une amende de trois cents francs à six mille francs.* 237, 238.

188. — 3. L'attaque, par l'un de ces moyens, des droits garantis par les articles 5, 8 et 9 de la Charte constitutionnelle, sera punie d'un emprisonnement d'un mois à trois ans et d'une amende de cent francs à quatre mille francs

189. — 4. Quiconque, par l'un des mêmes moyens, aura excité à la haine ou au mépris du gouvernement du roi, sera puni d'un emprisonnement d'un mois à quatre ans et d'une amende de cent cinquante francs à cinq mille francs. — La présente disposition ne peut pas porter atteinte au droit de discussion et de censure des actes des ministres. 263.

190. — 5. La diffamation ou l'injure, par l'un des mêmes moyens, envers les cours, tribunaux, corps constitués, autorités ou administrations publiques, sera punie d'un emprisonnement de quinze jours à deux ans et d'une amende de cent cinquante fr. à cinq mille francs. 137.

191. — 6. L'outrage fait publiquement, d'une manière quelconque, à raison de leurs fonctions ou de leur qualité, soit à un ou plusieurs membres de l'une des deux Chambres, soit à un fonctionnaire public, soit enfin à un ministre de la religion de l'État ou de l'une des religions dont l'établissement est légalement reconnu en France, sera puni d'un emprisonnement de quinze jours à deux ans et d'une amende de cent francs à quatre mille francs. 199. — Le même délit envers un juré, à raison de ses fonctions, ou envers un témoin, à raison de sa déposition, sera puni d'un emprisonnement de dix jours à un an et d'une amende de cinquante francs à trois mille fr. 199. — L'outrage fait à un ministre de la religion de l'État, ou de l'une des religions légalement reconnues en France, dans l'exercice même de ses fonctions, sera puni des peines portées par l'art. 1er de la présente loi. 186. — Si l'outrage, dans les différens cas prévus par le présent article, a été accompagné d'excès ou violences prévus par le premier paragraphe de l'article 228 du Code pénal, il sera puni des peines portées audit paragraphe et à l'article 229, et, en outre, de l'amende portée au premier paragraphe du présent article. 199. — Si l'outrage est accompagné des excès prévus par le second paragraphe de l'article 228 et par les articles 231, 232 et 233, le coupable sera puni conformément audit Code. P. 231 s.

192. — 7. L'infidélité et la mauvaise foi dans le compte que rendent les journaux et écrits périodiques des séances des Chambres et des audiences des cours et tribunaux, seront punies d'une amende de mille francs à six mille francs. — En cas de récidive, *ou lorsque le compte rendu sera offensant pour l'une ou l'autre des Chambres, ou pour l'un des pairs ou des députés, ou injurieux pour la cour, le tribunal, ou l'un des magistrats, des jurés ou des témoins*, les éditeurs du journal seront en outre condamnés à un emprisonnement *d'un mois à trois ans*. — *Dans les mêmes cas*, il pourra être interdit, pour un temps limité ou pour toujours, aux propriétaires et éditeurs du journal ou écrit périodique condamné, de rendre compte des débats législatifs ou judiciaires. La violation de cette défense sera punie de peines doubles de celles portées au présent article. 129.

193. — 8. Seront punis d'un emprisonnement de six jours à deux ans, et d'une amende de seize francs à quatre mille francs, tous cris séditieux publiquement proférés. 199, 234 s.

194. — 9. Seront punis d'un emprisonnement de quinze jours à deux ans, et d'une amende de cent francs à quatre mille francs, 199, 234 s. — 1° L'enlèvement ou la dégradation des signes publics de l'autorité royale, opérés *en haine ou mépris de cette autorité*; — 2° Le port public de tous signes extérieurs de ralliement non autorisés par le roi ou par des règlemens de police; — 3° L'exposition dans les lieux ou réunions publics, la distribution ou la mise en vente de tous signes ou symboles destinés à propager l'esprit de rébellion ou à troubler la paix publique.

195.* — 10. Quiconque, par l'un des moyens énoncés en l'article 1er de la loi du 17 mai 1819, aura cherché à troubler la paix publique en excitant le mépris ou la haine des citoyens contre une ou plusieurs classes de personnes, sera puni des peines portées en l'article précédent. 108, 266.

196.* — 11. Les propriétaires ou éditeurs de tout journal ou écrit périodique seront tenus d'y insérer, dans les trois jours de la réception, ou dans le plus prochain numéro, s'il n'en était pas publié avant l'expiration des trois jours, la réponse de toute personne nommée ou désignée dans le journal ou écrit périodique, sous peine d'une amende de cinquante francs à cinq cents francs, sans préjudice des autres peines et dommages-intérêts auxquels l'article incriminé pourrait donner lieu. Cette insertion sera gratuite, et la réponse pourra avoir le double de la longueur de l'article auquel elle sera faite. 275, 276.

197.* — 12. *Toute publication, vente ou mise en vente, exposition, distribution, sans l'autorisation préalable du Gouvernement, de dessins gravés ou lithographiés, sera, pour ce seul fait, punie d'un emprisonnement de trois jours à six mois, et d'une amende de dix francs à cinq cents francs, sans préjudice des poursuites auxquelles pourrait donner lieu le sujet du dessin.* 233, 278.

198. — 13. L'article 10 de la loi du 9 juin 1819, est commun à toutes les dispositions du présent titre, en tant qu'elles s'appliquent aux propriétaires ou éditeurs d'un journal ou écrit périodique. 174, 216.

199. — 14. Dans le cas de délits

correctionnels prévus par les premier, second et quatrième paragraphes de l'article 6, par l'article 8 et par le premier paragraphe de l'article 9 de la présente loi, les tribunaux pourront appliquer, s'il y a lieu, l'article 463 du Code pénal.

TITRE II.

DE LA POURSUITE.

200. — **15.** Dans le cas d'offense envers les Chambres ou l'une d'elles par l'un des moyens énoncés en la loi du 17 mai 1819, la chambre offensée, sur la simple réclamation d'un de ses membres, pourra, si mieux elle n'aime autoriser les poursuites par la voie ordinaire, ordonner que le prévenu sera traduit à sa barre. Après qu'il aura été entendu ou dûment appelé, elle le condamnera, s'il y a lieu, aux peines portées par les lois. La décision sera exécutée sur l'ordre du président de la chambre. 128 s., 231.

201. — **16** Les Chambres appliqueront elles-mêmes, conformément à l'article précédent, les dispositions de l'art. 7 relatives au compte rendu par les journaux de leurs séances. — Les dispositions du même article 7 relatives au compte rendu des audiences des cours et tribunaux, seront appliquées directement par les cours et tribunaux qui auront tenu ces audiences. 192, 231.

202. — **17.** *Seront poursuivis devant la police correctionnelle et d'office, les délits commis par la voie de la presse, et les autres délits énoncés en la présente loi et dans celle du 17 mai 1819, sauf les cas prévus par les articles 15 et 16 ci-dessus. Néanmoins la poursuite n'aura lieu d'office, dans le cas prévu par l'art. 12 de la loi du 17 mai 1819, et dans celui de diffamation ou d'injure contre tout agent diplomatique étranger, accrédité près du roi, ou contre tout particulier, que sur la plainte ou à la requête soit du souverain ou du chef du gouvernement qui se croira offensé, soit de l'agent diplomatique ou du particulier qui se croira diffamé ou injurié. — Les appels des jugemens, rendus par les tribunaux correctionnels sur les délits commis par des écrits imprimés par un procédé quelconque, seront portés directement, sans distinction de la situation locale desdits tribunaux, aux cours royales pour y être jugés par la première chambre civile et la chambre correctionnelle réunies, dérogeant, quant à ce, aux articles 200 et 201 du Code d'instruction criminelle. — Les appels des jugemens rendus par les mêmes tribunaux sur tous les autres délits prévus par la présente loi et par celle du 17 mai 1819, seront jugés dans la forme ordinaire fixée par le Code pour les délits correctionnels.* 229 s.

203. — **18.** *En aucun cas la preuve par témoins ne sera admise pour établir la réalité des faits injurieux ou diffamatoires.* 229 s., 233.

ORDONNANCE

Qui réduit le nombre des Exemplaires d'écrits imprimés, et d'épreuves de dessins déposés en vertu de l'ordonnance du 24 octobre 1814.

(9 janvier 1828).

204. — Art. **1er.** Le nombre des exemplaires des écrits imprimés et des épreuves des planches et estampes dont le dépôt est exigé par la loi, et qui avait été fixé à cinq par les art. 4 et 8 de l'ordonnance royale du 24 octobre, est réduit, outre l'exemplaire et les deux épreuves destinées à notre bibliothèque royale, conformément à la même ordonnance, à un seul exemplaire et une seule épreuve pour la bibliothèque du ministère de l'intérieur. 96, 100.

LOI

Sur les Journaux et Écrits périodiques

(18 juillet 1828.)

205. — Art. **1er.** Tout Français majeur, jouissant des droits civils, pourra, sans autorisation préalable, publier un journal ou écrit périodique, en se conformant aux dispositions de la présente loi. 248, 272.

206. — 2. Le propriétaire ou les propriétaires de tout journal ou écrit périodique seront tenus, avant sa publication, de fournir un cautionnement. 225, 248, 271. — *Si le journal ou écrit périodique paraît plus de deux fois par semaine, soit à jour fixe, soit par livraison et irrégulièrement, le cautionnement sera de six mille francs de rentes.* 248, 271. — *Le cautionnement sera égal aux trois quarts du taux fixé, si le journal ou écrit périodique ne paraît que deux fois par semaine.* 248, 271. — *Il sera égal à la moitié de ce cautionnement, si le journal ou écrit périodique ne paraît qu'une fois par semaine.* 248, 271. — *Il sera égal au quart, si le journal ou écrit périodique paraît seulement plus d'une fois par mois.* 248, 271. — *Le cautionnement des journaux quotidiens publiés dans les départemens autres que ceux de la Seine, de Seine-et-Oise et de Seine-et-Marne, sera de deux mille francs de rentes dans les villes de cinquante mille âmes et au-dessus, de douze cents francs de rentes dans les autres villes, et de la moitié de ces rentes pour les journaux ou écrits périodiques qui paraissent à des termes moins rapprochés.* 248, 271.

207. — 3. Seront exempts de tout cautionnement, — 1° Les journaux ou écrits périodiques qui ne paraissent qu'une fois par mois ou plus rarement; — 2° Les journaux ou écrits périodiques exclusivement consacrés, soit aux sciences mathématiques, physiques et naturelles, soit aux travaux et recherches d'érudition, soit aux arts mécaniques et libéraux, c'est-à-dire aux sciences et aux arts dont s'occupent les trois académies des sciences, des inscriptions et des beaux-arts de l'institut royal; — 3° Les journaux ou écrits périodiques étrangers aux matières politiques, et exclusivement consacrés aux lettres ou à d'autres branches de connaissances non spécifiées précédemment, pourvu qu'ils ne paraissent au plus que deux fois par semaine; — 4° Tous les écrits périodiques étrangers aux matières politiques et qui seront publiés dans une autre langue que la langue française; — 5° Les feuilles périodiques exclusivement consacrées aux avis, annonces, affiches judiciaires, arrivages maritimes, mercuriales et prix courans — Toute contravention aux dispositions du présent article et du précédent sera punie conformément à l'article 6 de la loi du 9 juin 1819. — 272.

208. — 4. En cas d'association, la société devra être l'une de celles qui sont définies et régies par le Code de commerce. — Hors le cas où le journal serait publié par une société anonyme, les associés seront tenus de choisir entre eux, un, deux ou trois gérans, qui, aux termes des art. 22 et 24 du Code de commerce, auront chacun individuellement la signature. — Si l'un des gérans responsables vient à décéder ou à cesser ses fonctions par une cause quelconque, les propriétaires seront tenus, dans le délai de deux mois, de le remplacer, ou de réduire, par un acte revêtu des mêmes formalités que celui de société, le nombre de leurs gérans. Ils auront aussi, dans les limites ci-dessus déterminées, le droit d'augmenter ce nombre en remplissant les mêmes formalités. S'ils n'en avaient constitué qu'un seul, ils seront tenus de le remplacer dans les quinze jours qui suivront son décès; faute par eux de le faire, le journal ou écrit périodique cessera de paraître, à peine de mille francs d'amende pour chaque feuille ou livraison qui serait publiée après l'expiration de ce délai. 277

209. — 5. Les gérans responsables, ou l'un ou deux d'entre eux, surveilleront et dirigeront par eux-mêmes la rédaction du journal ou écrit périodique. — Chacun des gérans responsables devra avoir les qualités requises par l'art. 980 du Code civil, *être propriétaire au moins d'une part ou action dans l'entreprise, et posséder, en son propre et privé nom, un quart au moins du cautionnement.* 248, 273.

210. — 6. Aucun journal ou écrit périodique soumis au cautionnement par les dispositions de la présente loi ne pourra être publié, s'il n'a été fait préalablement une déclaration contenant, — 1° Le titre du journal ou écrit périodique, et les époques auxquelles il doit paraître; — 2° Le nom de tous les propriétaires autres que les commanditaires, leur demeure, leur part dans l'entreprise; — 3° Le nom et la demeure des gérans responsables; — 4° L'affirmation que ces propriétaires et gérans réunissent les conditions de capacité prescrites par la loi; — 5° L'indication de l'imprimerie dans laquelle le journal ou écrit périodique devra être imprimé. — Toutes les fois qu'il surviendra quelque mutation, soit dans le titre du journal ou dans les conditions de sa périodicité, soit parmi les propriétaires ou les gérans responsables, il en sera fait déclaration devant l'autorité compétente dans les quinze jours qui suivront la mutation, à la diligence des gérans responsables. En cas de négligence, ils seront punis d'une amende de cinq cents francs. — Il en sera de même si le journal ou écrit périodique venait à être imprimé dans une autre imprimerie que celle qui a été originairement déclarée. — Dans le cas où l'entreprise aurait été formée par une seule personne, le propriétaire, s'il réunit les qualités requises par le paragraphe 2 de l'article 5, sera en même temps le gérant responsable du journal. — Dans le cas contraire, il sera tenu de présenter un gérant responsable, conformément à l'article 5. — Les journaux exceptés du cautionnement seront tenus de faire la déclaration préalable prescrite par les numéros 1, 2 et 5 du premier paragraphe du présent article. 207, 214 s.

211. — 7. Ces déclarations seront accompagnées du dépôt des pièces justificatives; elles seront signées par chacun des propriétaires du journal ou écrit périodique, ou par le fondé de pouvoir de chacun d'eux. Elles seront reçues à Paris à la direction de la librairie, et dans les départemens au secrétariat général de la préfecture. 214.

212. — 8. Chaque numéro de l'écrit périodique sera signé en minute par le propriétaire, s'il est unique; par l'un des gérans responsables, si l'écrit périodique est publié par une société en nom collectif ou en commandite; et par l'un des administrateurs, s'il est publié par une société anonyme. — L'exemplaire signé pour minute sera, au moment de la publication, déposé au parquet du procureur du roi du lieu de l'impression, ou à la mairie dans les villes où il n'y a pas de tribunal de première instance, à peine de cinq cents francs d'amende contre les gérans. Il sera donné récépissé du dépôt. — La signature sera imprimée au bas de tous les exemplaires, à peine de cinq cents francs d'amende contre l'imprimeur, sans que la révocation du brevet puisse s'en suivre. — Les signataires de chaque *feuille ou livraison seront* responsables de son contenu et passibles de toutes les peines portées par la loi à raison de la publication des articles ou passages incriminés, sans préjudice de la poursuite contre l'auteur ou les auteurs desdits articles ou passages, comme complices. En conséquence, les poursuites judiciaires pourront être dirigées, tant contre les signataires des feuilles ou livraisons, que contre l'auteur ou les auteurs des passages incriminés, si ces auteurs peuvent être connus ou mis en cause. 274.

213. — 9. Il est accordé aux propriétaires actuels des journaux existans, sans qu'on puisse leur opposer les dispositions de l'art. 1er, un délai de six mois, à dater de la promulgation de la présente loi, pour présenter un, *deux ou trois gérans responsables*, réunissant les conditions requises par les articles précédens, et faire la déclaration prescrite par l'article 6. — Si ces gérans responsables ne possèdent pas en propre le quart du cautionnement, ils seront admis à justifier que, outre leur part dans l'entreprise, ils sont vrais et légitimes propriétaires d'immeubles, payant au moins cinq cents francs de contributions directes, si le journal est publié dans les départemens de la Seine, de Seine et Oise et de Seine et-Marne, et cent cinquante francs dans les autres départemens. Ces immeubles devront être libres de toute hypothèque. — En ce cas, il sera fait mention expresse de cette circonstance dans la déclaration.

214. — 10. En cas de contestation

sur la régularité ou la sincérité de la déclaration prescrite par l'article 6 et des pièces à l'appui, il sera statué par les tribunaux, à la diligence du préfet, sur mémoire, sommairement et sans frais, la partie ou son défenseur, et le ministère public entendus. — Si le journal n'a point encore paru, il sera sursis à la publication jusqu'au jugement à intervenir, lequel sera exécutoire nonobstant appel.

215. — **11**. Si la déclaration prescrite par l'article 6 est reconnue fausse et frauduleuse en quelqu'une de ses parties, le journal cessera de paraître. Les auteurs de la déclaration seront punis d'une amende dont le *minimum* sera d'une somme égale au dixième, et le *maximum* d'une somme égale à la moitié du cautionnement.

216. — **12**. Dans le cas où un journal ou écrit périodique est établi et publié par un seul propriétaire, si ce propriétaire vient à mourir, sa veuve ou ses héritiers auront un délai de trois mois pour présenter un gérant responsable; ce gérant devra être propriétaire d'immeubles libres de toute hypothèque et payant au moins cinq cents francs de contributions directes, si le journal est publié dans les départemens de la Seine, de Seine-et-Oise et de Seine-et-Marne, et cent cinquante francs dans les autres départemens. — Le gérant que la veuve ou les héritiers seront admis à présenter, devra réunir les conditions requises par l'article 980 du Code civil. — Dans les dix jours du décès, la veuve ou les héritiers seront tenus de présenter un rédacteur, qui sera responsable du journal jusqu'à ce que le gérant soit accepté. — Le cautionnement du propriétaire décédé demeurera affecté à la gestion.

217. — **13**. Les condamnations pécuniaires prononcées, soit contre les signataires responsables, soit contre l'auteur ou les auteurs des passages incriminés, seront prélevées, — 1° Sur la portion du cautionnement appartenant en propre aux signataires responsables; — 2° Sur le reste du cautionnement dans le cas où celle-ci serait insuffisante, sans préjudice, pour le surplus, des règles établies par les articles 3 et 4 de la loi du 9 juin 1819. — 167, 168.

218. — **14**. Les amendes, autres que celles portées par la présente loi, qui auront été encourues pour délit de publication par la voie d'un journal ou écrit périodique, ne seront jamais moindres du double du *minimum* fixé par les lois relatives à la répression des délits de la presse. 174.

219. — **15**. En cas de récidive par le même gérant, et dans les cas prévus par l'article 68 du Code pénal, indépendamment des dispositions de l'article 10 de la loi du 9 juin 1819, les tribunaux pourront, suivant la gravité du délit, prononcer la suspension du journal ou écrit périodique pour un temps qui ne pourra excéder deux mois, ni être moindre de dix jours. Pendant ce temps, le cautionnement continuera à demeurer en dépôt à la caisse des consignations, et il ne pourra recevoir une autre destination. 174, 170.

220. — **16**. Dans les procès qui ont pour objet la diffamation, si les tribunaux ordonnent, aux termes de l'article 55 de la charte, que les débats auront lieu à huis-clos, les journaux ne pourront, à peine de deux mille francs d'amende, publier les faits de diffamation, ni donner l'extrait des mémoires ou écrits quelconques qui les contiendraient. — Dans toutes les affaires civiles ou criminelles où un huis-clos aura été ordonné, ils ne pourront, sous la même peine, publier que le prononcé du jugement. 168.

221. — **17**. Lorsqu'aux termes du dernier paragraphe de l'article 23 de la loi du 17 mai 1819, les tribunaux auront, pour les faits diffamatoires étrangers à la cause, réservé, soit l'action publique, soit l'action civile des parties, les journaux ne pourront, sous la même peine, publier ces faits, ni donner l'extrait des mémoires qui les contiendraient. 130, 168.

222. — **18**. La loi du 17 mars 1822, relative à la police des journaux et écrits périodiques, est abrogée.

ORDONNANCE

Concernant l'exécution de la loi du 18 juillet 1828, sur les journaux ou écrits périodiques.

(29 juillet 1828.)

223. — Art. 1er. Avant toute publication d'un journal ou écrit périodique, soumis au cautionnement par les dispositions de la loi du 18 juillet 1828, il sera justifié, au procureur du roi du lieu de l'impression, du versement du cautionnement auquel ce journal ou écrit périodique est soumis, et de la déclaration prescrite par l'article 6 de ladite loi. Le procureur du roi donnera acte sur-le-champ de cette justification et en tiendra registre.

224. — 2. Les propriétaires des journaux et écrits périodiques existans, qui étaient exempts de fournir un cautionnement en vertu des dispositions de la loi du 9 juin 1819, et qui ne se trouvent point compris dans les exceptions spécifiées en l'article 3 de la loi du 18 juillet 1828, seront tenus, dans le délai de quinze jours, à compter de la promulgation de la présente ordonnance, de déposer, à Paris, à la direction de la librairie, et dans les départemens, au secrétariat-général de la préfecture, un certificat constatant qu'ils ont fourni le cautionnement exigé par l'article 2 de la même loi. 206 s. — Ce certificat sera délivré, à Paris, par l'agent judiciaire du Trésor, et dans les départemens, par le directeur de l'enregistrement, conformément aux dispositions de l'ordonnance du 9 juin 1819. — Il en sera justifié au procureur du roi du lieu de l'impression, ainsi qu'il est dit en l'article 1er. — 178 s.

225. — 3. Les propriétaires des journaux et écrits périodiques existans qui sont exceptés du cautionnement par l'article 3 de ladite loi, feront dans le même délai les déclarations prescrites par les numéros 1, 2 et 5 de l'article 6. — 207, 210.

226. — 4. A l'expiration du délai ci-dessus fixé, ceux des journaux ou écrits périodiques actuellement existans sans cautionnement, qui n'auraient pas fait les justifications et déclarations prescrites, cesseront de paraître.

5. Notre garde-des-sceaux, ministre secrétaire-d'état au département de la justice, et nos ministres secrétaires-d'état aux départemens de l'intérieur et des finances, sont chargés, chacun en ce qui le concerne, de l'exécution de la présente ordonnance.

ORDONNANCE

Contenant suppression des inspecteurs de la librairie.

(13 septembre 1829.)

227. — Art. 1er. Les quatre inspecteurs de la librairie, actuellement existans à Paris, sont supprimés.

228. — 2. Les commissaires de police, dans toute l'étendue du royaume, sont et demeurent investis des attributions légales que les inspecteurs de la librairie avaient reçu de l'article 45 du décret du 5 février 1810, de l'article 20 de la loi du 21 octobre 1814, de l'article 7 de l'ordonnance du roi du 24 octobre même année. 8, 59, 90, 99.

LOI

Sur l'application du jury aux délits de la presse et aux délits politiques.

(8 octobre 1830.)

229. — Art. 1er. La connaissance de tous les délits commis, soit par la voie de la presse, soit par tous les autres moyens de publication énoncés en l'article 1er de la loi du 17 mai 1819, est attribuée aux cours d'assises. 108.

230. — 2. Sont exceptés les cas prévus par l'article 14 de la loi du 26 mai 1819. — 147.

231. — 3. Sont pareillement exceptés les cas où les Chambres, cours et tribunaux, jugeraient à propos d'user des droits qui leur sont attribués par les articles 15 et 16 de la loi du 25 mars 1822. — 200, 201.

232. — 4. La poursuite des délits

mentionnés en l'article 1er de la présente loi aura lieu d'office et à la requête du ministère public, en se conformant aux dispositions des lois des 26 mai et 9 juin 1819. — 134 s., 170 s.

233. — 5. Les articles 12, 17 et 18 de la loi du 25 mars 1822 sont abrogés.

234. * — 6. La connaissance des délits politiques est pareillement attribuée aux cours d'assises. 259.

235. — 7. Sont réputés politiques les délits prévus, — 1° Par les chapitres I et II du titre Ier du livre III du Code pénal; P. 75 s. — 2° Par les paragraphes 2 et 4 de la section III et par la section VII du chapitre III des mêmes livres et titres; P. 201 s., 291 s. — 3° Par l'article 9 de la loi du 25 mars 1822. — 194.

236. — 8. Les délits mentionnés dans la présente loi qui ne seraient pas encore jugés, le seront suivant les formes qu'elle prescrit.

LOI

Qui punit les attaques contre les droits et l'autorité du roi et des chambres, par la voie de la presse.

(29 novembre 1830.)

237. * — Art. 1er. Toute attaque, par l'un des moyens énoncés en l'article 1er de la loi du 17 mai 1819, contre la dignité royale, l'ordre de successibilité au trône, les droits que le roi tient du vœu de la nation française, exprimé dans la déclaration du 7 août 1830, et de la Charte constitutionnelle par lui acceptée et jurée dans la séance du 9 août de la même année, son autorité constitutionnelle, l'inviolabilité de sa personne, les droits et l'autorité des Chambres, sera punie d'un emprisonnement de trois mois à cinq ans, et d'une amende de trois cents francs à six mille francs. 108, 259, 263, 264.

238. — 2. L'article 2 de la loi du 25 mars 1822 est et demeure abrogé.

LOI

Sur les Afficheurs et les Crieurs publics.

(10 décembre 1830.)

239. — Art. 1er. Aucun écrit, soit à la main, soit imprimé, gravé ou lithographié, contenant des nouvelles politiques ou traitant d'objets politiques, ne pourra être affiché ou placardé dans les rues, places ou autres lieux publics. — Sont exceptés de la présente disposition les actes de l'autorité publique.

240. — 2. Quiconque voudra exercer, même temporairement, la profession d'afficheur *ou crieur*, *de vendeur ou distributeur*, sur la voie publique, d'écrits imprimés, lithographiés, gravés ou à la main, sera tenu d'en faire préalablement la déclaration devant l'autorité municipale et d'indiquer son domicile. — *Le crieur* ou afficheur devra renouveler cette déclaration chaque fois qu'il changera de domicile. 257.

241. — 3 Les journaux, feuilles quotidiennes ou périodiques, les jugemens et autres actes d'une autorité constituée, ne pourront être annoncés dans les rues, places et autres lieux publics, autrement que par leur titre. — Aucun autre écrit imprimé, lithographié, gravé ou à la main, ne pourra être crié sur la voie publique qu'après que le crieur ou distributeur aura fait connaître à l'autorité municipale le titre sous lequel il veut l'annoncer, et qu'après avoir remis à cette autorité un exemplaire de cet écrit. 257 s.

242. — 4. La vente ou distribution de faux extraits de journaux, jugemens et actes de l'autorité publique, est défendue, et sera punie des peines ci après.

243. — 5. L'infraction aux dispositions des articles 1er et 4 de la présente loi sera punie d'une amende de vingt-cinq à cinq cents francs, et d'un emprisonnement de six jours à un mois, cumulativement ou séparément. — L'auteur ou l'imprimeur des faux extraits défendus par l'article ci-dessus sera puni du double de la peine infligée au crieur, vendeur ou distri-

buteur de faux extraits. — Les peines prononcées par le présent article seront appliquées sans préjudice des autres peines qui pourraient être encourues par suite des crimes et délits résultant de la nature même de l'écrit. 253.

244. — 6. La connaissance des délits punis par le précédent article est attribuée aux cours d'assises. Ces délits seront poursuivis conformément aux dispositions de l'article 4 de la loi du 8 octobre 1830. — 252.

245. — 7. Toute infraction aux articles 2 et 3 de la présente loi sera punie, par la voie ordinaire de police correctionnelle, d'une amende de vingt-cinq à deux cents francs, et d'un emprisonnement de six jours à un mois, cumulativement ou séparément.

246. — 8. Dans les cas prévus par la présente loi, les cours d'assises et les tribunaux correctionnels pourront appliquer l'article 463 du Code pénal, si les circonstances leur paraissent atténuantes, et si le préjudice causé n'excède pas vingt-cinq francs.

247. — 9. La loi du 5 nivôse an V, relative aux crieurs publics, et l'article 290 du Code pénal, sont abrogés.

LOI

Sur le Cautionnement, le droit de Timbre et le port des journaux ou écrits périodiques.

(14 décembre 1830.)

248.* — Art. 1er. Si un journal ou écrit périodique paraît plus de deux fois par semaine, soit à jour fixe, soit par livraisons et irrégulièrement (1), le cautionnement sera de deux mille quatre cents fr. de *rente*. 271. — Le cautionnement sera égal aux trois quarts du taux fixé, si le journal ou écrit périodique ne paraît que deux fois par semaine. — Il sera égal à la moitié, si le journal ou écrit périodique ne paraît qu'une fois par semaine. — Il sera égal au quart, si le journal ou écrit périodique paraît seulement plus d'une fois par mois. — Le cautionnement des journaux quotidiens publiés dans les départemens autres que ceux de la Seine et de Seine-et-Oise sera de huit cents francs de *rente* dans les villes de cinquante mille âmes et au-dessus, de cinq cents francs de *rente* dans les autres villes, et respectivement de la moitié de ces deux *rentes* pour les journaux ou écrits périodiques qui paraissent à des termes moins rapprochés. — Le gérant responsable du journal devra posséder en son propre et privé nom la totalité du cautionnement. — S'il y a plusieurs gérans responsables, ils devront posséder en leur propre et privé nom, et par portions égales, la totalité du cautionnement. — Il est accordé aux gérans responsables des journaux qui auront déposé leur cautionnement à l'époque où la présente loi sera promulguée, un délai de six mois pour se conformer à ses dispositions. — La partie du cautionnement déjà fournie qui excède le taux ci-dessus fixé, sera remboursée.

249. — 2. Le droit de timbre fixe ou de dimension sur les journaux ou écrits périodiques sera de six centimes pour chaque feuille de trente décimètres carrés et au-dessus, et de trois centimes pour chaque demi-feuille de quinze décimètres carrés et au-dessous. — Tout journal ou écrit périodique imprimé sur une demi-feuille de plus de quinze décimètres et de moins de trente décimètres carrés, paiera un centime en sus pour chaque cinq décimètres carrés. — Il ne sera perçu aucune augmentation de droit pour fraction au-dessous de cinq décimètres carrés. — Il ne sera perçu aucun droit pour un supplément qui n'excédera pas trente décimètres carrés, publié par les journaux imprimés sur une feuille de trente décimètres carrés et au-dessus. — La loi du 15 ven-

(1) Le mot *régulièrement* avait été inséré par erreur dans la loi votée par la Chambre des Pairs, et dans le texte officiel, au lieu du mot *irrégulièrement*. Le 8 avril 1831 fut rendue une loi rectificative qui substitua le mot *irrégulièrement* au mot *régulièrement*.

démiaire an VI et l'article 89 de la loi du 15 mai 1818 sont et demeurent abrogés. — La loi du 6 prairial an VII est abrogée en ce qui concerne le droit de timbre sur les journaux ou feuilles périodiques.

250. — 3. Le droit de cinq centimes fixé par l'art. 8 de la loi du 15 mars 1827 pour le port sur les journaux et autres feuilles transportés hors des limites du département dans lequel ils sont publiés, sera réduit à quatre centimes. — Les mêmes feuilles ne paieront que deux centimes toutes les fois qu'elles seront destinées pour l'intérieur du département où elles auront été publiées.

251. — 4. Les journaux imprimés en langues étrangères et ceux venant des pays d'outre-mer seront taxés au *maximum* du tarif établi pour les journaux français.

LOI

Sur la Procédure en matière de délits de la presse, d'affichage et criage publics.

(8 avril 1831.)

252. — Art. 1er. Le ministère public aura la faculté de saisir les cours d'assises de la connaissance des délits commis par la voie de la presse, ou par les autres moyens de publication énoncés en l'article 1er de la loi du 17 mai 1819, en vertu de citation donnée directement au prévenu. 108. — La même faculté existera au cas de poursuites contre les afficheurs et crieurs publics, en exécution des articles 5 et 6 de la loi du 10 décembre 1830. — 243, 244.

253. — 2. Le ministère public adressera son réquisitoire au président de la cour d'assises pour obtenir indication du jour auquel le prévenu sera sommé de comparaître. — Il sera tenu d'articuler et de qualifier les provocations, attaques, offenses, outrages, faits diffamatoires ou injures, à raison desquels la poursuite est intentée, et ce, à peine de nullité de la poursuite. Le président fixera le jour de la comparution devant la cour d'assises, et commettra l'huissier qui sera chargé de la notification. — La notification du réquisitoire et de l'ordonnance du président sera faite au prévenu dix jours au moins avant celui de la comparution, outre un jour par cinq myriamètres de distance. — Si le prévenu ne comparaît pas au jour fixé, il sera jugé par défaut ; la cour statuera sans assistance ni intervention de jurés, tant sur l'action publique que sur l'action civile. 282.

254. — 3. Le prévenu pourra former opposition à l'arrêt par défaut dans les cinq jours de la notification qui en aura été faite à sa personne ou à son domicile, outre un jour par cinq myriamètres de distance, à charge de notifier son opposition tant au ministère public qu'à la partie civile. — Le prévenu supportera sans recours les frais de l'expédition et de la signification de l'arrêt par défaut, et de l'opposition, ainsi que de l'assignation et de la taxe des témoins appelés à l'audience pour le jugement de l'opposition. 283.

255. — 4. Dans les cinq jours de la notification de l'opposition, le prévenu devra déposer au greffe une requête tendant à obtenir du président de la cour d'assises une ordonnance fixant le jour du jugement de l'opposition ; elle sera signifiée à la requête du ministère public, tant au prévenu qu'au plaignant, avec assignation au jour fixé, cinq jours au moins avant l'échéance. Faute par le prévenu de remplir les formalités mises à sa charge par le présent article, ou de comparaître par lui-même au jour fixé par l'ordonnance, l'opposition sera réputée non avenue, et l'arrêt par défaut sera définitif. 283.

256. — 5. Dans le cas de saisie autorisée par l'article 7 de la loi du 26 mai 1819, les formes et délais prescrits par cette loi seront observés. 140 s.

LOI

Sur les Crieurs publics.

(16 Février 1834.)

257. — Art. 1er. Nul ne pourra

exercer, même temporairement, la *profession de crieur, de vendeur ou de* distributeur, sur la voie publique, d'écrits, dessins, ou emblèmes, imprimés, lithographiés, autographiés, moulés, gravés ou à la main, sans autorisation préalable de l'autorité municipale.— *Cette autorisation pourra être retirée.* — Les dispositions ci-dessus sont applicables aux chanteurs sur la voie publique.

258. **2.** Toute contravention à la disposition ci-dessus, sera punie d'un emprisonnement de six jours à deux mois pour la première fois, et de deux mois à un an en cas de récidive. Les contrevenans seront traduits devant les tribunaux correctionnels, qui pourront, dans tous les cas, appliquer les dispositions de l'art. 463 du Code pénal.

LOI

Sur les Crimes, Délits et Contraventions de la Presse et des autres moyens de publication.

(9 septembre 1835.)

TITRE Ier.

DES CRIMES, DÉLITS ET CONTRAVENTIONS.

259. — Art. **1er.** Toute provocation, par l'un des moyens énoncés en *l'article 1er de la loi du 17 mai 1819,* aux crimes prévus par les articles 86 et 87 du Code pénal, soit qu'elle ait été ou non suivie d'effet, est un attentat à la sûreté de l'État. — Si elle a été suivie d'effet, elle sera punie *conformément à l'art. 1er de la loi du 17 mai 1819.*— 108.— Si elle n'a pas été suivie d'effet, elle sera punie de la détention et d'une amende de dix mille à cinquante mille francs. — Dans l'un comme dans l'autre cas, elle pourra être déférée à la chambre des pairs, conformément à l'article 28 de la Charte.

260. — **2.** L'offense au roi, commise par les mêmes moyens, lorsqu'elle a pour but d'exciter à la haine et au mépris de sa personne ou de son autorité constitutionnelle, est un attentat à la sûreté de l'État. — Celui qui s'en rendra coupable sera jugé et puni conformément aux deux derniers paragraphes de l'article précédent.

261. — **3.** Toute autre offense au roi sera punie conformément à l'article 9 *de la loi du 17 mai 1819.* 116.

262. — **4.** Quiconque fera remonter au roi le blâme ou la responsabilité des actes de son gouvernement sera puni d'un emprisonnement d'un mois à un an et d'une amende de cinq cents à cinq mille francs.

263. — **5.** L'attaque contre le principe ou la forme du gouvernement établi par la Charte de 1830, tels qu'ils sont définis par la loi du 29 novembre 1830, est un attentat à la sûreté de l'État, lorsqu'elle a pour but d'exciter à la destruction ou au changement du gouvernement. 257. — Celui qui s'en rendra coupable sera jugé et puni conformément aux deux derniers paragraphes de l'article 1er.

264. — **6.** Toute autre attaque prévue par la loi du 29 novembre 1830 continuera d'être punie conformément aux dispositions de cette loi. 257.

265. — **7.** Seront punis des peines prévues par l'article précédent, ceux qui auront fait publiquement acte d'adhésion à toute autre forme de gouvernement, soit en attribuant des droits au trône de France, aux personnes bannies à perpétuité par la loi du 10 avril 1832, ou à tout autre que Louis-Philippe Ier et sa descendance; — Soit en prenant la qualification de républicain ou toute autre incompatible avec la Charte de 1830; — Soit en exprimant le vœu, l'espoir ou la menace de la destruction de l'ordre monarchique constitutionnel, ou de la restauration de la dynastie déchue. 257.

266. — **8.** Toute attaque contre la propriété, le serment, le respect dû aux lois; toute apologie de faits *qualifiés crimes et délits par la loi pénale;* toute provocation à la haine entre les diverses classes de la société, sera punie des peines portées par l'art. 8 de la loi du 17 mai 1819. — 115, 186, 198. — Néanmoins, dans les cas prévus par le paragraphe précédent et

par l'art. 8 de la loi précitée, les tribunaux pourront, selon les circonstances, élever les peines jusqu'au double du *maximum*.

267. — 9. Dans tous les cas de diffamation prévus par les lois, les peines qui y sont portées pourront, suivant la gravité des circonstances, être élevées au double du maximum, soit pour l'emprisonnement, soit pour l'amende. — Le coupable pourra, en outre, être interdit, en tout ou en partie, des droits mentionnés par l'article 42 du Code pénal, pendant un temps égal à la durée de l'emprisonnement. 117 s.

268. — 10. Il est interdit aux journaux et écrits périodiques de rendre compte des procès pour outrages ou injures, et des procès en diffamation, où la preuve des faits diffamatoires n'est pas admise par la loi; ils pourront seulement annoncer la plainte sur la demande du plaignant; dans tous les cas, ils pourront insérer le jugement. — Il est interdit de publier les noms des jurés, excepté dans le compte rendu de l'audience où le jury aura été constitué. — Il est interdit de rendre compte des délibérations intérieures, soit des jurés, soit des cours et tribunaux. — L'infraction à ces diverses prohibitions sera poursuivie devant les tribunaux correctionnels, et punie d'un emprisonnement d'un mois à un an, et d'une amende de cinq cents à cinq mille francs.

269. — 11. Il est interdit d'ouvrir ou annoncer publiquement des souscriptions ayant pour objet d'indemniser des amendes, frais, dommages et intérêts prononcés par des condamnations judiciaires. Cette infraction sera jugée et punie comme il est dit à l'article précédent.

270. — 12. Les dispositions de l'article 10 de la loi du 9 juin 1819 sont applicables à tous les cas prévus par la présente loi. En cas de seconde ou ultérieure condamnation, contre le même gérant ou contre le même journal dans le cours d'une année, les cours et tribunaux pourront prononcer la suspension du journal pour un temps qui n'excédera pas deux mois, suivant la loi du 18 juillet 1828. Cette suspension pourra être portée à quatre mois, si la condamnation a eu lieu pour crime. 174, 219. — Les peines prononcées par la présente loi et par les lois précédentes sur la presse et autres moyens de publication, ne se confondront point entre elles, et seront toutes intégralement subies lorsque les faits qui y donneront lieu seront postérieurs à la première poursuite (1).

TITRE II.

DU GÉRANT DES JOURNAUX ET ÉCRITS PÉRIODIQUES.

271. — 13. Le cautionnement que les propriétaires de tout journal ou écrit périodique sont tenus de fournir sera versé en numéraire, au trésor, qui en paiera l'intérêt au taux réglé pour les cautionnements. — Le taux de ce cautionnement est fixé comme il suit : (2) — Si le journal ou écrit périodique paraît plus de deux fois par semaine, soit à jour fixe, soit par livraison et irrégulièrement, le cautionnement sera de cent mille francs. Le cautionnement sera de soixante-

(1) Tout éditeur, imprimeur, journaliste, qui rendra publics les actes interdits au conseil général par les art. 15, 16, 17 de la loi du 22 juin 1833, est passible des peines portées par l'art. 123 du Code pénal.

(2) D'après cet article, la nature des garanties que la loi demande pour l'établissement d'un journal reste toujours la même : déclaration d'établissement, cautionnement, gérant responsable propriétaire d'une partie, dépôt d'un exemplaire signé. Ces conditions sont celles des lois du 18 juillet 1828 et du 14 décembre 1830. — 205 s., 248 s. — Les lois de juin 1819, de 1828, de 1830, permettaient de verser le cautionnement en inscriptions *de rentes*. Aujourd'hui il doit être versé en *numéraire*. La grande différence c'est que l'inscription n'était pas saisissable par les créanciers du gérant, tandis que le numéraire le sera jusqu'à concurrence de la part de propriété du gérant.

quinze mille francs, si le journal ou écrit périodique ne paraît que deux fois par semaine. Il sera de cinquante mille francs, si le journal ou écrit périodique ne paraît qu'une fois par semaine. — Il sera de vingt-cinq mille francs, si le journal ou écrit périodique paraît seulement plus d'une fois par mois. — Le cautionnement des journaux quotidiens publiés dans les départemens autres que ceux de la Seine, Seine-et-Oise, Seine-et-Marne, sera de vingt-cinq mille francs dans les villes de cinquante mille âmes et au-dessus. — Il sera de quinze mille francs dans les villes au-dessous, et respectivement de la moitié de ces deux sommes, pour les journaux et écrits périodiques qui paraissent à des termes moins rapprochés. — Il est accordé aux propriétaires de journaux ou écrits périodiques actuellement existans un délai de quatre mois pour se conformer à ces dispositions. 249 s., 290 s.

272. — **14.** Continueront à être dispensés de tout cautionnement les journaux et écrits périodiques mentionnés en l'article 3 de la loi du 18 juillet 1828. — 207.

273. — **15.** Chaque gérant responsable d'un journal ou écrit périodique devra posséder, en son propre et privé nom, le tiers du cautionnement. — Dans le cas où, soit des cessions totales ou partielles de la portion du cautionnement appartenant à un gérant, soit des jugemens passés en force de chose jugée, prononçant la validité de saisies-arrêts formées sur ce cautionnement, seraient signifiés au Trésor, le gérant sera tenu de rapporter, dans les quinze jours de la notification qui lui en sera faite, soit la rétrocession, soit la main-levée de la saisie-arrêt, faute de quoi le journal devra cesser de paraître, sous les peines portées en l'article 6 de la loi du 9 juin 1819. 170 295.

274. — **16.** Conformément à l'article 8 de la loi du 18 juillet 1828, le gérant d'un journal ou écrit périodique sera tenu de signer, en minute, chaque numéro de son journal. — Toute infraction à cette disposition sera poursuivie devant les tribunaux correctionnels, et punie d'une amende de cinq cents à trois mille francs. 212.

275. — **17.** L'insertion des réponses et rectifications prévues par l'article 11 de la loi du 25 mars 1822 devra avoir lieu dans le numéro qui suivra le jour de la réception; elle aura lieu intégralement et sera gratuite; le tout sous les peines portées par ladite loi. 196. — Toutefois, si la réponse a plus du double de la longueur de l'article auquel elle sera faite, le surplus de l'insertion sera payé suivant le tarif des annonces.

276. — **18.** Tout gérant sera tenu d'insérer, en tête du journal, les documens officiels, relations authentiques, renseignemens et rectifications qui lui seront adressés par tout dépositaire de l'autorité publique; la publication devra avoir lieu le lendemain de la réception des pièces, sous la seule condition du paiement des frais d'insertion. — Toute autre insertion réclamée par le gouvernement, par l'intermédiaire des préfets, sera faite de la même manière, sous la même condition, dans le numéro qui suivra le jour de la réception des pièces. — Les contrevenans seront punis par les tribunaux correctionnels, conformément à l'article 11 de la loi du 25 mars 1822. — 196, 172.

277. — **19.** En cas de condamnation contre le gérant pour crime, délit ou contravention de la presse, la publication du journal ou écrit périodique ne pourra avoir lieu pendant toute la durée des peines d'emprisonnement et d'interdiction des droits civils, que par un autre gérant remplissant toutes les conditions exigées par la loi. Si le journal n'a qu'un gérant, les propriétaires auront un mois pour en présenter un nouveau, et, dans l'intervalle, ils seront tenus de désigner un rédacteur responsable. Le cautionnement entier demeurera affecté à cette responsabilité. 212, 270 s.

TITRE III.

DES DESSINS, GRAVURES, LITHOGRAPHIES ET EMBLÈMES.

278. — **20.** Aucun dessin, aucunes gravures, lithographies, médailles et estampes, aucun emblème, de quelque nature et espèce qu'ils soient, ne pourront être publiés, exposés ou mis en vente sans l'autorisation préalable du ministre de l'intérieur, à Paris, et des préfets, dans les départemens. — En cas de contravention, les dessins, gravures, lithographies, médailles, estampes, ou emblèmes pourront être confisqués, et le publicateur sera condamné, par les tribunaux correctionnels, à un emprisonnement d'un mois à un an, et à une amende de cent francs à mille francs, sans préjudice des poursuites auxquelles pourraient donner lieu la publication, l'exposition et la mise en vente desdits objets. 187 s.

TITRE IV.

DES THÉATRES ET DES PIÈCES DE THÉATRE.

279. — **21.** Il ne pourra être établi, soit à Paris, soit dans les départemens, aucun théâtre ni spectacle, de quelque nature qu'ils soient, sans l'autorisation préalable du ministre de l'intérieur, à Paris, et des préfets, dans les départemens. — La même autorisation sera exigée pour les pièces qui y seront représentées. — Toute contravention au présent article sera punie, par les tribunaux correctionnels, d'un emprisonnement d'un mois à un an, et d'une amende de mille francs à cinq mille francs, sans préjudice, contre les contrevenans, des poursuites auxquelles pourront donner lieu les pièces représentées.

280. — **22.** L'autorité pourra toujours, pour des motifs d'ordre public, suspendre la représentation d'une pièce, et même ordonner la clôture provisoire du théâtre. — Ces dispositions et celles contenues en l'article précédent sont applicables aux théâtres existans.

281. — **23.** Il sera pourvu, par un règlement d'administration publique, qui sera converti en loi dans la session de 1837, au mode d'exécution des dispositions précédentes, qui n'en demeurent pas moins exécutoires à compter de la promulgation de la présente loi.

TITRE V.

DE LA POURSUITE ET DU JUGEMENT.

282. — **24.** Le ministère public aura la faculté de faire citer directement à trois jours les prévenus devant la cour d'assises, même lorsqu'il y aura eu saisie préalable des écrits, dessins, gravures, lithographies, médailles ou emblèmes. Néanmoins, la citation ne pourra être donnée, dans ce dernier cas, qu'après la signification, au prévenu, du procès-verbal de saisie. 105.

283. — **25.** Si, au jour fixé par la citation, le prévenu ne se présente pas, il sera statué par défaut. — L'opposition à cet arrêt devra être formée dans les cinq jours, à partir de la signification, à peine de nullité. — L'opposition emportera, de plein droit, citation à la première audience. — Toute demande en renvoi devra être présentée à la cour, avant l'appel et le tirage au sort des jurés. — Lorsque cette dernière opération aura commencé en présence du prévenu, l'arrêt à intervenir sur le fond sera définitif et non susceptible d'opposition, quand même il se retirerait de l'audience après le tirage du jury durant le cours des débats.

284. — **26.** Le pourvoi en cassation contre les arrêts qui auront statué tant sur les questions de compétence que sur des incidens, ne sera formé qu'après l'arrêt définitif et en même temps que le pourvoi contre cet arrêt. — Aucun pourvoi formé auparavant ne pourra dispenser la cour d'assises de statuer sur le fond.

285. — **27.** Si, au moment où le ministère public exerce son action, la session de la cour d'assises est terminée, et s'il ne doit pas s'en ouvrir d'autre à une époque rapprochée, il

sera formé une cour d'assises extraordinaire par ordonnance motivée du premier président. Cette ordonnance prescrira le tirage au sort des jurés, conformément à l'article 388 du Code d'instruction criminelle, et elle désignera le conseiller qui doit présider. — Dans les chefs lieux des départemens où ne siégent pas les cours royales, le président du tribunal de première instance sera, de droit, président de la cour d'assises, si le ministre de la justice ou le premier président n'en ont pas désigné un autre.

Disposition générale.

286. — **28.** Les dispositions des lois antérieures, qui ne sont pas contraires à la présente, continueront d'être exécutées selon leur forme et teneur.

ORDONNANCE

Concernant l'exécution des diverses dispositions de la loi du 9 septembre 1835, relative à la publication des dessins, gravures, lithographies, estampes ou emblèmes.

(9 septembre 1835.)

Vu la loi du 9 septembre 1835, portant qu'aucun dessin, aucunes gravures, lithographies, médailles et estampes, aucun emblème, de quelque nature et espèce qu'ils soient, ne pourront être publiés, exposés ou mis en vente sans l'autorisation préalable du ministre de l'intérieur à Paris, et du préfet dans les départemens : — Voulant pourvoir à l'exécution de cet article de manière à assurer la répression de toute contravention ; — Sur le rapport de notre ministre secrétaire-d'état au département de l'intérieur ; — Nous avons ordonné et ordonnons ce qui suit :

287. — Art. **1er.** L'autorisation préalable exigée par l'article 20 de la loi du 9 septembre 1835 contiendra la désignation sommaire du dessin, de la gravure, lithographie, estampe ou de l'emblème qu'on voudra publier, et le titre qui lui aura été donné. L'auteur ou l'éditeur sera tenu de la représenter à toute réquisition. — Lorsqu'il s'agira de gravure, lithographie, estampe ou emblème se multipliant par le tirage, l'auteur ou l'éditeur, en recevant l'autorisation, déposera, au ministère de l'intérieur ou au secrétariat de la préfecture, une épreuve destinée à servir de pièce de comparaison. Il certifiera la conformité de cette épreuve avec celle qu'il se proposera de publier. 278.

288. — **2.** L'autorisation dont tout dessinateur, graveur ou tout autre individu est obligé de se pourvoir, d'après l'arrêté du 26 mars 1804 (1) et l'ordonnance du 24 mars 1832, pour faire frapper dans les ateliers du Gouvernement les médailles de sa composition, tiendra lieu de celle qui lui est imposée par la loi du 9 septembre 1835, pour la publication, exposition ou mise en vente de ces mêmes médailles, dont un exemplaire devra préalablement être déposé au ministère de l'intérieur.

289. — **3.** Les autorisations délivrées à Paris et dans les départemens seront insérées, chaque semaine, par ordre alphabétique et des matières, dans le *Journal général de la librairie.*

ORDONNANCE

Relative au Cautionnement des journaux ou écrits périodiques.

(18 novembre 1835.)

Vu la loi du 9 septembre 1835 ; — Vu les lois des 18 juillet 1828 et 9 juin 1819 ; — Vu les ordonnances royales en date des 29 juillet 1828 et 9 juin 1819 ; — Notre Conseil d'État entendu ; — Nous avons ordonné et ordonnons ce qui suit :

290. — Art. **1er.** Notre ministre de l'intérieur adressera à notre ministre des finances la liste de tous les journaux ou écrits périodiques qui se publient actuellement, et qui sont assujettis à l'obligation d'un cautionnement. Cette liste, dressée par dépar-

tement, indiquera les conditions et le mode de leur publication, le nom des gérans admis par l'administration, le montant des cautionnemens qu'ils doivent fournir en exécution de la loi du 9 septembre 1835, et les bases d'après lesquelles ces cautionnemens auront été fixés. — Il lui fera parvenir les mêmes renseignemens pour chacun des journaux qui viendront à s'établir, et il l'informera des mutations qui pourront survenir à l'égard des journaux existans. 271.

291. — 2. Les cautionnemens que les propriétaires de journaux ou écrits périodiques doivent fournir en numéraire, conformément à la loi du 9 septembre 1835, seront versés à la caisse du caissier central du trésor, à Paris ou à la caisse des receveurs des finances dans les départemens. — Il en sera fourni des récépisses à talon.

292. — 3. Lorsque le cautionnement aura été versé, les propriétaires feront à la direction de la librairie à Paris, et dans les départemens au secrétariat général de la préfecture, la déclaration prescrite par l'art. 6 de la loi du 18 juillet 1828. — 210. — Les propriétaires des journaux actuellement existans justifieront devant les mêmes autorités, et dans le délai de quatre mois, à compter de la promulgation de la loi du 9 sept. 1835, du versement de leur cautionnement. — Il sera justifié du versement des cautionnemens par la production des récépissés, soit du caissier central du trésor, soit des receveurs des finances. — Dès que la déclaration ci-dessus rappelée aura été faite, et dès qu'il aura été justifié du versement des cautionnemens, il en sera donné acte aux parties intéressées.

293. — 4. Après l'accomplissement de ces formalités, les récépissés seront adressés à notre ministre des finances pour être convertis, conformément à l'arrêté du gouvernement du 24 germinal an VIII, en certificats d'inscription sur les livres du trésor. Les titulaires toucheront, au moyen de ces certificats, les intérêts afférens aux cautionnemens qu'ils auront fournis. — Ces intérêts courront du jour des versemens.

294. — 5. Les propriétaires des journaux ou écrits périodiques actuellement existans qui voudront convertir en numéraire les cautionnemens précédemment fournis en rentes, adresseront leurs demandes avec le certificat et le bordereau annuel qu'ils auront reçus lors du dépôt de ces rentes, à notre ministre des finances, qui fera opérer la conversion par l'agent de change du trésor, sur la déclaration de transfert signée par le titulaire de l'inscription ou par son fondé de pouvoirs. — Dans les départemens, les demandes en conversion et les certificats de dépôt seront remis aux receveurs généraux des finances. — La demande en conversion devra être présentée et le supplément de cautionnement devra être versé dans le délai fixé par l'art. 13 de la loi du 9 septembre 1835. — 271.

295. — 6. Il ne pourra être admis aucune déclaration de privilége du second ordre sur le tiers du cautionnement que chaque gérant doit posséder en son propre et privé nom aux termes de l'art. 15 de la loi du 9 septembre 1835. — 273.

296. — 7. Dans le cas où des cessions totales ou partielles de la portion du cautionnement appartenant à un gérant seront signifiées au trésor, notre ministre des finances les notifiera immédiatement au gérant. — Il en sera de même à l'égard des jugemens signifiés au trésor qui prononceraient la validité des saisies arrêts formées sur un cautionnement aussitôt qu'il aura été justifié au trésor que lesdits jugemens ont acquis force de chose jugée. — La notification de ces jugemens sera faite au gérant immédiatement après ladite justification, ou, en tous cas, dans le délai de trois mois, à compter de la signification au trésor. — Notre ministre des finances donnera avis à notre ministre de l'intérieur des notifications qui seraient faites aux gérans en exécution du présent article. — Si, dans les quinze jours qui suivront la notification, le gérant ne justifie pas au bureau des oppositions établi au trésor public (direction du contentieux), soit qu'il y ait eu rétrocession ou

main-levée des saisies-arrêts, soit que le jugement signifié n'ait pas acquis l'autorité de la chose jugée, notre ministre des finances en donnera avis à notre garde des sceaux, ministre de la justice, à l'effet d'assurer, s'il y a lieu, l'application des peines portées par l'art. 6 de la loi du 9 juin 1819. — 170.

297. — 8. Les gérans qui renonceront à leurs fonctions, et les propriétaires qui cesseront leur entreprise, en feront la déclaration à la direction de la librairie, à Paris, et dans les départemens, au secrétariat général de la préfecture; il leur sera donné acte de cette déclaration. — Après un délai de trois mois, à partir du jour où il y aura eu réellement cessation, soit des fonctions du gérant, soit de la publication du journal, sur le vu de la déclaration préindiquée, et de la demande spéciale qui lui sera adressée par l'ayant droit, le ministre des finances ordonnera le remboursement dudit cautionnement, à moins que, par suite de condamnations ou de poursuites commencées, des oppositions n'aient été faites au trésor.

FIN DES LOIS DE LA PRESSE

CODE FORESTIER.

(Du 21 mai 1827. Promulgué le 31 juillet suivant.)

TITRE PREMIER.

DU RÉGIME FORESTIER.

Art. 1er. Sont soumis au régime forestier, et seront administrés conformément aux dispositions de la présente loi, — 1° Les bois et forêts qui font partie du domaine de l'État, 8; — 2° Ceux qui font partie du domaine de la couronne, 86; — 3° Ceux qui sont possédés à titre d'apanage et de majorats réversibles à l'État, 89; — 4° Les bois et forêts des communes et des sections de communes, 90; — 5° Ceux des établissemens publics; — 6° Les bois et forêts dans lesquels l'État, la couronne, les communes ou les établissemens publics ont des *droits de propriété indivis* avec des particuliers. F. 89. O. 1, 125, 128. C. 542.

2. Les particuliers exercent sur leurs bois tous les droits résultant de la propriété, sauf les restrictions qui seront spécifiées dans la présente loi. C. 544.

TITRE II.

DE L'ADMINISTRATION FORESTIÈRE.

3. Nul ne peut exercer un emploi forestier, s'il n'est âgé de vingt-cinq ans accomplis; néanmoins les élèves sortant de l'école forestière pourront obtenir des dispenses d'âge. O. 2, 40. *Ord.* 15 *novembre* 1832.

4. Les emplois de l'administration forestière sont incompatibles avec toutes autres fonctions, soit administratives, soit judiciaires.

5. Les agens et préposés de l'administration forestière ne pourront entrer en fonctions qu'après avoir prêté serment devant le tribunal de première instance de leur résidence, et avoir fait enregistrer leur commission et l'acte de prestation de leur serment au greffe des tribunaux dans le ressort desquels ils devront exercer leurs fonctions. — Dans le cas d'un changement de résidence qui les placerait dans un autre ressort en la même qualité, il n'y aura pas lieu à une autre prestation de serment. F. 99, 117. I. c. 16.

6. Les gardes sont responsables des délits, dégâts, abus et abroutissemens qui ont lieu dans leurs triages, et passibles des amendes et indemnités encourues par les délinquans, lorsqu'ils n'ont pas dûment constaté les délits. O. 14, 39.

7. L'empreinte de tous les marteaux dont les agens et les gardes forestiers font usage, tant pour la marque des bois de délit et des chablis que pour les opérations de balivage et de martelage, est déposée au greffe des tribunaux, savoir : — Celle des marteaux particuliers dont les agens et gardes sont pourvus, aux greffes des tribunaux de première instance dans le ressort desquels ils exercent leurs fonctions; — Celle du marteau royal uniforme, aux greffes des tribunaux de première instance et des cours royales. O. 37.

TITRE III.

DES BOIS ET FORÊTS QUI FONT PARTIE DES DOMAINES DE L'ÉTAT.

SECTION 1re.

De la Délimitation et du Bornage.

8. La séparation entre les bois et forêts de l'État et les propriétés riveraines pourra être requise, soit par l'administration forestière, soit par les propriétaires riverains. F. 57, 58 s. 65. C. 646.

9. *L'action en séparation* sera intentée, soit par l'État, soit par les propriétaires riverains, dans les formes ordinaires. — Toutefois, il sera sursis à statuer sur les actions partielles; si l'administration forestière offre d'y faire droit dans le délai de six mois, en procédant à la délimitation générale de la forêt.

10. Lorsqu'il y aura lieu d'opérer la délimitation générale et le bornage d'une forêt de l'État, cette opération sera annoncée deux mois d'avance par un arrêté du préfet, qui sera publié et affiché dans les communes limitrophes, et signifié au domicile des propriétaires riverains ou à celui de leurs fermiers, gardes ou agens. — Après ce délai, les agens de l'administration forestière procéderont à la délimitation en présence ou en l'absence des propriétaires riverains. O. 59, 60, 129.

11. Le procès verbal de la délimitation sera immédiatement déposé au secrétariat de la préfecture, et par extrait au secrétariat de la sous-préfecture, en ce qui concerne chaque arrondissement. Il en sera donné avis par un arrêté du préfet, publié et affiché dans les communes limitrophes. Les intéressés pourront en prendre connaissance, et former leur opposition dans le délai d'une année, à dater du jour où l'arrêté aura été publié. — Dans le même délai, le Gouvernement déclarera s'il approuve ou s'il refuse d'homologuer ce procès-verbal en tout ou en partie. — Sa déclaration sera rendue publique de la même manière que le procès-verbal de délimitation. F. 13. O. 61 s.

12. Si, à l'expiration de ce délai, il n'a été élevé aucune réclamation par les propriétaires riverains contre le procès verbal de délimitation, et si le Gouvernement n'a pas déclaré son refus d'homologuer, l'opération sera définitive. — Les agens de l'administration forestière procéderont, dans le mois suivant, au bornage, en présence des parties intéressées, ou elles dûment appelées par un arrêté du préfet, ainsi qu'il est prescrit par l'article 10. O. 60, 65.

13. En cas de contestations élevées, soit pendant les opérations, soit par suite d'oppositions formées par les riverains en vertu de l'article 11, elles seront portées par les parties intéressées devant les tribunaux compétens, et il sera sursis à l'abornement jusqu'après leur décision. — Il y aura également lieu au recours devant les tribunaux de la part des propriétaires riverains, si, dans le cas prévu par l'article 12, les agens forestiers se refusaient à procéder au bornage. F. 58. O. 131.

14. Lorsque la séparation ou délimitation sera effectuée par un simple bornage, elle sera faite à frais communs. — Lorsqu'elle sera effectuée par des fossés de clôture, ils seront exécutés aux frais de la partie requérante, et pris en entier sur son terrain. O. 66.

SECTION II.

De l'Aménagement.

15. Tous les bois et forêts du domaine de l'État sont assujettis à un aménagement réglé par des ordonnances royales. O. 67, 137.

16. Il ne pourra être fait dans les bois de l'État aucune coupe extraordinaire quelconque, ni aucune coupe de quarts en réserve ou de massifs réservés par l'aménagement pour croître en futaie, sans une ordonnance spéciale du Roi, à peine de nullité des ventes, sauf le recours des adjudicataires, s'il y a lieu, contre les fonctionnaires ou agens qui auraient ordonné ou autorisé ces coupes. — Cette ordonnance spéciale sera insérée au Bulletin des lois. O. 68, 73, 85.

SECTION III.

Des Adjudications des Coupes.

17. Aucune vente ordinaire ou extraordinaire ne pourra avoir lieu dans les bois de l'État que par voie d'adjudication publique, laquelle devra être annoncée, au moins quinze jours d'avance, par des affiches apposées dans le chef-lieu du département, dans le lieu de la vente, dans la commune de la situation des bois, et dans les communes environnantes. F. 19. O. 82, 84, 102, 107.

18. Toute vente faite autrement que par adjudication publique sera considérée comme vente clandestine, et déclarée nulle. Les fonctionnaires et agens qui auraient ordonné ou effectué la vente seront condamnés solidairement à une amende de 3,000 fr. au moins, et de 6,000 fr. au plus, et l'acquéreur sera puni d'une amende égale à la valeur des bois vendus. 53, 205.

19. Sera de même annulée, quoique faite par adjudication publique, toute vente qui n'aura point été précédée des publications et affiches prescrites par l'article 17, ou qui aura été effectuée dans d'autres lieux ou à un autre jour que ceux qui auront été indiqués par les affiches ou les procès-verbaux de remise de vente. — Les fonctionnaires ou agens qui auraient contrevenu à ces dispositions seront condamnés solidairement à une amende de 1,000 à 3,000 francs; et une amende pareille sera prononcée contre les adjudicataires, en cas de complicité. 53.

20. (*Ainsi modifié. Loi 4 mai 1837.*) Toutes les contestations qui pourront s'élever pendant les opérations d'adjudication, soit sur la validité desdites opérations, soit sur la solvabilité de ceux qui auront fait des offres avec leurs cautions, seront décidées immédiatement par le fonctionnaire qui présidera la séance d'adjudication

21. Ne pourront prendre part aux ventes, ni par eux-mêmes, ni par personnes interposées, directement ou indirectement, soit comme parties principales, soit comme associés ou cautions: — 1° Les agens et gardes forestiers et les agens forestiers de la marine, dans toute l'étendue du royaume, les fonctionnaires chargés de présider ou de concourir aux ventes, et les receveurs du produit des coupes, dans toute l'étendue du territoire où ils exercent leurs fonctions. — En cas de contravention, ils seront punis d'une amende qui ne pourra excéder le quart ni être moindre du douzième du montant de l'adjudication, et ils seront en outre passibles de l'emprisonnement et de l'interdiction qui sont prononcés par l'art. 175 du Code pénal; — 2° Les parens et alliés en ligne directe, les frères et beaux-frères, oncles et neveux des agens et gardes forestiers et des agens forestiers de la marine, dans toute l'étendue du territoire pour lequel ces agens ou gardes sont commissionnés. — En cas de contravention, ils seront punis d'une amende égale à celle qui est prononcée par le paragraphe précédent; — 3° Les conseillers de préfecture, les juges, officiers du ministère public et greffiers des tribunaux de première instance, dans tout l'arrondissement de leur ressort. — En cas de contravention, ils seront passibles de tous dommages-intérêts, s'il y a lieu. — Toute adjudication qui serait faite en contravention aux dispositions du présent article, sera déclarée nulle. F. 101. O. 31, 39. C. 1596. Pr. c. 713.

22. Toute association secrète ou manœuvre entre les marchands de bois ou autres, tendant à nuire aux enchères, à les troubler ou à obtenir les bois à plus bas prix, donnera lieu à l'application des peines portées par l'article 412 du Code pénal, indépendamment de tous dommages-intérêts; et si l'adjudication a été faite au profit de l'association secrète ou des auteurs desdites manœuvres, elle sera déclarée nulle.

23. Aucune déclaration de command ne sera admise, si elle n'est faite immédiatement après l'adjudication, et séance tenante.

24. Faute par l'adjudicataire de fournir les cautions exigées par le cahier des charges, dans le délai prescrit, il sera déclaré déchu de l'adjudication par un arrêté du préfet, et il sera procédé, dans les formes ci-dessus prescrites, à une nouvelle adjudication de la coupe à sa folle-enchère. — L'adjudicataire déchu sera tenu, par corps, de la différence entre son prix et celui de la revente, sans pouvoir réclamer l'excédant, s'il y en a. P. c. 737, 744.

25 (*Supprimé et ainsi remplacé. Loi 4 mai 1837.*) Toute adjudication sera définitive du moment où elle sera prononcée, sans que dans aucun cas il puisse y avoir lieu à surenchère.

26. (*Supprimé et remplacé ainsi. Loi 4 mai 1837.*) Les divers modes d'adjudication seront déterminés par une ordonnance royale; ces adjudications auront toujours lieu avec publicité et libre concurrence.

27. (*Ainsi modifié. Loi, 4 mai 1837.*) Les adjudicataires sont tenus, au moment de l'adjudication, d'élire domicile dans le lieu où l'adjudication aura été faite; à défaut de quoi, tous actes postérieurs leur seront valablement signifiés au secrétariat de la sous-préfecture.

28. Tout procès-verbal d'adjudication emporte exécution parée et contrainte par corps contre les adjudicataires, leurs associés et cautions, tant pour le paiement du prix principal de l'adjudication que pour accessoires et frais. — Les cautions sont en outre contraignables, solidairement et par les mêmes voies, au paiement des dommages, restitutions et amendes qu'aurait encourus l'adjudicataire. 45.

SECTION IV.

Des Exploitations.

29. Après l'adjudication, il ne pourra être fait aucun changement à l'assiette des coupes, et il n'y sera ajouté aucun arbre ou portion de bois, sous quelque prétexte que ce soit, à peine, contre l'adjudicataire, d'une amende égale au triple de la valeur des bois non compris dans l'adjudication, et sans préjudice de la restitution de ces mêmes bois ou de leur valeur. — Si les bois sont de meilleure nature ou qualité, ou plus âgés que ceux de la vente, il paiera l'amende comme pour bois coupé en délit, et une somme double à titre de dommages-intérêts. — Les agens forestiers qui auraient permis ou toléré ces additions ou changemens, seront punis de pareille amende, sauf l'application, s'il y a lieu, de l'article 207 de la présente loi. O. 17.

30. Les adjudicataires ne pourront commencer l'exploitation de leurs coupes, avant d'avoir obtenu, par écrit, de l'agent forestier local, le permis d'exploiter, à peine d'être poursuivis comme délinquans pour les bois qu'ils auraient coupés. O. 92.

31. Chaque adjudicataire sera tenu d'avoir un facteur ou garde-vente, qui sera agréé par l'agent forestier local, et assermenté devant le juge de paix. — Ce garde-vente sera autorisé à dresser des procès-verbaux, tant dans la vente qu'à l'ouïe de la cognée. Ses procès-verbaux seront soumis aux mêmes formalités que ceux des gardes forestiers, et feront foi jusqu'à preuve contraire. — L'espace appelé *l'ouïe de la cognée* est fixé à la distance de deux cent cinquante mètres, à partir des limites de la coupe. F. 45, 165, 179. O. 93, 94, 181, 183.

32. Tout adjudicataire sera tenu, sous peine de 100 fr. d'amende, de déposer chez l'agent forestier local et au greffe du tribunal de l'arrondissement l'empreinte du marteau destiné à marquer les arbres et bois de sa vente. — L'adjudicataire et ses associés ne pourront avoir plus d'un marteau pour la même vente, ni en marquer d'autres bois que ceux qui proviendront de cette vente, sous peine de 500 fr. d'amende. F. 45. O. 95.

33. L'adjudicataire sera tenu de respecter tous les arbres marqués ou désignés pour demeurer en réserve, quelle que soit leur qualification, lors même que le nombre en excéderait celui qui est porté au procès-verbal de martelage, et sans que l'on puisse admettre en compensation d'arbres coupés en contravention, d'autres arbres non réservés que l'adjudicataire aurait laissés sur pied.

34. Les amendes encourues par les adjudicataires, en vertu de l'article précédent, pour abattage ou déficit d'arbres réservés, seront du tiers en sus de celles qui sont déterminées par l'article 192, toutes les fois que l'essence et la circonférence des arbres pourront être constatées. — Si, à raison de l'enlèvement des arbres et de leurs souches, ou de toute autre circonstance, il y a impossibilité de constater l'essence et la dimension des arbres, l'amende ne pourra être moindre de 50 fr. ni excéder 200 fr. — Dans tous les cas, il y aura lieu à la restitution des arbres, ou, s'ils ne peuvent être représentés, de leur valeur, qui sera estimée à une somme égale à l'amende encourue. — Sans préjudice des dommages-intérêts. F. 192. O. 105 s.

35. Les adjudicataires ne pourront

effectuer aucune coupe ni enlèvement de bois avant le lever ni après le coucher du soleil, à peine de 100 fr. d'amende.

36. Il leur est interdit, à moins que le procès-verbal d'adjudication n'en contienne l'autorisation expresse, de peler ou d'écorcer sur pied aucun des bois de leurs ventes, sous peine de 50 à 500 fr. d'amende; et il y aura lieu à la saisie des écorces et bois écorcés, comme garantie des dommages-intérêts, dont le montant ne pourra être inférieur à la valeur des arbres indûment pelés ou écorcés. 196.

37. Toute contravention aux clauses et conditions du cahier des charges, relativement au mode d'abattage des arbres et au nettoiement des coupes, sera puni d'une amende qui ne pourra être moindre de 50 fr. ni excéder 500 fr., sans préjudice des dommages-intérêts. 202 s.

38. Les agens forestiers indiqueront, par écrit, aux adjudicataires, les lieux où il pourra être établi des fosses ou fourneaux pour charbon, des loges ou des ateliers; il n'en pourra être placé ailleurs, sous peine, contre l'adjudicataire, d'une amende de 50 fr. pour chaque fosse ou fourneau, loge ou atelier établi en contravention à cette disposition.

39. La traite des bois se fera par les chemins désignés au cahier des charges, sous peine, contre ceux qui en pratiqueraient de nouveaux, d'une amende dont le minimum sera de 50 francs et le maximum de 200 francs, outre les dommages-intérêts. F. 147, 202. C. 1382.

40. La coupe des bois et la vidange des ventes seront faites dans les délais fixés par le cahier des charges, à moins que les adjudicataires n'aient obtenu de l'administration forestière une prorogation de délai, à peine d'une amende de 50 à 500 fr. et en outre des dommages-intérêts, dont le montant ne pourra être inférieur à la valeur estimative des bois restés sur pied ou gisans sur les coupes. — Il y aura lieu à la saisie de ces bois, à titre de garantie pour les dommages-intérêts. O. 96.

41. A défaut, par les adjudicataires, d'exécuter, dans les délais fixés par le cahier des charges, les travaux que ce cahier leur impose, tant pour relever et faire façonner les ramiers, et pour nettoyer les coupes des épines, ronces et arbustes nuisibles, selon le mode prescrit à cet effet, que pour les réparations des chemins de vidanges, fossés, repiquement de places à charbon, et autres ouvrages à leur charge, ces travaux seront exécutés à leurs frais, à la diligence des agens forestiers, et sur l'autorisation du préfet, qui arrêtera ensuite le mémoire des frais, et le rendra exécutoire contre les adjudicataires pour le paiement. O. 105.

42. Il est défendu à tous adjudicataires, leurs facteurs et ouvriers, d'allumer du feu ailleurs que dans leurs loges ou ateliers, à peine d'une amende de 10 à 100 fr., sans préjudice de la réparation du dommage qui pourrait résulter de cette contravention. 148.

43. Les adjudicataires ne pourront déposer dans leurs ventes d'autres bois que ceux qui en proviendront, sous peine d'une amende de 100 francs à 1,000 francs.

44. Si, dans le cours de l'exploitation ou de la vidange, il était dressé des procès-verbaux de délits ou vices d'exploitation, il pourra y être donné suite sans attendre l'époque du récolement. — Néanmoins, en cas d'insuffisance d'un premier procès-verbal, sur lequel il ne sera pas intervenu de jugement, les agens forestiers pourront, lors du récolement, constater par un nouveau procès-verbal les délits et contraventions. O. 105.

45. Les adjudicataires, à dater du permis d'exploiter, et jusqu'à ce qu'ils aient obtenu leur décharge, sont responsables de tout délit forestier commis dans leurs ventes et à l'ouïe de la cognée, si leurs facteurs ou gardes-ventes n'en font leurs rapports, lesquels doivent être remis à l'agent forestier dans le délai de cinq jours. F. 28, 31, 186. O. 93.

46. Les adjudicataires et leurs cautions seront responsables et contraignables par corps au paiement des amendes et restitutions encourues pour délits et contraventions commis, soit dans la vente, soit à l'ouïe de la cognée, par les facteurs, gardes-ventes, ouvriers, bûcherons, voituriers, et tous autres employés par les adjudicataires. F. 28, 51, 206. O. 106.

SECTION V.

Des Réarpentages et Récolemens.

47. Il sera procédé au réarpentage et au récolement de chaque vente, dans les trois mois qui suivront le jour de l'expiration des délais accordés pour la vidange des coupes. — Ces trois mois écoulés, les adjudicataires pourront mettre en demeure l'administration par acte extrajudiciaire signifié à l'agent forestier local; et si dans le mois après la signification de cet acte, l'administration n'a pas procédé au réarpentage et au récolement, l'adjudicataire demeurera libéré. F. 185. O. 19 s., 97 s.

48. L'adjudicataire ou son cessionnaire sera tenu d'assister au récolement, et il lui sera, à cet effet, signifié, au moins dix jours d'avance, un acte contenant l'indication des jours où se feront le réarpentage et le récolement; faute par lui de se trouver sur les lieux ou de s'y faire représenter, les procès-verbaux de réarpentage et de récolement seront réputés contradictoires.

49. Les adjudicataires auront le droit d'appeler un arpenteur de leur choix pour assister aux opérations du réarpentage: à défaut par eux d'user de ce droit, les procès-verbaux de réarpentage n'en seront pas moins réputés contradictoires.

50. Dans le délai d'un mois après la clôture des opérations, l'administration et l'adjudicataire pourront requérir l'annulation du procès-verbal pour défaut de forme ou pour fausse énonciation. — Ils se pourvoiront, à cet effet, devant le conseil de préfecture, qui statuera. — En cas d'annulation du procès-verbal, l'administration pourra, dans le mois qui suivra, y faire suppléer par un nouveau procès-verbal. 51, 185.

51. A l'expiration des délais fixés par l'article 50, et si l'administration n'a élevé aucune contestation, le préfet délivrera à l'adjudicataire la décharge d'exploitation. F. 185. O. 99.

52. Les arpenteurs seront passibles de tous dommages-intérêts, par suite des erreurs qu'ils auront commises, lorsqu'il en résultera une différence d'un vingtième de l'étendue de la coupe. — Sans préjudice de l'application, s'il y a lieu, des dispositions de l'art. 207. O. 59.

SECTION VI.

Des Adjudications de Glandée, Panage et Paisson.

53. Les formalités prescrites par la section III du présent titre, pour les adjudications des coupes de bois, seront observées pour les adjudications de glandée, panage et paisson. — Toutefois, dans les cas prévus par les articles 18 et 19, l'amende infligée aux fonctionnaires et agens sera de 100 fr. au moins et de 1,000 fr. au plus, et celle qui aura été encourue par l'acquéreur sera égale au montant du prix de la vente. O. 100.

54. Les adjudicataires ne pourront introduire dans les forêts un plus grand nombre de porcs que celui qui sera déterminé par l'acte d'adjudication, sous peine d'une amende double de celle qui est prononcée par l'article 199. — 68.

55. Les adjudicataires seront tenus de faire marquer les porcs d'un fer chaud, sous peine d'une amende de 3 francs par chaque porc qui ne serait point marqué. — Ils devront déposer l'empreinte de cette marque au greffe du tribunal, et le fer servant à la marque au bureau de l'agent forestier local, sous peine de 50 fr. d'amende. F. 74. O. 121.

56. Si les porcs sont trouvés hors des cantons désignés par l'acte d'adjudication, ou des chemins indiqués pour s'y rendre, il y aura lieu, contre l'adjudicataire, aux peines prononcées par l'article 199. En cas de récidive, outre l'amende encourue par l'adjudicataire, le pâtre sera condamné à un emprisonnement de cinq à quinze jours. F. 72, 76. O. 120.

57. Il est défendu aux adjudicataires d'abattre, de ramasser ou d'emporter des glands, faînes ou autres fruits, semences ou productions des forêts, sous peine d'une amende double de celle qui est prononcée par l'art. 144. — 85, 120.

SECTION VII.

Des Affectations à titre particulier dans les Bois de l'État.

58. Les affectations de coupes de bois ou délivrances, soit par stères, soit par pieds d'arbre, qui ont été concédées à des communes, à des établissemens industriels ou à des particuliers, nonobstant les prohibitions établies par les lois et les ordonnances alors existantes, continueront d'être exécutées jusqu'à l'expiration du terme fixé par les actes de concession, s'il ne s'étend pas au-delà du 1er septembre 1837. — Les affectations faites au préjudice des mêmes prohibitions, soit à perpétuité, soit sans indication de termes, ou à des termes plus éloignés que le 1er septembre 1837, cesseront à cette époque d'avoir aucun effet. — Les concessionnaires de ces diverses affectations qui prétendraient que leur titre n'est pas atteint par les prohibitions ci-dessus rappelées, et qu'il leur confère des droits irrévocables, devront, pour y faire statuer, se pourvoir devant les tribunaux, dans l'année qui suivra la promulgation de la présente loi, sous peine de déchéance. — Si leur prétention est rejetée, ils jouiront néanmoins des effets de la concession, jusqu'au terme fixé par le second paragraphe du présent article. — Dans le cas où leur titre serait reconnu valable par les tribunaux, le Gouvernement, quelles que soient la nature et la durée de l'affectation, aura la faculté d'en affranchir les forêts de l'Etat, moyennant un cantonnement qui sera réglé de gré à gré, ou, en cas de contestation, par les tribunaux, pour tout le temps que devait durer la concession. L'action en cantonnement ne pourra pas être exercée par les concessionnaires. F. 13. O. 109, 111, 113.

59. Les affectations faites pour le service d'une usine cesseront en entier, de plein droit et sans retour, si le roulement de l'usine est arrêté pendant deux années consécutives, sauf les cas d'une force majeure dûment constatés.

60. A l'avenir, il ne sera fait dans les bois de l'Etat aucune affectation ou concession de la nature de celles dont il est question dans les deux articles précédens. 89.

SECTION VIII.

Des Droits d'usage dans les Bois de l'État.

61. Ne seront admis à exercer un droit d'usage quelconque dans les bois de l'Etat, que ceux dont les droits auront été, au jour de la promulgation de la présente loi, reconnus fondés, soit par des actes du Gouvernement, soit par des jugemens ou arrêts définitifs, ou seront reconnus tels par suite d'instances administratives ou judiciaires actuellement engagées, ou qui seraient intentées devant les tribunaux, dans le délai de deux ans, à dater du jour de la promulgation de la présente loi, par des usagers actuellement en jouissance. 112, 145, 149

62. Il ne sera plus fait, à l'avenir, dans les forêts de l'Etat, aucune concession de droits d'usage, de quelque nature et sous quelque prétexte que ce puisse être. 89.

63. Le Gouvernement pourra affranchir les forêts de l'Etat de tout droit d'usage en bois, moyennant un cantonnement qui sera réglé de gré à gré, et en cas de contestation, par les tribunaux. — L'action en affranchissement d'usage par voie de cantonnement n'appartiendra qu'au Gouvernement et non aux usagers. F. 58, 111. O. 112, 115, 145.

64. Quant aux autres droits d'usage quelconques et aux pâturage, panage et glandée dans les mêmes forêts, ils ne pourront être convertis en cantonnement; mais ils pourront être rachetés moyennant des indemnités qui seront réglées de gré à gré, ou, en cas de contestation, par les tribunaux. — Néanmoins le rachat ne pourra être requis par l'administration, dans les lieux où l'exercice du droit de pâturage est devenu d'une absolue nécessité pour les habitans d'une ou de plusieurs communes. Si cette nécessité est contestée par l'administration forestière, les parties se pourvoiront devant le conseil de préfecture, qui, après une enquête *de commodo et incommodo*, statuera sauf le recours au Conseil d'État. F. 112, 117, 120. O. 116.

65. Dans toutes les forêts de l'État qui ne seront point affranchies au moyen du cantonnement ou de l'indemnité, conformément aux art. 63 et 64 ci-dessus, l'exercice des droits d'usage pourra toujours être réduit par l'administration, suivant l'état et la possibilité des forêts, et n'aura lieu que conformément aux dispositions contenues aux articles suivans. — En cas de contestation sur la possibilité et l'état des forêts, il y aura lieu à recours au conseil de préfecture. O. 117.

66. La durée de la glandée et du panage ne pourra excéder trois mois. — L'époque de l'ouverture en sera fixée chaque année par l'administration forestière. F. 120. O 118.

67. Quels que soient l'âge ou l'essence des bois, les usagers ne pourront exercer leurs droits de pâturage et de panage que dans les cantons qui auront été déclarés défensables par l'administration forestière, sauf le recours au conseil de préfecture, et ce nonobstant toutes possessions contraires. F. 121. O. 117, 119.

68. L'administration forestière fixera, d'après les droits des usagers, le nombre des porcs qui pourront être mis en panage, et des bestiaux qui pourront être admis au pâturage. F. 64, 77. O. 118.

69. Chaque année, avant le 1er mars pour le pâturage, et un mois avant l'époque fixée par l'administration forestière pour l'ouverture de la glandée et du panage, les agens forestiers feront connaître aux communes et aux particuliers jouissant des droits d'usage, les cantons déclarés défensables, et le nombre des bestiaux qui seront admis au pâturage et au panage. — Les maires seront tenus d'en faire la publication dans les communes usagères. O. 119.

70. Les usagers ne pourront jouir de leurs droits de pâturage et de panage que pour les bestiaux à leur propre usage, et non pour ceux dont ils font commerce, à peine d'une amende double de celle qui est prononcée par l'article 199. — 120.

71. Les chemins par lesquels les bestiaux devront passer pour aller au pâturage ou au panage et en revenir, seront désignés par les agens forestiers. —Si ces chemins traversent des taillis ou des recrus de futaies non défensables, il pourra être fait, à frais communs entre les usagers et l'administration, et d'après l'indication des agens forestiers, des fossés suffisamment larges et profonds, ou toute autre clôture, pour empêcher les bestiaux de s'introduire dans les bois. 119.

72. Le troupeau de chaque commune ou section de commune devra être conduit par un ou plusieurs pâtres communs, choisis par l'autorité municipale; en conséquence, les habitans des communes usagères ne pourront ni conduire eux-mêmes ni faire conduire leurs bestiaux à garde séparée, sous peine de 2 fr. d'amende par tête de bétail. — Les porcs ou bestiaux de chaque commune ou section de commune usagère formeront un troupeau particulier et sans mélange de bestiaux d'une autre commune ou section, sous peine d'une amende de 5 à 10 fr. contre le pâtre, et d'un emprisonnement de cinq à dix jours en cas de récidive. — Les communes et sections de commune seront responsables des condamnations pécuniaires qui pourront être prononcées contre lesdits pâtres ou gardiens, tant pour les délits et contraventions prévus par le présent titre, que pour tous autres délits forestiers commis par eux pendant le temps de leur service et *dans les limites du parcours*. F. 56, 120, 214. O. 120.

73. Les porcs et bestiaux seront marqués d'une marque spéciale. — Cette marque devra être différente pour chaque commune ou section de commune usagère. — Il y aura lieu, par chaque tête de porc ou de bétail non marqué, à une amende de 3 fr. F. 55, 112, 120. O. 121.

74. L'usager sera tenu de déposer

l'empreinte de la marque au greffe du tribunal de première instance, et le fer servant à la marque au bureau de l'agent forestier local; le tout sous peine de 50 fr. d'amende. 120.

75. Les usagers mettront des clochettes au cou de tous les animaux admis au pâturage, sous peine de 2 fr. d'amende par chaque bête qui serait trouvée sans clochette dans les forêts. 120.

76. Lorsque les porcs et bestiaux des usagers seront trouvés hors des cantons déclarés défensables ou désignés pour le panage, ou hors des chemins indiqués pour s'y rendre, il y aura lieu contre le pâtre à une amende de 3 à 30 fr. En cas de récidive, le pâtre pourra être condamné en outre à un emprisonnement de cinq à quinze jours. 56, 120, 214.

77. Si les usagers introduisent au pâturage un plus grand nombre de bestiaux, ou au panage un plus grand nombre de porcs que celui qui aura été fixé par l'administration conformément à l'article 68, il y aura lieu, pour l'excédant, à l'application des peines prononcées par l'article 199. — 214.

78. Il est défendu à tous usagers, nonobstant tous titres et possessions contraires, de conduire ou faire conduire des chèvres, brebis ou moutons dans les forêts ou sur les terrains qui en dépendent, à peine, contre les propriétaires, d'une amende qui sera double de celle qui est prononcée par l'article 199, et contre les pâtres ou bergers, de 15 fr. d'amende. En cas de récidive, le pâtre sera condamné, outre l'amende, à un emprisonnement de cinq à quinze jours. — Ceux qui prétendraient avoir joui du pacage ci-dessus en vertu de titres valables ou d'une possession équivalente à titre, pourront, s'il y a lieu, réclamer une indemnité, qui sera réglée de gré à gré, ou, en cas de contestation, par les tribunaux. — Le pacage des moutons pourra néanmoins être autorisé, dans certaines localités, par des ordonnances du roi. 110, 120, 214.

79. Les usagers qui ont droit à des livraisons de bois, de quelque nature que ce soit, ne pourront prendre ces bois qu'après que la délivrance leur en aura été faite par les agens forestiers, sous les peines portées par le titre XII pour les bois coupés en délit. F. 120. O. 123.

80. Ceux qui n'ont d'autre droit que celui de prendre le bois mort, sec et gisant, ne pourront, pour l'exercice de ce droit, se servir de crochets ou ferremens d'aucune espèce, sous peine de 3 fr. d'amende. 120.

81. Si les bois de chauffage se délivrent par coupe, l'exploitation en sera faite, aux frais des usagers, par un entrepreneur spécial nommé par eux et agréé par l'administration forestière. — Aucun bois ne sera partagé sur pied ni abattu par les usagers individuellement, et les lots ne pourront être faits qu'après l'entière exploitation de la coupe, à peine de confiscation de la portion de bois abattu afférente à chacun des contrevenans. — Les fonctionnaires ou agens qui auraient permis ou toléré la contravention, seront passibles d'une amende de 50 fr., et demeureront en outre personnellement responsables, et sans aucun recours, de la mauvaise exploitation et de tous les délits qui pourraient avoir été commis. 103, 122, 154.

82. Les entrepreneurs de l'exploitation des coupes délivrées aux usagers se conformeront à tout ce qui est prescrit aux adjudicataires pour l'usance et la vidange des ventes; ils seront soumis à la même responsabilité, et passibles des mêmes peines en cas de délits ou contraventions. — Les usagers ou communes usagères seront garans solidaires des condamnations prononcées contre lesdits entrepreneurs 185.

83 Il est interdit aux usagers de vendre ou d'échanger les bois qui leur sont délivrés, et de les employer à aucune autre destination que celle pour laquelle le droit d'usage a été accordé. — S'il s'agit de bois de chauffage, la contravention donnera lieu à une amende de 10 à 100 fr. — S'il s'agit de bois à bâtir ou de tout autre bois non destiné au chauffage, il y aura lieu à une amende double de la valeur des bois, sans que cette amende puisse être au-dessous de 50 fr. 112, 120.

84. L'emploi des bois de construction devra être fait dans un délai de deux ans, lequel néanmoins pourra être prorogé par l'administration forestière. Ce délai expiré, elle pourra disposer des arbres non employés. 112.

85. Les défenses prononcées par l'article 57 sont applicables à tous usagers quelconques, et sous les mêmes peines. 144.

TITRE IV.

DES BOIS ET FORÊTS QUI FONT PARTIE DU DOMAINE DE LA COURONNE.

86. Les bois et forêts qui font partie du domaine de la couronne sont exclusivement régis et administrés par le ministre de la maison du Roi, conformément aux dispositions de la loi du 8 novembre 1814. — O. 124.

87. Les agens et gardes des forêts de la couronne sont en tout assimilés aux agens et gardes de l'administration forestière, tant pour l'exercice de leurs fonctions que pour la poursuite des délits et contraventions. 153.

88. Toutes les dispositions de la présente loi qui sont applicables aux bois et forêts du domaine de l'Etat, le sont également aux bois et forêts qui font partie du domaine de la couronne, sauf les exceptions qui résultent de l'article 86 ci-dessus

TITRE V.

DES BOIS ET FORÊTS QUI SONT POSSÉDÉS A TITRE D'APANAGE OU DE MAJORATS REVERSIBLES A L'ÉTAT

89. Les bois et forêts qui sont possédés par les Princes à titre d'apanage, ou par des particuliers à titre de majorats reversibles à l'Etat, sont soumis au régime forestier, quant à la propriété du sol et à l'aménagement des bois. En conséquence, les agens de l'administration forestière y seront chargés de toutes les opérations relatives à la délimitation, au bornage et à l'aménagement, conformément aux dispositions des sections Ire et II du titre III de la présente loi. Les art. 60 et 62 sont également applicables à ces bois et forêts. — L'administration forestière y fera faire les visites et opérations qu'elle jugera nécessaires pour s'assurer que l'exploitation est conforme à l'aménagement, et que les autres dispositions du present titre sont exécutées. O. 125.

TITRE VI.

DES BOIS DES COMMUNES ET DES ÉTABLISSEMENS PUBLICS

90. Sont soumis au régime forestier, d'après l'article 1er de la présente loi, les bois taillis ou futaies appartenant aux communes et aux établissemens publics, qui auront été reconnus *susceptibles d'aménagement ou* d'une exploitation régulière par l'autorité administrative, sur la proposition de l'administration forestière, et d'après l'avis des conseils municipaux ou des administrateurs des établissemens publics. — Il sera procédé dans les mêmes formes à tout changement qui pourrait être demandé, soit de l'aménagement, soit du mode d'exploitation. — En conséquence, toutes *les dispositions des six premières sections* du titre III leur sont applicables, sauf les modifications et exceptions portées au présent titre. — Lorsqu'il s'agira de la conversion en bois et de l'aménagement de terrains en pâturages, la proposition de l'administration forestière sera communiquée au maire ou aux administrateurs des établissemens publics. Le conseil municipal ou ces administrateurs seront appelés à en délibérer; en cas de contestation, il sera statué par le conseil de préfecture, sauf le pourvoi au Conseil d'Etat. F. 8, 107. O. 128, 134.

91. Les communes et établissemens publics ne peuvent faire aucun défrichement de leurs bois, sans une autorisation expresse et spéciale du Gouvernement; ceux qui l'auraient ordonné ou effectué sans cette autorisation seront passibles des peines portées au titre XV, contre les particuliers, pour les contraventions de même nature.

92. La propriété des bois communaux ne peut jamais donner lieu à partage entre les habitans. — Mais lorsque deux ou plusieurs communes possèdent un bois par indivis, chacune conserve le droit d'en provoquer le partage. 105.

93. Un quart des bois appartenant aux communes et aux établissemens publics sera toujours mis en réserve lorsque ces communes ou établissemens posséderont au moins dix hectares de bois réunis ou divisés. — Cette disposition n'est pas applicable aux bois peuplés totalement en arbres résineux. O. 137, 140.

94. Les communes et établissemens publics entretiendront, pour la conservation de leurs bois, le nombre de gardes particuliers qui sera déterminé par le maire et les administrateurs des établissemens sauf l'approbation du préfet, sur l'avis de l'administration forestière.

95. Le choix de ces gardes sera fait, pour les communes, par le maire, sauf l'approbation du conseil municipal; et pour les établissemens publics par les administrateurs de ces établissemens. — Ces choix doivent être agréés par l'administration forestière, qui délivre aux gardes leurs commissions. — En cas de dissentiment, le préfet prononcera.

96. A défaut, par les communes ou établissemens publics, de faire choix d'un garde dans le mois de la vacance de l'emploi, le préfet y pourvoira, sur la demande de l'administration forestière.

97. Si l'administration forestière et les communes ou établissemens publics jugent convenable de confier à un même individu la garde d'un canton de bois appartenant à des communes ou établissemens publics, et d'un canton de bois de l'État, la nomination du garde appartient à cette administration seule. Son salaire sera payé proportionnellement par chacune des parties intéressées.

98. L'administration forestière peut suspendre de leurs fonctions les gardes des bois des communes et des établissemens publics; s'il y a lieu à destitution, le préfet la prononcera, après avoir pris l'avis du conseil municipal ou des administrateurs des établissemens propriétaires, ainsi que de l'administration forestière. — Le salaire de ces gardes est réglé par le préfet, sur la proposition du conseil municipal ou des établissemens propriétaires. O. 38.

99. Les gardes des bois des communes et des établissemens publics sont en tout assimilés aux gardes des bois de l'État, et soumis à l'autorité des mêmes agens; ils prêtent serment dans les mêmes formes, et leurs procès-verbaux font également foi en justice pour constater les délits et contraventions commis même dans les bois soumis au régime forestier autres que ceux dont la garde leur est confiée. F. 208, 117, 175. O. 39.

100. Les ventes des coupes, tant ordinaires qu'extraordinaires, seront faites à la diligence des agens forestiers, dans les mêmes formes que pour les bois de l'État, et en présence du maire ou d'un adjoint pour les bois des communes, et d'un des administrateurs pour ceux des établissemens publics; sans toutefois que l'absence des maires ou administrateurs, dûment appelés, entraîne la nullité des opérations. — Toute vente ou coupe effectuée par l'ordre des maires des communes ou des administrateurs des établissemens publics, en contravention au présent article, donnera lieu contre eux à une amende qui ne pourra être au-dessous de 300 fr., ni excéder 6,000 fr., sans préjudice des dommages intérêts qui pourraient être dus aux communes ou établissemens propriétaires. — Les ventes ainsi effectuées seront déclarées nulles. F. 17, 205. O. 82.

101. Les incapacités et défenses prononcées par l'article 21 sont applicables aux maires, adjoints et receveurs des communes, ainsi qu'aux administrateurs et receveurs des établissemens publics, pour les ventes des bois des communes et établissemens dont l'administration leur est confiée. — En cas de contravention, ils seront passibles des peines prononcées par le paragraphe 1er de l'article précité, sans préjudice des dommages intérêts s'il y a lieu; et les ventes seront déclarées nulles. 21.

102. Lors des adjudications des coupes *ordinaires et extraordinaires* des bois des établissemens publics, il sera fait réserve en faveur de ces établissemens et suivant les formes qui seront prescrites par l'autorité administrative, de la quantité de bois, tant de chauffage que de construction, nécessaire pour leur propre usage. — Les bois ainsi délivrés ne pourront être employés qu'à la destination pour laquelle ils auront été réservés, et ne pourront être vendus ni échangés sans l'autorisation du préfet. Les administrateurs qui auraient consenti de pareilles ventes ou échanges, seront passibles d'une amende égale à la valeur de ces bois, et de la restitution, au profit de l'établissement public, de ces mêmes bois ou de leur valeur. Les ventes ou échanges seront en outre déclarés nuls. F. 83, 114. O. 142.

103. *Les coupes* des bois communaux destinées à être partagées en nature pour l'affouage des habitans, ne pourront avoir lieu qu'après que la délivrance en aura été préalablement faite par les agens forestiers, et en suivant les formes prescrites par l'article 81, pour l'exploitation des coupes affouagères délivrées aux communes dans les bois de l'État; le tout sous les peines portées par ledit article 82.

104. Les actes relatifs aux coupes et arbres délivrés en nature, en exécution des deux articles précédens, seront visés pour timbre et enregistrés en débet, et il n'y aura lieu à la perception des droits que dans le cas de poursuites devant les tribunaux. 170.

105. S'il n'y a titre ou usage contraire, le partage des bois d'affouage se fera par feu, c'est-à-dire par chef de famille ou de maison ayant domicile réel et fixe dans la commune; s'il n'y a également titre ou usage contraire, la valeur des arbres délivrés pour constructions ou réparations sera estimée à dire d'experts, et payée à la commune. O. 143.

106. Pour indemniser le Gouvernement des frais d'administration des bois des communes ou établissemens publics, il sera ajouté annuellement à la contribution fonciere établie sur ces bois une somme équivalente à ces frais. *Le montant de cette somme sera réglé chaque annee* par la loi de finances: elle sera répartie au marc le franc de ladite contribution, et perçue de la même maniere. O. 144 (1).

107. Moyennant les perceptions ordonnées par l'article précédent, toutes les opérations de conservation et de régie dans les bois des communes et des établissemens publics seront faites par les agens et préposés de l'administration *forestière sans aucuns frais*. — Les poursuites, dans l'intérêt des communes et des établissemens publics, pour délits ou contraventions commis dans leurs bois, et la perception des restitutions et dommages-intérêts prononcés en leur faveur, seront *effectuées sans frais* par les agens du Gouvernement, en même temps que celles qui ont pour objet le recouvrement des amendes dans l'intérêt de l'État. — En conséquence, il n'y aura lieu à exiger à l'avenir des communes et établissemens publics, ni aucun droit de vacation, d'arpentage, de réarpentage, de décime, de prélèvement quelconque, pour les agens et préposés de l'administration forestière, ni le remboursement soit des frais des instances dans lesquelles l'administration succomberait, soit de ceux qui tomberaient en non-valeurs par l'insolvabilité des condamnés. F. 90. O. 144.

108. Le salaire des gardes particuliers restera à la charge des communes et des établissemens publics.

---

(1) « Pour indemniser l'État des frais d'administration des bois des communes et des établissemens publics, il sera payé, au profit du trésor, sur les produits, tant principaux qu'accessoires, de ces bois, cinq centimes par franc en sus du prix principal de leur adjudication ou cession. — Quant aux produits délivrés en nature, il sera perçu par le trésor le vingtième de leur valeur, laquelle sera fixée définitivement par le préfet, sur les propositions et les observations des conseils municipaux et des administrateurs. » (*L.* 25 juin 1841, *art.* 5.)

109. Les coupes ordinaires et extraordinaires sont principalement affectées au paiement des frais de garde, de la contribution foncière et des sommes qui reviennent au Trésor en exécution de l'article 106. — Si les coupes sont délivrées en nature pour l'affouage, et que les communes n'aient pas d'autres ressources, il sera distrait une portion suffisante des coupes pour être vendue aux enchères avant toute distribution, et le prix en être employé au paiement desdites charges. O. 144.

110. Dans aucun cas et sous aucun prétexte, les habitans des communes et les administrateurs ou employés des établissemens publics ne peuvent introduire ni faire introduire dans les bois appartenant à ces communes ou établissemens publics, des chèvres, brebis ou moutons, sous les peines prononcées par l'article 199 contre ceux qui auraient introduit ou permis d'introduire ces animaux, et par l'article 78 contre les pâtres ou gardiens. Cette prohibition n'aura son exécution que dans deux ans, à compter du jour de la publication de la présente loi, dans les bois où, nonobstant les dispositions de l'ordonnance de 1669, le pâturage des moutons a été toléré jusqu'à présent. Toutefois le pacage des brebis ou moutons pourra être autorisé, dans certaines localités, par des ordonnances spéciales de Sa Majesté. 78, 214.

111. La faculté accordée au Gouvernement par l'article 63, d'affranchir les forêts de l'État de tous droits d'usage en bois, est applicable, sous les mêmes conditions, aux communes et aux établissemens publics, pour les bois qui leur appartiennent.

112. Toutes les dispositions de la huitième section du titre III sur l'exercice des droits d'usage dans les bois de l'État, sont applicables à la jouissance des communes et des établissemens publics dans leurs propres bois, ainsi qu'aux droits d'usage dont ces mêmes bois pourraient être grevés, sauf les modifications résultant du présent titre, et à l'exception des art. 61, 73, 74, 83 et 84. — 65.

TITRE VII.

DES BOIS ET FORÊTS INDIVIS QUI SONT SOUMIS AU RÉGIME FORESTIER.

113. Toutes les dispositions de la présente loi relatives à la conservation et à la régie des bois qui font partie du domaine de l'État, ainsi qu'à la poursuite des délits et contraventions commis dans ces bois, sont applicables aux bois indivis mentionnés à l'article 1er § 6 de la présente loi, sauf les modifications portées par le titre VI pour les bois des communes et des établissemens publics. O. 147.

114. Aucune coupe ordinaire ou extraordinaire, exploitation ou vente, ne pourra être faite par les possesseurs copropriétaires, sous peine d'une amende égale à la valeur de la totalité des bois abattus ou vendus; toutes ventes ainsi faites seront déclarées nulles. 205. *Ord.* 26 *nov.* 1836.

115. Les frais de délimitation, d'arpentage et de garde seront supportés par le domaine et les copropriétaires, chacun dans la proportion de ses droits. — L'administration forestière nommera les gardes, réglera leur salaire, et aura seule le droit de les révoquer. O. 148, 149.

116. Les copropriétaires auront, dans les restitutions et dommages intérêts, la même part que dans le produit des ventes, chacun dans la proportion de ses droits.

TITRE VIII.

DES BOIS DES PARTICULIERS.

117. Les propriétaires qui voudront avoir, pour la conservation de leurs bois, des gardes particuliers, devront les faire agréer par le sous préfet de l'arrondissement, sauf le recours au préfet en cas de refus. — Ces gardes ne pourront exercer leurs fonctions qu'après avoir prêté serment devant le tribunal de première instance. P. 5, 99. O. 150, I. c. 16, 20.

118. Les particuliers jouiront, de la même manière que le Gouvernement et sous les conditions déterminées par l'article 63, de la faculté d'affranchir leurs forêts de tous droits d'usage en bois.

119. Les droits de pâturage, parcours, panage et glandée dans les bois des particuliers, ne pourront être exercés que dans les parties de bois déclarées *défensables* par l'administration forestière, et suivant l'état et la possibilité des forêts, reconnus et constatés par la même administration. — Les chemins par lesquels les bestiaux devront passer pour aller au pâturage et pour en revenir seront désignés par le propriétaire. 71.

120. Toutes les dispositions contenues dans les articles 64, 66, § 1; 70, 72, 73, 75, 76; 78, § 1 et 2; 79, 80, 83 et 85 de la présente loi, sont applicables à l'exercice des droits d'usage dans les bois des particuliers, lesquels y exercent, à cet effet, les mêmes droits et la même surveillance que les agens du Gouvernement dans les forêts soumises au régime forestier. 87, 85, 144.

121. En cas de contestation entre le propriétaire et l'usager, il sera statué par les tribunaux.

TITRE IX.

AFFECTATIONS SPÉCIALES DES BOIS A DES SERVICES PUBLICS.

SECTION Ire.

Des Bois destinés au service de la Marine.

122. Dans tous les bois soumis au régime forestier, lorsque des coupes devront y avoir lieu, le département de la marine pourra faire choisir et marteler par ses agens les arbres propres aux constructions navales, parmi ceux qui n'auront pas été marqués en réserve par les agens forestiers. O. 152.

123. Les arbres ainsi marqués seront compris dans les adjudications, et livrés par les adjudicataires à la marine aux conditions qui seront indiquées ci-après. O. 158.

124. Pendant dix ans, à compter de la promulgation de la présente loi, le département de la marine exercera le droit de choix et de martelage sur les bois des particuliers, futaies, arbres de réserve, avenues, lisières et arbres épars. — Ce droit ne pourra être exercé que sur les arbres en essence de chêne, qui seront destinés à être coupés, et dont la circonférence, mesurée à un mètre du sol, sera de 15 décimètres au moins. — Les arbres qui existeront dans les lieux clos attenant aux habitations, et qui ne sont point aménagés en coupes réglées, ne seront point assujettis au martelage. F. 193. O. 153. P 391.

125. Tous les propriétaires seront tenus, *sauf l'exception énoncée en l'article précédent*, et hors le cas de besoins personnels pour réparations et constructions, de faire, six mois d'avance, à la sous préfecture, la déclaration des arbres qu'ils ont l'intention d'abattre, et des lieux où ils sont situés. — Le défaut de déclaration sera puni d'une amende de 18 fr. par mètre de tour pour chaque arbre susceptible d'être déclaré. F. 131, 158. O. 156, 159.

126. Les particuliers pourront disposer librement des arbres déclarés, si la marine ne les a pas fait marquer pour son service, dans les six mois à compter du jour de l'enregistrement de la déclaration à la sous-préfecture. — Les agens de la marine seront tenus, à peine de nullité de leur opération, de dresser des procès-verbaux de martelage des arbres dans les bois de l'État, des communes, des établissemens publics et des particuliers, de faire viser ces procès-verbaux par le maire, dans la huitaine, et d'en déposer immédiatement une expédition à la mairie de la commune où le martelage aura eu lieu. — Aussitôt après ce dépôt, les adjudicataires, communes, établissemens ou propriétaires, pourront disposer des bois qui n'auront pas été marqués F. 134. O. 152, 155.

127. Les adjudicataires des bois soumis au régime forestier, les maires des communes, ainsi que les administrateurs des établissemens publics, pour les exploitations faites sans adjudication, et les particuliers, traiteront de gré à gré du prix de leurs bois avec la marine. — En cas de contestation le prix sera réglé par experts nommés contradictoirement, et, s'il y a partage entre les experts, il en sera nommé un d'office par le président du tribunal de première instance, à la requête de la partie la plus diligente;

les frais de l'expertise seront supportés en commun. 141.

128. Les adjudicataires des bois soumis au régime forestier, les maires des communes, ainsi que les administrateurs des établissemens publics pour les exploitations faites sous adjudication, et les particuliers, pourront disposer librement des arbres marqués pour la marine, si, dans les trois mois après qu'ils en auront fait notifier à la sous-préfecture l'abattage, la marine n'a pas pris livraison de la totalité des arbres marqués appartenant au même propriétaire, et n'en a pas acquitté le prix. 134.

129. La marine aura, jusqu'à l'abattage des arbres, la faculté d'annuler les martelages opérés pour son service; mais, conformément à l'article précédent, elle devra prendre tous les arbres marqués qui auront été abattus, ou les abandonner en totalité.

130 Lorsque les propriétaires de bois n'auront pas fait abattre les arbres déclarés dans le délai d'un an à dater du jour de leur déclaration, elle sera considérée comme non avenue, et ils seront tenus d'en faire une nouvelle.

131. Ceux qui, dans les cas de besoins personnels, pour réparations ou constructions, voudront faire abattre des arbres sujets à déclaration, ne pourront procéder à l'abattage qu'après avoir fait préalablement constater ces besoins par le maire de la commune. — Tout propriétaire convaincu d'avoir, sans motifs valables, donné en tout ou en partie, à ses arbres, une destination autre que celle qui aura été énoncée dans le procès-verbal constatant les besoins personnels, sera passible de l'amende portée par l'art. 125 pour défaut de déclaration. O. 159, 167.

132. Le Gouvernement déterminera les formalités à remplir, tant pour les déclarations de volonté d'abattre, que pour constater, soit les besoins, dans le cas prévu par l'article précédent, soit les martelages et les abattages. Ces formalités seront remplies sans frais. O. 154, 159.

133. Les arbres qui auront été marqués pour le service de la marine, dans les bois soumis au régime forestier, comme sur toute propriété privée, ne pourront être distraits de leur destination, sous peine d'une amende de 45 fr. par mètre de tour de chaque arbre; sauf néanmoins les cas prévus par les articles 126 et 128. Les arbres marqués pour le service de la marine ne pourront être écarris avant la livraison, ni détériorés par ses agens avec des haches, scies, sondes ou autres instrumens, à peine de la même amende.

134. Les délits et contraventions concernant le service de la marine seront constatés, dans tous les bois, par procès-verbaux, soit des agens et gardes forestiers, soit des maîtres, contre-maîtres et aides-contre-maîtres assermentés de la marine : en conséquence, les procès-verbaux de ces maîtres, contre-maîtres et aides-contre-maîtres feront foi en justice comme ceux des gardes forestiers, pourvu qu'ils soient dressés et affirmés dans les mêmes formes et dans les mêmes délais. F. 159, 170. I. c. 16, 18.

135. Les dispositions du présent titre ne sont applicables qu'aux localités où le droit de martelage sera jugé indispensable pour le service de la marine, et pourra être utilement exercé par elle. — Le Gouvernement fera dresser et publier l'état des départemens, arrondissemens et cantons qui ne seront pas soumis à l'exercice de ce droit. — La même publicité sera donnée au rétablissement de cet exercice dans les localités exceptées, lorsque le Gouvernement jugera ce rétablissement nécessaire. O. 161.

SECTION II.

Des Bois destinés au service des Ponts et Chaussées pour les travaux du Rhin.

136. Dans tous les cas où les travaux d'endigage ou de fascinage sur le Rhin exigeront une prompte fourniture de bois ou oseraies, le préfet, en constatant l'urgence, pourra en requérir la délivrance, d'abord dans les bois de l'Etat; en cas d'insuffisance de ces bois, dans ceux des communes et des établissemens publics, et subsidiairement enfin dans ceux des particuliers; le tout à la distance de cinq kilomètres des bords du fleuve. F. 141. O. 162.

137. En conséquence, tous particuliers propriétaires de bois taillis ou autres dans les îles, sur les rives, et à une distance de cinq kilomètres des bords du fleuve, seront tenus de faire, trois mois d'avance, à la sous-préfecture, une déclaration des coupes qu'ils se proposeront d'exploiter. — Si, dans le délai de trois mois, les bois ne sont pas requis, le propriétaire pourra en disposer librement. O. 154, 163.

138. Tout propriétaire qui, hors les cas d'urgence, effectuerait la coupe de ses bois sans avoir fait la déclaration prescrite par l'article précédent, sera condamné à une amende d'un franc par are de bois ainsi exploité. —

L'amende sera de 4 francs par are contre tout propriétaire qui, après que la réquisition de ses bois lui aura été notifiée, les détournerait de la destination pour laquelle ils auraient été requis. F. 125. O. 167.

139. Dans les bois soumis au régime forestier, l'exploitation des bois requis sera faite par les entrepreneurs des travaux des ponts et chaussées, d'après les indications et sous la surveillance des agens forestiers. Ces entrepreneurs seront, dans ce cas, soumis aux mêmes obligations et à la même responsabilité que les adjudicataires des coupes des bois de l'État. O. 165.

140. Dans les bois des particuliers, l'exploitation des bois requis sera faite également, et sous la même responsabilité, par les entrepreneurs des travaux, si mieux n'aime le propriétaire faire exploiter lui-même; ce qu'il devra déclarer aussitôt que la réquisition lui aura été notifiée. — A défaut par le propriétaire d'effectuer l'exploitation dans le délai fixé par la réquisition, il y sera procédé à ses frais, sur l'autorisation du préfet. O. 166.

141. Le prix des bois et oseraies requis en exécution de l'article 136, sera payé par les entrepreneurs des travaux à l'État et aux communes ou établissemens publics, comme aux particuliers, dans le délai de trois mois après l'abatage constaté, et d'après le même mode d'expertise déterminé par l'article 127 de la présente loi pour les arbres marqués par la marine. — Les communes et les particuliers seront indemnisés, de gré à gré ou à dire d'experts, du tort qui pourrait être résulté pour eux de coupes exécutées hors des *saisons* convenables. O. 168.

142. *Le Gouvernement* déterminera les formalités qui devront être observées pour la réquisition des bois, les déclarations et notifications, en conséquence de ce qui est prescrit par les articles précédens. O. 166.

143. Les contraventions et délits en cette matière seront constatés par procès-verbaux des agens et gardes forestiers, des conducteurs des ponts et chaussées et des officiers de police assermentés qui devront observer à cet égard les formalités et délais prescrits au *titre XI, section Ire, pour les* procès-verbaux dressés par les gardes de l'administration forestière. F. 6. 159. O. 170.

TITRE X.

POLICE ET CONSERVATION DES BOIS ET FORÊTS.

SECTION Ire.

Dispositions applicables à tous les Bois et Forêts en général.

144. Toute extraction ou enlèvement non autorisé de pierre, sable, minerai, terre ou gazon, tourbe, bruyères, genêts, herbages, feuilles vertes ou mortes, engrais existant sur le sol des forêts, glands, faînes, et autres fruits ou semences des bois et forêts, donnera lieu à des amendes qui seront fixées ainsi qu'il suit: — Par charretée ou tombereau, de 10 à 30 fr. pour chaque bête attelée; — Par chaque charge de bête de somme, de 5 à 15 fr.; — Par chaque charge d'homme, de 2 à 6 fr. F. 5. O. 169.

145. Il n'est point dérogé aux droits conférés à l'administration des ponts et chaussées d'indiquer les *lieux* où doivent être faites les extractions de matériaux pour les travaux publics; néanmoins les entrepreneurs seront tenus envers l'État, les communes et établissemens publics, comme envers les particuliers, de payer toutes les indemnités de droit, et d'observer toutes les formes prescrites par les lois et réglemens en cette matière. F. 61. O. 117, 175.

146. Quiconque sera trouvé dans les bois et forêts, hors des routes et chemins ordinaires, avec serpes, cognées, haches, scies et autres instrumens de même nature, sera condamné à une amende de 10 fr. et à la confiscation desdits instrumens.

147. Ceux dont les voitures, bestiaux, animaux de charge ou de monture, seront trouvés dans les forêts, hors des routes et chemins ordinaires, seront condamnés, savoir: — Par chaque voiture, à une amende de 10 fr. pour les bois de dix ans et au-dessus, et de 20 fr. pour les bois au-dessous de cet âge; — Par chaque tête ou espèce de bestiaux non attelés, aux amendes fixées pour délit de pâturage par l'article 199. — Le tout sans préjudice des dommages-intérêts.

148. Il est défendu de porter ou allumer du feu dans l'intérieur et à la distance de deux cents mètres des bois et forêts, sous peine d'une amende de 20 à 100 fr.; sans préjudice, en cas d'incendie, des peines portées par le Code pénal, et de tous dommages-intérêts, s'il y a lieu. F. 42. P. 434, 458.

149. Tous usagers qui, en cas d'incendie, refuseront de porter des secours dans les bois soumis à leur droit d'usage, seront traduits en police correctionnelle, privés de ce droit pendant un an au moins, et cinq ans au plus, et condamnés en outre aux peines portées en l'art. 475 du Code penal. 61.

150. Les propriétaires riverains des bois et forêts ne peuvent se prévaloir de l'article 672 du Code civil pour l'élagage des lisières desdits bois et forêts, si ces arbres de lisière ont plus de trente ans. — Tout élagage qui serait exécuté sans l'autorisation des propriétaires des bois et forêts, donnera lieu à l'application des peines portées par l'article 196. O. 176.

SECTION II.

Dispositions spéciales applicables seulement aux Bois et Forêts soumis au régime forestier.

151. Aucun four à chaux ou à plâtre, soit temporaire, soit permanent, aucune briqueterie et tuilerie, ne pourront être établis dans l'intérieur et à moins d'un kilomètre des forêts, sans l'autorisation du Gouvernement, à peine d'une amende de 100 à 500 fr., et de démolition des établissemens. F. 157. O. 177.

152. Il ne pourra être établi sans l'autorisation du Gouvernement, sous quelque prétexte que ce soit, aucune maison sur perches, loge, baraque ou hangar, dans l'enceinte et à moins d'un kilomètre des bois et forêts, sous peine de 50 fr. d'amende, et de la démolition dans le mois à dater du jour du jugement qui l'aura ordonnée. F. 157. O. 177.

153. Aucune construction de maisons ou fermes ne pourra être effectuée, sans l'autorisation du Gouvernement, à la distance de 500 mètres des bois et forêts soumis au régime forestier, sous peine de démolition. — Il sera statué dans le délai de six mois sur les demandes en autorisation; passé ce délai, la construction pourra être effectuée. — Il n'y aura point lieu à ordonner la démolition des maisons ou fermes actuellement existantes. Ces maisons ou fermes pourront être réparées, reconstruites et augmentées sans autorisation. — Sont exceptés des dispositions du paragraphe premier du présent article, les bois et forêts appartenant aux communes, et qui sont d'une contenance au-dessous de 250 hectares. O. 178.

154. Nul individu habitant les maisons ou fermes actuellement existantes dans le rayon ci-dessus fixé, ou dont la construction y aura été autorisée en vertu de l'article précédent, ne pourra établir dans lesdites maisons ou fermes aucun atelier à façonner le bois, aucun chantier ou magasin pour faire le commerce de bois, sans la permission spéciale du Gouvernement, sous peine de 50 fr. d'amende et de la confiscation des bois.

— Lorsque les individus qui auront obtenu cette permission auront subi une condamnation pour délits forestiers, *le Gouvernement pourra leur retirer ladite permission.* 156, 157.

155. Aucune usine à scier le bois ne pourra être établie dans l'enceinte, et à moins de deux kilomètres de distance des bois et forêts, qu'avec l'autorisation du Gouvernement, sous peine d'une amende de 100 à 500 fr. et de la démolition dans le mois à dater du jugement qui l'aura ordonnée. F. 157. O. 180.

156. Sont exceptées des dispositions *des trois articles précédens* les maisons et usines qui font partie de villes, villages ou hameaux formant une population agglomérée, bien qu'elles se trouvent dans les distances ci-dessus fixées des bois et forêts.

157. Les usines, hangars et autres établissemens autorisés en vertu des articles 151, 152, 154 et 155, seront soumis aux visites des agens et gardes forestiers, qui pourront y faire toutes perquisitions sans l'assistance d'un officier public, pourvu qu'ils se présentent au nombre de deux au moins, ou que l'agent ou garde forestier soit accompagné de deux témoins domiciliés dans la commune. 161.

158. *Aucun arbre, bille ou tronc,* ne pourra être reçu dans les scieries dont il est fait mention en l'article 155, sans avoir été préalablement reconnu par le garde forestier du canton et marqué de son marteau; ce qui devra avoir lieu dans les cinq jours de la déclaration qui en aura été faite, sous peine contre les exploitans desdites scieries, d'une amende de 50 à 300 fr. En cas de récidive, l'amende sera double, et la suppression de l'usine *pourra être ordonnée par le tribunal.* O. 180.

TITRE XI.

DES POURSUITES EN RÉPARATION DE DÉLITS ET CONTRAVENTIONS.

SECTION Ire.

Des poursuites exercées au nom de l'Administration forestière.

159. L'administration forestière est chargée, tant dans l'intérêt de l'État que dans celui des autres propriétaires de bois et forêts soumis au régime forestier, des poursuites en réparation *de tous délits et contraventions* commis dans ces bois et forêts, sauf l'exception mentionnée en l'article 87. — Elle est également chargée de la poursuite en réparation des délits et contraventions spécifiés aux articles 134, 143 et 219. — Les actions et poursuites seront exercées par les agens forestiers au nom de l'administration forestière, sans préjudice du droit qui appartient au ministère public. F. 183. I. c. 16, 179.

160. Les agens, arpenteurs et gardes forestiers recherchent et constatent par procès-verbaux les délits et contraventions, savoir : les agens et arpenteurs, dans toute l'étendue du territoire *pour lequel ils sont commissionnés*; et les gardes, dans l'arrondissement du tribunal près duquel ils sont assermentés. O. 22 s., 181. I. c. 16 s.

161. Les gardes sont autorisés à saisir les bestiaux *trouvés en délit*, et les instrumens, voitures et attelages des délinquans, et à les mettre en séquestre. Ils suivront les objets enlevés par les délinquans jusque dans les lieux où ils auront été transportés, et les mettront également en séquestre. — Ils *ne pourront* néanmoins s'introduire dans les maisons, bâtimens, cours adjacentes et enclos, si ce n'est en présence, soit du juge de paix ou de son suppléant, soit du maire du lieu ou de son adjoint, soit du commissaire de police. F. 177, 189. O. 24, 182. F. 184.

162. Les fonctionnaires dénommés en l'article précédent ne pourront se refuser à accompagner sur-le-champ les gardes, lorsqu'ils en seront requis par eux pour assister à des perquisitions. — Ils seront tenus, en outre, de signer le procès-verbal du séquestre ou de la perquisition faite en leur présence, sauf au garde, en cas de refus de leur part, à en faire mention au procès-verbal. 189.

163. Les gardes arrêteront et conduiront devant le juge de paix ou devant le maire tout inconnu qu'ils auront surpris en flagrant délit. F. 189. I. c. 16.

164. Les agens et les gardes de l'administration des forêts ont le droit de requérir directement la force publique pour la répression des délits et contraventions en matière forestière, ainsi que pour la recherche et la saisie des bois coupés en délit, vendus ou achetés en fraude.

165. Les gardes écriront eux-mêmes leurs procès-verbaux; ils les signeront et les affirmeront, au plus tard le lendemain de la clôture des dits procès-verbaux, par-devant le juge de paix du canton ou l'un de ses suppléans, ou par-devant le maire ou l'adjoint, soit de la commune de leur résidence, soit de celle où le délit a été commis ou constaté; le tout sous peine de nullité. — Toutefois, si, par suite d'un empêchement quelconque, le procès-verbal est seulement signé par le garde, mais non écrit en entier de sa main, l'officier public qui en recevra l'affirmation devra lui en donner préalablement lecture, et faire ensuite mention de cette formalité; le tout sous peine de nullité du procès-verbal. I. c. 25.

166. Les procès-verbaux que les agens forestiers, les gardes généraux et les gardes à cheval dresseront, soit isolément, soit avec le concours d'un garde, ne seront point soumis à l'affirmation.

167. Dans les cas où le procès-verbal portera saisie, il en sera fait aussitôt après l'affirmation une expédition qui sera déposée dans les vingt-quatre heures au greffe de la justice de paix, pour qu'il en puisse être donné communication à ceux qui réclameraient les objets saisis. F. 189. O. 185.

168. Les juges de paix pourront donner main-levée provisoire des objets saisis, à la charge du paiement des frais de séquestre, et moyennant une bonne et valable caution. — En cas de contestation sur la solvabilité de la caution, il sera statué par le juge de paix. F. 189. O. 184.

169. Si les bestiaux saisis ne sont pas réclamés dans les cinq jours qui suivront le séquestre, ou s'il n'est pas fourni bonne et valable caution, le juge de paix en ordonnera la vente à l'enchère, au marché le plus voisin. Il y sera procédé à la diligence du receveur des domaines, qui la fera publier vingt-quatre heures d'avance. — Les frais de séquestre et de vente seront taxés par le juge de paix et prélevés sur le produit de la vente; le surplus restera déposé entre les mains du receveur des domaines, jusqu'à ce qu'il ait été statué en dernier ressort sur le procès-verbal. — Si la réclamation n'a lieu qu'après la vente des bestiaux saisis, le propriétaire n'aura droit qu'à la restitution du produit net de la vente, tous frais déduits, dans le cas où cette restitution serait ordonnée par le jugement. 6, 189.

170. Les procès-verbaux seront, sous peine de nullité, enregistrés dans les quatre jours qui suivront celui de l'affirmation, ou celui de la clôture du procès-verbal, s'il n'est pas sujet à l'affirmation. — L'enregistrement s'en fera en débet, lorsque les délits en contravention intéresseront l'État et le domaine de la Couronne, ou les communes et les établissements publics. 104, 176, 189.

171. Toutes les actions et poursuites exercées au nom de l'administration générale des forêts, et à la requête de ses agens, en réparation de délits ou contraventions en matière forestière, sont portées devant les tribunaux correctionnels, lesquels sont seuls compétens pour en connaître. I. c. 16, 23, 63, 179, 182.

172. L'acte de citation doit, à peine de nullité, contenir la copie du procès-verbal et de l'acte d'affirmation. 189.

173. Les gardes de l'administration forestière pourront, dans les actions et poursuites exercées en son nom, faire toutes citations et significations d'exploits, sans pouvoir procéder aux saisies-exécutions. — Leurs rétributions, pour les actes de ce genre, seront taxées comme pour les actes faits par les huissiers des juges de paix.

174. Les agens forestiers ont le droit d'exposer l'affaire devant le tribunal, et sont entendus à l'appui de leurs conclusions. I. c. 190.

175. Les délits ou contraventions en matière forestière seront prouvés soit par procès-verbaux, soit par témoins à défaut de procès-verbaux ou en cas d'insuffisance de ces actes. F. 189. I. c. 154, 189.

176. Les procès-verbaux revêtus de toutes les formalités prescrites par les articles 165 et 170, et qui sont dressés et signés par deux agens ou gardes forestiers, font preuve, jusqu'à inscription de faux, des faits matériels relatifs aux délits et contraventions qu'ils constatent, quelles que soient les condamnations auxquelles ces délits et contraventions peuvent donner lieu. — Il ne sera, en conséquence, admis aucune preuve outre ou contre le contenu de ces procès-verbaux, à moins qu'il n'existe une cause légale de récusation contre l'un des signataires. F. 179, 188. P. c. 283, 378. I. c. 322.

177. Les procès-verbaux revêtus de toutes les formalités prescrites, mais qui ne seront dressés et signés que par un seul agent ou garde, feront de même preuve suffisante jusqu'à inscription de faux, mais seulement lorsque le délit ou la contravention n'entraînera pas une condamnation de plus de cent francs, tant pour amende que pour dommages intérêts. — Lorsqu'un de ces procès-verbaux constatera à la fois contre divers individus des délits ou contraventions distincts et séparés, il n'en fera pas moins foi, aux termes du présent article, pour chaque délit ou contravention qui n'entraînerait pas une condamnation de plus de cent francs, tant pour amende que pour dommages-intérêts, quelle que soit la quotité à laquelle pourraient s'élever toutes les condamnations réunies. 188.

178. Les procès-verbaux qui, d'après les dispositions qui précèdent, ne font point foi et preuve suffisante jusqu'à inscription de faux, peuvent être corroborés et combattus par toutes les preuves légales, conformément à l'article 154 du Code d'instruction criminelle. 188.

179. Le prévenu qui voudra s'inscrire en faux contre le procès-verbal sera tenu d'en faire, par écrit et en personne, ou par un fondé de pouvoirs spécial par acte notarié, la déclaration au greffe du tribunal, avant l'audience indiquée par la citation. — Cette déclaration sera reçue par le greffier du tribunal : elle sera signée par le prévenu ou son fondé de pouvoirs, et, dans le cas où il ne saurait ou ne pourrait signer, il en sera fait mention expresse. — Au jour indiqué pour l'audience, le tribunal donnera acte de la déclaration, et fixera un délai de trois jours au moins et de huit jours au plus, pendant lequel le prévenu sera tenu de faire au greffe le dépôt des moyens de faux, et des noms, qualités et demeures des témoins qu'il voudra faire entendre. — A l'expiration de ce délai, et sans qu'il soit besoin d'une citation nouvelle, le tribunal admettra les moyens de faux, s'ils sont de nature à détruire l'effet du procès verbal, et il sera procédé sur le faux conformément aux lois. — Dans le cas contraire, ou faute par le prévenu d'avoir rempli toutes les formalités ci dessus prescrites, le tribunal déclarera qu'il n'y a lieu à admettre les moyens de faux, et ordonnera qu'il soit passé outre au jugement. 176.

180. Le prévenu contre lequel aura été rendu un jugement par défaut sera encore admissible à faire sa déclaration d'inscription de faux pendant le délai qui lui est accordé par la loi pour se présenter à l'audience, sur l'opposition par lui formée. F. 187. I. c. 186.

181. Lorsqu'un procès-verbal sera rédigé contre plusieurs prévenus, et qu'un ou quelques-uns d'entre eux seulement s'inscriront en faux, le procès-verbal continuera de faire foi à l'égard des autres, à moins que le fait sur lequel portera l'inscription de faux ne soit indivisible et commun aux autres prévenus.

182. Si, dans une instance en réparation de délit ou contravention, le prévenu excipe d'un droit de propriété ou autre droit réel, le tribunal saisi de la plainte statuera sur l'incident en se conformant aux règles suivantes : — L'exception préjudicielle ne sera admise qu'autant qu'elle sera fondée, soit sur un titre apparent, soit sur des faits de possession équivalens, personnels au prévenu et par lui articulés avec précision, et si le titre produit ou les faits articulés sont de nature, dans le cas où ils seraient reconnus par l'autorité compétente, à ôter au fait qui sert de base aux poursuites tout caractère de délit ou de contravention. — *Dans le cas de renvoi à fins civiles*, le jugement fixera un bref délai dans lequel la partie qui aura élevé la question préjudicielle devra saisir les juges compétens de la *connaissance* du litige et justifier de ses diligences, sinon il sera passé outre. Toutefois, en cas de condamnation, il sera sursis à l'exécution du jugement, sous le rapport de l'emprisonnement s'il était prononcé, et le montant des amendes, restitutions et dommages-intérêts sera versé à la caisse des dépôts et consignations pour être remis à qui il sera ordonné par le tribunal qui statuera sur le fond du droit. 189.

183. Les agens de l'administration des forêts peuvent, *en son nom*, interjeter appel des jugemens, et se pourvoir contre les arrêts et jugemens en dernier ressort; mais ils ne peuvent se désister de leurs appels sans son autorisation spéciale. F. 187. I. c. 199.

184. Le droit attribué à l'administration des forêts et à ses agens de se pourvoir contre les jugemens et arrêts par appel ou par recours en cassation, est indépendant de la même faculté qui est accordée par la loi au ministère public, lequel peut *toujours* en user, même lorsque l'administration ou ses agens auraient acquiescé aux jugemens et arrêts. F. 159. I. c. 202, 413.

185. Les actions en réparation de délits et contraventions en matière forestière se prescrivent par trois mois, à compter du jour où les délits et contraventions ont été constatés, lorsque les prévenus sont désignés dans les procès-verbaux. Dans le cas contraire, le délai de prescription est de six mois à compter du même jour, sans préjudice, à l'égard des adjudicataires et entrepreneurs des coupes, des dispositions contenues aux articles 45, 47, 50, 51 et 82 de la présente loi. F. 189. I. c. 637.

186. Les dispositions de l'article précédent ne sont point applicables aux contraventions, délits et malversations commis par des agens, préposés ou gardes de l'administration forestière dans l'exercice de leurs fonctions; *les délais de prescription* à l'égard de ces préposés et de leurs complices seront les mêmes qui sont déterminés par le Code d'instruction criminelle. I. c. 637, 638.

187. Les dispositions du Code d'instruction criminelle sur la poursuite des délits et contraventions, sur les citations et délais, sur les défauts, oppositions, jugemens, appels et recours en cassation, sont et demeurent applicables à la poursuite des délits et contraventions spécifiés par la présente loi, sauf les modifications qui résultent du présent titre. F. 189. I. c. 130, 154, 160, 182, 190, 199, 208, 216, 407, 417, 437.

SECTION II.

Des poursuites exercées au nom et dans l'intérêt des particuliers.

188. Les procès-verbaux dressés par les gardes des bois et forêts des particuliers feront foi jusqu'à preuve contraire. 178.

189. Les dispositions contenues aux articles 161, 162, 163, 165, 167, 168, 169, 170 § 1er, 172, 175, 182, 185 et 187 ci-dessus, sont applicables aux poursuites exercées au nom et dans l'intérêt des particuliers, pour délits et contraventions commis dans les bois et forêts qui leur appartiennent. — Toutefois, dans les cas prévus par l'article 169, lorsqu'il y aura lieu à effectuer la vente des bestiaux saisis, le produit net de la vente sera versé à la caisse des dépôts et consignations.

190. Il n'est rien changé aux dispositions du Code d'instruction criminelle relativement à la compétence des tribunaux pour statuer sur les délits et contraventions commis dans les bois et forêts qui appartiennent aux particuliers.

191. Les procès-verbaux dressés par les gardes des bois des particuliers seront, dans le délai d'un mois, à dater de l'affirmation, remis au procureur du Roi ou au juge de paix, suivant leur compétence respective. I. c. 29.

TITRE XII.

DES PEINES ET CONDAMNATIONS POUR TOUS LES BOIS ET FORÊTS EN GÉNÉRAL.

192. La coupe et l'enlèvement d'arbres ayant deux décimètres de tour et au dessus donnera lieu à des amendes qui seront déterminées dans les proportions suivantes, d'après l'essence et la circonférence de ces arbres. — Les arbres sont divisés en deux classes. — La première comprend les chênes, hêtres, charmes, ormes, frênes, érables, platanes, pins, sapins, mélezes, châtaigniers, noyers, aliziers, sorbiers, cormiers, merisiers et autres arbres fruitiers. — La seconde se compose des aulnes, tilleuls, bouleaux, trembles, peupliers, saules, et de toutes les espèces non comprises dans la première classe. — Si les arbres de la première classe ont deux décimètres de tour, l'amende sera d'un franc par chacun de ces deux décimètres, et s'accroîtra ensuite progressivement de 10 cent. par chacun des autres décimètres. — Si les arbres de la seconde classe ont deux décimètres de tour, l'amende sera de 50 cent. par chacun de ces deux décimètres, et s'accroîtra ensuite progressivement de 5 cent. par chacun des autres décimetres. — Le tout conformément au tableau annexé à la présente loi, (voy. p. 26.) — La circonférence sera mesurée à un mètre du sol. 34.

193. Si les arbres auxquels s'applique le tarif établi par l'article précédent ont été enlevés et façonnés, le tour en sera mesuré sur la souche; et si la souche a été également enlevée, le tour sera calculé dans la proportion d'un cinquième en sus de la dimension totale des quatre faces de l'arbre écarri. — Lorsque l'arbre et la souche auront disparu, l'amende sera calculée suivant la grosseur de l'arbre arbitrée par le tribunal, d'après les documens du procès.

194. L'amende pour coupe ou enlèvement de bois qui n'auront pas deux décimètres de tour sera, pour chaque charretée, de 10 fr. par bête attelée, de 5 fr. par chaque charge de bête de somme, et de 2 fr. par fagot, fouée ou charge d'homme. — S'il s'agit d'arbres semés ou plantés dans les forêts depuis moins de cinq ans, la peine sera d'une amende de 3 fr. par chaque arbre, quelle qu'en soit la grosseur, et, en outre, d'un emprisonnement de six à quinze jours. F. 203, 214. P. 388, 444, 448.

195. Quiconque arrachera des plants dans les bois et forêts sera puni d'une amende qui ne pourra être moindre de 10 fr. ni excéder 300 fr.; et si le délit a été commis dans un semis ou plantation exécutés de main d'homme, il sera prononcé en outre un emprisonnement de quinze jours à un mois. 203, 214.

196. Ceux qui, dans les bois et forêts, auront éhouppé, écorcé ou mutilé des arbres, ou qui en auront coupé les principales branches, seront punis comme s'ils les avaient abattus par le pied. F. 36, 150, 203. P. 446.

197. Quiconque enlèvera des chablis et bois de délit sera condamné aux mêmes amendes et restitutions que s'il les avait abattus sur pied. O. 26, 101.

198. Dans les cas d'enlèvement frauduleux de bois et d'autres productions du sol des forêts, il y aura toujours lieu, outre les amendes, à la restitution des objets enlevés ou de leur valeur, et de plus, selon les circonstances, à des dommages-intérêts. — Les scies, haches, serpes, cognées et autres instrumens de même nature dont les délinquans et leurs complices seront trouvés munis, seront confisqués. O. 185.

199. Les propriétaires d'animaux trouvés de jour en délit dans les bois de dix ans et au-dessus, seront condamnés à une amende de 1 fr. pour un cochon, 2 fr. pour une bête à laine, 3 fr. pour un cheval ou autre bête de somme, 4 fr. pour une chèvre, 5 fr. pour un bœuf, une vache ou un veau. — L'amende sera double si les bois ont moins de dix ans, sans préjudice s'il y a lieu, des dommages intérêts 54, 56, 70, 110, 147, 203.

200. Dans les cas de récidive, la

peine sera toujours doublée. — Il y a récidive, lorsque dans les douze mois précédens il a été rendu contre le délinquant ou contrevenant un premier jugement pour délit ou contravention en matière forestière.

201. Les peines seront également doublées lorsque les délits ou contraventions auront été commis dans la nuit, ou que les délinquans auront fait usage de la scie pour couper les arbres sur pied.

202 Dans tous les cas où il y aura lieu à adjuger des dommages intérêts, ils ne pourront être inférieurs à l'amende simple prononcée par le jugement.

203. Les tribunaux ne pourront appliquer aux matières réglées par le présent Code les dispositions de l'article 463 du Code pénal.

204. Les restitutions et dommages intérêts appartiennent au propriétaire ; les amendes et confiscations appartiennent toujours à l'Etat. F. 54.

205. Dans tous les cas où les ventes et adjudications seront déclarées nulles pour cause de fraude ou collusion, l'acquéreur ou adjudicataire, indépendamment des amendes et dommages-intérêts prononcés contre lui, sera condamné à restituer les bois déjà exploités, ou à en payer la valeur sur le pied du prix d'adjudication ou de vente.

206. Les maris, pères, mères et tuteurs, et en général tous maîtres et commettans, seront civilement responsables des délits et contraventions commis par leurs femmes, enfans mineurs et pupilles, demeurant avec eux et non mariés, ouvriers, voituriers et autres subordonnés ; sauf tout recours de droit. — Cette responsabilité sera réglée conformément au paragraphe dernier de l'article 1384 du Code civil, et s'étendra aux restitutions, dommages intérêts et frais, sans pouvoir toutefois donner lieu à la contrainte par corps, si ce n'est dans le cas prévu par l'article 46. — 28.

207. Les peines que la présente loi prononce, dans certains cas spéciaux, contre des fonctionnaires ou contre des agens et préposés de l'administration forestière, sont indépendantes des poursuites et peines dont ces fonctionnaires, agens ou préposés seraient passibles d'ailleurs pour malversation, concussion ou abus de pouvoir. — Il en est de même quant aux poursuites qui pourraient être dirigées, aux termes des articles 179 et 180 du Code pénal, contre tous délinquans ou contrevenans, pour fait de tentative de corruption envers des fonctionnaires publics et des agens et préposés de l'administration forestière. F. 29, 52. O. 39. P. 169, 175, 177, 183, 184, 185, 196.

208. Il y aura lieu à l'application des dispositions du même Code dans tous les cas non spécifiés par la présente loi.

TITRE XIII.

DE L'EXÉCUTION DES JUGEMENS

SECTION Ire.

De l'Exécution des Jugemens rendus à la requête de l'Administration forestière ou du Ministère public.

209. Les jugemens rendus à la requête de l'administration forestière, ou sur la poursuite du ministère public, seront signifiés par simple extrait qui contiendra le nom des parties et le dispositif du jugement. — Cette signification fera courir les délais de l'opposition et de l'appel des jugemens par défaut. O. 188.

210. Le recouvrement de toutes les amendes forestières est confié aux receveurs de l'enregistrement et des domaines. — Ces receveurs sont également chargés du recouvrement des restitutions, frais et dommages-intérêts résultant des jugemens rendus pour délits et contraventions dans les bois soumis au régime forestier. 190.

211. Les jugemens portant condamnation à des amendes, restitutions, dommages intérêts et frais, sont exécutoires par la voie de la contrainte par corps, et l'exécution pourra en être poursuivie cinq jours après un simple commandement fait aux condamnés. — En conséquence, et sur la demande du receveur de l'enregistrement et des domaines, le procureur du Roi adressera les réquisitions nécessaires aux agens de la force publique chargés de l'exécution des mandemens de justice. O. 188. (*Loi 17 avril 1832, art. 33.*)

212. Les individus contre lesquels la contrainte par corps aura été prononcée pour raison des amendes et autres condamnations et réparations pécuniaires, subiront l'effet de cette contrainte, jusqu'à ce qu'ils aient payé le montant desdites condamnations ou fourni une caution admise par le receveur des domaines, ou, en cas de contestation de sa part, déclarée bonne et valable par le tribunal de l'arrondissement. F. 46, 217. (*Loi 17 avril 1832, art. 34.*)

213. Néanmoins les condamnés qui justifieraient de leur insolvabilité, suivant le mode prescrit par l'article 420 du Code d'instruction criminelle, seront mis en liberté après avoir subi quinze jours de détention, lorsque l'amende et les autres condamnations pécuniaires n'excéderont pas 15 fr. — La détention ne cessera qu'au bout d'un mois lorsque ces condamnations s'élèveront ensemble de 15 à 50 fr. — Elle ne durera que deux mois, quelle que soit la quotité desdites condamnations. (*Loi 17 avril 1832, art. 35, 40.*) — En cas de récidive, la durée de la détention sera double de ce qu'elle eût été sans cette circonstance. F. 217. O. 191.

214. Dans tous les cas, la détention employée comme moyen de contrainte est indépendante de la peine d'emprisonnement prononcée contre les condamnés pour tous les cas où la loi l'inflige.

SECTION II.

De l'Exécution des jugemens rendus dans l'intérêt des particuliers.

215. Les jugemens contenant des condamnations en faveur des particuliers, pour réparation des délits ou contraventions commis dans leurs bois, seront, à leur diligence, signifiés et exécutés suivant les mêmes formes et voies de contrainte que les jugemens rendus à la requête de l'administration forestière. — Le recouvrement des amendes prononcées par les mêmes jugemens sera opéré par les receveurs de l'enregistrement et des domaines. (*Loi 17 avril 1832, art. 38.*)

216. Toutefois, les propriétaires seront tenus de pourvoir à la consignation d'alimens prescrite par le Code de procédure civile, lorsque la détention aura lieu à leur requête et dans leur intérêt. P. c. 708. (*Loi 17 avril 1832, art. 36.*)

217. La mise en liberté des condamnés ainsi détenus à la requête et dans l'intérêt des particuliers, ne pourra être accordée, en vertu des articles 212 et 213, qu'autant que la validité des cautions ou l'insolvabilité des condamnés aura été, en cas de contestation de la part desdits propriétaires, jugée contradictoirement entre eux. (*Loi 17 avril 1832, art. 40.*)

TITRE XIV.

DISPOSITION GÉNÉRALE.

218. Sont et demeurent abrogés pour l'avenir toutes lois, ordonnances, édits et déclarations, arrêts du Conseil, arrêtés et décrets, et tous réglemens intervenus, à quelque époque que ce soit, sur les matières réglées par le présent Code, en tout ce qui concerne les forêts. — Mais les droits acquis antérieurement au présent Code seront jugés, en cas de contestation, d'après les lois, ordonnances, édits et déclarations, arrêts du Conseil, arrêtés, décrets et réglemens ci-dessus mentionnés. O. 179.

TITRE XV.

DISPOSITIONS TRANSITOIRES.

219. Pendant vingt ans, à dater de la promulgation de la présente loi, aucun particulier ne pourra arracher ni défricher ses bois qu'après en avoir fait préalablement la déclaration à la sous-préfecture, au moins six mois d'avance, durant lesquels l'administration pourra faire signifier au propriétaire son opposition au défrichement. Dans les six mois, à dater de cette signification, il sera statué sur l'opposition par le préfet, sauf le recours au ministre des finances. — Si, dans les six mois après la signification de l'opposition, la décision du ministre n'a pas été rendue et signifiée au propriétaire des bois, le défrichement pourra être effectué. F. 159, 223. O. 102.

220. En cas de contravention à l'article précédent, le propriétaire sera condamné à une amende calculée à raison de 500 fr. au moins et de 1,500 fr. au plus par hectare de bois défriché, et, en outre, à rétablir les lieux en nature de bois dans le délai qui sera fixé par le jugement et qui ne pourra excéder trois années.

221. Faute par le propriétaire d'effectuer la plantation ou le semis dans le délai prescrit par le jugement, il y sera pourvu à ses frais par l'administration forestière, sur l'autorisation préalable du préfet qui arrêtera le mémoire des travaux faits, et le rendra exécutoire contre le propriétaire.

222. Les dispositions des trois articles qui précèdent sont applicables aux semis et plantations exécutés par suite de jugemens en remplacement de bois défrichés.

223. Seront exceptés des dispositions de l'article 219, — 1° Les jeunes bois pendant les vingt premières années après leur semis ou plantation, sauf le cas prévu en l'article précédent; — 2° Les parcs ou jardins clos et attenant aux habitations; — 3° Les bois non clos, d'une étendue au-dessous de quatre hectares, lorsqu'ils ne feront point partie d'un autre bois qui compléterait une contenance de quatre hectares, ou qu'ils ne seront pas situés sur le sommet ou la pente d'une montagne.

224. Les actions ayant pour objet des défrichemens commis en contravention à l'article 219 se prescriront par deux ans, à dater de l'époque où le défrichement aura été consommé.

225. Les semis et plantations de bois sur le sommet et le penchant des montagnes et sur les dunes, seront exempts de tout impôt pendant vingt ans.

TARIF

DES AMENDES A PRONONCER PAR ARBRE, D'APRÈS SA GROSSEUR ET SON ESSENCE. (Art. 192.)

ARBRES DE PREMIÈRE CLASSE.					ARBRES DE SECONDE CLASSE.				
Circonférence.	Amende par décimètre.		Amende par arbre.		Circonférence.	Amende par décimètre.		Amende par arbre.	
décimètres.	fr.	c.	fr.	c.	décimètres.	fr.	c.	fr.	c.
1	»	»	»	»	1	»	»	»	»
2	1	00	2	00	2	0	50	1	00
3	1	10	3	30	3	0	55	1	65
4	1	20	4	80	4	0	60	2	40
5	1	30	6	50	5	0	65	3	25
6	1	40	8	40	6	0	70	4	20
7	1	50	10	50	7	0	75	5	25
8	1	60	12	80	8	0	80	6	40
9	1	70	15	30	9	0	85	7	65
10	1	80	18	00	10	0	90	9	00
11	1	90	20	90	11	0	95	10	45
12	2	00	24	00	12	1	00	12	00
13	2	10	27	30	13	1	05	13	65
14	2	20	30	80	14	1	10	15	40
15	2	30	34	50	15	1	15	17	25
16	2	40	38	40	16	1	20	19	20
17	2	50	42	50	17	1	25	21	25
18	2	60	46	80	18	1	30	23	40
19	2	70	51	30	19	1	35	25	65
20	2	80	56	00	20	1	40	28	00
21	2	90	60	90	21	1	45	30	45
22	3	00	66	00	22	1	50	33	50
23	3	10	71	30	23	1	55	35	65
24	3	20	76	80	24	1	60	38	40
25	3	30	82	50	25	1	65	41	25
26	3	40	88	40	26	1	70	44	20
27	3	50	94	50	27	1	75	47	25
28	3	60	100	80	28	1	80	50	40
29	3	70	107	30	29	1	85	53	65
30	3	80	114	00	30	1	90	57	50
31	3	90	120	90	31	1	95	60	45
32	4	00	128	00	32	2	00	64	00

TABLEAU
DE LA DIVISION TERRITORIALE DU ROYAUME
En trente-deux Conservations forestières.

NUMÉROS et chefs-lieux des conservations.	DÉPARTEMENS.
1re. Paris.	Seine. Seine-et-Marne. Seine-et-Oise. Oise. — Loiret. Eure-et-Loir.
2e Rouen.	Eure. Seine-Inferieure.
3e. Dijon.	Côte-d'Or.
4e. Nancy.	Meurthe.
5e. Strasbourg.	Rhin (Bas).
6e. Colmar.	Rhin (Haut).
7e. Douai.	Nord. — Aisne. Pas-de-Calais. Somme.
8e. Troyes.	Aube. Yonne.
9e. Epinal.	Vosges.
10e. Châlons	Ardennes. Marne.
11e. Metz.	Moselle.
12e. Besançon.	Doubs.
13e. Lons-le-Saul.	Jura.
14e. Grenoble.	Alpes (Hautes). Drôme. — Isere.
15e. Alençon.	Calvados Manche — Orne. Mayenne. — Sarthe.
16e. Bar-le-Duc.	Meuse.
17e. Chaumont.	Marne (Haute).
18e. Vesoul.	Saône (Haute).
19e. Mâcon.	Rhône. — Ain. Saône-et-Loire.
20e. Toulouse.	Aude. — Ariège Garonne (Haute). Pyrenees-Orient.
21e. Tours.	Indre. Indre-et Loire. Loir-et-Cher. Maine-et-Loire.
22e. Bourges.	Cher. Nievre.
23e. Moulins.	Allier. — Creuse. Loire. Puy-de-Dôme.
24e. Pau.	Gers. Pyrénées (Basses). Pyrénées (Hautes).
25e Rennes.	Côtes du-Nord. Finistere. Ille-et Vilaine. Morbihan. Loire-Inférieure.
26e. Niort.	Charente. Charente-Infér. Sevres (Deux). Vienne. — Vendée.
27e. Alby.	Aveyron. Lot. — Tarn. Tarn et-Garonne.
28e. Aix.	Alpes (Basses). Bouches-du-Rhône. Var. — Vaucluse.
29e. Nîmes.	Ardeche. Gard. Hérault. Lozere.
30e. Aurillac.	Cantal. — Correze. Loire (Haute). Vienne (Haute).
31e. Bordeaux.	Dordogne. Gironde. Landes. Lot-et-Garonne.
32e. Ajaccio.	Corse (Ile de)

TARIF
DES FRAIS ET DÉPENS
POUR LE RESSORT
DE LA COUR ROYALE DE PARIS.

LIVRE PREMIER. (1)
DES JUSTICES DE PAIX.

CHAPITRE PREMIER.
TAXE DES ACTES ET VACATIONS DES JUGES DE PAIX.

Art. 1er. Code de P. c., art. 909, 932. Il est accordé au juge de paix, pour chaque vacation d'apposition, reconnaissance et levée de scellés, qui sera de trois heures au moins, — Paris, 5 f. — Villes où il y a tribunal de première instance, 3 f. 75 c. — Autres villes et cantons ruraux, 2 f. 50 c. — Dans la première vacation seront compris les temps du transport et du retour du juge de paix : s'il n'y a qu'une seule vacation, elle sera payée comme complète, encore qu'elle n'ait pas été de trois heures. — Si le nombre des vacations d'apposition, reconnaissance et levée de scellés paraît excessif, le président du tribunal de première instance, en procédant à la taxe, pourra le réduire.

2. P. c., art. 921, 915, 956. S'il y a lieu à référé, lors de l'apposition des scellés, — Ou dans le cours de leur levée, — Ou pour présenter un testament ou autre papier cacheté, au président du tribunal de première instance, — Les vacations du juge de paix lui seront allouées comme celles pour l'apposition, la reconnaissance et la levée de ces scellés.

3. En cas de transport du juge de paix devant le président du tribunal de première instance, il lui est accordé par chaque myriamètre, 2 f. — Autant pour le retour, 2 f. — Et par journée de cinq myriamètres, 10 f. — Il ne lui est accordé qu'une seule journée quand la distance ne sera pas de plus de deux myriamètres et demi, y compris sa vacation devant le président du tribunal. — Si la distance est de plus de deux myriamètres et demi, il lui sera payé deux journées pour l'aller, le retour et la vacation devant le président du tribunal.

4. C., art. 406. Pour l'assistance du juge de paix à tout conseil de famille, — Paris, 5 f. — Villes où il y a tribunal de première instance, 3 f. 75 c. — Autres villes et cantons ruraux, 2 f. 50 c.

Nota. Le juge de paix ne pourra jamais prendre plus de deux vacations.

5. C., art. 70 et 71. Pour l'acte de notoriété sur la déclaration de sept témoins, pour constater, autant que possible, l'époque de la naissance d'un individu de l'un ou de l'autre sexe, qui se propose de contracter mariage, et les causes qui empêchent de représenter son acte de naissance, — Paris, 5 f. — Villes où il y a tribunal de première instance, 3 f. 75 c. — Autres villes et cantons ruraux, 2 f. 50 c. — Et pour la délivrance de tout autre acte de notoriété qui doit être donné par le juge de paix, — Paris, 1 f. — Villes où il y a tribunal de première instance, 75 c. — Autres villes et cantons ruraux, 50 c.

6. P. c., art. 587, 781. Pour le

(1) Avec l'indication des changemens opérés en vertu de l'*Ord.* 10 octobre 1841, contenant le Tarif des ventes judiciaires des immeubles.

transport du juge de paix, à l'effet d'être présent à l'ouverture des portes, en cas de saisie-exécution, par chaque vacation de trois heures, — Paris, 5 f. — Villes où il y a tribunal de première instance, 3 f. 75 c. — Autres villes et cantons ruraux, 2 f. 50 c. — Et à l'arrestation d'un débiteur condamné par corps, dans le domicile où ce dernier se trouve, — Paris, 10 f. — Villes où il y a tribunal de première instance, 7 f. 50 c. — Autres villes et cantons ruraux, 5 f.

7. P. c., art. 4, 6, 29. Il n'est rien alloué au juge de paix, 1° pour toute cédule qu'il pourra délivrer; — 14. 2° Pour le paraphe des pièces en cas de dénégation d'écriture, et de déclaration qu'on entend s'inscrire en faux incident.

8. P. c., art. 38. Il lui est alloué pour transport, soit à l'effet de visiter des lieux contentieux, soit à l'effet d'entendre des témoins, lorsque le transport aura été expressément requis par l'une des parties, et que le juge l'aura trouvé nécessaire, par chaque vacation, — Paris, 5 f. — Villes où il y a tribunal de première instance, 3 f. 75 c. — Autres villes et cantons ruraux, 2 f. 50 c.

Nota. Le procès-verbal du juge doit faire mention de la réquisition de la partie, et il n'est rien alloué à défaut de cette mention.

CHAPITRE II.

TAXE DES GREFFIERS DES JUGES DE PAIX.

9. P. c., art. 8. Il sera taxé aux greffiers des justices de paix, par chaque rôle d'expédition qu'ils délivreront, et qui contiendra vingt lignes à la page et dix syllabes à la ligne, — Paris, 50 c. — Villes où il y a tribunal de première instance, 40 c. — Autres villes et cantons ruraux, 40 c.

10. P. c., art. 54. Pour l'expédition du procès-verbal qui constatera que les parties n'ont pu être conciliées, et qui ne doit contenir qu'une mention sommaire qu'elles n'ont pu s'accorder, il sera alloué, — Paris, 1 f. — Villes et cantons ruraux, 80 c.

11. P. c., art. 7. La déclaration des parties qui demandent à être jugées par le juge de paix, sera insérée dans le jugement, et il ne sera rien taxé au greffier pour l'avoir reçue, non plus que pour tout autre acte du greffe.

12. P. c., art. 30. Pour transport sur les lieux contentieux, quand il sera ordonné, il sera alloué au greffier les deux tiers de la taxe du juge de paix.

13. P. c., art. 58. Il n'est rien alloué pour la mention sur le registre du greffe et sur l'original, ou copie de la citation en conciliation, quand l'une des parties ne comparaît pas.

14. P. c., art. 45 et 47. Pour la transmission au procureur du roi de la récusation et de la réponse du juge, tous frais de port compris, — Paris, 5 f. — Villes où il y a tribunal de première instance, 5 f. — Autres villes et cantons ruraux, 5 f.

15. P. c., art. 317. Il sera taxé au greffier du juge de paix qui aura assisté aux opérations des experts, et qui aura écrit la minute de leur rapport, dans le cas où tous, ou l'un d'eux, ne sauraient écrire, les deux tiers des vacations allouées à un expert.

16. Il lui est alloué les deux tiers des vacations du juge de paix pour assistance, — C., art. 406. Aux conseils de famille; — P. c., art. 907. Aux appositions de scellés; — 932 Aux reconnaissances et levées de scellés; — 931 et 935. Aux référés; — C., art. 70 et 71. Aux actes de notoriété. — Il est encore alloué au greffier les deux tiers des frais de transport dans les mêmes cas où ils sont alloués aux juges de paix. — Les greffiers des juges de paix ne pourront délivrer d'expéditions entières des procès verbaux d'apposition, reconnaissance et levée de scellés, qu'autant qu'ils en seront expressément requis par écrit. — Ils seront tenus de délivrer les extraits qui leur seront demandés, quoique l'expédition entière n'ait été ni demandée, ni délivrée.

17. P. c., art. 925. Il sera taxé au greffier du juge de paix, — Pour sa vacation, à l'effet de faire la déclaration de l'apposition des scellés sur le registre du greffe du tribunal de première instance, dans les villes où elle est prescrite, les deux tiers d'une vacation du juge de paix.

18. P. c., art. 926. Il lui sera alloué pour chaque opposition aux scellés qui sera formée par déclaration sur le procès-verbal de scellés, — Paris, 50 c. — Villes où il y a tribunal de première instance, 40 c. — Autres villes et cantons ruraux, 40 c.

19. P. c., art. 1039. Il ne lui sera rien alloué pour les oppositions formées par le ministère des huissiers et visées par lui.

20. P. c., art. 926. Il est alloué pour chaque extrait des oppositions aux scellés, à raison, par chaque opposition, de — Paris, 50 c. — Villes où il y a tribunal de première instance, 40 c. — Autres villes et cantons ruraux, 40 c.

CHAPITRE III.

TAXE DES HUISSIERS DES JUGES DE PAIX. (1)

21. Pour l'original — De chaque citation contenant demande, — Paris, 1 f. 50 c. — Villes où il y a tribunal de première instance, 1 f. 25 c. — Autres villes et cantons ruraux, 1 f 25 c. — P. c., art. 16 et 19. De signification de jugement, *id.* — 17. De sommation de fournir caution ou d'être présent à la réception et soumission de la caution ordonnée, *id.* — 20. D'opposition au jugement par défaut, contenant assignation à la prochaine audience, 1 f. 50 c. — 32. De demande en garantie, *id.* — 34. De citation aux témoins, *id.* — 42. De citation aux gens de l'art et experts, *id.* — 52. De citation en conciliation, *id.* — C., art. 406. De citation aux membres qui doivent composer le conseil de famille, 1 f. 50 c. — De notification de l'avis du conseil de famille, *id.* — 926. D'opposition aux scellés, *id.* — De sommation à la levée de scellés, *id.* — Et pour chaque copie des actes ci-dessus énoncés, le quart de l'original.

22. Pour la copie des pièces qui pourra être donnée avec les actes, par chaque rôle d'expédition de vingt lignes à la page et de dix syllabes à la ligne, — Paris, 25 c. — Villes où il y a tribunal de première instance, 20 c. — Autres villes et cantons ruraux, 20 c.

23. Pour transport qui ne pourra être alloué qu'autant qu'il y aura plus d'un demi-myriamètre (une lieue ancienne) de distance entre la demeure de l'huissier et le lieu où l'exploit devra être posé, aller et retour, par myriamètre, 2 f. — Il ne sera rien alloué aux huissiers des juges de paix pour *visa* par le greffier de la justice de paix, ou par les maires et adjoints des communes du canton, dans les différens cas prévus par le Code de procédure.

CHAPITRE IV.

TAXE DES TÉMOINS, EXPERTS ET GARDIENS DES SCELLÉS.

24. P. c., art. 29 et 34. Il sera taxé au témoin entendu par le juge de paix, une somme équivalente à une journée de travail, même à une double journée, si le témoin a été obligé de se faire remplacer dans sa profession; ce qui est laissé à la prudence du juge. — Il sera taxé au témoin qui n'a pas de profession, 2 f. — Il ne sera point passé de frais de voyage, si le témoin est domicilié dans le canton où il est entendu. — S'il est domicilié hors du canton et à une distance de plus de deux myriamètres et demi du lieu où il fera sa déposition, il lui sera alloué autant de fois une somme double de journée de travail, ou une somme de 4 f., qu'il y aura de fois cinq myriamètres de distance entre son domicile et le lieu où il aura déposé.

25. P. c., art. 29 et 42. La taxe des experts en justice de paix sera la même que celle des témoins, et il ne leur sera alloué de frais de voyage que dans les mêmes cas.

26. Les frais de garde seront taxés par chaque jour, pendant les douze premiers jours, — Paris, 2 f. 50 c. — Villes où il y a tribunal de première

(1) V. *Loi 25 mai* 1838, supprimant les huissiers de la justice de paix.

instance, 2 f. — Autres villes et cantons ruraux, 1 f. 50 c. — Ensuite seulement à raison de, — Paris, 1 f. — Villes où il y a tribunal de première instance, 80 c. — Autres villes et cantons ruraux, 60 c.

LIVRE II.

DE LA TAXE DES FRAIS DANS LES TRIBUNAUX INFERIEURS ET DANS LES COURS.

TITRE PREMIER.

DE LA TAXE DES ACTES DES HUISSIERS ORDINAIRES.

§ I. *Actes de première classe.*

27. P. c., art. 16, 59, 61 et 69, n° 8. Pour l'original d'un exploit d'appel du jugement de la justice de paix, —D'un exploit d'ajournement, même en cas de domicile inconnu en France, et d'affiche à la porte de l'auditoire, —Paris, 2 f. —Partout ailleurs, 1 f 50 c.

28. P. c., art. 65. Pour les copies de pièces qui doivent être données avec l'exploit d'ajournement et autres actes, par rôle contenant vingt lignes à la page et dix syllabes à la ligne, ou évaluées sur ce pied, — Paris, 25 c. — Partout ailleurs, 20 c. —Le droit de copie de toute espèce de pièces et de jugemens appartiendra à l'avoué, quand les copies de pièces seront faites par lui ; l'avoué sera tenu de signer les copies de pièces et de jugemens, et sera garant de leur exactitude. — Les copies seront correctes et lisibles, à peine de rejet de la taxe.

29. P. c., art. 121. Pour l'original d'une *sommation d'être présent* à la prestation d'un serment ordonné. — 147. D'une signification de jugement à domicile. — 153. De signification d'un jugement de jonction par un huissier commis. — 156. De signification d'un jugement par défaut contre partie, par un huissier commis. — 162. D'opposition au jugement par défaut rendu contre partie. — 204. De sommation aux experts et aux dépositaires des pièces de comparaison, en vérification d'écritures. — 223. De signification aux dépositaires de l'ordonnance, ou du jugement qui porte que la minute de la pièce sera apportée au greffe. — 260 et 261. D'assignation aux témoins dans les enquêtes. — D'assignation à la partie *contre* laquelle se fait l'enquête. — 307. De signification de l'ordonnance du juge-commissaire pour faire prêter serment aux experts. — 329. De la signification de la requête et des ordonnances, pour faire subir interrogatoires sur faits et articles — 330. De la signification du jugement rendu par défaut contre partie, sur demande en reprise d'instance, ou en constitution de nouvel avoué, par un huissier commis. — 355. De signification du désaveu. — 365. De signification du jugement, portant permission d'assigner en règlement de juges, contenant assignation. — 415. Pour l'original d'une demande formée au tribunal de commerce. — 429. D'une sommation de comparaître devant les arbitres ou experts nommés par le tribunal de commerce. — 435. De signification de jugement par défaut du tribunal de commerce par un huissier commis. — 436 et 437. Pour l'original d'opposition au jugement par défaut rendu par le tribunal de commerce, contenant les moyens d'opposition et assignation. — 439. De signification des jugemens contradictoires. — 440 et 441. De l'acte de présentation de caution avec sommation à jour et heure fixes, de se présenter au greffe pour prendre communication des titres de la caution, et assignation à l'audience, en cas de contestation, pour y être statué. — 456. Original d'un acte d'appel de jugemens des tribunaux de première instance et de commerce, contenant assignation et constitution d'avoué. — 447. De signification de jugement à des héritiers collectivement au domicile du défunt. — 507. D'une réquisition aux tribunaux de juger en la personne du greffier. — 514. De signification de la requête et du jugement qui admet une prise à partie. — 518. De signification de la présentation de caution, avec copie de l'acte de dépôt au greffe des titres de solvabilité de la caution. — 534. De signification de l'ordonnance du juge commis pour entendre un compte, et sommation de se trouver devant lui, aux jour et heure indiqués, pour être présent à la présentation et affirmation. — 557, 558 et 559. D'un exploit de saisie-arrêt ou opposition, contenant énonciation de la somme pour laquelle elle est faite, et des titres, ou de l'ordonnance du juge. — 563. De la dénonciation au saisi de la saisie-arrêt, ou opposition, avec assignation en validité. — 564. De la dénonciation au tiers-saisi de la demande en validité formée contre le débiteur saisi. — 570. De l'assignation au tiers-saisi pour faire sa déclaration. — 583 et 584. D'un commandement, pour parvenir à une saisie-exécution. — 602. De la notification de la saisie-exécution faite hors du domicile du saisi, et en son absence. — 606. D'une assignation en référé à la requête du gardien, qui demande sa décharge. — D'une sommation à la partie saisie, pour être présente au récolement des effets saisis, quand le gardien a obtenu sa décharge. — 608. D'une opposition à vente, à la requête de celui qui se prétendra propriétaire des objets saisis, entre les mains du gardien. — De dénonciation de cette opposition au saisissant et au saisi, avec assignation libellée et l'énonciation des preuves de propriété. — Le gardien ne pourra être assigné. — P. c., art. 609. D'une opposition sur le prix de la vente, qui en contiendra les causes. — 612. D'une sommation au premier saisissant de faire vendre. — 614. D'une sommation à la partie saisie, pour être présente à la vente, qui ne serait pas faite au jour indiqué par le procès-verbal de saisie-exécution. — 626. Pour l'original du commandement qui doit précéder la saisie-brandon. — 628. De dénonciation de la saisie-brandon au garde champêtre, gardien de droit à ladite saisie, et qui ne sera pas présent au procès-verbal. — 636. Pour l'original du commandement qui doit précéder la saisie de rentes constituées sur particuliers. — 641. De dénonciation à la partie saisie de l'exploit de saisie de rentes constituées sur particuliers. — 659 et 660. D'une sommation aux créanciers, de produire, dans les contributions, et à la partie saisie de prendre communication des pièces produites et de contredire, s'il y échet. — 661. D'une sommation à la partie saisie, qui n'a point d'avoué constitué, à la requête du propriétaire, de comparaître en référé devant le juge-commissaire, pour faire statuer préliminairement sur son privilège pour raison des loyers à lui dus. — 663. De dénonciation à la partie saisie, qui n'a point d'avoué constitué, de la clôture du procès-verbal du juge-commissaire en contribution, avec sommation d'en prendre communication, et de contredire sur le procès-verbal dans la quinzaine. (1) — 753. De sommation aux créanciers inscrits de produire dans les ordres. — 807. D'assignation en référé, dans le cas d'urgence, ou lorsqu'il s'agit de statuer sur les difficultés relatives à l'exécution d'un titre exécutoire ou d'un jugement. — 809. De signification d'une ordonnance sur référé. — C., art. 1259. D'une sommation d'être présent à la consignation de la somme offerte. — De dénonciation du procès-verbal de dépôt de la chose ou de la somme consignée, au créancier qui n'était pas présent à la consignation. — 1264. De sommation aux créanciers d'enlever le corps certain, qui doit être livré au lieu où il se trouve. — P. c., art. 819. D'un commandement à la requête des propriétaires et principaux locataires de maisons

(1) Les paragraphes 45 à 49 ont été supprimés par l'*Ord.* 10 octobre 1841, *art.* 20.

ou biens ruraux, à leurs locataires, sous-locataires et fermiers, pour paiement de loyers ou fermages échus. — C., art. 2183. De la notification aux créanciers inscrits de l'extrait du titre du nouveau propriétaire, de la transcription et du tableau prescrit par l'art. 2183 du Code civil. — P. c., art. 839. D'une assignation et sommation à un notaire, et aux parties intéressées, s'il y a lieu, pour avoir expédition d'un acte parfait. — 841. D'un acte non enregistré, ou resté imparfait. — 844. Ou une seconde grosse. — 861. D'une sommation à la requête de la femme à son mari, de l'autoriser. — 856. D'une demande à domicile, à fin de rectification d'un acte de l'état civil. — 876. D'une demande en séparation de corps. — C., art. 241. D'une demande en divorce pour cause déterminée. — P. c., art. 883. D'ajournement, pour demander la réformation d'un avis du conseil de famille qui n'a pas été unanime. — 888. De l'opposition formée à la requête des membres d'un conseil de famille à l'homologation de la délibération. — 947. De sommation aux parties qui doivent être appelées à la vente des meubles dépendans d'une succession. — 976. De sommation aux copartageans de comparaître devant le juge-commissaire. — 980. De sommation aux parties pour assister à la clôture du procès-verbal de partage chez le notaire. — 992. De sommation à la requête d'un créancier, à l'héritier bénéficiaire de donner caution. — 1018. De sommation aux arbitres de se réunir au tiers arbitre pour vider le partage. — De tout exploit contenant sommation de faire une chose, ou opposition à ce qu'une chose soit faite, protestation de nullité, et généralement de tous actes simples du ministère des huissiers, non compris dans la seconde partie du présent tarif, — Paris, 2 f. — Partout ailleurs, 1 f. 50 c. — Pour chaque copie, le quart de l'original. — Indépendamment des copies de pièces qui n'auront pas été faites par les avoués, et qui seront taxées comme il a été dit ci-dessus.

§ II. *Actes de seconde classe et Procès-verbaux.*

30. P. c., art 45. Pour l'original de la récusation du juge de paix, qui en contiendra les motifs, et qui sera signé par la partie ou son fondé de pouvoir spécial, ainsi que la copie, — Paris, 3 f. — Villes où il y a tribunal de première instance, 2 f. 25 c. — Autres villes et cantons ruraux, 2 f. 25 c. — Et pour la copie, le quart.

31. P. c., art. 585, 586, 587, 588, 589, 590 et 601. Pour un procès-verbal de saisie-exécution, qui durera trois heures, y compris le temps nécessaire pour requérir, soit le juge de paix, soit le commissaire de police ou les maires et adjoints, en cas de refus d'ouverture de porte, — Paris, y compris 1 f. 50 c. pour chaque témoin, 8 f. — Villes où il y a tribunal de première instance, — Et autres villes et cantons ruraux, y compris 1 f. pour chaque témoin, 6 f. — Si la saisie dure plus de trois heures, par chacune des vacations subséquentes aussi de trois heures, — Paris, y compris 80 c. pour chaque témoin, 5 f. — Villes où il y a tribunal de première instance, — Et autres villes et cantons ruraux, y compris 60 c. pour chaque temoin, 3 f. 75 c. — Dans les taxes ci-dessus se trouvent comprises les copies pour la partie saisie et pour le gardien.

32. P. c., art. 587. Vacation du commissaire de police qui aura été requis pour être présent à l'ouverture des portes et des meubles fermant à clef, ou aux maires et adjoints, si ces derniers le requièrent, — Paris, 5 f. — Villes où il y a tribunal de première instance, 3 f. 75 c. — Autres villes et cantons ruraux, 2 f. 50 c.

33. P. c., art. 590. Vacation de l'huissier pour déposer au lieu établi pour les consignations, ou entre les mains du dépositaire qui sera convenu, les deniers comptans qui pourraient avoir été trouvés, — Paris, 2 f. — Villes où il y a tribunal de première instance, 1 f. 50 c. — Autres villes et cantons ruraux, 1 f. 50 c.

34. P. c., art. 596. Les frais de garde seront taxés par chaque jour pendant les douze premiers jours, — Paris, 2 f. 50 c. — Villes où il y a tribunal de première instance, 2 f. — Autres villes et cantons ruraux, 1 f. 50 c. — Ensuite, seulement à raison de, — Paris, 1 f. — Villes où il y a tribunal de première instance, 80 c. — Autres villes et cantons ruraux, 60 c.

35. P. c., art. 606. Pour un procès-verbal de récolement des effets saisis, quand le gardien a obtenu sa décharge, — Paris, 5 f. — Villes où il y a tribunal de première instance, 2 f. 25 c. — Autres villes et cantons ruraux, 2 f. 25 c. — Ce procès verbal ne contiendra aucun détail, si ce n'est pour constater les effets qui pourraient se trouver en déficit; et l'huissier ne sera point assisté de témoins. — Il sera laissé copie du procès-verbal de récolement au gardien qui aura obtenu sa décharge : il remettra la copie de la saisie qu'il avait entre les mains au nouveau gardien, qui se chargera du contenu sur le procès-verbal de recolement. — Pour chacune des copies à donner du procès-verbal de récolement, le quart de l'original.

36. P. c., art. 611. Dans le cas de saisie antérieure et d'établissement de gardien, pour le procès-verbal de récolement sur le premier procès-verbal que le gardien sera tenu de représenter, et qui, sans entrer dans aucun détail et contenant seulement la saisie des effets omis, et sommation au premier saisissant de vendre, témoins compris et deux copies, sera taxé, — Paris, 6 f. — Villes où il y a tribunal de première instance, 4 f. 50 c. — Autres villes et cantons ruraux, 4 f. 50 c. — Et pour une troisième copie, s'il y a lieu, le quart de l'original.

37. P. c., art. 616. Pour le procès-verbal de récolement qui précédera la vente, et qui ne contiendra aucune énonciation des effets saisis, mais seulement de ceux en déficit, s'il y en a, y compris les témoins, — Paris, 6 f. — Villes où il y a tribunal de première instance, 4 f. 50 c. — Autres villes et cantons ruraux, 4 f. 50 c. — Il n'en sera point donné de copie.

38. P. c., art. 617. S'il y a lieu au transport des effets saisis, l'huissier sera remboursé de ses frais sur les quittances qu'il en représentera, ou sur sa simple déclaration, si les voituriers et gens de peine ne savent écrire; ce qu'il constatera par son procès-verbal de vente. — Il sera alloué à l'huissier ou autre officier qui procédera à la vente, pour la rédaction de l'original du placard qui doit être affiché, — Paris, 1 f. — Villes où il y a tribunal de première instance, 1 f. — Autres villes et cantons ruraux, 1 f. — Pour chacun des placards, s'ils sont manuscrits, — Paris, 50 c. — Villes où il y a tribunal de première instance, 50 c. — Autres villes et cantons ruraux, 50 c. — Et s'ils sont imprimés, l'officier qui procédera à la vente, en sera remboursé sur les quittances de l'imprimeur et de l'afficheur.

39. Pour l'original de l'exploit qui constatera l'apposition des placards, dont il ne sera point donné de copie. — Paris, 5 f. — Villes où il y a tribunal de première instance, 2 f. 25 c. Autres villes et cantons ruraux, 2 f. 25 c. — Il sera passé en outre la somme qui aura été payée pour l'insertion de l'annonce de la vente dans un journal, si la vente est faite dans une ville où il s'en imprime. — Pour chaque vacation de trois heures à la vente, le procès-verbal compris, il sera taxé à l'huissier, dans les lieux où les huissiers sont autorisés à la faire, — Paris, 8 f. — Villes où il y a tribunal de première instance, 5 f. — Autres villes et cantons ruraux, 4 f. — Et à Paris où les ventes sont faites par les commissaires-priseurs, il sera alloué à l'huissier, pour requérir le commissaire-priseur, une vacation de 2 f.

40. P. c., art. 625. En cas d'absence de la partie saisie, son absence sera constatée, et il ne sera nommé aucun officier pour la représenter.

41. P. c., art. 620 et 621. Dans le cas de publication sur les lieux où se trouvent les barques, chaloupes et autres bâtimens, prescrite par l'article 620 du Code, et dans le cas d'exposition de la vaisselle d'argent, bagues et joyaux, ordonnée par l'article 621, il sera alloué à l'huissier pour chacune des deux premières publications ou expositions, — Paris, 6 fr. — Villes où il y a tribunal de première instance, 4 f. — Autres villes et cantons ruraux, 3 f. — La troisième publication ou exposition est comprise dans la vacation de vente. — A Paris et dans les villes où il s'imprime des journaux, les vacations pour publications et expositions ne pourront être allouees aux huissiers, attendu qu'il doit y être suppléé par l'insertion dans un journal. — Si l'expédition du procès-verbal de vente est requise par l'une des parties, il sera alloué à l'huissier ou autre officier, qui aura procédé à la vente, par chaque rôle d'expédition, contenant vingt-cinq lignes à la page, et dix à douze syllabes à la ligne, — Paris, 1 f. — Villes où il y a tribunal de première instance, 80 c. — Autres villes et cantons ruraux, 40 c.

42. P. c., art. 657. Pour la vacation de l'huissier ou autre officier qui aura procédé à la vente, pour faire taxer ses frais par le juge sur la minute de son procès-verbal, — Paris, 3 f. — Villes où il y a tribunal de première instance, 2 f. — Autres villes et cantons ruraux, 1 f. 50 c. — Et pour consigner les deniers provenant de la vente, — Paris, 3 f. — Villes où il y a tribunal de première instance, 2 f. — Autres villes et cantons ruraux, 1 f. 50 c.

43 P. c., art. 627. Pour un procès-verbal de saisie-brandon, contenant l'indication de chaque pièce, sa contenance et sa situation, deux au moins de ses tenans et aboutissans, et la nature des fruits, quand il n'y sera pas employé plus de trois heures, — Paris, 6 f. — Villes où il y a tribunal de première instance, 5 f. — Autres villes et cantons ruraux, 4 f — Et quand il sera employé plus de trois heures, pour chacune des autres vacations aussi de trois heures, — Paris, 5 f. — Villes où il y a tribunal de première instance, 4 f. — Autres villes et cantons ruraux, 3 f. — L'huissier ne sera point assisté de temoins.

44. P. c., art. 628. Pour les copies à délivrer à la partie saisie, au maire de la commune et au garde champêtre ou autre gardien, par chacune, le quart de l'original.

Nota. Le surplus des actes sera taxé comme en saisie-exécution. (*Voy.* T. 38 s.)

45. Il sera alloué pour frais de garde, soit au garde champêtre, soit à tout autre gardien qui pourrait être établi, aux termes de l'article 628, par chaque jour, savoir: — Au garde champêtre, — Paris, 75 c. — Villes où il y a tribunal de première instance, 75 c. — Autres villes et cantons ruraux, 75 c. — Et à tout autre que le garde champêtre, — Paris, 1 f. 25 c. — Villes où il y a tribunal de première instance, 1 f. 25 c. — Autres villes et cantons ruraux, 1 f. 25 c.

46. P. c., art. 637. Pour un exploit de saisie du fonds d'une rente constituée sur particulier, contenant assignation au tiers-saisi en déclaration affirmative devant le tribunal. — Paris, 4 f. — Villes où il y a tribunal de première instance, 3 f. — Autres villes et cantons ruraux, 3 f. — Pour la copie, le quart.

Nota. La dénonciation des placards et de tous les autres actes seront taxes comme en saisie immobilière. (*Voy.* T. 49, 50.)

47 à **50** *abrogés, Ord.* 10 *octobre* 1841, *art.* 20.

51. P. c., art. 780. Pour l'original de la signification du jugement qui prononce la contrainte par corps, avec commandement, — Paris, 5 f. — Villes où il y a tribunal de première instance, 4 f. — Autres villes et cantons ruraux, 1 f. 25 c. — Et pour la copie, le quart.

52. P. c., art. 781. Vacation pour obtenir l'ordonnance du juge de paix, à l'effet, par ce dernier, de se transporter dans le lieu où se trouve le débiteur condamné par corps, et requérir son transport. — Paris, 2 f. 50 c. — Villes où il y a tribunal de première instance, 2 f. — Autres villes et cantons ruraux, 2 f.

53. P. c., art. 783 et 789. Pour le procès-verbal d'emprisonnement d'un débiteur, y compris l'assistance de deux recors et l'écrou, Paris, 60 f. 25 c. — Villes où il y a tribunal de première instance, 40 f. — Autres villes et cantons ruraux, 30 f. — Il ne pourra être passé aucun procès-verbal de perquisition, pour lequel l'huissier n'aura point de recours, même contre sa partie, la somme ci-dessus lui étant allouée en considération de toutes les démarches qu'il pourrait faire.

54. P. c., art. 786. Vacation de l'huissier en référé, si le débiteur arrêté le requiert, — Paris, 8 f. — Villes où il y a tribunal de première instance, 6 f. — Autres villes et cantons ruraux, 6 f.

55. P. c., art. 789. Pour la copie du procès-verbal d'emprisonnement et de l'écrou, le tout ensemble, — Paris, 3 f. — Villes où il y a tribunal de première instance, 2 f. 25 c. — Autres villes et cantons ruraux, 2 f. 25 c.

56. P. c., art. 790. Il sera taxé au gardien ou geôlier qui transcrira sur son registre le jugement portant la contrainte par corps par chaque rôle d'expédition, — Paris, 25 c. — Villes où il y a tribunal de première instance, 20 c. — Autres villes et cantons ruraux, 20 c.

57. P. c., art. 792 et 793. Pour un acte de recommandation d'un débiteur emprisonné sans assistance de recors, — Paris, 4 f. — Villes où il y a tribunal de première instance, 3 f. — Autres villes et cantons ruraux, 3 f. — Pour chaque copie à donner au débiteur et au geôlier, le quart.

58. P. c., art. 796. Pour la signification du jugement qui déclare un emprisonnement nul, et la mise en liberté du débiteur. Paris, 4 f. — Villes où il y a tribunal de première instance, 3 f. — Autres villes et cantons ruraux, 3 f. — Pour la copie à laisser au gardien ou geôlier, le quart.

59. P. c., art. 813. Pour l'original d'un procès-verbal d'offres, contenant le refus ou l'acceptation du créancier, — Paris, 3 f. — Villes où il y a tribunal de première instance, 2 f. 25 c. — Autres villes et cantons ruraux, 2 f. 25 c. — Pour la copie, le quart.

60. C., art. 1259. D'un procès-verbal de consignation de la somme ou de la chose offerte, — Paris, 5 f. — Villes où il y a tribunal de première instance, 4 f. — Autres villes et cantons ruraux, 4 f. — Pour chaque copie à laisser au créancier, s'il est présent, et au dépositaire, le quart.

61. P. c., art. 819, 822, 825. Les procès-verbaux de saisie gagerie sur locataires et fermiers, — Et ceux de saisie des effets du débiteur forain, — Seront taxés comme ceux de saisie-exécution, ainsi que tout le reste de la poursuite. (T. 31.)

62. P. c., art. 829. Pour un procès-verbal tendant à saisie-revendication, s'il y a refus de portes ou opposition à la saisie, contenant assignation en référé devant le juge, y compris les témoins. — Paris, 5 f. — Villes où il y a tribunal de première instance, 4 f. — Autres villes et cantons ruraux, 4 f. — Pour la copie, le quart. — Le procès-verbal de saisie-revendication sera taxé comme celui de saisie-exécution. (T. 31.)

63. *Abrogé. Ord. 10 octobre 1841, art. 20.*

64. P. c., art. 901. Pour un procès-verbal de réitération de la cession par le débiteur failli à la maison commune, s'il n'y a pas de tribunal de commerce, — Paris, 4 f. — Villes où il y a tribunal de première instance, 3 f. — Autres villes et cantons ruraux, 3 f.

65. P. c., art. 902. Pour un procès-verbal d'extraction de la prison du débiteur failli, à l'effet de faire la réitération de sa cession de biens, indépendamment du procès-verbal de ladite réitération, — Paris, 6 f. — Villes où il y a tribunal de première instance, 5 f. — Autres villes et cantons ruraux, 5 f. — Par chaque original de protêt, intervention à protêt, et sommation d'intervenir, assistans et copie compris, — Paris, 2 f. — Villes où il y a tribunal de première instance, 1 f. 50 c. — Autres villes et cantons ruraux, 1 f. 50 c. — Pour l'original d'un protêt avec perquisition, assistans et copie compris, Paris, 5 f. — Villes où il y a tribunal de première instance, 4 f. — Autres villes et cantons ruraux, 4 f.

§ III. *Dispositions générales relatives aux Huissiers.*

66. P. c., art. 62. Il ne sera rien alloué aux huissiers pour transport jusqu'à un demi-myriamètre. — Il leur sera alloué au-delà d'un demi-myriamètre, pour frais de voyage, qui ne pourra excéder une journée de cinq myriamètres (dix lieues anciennes), savoir : au-delà d'un demi-myriamètre et jusqu'à un myriamètre, pour aller et retour, — Paris, 4 f. — Villes et cantons ruraux, 4 f. — Au-delà d'un myriamètre, il sera alloué par chaque demi-myriamètre, sans distinction, 2 f. — Il sera taxé pour visa de chacun des actes qui y sont assujettis. — Paris, 1 f. — Villes où il y a tribunal de première instance, 75 c. — Autres villes et cantons ruraux, 75 c. — En cas de refus de la part du fonctionnaire public qui doit donner le *visa*, et dans le cas où l'huissier sera obligé, à raison de ce refus, de requérir le *visa* du procureur du roi, le droit sera double. — Les huissiers qui seront commis pour donner des ajournemens, faire des significations de jugemens, et tous autres actes, ou procéder à des opérations, ne pourront prendre de plus forts droits que ceux énoncés au présent tarif, à peine de restitution et d'interdiction, quels que soient la cour et le tribunal auxquels ils sont attachés. — Les huissiers qui auront omis de mettre au bas de l'original et de chaque copie des actes de leur ministère la mention du coût d'icelui, pourront, indépendamment de l'amende portée par l'article 67 du Code de procédure, être interdits de leurs fonctions sur la réquisition d'office des procureurs généraux et des procureurs du roi.

TITRE II.

DES AVOUÉS DE PREMIÈRE INSTANCE.

CHAPITRE PREMIER.

MATIÈRES SOMMAIRES.

67. Les dépens, dans ces matières, seront liquidés, tant en demandant qu'en défendant ; savoir : — Pour l'obtention d'un jugement par défaut contre partie ou avoués, y compris les qualités et la signification à avoué, s'il y a lieu, quand la demande n'excédera pas 1,000 f. — Paris, 7 f. 50 c. — Dans le ressort, les trois quarts. — Et quand elle excédera 1,000 f., jusqu'à 5,000 f., 10 f. — Et quand elle excédera 5,000 f., 15 f. — Et pour l'obtention d'un jugement contradictoire ou définitif, quand la demande n'excédera pas 1,000 f., 15 f. — Et quand elle excédera 1,000 f., jusqu'à 5,000 f., 20 f. — Quand elle excédera 5,000 f. 30 f.

Nota. Si la valeur de l'objet de la contestation est indéterminée, le juge allouera l'une des sommes ci-dessus indiquées.

S'il y a lieu à enquête, ou à visite et estimation d'experts, ordonnée contradictoirement, et s'il est intervenu aussi jugement contradictoire sur l'enquête ou le rapport d'experts, il sera alloué un demi-droit. — Et en outre, pour copie des procès-verbaux d'enquête et d'expertise, par chaque rôle, à Paris, 15 c. — Dans le ressort, les trois quarts. — S'il y a plus de deux parties en cause, et si elles ont des intérêts contraires, il sera alloué un quart en sus des droits ci-dessus à l'avoué qui aura suivi contre chacune des autres parties. — S'il y a lieu à un interrogatoire sur faits et articles, il sera passé à l'avoué de la partie à la requête de laquelle il aura été subi, un demi-droit, et en outre, pour copie du procès verbal d'interrogatoire, par chaque rôle d'expédition, à Paris, 15 c. — Dans le ressort, les trois quarts. — Il sera passé à l'avoué qui lèvera le jugement rendu contradictoirement, pour dressé des qualités et de signification de jugement à avoué, le quart du droit accordé pour l'obtention du jugement contradictoire. — Il ne sera alloué aucun honoraire aux avocats dans ces sortes de causes. — Si l'avoué est révoqué, ou si les pièces lui sont retirées, il lui sera alloué, savoir : — S'il y a eu constitution d'avoué avant l'obtention d'un jugement par défaut, moitié du droit accordé pour faire rendre un jugement par défaut. — Et s'il a été obtenu un premier jugement par défaut ou un jugement interlocutoire, indépendamment de l'émolument pour ces jugemens, moitié du droit accordé pour obtenir un jugement contradictoire. — Mais ces droits ne seront acquis, et ils ne pourront être exigés que lorsqu'il y aura eu constitution d'avoué dans le premier cas, ou qu'il aura été formé opposition au premier jugement par défaut, et que l'avoué qui aura obtenu le premier jugement aura suivi l'audience sur le débouté d'opposition. — Au moyen de la fixation ci-dessus, il ne sera passé aucun autre honoraire pour aucun acte et sous aucun prétexte. Il ne sera alloué en outre que les simples déboursés.

CHAPITRE II.

MATIÈRES ORDINAIRES.

§ Ier. *Droit de Consultation.*

68. P. c., art. 59, 61, 75, etc. Pour la consultation sur toute demande principale, intervention, tierce-opposition et requête civile, tant en demandant qu'en défendant, sans qu'il puisse être passé plus d'un droit par chaque avoué et par cause, et sans que l'intervention d'un appelé en garantie puisse y donner lieu, le droit ne pourra être exigé qu'autant qu'il aura été obtenu un jugement par défaut contre partie, ou qu'il y aura eu constitution d'avoué, et y compris la procuration sous signature privée ou par-devant notaire, indépendamment des déboursés. — A Paris, 10 f. — Dans le ressort, 7 f. 50 c.

69. Il ne sera alloué aucun émolument à l'avoué dans le cas où il comparaîtrait au bureau de conciliation pour sa partie.

§ II. *Actes de première classe.*

70. P. c., art. 75. Pour l'original d'une constitution d'avoué. — 79, 82 *et passim.* Pour un acte d'avoué à avoué pour suivre l'audience, sans qu'il puisse en être passé plus d'un seul pour chaque jugement par défaut, interlocutoire ou contradictoire. — 452. Les avoués seront tenus de se représenter au jour indiqué par les jugemens préparatoires ou de remise, sans qu'il soit besoin d'aucune sommation. — P. c., art. 96, 104. Pour l'original d'un acte de déclaration de production par le demandeur en instruction par écrit, contenant le nombre des rôles dont la requête est composée. — 97. *Id.*, de la part du défendeur. — 110. De la signification de l'ordonnance du président, portant nomination d'un autre rapporteur, en cas de décès, démission ou impossibilité de faire le rapport en délibéré ou instruction par écrit. — 115, résultat de l'article. D'une sommation d'être présent au retrait des pièces, après les jugemens sur délibéré ou en instruction par écrit. — 121. D'une sommation d'avoué à avoué, pour être présent à la prestation d'un serment ordonné. — 145. D'une sommation d'avoué à avoué, pour être réglé sur une opposition aux qualités. — 179. De la déclaration au demandeur originaire de la part du défendeur, qu'il a formé une demande en garantie. — 179. — De la dénonciation au demandeur originaire de la demande en garantie. — 188. De la sommation de communiquer les pièces signifiées ou employées dans la cause. — 191. De la signification de la requête et de l'ordonnance, portant que l'avoué qui retient des pièces sera tenu de les remettre. — De la signification de l'acte de dépôt au greffe de la pièce dont l'écriture est déniée. — 204. De la sommation de comparaître devant le juge commis en vérification d'écritures, pour être present au serment des experts et à la représentation des pièces de comparaison. — 206. De la sommation pour être présent à la confection d'un corps d'écriture. — 219. De la signification de l'acte de dépôt au greffe d'une pièce arguée de faux. — 221. De la sommation pour être présent à la réquisition d'apport au greffe de la minute de la pièce arguée de faux. — 224. De la signification de l'ordonnance portant que la minute de la pièce arguée de faux sera apportée au greffe. — P. c., art. 225. De la signification de l'acte de dépôt au greffe de la pièce arguée de faux, avec sommation d'être présent au procès-verbal qui sera dressé de son état,

— 286. De la signification des procès-verbaux d'enquête. — 297. De la signification de l'ordonnance du juge commis pour faire une descente sur les lieux, contenant la désignation des jour, lieu et heure, et sommation d'y être présent. — 299. De la signification du procès-verbal du juge-commissaire qui a fait une descente sur les lieux. — 315. De la sommation contenant indication des jour et heure choisis par les experts, si la partie n'était pas présente à la prestation de leur serment. — 321. De la signification du rapport des experts. — 333. De la signification de l'interrogatoire sur faits et articles. — 344. De la notification du décès d'une partie. — 345, 355. — De la signification d'un désaveu. — 372. De la signification de l'acte à fin de renvoi d'un tribunal à un autre, des pièces y annexées, et du jugement intervenu. — 396. De la signification de l'arrêt intervenu sur l'appel d'un jugement qui aura rejeté une récusation, ou du certificat du greffier de la cour royale, contenant que l'appel n'est pas jugé, et indication du jour où il doit l'être. — 403. De la sommation de se trouver devant le président, et voir declarer la taxe des frais exécutoires, en cas de désistement de la demande. — 534. De la sommation d'être présent à la présentation et affirmation d'un compte. — 574. De la signification, de la déclaration affirmative, et du dépôt des pièces contenant constitution d'avoué. — 575. D'un acte contenant dénonciation d'opposition formée sur le débiteur entre les mains d'un tiers-saisi. — 578. De la signification de l'état détaillé des effets mobiliers saisis et arrêtés entre les mains d'un tiers-saisi. — P. c., art. 871. De la sommation à la requête des créanciers du mari, à l'avoué de la femme poursuivant sa séparation de biens, de leur communiquer la demande et les pièces justificatives. — 972. De l'acte de signification du cahier des charges en licitation, aux avoués des colicitans. — Titre des partages. De l'acte de sommation aux avoués des copartageans de se trouver, soit devant le juge-commissaire, soit devant le notaire, pour procéder aux opérations du partage. — Paris, 1 f. — Dans le ressort, 75 c. — Pour les copies de chacun des actes ci dessus énoncés, indépendamment des copies de pièces, le quart.

§ III. *Actes de deuxième classe.*

71. P. c., art. 102. Acte de production nouvelle en instruction par écrit, contenant l'état des pièces. — 215. Sommation à la partie adverse de déclarer si elle veut ou non se servir d'une pièce produite, avec déclaration que, dans le cas où elle s'en servirait, *le demandeur s'inscrira en faux*. — 216. Déclaration de la partie sommee, signée d'elle ou du fondé de sa procuration spéciale et authentique, dont il sera donné copie, qu'elle entend ou non se servir de la pièce arguée de faux. — 252. Acte contenant articulation succincte des faits dont une partie demandera à faire preuve. — Acte contenant réponse au précédent et dénégation ou reconnaissance des faits. — 282. Acte contenant la justification des reproches par écrit. — Acte en réponse. — 289. Acte contenant offre de prouver les reproches contre les témoins non justifiés par écrit, et désignation des temoins à entendre sur les reproches. — Acte *en réponse*. — 309. Acte contenant les moyens de récusation contre les experts. — P. c., art. 311. Acte contenant réponse aux moyens de récusation. — 337. Acte contenant les moyens et conclusion des demandes incidentes. — Acte servant de réponse aux demandes incidentes. — 347. Acte de reprise d'instance. — 402. Acte de désistement et d'acceptation de désistement. — 518. Acte de présentation de caution. — 519. Acte de déclaration d'acceptation de caution. — 520. Acte de contestation de la caution offerte. — 524. Acte d'offres sur la déclaration des dommages et intérêts. — Acte contenant demande en rectification d'un acte de l'état civil. — Acte servant de réponse. — Tous ces actes seront taxés pour l'original. — Paris, 5 f. — Dans le ressort, 3 f. 75 c. — Et pour chaque copie, indépendamment des copies de pieces, le quart.

§ IV. *Des Requêtes et Défenses qui peuvent être grossoyées, et des Copies de Pièces.*

72. P. c., art. 77. Pour l'original ou grosse des requêtes servant de défenses aux demandes, contenant vingt-cinq lignes à la page et douze syllabes à la ligne, — Paris, 2 f. — Dans le ressort, 1 f. 50 c. — Les copies des pièces qui seront données avec les défenses, ou qui pourront être signifiées dans les causes, seront taxées, à raison du rôle, de vingt-cinq lignes à la page, et de douze syllabes à la ligne, ou évaluées sur ce pied, — Paris, 30 c. — Dans le ressort, 25 c. — Les copies de tous actes ou jugemens qui seront signifiés avec les exploits des huissiers, appartiendront à l'avoué, si elles ont été faites par lui, à la charge de les certifier véritables et de les signer.

73. Pour l'original ou grosses des requêtes contenant réponse aux défenses dans la forme ci-dessus, pour chaque rôle, — Paris, 2 f. — Dans le ressort, 1 f. 50 c. — P. c., art. 96. Des requêtes en instruction par écrit, terminées par l'état des pièces, *id.* — 97. *Id.* servant de réponse a celles en instruction par écrit, avec état des pièces au soutien, *id.* — 103. *Id.* en réponse aux productions de nouvelles pieces qui ne pourront excéder six rôles.

74. P. c., art. 104. Dans les instructions par écrit, les grosses et les copies de toutes les requêtes porteront la déclaration du nombre des rôles dont elles sont composées, à peine de rejet de la taxe.

75. P. c., art. 161. Pour la grosse de la requête d'opposition au jugement par défaut contenant les moyens, par chaque rôle, — Paris, 2 f. — Dans le ressort, 1 f. 50 c. — Si les moyens ont été fournis avant le jugement par défaut, la requête d'opposition, sans les moyens, ne sera passée que pour un rôle. *Id.* — 166. *Id.* pour la grosse de la requête qui ne pourra excéder deux rôles, tendant à ce que l'étranger demandeur soit tenu de fournir caution. — *Id.* de celle en réponse qui ne pourra non plus excéder deux rôles. — 168. *Id.* de la requête pour proposer un déclinatoire, qui ne pourra excéder six rôles. — *Id.* de la réponse. — 173. *Id.* de la requête en nullité de la demande ou du jugement, qui ne pourra non plus excéder six rôles. — *Id.* de la réponse. — 174. *Id.* de la requête pour demander délai pour délibérer et faire inventaire, qui ne pourra aussi excéder six rôles. — *Id.* de la réponse. — 180. *Id.* de la requête pour soutenir qu'il n'y a lieu d'appeler garant, qui ne pourra exceder six rôles. — *Id.* de la réponse. — 192. *Id.* de la requête d'opposition à l'ordonnance portant contrainte de remettre des pieces, qui ne pourra excéder deux rôles. — *Id.* de la réponse. — 229. *Id.* de la requête contenant les moyens de faux. — 230. *Id.* de la requête contenant réponse aux moyens de faux. — 339. *Id.* de la requête d'intervention. — *Id.* de la requête en réponse à l'intervention. — 348. *Id.* de la requête contenant contestation sur la demande en reprise d'instance, qui ne pourra excéder six rôles. — *Id.* de la réponse. — 354. *Id* de la requête servant de moyens contre un désaveu. — Et réponse. — 373 *Id.* de la requête contre la demande à fin de renvoi d'un tribunal à un autre pour cause de parenté ou alliance. — Et pour la réponse. — 400. *Id.* de la requête en péremption d'instance, qui ne pourra excéder six rôles — *Id.* de la réponse. — 475. *Id.* de la requête de tierce opposition. — Et réponse. — 493. *Id.* de la requête civile incidente. — Et reponse. — 514. *Id.* de la requête contenant défense du juge pris à partie. — Et réponse. — 531. *Id.* pour la grosse d'un compte dont le préambule ne pourra excéder six rôles. — Il ne sera fait qu'une seule grosse. — 570. *Id.* pour la grosse de la requête du tiers-saisi, qui demandera son renvoi devant son juge, en cas que sa déclaration affirmative soit contestée : cette requête ne pourra excéder deux rôles. — Et réponse. — 815. *Id.* de la requête pour demander incidemment la validité ou la nullité d'offres réelles. — Et réponse. —

847. *Id.*, de la requête, à fin de se faire autoriser à compulser un acte qui ne pourra excéder six rôles. — Et réponse. — P. c., art. 871. *Id.* de la requête d'intervention des créanciers du mari dans les demandes en séparation de biens. — Et réponse. — Paris, 2 f. — Dans le ressort, 1 f. 50 c. — Et pour chaque copie, par rôle, le quart. — Le nombre des rôles de requêtes en réponse ne pourra jamais excéder celui fixé pour la requête en demande.

Nota. Il ne sera passé aucuns frais d'impression des requêtes et défenses, même autorisées.

§ V. *Requêtes qui ne peuvent être grossoyées, et Copies d'Actes.*

76. Pr., art. 110. Requête pour faire nommer un autre rapporteur en instruction par écrit ou sur délibéré. — 156. Pour faire commettre un huissier à l'effet de signifier un jugement par défaut contre partie. — 191. Pour faire contraindre un avoué à remettre les pièces qu'il a prises en communication. — 199. Pour obtenir l'ordonnance du juge-commissaire en vérification d'écriture, à l'effet de sommer la partie adverse de comparaître à jour et heure certains, pour convenir des pieces de comparaison. — 204. A fin d'obtenir l'ordonnance du commissaire en vérification d'écritures, pour sommer les experts de prêter serment, et les dépositaires de représenter les pièces de comparaison. — 221. Au juge-commissaire en inscription de faux incident, pour faire ordonner l'apport de la minute de la pièce arguée, par le dépositaire. — 259. Au juge commis pour procéder à une enquête, à l'effet d'obtenir son ordonnance, indiquant le jour et l'heure pour lesquels les témoins seront assignés. — P. c., art. 297. Au juge commis pour faire une descente sur les lieux, à l'effet d'obtenir son ordonnance portant l'indication des jour, lieu et heure. — 307. Au juge-commissaire pour demander son ordonnance, à l'effet de faire prêter serment aux experts convenus ou nommés d'office. — 403. En cas de désistement de la demande, pour obtenir l'ordonnance du président, afin de rendre la taxe de frais exécutoire. — 534. Au juge commis pour entendre un compte, à l'effet d'obtenir l'ordonnance fixant le jour et l'heure de la présentation. — 617. A fin de permission de vendre les meubles saisis exécutés dans un lieu plus avantageux que celui indiqué par la loi. — 780. Pour faire commettre un huissier à l'effet de signifier le jugement portant contrainte par corps. — 808. A fin d'assigner extraordinairement en référé, si le cas requiert célérité. — 819. A fin de saisir-gager à l'instant les meubles et effets garnissant les maisons et fermes. — 822. A fin de permission de saisir les effets de son débiteur forain, trouvés en la commune qu'habite le créancier. — 976. Au juge-commissaire en partage et licitation, à l'effet d'obtenir son ordonnance pour citer les autres parties à comparaître par devant lui. — C., art. 467. Au procureur du roi pour faire désigner trois jurisconsultes, sans l'avis desquels le tuteur du mineur ne pourra transiger. — Les requêtes ci dessus énoncées ne seront point grossoyées, et seront taxées, — Paris, 2 f. — Dans le ressort, 1 f. 50 c. — La vacation pour demander l'ordonnance du président ou du juge-commissaire et se la faire délivrer, est comprise dans la taxe.

77. P. c., art. 72. Requête contenant demande pour abréger les délais dans les cas qui requierent célérité. — 558. Pour obtenir permission de saisir et arrêter, entre les mains d'un tiers, ce qu'il doit au débiteur, quand il n'y a pas de titre. — 582. Pour avoir permission de saisir et arrêter la portion que le juge déterminera dans des sommes ou pensions données ou léguées pour alimens, et ce pour créances postérieures aux dons et legs. — C., art. 782. A l'effet d'obtenir, pour le témoin assigné, un sauf-conduit, qui ne pourra être accordé que sur les conclusions du ministère public, qui règlera sa durée. — P. c., art. 795. A l'effet de demander la nullité de l'emprisonnement d'un débiteur détenu pour dettes. — 800. Pour demander la liberté d'un débiteur détenu pour dettes, dans tous les cas prévus par l'article 800. — 802. Pour assigner le geôlier qui refuse de recevoir la consignation de la dette. — 803. Pour demander la liberté faute de consignation d'alimens. — 826, 827. Pour demander la permission de saisir-revendiquer, contenant la désignation des effets. — C., art. 113; P. c., art. 928, 931. *Id.* pour faire commettre un notaire à l'effet de représenter les absens présumés, dans les inventaires, comptes, partages et liquidations dans lesquels ils sont intéressés. — P. c., art. 946. Pour faire autoriser à la vente du mobilier d'une succession. — 986. A fin d'être autorisé sans attribution de qualité, à faire procéder à la vente d'effets mobiliers dépendans d'une succession. — 996. Pour faire nommer un curateur au bénéfice d'inventaire. — 998. Pour faire nommer un curateur à une succession vacante. — 1017. *Id.*, à l'effet de faire nommer un tiers-arbitre. — Ces requêtes seront taxées, — Paris, 3 f. — Dans le ressort, 2 f. 25 c. — Les requêtes ci dessus ne seront point grossoyées. — Et la vacation pour prendre l'ordonnance est comprise dans la taxe.

78. P. c., art. 364. Requête à fin d'obtenir permission d'assigner en reglement de juges. — 483 et 492. Requête civile principale. — 839, 841, 844, 854. A fin de permission de se faire délivrer expédition ou copie d'un acte parfait non enregistré, ou même resté imparfait, ou pour se faire délivrer une seconde grosse. — 855. A fin de réformation d'un acte de l'état civil. — 859. A l'effet de faire pourvoir à l'administration des biens d'une personne présumée absente. — C., art. 113 Pour avoir permission de faire enquête pour constater l'absence. — P. c., art. 860. A fin d'envoi en possession provisoire des biens d'un absent. — 861. De la femme à l'effet de citer son mari à la chambre du conseil, pour déduire les causes de son refus de l'autoriser. — 863 et 864. De la femme, en cas d'absence présumée ou déclarée du mari, ou en cas d'interdiction, pour se faire autoriser. — 865. De la femme qui se pourvoit en séparation de biens. — P. c., art. 885; C., art. 467. A fin d'homologation de l'avis d'un conseil de famille. — C., art. 1008. Pour demander l'envoi en possession du legs universel. — P. c. art. 909. Du créancier pour obtenir la permission de faire apposer un scellé. — *Id.* d'un curateur à une succession vacante. — C., art. 70 et 71. — *Id.* pour demander l'homologation d'un acte de notoriété délivré par le juge de paix sur la déposition de sept témoins, pour suppléer à un acte de naissance. — Ces requêtes ne peuvent être grossoyées, et l'émolument pour prendre les ordonnances et communiquer au ministère public, est compris dans la taxe qui sera de, — Paris, 7 f. 50 c. — Dans le ressort, 5 f. 50 c.

79. P. c., art. 325. Requête pour avoir permission de faire interroger sur faits et articles contenant les faits. — Cette requête ne sera point signifiée ni la partie appelée avant le jugement qui admettra ou rejettera la demande, à fin de faire interroger: elle ne sera notifiée qu'avec le jugement et l'ordonnance du juge commis pour faire subir l'interrogatoire. — 875. De l'époux qui se pourvoit en séparation de corps, contenant sommairement les faits. — C., art. 236. De l'époux qui se pourvoit en divorce pour cause déterminée, contenant le détail des faits. — P. c., art. 890. Contenant demande à fin d'interdiction, le détail des faits et l'indication des témoins. — Ces requêtes ne peuvent être grossoyées, et l'émolument pour prendre les ordonnances et communiquer au ministère public est compris dans la taxe. — Paris, 15 f. — Dans le ressort, 12 f.

§ VI. *Plaidoiries et assistance aux Jugemens.*

80. P. c., art. 76 s. Pour honoraires de l'avocat qui aura plaidé la cause contradictoirement, — Paris, 15 f. — Dans le ressort, 10 f.

81. Pour assistance de l'avoué à l'audience, à l'effet de demander acte de sa constitution, en cas d'abréviation des délais, — Paris, 1 f. 50 c. — — Dans le ressort, 1 f.

82. P. c., art. 149. Assistance et plaidoirie aux jugemens par défaut, — Paris, 5 f. — Dans le ressort, 2 f. 45 c. — Pour l'honoraire de l'avocat qui aura pris le jugement par défaut, — Paris, 5 f. — Dans le ressort, 4 f. — Quand le jugement par défaut aura été pris par un avocat, le droit d'assistance de l'avoué ne sera, — Paris, que de 1 f. — Dans le ressort, 75 c.

83. P. c., art. 87. Pour assistance de chaque avoué à tout jugement portant remise de cause ou indication de jour, sans que les jugemens puissent être levés, ni qu'il soit signifié de qualité, ou donné d'avenir, — Paris, 3 f. — Dans le ressort, 2 f. 25 c.

84. P. c., art. 93 et 95. Pour assistance et observations des avoués aux jugemens qui ordonneront une instruction par écrit, — Paris, 5 f. — Dans le ressort, 4 f.

85. P. c., art. 113. Pour assistance aux jugemens sur délibéré ou instruction par écrit, y compris les notes qu'ils pourront fournir, — Paris, 5 f. — Dans le ressort, 4 f.

86. P. c., art. 116. Pour assistance des avoués à chaque journée de plaidoirie qui précèdent les jugemens interlocutoires et définitifs, contradictoires, quand les causes sont plaidées par les parties elles-mêmes ou par des avocats, — Paris, 3 f. — Dans le ressort, 2 f. 25 c. — Et quand les avoués plaideront eux-mêmes, — Paris, 10 f. — Dans le ressort, 6 f.

§ VII. *Qualités et Significations des Jugemens.*

87. P. c., art. 142. Pour l'original des qualités contenant les noms, profession et demeure des parties, leurs conclusions et les points de fait et de droit, sans que les motifs des conclusions puissent y être insérés, ni qu'on puisse rappeler, dans les points de fait et de droit, les moyens des parties, savoir, pour celles d'un jugement par défaut, — Paris, 3 f. 75 c. — Dans le ressort, 2 f. 80 c. — Pour celles d'un jugement contradictoire sur plaidoirie ou délibéré, — Paris, 7 f. 50 c. — Dans le ressort, 5 f. 50 c. — Et celles d'un jugement en instruction par écrit, — Paris, 10 f. — Dans le ressort, 7 f. 50 c.

88. P. c., art. 142. Pour chaque copie qui ne pourra être signifiée que dans le cas où le jugement serait contradictoire, le quart.

89. P. c., art. 156 et 157. Pour signification de tout jugement à avoué ou à domicile, par chaque rôle d'expédition, — Paris, 30 c. — Dans le ressort, 25 c.

§ VIII. *Des Vacations.*

90. Vacation pour mettre la cause au rôle. — P. c., art. 83. Pour communiquer les pièces de la cause au ministère public et les retirer, le tout ensemble. — 94. Pour produire et retirer les pièces dans les causes où il a été ordonné un délibéré. — 102. Pour produire au greffe des pièces nouvelles en instructions par écrit. — 103. Pour prendre en communication les pièces nouvelles produites en instruction par écrit. — 107. Pour prendre le certificat du greffier, constatant que la partie adverse n'a pas produit en instruction par écrit dans les délais fixés. — 109. Pour requérir le greffier, après que toutes les parties ont produit en instruction par écrit ou après l'expiration des délais, de remettre les pièces au rapporteur. — 144. Pour former opposition à des qualités; le droit ne sera passé qu'autant que le président aura ordonné une réformation. — 145. Pour faire régler les qualités des jugemens en cas d'opposition, — P. c., art. 163, 164 et 549. Pour faire la mention sur le registre tenu au greffe de l'opposition au jugement par défaut, ou de l'appel de tout jugement, quand il y aura dans les jugemens des dispositions qui doivent être exécutées par des tiers. — 471 et 494. Pour consigner l'amende en requête civile, ou sur appel dans toutes les causes, à l'exception des matières sommaires. — 501. Pour la retirer. — 548. Pour donner certificat contenant la date de la signification, au domicile de la partie condamnée, du jugement qui prononce une main-levée, la radiation d'inscription hypothécaire, un paiement ou autre chose à faire par un tiers ou contre lui. — Pour requérir du greffier le certificat qu'il n'existe contre le jugement énoncé ci-dessus, ni opposition, ni appel, portés sur le registre tenu au greffe. — 967. Pour faire viser par le greffier la demande en partage et licitation, — Paris, 1 f. 50 c. — Dans le ressort, 1 f. 25 c.

91. P. c., art. 77 et 189. Vacation pour donner et prendre communication des pièces de la cause à l'amiable, sur récépissé ou par la voie du greffe, et le rétablissement entre les mains de l'avoué, ou le retrait du greffe, le tout ensemble. — 96. Pour produire au greffe dans les causes où il a été ordonné une instruction par écrit. 97. Pour prendre communication au greffe de la production du demandeur en instruction par écrit et le rétablissement de cette production, le tout ensemble. — 115. Pour retirer les pièces du greffe dans les instructions par écrit. — 219, 220. Pour déposer au greffe les pièces arguées de faux. — 259. Pour requérir l'ordonnance du juge commis à l'effet de procéder à une enquête et signer le procès-verbal d'ouverture. — 306. Pour faire la déclaration au greffe des experts convenus. — 307, 315. Pour être présent à la prestation de serment des experts devant le juge commissaire. — P. c., art. 361. Pour faire faire la mention, en marge de l'acte de désaveu, du jugement qui l'aura rejeté. — 518. Pour déposer au greffe les titres de solvabilité de la caution présentée. — 519. Pour prendre communication au greffe des titres de solvabilité de la caution. — 519 et 522. Pour faire faire au greffe la soumission d'une caution. — 523. Pour déposer au greffe, ou donner en communication sur récépissé à l'amiable, les pièces justificatives de la déclaration des dommages et intérêts, et les retirer, le tout ensemble. — Pour prendre communication à l'amiable sur récépissé, ou au greffe, des pièces justificatives de la déclaration de dommages et intérêts, et les rétablir, le tout ensemble. — 569. Pour requérir des fonctionnaires publics, tiers-saisi, le certificat du montant de ce qu'ils doivent à la partie saisie. — 874. Pour assister au greffe la femme qui fait sa renonciation à la communauté, en cas de séparation de biens. — C., art. 240. Pour prendre l'ordonnance du tribunal qui permet de citer l'époux défendeur en divorce. — P. c., art. 997; C., art. 793 et 794. Pour assister au greffe la femme qui renonce à la communauté après décès, ou l'héritier qui renonce à la succession, ou qui ne l'accepte que sous bénéfice d'inventaire. — P. c., art. 1020. Pour demander l'ordonnance d'*exequatur* d'une décision arbitrale, — Paris, 5 f. — Dans le ressort, 2 f. 25 c.

92. P. c., art. 196. Vacation pour déposer au greffe une pièce dont l'écriture est déniée, et assistance au procès-verbal dressé par le greffier de l'état de ladite pièce. — 198. — *Id.* pour prendre communication de ladite pièce et assistance au procès-verbal dressé par le greffier. — 199. *Id.* devant le juge-commissaire, pour convenir des pièces de comparaison. — 204, 207. Pour être présent au serment des experts à la représentation des pièces de comparaison et faire les réquisitions et observations par chaque vacation. — P. c., art. 208. A la confection du corps d'écriture fait par le défendeur, s'il est ainsi ordonné. — 218. Pour former une inscription de faux incident au greffe. — 221. Pour requérir du juge-commissaire son ordonnance, à l'effet de faire apporter au greffe la pièce arguée de faux, dont il y a minute. — 226. Au procès-verbal de l'état des pièces arguées de faux. — 228. De l'avoué du demandeur, pour prendre, en tout état de cause, communication de la pièce arguée de faux. — 270. A l'audition des témoins, par trois heures. — 297. En cas de descente sur les lieux, par trois heures. — 317. Des avoués au rapport d'experts, s'ils en sont expressément requis par leurs parties, pour ne les répéter que contre elles, et sans qu'elles puissent entrer en taxe. — 353. Pour former un désaveu au greffe, contenant les moyens, conclusions et constitution d'avoués

— 570. Pour former par acte au greffe la demande à fin de renvoi d'un tribunal à un autre pour parenté et alliance. — 384. Pour faire au greffe l'acte contenant les moyens de récusation contre un juge. — Pour interjeter appel au greffe du jugement qui aura rejeté la récusation, avec énonciation des moyens et dépôt des pièces au soutien. — 532, 536. Pour mettre en ordre les pièces d'un compte à rendre, les coter et les parapher. — Il sera passé une vacation pour cinquante pièces, deux pour cent, et ainsi de suite. — 534. A la présentation et affirmation du compte. — 535. Pour requérir du juge-commissaire exécutoire de l'excédant de la recette sur la dépense dans les comptes présentés. — 536. Pour prendre en communication les pièces justificatives du compte et les rétablir, le tout ensemble. — 538. Pour fournir des débats sur le procès-verbal du juge-commissaire. — Par chaque vacation de trois heures, dont le nombre sera fixé et arbitré par le juge-commissaire. — P. c., art. 538. *Id.* pour fournir soutènement et réponses. — Par chaque vacation de trois heures, dont le nombre sera fixé et arbitré par le juge-commissaire. — 573 et 574. Pour faire au greffe une déclaration affirmative sur saisie-arrêt, contenant les causes et le montant de la dette, les paiemens à compte si aucuns ont été faits, l'acte ou les causes de libération, et les saisies-arrêts formées entre les mains du tiers-saisi et le dépôt au greffe des pièces justificatives, le tout ensemble. — 850. Pour assistance au compulsoire, et dires au procès-verbal par chaque vacation. — 866, 867, 868. Pour faire et remettre l'extrait de la demande en séparation de biens qui doit être insérée dans les tableaux de l'auditoire du tribunal où se poursuit la séparation, et du tribunal de commerce, des chambres des avoués de première instance et des notaires, et le faire insérer dans un journal, le tout ensemble. — 872. Pour faire insérer l'extrait du jugement qui aura prononcé la séparation de biens dans les mêmes tableaux et dans un journal, le tout ensemble. — 880. Pour faire insérer l'extrait du jugement qui prononcera la séparation de corps, dans les mêmes tableaux et dans un journal, le tout ensemble. — C., art. 242, 245. Pour assister à huis clos les époux dans le cas de demande en divorce, représenter les pièces, faire les observations et indiquer les témoins. — P. c., art. 892. *Pour assister à la délibération du conseil de famille qui suit la demande en interdiction et avant l'interrogatoire.* — C, 501. *Id. pour faire l'extrait du jugement qui prononcera une interdiction ou une nomination de conseil*, le faire insérer dans le tableau de l'auditoire et des études des notaires de l'arrondissement et dans un journal, le tout ensemble. — Le jugement d'interdiction ou de nomination de conseil ne sera point signifié aux notaires de l'arrondissement : l'extrait en sera remis au secrétaire de leur chambre, qui en donnera récépissé, et qui le communiquera à ses collègues, lesquels seront tenus d'en prendre note, et de l'afficher dans leurs études. — P. c., 898. Pour déposer au greffe le bilan, les livres et les titres actifs, s'il y en a, du débiteur qui demande à être admis au bénéfice de cession. — P. c., art. 905. Pour faire l'extrait du jugement qui admet à la cession de biens, et le faire insérer au tableau du tribunal de commerce, ou du tribunal de première instance qui en fait les fonctions, dans le lieu des séances de la maison commune et dans un journal, le tout ensemble. — 976, 977 et 982. Vacation au partage, soit devant le juge-commissaire, soit devant le notaire commis par lui, par trois heures. — 977. Les vacations devant le notaire n'entreront point en frais de partage : elles ne pourront être répétées que contre la partie qui aura requis l'assistance de l'avoué. — Paris, 6 f. — Dans le ressort, 4 f. 50 c.

93. P. c., art. 806. Vacation en référé contradictoire. — Paris, 5 f. — Dans le ressort, 3 f. 75 c. — Et par défaut, — Paris, 3 f. — Dans le ressort, 2 f. 25 c.

94. P. c., art. 909. Vacation pour requérir une apposition de scellés, —

911. *Id.* à l'apposition des scellés, par trois heures. — 916, 919, 920, 921, 922. En référé lors de l'apposition, ou dans le cours de la levée. — 931. Pour en requérir la levée. — 932, 933, etc. A chaque vacation de trois heures, à la reconnaissance et levée. — 940. Pour requérir la levée des scellés sans description. — A la reconnaissance et levée sans description. — Paris, 6 f. — Dans le ressort, 4 f. 50. c.

§ IX. *Poursuite de Contribution.*

95. P. c., art. 658. Vacation pour requérir sur le registre tenu au greffe la nomination d'un juge-commissaire, devant lequel il sera procédé à une contribution, — Paris, 5 f. — Dans le ressort, 3 f. 75 c. — S'il se présente deux ou plusieurs requérans en même temps au greffe, ils se retireront devant le président du tribunal qui décidera sur-le-champ celui dont la réquisition sera reçue ; il n'y aura ni appel ni opposition contre la décision : il n'en sera point dressé procès-verbal, et il ne sera alloué aucune vacation aux avoués pour s'être transportés devant le président.

96. P. c., art. 659. Pour la requête au juge-commissaire à l'effet d'obtenir son ordonnance pour sommer les opposans de produire, et la partie saisie de prendre communication des pièces produites et de contredire s'il y échet, et la vacation pour obtenir l'ordonnance du commissaire, le tout ensemble, — Paris, 3 f. — Dans le ressort, 2 f. 25 c.

97. P. c., art. 660 et 661. Pour l'acte de production des titres contenant demande en collocation, et même à fin de privilège et constitution d'avoué, y compris la vacation pour produire, — Paris, 10 f. — Dans le ressort, 7 f. 50 c. — Il ne sera point signifié.

98. P. c., art. 661. Pour la sommation, à la requête du propriétaire, à l'avoué de la partie saisie, si elle en a constitué un, et au plus ancien de ceux des opposans pour comparaître en référé par-devant le juge commissaire, à l'effet de faire statuer préliminairement sur son privilège, pour raison des loyers à lui dus, — Paris, 1 f. — Dans le ressort, 75 c. — Et pour chaque copie, le quart. — Vacation en référé devant le juge-commissaire qui statuera sur le privilège réclamé pour loyers dus, par défaut, — Paris, 3 f. — Dans le ressort, 2 f. 25 c. — Et contradictoirement, — Paris, 5 f. — Dans le ressort, 3 f. 75 c.

99. P. c., art. 663. Pour l'acte de dénonciation de la clôture du procès-verbal de contribution du juge-commissaire, aux avoués des créanciers produisans et de la partie saisie, si elle en a un, avec sommation d'en prendre communication et de contredire sur le procès-verbal dans la quinzaine, — Paris, 1 f. — Dans le ressort, 75 c. — Et pour chaque copie, le quart. — Le procès-verbal du juge-commissaire ne sera ni levé ni signifié, et il ne sera enregistré que lors de la délivrance des mandemens aux créanciers.

100. P. c., art. 663. Vacation pour prendre communication de l'état de contribution et contredire sur le procès-verbal du juge-commissaire, sans qu'il puisse en être passé plus d'une, sous quelque prétexte que ce soit. — Paris, 5 f. — Dans le ressort, 3 f. 75 c. — Il ne sera fait aucun dire, s'il n'y a lieu à contredire. — Il sera alloué à l'avoué du poursuivant autant de demi-droits de vacation pour prendre communication de l'état de contribution et contredire, qu'il y aura eu de créanciers produisans, — Paris, 2 f. 50 c. — Dans le ressort, 1 f. 88 c.

101. P. c., art. 665 et 671 Vacation pour requérir la délivrance du mandement au créancier utilement colloqué, et être présent à l'affirmation de la créance devant le greffier; l'avoué signera le procès-verbal, — Paris, 2 f. — Dans le ressort, 1 f. 50 c.

Nota. Les mandemens collectivement contiendront la totalité du procès-verbal du juge-commissaire. Si on délivrait, indépendamment des mandemens, une expédition entière, ce serait un double emploi. — En cas de contestations, les dépens de ces contestations seront taxés comme dans les autres matières, suivant leur nature sommaire ou ordinaire.

§ X. *Poursuite de Saisie immobilière.*

102 à 129 *abrogés. Ord. 10 octob. 1841, art. 10.*

§ XI. *Poursuite d'ordre.*

130. P. c., art. 750. Vacation pour requérir sur le registre tenu au greffe, la nomination, par le président du tribunal, d'un juge-commissaire devant lequel il sera procédé à l'ordre, — Paris, 6 f. — Dans le ressort, 4 f. 50 c. — Si deux ou plusieurs avoués se présentent en même temps au greffe pour faire la même réquisition, ils se retireront sur-le-champ, sans sommation, devant le président du tribunal, qui décidera quelle est la réquisition qui doit être admise sans dresser aucun procès-verbal ; il ne sera reçu ni appel ni opposition contre la décision du président, et il ne sera alloué aucune vacation aux avoués.

131. P. c., art. 752. Requête au juge-commissaire, à l'effet d'obtenir son ordonnance, portant que les créanciers inscrits seront tenus de produire, et vacation pour se faire délivrer l'ordonnance, le tout ensemble, — Paris, 3 f. — Dans le ressort, 2 f. 25 c. — Vacation pour se faire délivrer, par le conservateur des hypothèques, l'extrait des inscriptions, — Paris, 6 f. — Dans le ressort, 4 f. 50 c.

132. P. c., art. 753. Sommation d'avoué à avoué aux créanciers inscrits qui en ont constitué, de produire dans le mois, — Paris, 1 f. — Dans le ressort, 75 c. — Et pour chaque copie, le quart.

133. P. c., art. 754. Acte de production des titres contenant demande en collocation et constitution d'avoué, y compris la vacation pour produire, — Paris, 20 f. — Dans le ressort, 15 f. — Il ne sera point signifié.

134. P. c., art. 755. Dénonciation par acte d'avoué à avoué aux créanciers produisans et à la partie saisie de la confection de l'état de collocation, avec sommation d'en prendre communication, et de contredire, s'il y échet, sur le procès-verbal du commissaire, dans le délai d'un mois. Le procès-verbal ne sera ni levé ni signifié, et il ne sera enregistré que lors de la délivrance des mandemens, — Paris, 3 f. — Dans le ressort, 2 f. 25 c. — Et pour chaque copie, le quart.

135. Vacation pour prendre communication des productions, et contredire sur le procès-verbal du commissaire, sans qu'il puisse être passé plus d'une vacation dans le même ordre, sous quelque prétexte que ce soit. — Paris, 10 f. — Dans le ressort, 7 f. 50 c. — Il sera passé à l'avoué poursuivant une demi-vacation par chaque production, pour en prendre communication et contredire s'il y a lieu, — Paris, 5 f. — Dans le ressort, 3 f. 75 c.

136. P. c., art. 757. Pour la dénonciation aux créanciers inscrits et à la partie saisie des productions faites après les délais dans les ordres, et sommation d'en prendre communication, et de contredire s'il y a lieu, — Paris, 3 f. — Dans le ressort, 2 f. 25 c. — Pour chaque copie, le quart.

137. P. c., art. 759. Vacation pour faire rayer une ou plusieurs inscriptions en vertu du même jugement, — Paris, 6 f. — Dans le ressort, 4 f. 50 c. — Vacation pour requérir et se faire délivrer le mandement ou bordereau de collocation, — Paris, 5 f. — Dans le ressort, 3 f. 75 c.

Nota. Les bordereaux de collocation et l'ordonnance de main-levée des inscriptions non utilement colloquées, contenant nécessairement la totalité du procès-verbal du juge-commissaire, l'expédition entière serait un double emploi : elle ne sera ni levée, ni signifiée.

138. P. c., art. 779. Requête pour demander la subrogation à la poursuite d'ordre ; elle ne sera point grossoyée, — Paris, 3 f. — Dans le ressort, 2 f. 25 c.

139. Vacation pour la faire insérer au procès-verbal du juge commissaire, — Paris, 1 f. 50 c. — Dans le ressort, 1 f. 15 c. — Signification de la requête au poursuivant par acte d'avoué à avoué, — Paris, 1 f. — Dans le ressort, 75 c. — Pour la copie, le quart. — Acte servant de réponse, — Paris, 1 f. — Dans le ressort, 75 c. — Pour la copie, le quart.

§ XII. *Actes particuliers.*

140. P. c., art. 495. Pour la consultation de trois avocats exerçant depuis dix ans, qui doit précéder la requête civile, principale ou incidente, — Paris, 72 f. — Dans le ressort, 72 f.

141. P. c., art. 523. Pour la déclaration de dommages-intérêts, par article, — Paris, 60 c. — Dans le ressort, 45 c. — Pour la copie signifiée par chaque article, — Paris, 15 c. — Dans le ressort, 12 c.

142. P. c., argument de l'art. 524. Pour chaque apostille de l'avoué défendeur sur la déclaration de dommages et intérêts, — Paris, 60 c. — Dans le ressort, 45 c.

143. C., art. 2183. Composition de l'extrait de l'acte de vente, ou donation, qui doit être dénoncé aux créanciers inscrits par l'acquéreur ou donataire, — Paris, 15 f. — Dans le ressort, 11 f. 75 c. — Et en outre par chaque inscription extraite, — Paris, 1 f. — Dans le ressort, 75 c. — Les copies de cet extrait et des inscriptions seront taxées comme les copies de pièces.

144. Il sera taxé aux avoués par chaque journée de campagne, à raison de cinq myriamètres pour un jour, lorsque leur présence sera autorisée par la loi, ou requise par leurs parties, y compris leurs frais de transport et de nourriture, — Paris, 30 f. — Dans le ressort, 22 f. 50 c.

145. Quand les parties seront domiciliées hors de l'arrondissement du tribunal, il sera passé à leurs avoués, pour frais de port de pièces et de correspondances, par chaque jugement définitif, — Paris, 10 f. — Dans le ressort, 7 f. 50 c. — Et par chaque interlocutoire, — Paris, 5 f. — Dans le ressort, 3 f. 75 c.

146. Lorsque les parties feront un voyage et qu'elles se seront présentées au greffe, assistées de leur avoué, pour y affirmer que le voyage a été fait dans la seule vue du procès, il leur sera alloué, quels que soient leur état et leur profession, pour frais de voyage, séjour et retour, 3 francs par chaque myriamètre de distance entre leur domicile et le tribunal où le procès sera pendant, et à l'avoué pour vacation au greffe, — Paris, 1 f. 50 c. — Dans le ressort, 1 f. 15 c. — Il ne sera passé en taxe qu'un seul voyage en première instance, et un seul en cause d'appel. La taxe pour la partie sera la même en l'un et l'autre cas. — Cependant, si la comparution d'une partie avait été ordonnée par jugement, et qu'en définitif les dépens lui fussent adjugés, il lui sera alloué, pour cet objet, une taxe égale à celle d'un témoin.

CHAPITRE III.

AVOUÉS DE LA COUR ROYALE DE PARIS.

147. Les émolumens des avoués de la cour royale seront taxés au même prix et dans la même forme que ceux des avoués du tribunal de première instance de Paris, avec une augmentation sur chaque espèce de droits, savoir : dans les matières sommaires, du double, et, dans les matières ordinaires, du double pour le droit de consultation, ainsi que pour le port de pièces, lorsque les parties seront domiciliées hors de l'arrondissement du tribunal de première instance de Paris, et, pour les autres droits, d'une moitié seulement de ceux attribués aux avoués de première instance. — Néanmoins, dans les demandes de condamnation de frais d'un avoué contre sa partie, il ne sera alloué que moitié du droit ci-dessus fixé pour les matières sommaires.

148. P. c., art. 457, 458, 459. Les frais des demandes à fin de défenses contre les jugemens mal à propos qualifiés en dernier ressort, ou dont l'exécution provisoire a été mal à propos ordonnée, hors les cas prévus par la loi, ainsi que ceux des demandes à fin d'exécution provisoire des jugemens non qualifiés ou mal à propos qualifiés en premier ressort, et de ceux qui n'auraient pas prononcé l'exécution provisoire dans les cas où elle devait l'être, seront liquidés comme en matière sommaire.

149. P. c., art. 809. Il en sera de même des frais faits sur les appels d'*ordonnances de référés*.

150. P. c., art. 858. Les requêtes en prise à partie, et celles de pourvoi contre un jugement qui a statué sur une demande en rectification d'un *acte de l'état civil*, quand il n'y a d'autre partie que le demandeur en rectification, seront taxées 15 f.

CHAPITRE IV.

DISPOSITIONS COMMUNES AUX AVOUÉS DES COURS ET DES TRIBUNAUX.

151. Tous les avoués seront tenus d'avoir un registre qui sera coté et paraphé par le président du tribunal auquel ils seront attachés, ou par un des juges du siége qui sera par lui commis, sur lequel registre ils inscriront eux-mêmes, par *ordre de date et sans aucun blanc*, toutes les sommes qu'ils recevront de leurs parties. — Ils représenteront ce registre toutes les fois qu'ils en seront requis, et qu'ils formeront des demandes *en condamnation de frais*; et faute de représentation ou de tenue régulière, ils seront déclarés non recevables dans leurs demandes — Le tarif ne comprend que l'émolument net *des avoués* et autres officiers; les déboursés seront payés en outre. — Les officiers ne pourront exiger de plus forts droits que ceux énoncés au présent tarif, à peine de *restitution, dommages et* intérêts, et d'interdiction s'il y a lieu. — Il ne sera passé aux juges de paix, aux experts, aux avoués, aux notaires et à tous officiers ministériels, que trois *vacations par jour* quand ils opèreront dans le lieu de leur résidence; deux par matinée, et une seule l'après-dîner. (*Voy.* art. 76.)

CHAPITRE V.

DES HUISSIERS-AUDIENCIERS.

§ Ier. *Des Tribunaux de première Instance.*

152. Pour chaque appel de cause sur le rôle et lors des jugemens par défaut, interlocutoires et définitifs, sans qu'il soit alloué aucun droit pour les jugemens préparatoires et de simples remises. — Paris, 30 c. — Tribunaux du ressort, 25 c.

153 à **155** *abrogés. Ord.* 10 *octobre* 1841, *art.* 20.

156. Pour signification de toute espèce, d'avoué à avoué, sans aucune distinction à l'ordinaire. — Paris, 30 c. — Tribunaux du ressort, 25 c. — Pour signification extraordinaire, c'est-à-dire à une autre heure que celle où se font les significations ordinaires, suivant l'usage du tribunal. — Paris, 1 f.

Nota. Ces significations doivent être faites à heure datée, et à défaut de date, elles ne seront taxées que comme significations ordinaires; elles ne sont passées en taxe, comme extraordinaires, qu'à Paris seulement.

Les huissiers-audienciers, quoiqu'ils soient commis pour faire des significations ou autres opérations, ne pourront exiger autres *ni plus* forts droits que les huissiers ordinaires; et ils seront obligés de se conformer à toutes les dispositions du Code, comme tous les autres huissiers; mais les *frais de transport des* huissiers de la cour royale, commis par elle, seront, dans ce cas, alloués suivant la taxe, quelle que soit la distance.

§ II. *Des Huissiers-Audienciers de la Cour royale de Paris.*

157. Pour l'appel des causes sur le rôle, ou lors des arrêts par défaut, *interlocutoires et définitifs*, à la charge d'envoyer des bulletins aux avoués pour toutes les remises de causes qui seront ordonnées, 1 f. 25 c. — Il ne sera passé aucun droit d'appel *pour les simples remises* de causes et les jugemens préparatoires.

158. Pour signification de toute espèce, d'avoué à avoué, sans aucune distinction, à l'ordinaire, 75 c. — A *l'extraordinaire* ou à heure datée, 1 f. 50 c.

CHAPITRE VI.

DES EXPERTS, DES DÉPOSITAIRES DE PIÈCES, ET DES TÉMOINS.

159. P. c., art. 320. Il sera taxé

aux experts, par chaque vacation de trois heures, quand ils opèreront dans les lieux où ils sont domiciliés ou dans la distance de deux myriamètres; savoir, dans le département de la Seine, — Pour les artisans ou laboureurs, 4 f. — Pour les architectes et autres artistes, 8 f. — Dans les autres départemens, — Aux artisans et laboureurs, 3 f. — Aux architectes et autres artistes, 6 f.

160. Au-delà de deux myriamètres, il sera alloué par chaque myriamètre, pour frais de voyage et nourriture, aux architectes et autres artistes, soit pour aller, soit pour revenir, — A ceux de Paris, 6 f. — A ceux des départemens, 4 f. 50 c.

161. Il leur sera alloué pendant leur séjour, à la charge de faire quatre vacations par jour, savoir: — A ceux de Paris, 32 f. — A ceux des départemens, 24 f.

Nota. La taxe sera réduite dans le cas où le nombre de quatre vacations n'aurait pas été employé.

S'il y a lieu à transport d'un laboureur au-delà de deux myriamètres, il sera alloué 3 f. par myriametre, pour aller, et autant pour le retour, sans néanmoins qu'il puisse rien être alloué au-delà de cinq myriamètres.

162 Il sera encore alloué aux experts deux vacations: l'une pour leur prestation de serment; l'autre pour le dépôt de leur rapport, indépendamment de leurs frais de transport, s'ils sont domiciliés à plus de deux myriamètres de distance du lieu où siége le tribunal; il leur sera accordé par myriamètre, en ce cas, le cinquième de leur journée de campagne. — Au moyen de cette taxe, les experts ne pourront rien réclamer ni pour frais de voyage, ni de nourriture, ni pour s'être fait aider par des écrivains ou par des toiseurs et porte-chaînes, ni sous quelque autre prétexte que ce soit: ces frais, s'ils ont eu lieu, restent à leur charge. — Le président, en procédant à la taxe de leurs vacations, en réduira le nombre, s'il lui paraît excessif.

163. Il sera taxé aux experts en vérification d'écritures, et en cas d'inscription de faux incident, par chaque vacation de trois heures, indépendamment de leurs frais de voyage, s'il y a lieu, — Paris, 8 f. — Tribunaux du ressort, 6 f.

164. P. c., art. 208 et 232. Il ne leur sera rien alloué pour prestation de serment, ni pour dépôt de leur procès-verbal, attendu qu'ils doivent opérer en présence du juge ou du greffier, et que le tout est compris dans leurs vacations.

165. Il leur sera alloué pour frais de voyage, s'ils sont domiciliés à plus de deux myriamètres du lieu où se fait la vérification, — Paris, 32 f. — Tribunaux du ressort, 24 fr. — A raison de cinq myriamètres par journée, et au moyen de cette taxe, ils ne pourront rien réclamer pour frais de transport et de nourriture.

166. P. c., art. 201, 204, 205, 221, 225. Il sera taxé aux dépositaires qui devront représenter les pièces de comparaison en vérification d'écritures ou arguées de faux, en inscription de faux incident, indépendamment de leurs frais de voyage, par chaque vacation de trois heures devant le juge-commissaire ou le greffier, savoir:

1°. Aux greffiers, 1° des cours royales, 12 f.; 2° des cours d'assises, 12 f.; 3° des tribunaux de première instance, 10 f. — 2°. Aux notaires, 1° de Paris, 9 f.; 2° des départemens, 6 f. 75 c. — 3°. Aux avoués, 1° des cours royales, 8 f.; 2° des tribunaux de première instance, 6 f. — 4°. Aux huissiers, 1° de Paris, 5 f.; 2° des départemens, 4 f. — 5°. Aux autres fonctionnaires publics ou autres particuliers, s'ils le requièrent, 6 f.

167. Il sera taxé au témoin, à raison de son état et de sa profession, une journée pour sa déposition; et s'il n'a pas été entendu le premier jour pour lequel il aura été cité, dans le cas prévu par l'article 267, il lui sera passé deux journées, indépendamment des frais de voyage, si le témoin est domicilié à plus de deux myriamètres du lieu où se fait l'enquête. — Le *maximum* de la taxe du témoin sera de 10 f., et le *minimum*, 2 f. — Les frais de voyage sont fixés à 3 f. par myriamètre pour l'aller et retour.

CHAPITRE VII.

DES NOTAIRES.

I. **168.** Il sera taxé aux notaires, pour tous les actes indiqués par le Code civil et par le Code judiciaire, — Pour chaque vacation de trois heures, — P. c., art. 849. 1° Aux compulsoires faits en leur étude. — 852. 2° Devant le juge, en cas que le transport devant lui ait été requis. — C., art. 151, 152, 153 et 154. 3° A tout acte respectueux et formel, pour demander le conseil du père et de la mère, ou celui des aïeuls ou aïeules, à l'effet de contracter mariage. — 279. 4° Aux inventaires contenant estimation des biens meubles et immeubles des époux qui veulent demander le divorce par consentement mutuel. — 281, 284 et 285. 5° Aux procès-verbaux qu'ils doivent dresser de tout ce qui aura été dit et fait devant le juge, en cas de demande en divorce par consentement mutuel. — P. c., art. 941 2. 6° Aux inventaires après décès. — 944. 7° En référé devant le président du tribunal, s'il s'élève des difficultés, ou s'il est formé des réquisitions pour l'administration de la communauté, ou de la succession, ou pour tous autres objets. — P. c., art. 977, 978, etc. 8° A tous les procès-verbaux qu'ils dresseront en tous autres cas et dans lesquels ils seront tenus de constater le temps qu'ils y auront employé. — P. c., art. 977. 9° Au greffe pour y déposer la minute du procès-verbal des difficultés élevées dans les partages, contenant les dires des parties. — Paris, 9 f. — Villes où il y a tribunal de première instance, 6 f. — Partout ailleurs, 4 f.

169. Dans tous les cas où il est alloué des vacations aux notaires, il ne leur sera rien passé pour les minutes de leurs procès-verbaux.

II. **170.** Quand les notaires seront obligés de se transporter à plus d'un myriamètre de leur résidence, indépendamment de leur journée, il leur sera alloué pour tous frais de voyage et nourriture, par chaque myriamètre, un cinquième de leurs vacations, et autant pour le retour. — Et par journée qui sera comptée à raison de cinq myriamètres, aussi pour l'aller et le retour, quatre vacations.

III. **171.** Il sera passé aux notaires pour la formation des comptes que les copartageans peuvent se devoir de la masse générale de la succession, des lots et des fournissemens à faire à chacun des copartageans, une somme correspondante au nombre des vacations que le juge arbitrera avoir été employées à la confection de l'opération.

IV. **172** *abrogé. Ord.* 10 *octobre* 1841, *art.* 20.

V. **173.** Tous les autres actes du ministère des notaires, notamment les partages et ventes volontaires qui auront lieu par-devant eux, seront taxés par le président du tribunal de première instance de leur arrondissement, suivant leur nature et les difficultés que leur rédaction aura présentées, et sur les renseignemens qui lui seront fournis par les notaires et les parties.

VI. **174.** Les expéditions de tous les actes reçus par les notaires, y compris celles des inventaires et de tous procès-verbaux, contiendront vingt-cinq lignes à la page et quinze syllabes à la ligne, et leur seront payées par chaque rôle, — Paris, 3 f. Villes où il y a tribunal de première instance, 2 f. — Partout ailleurs, 1 f. 50 c.

VII. **175.** C., art. 501. Les notaires seront tenus de prendre à leur chambre de discipline, et de faire afficher dans leurs études, l'extrait des jugemens qui ont prononcé des interdictions contre des particuliers, ou qui leur auront nommé des conseils, sans qu'il soit besoin de leur signifier les jugemens.

DÉCRET

Relatif à la liquidation des dépens en matière sommaire.

(Du 16 février 1807.)

Art. **1er.** La liquidation des dépens

en matière sommaire sera faite par les arrêts et jugemens qui les auront adjugés : à cet effet, l'avoué qui aura obtenu la condamnation remettra dans le jour, au greffier tenant la plume à l'audience, l'état des dépens adjugés, et la liquidation en sera insérée dans le dispositif de l'arrêt ou jugement.

2. Les dépens dans les matières ordinaires seront liquidés par un des juges qui aura assisté au jugement ; mais le jugement pourra être expédié et délivré avant que la liquidation soit faite.

3. L'avoué qui requerra la taxe remettra au greffier l'état des dépens adjugés, avec les pièces justificatives.

4. Le juge chargé de liquider taxera chaque article en marge de l'état, sommera le total au bas, le signera, mettra le *taxé* sur chaque pièce justificative, et paraphera : l'état demeurera annexé aux qualités.

5. Le montant de la taxe sera porté au bas de l'état des dépens adjugés; il sera signé du juge qui y aura procédé et du greffier. Lorsque ce montant n'aura pas été compris dans l'expédition de l'arrêt ou jugement, il en sera délivré exécutoire par le greffier.

6. L'exécutoire ou le jugement au chef de la liquidation seront susceptibles d'opposition. L'opposition sera formée dans les trois jours de la signification à avoué avec citation ; il y sera statué sommairement, et il ne pourra être interjeté appel de ce jugement que lorsqu'il y aura appel de quelques dispositions sur le fond.

7. Si la partie qui a obtenu l'arrêt ou le jugement néglige de le lever, l'autre partie fera une sommation de le lever dans les trois jours.

8. Faute de satisfaire à cette sommation, la partie qui aura succombé pourra lever une expédition du jugement, sans que les frais soient taxés, sauf à l'autre partie à les faire taxer dans la forme ci-dessus prescrite.

9. Les demandes des avoués, et autres officiers ministériels, en paiement de frais contre les parties pour lesquelles ils auront occupé ou instrumenté, seront portées à l'audience, sans qu'il soit besoin de citer en conciliation ; il sera donné, en tête des assignations, copie du mémoire des frais réclamés.

TARIF

DES FRAIS DE TAXE.

Il ne sera rien alloué aux avoués pour l'état des dépens adjugés en matière sommaire qu'ils doivent remettre aux greffiers, à l'effet d'en faire insérer la liquidation dans l'arrêt ou le jugement. — Pour chaque article entrant en taxe des dépens adjugés en matière ordinaire, il sera alloué 10 c. — Au moyen de cette taxe, il ne sera alloué à l'avoué aucune vacation à l'effet de remettre et retirer les pièces justificatives.

Nota. Il ne pourra être fait qu'un article pour chaque pièce de la procédure, tant pour l'avoir dressé que pour l'original, copie et signification, et tous les droits qui en résultent. — Chaque article sera divisé en deux parties : la première comprendra les déboursés, y compris le salaire des huissiers, et la seconde l'émolument net de l'avoué ; en conséquence, les états seront formés sur deux colonnes, l'une des déboursés, l'autre de l'émolument à l'avoué. — Pour la sommation à l'avoué de la partie qui a obtenu la condamnation de dépens, de lever le jugement, — Paris, 1 f. — Dans le ressort, 75 c. — Et pour la copie, le quart. — Pour l'original de l'acte contenant opposition, soit à un exécutoire de dépens, soit au chef du jugement qui les a liquidés, avec sommation de comparaître à la chambre du conseil pour être statué sur ladite opposition, — Paris, 1 f. — Dans le ressort, 75 c. — Et pour chaque copie, le quart. — Pour assistance et plaidoirie à la chambre du conseil, — Paris, 7 f. 50 c. — Dans le ressort, les trois quarts. — Pour les qualités et significations à avoué du jugement qui interviendra, s'il n'y a qu'une partie, le tout ensemble, — Paris, 5 f. — Dans le ressort, 4 f. — S'il y a plusieurs avoués, pour chacune des autres copies tant des qualités que du jugement, — Paris, 1 f. — Dans le ressort, 75 c. — Il ne sera passé aucun autre droit pour la taxe des frais.

DÉCRET

Qui rend commun à plusieurs cours d'appel et tribunaux le tarif des frais et dépens de ceux de Paris, et en fixe la réduction pour les autres.

(Du 16 février 1807.)

Art. 1er. Le tarif des frais et dépens en la cour royale de Paris, décrété cejourd'hui, est rendu commun aux cours royales de Lyon, Bordeaux et Rouen. — Toutes les sommes portées en ce tarif seront réduites d'un *dixième* pour la taxe des frais et dépens dans les autres cours d'appel.

2. Le tarif des frais et dépens décrété pour le tribunal de première instance et pour les justices de paix établis à Paris, est rendu commun aux tribunaux de première instance et aux justices de paix établis à Lyon, Bordeaux et Rouen. — Toutes les sommes portées en ce tarif seront réduites *d'un dixième* dans la taxe des frais et dépens pour les tribunaux de première instance, et pour les justices de paix établis dans les villes où siège une cour d'appel, ou dans les villes dont la population excède trente mille âmes.

3. *Dans tous les autres tribunaux* de première instance et justices de paix du royaume, *le tarif des frais et* dépens sera le même que celui décrété pour les tribunaux de première instance et les justices de paix du ressort de la cour royale de Paris, autres que ceux établis dans cette capitale.

4. Le tarif des frais de taxe, décrété également cejourd'hui pour le ressort de la cour royale de Paris, est aussi déclaré commun à tout le royaume : en conséquence, dans tous les chefs-lieux de cour royale, les droits de taxe seront perçus comme à Paris ; et partout ailleurs, ils seront perçus comme dans le ressort de la cour royale de Paris.

ORDONNANCE

Contenant le Tarif des frais et dépens sur les Ventes judiciaires de biens immeubles.

(10 octobre 1841.)

LOUIS-PHILIPPE, Roi des Français,

A tous présens et à venir, salut.

Sur le rapport de notre garde des sceaux, ministre de la justice et des cultes ;

Vu la disposition de l'art. 10 de la loi du 2 juin 1841 sur les ventes judiciaires de biens immeubles, relative au tarif des frais et dépens ;

Notre conseil d'État entendu,

Nous avons ordonné et ordonnons ce qui suit :

TITRE PREMIER.

DISPOSITIONS COMMUNES A TOUT LE ROYAUME.

CHAPITRE PREMIER.

GREFFIERS DES TRIBUNAUX DE PREMIÈRE INSTANCE.

Art. 1er. Il est alloué aux greffiers des tribunaux de première instance : — Pour la communication sans déplacement, tant du cahier des charges que du procès-verbal d'expertise, 15 f. — Ce droit sera dû, soit qu'il y ait, soit qu'il n'y ait pas d'expertise. Toutefois, si l'expertise a été ordonnée en matière de licitation, le droit sera réduit à 12 f. — Il sera perçu, lors du premier dépôt au greffe, soit du procès-verbal d'expertise, soit du cahier des charges.

CHAPITRE II.

CONSERVATEURS DES HYPOTHÈQUES.

2. Il est alloué aux conservateurs des hypothèques, pour — la transcription de chaque procès-verbal de saisie immobilière et de chaque exploit de dénonciation de ce procès-verbal au saisi (P. c. art. 677 et 678), par rôle d'écriture du conservateur, contenant vingt-cinq lignes à la page

et dix-huit syllabes à la ligne, 1 f. — L'acte du conservateur contenant son refus de transcription, en cas de précédente saisie (680), 1 f. — Chaque extrait d'inscription ou certificat qu'il n'en existe aucune (arg. de l'article 692), 1 f. — La mention des deux notifications prescrites par les art. 691 et 692 du C. de pr. (693), 1 f. — La radiation de la saisie immobilière (693), 1 f. — La mention du jugement d'adjudication (716), 1 f. — La mention du jugement de conversion (748), 1 f.

TITRE II.

DISPOSITIONS POUR LE RESSORT DE LA COUR ROYALE DE PARIS.

CHAPITRE PREMIER.

HUISSIERS.

§ 1er. *Huissiers ordinaires.*

3. *Actes de première classe.* — Il est alloué aux huissiers ordinaires (P. c. art. 673) : — Pour l'original du commandement tendant à saisie immobilière : — A Paris, 2 f. — Dans le ressort, 1 f. 50 c. — Pour chaque copie, le quart de l'original. — Pour droit de copie du titre, par rôle, contenant vingt lignes à la page et dix syllabes à la ligne, ou évalué sur ce pied : — A Paris, 25 c. — Dans le ressort, 20 c. — Art. 681. Pour l'original de l'assignation en référé ; — Art. 684. De la demande en nullité de bail ; — Art. 685. De l'acte d'opposition entre les mains des fermiers ou locataires, ou de la simple sommation aux mêmes ; — Art. 687. De la signification aux créanciers inscrits de l'acte de la consignation faite par l'acquéreur en cas d'aliénation, qui peut avoir lieu après saisie immobilière sous la condition de consigner ; — Art. 691, 692. De la sommation à la partie saisie et aux créanciers inscrits de prendre communication du cahier des charges ; — Art. 716. De la signification du jugement d'adjudication ; — Art. 717. De la demande en résolution qui doit être formée avant l'adjudication et notifiée au greffe ; — Art. 718. De l'exploit d'ajournement ; — Art. 725. De la demande en distraction de tout ou partie des objets saisis immobilièrement contre la partie qui n'a pas avoué en cause ; — Art. 732. De l'acte d'appel qui doit être en même temps notifié au greffier du tribunal et visé par lui ; — Art. 735. De la signification du bordereau de collocation avec commandement ; — Art. 736. De la signification des jour et heure de l'adjudication sur folle enchère ; — Art. 837. De la sommation à faire à l'ancien et au nouveau propriétaire, et, s'il y a lieu, au créancier surenchérisseur ; — Art. 962. De l'avertissement qui doit être donné au subrogé tuteur ; — Art. 969. De la demande en partage ; — Et généralement de tous actes simples non compris dans l'article suivant : — A Paris, 2 f. — Dans le ressort, 1 f. 50 c. — Pour chaque copie, le quart de l'original.

4. *Procès-verbaux et actes de seconde classe.* — Art. 675. Pour un procès-verbal de saisie immobilière auquel il n'aura été employé que trois heures : — A Paris, 6 f. — Dans le ressort, 5 f. — Et cette somme sera augmentée par chacune des vacations subséquentes qui auront pu être employées, de : — A Paris, 5 f. — Dans le ressort, 4 f. — L'huissier ne se fera pas assister de témoins. — Art. 677. Pour la dénonciation de la saisie immobilière à la partie saisie : — A Paris, 2 f. 50 c. — Dans le ressort, 2 f. — Pour la copie de ladite dénonciation, le quart. — Art. 832. C. art. 2185. Pour l'original de l'acte contenant réquisition d'un créancier inscrit, à fin de mises aux enchères et adjudication publiques de l'immeuble aliéné par son débiteur : — A Paris, 5 f. — Dans le ressort, 4 f. — Et pour la copie, le quart. — L'original et la copie de cette réquisition seront signés par le réquérant ou par son fondé de procuration spéciale. — Art. 699, 704, 709, 735, 741, 743, 836, 959, 972, 988, 997. Pour le procès-verbal d'apposition de placards dans toutes les ventes judiciaires, y compris le salaire de l'afficheur : — A Paris, 8 f. — Dans le ressort, 6 f.

5. Il ne sera rien alloué aux huissiers pour transport jusqu'à un demi-myriamètre. Il leur sera alloué au-delà d'un demi-myriamètre, pour frais de voyage qui ne pourra excéder une journée de cinq myriamètres (dix lieues anciennes); savoir, au-delà d'un demi-myriamètre et jusqu'à un myriamètre, pour aller et retour :— A Paris, 4 f. — Dans le ressort, 4 f. — Au-delà d'un myriamètre, il sera alloué par chaque demi-myriamètre, sans distinction, 2 f. — Il sera taxé pour visa de chacun des actes qui y sont assujetis : — A Paris, 1 f. — Dans le ressort, 75 c.

§ II. *Huissiers audienciers des tribunaux de première instance.*

6. Il est alloué aux huissiers audienciers des tribunaux de première instance (P. c. art. 689), — pour la publication du cahier des charges : — A Paris, 1 f. — Dans le ressort, 75 c. — Art. 705, 706. Lors de l'adjudication, y compris les frais de bougie que les huissiers disposeront et allumeront eux-mêmes : — A Paris, 5 f. — Dans le ressort, 3 f. 75 c. — Ce droit sera alloué à raison de chaque lot adjugé, quelle qu'en soit la composition, sans qu'il puisse être exigé sur un nombre de lots supérieur à six. — Lorsque, après l'ouverture des enchères, l'adjudication n'aura pas lieu, il sera alloué aux huissiers, y compris les frais de bougie et quel que soit le nombre des lots : — A Paris, 5 f. — Dans le ressort, 3 f. 75 c.

CHAPITRE II.

AVOUÉS DE PREMIÈRE INSTANCE.

§ Ier. *Emolumens spéciaux à chaque nature de vente.*

7. *Saisie immobilière.* — Il est alloué aux avoués de première instance, pour chacune des vacations suivantes (P. c. art. 678) : — Vacation à faire transcrire la saisie immobilière et l'exploit de dénonciation : — Art. 692. Vacation pour se faire délivrer l'extrait des inscriptions ; — Art. 692. Vacation à l'examen de l'état d'inscription et pour préparer la sommation au vendeur de l'immeuble saisi ; — Art. 693. Vacation à la mention, aux hypothèques, de la notification prescrite par les art. 691 et 692, P. c. — Art. 716. Vacation à la mention sommaire du jugement d'adjudication en marge de la transcription de la saisie. — Art. 748. Vacation à la mention sommaire du jugement de conversion en marge de la transcription de la saisie : — A Paris, 6 f. — Dans le ressort, 4 f. 50 c. — Art. 695. Pour la vacation à la publication, compris les dires qui pourront avoir lieu : — A Paris, 3 f. — Dans le ressort, 2 f. 45 c. — Art. 720. Pour l'acte de la denonciation de la plus ample saisie au premier saisissant, à la requête du plus ample saisissant, avec sommation de se mettre en état : — A Paris, 3 f. — Dans le ressort, 2 f. 25 c. — Pour la copie, le quart. — Art. 726. Vacation pour déposer au greffe les titres justificatifs d'une demande en distraction d'objets immobiliers saisis : — A Paris, 3 f. — Dans le ressort, 2 f. 45 c. — Art. 745. Requête non grossoyée et non signifiée, sur le consentement de toutes les parties intéressées, pour demander, après saisie immobilière, que l'immeuble saisi soit vendu aux enchères par-devant notaire ou en justice ; — A chaque avoué signataire de la requête : — A Paris, 6 f. — Dans le ressort, 4 f. 50 c. — **8.** *Surenchère sur aliénation volontaire.* — Art. 832. Requête pour faire commettre un huissier : — A Paris, 2 f. — Dans le ressort, 1 f. 50 c. — Vacation pour faire au greffe la soumission de la caution et déposer les titres justificatifs de sa solvabilité : — A Paris, 3 f. — Dans le ressort, 2 f. 25 c. — Vacation pour prendre communication des pièces justificatives de la solvabilité de la caution : — A Paris, 3 f. — Dans le ressort, 2 f. 25 c.

9. *Vente de biens de mineurs.* — Art. 954. — Requête à fin d'homologation de l'avis du conseil de famille pour aliener les immeubles des mineurs : — A Paris, 7 f. 50 c. — Dans le ressort, 5 f. 60 c. — Art. 956. Vacation à prendre communication de la minute du rapport des experts : — A Paris, 6 f. — Dans le ressort, 4 f. 50 c. — Requête pour demander l'entérinement du rapport : — A Paris, 7 f. 50 c. — Dans le ressort, 5 f. 50 c. — Il sera alloué aux avoués, sans distinction de résidence, dans le cas où l'expertise n'aura pas lieu, à raison des soins et démarches nécessaires pour la fixation de la mise à prix, 25 f. — Sans préjudice du supplément de remise proportionnelle accordé par l'art. 11 de la présente *ordonnance*. — Art. 954. Vacation à prendre communication du cahier des charges, au cas de renvoi *devant notaire* : — A Paris, 6 f. — Dans le ressort, 4 f. 50 c. — Art. 963. Requête pour obtenir l'autorisation de vendre au-dessous de la mise à prix : — A Paris, 7 f. 50 c. — Dans le ressort, 5 f. 50 c. — Ces émoluments seront les mêmes lorsqu'il s'agira de ventes d'immeubles dépendant d'une succession bénéficiaire, d'immeubles dotaux, ou provenant, soit d'une succession vacante, soit d'un débiteur failli, ou qui a fait cession.

10. *Partages et licitations.* — Art. 969. Requête à fin de remplacement du juge ou du notaire commis : — A Paris, 3 f. — *Dans* le ressort, 2 f. 25 c. — Art. 971. Vacation à prendre communication du procès-verbal d'expertise : — A Paris, 6 f. — Dans le ressort, 4 f. 50 c. — Acte de conclusions d'avoué à avoué pour demander l'entérinement du rapport : — A Paris, 7 f. 50 c. — Dans le ressort, 5 f. 50 c. — Pour chaque copie, le quart. — Il sera alloué aux avoués, sans distinction de résidence, dans le cas où l'expertise n'aura pas lieu, à raison des soins et démarches nécessaires pour la fixation de la mise à prix en cas de vente, ou pour l'estimation et la composition des lots en cas de partage en nature, 25 f. — Sans préjudice du supplément de remise proportionnelle accordé par l'art. 11 de la présente ordonnance. Aucune remise proportionnelle ne sera due toutefois dans les cas de partage en nature. — Art. 973. Sommation de prendre communication du cahier des charges : — A Paris, 1 f. — Dans le ressort, 75 c. — Pour chaque copie, le quart. — Vacation à prendre communication du cahier des charges, au greffe, pour chaque avoué colicitant ; — en l'étude du notaire, pour l'avoué poursuivant et pour chaque avoué colicitant : — A Paris, 6 f. — Dans le ressort, 4 f. 50 c. — Acte de conclusions d'avoué à avoué pour obtenir l'autorisation de vendre au-dessous de la mise à prix : — A Paris, 7 f. 50 c. — Dans le ressort, 5 f. 50 c. — Pour chaque copie, le quart.

§ II. *Emolumens communs aux différentes ventes.*

11. P. c. art. 690. Pour la grosse du cahier des charges, qui ne sera signifiée dans aucun cas, par rôle contenant vingt-cinq lignes à la page et douze syllabes à la ligne : — A Paris, 2 f. — Dans le ressort, 1 f. 50 c. — Vacation pour *déposer au greffe* le cahier des charges : — A Paris, 3 f. — Dans le ressort, 2 f. 45 c. — Art. 696. Pour l'extrait qui doit *être inséré dans* le journal désigné par les cours royales : — A Paris, 2 f. — Dans le ressort, 1 f. *50 c.* — Il sera passé autant de droits à l'avoué qu'il y aura eu d'insertions prescrites par le Code. — Art. 697. *Pour obtenir* l'ordonnance tendant à faire l'insertion extraordinaire : — A Paris, 2 f. — Dans le ressort, 1 f. *50 c.* — Cette vacation ne sera allouée qu'autant que l'autorisation aura été obtenue. — Pour faire faire l'insertion *extraordinaire* : — A Paris, 2 f. — Dans le ressort, 1 f. 50 c. — Art. 698. Pour faire légaliser la signature *de* l'imprimeur par le maire : — A Paris, 2 f. — Dans le ressort, 1 f. 50 c. — Art. 699. Pour l'extrait qui doit être imprimé et placardé, et qui servira d'original et ne pourra être grossoyé : — A Paris, 6 f. — *Dans le ressort*, 4 f. 50 c. — L'avoué poursuivant aura droit à cette allocation toutes les fois que de nouvelles appositions de placards auront été nécessaires. — Art. 702. Vacation à l'adjudication : — A Paris, 15 f. — Dans le ressort, 12 f. — Ce droit sera alloué à raison de chaque lot adjugé, quelle qu'en soit la composition, sans que ce droit puisse être exigé sur un nombre de lots supérieur à six. — Néanmoins la somme provenant de la réunion de tous les droits alloués sera répartie également entre tous les adjudicataires, quel qu'en soit le nombre. — Indépendamment des émolumens ci-dessus fixés, il sera alloué à l'avoué poursuivant, sur le prix des biens dont l'adjudication sera faite au-dessus de 2,000 fr., savoir: depuis 2,000 f. jusqu'à 10,000 f., 1 p. 0/0; sur la somme excédant 10,000 f. jusqu'à 50,000 f., 1/2 p. 0/0; sur la somme excédant 50,000 f. jusqu'à 100,000 f. 1/4 p. 0/0; et sur l'excédant de 100,000 f. indéfiniment, 1/8 de 1 p. 0/0. En cas d'adjudication par lots de biens compris dans la même poursuite, en l'état où elle se trouvera lors de l'adjudication, la totalité du prix des lots sera réunie pour fixer le montant de la remise. — Le montant de la remise sera calculé sur le prix de chaque lot, séparément, lorsque les lots seront composés d'immeubles distincts. — Cette remise, lorsque le tribunal n'aura pas ordonné l'expertise dans les cas où elle est facultative, sera, depuis 2,000 f. jusqu'à 10,000 f., de 1 1/2 p. 0/0; sur la somme excédant 10,000 f. jusqu'à 100,000 de 1 p. 0/0; sur l'excédant de 100,000 f. jusqu'à 300,000 f., de 1/2 p. 0/0; et sur l'excédant de 300,000 f. indéfiniment, de 1/4 p. 0/0. — La remise proportionnelle sur le prix de l'adjudication sera divisée, en licitation, ainsi qu'il suit: — Moitié appartiendra à l'avoué poursuivant; — La seconde moitié sera partagée par égales portions entre tous les avoués qui ont occupé dans la licitation, y compris l'avoué poursuivant, qui aura sa part comme les autres dans cette seconde moitié. — Art. 705. Vacation au jugement de remise: — A Paris, 6 f. — Dans le ressort, 4 f. 90 c. — Art. 706. Vacation pour enchérir: — A Paris, 7 f. 50 c. — Dans le ressort, 5 f. 65 c. — Art. 707. Vacation pour enchérir et se rendre adjudicataire. — A Paris, 15 f. — Dans le ressort, 11 f. 25 c. — Art. 707. Vacation pour faire la déclaration de command: — A Paris, 6 f. — Dans le ressort, 4 f. 50 c. — Les vacations pour enchérir, ou pour les déclarations de command, sont à la charge de l'enchérisseur ou de l'adjudicataire.

12. P. c. art. 708. Vacation pour faire au greffe la surenchère du sixième au moins du prix principal de l'adjudication: — A Paris, 15 f. — Dans le ressort, 11 f. 25 c. — Pour acte de la dénonciation de la *surenchère contenant avenir*: — A Paris, 1 f. — Dans le ressort, 75 c. — Pour chaque copie, le quart. — Art. 734-964. Vacation pour requérir le certificat du greffier ou du notaire, constatant que l'adjudicataire n'a pas justifié de l'acquit des conditions exigibles de l'adjudication: — A Paris, 3 f. — Dans le ressort, 2 f. 25 c. — Les émolumens des avoués pour le dépôt de l'acte tenant lieu du cahier des charges, pour les extraits à placarder ou à insérer dans les journaux, pour enchérir, se rendre adjudicataire et faire la déclaration de command, par suite de la surenchère autorisée par l'art. 708, ou de la folle *enchère*, *seront taxés* comme il est dit dans l'article 11: le droit de remise proportionnelle sur l'excédant produit par la surenchère ou la folle enchère sera alloué à l'avoué qui les aura poursuivies. — Les autres incidens des ventes judiciaires ne pourront donner lieu à d'autres et plus forts droits que ceux établis pour les matières sommaires.

13. Les copies de pièces, qui appartiendront à l'avoué, seront taxées à raison du rôle de vingt-cinq lignes à la page et de douze syllabes à la ligne. — A Paris, 30 c. — Dans le ressort, 25 c.

CHAPITRE III.

DES NOTAIRES.

14. Dans les cas où les tribunaux renverront des ventes d'immeubles par-devant les notaires, ceux-ci auront droit, pour la grosse du cahier des charges, par rôle contenant vingt-cinq lignes à la page, et douze syllabes à la ligne, — A Paris, 2 f. — Dans le ressort, 1 f. 50 c. — Ils auront droit en outre sur le prix des biens vendus jusqu'à 10,000 francs, à 1 p. 0/0: sur la somme excédant 10,000 fr. jusqu'à 50,000 fr., à 1/2 p. 0/0: sur la somme excédant 50,000 fr. jusqu'à 100,000 fr., à 1/4 p. 0/0; et sur l'excédant de 100,000 fr. indéfiniment, à 1/8 de 1 p. 0/0. Moyennant les allocations ci-dessus, les notaires sont chargés de la rédaction du cahier des charges, de la réception des enchères et de l'adjudication ; ils ne pourront rien exiger pour les minutes de leurs procès-verbaux d'adjudication. — Les avoués restent chargés de l'accomplissement des autres actes de la procédure, ils auront droit aux émolumens fixés pour ces actes, et, lorsque l'expertise est facultative et n'aura pas été ordonnée, les avoués auront droit en outre à la différence entre la remise allouée pour ce cas par l'article 11 de la présente ordonnance, et la remise fixée par le paragraphe 2e du présent article.

CHAPITRE IV.

DES EXPERTS.

15. P. C., art. 955, 956. Il sera taxé aux experts, par chaque vacation de trois heures, quand ils opéreront dans les lieux où ils sont domiciliés ou dans la distance de deux myriamètres : savoir : dans le département de la Seine : — Pour les artisans ou laboureurs, 4 f. — Pour les architectes et autres artistes, 8 f. — Dans les autres départemens : — Aux artisans et laboureurs, 3 f. — Aux architectes et autres artistes, 6 f. — Au-delà de deux myriamètres, il sera alloué par chaque myriamètre, pour frais de voyage et nourriture, aux architectes et autres artistes, soit pour aller, soit pour revenir : — A ceux de Paris, 6 f. — A ceux des départemens, 4 f. 50 c. — Il leur sera alloué pendant leur séjour, à la charge de faire quatre vacations par jour, savoir : — A ceux de Paris, 32 f. — A ceux des départemens, 24 f. — La taxe sera réduite dans le cas où le nombre des quatre vacations n'aurait pas été employé. — S'il y a lieu à transport d'un laboureur au-delà de deux myriamètres, il sera alloué 3 fr. par myriamètre pour aller et autant pour le retour, sans néanmoins qu'il puisse être rien alloué au-delà de cinq myriamètres. — Il sera encore alloué aux experts deux vacations, l'une pour leur prestation de serment, l'autre pour le dépôt de leur rapport, indépendamment de leurs frais de transport s'ils sont domiciliés à plus de deux myriamètres de distance du lieu où siége le tribunal ; il leur sera accordé par *myriamètre*, en ce cas, le cinquième de leur journée de campagne. — Au moyen de cette taxe, les experts ne pourront rien réclamer, ni pour frais de voyage et de nourriture, ni pour s'être fait aider par des *écrivains ou par des toiseurs et porte-chaînes*, ni sous quelque autre prétexte que ce soit ; ces frais, s'ils ont eu lieu, restant à leur charge. — Le président, en procédant à la taxe de leurs vacations, en réduira le nombre, s'il lui paraît excessif.

TITRE III.

DISPOSITIONS POUR LES RESSORTS DES AUTRES COURS ROYALES.

16. Le tarif réglé par le titre précédent pour le tribunal de première instance établi à Paris sera commun aux tribunaux de première instance établis à Marseille, Lyon, Bordeaux et Rouen. — Toutes les sommes portées en ce tarif seront réduites d'un dixième dans la taxe des frais et dépens pour les tribunaux de première instance établis dans les villes où siége une cour royale, ou dans les villes dont la population excède 30,000 âmes. — Dans tous les autres tribunaux de première instance, le tarif sera le même que celui qui est fixé pour les tribunaux du ressort de la cour royale de Paris autres que celui qui est établi dans cette capitale. — Néanmoins le droit fixe de 25 fr. établi par les art. 9 et 10 de la présente ordonnance, et les remises proportionnelles fixées par les art. 11 et 14, seront perçus dans tout le royaume, sans distinction de résidence. — Les dispositions du chapitre IV du titre précédent seront appliquées sans autre distinction, à raison de la résidence, que celle qui se trouve indiquée dans ce chapitre.

TITRE IV.

DISPOSITIONS GÉNÉRALES.

17. Tous actes et procédures relatifs aux incidens des ventes immobilières, et qui ne sont pas l'objet de dispositions spéciales dans la présente ordonnance, seront taxés comme actes et procédures en matière sommaire, conformément à l'art. 718 du Code de procédure civile, et suivant les règles établies par le dernier paragraphe de l'art. 11 qui précède. — Si, à l'occasion d'une procédure de vente judiciaire d'immeubles, il s'élève une contestation qui n'ait pas le caractère d'incident, et qui doive être considérée comme matière ordinaire, les actes relatifs à cette contestation seront taxés suivant les règles établies pour les procédures en matière ordinaire.

18. Dans tous les cahiers des charges, il est expressément défendu de stipuler au profit des officiers ministériels d'autres et plus grands droits que ceux énoncés au présent tarif. Toute stipulation, quelle qu'en soit la forme, sera nulle de droit.

19. Outre les fixations ci-dessus, seront alloués les simples déboursés justifiés par pièces régulières. — Le timbre des placards autorisés par les articles 699 et 700 du Code de procédure ne passera en taxe que sur un certificat délivré par le président de la chambre des avoués, constatant que le nombre des exemplaires a été vérifié par lui.

20. Sont et demeurent abrogés les n°s 11, 12, 13, 14 et 15 du tableau annexé au décret du 21 septembre 1810 ; les paragraphes 44, 45, 46, 47, 48, 49, de l'article 29 ; les articles 47, 48, 49, 50 et 65 ; les paragraphes 14, 15, 16 et 17 de l'article 78 ; les articles 153, 154, 155, 172, du premier décret du 16 février 1807 ; la disposition de l'article 68 du même décret, relative à l'apposition des placards ; le paragraphe de l'article 70 applicable à l'acte de signification du cahier des charges ; le paragraphe de l'article 75 applicable aux requêtes contenant demande ou réponse en entérinement du rapport des experts ; le paragraphe de l'article 76 applicable à la commission d'un huissier à l'effet de notifier la réquisition de mise aux enchères. — Sont également abrogées les dispositions des art. 102, 103, 104, 105, 106, 107, 108, 109, 110, 111, 112, 113, 114, 115, 116, 117, 118, 119, 120, 121, 122, 123, 124, 125, 126, 127, 128, 129, en tant qu'elles concernent les saisies immobilières, les surenchères sur aliénation volontaire, les ventes d'immeubles de mineurs, et de biens dotaux, dans le régime dotal : les ventes sur licitations, les ventes d'immeubles dépendans d'une succession bénéficiaire ou vacante, ou provenant d'un débiteur failli, ou qui a fait cession.

21. Notre garde des sceaux, ministre de la justice et des cultes, est chargé de l'exécution de la présente ordonnance, qui sera insérée au *Bulletin des Lois*.

TARIF DES DROITS DE GREFFE.

LOI

Portant établissement des Droits de Greffe dans les Tribunaux civils et de commerce. (1)

(11 mars 1799. — 21 ventôse an VII.)

Art. 1er. Il est établi des droits de greffe, au profit du trésor, dans tous les tribunaux civils et de commerce. — Ils seront perçus à compter de la publication de la présente, pour le compte du trésor public, par les receveurs de la régie de l'enregistrement, de la manière ci-après déterminée.

(1) Voyez ci-après, la loi additionnelle du 22 prairial an VII.

2. Ces droits consistent, — 1° Dans celui qui sera perçu lors de la mise au rôle de chaque cause, ainsi qu'il est établi par l'article 3 ci-après; — 2° Dans celui établi pour la rédaction et transcription des actes énoncés en l'article 5; — 3° Dans le droit d'expédition des jugemens et actes énoncés dans les articles 7, 8 et 9.

3. Le droit perçu lors de la mise au rôle, est la rétribution due pour la formation et tenue des rôles, et l'inscription de chaque cause sur le rôle auquel elle appartient. — Ce droit sera, dans les tribunaux civils, de 5 francs, sur appel des tribunaux civils et de commerce; — De 3 francs pour les causes de première instance, ou sur appel des juges de paix; — Et de 1 fr. 50 c. pour les causes sommaires et provisoires. — Dans les tribunaux de commerce il sera pareillement de 1 fr. 50 c. — Le tout sans préjudice du droit de 25 c., qui est accordé aux huissiers audienciers pour chaque placement de cause. — Le droit de mise au rôle ne pourra être exigé qu'une seule fois; en cas de radiation, elle sera replacée gratuitement à la fin du rôle, et il y sera fait mention du premier placement. — L'usage des placets pour appeler les causes est interdit, elles ne pourront l'être que sur les rôles et dans l'ordre du placement.

4. Le droit de mise au rôle sera perçu par le greffier en y inscrivant la cause; et, le premier de chaque mois, il en versera le montant à la caisse du receveur de l'enregistrement, sur la représentation des rôles, cotés et paraphés par le président, sur lesquels les causes seront appelées, à compter du jour de la publication de la présente.

5. Les actes assujetis, sur la minute, au droit de rédaction et de transcription, sont les actes : — De voyage; — D'exclusion ou option de tribunaux d'appel; — De renonciation à une communauté de biens ou à une succession; — D'acceptation de succession sous bénéfice d'inventaire; — De réception et soumission de caution; — De reprise d'instance; — De déclaration affirmative; — De dépôt de bilan et pièces; — D'enregistrement de société; — Les interrogatoires sur faits et articles; — Et les enquêtes. — Il sera payé, pour chacun de ces actes, 1 fr. 25 c. — Les enquêtes seront en outre assujéties à un droit de 50 c. pour chaque déposition de témoins.

6. Les expéditions contiendront vingt lignes à la page, et huit à dix syllabes à la ligne, compensation faite des unes avec les autres.

7. Les expéditions des jugemens définitifs sur appel des tribunaux civils et de commerce, soit contradictoires, soit par défaut, seront payées 2 fr. le rôle.

8 Les expéditions des jugemens définitifs rendus par les tribunaux civils, soit par défaut, soit contradictoires, en dernier ressort ou sujets à l'appel, celles des décisions arbitrales; celles des jugemens rendus sur appel des juges de paix, celles des ventes et baux judiciaires, seront payées 1 fr. 25 c. le rôle.

9. Les expéditions des jugemens interlocutoires, préparatoires et d'instruction, des enquêtes, interrogatoires, rapports d'experts, délibérations avis de parens, dépôt de bilan, pièces et registres, des actes d'exclusion ou option des tribunaux d'appel, déclaration affirmative, renonciation à communauté ou à succession, et généralement de tous actes faits ou déposés au greffe, non spécifiés aux articles 7 et 8, ensemble de tous les jugemens des tribunaux de commerce, seront payées à 1 fr. le rôle.

10. La perception de ce droit sera faite par le receveur de l'enregistrement, sur les minutes des actes assujétis au droit de rédaction et de transcription, sur les expéditions et sur les rôles de placement de causes qui lui seront présentés par le greffier; il y mettra son reçu, et il tiendra de cette recette un registre particulier.

11. Le greffier ne pourra délivrer aucune expédition que les droits n'aient été acquittés, sous peine de restitution du droit et de 100 fr. d'amende, sauf, en cas de fraude et de malversation évidente, à être poursuivi devant les tribunaux, conformément aux lois.

12. Ne sont pas compris dans les droits ci-dessus fixés, le papier timbré et l'enregistrement, qui continueront d'être perçus conformément aux lois existantes.

13. Les greffiers des tribunaux civils et de commerce tiendront un registre coté et paraphé par le président, sur lequel ils inscriront, jour par jour, les actes sujets au droit de greffe, les expéditions qu'ils délivreront, la nature de chaque expédition, le nombre des rôles, le nom des parties avec mention de celle à laquelle l'expédition sera délivrée. — Ils seront tenus de communiquer ce registre aux préposés de l'enregistrement toutes les fois qu'ils en seront requis.

14. Les greffiers ne pourront exiger aucun droit de recherche des actes et jugemens faits ou rendus dans l'année, ni de ceux dont ils feront les expéditions; mais lorsqu'il n'y aura pas d'expédition, il leur est attribué un droit de recherche, qui demeure fixé à 50 c. pour l'année qui leur sera indiquée; et dans le cas où il leur serait indiqué plusieurs années, et qu'ils seraient obligés d'en faire la recherche, ils ne percevront que 50 c. pour la première, et 25 c. pour chacune des autres. — Il leur est, en outre, attribué 25 c. pour chaque légalisation d'actes des officiers publics.

15. Les greffiers présenteront et feront recevoir, conformément aux lois existantes, un commis greffier assermenté par chaque section.

16 Au moyen du traitement et de la remise ci-après, accordés aux greffiers, ils demeureront chargés du traitement des commis assermentés, commis expéditionnaires, et de tous employés du greffe, quelles que soient leurs fonctions, ainsi que des frais de bureau, papier libre, rôles, registres, encre, plumes, lumière, chauffage des commis, et généralement de toutes les dépenses du greffe.

17. Le traitement des greffiers des tribunaux civils est égal à celui des juges auprès desquels ils sont établis.

18. Celui des greffiers des tribunaux de commerce sera de la moitié de celui d'un greffier d'un tribunal civil, s'il avait été établi dans la commune où siége le tribunal de commerce. — Et néanmoins le traitement de ceux des tribunaux de commerce établis dans les communes de six mille habitans et au-dessous, demeure fixé à 800 fr.

19. Il est accordé au greffier une remise de 30 c. pour chaque rôle d'expédition. — Et d'un décime par franc sur le produit de mise au rôle, et de celui établi pour la rédaction et transcription des actes énoncés en l'article 5.

20. La remise de 30 c. accordée par l'article précédent, ne sera que de 2 déc. sur toutes les expéditions que les agens du Gouvernement demanderaient en son nom et pour soutenir ses droits; ils ne seront tenus, à cet égard, à aucune avance; en conséquence, ces expéditions seront portées pour mémoire sur les registres du receveur de l'enregistrement, et il en sera fait un compte particulier.

21. Le premier de chaque mois, le receveur de l'enregistrement comptera avec le greffier du produit des remises à lui accordées par l'art. 19, et il lui en paiera le montant sur le mandat qui sera délivré au bas du compte par le président du tribunal. (*Ce mode n'est plus en usage.*)

22. Le traitement fixe du greffier sera également payé mois par mois, par le receveur de l'enregistrement, sur le produit du droit de greffe, d'après les mandats aussi délivrés mois par mois par le président du tribunal. (*Ce mode n'est plus en usage.*)

23. Il est défendu aux greffiers et à leurs commis d'exiger ni recevoir d'autres droits de greffe, ni aucun droit de prompte expédition, à peine de 100 fr. d'amende et de destitution.

24 Les droits établis par la présente seront alloués aux parties dans la taxe des dépenses, sur les quittances du receveur de l'enregistrement mises au bas des expéditions, et sur celles données par les greffiers de l'acquit du droit de mise au rôle et de rédaction, lesquelles ne seront assujéties à d'autres droits qu'à ceux du timbre.

25. Le directoire exécutif fera connaître au corps législatif, dans le courant de thermidor prochain, par des états distincts et séparés, le produit de la perception des droits de greffe dans chaque tribunal.

26. La présente résolution demeurera affichée dans tous les tribunaux civils et de commerce.

27. Il sera statué, par une résolution particulière, sur les greffes des tribunaux criminels et correctionnels.

28. Toutes dispositions des lois contraires à la présente, sont abrogées.

LOI

Additionnelle à celle du 21 ventôse an VII.

(22 prairial an VII. — 10 juin 1799.)

Art. 1er. Sont assujetis sur la minute, au droit de rédaction et de transcription, établi par l'article 2 de la loi du 21 ventôse dernier, et ainsi qu'il est ci-après déterminé : — 1° L'acte de dépôt de l'exemplaire d'affiches, en exécution de l'article 6 de la loi du 11 brumaire ; — 2° Les adjudications soit volontaires, soit sur licitation, soit sur expropriation forcée ; — 3° L'acte de dépôt de l'état, certifié par le conservateur des hypothèques, de toutes les inscriptions existantes, ledit acte contenant réquisition d'ouvrir le procès-verbal d'ordre, en exécution de l'article 31 de la loi du 11 brumaire ; — 4° Les actes de dépôts de titres de créance, faits en exécution de l'article 32 ; — 5° Les procès-verbaux d'ordre, lors de la délivrance de chaque bordereau de collocation, conformément à l'article 35 de la même loi.

2. Il sera payé 3 fr. pour le dépôt de l'exemplaire d'apposition d'affiches, et pour celui de l'état des inscriptions existantes ; — 1 fr. 50 c. pour celui des titres de créances ; — Pour la rédaction des adjudications, 1 demi pour 100 sur les cinq premiers mille ; — Et 25 c. par 100 sur ce qui excédera 5,000 fr. ; — Pour celle du procès-verbal d'ordre, sur chaque bordereau délivré, 25 c. par 100 fr. du montant de la créance colloquée.

3. La perception de ces droits sera faite par le receveur de l'enregistrement, de la manière et dans la forme prescrites par la loi du 21 ventôse ; la remise des greffiers sur le produit de ces droits, sera de 1 décime par franc, telle qu'elle est fixée par l'article 19 de ladite loi, et ils en seront payés de la manière prescrite par l'art. 21.

4. Il est attribué aux greffiers, pour la communication à chaque créancier du procès-verbal d'ouverture d'ordre, de l'extrait des inscriptions et des titres et pièces qui auront été produits, un droit fixe de 75 c.

5. Il est défendu aux greffiers, sous les peines portées par la loi du 21 ventôse, d'exiger ni recevoir de plus forts et d'autres droits que ceux établis par la présente, et ils se conformeront aux dispositions prescrites par l'article 13 pour assurer la perception des droits ci-dessus établis.

6. Toutes dispositions de lois contraires à la présente, sont abrogées.

DÉCRET

Concernant les Droits de greffe. (1)

(12 Juillet 1808.)

Art 1er. Les actes qui seront assujétis sur la minute aux droits de greffe, de rédaction et de transcription, sont ceux ci-après désignés : — 1° Acceptation de succession sous bénéfice d'inventaire ; — Acte de voyage ; — Consignation de sommes au greffe, dans les cas prévus par l'article 301 du Code de procédure civile, et autres déterminés par les lois ; — Déclarations affirmatives et autres faites au greffe, à l'exception de celles à la requête du ministère public ; — Dépôt de registres, répertoires, et autres titres ou pièces, fait au greffe, de

(1) V. p. 29, *Ord.* 10 octobre 1841, *art.* 1.

quelque nature et pour quelque cause que ce soit : dépôt de signature et paraphe des notaires, conformément à l'art. 49 de la loi du 25 ventôse an 11 ; — (16 mars 1803.) Enquêtes : — Interrogatoire sur faits et articles ; — Procès-verbaux, actes et rapports faits ou rédigés par le greffier ; — Publication de contrat de mariage, divorces, jugemens de séparation, actes et dissolutions de société, et de tous autres actes, prescrits par les Codes : il ne sera perçu aucun droit de dépôt pour la remise au greffe desdits actes ; — Récusation de juges ; — Renonciation à une communauté de biens ou à une succession ; — Soumission de caution ; — Transcription et enregistrement sur les registres du greffe, d'oppositions et autres actes désignés par les Codes (à l'exception de la transcription de saisie immobilière, dont il sera parlé ci-après) ; *le droit ne sera dû qu'autant qu'il sera délivré expédition de la transcription.* — Il sera payé pour chacun des actes ci-dessus un franc vingt-cinq centimes. — Les enquêtes seront en outre assujetties à un droit de cinquante centimes pour chaque déposition de témoins, ainsi qu'il est réglé par l'article 5 de la loi du 21 ventôse an VII. — 2° Adjudications faites en justice ; — Dépôt de l'état certifié par le conservateur des hypothèques, de toutes les inscriptions existantes, et qui, aux termes de l'article 752 du Code de procédure civile, doit être annexé au procès verbal ; — Dépôt de titre de créance pour la distribution de deniers par contribution ou par ordre ; — Mandemens sur contribution, ou bordereaux de collocation ; — Radiation de saisie immobilière ; — Surenchère faite au greffe ; — Transcription au greffe de la saisie immobilière ; — Il sera payé pour chacun de ces actes, savoir : — Trois francs pour la transcription de la saisie ; — Même droit pour le dépôt de l'état des inscriptions existantes : — Un franc cinquante centimes, pour dépôt de titres de créance, et ce pour chaque production ; — Même droit pour chaque acte de surenchère, et de radiation de saisie ; — Pour la rédaction des adjudications, un demi pour cent sur les cinq premiers mille, et vingt-cinq centimes par cent francs sur ce qui excédera cinq mille francs : — Sur chaque mandement ou bordereau de collocation délivré, vingt-cinq centimes par cent francs du montant de la créance colloquée.

2. Les actes de dépôt seront transcrits à la suite les uns des autres, sur un registre en papier timbré, coté et paraphé par le président du tribunal. — Les actes de décharge de ces mêmes dépôts seront portés sur le registre, en marge de l'acte de dépôt, et soumis au même droit de rédaction et transcription.

3. Le droit de rédaction, en cas de revente à la folle enchère, n'est dû que sur ce qui excède la première adjudication. — Il n'est exigible, pour les licitations, que sur la valeur de la part acquise par le colicitant, s'il reste adjudicataire. — Dans aucun cas la perception ne pourra être au-dessous du droit fixe d'un franc vingt-cinq centimes, déterminé, pour les moindres actes, par l'article 5 de la loi du 21 ventôse an VII.

4. Lorsque, par suite d'appel, une adjudication sera annulée, il y aura lieu de restituer le droit proportionnel de rédaction. — Le droit fixe de rédaction et de transcription, et celui d'expédition, étant le salaire de la formalité, ne seront, dans aucun cas, restituables.

5. Le droit de mise au rôle et celui d'expédition continueront d'être perçus comme le prescrit la loi du 21 ventôse an VII. — Les référés, qui sont l'objet du titre XVI du livre V du Code de procédure civile, ne sont pas assujettis au droit de mise au rôle.

6. Les prescriptions établies par l'article 61 de la loi du 22 frimaire an VII, sont applicables aux droits de greffe comme à ceux d'enregistrement.

ORDONNANCE

Sur la Vérification des minutes des actes passés dans les Greffes.

(5 novembre 1823.)

Art. 1er. Nos procureurs-généraux

près de nos cours royales feront, dans les cinq premiers jours de chaque mois, le récolement des minutes sur les répertoires, et constateront par un procès-verbal l'état matériel et de situation des feuilles d'audience et de toutes autres minutes d'actes reçus et passés dans les greffes de la cour durant le mois précédent.

2. Nos procureurs près les tribunaux de première instance vérifieront et constateront avec les mêmes formalités et dans le même temps l'état matériel et de situation des feuilles d'audience et de toutes autres minutes d'actes reçus et passés dans les greffes desdits tribunaux.

3. Les juges de paix dresseront, chaque mois dans le même délai et avec les mêmes formalités, procès verbal de l'état de leurs registres. — Ce procès-verbal sera transmis, dans les cinq jours suivans, à notre procureur près le tribunal de première instance de l'arrondissement. — Notredit procureur pourra, en outre, quand il le jugera nécessaire, procéder à cette vérification par lui-même ou par l'un de ses substituts.

4. Nos procureurs près les tribunaux de première instance feront dans le même délai et dans les mêmes formes, par eux-mêmes ou leurs substituts, la vérification des feuilles d'audience, minutes et actes des greffes des tribunaux de police établis dans les lieux de leur résidence. — A l'égard de ceux desdits tribunaux établis dans le ressort, mais hors du lieu où siége le tribunal de première instance, nosdits procureurs pourront déléguer celui des juges de paix qui ne sera pas de service près ledit tribunal. — Ce juge de paix fera la vérification dans le délai et dans les formes ci-dessus prescrites, et sera tenu de leur envoyer, dans le même délai que dessus, son procès-verbal, sauf à nosdits procureurs à faire lesdites vérifications par eux-mêmes ou par leurs substituts, quand bon leur semblera.

5. Ces procès-verbaux, ensemble ceux de nosdits procureurs près les tribunaux de première instance, seront par lesdits officiers, dans la huitaine suivante, transmis, avec un rapport sommaire, à notre procureur général près la cour royale du ressort.

6. Les présidens des tribunaux de commerce constateront pareillement chaque mois, dans le même temps et dans les mêmes formes, l'état matériel et de situation des feuilles d'audience et de toutes autres minutes de jugemens et actes reçus et passés dans le greffe de leur juridiction. — Ils enverront, dans les cinq jours suivans, leur procès-verbal à notre procureur-général près la cour royale du ressort, lequel pourra vérifier, lorsqu'il le trouvera convenable, soit par lui-même, soit par l'un de ses substituts délégués à cet effet, l'état des registres, feuilles d'audience, minutes des jugemens et actes desdits greffes.

7. Nos procureurs-généraux rendront compte à notre garde des sceaux, ministre secrétaire d'état au département de la justice, du résultat desdites vérifications, des mesures qu'ils auront requises pour faire rectifier les irrégularités, s'il en avait été commis, et des poursuites qu'ils auront dirigées pour faire prononcer contre les greffiers contrevenans les peines portées par les lois, sans préjudice de la destitution desdits greffiers, s'il y a lieu. — Ce compte sera adressé par nosdits procureurs à notre garde des sceaux, dans la seconde quinzaine du mois qui suivra celui pour lequel la vérification aura été faite.

ORDONNANCE

Qui fixe les droits que percevront les Greffiers des tribunaux de commerce.

(9 octobre 1825.)

Art. **1.** Indépendamment des droits et remises qui sont accordés aux greffiers des tribunaux de commerce par la loi du 21 ventôse an VII (11 mars 1799) et par le décret du 12 juillet 1808, ces officiers percevront à leur profit les droits ci-après établis:

§ Ier. *Jugemens.*

No **1.** Pour chaque jugement interlocutoire et préparatoire porté sur la feuille d'audience, ceux de simple remise exceptés. 0 50

Pour chaque jugement expédié et dont les qualités se rédigeront dans le greffe, savoir :

S'il est par défaut. 1 00

Et s'il est contradictoire. . 2 00

§ II. *Procès-verbaux.*

Pour chaque procès verbal.

N° 2. de compulsoire. Pr. 849. Co. 15, 16. . . . . 4 00

N° 3, d'interrogatoire sur faits et articles. Pr. 428. . . . 2 00

N° 4, de l'assemblée des créanciers pour la formation de la liste des candidats aux fonctions de syndics provisoires. Co. 476 (462 s. à 480). 2 00

N° 5, de reddition du compte des agens aux syndics provisoires. Co. 481. . . . . 3 00

N° 6, de vérification et affirmation des créances. Co. 503 et 508 (495 à 505).

Pour chaque créancier. . . 0 50

Et pour un contredit contresigné au procès-verbal et sur lequel il y aurait renvoi à l'audience. 0 50

N° 7, de mise en demeure des créanciers non comparans. Co. 510. . . . . 2 00

N° 8, de l'assemblée des créanciers dont les créances ont été admises, pour passer au concordat ou au contrat d'union. Co. 514, 515 (504, 505). 4 00

N° 9, de reddition du compte définitif des syndics provisoires au failli, en cas de concordat. Co. 525 (519). 4 00

N° 10, de reddition du compte des syndics provisoires aux syndics définitifs en cas d'union. Co. 527 (529). . . . 4 00

N° 11, de reddition du compte définitif des syndics aux créanciers de l'union. Co. 562 (536). 4 00

N° 12, de l'assemblée des créanciers pour prendre une délibération quelconque non prévue par les dispositions précédentes. 3 00

§ III. *Actes spéciaux des tribunaux de commerce des villes maritimes.*

N° 13. Pour la rédaction du rapport d'un capitaine de navire à l'arrivée d'un voyage de long cours ou de grand cabotage (Co. 242, 243). 3 00

N° 14. Pour la déclaration des causes de relâche dans le cours d'un voyage (Co. 245). . 2 00

N° 15. Pour la rédaction du rapport du capitaine en cas de naufrage ou échouement. . . 3 00

§ IV. *Formalités diverses.*

N° 16. Pour l'affiche et pour l'insertion dans les journaux, à faire dans les cas prévus par les articles Co. 457, 476 et 512 (441, 492, 502). 1 00

N° 17. Pour la rédaction, l'impression et l'envoi des lettres individuelles de convocation aux créanciers d'une faillite, dans le cas prévu par l'article 476 Co. (492), par chaque lettre. 0 20

N° 18. Pour la rédaction des certificats délivrés par le greffier, dans les cas prévus par les lois, règlements ou jugements. . 1 00

2. Les greffiers des tribunaux de commerce inscriront, au pied des expéditions qu'ils délivreront aux parties, le détail des déboursés et des droits auxquels chaque acte aura donné lieu. A défaut d'expédition, ils écriront ce détail sur des états signés d'eux et qu'ils remettront aux parties. — Ils porteront sur le registre prescrit par l'article 10 de la loi du 21 ventôse an VII (11 mars 1799), toutes les sommes qu'ils percevront, soit en vertu de la présente ordonnance, soit en vertu des lois et règlements antérieurs; les déboursés et les émoluments seront inscrits dans des colonnes séparées.

3. Le présent tarif ne s'applique point aux actes des greffiers des tribunaux civils, qui exercent la juridiction commerciale. — Il ne s'applique pas non plus à ceux des actes spécifiés dans l'article 1er qui sont dressés par les greffiers des justices de paix, dans les cas où les juges de paix sont autorisés par la loi à les recevoir.

4. Le décret du 6 janvier 1814 est abrogé.

TARIF
EN MATIÈRE CRIMINELLE.

DÉCRET CONTENANT RÈGLEMENT POUR L'ADMINISTRATION DE LA JUSTICE EN MATIÈRE CRIMINELLE, DE POLICE CORRECTIONNELLE ET DE SIMPLE POLICE, ET TARIF GÉNÉRAL DES FRAIS.

(Du 18 juin 1811.)

Sur le rapport du ministre de la justice ; — Vu les lois et réglemens concernant les frais de justice criminelle, et notamment la loi du 30 nivôse an v, l'arrêté du gouvernement du 6 messidor an vi, les lois des 18 germinal an xi, 7 pluviôse an ix, 5 pluviôse an xiii, le décret du 24 février 1806, et la loi du 5 septembre 1807 ; — Vu aussi le Code d'instruction criminelle, le Code pénal, la loi organique du 20 avril 1810, le décret du 6 juillet de la même année, et les décrets des 30 janvier et 2 février 1811 ; — Le conseil d'état entendu, le décret suivant a été rendu.

Dispositions préliminaires.

Art. 1er. L'administration de l'enregistrement continuera de faire l'avance des frais de justice criminelle, pour les actes et procédures qui seront ordonnés d'office ou à la requête du ministère public ; sauf à poursuivre, ainsi que de droit, le recouvrement de ceux desdits frais qui ne sont point à la charge de l'état : le tout dans la forme et selon les règles établies par notre présente ordonnance.

2. Sont compris sous la dénomination de frais de justice criminelle, sans distinction des frais d'instruction et de poursuite en matière de police correctionnelle et de simple police, — 1° Les frais de translation des prévenus ou accusés ; de transport des procédures et des objets pouvant servir à conviction ou à décharge ; — 2° Les frais d'extradition des prévenus, accusés ou condamnés ; — 3° Les honoraires et vacations des médecins, chirurgiens, sages-femmes, experts et interprètes ; — 4° Les indemnités qui peuvent être accordées aux témoins et aux jurés ; — 5° Les frais de garde de scellés, et de ceux de mise en fourrière ; — 6° Les droits d'expédition et autres alloués aux greffiers ; — 7° Les salaires des huissiers ; — 8° L'indemnité accordée aux officiers de justice dans le cas de transport sur le lieu du crime ou délit ; — 9° Les frais de voyage et de séjour accordés à nos conseillers dans les cours royales, et à nos conseillers auditeurs délégués pour compléter le nombre des juges d'une cour d'assises ou spéciale, ainsi qu'aux officiers du ministère public, autres néanmoins que les substituts en service près les cours d'assises et spéciales hors du chef-lieu, à l'égard desquels il a été statué par l'article 10 du décret du 30 janvier 1811 ; — 10° Les frais de voyage et de séjour auxquels l'instruction des procédures peut donner lieu ; — 11° Le port des lettres et paquets pour l'instruction criminelle ; (V. *art.* 103.) — 12° Les frais d'impression des arrêts, jugemens et ordonnances de justice ; — 13° Les frais d'exécution des jugemens criminels, et les gages des exécuteurs ; — 14° Les dépenses assimilées à celles de l'instruction des procès criminels, et qui résulteront, savoir, — Des procédures d'office pour l'interdiction ; — Des poursuites d'office en matière civile ; — Des inscriptions hypothécaires requises par le ministère public ; — Du transport des greffes.

3. Ne sont point compris sous la

dénomination de frais de justice criminelle, — 1° Les *honoraires des conseils* ou défenseurs des accusés, même de ceux qui sont nommés d'office, non plus que les droits et honoraires des avoués, dans le cas où leur ministère serait employé ; — 2° Les indemnités *de route des militaires en* activité de service, appelés en témoignage devant quelques juges ou tribunaux que ce soit, et ce, conformément à l'article 69 de la loi du 28 germinal an VI, et à l'arrêté du gouvernement *du 22 messidor an V* ; — 3° Les frais d'apposition des affiches d'arrêts, jugemens ou ordonnances de justice, lesquels continueront à être payés par les communes, ainsi qu'il résulte des articles 9 et 10 de l'arrêté du gouvernement du 27 brumaire an VI ; — 4° Les frais d'inhumation des condamnés et de tous cadavres trouvés sur la voie publique, ou dans quelque autre lieu que ce soit, lesquels sont également à la charge des communes, *aux termes de l'arti*cle 26 du décret du 23 prairial an XII ; lors toutefois que les cadavres ne sont pas réclamés par les familles, et sauf le recours des communes contre les héritiers ; — 5° Les frais de translation des condamnés dans les bagnes, dans les maisons centrales de correction, etc., lesquels continueront d'être à la charge du ministère de l'intérieur, conformément à l'avis du conseil d'état du 10 janvier 1807, approuvé le 16 février suivant ; — 6° Les frais de conduite des mendians et vagabonds qui ne sont point traduits devant les tribunaux, lesquels continueront d'être à la charge du ministère de l'intérieur, conformément à l'avis du conseil d'état du 1er décembre 1807, approuvé le 11 janvier 1808 ; — 7° Les frais de translation de tous individus arrêtés par mesure de haute police, lesquels continueront à être payés par le ministère de la police, conformément au même avis ; — 8° Les frais de translation de tous condamnés évadés du lieu de leur détention, qui continueront à être supportés par les ministères de la guerre, de la marine, de l'intérieur et de la police, chacun en ce qui le concerne ; — 9° Les dépenses des *prisons, maisons de correction*, maisons de dépôt, d'arrêt et de justice, lesquelles resteront à la charge du ministère de l'intérieur, en vertu de la loi du 10 vendémiaire an IV, et de l'arrêté du gouvernement du 23 brumaire suivant ; — 10° Les frais de translation des déserteurs des armées de terre et de mer, qui sont à la charge des ministères de la guerre et de la marine ; — 11° Les dépenses occasionnées par les poursuites intentées devant les tribunaux militaires ou maritimes, et les frais de procédures qui ont lieu devant les tribunaux ordinaires contre les conscrits réfractaires et les déserteurs, lesquels sont également à la charge des ministères de la *guerre et de la marine*, conformément aux articles 8 et 9 du décret du 8 juillet 1806 ; — 12° Toutes autres dépenses, de quelque nature qu'elles soient, qui n'ont pas pour objet la recherche, la poursuite et la *punition de crimes, délits ou contra*ventions de la compétence, soit de la haute-cour, soit des cours royales, des cours d'assises ou spéciales, soit des tribunaux correctionnels ou de simple police, sauf les exceptions *énoncées dans le titre 2 de notre pré*sent décret.

TITRE PREMIER.

TARIF DES FRAIS.

CHAPITRE PREMIER.

DES FRAIS DE TRANSLATION DES PRÉVENUS OU ACCUSÉS, DE TRANSPORT DES PROCÉDURES, ET DES OBJETS POUVANT SERVIR A CONVICTION OU A DÉCHARGE.

4. Les prévenus ou accusés seront conduits à pied par la gendarmerie, de brigade en brigade ; néanmoins ils pourront, si des circonstances extraordinaires l'exigent, être transférés, soit en voiture, soit à cheval, sur les *réquisitions* motivées de nos officiers de justice. — Les réquisitions seront rapportées en original, ou par copies dûment certifiées par les officiers qui donneront les ordres, à l'appui de chaque état ou mémoire de frais à

fournir par ceux qui auront fait le transport.

5. Lorsque la translation par voie extraordinaire sera ordonnée d'office ou demandée par le prévenu ou accusé, à cause de l'impossibilité où il se trouverait de faire ou de continuer le voyage à pied, cette impossibilité sera constatée par certificat de médecin ou de chirurgien. — Ce certificat sera mentionné dans la réquisition, et y demeurera joint.

6. Dans les cas d'exception ci dessus, la translation des prévenus ou accusés sera faite par les entrepreneurs généraux des transports et convois militaires, et au prix de leur marché. — Dans les localités où le service des transports militaires ne sera point organisé, les réquisitions seront adressées aux officiers municipaux, qui y pourvoiront par les moyens ordinaires, et aux prix les plus modérés.

7. Les prévenus et accusés pourront toujours se faire transporter en voiture, à leurs frais, en se soumettant aux mesures de précaution que prescrira le magistrat qui aura ordonné la translation, ou le chef d'escorte chargé de l'exécuter.

8. La translation des prévenus ou accusés, soit dans l'intérieur de Paris, soit de Paris à Bicêtre et de Bicêtre à Paris, se fera toujours par voitures fermées et par un entrepreneur particulier, en vertu d'un marché passé par le préfet du département de la Seine, et qui ne pourra être exécuté qu'avec l'approbation de notre chancelier.

9. Les procédures et les effets pouvant servir à conviction ou à décharge, seront transportés par les gendarmes chargés de la conduite des prévenus ou accusés. — Si, à raison du poids ou du volume, ces objets ne peuvent être transportés par les gendarmes, ils le seront, d'après un ordre par écrit du magistrat qui ordonnera le transport, soit par les messageries, soit par les entrepreneurs des transports et convois militaires, soit par toute autre voie plus économique, sauf les précautions convenables pour la sûreté des objets.

10. Les alimens et autres secours indispensablement nécessaires aux prévenus ou accusés, pendant leur translation, leur seront fournis dans les prisons et maisons d'arrêt des lieux de la route. — Cette dépense ne sera point considérée comme faisant partie des frais généraux de justice; mais elle sera confondue dans la masse des dépenses ordinaires des prisons et maisons d'arrêt. — Dans les lieux où il n'y a point de prisons, les officiers municipaux feront faire la fourniture des alimens et autres objets, et le remboursement en sera fait aux fournisseurs comme frais généraux de justice.

11. Les gendarmes ne pourront accompagner les prévenus ou les accusés au-delà de la résidence d'une des brigades les plus voisines de celle dont ils feront eux-mêmes partie, sans un ordre exprès du capitaine commandant la gendarmerie du département.

12. Si, pour l'exécution d'ordres supérieurs relatifs à la translation des prévenus ou accusés, il est nécessaire d'employer des moyens extraordinaires de transport, tels que la poste, les diligences ou autres voies semblables, les frais de ce transport et autres dépenses que les gendarmes se trouveront obligés de faire en route leur seront remboursés comme frais de justice criminelle, sur leurs mémoires détaillés, auxquels ils joindront les ordres qu'ils auront reçus, ainsi que des quittances particulières pour les dépenses de nature à être ainsi constatées. — Si les gendarmes n'ont pas de fonds suffisans pour faire les avances, il leur sera délivré un mandat provisoire de la somme présumée nécessaire, par le magistrat qui ordonnera le transport. — Il sera fait mention du montant de ce mandat sur l'ordre de transport. — A leur arrivée à leur destination, les gendarmes feront régler définitivement leur mémoire par le magistrat devant qui le prévenu devra comparaître. — Il ne sera alloué aux gendarmes aucuns frais de retour; ils recevront seulement l'indemnité prescrite par les articles 68 et 69 de la loi du 28 germinal an VI.

13. Lorsqu'en conformité des dispositions du Code d'instruction criminelle sur le faux, et dans les cas

prévus notamment par les articles 452 et 454, des dépositaires publics, tels que les greffiers, notaires, avoués et huissiers, seront tenus de se transporter au greffe ou devant un juge d'instruction, pour remettre des pièces arguées de faux ou des pièces de comparaison, il leur sera alloué, pour chaque vacation de *trois heures*, la même indemnité qui leur est accordée par l'*article* 166 du décret du 16 février 1807, relativement à l'inscription de faux incident. — Les dépositaires publics auront toujours le droit de faire en personne le transport et la remise des pièces, sans qu'on puisse les obliger à les confier à des tiers. (V. *Ord.* 18 *août* 1819.)

14. Les autres dépositaires particuliers recevront, pour le même objet, l'indemnité réglée par ledit art 166.

15. Dans les cas prévus par les deux articles précédens, les frais de voyage et de séjour des greffiers, notaires, avoués et dépositaires particuliers, seront réglés ainsi qu'il sera dit dans *le chapitre 8 ci-après, pour les médecins*, chirurgiens, etc. — Quant aux huissiers, on se conformera aux dispositions dudit chapitre 8 en ce qui les concerne

CHAPITRE II.

DES HONORAIRES ET VACATIONS DES MÉDECINS, CHIRURGIENS, SAGES-FEMMES, EXPERTS ET INTERPRÈTES

16. Les honoraires et vacations des médecins, chirurgiens, sages-femmes, experts et interpretes, à raison des opérations qu'ils feront, sur la réquisition de nos officiers de justice ou de police judiciaire, dans les cas prévus par les articles 43, 44, 148, 332 et 333 du Code d'Instruction criminelle, se*ront réglés ainsi qu'il suit*.

17. Chaque médecin ou chirurgien recevra, savoir : 1° Pour chaque visite et rapport, y compris le premier pansement, s'il y a lieu — Paris, 6 f. — Villes de quarante mille habitans et au-dessus, 5 f. — Autres villes et communes, 3 f. — 2° Pour les ouvertures de cadavres ou autres opérations plus difficiles que la *simple visite*, et en sus des droits ci-dessus : — Paris, 9 f. — Villes de quarante mille habitans et au-dessus, 7 f. — Autres villes et communes, 5 f.

18. Les visites faites par les sages-femmes seront payées, — Paris, 3 f. — Autres villes et communes, 2 f.

19. Outre les droits ci-dessus, le prix des fournitures nécessaires pour les opérations, sera remboursé.

20. *Pour les frais d'exhumation* des cadavres, on suivra les tarifs locaux.

21. Il ne sera rien alloué pour soins et traitemens administrés, soit après le premier pansement, soit après les visites ordonnées d'office.

22. Chaque expert ou interprète recevra, pour chaque vacation de trois heures, et pour chaque rapport, *lorsqu'il sera fait par écrit, savoir* : — Paris, 5 f. — Villes de quarante mille habitans et au-dessus, 4 f. — Autres villes et communes, 3 f. — Les vacations de nuit seront payées moitié en sus. — Il ne pourra être alloué, pour chaque journée, que deux vacations de jour et une de nuit

23. Les traductions par écrit se*ront* payées pour chaque rôle, de trente lignes à la page et de seize à dix-huit syllabes à la ligne, savoir : — Paris, 1 f. 25 c. — Villes de quarante mille habitans et au-dessus, 1 f. — Autres villes et communes 75 c.

24. Dans le cas de transport à plus de deux kilomètres de leur résidence, les médecins, chirurgiens, sages-femmes, experts et interprètes, outre la taxe ci dessus fixer pour leurs vacations, seront indemnisés de leurs frais de voyage et séjour, de la manière déterminée dans le chapitre 8 ci-après.

25. Dans tous les cas où les médecins, chirurgiens, sages-femmes, experts et interpretes *seront appelés*, soit devant le juge d instruction, soit aux débats, à raison de leurs déclarations, visites ou rapports, les indemnités dues pour cette comparution leur seront payées comme à des témoins, s'ils requièrent taxe.

CHAPITRE III.

DES INDEMNITÉS QUI PEUVENT ÊTRE ACCORDÉES AUX TÉMOINS ET AUX JURÉS.

26. Conformément à l'article 82 du Code d'Instruction criminelle, les témoins entendus dans l'instruction et lors du jugement des affaires criminelles et de police, recevront, s'ils le demandent, une indemnité qui demeure réglée ainsi qu'il suit : (1)

27. Pour chaque jour que le témoin aura été détourné de son travail ou de ses affaires, il pourra lui être taxé, savoir : — Paris, 2 f. — Villes de quarante mille habitans et au-dessus, 1 f. 50 c. — Autres villes et communes, 1 f.

28. Les témoins du sexe féminin, admis à déposer, et les enfans de l'un et de l'autre sexe au-dessous de l'âge de quinze ans, entendus par forme de déclaration, recevront, savoir : — Paris, 1 f. 25 c. — Villes de quarante mille habitans et au dessus, 1 f. — Autres villes et communes, 75 c. (V. *déc. 7 avril* 1813, *art.* 2.)

29. Les témoins qui comparaîtront en justice dans un état de maladie ou d'infirmité dûment constaté, auront droit au double de la taxe accordée aux témoins valides. (V. *déc. 7 avril* 1813, *art.* 1.)

30. Si les témoins sont obligés de se transporter hors du lieu de leur résidence, il pourra leur être alloué des frais de voyage et de séjour, tels qu'ils seront réglés dans le chapitre 8 ci-après. — Audit cas, les frais de séjour, tels qu'ils seront fixés par le n° 2 de l'article 96 ci-après, leur tiendront lieu de la taxe déterminée dans les articles 27 et 28 ci-dessus. (V. *déc. 7 avril* 1813, *art.* 2.)

31. Nos officiers de justice n'accorderont aucune taxe aux militaires en activité de service, lorsqu'ils seron appelés en témoignage. — Néanmoins, il pourra leur être accordé une indemnité pour leur séjour forcé hors de leur garnison ou cantonnement, en se conformant, pour les officiers de tout grade, à la fixation faite par le n° 2 de l'article 96 du présent décret, et en allouant la moitié seulement de ladite indemnité aux sous-officiers et soldats.

32. Tous les témoins qui reçoivent un traitement quelconque, à raison d'un service public, n'auront droit qu'au remboursement des frais de voyage, s'il y a lieu et s'ils le requièrent, sur le pied réglé dans le chapitre 8 ci-après. (V. *déc. 7 avril* 1813, *art.* 3.)

33. Conformément à la loi du 5 pluviôse an XIII (2), l'indemnité accordée aux témoins ne sera avancée par le trésor royal, qu'autant qu'ils auront été cités, soit à la requête du ministère public, soit en vertu d'ordonnance rendue d'office, dans les cas

(1) Il résulte de cet article et de l'article 82 du Code d'instruction criminelle, qu'aucune taxe ne peut être accordée aux témoins *qu'autant qu'ils la demandent ;* et conformément à l'article 36, *mention expresse doit être faite dans le mandat de paiement que la taxe a été requise.* Cette formalité doit être observée dans tous les cas où les particuliers sont cités en témoignage. Aucune taxe ne peut être payée que sur l'acquit du témoin ; les receveurs de l'enregistrement et des domaines doivent exiger que cet acquit soit mis, *en leur présence,* au bas de la taxe, et au moment où le témoin se présente pour en recevoir le montant.

Par décision du ministre des finances, du 24 septembre 1808, les taxes doivent être payées par les receveurs *à tout instant et tous les jours*, depuis une heure avant le lever et jusqu'à une heure après le coucher du soleil.

(2) LOI DU 5 PLUVIÔSE AN XIII.

Art. 2. Les citations et significations faites à la requête des prévenus ou accusés seront à leurs frais, ainsi que les salaires des témoins qu'ils feront entendre ; sauf à la partie publique à faire citer, à sa requête, les témoins qui lui seraient indiqués par les prévenus ou accusés, dans le cas où elle jugerait que leur déclaration peut être nécessaire pour la découverte de la vérité ; sans préjudice encore du droit de la cour de justice criminelle (aujourd'hui le président des assises) d'ordonner dans le cours des débats, lorsqu'elle le jugera utile, que de nouveaux témoins seront entendus.

prévus par les articles 269 et 303 du Code d'Instruction criminelle.

34. Les témoins cités à la requête, soit des accusés, conformément à l'article 321 du Code d'Instruction criminelle, soit des parties civiles, conformément à la loi du 5 pluviôse an XIII, recevront les indemnités ci-dessus déterminées; elles leur seront payées par ceux qui les auront appelés en témoignage.

35. Les jurés qui auront été obligés de se transporter à plus de deux kilomètres de leur résidence actuelle, pourront être remboursés des frais de voyage seulement, sur le pied réglé dans le chapitre 8 ci-après, si toutefois ils le requièrent; et il ne sera rien alloué pour toute autre cause que ce soit, à raison de leurs fonctions.

36. Nos officiers de justice énonceront, dans les mandats qu'ils délivreront au profit des témoins et des jurés, que la taxe a été requise.

CHAPITRE IV.

DES FRAIS DE GARDE DE SCELLÉS, ET DE CEUX DE MISE EN FOURRIÈRE.

37. Dans les cas prévus par les articles 16, 35, 37, 38, 89 et 90 du Code d'Instruction criminelle, il ne sera accordé de taxe, pour la garde des scellés, que lorsque le juge instructeur n'aura pas jugé à propos de confier cette garde à des habitans de la maison où les scellés auront été apposés. — Dans ce cas, il sera alloué pour chaque jour, au gardien nommé d'office, savoir : — Paris, 1 f. 50 c. — Villes de quarante mille habitans et au-dessus, 1 f. — Autres villes et communes, 1 f.

38. En matière criminelle et correctionnelle, les femmes ne peuvent être constituées gardiennes des scellés, conformément à la loi du 6 vendémiaire an III, qui recevra, quant à ce, son exécution.

39. Les animaux et tous objets périssables, pour quelques causes qu'ils aient été saisis, ne pourront rester en fourrière ou sous le séquestre plus de huit jours. — Après ce délai, la main-levée provisoire pourra en être accordée. — S'ils ne doivent ou ne peuvent être restitués, ils seront mis en vente, et les frais de fourrière seront prélevés sur le produit de la vente, par privilége et préférence à tous autres.

40. La main-levée provisoire des animaux saisis et des objets périssables mis en séquestre, sera ordonnée par le juge de paix ou par le juge d'instruction, moyennant caution, et le paiement des frais de fourrière et de séquestre. — Si lesdits objets doivent être vendus, la vente sera ordonnée par les mêmes magistrats. — Cette vente sera faite à l'enchère, au marché le plus voisin, à la diligence de l'administration de l'enregistrement. — Le jour de la vente sera indiqué par affiches, vingt-quatre heures à l'avance, à moins que la modicité de l'objet ne détermine le magistrat à en ordonner la vente sans formalités; ce qu'il exprimera dans son ordonnance. — Le produit de la vente sera versé dans la caisse de l'administration de l'enregistrement, pour en être disposé ainsi qu'il en sera ordonné par le jugement définitif.

CHAPITRE V.

DES DROITS D'EXPÉDITION ET AUTRES ALLOUÉS AUX GREFFIERS.

41. Il est dû aux greffiers des cours royales, des tribunaux correctionnels et des tribunaux de police, suivant le cas, des droits d'expédition, des droits fixes et des indemnités, indépendamment du traitement fixe qui leur est accordé par nos décrets.

42. Les droits d'*expédition* sont dus pour tous les actes et pièces dont il est fait mention dans les articles du Code d'instruction criminelle, sous les numéros 31, 63, 65, 66, 68, 81, 86, 114, 117, 118, 120, 122, 123, 124, 125, 128, 129, 130, 131, 146, 153, 157, 158, 159, 160, 161, 188, 190, 191, 192, 193, 248, 281, 300, 304, 305, 343, 358, 396, 397, 398, 415, 419, 452, 454, 455, 456, 465, 481, 568, 595 et 601.

43. Ces droits d'expédition ne sont dus que lorsque les expéditions sont demandées, soit par les parties qui en requièrent la délivrance à leurs frais, soit par le ministère public; dans ce dernier cas, le trésor royal en fait les avances, s'il n'y a pas de partie civile, ou si la partie civile est dans un état d'indigence dûment constaté. — Hors les cas ci-dessus, il n'est rien dû aux greffiers pour les actes sus-énoncés, lorsque les signification, notification ou communication en sont faites sur les minutes, ainsi qu'il sera dit ci-après.

44. Il n'est dû qu'un droit fixe aux greffiers pour les *extraits* qu'ils sont tenus de délivrer, en conformité des articles 198, 202, 417 et 472 du Code d'Instruction criminelle, et de l'article 36 du Code pénal. (V. *ord.* 30 *déc.* 1823, *art.* 2, 6.)

45. Il leur est accordé une indemnité pour leur assistance aux actes désignés dans l'article 378 du Code d'Instruction criminelle, et pour l'accomplissement des formalités prescrites par l'article 83 du Code civil. 52, 53.

46. L'expédition de l'acte d'écrou dont il est fait mention en l'article 421 du Code d'Instruction criminelle, sera payé comme *extrait* aux concierges des prisons, suivant la fixation qui sera faite dans l'art. 50 ci après.

47. En conformité de l'article 166 du Code d'Instruction criminelle, les droits d'expédition dus aux greffiers des maires, agissant comme juges de police, seront les mêmes que ceux des greffiers des autres tribunaux de police.

48. Les droits d'expédition dus aux greffiers des cours et tribunaux, sont fixés à 40 c. par rôle de vingt huit lignes à la page, et de quatorze à seize syllabes à la ligne.

49. Les droits d'expédition pour chacune des copies du registre tenu par les greffiers, aux termes de l'article 600 du Code d'Instruction criminelle, qui doivent être adressées à notre chancelier et à notre ministre de la police générale, conformément à l'article 601 du même Code, sont fixés à 10 c. pour chaque article du registre.

50. Les droits fixés pour les extraits, sont réglés à 60 c., quel que soit le nombre de rôles de chaque extrait. — En matière forestière, ces droits ne seront que de 25 c. (V. *déc.* 7 *avril* 1813, *art.* 7.)

51. L'état de liquidation des frais et dépens sera dressé par le greffier, et les copies qu'il en délivrera lui seront payées à raison de 5 c. par article.

52. Lors des exécutions des arrêts criminels, le greffier de la cour, du tribunal ou de la justice de paix du lieu où se fera l'exécution, sera tenu d'y assister, d'en dresser procès-verbal, et, dans le cas d'exécution à mort, il fera parvenir à l'officier de l'état civil, les renseignemens prescrits par le Code civil. — A cet effet le greffier se rendra, soit à l'hôtel de ville, soit dans une maison située sur la place publique où se fera l'exécution, et qui leur sera désignée par l'autorité administrative.

53. Il est alloué aux greffiers, pour tous droits d'assistance, transcription du procès-verbal au bas de l'arrêt, et déclaration à l'officier de l'état civil, savoir : — 1° Pour les exécutions à mort, Paris, 20 f. — Villes de quarante mille habitans et au-dessus, 15 f. — Autres villes et communes, 10 f. — 2° Pour les exécutions par effigies et expositions, Paris, 10 f. Villes de quarante mille habitans et au-dessus, 5 f. — Autres villes et communes, 3 fr.

54. Les accusés paieront au taux réglé par notre présent decret, les expéditions et copies qu'ils demanderont, outre celles qui leur seront délivrées gratuitement, aux termes de l'article 305 du Code d'Instruction criminelle.

55. Dans les cas de renvoi des accusés, soit devant un autre juge d'instruction, soit à une autre cour d'assises ou spéciale, il ne pourra leur être délivré, aux frais du trésor royal, de nouvelles copies des pièces dont ils auront déjà reçu une copie en exécution du susdit article 305.

56. En matière correctionnelle et de simple police, aucune expédition ou copie des pièces de la procédure ne pourra être délivrée aux parties sans une autorisation expresse de notre procureur général. — Mais il leur sera délivré sur leur seule demande, expédition de la plainte, de la dénonciation, des ordonnances et des jugemens définitifs. — Toutes ces expéditions seront à leurs frais. 48, 54.

57. Conformément à l'article 5 de

notre décret du 24 février 1806 (1), les greffiers ne délivreront aucune expédition ou copie susceptible d'être taxée par le rôle, ni aucun extrait, sans les avoir soumis à l'examen de nos procureurs, qui en feront prendre note sur un registre tenu au parquet. — Nos procureurs viseront, en outre, les expéditions.

58. Ne seront point insérés dans la rédaction des arrêts et jugemens les plaidoyers prononcés, soit par le ministère public, soit par les défenseurs des prévenus ou accusés; mais seulement leurs conclusions.

59. Toutes les fois qu'une procédure en matière criminelle, de police correctionnelle, ou de simple police, devra être transmise à quelque cour ou tribunal que ce soit, ou à notre ministre de la justice; la procédure et les pièces seront envoyées en minutes, sans en excepter aucune, à moins que notre ministre de la justice ne désigne des pièces pour n'être expédiées que par copies ou par extraits.

60. Dans tous les cas où il y aura envoi des pièces d'une procédure, le greffier sera tenu d'y joindre un inventaire qu'il dressera sans frais, ainsi qu'il est prescrit par l'article 423 du Code d'instruction criminelle. (V. *déc. 29 août 1813, cop. à signif. p. les huiss.*)

61. Ne seront expédiés, dans la forme exécutoire, que les arrêts, jugemens et ordonnances de justice que les parties ou le ministère public demanderont dans cette forme.

62. Toutes les fois que l'officier du ministère public aura pris une expédition d'un arrêt ou d'un jugement portant peine d'amende ou de confiscation, pour en poursuivre l'exécution en ce qui le concerne, il remettra cette expédition au préposé de l'enregistrement chargé du recouvrement des condamnations pécuniaires, pour tenir lieu de l'extrait dont la remise est ordonnée par les arrêtés du Gouvernement des 1er et 16 nivôse an v. — Cette remise de l'expédition n'aura lieu que lorsque nos procureurs ou leurs substituts auront condamné tous les actes de leur ministère.

63. Il n'est rien alloué aux greffiers pour les écritures qu'ils sont tenus de faire sous la dictée ou l'inspection des magistrats, ni pour la minute d'aucun acte quelconque, non plus aussi que pour les simples renseignemens qui leur seront demandés par le ministère public pour être transmis à nos ministres.

64. Nous défendons très-expressément, aux greffiers et à leurs commis, d'exiger d'autres ou de plus forts droits que ceux qui leur sont attribués par notre présente ordonnance, soit à titre de prompte expédition, soit comme gratification, ni pour quelque cause et sous quelque prétexte que ce soit. — En cas de contravention, nous voulons qu'ils soient destitués de leurs emplois, et condamnés à une amende qui ne pourra être moindre de cinq cents francs, ni excéder six mille francs; sans préjudice toutefois, suivant la gravité des cas, de l'application des dispositions de l'article 174 du Code pénal. — Ordonnons à nos procureurs généraux et nos procureurs du roi, de dénoncer d'office, ou de poursuivre, sur la plainte des parties intéressées, les abus qui viendront à leur connaissance.

CHAPITRE VI.

DES SALAIRES DES HUISSIERS.

65. Le service des huissiers près de nos cours royales sera déterminé par une délibération prise en assemblée générale de la cour. — Tous les huis-

---

(1) DÉCRET DU 24 FÉVRIER 1806.

Art. 5. Aucune copie ne sera délivrée par un greffier, sans avoir été mise sous les yeux du président et du procureur du roi, qui mettront leur visa au pied de chaque copie, et donneront au greffier le certifi. at qu'il s'est conformé aux réglemens, tant sur les actes à délivrer que sur le nombre de lignes dans chaque page et de syllabes dans chaque ligne. Les greffiers devront joindre ce certificat à l'exécutoire qui leur sera donné pour cette copie.

siers pourront être appelés indistinctement à faire le service civil et le service criminel, à tour de rôle. — Néanmoins, ceux des huissiers ci-devant attachés aux cours criminelles qui seront jugés les plus aptes à mettre le service criminel en activité, seront attachés de préférence, pendant les quatre années qui courront du jour de l'installation de chaque cour royale, au service des chambres criminelles de la cour, des cours d'assises et de la cour spéciale du chef-lieu.

66. Les cours royales pourront fixer le lieu de la résidence de tous les huissiers de leur ressort, et la changer, sur la réquisition de notre procureur général. — Le service des huissiers des tribunaux de première instance sera réglé par une délibération de chaque tribunal pour son arrondissement.

67. Les huissiers n'ont aucun traitement fixe ; il leur est seulement accordé des salaires à raison des actes confiés à leur ministère.

68. Les dispositions du décret du 17 mars 1809, concernant les six huissiers attachés à la cour de justice criminelle du département de la Seine, continueront à être exécutées à l'égard des huissiers qui seront attachés au service criminel près notre cour royale de Paris, et ce, jusqu'à ce qu'il en soit autrement ordonné par nous.

69. En exécution de l'article 120 du décret du 6 juillet 1810, notre chancelier, après avoir pris l'avis de nos cours royales, qui lui transmettront leurs délibérations, nous présentera, d'ici au 1er janvier 1812, un rapport, — Sur l'organisation en communauté des huissiers résidant et exploitant dans chaque arrondissement communal ; — Sur le nombre d'huissiers qui doivent être attachés au service des audiences de nos cours et tribunaux ; — Sur les indemnités qu'il pourra y avoir lieu d'accorder aux huissiers-audienciers pour leur service particulier ; — Sur les règlemens de police et de discipline nécessaires pour tous ; — Et sur l'établissement d'une bourse commune entre tous les membres de chaque communauté d'arrondissement. (*Déc. 14 juin 1813.*)

70. Lorsqu'il n'aura pas été délivré au ministère public des expéditions des actes ou jugemens à signifier, les significations seront faites par les huissiers, sur les minutes qui leur seront confiées par les greffiers, sous leur récépissé, à la charge par eux de les rétablir au greffe, dans les vingt-quatre heures qui suivront la signification, sous peine d'y être contraints par corps, en cas de retard. — Lorsqu'un acte ou jugement aura été remis en expédition au ministère public, la signification sera faite sur cette expédition, sans qu'il en soit délivré une seconde pour cet objet. — Les copies de tous les actes, arrêts, jugemens et pièces à signifier, seront toujours faites par les huissiers ou par leurs scribes.

71. Les salaires des huissiers, pour tous les actes de leur ministère résultant du Code d'Instruction criminelle et du Code pénal, sont réglés et fixés ainsi qu'il suit : — 1° Pour toutes citations, significations, notifications, communications et mandats de comparution, dans les cas prévus par les articles 19, 34, 72, 81, 91, 97, 109, 114, 116, 117, 128, 129, 130, 131, 135, 145, 146, 149, 151, 153, 157, 158, 160, 172, 174, 177, 182, 185, 186, 187, 188, 190, 199, 203, 205, 212, 213, 214, 219, 230, 231, 242, 266, 269, 281, 292, 303, 321, 354, 355, 356, 358, 389, 395, 396, 397, 398, 415, 418, 421, 452, 454, 456, 466, 479, 487, 492, 500, 507, 517, 519, 528, 531, 532, 538, 546, 547, 548 et 567 du Code d'Instruction criminelle, pour l'original seulement, Paris, 1 f. — Villes de quarante mille habitans et au-dessus, 75 c. — Autres villes et communes, 50 c. — 2° Pour chaque copie des actes ci-dessus désignés, Paris, 75 c. — Villes de quarante mille habitans et au-dessus, 60 c. — Autres villes et communes, 50 c. — 3° Pour l'exécution des mandats d'amener, dans les cas prévus par les articles 40, 61, 80, 91, 92, 237, 269, 355, 361 et 462, du Code d'Instruction criminelle, y compris l'exploit de signification et la copie,

Paris, 8 f. — Villes de quarante mille habitans et au-dessus, 6 f. — Autres villes et communes, 5 f. — 4° Pour l'exécution des mandats de dépôt, aux cas prévus par les articles 34, 40, 61, 86, 100, 193, 214, 237, 248 et 490 du Code d'Instruction criminelle, y compris l'exploit de signification et la copie, Paris, 5 f. — Villes de quarante mille habitans et au-dessus, 4 f. — Autres villes et communes, 3 f. — 5° Pour la capture de chaque prévenu, accusé ou condamné, en exécution d'un mandat d'arrêt, ordonnance de prise de corps, arrêt ou jugement quelconque emportant saisie de la personne, y compris l'exploit de signification, la copie et le procès-verbal de perquisition, lors même qu'il s'agirait de l'exécution d'un seul mandat d'arrêt, ordonnance de prise de corps, arrêt ou jugement qui concerneraient plusieurs individus, et dans les cas prévus par les articles 60, 94, 109, 110, 134, 157, 193, 214, 231, 232, 237, 239, 343, 355, 361, 452, 454, 456, 500 et 522 du Code d'Instruction criminelle, et par les articles 46 et 52 du Code pénal, savoir : Paris, 21 f. — Villes de quarante mille habitans et au-dessus, 18 f. — Autres villes et communes, 15 f. (V. *Déc.* 7 *avril* 1813, *art.* 6.) — 6° Pour l'extraction de chaque prisonnier, sa conduite devant le juge, et sa réintégration dans la prison, Paris, 75 c. — Villes de quarante mille habitans et au-dessus, 60 c. — Autres villes et communes, 50 c. — 7° Pour le procès-verbal de perquisition, dont il est fait mention dans l'article 109 du Code d'Instruction criminelle, et qui n'est pas suivi de capture, y compris l'exploit de signification et la copie du mandat d'arrêt, de l'ordonnance de prise de corps, ou de l'arrêt ou jugement qui auront donné lieu à la perquisition, savoir : Paris, 6 f. — Villes de quarante mille habitans et au-dessus, 4 f. — Autres villes et communes, 3 f. — 8° Pour la publication à son de trompe ou de caisse, et les affiches de l'ordonnance, qui, aux termes des articles 465 et 466 du Code d'Instruction criminelle, doit être rendue et publiée contre les accusés contumax, y compris le procès-verbal de la publication ; savoir : Paris, 18 f. — Villes de quarante mille habitans et au-dessus, 15 f. — Autres villes et communes, 12 f. — 9° Pour la lecture de l'arrêt de condamnation à mort, dont il est fait mention dans l'article 13 du Code pénal, — Paris, 30 f. — Villes de quarante mille habitans et au-dessus, 24 f. — Autres villes et communes, 18 f. — 10° Pour le salaire particulier des scribes employés pour les copies de tous les actes dont il est fait mention ci-dessus, et de toutes les autres pièces dont il doit être donné copie, et ce, pour chaque rôle d'écriture de trente lignes à la page et de dix-huit à vingt syllabes à la ligne, non compris le premier rôle, Paris, 50 c. — Villes de quarante mille habitans et au-dessus, 40 c. — Autres villes et communes, 30 c. — 11° Pour assistance à l'inscription de l'écrou, lorsque le prévenu se trouve déjà incarcéré, et pour la radiation de l'écrou dans tous les cas, Paris, 1 f. — Villes de quarante mille habitans et au-dessus, 75 c. — Autres villes et communes, 50 c.

72. Il ne sera alloué aucune taxe aux agens de la force publique, pour raison des citations, notifications et significations dont ils seront chargés par les officiers de police judiciaire et par le ministère public.

73. Si un mandat d'amener et un mandat de dépôt ont été décernés dans les mêmes vingt-quatre heures, contre le même individu et par le même magistrat, il n'y aura pas lieu de cumuler et d'allouer aux huissiers la taxe ci-dessus établie pour l'exécution des deux mandats ; mais, audit cas, il leur sera alloué pour toute taxe, savoir : Paris, 10 f. — Villes de quarante mille habitans et au-dessus, 8 f. — Autres villes et communes, 6 f. (*Déc.* 7 *avril*, *art.* 5.)

74. Lorsque des individus contre lesquels il aura été décerné des mandats d'arrêt et ordonnances de prise de corps, ou rendu des arrêts ou jugemens emportant saisie de la personne, se trouveront déjà arrêtés d'une

manière quelconque, l'exécution des actes ci-dessus, à leur égard, ne sera payée aux huissiers qu'au taux réglé par le n° 1 de l'article 71, pour les citations, significations et notifications. — Il en sera de même pour l'exécution des mandats d'amener, lorsque l'individu se trouvera arrêté, lorsqu'il se sera présenté volontairement, ou qu'il n'aura pu être saisi.

75. Les huissiers ne dresseront un procès-verbal de perquisition qu'en vertu d'un mandat d'arrêt, ordonnance de prise de corps, arrêt ou jugement de condamnation à peine afflictive ou infamante, ou à l'emprisonnement.

76. Il ne sera payé, dans une même affaire, qu'un seul procès-verbal pour chaque individu, quel que soit le nombre des perquisitions qui auront été faites dans la même commune.

77. Si, malgré les perquisitions faites par l'huissier, le prévenu, accusé ou condamné n'est point arrêté, une copie en forme du mandat d'arrêt, de l'ordonnance de prise de corps, de l'arrêt ou jugement de condamnation, sera adressée au commissaire général de police, à son défaut au commandant de la gendarmerie; et à Paris, au préfet de police. — Le préfet, les commissaires généraux de police et les commandans de la gendarmerie donneront aussitôt à leurs subordonnés l'ordre d'assister les huissiers dans leurs recherches, et de les aider de leurs renseignemens. — Enjoignons aux agens de la force publique et de la police, de prêter aide et main-forte aux huissiers, toutes et quantes fois ils en seront par eux requis, et sans pouvoir en exiger aucune rétribution, à peine d'être poursuivis et punis suivant l'exigence des cas. — Néanmoins, lorsque des gendarmes ou agens de police, porteurs de mandemens de justice, viendront à découvrir, hors de la présence des huissiers, les prévenus, accusés ou condamnés, ils les arrêteront, et les conduiront devant le magistrat compétent; et, dans ce cas, le droit de capture leur sera dévolu. (V. Déc. 7 avril 1813, art. 6.)

78. Le salaire des recors sera toujours à la charge des huissiers qui les auront employés.

79. Il en sera de même des frais pour la publication à son de trompe ou de caisse, prescrite par l'article 466 du Code d'instruction criminelle.

80. Lorsque lesdites publications et affiches se feront dans deux communes différentes, chacun des deux huissiers qui en seront chargés, ne recevra que la moitié de la taxe fixée par l'article 71, n° 8.

81. Les frais de voyage et de séjour des huissiers seront alloués, ainsi qu'il sera dit dans le chapitre 8 ci-après.

82. Notre chancelier fera dresser et parvenir à nos procureurs, des modèles des mémoires que les huissiers auront à fournir pour la répétition de leurs salaires; et les huissiers seront tenus de s'y conformer exactement, sous peine de rejet de leurs mémoires.

83. Pour faciliter la vérification de la taxe des mémoires des huissiers, il sera tenu, au parquet de nos cours et tribunaux, un registre des actes de ces officiers ministériels: on y désignera sommairement chaque affaire; et en marge ou à la suite de cette désignation, on relatera, par ordre de dates, l'objet et la nature des diligences, à mesure qu'elles seront faites, ainsi que le montant du salaire qui y est affecté. — Nos procureurs examineront en même temps les écritures, afin de s'assurer qu'elles comprennent le nombre de lignes à la page et de syllabes à la ligne prescrit par l'article 71, n° 10, et ils réduiront au taux convenable le prix des écritures qui ne seraient pas dans les proportions établies par ledit article.

84. Nos procureurs et les juges d'instruction ne pourront user, si ce n'est pour causes graves, de la faculté qui leur est accordée par la loi du 5 pluviôse an XIII, de charger un huissier d'instrumenter hors du canton de sa résidence; ils seront tenus d'énoncer ces causes dans leur mandement, lequel contiendra, en outre, le nom de l'huissier, la désignation du nombre et de la nature des actes, et l'indication du lieu où ils devront être mis à exécution. Le mandement sera

toujours joint au mémoire de l'huissier. *Déc. 14 juin 1813, art. 29.*

85. Tout huissier qui refusera d'instrumenter dans une procédure suivie à la requête du ministère public, ou de faire le service auquel il est tenu près la cour ou le tribunal, et qui, après injonction à lui faite par l'officier compétent, persistera dans son refus, sera destitué, sans préjudice de tous dommages et intérêts, et des autres peines qu'il aura encourues.

86. Les dispositions de l'article 64 ci-dessus, sont communes aux huissiers, lesquels, en cas de contravention, seront poursuivis de la même manière par nos procureurs, et sous les mêmes peines.

CHAPITRE VII.

DU TRANSPORT DES MAGISTRATS.

87. Les frais de voyage et de séjour des conseillers des cours royales et des conseillers-auditeurs, délégués dans les cas prévus par les articles 19 et 21 du décret du 30 janvier 1811 (1), seront payés aux taux réglés par ces mêmes articles.

88. Dans les cas prévus par les articles 32, 36, 43, 46, 47, 49, 50, 51, 52, 59, 60, 62, 83, 84, 87, 88, 90, 464, 488, 497, 511 et 616 du Code d'Instruction criminelle, les juges et les officiers du ministere public recevront des indemnités ainsi qu'il suit : — S'ils se transportent à plus de cinq kilomètres de leur résidence, ils recevront, pour tous frais de voyage, de nourriture et de séjour, une indemnité de 9 f. par jour ; — S'ils se transportent à plus de deux myriamètres, l'indemnité sera de 12 f. par jour.

89. L'indemnité du greffier ou commis assermenté qui accompagnera le juge ou l'officier du ministère public sera, — Dans le premier cas, de 6 f. par jour ; — Dans le second, de 8 f.

CHAPITRE VIII.

DES FRAIS DE VOYAGE ET DE SÉJOUR AUXQUELS L'INSTRUCTION DES PROCÉDURES PEUT DONNER LIEU.

90. Il est accordé des indemnités aux medecins, chirurgiens, sages-femmes, experts, interprètes, témoins, jurés, huissiers et gardes champêtres et forestiers, lorsqu'à raison des fonctions qu'ils doivent remplir, et notamment dans les cas prévus par les articles 20, 43 et 44 du Code d'Instruction criminelle, ils seront obligés de se transporter à plus de deux kilomètres de leur résidence, soit dans le canton, soit au-delà. (*Modifié relativement aux témoins par le décret du 7 avril 1813, art. 2, 3.*)

91. Cette indemnité est fixée pour chaque myriamètre parcouru en allant et en revenant, savoir : — 1° Pour les médecins, chirurgiens, experts,

(1) DÉCRET DU 30 JANVIER 1811.

9. Les conseillers de la cour royale de Paris délégués pour présider les cours d'assises dans les départemens autres que celui où siégera la cour royale, auront, indépendamment de la totalité de leur traitement, un supplément d'un huitième en sus pour chaque trimestre pendant lequel ils présideront. — Les conseillers des autres cours royales délégués comme il est dit au précédent paragraphe, auront un supplément du quart en sus.

19. Les conseillers des cours royales et les *conseillers auditeurs* qui seront délégues pour compléter le nombre des juges d'une cour d'assises, recevront, pour tous frais de voyage et de séjour dans les lieux où se tiendront les assises, une indemnité de quinze francs par jour, qui leur sera payée comme frais généraux de justice, sur exécutoire decerné par le premier président de la cour royale, et sur le réquisitoire de notre procureur général.

21. Les conseillers délégués dans le cas de l'article 9, qui après avoir terminé les affaires d'un département, seront délégués durant le même trimestre, dans un autre département, pour y présider la cour d'assises, recevront, à raison de cette nouvelle délégation, dix francs par poste, pour frais de voyage.

interprètes et jurés, à 2 f. 50 c. — 2° Pour les sages-femmes, témoins, huissiers, gardes champêtres et forestiers, à 1 f. 50 c.

92. L'indemnité sera réglée par myriamètre et demi-myriamètre. — Les fractions de huit ou neuf kilomètres seront comptées pour un myriamètre, et celles de trois à sept kilomètres pour un demi-myriamètre.

93. Pour faciliter le règlement de cette indemnité, les préfets feront dresser un tableau des distances en myriamètres et kilomètres, de chaque commune au chef-lieu du canton, au chef-lieu d'arrondissement, et au chef-lieu de département. — Ce tableau sera déposé aux greffes des cours royales, des tribunaux de première instance et des justices de paix, et il sera transmis à notre chancelier.

94. L'indemnité de 2 f. 50 c. sera portée à 3 f.; et celle de 1 f. 50 c. à 2 f., pendant les mois de novembre, décembre, janvier et février. (V. *Déc. 7 avril* 1813, *art.* 4.)

95. Lorsque les individus dénommés ci-dessus seront arrêtés, dans le cours du voyage, par force majeure, ils recevront en indemnité, pour chaque jour de séjour forcé, savoir: — 1° Ceux de la première classe, 2 f. — 2° Ceux de la seconde, 1 f. 50 c. — Ils seront tenus de faire constater par le juge de paix ou ses suppléans, ou par le maire, ou, à son défaut, par ses adjoints, la cause du séjour forcé en route, et d'en représenter le certificat à l'appui de leur demande en taxe. 91. (*Déc. 7 avril* 1813, *art.* 5.)

96. Si les mêmes individus, autres que les jurés, huissiers, gardes champêtres et forestiers, sont obligés de prolonger leur séjour dans la ville où se fera l'instruction de la procédure, et qui ne sera point celle de leur résidence, il leur sera alloué, pour chaque jour de séjour, une indemnité fixée ainsi qu'il suit: — 1° Pour les médecins, chirurgiens, experts et interprètes, Paris, 4 f. — Villes de quarante mille habitans et au-dessus, 2 f. 50 c. — Autres villes et communes, 2 f. — 2° Pour les sages-femmes et témoins, Paris, 3 f. — Villes de quarante mille habitans et au-dessus, 2 f. — Autres villes et communes, 1 f. 50 c.

97. La taxe des indemnités de voyage et de séjour sera double pour les enfans mâles au-dessous de l'âge de quinze ans, et pour les filles au-dessous de l'âge de vingt-un ans lorsqu'ils seront appelés en témoignage, et qu'ils seront accompagnés, dans leur route ou séjour, par leurs père, mère, tuteur ou curateur, à la charge par ceux-ci de justifier de leur qualité.

CHAPITRE IX.

DU PORT DES LETTRES ET PAQUETS.

98. Les états de crédit mentionnés dans l'art. 14 de l'arrêté du Gouvernement du 27 prairial an VIII, relatif à la franchise et au contre-seing, seront tenus à l'avenir, pour les fonctionnaires ci-après désignés, savoir: — 1° Les premiers présidens des cours royales; — 2° Nos procureurs généraux près les mêmes cours; — 3° Les présidens des cours d'assises et des cours spéciales; — 4° Les substituts de nos procureurs généraux près les cours d'assises et spéciales hors du chef-lieu; — 5° Nos procureurs près les tribunaux de première instance; — 6° Les juges d'instruction; — 7° Les juges de paix; — 8° Les greffiers en chef des cours royales, et les greffiers des tribunaux de première instance. (V. *ord.* 24 *déc.* 1825.)

99. Nos procureurs généraux jouiront en outre, dans le ressort de la cour royale, du contre-seing et de la franchise pour les lettres et paquets qu'ils adresseront aux autorités constituées et aux fonctionnaires désignés dans l'état annexé au règlement du 27 prairial an VIII, et pour ceux qui leur seront adressés des divers points du ressort.

100. Les directeurs des postes seront tenus de comprendre, dans lesdits états de crédit, tous paquets ou lettres que les fonctionnaires ci-dessus désignés jugeront nécessaires d'affranchir ou de charger pour tous autres fonctionnaires publics quelconques.

101. Les paquets ou lettres avec

enveloppe, adressés aux greffiers, ne seront par eux ouverts qu'au parquet, en présence de nos procureurs ou d'un substitut, lesquels feront tenir, sur un registre particulier, une note indicative de chaque envoi, du lieu du départ, du montant de la taxe, et de l'affaire à laquelle l'envoi se rapportera. — Ce registre servira de contrôle aux états qui seront fournis chaque mois par les greffiers, ainsi qu'il sera dit ci-après.

102. A la fin de chaque mois, il sera fait des états de crédit, article par article, pour les paquets adressés aux premiers présidens, aux présidens des cours d'assises et des cours spéciales. Ces états, certifiés par eux, et par le directeur des postes, seront exécutoires de plein droit au profit du directeur des postes, après avoir été préalablement visés par le préfet. — Les états relatifs au crédit des autres fonctionnaires désignés dans l'article 98, seront certifiés par eux et par le directeur des postes, rendus exécutoires au profit du directeur des postes par ordonnance du président de la cour ou du tribunal, et visés par le préfet.

103. Les fonctionnaires mentionnés dans l'article 98 pourront aussi employer, pour le transport de leurs dépêches, toutes autres voies qui leur paraîtront plus expéditives et plus économiques que celle de la poste, et particulièrement les messagers de préfectures, sous-préfectures ou autres.

CHAPITRE X.

DES FRAIS D'IMPRESSION.

104. Il ne sera payé des frais d'impression, sur les fonds généraux des frais de justice criminelle, que pour les objets suivans : — 1° Pour les extraits d'arrêts de condamnation à des peines afflictives ou infamantes, ainsi qu'il est dit dans l'article 36 du Code pénal ; — 2° Pour les ordonnances portant nomination des présidens et assesseurs des cours d'assises, et les arrêts de convocation des cours d'assises et spéciales : le tout en conformité de la loi du 20 avril 1810, et du décret du 6 juillet suivant ; (1) — 3° Pour les signalemens des personnes à arrêter ; — 4° Pour les états et modèles d'états relatifs au paiement, à la liquidation et au recouvrement des frais de justice ; — 5° Pour les actes dont une loi ou un décret aura ordonné l'impression, et pour ceux dont notre chancelier jugera l'impression et la publication nécessaires par une décision spéciale.

105. Seront imprimés en placards tous les actes qui doivent être publiés et affichés, et ce, conformément au modèle que notre chancelier en fera dresser à notre imprimerie royale. — Ce modèle sera envoyé à nos procureurs près les cours et tribunaux. — Toutes impressions qui ne seront point conformes au modèle, seront rejetées. 36, P.

106. Le nombre d'exemplaires des placards et des autres impressions sera déterminé par nos procureurs généraux, suivant les localités.

107. Les placards destinés à être affichés seront transmis aux maires, qui les feront apposer dans les lieux accoutumés.

108. Les cours royales et les tribunaux de première instance nommeront un imprimeur pour faire le service de la cour et du tribunal. — Nos

---

(1) DÉCRET DU 6 JUILLET 1810.

88. L'ordonnance portant nomination des présidens et des conseillers ou des *auditeurs* délégués pour la tenue des assises, et fixation du jour de l'ouverture des séances de la cour d'assises, sera envoyée, à la diligence des procureurs généraux, aux tribunaux de première instance de la cour d'assises ; elle sera publiée, dans les trois jours de sa réception, à l'audience publique, sur la réquisition du procureur du roi.

89. L'annonce de cette ordonnance sera faite dans les journaux du département où siège la cour d'assises ; elle sera affichée dans les chefs-lieux d'arrondissement et sièges des tribunaux de première instance.

procureurs généraux informeront notre chancelier du prix et des conditions des marchés qui seront faits avec les imprimeurs de la cour royale et des tribunaux du ressort.

109. Les épreuves de toutes les impressions seront adressées par les imprimeurs à nos procureurs près les cours et tribunaux, et la correction en sera faite au parquet. — Elles seront communiquées au conseiller-rapporteur et au président de chambre qui aura prononcé l'arrêt, lorsqu'ils le demanderont.

110. Il sera tenu note, au parquet, de toutes les impressions, à mesure qu'elles seront exécutées. — Deux exemplaires de chaque objet seront remis au parquet. — Deux seront adressés à notre chancelier.

111. Tous les trois mois, les imprimeurs fourniront leurs mémoires à nos procureurs, qui les feront vérifier. Ils joindront, à chaque article, un exemplaire de l'objet imprimé, comme pièce justificative. — Ces mémoires seront rendus exécutoires par ordonnance des présidens de nos cours et tribunaux, sur les réquisitions du ministère public. — L'ordonnance contiendra l'indication des lois, des décrets ou des décisions de notre chancelier, en vertu desquels l'impression aura été ordonnée.

112. Les frais d'impression qui seront à la charge d'un juré condamné pour avoir manqué à ses fonctions, dans les cas prévus par les art. 396 et 398 du Code d'Instruction criminelle, seront les mêmes que ceux du marché passé pour les impressions de la cour ou du tribunal. — Auxdits cas, les frais d'affiches seront payés au prix d'usage dans chaque localité.

CHAPITRE XI.

DES FRAIS D'EXÉCUTION DES ARRÊTS.

113. Il sera fait, par notre chancelier, un règlement qui déterminera les dépenses nécessaires pour l'exécution des arrêts criminels, et réglera le mode de leur paiement. — Ce règlement sera adressé à nos procureurs près les cours et tribunaux, et aux préfets, pour le faire exécuter, chacun en ce qui le concerne. (*Règlem. 3 oct. 1811.*)

114. La loi du 22 germinal an IV, relative à la réquisition des ouvriers pour les travaux nécessaires à l'exécution des jugemens, continuera d'être exécutée. — Les dispositions de la même loi seront observées dans le cas où il y aurait lieu de faire fournir un logement aux exécuteurs. 476, I. c. (1).

115. Les lois des 13 juin 1793, 3 frimaire et 22 floréal an II, relatives au nombre, au placement, aux gages et à la nomination des exécuteurs et de leurs aides, continueront d'être exécutées.

116. Notre chancelier est autorisé à disposer, sur les fonds généraux des frais de justice, d'une somme de 36 mille francs par année, pour l'employer à donner, sur l'avis de nos procureurs et des préfets, des secours alimentaires aux exécuteurs infirmes ou sans emploi, à leurs veuves et à leurs enfans orphelins, jusqu'à l'âge de douze ans. — Au moyen de la présente disposition, tous les règlemens antérieurs sur les secours accordés aux exécuteurs et à leurs familles, sont abrogés.

TITRE II.

DES DÉPENSES ASSIMILÉES A CELLES DE L'INSTRUCTION DES PROCÈS CRIMINELS.

CHAPITRE PREMIER.

DE L'INTERDICTION D'OFFICE.

117. Indépendamment des poursuites qui seront dirigées contre ceux

(1) LOI DU 22 GERMINAL AN IV.

Art. 1er. (Le procureur général, le procureur du roi) requerront les ouvriers, chacun à leur tour, de faire les travaux nécessaires pour l'exécution des jugemens, à la charge de leur en faire compter le prix ordinaire.

2. (Cet article est remplacé par le paragraphe 12 de l'art. 475, C. pénal.)

qui laissent divaguer des fous et des furieux, pour faire prononcer contre les délinquans les peines portées par les articles 471 et 479 du Code pénal, le ministère public, lorsque l'interdiction ne sera pas provoquée par les parens, la poursuivra d'office, non-seulement dans les cas de fureur, mais aussi dans les cas d'imbécillité et de démence, si l'individu n'a ni époux, ni épouse, ni parens connus, *conformément à l'article 491 du Code civil.*

118. Les frais de cette procédure seront avancés, par l'administration de l'enregistrement, sur le pied du tarif fixé par notre présent décret ; et les actes auxquels cette procédure donnera lieu seront visés pour timbre et enregistrés en débet, conformément aux lois des 13 brumaire et 22 frimaire an VII.

119. Si l'interdit est solvable, les frais de l'interdiction seront à sa charge ; et le recouvrement en sera poursuivi, avec privilége et préférence, sur ses biens, et en cas d'insuffisance, sur ceux de ses père, mere, époux ou épouse. — Ce privilége s'exercera conformément aux règles prescrites par la loi du 5 septembre 1807.

120. Si l'interdit et les parens désignés dans l'article précédent sont dans un état d'indigence dûment constaté par certificat du maire, visé et approuvé par le sous-préfet et par le préfet, il ne sera passé en taxe que les salaires des huissiers, *et l'indemnité* due aux témoins non parens ni alliés de l'interdit.

CHAPITRE II.

DES POURSUITES D'OFFICE EN MATIÈRE CIVILE.

121. Les frais des actes et procédures faits sur la poursuite d'office du ministère public, dans les cas prévus par le Code civil, et notamment par les articles 50, 53, 81, 184, 191 et 192, relativement aux actes de l'état civil, seront payés, taxés et recouvrés, ainsi qu'il est dit dans le chapitre précédent.

122. Il en sera de même lorsque le ministère public poursuivra d'office les rectifications des actes de l'état civil, en conformité de l'avis du Conseil d'État du 12 brumaire an XI ; comme aussi au sujet des poursuites faites en conformité de la loi du 25 ventôse an XI, sur le notariat, et généralement dans tous les cas où le ministère public agit dans l'intérêt de la loi et pour assurer son exécution.

123. Il n'est point dérogé, par les *précédentes dispositions*, à celles du décret du 12 juillet 1807, concernant les droits à percevoir par les officiers de l'état civil.

CHAPITRE III.

DES INSCRIPTIONS HYPOTHÉCAIRES REQUISES PAR LE MINISTÈRE PUBLIC.

124. Les frais d'inscription hypothécaire, lorsqu'elle sera requise par le ministère public, en conformité de l'article 121 du Code d'Instruction criminelle, seront avancés par l'administration de l'enregistrement, laquelle en sera remboursée sur les biens des condamnés, dans les cas et aux formes de droit.

125. Il en sera de même dans tous les cas où le ministère public est tenu, conformément à la loi et aux décrets, de prendre des inscriptions d'office, dans l'intérêt des femmes, des mineurs, du trésor royal, etc., etc.

CHAPITRE IV.

DU RECOUVREMENT DES AMENDES ET CAUTIONNEMENS.

126. Les frais des recouvremens des amendes prononcées dans les cas prévus par le Code d'Instruction criminelle et par le Code pénal, seront taxés conformément au tarif réglé par les décrets du 16 février 1807, pour la procédure civile. — L'avance de ces frais ne sera point imputée, par l'administration de l'enregistrement, sur les fonds généraux des frais de justice criminelle ; elle s'en remboursera, suivant les formes de droit, sur les parties condamnées. — En cas d'insolvabilité des condamnés, les frais de poursuite seront alloués à l'administration dans ses comptes, en conformité de l'article 66 de la loi du 22 frimaire an VII.

127. Il en sera de même pour le recouvrement des cautionnemens fournis à l'effet d'obtenir la liberté provisoire des prévenus, et dans les cas prévus par les articles 121 et 123 du Code d'Instruction criminelle.

128. La même disposition est applicable, quant à la taxe, aux poursuites faites par les cautions, à l'effet d'obtenir les restitutions, dans les cas de droit, des sommes déposées dans la caisse de l'administration de l'enregistrement, aux termes de l'article 117 du Code d'Instruction criminelle.

CHAPITRE V.

DU TRANSPORT DES GREFFES.

129. Lorsqu'il y aura lieu au déplacement des registres, minutes, et autres papiers d'un greffe, les frais d'emballage et de transport seront acquittés comme frais généraux de justice, avec les formalités prescrites par notre présent décret. (V. *Déc. 24 février* 1806, *art.* 4.)

130. Dans les cas prévus ci-dessus, il sera dressé sans frais, par le greffier, et, à son défaut, par le juge de paix, un bref état des registres et papiers à transporter. — La décharge du transport sera donnée au bas de cet état.

131. Le mode et les frais du transport seront réglés par le préfet ou le sous-préfet de l'arrondissement, et une copie du marché sera envoyée à notre chancelier. — Ces marchés ne seront soumis à l'enregistrement que pour le droit fixe d'un franc.

TITRE III.

DU PAIEMENT ET RECOUVREMENT DES FRAIS DE JUSTICE CRIMINELLE.

CHAPITRE PREMIER.

DU MODE DE PAIEMENT.

132. Le mode de paiement des frais diffère suivant leur nature et leur urgence; il est réglé ainsi qu'il suit.

133. Les frais urgens seront acquittés sur simple taxe et mandat du juge, mis au bas des réquisitions, copies de convocations ou de citations, états ou mémoires des parties.

134. Sont réputés frais urgens, — 1° Les indemnités des témoins et des jurés; — 2° Toutes dépenses relatives à des fournitures ou opérations pour lesquelles les parties prenantes ne sont pas habituellement employées; — 3° Les frais d'extradition des prévenus, accusés ou condamnés. (V. *Arrêté 2 frimaire an VI.*)

135. Lorsqu'un témoin se trouvera hors d'état de fournir aux frais de son déplacement, il lui sera délivré, par le président de la cour ou du tribunal du lieu de sa résidence, et à son défaut par le juge de paix, un mandat provisoire, à compte de ce qui pourra lui revenir pour son indemnité. — Le receveur de l'enregistrement qui acquittera ce mandat fera mention de l'à-compte, en marge ou au bas de la copie de la citation.

136. Dans le cas où l'instruction d'une procédure criminelle exigerait des dépenses extraordinaires et non prévues par notre présent décret, elles ne pourront être faites qu'avec l'autorisation motivée de nos procureurs généraux, sous leur responsabilité personnelle, et à la charge par eux d'en informer, sans délai, notre chancelier.

137. (*Rapporté Ord.* 28 *nov.* 1838.)

138. (*Rapporté Ord.* 28 *nov.* 1838.)

139. (*Rapporté Ord.* 28 *nov.* 1838.)

140. Les formalités de la taxe et de l'exécutoire seront remplies, sans frais, par les présidens, les juges d'instruction et les juges de paix, chacun en ce qui le concerne. — L'exécutoire sera décerné sur les réquisitions de l'officier du ministère public, lequel signera la minute de l'ordonnance.

141. Les juges qui auront décerné les mandats ou exécutoire, et les officiers du ministère public qui y auront apposé leur signature, seront responsables de tout abus ou exagération dans les taxes, solidairement avec les parties prenantes, et sauf leur recours contre elles.

142. Les présidens et juges d'instruction ne pourront refuser de taxer et de rendre exécutoires, s'il y a lieu, des états ou mémoires de frais de justice criminelle, par la seule raison que ces frais n'auraient pas été faits par leur ordre direct, pourvu toutefois qu'ils aient été faits en vertu des ordres d'une autorité compétente, dans le ressort de la cour ou du tribunal que ces juges président, ou dont ils sont membres.

143. (*Rapporté Ord.* 28 *nov.* 1838.)

144. Les états ou mémoires seront dressés de manière que nos officiers de justice et les préfets puissent y apposer leurs taxes, exécutoires, règlement et *visa*; autrement ils seront rejetés, ainsi que les mémoires de greffiers ou d'huissiers qui ne seront point conformes aux modèles arrêtés par notre chancelier, comme il est dit dans l'article 82 ci-dessus.

145. (*Rapporté Ord.* 28 *nov.* 1838.)

146. Les états ou mémoires qui ne s'élèveront pas à plus de 10 f. ne seront point sujets à la formalité du timbre.

147. Aucun état ou mémoire fait au nom de deux ou plusieurs parties prenantes ne sera rendu exécutoire, s'il n'est signé de chacune d'elles; le paiement ne pourra être fait que sur leur acquit individuel, ou sur celui de la personne qu'elles auront autorisée spécialement, et par écrit, à toucher le montant de l'état ou mémoire. — Cette autorisation et l'acquit seront mis au bas de l'état, et ne donneront lieu à la perception d'aucun droit.

148. Les états ou mémoires qui comprendraient des dépenses autres que celles qui, d'après notre présent décret, doivent être payées sur les fonds généraux des frais de justice, seront rejetés de la taxe et du *visa*, sauf aux parties réclamantes à diviser leurs mémoires par nature de dépenses, pour le montant en être acquitté par qui de droit.

149. (*Rapporté Ord.* 28 *nov.* 1838.)

150. Les frais d'extradition des prévenus, accusés ou condamnés, seront acquittés sur simple mandat du préfet le plus voisin du lieu où se fera l'extradition, d'après les états de dépense dûment certifiés par les autorités compétentes. Ces états demeureront joints aux mandats des préfets.

151. Les gages des exécuteurs des jugemens criminels et de leurs aides seront payés, par mois ou par trimestre, sur simples mandats des préfets.

152. (*Rapporté Ord.* 28 *nov.* 1838.)

153. Le secrétaire général de l'administration de l'enregistrement à Paris, et les directeurs de cette administration dans les départemens, ne pourront refuser leur *visa* sur les mandats ou exécutoires qui auront été délivrés conformément aux dispositions du présent décret, si ce n'est dans les cas suivans : — 1° S'il existe des saisies ou oppositions au préjudice des parties prenantes, ainsi qu'il est dit dans le décret du 13 pluviôse an XIII; — 2° Si ces mandats ou exécutoires comprennent des dépenses autres que celles dont l'administration de l'enregistrement est chargée de faire l'avance sur les crédits ouverts à notre chancelier. — Dans ces deux cas, le secrétaire général et les directeurs de l'administration feront mention, en marge ou au bas des mandats ou exécutoires, des motifs de leur refus de les [illegible]

154. Les mandats et exécutoires délivrés pour les causes et dans les formes déterminées par notre présent décret seront payables chez les receveurs établis près le tribunal de qui ils émaneront. (*Ord.* 22 *juin* 1852.)

155. Les greffiers et les huissiers ne pourront réclamer directement des parties le paiement des droits qui leur sont attribués.

CHAPITRE II.

DE LA LIQUIDATION ET DU RECOUVREMENT DES FRAIS.

156. La condamnation aux frais sera prononcée, dans toutes les procédures, *solidairement* contre tous les auteurs et complices du même fait, et contre les personnes civilement responsables du délit.

157. (1) Ceux qui se seront constitués

(1) Cet article est modifié par l'article 368, C. Inst. crim.

parties civiles, soit qu'ils succombent ou non, seront personnellement tenus des frais d'instruction, expédition et signification des jugemens, sauf leur recours contre les prévenus ou accusés qui seront condamnés, et contre les personnes civilement responsables du délit.

158. Sont assimilés aux parties civiles — 1° Toute régie ou administration publique relativement aux procès suivis, soit à sa requête, soit même d'office et dans son intérêt; — 2° Les communes et les établissemens publics, dans les procès instruits, ou à leur requête, ou même d'office, pour crimes ou délits commis contre leurs propriétés.

159. Toutes les fois qu'il y aura partie civile en cause, et qu'elle n'aura pas justifié de son indigence dans la forme prescrite par l'article 420 du Code d'Instruction criminelle, les exécutoires pour les frais d'instruction, expédition et signification des jugemens, pourront être décernés directement contre elle.

160. En matière de police simple ou correctionnelle, la partie civile qui n'aura pas justifié de son indigence sera tenue, avant toutes poursuites, de déposer au greffe ou entre les mains du receveur de l'enregistrement, la somme présumée nécessaire pour les frais de la procédure. — Il ne sera exigé aucune rétribution pour la garde de ce dépôt, à peine de concussion. (V. *Ord.* 22 *mai* 1816.)

161. Dans les exécutoires décernés sur les caisses de l'administration de l'enregistrement, pour des frais qui ne sont point à la charge de l'État, il sera fait mention qu'il n'y a point de partie civile en cause, ou que la partie civile a justifié de son indigence.

162. Sont declarés, dans tous les cas, à la charge de l'État, et sans recours envers les condamnés, — 1° Les frais de voyage des conseillers de nos cours royales et des conseillers-auditeurs qui seront délégués aux cours d'assises ou spéciales; — 2° L'indemnité des jurés pour leur déplacement; — 3° Toutes les dépenses pour l'exécution des arrêts criminels.

163. Il sera dressé, pour chaque affaire criminelle, correctionnelle ou de simple police, un état de liquidation des frais autres que ceux qui sont mentionnés dans l'article précédent; et lorsque cette liquidation n'aura pu être insérée, soit dans l'ordonnance de mise en liberté, soit dans l'arrêt ou le jugement de condamnation, d'absolution ou d'acquittement, le juge compétent décernera exécutoire contre qui de droit, au bas dudit état de liquidation.

164. Le greffier remettra, dans le plus court délai, au préposé de l'administration de l'enregistrement chargé du recouvrement, un extrait de l'ordonnance, arrêt ou jugement, pour ce qui concerne la liquidation et la condamnation au remboursement des frais, ou une copie de l'état de liquidation rendu exécutoire, ainsi qu'il est dit dans l'article précédent. — Il en transmettra un double à notre chancelier, pour servir à la vérification de l'état de trimestre dont il sera parlé ci-après.

165. Les préfets inscriront sur un registre particulier sommairement et par ordre de dates et de numéros, les mandats qu'ils délivreront en vertu de notre présent décret, ainsi que les *visa* qu'ils apposeront sur les états ou mémoires, avec indication du nombre et de la nature des pièces produites au soutien. — Ils porteront le numéro de l'inscription, tant sur leurs mandats que sur les trois expéditions desdits états ou mémoires, et sur chacune des pièces produites à l'appui; ces pièces seront, en outre, cotées par première et dernière.

166. (*Rapporté Ord.* 28 *nov.* 1838.)

167. Dans la première quinzaine du second mois de chaque trimestre, les directeurs de l'administration de l'enregistrement adresseront au directeur-général de cette administration, un état conforme au modèle arrêté par notre chancelier, avec les mandats et exécutoires que les receveurs de leur arrondissement auront acquittés pendant le trimestre précédent. — Ces mandats et exécutoires seront accompagnés des originaux des pièces justificatives.

168. Le directeur-général de l'administration de l'enregistrement fera parvenir à notre chancelier, dans les trois mois au plus tard, après l'expiration de chaque trimestre, un état général conforme au modèle arrêté par ce ministre, auquel état seront joints les états particuliers des directeurs, ainsi que les mandats et exécutoires accompagnés des originaux des pièces justificatives.

169. Notre chancelier fera procéder à la vérification de l'état général qui lui aura été adressé; — Il l'arrêtera à la somme totale des paiemens qui lui paraîtront avoir été régulièrement faits. — Il délivrera du montant une ordonnance au profit de l'administration de l'enregistrement; le tout sans préjudice des restitutions qu'il pourrait y avoir lieu d'ordonner ultérieurement.

170. Cette ordonnance *sera remise*, avec l'état général ci-dessus mentionné et les pièces à l'appui, par l'administration de l'enregistrement, à notre ministre du trésor royal, lequel délivrera, en échange, un récépissé admissible dans les comptes de cette administration.

171. Notre chancelier pourra, lorsqu'il le croira convenable, envoyer des inspecteurs pour visiter les greffes et y faire toutes vérifications relatives aux frais de justice.

172. Toutes les fois que notre chancelier reconnaîtra que des sommes ont été indûment allouées à titre de frais de justice criminelle, il en fera adresser des rôles de restitution, lesquels seront par lui déclarés exécutoires contre qui de droit, *lors même que ces sommes se trouveraient comprises* dans des états déjà ordonnancés par lui; pourvu néanmoins qu'il ne se soit pas écoulé plus de deux ans depuis la date de ces ordonnances.

173. (*Rapporté Ord.* 28 *nov.* 1838.)

174. Le recouvrement des frais de justice avancés par l'administration de l'enregistrement, conformément aux dispositions du présent décret, et qui ne sont point à la charge de l'État, ainsi que les restitutions ordonnées par notre chancelier, en exécution des deux articles précédens, seront poursuivis par toutes voies de droit, et même par celle de la contrainte par corps, à la diligence des préposés de ladite administration, en vertu des exécutoires mentionnés aux articles ci-dessus. (*V. L.* 17 *avril* 1832.)

175. Pour l'exécution de la contrainte par corps dans les cas ci-dessus prévus, il suffira de donner copie au débiteur, en tête du commandement à lui signifié, — 1° *Du rôle ou des articles du rôle sur lesquels sera intervenue l'ordonnance de recouvrement*; — 2° De l'ordonnance de notre chancelier, portant restitution de la somme à recouvrer en ce qui concernera le débiteur contraint.

176. Les huissiers préposés pour les actes relatifs au recouvrement, pourront recevoir *les sommes dont les parties offriront de se libérer dans leurs mains*; à la charge par eux d'en faire mention sur leurs répertoires, et de les verser immédiatement dans la caisse du receveur de l'enregistrement, à peine d'être poursuivis et punis conformément aux articles 169, 171 et 172 du Code pénal, *s'ils sont en retard de plus de trois jours.*

177. *L'administration* de l'enregistrement rendra compte des recouvremens effectués, de la même manière que de ses autres recettes. — En cas d'insolvabilité des parties contre lesquelles seront décernés les exécutoires, les receveurs seront déchargés des recouvremens qui concerneront ces parties, en justifiant de leurs diligences, et en rapportant des certificats d'indigence légalement délivrés; sans préjudice toutefois des poursuites qui pourront être exercées dans le cas où lesdites parties deviendraient solvables.

178. (*Abrogé, Ord.* 3 *nov.* 1819.)

179. Notre chancelier nous présentera, chaque année, un bordereau général, tant des *ordonnances* qu'il aura délivrées pour frais de justice, que des sommes qui auront été recouvrées par l'administration de l'enregistrement sur le montant de ces ordonnances.

TITRE IV.

DES FRAIS DE JUSTICE DEVANT LA HAUTE-COUR, LES COURS PREVÔTALES ET LES TRIBUNAUX DES DOUANES.

CHAPITRE PREMIER.

DE LA HAUTE-COUR. (1)

180. Notre grand procureur général près la haute-cour taxera, lui-même, selon les règles établies par le présent décret, les frais des procédures instruites par notre dite cour.

181. Il réglera les dépenses du parquet et du greffe auxquelles donneront lieu les formes particulières de procéder de la haute-cour.

182. Il proposera, et notre chancelier déterminera les frais de voyage et de séjour des magistrats du parquet, lorsqu'ils seront forcés de se déplacer pour le service de la haute-cour.

183. Les disposition du décret du 17 mars 1808 seront applicables aux huissiers qui seront nommés pour le service de la haute-cour et de son parquet.

184. Toutes les dépenses ci-dessus seront acquittées sur les mandats de notre grand procureur général, visées par le préfet du département de la Seine, et approuvées par notre chancelier.

185. Le recouvrement desdits frais sera fait suivant les règles et dans les formes prescrites par le présent décret.

Dispositions générales.

186. Tous réglemens relatifs au tarif et au mode de paiement et recouvrement des frais de justice en matière criminelle, notamment l'arrêté du gouvernement du 6 messidor an VI, et le décret du 24 février 1806, sont abrogés.

APPENDICE
AU TARIF CRIMINEL.

DÉCRET

Qui modifie quelques dispositions de celui du 18 juin 1811, ainsi qu'il suit :

(7 avril 1813.)

Art. 1er. Il ne sera plus accordé de double taxe aux témoins dans le cas prévu par l'article 29 du réglement du 18 juin 1811.

2. Les témoins qui ne seront pas domiciliés à plus d'un myriamètre du lieu où ils seront entendus n'auront droit à aucune indemnité de voyage : il ne pourra leur être alloué que la taxe fixée par les articles 27 et 28 du réglement. — Ceux domiciliés à plus d'un myriamètre recevront, pour indemnité de voyage, s'ils ne sortent point de leur arrondissement, 1 franc par myriamètre parcouru en allant, et autant pour le retour. — S'ils sont appelés hors de leur arrondissement, cette indemnité sera de 1 fr. 50 c. — — Dans les deux derniers cas, la taxe fixée par les articles 27 et 28 susénoncés ne sera point allouée, sans néanmoins rien innover à l'article 30 dudit réglement, relatif aux frais de séjour.

---

(1) La haute-cour est supprimée, et remplacée par la cour des pairs ; toutes les dépenses de procédure instruites par la cour des pairs doivent être taxées, réglées, ordonnancées et payées conformément aux dispositions des articles 180 à 186 du présent Tarif. (*Instr. sur les frais de just. 1826.*)

3. Il n'est dû aucuns frais de voyage aux gardes-champêtres ou forestiers, tant pour la remise qu'ils sont tenus de faire de leurs procès-verbaux, conformément aux articles 18 et 20 du Code d'instruction criminelle, que pour la conduite des personnes par eux arrêtées, devant l'autorité compétente. — Mais lorsque ces gardes seront appelés en justice, soit pour être entendus comme témoins, lorsqu'ils n'auront point dressé de procès-verbaux, soit pour donner des explications sur les faits contenus dans les procès-verbaux qu'ils auront dressés, ils auront droit aux mêmes taxes que les témoins ordinaires. — Il en sera de même des gendarmes.

4. L'augmentation de taxe accordée par l'article 94, pour frais de voyage pendant les mois de novembre, décembre, janvier et février, est également supprimée, tant pour les témoins que pour les autres parties prenantes, désignées dans l'article 91.

5. Lorsqu'un mandat d'amener sera suivi d'un mandat de dépôt et que l'un et l'autre auront été exécutés, dans les vingt-quatre heures, par le même huissier, il ne sera alloué à l'huissier, pour l'exécution de ces deux mandats, que le droit fixe par l'article 73 du règlement, quand bien même les deux mandats n'auraient pas été decernés dans les mêmes vingt-quatre heures, ni par le même magistrat.

6. Le droit à allouer aux huissiers, gendarmes, gardes-champêtres ou forestiers, ou agens de police, suivant le mode et dans les cas prévus par les articles 71 n° 5, et 77 du règlement, demeure fixé de la manière suivante, savoir : — 1° Pour capture ou saisie de la personne, en exécution d'un jugement de simple police, sans qu'il puisse être alloué aucun droit de perquisition, Paris, 5 f. ; — Villes de quarante mille habitans et au-dessus, 4 f. ; — Autres villes et communes, 3 f. — 2° Pour capture en exécution d'un mandat d'arrêt, ou d'un jugement et arrêt en matière correctionnelle emportant peine d'emprisonnement, Paris, 18 f. ; — Villes de quarante mille habitans et au-dessus, 15 f. ; — Autres villes et communes, 12 f. — 3° Pour capture en exécution d'une ordonnance de prise de corps, ou arrêt portant la peine de réclusion, Paris, 21 f. ; — Villes de quarante mille habitans et au-dessus, 18 f. ; — Autres villes et communes, 15 f. — 4° Pour capture en exécution d'un arrêt de condamnation aux travaux forcés ou à une peine plus forte, — Paris, 30 f. ; — Villes de quarante mille habitans et au-dessus, 25 f. ; — Autres villes et communes, 20 f.

7. Conformément à l'article 50 du règlement, les extraits de jugemens ou d'arrêts en matière criminelle ou correctionnelle, continueront d'être payés aux greffiers, à raison de 60 c. ; et, en matière de délits forestiers, à raison de 25 c. seulement. — A l'avenir, il ne sera payé que 25 c. pour les extraits de jugemens en matière de police simple, et généralement pour tous extraits délivrés aux receveurs ou préposés des régies, pour le recouvrement des condamnations pécuniaires, sans préjudice de la disposition de l'article 62 du règlement, en ce qui concerne les expéditions ou extraits qui auraient été délivrés au ministère public.

8. Notre dit règlement du 18 juin 1811 continuera d'être exécuté dans toutes les dispositions auxquelles il n'est pas dérogé par le présent décret.

LOI

Relative au remboursement des frais de justice en matière criminelle.

(18 germinal an VII.)

Art. 1er. Tout jugement d'un tribunal criminel, correctionnel ou de police, portant condamnation à une peine quelconque, prononcera en même temps, au profit de la République, le remboursement des frais auxquels la poursuite et punition des crimes et délits auront donné lieu.

2. Lorsqu'il y aura plusieurs accusés, auteurs ou complices du même fait, la condamnation au remboursement sera prononcée solidairement contre eux.

3. Les frais seront liquidés, et la liquidation rendue exécutoire par le président du tribunal. Le recouvrement sera poursuivi par les préposés à la régie de l'enregistrement et du domaine national.

4. Pour faciliter cette liquidation, les officiers de police judiciaire, les directeurs de jury ou présidens des tribunaux correctionnels, aussitôt qu'ils auront terminé leurs fonctions relativement à chaque affaire, joindront aux pièces l'état signé d'eux des frais et déboursés dont la liquidation pourra avoir lieu lorsqu'il y aura condamnation exécutoire.

5. Les indemnités accordées à ceux qui auront souffert un dommage résultant du délit, seront prises sur les biens des condamnés, avant les frais adjugés à la République.

ORDONNANCE

Sur l'Ordre de la comptabilité des Frais de justice.

(3 novembre 1819.)

Art. 1er. L'administration de l'enregistrement continuera de poursuivre sur les condamnés le recouvrement des frais de justice qui ne doivent pas rester à la charge de l'État; mais le montant de ce recouvrement sera porté annuellement dans le budget général des recettes de l'État, et l'administration en comptera comme de ses autres produits. — En conséquence, la disposition de l'article 178 du décret du 18 juin 1811, qui autorise la compensation du montant des recouvremens effectués sur les condamnés avec les avances faites par l'administration de l'enregistrement pour frais généraux de justice est abrogée, à compter du 1er janvier 1820.

2. Les frais résultant de la levée des extraits d'arrêts et de jugemens, ainsi que le montant des états de liquidation et autres actes semblables dont l'administration de l'enregistrement aura besoin pour poursuivre sur les condamnés le recouvrement des amendes et des frais de procédure cesseront à la même époque d'être acquittés sur les fonds généraux des frais de justice, et feront partie des dépenses de ladite administration.

ORDONNANCE

Relative au recouvrement des amendes de police correctionnelle et de simple police, et à la répartition du produit de ces amendes.

(23 décembre 1823.)

Art. 1er. Conformément à l'art. 19 de la loi du 19 décembre 1790, les receveurs de l'enregistrement continueront de faire la recette des amendes prononcées tant par voie de police rurale et municipale que par voie de police correctionnelle, à la charge par eux d'en tenir une comptabilité distincte et séparée, d'en rendre compte annuellement aux préfets, et de leur transmettre, au mois de janvier de chaque année, 1° un état sommaire, et divisé par communes, des sommes dont ils auront opéré le recouvrement dans le cours de l'année précédente, sur les amendes prononcées par voie de simple police; 2° un état dressé dans la même forme et présentant les recouvremens opérés sur les amendes de police correctionnelle.

2. Les greffiers des tribunaux seront tenus d'envoyer aux préfets, au commencement de chaque semestre, le relevé des jugemens portant condamnation d'amendes et rendus dans le cours du semestre précédent, pour servir à contrôler les états de recouvrement produits par les receveurs.

3. Pourront, en outre, les préfets faire vérifier, quand ils le jugeront convenable, soit par les inspecteurs généraux ou particuliers des finances, soit par les inspecteurs de l'administration de l'enregistrement et des domaines, les états de recouvrement qui leur auront été remis par les receveurs. Ces comptables seront tenus de donner aux inspecteurs désignés pour cette opération, communication de leurs registres et de toutes les

pièces et documens qu'elle rendra nécessaires.

4. Les amendes de police rurale et municipale qui seront recouvrées à compter du 1er janvier 1824, appartiendront exclusivement aux communes dans lesquelles les contraventions auront été commises, le tout ainsi qu'il est prescrit par l'article 466 du Code pénal. — Le produit en sera versé dans leurs caisses, distraction faite préalablement des remises et taxations des receveurs, sur les mandats qui en seront délivrés, au nom des receveurs municipaux, par les préfets, immédiatement après la remise et la vérification des états de recouvrement.

5. Les amendes de police correctionnelle qui seront recouvrées à compter dudit jour 1er janvier 1824, seront versées par les receveurs des domaines, distraction faite de leurs remises ou taxation, et sur les mandats des préfets délivrés également au vu des états de recouvrement, au nom des receveurs des finances, à la caisse de ces derniers comptables, qui en feront recette distincte au profit des communes, comme des produits communaux centralisés à la recette générale de chaque département, pour être employés sous la direction des préfets.

6. Le produit des amendes versé à la caisse des receveurs des finances formera un fonds commun qui sera tenu à la disposition des préfets, et qui sera applicable 1° au remboursement des frais de poursuite tombés en non-valeurs, soit en matière de police correctionnelle, soit en matière de simple police; 2° au paiement des droits qui seront dus aux greffiers des tribunaux pour les relevés des jugemens mentionnés en l'article 2; 3° au service des enfans trouvés et abandonnés, jusqu'à concurrence du tiers du produit excédant lesdits frais; 4° et pour les deux autres tiers, aux dépenses des communes qui éprouveront le plus de besoin, d'après la répartition qui en sera faite par les préfets, et par eux soumise, dans le cours du premier semestre de chaque année, à l'approbation de notre ministre secrétaire d'état de l'intérieur.

ORDONNANCE

Relative à la Liquidation et au Paiement des frais de justice criminelle.

(28 novembre 1838.)

Vu les articles 137, 138, 139, 143, 145, 149, 152, 166 et 173 du décret du 18 juin 1811; — Voulant simplifier et rendre moins onéreuses aux parties prenantes les obligations que ce décret leur impose; voulant en même temps rendre plus prompts le paiement et la régularisation des frais de justice criminelle, en chargeant exclusivement de la liquidation et de l'ordonnancement de ces frais les magistrats qui sont responsables de leur régularité, aux termes de l'article 141 du même décret; — Notre conseil d'État entendu, etc.

Art. 1er. Les états ou mémoires des frais de justice non réputés urgens, et les états récapitulatifs des frais urgens, ne seront plus soumis au visa des préfets.

2. Il ne sera plus fait que deux expéditions de chaque état ou mémoire de frais de justice non réputés urgens, l'une sur papier timbré, l'autre sur papier libre. — Chacune de ces expéditions sera revêtue de la taxe et de l'exécutoire du juge. — La première sera remise au receveur de l'enregistrement avec les pièces au soutien des articles susceptibles d'être ainsi justifiés. — La seconde sera transmise à notre ministre de la justice avec le bordereau mensuel dont il sera parlé ci après. — Le prix du timbre, tant du mémoire que des pièces à l'appui, est à la charge de la partie prenante.

3. Les frais non réputés urgens continueront à être payés sur les états ou mémoires des parties prenantes; ils seront taxés article par article, soit par les présidens et juges des cours et tribunaux, soit par les juges de paix, et ils seront payables aussitôt qu'ils auront été revêtus de l'ordonnance

du magistrat taxateur. — Cette ordonnance sera toujours décernée sur le réquisitoire de l'officier du ministère public, qui devra préalablement procéder à la vérification des mémoires. — La taxe de chaque article rappellera la disposition législative ou réglementaire sur laquelle elle sera fondée.

4. Au commencement de chaque mois, les receveurs de l'enregistrement réuniront en un seul état, dressé en double expédition, tous les frais urgens qu'ils auront acquittés sur simples taxes ou mandats du juge pendant le mois précédent. — Cet état ne sera plus soumis à la formalité de la taxe et de l'exécutoire. — Les receveurs de l'enregistrement en adresseront une expédition, à l'expiration de chaque mois, au directeur de l'enregistrement dans chaque département, avec les taxes à l'appui. — La seconde expédition de cet état sera par eux envoyée soit à nos procureurs généraux, soit à nos procureurs près des tribunaux, pour être transmise à notre ministre de la justice.

5. Les mémoires qui n'auront pas été présentés à la taxe du juge dans le délai d'une année à partir de l'époque à laquelle les frais auront été faits, ou dont le paiement n'aura pas été réclamé dans les six mois de leur date, ne pourront, conformément à l'article 149 du décret du 18 juin 1811, être acquittés qu'autant qu'il sera justifié que les retards ne sont point imputables à la partie dénommée dans l'exécutoire. — Cette justification ne pourra être admise que par notre ministre de la justice, après avoir pris l'avis de nos procureurs généraux, s'il y a lieu.

6. Au commencement de chaque mois, nos procureurs généraux près des cours royales, et nos procureurs près des cours d'assises et des tribunaux de première instance, réuniront dans un bordereau qui sera dressé dans la forme indiquée par notre ministre de la justice, tous les doubles des états et mémoires des frais taxés et mandatés dans leur ressort pendant le mois précédent. — Ce bordereau et les pièces à l'appui seront adressés à notre ministre de la justice dans la première quinzaine de chaque mois.

7. Les articles 137, 138, 139, 143, 145, 149, 152, 166 et 173 ci-dessus visés sont rapportés.

8. La présente ordonnance sera exécutoire à partir du 1er janvier 1839.

APPENDICE

CONTENANT

PAR ORDRE CHRONOLOGIQUE

LES LOIS, DÉCRETS, ARRETÉS, ORDONNANCES, QUI ABROGENT, EXPLIQUENT, SE RAPPORTENT OU COMPLÈTENT LES CODES FRANÇAIS ET LA CHARTE.

Nota. Les *Lois de la Presse* forment une appendice particulière qui se trouve à la suite du Code pénal.

EXTRAIT

De l'ordonnance de Louis XIII.

(15 janvier 1629.)

(*Thèses nos 116 et 120.*)

(V. note sur l'art. 2123 du Code civil).

EXTRAIT

De l'ordonnance des Eaux et Forêts.

(1669.)

TITRE XXVII.

RIVIÈRES NAVIGABLES.

Art. 41. Déclarons la propriété de tous les fleuves et rivières portant bateaux de leur fond, sans artifices et ouvrages de mains, dans notre royaume et terres de notre obéissance, faire partie du domaine de la couronne, nonobstant tous les titres et possessions contraires.

TITRE XXVIII.

CHEMIN DE HALAGE.

Art. 7. Les propriétaires des héritages aboutissans aux rivières navigables, laisseront le long des bords vingt-quatre pieds au moins de place en largeur, pour chemin et trait de chevaux, sans qu'ils puissent planter arbres, ni tenir clôture ou haie plus près que trente pieds du côté que les bateaux se tirent et dix pieds de l'autre bord.

TITRE XXX.

ARMES DE CHASSE DANS LES FORÊTS ROYALES.

Art. 3. Interdisons à toutes personnes sans distinction de qualité, de temps ni de lieux, l'usage des armes à feu brisées par la crosse ou par le canon, et des cannes et batons creusés, même d'en porter sous quelque pretexte que ce puisse être; et à tous ouvriers d'en fabriquer et façonner, à peine... (*Art. 314 du Code pénal.* —

V. *Déclarat.* 23 *mars* 1728. — *Décret* 4 *mai* 1812.)

4. Faisons aussi défenses à toutes personnes *de chasser à feu*, et d'entrer ou demeurer de nuit dans nos forêts, bois et buissons en dépendant, ni même dans les bois des particuliers, avec armes à feu, à peine de cent livres d'amende, et de punition corporelle s'il y échoit.

8. Défendons à toutes personnes de prendre en nos forêts, garennes, buissons et plaisirs, aucuns aires d'oiseaux, de quelque espèce que ce soit; et en tout autre lieu, les œufs de cailles, perdrix et faisans; à peine de cent livres pour la première fois, du double pour la seconde.

12. Tous les tendeurs de lacs, tirasses, tonnelles, traîneaux, bricoles de cordes et de fil d'archal, pièces et pans de rets, colliers, halliers de fil ou de soie, seront condamnés en trente livres d'amende; soit qu'ils aient commis délit dans nos forêts, garennes et terres de notre domaine, ou en celles des ecclésiastiques, communautés et particuliers de notre royaume, sans exception.

ORDONNANCE DE LA MARINE.

(Août 1681.)

(*Thèse n°* 44 *à* 48.)

Liv. 1, *tit.* 9, *art.* 24. Les testamens reçus par le chancelier, dans l'étendue du consulat, en présence du Consul et de deux témoins, et signés d'eux, seront réputés solennels.

EXTRAIT

Du Règlement sur l'Imprimerie et la Librairie, concernant l'achat des livres.

(28 février 1723.)

7. Défenses sont faites à tous libraires d'acheter aucuns livres des enfans ou serviteurs, domestiques et de toutes personnes inconnues, s'ils ne sont certifiés par d'autres personnes domiciliées et capables d'en répondre; ce qui sera pareillement observé à l'égard de vieux papiers et parchemins, même de ceux qui sont apportés de province pour être vendus à Paris.

8. Ceux qui auront fait achat desdits livres, papiers et parchemins, feront mention de leurs noms et qualités sur leurs registres, comme aussi de la qualité, noms et demeure des particuliers qui les auront vendus. Enjoint S. M. auxdits libraires, et à tous autres, de retenir les livres qui leur seront présentés par des personnes inconnues et suspectes, et de les remettre dans les vingt-quatre heures; seront tenus d'en avertir le lieutenant général de police: le tout à peine, contre les libraires, d'être civilement responsables des livres volés ou détournés, qui se trouveront chez eux, d'amende arbitraire..... et même de punition corporelle en cas de récidive, et contre les personnes autres que lesdits libraires, de punition corporelle dès la première fois. — (V. *art.* 1, 2. *Ord.* 8 *novembre* 1780.)

DÉCLARATION

Concernant les Armes prohibées.

(23 mars 1728.)

Il nous plaît que la déclaration du 18 décembre 1660, au sujet de la fabrique et port-d'armes, soit exécutée selon sa forme et teneur; ordonnons en conséquence, qu'à l'avenir, toute fabrique, commerce, vente, débit, achat, port et usage des poignards, couteaux en forme de poignards, soit de poche, soit de fusil, des baïonnettes, pistolets de poche, épées en bâton, bâtons à ferrement, autres que ceux qui sont ferrés par le bout, et autres armes offensives cachées et secrètes, soient et demeurent pour toujours généralement abolis et défendus; enjoignant à tous couteliers, fourbisseurs, armuriers et marchands, de les rompre et briser incessamment après l'enregistrement des présentes, si-

mieux ils n'aiment faire rompre et arrondir la pointe des couteaux, en sorte qu'il n'en puisse arriver d'inconvénient, à peine de.... (*L'art.* 314 *du Code pénal.* — *V. Ord.* 25 *fév.* 1837.)

DÉCLARATION (1)

Concernant l'inscription des Ouvrages déposés chez les orfèvres pour les raccommoder, ou confiés à titre de nantissement.

(26 janvier 1749.)

Art. 15. Enjoignons à tous orfèvres, joailliers, fourbisseurs, merciers, graveurs, et autres travaillant et fabriquant des ouvrages d'or et d'argent, de tenir des registres cotés et paraphés par l'un des officiers de l'élection, dans lesquels ils enregistreront jour par jour, par poids et espèces, la vaisselle et autres ouvrages vieux ou réputés vieux, qu'ils achèteront pour leur compte ou pour les revendre, ceux qui leur seront portés pour raccommoder, ou donnés en nantissement pour modèle ou dépôt, ou sous quelque prétexte que ce puisse être; et ce, à l'instant que lesdits ouvrages leur auront été apportés ou qu'ils les auront achetés : seront aussi tenus de faire mention dans lesdits enregistremens, de la nature et qualité des ouvrages, et des armes qui y seront gravées, des noms et demeures des personnes à qui ils appartiennent, sans qu'ils puissent travailler aux ouvrages qui leur auraient été apportés pour raccommoder qu'ils ne les aient portés sur leurs registres; le tout à peine de confiscation et de 300 livres d'amende.

DÉCLARATION

Concernant les Pharmaciens.

(15 avril 1777.)

Art. 6. Défendons aux épiciers et à toutes autres personnes, de fabriquer, vendre et débiter aucuns sels, compositions ou préparations, entrantes au corps humain en forme de médicamens, ni de faire aucune mixtion de drogues simples pour administrer en forme de médecine sous peine de cinq cents francs d'amende. — *V. L.* 21 *germinal an* XI, *art.* 33.

DÉCLARATION

Concernant les Fripiers-Brocanteurs.

(29 mars 1778.)

Art. 1er Tous ceux ou celles qui voudront à l'avenir exercer la profession de fripier-brocanteur, seront tenus de se faire préalablement inscrire, si fait n'a été, tant sur les livres de la police..., à peine de confiscation de leurs marchandises, de tels dommages et intérêts qu'il appartiendra et de dix livres d'amende.

2. Il sera délivré par le lieutenant-général de police, à chacun d'eux, une plaque ou médaille en cuivre numérotée, duquel numéro mention sera faite dans les certificats d'enregistrement; laquelle médaille ils seront tenus de porter sur eux et en évidence, tant qu'ils exerceront ladite profession, sans pouvoir la céder, ni même prêter à aucun autre, sous peine de dix livres d'amende, et d'être déchus de leurs droits, et privés de ladite médaille.

5. Les fripiers-brocanteurs pourront acheter et vendre librement dans les rues, halles et marchés, toutes sortes de marchandises de friperies, meubles et ustensiles de hasard, qu'ils porteront sur leurs bras, sans qu'ils puissent les déposer ni étaler en place fixe; le tout sous les peines portées en l'article 2.

6. Exceptons des marchandises que lesdits brocanteurs auront la faculté de vendre, celles qui seront neuves quoique achetées de hasard, les armes offensives et défensives, et enfin, les

---

(1) Cette déclaration a été rendue exécutoire pour tous les départemens, par arrêté du Directoire, du 16 prairial an VII.

matières d'or et d'argent, sauf les vieux galons ou vieilles hardes brodées ou tissus d'or et d'argent, qu'ils pourront acheter et revendre.

7. Défendons pareillement auxdits fripiers-brocanteurs, sous les peines portées en l'article 2, de tenir boutique, échoppe ou magasin des marchandises qu'ils ont la faculté d'acheter et revendre, ni même d'en faire commerce dans le lieu de leurs domiciles ou ailleurs, que dans les rues, halles et marchés. (*Cette déclaration n'est obligatoire que dans le dép. de la Seine.* — V. *aussi l'Ord. de police*, 15 *juin* 1831.)

ORDONNANCE

Relative au Logement et à la Réception des filles et femmes de mauvaise vie. (V. *Ord.* 8 *nov.* 1780, *art.* 5.)

(6 novembre 1778.)

Art. 5. Enjoignons à toutes personnes tenant hôtel, maisons et chambres garnies au mois, à la quinzaine, à la huitaine, à la journée, etc., d'inscrire de suite, par jour et sans aucun blanc, les personnes logées chez elles... sur les registres de police qu'elles doivent tenir à cet effet cotés et paraphés par les commissaires de quartier, et de ne souffrir dans leurs hôtels, maisons et chambres, aucuns gens sans aveu, femmes ni filles de débauche, se livrant à la prostitution : de mettre les hommes et les femmes dans des chambres séparées, et de ne souffrir dans des chambres particulières des hommes et des femmes prétendus mariés, qu'en représentant par eux, des actes en formes de leur mariage, ou en les faisant certifier, par écrit, par des gens notables et dignes de foi ; le tout à peine de deux cents livres d'amende. — *Code pénal*, *art.* 475. § 21.

ORDONNANCE DE POLICE

Concernant la Sûreté publique.

(8 novembre 1780.)

Art. 1er. Faisons très-expresses inhibitions et défenses à tous marchands et artisans de cette ville et faubourgs, d'acheter aucunes hardes, meubles, linge, livres, bijoux, plomb, vaisselle et autre chose, des enfans de famille ou des domestiques, sans un consentement exprès et par écrit de leurs pères, mères ou tuteurs, et de leurs maîtres ou maîtresses : leur faisons semblables défenses d'en acheter d'aucunes personnes dont le nom et la demeure ne leur soient connus; le tout à peine de quatre cents livres d'amende, et de répondre en leur propre et privé nom des choses volées, et même d'être poursuivies extraordinairement, si le cas y échoit.

2. Enjoignons à tous marchands et artisans qui achètent et revendent, changent et trafiquent de vieux meubles, linge, hardes, bijoux, vaisselle, tableaux, armes, plomb, etain, cuivre, ferraille et autres effets et marchandises de hasard, ou qui achètent les mêmes choses neuves, d'autres personnes que des artisans qui les fabriquent ou des marchands qui en font commerce, d'avoir et tenir chacun deux registres, sur lesquels ils inscriront jour par jour, de suite et sans aucun blanc ni rature, les noms, surnoms, qualités et demeures de ceux de qui ils achèteront et avec qui ils trafiqueront ou échangeront des effets et marchandises de hasard; ensemble la nature, la qualité et le prix desdites marchandises, conformément à l'ordonnance du commissaire ancien, préposé pour la police de leur quartier, qui sera mise en tête de chacun desdits registres, lesquels seront de lui cotés et paraphés par premier et dernier feuillet, et seront tenus, lesdits marchands, de représenter lesdits registres au moins une fois le mois; savoir : l'un audit commissaire ancien, et l'autre à l'inspecteur de police de leur quartier, à l'effet d'être chaque fois paraphés par le commissaire, et visés par l'inspecteur; le tout à peine contre chacun des contrevenans ou refusans, de quatre cents livres d'amende, et même de plus grande peine.

3. Toutes personnes dont le commerce consiste à acheter de vieux pas-

semens d'or et d'argent, brocanteurs, crieurs de vieux chapeaux, colporteurs de merceries ou joailleries, appelés vulgairement haut-à-bas, revendeurs et revendeuses, seront également tenus d'avoir un registre coté et paraphé par le commissaire ancien de leur quartier, de porter journellement sur eux ledit registre; d'y inscrire les hardes, linge, nippes et autres choses qu'ils achèteront, et les noms et demeures des vendeurs, et de faire viser ledit registre au moins une fois la semaine par l'inspecteur de police du quartier, en tête duquel registre seront les noms, demeures et signalemens desdits revendeurs et revendeuses, lesquels en cas de changement de demeure, en feront leur déclaration, tant au commissaire ancien et à l'inspecteur du quartier qu'ils quitteront, qu'à ceux du quartier dans lequel ils iront demeurer; le tout à peine de cent livres d'amende, même de prison.

4. Seront aussi tenus lesdits revendeurs et revendeuses de représenter leurs registres, même les effets, hardes et autres choses qu'ils auront achetées, aux commissaires, inspecteurs et autres officiers de police, toutes les fois qu'ils en seront requis, à peine de saisie et confiscation des hardes et effets qu'ils auront célés, et de cinquante livres d'amende.

5. Tous particuliers, de quelque qualité qu'ils soient, qui donneront à loger en maisons ou chambres garnies, seront tenus d'avoir deux registres, sur chacun desquels ils inscriront jour par jour, les noms, pays, qualités et professions de ceux qu'ils recevront dans leurs maisons, ou qu'ils prendront en pension, pour en remettre un tous les mois entre les mains du commissaire distribué dans leur quartier, à l'effet d'être par lui signé et visé, et de garder l'autre pour le représenter aux inspecteurs de police, qui l'examineront et viseront, et le dateront à chacune de leurs visites. *(Code pénal, art. 475, § 2.)*

6. Enjoignons à tous ceux qui viendront loger en cette ville, soit à l'auberge ou en chambre garnie, de déclarer aux aubergistes ou logeurs leurs véritables noms, surnoms, leurs qualités, le pays dont ils sont originaires, et le sujet de leur voyage; et ce, sous peine de prison et de procéder, ainsi qu'il appartiendra, contre ceux qui auront use de quelques déguisemens. (V. *L.* 24 *août* 1790, *art.* 3, § 3.)

8. Défenses sont faites à tous serruriers, taillandiers et autres ouvriers travaillant à la forge, ferrailleurs, revendeurs et crieurs de vieille ferraille, et à toutes autres personnes, quelles qu'elles soient, d'exposer en vente et débiter aucune clef vieille ou neuve, séparément de la serrure pour laquelle ladite clef aura été faite, sous peine de cent livres d'amende pour la première fois et de prison en cas de récidive, même d'être poursuivis extraordinairement suivant l'exigence des cas.

14. Faisons défenses à tous cabaretiers, taverniers, limonadiers, vinaigriers, vendeurs de bière, d'eau-de-vie et de liqueurs au détail, d'avoir leurs boutiques ouvertes, ni de recevoir aucunes personnes chez eux, et d'y donner à boire passé dix heures du soir et avant cinq heures du matin, depuis le 1er novembre jusqu'au 1er mars, et depuis le 1er mars jusqu'au 1er novembre après onze heures du soir et avant quatre heures du matin; leur défendons pareillement de recevoir chez eux aucunes femmes de débauche, vagabonds, mendians, gens sans aveu, et filoux; le tout à peine de cent livres d'amende.

DÉCRET

Relatif à la suppression des droits de chasse, colombiers, etc.

(11 août-22 sept. 1789.)

(*Thèses nos 20 et 21.*)

Art. 2. Le droit exclusif des fuies et des colombiers est aboli; les pigeons seront enfermés aux époques fixées par les communautés, et durant ce temps ils seront regardés comme gibier, et chacun aura le droit de les tuer sur son terrain.

3. Le droit exclusif de la chasse et des garennes ouvertes est pareille-

ment aboli, et tout propriétaire a le droit de détruire et faire détruire, seulement sur ses possessions, toute espèce de gibier, sauf à se conformer aux lois de police qui pourront être faites relativement à la sûreté publique.

LOI

Sur la Chasse.

(30 avril 1790.)

(*La loi entière thèses n*os *20 et 21. L'article 6 seul, thèse n° 79 à 81.*)

Art. 1er. Il est défendu à toutes personnes de chasser, en quelque temps et de quelque manière que ce soit, sur le terrain d'autrui, sans son consentement, à peine de vingt livres d'amende envers la commune du lieu, et d'une indemnité de dix livres envers le propriétaire des fruits, sans préjudice de plus grands dommages-intérêts, s'il y échoit. Défenses sont pareillement faites, sous ladite peine de vingt livres d'amende, aux propriétaires ou possesseurs, de chasser dans leurs terres non closes, même en jachère, à compter du jour de la publication du présent décret jusqu'au 1er septembre prochain, pour les terres qui seront alors dépouillées, et pour les autres terres, jusqu'après la dépouille entière des fruits, sauf à chaque département à fixer pour l'avenir le temps dans lequel la chasse sera libre, dans son arrondissement, aux propriétaires sur leurs terres non closes. — *Except.*, 13, 14.

2. L'amende et l'indemnité ci-dessus statuées contre celui qui aura chassé sur le terrain d'autrui, seront portées respectivement à trente livres et à quinze livres, quand le terrain sera clos de murs et de haies, et à quarante livres et vingt livres, dans le cas où le terrain clos tiendrait immédiatement à une habitation, sans entendre rien innover aux dispositions des autres lois qui protègent la sûreté des citoyens et de leurs propriétés, et qui défendent de violer les clôtures, et notamment celles des lieux qui forment leur domicile ou qui y sont attachées.

3. Chacune des différentes peines sera doublée en cas de récidive, elle sera triplée s'il survient une troisième contravention; et la même progression sera suivie pour les contraventions ultérieures: le tout dans le courant de la même année seulement.

4. Le contrevenant qui n'aura pas, huitaine après la signification du jugement, satisfait à l'amende prononcée contre lui, sera contraint par corps, et détenu en prison pendant vingt-quatre heures pour la première fois; pour la seconde fois, pendant huit jours; et pour la troisième ou ultérieure contravention, pendant trois mois.

5. Dans tous les cas, les armes avec lesquelles la contravention aura été commise, seront confisquées, sans néanmoins que les gardes puissent désarmer les chasseurs.

6. Les pères et mères répondront des délits de leurs enfans mineurs de vingt ans, non mariés et domiciliés avec eux, sans pouvoir néanmoins être contraints par corps.

7. Si les délinquans sont déguisés ou masqués, ou s'ils n'ont aucun domicile connu dans le royaume, ils seront arrêtés sur-le-champ, à la réquisition de la municipalité. — *Loi* 28 *sept.* 1791, *tit.* 2, *art.* 39.

8. Les peines et contraintes ci-dessus seront prononcées sommairement, et à l'audience, *par la municipalité du lieu du délit* (aujourd'hui par le tribunal de police correctionnelle), d'après le rapport des gardes messiers, baugards ou gardes champêtres, sauf l'appel; elles ne pourront l'être que, soit sur la plainte du propriétaire ou autre partie intéressée, soit même, dans le cas où l'on aurait chassé en temps prohibé, sur la seule poursuite du *procureur de la commune* (le procureur du roi).

9. A cet effet, le conseil général de chaque commune est autorisé à établir un ou plusieurs gardes-messiers, baugards ou gardes-champêtres, qui seront reçus et assermentés par la municipalité, sans préjudice de la garde des bois et forêts, qui se fera, comme par le passé, jusqu'à ce qu'il en ait été autrement ordonné. — C. F. 3 ; O. 24 s.

10. Lesdits rapports seront ou dressés par écrit, ou faits de vive voix au greffe de la municipalité, où il en sera tenu registre. Dans l'un et l'autre cas, ils seront affirmés entre les mains d'un officier municipal, dans les vingt-quatre heures du délit qui en sera l'objet, et ils feront foi de leur contenu jusqu'à la preuve contraire, qui pourra être admise sans inscription de faux. (*Modifié*, I. c. 201)

11. Il pourra être suppléé auxdits rapports par la déposition de deux témoins. I. c. 154.

12. Toute action pour délit de chasse sera prescrite par le laps d'un mois, à compter du jour où le délit aura été commis.

13. Il est libre à tout propriétaire ou possesseur de chasser ou faire chasser en tout temps, et nonobstant l'article 1er du présent décret, dans ses lacs et étangs et dans celles de ses possessions qui sont séparées par des murs ou des haies vives d'avec les héritages d'autrui.

14. Pourra également tout propriétaire ou possesseur, autre qu'un simple usager, dans les temps prohibés par ledit article 1er, chasser ou faire chasser, sans chiens courans, dans ses bois et forêts.

15. Il est pareillement libre, en tout temps, au propriétaire ou possesseur, et même au fermier, de détruire le gibier dans ses récoltes non closes, en se servant de filets ou autres engins qui ne puissent pas nuire aux fruits de la terre, comme aussi de repousser avec les armes à feu les bêtes fauves qui se répandraient dans lesdites récoltes.

LOI

Sur les Domaines nationaux.

(22 novembre-1er décembre 1790.)

(*Art.* 1-15. *thèse n°* 19.)

§ Ier. *De la nature du Domaine national et de ses principales divisions.*

Art. 1er. Le domaine national proprement dit s'entend de toutes les propriétés foncières et de tous les droits réels ou mixtes qui appartiennent à la nation, soit qu'elle en ait la possession et la jouissance actuelles, soit qu'elle ait seulement le droit d'y rentrer par voie de rachat, droit de réversion ou autrement.

2. Les chemins publics, les rues et les places des villes, les fleuves et rivières navigables, les rivages, lais et relais de la mer, les ports, les hâvres, les rades, etc., et en général toutes les portions du territoire national qui ne sont pas susceptibles d'une propriété privée, sont considérés comme des dépendances du domaine public.

3. Tous les biens et effets, meubles ou immeubles demeurés vacans et sans maîtres, et ceux des personnes qui décèdent sans héritiers légitimes, ou dont les successions sont abandonnées, appartiennent à la nation.

4. Le conjoint survivant pourra succéder à défaut de parens, même dans les lieux où la loi territoriale a une disposition contraire. C. 767.

5. Les murs et fortifications des villes entretenus par l'Etat et utiles à sa défense, font partie des domaines nationaux; il en est de même des anciens murs, fossés et remparts de celles qui ne sont point places fortes; mais les villes et communautés qui en ont la jouissance actuelle, y seront maintenues si elles sont fondées en titres, ou si leur possession remonte à plus de dix ans; et à l'égard de celles dont la possession aurait été troublée ou interrompue depuis quarante ans, elles y seront rétablies. Les particuliers qui justifieront de titres valables, ou d'une possession paisible et publique depuis quarante ans, seront également maintenus dans leur propriété et jouissance.

6. Les biens particuliers du prince qui parvient au trône, et ceux qu'il acquiert pendant son règne, à quelque titre que ce soit, sont de plein droit et à l'instant même unis au domaine de la nation, et l'effet de cette union est perpétuel et irrévocable.

7. Les acquisitions faites par le roi, à titre singulier et non en vertu des

droits de la couronne, sont et demeurent pendant son règne à sa libre disposition, et ledit temps passé, elles se réunissent de plein droit et à l'instant même au domaine public.

§ II. *Comment et à quelles conditions les Domaines nationaux peuvent être aliénés.*

8. Les domaines nationaux et les droits qui en dépendent, sont et demeurent inaliénables sans le consentement et le concours de la nation; mais ils peuvent être vendus et aliénés à titre perpétuel et incommutable, en vertu d'un décret formel du corps législatif sanctionné par le roi, en observant les formalités prescrites pour la validité de ces sortes d'aliénations.

9. Les droits utiles et honorifiques ci-devant appelées régaliens, et notamment ceux qui participent de la nature de l'impôt, comme droits d'aides et autres y joints, contrôle, insinuation, centième denier, droit de nomination et de casualité des offices, amendes, confiscations, greffes, sceaux et tous autres droits semblables, ne sont point communicables ni cessibles: et toutes concessions de droits de ce genre, à quelque titre qu'elles aient été faites, sont nulles, et en tous cas révoquées par le présent décret.

10. Les droits utiles, mentionnés en l'article précédent, seront, à l'instant de la publication du présent décret, réunis aux finances nationales; et dès lors ils seront administrés, régis et perçus par les commis, agens ou préposés des compagnies établies par l'administration actuelle, dans la même forme et à la charge de la même comptabilité que ceux dont la régie et administration leur est actuellement confiée.

11. Les obligations que le roi pourrait avoir contractées pour rentrer dans les droits ainsi concédés, seront annulées comme ayant été consenties sans cause, et les rentes cesseront du jour de la publication du présent décret.

12. Les grandes masses de bois et forêts nationales demeurent exceptées de la vente et aliénation des biens nationaux, permise ou ordonnée par le présent décret et autres décrets antérieurs.

13. Aucun laps de temps, aucune fin de non-recevoir ou exceptions, excepté celles résultant de l'autorité de la chose jugée, ne peuvent couvrir l'irrégularité connue et bien prouvée des aliénations faites sans le consentement de la nation.

14. L'Assemblée nationale exempte de toute recherche et confirme, en tant que de besoin, 1° les contrats d'échanges faits régulièrement dans la forme et consommés sans fraude, fiction ni lésion avant la convocation de la présente session; 2° les ventes et aliénations pures et simples, sans clause de rachat, même les inféodations, dons et concessions à titre gratuit, sans clause de réversion, pourvu que la date de ces aliénations à titre onéreux ou gratuit, soit antérieure à l'ordonnance de février 1566.

15. Tout domaine dont l'aliénation aura été révoquée ou annulée en vertu d'un décret spécial du corps législatif, pourra être sur-le-champ mis en vente avec les formalités prescrites pour l'aliénation des biens nationaux à la charge par l'acquéreur d'indemniser le possesseur, et de verser le surplus du prix à la caisse de l'extraordinaire.

LOI

Relative au rachat des Rentes foncières.

(18-29 décembre 1790.)

(*Thèse n°* 109.)

TITRE Ier.

QUELLES SONT LES RENTES ASSUJETTIES AU RACHAT.

Art. **1er.** Toutes les rentes foncières perpétuelles, soit en nature, soit en argent, de quelque espèce qu'elles soient, quelle que soit leur origine, à quelques personnes qu'elles soient dues, gens de main morte, domaine, apanagistes, ordre de Malte, même les rentes de dons et legs pour cause pie ou de fondation, seront rachetables : les champarts de toute espèce et sous toute dénomination, le seront pareillement au taux qui sera ci-après fixé. Il est défendu de plus à l'avenir créer aucune redevance foncière non remboursable, sans préjudice des baux à rentes ou emphytéoses, et non perpétuels qui seront exécutés pour toute leur durée, et pourront être faits à l'avenir pour quatre-vingt-dix-neuf ans et au-dessous, ainsi que les baux à vie, même sur plusieurs têtes, à la charge qu'elles n'excèderont pas le nombre de trois.

2. Les rentes ou redevances foncières établies par les contrats connus en certains pays, sous le titre de *locaterie perpétuelle*, sont comprises dans les dispositions et prohibitions de l'article précédent, sauf les modifications ci-après sur le taux de leur rachat.

TITRE II.

PRINCIPES GÉNÉRAUX SUR LE RACHAT.

1. Tout propriétaire pourra racheter les rentes et redevances foncières perpétuelles, à raison d'un fonds particulier, encore qu'il se trouve posséder plusieurs fonds grevés de pareilles rentes envers la même personne, pourvu néanmoins que ces fonds ne soient pas tenus sous une rente ou une redevance foncière solidaire, auquel cas le rachat ne pourra pas être divisé.

2. Lorsqu'un fonds grevé de rente ou redevance foncière perpétuelle sera possédé par plusieurs co-propriétaires, soit divisément, soit par indivis, l'un d'eux ne pourra point racheter divisément ladite rente ou redevance au prorata de la portion dont il est tenu, si ce n'est du consentement de celui auquel la rente ou redevance sera due, lequel pourra refuser le remboursement total en renonçant à la solidarité vis-à-vis de tous les co-obligés ; mais quand le redevable aura fait le remboursement total, il demeurera subrogé aux droits du créancier pour les exercer contre les co-débiteurs, mais sans aucune solidarité ; et chacun des autres co-débiteurs pourra racheter à volonté sa portion divisément.

3. Pourront les propriétaires de fonds grevés de rentes ou redevances foncières, traiter avec les propriétaires desdites rentes ou redevances, de gré à gré, à telle somme et sous telles conditions qu'ils jugeront à propos, du rachat desdites rentes ou redevances ; et les traités ainsi faits de gré à gré entre majeurs, ne pourront être attaqués sous prétexte de lésion quelconque, encore que le prix du rachat se trouve inférieur ou supérieur à celui qui aurait pu résulter du taux qui sera ci-après fixé.

4. Les tuteurs, curateurs et autres administrateurs des pupilles, mineurs ou interdits, les grevés de substitutions, les maris dans les pays où les dots sont inaliénables, même avec le consentement des femmes, ne pourront liquider les rachats des rentes ou redevances foncières appartenant aux pupilles, aux mineurs, aux interdits, à des substitutions et auxdites femmes mariées, qu'en la forme et au taux ci-après prescrits, et à la charge du remploi. Le redevable qui ne voudra point demeurer garant du remploi, pourra consigner le prix du rachat, lequel ne sera délivré aux personnes qui sont assujetties au remploi qu'en vertu d'une ordonnance du juge, rendue sur les conclusions du commissaire du roi, auquel il sera justifié du remploi.

5. Lorsque le rachat aura pour objet une rente ou redevance foncière appartenant à une communauté d'habitans, les officiers municipaux ne pourront le liquider et en recevoir le prix que sous l'autorité et avec l'avis des assemblées administratives du département ou de leurs directoires, lesquels seront tenus de veiller au remploi du prix.

6. La liquidation du rachat des rentes appartenant à la nation, ne pourra être faite que par les assemblées administratives du district dans l'arrondissement duquel se trouve situé le fonds grevé de la rente, ou leur directoire, sous l'inspection et avec l'autorisation des assemblées administratives du département. Le paiement du prix dudit rachat ne pourra être fait qu'à la caisse du district dudit arrondissement, et le directoire du district sera tenu de faire verser le prix dans la caisse de l'extraordinaire.

7. La disposition de l'article précédent aura lieu indistinctement, et sauf les seules exceptions ci-après, à l'égard des rentes nationales, à quelque établissement, corps ou bénéfices et offices supprimés qu'elles appartiennent, encore qu'il s'agisse d'établissement dont l'administration a été conservée provisoirement ou autrement par les précédens décrets, et notamment par celui du 23 octobre dernier, soit à des municipalités, soit à certains administrateurs des fondations, séminaires, colléges, fabriques, établissemens d'études ou de retraite, hôpitaux, maisons de charité, bénéfices actuellement régis par l'économe général du clergé; enfin, à certains ordres de religieux ou religieuses, même à l'égard des rentes appartenant aux établissemens protestans, mentionnés en l'article 17 du titre 1 du décret du 23 octobre dernier; à l'égard de toutes lesquelles rentes, la liquidation du rachat ne pourra être faite que par les administrations de département et de district, et le prix du rachat ne pourra être versé qu'en la caisse du district, ainsi qu'il a été dit en l'article ci-dessus, à peine de nullité desdits rachats.

8. Sont exceptées des dispositions des art. 6 et 7 ci-dessus, les rentes ci-devant appartenant au domaine de la couronne, aux apanagistes, aux engagistes, aux échangistes dont les échanges ne sont point encore consommés. La liquidation du rachat desdites rentes sera faite jusqu'à ce qu'il en ait été autrement ordonné, par les administrateurs de la régie actuelle des domaines ou par leurs préposés, à la charge par eux, 1° de se conformer aux taux ci-après prescrits; 2° que les liquidations seront vérifiées et approuvées par les administrations de département et district, dans l'arrondissement desquels se trouveront situés les fonds affectés auxdites rentes; 3° de compter par les administrateurs de la régie du prix desdits rachats, et de les verser au fur et à mesure dans la caisse du district dudit arrondissement, qui le reversera dans la caisse de l'extraordinaire.

9. Sont pareillement exceptées des dispositions des art. 6 et 7 ci-dessus, les rentes appartenant aux commanderies, dignités et grands prieurés de l'ordre de Malte. Lesdits rachats, jusqu'à ce qu'il en ait été autrement ordonné, pourront être liquidés par les titulaires actuels, à la charge, 1° de se conformer au taux qui sera ci-après prescrit; 2° de faire vérifier et approuver la liquidation par les administrations de département et de district, dans l'arrondissement desquels se trouveront situés les manoirs ou chefs lieux desdites commanderies, dignités et grands prieurés; 3° de verser le prix dudit rachat au fur et à mesure dans la caisse du district dudit arrondissement; qui le reversera dans la caisse de l'extraordinaire.

10. Les administrateurs des établissemens français, et les évêques et curés français qui possèdent des rentes assises sur des fonds situés en pays étrangers, ne pourront en recevoir aucun remboursement, quand même il leur serait offert volontairement, à peine de restitution du quadruple. En cas de contravention, la liquidation du rachat desdites rentes, s'il était offert volontairement, ne pourra être faite que par les assemblées administratives du district dans l'arrondissement duquel se trouveront les manoirs desdits bénéfices, ou les chefs lieux desdits établissemens, sous l'inspection et l'autorisation des assemblées administratives du département, et le prix du rachat sera versé dans la caisse du district dudit arrondissement, et de là dans la caisse de l'extraordinaire, ainsi qu'il est dit en l'article 6.

11. Les tuteurs, curateurs et autres administrateurs désignés dans l'article 4 ci dessus, pourront liquider à l'amiable, et sans être obligés de recourir à des estimations par experts, les rachats des rentes foncières appartenant aux personnes soumises

à leur administration, à la charge que leurs évaluations seront faites par articles séparés, lorsque les rentes seront composées de redevances de diverses quotités et natures, et que chacun des articles indiquera la conformité de l'évaluation avec le mode et le taux ci-après prescrits. Pourront en outre lesdits administrateurs qui voudront se mettre à l'abri de toutes recherches personnelles de la part de ceux soumis à leur administration, faire approuver lesdites liquidations par un avis de parens.

12. Pourront pareillement les officiers municipaux, dans le cas de l'article 5 ci-dessus, les directoires de district, dans le cas où la liquidation leur est attribuée par les articles 6 et 7 ci dessus, et les administrateurs des biens nationaux qui sont autorisés à liquider le rachat par les articles 8 et 9, procéder auxdites liquidations à l'amiable, à la charge de se conformer à la régle prescrite par l'article précédent, et en outre à la charge de les faire vérifier et approuver par les directoires des départemens; sans préjudice aux directoires des départemens de pouvoir, avant d'accorder leur *visa*, exiger une estimation préalable par experts, de tout ou partie des objets à liquider, dans le cas seulement où ils jugeraient ne pouvoir apprécier autrement la régularité desdites opérations.

13. Dans tous les cas où la rente rachetée et dont le prix aura été versé dans les caisses de district et de l'extraordinaire, appartiendra à des établissemens non supprimés, et qui ne le seront point par la suite, il sera, s'il y a lieu, et d'après l'avis des assemblées administratives, pourvu à telle indemnité qu'il appartiendra en faveur desdits établissemens.

TITRE III.

MODES ET TAUX DU RACHAT.

1. Lorsque les parties auxquelles il est libre de traiter de gré à gré ne pourront point s'accorder sur le prix du rachat des rentes ou redevances foncières, le rachat sera fait suivant les règles et le taux ci-après.

2. Le rachat des rentes et redevances foncières originairement créées irrachetables et sans aucune évaluation du capital, seront remboursables; savoir : celle en argent, sur le pied du denier vingt; et celle en nature de grains, volailles, denrées, fruits de récolte, service d'hommes, chevaux ou autres bêtes de somme et de voitures, au denier vingt-cinq de leur produit annuel, suivant les évaluations qui en seront ci-après faites. Il sera ajouté un dixième auxdits capitaux, à l'égard des rentes qui auront été créées sous la condition de la non-retenue de dixième, vingtième et autres impositions royales.

3. A l'égard des rentes et redevances foncières originairement créées rachetables, mais qui sont devenues irrachetables avant le 4 août 1789, par l'effet de la prescription, le rachat s'en fera sur le capital porté au contrat, soit qu'il soit inférieur ou supérieur aux deniers ci-dessus fixés.

4. « Dans les pays où il est d'usage, » soit dans les baux à rente, soit dans » les locatéries perpétuelles, d'interdire au preneur la coupe des bois » de haute-futaie et de la réserver au » bailleur, ou d'assujettir le preneur » à en rembourser la valeur au bailleur, celui-ci conservera le droit de » couper lesdits bois lorsqu'ils seront » parvenus à leur maturité, si mieux » il n'aime consentir d'en recevoir la » valeur actuelle, suivant l'estimation » qui en sera faite par experts ou à » l'amiable, auquel cas le preneur » sera tenu de rembourser au bailleur » le prix desdits bois, outre le capital » fixé par l'article 2 ci-dessus, pour le » rachat de la rente.

5. » Lorsque les baux à rente ou » emphytéose perpétuelle et non seigneuriale, contiendront la condition » expresse imposée au preneur et à » ses successeurs, de payer au bailleur » un droit de lods ou autre droit casuel quelconque en cas de mutation, » et dans les pays où la loi assujettit » les détenteurs auxdits titres de bail » à rente ou emphytéose perpétuelle » et non seigneuriale, à payer au bailleur des droits casuels aux mutations, le possesseur qui voudra ra-

»cheter la rente foncière ou emphy-»téotique, sera tenu, outre le capital »de la rente indiquée en l'article 2 »ci-dessus, de racheter les droits ca-»suels dus aux mutations; et ce ra-»chat se fera aux taux prescrits par le »décret du 3 mai, pour le rachat des »droits pareils ci-devant seigneuriaux, »selon la quotité et la nature du droit »qui se trouvera dû par la convention »ou suivant la loi.»

6. L'évaluation du produit annuel des rentes et redevances foncières, non stipulées en argent, mais payables en nature de grains, denrées, fruits de récolte ou service d'hommes, bêtes de somme ou voitures, se fera d'après les règles et les distinctions ci-après.

7. A l'égard des redevances en grains, il sera formé une année commune de leur valeur, d'après le prix des grains de même nature, relevé sur les registres du marché du lieu où se devait faire le paiement, ou du marché plus prochain, s'il n'y en a pas dans le lieu. Pour former l'année commune, on prendra les 14 années antérieures à l'époque du rachat; on retranchera les deux plus fortes et les deux plus faibles, et l'année commune sera formée sur les dix années restantes.

8. Il en sera de même pour les redevances en volailles, agneaux, cochons, beurre, fromage, cire et autres denrées, dans les lieux où leur prix est porté dans les registres des marchés.—A l'égard des lieux où il n'est point d'usage de tenir de registre du prix des ventes de ces sortes de denrées, l'évaluation des rentes de cette espèce, sera faite d'après le tableau estimatif qui en aura été formé en exécution de l'article 15 du décret du 3 mai, par le directoire du district du lieu où devait se faire le paiement; lequel tableau servira pendant l'espace de dix années, de taux pour l'estimation du produit annuel desdites redevances; le tout sans déroger aux évaluations portées par les titres, coutumes et réglemens.

9. A l'égard des rentes et redevances foncières stipulées en service de journées d'hommes, de chevaux, bêtes de travail et de somme, ou de voitures, l'évaluation s'en fera pareillement d'après le tableau estimatif qui en aura été formé en exécution de l'art. 16 du décret du 3 mai, par le directoire du district du lieu où devaient se faire lesdits services, lequel tableau servira pareillement pendant l'espace de dix années pour l'estimation du produit annuel desdites redevances; le tout sans déroger aux évaluations portées par les titres, coutumes ou réglemens.

10. Quant aux rentes et redevances foncières qui consistent en une certaine portion de fruits recoltés annuellement sur les fonds, il sera procédé par des experts que les parties nommeront, ou qui seront nommés d'office par le juge, à une évaluation de ce que le fonds peut produire en nature dans une année commune. La quotité de la redevance annuelle sera ensuite fixée dans la proportion de l'année commune du fonds, et ce produit annuel sera évalué en la forme prescrite par l'art. 6 ci-dessus, pour l'évaluation des rentes en grains.

11. Dans tous les cas où l'évaluation du produit annuel de la rente pourra donner lieu à une estimation d'experts, si le rachat a lieu entre parties qui aient la liberté de traiter de gré à gré, le redevable pourra faire au propriétaire de la rente, par un acte extrajudiciaire, une offre réelle d'une somme déterminée: en cas de refus d'accepter l'offre, les frais de l'expertise qui deviendra nécessaire seront supportés par celui qui aura fait l'offre, ou par le refusant, selon que l'offre sera jugée suffisante ou insuffisante.

12. L'offre se fera au domicile du créancier, lorsque la rente sera portable; et lorsqu'elle sera quérable, au domicile que le créancier aura ou sera tenu d'elire dans le délai de trois mois, à compter du jour de la publication du présent décret, dans le ressort du district du lieu où la rente devait être payée; et à défaut d'election, à la personne du commissaire du roi du district.

13. Si l'offre mentionnée en l'article ci-dessus est faite à un tuteur, à un grevé de substitution, ou à d'autres administrateurs qui n'ont point la liberté de traiter de gré à gré, les administrateurs pourront employer en frais d'administration ceux de l'expertise, si elle a été ordonnée par l'avis des parents ou par le directoire, lorsqu'ils auront été jugés devoir rester à leur charge.

14. Tout redevable qui voudra racheter la rente ou redevance foncière dont son fonds est grevé, sera tenu de rembourser avec le capital du rachat tous les arrérages qui se trouveront dus, tant pour les années antérieures que pour l'année courante, au prorata du temps qui sera écoulé depuis la dernière échéance jusqu'au jour du rachat.

15. A l'avenir, les rentes et redevances énoncées aux art. 9 et 10 ci-dessus, ne s'arrérageront point, même dans les pays où le principe contraire avait lieu, si ce n'est qu'il y ait eu demande suivie de condamnation. Les rentes qui consistent en service de journées d'hommes, de chevaux et autres services énoncés en l'art. 9 ci-dessus, ne pourront pas non plus être exigées en argent, mais en nature seulement, si ce n'est qu'il y ait eu demande suivie de condamnation. En conséquence, il ne sera tenu compte lors du rachat desdites rentes ou redevances que de l'année courante, laquelle sera alors évaluée en argent, au prorata du temps qui sera écoulé depuis la dernière échéance jusqu'au jour du rachat.

TITRE IV.

DE L'EFFET DE LA FACULTÉ DU RACHAT RELATIVEMENT AUX DROITS SEIGNEURIAUX.

1. « Dans les pays et les cas où le » rachat des rentes foncières créées » irrachetables donnait ouverture à » des droits de lods et ventes, et dans » ceux où les baux à rente foncière » rachetable, ainsi que la vente du » fonds, à la charge de la rente rache- » tables donnaient ouverture auxdits » droits, » les propriétaires des ci-devant fiefs ne pourront point exiger de droits de lods et ventes, sous prétexte de la faculté qui a été accordée par le décret du 4 août 1789, et qui est confirmée par le présent décret, de racheter les rentes foncières créées irrachetables. Lesdits droits de lods et ventes ne pourront être exigés que lors du remboursement effectif desdites rentes, et dans le cas où les droits casuels n'en auraient point été rachetés avant ledit remboursement, sauf aux propriétaires des ci-devant fiefs à se faire payer des droits accoutumés, soit dans le cas de mutation ou d'aliénation des fonds, soit dans le cas de mutation ou d'aliénation des rentes, tant que lesdites rentes n'auront point été remboursées, ou que le rachat desdits droits casuels n'aura point été fait.

2. Les dispositions de l'article précédent auront lieu à l'égard des rentes foncières originairement créées rachetables, mais devenues irrachetables par convention ou prescription.

3. « A l'égard des rentes foncières » rachetables, créées avant le décret » du 4 août 1789, et à l'égard desquel- » les la faculté du rachat n'était point » éteinte, on suivra les anciens usages » établis par les différentes lois, cou- » tumes et statuts qui régissaient les » fonds grevés de ces sortes de rentes. » — Et quant à celles créées depuis le » 4 août 1789, ou qui pourront l'être » par la suite, les lods et ventes ne » pourront être perçus par les posses- » seurs des ci-devant fiefs, que lors du » rachat desdites rentes, nonobstant » tous usages et coutumes à ce con- » traires. — Ne pourra néanmoins le » présent article former attribution de » droits, dans les pays où le rachat des » rentes foncières était exempt de lods » et ventes. »

4. Il sera libre au propriétaire du fonds grevé de rente foncière, de racheter les droits casuels ci-devant seigneuriaux, soit à raison seulement de la valeur de son fonds, déduction faite de la valeur de la rente, soit à raison de la valeur totale du fonds sans déduction de la rente.

5. Le propriétaire de la rente pourra racheter les droits casuels ci-devant seigneuriaux, à raison de la valeur de la rente seulement, encore que le propriétaire du fonds n'ait point racheté ou ne veuille point racheter lesdits droits, eu égard à la valeur de son fonds.

6. Si le propriétaire du fonds n'a racheté les droits casuels qu'eu égard à la valeur du fonds, le propriétaire desdits droits casuels pourra les exercer en cas de mutation ou d'aliénation de la rente, à raison seulement de la valeur de ladite rente ; et réciproquement si le propriétaire de la rente a seul racheté les droits casuels, eu égard à la rente, le propriétaire desdits droits casuels pourra les exercer en cas de mutation ou d'aliénation du fonds, à raison du fonds seulement.

7. Si le propriétaire du fonds rembourse la rente dont il est grevé avant d'avoir racheté les droits casuels du fonds et de la rente, il demeurera à l'avenir assujetti auxdits droits jusqu'au rachat d'iceux, à raison de la valeur totale du fonds, nonobstant le paiement qu'il aura fait des droits à raison du remboursement de la rente.

8. Les dispositions des articles 4, 5, 6 et 7 ci dessus, n'auront lieu que dans les pays dans lesquels la vente ou la mutation du fonds, ainsi que la vente ou la mutation de la rente, donnaient lieu séparément aux droits de vente et autres droits casuels et non dans les pays dans lesquels la mutation de la rente ne donnait lieu à aucun de ces droits qui étaient payés par le seul possesseur du fonds, en cas de mutation de sa part, à raison de la totalité de la valeur du fonds, abstraction faite de la rente.

9 Si le propriétaire du fonds a racheté les droits casuels, tant à raison des fonds que de la rente, audit cas il demeurera subrogé de plein droit au droit du ci devant propriétaire du fief dont les fonds étaient mouvans, tant pour la perception des droits casuels, en cas de mutation ou d'aliénation de la rente, que pour la perception du prix du rachat des droits casuels, lorsqu'il sera offert par le propriétaire de la rente.

10. Tout propriétaire de fonds grevés de rente foncière et sujette aux droits en cas de mutation, qui remboursera la rente avant que le rachat des droits casuels en ait été fait, sera tenu de faire enregistrer la quittance du remboursement, et de la dénoncer au propriétaire du ci-devant fief dont son fonds relevait, dans les trois mois du remboursement, à peine d'être condamné au double du droit dont il se trouvera débiteur, en conséquence dudit remboursement.

TITRE V.

DE L'EFFET DE LA FACULTÉ DU RACHAT VIS-A-VIS DU PROPRIÉTAIRE DE LA RENTE ET DU DÉBITEUR.

1. La faculté du rachat accordée aux débiteurs des rentes foncières, ne dérogera en rien aux droits, privilèges, et actions qui appartenaient ci-devant aux bailleurs de fonds, soit contre les preneurs personnellement, soit sur les fonds baillés à rente ; en conséquence, les créanciers bailleurs de fonds, continueront d'exercer les mêmes actions hypothécaires, personnelles ou mixtes, qui ont eu lieu jusqu'ici, et avec les mêmes privilèges qui leur étaient accordés par les lois, coutumes, statuts et jurisprudence qui étaient précédemment en vigueur dans les différents lieux et pays du royaume.

2. Néanmoins la disposition particulière de l'art. 8 du chapitre 18 de la coutume de la ville et échevinage de Lille, est abrogée à compter du jour de la publication du présent décret, sauf aux propriétaires des rentes foncières régies par cette coutume à exercer pour le paiement des arrérages, les autres actions et privilèges autorisés par le droit commun et par ladite coutume.

3. La faculté de racheter les rentes foncières ne changera pareillement rien à leur nature immobilière, ni quant à la loi qui les régissait ; en conséquence, elles continueront d'être soumises aux mêmes principes, lois et usages que ci-devant, quant à l'ordre des successions, et quant aux dispositions entre-vifs et testamentaires, et aux aliénations à titre onéreux.

4. Les baux à rentes faits sous la conditions expresse de pouvoir par le bailleur, ses héritiers ou ayant-cause, retirer le fonds en cas d'aliénation d'icelui par le preneur, ses héritiers ou ayants-cause, demeurent dans toute leur force, quant à cette faculté de retrait qui pourra être exercée par le bailleur, tant que la rente n'aura point été remboursée avant la vente du fonds.

5. Aucun bailleur de fonds à rente foncière ne pourra exercer le retrait énoncé en l'article ci-dessus, si le bail à rente n'en contient la stipulation expresse, nonobstant toute loi ou usage contraire, et notamment nonobstant l'usage admis en Bretagne, sous le titre de *retrait censuel*, lequel n'était point seigneurial, et lequel est et demeure aboli à compter du jour de la publication du présent décret.

6. Est et demeure pareillement abolie, à compter du jour de la publication du présent decret, la faculté que les coutumes de Hainaut, Valenciennes, Cambrai, Arras, Béthune, Amiens, Normandie et autres semblables, accordaient ci devant aux débiteurs de rente foncière rachetable de la retraite en cas de vente d'icelle.

TITRE VI.

DE L'EFFET DE LA FACULTÉ DU RACHAT VIS-A-VIS DES CRÉANCIERS DU BAILLEUR.

1. La faculté du rachat des rentes foncières ne changera rien aux droits que les lois, coutumes et usages donnaient sur icelles aux créanciers hypothécaires ou chirographaires des bailleurs, lesquels continueront à les exercer comme par le passé, sauf les modifications ci-après.

2. Dans les pays où les rentes foncières ont suite par hypothèque, les créanciers hypothécaires qui voudront conserver leur hypothèque sur les rentes foncières, soit en cas de remboursement d'icelles, seront tenus de former leur opposition au greffe des hypothèques du ressort du lieu de la situation, des fonds grevés desdites rentes, sans préjudice de l'opposition qu'ils pourront en outre former entre les mains du débiteur au remboursement; mais cette dernière opposition ne pourra donner aucun droit de concurrence vis-à-vis des opposans au greffe des hypotheques, et néanmoins le prix du remboursement sera distribué par ordre d'hypothèque entre les simples opposans entre les mains du débiteur, après que les opposans au sceau des lettres de ratification auront été payés.

3. Dans les pays où l'édit de 1771 n'a point d'exécution, l'opposition à l'effet de conserver l'hypothèque, sera faite au greffe du tribunal du district du ressort de la situation du fonds, grevé de la rente, et il sera payé au greffier du district le même droit que celui établi par l'edit de 1771.

4. Les creanciers qui formeront les oppositions générales désignées dans les articles 2 et 3 ci-dessus, ne seront point obligés de les renouveler tous les trois ans; lesdites oppositions dureront trente ans, dérogeant quant à ce seulement à l'édit de juin 1771.

5. Dans les pays où les rentes ont suite par hypothèque, les débiteurs de rente foncière n'en pourront effectuer le remboursement qu'après s'être assurés qu'il n'existe aucune opposition enregistrée au greffe des hypothèques, ou au greffe du district dans les lieux où l'édit de 1771 n'est point en vigueur. Dans les cas où il existerait une ou plusieurs oppositions, ils s'en feront délivrer un extrait qu'ils dénonceront au propriétaire sur lequel elle sera formée, sans pouvoir faire aucune procédure, ni se faire autoriser à consigner que trois mois apres la dénonciation dont ils pourront répéter les frais ainsi que ceux de l'extrait des opposans. Les intérêts cesseront à compter du jour de la dénonciation, lorsque la consignation ou le paiement aura été exécuté huitaine après l'expiration des trois mois.

6. Pourront les parties liquider le remboursement de la rente, et en operer le paiement en tel lieu qu'ils jugeront à propos. Les paiemens opérés hors du lieu du domicile des parties, ou du lieu de la situation de l'héritage, et qui auront été faits d'après un certificat qu'il n'existait

point d'opposition, délivré par le greffier qui en aura le droit, seront valables nonobstant les oppositions survenues depuis, pourvu que la quittance ait été enregistrée dans le mois de la date du certificat ci-dessus énoncé.

TITRE VII.

DU DROIT D'ENREGISTREMENT SUR LES QUITTANCES DE RACHAT.

ARTICLE UNIQUE. Toutes les quittances de rachat des rentes ci-devant créées irrachetables, ou qui sont devenues telles par la prescription de la faculté de rachat, seront assujetties à l'enregistrement, et il ne sera payé que quinze sous pour le droit d'enregistrement; les frais en seront à la charge de celui qui fera le rachat.

DÉCRET

Relatif aux brevets d'invention. (1)

(7 janvier 1791.)

L'Assemblée nationale, considérant que toute idée nouvelle, dont la manifestation ou le développement peut devenir utile à la société, appartient primitivement à celui qui l'a conçue, et que ce serait attaquer les *droits de l'homme* dans leur essence, que de ne pas regarder *une découverte industrielle* comme la propriété de son auteur; considérant en même temps combien le défaut d'une déclaration positive et authentique de cette vérité, peut avoir contribué jusqu'à présent à décourager l'industrie française, en occasionnant l'émigration de plusieurs artistes distingués, et en faisant passer à l'étranger un grand nombre d'inventions nouvelles, dont cet empire aurait dû tirer les premiers avantages; considérant enfin que tous les principes de justice, d'ordre public et d'intérêt national, lui commandent impérieusement de fixer désormais l'opinion des citoyens français sur ce genre de propriété, par une loi qui la consacre et qui la protège, décrète ce qui suit :

Art. 1er. Toute découverte ou nouvelle invention, dans tous les genres d'industrie, est la propriété de son auteur; en conséquence, la loi lui en garantit la pleine et entière jouissance, suivant le mode et pour le temps qui seront ci-après déterminés.

2. Tout moyen d'ajouter à quelque fabrication que ce puisse être, un nouveau genre de perfection, sera regardé comme une invention.

3. Quiconque apportera le premier en France une découverte étrangère, jouira des mêmes avantages que s'il en était l'inventeur.

4. Celui qui voudra conserver ou s'assurer une propriété industrielle du genre de celles énoncées aux précédens articles, sera tenu : — 1° De s'adresser au secrétariat du directoire de son département, et d'y déclarer par écrit si l'objet qu'il présente est d'invention, de perfection ou seulement d'importation; — 2° De déposer sous cachet une description exacte des principes, moyens et procédés qui constituent la découverte, ainsi que les plans, coupes, dessins et modèles qui pourraient y être relatifs, pour ledit paquet être ouvert au moment où l'inventeur recevra son titre de propriété (2).

5. Quant aux objets d'une utilité générale, mais d'une exécution trop simple et d'une imitation trop facile pour établir aucune spéculation commerciale, et dans tous les cas, lorsque l'inventeur aimera mieux traiter

---

(1) V. ci-après *Déc.* 14-25 mai 1791.

(2) Les années de jouissance d'un brevet d'invention, de perfectionnement ou d'importation, commencent à courir de la date du certificat de demande, délivré par notre ministre de l'intérieur. Ce certificat établit, en faveur du demandeur, une jouissance provisoire, qui devient définitive

directement avec le gouvernement, il lui sera libre de s'adresser, soit aux assemblées administratives, soit au corps législatif, s'il y a lieu, pour confier sa découverte, en démontrer les avantages et solliciter une récompense.

6. Lorsqu'un inventeur aura préféré aux avantages personnels assurés par la loi, l'honneur de faire jouir sur-le-champ la nation des fruits de sa découverte ou invention, et lorsqu'il prouvera par la notoriété publique et par des attestations légales, que cette découverte ou invention est d'une véritable utilité, il pourra lui être accordé une récompense sur les fonds destinés aux encouragements de l'industrie (1).

7. Afin d'assurer à tout inventeur la propriété et la jouissance temporaire de son invention, il lui sera délivré un *titre* ou *patente*, selon la forme indiquée dans le règlement qui sera dressé pour l'exécution du présent décret (2).

8. Les patentes seront données pour cinq, dix ou quinze années, au choix de l'inventeur; mais ce dernier terme ne pourra être prolongé sans un décret particulier du corps législatif.

9. L'exercice des patentes accordées pour une découverte importée d'un pays étranger, ne pourra s'étendre au-delà du terme fixé dans ce pays, à l'exercice du premier inventeur.

10. (*Ainsi modifié, L.* 14-25 mai 1791.) L'inventeur sera tenu, pour obtenir lesdites patentes, de s'adresser au directoire de son département, qui en requerra l'expédition. La patente envoyée à ce directoire y sera enregistrée, et il en sera en même temps donné avis par le ministre de l'intérieur aux directoires des autres départements.

11. Il sera libre à tout citoyen d'aller consulter au secrétariat de son département, le catalogue des inventions nouvelles; il sera libre de même à tout citoyen domicilié, de consulter au dépôt général établi à cet effet, les *spécifications* des différentes patentes actuellement en exercice; cependant les *descriptions* ne seront point communiquées, dans le cas où l'inventeur ayant jugé que des raisons politiques ou commerciales exigent le secret de sa découverte, se serait présenté au corps législatif pour lui exposer ses motifs, et en aurait obtenu un décret particulier sur cet objet. — Dans le cas où il sera déclaré qu'une description demeurera secrète, il sera nommé des commissaires pour veiller à l'exactitude de la description, d'après la vue des moyens et procédés, sans que l'auteur cesse pour cela d'être responsable par la suite de cette exactitude. (V. *Déc.* 14-25 mai 1791.)

12. (*Ainsi modifié. L.* 14-25 mai 1791.) Le propriétaire d'une patente jouira privativement de l'exercice et des fruits des découverte, invention ou perfection pour lesquelles ladite patente aura été obtenue; en conséquence, il pourra traduire les contrefacteurs devant les tribunaux. Lorsque les contrefacteurs seront convaincus, ils seront condamnés en sus de la confiscation, à payer à l'inventeur des dommages intérêts proportionnés à l'importance de la con-

---

par l'expédition du décret qui doit suivre ce certificat. — La priorité d'invention, dans le cas de contestation entre deux brevetés pour le même objet, est acquise à celui qui le premier a fait, au secrétariat de la préfecture du département de son domicile, le dépôt des pièces exigé par l'art. 4 de la loi du 7 janvier 1791. (*Déc.* 25 janvier 1807.)

(1) Les objets pour lesquels il a été obtenu des brevets d'invention ne sont pas susceptibles de récompenses nationales. (*L.* 9 *sept.* 1791, art. 11.)

(2) Le gouvernement en accordant un brevet d'invention sans examen préalable n'entend garantir en aucune manière, ni la priorité, ni le mérite, ni le succès d'une invention. (*Arr.* 5 vend. an IX.)

trefaçon, et en outre à verser dans la caisse des pauvres du district, une amende fixée au quart du montant desdits dommages et intérêts, sans toutefois que ladite amende puisse excéder la somme de trois mille livres, et au double en cas de récidive.

13. (*Ainsi modifié. L. 14-25 mai 1791.*) Dans le cas où la dénonciation pour contrefaçon se trouverait dénuée de preuves, l'inventeur sera condamné envers sa partie adverse à des dommages et intérêts proportionnés au trouble et au préjudice qu'elle aura pu en éprouver, et en outre à verser dans la caisse des pauvres du district, une amende fixée au quart du montant desdits dommages et intérêts, sans toutefois que ladite amende puisse excéder la somme de trois mille livres, et au double en cas de récidive.

14. Tout propriétaire de patente aura droit de former des établissements dans toute l'étendue du royaume, et même d'autoriser d'autres particuliers à faire l'application et l'usage de ses moyens et procédés; et dans tous les cas, il pourra disposer de sa patente, comme d'une propriété mobilière.

15. A l'expiration de chaque patente, la découverte ou invention devant appartenir à la société, la description en sera rendue publique, et l'usage en deviendra permis dans tout le royaume, afin que tout citoyen puisse librement l'exercer et en jouir, à moins qu'un décret du corps législatif n'ait prorogé l'exercice de la patente, ou n'en ait ordonné le secret dans les cas prévus par l'article 11.

16. La description de la découverte énoncée dans une patente, sera de même rendue publique; et l'usage des moyens et procédés relatifs à cette découverte, sera aussi déclaré libre dans tout le royaume, lorsque le propriétaire de la patente en sera déchu; ce qui n'aura lieu que dans les cas ci-après déterminés: — 1° Tout inventeur convaincu d'avoir, en donnant sa description, recélé ses véritables moyens d'exécution, sera déchu de sa patente; — 2° Tout inventeur convaincu de s'être servi, dans sa fabrication, de moyens secrets qui n'auraient point été détaillés dans sa description, ou dont il n'aurait pas donné sa déclaration pour les faire ajouter à ceux énoncés dans sa description, sera déchu de sa patente; — 3° Tout inventeur ou se disant tel, qui sera convaincu d'avoir obtenu une patente pour des découvertes déjà consignées et décrites dans des ouvrages imprimés et publiés, sera déchu de sa patente; (*Déc.* 14-25 mai, *art.* 11.) — 4° Tout inventeur qui, dans l'espace de deux ans, à compter de la date de sa patente, n'aura point mis sa découverte en activité, et qui n'aura point justifié les raisons de son inaction, sera déchu de sa patente; — 5° Tout inventeur qui, après avoir obtenu une patente en France, sera convaincu d'en avoir pris une pour le même objet en pays étranger, sera déchu de sa patente; — 6°. Enfin, tout acquéreur du droit d'exercer une découverte énoncée dans une patente, sera soumis aux mêmes obligations que l'inventeur; et s'il y contrevient, la patente sera révoquée, la découverte publiée, et l'usage en deviendra libre dans tout le royaume.

17. N'entend l'Assemblée nationale porter aucune atteinte aux priviléges exclusifs ci devant accordés pour *inventions et découvertes*, lorsque toutes les formes légales auront été observées pour ces priviléges, lesquels auront leur plein et entier effet, et seront au surplus les possesseurs de ces anciens priviléges, assujettis aux dispositions du présent décret. — Les autres privileges fondés sur de simples arrêts du conseil, ou sur des lettres-patentes non enregistrées, seront convertis, sans frais, *en patentes*, mais seulement pour le temps qui leur reste à courir, en justifiant que lesdits priviléges ont été obtenus pour découvertes et inventions du genre de celles énoncées aux précédens articles. — Pourront les propriétaires desdits anciens priviléges enregistrés, et de ceux convertis en patentes, en disposer à leur gré, conformément à l'article 14.

DÉCRET

Portant règlement pour l'exécution de la loi du 7 janvier 1791, sur les brevets d'invention.

(25 mai 1791.)

TITRE PREMIER.

Art. 1er. En conformité des trois premiers articles de la loi du 7 janvier 1791, relative aux nouvelles découvertes et inventions en tout genre d'industrie, il sera délivré sur une simple requête au roi, et sans examen préalable, des *patentes nationales*, sous la dénomination de *brevets d'invention*, à toutes personnes qui voudront exécuter ou faire exécuter dans le royaume des objets d'industrie jusqu'alors inconnus.

2. Il sera établi à Paris, conformément à l'article 11 de la loi, sous la surveillance et l'autorité du ministre de l'intérieur, chargé de délivrer lesdits brevets, un dépôt général sous le nom de *directoire des brevets d'invention*, où ces brevets seront expédiés ensuite des formalités préalables, et selon le mode ci-après déterminé.

3. Le directoire des brevets d'invention expédiera lesdits brevets sur les demandes qui lui parviendront des secrétariats des départemens. Ces demandes contiendront le nom du demandeur, sa proposition et sa requête au roi; il y sera joint un paquet, renfermant la description exacte de tous les moyens qu'on se propose d'employer, et à ce paquet seront ajoutés les dessins, modèles et autres pièces jugées nécessaires pour l'explication de l'énoncé de la demande, le tout avec la signature et sous le cachet du demandeur. Au dos de l'enveloppe de ce paquet, sera inscrit un procès-verbal, signé par le secrétariat du département et par le demandeur, auquel il sera délivré un double dudit procès-verbal, afin de constater l'objet de la demande, la remise de pièces, la date du dépôt, l'acquit de la taxe, ou la soumission de la payer suivant le prix et dans le délai qui seront fixés au présent règlement.

4. Les directoires des départemens, non plus que le directoire des brevets d'invention, ne recevront aucune demande qui contienne plus d'un objet principal, avec les objets de détail qui pourront y être relatifs.

5. Les directoires des départemens seront tenus d'adresser au directoire des brevets d'invention, les paquets des demandeurs, revêtus des formes ci-dessus prescrites, dans la semaine même où la demande aura été présentée.

6. A l'arrivée de la dépêche du secrétariat du département au directoire des brevets d'invention, le procès verbal inscrit au dos du paquet sera enregistré, le paquet sera ouvert, et le brevet sera sur-le-champ dressé d'après le modèle annexé au présent règlement. Ce brevet renfermera une copie exacte de la description, ainsi que des dessins et modèles annexes au procès-verbal; ensuite de quoi ledit brevet sera scellé et envoyé au département, sous le cachet du directoire des brevets d'invention..... (V. Arr. 5 vendémiaire an IX.)

7. Les descriptions des objets dont le corps législatif, dans les cas prévus par l'article 11 de la loi du 7 janvier, aura ordonné le secret, seront ouvertes et inscrites par numéros au directoire des inventions, dans un registre particulier, en présence des commissaires nommés à cet effet, conformément audit article de la loi; ensuite ces descriptions seront cachetées de nouveau, et procès verbal en sera dressé par lesdits commissaires. Le décret qui aura ordonné de les tenir secrètes, sera transcrit au dos du paquet; il en sera fait mention dans la proclamation du roi, et le paquet demeurera cacheté jusqu'à la fin de l'exercice du brevet, à moins qu'un décret du corps législatif n'en ordonne l'ouverture.

8. Les prolongations des brevets qui, dans des cas très-rares et pour des raisons majeures, pourront être accordées par le corps législatif, seulement pendant la durée de la législature, seront enregistrées dans un registre particulier au directoire des inventions, qui sera tenu de donner connaissance de cet enregistrement aux différents départements et tribunaux du royaume.

9. Les arrêts du conseil, lettres-patentes, mémoires descriptifs, tous documents et pièces relatives à des priviléges d'invention, ci-devant accordes pour des objets d'industrie, dans quelque dépôt public qu'ils se trouvent, seront réunis incessamment au directoire des brevets d'invention.

10. Les frais de l'établissement ne seront point à la charge du trésor public; ils seront pris uniquement sur le produit de la taxe des brevets d'invention, et le surplus employé à l'avantage de l'industrie nationale.

TITRE II.

Art. **1er.** Celui qui voudra obtenir un brevet d'invention, sera tenu, conformément à l'article 4 de la loi du 7 janvier, de s'adresser au secrétariat du directoire de son département, pour y remettre sa requête au roi, avec la description de ses moyens, ainsi que les dessins et modèles relatifs à l'objet de sa demande, conformément à l'article 5 du titre 1er; il y joindra un état fait double et signé par lui, de toutes les pièces contenues dans le paquet: un de ces doubles devra être renvoyé au secrétariat du département par le directeur des brevets d'invention, qui se chargera de toutes les pièces par son *récépissé* au pied dudit état.

2. Le demandeur aura le droit, avant de signer le procès-verbal, de se faire donner communication du catalogue de tous les objets pour lesquels il aura été expédié des brevets, afin de juger s'il doit ou non persister dans sa demande.

3. Le demandeur sera tenu, conformément à l'article 3 du titre 1er, d'acquitter au secrétariat du département, la taxe du brevet suivant le tarif annexé; mais il lui sera libre de ne payer que la moitié de cette taxe en présentant sa requête, et de déposer sa soumission d'acquitter le reste de la somme dans le délai de six mois (1).

4. Si la soumission du breveté n'est point remplie au terme prescrit, le brevet qui lui aura été délivré sera de nul effet; l'exercice de son droit deviendra libre, et il en sera donné avis à tous les départemens par le directoire des brevets d'inventions.

5. Toute personne pourvue d'un brevet d'invention, sera tenue d'acquitter, en sus de la taxe dudit brevet, la taxe des patentes annuelles imposée à toutes les professions d'arts et métiers, par la loi du 17 mars 1791.

6. Tout propriétaire de brevet qui voudra faire des changemens à l'objet énoncé dans sa première deman

---

(1) *Tarif des Droits à payer :*

Taxe d'un brevet pour cinq ans, 300 fr. — Taxe d'un brevet pour dix ans, 800 fr. — Taxe d'un brevet pour quinze ans, 1,500 fr. — Droit d'expédition des brevets, 50 fr. — Certificat de perfectionnement, changement et addition, 24 fr. — Droit de prolongation d'un brevet, 600 fr. — Enregistrement du brevet de prolongation, 12 fr. — Enregistrement d'une cession de brevet en totalité ou en partie, 18 fr. — Pour la recherche et la communication d'une description, 12 fr. — Pour le procès-verbal de remise d'une description ou de quelque perfectionnement, changement et addition, et des pièces relatives, tous frais compris, 12 fr. — Pour l'enregistrement d'une cession de brevet en totalité ou en partie, tous frais compris, 12 fr. — Pour la communication du catalogue des inventions et droits de recherches, 3 fr.

de, sera obligé d'en faire sa déclaration, et de remettre la description de ses nouveaux moyens au secrétariat du département, dans la forme et de la manière prescrite par l'article 1er du présent titre; et il sera observé, à cet égard, les mêmes formalités entre les directoires des départemens et celui des brevets d'invention.

7. Si ce breveté ne veut jouir privativement de l'exercice de ses nouveaux moyens, que pendant la durée de son brevet, il lui sera expédié par le directoire des brevets d'invention, un certificat dans lequel sa nouvelle déclaration sera mentionnée, ainsi que la remise du paquet contenant la description de ses nouveaux moyens. — Il lui sera libre aussi de prendre successivement de nouveaux brevets pour lesdits changemens, à mesure qu'il en voudra faire, ou de les faire réunir dans un seul brevet quand il les présentera collectivement. — Ces nouveaux brevets seront expédiés de la même manière et dans la même forme que les brevets d'invention, et ils auront les mêmes effets.

8. Si quelque personne annonce un moyen de perfection pour une invention déjà brevetée, elle obtiendra sur sa demande un brevet pour l'exercice privatif dudit moyen de perfection, sans qu'il soit permis, sous aucun prétexte, d'exécuter ou de faire exécuter l'invention principale, et réciproquement, sans que l'inventeur puisse faire exécuter par lui-même le nouveau moyen de perfection. — Ne seront point mis au rang des *perfections industrielles*, les changemens de formes ou de proportions, non plus que les ornements, de quelque genre que ce puisse être.

9. Tout cessionnaire de brevet obtenu pour un objet que les tribunaux auront jugé contraire aux lois du royaume, à la sûreté publique ou aux réglemens de police, sera déchu de son droit, sans pouvoir prétendre d'indemnité, sauf au ministère public à prendre, suivant l'importance du cas, telles conclusions qu'il appartiendra.

10. Lorsque le propriétaire d'un brevet sera troublé dans l'exercice de son droit privatif, il se pourvoira..... (*devant les tribunaux civils, s'il s'agit de nullité ou de déchéance; devant les tribunaux correctionnels dans le cas de contrefaçon. L.* 21 mai 1838, *art.* 20.)

12. Dans le cas où une saisie juridique n'aurait pu faire découvrir aucun objet fabriqué ou débité en fraude, le dénonciateur supportera les peines énoncées dans l'art. 13 de la loi, à moins qu'il ne légitime sa dénonciation par des preuves légales, auquel cas il sera exempt desdites peines, sans pouvoir néanmoins prétendre aucuns dommages-intérêts.

13. Il sera procédé de même en cas de contestation entre deux brevetés pour le même objet : si la ressemblance est déclarée absolue, le brevet de date antérieure demeurera seul valide; s'il y a dissemblance en quelques parties, le brevet de date postérieure pourra être converti, sans payer de taxe, en brevet de perfection, pour les moyens qui ne seraient point énoncés dans le brevet de date antérieure.

14. Le propriétaire d'un brevet pourra contracter telle société qu'il lui plaira pour l'exercice de son droit, en se conformant aux usages du commerce; mais il lui sera interdit d'établir son entreprise par *actions* (1).

15. Lorsque le propriétaire d'un brevet aura cédé son droit en tout ou en partie (ce qu'il ne pourra faire que par un acte notarié), les deux parties contractantes seront tenues, à peine de nullité, de faire enregistrer ce transport au secrétariat de leurs départemens respectifs, lesquels en informeront aussitôt le directoire des brevets d'invention, afin que celui-ci en instruise les autres départemens.

(1) Article abrogé en ce qui concerne la défense d'exploiter par actions, sauf à se pourvoir de l'autorisation du gouvernement. (*Décret* 25 novembre 1806.)

DÉCRET

Concernant les Biens et Usages ruraux, et la Police rurale.

(28 septembre — 6 octobre 1791.)

(Tit. Ier, sect. IV, *thèses* nos 24, 25.— Tit. II, art. 7, 8, 12 et 25, *thèses* nos 77 et 82.)

TITRE PREMIER.

DES BIENS ET DES USAGES RURAUX. (1)

SECTION IV.

Des Troupeaux, des clôtures, du parcours et de la vaine pâture.

Art. 1er. Tout propriétaire est libre d'avoir chez lui telle quantité et telle espèce de troupeaux qu'il croit utiles à la culture et à l'exploitation de ses terres, et de les y faire pâturer exclusivement, sauf ce qui sera réglé ci-après relativement au parcours et à la vaine pâture. 3, 9 s.

2. La servitude réciproque de paroisse à paroisse, connue sous le nom de *parcours*, et qui entraîne avec elle le droit de vaine pâture, continuera provisoirement d'avoir lieu avec les restrictions déterminées à la présente section, lorsque cette servitude sera fondée sur un titre ou sur une possession autorisée par les lois et les coutumes. A tous autres égards, elle est abolie.

3. Le droit de vaine pâture dans une paroisse, accompagné ou non de la servitude du parcours, ne pourra exister que dans les lieux où il est fondé sur un titre particulier, ou autorisé par la loi ou par un usage local immémorial, et à la charge que la vaine pâture n'y sera exercée que conformément aux règles et usages locaux qui ne contrarieront point les réserves portées dans les articles suivans de la présente section.

4. Le droit de clore et de déclore ses héritages résulte essentiellement de celui de propriété, et ne peut être contesté à aucun propriétaire. L'Assemblée nationale abroge toutes lois et coutumes qui peuvent contrarier ce droit. C. 647.

5. Le droit de parcours et le droit simple de vaine pâture, ne pourront, en aucun cas, empêcher les propriétaires de clore leurs héritages; et tout le temps qu'un héritage sera clos de la manière qui sera déterminée par l'article suivant, il ne pourra être assujetti ni à l'un ni à l'autre droit ci-dessus.

6. L'héritage sera réputé clos, lorsqu'il sera entouré d'un mur de quatre pieds de hauteur avec barrière ou porte, ou lorsqu'il sera exactement fermé et entouré de palissades ou de treillages, ou d'une haie vive, ou d'une haie sèche faite avec des pieux ou cordelée avec des branches, ou de toute autre manière de faire les haies en usage dans chaque localité; ou enfin d'un fossé de quatre pieds de large au moins à l'ouverture, et de deux pieds de profondeur.

7. La clôture affranchira de même du droit de vaine pâture réciproque ou non-réciproque entre particuliers, si ce droit n'est pas fondé sur un titre. Toutes lois et tous usages contraires sont abolis.

8. Entre particuliers, tout droit de vaine pâture fondé sur un titre, même dans les bois, sera rachetable à dire d'experts, suivant l'avantage que pourrait en retirer celui qui avait ce droit, s'il n'était pas réciproque, ou eu égard au désavantage qu'un des propriétaires aurait à perdre la réciprocité, si elle existait; le tout sans préjudice au droit de cantonnement, tant pour les particuliers que pour les communautés, confirmé par l'art. 8 du décret des 16 et 17 sept. 1790.

9. Dans aucun cas et dans aucun temps, le droit de parcours, ni celui de vaine pâture, ne pourront s'exercer sur les prairies artificielles, et ne pourront avoir lieu sur aucune terre ensemencée ou couverte de quelque production que ce soit, qu'après la récolte.

10. Partout où les prairies naturelles sont sujettes au parcours ou à la vaine pâture, ils n'auront lieu pro-

(1) Les articles non cités sont abrogés.

visoirement que dans le temps autorisé par les lois et coutumes, et jamais tant que la premiere herbe ne sera pas recoltée.

11. Le droit dont jouit tout propriétaire de clore ses héritages, a lieu même par rapport aux prairies dans les paroisses où sans titre de propriete, et seulement par l'usage, elles deviennent communes à tous les habitans, soit immédiatement après la récolte de la premiere herbe, soit dans tout autre temps déterminé.

12. Dans les pays de parcours ou de vaine pâture soumis à l'usage du troupeau en commun, tout propriétaire ou fermier pourra renoncer à cette communauté, et faire garder par troupeau séparé, un nombre de têtes de bétail proportionné à l'étendue des terres qu'il exploitera dans la paroisse.

13. La quantité de bétail, proportionnellement à l'étendue du terrain, sera fixée dans chaque paroisse, à tant de bêtes par arpent, d'après les réglemens et usages locaux; et à défaut de documens positifs à cet égard, il y sera pourvu par le conseil général de la commune.

14. Néanmoins tout chef de famille domicilié, qui ne sera ni propriétaire ni fermier d'aucun des terrains sujets au parcours ou à la vaine pâture, et le propriétaire ou fermier à qui la modicité de son exploitation n'assureroit pas l'avantage qui va être déterminé, pourront mettre sur lesdits terrains, soit par troupeau séparé, soit en troupeau en commun, jusqu'au nombre de six bêtes à laine et d'une vache avec son veau, sans préjudicier aux droits desdites personnes sur les terres communales s'il y en a dans la paroisse, et sans entendre rien innover aux lois, coutumes ou usages locaux et de temps immémorial qui leur accorderaient un plus grand avantage.

15. Les propriétaires ou fermiers exploitant des terres sur les paroisses sujettes au parcours ou à la vaine pâture, et dans lesquelles ils ne seraient pas domiciliés, auront le même droit de mettre dans le troupeau commun, ou de faire garder par troupeau séparé, une quantité de têtes de bétail proportionnée à l'étendue de leur exploitation, et suivant les dispositions de l'article 13 de la présente section; mais dans aucun cas, ces propriétaires ou fermiers ne pourront céder leurs droits à d'autres.

16. Quand un propriétaire d'un pays de parcours ou de vaine pâture aura clos une partie de sa propriété, le nombre de têtes de bétail qu'il pourra continuer d'envoyer dans le troupeau commun, ou par troupeau séparé, sur les terres particulieres des habitans de la communauté, sera restreint proportionnellement, et suivant les dispositions de l'article 13 de la présente section.

17. La communauté dont le droit de parcours sur une paroisse voisine sera restreint par des clôtures faites de la maniere déterminée à l'article 6 de cette section, ne pourra prétendre à cet égard à aucune espèce d'indemnité, même dans le cas où son droit serait fondé sur un titre; mais cette communauté aura le droit de renoncer à la faculté réciproque qui résulterait de celui de parcours entre elle et la paroisse voisine; ce qui aura également lieu, si le droit de parcours s'exerçait sur la propriété d'un particulier.

18. Par la nouvelle division du royaume, si quelques sections de paroisse se trouvent réunies à des paroisses soumises à des usages différens des leurs, soit relativement au parcours ou à la vaine pâture, soit relativement au troupeau en commun, la plus petite partie dans la réunion suivra la loi de la plus grande, et les corps administratifs décideront des contestations qui naîtraient à ce sujet. Cependant, si une propriété n'était point enclavée dans les autres, et qu'elle ne gênât point le droit provisoire de parcours ou de vaine pâture auquel elle n'était point soumise, elle serait exceptée de cette règle.

19. Aussitôt qu'un propriétaire aura un troupeau malade, il sera tenu d'en faire la déclaration à la municipalité; elle assignera sur le terrain du parcours ou de la vaine pâture, si l'un ou l'autre existe dans la paroisse, un espace où le troupeau malade pourra pâturer exclusivement, et le chemin qu'il devra suivre pour se rendre au pâturage. Si ce n'est point un pays de parcours ou de vaine pâture, le propriétaire sera tenu de ne point faire sortir de ses héritages son troupeau malade. (V. *Tit.* 2, *art.* 23.)

SECTION V.

Des récoltes.

1. La municipalité pourvoira faire serrer la récolte d'un cultivateur absent, infirme, ou accidentellement hors d'état de la faire lui-même, et qui réclamera ce secours; elle aura soin que cet acte de fraternité et de protection de la loi soit exécuté aux moindres frais. Les ouvriers seront payés sur la récolte de ce cultivateur. Chaque propriétaire sera libre de faire sa récolte de quelque nature qu'elle soit, avec tout instrument et au moment qui lui conviendra, pourvu qu'il ne cause aucun dommage aux propriétaires voisins.— Cependant, dans les pays où le ban de vendanges est en usage, il pourra être fait à cet égard un règlement chaque année par le conseil général de la commune, mais seulement pour les vignes non closes : les réclamations qui pourraient être faites contre le règlement, seront portées au directoire du département, qui y statuera sur l'avis du directoire de district. (P. 475.)

2. Nulle autorité ne pourra suspendre ou intervertir les travaux de la campagne, dans les opérations de la semence et des récoltes.

SECTION VII.

Des Gardes champêtres.

1. Pour assurer les propriétés et conserver les récoltes, il pourra être établi des gardes champêtres dans les municipalités, sous la juridiction des juges de paix et sous la surveillance des officiers municipaux. Ils seront nommés par le conseil général de la commune, et ne pourront être changés ou destitués que dans la même forme.

4. Dans l'exercice de leurs fonctions, les gardes champêtres pourront porter toutes sortes d'armes qui seront jugées leur être nécessaires par le directoire du département. Ils auront sur le bras une plaque de métal ou d'étoffe, où seront inscrits ces mots : LA LOI, le nom de la municipalité, celui du garde.

5. Les gardes champêtres seront âgés au moins de vingt-cinq ans; ils seront reconnus pour gens de bonnes mœurs, et ils seront reçus par le juge de paix; il leur fera prêter le serment de veiller à la conservation de toutes les propriétés qui sont sous la foi publique, et de toutes celles dont la garde leur aura été confiée par l'acte de leur nomination.

6. Ils feront, affirmeront et déposeront leurs rapports devant le juge de paix de leur canton ou l'un de ses assesseurs, ou feront devant l'un ou l'autre leurs déclarations. Leurs rapports, ainsi que leurs déclarations, lorsqu'ils ne donneront lieu qu'à des réclamations pécuniaires, feront foi en justice pour tous les délits mentionnés dans la police rurale, sauf la preuve contraire.

7. Ils seront responsables des dommages, dans le cas où ils négligeront de faire dans les vingt-quatre heures le rapport des délits.

8. La poursuite des délits ruraux sera faite, au plus tard, dans le délai d'un mois, soit par les parties lésées, soit par le procureur de la commune ou ses substituts, s'il y en a, soit par des hommes de lois commis à cet effet par la municipalité, faute de quoi il n'y aura plus lieu à poursuite.

TITRE II.

DE LA POLICE RURALE.

7. Les maris, pères, mères, tuteurs, maîtres, entrepreneurs de toute espèce, seront civilement responsables des délits commis par leurs femmes et enfans, pupilles, mineurs n'ayant pas plus de vingt ans et non mariés, domestiques, ouvriers, voituriers et autres subordonnés. L'estimation du dommage sera toujours faite par le juge de paix ou ses assesseurs, ou par des experts par eux nommés.

8. Les domestiques, ouvriers, voituriers, ou autres subordonnés, se-

ront, à leur tour, responsables de leurs délits envers ceux qui les emploient.

9. Les officiers municipaux veilleront généralement à la tranquillité, à la salubrité et à la sûreté des campagnes; ils seront tenus particulièrement de faire, au moins une fois par an, la visite des fours et cheminées de toutes maisons et de tous bâtimens éloignés de moins de cent toises d'autres habitations : ces visites seront préalablement annoncées huit jours d'avance. — Après la visite, ils ordonneront la réparation ou la démolition des fours et des cheminées qui se trouveront dans un état de délabrement qui pourrait occasionner un incendie ou d'autres accidens; il pourra y avoir lieu à une amende au moins de six livres, et au plus de vingt-quatre livres.

12. Les dégâts que les bestiaux de toute espèce, laissés à l'abandon, feront sur les propriétés d'autrui, soit dans l'enceinte des habitations, soit dans un enclos rural, soit dans les champs ouverts, seront payés par les personnes qui ont la jouissance des bestiaux : si elles sont insolvables, ces dégâts seront payés par celles qui en ont la propriété. Le propriétaire qui éprouvera les dommages, aura le droit de saisir les bestiaux, sous l'obligation de les faire conduire, dans les vingt-quatre heures, au lieu du dépôt qui sera désigné à cet effet par la municipalité. — Il sera satisfait aux dégâts par la vente des bestiaux, s'ils ne sont pas réclamés, ou si le dommage n'a point été payé dans la huitaine du jour du délit. — Si ce sont des volailles, de quelque espèce que ce soit, qui causent le dommage, le propriétaire, le détenteur ou le fermier qui l'éprouvera, pourra les tuer, mais seulement sur le lieu, au moment du dégât. (*L.* 11 *août* 1789, *art.* 3.)

13. Les bestiaux morts seront enfouis dans la journée, à quatre pieds de profondeur, par le propriétaire, et dans son terrain, ou voiturés à l'endroit désigné par la municipalité, pour y être également enfouis, sous peine, par le délinquant, de payer une amende de la valeur d'une journée de travail, et les frais de transport et d'enfouissement.

15. Personne ne pourra inonder l'héritage de son voisin, ni lui transmettre volontairement les eaux d'une manière nuisible, sous peine de payer le dommage, et une amende qui ne pourra excéder la somme du dédommagement. P. 445. F. 192.

16. Les propriétaires ou fermiers des moulins et usines construits ou à construire, seront garans de tous dommages que les eaux pourraient causer aux chemins ou aux propriétés voisines, par la trop grande élévation du déversoir, ou autrement. Ils seront forcés de tenir les eaux à une hauteur qui ne nuise à personne, et qui sera fixée par le directoire du département d'après l'avis du directoire de district. En cas de contravention, la peine sera une amende qui ne pourra excéder la somme du dédommagement. C. 645.

17. Il est défendu à toute personne de recombler les fossés, de dégrader les clôtures, de couper des branches de haies vives, d'enlever des bois secs de haies, sous peine d'une amende de la valeur de trois journées de travail. Le dédommagement sera payé au propriétaire, et suivant la gravité des circonstances, la détention pourra avoir lieu, mais au plus pour un mois.

22. Dans les lieux de parcours ou de vaine pâture, comme dans ceux où ces usages ne sont point établis, les pâtres et les bergers ne pourront mener les troupeaux d'aucune espèce dans les champs moissonnés et ouverts, que deux jours après la récolte entière, sous peine d'une amende de la valeur d'une journée de travail : l'amende sera double, si les bestiaux d'autrui ont pénétré dans un enclos rural.

23. Un troupeau atteint de maladie contagieuse, qui sera rencontré au pâturage sur les terres du parcours ou de la vaine pâture, autres que celles qui auront été désignées pour lui seul, pourra être saisi par les gardes-champêtres, et même par toute personne; il sera ensuite mené au lieu de dépôt qui sera indiqué à cet effet par la municipalité. — Le maître de ce troupeau sera condamné à une amende de la valeur d'une journée de travail par tête de bêtes à laine, et à une amende triple par tête d'autre bétail. — Il pourra en outre, suivant la gravité des circonstances, être responsable du dommage que son troupeau aurait occasionné, sans que cette responsabilité puisse s'étendre au-delà des limites de la municipalité. — A plus forte raison cette amende et cette responsabilité auront lieu, si ce troupeau a été saisi sur les terres qui ne sont point sujettes au parcours ou à la vaine pâture. P. 459.

24. Il est défendu de mener sur le terrain d'autrui des bestiaux d'aucune espèce, et en aucun temps dans les prairies artificielles, dans les vignes, oseraies, dans les plants de capriers, dans ceux d'oliviers, de mûriers, de grenadiers, d'orangers et arbres du même genre, dans tous les plants ou pépinières d'arbres fruitiers ou autres, faits de main d'hommes. — L'amende encourue pour le délit sera une somme de la valeur du dédommagement dû au propriétaire : l'amende sera double, si le dommage a été fait dans un enclos rural; et suivant les circonstances, il pourra y avoir lieu à la détention de police municipale.

25. Les conducteurs de bestiaux revenant des foires, ou les menant d'un lieu à un autre, même dans les pays de parcours ou de vaine pâture, ne pourront les laisser pacager sur les terres des particuliers, ni sur les communaux, sous peine d'une amende de la valeur de deux journées de travail, en outre du dédommagement. L'amende sera égale à la somme du dédommagement, si le dommage est fait sur terrain ensemencé, ou qui n'a pas été dépouillé de sa récolte, ou dans un enclos rural. — A défaut de paiement, les bestiaux pourront être saisis et vendus jusqu'à concurrence de ce qui sera dû pour l'indemnité, l'amende et autres frais relatifs; il pourra même y avoir lieu envers les conducteurs, à la détention de police municipale, suivant les circonstances.

26. Quiconque sera trouvé gardant à vue ses bestiaux dans les récoltes d'autrui, sera condamné en outre du paiement du dommage, à une amende égale à la somme du dédommagement; et pourra l'être, suivant les circonstances, à une détention qui n'excédera pas une année.

27. Celui qui entrera à cheval dans les champs ensemencés, si ce n'est le propriétaire ou ses agens, paiera le dommage et une amende de la valeur d'une journée de travail : l'amende sera double, si le délinquant y est entré en voiture. Si les blés sont en tuyau, et que quelqu'un y entre même à pied, ainsi que dans toute autre récolte pendante, l'amende sera au moins de la valeur de trois journées de travail, et pourra être d'une somme égale à celle due pour dédommagement au propriétaire.

33. Celui qui, sans la permission du propriétaire ou fermier, enlèvera des fumiers, de la marne, ou tous autres engrais portés sur les terres, sera condamné à une amende qui n'excédera pas la valeur de six journées de travail, en outre du dédommagement; et pourra l'être à la détention de police municipale. L'amende sera de douze journées, et la détention pourra être de trois mois, si le délinquant a fait tourner à son profit lesdits engrais.

39. Conformément au décret sur les fonctions de la gendarmerie nationale, tout dévastateur des bois, des récoltes, ou chasseur masqué, pris sur le fait, pourra être saisi par tout gendarme national, sans aucune réquisition d'officier civil.

40. Les cultivateurs ou tous autres qui auront dégradé ou détérioré de quelque manière que ce soit, des chemins publics, ou usurpé sur leur largeur, seront condamnés à la réparation ou à la restitution, et à une amende qui ne pourra être moindre de trois livres, ni excéder vingt-quatre livres.

41. Tout voyageur qui déclora un champ pour se faire un passage dans sa route, paiera le dommage fait au propriétaire, et de plus une amende de la valeur de trois journées de travail, à moins que le juge de paix du canton ne décide que le chemin public était impraticable; et alors les dommages et les frais de clôture seront à la charge de la communauté.

42. Le voyageur qui, par la rapidité de sa voiture ou de sa monture, tuera ou blessera des bestiaux sur les chemins, sera condamné à une amende égale à la somme du dédommagement dû au propriétaire des bestiaux.

43. Quiconque aura coupé ou détérioré des arbres plantés sur les routes, sera condamné à une amende du triple de la valeur des arbres, et à une détention qui ne pourra excéder six mois.

44. Les gazons, les terres ou les pierres des chemins publics, ne pourront être enlevés en aucun cas, sans l'autorisation du directoire du département. Les terres ou matériaux appartenant aux communautés, ne pourront également être enlevés, si ce n'est par suite d'un usage général établi dans la commune pour les besoins de l'agriculture, et non aboli par une délibération du conseil général. — Celui qui commettra l'un de ces délits sera, en outre de la réparation du dommage, condamné, suivant la gravité des circonstances, à une amende qui ne pourra excéder vingt-quatre livres, ni être moindre de trois livres; il pourra de plus être condamné à la détention de police municipale.

LOI.

Vente, Achat d'Effets militaires.

(28 mars 1793.)

Art. 5. Il est défendu à tout soldat de vendre ses armes ou son équipement, et à toute personne de les acheter. Les armes et équipemens achetés en contravention à la loi, seront confisqués et portés aux arsenaux ou autres dépôts d'armes, pour être distribués aux troupes de la république. Le vendeur sera renvoyé à la police correctionnelle pour être puni de la peine d'emprisonnement, aux termes du Code de la police. Les acheteurs, entremetteurs et complices desdits achats y seront pareillement renvoyés, pour être punis par une amende qui ne pourra excéder trois mille livres, outre la peine de l'emprisonnement, aux termes du Code de la police.

LOI

Concernant les faux Noms et Prénoms.

(6 fructidor an II.)

Art 1er. Aucun citoyen ne pourra porter de nom ni de prénom autres que ceux exprimés dans son acte de naissance; ceux qui les auraient quittés seront tenus de les reprendre.

2. Il est également défendu d'ajouter aucun surnom à son nom propre, à moins qu'il n'ait servi jusqu'ici à distinguer les membres d'une même famille, sans rappeler les qualifications féodales ou nobiliaires. — *Charte* 62; *Ord.* 1629, *art.* 211.)

3. Ceux qui enfreindraient les dispositions des deux articles précédens, seront condamnés à six mois d'emprisonnement et à une amende égale au quart de leurs revenus. La récidive sera punie de la dégradation civique.

4. Il est expressément défendu à tous fonctionnaires publics de désigner les citoyens dans les actes autrement que par le nom de famille, les prénoms portés en l'acte de naissance, ou les surnoms maintenus par l'article 2, ni d'en exprimer d'autres dans les expéditions et extraits qu'ils délivreront à l'avenir.

5. Les fonctionnaires qui contreviendraient aux dispositions de l'article précédent, seront destitués, déclarés incapables d'exercer aucune fonction publique, et condamnés à une amende égale au quart de leurs revenus. — L. 25 *vent. an* XI, *art.* 17.

6. Tout citoyen pourra dénoncer les contraventions à la présente loi à l'officier de police, dans les formes ordinaires.

7. Les accusés seront jugés pour la première fois par le tribunal de police correctionnelle, et en cas de récidive, par le tribunal criminel du département.

LOI

Qui autorise le dépôt du montant des billets à ordre ou autres effets négociables, dont le porteur ne se sera pas présenté dans les trois jours qui suivront celui de l'échéance.

(6 thermidor an III.)

Art. 1er. Tout *débiteur* de billet à ordre, lettre de change, billet au porteur ou autre effet negociable, dont le porteur ne se sera pas présenté dans les trois jours qui suivront celui de l'echéance, est autorisé à déposer la somme portee au billet.... (à la caisse des depôts et consignations. *Ord.* 3 *juillet* 1816, *art.* 2.)

2. L'acte de dépôt contiendra la date du billet, celle de l'echéance et le nom de celui au bénefice duquel il aura été originairement fait.

3. Le dépôt consommé, le débiteur ne sera tenu qu'à remettre l'acte de dépôt en échange du billet.

4. La somme déposée sera remise à celui qui représentera l'acte de dépôt, sans autre formalite que celle de la remise d'icelui, et de la signature du porteur sur le registre du receveur.

5 Si le porteur ne sait pas écrire, il en sera fait mention sur le registre.

6 Les droits attribués.... (à la caisse des depôts et consignations) pour les présens depôts sont fixés à un pour cent. *Ils sont dus par le porteur du billet.*

LOI

Contenant des mesures répressives de tout pillage de grains, farines ou subsistances.

(16 prairial an III. (4 juin 1795.)

(*Thèse* n° 80.)

Art. 1er. Lorsqu'il sera commis des pillages de grains, farines ou subsistances sur le territoire d'une commune, la municipalité qui n'aura pas prévenu ou dissipé les attroupemens, et tous les habitans de la commune qui n'auront pas désigné les auteurs, fauteurs ou complices du délit, seront solidairement responsables de la restitution des objets pillés, ainsi que des dommages-intérêts dus aux propriétaires, et de l'amende envers la République.

2. Les grains, farines ou subsistances qui auront été pillés, seront restitués en nature et en pareille quantité au propriétaire, dans le delai de trois jours, et à la diligence des officiers municipaux.

3. En cas de non-restitution des objets en nature dans le délai ci-dessus, les douze principaux contribuables domiciliés de fait dans la commune, seront contraints à payer le prix desdits objets sur le pied du double de leur valeur, au cours du jour où le pillage aura été commis, sauf le recours de ceux qui auront été contraints, contre les autres habitans de la commune, par forme de répartition au marc la livre, d'après le rôle des contributions, laquelle répartition devra être effectuée dans le courant de la décade par la municipalité.

4. Les dommages intérêts résultant du délit ne pourront jamais être moindres que la valeur entière des grains, farines ou subsistances pillés.

5. Les délinquans seront en outre condamnés envers la republique à une amende égale au montant de la valeur principale des objets pillés.

6. Dans le cas où la municipalite ou les habitans de la commune désigneront les coupables, ils seront traduits directement et jugés par le tribunal criminel du departement, et punis selon toute la rigueur des lois.

7. En cas d'insolvabilité de ceux qui seront convaincus de pillage de grains, farines ou subsistances, tous les autres habitans seront solidairement responsables de la restitution des objets pillés, mais seulement sur le pied de leur simple valeur, et sans dommages intérêts ni amende.

8. Dans le cas où la municipalité n'aura pas dénoncé les auteurs, fauteurs et complices des pillages, dans les vingt-quatre heures du délit commis, elle sera, en son propre et privé nom, condamnée envers la nation à

une amende qui ne pourra être moindre du double du prix des grains, farines ou subsistances pillés.

9. Toutes les fois que les grains, farines ou subsistances pillés seront une propriété nationale, le procureur général-syndic du département dénoncera le délit à l'accusateur public, et les prevenus seront directement traduits au tribunal criminel ; et ledit procureur général-syndic interviendra comme partie civile, pour parvenir à la restitution des objets pillés, dommages-intérêts et amendes contre qui il appartiendra.

10. Lorsque les auteurs, fauteurs ou complices du délit n'auront pas été dénoncés par la municipalité ou les habitans de la commune, et qu'il n'y aura lieu qu'à des poursuites civiles, soit contre les principaux contribuables, soit contre la municipalité, l'action devra être intentée par-devant le tribunal du district.

CODE DE BRUMAIRE.

(an IV.)

Violences légères.

Art. 605. Les auteurs de rixes, attroupemens injurieux ou nocturnes, voies de fait et violences légères, pourvu qu'ils n'aient blessé ni frappé personne, et qu'ils ne soient pas notés d'après les dispositions de la loi du 19 juillet 1793, comme gens sans aveu, suspects ou mal intentionnés, (auxquels cas ils ne peuvent être jugés que les par tribunaux correctionnels) sont punis de peines de simple police.

LOI

Sur la Responsabilité des communes.

(10 vendémiaire an IV.)

(Tit. 1, 2, 4 et 5, *thèse n° 80.*)

TITRE PREMIER.

Tous citoyens habitant la même commune sont garans civilement des attentats commis sur le territoire de la commune, soit envers les personnes, soit contre les propriétés.

TITRE II.

MOYENS D'ASSURER LA POLICE INTÉRIEURE DE CHAQUE COMMUNE.

1. Il sera fait et dressé, dans chaque commune de la république, un tableau contenant les noms, âge, états ou professions de tous ses habitans au-dessus de l'âge de douze ans, le lieu de leur habitation, et l'époque de leur entrée sur la commune.

2. Les officiers municipaux, dans les communes dont la population s'élève au-dessus de cinq mille habitans, l'agent municipal ou son adjoint, dans les communes dont la population est inférieure à cinq mille habitans, formeront le tableau prescrit par l'article précédent.

3. A cet effet, il sera adressé dans la décade, par l'administration de département, aux officiers municipaux ou agent municipal, des modèles imprimés de ce tableau : lesquels seront tenus de les remplir dans la décade, et d'en envoyer, dans le même délai, un double à l'administration de département, et un autre, à l'administration municipale du canton.

4. Les officiers ou les agens municipaux qui n'exécuteraient pas les articles précédens, demeureront personnellement responsables des dommages-intérêts résultant des délits commis à force ouverte ou par violence sur le territoire de la commune.

TITRE IV.

DES ESPÈCES DE DÉLITS DONT LES COMMUNES SONT CIVILEMENT RESPONSABLES.

1. Chaque commune est responsable des délits commis à force ouverte ou par violence sur son territoire, par des attroupemens ou rassemblemens armés ou non armés, soit envers les personnes, soit contre les propriétés nationales ou privées, ainsi que des dommages-intérêts auxquels ils donneront lieu.

2. Dans le cas où les habitans de la

commune auraient pris part aux délits commis sur son territoire par des attroupemens et rassemblemens, cette commune sera tenue de payer à la République une amende égale au montant de la réparation principale.

3. Si les attroupemens ou rassemblemens ont été formés d'habitans de plusieurs communes, toutes seront responsables des délits qu'ils auront commis, et contribuables, tant à la réparation et dommages-intérêts qu'au paiement de l'amende.

4. Les habitans de la commune ou des communes contribuables qui prétendraient n'avoir pris aucune part aux délits, et contre lesquels il ne s'élèverait aucune preuve de complicité ou participation aux attroupemens, pourront exercer leur recours contre les auteurs et complices des délits.

5. Dans les cas où les rassemblemens auraient été formés d'individus étrangers à la commune sur le territoire de laquelle les délits ont été commis, et où la commune aurait pris toutes les mesures qui étaient en son pouvoir à l'effet de les prévenir et d'en faire connaître les auteurs, elle demeurera déchargée de toute responsabilité.

6. Lorsque, par suite de rassemblemens ou attroupemens, un individu, domicilié ou non sur une commune, y aura été pillé, maltraité ou homicidé, tous les habitans seront tenus de lui payer, ou, en cas de mort, à sa veuve et enfans, des dommages-intérêts.

7. Lorsque des ponts auront été rompus, des routes coupées ou interceptées, par des abatis d'arbres ou autrement, dans une commune, la municipalité ou l'administration municipale du canton les fera réparer sans délai aux frais de la commune, sauf son recours contre les auteurs du délit.

8. Cette responsabilité de la commune n'aura pas lieu dans les cas où elle justifierait avoir résisté à la destruction des ponts et des routes, ou bien avoir pris toutes les mesures qui étaient en son pouvoir pour prévenir l'événement, et encore dans le cas où elle désignerait les auteurs, provocateurs et complices du délit, tous étrangers à la commune.

9. Lorsque, dans une commune, des cultivateurs tiendront leurs voitures démontées, ou n'exécuteront pas les réquisitions qui en seront faites légalement pour transports et charrois, les habitans de la commune sont responsables des dommages-intérêts en résultant.

10. Si, dans une commune, des cultivateurs à part de fruits refusent de livrer, aux termes du bail, la portion due aux propriétaires, tous les habitans de cette commune sont tenus des dommages-intérêts.

11. Dans les cas énoncés aux articles 9 et 10, les habitans de la commune exerceront leur recours contre les cultivateurs qui auront donné lieu aux dommages-intérêts.

12. Lorsqu'un adjudicataire de domaines nationaux aura été contraint à force ouverte, par suite de rassemblemens ou attroupemens, de payer tout ou partie du prix de son adjudication à autres que dans la caisse des domaines et revenus nationaux. — Lorsqu'un fermier ou locataire aura également été contraint de payer tout ou partie du prix de son bail à autres que le propriétaire. — Dans ces cas, les habitans de la commune où les délits auront été commis, seront tenus des dommages-intérêts en résultant, sauf leur recours contre les auteurs et complices des délits.

TITRE V.

DES DOMMAGES-INTÉRÊTS ET RÉPARATION CIVILE.

1. Lorsque, par suite de rassemblemens ou attroupemens, un citoyen aura été contraint de payer, lorsqu'il aura été volé ou pillé sur le territoire d'une commune, tous les habitans de la commune seront tenus de la restitution, en même nature, des objets pillés et choses enlevées par force, ou d'en payer le prix sur le pied du double de leur valeur, au cours du jour où le pillage aura été commis.

2. Lorsqu'un délit de la nature de ceux exprimés aux articles précédens aura été commis sur une commune, les officiers municipaux ou l'agent municipal seront tenus de le faire constater sommairement dans les vingt-quatre heures, et d'en adresser procès-verbal, sous trois jours au plus tard, au commissaire du pouvoir exécutif près le tribunal civil du département. — Les officiers de police de sûreté n'en seront pas moins tenus de remplir, à cet égard, les obligations que la loi leur prescrit.

3. Le commissaire du pouvoir exécutif près l'administration du département dans le territoire duquel il aurait été commis des délits, à force ouverte et par violence, sur des propriétés nationales, en poursuivra la réparation et les dommages intérêts devant le tribunal civil du département.

4. Les dommages-intérêts dont les communes sont tenues aux termes des articles précédens, seront fixés par le tribunal civil du département, sur le vu des procès-verbaux et autres pièces constatant les voies de fait, excès et délits.

5. Le tribunal civil du département réglera le montant de la réparation et des dommages-intérêts, dans la décade, au plus tard, qui suivra l'envoi des procès-verbaux.

6. Les dommages-intérêts ne pourront jamais être moindres que la valeur entière des objets pillés et choses enlevées.

7. Le jugement du tribunal civil, portant fixation des dommages-intérêts, sera envoyé, dans les vingt-quatre heures, par le commissaire du pouvoir exécutif, à l'administration départementale, qui sera tenue de l'envoyer, sous trois jours, à la municipalité ou à l'administration municipale du canton.

8. La municipalité ou l'administration municipale sera tenue de verser le montant des dommages-intérêts à la caisse du département, dans le délai d'une décade : à cet effet, elle fera contribuer les vingt plus forts contribuables résidant dans la commune.

9. La répartition et la perception pour le remboursement des sommes avancées, seront faites sur tous les habitans de la commune, par la municipalité ou l'administration municipale du canton, d'après le tableau des domiciliés, et à raison des facultés de chaque habitant.

10. Dans le cas de réclamation de la part d'un ou plusieurs contribuables, l'administration départementale statuera sur la demande en réduction.

11. A défaut de paiement dans la décade, l'administration départementale requerra une force armée suffisante, et l'établira dans les communes contribuables, avec un commissaire pour opérer le versement de la contribution.

12. Les frais du commissaire de département, et de séjour de la force armée, seront ajoutés au montant des contributions prononcées, et supportés par les communes contribuables.

13. Dans la décade du versement fait dans la caisse du département, l'administration fera remettre aux parties intéressées le montant du jugement portant fixation de dommages-intérêts.

14. Au moyen des dispositions des titres 4 et 5, la loi du 16 prairial, relative au pillage des grains et farines, demeure rapportée dans les dispositions qui seraient contraires à la présente loi.

15. Jusqu'à ce que les municipalités, les administrations municipales et les tribunaux civils de département soient organisés, les municipalités des communes, les officiers de police de sûreté et les tribunaux de district actuellement existans, sont chargés, sous leur responsabilité personnelle, de l'exécution de la présente loi, chacun d'eux dans les parties qui concernent les administrations municipales, les officiers de police et les tribunaux civils.

ARRÊTÉ

Du Directoire exécutif qui interdit la chasse dans les forêts nationales.

(28 vendémiaire an V.)

(*Thèses* n°s 20 et 21.)

Art. 1er. La chasse dans les forêts

nationales est interdite à tous particuliers sans distinction.

2. Les gardes sont tenus de dresser, contre les contrevenans, les procès-verbaux dans la forme prescrite pour les autres délits forestiers, et de les remettre à l'agent national près la ci-devant maîtrise de leur arrondissement.

3. Les prévenus seront poursuivis en conformité de la loi du 3 brumaire an IV, relative aux délits et aux peines, et seront condamnés aux peines pécuniaires prononcées par les lois ci-dessus citées. P. 484.

4. Le ministre des finances est chargé de l'exécution du présent arrêté, qui sera envoyé aux départemens, imprimé et affiché.

LOI

Concernant la conservation des Propriétés des défenseurs de la patrie.

(6 brumaire an V.)

Art. 2. Aucune prescription, expiration de délais ou péremption d'instance ne peut être acquise contre les défenseurs de la patrie et autres citoyens attachés au service des armées de terre et de mer, pendant tout le temps qui s'est écoulé ou s'écoulera depuis leur départ de leur domicile, s'il est postérieur à la déclaration de la présente guerre, ou depuis ladite déclaration s'ils étaient déjà au service, *jusqu'à l'expiration* d'un mois après la publication de la paix générale ou après la signature du congé absolu qui leur aurait été ou leur serait délivré avant cette époque. —Le délai sera de trois mois, si, au moment de la publication de la paix ou de l'*obtention du congé absolu*, ces citoyens font leur service hors de la République, mais en Europe ; de huit mois, dans les colonies en-deçà du cap de Bonne-Espérance ; de deux ans, au delà de ce cap.

3. Ceux qui auraient librement et formellement acquiescé aux jugemens rendus contre eux, ne sont pas compris dans l'article précédent.

4. Les jugemens prononcés contre les défenseurs de la patrie et autres citoyens de service aux armées ne peuvent donner lieu au décret ni à la dépossession d'aucun immeuble pendant les délais énoncés en l'article 2 de la présente loi.

5. Aucun de ces jugemens ne pourra être mis à exécution, qu'autant que la partie poursuivante aura présenté, et fait recevoir par le tribunal qui aura rendu le jugement, une caution solvable de rapporter, le cas échéant. —*En conséquence*, il est défendu, sous peine de trois cents livres d'amende, à tous greffiers de délivrer et à tous huissiers de mettre à exécution aucun jugement rendu contre des défenseurs de la patrie et autres citoyens de service aux armées si le jugement de réception de la caution n'est joint au jugement de condamnation.

6. Pour l'exécution de l'article précédent, les administrations municipales de canton *feront et déposeront*, dans les cinq jours de la présente loi, aux greffes du tribunal civil, du tribunal de commerce et de la justice de paix desquels relève le canton, une liste contenant les noms et prénoms de tous les citoyens de leur *arrondissement absents de leur domicile* pour le service des armées de terre et de mer. — Les greffiers seront tenus de consulter cette liste avant de délivrer aucun jugement.

7. Les propriétés des défenseurs de la patrie, et des autres citoyens absens pour le service public, sont mises sous la surveillance des agens et adjoints municipaux de chaque commune ; ils seront tenus de dénoncer, sous leur responsabilité personnelle, au commissaire du Directoire exécutif près l'administration municipale du canton, les atteintes qui pourraient être portées à ces propriétés : le commissaire du Directoire exécutif poursuivra en indemnité, devant les tribunaux, les communes qui ne les auraient pas prévenues ou repoussées conformément aux lois existantes.

ARRÊTÉ

Du Directoire exécutif concernant la chasse des animaux nuisibles.

(19 pluviôse an V.)

(*Thèse* n° 10.)

Art. 1er. L'arrêté du 28 vendémiaire dernier, relatif à la prohibition de chasser dans les forêts nationales, continuera d'être exécuté.

2. Néanmoins il sera fait, dans les forêts nationales et dans les campagnes, tous les trois mois, et plus souvent s'il est nécessaire, des chasses et battues générales ou particulières aux loups, renards, blaireaux et autres animaux nuisibles.

3. Les chasses et battues seront ordonnées par les administrations centrales des départemens, de concert avec les agens forestiers de leur arrondissement, sur la demande de ces derniers et sur celle des administrations municipales de canton.

4. Les battues ordonnées seront exécutées sous la direction et la surveillance des agens forestiers, qui règleront, de concert avec les administrations municipales de canton, les jours où elles se feront, et le nombre d'hommes qui y seront appelés.

5. Les corps administratifs sont autorisés à permettre aux particuliers de leur arrondissement qui ont des équipages et autres moyens pour ces chasses, de s'y livrer sous l'inspection et la surveillance des agens forestiers.

6. Il sera dressé procès verbal de chaque battue, du nombre et de l'espèce des animaux qui y auront été détruits: un extrait en sera envoyé au ministre des finances.

7. Il lui sera également envoyé un état des animaux détruits par les chasses particulières mentionnées en l'art. 5, et même par les piéges tendus dans les campagnes par les habitants, à l'effet d'être pourvu, s'il y a lieu, sur son rapport, au paiement des récompenses promises par l'article 10, section IV du Code rural, et le décret du 11 ventôse an III.

CONSTITUTION FRANÇAISE.

(22 frimaire an VIII.)

(Tit. 1, art. 1-5, *thèse* n° 1.)

TITRE I.

DE L'EXERCICE DES DROITS DE CITÉ.

Art. 1er. La République française est une et indivisible. — Son territoire européen est distribué en départemens et arrondissemens communaux.

2. Tout homme né et résidant en France, qui, âgé de vingt-un ans accomplis, s'est fait inscrire sur le registre civique de son arrondissement communal, et qui a demeuré depuis pendant un an sur le territoire de la République, est citoyen français.

3. Un étranger devient citoyen français, lorsqu'après avoir atteint l'âge de vingt-un ans accomplis, et avoir déclaré l'intention de se fixer en France, il y a résidé pendant dix années consécutives.

4. La qualité de citoyen français se perd, — Par la naturalisation en pays étranger; — Par l'acceptation de fonctions ou de pensions offertes par un gouvernement étranger; — Par l'affiliation à toute corporation étrangère qui supposerait des distinctions de naissance; — Par la condamnation à des peines afflictives ou infamantes.

5. L'exercice des droits de citoyen français est suspendu par l'état de débiteur failli, ou d'héritier immédiat détenteur à titre gratuit de la succession totale ou partielle d'un failli; — Par l'état de domestique à gages, attaché au service de la personne ou du ménage; — Par l'état d'interdiction judiciaire, d'accusation ou de contumace.

ARRÊTÉ

Concernant le Port des Lettres et Journaux.

(27 prairial an IX.)

Art. 1er. Les lois des 26 août 1790, art. 4 et 21 septembre 1792, et l'arrêté du 26 vendémiaire an VII, seront exécutés : en conséquence il est défendu à tous les entrepreneurs de voitures libres et à toute autre personne étrangère au service des postes, de s'immiscer dans le transport des lettres, journaux, feuilles à la main et ouvrages périodiques, paquets et papiers du poids d'un kilogramme et au-dessous, dont le port est exclusivement confié à l'administration des postes aux lettres.

2. Les sacs de procédure, les papiers uniquement relatifs au service personnel des entrepreneurs de voitures, et les paquets au-dessus du poids de deux livres, sont seuls exceptés de la prohibition prononcée par l'article précédent.

3. Pour l'exécution du présent arrêté, les directeurs, contrôleurs et inspecteurs des postes, les employés des douanes aux frontières, et la gendarmerie nationale, sont autorisés à faire ou faire faire toutes perquisitions et saisies sur les messagers, piétons chargés de porter les dépêches, voitures de messageries et autres de même espèce, afin de constater les contraventions : à l'effet de quoi ils pourront, s'ils le jugent nécessaire, se faire assister de la force armée.

5. Les procès-verbaux seront dressés à l'instant de la saisie.... Lesdits procès-verbaux seront de suite adressés au commissaire du gouvernement près le tribunal civil et correctionnel de l'arrondissement, par les préposés des postes, pour poursuivre contre les contrev. nans la condamnation en l'amende de cent cinquante francs au moins, et de trois cents francs au plus, par chaque contravention.

8. Le produit des amendes appartiendra, un tiers à l'administration, un tiers aux hospices des lieux, et un tiers à celui ou à ceux qui auront découvert et dénoncé la fraude, et à ceux qui auront coopéré à la saisie : celui-ci sera réparti entre eux par égales portions ; ils en seront payés par le directeur des postes chargé du recouvrement de l'amende, et à Paris par le caissier général de l'administration des postes, d'après un exécutoire qui sera délivré à leur profit par le commissaire du gouvernement près le tribunal. Lesdits exécutoires seront envoyés par le directeur, à l'appui de son compte.

9. Les maîtres de postes, les entrepreneurs de voitures libres et messageries sont personnellement responsables des contraventions de leurs postillons, conducteurs, porteurs et courriers, sauf recours. C. 1384.

SÉNATUS-CONSULTE

Organique relatif à l'admission des étrangers aux droits de citoyen français, pour services rendus à la République, importation d'inventions utiles ou formation de grands établissemens.

(26 vendémiaire an XI.)

(*Thèse* n° 1.)

Art. 1er. Pendant cinq ans, à compter de la publication du présent sénatus consulte organique, les étrangers qui rendront ou qui auraient rendu des services importans à la République, qui apporteront dans son sein des talents, des inventions ou une industrie utiles, ou qui formeront de grands établissemens, pourront, après un an de domicile, être admis à jouir du droit de citoyen français.

2. Ce droit leur sera conféré par un arrêté du gouvernement, pris sur le rapport du ministre de l'intérieur, le conseil d'état entendu.

3. Il sera délivré à l'impétrant une expédition dudit arrêté, visée par le grand juge, ministre de la justice, et scellée du sceau de la République.

4. L'impétrant, muni de cette expédition, se présentera devant la municipalité de son domicile, pour y prêter le serment d'être fidèle au gouvernement établi par la constitution ; il sera tenu registre et dressé procès-verbal de cette prestation de serment.

LOI

Relative à l'exercice de la Médecine.

(19 ventôse an XI.)

Art. 1er. A compter du 1er vendéminaire de l'an XII, nul ne pourra embrasser la profession de médecin, de chirurgien ou d'officier de santé, sans être examiné et reçu comme il sera prescrit par la présente loi.

35. Six mois après la publication de la présente loi, tout individu qui continuerait d'exercer la médecine ou la chirurgie, ou de pratiquer l'art des accouchemens, sans être sur les listes dont il est parlé aux articles 25, 26 et 34, et sans avoir de diplôme, de certificat, ou de lettre de réception, sera poursuivi et condamné à une amende pécuniaire envers les hospices.

36. Ce délit sera dénoncé aux tribunaux de police correctionnelle, à la diligence du commissaire du gouvernement près ces tribunaux. — L'amende pourra être portée jusqu'à mille francs pour ceux qui prendraient le titre et exerceraient la profession de docteur; — A cinq cents francs pour ceux qui se qualifieraient d'officiers de santé et verraient des malades en cette qualité; — A cent francs pour les femmes qui pratiqueraient illicitement l'art des accouchemens. — L'amende sera double en cas de récidive; et les délinquans pourront, en outre, être condamnés à un emprisonnement qui n'excédera pas six mois.

LOI

Contenant Organisation du Notariat.

(25 Ventôse an XI (16 mars 1803.)

(Tit. 1, art. 1-30, et art. 68, *thèses* n° 44-48.)

TITRE PREMIER.

DES NOTAIRES ET DES ACTES NOTARIÉS.

SECTION I.

Des fonctions, ressort et devoirs des notaires.

Art. 1er. Les notaires sont les fonctionnaires publics établis pour recevoir tous les actes et contrats auxquels les parties doivent ou veulent faire donner le caractère d'authenticité attaché aux actes de l'autorité publique et pour en assurer la date, en conserver le dépôt, en délivrer des grosses et expéditions.

2. Ils sont institués à vie.

3. Ils sont tenus de prêter leur ministère lorsqu'ils en sont requis.

4. Chaque notaire devra résider dans le lieu qui lui sera fixé par le gouvernement. En cas de contravention, le notaire sera considéré comme démissionnaire: en conséquence, le grand-juge ministre de la justice, après avoir pris l'avis du tribunal, pourra proposer au gouvernement le remplacement.

5. Les notaires exercent leurs fonctions, savoir, ceux des villes où est établi le tribunal d'appel, dans l'étendue du ressort de ce tribunal: — Ceux des villes où il n'y a qu'un tribunal de première instance, dans l'étendue du ressort de ce tribunal; — Ceux des autres communes, dans l'étendue du ressort du tribunal de paix.

6. Il est défendu à tout notaire d'instrumenter hors de son ressort, à peine d'être suspendu de ses fonctions pendant trois mois, d'être destitué en cas de récidive, et de tous dommages-intérêts.

7. Les fonctions de notaires sont incompatibles avec celles de juges, commissaires du gouvernement près les tribunaux, leurs substituts, greffiers, avoués, huissiers, préposés à la recette des contributions directes et indirectes, juges, greffiers et huissiers des justices de paix, commissaires de police et commissaires aux ventes.

SECTION II.

Des actes, de leur forme; des minutes, grosses, expéditions et répertoires.

8. Les notaires ne pourront recevoir des actes dans lesquels leurs parens ou alliés, en ligne directe à tous les degrés, et en collatérale jusqu'au degré d'oncle ou de neveu inclusivement, seraient parties, ou qui contiendraient quelque disposition en leur faveur.

9. Les actes seront reçus par deux notaires, ou par un notaire assisté de deux témoins, citoyens français, sachant signer, et domiciliés dans l'arrondissement communal où l'acte sera passé.

10. Deux notaires, parens ou alliés au degré prohibé par l'art. 8, ne pourront concourir au même acte. — Les parens, alliés, soit du notaire, soit des parties contractantes, au degré prohibé par l'art. 8, leurs clercs et leurs serviteurs, ne pourront être témoins.

11. Le nom, l'état et la demeure des parties, devront être connus des notaires, ou leur être attestés dans l'acte par deux citoyens connus d'eux, ayant les mêmes qualités que celles requises pour être témoin instrumentaire.

12. Tous les actes doivent énoncer les nom et lieu de résidence du notaire qui les reçoit, à peine de cent francs d'amende (*vingt* fr. *L.* 16 juin 1824, art. 10.) contre le notaire contrevenant. — Ils doivent également énoncer les noms des témoins instrumentaires, leur demeure, le lieu, l'année et le jour où les actes sont passés, sous les peines prononcées par l'article 68 ci-après, et même de faux, si le cas y échoit.

13. Les actes des notaires seront écrits en un seul et même contexte, lisiblement, sans abréviation, blanc, lacune ni intervalle : ils contiendront les noms, prénoms, qualités et demeures des parties, ainsi que des témoins qui seraient appelés dans le cas de l'art. 11 ; ils énonceront en toutes lettres les sommes et les dates : les procurations des contractans seront annexées à la minute, qui fera mention que lecture de l'acte a été faite aux parties : le tout à peine de cent francs d'amende (*vingt* fr. *L.* 16 juin 1824, art. 10.) contre le notaire contrevenant.

14. Les actes seront signés par les parties, les témoins et les notaires, qui doivent en faire mention à la fin de l'acte. — Quant aux parties qui ne savent ou ne peuvent signer, le notaire doit faire mention, à la fin de l'acte, de leurs déclarations à cet égard.

15. Les renvois et apostilles ne pourront, sauf l'exception ci-après, être écrits qu'en marge ; ils seront signés ou paraphés, tant par les notaires que par les autres signataires, à peine de nullité des renvois et apostilles. Si la longueur du renvoi exige qu'il soit transporté à la fin de l'acte, il devra être non-seulement signé ou paraphé comme les renvois écrits en marge, mais encore expressément approuvé par les parties, à peine de nullité du renvoi.

16. Il n'y aura ni surcharge, ni interligne, ni addition dans le corps de l'acte ; et les mots surchargés, interlignés ou ajoutés, seront nuls. Les mots qui devront être rayés le seront de manière que le nombre puisse en être constaté à la marge de leur page correspondante, ou à la fin de l'acte, et approuvé de la même manière que les renvois écrits en marge ; le tout à peine d'une amende de cinquante francs (*dix* fr. *L.* 16 juin 1824, art. 10.) contre le notaire, ainsi que de tous dommages-intérêts, même de destitution en cas de fraude.

17. Le notaire qui contreviendra aux lois et aux arrêtés du gouvernement concernant les noms et qualifications supprimées, les clauses et expressions féodales, les mesures et l'annuaire de la République, ainsi que la numération décimale, sera condamné à une amende de cent francs (*vingt* fr. *L.* 16 juin 1824, art. 10.) qui sera double en cas de récidive.

18. Le notaire tiendra exposé dans son étude un tableau sur lequel il inscrira les noms, prénoms, qualités et demeures des personnes qui, dans l'étendue du ressort où il peut exercer sont interdites et assistées d'un conseil judiciaire, ainsi que la mention des jugemens relatifs : le tout immédiatement après la notification qui en aura été faite, et à peine des dommages-intérêts des parties.

19. Tous actes notariés feront foi en justice, et seront exécutoires dans toute l'étendue de la République. — Néanmoins, en cas de plainte en faux principal, l'exécution de l'acte argué de faux sera suspendue par la déclaration du jury d'accusation, prononçant qu'*il y a lieu à accusation* ; en cas d'inscription de faux faite incidemment, les tribunaux pourront, suivant la gravité des circonstances, suspendre provisoirement l'exécution de l'acte.

20. Les notaires seront tenus de garder minute de tous les actes qu'ils recevront. — Ne sont néanmoins compris dans la présente disposition, les certificats de vie, procurations, actes de notoriété, quittances de fermages, de loyers, de salaires, arrérages de pensions et rentes, et autres actes simples qui, d'après les lois, peuvent être délivrés en brevet.

21. Le droit de délivrer des grosses et des expéditions n'appartiendra qu'au notaire possesseur de la minute; et, néanmoins, tout notaire pourra délivrer copie d'un acte qui lui aura été déposé pour minute.

22. Les notaires ne pourront se dessaisir d'aucune minute, si ce n'est dans les cas prévus par la loi et en vertu d'un jugement. — Avant de s'en dessaisir, ils en dresseront et signeront une copie figurée qui, après avoir été certifiée par le président et le commissaire du tribunal civil de leur résidence, sera substituée à la minute, dont elle tiendra lieu jusqu'à sa réintégration.

23. Les notaires ne pourront également, sans l'ordonnance du président du tribunal de première instance, délivrer expédition, ni donner connaissance des actes à d'autres qu'aux personnes intéressées en nom direct, héritiers ou ayant-droit, à peine des dommages-intérêts, d'une amende de cent francs (*vingt fr.*), et d'être, en cas de récidive, suspendus de leurs fonctions pendant trois mois; sauf néanmoins l'exécution des lois et réglemens sur le droit d'enregistrement, et de celles relatives aux actes qui doivent être publiés dans les tribunaux.

24. En cas de compulsoire, le procès-verbal sera dressé par le notaire dépositaire de l'acte, à moins que le tribunal qui l'ordonne ne commette un de ses membres, ou tout autre juge, ou un autre notaire.

25. Les grosses seules seront délivrées en forme exécutoire : elles seront intitulées et terminées dans les mêmes termes que les jugemens des tribunaux.

26. Il doit être fait mention, sur la minute, de la délivrance d'une première grosse, faite à chacune des parties intéressées : il ne peut lui en être délivré d'autre, à peine de destitution, sans une ordonnance du président du tribunal de première instance, laquelle demeurera jointe à la minute.

27. Chaque notaire sera tenu d'avoir un cachet ou sceau particulier, portant ses nom, qualité et résidence, et, d'après un modèle uniforme, le type de la République française. — Les grosses et expéditions des actes porteront l'empreinte de ce cachet.

28. Les actes notariés seront légalisés, savoir : ceux des notaires à la résidence des tribunaux d'appel, lorsqu'on s'en servira hors de leur ressort; et ceux des autres notaires, lorsqu'on s'en servira hors de leur département. — La légalisation sera faite par le président du tribunal de première instance de la résidence du notaire, ou du lieu où sera délivré l'acte ou l'expédition.

29. Les notaires tiendront répertoire de tous les actes qu'ils recevront.

30. Les répertoires seront visés, cotés et paraphés par le président, ou, à son défaut, par un autre juge du tribunal civil de la résidence : ils contiendront la date, la nature et l'espèce de l'acte, les noms des parties, et la relation de l'enregistrement.

TITRE II.

RÉGIME DU NOTARIAT.

SECTION I.

Nombre, placement et cautionnement des notaires.

31. Le nombre des notaires pour chaque département, leur placement et résidence, seront déterminés par le gouvernement, de manière, 1° que dans les villes de cent mille habitans et au-dessus, il y ait un notaire, au plus, par six mille habitans; 2° que dans les autres villes, bourgs ou villages, il y ait deux notaires au moins, ou cinq au plus, par chaque arrondissement de justice de paix.

32. Les suppressions ou réductions de places ne seront effectuées que par mort, démission ou destitution.

33. Les notaires exercent sans patentes; mais ils sont assujettis à un cautionnement fixé par le gouvernement, d'après les bases ci-après, et qui sera spécialement affecté à la garantie des condamnations prononcées contre eux, par suite de l'exercice de leurs fonctions. — Lorsque, par l'effet de cette garantie, le montant du cautionnement aura été employé en tout ou en partie, le notaire sera suspendu de ses fonctions, jusqu'à ce que le cautionnement ait été entièrement rétabli; et, faute par lui de rétablir, dans les six mois, l'intégralité du cautionnement, il sera considéré comme démissionnaire, et remplacé.

54. Le cautionnement sera fixé par le gouvernement, en raison combinée des ressort et résidence de chaque notaire, d'après un *minimum* et un *maximum* (*Loi du* 28 *avril* 1816);

SAVOIR:

RÉSIDENCE DES COURS ROYALES.		RÉSIDENCE.		
POPULATION.	FIXATION des cautionnemens.	POPULATION.	TRIBUNAUX de 1re instance	JUSTICES de paix.
5000 habitans et au-dessous.	fr. 4,000	2000 habitans et au-dessous.	fr. 3,000	fr. 1,800
5001 à 6000	4,500	2001 à 2500	3,200	1,900
6001 à 7000	5,000	2501 à 3000	3,400	2,000
7001 à 8000	5,500	3001 à 3500	3,600	2,100
8001 à 9000	6,000	3501 à 4000	3,800	2,200
9001 à 10000	6,500	4001 à 4500	4,000	2,300
10001 à 12000	7,000	4501 à 5000	4,200	2,400
12001 à 14000	7,500	5001 à 5500	4,400	2,500
14001 à 16000	8,000	5501 à 6000	4,600	2,600
16001 à 18000	8,500	6001 à 6500	4,800	2,700
18001 à 20000	9,000	6501 à 7000	5,000	2,800
20001 à 22000	9,500	7001 à 7500	5,200	2,900
22001 à 24000	10,000	7501 à 8000	5,400	3,000
24001 à 26000	10,500	8001 à 8500	5,600	3,100
26001 à 28000	11,000	8501 à 9000	5,800	3,200
28001 à 30000	11,500	9001 à 9500	6,000	3,300
30001 à 32000	12,000	9501 à 10000	6,200	3,400
32001 à 34000	12,500	10001 à 11000	6,400	3,500
34001 à 36000	13,000	11001 à 12000	6,600	3,600
36001 à 38000	13,500	12001 à 13000	6,800	3,700
38001 à 42000	14,000	13001 à 14000	7,000	3,800
42001 à 46000	14,500	14001 à 15000	7,200	3,900
46001 à 50000	15,000	15001 à 16000	7,400	4,000
50001 à 55000	15,500	16001 à 17000	7,600	4,100
55001 à 60000	16,000	17001 à 18000	7,800	4,200
60001 à 65000	16,500	18001 à 19000	8.000	4,300
65001 à 70000	17,000	19001 à 20000	8,200	4,400
70001 à 75000	17,500	20001 à 25000	8,400	4,500
75001 à 80000	18,000	25001 à 30000	8,600	4,600
80001 à 85000	18,500	30001 à 35000	8,800	4,700
85001 à 90000	19,000	35001 à 40000	9,000	4,800
90000 à 95000	19,500	40001 à 50000	9,200	4,900
95001 à 100000	20,000	50001 à 60000	9,400	5,000
100001 et au-dess.	25,000	60001 à 70000	9,600	5,100
A Paris......	50,000	70001 et au-dess.	12,000	5,200

Ces cautionnemens seront versés, remboursés, et les intérêts payés conformément aux lois sur les cautionnemens, sous la déduction de tous versemens antérieurs. (V. *Loi* 28 *avril* 1816, 25 *juin* 1841, *art.* 6.)

SECTION II.

Conditions pour être admis, et mode de nomination au notariat.

35. Pour être admis aux fonctions de notaire, il faudra,

1° Jouir de l'exercice des droits de citoyen;

2° Avoir satisfait aux lois sur la conscription militaire;

3° Être âgé de 25 ans accomplis;

4° Justifier du temps de travail prescrit par les articles suivans.

36. Le temps de travail ou stage sera, sauf les exceptions ci-après, de six années entières et non interrompues, dont une des deux dernières, au moins, en qualité de premier clerc chez un notaire d'une classe égale à celle où se trouvera la place à remplir.

37. Le temps de travail pourra n'être que de quatre années, lorsqu'il en aura été employé trois dans l'étude d'un notaire d'une classe supérieure à la place qui devra être remplie, et lorsque, pendant la quatrième, l'aspirant aura travaillé, en qualité de premier clerc, chez un notaire d'une classe supérieure ou égale à celle où se trouvera la place pour laquelle il se présentera.

38. Le notaire déjà reçu, et exerçant, depuis un an, dans une classe inférieure, sera dispensé de toute justification de stage, pour être admis à une place de notaire vacante dans une place immédiatement supérieure.

39. L'aspirant qui aura travaillé pendant quatre ans, sans interruption, chez un notaire de première ou de seconde classe, et qui aura été, pendant deux ans au moins, défenseur ou avoué près d'un tribunal civil, pourra être admis dans une des classes où il aura fait son stage, pourvu que, pendant l'une des deux dernières années de son stage, il ait travaillé, en qualité de premier clerc, chez un notaire d'une classe égale à celle où se trouvera la place à remplir.

40. Le temps de travail exigé par les articles précédens, devra être d'un tiers en sus, toutes les fois que l'aspirant, ayant travaillé chez un notaire d'une classe inférieure, se présentera pour remplir une place d'une classe immédiatement supérieure.

41. Pour être admis à exercer dans la troisième classe de notaires, il suffira que l'aspirant ait travaillé, pendant trois années, chez un notaire de première ou de seconde classe, ou qu'il ait exercé, comme défenseur ou avoué, pendant l'espace de deux années auprès du tribunal d'appel ou de première instance, et qu'en outre il ait travaillé, pendant un an, chez un notaire.

42. Le gouvernement pourra dispenser de la justification du temps d'étude, les individus qui auront exercé des fonctions administratives ou judiciaires.

43. L'aspirant demandera à la chambre de discipline du ressort dans lequel il devra exercer, un certificat de moralité et de capacité. Le certificat ne pourra être délivré qu'après que la chambre aura fait parvenir au commissaire du gouvernement du tribunal de première instance, l'expédition de la délibération qui l'aura accordé.

44. En cas de refus, la chambre donnera un avis motivé, et le communiquera au commissaire du gouvernement, qui l'adressera au grand-juge, avec ses observations.

45. Les notaires seront nommés par le premier consul, et obtiendront de lui une commission qui énoncera le lieu fixe de la résidence.

46. Les commissions de notaires seront, dans leur intitulé, adressées au tribunal de première instance dans le ressort duquel le pourvu aura sa résidence.

47. Dans les deux mois de sa nomination, et à peine de déchéance, le pourvu sera tenu de prêter, à l'audience du tribunal auquel la commission aura été adressée, le serment que la loi exige de tout fonctionnaire public, ainsi que celui de remplir ses fonctions avec exactitude et probité. — Il ne sera admis à prêter serment qu'en représentant l'original de sa commission et la quittance du versement de son cautionnement. — Il sera tenu de faire enregistrer le procès-verbal de prestation de serment au secrétariat de la municipalité du lieu où il devra résider, et au greffe de tous les tribunaux dans le ressort desquels il doit exercer.

48. Il n'aura le droit d'exercer qu'à compter du jour où il aura prêté serment. P. 196.

49. Avant d'entrer en fonctions, les notaires devront déposer au greffe de chaque tribunal de première instance de leur département, et au secrétariat de la municipalité de leur résidence, leur signature et paraphe. — Les notaires à la résidence des tribunaux d'appel, feront, en outre, ce dépôt au greffe des autres tribunaux de première instance de leur ressort.

SECTION III.

Chambre de Discipline.

50. Les chambres qui seront établies pour la discipline intérieure des notaires, seront organisées par des réglemens. (*Arrêté 2 niv. an* XII.)

51. Les honoraires et vacations des notaires seront réglés, à l'amiable, entre eux et les parties; sinon, par le tribunal civil de la résidence du notaire, sur l'avis de la chambre, et sur simples mémoires, sans frais. T. 173.

52. Tout notaire suspendu, destitué ou remplacé, devra, aussitôt après la notification qui lui aura été faite de sa suspension, de sa destitution, ou de son remplacement, cesser l'exercice de son état, à peine de tous dommages et intérêts et des autres condamnations prononcées par les lois contre tout fonctionnaire suspendu ou destitué qui continue l'exercice de ses fonctions. — Le notaire suspendu ne pourra les reprendre, sous les mêmes peines, qu'après la cessation du temps de la suspension. 197, P.

53. Toutes suspensions, destitutions, condamnations d'amende et dommages-intérêts, seront prononcées contre les notaires par le tribunal civil de leur résidence, à la poursuite des parties intéressées, ou d'office à la poursuite et diligence du commissaire du gouvernement. — Ces jugemens seront sujets à l'appel, et exécutoires par provision, excepté quant aux condamnations pécuniaires.

SECTION IV.

Garde, Transmission, Tables des minutes, et Recouvremens.

54. Les minutes et répertoires d'un notaire remplacé ou dont la place aura été supprimée, pourront être remis par lui ou par ses héritiers à l'un des notaires résidant dans la même commune, ou à l'un des notaires résidant dans le même canton, si le remplacé était le seul notaire établi dans la commune.

55. Si la remise des minutes et répertoires du notaire remplacé n'a pas été effectuée, conformément à l'article précédent, dans le mois, à compter du jour de la prestation de serment du successeur, la remise en sera faite à celui-ci.

56. Lorsque la place de notaire sera supprimée, le titulaire ou ses héritiers seront tenus de remettre les minutes et répertoires dans le délai de deux mois du jour de la suppression, à l'un des notaires de la commune, ou à l'un des notaires du canton, conformément à l'article 54.

57. Le commissaire du gouvernement près le tribunal de première instance est chargé de veiller à ce que les remises ordonnées par les articles précédens soient effectuées; et dans le cas de suppression de la place, si le titulaire ou ses héritiers n'ont pas fait choix, dans les délais prescrits, du notaire à qui les minutes et répertoires devront être remis, le commissaire indiquera celui qui en demeurera dépositaire. — Le titulaire ou ses héritiers, en retard de satisfaire aux dispositions des articles 55 et 56, seront condamnés à cent francs d'amende par chaque mois de retard, à compter du jour de la sommation qui leur aura été faite d'effectuer la remise.

58. Dans tous les cas, il sera dressé un état sommaire des minutes remises; et le notaire qui les recevra, s'en chargera au pied de cet état, dont un double sera remis à la chambre de discipline.

59. Le titulaire ou ses héritiers, et le notaire qui recevra les minutes, aux termes des articles 54, 55 et 56, traiteront de gré à gré des recouvremens, à raison des actes dont les honoraires sont encore dus, et du bénéfice des expéditions. — S'ils ne peuvent s'accorder, l'appréciation en sera faite par deux notaires, dont les parties conviendront, ou qui seront nommés d'office parmi les notaires de la même résidence, ou, à leur défaut, parmi ceux de la résidence la plus voisine.

60. Tous dépôts de minutes, sous la dénomination de *Chambres de contrats*, *bureaux de tabellionage*, et autres, sont maintenus à la garde de leurs possesseurs actuels. Les grosses et expéditions ne pourront en être délivrées que par un notaire de la résidence des dépôts, ou, à défaut, par un notaire de la résidence la plus voisine. — Néanmoins, si lesdits dépôts de minutes ont été remis au greffe d'un tribunal, les grosses et expéditions pourront, dans ce cas seulement, être délivrées par le greffier.

61. Immédiatement après le décès du notaire ou autre possesseur de minutes, les minutes et répertoires seront mis sous les scellés par le juge de paix de la résidence, jusqu'à ce qu'un autre notaire en ait été provisoirement chargé par ordonnance du président du tribunal de la résidence.

DISPOSITIONS GÉNÉRALES.

68. Tout acte fait en contravention aux dispositions contenues aux articles 6, 8, 9, 10, 14, 20, 52, 64, 65, 66 et 67, est nul, s'il n'est pas revêtu de la signature de toutes les parties; et lorsque l'acte sera revêtu de la signature de toutes les parties contractantes, il ne vaudra que comme écrit sous signature privée; sauf, dans les deux cas, s'il y a lieu, les dommages-intérêts contre le notaire contrevenant.

69. La loi du 6 octobre 1791, et toutes autres, sont abrogées en ce qu'elles ont de contraire à la présente.

LOI

Sur les Changement de Prénoms et Noms.

(11 germinal an XI.)

TITRE PREMIER.

DES PRÉNOMS.

1er. A compter de la publication de la présente loi, les noms en usage dans les différens calendriers, et ceux des personnages connus de l'histoire ancienne, pourront seuls être reçus, comme prénoms, sur les registres de l'état civil destinés à constater la naissance des enfans; et il est interdit aux officiers publics d'en admettre aucun autre dans leurs actes.

2. Toute personne qui porte actuellement comme prénom, soit le nom d'une famille existante, soit un nom quelconque qui ne se trouve pas compris dans la designation de l'article précédent, pourra en demander le changement, en se conformant aux dispositions de ce même article.

3. Le changement aura lieu d'après un jugement du tribunal d'arrondissement, qui prescrira la rectification de l'acte de l'état civil.

Ce jugement sera rendu, le procureur du roi entendu, sur simple requête presentée par celui qui demandera le changement, s'il est majeur ou émancipé; et par ses père et mère ou tuteur, s'il est mineur.

TITRE II.

DES CHANGEMENS DE NOMS.

4. Toute personne qui aura quelque raison de changer de nom, en adressera la demande motivée au gouvernement.

5. Le gouvernement prononcera dans la forme prescrite pour les réglemens d'administration publique.

6. S'il admet la demande, il autorisera le changement par une ordonnance rendue dans la même forme, mais qui n'aura son exécution qu'après la revolution d'une année, à compter du jour de son insertion au bulletin des lois.

7. Pendant le cours de cette année, toute personne y ayant droit sera admise à présenter requête au gouvernement pour obtenir la révocation de l'ordonnance autorisant le changement de nom ; et cette révocation sera prononcée par le gouvernement, s'il juge l'opposition fondée.

8. S'il n'y a pas eu d'oppositions, ou si celles qui ont été faites n'ont point été admises, l'ordonnance autorisant le changement de nom aura son plein et entier effet à l'expiration de l'année.

9. Il n'est rien innové, par la présente loi, aux dispositions des lois existantes, relatives aux questions d'état entraînant changement de noms, qui continueront à se poursuivre devant les tribunaux dans les formes ordinaires.

LOI

Concernant la police de la Pharmacie.

(21 germinal an XI.)

Art. **23.** Les pharmaciens reçus dans une des six écoles de pharmacie, pourront s'établir et exercer leur profession dans toutes les parties du territoire de la République.

24. Les pharmaciens reçus par les jurys ne pourront s'établir que dans l'étendue du département où ils auront été reçus.

25. Nul ne pourra obtenir de patente pour exercer la profession de pharmacien, ouvrir une officine de pharmacie, préparer, vendre ou débiter aucun médicament, s'il n'a été reçu suivant les formes voulues jusqu'à ce jour, ou s'il ne l'est dans l'une des écoles de pharmacie, ou par l'un des jurys, suivant celles qui sont établies par la présente loi, et après avoir rempli toutes les formalités qui y sont prescrites.

29 A Paris et dans les villes où seront placées les nouvelles écoles de pharmacie, deux docteurs et professeurs des écoles de médecine, accompagnés des membres des écoles de pharmacie, et assistés d'un commissaire de police, *visiteront, au moins* une fois l'an, les officines et magasins des pharmaciens et droguistes, pour vérifier la bonne qualité des drogues et médicamens simples et composés. Les pharmaciens et droguistes seront tenus de représenter les drogues et compositions qu'ils auront dans leurs magasins, officines et laboratoires. Les drogues mal préparées ou détériorées seront saisies à l'instant par le commissaire de police; et il sera procédé ensuite conformément aux lois et réglemens actuellement existans.

30. Les mêmes professeurs en médecine et membres des écoles de pharmacie, *pourront, avec* l'autorisation des préfets, sous-préfets ou maires, et assistés d'un commissaire de police, visiter et inspecter les magasins de drogues, laboratoires et officines des villes placées dans le rayon de dix lieues de celles où sont établies les écoles et se transporter dans tous les lieux où l'on fabriquera et débitera sans autorisation légale, des préparations ou compositions médicinales. Les maires et adjoints, et, à leur défaut, les commissaires de police, dresseront procès-verbal de ces visites, pour, en cas de contravention, être procédé contre les délinquans, conformément aux lois antérieures.

31. Dans les autres villes et communes, les visites indiquées ci-dessus seront faites par les membres des jurys de médecine, réunis aux quatre pharmaciens qui leur sont adjoints par l'article 13.

32. Les pharmaciens ne pourront livrer et débiter des préparations médicinales ou drogues composées quelconques, que d'après la prescription qui en sera faite par les docteurs en médecine ou en chirurgie, ou par les officiers de santé, et sur leur signature. Ils ne pourront vendre aucun remède secret. Ils se conformeront, pour les préparations et compositions qu'ils devront exécuter et tenir dans leurs officines, aux formules insérées et décrites dans les dispensaires ou formulaires qui ont été rédigés ou qui le seront dans la suite par les écoles de médecine. Ils ne pourront faire, dans les mêmes lieux ou officines, aucun autre commerce ou débit que celui des drogues et préparations médicinales.

33. Les épiciers et droguistes ne pourront vendre aucune composition ou préparation pharmaceutique, sous peine de cinq cents francs d'amende. Ils pourront continuer de faire le commerce en gros des drogues simples sans pouvoir néanmoins en débiter aucune au poids médicinal. (V. *Decl. 26 avril* 1777.)

34. Les substances vénéneuses et notamment l'arsenic, le réalgar, le sublimé corrosif, seront tenues dans les officines des pharmaciens et les boutiques des épiciers dans des lieux sûrs et séparés, dont les pharmaciens et épiciers seuls auront la clef, sans qu'aucun autre individu qu'eux puisse en disposer. Ces substances ne pourront être vendues qu'à des personnes connues et domiciliées qui pourraient en avoir besoin pour leur profession ou pour cause connue, sous peine de trois mille francs d'amende de la part des vendeurs contrevenans.

35. Les pharmaciens et épiciers tiendront un registre coté et paraphé par le maire ou le commissaire de police, sur lequel registre ceux qui seront dans le cas d'acheter des substances vénéneuses, inscriront de suite et sans aucun blanc, leurs noms, qualités et demeures, la nature et la quantité des drogues qui leur ont été délivrées, l'emploi qu'ils se proposent d'en faire, et la date exacte du jour de leur achat; le tout à peine de trois mille francs d'amende contre les contrevenans. Les pharmaciens et les épiciers seront tenus de faire eux-mêmes l'inscription, lorsqu'ils vendront ces substances à des individus qui ne sauront point écrire, et qu'ils connaîtront comme ayant besoin de ces mêmes substances.

36. Tout débit au poids médicinal, toute distribution de drogues et préparations médicamenteuses sur des théâtres ou étalages, dans les places publiques, foires et marchés, toute annonce et affiche imprimée qui indiquerait des remèdes secrets, sous quelque dénomination qu'ils soient présentés, sont sévèrement prohibés. Les individus qui se rendraient coupables de ce délit seront poursuivis par mesure de police correctionnelle et punis conformément..... (*punis d'une amende de 25 à 600 fr., et en cas de récidive d'une détention de trois jours au moins, de dix ans au plus.* — *L.* 29 *pluv. an XIII.*)

37. Nul ne pourra vendre, à l'avenir, des plantes ou des parties de plantes médicinales, indigènes, fraîches ou sèches, ni exercer la profession d'herboriste, sans avoir subi auparavant, dans une des écoles de pharmacie, ou pardevant un jury de médecine, un examen qui prouve qu'il connaît exactement les plantes médicinales.

LOI.

Extrait concernant l'Apprentissage.

(21 germinal an XI.)

Art. **9**. Les contrats d'apprentissage consentis entre majeurs, ou par des mineurs avec le concours de ceux sous l'autorité desquels ils sont placés, ne pourront être résolus, sauf l'indemnité en faveur de l'une ou de l'autre des parties, que dans les cas suivans: 1° d'inexécution des engagemens de part ou d'autre; 2° de mauvais traitemens de la part du maître; 3° d'inconduite de la part de l'apprenti; 4° si l'apprenti s'est obligé à donner, pour tenir lieu de rétribution pécuniaire, un temps de travail dont la valeur serait jugée excéder le prix ordinaire des apprentissages.

10. Le maître ne pourra, sous peine de dommages et intérêts, retenir l'apprenti au-delà de son temps, ni lui refuser un congé d'acquit quand il aura rempli ses engagemens. — Les dommages-intérêts seront au moins du triple du prix des journées depuis la fin de l'apprentissage.

12. Nul ne pourra, sous les mêmes peines, recevoir un ouvrier s'il n'est porteur d'un livret portant le certificat d'acquit de ses engagemens, délivré par celui de chez qui il sort.

EXTRAIT DE L'ARRÊTÉ.

Violences envers les employés de l'Octroi.

(8 prairial an XI.)

Art. **24**. En cas d'insulte, ou de violence, l'amende sera de cent fr., indépendamment des dommages et intérêts, et de peines plus graves si le cas y échoit; et ce conformément aux dispositions du titre II de la loi du 3 nivôse an VI, sur la taxe des rôles.

ARRÊTÉ

Sur les Dispenses relatives au Mariage.

(20 prairial an XI.)

Art. 1er. Les dispenses pour se marier avant dix-huit ans révolus pour les hommes, et quinze ans révolus pour les femmes, et celles pour se marier dans les degrés prohibés par l'art. 164 du Code civil, seront délivrées par le gouvernement sur le rapport du ministre de la justice.

2. Le procureur du roi, près le tribunal de première instance de l'arrondissement dans lequel les impétrans se proposent de célébrer le mariage, lorsqu'il s'agira de dispenses dans les degrés prohibés, ou de l'arrondissement dans lequel l'impétrant a son domicile, lorsqu'il s'agira de dispenses d'âge, mettra son avis au pied de la pétition tendante à obtenir ces dispenses, et elle sera ensuite adressée au ministre de la justice.

3. Les dispenses de la seconde publication de bans, dont est mention dans l'article 169, seront accordées, s'il y a lieu, au nom du gouvernement, par le procureur du roi près le tribunal de première instance dans l'arrondissement duquel les impétrans se proposent de célébrer leur mariage; et il sera rendu compte par le procureur du roi au ministre de la justice, des causes graves qui auront donné lieu à chacune de ces dispenses.

4. La dispense d'une seconde publication de bans sera déposée au secrétariat de la commune où le mariage sera célébré. Le secrétaire en délivrera une expédition, dans laquelle il sera fait mention du dépôt, et qui demeurera annexée à l'acte de célébration de mariage.

5. L'arrêté du gouvernement portant la dispense d'âge ou celle dans les degrés prohibés, sera, à la diligence du procureur du roi, et en vertu d'ordonnance du président, enregistré au greffe du tribunal civil de l'arrondissement dans lequel le mariage sera célébré. Une expédition de cet arrêté, dans laquelle il sera fait mention de l'enregistrement, demeurera annexée à l'acte de célébration de mariage.

ARRÊTÉ

(25 thermidor an XI.)

Art. 1. Le tableau ci-joint, des distances de Paris à tous les chefs lieux des départemens, évaluées en kilomètres, en myriamètres et lieues anciennes, sera inséré au Bulletin des lois, pour servir de régulateur et d'indicateur du jour où, conformément à l'article 1er du Code civil, la promulgation de chaque loi est réputée connue dans chacun des départemens de la France.

TABLEAU *des Distances de Paris aux chefs lieux des départemens, rectifié d'après les Ordonnances des 7 juillet 1834; 1er nov. 1826, et 12 juin 1834.*

NOMS DES		DISTANCES EN			NOMS DES		DISTANCES EN		
DÉPARTEMENS.	CHEFS-LIEUX.	Kilomèt.	Myriamèt.	Lieues anciennes.	DÉPARTEMENS.	CHEFS-LIEUX.	Kilomèt.	Myriamèt.	Lieues anciennes.
A.			m k	l. c.				m k	l. c.
Ain. . . .	Bourg. . .	432	43 2	86 2	Alpes				
Aisne. . .	Laon. . .	137	13 7	25 2	(Basses).	Digne. . .	755	75 5	151
Allier. . .	Moulins.	289	28 9	57 4					

NOMS DES DÉPARTEMENS.	NOMS DES CHEFS-LIEUX.	DISTANCES EN Kilomèt.	Myriamèt.		Lieues anciennes.	
			m	k	l.	c.
Alpes (Hautes).	Gap.	665	66	5	133	»
Ardèche.	Privas.	606	60	6	121	1
Ardennes	Mézières.	234	23	4	46	4
Arriège.	Foix.	752	75	2	150	2
Aube.	Troyes.	159	15	9	31	4
Aude.	Carcassonne.	765	76	5	153	»
Aveyron.	Rhodès.	692	69	2	138	2
B.						
Bouches-du-Rhône	Marseille.	813	81	3	162	3
C.						
Calvados.	Caen.	263	26	3	52	5
Cantal.	Aurillac.	539	53	9	107	4
Charente.	Angoulême.	454	45	4	90	4
Charente-Infér.	La Rochelle (1)	460	46	»	92	»
Cher.	Bourges.	233	23	3	46	3
Corrèze.	Tulle.	461	46	1	92	1
Corse. (2)	Ajaccio.	873	87	3	174	3
Côte d'Or	Dijon.	305	30	5	61	»
Côtes-du-Nord.	Saint-Brieux.	446	44	6	89	1
Creuse.	Guéret.	428	42	8	85	3
D.						
Dordogne	Périgueux	472	47	2	94	2
Doubs.	Besançon	396	39	6	79	1
Drôme.	Valence.	560	56	»	112	»
E.						
Eure.	Évreux.	104	10	4	20	4
Eure-et-Loir.	Chartres.	92	9	2	18	2
F.						
Finistère.	Quimper.	623	62	3	124	3
G.						
Gard.	Nîmes.	702	70	2	140	2
Garonne (H.).	Toulouse	669	66	9	133	4
Gers.	Auch.	743	74	3	148	3
Gironde.	Bordeaux	573	57	3	114	3
H.						
Hérault.	Montpellier.	752	75	2	150	2
I.						
Ille-et-Vilaine.	Rennes.	346	34	6	68	1
Indre.	Châteauroux.	259	25	9	51	4
Indre-et-Loire.	Tours.	242	24	2	48	2
Isère.	Grenoble	568	56	8	113	3
J.						
Jura.	Lons le-Saulnier.	411	41	1	82	1
L.						
Landes.	Mont-de Marsan	702	70	2	140	2
Loir-et-Cher.	Blois.	181	18	1	36	1
Loire.	Montbrison.	443	44	3	88	3
Loire (H)	Le Puy.	505	50	5	101	»
Loire-Inferieure.	Nantes.	389	38	9	77	4
Loiret.	Orléans.	123	12	3	24	3
Lot.	Cahors.	558	55	8	111	3
Lot-et-Garonne.	Agen.	714	71	4	142	4
Lozère.	Mende.	566	56	6	113	1
M.						
Maine-et-Loire.	Angers.	300	30	»	60	»

(1) *Ord.* 12 *juin* 1834 — (2) Quinze jours. *Ord.* 7 *juillet* 1824.

NOMS DES DÉPARTEMENS.	NOMS DES CHEFS-LIEUX.	DISTANCES EN Kilomèt.	DISTANCES EN Myriam.	DISTANCES EN Lieues anciennes.
			m k	l. c.
Manche..	Saint-Lô.	326	32 6	65 1
Marne...	Châlons.	164	16 4	32 4
Marne (Haute).	Chaumont.	247	24 7	49 2
Mayenne.	Laval.	281	28 1	56 1
Meurthe.	Nanci.	334	33 4	66 4
Meuse...	Bar-sur-Ornain..	251	25 1	50 1
Morbihan	Vannes.	500	50 »	100 »
Moselle.	Metz.	308	30 8	61 3
N.				
Nièvre..	Nevers.	236	23 6	47 1
Nord.	Lille....	236	23 6	47 1
O.				
Oise....	Beauvais.	88	8 8	17 3
Orne..	Alençon..	191	19 1	38 1
P.				
Pas-de-Calais.	Arras...	193	19 3	38 3
Puy-de-Dôme.	Clermont	384	38 4	76 4
Pyrénées (Basses.)	Pau....	781	78 1	156 1
Pyrénées (Haut.)	Tarbes.	81	81 5	163 »
Pyrénées-Orien.	Perpignan...	888	88 8	177 3
R.				
Rhin (Bas).	Strasbourg.	464	46 4	92 4
Rhin (Haut).	Colmar.	481	48 1	96 1
Rhône...	Lyon.	466	46 6	93 1
S.				
Saône (Haute-).	Vesoul.	354	35 4	70 4
Saône-et-Loire..	Mâcon	399	39 9	79 4
Sarthe...	Le Mans.	211	21 1	42 1
Seine...	Paris..	»	» »	» »
Seine-Inferieure.	Rouen.	137	13 7	27 2
Seine-et-Marne..	Melun...	46	4 6	9 1
Seine-et-Oise..	Versailles	21	2 1	4 1
Sèvres (Deux-).	Niort..	416	41 6	83 1
Somme..	Amiens..	128	12 8	25 3
T.				
Tarn...	Albi....	657	65 7	131 2
Tarn-et-Garonne	Montauban. (1)	630	63 »	126 »
V.				
Var..	Draguignan.	890	89 »	178 »
Vaucluse.	Avignon.	707	70 7	141 2
Vendée.	Fontenay	447	44 7	89 2
Vienne.	Poitiers.	343	34 3	68 3
Vienne. (Haute-).	Limoges.	380	38 »	76 »
Vosges.	Épinal.	381	38 1	76 1
Y.				
Yonne.	Auxerre	168	16 8	33 3

(1) *Ord.* 1er novembre 1826.

ARRÊTÉ

Relatif à l'établissement et à l'organisation des Chambres des Notaires.

(2 Nivôse an XII (24 décembre 1803.)

Chambre des Notaires et ses attributions.

ART. 1er. Il sera établi auprès de chaque tribunal civil de première instance, et dans son chef lieu, une chambre des notaires de son ressort, pour leur discipline intérieure.

2. Les attributions de la chambre seront :

1° De maintenir la discipline intérieure entre les notaires, et de prononcer l'application de toutes les censures et autres dispositions de discipline ;

2° De prévenir ou concilier tous différends entre notaires, et notamment ceux sur des communications, remises, dépôts et rétentions de pièces, fonds et autres objets quelconques ; sur des questions, soit de réception et garde des minutes, soit de préférence ou concurrence dans les inventaires, partages, ventes au adjudications et autres actes : et, en cas de non-conciliation, d'émettre son opinion par simple avis ;

3° De prévenir ou concilier également toutes plaintes et réclamations de la part de tiers contre des notaires, à raison de leurs fonctions, donner simplement son avis sur les dommages-intérêts qui en résulteraient, et réprimer par voie de censure et autres dispositions de discipline, toutes infractions qui en seraient l'objet ; sans préjudice de l'action devant les tribunaux, s'il y a lieu ;

4° De donner comme tiers, son avis sur les difficultés concernant le réglement des honoraires et vacations des notaires, ainsi que sur tous différends soumis à cet égard au tribunal civil ;

5° De délivrer, ou refuser, s'il y a lieu, tous certificats de bonnes mœurs et capacité à elle demandés par les aspirans qui se présenteront pour être admis aux fonctions de notaires, prendre à ce sujet toutes délibérations, ou donner tous avis motivés, les adresser ou communiquer à qui de droit ;

6° De recevoir en dépôt les états de minutes dépendantes des places de notaires supprimés ;

7° Et enfin de représenter tous les notaires de l'arrondissement collectivement, sous les rapports de leurs droits et intérêts communs.

Organisation de la Chambre.

3. Chaque chambre de notaires sera composée de membres désignés par eux parmi les notaires de l'arrondissement. — Leur nombre est fixé à dix neuf pour la chambre des notaires de Paris, à neuf lorsque celui des notaires du ressort de la chambre sera au-dessus de cinquante, et à sept lorsqu'il sera au-dessous.

4. Les membres de la chambre ne pourront délibérer valablement qu'autant que ceux présens et votans seront au moins au nombre de douze pour Paris, de sept pour les chambres composées de neuf membres, et de cinq pour les autres chambres.

5. Les membres de la chambre choisiront entre eux :

1° Un président qui aura voix prépondérante en cas de partage d'opinions. Il convoquera la chambre extraordinairement quand il le jugera à propos, ou sur la réquisition motivée de deux autres membres ; il aura la police d'ordre dans la chambre ;

2° Un syndic qui sera partie poursuivante contre les notaires inculpés. Il sera entendu préalablement à toutes délibérations de la chambre, qui sera tenue de délibérer sur tous ses réquisitoires ; il aura, comme le président, le droit de la convoquer. Il poursuivra l'exécution de ses délibérations, dans la forme ci-après déterminée, et agira pour la chambre, dans tous les cas et conformément à ce qu'elle aura délibéré ;

3° Un rapporteur qui recueillera les renseignemens sur les affaires contre les notaires inculpés, et en fera rapport à la chambre ;

4° Un secrétaire qui rédigera les délibérations de la chambre, qui sera le gardien des archives, et délivrera toutes les expéditions ;

5° Un trésorier qui tiendra la bourse commune ci-après établie, fera les recettes et dépenses autorisées par la chambre : il en rendra compte, à la fin de chaque trimestre, à la chambre assemblée, qui les arrêtera, ainsi que de droit, et lui en donnera sa décharge.

6. Le nombre des membres qui doivent composer les chambres de notaires, d'après l'article 3, celui qui, d'après l'article 4, est nécessaire à la validité des délibérations de la chambre, pourront être, suivant les localités, réduits ou augmentés par le gouvernement. — Le nombre des syndics pourra être porté à trois pour Paris, et à deux pour les chambres dont le ressort comprendra plus de cinquante notaires.

7. Indépendamment des attributions particulières données aux membres désignés dans l'article 5, chacun d'eux aura voix délibérative, ainsi que les autres membres, dans toutes les assemblées de la chambre, et néanmoins lorsqu'il s'agira d'affaires où le syndic sera partie contre un notaire inculpé, le syndic n'aura que voix consultative, et ne sera point compté parmi les votans, à moins que son opinion ne soit à décharge.

8. Les fonctions spéciales attribuées par l'article 5, à chacun des membres dont il ordonne la création, pourront être cumulées lorsque le nombre des membres composant la chambre sera au-dessous de sept, et néanmoins les fonctions de président, de syndic et de rapporteur seront toujours exercées par trois personnes différentes. —Quel que soit le nombre des membres composant la chambre, la même cumulation de fonctions, pourra avoir lieu momentanément, en cas d'absence ou empêchement de quelqu'un des membres désignés dans l'article 5, lesquels, pour ce cas, se suppléeront entre eux, ou pourront même être suppléés par tel autre membre de la chambre. — Les suppléans momentanés seront nommés par le président de la chambre, ou, s'il est absent, par la majorité des membres présens en nombre suffisant pour délibérer.

Pouvoir de la Chambre dans les moyens de discipline.

9. La chambre prononcera par voie de décision, pour les cas de police et discipline intérieure.

10. La chambre mandera les notaires à ses séances, prononcera contre eux par forme de discipline, et suivant la gravité des cas, soit le rappel à l'ordre, soit la censure simple par la décision même, soit la censure avec réprimande par le président, aux notaires en personne, dans la chambre assemblée, soit la privation de voix délibérative dans l'assemblée générale, soit l'interdiction de l'entrée de la chambre pendant un espace de temps qui ne pourra excéder trois ans, pour la première fois, et qui pourra s'étendre à six ans en cas de récidive.

11. Si l'inculpation portée à la chambre contre un notaire paraît assez grave pour mériter la suspension du notaire inculpé la chambre s'adjoindra, par la voie du sort, d'autres notaires de son ressort, savoir, celle de Paris, dix notaires, et les autres chambres, un nombre égal, plus un, à celui de leurs membres. —La chambre, ainsi composée, émettra, par forme de simple avis, et à la majorité absolue des voix, son opinion sur la suspension et sa durée. — Les voix seront recueillies en ce cas, au scrutin secret par *oui* ou par *non*; mais l'avis ne pourra être formé, si les deux tiers au moins de tous les membres appelés à l'assemblée n'y sont présens.

12. Quand l'avis émis par la majorité des membres de la chambre sera pour la suspension, il sera déposé au greffe du tribunal; expédition en sera remise au commissaire du Gouvernement, qui en fera l'usage prescrit par la loi.

Mode de procéder en la Chambre.

13. Le syndic déférera à la chambre les faits relatifs à la discipline; et il sera tenu de les lui dénoncer, soit d'office, quand il en aura eu connaissance, soit sur la provocation des parties intéressées, soit sur celle d'un des membres de la chambre. — Les notaires inculpés seront cités à la chambre, avec délai suffisant, qui ne pourra être au-dessous de cinq jours, à la diligence du syndic, par une simple lettre indicative de l'objet, signée de lui, et envoyée par le secrétaire qui en tiendra note. — Si le notaire ne comparaît point sur la lettre du syndic, il sera cité, une seconde fois, dans le même délai, à la même diligence, par ministère d'huissier.

14. Quant aux différends entre notaires, et aux difficultés sur lesquelles la chambre est chargée d'émettre son avis, les notaires pourront se présenter contradictoirement, et sans citation préalable, aux séances de la chambre; ils pourront également y être cités, soit par simples lettres indicatives des objets, signées des notaires provoquans, et renvoyées par le secrétaire auquel ils en laisseront des doubles, soit par des citations ordinaires, dont ils déposeront les originaux au secrétariat. Ces citations officielles, ou par lettres, seront données avec les mêmes délais que celles du syndic, après avoir été préalablement soumises au *visa* du président de la chambre.

15. La chambre prendra ses délibérations dans les affaires particulières, après avoir entendu ou dûment appelé dans la forme ci-dessus prescrite, les notaires inculpés ou intéressés, ensemble les tierces parties qui voudront être entendues, et qui, dans tous les cas, pourront se faire représenter ou assister par un notaire. — Les délibérations de la chambre seront motivées et signées sur la minute, par le président et le secrétaire à la séance même où elles seront prises. — Chaque délibération contiendra les noms des membres présens. — Ces délibérations n'étant que de simples actes d'administration, d'ordre ou de discipline intérieure, ou de simples avis, ne seront, dans aucun cas, sujettes au droit d'enregistrement, non plus que les pièces y relatives. — Les délibérations de la chambre seront notifiées, quand il y aura lieu, dans la même forme que les citations, et il en sera fait mention par le secrétaire, en marge desdites délibérations.

16. Les assemblées de la chambre se tiendront en un local à ce destiné dans la ville où elle sera établie. — Chaque année il y aura de droit deux assemblées générales, et il pourra y en avoir d'autres extraordinaires toutes les fois que les circonstances l'exigeront, et que la chambre le jugera convenable. — Les assemblées générales ou extraordinaires seront convoquées conformément aux dispositions rappelées en l'art. 5. Tous les notaires du ressort de la chambre seront invités à s'y rendre, soit pour les nominations dont parle l'article 18 ci-après, soit pour se concerter sur ce qui intéressera l'exercice de leurs fonctions.

17. Il ne pourra être pris de délibération en assemblée générale, qu'autant que le nombre des notaires présens sera au moins du tiers de tous ceux du ressort de la chambre, non compris dans ce tiers les membres de la chambre.

Nomination des Membres de la Chambre, et durée de leurs fonctions.

18. Les membres de la chambre seront nommés par l'assemblée générale des notaires de son ressort, convoqués à cet effet. — La moitié desdits membres sera choisie dans les plus anciens en exercice, formant le tiers, de tous les notaires du ressort. — La nomination aura lieu à la majorité absolue des voix, au scrutin secret, et par bulletin de liste contenant un nombre de noms qui ne pourra excéder celui des membres à nommer.

19. Les membres de la chambre seront renouvelés chaque année, et par tiers, pour les nombres qui comportent cette division, et par portion approchant le plus du tiers, pour les autres nombres, en faisant alterner, chaque année, les portions inférieures et supérieures au tiers, mais en commençant par les inférieures, et de manière que, dans tous les cas, aucun membre ne puisse rester en fonctions plus de trois ans consécutifs. — Les deux premiers renouvellemens seront indiqués par le sort, les autres par l'ancienneté de nomination.

20. Les membres désignés pour composer la chambre nommeront entre eux, en suivant le mode de l'article 18, les président et autres officiers dont parle l'article 5. Le président sera toujours pris parmi les plus anciens désignés dans l'article 18. — Cette nomination particulière se renouvellera chaque année : les mêmes pourront être réélus; à égalité de voix, le plus ancien d'âge obtiendra la préférence.

21. La nomination des membres de la chambre se fera, de droit, le 15 *brumaire* (*le 3 mai : Circ. min.* 18 avril 1833.) de chaque année. — Ils entreront en fonctions le 1er *frimaire* suivant (*le* 15 *mai : Déc.* 4 avril 1806), et le même jour nommeront les président et autres officiers, qui de suite entreront aussi en fonctions. — La première nomination aura lieu au plus tard le 15 pluviôse prochain, et les membres entreront en fonctions dans la huitaine qui suivra leur nomination.

Fonds pour les dépenses de la Chambre.

22. Il y aura une bourse commune pour les dépenses de la chambre. — Elle sera établie de manière qu'elle n'excède pas les dépenses nécessaires. — Elle sera consentie par l'assemblée générale, répartie sur les divers membres de l'arrondissement, et le rôle rendu exécutoire par le président du tribunal d'appel du ressort, sur le rapport et d'après l'avis du commissaire établi près le même tribunal. — L'arrêté qui aura ainsi établi la bourse commune, sera adressé au grand-juge, qui prononcera sur les réclamations.

23. Il sera pourvu, lors du règlement général à faire pour l'exécution de la loi du 25 ventôse an XI, sur le notariat, à toutes autres dispositions qui pourraient concerner les chambres de discipline.

24. Le grand-juge, ministre de la justice, est chargé de l'exécution du présent arrêté, qui sera inséré au Bulletin des Lois.

DÉCRET

Qui prescrit des formalités pour les procès-verbaux d'apposition de scellés, d'inventaire, etc.

(10 brumaire an XIV.)

Art. **1.** Tous officiers ayant droit d'apposer des scellés, de les reconnaître et de les lever, de rédiger des inventaires, de faire des ventes ou autres actes dont la confection peut exiger plusieurs séances, sont tenus d'indiquer, à chaque séance, l'heure du commencement et celle de la fin.

2. Toutes les fois qu'il y a interruption dans l'opération, avec renvoi à un autre jour ou à une autre heure de la même journée, il en sera fait mention dans l'acte, que les parties et les officiers signeront sur-le-champ, pour constater cette interruption.

DÉCRET

Concernant les Armes cachées.

(15 décembre 1805.)

Les fusils et pistolets à vent sont déclarés compris dans les armes offensives, dangereuses, cachées et secrètes dont la fabrication, l'usage et le port sont interdits par les lois. — P. 314. *Déclar.* 23 *mars* 1728; *Ord.* 25 *février* 1837.

LOI

Sur le transfert des inscriptions de rentes sur l'État, appartenant à des mineurs ou interdits.

(24 mars 1806.)

(*Thèses nos* 13, 14 et 15.)

Art. **1er.** Les tuteurs et curateurs de mineurs ou interdits, qui n'auraient, en inscriptions ou promesses d'inscriptions de cinq pour cent consolidés, qu'une rente de cinquante francs et au-dessous, en pourront faire le transfert sans qu'il soit besoin d'autorisation spéciale, ni d'affiches, ni de publication, mais seulement d'après le cours constaté du jour, et à la charge d'en compter comme du produit des meubles.

2. Les mineurs émancipés qui n'auraient de même en inscriptions ou promesses d'inscriptions qu'une rente de cinquante fr. et au-dessous, pourront également les transférer avec la seule assistance de leurs curateurs, et sans qu'il soit besoin d'avis de parens ou d'aucune autre autorisation.

3. Les inscriptions ou promesses d'inscriptions au-dessus de cinquante fr de rente, ne pourront être vendues par les tuteurs ou curateurs qu'avec l'autorisation du conseil de famille, et suivant le cours du jour légalement constaté; dans tous les cas, la vente peut s'effectuer sans qu'il soit besoin d'affiches ni de publication.

AVIS DU CONSEIL D'ÉTAT

Sur les formalités relatives à la purge des hypothèques légales.

(1er juin 1807.)

(*Thèse n° 122.*)

Le conseil d'État est d'avis 1° que lorsque, soit la femme ou ceux qui la représentent, soit le subrogé-tuteur, ne seront pas connus de l'acquéreur, il sera nécessaire et il suffira, pour remplacer la signification qui doit leur être faite aux termes de l'article 2194 du Code civil, en premier lieu, que dans la signification à faire au procureur impérial, l'acquéreur déclare que ceux du chef desquels il pourrait être formé des inscriptions pour raison d'hypothèques légales, existantes indépendamment de l'inscription, n'étant pas connus, il fera publier la susdite signification dans les formes prescrites par l'article 683 (696) du Code de procédure civile; en second lieu, que le susdit acquéreur fasse publication dans lesdites formes de l'article 683 du Code de procédure civile, ou que, s'il n'y avait pas de journal dans le département, l'acquéreur se fasse délivrer par le procureur impérial un certificat portant qu'il n'en existe pas;

2° Que le délai de deux mois fixé par l'article 2174 du Code civil pour prendre inscription du chef des femmes et des mineurs interdits, ne devra courir que du jour de la publication faite aux termes du susdit art. 683 (696) du Code de procédure civile, ou du jour de la délivrance du certificat du procureur impérial, portant qu'il n'existe pas de journal dans le département.

DÉCRET

Concernant les Baux des Biens et des Etablissemens publics (1).

(12 août 1807.)

Art. 1er. A compter de la publication du présent décret, les baux à ferme, des hospices et autres établissemens publics de bienfaisance ou d'instruction publique, pour la durée ordinaire, seront faits aux enchères par-devant un notaire qui sera désigne par le préfet du departement, et le droit d'hypothèque sur tous les biens du preneur y sera stipulé par la désignation, conformement au Code Napoléon.

2. Le cahier des charges de l'adjudication et de la jouissance sera préalablement dressé par la commission administrative, le bureau de bienfaisance ou le bureau d'administration, selon la nature de l'établissement. — Le sous-prefet donnera son avis, et le prefet approuvera ou modifiera ledit cahier des charges.

3. Les affiches, pour l'adjudication, seront apposées dans les formes et

(1) LOI DU 25 MAI 1835.

ARTICLE UNIQUE. Les communes, hospices et tous autres établissemens publiés pourront affermer leurs biens ruraux pour dix-huit années et au-dessous, sans autres formalités que celles prescrites pour les baux de neuf années.

aux termes déjà indiqués par les lois et réglemens, et en outre leur extrait sera inséré dans le journal du lieu de la situation de l'établissement, ou à défaut, dans celui du département, selon qu'il est prescrit par l'art. 683 (696) du Code de procédure civile.

Il sera fait mention du tout dans l'acte d'adjudication.

4. Un membre de la commission des hospices, du bureau de bienfaisance, ou du bureau d'administration, assistera aux enchères et à l'adjudication.

5. Elle ne sera définitive qu'après l'approbation du préfet du département, et le délai pour l'enregistrement sera de quinze jours après celui où elle aura été donnée.

6. Il sera dressé un tarif des droits des notaires pour la passation des baux dont il est question au present décret, lequel sera approuvé par nous, sur le rapport de notre ministre de l'intérieur.

LOI

Relative aux inscriptions hypothécaires en vertu de jugemens rendus sur des demandes en reconnaissance d'obligations sous seing-privé.

(3 septembre 1807.)

(*Thèse nos* 120 et 121.)

Art. 1er. Lorsqu'il aura été rendu un jugement sur une reconnaissance d'obligation sous seing privé, formé avant l'échéance ou l'exigibilité de ladite obligation, il ne pourra être pris aucune inscription hypothécaire en vertu de ce jugement, qu'à défaut de paiement de l'obligation après son échéance ou son exigibilité, à moins qu'il n'y ait eu stipulation contraire.

2. Les frais relatifs à ce jugement ne pourront être repétés contre le débiteur, que dans le cas où il aura dénié sa signature.

Les frais d'enregistrement seront à la charge du débiteur, tant dans le cas dont il vient d'être parlé, que lorsqu'il aura refusé de se libérer après l'échéance ou l'exigibilité de la dette.

LOI

Sur le taux de l'Intérêt de l'argent.

(3 septembre 1807.)

(*Thèses no* 108, 109.)

Art. 1er. L'intérêt conventionnel ne pourra excéder, en matière civile, cinq pour cent, ni, en matière de commerce, six pour cent; le tout sans retenue.

2. L'intérêt légal sera, en matière civile, de cinq pour cent, et en matière de commerce, de six pour cent, aussi sans retenue.

3. Lorsqu'il sera prouvé que le prêt conventionnel a été fait à un taux excédant celui qui est fixé par l'art. 1er, le prêteur sera condamné, par le tribunal saisi de la contestation, à restituer cet excédant, s'il l'a reçu, ou à souffrir la réduction sur le principal de la créance; et pourra même être renvoyé, s'il y a lieu, devant le tribunal correctionnel pour y être jugé conformément à l'article suivant.

4. Tout individu qui sera prévenu de se livrer habituellement à l'usure, sera traduit devant le tribunal correctionnel, et, en cas de conviction, condamné à une amende qui ne pourra excéder la moitié des capitaux qu'il aura prêtés à usure. — S'il résulte de la procédure qu'il y a eu escroquerie de la part du prêteur, il sera condamné, outre l'amende ci dessus, à un emprisonnement qui ne pourra excéder deux ans.

5. Il n'est rien innové aux stipulations d'intérêts par contrats ou autres actes faits jusqu'au jour de la publication de la présente loi.

LOI

Relative aux droits du trésor public sur les biens des comptables.

(5 septembre 1807.)

Art. 1er. Le privilege et l'hypothèque maintenus par les articles 2098 et 2121 du Code civil, au profit du trésor public, sur les biens meubles et immeubles de tous les comptables chargés de la recette ou du paiement de ses deniers, sont reglés ainsi qu'il suit.

2. Le privilége du trésor public a lieu sur tous les biens meubles des comptables, même à l'égard des femmes separées de biens, pour les meubles trouvés dans les maisons d'habitation du mari, à moins qu'elles ne justifient legalement que lesdits meubles leur sont échus de leur chef, ou que les deniers employés à l'acquisition leur appartenaient.

Ce privilege ne s'exerce néanmoins qu'après les priviléges généraux et particuliers énoncés aux articles 2101 et 2102 du Code civil.

3. Le privilége du trésor public sur les fonds de cautionnement des comptables, continuera d'être régi par les lois existantes.

4. Le privilége du trésor public a lieu,

1° Sur les immeubles acquis à titre onéreux par les comptables, postérieurement à leur nomination;

2° Sur ceux acquis au même titre, et depuis cette nomination, par leurs femmes, même séparées de biens.

Sont exceptees neanmoins les acquisitions à titre onéreux faites par les femmes, lorsqu'il sera légalement justifié que les deniers employés à l'acquisition leur appartenaient.

5. Le privilége du trésor public mentionné en l'article 4 ci-dessus, a lieu conformément aux articles 2106 et 2113 du Code civil, à la charge d'une inscription qui doit être faite dans les deux mois de l'enregistrement de l'acte translatif de propriété.

En aucun cas il ne peut préjudicier,

1° Aux creanciers privilegies désignés dans l'art. 2103 du Code civil, lorsqu'ils ont rempli les conditions prescrites pour obtenir privilège;

2° Aux créanciers designés aux articles 2101, 2104 et 2105 du Code civil, dans le cas prevu par le dernier de ces articles;

3° Aux créanciers du précédent propriétaire qui auraient, sur le bien acquis, des hypothèques légales, existantes indépendamment de l'inscription, ou toute autre hypothèque valablement inscrite.

6. A l'égard des immeubles des comptables qui leur appartenaient avant leur nomination, le trésor public a une hypothèque légale, à la charge de l'inscription, conformément aux art. 2121 et 2134 du Code civil.

Le trésor public a une hypothèque semblable, et à la même charge, sur les biens acquis par le comptable autrement qu'à titre onéreux, postérieurement à sa nomination.

7. A compter de la publication de la presente loi, tous receveurs généraux de département, tous receveurs particuliers d'arrondissement, tous payeurs généraux et divisionnaires, ainsi que les payeurs de département, des ports et des armees, seront tenus d'enoncer leurs titres et qualités dans les actes de vente, d'acquisition, de partage, d'échange et autres translatifs de propriété qu'ils passeront; et ce, à peine de destitution, et, en cas d'insolvabilité envers le tresor public, d'etre poursuivis comme banqueroutiers frauduleux.

Les receveurs de l'enregistrement et les conservateurs des hypothèques seront tenus, aussi à peine de destitution, et en outre de tous dommages et interêts, de requérir ou de faire, au vu desdits actes, l'inscription au nom du trésor public, pour la conservation de ses droits, et d'envoyer, tant au procureur impérial du tribunal de première instance de l'arrondissement des biens, qu'à l'agent du trésor public à Paris, le bordereau prescrit par les articles 2148 et suivans du Code civil.

Demeurent néanmoins exceptés les cas où, lorsqu'il s'agira d'une aliénation à faire, le comptable aura obtenu un certificat du trésor public, portant que cette aliénation n'est pas sujette à l'inscription de la part du trésor. Ce certificat sera énoncé et daté dans l'acte d'aliénation.

8. En cas d'aliénation, par tout comptable, de biens affectés aux droits du trésor public par privilége ou par hypothèque, les agens du gouvernement poursuivront, par voie de droit, le recouvrement des sommes dont le comptable aura été constitué redevable.

9. Dans le cas où le comptable ne serait pas actuellement constitué redevable, le trésor public sera tenu, dans trois mois, à compter de la notification qui lui sera faite aux termes de l'article 2183 du Code civil, de fournir et de déposer au greffe du tribunal de l'arrondissement des biens vendus, un certificat constatant la situation du comptable : à défaut de quoi, ledit délai expiré, la main-levée de l'inscription aura lieu de droit, et sans qu'il soit besoin de jugement.

La main-levée aura également lieu de droit dans le cas où le certificat constatera que le comptable n'est pas débiteur envers le trésor public.

10. La prescription des droits du trésor public, établie par l'art. 2227 du Code civil, court, au profit des comptables, du jour où leur gestion a cessé.

11. Toutes dispositions contraires à la présente loi sont abrogées.

LOI

Relative au mode de recouvrement des frais de justice au profit du trésor public, en matière criminelle, correctionnelle et de police.

(5 septembre 1807.)

Art. 1er. En conséquence de l'article 2098 du Code civil, le privilége du trésor public est réglé de la manière suivante, en ce qui concerne le remboursement des frais dont la condamnation est prononcée à son profit, en matière criminelle, correctionnelle et de police.

2. Le privilége du trésor public sur les meubles et effets mobiliers des condamnés ne s'exercera qu'après les autres priviléges et droits ci-après mentionnés, savoir : — 1° Les priviléges désignés aux art. 2101 et 2102 du Code civil ; — 2° Les sommes dues pour la défense personnelle du condamné ; lesquelles, en cas de contestation de la part de l'administration des domaines, seront réglées d'après la nature de l'affaire par le tribunal qui aura prononcé la condamnation.

3. Le privilége du trésor public sur les biens immeubles des condamnés n'aura lieu qu'à la charge de l'inscription dans les deux mois, à dater du jour du jugement de condamnation ; passé lequel délai, les droits du trésor public ne pourront s'exercer qu'en conformité de l'article 2113 du Code civil.

4. Le privilége mentionné dans l'article 3 ci-dessus ne s'exercera qu'après les autres priviléges et droits suivans : — 1° Les priviléges désignés en l'article 2101 du Code civil, dans le cas prévu par l'article 2105 ; — 2° Les priviléges désignés en l'article 2103 du Code civil, pourvu que les conditions prescrites pour leur conservation aient été accomplies ; — 3° Les hypothèques légales existantes indépendamment de l'inscription, pourvu toutefois qu'elles soient antérieures au mandat d'arrêt, dans le cas où il en aurait été décerné contre le condamné ; et dans les autres cas, au jugement de condamnation ; — 4° Les autres hypothèques, pourvu que les créances aient été inscrites au bureau des hypothèques avant le privilége du trésor public, et qu'elles résultent d'actes qui aient une date certaine antérieure auxdits mandat d'arrêt ou jugement de condamnation ; — 5° Les sommes dues pour la défense personnelle du condamné, sauf le règlement, ainsi qu'il est dit en l'article 2 ci-dessus.

5. Toutes dispositions contraires à la présente loi sont abrogées.

LOI

Relative au dessèchement des Marais.

(16 septembre 1807.)

(*Thèse n° 22.*)

TITRE I.

DESSÈCHEMENT DES MARAIS.

Art. 1er. La propriété des marais est soumise à des règles particulières. — Le gouvernement ordonnera les desséchemens qu'il jugera utiles ou nécessaires.

2. Les dessèchemens seront exécutés par l'État ou par des concessionnaires.

3. Lorsqu'un marais appartiendra à un seul propriétaire, ou lorsque tous les propriétaires seront réunis, la concession du dessèchement leur sera toujours accordée, s'ils se soumettent à l'exécuter dans les délais fixés, et conformément aux plans adoptés par le Gouvernement.

4. Lorsqu'un marais appartiendra à un propriétaire, ou à une réunion de propriétaires qui ne se soumettront pas à dessécher dans les délais, et selon les plans adoptés, ou qui n'exécuteront pas les conditions auxquelles ils se seront soumis; lorsque les propriétaires ne seront pas tous réunis; lorsque, parmi lesdits propriétaires, il y aura une ou plusieurs communes, la concession du dessèchement aura lieu en faveur des concessionnaires dont la soumission sera jugée la plus avantageuse par le Gouvernement: celles qui seraient faites par des communes propriétaires, ou par un certain nombre de propriétaires réunis, seront préférées à conditions égales.

5. Les concessions seront faites par des décrets rendus en conseil d'état, sur des plans levés ou sur des plans vérifiés et approuvés par les ingénieurs des ponts et chaussées, aux conditions prescrites par la présente loi, aux conditions qui seront établies par les réglemens généraux à intervenir, et aux charges qui seront fixées à raison des circonstances locales.

6. Les plans seront levés, vérifiés et approuvés aux frais des entrepreneurs du dessèchement: si ceux qui auront fait la première soumission, et fait lever ou vérifier les plans, ne demeurent pas concessionnaires, ils seront remboursés par ceux auxquels la concession sera définitivement accordée. — Le plan général du marais comprendra tous les terrains qui seront présumés devoir profiter du dessèchement. Chaque propriété y sera distinguée, et son étendue exactement circonscrite. — Au plan général seront joints tous les profils et nivellemens nécessaires; ils seront, le plus possible, exprimés sur le plan par des cotes particulières.

TITRE II.

FIXATION DE L'ÉTENDUE, DE L'ESPÈCE ET DE LA VALEUR ESTIMATIVE DES MARAIS AVANT LE DESSÈCHEMENT.

7. Lorsque le Gouvernement fera un dessèchement, ou lorsque la concession aura été accordée, il sera formé entre les propriétaires un syndicat, à l'effet de nommer les experts qui devront procéder aux estimations statuées par la présente loi. — Les syndics seront nommés par le préfet; ils seront pris parmi les propriétaires les plus imposés, à raison des marais à dessécher. Les syndics seront au moins au nombre de trois, et au plus au nombre de neuf, ce qui sera déterminé dans l'acte de concession.

8. Les syndics réunis nommeront et présenteront un expert au préfet du département. — Les concessionnaires en présenteront un autre; le préfet nommera un tiers expert. — Si le dessèchement est fait par l'État, le préfet nommera le second expert, et le tiers expert sera nommé par le ministre de l'intérieur.

9. Les terrains des marais seront divisés en plusieurs classes, dont le nombre n'excédera pas dix, et ne pourra être au-dessous de cinq: ces classes seront formées d'après les divers degrés d'inondation. Lorsque la valeur des différentes parties du marais éprouvera d'autres variations que celles provenant des divers degrés de submersion, et dans ce cas seulement, les classes seront formées sans égard à ces divers degrés, et toujours de manière à ce que toutes les terres de même valeur présumée soient dans la même classe.

10. Le périmètre des diverses classes sera tracé sur le plan cadastral qui aura servi de base à l'entreprise. — Ce tracé sera fait par les ingénieurs et les experts réunis.

11. Le plan, ainsi préparé, sera soumis à l'approbation du préfet; il restera déposé au secrétariat de la préfecture pendant un mois; les parties intéressées seront invitées, par affiches, à prendre connaissance du plan, à fournir leurs observations sur son exactitude, sur l'étendue donnée

aux limites jusques auxquelles se feront sentir les effets du dessèchement, et enfin sur le classement des terres.

12. Le préfet, après avoir reçu ces observations, celles en réponse des entrepreneurs du dessèchement, celles des ingénieurs et des experts, pourra ordonner les vérifications qu'il jugera convenables. — Dans le cas où, après vérification, les parties intéressées persisteraient dans leurs plaintes, les questions seront portées devant la commission constituée par le titre 10 de la présente loi.

13. Lorsque les plans auront été définitivement arrêtés, les deux experts nommés par les propriétaires et les entrepreneurs du dessèchement se rendront sur les lieux; et, après avoir recueilli tous les renseignemens nécessaires, ils procéderont à l'appréciation de chacune des classes composant le marais, eu égard à sa valeur réelle au moment de l'estimation considérée dans son état de marais, et sans pouvoir s'occuper d'une estimation détaillée par propriété. — Les experts procéderont en présence du tiers expert, qui les départagera, s'ils ne peuvent s'accorder.

14. Le procès-verbal d'estimation par classe, sera déposé pendant un mois à la préfecture. Les intéressés en seront prévenus par affiches; et s'il survient des réclamations, elles seront jugées par la commission. — Dans tous les cas, l'estimation sera soumise à ladite commission, pour être jugée et homologuée par elle; elle pourra décider outre et contre l'avis des experts.

15. Dès que l'estimation aura été définitivement arrêtée, les travaux de dessèchement seront commencés; ils seront poursuivis et terminés dans les délais fixés par l'acte de concession, sous les peines portées audit acte.

TITRE III.

DES MARAIS PENDANT LE COURS DES TRAVAUX DE DESSÈCHEMENT.

16. Lorsque, d'après l'étendue des marais, ou la difficulté des travaux, le dessèchement ne pourra être opéré dans trois ans, l'acte de concession pourra attribuer aux entrepreneurs du dessèchement, une portion en deniers, du produit des fonds qui auront les premiers profité des travaux de dessèchement. — Les contestations relatives à l'exécution de cette clause de l'acte de concession, seront portées devant la commission.

TITRE IV.

DES MARAIS APRÈS LE DESSÈCHEMENT, ET DE L'ESTIMATION DE LEUR VALEUR.

17. Lorsque les travaux prescrits par l'État ou par l'acte de concession seront terminés, il sera procédé à leur vérification et réception. — En cas de réclamations, elles seront portées devant la commission, qui les jugera.

18. Dès que la reconnaissance des travaux aura été approuvée, les experts respectivement nommés par les propriétaires et par les entrepreneurs du dessèchement, et accompagnés du tiers expert, procéderont, de concert avec les ingénieurs, à une classification des fonds desséchés, suivant leur valeur nouvelle, et l'espèce de culture dont ils seront devenus susceptibles. — Cette classification sera vérifiée, arrêtée, suivie d'une estimation, le tout dans les mêmes formes ci-dessus prescrites pour la classification et l'estimation des marais avant le dessèchement.

TITRE V.

RÈGLES POUR LE PAIEMENT DES INDEMNITÉS DUES PAR LES PROPRIÉTAIRES, EN CAS DE DÉPOSSESSION.

19. Dès que l'estimation des fonds desséchés aura été arrêtée, les entrepreneurs du dessèchement présenteront à la commission un rôle contenant : — 1° Le nom des propriétaires ; — 2° L'étendue de leur propriété ; — 3° Les classes dans lesquelles elle se trouve placée, le tout relevé sur le plan cadastral ; — 4° L'énonciation de la première estimation, calculée à raison de l'étendue et des classes ; — 5° Le montant de la valeur nouvelle de la propriété depuis le dessèchement, réglée par la seconde estimation et le second classement ; — 6° Enfin la différence entre les deux estimations. — S'il reste dans le marais des portions qui n'auront pu être desséchées, elles ne donneront lieu à aucune prétention de la part des entrepreneurs du dessèchement.

20. Le montant de la plus-value obtenue par le dessèchement, sera divisé entre le propriétaire et le concessionnaire, dans les proportions qui auront été fixées par l'acte de concession. — Lorsqu'un dessèchement sera fait par l'État, sa portion dans la plus-value sera fixée de manière à le rembourser de toutes ses dépenses. Le rôle des indemnités sur la plus-value sera arrêté par la commission et rendu exécutoire par le préfet.

21. Les propriétaires auront la faculté de se libérer de l'indemnité par eux due, en délaissant une portion relative de fonds calculée sur le pied de la dernière estimation ; dans ce cas, il n'y aura lieu qu'au droit fixe d'un franc, pour l'enregistrement de l'acte de mutation de propriété.

22. Si les propriétaires ne veulent pas délaisser des fonds en nature, ils constitueront une rente sur le pied de quatre pour cent, sans retenue ; le capital de cette rente sera toujours remboursable, même par portions, qui cependant ne pourront être moindres d'un dixième, et moyennant vingt-cinq capitaux.

23. Les indemnités dues aux concessionnaires ou au Gouvernement, à raison de la plus-value résultant des dessèchemens, auront privilège sur toute ladite plus-value, à la charge seulement de faire transcrire l'acte de concession, ou le décret qui ordonnera le dessèchement au compte de l'État, dans le bureau ou dans les bureaux des hypothèques de l'arrondissement ou des arrondissemens de la situation des marais desséchés. — L'hypothèque de tout individu inscrit avant le dessèchement sera restreinte, au moyen de la transcription ci dessus ordonnée, sur une portion de propriété égale en valeur à sa première valeur estimative des terrains desséchés.

24. Dans le cas où le dessèchement d'un marais ne pourrait être opéré par les moyens ci-dessus organisés, et où, soit par les obstacles de la nature, soit par des oppositions persévérantes des propriétaires, on ne pourrait parvenir au dessèchement, le propriétaire ou les propriétaires de la totalité des marais pourront être contraints à délaisser leur propriété, sur estimation faite dans les formes déjà prescrites. — Cette estimation sera soumise au jugement et à l'homologation d'une commission formée à cet effet ; et la cession sera ordonnée sur le rapport du ministre de l'intérieur, par un règlement d'administration publique.

TITRE VI.

DE LA CONSERVATION DES TRAVAUX DE DESSÈCHEMENT.

25. Durant le cours des travaux de dessèchement, les canaux, fossés, rigoles, digues et autres ouvrages, seront entretenus et gardés aux frais des entrepreneurs du dessèchement.

26. A compter de la réception des travaux, l'entretien et la garde seront à la charge des propriétaires, tant anciens que nouveaux. Les syndics déjà nommés, auxquels le préfet pourra en adjoindre deux ou quatre pris parmi les nouveaux propriétaires, proposeront au préfet des réglemens d'administration publique, qui fixeront le genre et l'étendue des contributions nécessaires pour subvenir aux dépenses. — La commission donnera son avis sur ces projets de réglement, et, en les adressant au ministre, proposera aussi la création d'une administration composée de propriétaires qui devra faire exécuter les travaux ; il sera statué sur le tout en conseil d'état.

27. La conservation des travaux de dessèchement, celle des digues contre les torrents, rivières et fleuves, et sur les bords des lacs et de la mer, est commise à l'administration publique. Toutes réparations et dommages seront poursuivis par voie administrative comme pour les objets de grande voirie. Les délits seront poursuivis par les voies ordinaires, soit devant les tribunaux de police correctionnelle, soit devant les cours criminelles, en raison des cas.

TITRE VII.

DES TRAVAUX DE NAVIGATION, DES ROUTES, DES PONTS, DES RUES, PLACES ET QUAIS DANS LES VILLES, DES DIGUES; DES TRAVAUX DE SALUBRITÉ DANS LES COMMUNES.

28. Lorsque, par l'ouverture d'un canal de navigation, par le perfectionnement de la navigation d'une rivière, par l'ouverture d'une grande route, par la construction d'un pont, un ou plusieurs départemens, un ou plusieurs arrondissemens, seront jugés devoir recueillir une amélioration à la valeur de leur territoire, ils seront susceptibles de contribuer aux dépenses des travaux, par voie de centimes additionels aux contributions; et ce, dans les proportions qui seront déterminées par des lois spéciales. — Ces contributions ne pourront s'élever au-delà de la moitié de la dépense; le Gouvernement fournira l'excédant.

29. Lorsqu'il y aura lieu à l'établissement ou au perfectionnement d'une petite navigation, un canal de flottage, à l'ouverture ou à l'entretien de grandes routes d'un intérêt local, à la construction ou à l'entretien de ponts sur lesdites routes ou sur des chemins vicinaux, les départemens contribueront dans une proportion, les arrondissemens les plus intéressés dans une autre, les communes les plus intéressées d'une manière encore différente; le tout selon les degrés d'utilité respective. — Le Gouvernement ne fournira de fonds, dans ce cas, que lorsqu'il le jugera convenable; les proportions des diverses contributions seront réglées par des lois spéciales.

30. Lorsque, par suite des travaux déjà énoncés dans la présente loi, lorsque par l'ouverture de nouvelles rues, par la formation de places nouvelles, par la construction de quais, ou par tous autres travaux publics généraux, départementaux ou communaux, ordonnés ou approuvés par le Gouvernement, des propriétés privées auront acquis une notable augmentation de valeur, ces propriétés pourront être chargées de payer une indemnité qui pourra s'élever jusqu'à la valeur de la moitié des avantages qu'elles auront acquis : le tout sera réglé par estimation dans les formes déjà établies par la présente loi, jugé et homologué par la commission qui aura été nommée à cet effet.

31. Les indemnités pour paiement de plus-value seront acquittées au choix des débiteurs, en argent ou en rentes constituées à quatre pour cent net, ou en délaissement d'une partie de la propriété si elle est divisible; ils pourront aussi délaisser en entier les fonds, terrains ou bâtimens dont la plus-value donne lieu à l'indemnité; et ce, sur l'estimation réglée d'après la valeur qu'avait l'objet avant l'exécution des travaux desquels la plus-value aura résulté. — Les articles 22 et 23, relatifs aux droits d'enregistrement et aux hypothèques, sont applicables aux cas spécifiés dans le présent article.

32. Les indemnités ne seront dues par les propriétaires des fonds voisins des travaux effectués, que lorsqu'il aura été décidé, par un règlement d'administration publique rendu sur le rapport du ministre de l'intérieur, et après avoir entendu les parties intéressées, qu'il y a lieu à l'application des deux articles précédens.

33. Lorsqu'il s'agira de construire des digues à la mer, ou contre les fleuves, rivières et torrents navigables ou non navigables, la nécessité en sera constatée par le Gouvernement, et la dépense supportée par les propriétés protégées, dans la proportion de leur intérêt aux travaux; sauf les cas où le Gouvernement croirait utile et juste d'accorder des secours sur les fonds publics.

34. Les formes précédemment établies et l'intervention d'une commission seront appliquées à l'exécution du précédent article. — Lorsqu'il y aura lieu de pourvoir aux dépenses d'entretien ou de réparation des mêmes travaux, au curage des canaux qui sont en même temps de navigation et de dessèchement, il sera fait des réglemens d'administration publique qui fixeront la part contributive du Gouvernement et des propriétaires. Il en sera de même lorsqu'il s'agira de levées, de barrages, de pertuis, d'écluses, auxquels des propriétaires de moulins ou d'usines seraient intéressés.

35. Tous les travaux de salubrité qui intéressent les villes et les communes, seront ordonnés par le Gouvernement, et les dépenses supportées par les communes intéressées.

36. Tout ce qui est relatif aux travaux de salubrité, sera réglé par l'administration publique : elle aura égard, lors de la rédaction du rôle de la contribution spéciale destinée à faire face aux dépenses de ce genre de travaux, aux avantages immédiats qu'acquerraient telles ou telles propriétés privées, pour les faire contribuer à la décharge de la commune dans des proportions variées, et justifiées par les circonstances.

37. L'exécution des deux articles précédens restera dans les attributions des préfets et des conseils de préfecture.

TITRE VIII.

DES TRAVAUX DE ROUTE ET DE NAVIGATION RELATIFS A L'EXPLOITATION DES FORÊTS ET MINIÈRES.

38. Lorsqu'il y aura lieu d'ouvrir ou de perfectionner une route ou des moyens de navigation dont l'objet sera d'exploiter avec économie des forêts ou bois, des mines ou minières, ou de leur fournir un débouché, toutes les propriétés de cette espèce, générales, communales ou privées, qui devront en profiter, seront appelées à contribuer pour la totalité de la dépense, dans les proportions variées des avantages qu'elles devront en recueillir. — Le Gouvernement pourra néanmoins accorder sur les fonds publics les secours qu'il croira nécessaires.

39. Les propriétaires se libéreront dans les formes énoncées aux art. 21, 22 et 23 de la présente loi.

40. Les formes d'estimation et l'intervention de la commission organisée par la présente loi seront appliquées à l'exécution des deux précédens articles.

TITRE IX.

DE LA CONCESSION DE DIVERS OBJETS DÉPENDANS DU DOMAINE.

41. Le Gouvernement concèdera, aux conditions qu'il aura réglées, les marais, lais, relais de la mer, le droit d'endiguage, les accrues, atterrissemens et alluvions des fleuves, rivières et torrens, quant à ceux de ces objets qui forment propriété publique ou domaniale.

TITRE X.

DE L'ORGANISATION ET DES ATTRIBUTIONS DES COMMISSIONS SPÉCIALES.

42. Lorsqu'il s'agira d'un dessèchement de marais ou d'autres ouvrages déjà énoncés en la présente loi, et pour lesquels l'intervention d'une commission spéciale est indiquée, cette commission sera établie ainsi qu'il suit.

43. Elle sera composée de sept commissaires : leur avis ou leurs décisions seront motivés : ils devront, pour les prononcer, être au moins au nombre de cinq.

44. Les commissaires seront pris parmi les personnes qui seront présumées avoir le plus de connaissances relatives soit aux localités, soit aux divers objets sur lesquels ils auront à prononcer. — Ils seront nommés par l'Empereur.

45. Les formes de la réunion des membres de la commission, la fixation des époques de ses séances et des lieux où elles seront tenues, les règles pour la présidence, le secrétariat et la garde des papiers, les frais qu'entraineront ses opérations, et enfin tout ce qui concerne son organisation, seront déterminés, dans chaque cas, par un règlement d'administration publique.

46. Les commissions spéciales connaîtront de tout ce qui est relatif au classement des diverses propriétés avant ou après le dessèchement des marais, à leur estimation, à la vérification de l'exactitude des plans cadastraux, à l'exécution des clauses des actes de concession relatifs à la jouissance par les concessionnaires d'une portion des produits, à la vérification et à la réception des travaux de dessèchement, à la formation et à la vérification du rôle de plus-value des terres après le dessèchement; elles donneront leur avis sur l'organisation du mode d'entretien des travaux de dessèchement; elles arrêteront les estimations dans le cas prévu par l'article 24, où le gouvernement aurait à déposséder tous les propriétaires d'un marais; elles connaîtront des mêmes objets, lorsqu'il s'agira de fixer la valeur des propriétés, avant l'exécution de travaux d'un autre genre, comme routes, canaux, quais, digues, ponts, rues, etc., et après l'exécution desdits travaux, et lorsqu'il sera question de fixer la plus-value.

47. Elles ne pourront, en aucun cas, juger les questions de propriété, sur lesquelles il sera prononcé par les tribunaux ordinaires, sans que, dans aucun cas, les opérations relatives aux travaux, ou l'exécution des décisions de la commission, puissent être retardées ou suspendues.

TITRE XI.

DES INDEMNITÉS AUX PROPRIÉTAIRES POUR OCCUPATION DE TERRAINS.

48. Lorsque, pour exécuter un dessèchement, l'ouverture d'une nouvelle navigation, un pont, il sera question de supprimer des moulins et autres usines, de les déplacer, modifier, ou de réduire l'élévation de leurs eaux, la nécessité en sera constatée par les ingénieurs des ponts et chaussées. Le prix de l'estimation sera payé par l'État, lorsqu'il entreprend les travaux; lorsqu'ils sont entrepris par des concessionnaires, le prix de l'estimation sera payé avant qu'ils puissent faire cesser le travail des moulins et usines. — Il sera d'abord examiné si l'établissement des moulins et usines est légal, ou si le titre d'établissement ne soumet pas les propriétaires à voir démolir leurs établissemens sans indemnité, si l'utilité publique le requiert.

49. Les terrains nécessaires pour l'ouverture des canaux et rigoles de dessèchement, des canaux de navigation, de routes, de rues, la formation de places et autres travaux reconnus d'une utilité générale, seront payés à leurs propriétaires, et à dire d'experts, d'après leur valeur avant l'entreprise des travaux, et sans nulle augmentation du prix d'estimation.

50. Lorsqu'un propriétaire fait volontairement démolir sa maison, lorsqu'il est forcé de la démolir pour cause de vétusté, il n'a droit à indemnité que pour la valeur du terrain délaissé, si l'alignement qui lui est donné par les autorités compétentes le force à reculer sa construction.

51. Les maisons et bâtimens dont il serait nécessaire de faire démolir et d'enlever une portion pour cause d'utilité publique légalement reconnue, seront acquis en entier, si le propriétaire l'exige, sauf à l'administration publique ou aux communes à revendre les portions de bâtimens ainsi acquises, et qui ne seront pas nécessaires pour l'exécution du plan. La cession par le propriétaire à l'administration publique ou à la commune, et la revente, seront effectuées d'après un décret rendu en conseil d'État sur le rapport du ministre de l'intérieur, dans les formes prescrites par la loi. (L. 3 mai 1841.)

52. Dans les villes, les alignemens pour l'ouverture des nouvelles rues, pour l'élargissement des anciennes qui ne font point partie d'une grande route, ou pour tout autre objet d'utilité publique, seront donnés par les maires, conformément au plan dont les projets auront été adressés aux préfets, transmis avec leur avis au ministre de l'intérieur, et arrêtés en conseil d'État. — En cas de réclamation de tiers intéressés, il sera de même statué en conseil d'état sur le rapport du ministre de l'intérieur.

53. Au cas où, par les alignemens arrêtés, un propriétaire pourrait recevoir la faculté de s'avancer sur la voie publique, il sera tenu de payer la valeur du terrain qui lui sera cédé. Dans la fixation de cette valeur, les experts auront égard à ce que le plus ou le moins de profondeur du terrain cédé, la nature de la propriété, le reculement du reste du terrain bâti ou non bâti loin de la nouvelle voie, peut ajouter ou diminuer de valeur relative pour le propriétaire. — Au cas où le propriétaire ne voudrait point acquérir, l'administration publique est autorisée à le déposséder de l'ensemble de sa propriété, en lui payant la valeur telle qu'elle était avant l'entreprise des travaux. La cession et la revente seront faites comme il a été dit en l'art. 51 ci-dessus.

54. Lorsqu'il y aura lieu en même temps à payer une indemnité à un propriétaire pour terrains occupés, et à recevoir de lui une plus-value pour des avantages acquis à ses propriétés restantes, il y aura compensation jusqu'à concurrence; et le surplus seulement, selon les résultats, sera payé au propriétaire ou acquitté par lui.

55. Les terrains occupés pour prendre les matériaux nécessaires aux routes ou aux constructions publiques, pourront être payés aux propriétaires comme s'ils eussent été pris pour la route même. — Il n'y aura lieu à faire entrer dans l'estimation la valeur des matériaux à extraire, que dans les cas où l'on s'emparerait d'une carrière déjà en exploitation; alors lesdits matériaux seront évalués d'après leur prix courant, abstraction faite de l'existence et des besoins de la route pour laquelle ils seraient pris, ou des constructions auxquelles on les destine.

56. Les experts, pour l'évaluation des indemnités relatives à une occupation de terrain, dans les cas prévus au présent titre, seront nommés, pour les objets de travaux de grande voirie, l'un par le propriétaire, l'autre par le préfet; et le tiers expert, s'il en est besoin, sera de droit l'ingénieur en chef du département : lorsqu'il y aura des concessionnaires, un expert sera nommé par le propriétaire, un par le concessionnaire, et le tiers expert par le préfet. — Quant aux travaux des villes, un expert sera nommé par le propriétaire, un par le maire de la ville, ou de l'arrondissement pour Paris, et le tiers expert par le préfet.

57. Le contrôleur et le directeur des contributions donneront leur avis sur le procès-verbal d'expertise qui sera soumis, par le préfet, à la délibération du conseil de préfecture; le préfet pourra, dans tous les cas, faire faire une nouvelle expertise.

TITRE XII.

DISPOSITIONS GÉNÉRALES.

58. Les indemnités pour plus value, dues à raison des travaux déjà entrepris, et spécialement à raison des travaux de dessèchement, seront réglées d'après les dispositions de la présente loi. Des réglemens d'administration publique statueront sur la possibilité et le mode d'application à chaque cas ou entreprise particulière; et alors l'organisation et l'intervention de la commission spéciale seront toujours nécessaires.

59. Toutes les lois antérieures cesseront d'avoir leur exécution en ce qui serait contraire à la présente.

AVIS

Du Conseil d'État sur la durée des inscriptions relatives aux hypothèques légales.

(15 décembre 1807, approuvé le 22 janvier 1808.)

(*Thèse* n° 721.)

Le Conseil d'État, consulté sur la question de savoir si les inscriptions hypothécaires prises d'office, et celles prises par les femmes, les mineurs et le trésor public, sur les biens des maris, des tuteurs et des comptables, doivent être renouvelés avant l'expiration du délai de dix années. — Est d'avis que... 1° toute inscription doit être renouvelée avant l'expiration du laps de dix années; — 2° Lorsque l'inscription a été nécessaire pour opérer l'hypothèque, le renouvellement est nécessaire pour sa conservation; — 3° Lorsque l'hypothèque existe indépendamment de l'inscription, et que celle-ci n'est ordonnée que sous des peines particulières, ceux qui ont dû la faire doivent la renouveler sous les mêmes peines; — 4° Enfin, lorsque l'inscription a dû être faite d'office par le conservateur, elle doit être renouvelée par le créancier qui a intérêt.

SÉNATUS-CONSULTE

Sur l'Admission des Etrangers aux droits de Citoyen français (1).

(19 fevrier 1808.)

(*Thèse n° 1.*)

Art. 1er. Les étrangers qui rendront ou qui auraient rendu des services importans à l'Etat, ou qui apporteront dans son sein des talens, des inventions ou une industrie utiles, ou qui formeront de grands établissemens, pourront, après un an de domicile, être admis à jouir du droit de citoyen français.

2. Ce droit leur sera conféré par un décret spécial, rendu sur le rapport d'un ministre, le Conseil d'Etat entendu.

3. Il sera délivré à l'impétrant une expédition dudit decret, visée par le ministre de la justice.

4. L'impétrant, muni de cette expédition, se présentera devant la municipalité de son domicile pour y prêter le serment d'obeissance aux constitutions de l'Empire et de fidélite à l'empereur. Il sera tenu registre et dressé procès-verbal de cette prestation de serment.

DÉCRET

Concernant le mariage des officiers, sous-officiers et soldats (2).

(16 juin 1808.)

Art. 1er. Les officiers de tout genre, en activité de service, ne pourront, à l'avenir, se marier qu'après en avoir obtenu la permission par écrit du ministre de la guerre. Ceux d'entre eux qui auront contracté mariage sans cette permission encourront la destitution et la perte de leurs droits, tant pour eux que pour leurs veuves et leurs enfans, à toute pension ou récompense militaire. (*V.* art. 1er, *L.* 19 mai 1834.)

2. Les sous-officiers et soldats, en activité de service, ne pourront de même se marier qu'après en avoir obtenu la permission du conseil d'administration de leur corps.

3. Tout officier de l'état civil qui sciemment aura célébré le mariage d'un officier, sous-officier ou soldat en activité de service, sans s'être fait remettre lesdites permissions, ou qui aura négligé de les joindre à l'acte de célébration du mariage, sera destitué de ses fonctions.

LOI

Relative à la saisie immobilière des biens d'un débiteur situés dans plusieurs arrondissemens.

(14 novembre 1808.)

Art. 1er. La saisie immobilière des biens d'un débiteur situes dans plusieurs arrondissemens, pourra être faite simultanément, toutes les fois que la valeur totale desdits biens sera inférieure au montant réuni des sommes dues tant au saisissant qu'aux autres créanciers inscrits.

2. La valeur des biens sera établie d'après les derniers baux authentiques, sur le pied du denier *vingt-cinq*. — A defaut de baux authentiques, elle sera calculée d'après le rôle des contributions foncières, sur le pied du denier *trente*.

(1) Un étranger devient citoyen français, lorsqu'après avoir atteint l'âge de vingt-un accomplis, et avoir déclaré l'intention de se fixer en France, il y a résidé pendant dix années consécutives. (*Constitut. du 22 frim. an* VIII, *art.* 5. — Voyez *Décr.* 17 *mars* 1809, *Ord.* 4 *juin et* 14 *octobre* 1814.)

(2) Ce décret s'applique aux marins et à divers par les decrets des 3 et 28 août 1808, et aux sous-officiers et soldats de la garde municipale de Paris, par ordonnance du 27 décembre 1831.

3. Le créancier qui voudra user de la faculté accordée par l'art. 1er, sera tenu de présenter requête au président du tribunal de l'arrondissement où le débiteur a son domicile, et d'y joindre, — 1° copie en forme des baux authentiques, ou, à leur défaut, copie également en forme du rôle de la contribution foncière ; — 2° l'extrait des inscriptions prises sur le débiteur dans les divers arrondissemens où les biens sont situés, ou le certificat qu'il n'en existe aucune. — La requête sera communiquée au ministère public, et répondue d'une ordonnance portant permis de faire la saisie de tous les biens situés dans les arrondissemens et départemens y désignés.

4. Les procédures relatives tant à l'expropriation forcée qu'à la distribution du prix des immeubles, seront portées devant les tribunaux respectifs de la situation des biens.

5. Toutes dispositions contraires à la présente loi sont abrogées.

DÉCRET

Concernant la naturalisation des Etrangers en France.

(17 mars 1809.)

(*Thèse n°* 1.)

Art. 1er. Lorsqu'un étranger en se conformant aux dispositions de l'acte des constitutions de l'Empire du 22 frimaire an VIII, aura rempli les conditions exigées pour devenir citoyen français, sa naturalisation sera prononcée par nous.

2. La demande en naturalisation et les pièces à l'appui seront transmises par le maire du domicile du pétitionnaire au préfet, qui les adressera avec son avis à notre grand-juge, ministre de la justice. — V. *Sénat.-Cons.* 19 *fév.* 1808 ; *Ord.* 4 *juin* 1814 ; *Loi* 14 *octobre* 1814.

DÉCRET

Relatif aux Français qui auront porté les armes contre la France ; et aux Français qui, rappelés de l'étranger, ne rentreront pas en France.

(6 avril 1809.)

(*Thèse n°* 1.)

TITRE I.

DES FRANÇAIS QUI AURONT PORTÉ LES ARMES CONTRE LA FRANCE.

Art. 1er. Tous les Français qui, ayant porté les armes contre nous depuis le 1er septembre 1804, ou qui, les portant à l'avenir, auront encouru la peine de mort conformément à l'article 3 de la section 1re du titre Ier de la deuxième partie du Code pénal du 6 octobre 1791, seront justiciables des cours spéciales. — Pourront néanmoins ceux qui seront pris les armes à la main, être traduits à des commissions militaires, si le commandant de nos troupes le juge convenable.

2. Seront considérés comme ayant porté les armes contre nous tous ceux qui auront servi dans les armées d'une nation qui était en guerre contre la France ; ceux qui seront pris sur les frontières, ou en pays ennemi, porteurs de congés de commandans militaires ennemis ; ceux qui, se trouvant au service militaire d'une puissance étrangère, ne l'ont pas quitté ou ne le quitteront pas pour rentrer en France aux premières hostilités survenues entre la France et la puissance qu'ils ont servie ou qu'ils servent ; ceux enfin qui, ayant pris du service militaire à l'étranger, rappelés en France par un décret publié dans les formes prescrites pour la publication des lois, ne rentreront pas conformément audit décret, dans le cas toutefois où, depuis la publication, la guerre aurait éclaté entre les deux puissances.

3. Les dispositions des deux articles précédens sont applicables même à ceux qui auraient obtenu des lettres de naturalisation d'un gouvernement étranger.

4. Nos procureurs-généraux des cours spéciales des départemens dans lesquels sont domiciliés les Français désignés aux articles précédens, seront tenus sur la dénonciation qui leur en sera faite, et même d'office, de dresser contre eux une plainte, et de requérir qu'il soit informé des faits qui y seront portés. — Il sera procédé à l'instruction et au jugement suivant les dispositions des lois criminelles et celles du présent décret.

5. Notre procureur général de la cour spéciale de Paris sera pareillement tenu de rendre plainte sur la dénonciation à lui faite, ou même d'office, contre les Français qui, n'ayant pas de domicile en France depuis dix ans, seraient dans un des cas prévus par les trois premiers articles du présent décret.

TITRE II.

DU DEVOIR DES FRANÇAIS QUI SONT CHEZ UNE NATION ÉTRANGÈRE, LORSQUE LA GUERRE ÉCLATE ENTRE LA FRANCE ET CETTE NATION.

§ I. *Des Français au service militaire chez l'étranger.*

6. Les Français qui sont au service militaire d'une puissance étrangère, avec ou sans autorisation, et qui n'auraient pas porté les armes contre nous depuis le 1er septembre 1804, sont tenus de le quitter du moment où les hostilités commencent entre cette puissance et la France, de rentrer en France, et d'y justifier de leur retour dans le délai de trois mois, à compter du jour des premières hostilités.

7. Ils seront tenus de se présenter devant nos procureurs impériaux des tribunaux de première instance du lieu de leur domicile, dans le délai fixé par l'article précédent, et d'y requérir acte de leur présence, lequel acte sera transcrit au greffe.

8. Ceux desdits Français qui n'auraient plus de domicile en France, seront tenus de se présenter devant notre procureur impérial du tribunal de première instance de Paris, pour y requérir acte de leur présence, dans le délai qui sera prescrit, lequel acte sera transcrit au greffe.

9. Ceux qui auraient un domicile en France pourront aussi se présenter, s'ils le préfèrent, à notre procureur impérial du tribunal de première instance de Paris, qui leur donnera acte de leur présence, et instruira de suite de cette présentation notre procureur impérial du tribunal de première instance du lieu du domicile de celui qui aura comparu ; l'acte de présence sera transcrit au greffe.

10. S'ils ne se sont pas présentés dans le susdit délai, le procureur impérial donnera son réquisitoire, à l'effet de faire ordonner la saisie de tous les biens, meubles et immeubles qu'ils possèdent, ainsi que de ceux qui pourraient leur obvenir dans la suite. Le jugement qui interviendra leur ordonnera pareillement de comparaître dans le mois devant le procureur général de la cour spéciale.

11. Nos procureurs impériaux transmettront de suite à notre procureur général de la cour spéciale de leur ressort les noms, qualités et demeures de ceux qui, domiciliés dans leur arrondissement, ne se seront pas présentés pour requérir acte de leur présence : ils joindront copie du jugement qui aura ordonné le séquestre, avec les procès-verbaux qui en constateront l'apposition.

12. Le mois expiré sans que l'individu se soit présenté devant nos procureurs généraux, ceux-ci requerront acte de la plainte qu'ils rendront contre ceux qui seront dénoncés comme n'ayant pas obéi à l'art. 6 du présent décret et au jugement rendu en exécution de l'art. 10 ci-dessus : ils requerront qu'il soit informé contre eux comme prévenus du crime d'avoir porté les armes contre la France.

13. Notre cour donnera acte de sa plainte au procureur général, et commettra un de ses membres pour procéder à l'audition des témoins et à l'instruction entière du procès.

14. Le juge d'instruction réunira toutes les pièces qui pourront servir à conviction, telles que lettres, contrôles des régimens, états militaires des puissances ennemies, et autres de cette nature qui lui seront remi, ses, soit par nos ministres, soit par tous autres; il entendra en déposition les déserteurs étrangers, les soldats français et tous autres qui pourraient lui être indiqués par notre procureur général, ou qu'il croirait devoir entendre d'office.

15. Lorsque l'instruction sera complète, elle sera communiquée à notre procureur général, qui dressera, s'il y a lieu, l'acte d'accusation : dans dans le cas où il sera déclaré qu'il y a lieu à accusation, notre cour décernera une ordonnance de prise de corps contre l'accusé.

16. L'acte d'accusation et l'ordonnance de prise de corps sont notifiés à l'accusé, à son dernier domicile connu; il en sera fait une annonce dans le journal le *Moniteur*, et dans ceux de l'arrondissement et du département, s'il y en a.

17. Si l'accusé ne se présente pas dans les dix jours de la notification mentionnée en l'article précédent, le président de notre cour rendra une ordonnance portant que, si dans un nouveau délai de dix jours l'accusé ne se constitue pas, il est déclaré rebelle à l'empereur, et qu'il sera procédé contre lui par contumace.

18. Cette ordonnance sera publiée dans les formes prescrites; et, après l'expiration du nouveau délai de dix jours, il sera procédé au jugement de la contumace, le tout conformément aux dispositions des lois sur l'instruction criminelle.

19. S'il résulte de l'instruction et de l'examen, que l'accusé n'est pas rentré en France dans le délai prescrit, et qu'il était au service militaire de l'ennemi à l'époque où les hostilités ont éclaté, nos cours appliqueront les dispositions de l'art. 3, section Ire, titre Ier de la deuxième partie du Code pénal, du 6 octobre 1791, et prononceront la confiscation des biens du condamné.

§ II. *Des Français qui occupent des emplois et exercent des fonctions politiques, administratives et judiciaires chez l'Etranger.*

20. Les dispositions de l'art. 6 ci-dessus sont applicables aux Français qui ont des fonctions politiques, administratives ou judiciaires chez l'étranger; ils sont tenus de rentrer en France dans les délais, et de justifier de leur rentrée dans les formes prescrites par les articles 7, 8 et 9.

21. Faute d'avoir satisfait aux dispositions de ces articles, ils seront poursuivis conformément à ce qui est prescrit par les art. 10 et suivans, jusques et compris l'art. 18.

22. S'il résulte de l'instruction et de l'examen, que les accusés occupaient des emplois ou exerçaient des fonctions politiques, administratives ou judiciaires à l'époque des premières hostilités, et s'ils n'ont pas justifié de leur retour en France, nos cours les déclareront morts civilement, et prononceront contre eux la confiscation de leurs biens.

TITRE III.

DES FRANÇAIS RAPPELÉS D'UN PAYS ÉTRANGER AVEC LEQUEL LA FRANCE N'EST PAS EN GUERRE.

§ I. *Des Français au service militaire de l'Etranger.*

23. Tous les Français au service militaire de l'étranger sont tenus de rentrer en France lorsqu'ils sont rappelés par un décret publié dans les formes prescrites pour la promulgation des lois.

24. Ils sont tenus, dans les délais fixés par le décret de rappel, de justifier de leur retour, ainsi qu'il est dit ci-dessus art. 7, 8 et 9.

25. Faute par eux d'avoir justifié de leur retour, ils seront poursuivis ainsi qu'il est dit aux articles 10, 11, 12, 13, 14, 15, 16, 17 et 18.

26. S'il résulte de l'instruction que l'accusé était au service militaire de la puissance étrangère désignée dans le décret de rappel, et qu'il n'y a pas obéi, il sera, dans le cas où la guerre aurait éclaté entre la France et cette puissance, puni conformément à l'article 3, section Ire, titre Ier, deuxième partie du Code pénal, du 6 octobre 1791, et ses biens seront confisqués. — Si la guerre n'a pas éclaté entre les deux puissances, l'accusé sera déclaré mort civilement, et ses biens seront confisqués.

§ II. *Des Français qui exercent des fonctions politiques, administratives ou judiciaires à l'Etranger.*

27. Les dispositions de l'art. 25 du présent décret sont applicables aux Français qui exercent des fonctions politiques, administratives ou judiciaires chez l'etranger ; ils sont tenus de rentrer en France, et de justifier de leur retour conformément aux dispositions des articles 7, 8 et 9 du présent décret, sous peine d'être poursuivis et mis en accusation, ainsi qu'il est expliqué aux articles 10 et suivans.

28. S'il résulte de l'instruction, que les accusés n'ont pas obéi au décret de rappel, et qu'ils exercent des emplois ou fonctions politiques, administratives ou judiciaires dans le pays duquel ils sont rappelés, nos cours les déclareront morts civilement en France, et prononceront la confiscation de tous leurs biens meubles et immeubles.

§ III. *Des Français qui n'ont ni service militaire, ni fonctions politiques, administratives ou judiciaires chez l'Etranger.*

29. Les dispositions des deux articles précédens ne seront applicables aux Français qui n'ont pas de service militaire chez l'étranger, ou qui n'y exercent aucune fonction politique, administrative ou judiciaire, qu'autant qu'ils auront été nominativement rappelés par un décret publié dans la forme prescrite pour la promulgation des lois. — Dans ce cas, ils sont tenus de se présenter dans les délais et dans la forme ci-dessus prescrits, sous les peines exprimées en l'article 26.

30. Les Français mentionnés en l'article précédent et en l'article 28 ci-dessus, seront admis à se représenter et à purger leur contumace dans les cinq ans, lesquels ne commenceront à courir que du jour de la publication de la paix.

TITRE VI.

DISPOSITIONS TRANSITOIRES RELATIVES AUX PAYS RÉUNIS A LA FRANCE.

31. Les dispositions de l'article 1er ne sont applicables aux habitans des pays réunis à la France depuis le 1er septembre 1804, que du jour de leur réunion.

LOI

Concernant les Mines, les Minières et les Carrières.

(21 avril 1810.)

(*Thèse n° 25.*)

TITRE I.

DES MINES, MINIÈRES ET CARRIÈRES.

Art. **1er**. Les masses de substances minérales ou fossiles renfermées dans le sein de la terre ou existantes à la surface sont classées, relativement aux règles de l'exploitation de chacune d'elles, sous les trois qualifications de mines, minières et carrières.

2. Seront considérées comme mines celles connues pour contenir en filons, en couches ou en amas, de l'or, de l'argent, du platine, du mercure, du plomb, du fer en filons ou couches, du cuivre, de l'étain, du zinc, de la calamine, du bismuth, du cobalt, de l'arsenic, du manganèse, de l'antimoine, du molybdène, de la plombagine ou autres matières métalliques, du soufre, du charbon de terre ou de pierre, du bois fossile, des bitumes, de l'alun et des sulfates à base métallique.

3. Les minières comprennent les minerais de fer dits d'alluvion, les terres pyriteuses propres à être converties en sulfate de fer, les terres alumineuses, et les tourbes.

4. Les carrières renferment les ardoises, les grès, pierres à bâtir et autres, les marbres, granits, pierres à chaux, pierres à plâtre, les pozzolanes, le trass, les basaltes, les laves, les marnes, craies, sables, pierres à fusil, argiles, kaolin, terres à foulon, terres à poterie, les substances terreuses et les cailloux de toute nature, les terres pyriteuses regardées comme engrais ; le tout exploité à ciel ouvert ou avec des galeries souterraines.

TITRE II.

DE LA PROPRIÉTÉ DES MINES.

5. Les mines ne peuvent être exploitées qu'en vertu d'un acte de concession délibéré en conseil d'état.

6. Cet acte règle les droits des propriétaires de la surface sur le produit des mines concédées.

7. Il donne la propriété perpétuelle de la mine, laquelle est dès-lors disponible et transmissible comme tous autres biens, et dont on ne peut être exproprié que dans les cas et selon les formes prescrits pour les autres propriétés, conformément au Code Napoléon et au Code de procédure civile. Toutefois une mine ne peut être vendue par lots ou partagée, sans une autorisation préalable du Gouvernement donnée dans les mêmes formes que la concession.

8. Les mines sont immeubles. — Sont aussi immeubles, les bâtimens, machines, puits, galeries et autres travaux établis à demeure, conformément à l'art. 524 du Code Napoléon. — Sont aussi immeubles par destination, les chevaux, agrès, outils et ustensiles servant à l'exploitation. — Ne sont considérés comme chevaux attachés à l'exploitation, que ceux qui sont exclusivement attachés aux travaux intérieurs des mines. — Néanmoins les actions ou intérêts dans une société ou entreprise pour l'exploitation des mines, seront réputés meubles, conformément à l'art 529 du Code Napoléon.

9. Sont meubles, les matières extraites, les approvisionnemens et autres objets mobiliers.

TITRE III.

DES ACTES QUI PRÉCÈDENT LA DEMANDE EN CONCESSION DE MINES.

SECTION I.

De la recherche et de la découverte des Mines.

10. Nul ne peut faire des recherches pour découvrir des mines, enfoncer des sondes ou tarières sur un terrain qui ne lui appartient pas, que du consentement du propriétaire de la surface, ou avec l'autorisation du Gouvernement, donnée après avoir consulté l'administration des mines, à la charge d'une préalable indemnité envers le propriétaire, et après qu'il aura été entendu.

11. Nulle permission de recherches ni concession de mines ne pourra, sans le consentement formel du propriétaire de la surface, donner le droit de faire des sondes et d'ouvrir des puits ou galeries, ni celui d'établir des machines ou magasins dans les enclos murés, cours ou jardins, ni dans les terrains attenant aux habitations ou clôtures murées, dans la distance de cent mètres desdites clôtures, ou des habitions.

12. Le propriétaire pourra faire des recherches, sans formalité préalable, dans les lieux réservés par le précédent article, comme dans les autres parties de sa propriété ; mais il sera obligé d'obtenir une concession avant d'y établir une exploitation. Dans aucun cas, les recherches ne pourront être autorisées dans un terrain déjà concédé.

SECTION II.

De la préférence à accorder pour les concessions.

13. Tout Français ou tout étranger naturalisé ou non en France, agissant isolément ou en société, a le droit de demander et peut obtenir, s'il y a lieu, une concession de mines.

14. L'individu ou la société doit justifier des facultés nécessaires pour entreprendre et conduire les travaux, et des moyens de satisfaire aux redevances, indemnités, qui lui seront imposées par l'acte de concession.

15. Il doit aussi, le cas arrivant de travaux à faire sous des maisons ou lieux d'habitation, sous d'autres exploitations ou dans leur voisinage immédiat, donner caution de payer toute indemnité, en cas d'accident : les demandes ou oppositions des intéressés seront, en ce cas, portées devant nos tribunaux et cours.

16. Le Gouvernement juge des motifs ou considérations d'après lesquels la préférence doit être accordée aux divers demandeurs en concession, qu'ils soient propriétaires de la surface, inventeurs ou autres. — En cas que l'inventeur n'obtienne pas la concession d'une mine, il aura droit à une indemnité de la part du concessionnaire; elle sera réglée par l'acte de concession.

17. L'acte de concession, fait après l'accomplissement des formalités prescrites, purge, en faveur du concessionnaire, tous les droits des propriétaires de la surface et des inventeurs, ou de leurs ayant-droit, chacun dans leur ordre, après qu'ils auront été entendus ou appelés légalement, ainsi qu'il sera ci-après réglé.

18. La valeur des droits résultant en faveur du propriétaire de la surface, en vertu de l'article 6 de la présente loi, demeurera réunie à la valeur de ladite surface et sera affectée avec elle aux hypothèques prises par les créanciers du propriétaire.

19. Du moment où une mine sera concédée, même au propriétaire de la surface, cette propriété sera distinguee de celle de la surface, et désormais considérée comme propriété nouvelle, sur laquelle de nouvelles hypothèques pourront être assises, sans préjudice de celles qui auraient été ou seraient prises sur la surface et la redevance, comme il est dit à l'article précédent. — Si la concession est faite au propriétaire de la surface, ladite redevance sera évaluée pour l'exécution dudit article.

20. Une mine concédée pourra être affectée, par privilége, en faveur de ceux qui, par acte public et sans fraude, justifieraient avoir fourni des fonds pour les recherches de la mine, ainsi que pour les travaux de construction ou confection de machines nécessaires à son exploitation, à la charge de se conformer aux art. 2103 et autres du Code Napoléon, relatifs aux priviléges.

21. Les autres droits de privilége et d'hypothèque pourront être acquis sur la propriété de la mine, aux termes et en conformité du Code Napoléon, comme sur les autres propriétés immobilières.

TITRE IV.

DES CONCESSIONS.

SECTION I.

De l'obtention des concessions.

22. La demande en concession sera faite par voie de simple pétition adressée au préfet, qui sera tenu de la faire enregistrer à sa date sur un registre particulier, et d'ordonner les publications et affiches dans les dix jours.

23. Les affiches auront lieu pendant quatre mois, dans le chef lieu du département, dans celui de l'arrondissement où la mine est située, dans le lieu du domicile du demandeur, et dans toutes les communes dans le territoire desquelles la concession peut s'étendre : elles seront insérées dans les journaux de département.

24. Les publications des demandes en concession de mines auront lieu devant la porte de la maison commune et des églises paroissiales ou consistoriales, à la diligence des maires, à l'issue de l'office, un jour de dimanche, et au moins une fois par mois pendant la durée des affiches. Les maires seront tenus de certifier ces publications.

25. Le secrétaire-général de la préfecture délivrera au requérant un extrait certifié de l'enregistrement de la demande en concession.

26. Les demandes en concurrence et les oppositions qui y seront formées, seront admises devant le préfet jusqu'au dernier jour du quatrième mois, à compter de la date de l'affiche : elles seront notifiées par actes extra-judiciaires à la préfecture du département, où elles seront enregistrees sur le registre indiqué à l'art. 22. Les oppositions seront notifiées aux parties intéressées, et le registre sera ouvert à tous ceux qui en demanderont communication.

27. A l'expiration du délai des affiches et publications, et sur la preuve de l'accomplissement des formalités portées aux articles précédens, dans le mois qui suivra au plus tard, le préfet du département, sur l'avis de l'ingénieur des mines et après avoir pris des informations sur les droits et les facultés des demandeurs, donnera son avis, et le transmettra au ministre de l'intérieur.

28. Il sera définitivement statué sur la demande en concession, par un décret impérial délibéré en conseil d'état. — Jusqu'à l'émission du décret, toute opposition sera admissible devant le ministre de l'intérieur ou le secrétaire général du conseil d'état : dans ce dernier cas, elle aura lieu par une requête signée et présentée par un avocat au conseil, comme il est pratiqué pour les affaires contentieuses ; et, dans tous les cas, elle sera notifiée aux parties intéressées. — Si l'opposition est motivée sur la propriété de la mine acquise par concession ou autrement, les parties seront renvoyées devant les tribunaux et cours.

29. L'étendue de la concession sera déterminée par l'acte de concession : elle sera limitée par des points fixes, pris à la surface du sol, et passant par des plans verticaux menés de cette surface dans l'intérieur de la terre à une profondeur indéfinie ; à moins que les circonstances et les localités ne nécessitent un autre mode de limitation.

30. Un plan régulier de la surface, en triple expédition, et sur une échelle de dix millimètres pour cent mètres, sera annexé à la demande. — Ce plan devra être dressé ou vérifié par l'ingénieur des mines, et certifié par le préfet du département.

31. Plusieurs concessions pourront être réunies entre les mains du même concessionnaire, soit comme individu, soit comme représentant une compagnie, mais à la charge de tenir en activité l'exploitation de chaque concession.

SECTION II.

Des obligations des propriétaires de Mines.

32. L'exploitation des mines n'est pas considérée comme un commerce, et n'est pas sujette à patente.

33. Les propriétaires de mines sont tenus de payer à l'État une redevance fixe, et une redevance proportionnée au produit de l'extraction.

34. La redevance fixe sera annuelle, et réglée d'après l'étendue de celle-ci : elle sera de dix francs par kilomètre carré. — La redevance proportionnelle sera une contribution annuelle, à laquelle les mines seront assujetties sur leurs produits.

35. La redevance proportionnelle sera réglée chaque année, par le budget de l'État, comme les autres contributions publiques : toutefois elle ne pourra jamais s'élever au dessus de cinq pour cent du produit net. Il pourra être fait un abonnement pour ceux des propriétaires des mines qui le demanderont.

36. Il sera imposé en sus un décime pour franc, lequel formera un fonds de non-valeur, à la disposition du ministre de l'intérieur, pour dégrèvement en faveur des propriétaires des mines qui éprouveront des pertes ou accidens.

37. La redevance proportionnelle sera imposée et perçue comme la contribution foncière. — Les réclamations à fin de dégrèvement ou de rappel à l'égalité proportionnelle, seront jugées par les conseils de préfecture. Le dégrèvement sera de droit, quand l'exploitant justifiera que sa redevance excède cinq pour cent du produit net de son exploitation.

38. Le gouvernement accordera, s'il y a lieu, pour les exploitations qu'il en jugera susceptibles, et par un article de l'acte de concession, ou par un décret spécial délibéré en conseil d'État pour les mines déjà concédées, la remise en tout ou partie du paiement de la redevance proportionnelle, pour le temps qui sera jugé convenable, et ce, comme encouragement, en raison de la difficulté des travaux : semblable remise pourra aussi être accordée comme dédommagement, en cas d'accident de force majeure qui surviendrait pendant l'exploitation.

39. Le produit de la redevance fixe et de la redevance proportionnelle formera un fonds spécial, dont il sera tenu un compte particulier au trésor public, et qui sera appliqué aux dépenses de l'administration des mines, et à celles des recherches, ouvertures et mises en activité des mines nouvelles, ou rétablissement de mines anciennes.

40. Les anciennes redevances dues à l'État, *soit en vertu de lois*, ordonnances ou règlemens, soit d'après les conditions énoncées en l'acte de *concession*, *soit d'après* des baux et adjudications au profit de la régie du domaine, cesseront d'avoir cours à *compter* du jour où les redevances nouvelles seront établies.

41. Ne sont point comprises dans l'abrogation des anciennes redevances, celles dues à titre de rentes, droits et prestations quelconques, pour cession de fonds ou autres causes semblables, sans déroger toutefois à l'application des lois qui ont supprimé les droits féodaux.

42. Le droit attribué par l'art. 6 de la *présente loi aux propriétaires* de la surface, sera réglé à une somme déterminée par l'acte de concession.

43. Les propriétaires de mines sont tenus de payer les indemnités dues au propriétaire de la surface sur le terrain duquel ils établiront leurs travaux. — Si les travaux entrepris par les explorateurs ou par les propriétaires de mines ne sont que passagers, et si le sol où ils ont été faits peut être mis en *culture au bout* d'un an comme il l'était auparavant, l'indemnité sera réglée au double de ce *qu'aurait produit* net le terrain endommagé.

44. Lorsque l'occupation des terrains pour la recherche ou les travaux des mines, prive les propriétaires du sol de la jouissance du revenu au-delà du temps d'une année, ou lorsqu'après les travaux, les terrains ne sont plus propres à la culture, on peut exiger des propriétaires des mines l'acquisition des terrains à l'usage de *l'exploitation*. Si le propriétaire de la surface le requiert, les pièces de terre trop endommagées ou dégra*dées sur une trop grande partie* de leur surface, devront être achetées en totalité par le propriétaire de la mine. — L'évaluation du prix sera faite, quant au mode, suivant les règles *établies par la loi du 16 septembre* 1807, sur le dessèchement des marais, etc., titre XI; mais le terrain à *acquérir sera toujours* estimé au double de la valeur qu'il avait avant l'exploitation de la mine.

45. Lorsque, par l'effet du voisinage ou pour toute autre cause, les travaux de l'exploitation d'une mine occasionnent des dommages à l'exploitation d'une autre mine, à raison des eaux qui pénètrent *dans cette* dernière en plus grande quantité; lorsque, d'un autre côté, ces mêmes travaux *produisent un effet contraire* et tendent à évacuer tout ou partie des eaux d'une autre mine, il y aura lieu à *indemnité d'une mine en faveur* de l'autre: le règlement s'en fera par experts.

46. Toutes les questions d'indemnités à payer par les propriétaires de mines, à raison des recherches ou travaux antérieurs à l'acte de concession, seront décidées conformément à l'art. 4 de *la loi du* 28 pluviôse an VIII.

TITRE V.

DE L'EXERCICE DE LA SURVEILLANCE SUR *LES MINES PAR L'ADMINISTRATION.*

47. *Les ingénieurs des mines* exerceront, sous les ordres du ministre de l'intérieur et des préfets, une surveillance de police pour la conservation des édifices et la sûreté du sol.

48. Ils observeront la manière dont l'exploitation se fera, soit pour éclairer les propriétaires sur ses inconvéniens ou son amélioration, soit pour avertir l'administration des vices, abus ou dangers qui s'y trouveraient.

49. Si l'exploitation est restreinte ou suspendue, de manière à inquiéter *la sûreté publique* ou les besoins des consommateurs, les préfets, après avoir entendu les propriétaires, en *rendront compte* au ministre de l'intérieur pour y être pourvu ainsi qu'il appartiendra. (V. L. 4 mai 1838.)

50. Si l'exploitation compromet la sûreté publique, la conservation des puits, la solidité des travaux, la sûrelé des ouvriers mineurs ou des habitations de la surface, il y sera pourvu par le préfet, ainsi qu'il est pratiqué en matière de grande voirie et selon les lois.

TITRE VI.

DES CONCESSIONS OU JOUISSANCES DES MINES, ANTÉRIEURES À LA PRÉSENTE LOI.

§ I. *Des anciennes concessions en général.*

51. Les concessionnaires antérieurs à la présente loi deviendront, du jour de sa publication, propriétaires incommutables, sans aucune formalité préalable d'affiches, vérifications de terrain ou autres préliminaires, à la charge seulement d'exécuter, s'il y en a, les conventions faites avec les propriétaires de la surface, et sans que ceux-ci puissent se prévaloir des articles 6 et 42.

52. Les anciens concessionnaires seront, en conséquence, soumis au paiement des contributions, comme il est dit à la section II du titre IV, art. 33 et 34, à compter de l'année 1811. (V. *Déc.* 6 mai 1811.)

§ II. *Des exploitations pour lesquelles on n'a pas exécuté la loi de 1791.*

53. Quant aux exploitans de mines qui n'ont pas exécuté la loi de 1791, et qui n'ont pas fait fixer conformément à cette loi les limites de leurs concessions, ils obtiendront les concessions de leurs exploitations actuelles conformément à la présente loi; à l'effet de quoi les limites de leurs concessions seront fixées sur leurs demandes ou à la diligence des préfets, à la charge seulement d'exécuter les conventions faites avec les propriétaires de la surface, et sans que ceux-ci puissent se prévaloir des art. 6 et 42 de la présente loi.

54. Ils paieront en conséquence les redevances, comme il est dit à l'article 52.

55. En cas d'usages locaux ou d'anciennes lois qui donneraient lieu à la décision de cas extraordinaires, les cas qui se présenteront seront décidés par les actes de concession ou par les jugemens de nos cours et tribunaux, selon les droits résultant pour les parties, des usages établis, des prescriptions légalement acquises, ou des conventions réciproques.

56. Les difficultés qui s'élèveraient entre l'administration et les exploitans, relativement à la limitation des mines, seront décidées par l'acte de concession. — A l'égard des contestations qui auraient lieu entre des exploitans voisins, elles seront jugées par les tribunaux et cours.

TITRE VII.

RÈGLEMENS SUR LA PROPRIÉTÉ ET L'EXPLOITATION DES MINIÈRES, ET SUR L'ÉTABLISSEMENT DES FORGES, FOURNEAUX ET USINES.

SECTION I.

Des Minières.

57. L'exploitation des minières est assujettie à des règles spéciales. — Elle ne peut avoir lieu sans permission.

58. La permission détermine les limites de l'exploitation et les règles sous les rapports de sûreté et de salubrité publiques.

SECTION II.

De la propriété et de l'exploitation des minerais de fer d'alluvion.

59. Le propriétaire du fonds sur lequel il y a du minerai de fer d'alluvion est tenu d'exploiter en quantité suffisante pour fournir, autant que faire se pourra, aux besoins des usines établies dans le voisinage avec autorisation légale; en ce cas, il ne sera assujetti qu'à en faire la déclaration au préfet du département; elle contiendra la désignation des lieux: le préfet donnera acte de cette déclaration, ce qui vaudra permission pour le propriétaire, et l'exploitation aura lieu par lui sans autre formalité.

60. Si le propriétaire n'exploite pas, les maîtres de forges auront la faculté d'exploiter à sa place; à la charge, 1° d'en prévenir le propriétaire, qui, dans un mois, à compter de la notification, pourra déclarer qu'il entend exploiter lui-même; 2° d'obtenir du préfet la permission, sur l'avis de l'ingénieur des mines, après avoir entendu le propriétaire.

61. Si, après l'expiration du délai d'un mois, le propriétaire ne déclare pas qu'il entend exploiter, il sera *censé renoncer* à l'exploitation; le maître de forges pourra, après la permission obtenue, faire les fouilles immédiatement dans les terres incultes et en jachères, et, après la récolte, dans toutes les autres terres.

62. Lorsque le propriétaire n'exploitera pas en quantité suffisante, ou suspendra ses travaux d'extraction pendant plus d'un mois sans cause légitime, les maîtres de forges se pourvoiront auprès du préfet pour obtenir la permission d'exploiter à sa place. — Si le maître de forges laisse écouler un mois sans faire usage de cette permission, elle sera regardée comme non avenue, et le propriétaire du terrain rentrera dans tous ses droits.

63. Quand un maître de forges cessera d'exploiter un terrain, il sera tenu de le rendre propre à la culture, ou d'indemniser le propriétaire.

64. En cas de concurrence entre plusieurs maîtres de forges pour l'exploitation dans un même fonds, le préfet déterminera, sur l'avis de l'ingénieur des mines, les proportions dans lesquelles chacun d'eux pourra exploiter; sauf le recours au conseil d'état. — Le préfet réglera de même les proportions dans lesquelles chaque maître de forges aura droit à l'achat du minerai, s'il est exploité par *le propriétaire*.

65. Lorsque les propriétaires feront l'extraction du minerai pour le vendre aux maîtres de forges, le prix en sera réglé entre eux de gré à gré, ou par des experts choisis ou nommés d'office, qui auront égard à la situation des lieux, aux frais d'extraction et aux dégâts qu'elle aura occasionnés.

66. Lorsque les maîtres de forges auront fait extraire le minerai, il sera dû au propriétaire du fonds, et avant l'enlèvement du minerai, une indemnité qui sera aussi réglée par experts, lesquels auront égard à la situation des lieux, aux dommages causés, à la valeur du minerai, distraction faite des frais d'exploitation.

67. Si les minerais se trouvent dans les forêts impériales, dans celles des établissemens publics, ou des communes, la permission de les exploiter ne pourra être accordée qu'après avoir entendu l'administration forestière. — L'acte de permission déterminera l'étendue des terrains dans lesquels les fouilles pourront être faites: ils seront tenus, en outre, de payer les dégâts occasionnés par l'exploitation, et de repiquer en glands ou plants les places qu'elle aurait endommagées, ou une autre étendue proportionnelle déterminée par la permission.

68. Les propriétaires ou maîtres de forges ou d'usines exploitant les minerais de fer d'alluvion, ne pourront, dans cette exploitation, pousser des travaux réguliers par des galeries souterraines, sans avoir obtenu une concession, avec les formalités et sous les conditions exigées par les articles de la section Ire du titre III et les dispositions du titre IV. (10 s. 22 s.)

69. Il ne pourra être accordé aucune concession pour minerai d'alluvion ou pour des mines en filons ou couches, que dans les cas suivans: — 1° Si l'exploitation à ciel ouvert cesse d'être possible, et si l'établissement de puits, galeries et travaux d'art est nécessaire; — 2° Si l'exploitation, quoique possible encore, doit durer peu d'années, et rendre ensuite impossible l'exploitation avec puits et galeries.

70. En cas de concession, le concessionnaire sera tenu toujours, 1° de fournir aux usines qui s'approvisionnaient de minerai sur les lieux compris en la concession, la quantité nécessaire à leur exploitation, au prix qui sera porté au cahier des charges ou qui sera fixé par l'administration; 2° d'indemniser les propriétaires au profit desquels l'exploitation avait lieu, dans la proportion du revenu qu'ils en tiraient.

SECTION III.

Des terres pyriteuses et alumineuses.

71. L'exploitation des terres pyriteuses et alumineuses sera assujettie aux formalités prescrites par les articles 57 et 58, soit qu'elle ait lieu par les propriétaires des fonds, soit par d'autres individus qui, à défaut par ceux-ci d'exploiter, en auraient obtenu la permission.

72. Si l'exploitation a lieu par des non propriétaires, ils seront assujettis, en faveur des propriétaires, à une indemnité qui sera réglée de gré à gré ou par experts.

SECTION IV.

Des Permissions pour l'établissement des Fourneaux, Forges et Usines.

73. Les fourneaux à fondre les minerais de fer et autres substances métalliques les forges et martinets pour ouvrer le fer et le cuivre, les usines servant de patouillets et bocards, celles pour le traitement des substances salines et pyriteuses, dans lesquelles on consomme des combustibles, ne pourront être établis que sur une permission accordée par un règlement d'administration publique.

74. La demande en permission sera adressée au préfet, enregistrée le jour de la remise sur un registre spécial à ce destiné, et affichée pendant quatre mois dans le chef-lieu du département, dans celui de l'arrondissement, dans la commune où sera situé l'établissement projeté, et dans le lieu du domicile du demandeur. — Le préfet, dans le délai d'un mois, donnera son avis tant sur la demande que sur les oppositions et les demandes en préférence qui seraient survenues; l'administration des mines donnera le sien sur la quotité du minerai à traiter; l'administration des forêts, sur l'établissement des bouches à feu en ce qui concerne les bois; et l'administration des ponts-et-chaussées, sur ce qui concerne les cours d'eau navigables ou flottables.

75. Les impétrans des permissions pour les usines, supporteront une taxe une fois payée, laquelle ne pourra être au-dessous de cinquante francs, ni excéder trois cents francs.

SECTION V.

Dispositions générales sur les Permissions.

76. Les permissions seront données à la charge d'en faire usage dans un délai déterminé; elles auront une durée indéfinie, à moins qu'elles n'en contiennent la limitation.

77. En cas de contraventions, le procès-verbal dressé par les autorités compétentes sera remis au procureur impérial, lequel poursuivra la révocation de la permission, s'il y a lieu, et l'application des lois pénales qui y sont relatives.

78. Les établissemens actuellement existans sont maintenus dans leur jouissance, à la charge par ceux qui n'ont jamais eu de permission, ou qui ne pourraient représenter la permission obtenue précédemment, d'en obtenir une avant le 1er janvier 1813, sous peine de payer un triple droit de permission pour chaque année pendant laquelle ils auront négligé de s'en pourvoir et continué de s'en servir.

79. L'acte de permission d'établir des usines à traiter le fer, autorise les impétrans à faire des fouilles même hors de leurs propriétés, et à exploiter les minerais par eux découverts, ou ceux antérieurement connus, à la charge de se conformer aux dispositions de la section II. (32 s.)

80. Les impétrans sont aussi autorisés à établir des patouillets, lavoirs et chemins de charroi, sur les terrains qui ne leur appartiennent pas, mais sous les restrictions portées en l'article 11; le tout à charge d'indemnité envers les propriétaires du sol, et en les prévenant un mois d'avance.

TITRE VIII.

SECTION I.

Des Carrières.

81. L'exploitation des carrières à ciel ouvert a lieu sans permission, sous la simple surveillance de la police, et avec l'observation des lois ou réglemens généraux ou locaux.

82. Quand l'exploitation a lieu par galeries souterraines, elle est soumise à la surveillance de l'administration, comme il est dit au titre V. (47 s.)

SECTION II.

Des Tourbières.

83. Les tourbes ne peuvent être exploitées que par le propriétaire du terrain, ou de son consentement.

84. Tout propriétaire actuellement exploitant, ou qui voudra commencer à exploiter des tourbes dans son terrain, ne pourra continuer ou commencer son exploitation, à peine de cent francs d'amende, sans en avoir préalablement fait la déclaration à la sous-préfecture et obtenu l'autorisation.

85. Un règlement d'administration publique déterminera la direction générale des travaux d'extraction dans le terrain où sont situées les tourbes, celle des rigoles de dessèchement, enfin toutes les mesures propres à faciliter l'écoulement des eaux dans les vallées, et l'atterrissement des entailles tourbées.

86. Les propriétaires exploitans, soit particuliers, soit communautés d'habitans, soit établissemens publics, sont tenus de s'y conformer, à peine d'être contraints à cesser leurs travaux.

TITRE IX.

DES EXPERTISES.

87. Dans tous les cas prévus par la présente loi et autres naissant des circonstances, où il y aura lieu à expertise, les dispositions du titre XIV du Code de procédure civile, articles 303 à 323, seront exécutées.

88. Les experts seront pris parmi les ingénieurs des mines, ou parmi les hommes notables et expérimentés dans le fait des mines et de leurs travaux.

89. Le procureur impérial sera toujours entendu, et donnera ses conclusions sur le rapport des experts.

90. Nul plan ne sera admis comme pièce probante dans une contestation, s'il n'a été levé ou vérifié par un ingénieur des mines. La vérification des plans sera toujours gratuite.

91. Les frais et vacations des experts seront réglés et arrêtés, selon les cas, par les tribunaux : il en sera de même des honoraires qui pourront appartenir aux ingénieurs des mines ; le tout suivant le tarif qui sera fait par un règlement d'administration publique. — Toutefois il n'y aura pas lieu à honoraires pour les ingénieurs des mines, lorsque leurs opérations auront été faites soit dans l'intérêt de l'administration, soit à raison de la surveillance et de la police publiques.

92. La consignation des sommes jugées nécessaires pour subvenir aux frais d'expertise, pourra être ordonnée par le tribunal contre celui qui poursuivra l'expertise.

TITRE X.

DE LA POLICE ET DE LA JURIDICTION RELATIVES AUX MINES.

93. Les contraventions des propriétaires de mines exploitans non encore concessionnaires, ou autres personnes, aux lois et règlemens, seront dénoncées et constatées, comme les contraventions en matière de voirie et de police.

94. Les procès-verbaux contre les contrevenans seront affirmés dans les formes et délais prescrits par les lois.

95. Ils seront adressés en originaux à nos procureurs impériaux, qui seront tenus de poursuivre d'office les contrevenans devant les tribunaux de police correctionnelle, ainsi qu'il est réglé et usité pour les délits forestiers, et sans préjudice des dommages-intérêts des parties.

96. Les peines seront d'une amende de cinq cents francs au plus et de cent francs au moins, double en cas de récidive, et d'une détention qui ne pourra excéder la durée fixée par le Code de police correctionnelle.

DÉCRET

Contenant des dispositions contre les individus qui seront convaincus de se livrer à la Postulation et contre leurs complices.

(19 juillet 1810.)

Vu l'article 94 de la loi du 27 ventôse an VIII, qui prononce que les avoués auront exclusivement le droit de postuler et de prendre des conclusions dans le tribunal pour lequel ils seront établis; considérant que les dispositions de cette loi seraient illusoires, si la postulation était tolérée; que cet abus, dans tous les temps, a été puni de peines sévères dont il importe de renouveler les dispositions; nous avons décrété et décrétons ce qui suit:

Art. 1er. Les individus qui seront convaincus de se livrer à la postulation seront condamnés par corps, — Pour la première fois, au paiement d'une amende qui ne pourra être au-dessous de deux cents francs ni excéder cinq cents francs; — Pour la seconde fois, à une amende qui ne pourra être au-dessous de cinq cents francs, ni au dessus de mille francs, et ils seront de plus déclarés incapables d'être nommés aux fonctions d'avoués. — Dans tous les cas, le produit de l'instruction faite en contravention sera confisqué au profit de la chambre des avoués, et applicable aux actes de bienfaisance exercés par cette chambre.

2. Les avoués qui seront convaincus de complicité, seront, pour la première fois, punis d'une amende qui ne pourra être au-dessous de cinq cents francs, ni excéder mille francs, applicable ainsi qu'il est dit au précédent article. — Pour la deuxième fois, d'une amende de quinze cents francs et de destitution de leurs fonctions.

3. Les peines ci-dessus prononcées contre les postulans et leurs complices, sont sans préjudice des dommages-intérêts et autres droits des parties qui seraient lésées par l'effet de ces contraventions.

4. Lorsque la chambre des avoués, informée de l'existence de la contravention et voulant la constater, croira devoir demander à être autorisée à faire les perquisitions convenables dans les domiciles qui seront indiqués, elle présentera à cet effet requête, soit aux premiers présidens de nos cours, soit aux présidens des tribunaux, selon que la postulation aura été ou sera exercée auprès des cours ou des tribunaux. L'autorisation ne pourra être accordée que sur les conclusions du ministère public, et après que la gravité des faits et des circonstances allégués aura été examinée.

5. Lesdites contraventions pourront aussi être poursuivies d'office, et les perquisitions être demandées par nos procureurs-généraux ou leurs substituts.

6. Les perquisitions ordonnées ne pourront, dans tous les cas, être faites qu'en présence d'un juge de paix ou d'un commissaire de police, lequel saisira les dossiers et autres pièces qui lui seront indiquées, comme devant prouver l'existence de la contravention. Les pièces de chaque dossier, ainsi que les pieces détachées, seront nombrées, cotées et paraphées par le juge de paix ou commissaire de police, qui du tout dressera procès-verbal.

7. Sur le procès verbal ainsi dressé, parties ouïes ou dûment appelées, le ministère public entendu, il sera, par la cour ou par le tribunal qui aura autorisé la perquisition, statué tant sur l'application des peines et des dommages-intérêts des parties, que sur les dommages-intérêts résultant des poursuites et saisies qui seraient mal fondées. — Les jugemens rendus par les tribunaux de première instance seront susceptibles d'être attaqués par la voie de l'appel (1).

DÉCRET

Qui autorise la vente des effets confiés à des entreprises de roulage, de messageries, etc., et non reclamés.

(13 août 1810.)

Art. 1er. Les ballots, caisses, malles, paquets et tous autres objets qui auraient été confiés, pour être transportés dans l'intérieur de l'Empire, à des entrepreneurs, soit de roulage, soit de messageries par terre ou par eau, lorsqu'ils n'auront pas été reclamés dans le delai de six mois à compter du jour de l'arrivée au lieu de leur destination, seront vendus par voie

(1) V. le décret du 2 juillet 1812.

d'enchère publique, à la diligence de la régie de l'enregistrement, et après l'accomplissement des formalités suivantes.

2. A l'expiration du délai qui vient d'être fixé, les entrepreneurs de messageries et de roulage devront faire aux préposés de la régie de l'enregistrement la déclaration des objets qui se trouveront dans le cas de l'article précédent.

3. Il sera procédé par le juge de paix, en présence des préposés de la régie de l'enregistrement et des entrepreneurs de messageries ou de roulage, à l'ouverture et à l'inventaire des ballots, malles, caisses et paquets.

4. Les préposés de la régie de l'enregistrement seront tenus de faire insérer dans les journaux, un mois avant la vente des objets non réclamés, une note indiquant le jour et l'heure fixés pour cette vente, et contenant en outre les détails propres à ménager aux propriétaires de ces objets la faculté de les reconnaître et de les réclamer.

5. Il sera fait un état séparé du produit de ces ventes, pour le cas où il surviendrait, dans un nouveau délai de deux ans à compter du jour de la vente, quelque réclamation susceptible d'être accueillie.

6. Les préposés de la régie de l'enregistrement, et ceux de la régie des droits réunis, sont autorisés, tant pour s'assurer de la sincérité des déclarations ci-dessus prescrites que pour y suppléer, à vérifier les registres qui doivent être tenus par les entrepreneurs de messageries ou de roulage.

AVIS

Du conseil d'État sur le mode de rectification des erreurs ou irrégularités commises sur les registres hypothécaires.

(26 décembre 1810.)

(*Thèse n°* 121.)

Considérant qu'une transcription inexacte des bordereaux remis au conservateur des hypothèques par un créancier requérant l'inscription, donne à celui-ci, s'il en a souffert quelque préjudice, une action en garantie contre le conservateur; mais qu'à l'égard des tiers, la valeur de l'inscription se réduit à ce qui a été transcrit sur le registre, parce que ce registre est la seule pièce que les intéressés soient appelés à consulter, et que le créancier qui a requis l'inscription a plus spécialement à s'imputer de n'avoir pas veillé à ce que la transcription fût exacte; — Que du reste, au moment même où l'on découvre, soit des erreurs, soit des irrégularités dans la transcription faite au registre du conservateur, il doit, sans doute, y avoir des moyens pour empêcher que les effets de l'erreur ne se prolongent; mais que, sans recourir à l'autorité des tribunaux, lesquels ne pourraient autoriser à faire, sur des registres publics, des corrections qui léseraient des droits antérieurement acquis à des tiers, le conservateur n'a qu'une voie légitime d'opérer la rectification, en portant sur ses registres, et seulement à la date courante, une nouvelle inscription ou seconde transcription plus conforme aux bordereaux remis par les créanciers; — Qu'en cet état néanmoins, et pour obvier à tout double emploi, la seconde transcription constituant la nouvelle inscription, doit être accompagnée d'une note relatant la première inscription qu'elle a pour but de rectifier et que le conservateur doit donner aux parties requérantes des extraits tant de la première que de la deuxième inscription; — Le conseil d'État est d'avis qu'au moyen de ces explications, il n'y a pas lieu de recourir à une autorisation solennelle, ni de faire intervenir l'autorité judiciaire en chaque affaire où il écherra de rectifier une inscription fautive.

DÉCRET

Sur la Profession d'Avocat.

(14 décembre 1810.)

Art. 1er. En exécution de l'art. 29 de la loi du 22 ventôse an XII, il sera dressé un tableau des avocats exerçant auprès de nos cours impériales et de nos tribunaux de première instance.

2. Chaque année, après la rentrée

des cours et des tribunaux, les tableaux seront réimprimés avec les additions et changemens que les événemens auront rendus nécessaires.

9. Ceux qui seront inscrits au tableau, formeront seuls l'ordre des avocats.

11. Les avocats de la cour impériale qui s'établiront près des tribunaux de première instance, y auront rang du jour de leur inscription au tableau de la cour impériale.

13. Les licenciés en droit qui voudront être reçus avocats, se présenteront à notre procureur général au parquet; ils lui exhiberont leur diplôme de licence, et le certificat de leurs inscriptions aux écoles de droit.

15. La preuve du stage ou fréquentation assidue aux audiences sera faite par un certificat délivré par le conseil de discipline.

16. Les avocats pourront, pendant leur stage, plaider les causes qui leur seront confiées.

24. Le conseil de discipline pourvoira à la défense des indigens, par l'établissement d'un bureau de consultation gratuite, qui se tiendra une fois par semaine. — Les causes que ce bureau trouvera justes, seront par lui renvoyées, avec son avis, au conseil de discipline, qui les distribuera aux avocats par tour de rôle. — Voulons que le bureau apporte la plus grande attention à ces consultations, afin qu'elles ne servent point à vexer des tiers qui ne pourraient par la suite être remboursés des frais de l'instance. — Les jeunes avocats admis au stage seront tenus de suivre exactement les assemblées du bureau de consultation. — Chargeons expressément nos procureurs de veiller spécialement à l'exécution de cet article, et d'indiquer eux-mêmes, s'ils le jugent nécessaire, ceux des avocats qui devront se rendre à l'assemblée du bureau, en observant, autant que faire se pourra, de mander les avocats à tour de rôle.

25. Le conseil de discipline pourra, suivant l'exigence des cas, avertir, censurer, réprimander, interdire pendant un temps qui ne pourra excéder une année, exclure ou rayer du tableau.

33. L'ordre des avocats ne pourra s'assembler que sur la convocation de son bâtonnier et pour l'élection du conseil de discipline. — Le bâtonnier ne permettra pas qu'aucun autre objet soit mis en délibération. Les contrevenans à la disposition du présent article pourront être poursuivis et punis conformément à l'article 293 du Code pénal, *sur les associations ou réunions illicites*.

34. Si tous ou quelques-uns des avocats d'un siége se coalisent pour déclarer, sous quelque prétexte que ce soit, qu'ils n'exerceront plus leur ministère, ils seront rayés du tableau et ne pourront plus y être rétablis.

35. Les avocats porteront la chausse de leur grade de licencié ou de docteur: ceux inscrits au tableau seront placés dans l'intérieur du parquet. — Ils plaideront debout et couverts; mais ils se découvriront lorsqu'ils prendront des conclusions, ou en lisant des pièces du procès. — Ils seront appelés, dans les cas déterminés par la loi, à suppléer les juges et les officiers du ministère public, et ne pourront s'y refuser sans motifs d'excuse ou empêchement.

36. Nous défendons expressément aux avocats de signer des consultations, mémoires et écritures qu'ils n'auraient pas faits ou délibérés; leur faisons pareillement défense de faire des traités pour leurs honoraires, ou de forcer les parties à reconnaître leurs soins avant les plaidoiries, sous les peines de réprimande pour la première fois, et d'exclusion ou radiation en cas de récidive.

37. Les avocats exerceront librement leur ministère pour la défense de la justice et de la vérité; nous voulons en même temps qu'ils s'abstiennent de toute supposition dans les faits, de toute surprise dans les citations et autres mauvaises voies, même de tous discours inutiles et superflus. — Leur défendons de se livrer à des injures et personnalités offensantes envers les parties ou leurs défenseurs, d'avancer aucun fait grave contre l'honneur et la réputation des parties, à moins que la nécessité de la cause ne l'exige, et qu'ils n'en aient charge expresse et par écrit de leurs clients ou des avoués de leurs clients, le tout à peine d'être poursuivis ainsi qu'il est dit dans l'art. 371 du Code pénal.

38. Leur enjoignons pareillement de ne jamais s'écarter, soit dans leurs discours, soit dans leurs écrits, ou de toute autre manière quelconque, du respect dû à la justice; comme aussi de ne point manquer aux justes égards qu'ils doivent à chacun des magistrats devant lesquels ils exercent leur ministère.

39. Si un avocat, dans ses plaidoiries ou dans ses écrits, se permettait d'attaquer les principes de la monarchie et les constitutions de l'Empire, les lois et les autorités établies, le tribunal saisi de l'affaire prononcera sur-le champ, sur les conclusions du ministère public, l'une des peines portées par l'article 25 ci dessus, sans préjudice des poursuites extraordinaires, s'il y a lieu. — Enjoignons à nos procureurs et à ceux qui en font les fonctions, de veiller, à peine d'en répondre, à l'exécution du présent article.

41. Si, en matière civile, une partie ne trouvait point de défenseur, le tribunal lui désignera d'office un avocat, s'il y a lieu.

43. A défaut de réglemens et pour les objets qui ne seraient pas prévus dans les réglemens existans, voulons que les avocats taxent eux mêmes leurs honoraires avec la discrétion qu'on doit attendre de leur ministère. Dans le cas où la taxation excéderait les bornes d'une juste modération, le conseil de discipline la réduira, eu égard à l'importance de la cause et à la nature du travail; il ordonnera la restitution, s'il y a lieu, même avec réprimande. — En cas de réclamation contre la décision du conseil de discipline, on se pourvoira au tribunal.

44. Les avocats feront mention de leurs honoraires au bas de leurs consultations, mémoires et autres écritures: ils donneront aussi un reçu de leurs honoraires pour les plaidoiries.

45. Les condamnations prononcées par les tribunaux en vertu des dispositions du présent titre, seront sujettes à l'appel, et néanmoins elles seront exécutées provisoirement.

DÉCRET

Contenant des dispositions relatives à la procédure en matière de saisie immobilière.

(2 février 1811.)

Art. **1er.** En cas de saisie immobilière, le délai entre l'adjudication préparatoire et l'adjudication définitive sera au moins de deux mois.

2. Aucune demande en nullité de procédure postérieure à l'adjudication préparatoire ne sera reçue, — 1° si le demandeur ne donne caution suffisante pour le paiement des frais résultant de l'incident; — 2° si ladite demande n'est proposée quarante jours au moins avant le jour fixé pour l'adjudication définitive.

3. Nous enjoignons à nos juges de statuer sur ladite demande, trente jours au plus tard avant l'adjudication définitive; si leur jugement est par défaut, la partie condamnée ne pourra l'attaquer que par la voie de l'appel.

4. Il sera statué sur l'appel dans la quinzaine, au plus tard, à dater de la notification qui en aura été faite aux termes de l'article 736 de notre Code de procédure civile: si l'arrêt est rendu par défaut, la voie de l'opposition est interdite à la partie condamnée.

DÉCRET

Concernant les Français naturalisés en pays étranger avec ou sans autorisation.

(26 août 1811.)

(*Thèse* n° 1.)

TITRE I.

DES FRANÇAIS NATURALISÉS EN PAYS ÉTRANGER AVEC NOTRE AUTORISATION.

Art. **1er.** Aucun Français ne peut être naturalisé en pays étranger sans notre autorisation.

2. Notre autorisation sera accordée

par des lettres patentes dressées par notre grand-juge, signées de notre main, contre-signées par notre ministre secrétaire d'état, visées par notre cousin le prince archichancelier, insérées au Bulletin des lois et enregistrées en la cour impériale du dernier domicile de celui qu'elles concernent.

3. Les Français naturalisés ainsi en pays étranger, jouiront du droit de posséder, de transmettre des propriétés et de succéder, quand même les sujets du pays où ils seront naturalisés ne jouiraient pas de ces droits en France.

4. Les enfants d'un Français naturalisé en pays étranger et qui sont nés dans ce pays, sont étrangers. — Ils pourront recouvrer la qualité de Français en remplissant les formalités prescrites par les articles 9 et 10 du Code Napoléon. — Néanmoins ils recueilleront les successions et exerceront tous les droits qui seront ouverts à leur profit pendant leur minorité, et dans les dix ans qui suivront leur majorité accomplie.

5. Les Français naturalisés en pays étranger, même avec notre autorisation, ne pourront jamais porter les armes contre la France, sous peine d'être traduits devant nos cours et condamnés aux peines portées au Code pénal, livre III, articles 75 et suivans.

TITRE II.

DES FRANÇAIS NATURALISÉS EN PAYS ÉTRANGER SANS NOTRE AUTORISATION.

6. Tout Français naturalisé en pays étranger sans notre autorisation, encourra la perte de ses biens, qui seront confisqués : il n'aura plus le droit de succéder; et toutes les successions qui viendront à lui échoir, passeront à celui qui est appelé après lui à les recueillir, pourvu qu'il soit régnicole.

7. Il sera constaté, par-devant la cour du dernier domicile du prévenu, à la diligence de notre procureur général ou sur la requête de la partie civile intéressée, que l'individu s'étant fait naturaliser en pays étranger, sans notre autorisation, a perdu ses droits civils en France; et, en conséquence, la succession ouverte à son profit sera adjugée à qui de droit.

8. Les individus dont la naturalisation en pays étranger sans notre autorisation, aurait été constatée, ainsi qu'il est dit en l'article précédent, et qui auraient reçu distinctement ou par transmission, des titres institués par le sénatus-consulte du 14 août 1806, en seront déchus.

9. Ces titres et les biens y attachés seront dévolus à la personne restée française, appelée selon les lois, sauf les droits de la femme qui seront réglés comme en cas de viduité.

10. Si les individus mentionnés en l'article 8 avaient reçu l'un de nos ordres, ils seront biffés des registres et états, et défenses leur seront faites d'en porter la décoration.

11. Ceux qui étaient naturalisés en pays étranger, et contre lesquels il aura été procédé comme il est dit aux articles 6 et 7 ci dessus, s'ils sont trouvés sur le territoire de l'Empire, seront, pour la première fois, arrêtés et reconduits au delà des frontières : en cas de récidive, ils seront poursuivis devant nos cours, et condamnés à être détenus pendant un temps qui ne pourra être moindre d'une année, ni excéder dix ans.

12. Ils ne pourront être relevés des déchéances et affranchis des peines ci-dessus que par des lettres de relief accordées par nous en conseil privé, comme les lettres de grâce.

13. Tout individu naturalisé en pays étranger sans notre autorisation, qui porterait les armes contre la France, sera puni conformément à l'article 75 du Code pénal.

TITRE III.

DES INDIVIDUS DÉJA NATURALISÉS EN PAYS ÉTRANGER.

14. Les individus qui se trouveraient naturalisés en pays étranger lors de la publication du présent décret, pourront, dans le délai d'un an s'ils sont sur le continent européen, de trois ans s'ils sont hors de ce continent, de cinq ans s'ils sont au-delà du cap de Bonne Espérance et aux Indes orientales, obtenir notre autorisation dans les délais et selon les formes portés au présent décret.

15. Ils ne pourront être relevés du retard que par des lettres de relief de déchéance, accordées sur la proposition de l'un de nos ministres, et délivrées par notre grand juge, ainsi qu'il est dit à l'article 12 ci-dessus.

16. Le délai passé, et s'ils n'ont pas obtenu des lettres de relief, les dispositions générales du présent décret leur seront applicables.

TITRE IV.

DES FRANÇAIS AU SERVICE D'UNE PUISSANCE ÉTRANGÈRE.

17. Aucun Français ne pourra entrer au service d'une puissance étrangère sans notre autorisation spéciale, et sous la condition de revenir, si nous le rappelons, soit par une disposition générale, soit par un ordre direct.

18. Ceux de nos sujets qui auront obtenu cette autorisation ne pourront prêter serment à la puissance chez laquelle ils serviront, que sous la réserve de ne jamais porter les armes contre la France, et de quitter le service même sans être rappelés, si le prince venait à être en guerre contre nous ; à défaut de quoi, ils seront soumis à toutes les peines portées par le décret du 6 avril 1809.

19. L'autorisation de passer au service d'une puissance étrangère leur sera accordée par des lettres patentes délivrées dans les formes prescrites à l'article 2 ci-dessus.

20. Ils ne pourront servir comme ministres plénipotentiaires dans aucun traité où nos intérêts pourraient être débattus.

21. Ils ne pourront entrer en France qu'avec notre permission spéciale.

22 Ils ne pourront se montrer dans les pays soumis à notre obéissance avec la cocarde étrangère et revêtus d'un uniforme étranger ; ils seront autorisés à porter les couleurs nationales quand ils seront dans l'empire.

23 Ils pourront néanmoins porter les décorations des ordres étrangers, lorsqu'ils les auront reçus avec notre autorisation.

24. Les Français au service d'une puissance étrangère ne pourront jamais être accrédités comme ambassadeurs, ministres ou envoyés auprès de notre personne, ni reçus comme chargés de missions d'apparat qui les mettraient dans le cas de paraître devant nous avec leur costume étranger.

25. Tout Français qui entre au service d'une puissance étrangère sans notre permission est, par cela seul, censé naturalisé en pays étranger sans notre autorisation, et sera par conséquent traité conformément aux dispositions du titre II du présent décret, et, s'il reste au service étranger en temps de guerre, il sera soumis aux peines portées par le décret du 6 avril 1809.

26. L'article 14 est applicable aux Français qui seraient au service étranger sans être munis de lettres-patentes.

27. Notre décret du 6 avril 1809 continuera à être exécuté pour tous les articles qui ne sont ni abrogés ni modifiés par les dispositions du présent décret, et notamment à l'égard des Français qui, étant entrés sans notre autorisation au service d'une puissance étrangère, y sont demeurés après la guerre déclarée entre la France et cette puissance. — Ils seront considérés comme ayant porté les armes contre nous, par cela seul qu'ils auront continué à faire partie d'un corps militaire destiné à agir contre l'empire français ou ses alliés.

EXTRAIT

Du Décret concernant le régime de l'Université.

(15 novembre 1811.)

(Art. 79, *thèses* n° 79 à 82.)

Des Délits commis par les Élèves.

Art. **76.** Les élèves des lycées et des colléges, au-dessus de seize ans, ne seront justiciables, pour délits par eux commis dans l'intérieur de ces maisons, que de l'université, sans préjudice de ce qui sera dit ci-après, titre VII, article 158 et suivans.

77. Ils seront punis, selon la gravité des cas, d'une détention de trois jours à trois mois dans l'intérieur du lycée ou du collége, dans un local destiné à cet effet.

78. Si les père, mère ou tuteur s'opposaient à l'exécution de ces mesures, l'élève leur sera remis, et ne pourra plus être reçu dans aucun autre lycée ou collége de l'université, et sera renvoyé, le cas échéant, à la justice ordinaire.

79. Pour les délits commis par les élèves au-dehors, dans les sorties et promenades faites en commun, la partie lesée conservera le droit de poursuivre, si elle le veut, ses réparations par les voies ordinaires : dans tous les cas, l'action sera dirigée contre le chef de l'établissement auquel l'élève appartiendra, lequel chef sera civilement responsable, sauf son recours contre les père et mère ou tuteurs, en établissant qu'il n'a pas dépendu des maîtres de prévoir ni d'empêcher le délit.

De l'action de la Justice et de la Police ordinaire dans l'intérieur des Établissemens publics appartenant à l'Université.

157. Hors les cas de flagrant délit, d'incendie ou de secours réclamés de l'intérieur des lycées, colleges et autres écoles publiques appartenant à l'université, aucun officier de police ou de justice ne pourra s'y introduire pour constater un corps de délit ou pour l'exécution d'un mandat d'amener ou d'arrêt dirigé contre des membres ou élèves de ces établissemens, s'il n'en a l'autorisation spéciale et par écrit de nos procureurs généraux, de leurs substituts, ou de nos procureurs impériaux.

158. Nos cours impériales exerceront leur droit à raison des délits ou crimes commis dans les établissemens de l'Université, lesquels n'auront à cet égard d'autre privilege que ceux accordés pour les cas prévus par le présent décret.

159 Toutefois nos procureurs généraux sont spécialement chargés de l'examen et poursuite, s'il y a lieu, de tout ce qui pourrait se passer dans lesdits établissemens propre à donner lieu à l'application des lois pénales, pour qu'il soit procédé de manière à concilier les ménagemens convenables envers les établissemens de l'université avec l'intérêt de la société blessée et de la justice offensée.

AVIS

Du Conseil d'État portant solution de diverses questions relatives aux Français naturalisés étrangers, ou servant en pays etrangers.

(21 janvier 1812.)

(*Thèse n°* 1.)

Le conseil d'État qui, d'après le renvoi ordonné par Sa Majesté, a entendu le rapport de la section de législation sur celui du grand-juge, ministre de la justice, présentant les questions suivantes :

1° Les Français qui, avant la publication du décret impérial du 26 août 1811, avaient obtenu de Sa Majesté la permission d'entrer au service d'un prince étranger, sont-ils tenus de demander des lettres-patentes comme ceux qui n'ont point encore obtenu cette permission?

2° L'obligation d'obtenir des lettres patentes de Sa Majesté pour pouvoir demeurer sujet d'un prince etranger, est-elle commune aux descendans des religionnaires fugitifs par suite de la révocation de l'édit de Nantes?

3° Un Français sera-t-il censé naturalisé sujet d'un prince etranger par cela seul que ce prince lui aurait conféré un titre héréditaire?

4° Les français qui, avec la permission de Sa Majesté, sont au service d'un prince étranger, peuvent-ils accepter les titres que ce prince juge à propos de leur conférer en récompense de leurs services?

5° Quels sont les differens services qu'un Français ne peut faire à l'étranger sans en avoir obtenu l'autorisation par lettres patentes? — En d'autres termes, le décret impérial du 26 août comprend il non seulement le service militaire et les fonctions diplomatiques, administratives et judiciaires, mais encore le service d'honneur dans la maison du prince? — Les secrétaires-généraux sont-ils fonctionnaires administratifs? — Le décret comprend il même le travail des commis de bureaux qui ne sont point à la nomination du gouvernement?

6° Les sujets des pays reunis à la France, qui, dès avant la réunion, étaient entrés au service d'un prince étranger, sont-ils tenus, pour continuer ce service, d'obtenir des lettres-patentes?

7° Les lettres-patentes doivent-elles être demandées individuellement, ou peuvent elles l'être par un état général des Français que le prince étranger voudrait garder à son service?

8° Les Français, et notamment les sujets des pays réunis, qui sont ou qui entreraient au service d'un prince étranger, ne pourront-ils, sans une permission spéciale de Sa Majesté, venir visiter leurs possessions ou suivre leurs affaires en France?

9° La permission speciale de Sa Majesté pour pouvoir rentrer en France sera-t elle nécessaire, même à ceux qui auront quitté le service étranger?

10° La défense de se montrer dans les pays soumis à la domination de Sa Majesté avec la cocarde étrangère et un uniforme étranger s'applique-t-elle au cas où des Français, employés comme officiers dans les troupes d'un prince étranger, traverseraient la France ou y seraient stationnes avec leur corps?

11° Un Français ne peut-il également se montrer en France revêtu d'un costume étranger quelconque? — Si un prince étranger vient en France, et qu'un officier nécessaire aupres de sa personne soit Francais, cet officier pourra-t-il faire son service avec le costume qui y est affecté?

Vu la loi du 9-15 décembre 1790, les décrets impériaux des 6 avril 1809 et 26 août 1811,

Est d'avis,

Sur la 1re question, qu'aucune permission accordée à un Français, soit pour se faire naturaliser, soit pour prendre du service à l'étranger, n'est valable, si elle n'est accordée dans les formes prescrites par l'art. 2 du décret du 26 août 1811; qu'ainsi tout Français qui, avant la publication dudit décret, aurait pris du service d'une puissance étrangère, même avec la permission de Sa Majesté, est tenu, s'il ne veut encourir les peines portées au titre II de ce décret, de se munir de lettres-patentes, conformément aux dispositions de l'art. 2 et dans les délais prescrits par l'art. 14 du même décret;

Sur la 2e question, que les dispositions des décrets des 6 avril 1809 et 26 août 1811 ne sont point applicables aux descendans des religionnaires fugitifs qui n'ont point usé du droit qui leur était accordé par l'art. 22 de la loi du 15 décembre 1790;

Sur les 3e et 4e questions, que tout Français qui, étant, même avec la permission de Sa Majesté, au service d'une puissance étrangère, accepte de cette puissance un titre héréditaire, est, par cette acceptation seule, censé naturalisé en pays étranger; et que, si ladite acceptation a eu lieu sans autorisation de Sa Majesté, il doit être traité selon le titre II du décret du 26 août 1821;

Sur la 5e question, qu'aucun service soit près de la personne, soit près d'un des membres de la famille d'un prince étranger, de même qu'aucune fonction dans une administration publique étrangère, ne peuvent être acceptés par un Français sans une autorisation de Sa Majesté;

Sur la 6e question, que tout sujet d'un pays réuni à la France, qui, même avant la réunion, serait entré au service d'une puissance étrangere, est tenu de se pourvoir de lettres-patentes, ainsi qu'il est dit sur la 1re question; à moins qu'avant la même réunion il n'eût été naturalisé chez cette puissance;

Sur la 7e question, que tout Français qui desire obtenir l'autorisation, soit de se faire naturaliser, soit de prendre du service à l'étranger, doit en adresser personnellement la demande au grand-juge ministre de la justice, pour être, ladite demande, soumise par ce dernier à Sa Majesté;

Sur les 8e et 9e questions, qu'aucun Français, ni aucun sujet des pays réunis, qui est ou entrera au service d'une puissance étrangère, ne pourra, pour quelque cause que ce soit, venir en France qu'avec une permission spéciale de Sa Majesté, laquelle sera nécessaire à ceux même d'entre eux qui auront quitté le service étranger; et que la demande de cette permission devra être adressée au grand-juge;

Sur les 10e et 11e questions, qu'un Français, servant avec autorisation dans les troupes d'une puissance étrangère, doit, lorsque son corps est appelé par Sa Majesté à traverser la France ou à y stationner, conserver la cocarde et l'uniforme de ce corps tant qu'il y est présent; que, hors ce seul cas, aucun Français ne peut porter en France ni cocarde étrangère, ni uniforme, ni costume étranger, quand même le prince au service personnel duquel il est attaché se trouverait en France;

Et que le présent avis soit inséré au Bulletin des lois.

DÉCRET

Contenant des dispositions pénales contre ceux qui chassent sans permis de port-d'armes de chasse.

(4 mai 1812.)

Art. 1er. Quiconque sera trouvé chassant et ne justifiant point d'un permis de port-d'armes de chasse, délivré conformement à notre décret du 11 juillet 1810, sera traduit devant le tribunal de police correctionnelle, et puni d'une amende qui ne pourra être moindre de trente francs ni excéder soixante francs.

2. En cas de récidive, l'amende sera de soixante-un francs au moins et de deux cents francs au plus; le tribunal pourra en outre prononcer un emprisonnement de six jours à un mois.

3. Dans tous les cas il y aura lieu à la confiscation des armes; et, si elles n'ont pas été saisies, le délinquant sera condamné à les rapporter au greffe, ou à en payer la valeur, suivant la fixation qui en sera faite par le jugement, sans que cette fixation puisse être au-dessous de cinquante francs.

4. Seront, au surplus, exécutées les dispositions de la loi du 30 avril 1790, concernant la chasse, laquelle loi sera publiée dans les départemens où elle ne l'a pas encore été.

AVIS

Du Conseil d'État sur les effets de la purge à l'égard des hypothèques légales des femmes et des mineurs après que la femme est devenue veuve et que le mineur a atteint sa majorité.

(8 mai 1812.)

(Thèse n° 222.)

Le conseil d'État est d'avis que le mode de purger les hypothèques légales des femmes et des mineurs, établi par le Code Napoléon et par l'avis du conseil d'État du 1er juin 1807, est applicable aux femmes veuves et aux mineurs devenus majeurs, ainsi qu'à leurs héritiers ou autres représentans; — Qu'il n'y a pas de nécessité de fixer un délai particulier aux femmes après la mort de leurs maris, et aux mineurs devenus majeurs ou à leurs représentans, pour prendre inscription.

AVIS

Du Conseil d'État portant que le décret impérial du 26 août 1811, sur la naturalisation, n'est point applicable aux femmes.

(22 mai 1812.)

(Thèse n° 1.)

Le Conseil d'État, qui, d'après le renvoi ordonné par Sa Majesté, a entendu le rapport de la section de législation sur celui du ministre des relations extérieures, présentant la question de savoir si le décret du 26 août 1811, concernant les Français naturalisés en pays étranger avec ou sans autorisation de l'Empereur, etc., est applicable aux femmes;

Vu ledit décret et les motifs qui l'ont dicté,

Est d'avis, que le décret du 16 août 1811 n'est point applicable aux femmes; — Et que le present avis soit inséré au Bulletin des lois.

DÉCRET

Sur la Plaidoirie dans les cours royales et dans les tribunaux de première instance.

(2 juillet 1812.)

Art. 1er. Dans toutes les cours impériales de notre royaume, les causes portees à l'audience seront plaidées par les avocats inscrits sur le tableau des avocats de la cour, et admis au serment, conformément à l'article 16 de notre décret du 14 décembre 1810.

2. Les demandes incidentes qui seront de nature à être jugées sommairement, et tous les incidens relatifs à la procédure, pourront être plaidés par les avoués postulans en la cour, dans les causes dans lesquelles ils occuperont.

3. Il en sera de même dans les tribunaux de premiere instance séant aux chefs-lieux des cours royales, des cours d'assises et des departemens : les avoues pourront y plaider dans toutes les causes sommaires. Dans les autres tribunaux de première instance, ils pourront plaider toute espèce de cause dans laquelle ils occuperont. (1)

4. Il n'est point dérogé à la disposition du decret du 14 decembre 1810, portant que les avocats pourront, avec la permission du ministre de la justice, aller plaider hors du ressort de la cour royale ou du département où ils sont inscrits. (*Ord.* 27 août 1830, *art.* 4.)

5. En l'absence ou sur le *refus* des avocats de plaider, les avoués, tant en cour royale qu'en première instance, pourront être autorisés par le tribunal à plaider en toute espèce de cause. (2)

6. Lorsque l'avocat chargé de l'affaire et saisi des pièces ne pourra, pour cause de maladie, se présenter le jour où elle doit être plaidée, il devra en instruire le président par écrit, avant l'audience, et renvoyer les pièces à l'avoué; en ce cas, la cause pourra être plaidée par l'avoué, ou remise au plus prochain jour.

7. Il en est de même lorsqu'au moment de l'appel de la cause, l'avocat sera engagé à l'audience d'une autre chambre du même tribunal, séant dans le même temps.

8. Hors de ces deux cas, lorsque l'avocat chargé de l'affaire et saisi des pièces ne se sera pas trouvé à l'appel de la cause, et que par sa faute elle aura été retirée du rôle, et n'aura pu être plaidée au jour indiqué, il pourra être condamné personnellement aux frais de la remise, et aux dommages-intérêts du retard envers la partie, s'il y a lieu.

9. Les avoués qui, en vertu de la loi du 22 ventôse de l'an XII, jusqu'à la publication du présent decret, ont obtenu le grade de licencié, et ont acquis le droit attribué par l'article 32 de ladite loi, continueront d'en jouir comme par le passé.

10. Les présidens des chambres de discipline des avoués, tant de cour royale que de première instance, seront tenus de deposer au greffe du tribunal près lequel ils exercent, dans un mois à compter de la publication du présent décret, et chaque année, à la rentrée des cours et tribunaux, une liste signée d'eux et visée pour les cours royales, par notre procureur général, et, pour les tribunaux de

---

(1) V. l'ordonnance du roi du 27 février 1822 qui modifie le décret du 2 juillet 1812 relativement à la plaidoirie.

(2) Il résulte nécessairement, de ce que l'avocat peut *refuser* de se charger des affaires, que son ministère n'est pas force; cependant il le devient pour l'avocat qui est désigné par le président de la cour d'assises, aux termes de l'ordonnance du 27 fevrier 1822, et qui ne peut refuser qu'en faisant approuver ses motifs par cette cour. (*Carnot*, *de la discipline judiciaire*.)

première instance, par notre procureur du roi, contenant les noms des avoués auxquels s'appliquera l'article ci-dessus, avec la date de leur réception.

11. Les dispositions des articles 37, 38 et 39 de notre décret du 14 décembre 1810 seront applicables aux avoués usant du droit de plaider.

12. Les avocats seuls porteront la chausse et parleront couverts, conformément à l'article 35 du décret du 14 décembre 1810.

13. Notre ministre, etc......

DÉCRET

Sur le transfert des actions de la Banque de France appartenant à des mineurs ou interdits.

(25 septembre 1813.)

(*Thèses nos* 13, 14 et 15.)

Art. 1er. Les dispositions de la loi du 24 mars 1806, relatives au transfert d'inscriptions de cinq pour cent consolidés, appartenant à des mineurs ou interdits, sont rendues applicables aux mineurs ou interdits, propriétaires d'actions ou portions d'actions de la Banque de France, toutes les fois qu'ils n'auraient qu'une action ou un droit dans plusieurs actions, n'excédant pas en totalité une action entière.

ORDONNANCE

Relative aux Étrangers et à leur naturalisation.

(4 juin 1814.)

(*Thèse no* 1.)

Art. 1er. Conformément aux anciennes constitutions françaises, aucun étranger ne pourra siéger, à compter de ce jour, ni dans la chambre des pairs, ni dans celle des députés, à moins que, par d'importans services rendus à l'État, il n'ait obtenu de nous des lettres de naturalisation vérifiées par les deux chambres.

2. Les dispositions du Code civil, relatives aux étrangers et à leur naturalisation, n'en restent pas moins en vigueur, et seront exécutées selon leur forme et teneur.

LOI

Relative à la Naturalisation des habitans des départemens qui avaient été réunis à la France depuis 1791.

(14 octobre 1814.)

Art. 1er. Tous les habitans des départemens qui avaient été réunis au territoire de la France depuis 1791, et qui, en vertu de cette réunion, se sont établis sur le territoire actuel de France, et y ont résidé sans interruption depuis dix années et depuis l'âge de vingt-un ans, sont censés avoir fait la déclaration exigée par l'article 3 de la loi du 22 frimaire an VIII, à charge par eux de déclarer, dans le délai de trois mois à dater de la publication des présentes, qu'ils persistent dans la volonté de se fixer en France. — Ils obtiendront à cet effet, de nous, des lettres de *déclaration de naturalité*, et pourront jouir, dès ce moment, des droits de citoyen français, à l'exception de ceux réservés dans l'article 1er de l'ordonnance du 4 juin, qui ne pourront être accordés qu'en vertu de lettres de naturalisation vérifiées dans les deux chambres.

2. Ceux qui n'ont pas encore dix années de résidence réelle dans l'intérieur de la France, acquerront les mêmes droits de citoyen français le jour où leurs dix ans de résidence seront révolus, à charge de faire, dans le même délai, la déclaration susdite. — Nous nous réservons néanmoins d'accorder, lorsque nous le jugerons convenable, même avant les dix ans de résidence révolus, des lettres de déclaration de naturalité.

3. A l'égard des individus nés et encore domiciliés dans des départemens qui, après avoir fait partie de la France, en ont été séparés par les derniers traités, nous pourrons leur accorder la permission de s'établir dans notre royaume et d'y jouir des droits civils: mais ils ne pourront exercer ceux de citoyen français qu'après avoir fait la déclaration prescrite, après avoir rempli les conditions imposées par la loi du 22 frimaire an VIII, et avoir obtenu de nous des lettres de déclaration de naturalité. — Nous nous réservons néanmoins d'accorder lesdites lettres, quand nous le jugerons convenable, avant les dix ans de résidence révolue.

ORDONNANCE

Sur la Caisse des Dépots et Consignations.

(3 juillet 1816.)

SECTION PREMIÈRE.

Des Sommes qui doivent être versées dans la Caisse des dépôts et consignations.

Art. 1er. La caisse des dépôts et consignations, créée par l'article 110 de la loi du 28 avril dernier, recevra seule toutes les consignations judiciaires.

2. Seront en conséquence versés dans ladite caisse, — 1° Les deniers offerts réellement, conformément aux articles 1207 et suivans du Code civil; ceux que voudra consigner un acquéreur ou donataire dans le cas prévu par les articles 2183, 2184, 2186 et 2189; le montant des effets de commerce dont le porteur ne se présente pas à l'échéance, lorsque le débiteur voudra se libérer conformément à la loi du 23 juillet 1795 (6 thermidor an III); et en général, toutes sommes offertes à des créanciers refusant par des débiteurs qui veulent se libérer; — 2° Les sommes qu'offriront de consigner, suivant la faculté que leur accordent les articles 2041 du Code civil, 167, 542 du Code de procédure, 117 du Code d'instruction criminelle et autres dispositions des lois, toutes personnes qui, astreintes, soit par lesdites lois, soit par des jugemens ou arrêts, à donner des cautions ou garanties, ne pourraient ou ne voudraient pas les fournir en immeubles; — 3° Les deniers remis par un débiteur à un garde de commerce exerçant une contrainte par corps, pour éviter l'arrestation conformément à l'article 14 du décret du 14 mars 1808, et ceux qui, dans les mêmes circonstances, seraient remis à un huissier exerçant la contrainte par corps dans les villes et lieux autres que Paris, lorsque le créancier n'aura pas voulu recevoir lesdites sommes dans les vingt quatre heures accordées auxdits officiers ministériels pour lui en faire la remise; — 4° Les sommes que les débiteurs incarcérés doivent, aux termes de l'article 798 du Code de procédure, déposer ès mains du geôlier de la maison de détention pour être mis en liberte, lorsque le créancier ne les aura pas acceptees dans le délai de vingt-quatre heures; — 5° Les sommes dont les cours et tribunaux ou les autorites administratives, quand ce droit leur appartient, auraient ordonné la consignation, faute par les ayant droit de les recevoir ou réclamer, ou le séquestre en cas de pretentions opposées; — 6° Le prix que doivent consigner, conformément à l'article 209 du Code de commerce, les adjudicataires de bâtimens de mer vendus par autorité de justice; — 7° Les deniers comptans saisis par un huissier chez un débiteur contre lequel il exerce une saisie-exécution, lorsque conformément à l'article 590 du Code de procédure civile, le saisissant, la partie saisie et les opposans, ayant la capacité de transiger, ne seront pas convenus d'un séquestre volontaire dans les trois jours du procès-verbal de saisie; et ceux qui se trouveront lors d'une apposition de scellés ou d'un inventaire, si le tribunal l'ordonne ainsi sur le référé provoqué par le juge paix; — 8° Les sommes saisies et arrêtées entre les mains de dépositaires ou débiteurs, à quelque titre que ce soit; celles qui proviendraient de vente de biens meubles de toute espèce, par suite de toute sorte de saisies, ou même de ventes volontaires, lorsqu'il y aura des oppositions dans les cas prévus par les articles 656 et 657 du Code de procédure civile:

— 9° Le produit des coupes et des ventes de fruits pendans par les racines sur des immeubles saisis réellement; celui des loyers ou fermages des biens non affermes lors de la saisie, qui seraient perçus au profit des créanciers, dans les cas prevus par l'art. 688 (681) du Code de procéd.; ensemble tous les prix de loyers, fermages ou autres prestations, échus depuis la dénonciation au saisi, au fur et à mesure des échéances; — 10° Le prix ou portion de prix d'une adjudication d'immeubles vendus sur saisie immobilière, bénéfice d'inventaire, cession de biens, faillite, que le cahier des charges n'autoriserait pas l'acquéreur à conserver entre ses mains, si le tribunal ordonne cette consignation sur la demande d'un ou de plusieurs creanciers; — 11° Les deniers provenant des ventes des meubles, marchandises des faillis et de leurs dettes actives, dans le cas prévu par l'art. 497 (489) du Code de comm. — 12° Les sommes d'argent trouvees ou provenues des ventes et recouvremens dans une succession bénéficiaire, lorsque, sur la demande de quelque creancier, le tribunal en aura ordonné la consignation; — 13° Les sommes de deniers trouvées dans une succession vacante ou provenant du prix des biens d icelle, conformément à l'avis du conseil d'Etat du 13 octobre 1809; — 14° Enfin toutes les consignations ordonnees par des lois, même dans les cas qui ne sont pas rappelés ci-dessus, soit que lesdites lois n'indiquent pas le lieu de la consignation, soit qu'elles désignent une autre caisse, et notamment ce qui peut être encore dû par les anciens commissaires aux saisies réelles, conformement au décret du 12 fevrier 1812, lequel continuera de recevoir son exécution.

3. Defendons à nos cours, tribunaux et administrations quelconques, d'autoriser ou d'ordonner des consignations en autres caisses et dépôts publics ou particuliers, même d'autoriser les debiteurs, dépositaires, tiers-saisis, à les conserver sous le nom de séquestre ou autrement; et au cas où de telles consignations auraient lieu, elles seront nulles et non libératoires.

4. Pour assurer l'exécution des dispositions ci-dessus, il ne pourra être ouvert aucune contribution de deniers provenant de ventes, recouvremens, mobiliers, saisies-arrêts ou autres, que l'acte de réquisition qui doit être rédigé conformément à l'art. 658 du Code de procédure civile, ne contienne mention de la date et du numéro de la consignation qui en a été faite: défendons aux presidens de nos tribunaux de commettre des commissaires pour procéder aux distributions ainsi requises sans ladite mention; et au cas où une nomination leur serait surprise, défendons à tous commissaires nommés d'y procéder, sauf aux parties qui seraient lésées, leur recours contre les avoués par la faute desquels la distribution n'aurait pas lieu; défendons pareillement à tous greffiers de délivrer les mandemens énonces en l'article 671 du même Code, sur autres que sur les préposés de la caisse des dépôts et consignations. Il en sera de même relativement aux ordres, lorsque le prix aura dû être versé dans le cas prévu n° 10 de l'article 2.

SECTION II.

Obligations des Officiers ministériels ou autres tenus de faire des versemens à la Caisse des dépôts et consignations.

5. Tout officier ministériel qui aura fait des offres réelles extrajudiciairement ou judiciairement, sera tenu, si elles ne sont pas acceptées, d'en effectuer le versement, dans les vingt-quatre heures qui suivront l'acte desdites offres, à la caisse des depôts et consignations, à moins qu'il n'en ait été dispensé par ordre ecrit de celui qui l'a chargé de faire lesdites offres.

6. Tout garde de commerce, huissier ou geôlier, qui, ayant reçu des sommes dans les cas prévus par les numéros 3 et 4 de l'article 2 ci dessus, n'en aura pas fait le versement à la caisse des dépôts et consignations dans les delais prescrits par ledit article 2, sera poursuivi comme rétentionnaire de deniers publics. — Seront, à cet effet, tenus les gardes de commerce et huissiers de mentionner au pied de leurs exploits et avant de les présenter à l'enregistrement, s'ils ont remis au créancier les sommes par eux reçues, et de mentionner également cette remise sur leurs répertoires; et les geôliers feront ladite mention sur leurs registres d'écrou.

7. Tout notaire, greffier, huissier, commissaire-priseur, courtier, etc., qui aura procédé à une vente sera tenu de déclarer au pied de la minute du procès-verbal en le présentant à l'enregistrement, et de certifier par sa signature, qu'il a ou n'a pas d'oppositions et qu'il a ou n'a pas connaissance d'oppositions aux scellés ou autres opérations qui ont précédé ladite vente.

8 Les versemens des sommes énoncées au n° 8 de l'article 2 seront faits dans la huitaine, à compter de l'expiration du mois accordé par l'article 656 du Code de procédure aux créanciers pour procéder à une distribution amiable. — Ce mois comptera, pour les sommes saisies et arrêtées, du jour de la signification au tiers-saisi, du jugement qui fixe ce qu'il doit rapporter. — S'il s'agit de deniers provenant de ventes ordonnées par justice, ou résultant de saisies exécutions, saisies-foraines, saisies brandons, ou même de ventes volontaires auxquelles il y aurait eu des oppositions, ce délai courra du jour de la dernière séance du procès verbal de vente; — S'il s'agit de deniers provenant de saisies de rentes ou d'immeubles, du jour du jugement d'adjudication.

9. Conformément à l'article 10 de la déclaration du 29 février 1648 et de celle du 16 juillet 1669, le directeur général de la caisse des consignations pourra décerner, ou faire décerner par les préposés de la caisse, des contraintes contre toute personne qui, tenue d'après les dispositions ci-dessus de verser des sommes dans ladite caisse ou dans celle de ses préposés, sera en retard de remplir ces obligations; il sera procédé pour l'exécution desdites contraintes comme pour celles qui sont décernées en matière d'enregistrement, et la procédure sera communiquée à nos procureurs près les tribunaux.

10. Tout notaire, courtier, commissaire-priseur, huissier ou geôlier, qui aura contrevenu aux obligations qui lui sont imposées par la présente ordonnance, en conservant des sommes de nature à être versées dans la caisse des consignations, sera dénoncé par nos préfets ou procureurs à celui de nos ministres dans les attributions duquel est sa nomination, pour sa révocation nous être proposée, s'il y a lieu, sans préjudice des peines qui sont ou pourront être prononcées par les lois.

SECTION III.

Obligations de la Caisse des dépôts et consignations, et de ses Préposés.

11. La caisse des consignations aura des préposés, pour le service qui lui est confié, dans toutes les villes du Royaume où siége un tribunal de première instance. — Elle sera responsable des sommes par eux reçues lorsque les parties auront fait enregistrer leurs reconnaissances dans les cinq jours de celui du versement, conformément à l'article 3 de la loi du 18 janvier 1805 (28 nivôse an XIII.)

12. Les reconnaissances de consignations délivrées à Paris par le caissier, et dans les départemens par les préposés de la caisse, énonceront sommairement les arrêts, jugemens, actes ou causes qui donnent lieu auxdites consignations; et dans le cas où les deniers consignés proviendraient d'un emprunt, et qu'il y aurait lieu à opérer une subrogation en faveur du prêteur, il sera fait mention expresse de la déclaration faite par le déposant, conformément à l'article 1250 du Code civil, laquelle produira le même effet de subrogation que si elle était passée devant notaire. Le timbre et l'enregistrement seront aux frais de celui qui consigne, s'il est débiteur, ou prélevés sur la somme, s'il la dépose à un autre titre.

13 Tous les frais et risques relatifs à la garde, conservation et mouvement des fonds consignés, sont à la charge de la caisse: défendons à ses préposés, ou à leurs commis et employés, de se faire payer par les déposans ou ceux qui retireront les sommes consignées, aucun droit de garde, prompte expédition, travail extraordinaire, ou autres, à quelque titre que ce soit, à peine de destitution et d'être poursuivis comme concussionnaires.

14. Conformément à l'article 2 de la loi du 18 janvier 1805 (28 nivôse an XIII), la caisse des dépôts et consignations paiera l'intérêt de toute somme consignée, à raison de trois pour cent, à compter du soixante unième jour à partir de la date de la consignation jusques et non compris celui du remboursement. — Les sommes qui resteront moins de soixante jours en état de consignation ne produiront aucun intérêt : lorsque les sommes consignées seront retirées partiellement, l'intérêt des portions restantes continuera de courir sans interruption.

15. Conformément à l'article 4 de la susdite loi, les sommes consignées seront remises, dans le lieu où le dépôt aura été fait, à ceux qui justifieront de leurs droits, dix jours après la réquisition de paiement au préposé de la caisse. — Ladite réquisition contiendra élection de domicile dans le lieu où demeure le préposé de la caisse des consignations; elle devra être accompagnée de l'offre de remettre les pièces à l'appui de la demande, de laquelle remise mention sera faite dans le *visa* que doit donner le préposé, conformément à l'article 69 du Code de procédure civile. — Les préposés qui ne satisferaient pas au paiement après ce délai, seront contraignables par corps sans préjudice des droits des réclamans contre la caisse des consignations, ainsi qu'il est dit en l'article 11.

16. Ne pourront lesdits préposés refuser les remises réclamées que dans les deux cas suivans : — 1° Sur le fondement d'opposition dans leurs mains, soit sur la généralité de la consignation, soit sur la portion réclamée, soit sur la personne requérante ; 2° sur le défaut de régularité des pièces produites à l'appui de la réquisition. — Ils devront dans ce cas, avant l'expiration du dixième jour, dénoncer lesdites oppositions ou irrégularités aux requérans par signification au domicile élu, et ne seront contraignables que dix jours après la signification des main-levées ou du rapport des pièces régularisées. — Les frais de cette dénonciation seront à la charge des parties réclamantes, à moins qu'elles n'aient fait juger contre le préposé que son refus était mal fondé, auquel cas les frais seront à la charge de ce dernier, sans répétition contre la caisse des dépôts et consignations ; sauf le cas où son refus aurait été approuvé par le directeur général.

17. Pour assurer la régularité des paiemens requis par suite d'ordre ou de contribution, il sera fait par le greffier du tribunal un extrait du procès-verbal dressé par le juge-commissaire, lequel extrait contiendra, 1° les noms et prénoms des créanciers colloqués ; 2° les sommes qui leur sont allouées ; 3° mention de l'ordonnance du juge qui, à l'égard des ordres, ordonne la radiation des inscriptions, et, à l'égard des contributions, fait main-levée des oppositions des créanciers forclos ou rejetés. — Le coût de cet extrait sera compris dans les frais de poursuite, nonobstant toutes dispositions contraires de l'article 157 du décret du 16 février 1807. Dans les dix jours de la clôture de l'ordre ou contribution cet extrait sera remis par l'avoué poursuivant, savoir, à Paris, au caissier, et dans les autres villes, au préposé de la caisse des consignations, à peine de dommages-intérêts envers les créanciers colloqués à qui ce retard pourra être préjudiciable. — La caisse des consignations ne pourra être tenue de payer aucun mandement ou bordereau de collocation avant la remise de cet extrait, si ce n'est dans le cas de l'article 758 du Code de procédure civile.

SECTION IV.
Dispositions transitoires.

18. Toute personne sans distinction, dépositaire ou débitrice, à quelque titre que ce soit, de sommes qui, d'après les dispositions de la présente ordonnance, doivent être reçues par la caisse des consignations ou par celle de ses préposés, est tenue d'en faire la déclaration et versement avant le 1er août prochain, sous les peines prononcées par les articles 3, 8 et 10 de la présente ordonnance.

ORDONNANCE

Sur les dépôts volontaires faits à la Caisse des Dépôts et Consignations.

(3 juillet 1816.)

Art. **1er.** Conformément à la faculté accordée par l'article 7 de la loi du 18 janvier 1805 (28 nivôse an XIII), la caisse des dépôts et consignations est autorisée à recevoir les dépôts volontaires des particuliers.

2. Ces dépôts ne pourront être faits qu'à Paris, et seulement en monnaie ayant cours d'après les lois et ordonnances, ou en billets de la banque de France.

3. La caisse et ses préposés ne pourront, sous aucun prétexte, exiger de droit de garde ni aucune rétribution, sous quelque dénomination que ce soit, tant lors du dépôt que lors de sa restitution.

4. La caisse sera chargée des sommes versées par les récépissés du caissier, visés par le directeur, conformément à l'article 19 de notre ordonnance du 22 mai dernier. Le déposant devra, sur ce même récépissé et par déclaration de lui signée, élire dans la ville de Paris un domicile qui sera attributif de juridiction pour tout ce qui aura trait audit dépôt, conformément à l'article 111 du Code civil.

5. Les sommes déposées porteront intérêt à *trois pour cent*, pourvu qu'elles soient restées à la caisse *trente* jours. Si elles sont retirées avant ce temps, la caisse ne devra aucun intérêt (1).

6. Le dépôt sera rendu à celui qui l'aura fait, à son fondé de pouvoir ou ses ayant-cause, à l'époque convenue par l'acte de dépôt, et, s'il n'en a pas été convenu, à simple présentation. Ceux qui retireront ainsi leurs fonds, ne seront soumis à aucune autre condition que celle de remettre la reconnaissance de la caisse et de signer leur quittance.

7. Les sommes déposées ne pourront être saisies et arrêtées que dans les cas, les formes et sous les conditions prévus par les articles 557 et suivans du Code de procédure civile. — Pourront néanmoins être reçues des oppositions, sans que lesdites formes soient observées, — 1° De la part du déposant qui déclarerait avoir perdu son récépissé ; — 2° De la part des agens ou syndics d'un failli, comme il est dit dans l'article 149 du Code de commerce.

8. Les départemens et communes sont autorisés à déposer à la caisse, ou à ses préposés dans les villes autres que Paris, les fonds qui sont ou seront à leur disposition, soit d'après les lois annuelles sur les finances, soit d'après celles qui les auraient autorisés à quelques impositions extraordinaires, soit enfin les sommes qui proviendraient de leurs revenus ordinaires et extraordinaires, excédant de recettes sur les dépenses, coupes de bois et autres causes semblables. — La même faculté est accordée à tous les établissemens publics.

9. La caisse ou ses préposés effectueront les remboursemens entre les mains du receveur de l'établissement au nom duquel le dépôt aura été fait, d'après les mandats des préfets, des maires ou administrateurs compétens.

10. Le caissier et autres préposés qui, sans motifs fondés sur les dispositions de la présente ordonnance, refuseraient de faire un remboursement, seront personnellement condamnés à bonifier les intérêts à la partie prenante sur le pied de cinq pour cent, et poursuivis par voie de contrainte par corps, tant pour le capital que pour les intérêts, sans préjudice du recours du créancier contre la caisse, qui devra elle-même ladite bonification de retard, comme garante

---

(1) V. ci-après l'ordonnance 19 janvier 1835, modifiant cet article en ce qui concerne les sommes déposées volontairement.

des faits de ses préposés, et sauf son recours contre eux.

11. En cas de perte d'un récépissé, le déposant devra former opposition fondée sur cette cause : ladite opposition sera insérée par extrait dans le journal officiel, aux frais et diligence du reclamant, un mois après ladite insertion, la caisse sera valablement libérée en lui remboursant le montant du dépôt sur sa quittance motivée.

ORDONNANCE

Relative au versement à la Caisse des Dépots et Consignations des fonds de retraite, etc.

(3 juillet 1816.)

Art. **1er.** Toutes les sommes provenant de retenues qui sont ou seront exercées en vertu de nos ordonnances dans les ministères, administrations et établissemens, sur les appointemens, salaires et autres rétributions, seront versées à la caisse des dépôts et consignations, conformement à l'article 110 de la loi du 28 avril dernier, et les receveurs ou préposés desdites administrations n'en seront libérés que par un récépissé du caissier ou préposé de cette caisse.

2. Les sommes et valeurs provenant des retenues exercées jusqu'à présent, qui pourraient se trouver entre les mains des chefs ou préposés desdites administrations et établissemens publics, ou en quelque autre dépôt que ce soit, seront versées immediatement dans la susdite caisse.

3 Il sera ouvert à la caisse des dépôts et consignations un compte courant avec chaque administration ; à la fin de l'année, les sommes qui se trouveront rester au crédit de chaque établissement, après l'acquittement des retraites dont il est chargé, seront employées en achat d'inscriptions sur le grand-livre, dont les arrérages seront perçus pour son compte, et accroîtront d'autant les fonds destinés aux pensions de retraite à sa charge.

ORDONNANCE

Sur la Promulgation des Lois et des Ordonnances.

(27 novembre 1816.)

Art. **1er.** A l'avenir, la promulgation des lois et de nos ordonnances résultera de leur insertion au bulletin officiel.

2. Elle sera réputée connue, conformément à l'article du Code civil, un jour après que le bulletin des Lois aura été reçu de l'imprimerie royale par notre chancelier ministre de la justice, lequel constatera sur un registre l'époque de la réception.

3. Les lois et ordonnances seront exécutoires, dans chacun des autres departemens du royaume, après l'expiration du même délai augmenté d'autant de jours qu'il y aura de fois dix myriamètres (environ vingt lieues anciennes) entre la ville où la promulgation en aura été faite et le chef-lieu de chaque departement, suivant le tableau annexé à l'arrêté du 25 thermidor an XI (13 juillet 1803).

4. Néanmoins, dans les cas et les lieux où nous jugerons convenable de hâter l'exécution, les lois et ordonnances seront censées publiées et seront exécutoires du jour qu'elles seront parvenues au préfet, qui en constatera la réception sur un registre. — V. *Ord.* 18 *janv.* 1817, 12 janv. 1820.

LOI

Sur les Donations et Legs aux Etablissemens ecclésiastiques.

(2 janvier 1817.)

Art. **1er.** Tout établissement ecclésiastique, reconnu par la loi, pourra accepter, avec l'autorisation du roi, tous les biens meubles, immeubles ou rentes, qui lui seront donnés par actes entre-vifs ou par des actes de dernière volonté.

2. Tout établissement ecclésiastique, reconnu par la loi, pourra également, avec l'autorisation du roi, acquérir des biens immeubles ou des rentes.

3. Les immeubles ou rentes appartenant à un établissement ecclésiastique, seront possédés à perpétuité par ledit établissement, et seront inaliénables, à moins que l'aliénation ne soit autorisée.

LOI

Sur les Militaires absens.

(13 janvier 1817.)

Art. 1er. Lorsqu'un militaire ou un marin en activité pendant les guerres qui ont eu lieu depuis le 21 avril 1792 jusqu'au traité de paix du 20 novembre 1815, aura cessé de paraître, avant cette dernière époque, à son corps et au lieu de son domicile ou de sa résidence, ses héritiers présomptifs ou son épouse pourront dès à présent se pourvoir au tribunal de son dernier domicile, soit pour faire déclarer son absence, soit pour faire constater son décès, soit pour l'une de ces fins au défaut de l'autre.

2. Leur requête et les pièces justificatives seront communiquées au procureur du roi, et par lui adressées au ministre de la justice, qui les transmettra au ministre de la guerre ou au ministre de la marine, selon que l'individu appartiendra au service de terre ou à celui de mer, et rendra publique la demande, ainsi qu'il est prescrit à l'égard des jugemens d'absence par l'article 118 du Code civil.

3. La requête, les extraits d'actes, pièces et renseignemens recueillis au ministère de la guerre ou de la marine, sur l'individu dénommé dans ladite requête, seront renvoyés, par l'intermédiaire du ministre de la justice, au procureur du roi. — Si l'acte de décès a été transmis au procureur du roi, il en fera immédiatement le renvoi à l'officier de l'état civil, qui sera tenu de se conformer à l'art. 98 du Code civil. — Le procureur du roi remettra le surplus des pièces au greffe, après en avoir prévenu l'avoué des parties requérantes; et, à défaut d'acte de décès, il donnera ses conclusions.

4. Sur le vu du tout, le tribunal prononcera. — S'il résulte des pièces et renseignemens fournis par le ministre que l'individu existe, la demande sera rejetée. — S'il y a lieu seulement de présumer son existence, l'instruction pourra être ajournée pendant un délai qui n'excédera pas une année. — Le tribunal pourra aussi ordonner les enquêtes prescrites par l'article 116 du Code civil, pour confirmer les présomptions d'absence résultant desdites pièces et renseignemens. — Enfin l'absence pourra être déclarée, ou sans autre instruction, ou après ajournement et enquêtes, s'il est prouvé que l'individu a disparu sans qu'on ait eu de ses nouvelles, savoir : depuis deux ans, quand le corps, le détachement ou l'équipage dont il faisait partie, servait en Europe; et depuis quatre ans, quand le corps, le détachement ou l'équipage se trouvait hors de l'Europe.

5. La preuve testimoniale du décès pourra être ordonnée, conformément à l'article 46 du Code civil, s'il est prouvé, soit par l'attestation du ministre de la guerre ou de la marine, soit par toute autre voie légale, qu'il n'y a pas eu de registres, ou qu'ils ont été perdus ou détruits en tout ou en partie, ou que leur tenue a éprouvé des interruptions. — Dans le cas du présent article, il sera procédé aux enquêtes contradictoirement avec le procureur du roi.

6. Dans aucun cas, le jugement définitif portant déclaration d'absence ou de décès ne pourra intervenir qu'après le délai d'un an, à compter de l'annonce officielle prescrite par l'article 2.

7. Lorsqu'il s'agira de déclarer l'absence ou de constater en justice le décès des personnes mentionnées en l'article 1er de la présente loi, les jugemens contiendront uniquement les conclusions, le sommaire des motifs et le dispositif, sans que la requête puisse y être insérée. Les parties pourront même se faire délivrer par simple extrait le dispositif des jugemens interlocutoires; et s'il y a lieu à enquêtes, elles seront mises en minute sous les yeux des juges.

8. Le procureur du roi et les parties

requérantes pourront interjeter appel des jugemens, soit interlocutoires, soit définitifs. — L'appel du procureur du roi sera, dans le délai d'un mois à dater du jugement, signifié à la partie au domicile de son avoue. — Les appels seront portés à l'audience sur simple acte et sans aucune procédure.

9. Dans le cas d'absence déclarée en vertu de la présente loi, si le présumé absent a laissé une procuration, l'envoi en possession provisoire sous caution pourra être demandé, sans attendre le délai prescrit par les articles 121 et 122 du Code civil, mais à la charge de restituer en cas de retour, sous les déductions de droit, la totalité des fruits perçus pendant les dix premières années de l'absence. — Les parties requérantes qui posséderont des immeubles reconnus suffisans pour répondre de la valeur des objets susceptibles de restitution en cas de retour, pourront être admises par le tribunal à se cautionner sur leurs propres biens.

10. Feront preuve en justice, dans les cas prévus par la présente loi, les registres et actes de décès des militaires, tenus conformément aux articles 88 et suivans du Code civil, bien que lesdits militaires soient décédés sur le territoire français, s'ils faisaient partie des corps ou détachemens d'une armée active ou de la garnison d'une ville assiégée.

11. Si les héritiers présomptifs ou l'épouse négligent d'user du bénéfice de la présente loi, les créanciers ou autres personnes intéressées pourront, un mois après l'interpellation qu'ils seront tenus de leur faire signifier, se pourvoir eux-mêmes en déclaration d'absence ou de décès.

12. Les dispositions de la présente loi sont applicables à l'absence ou au décès de toutes les personnes inscrites aux bureaux des classes de la marine, à celles attachées par brevets ou commission aux services de santé, aux services administratifs des armées de terre et de mer, ou portées sur les contrôles réguliers des administrations militaires. — Elles pourront être appliquées par nos tribunaux à l'absence et au décès des domestiques, vivandiers et autres personnes à la suite des armées, s'il résulte des rôles d'équipage des pièces produites et des registres de police, permissions, passe-ports, feuilles de route et autres registres déposés aux ministères de la guerre et de la marine, ou dans les bureaux en dépendant, des preuves et des documens suffisans sur la profession desdites personnes et sur leur sort.

13. Les dispositions du Code civil relatives aux absens, auxquelles il n'est pas dérogé par la présente loi, continueront d'être exécutées.

ORDONNANCE

Sur la Promulgation des Lois.

(18 janvier 1817.)

Art. **1er.** Dans les cas prévus par l'article 4 de notre ordonnance du 27 novembre 1816, où nous jugerons convenable de hâter l'exécution des lois et de nos ordonnances en les faisant parvenir extraordinairement sur les lieux, les préfets prendront incontinent un arrêté par lequel ils ordonneront que lesdites lois et ordonnances seront imprimées et affichées partout où besoin sera.

2. Lesdites lois et ordonnances seront exécutées à compter du jour de la publication faite dans la forme prescrite par l'article ci-dessus.

LOI

Relative à l'abolition du droit d'Aubaine et de Detraction.

(14 juillet 1819.)

(*Thèses nos* 32, 37, 38, 39.)

(V. Code civil, note sur l'art. 726.)

LOI.

(Extrait) contenant libération des concessionnaires, engagistes et échangistes.

(12 mars 1820.)

TITRE II.

Art. 7. L'administration des domaines fera signifier aux propriétaires détenteurs de domaines provenant de l'État à titre d'engagement, concession ou échange, auxquels seraient applicables les dispositions des lois du 14 ventôse an VII, 28 avril 1816 et 15 mai 1818, et qui n'y auraient pas satisfait, qu'ils aient à se conformer auxdites lois, relativement aux domaines engagés ou échangés dont ils seraient actuellement en possession.

8. A l'égard des domaines provenant d'engagemens ou d'échanges, restant à remettre aux anciens propriétaires en exécution des lois des 5 décembre 1814, 28 avril 1816 et 15 mai 1818, dont l'origine domaniale sera connue, l'administration des domaines fera ses réserves dans l'acte de remise, et elle imposera aux propriétaires l'obligation de se conformer aux dispositions de la loi du 14 ventôse an VII.

9. *A l'expiration de trente années à compter de la publication de la loi du 14 ventôse an VII*, les domaines provenant de l'État, cédés à titre d'engagement ou d'échange antérieurement à la loi du 1er décembre 1790, autres que ceux pour lesquels auraient été faites, *ou seraient faites jusqu'à l'expiration desdites trente années*, les significations et réserves réglées aux articles ci-dessus 7 et 8, sont déclarés propriétés incommutables entre les mains des possesseurs actuels, sans distinction de ceux qui se seraient conformés ou non aux dispositions des lois des 14 ventôse an VII, 12 pluviôse an XII, 28 avril 1816 et 15 mai 1818. — En conséquence, les possesseurs actuels desdits biens, engagistes, échangistes ou concessionnaires, ou leurs représentans, seront quittes et libérés par l'effet seul de la présente loi, et sans qu'ils puissent être tenus de fournir aucune justification, sous prétexte que lesdits biens proviendraient d'engagemens, d'échanges ou de concessions, avant ou depuis le mois de février 1566 avec ou sans clause de retour.

ORDONNANCE

Qui modifie le Décret du 2 juillet 1812, relatif à la Plaidoirie.

(27 février 1822.)

Art. 1er. Les avoués qui, en vertu de la loi du 22 ventôse an XII jusqu'à la publication du décret du 2 juillet 1812, ont obtenu le grade de licencié, continueront de jouir de la faculté qui leur est accordée par l'article 9 du susdit décret.

2. Les avoués non licenciés, et ceux qui ne l'ont été que depuis la publication du décret du 2 juillet 1812, ne pourront plaider les causes dans lesquelles ils occuperont que dans les tribunaux où le nombre des avocats inscrits sur le tableau, ou stagiaires exerçant et résidant dans le chef-lieu, sera jugé insuffisant pour la plaidoirie et l'expédition des affaires.

3. Chaque année, dès la première quinzaine du mois de novembre, nos cours royales arrêteront l'état des tribunaux de première instance de leur ressort où les avoués pourront jouir de la faculté énoncée en l'article précédent.

4. Les délibérations de nos cours, en exécution de l'article ci-dessus, seront prises, à la diligence de nos procureurs généraux, sur l'avis motivé des tribunaux de première instance. — Elles seront soumises à l'approbation de notre garde des sceaux, et recevront provisoirement leur exécution. — Il n'est pas dérogé par la présente aux droits qu'ont les avoués de plaider dans les affaires où ils occupent devant nos cours ou tribunaux, les demandes incidentes qui sont de nature à être jugées sommairement, et tous les incidens relatifs à la procédure.

LOI

Relative à la police sanitaire.

(3 mars 1822.)

(Art. 1-19, thèses nos 3, 44, 45, 46, 47 et 48.)

TITRE Ier.

DE LA POLICE SANITAIRE.

Art. 1er. Le Roi détermine par des ordonnances, 1° les pays dont les provenances doivent être habituellement ou temporairement soumises au régime sanitaire ; 2° les mesures à observer sur les côtes, dans les ports et rades, dans les lazarets et autres lieux réservés ; 3° les mesures extraordinaires que l'invasion ou la crainte d'une maladie pestilentielle rendrait nécessaires sur les frontières de terre ou dans l'intérieur.—Il règle les attributions, la composition et le ressort des autorités et administrations chargées de l'exécution de ces mesures, et leur délègue le pouvoir d'appliquer provisoirement, dans des cas d'urgence, le régime sanitaire aux portions du territoire qui seraient inopinément menacées.—Les ordonnances du Roi ou les actes administratifs qui prescriront l'application des dispositions de la présente loi à une portion du territoire français, seront, ainsi que la loi elle-même, publiés et affichés dans chaque commune qui devra être soumise à ce régime ; les dispositions pénales de la loi ne seront applicables qu'après cette publication.

2. Les provenances, par mer, de pays habituellement et actuellement *sains*, continueront d'être admises à la libre pratique, immédiatement après les visites et les interrogatoires d'usage, à moins d'accidens ou de communications de nature suspecte, survenus depuis leur départ.

3. Les provenances, par la même voie, de pays qui ne sont pas habituellement *sains*, ou qui se trouvent accidentellement infectés, sont, relativement à leur état sanitaire, rangées sous l'un des trois régimes ci-après déterminés : — Sous le régime de la *patente brute*, si elles sont ou ont été, depuis leur départ, infectées d'une maladie réputée pestilentielle, si elles viennent de pays qui en soient infectés, ou si elles ont communiqué avec des lieux, des personnes ou des choses qui auraient pu leur transmettre la contagion ; — Sous le régime de la *patente suspecte*, si elles viennent de pays où règne une maladie soupçonnée d'être pestilentielle, ou de pays qui, quoiqu'exempts de soupçon, sont ou viennent d'être en libre relation avec des pays qui s'en trouvent entachés, ou enfin si des communications avec des provenances de ces derniers pays, ou des circonstances quelconques, font suspecter leur état sanitaire ; — Sous le régime de la *patente nette*, si aucun soupçon de maladie pestilentielle n'existait dans le pays d'où elles viennent, si ce pays n'était point ou ne venait point d'être en libre relation avec des lieux entachés de ce soupçon, et enfin si aucune communication, aucune circonstance quelconque, ne fait suspecter leur état sanitaire.

4. Les provenances spécifiées en l'article 3 ci-dessus pourront être soumises à des quarantaines plus ou moins longues, selon chaque régime, la durée du voyage et la gravité du péril. Elles pourront même être repoussées du territoire, si la quarantaine ne peut avoir lieu sans exposer la santé publique.— Les dispositions du présent article et de l'article 3 s'appliqueront aux communications par terre, toutes les fois qu'il aura été jugé nécessaire de les y soumettre.

5. En cas d'impossibilité de purifier, de conserver ou de transporter sans danger des animaux ou des objets matériels susceptibles de transmettre la contagion, ils pourront être, sans obligation d'en rembourser la valeur, les animaux tués et enfouis, les objets matériels détruits et brûlés. — La nécessité de ces mesures sera constatée par des procès-verbaux, lesquels feront foi jusqu'à inscription de faux.

6. Tout navire, tout individu, qui

tenterait, en infraction aux règlemens, de pénétrer en libre pratique, de franchir un cordon sanitaire, ou de passer d'un lieu *infecté* ou *interdit* dans un lieu qui ne le serait point, sera, après due sommation de se retirer, repoussé de vive force, et ce, sans préjudice des peines encourues.

TITRE II.

DES PEINES, DÉLITS ET CONTRAVENTIONS EN MATIÈRE SANITAIRE.

7. Toute violation des lois et des règlemens sanitaires sera punie : — De la peine de mort, si elle a opéré communication avec des pays dont les provenances sont soumises au régime de la *patente brute*, avec ces provenances, ou avec des lieux, des personnes ou des choses placés sous ce régime ; — De la peine de réclusion, et d'une amende de deux cents francs à vingt mille francs, si elle a opéré communication avec des pays dont les provenances sont soumises au régime de la *patente suspecte*, avec ces provenances, ou avec des lieux, des personnes ou des choses placés sous ce régime ; — De la peine d'un an à dix ans d'emprisonnement et d'une amende de cent francs à dix mille francs, si elle a opéré communication prohibée avec des lieux, des personnes ou des choses qui, sans être dans l'un des cas ci-dessus spécifiés, ne seraient point en libre pratique. — Seront punis de la même peine ceux qui se rendraient coupables de communications interdites entre des personnes ou des choses soumises à des quarantaines de différents termes. — Tout individu qui recevra sciemment des matières ou des personnes en contravention aux règlemens sanitaires, sera puni des mêmes peines que celles encourues par le porteur ou le délinquant pris en flagrant délit.

8. Dans le cas où la violation du régime de la *patente brute*, mentionnée à l'article précédent, n'aurait point occasionné d'invasion pestilentielle, les tribunaux pourront ne prononcer que la réclusion et l'amende portées au second paragraphe dudit article.

9. Lors même que ces crimes ou délits, n'auraient point occasionné d'invasion pestilentielle, s'ils ont été accompagnés de rebellion, ou commis avec des armes apparentes ou cachées, ou avec effraction, ou avec escalade, la peine de mort sera prononcée en cas de violation du régime de la patente brute ; — La peine des travaux forcés à temps sera substituée à la peine de réclusion, pour la violation du régime de la patente suspecte ; et la peine de réclusion à l'emprisonnement, pour les cas déterminés dans les deux avant derniers paragraphes de l'art. 7 ; — Le tout indépendamment des amendes portées audit article, et sans préjudice des peines plus fortes qui seraient prononcées par le Code pénal.

10. Tout agent du gouvernement au dehors, tout fonctionnaire, tout capitaine, officier ou chef quelconque d'un bâtiment de l'État ou de tout autre navire ou embarcation, tout médecin, chirurgien, officier de santé, attaché, soit au service sanitaire, soit à un bâtiment de l'État ou du commerce, qui, officiellement, dans une dépêche, un certificat, un rapport, une déclaration ou une déposition, aurait sciemment altéré ou dissimulé les faits, de manière à exposer la santé publique, sera puni de mort, s'il s'en est suivi une invasion pestilentielle. — Il sera puni des travaux forcés à temps et d'une amende de mille francs à vingt mille francs, lors même que son faux exposé n'aurait point occasionné d'invasion pestilentielle, s'il était de nature à pouvoir y donner lieu en empêchant les précautions nécessaires. — Les mêmes individus seront punis de la dégradation civique et d'une amende de cinq cents francs à dix mille francs, s'ils ont exposé la santé publique en négligeant, sans excuse légitime, d'informer qui de droit de faits à leur connaissance de nature à produire ce danger, ou si, sans s'être rendus complices de l'un des crimes prévus par les art. 7, 8 et 9, ils ont sciemment et par leur faute laissé enfreindre ou enfreint eux-mêmes des dispositions réglementaires qui eussent pu le prévenir.

11. Sera puni de mort tout individu faisant partie d'un cordon sanitaire ou en faction pour surveiller une quarantaine ou pour empêcher une communication interdite, qui aurait abandonné son poste ou violé sa consigne.

12. Sera puni d'un emprisonnement d'un à cinq ans, tout commandant de la force publique qui, après avoir été requis par l'autorité compétente, aurait refusé de faire agir pour un service sanitaire la force sous ses ordres. — Seront punis de la même peine et d'une amende de cinquante francs à cinq cents francs, tout individu attaché à un service sanitaire, ou chargé par état de concourir à l'exécution des dispositions prescrites pour ce service, qui aurait, sans excuse légitime, refusé ou négligé de remplir ces fonctions ; — tout citoyen faisant partie de la garde nationale, qui se refuserait à un service de police sanitaire pour lequel il aurait été légalement requis en cette qualité ; — toute personne qui, officiellement chargée de lettres ou paquets pour une autorité ou une agence sanitaire, ne les aurait point remis, ou aurait exposé la santé publique en tardant à les remettre, sans préjudice des réparations civiles qui pourraient être dues, aux termes de l'art. 10 du Code pénal.

13. Sera puni d'un emprisonnement de quinze jours à trois mois, et d'une amende de cinquante francs à cinq cents francs, tout individu qui, n'étant dans aucun des cas prévus par les articles précédents, aurait refusé d'obéir à des réquisitions d'urgence pour un service sanitaire, ou qui, ayant connaissance d'un symptôme de maladie pestilentielle, aurait négligé d'en informer qui de droit. — Si le prévenu de l'un ou de l'autre de ces délits est médecin, il sera, en outre, puni d'une interdiction d'un à cinq ans.

14. Sera puni d'un emprisonnement de trois à quinze jours, et d'une amende de cinq à cinquante francs, quiconque, sans avoir commis aucun des délits qui viennent d'être spécifiés, aurait contrevenu, en matière sanitaire, aux règlemens généraux ou locaux, aux ordres des autorités compétentes.

15. Les infractions en matière sanitaire pourront n'être passibles d'aucune peine, lorsqu'elles n'auront été commises que par force majeure, ou pour porter secours en cas de danger, si la déclaration en a été immédiatement faite à qui de droit.

16. Pourra être exempté de toute poursuite et de toute peine, celui qui, ayant d'abord altéré la vérité ou négligé de la dire dans les cas prévus par l'art. 10, réparerait l'omission, ou rétracterait son faux exposé, avant qu'il eût pu en résulter aucun danger pour la santé publique, et avant que les faits eussent été connus par toute autre voie.

TITRE III.

DES ATTRIBUTIONS DES AUTORITÉS SANITAIRES EN MATIÈRE DE POLICE JUDICIAIRE ET DE L'ÉTAT CIVIL.

Art. **17.** Les membres des autorités sanitaires exerceront les fonctions d'officiers de police judiciaire exclusivement, et pour tous crimes, délits et contraventions, dans l'enceinte et les parloirs des lazarets et autres lieux réservés. Dans les autres parties du ressort de ces autorités, ils les exerceront concurremment avec les officiers ordinaires, pour les crimes, délits et contraventions en matière sanitaire (1).

---

(1) ORDONNANCE DU 7 AOUT 1822.

Art. 1er. L[illegible] fonctions de police judiciaire attribuées, par l'article 17 de la loi du 3 ma[illegible]x membres des autorités sanitaires, seront exercées dans le ressort de c[illegible] intendance, de chaque commission, par chacun de leurs membres, et [illegible]urremment avec eux, par les capitaines de lazarets, et par les agens sanitair[illegible] dans les lieux où ils seront employés. — Les uns et les

BIBLIOTHEQUE I

18. Les autorités sanitaires connaîtront exclusivement, dans l'enceinte et les parloirs des lazarets et autres lieux réservés, sans appel ni recours en cassation, des contraventions de simple police. Des ordonnances royales régleront la forme de procéder; les expéditions des jugemens et autres actes de la procédure seront délivrés sur papier libre et sans frais.

19. Les membres desdites autorités exerceront les fonctions d'officiers de l'état civil dans *les mêmes lieux réservés*. Les actes de naissance et de décès seront dressés en présence de deux témoins, et les testamens conformément aux articles 985, 986 et 987 du Code civil. Expédition des actes de naissance et de décès sera adressée, dans les vingt-quatre heures, à l'officier ordinaire de l'état civil de la commune où sera situé l'établissement, lequel en fera la transcription. (1)

TITRE IV.

DISPOSITION GÉNÉRALE.

20. Les marchandises et autres objets déposés dans les lazarets et autres lieux réservés qui n'auront pas été réclamés dans le délai de deux ans, seront vendus aux enchères publiques. — Ils pourront, s'ils sont périssables, être vendus avant ce délai en vertu d'une ordonnance du président du tribunal de commerce, ou, à défaut, du juge de paix. — Le prix en provenant, déduction faite des frais, sera acquis à l'Etat, s'il n'a pas été réclamé dans les cinq années qui suivont la vente.

ORDONNANCE

Contenant règlement sur l'Exercice de la profession d'Avocat et la discipline du Barreau.

(20 novembre 1822.)

TITRE PREMIER.

DU TABLEAU.

Art. **5.** Nul ne pourra être inscrit sur le tableau des avocats d'une cour ou d'un tribunal, s'il n'exerce réellement près de ce tribunal ou de cette cour.

6. Le tableau sera réimprimé au commencement de chaque année judiciaire, et déposé au greffe de la cour ou du tribunal auquel les avocats inscrits seront attachés.

TITRE II.

DU CONSEIL DE DISCIPLINE.

12. Les attributions du conseil de discipline consistent, 1° à prononcer sur les difficultés relatives à l'inscription dans le tableau de l'ordre; 2° à exercer la surveillance que l'honneur et les intérêts de cet ordre rendent nécessaire; 3° à appliquer, lorsqu'il y a lieu, les mesures de discipline autorisées par les règlemens.

13. Le conseil de discipline statue sur l'admission au stage des licenciés en droit qui ont prêté le serment d'avocat dans nos cours royales; sur l'inscription au tableau, des avocats stagiaires après l'expiration de leur stage, et sur le rang de ceux qui, ayant déjà été inscrits au tableau et ayant abandonné l'exercice de leur profession, se présenteraient de nouveau pour la reprendre.

---

autres ne pourront exercer lesdites fonctions qu'après avoir prêté serment devant le tribunal civil.

75. Les jugemens à rendre par lesdites autorités en matière de simple police, et en vertu de l'article 18 de la même loi, le seront par le président semainier, assisté des deux plus âgés d'entre ses collègues, le ministère public étant rempli par le capitaine du lazaret, ou, à défaut, par le plus jeune membre de l'intendance ou de la commission, et le secrétaire de l'une ou de l'autre faisant les fonctions de greffiers.

(1) 77. Les fonctions de l'état civil, objet de l'art. 19 de la loi du 3 mars, seront remplies par le président semainier, assisté du secrétaire.

14. Les conseils de discipline sont chargés de maintenir les sentimens de fidélité à la monarchie et aux institutions constitutionnelles, et les principes de modération, de désintéressement et de probité *sur lesquels* repose l'honneur de l'ordre des avocats. — Ils surveillent les mœurs et la conduite des avocats stagiaires.

15. Les conseils de discipline répriment d'office, ou sur les plaintes qui leur sont adressées, les infractions et les fautes commises par les avocats inscrits au tableau.

16. Il n'est point dérogé, par les dispositions qui précèdent, au droit qu'ont les tribunaux de réprimer les fautes commises à leur audience par les avocats.

17. L'exercice du droit de discipline ne met point obstacle aux poursuites que le ministère public ou les parties civiles se croiraient fondés à intenter dans les tribunaux, pour la répression des actes qui constitueraient des délits ou des crimes.

18. Les peines de discipline sont : — L'avertissement, — La réprimande, — L'interdiction temporaire, — La radiation du tableau. — L'interdiction temporaire ne peut excéder le terme d'une année.

19. Aucune peine de discipline ne peut être prononcée sans que l'avocat inculpé ait été entendu, ou appelé avec délai de huitaine.

21. Toute décision du conseil de discipline emportant interdiction temporaire ou radiation sera transmise, dans les trois jours, au procureur général, qui en assurera et en surveillera l'exécution.

22. Le procureur général pourra, quand il le jugera nécessaire, requérir qu'il lui soit délivré une expédition des décisions emportant avertissement ou réprimande.

23. Pourra également le procureur général demander expédition de toute décision par laquelle le conseil de discipline aurait prononcé l'absolution de l'avocat inculpé.

24. Dans les cas d'interdiction à temps ou de radiation, l'avocat condamné pourra interjeter appel devant la cour du ressort.

25. Le droit d'appeler des décisions rendues par les conseils de discipline, dans les cas prévus par l'article 15, appartient également à nos procureurs généraux.

26. L'appel, soit du procureur général, soit de l'avocat condamné, ne sera recevable qu'autant qu'il aura été formé dans les dix jours de la communication qui leur aura été donnée par le bâtonnier, de la décision du conseil de discipline.

27. Les cours statueront sur l'appel en assemblée générale et dans la chambre du conseil, ainsi qu'il est prescrit par l'article 52 de la loi du 20 avril 1810, pour les mesures de discipline qui sont prises à l'égard des membres des cours et des tribunaux.

28. Lorsque l'appel aura été interjeté par l'avocat condamné, les cours pourront, quand il y aura lieu, prononcer une peine plus forte, quoique le procureur général n'ait pas lui même appelé.

TITRE III.

DU STAGE.

30. La durée du stage sera de trois années.

31. Le stage pourra être fait en diverses cours, sans qu'il doive néanmoins être interrompu pendant plus de trois mois.

32. Les conseils de discipline pourront, selon les cas, prolonger la durée du stage.

33. Les avocats stagiaires ne feront point partie du tableau. Ils seront néanmoins répartis et inscrits à la suite de chacune des colonnes, selon la date de leur admission.

34. Les avocats stagiaires ne pourront plaider ou écrire dans aucune cause, qu'après avoir obtenu des deux membres du conseil de discipline appartenant à leur colonne, un certificat constatant leur assiduité aux audiences pendant deux années. Ce certificat sera visé par le conseil de discipline.

35. Dans les siéges où le nombre des avocats inscrits au tableau sera inférieur à celui de vingt, le certificat d'assiduité sera délivré par le président et par notre procureur.

36. Sont dispensés de l'obligation imposée par l'article 34 ceux des avocats stagiaires qui auront atteint leur vingt-deuxième année.

37. Les avoués licenciés en droit qui, après avoir donné leur démission, se présenteront pour être admis dans l'ordre des avocats, seront soumis au stage.

TITRE IV.

DISPOSITIONS GÉNÉRALES.

38. Les licenciés en droit sont reçus avocats par nos cours royales. Ils prêtent serment en ces termes :

« Je jure d'être fidèle au roi et « d'obéir à la charte constitutionnelle, « de ne rien dire ou publier, comme « défenseur ou conseil, de contraire « aux lois, aux réglemens, aux bonnes « mœurs, à la sûreté de l'état et à la « paix publique, et de ne jamais m'é- « carter du respect dû aux tribunaux « et aux autorités publiques. »

41. L'avocat nommé d'office pour la défense d'un accusé ne pourra refuser son ministère sans faire approuver ses motifs d'excuse ou d'empêchement par les cours d'assises, qui prononceront, en cas de résistance, l'une des peines déterminées par l'article 18 ci dessus.

42. La profession d'avocat est incompatible avec toutes les fonctions de l'ordre judiciaire, à l'exception de celle de suppléant ; avec les fonctions de préfet, de sous-préfet et de secrétaire général de préfecture; avec celles de greffier, de notaire et d'avoué; avec les emplois à gages et ceux d'agent comptable ; avec toute espèce de négoce. En sont exclues toutes personnes exerçant la profession d'agent d'affaires.

43. Toute attaque qu'un avocat se permettrait de diriger, dans ses plaidoiries ou dans ses écrits, contre la religion, les principes de la monarchie, la charte, les lois du royaume ou les autorités établies, sera réprimée immédiatement, sur les conclusions du ministère public, par le tribunal saisi de l'affaire, lequel prononcera l'une des peines prescrites par l'article 18 ; sans préjudice des poursuites extraordinaires, s'il y a lieu.

44. Enjoignons à nos cours de se conformer exactement à l'article 9 de la loi du 20 avril 1810, et, en conséquence, de faire connaître chaque année, à notre garde des sceaux ministre de la justice, *ceux des avocats qui se seront fait remarquer par leurs lumières, leurs talens, et surtout par la délicatesse et le désintéressement qui doivent caractériser cette profession.*

45. Le décret du 14 décembre 1810 est abrogé. Les usages observés dans le barreau relativement aux droits et aux devoirs des avocats dans l'exercice de leur profession, sont maintenus.

LOI

Relative aux Altérations et Suppositions de Noms sur les produits fabriqués.

(28 juillet 1824.)

Art. **1er.** Quiconque aura, soit apposé, soit fait apparaître, par addition, retranchement, ou par une altération quelconque, sur des objets fabriqués, le nom d'un fabricant autre que celui qui en est l'auteur, ou la raison commerciale d'une fabrique autre que celle où lesdits objets auront été fabriqués, ou enfin le nom d'un lieu autre que celui de la fabrication, sera puni des peines portées en l'article 423 du Code pénal, sans préjudice des dommages-intérêts, s'il y a lieu. — Tout marchand, commissionnaire ou débitant quelconque sera passible des effets de la poursuite, lorsqu'il aura sciemment exposé en vente ou mis en circulation les objets marqués de noms supposés ou altérés.

2. L'infraction ci-dessus mentionnée cessera, en conséquence, et nonobstant l'art. 17 de la loi du 12 avril 1803 (22 germinal an XI), d'être assimilée à la contrefaçon des marques particulières prévue par les art. 142 et 143 du Code pénal.

LOI

Sur les Substitutions.

(17 mai 1826.)

(*Thèse n° 53.*)

ARTICLE UNIQUE. Les biens dont il est permis de disposer, aux termes des articles 913, 915 et 916 du code civil, pourront être donnés en tout ou en partie, par acte entre-vifs ou testamentaire, avec la charge de les rendre à un ou plusieurs enfans du donataire, nés ou à naître, jusqu'au deuxième degré inclusivement. — Seront observés, pour l'exécution de cette disposition, les art. 1051 et suivans du Code civil jusques et y compris l'art. 1074.

LOI

Sur les Enchères requises au nom de l'État, qui dispense le Trésor de donner caution.

(21 février 1827.)

(*Thèse n° 121.*)

(V. Code civil, note sur l'art. 2185.)

ORDONNANCE

Relative aux Conflits.

(1er juin 1828.)

Art. 1er. A l'avenir le conflit d'attribution entre les tribunaux et l'autorité administrative ne sera jamais élevé en matière criminelle.

2. Il ne pourra être élevé de conflit en matière de police correctionnelle que dans les deux cas suivans : 1° lorsque la répression du délit est attribuée, par une disposition législative, à l'autorité administrative ; 2° lorsque le jugement à rendre par le tribunal dépendra d'une question préjudicielle dont la connaissance appartiendrait à l'autorité administrative en vertu d'une disposition législative. Dans ce dernier cas, le conflit ne pourra être élevé que sur la question préjudicielle.

3. Ne donneront pas lieu au conflit : 1° le défaut d'autorisation soit de la part du Gouvernement lorsqu'il s'agit de poursuites dirigées contre ses agens, soit de la part du conseil de préfecture lorsqu'il s'agira de contestations judiciaires dans lesquelles les communes ou les établissemens publics seront parties ; 2° le défaut d'accomplissement des formalités à remplir devant l'administration préalablement aux poursuites judiciaires.

4. Hors le cas prévu ci-après par le dernier paragraphe de l'article 8 de la présente ordonnance, il ne pourra jamais être élevé de conflit après des jugemens rendus en dernier ressort ou acquiescés, ni après des arrêts définitifs. Néanmoins le conflit pourra être élevé en cause d'appel, s'il ne l'a pas été en première instance, ou s'il l'a été irrégulièrement après les délais prescrits par l'article 8 de la présente ordonnance.

5. A l'avenir le conflit d'attribution ne pourra être élevé que dans les formes et de la manière déterminées par les articles suivans.

6. Lorsqu'un préfet estimera que la connaissance d'une question portée devant un tribunal de première instance est attribuée par une disposition législative à l'autorité administrative, il pourra, alors même que l'administration ne serait pas en cause, demander le renvoi de l'affaire devant l'autorité compétente. A cet effet, le préfet adressera au procureur du roi un mémoire dans lequel sera rapportée la disposition législative qui attribue à l'administration la connaissance du litige. — Le procureur du roi fera connaître dans tous les cas, au tribunal la demande formée par le préfet, et requerra le renvoi si la revendication lui paraît fondée.

7. Après que le tribunal aura statué sur le déclinatoire, le procureur du roi adressera au préfet, dans les cinq jours qui suivront le jugement, copie de ses conclusions ou réquisitions, et du jugement rendu sur la compétence. — La date de l'envoi sera consignée sur un registre à ce destiné.

8. Si le déclinatoire est rejeté, dans la quinzaine de cet envoi pour tout délai, le préfet du département, s'il estime qu'il y ait lieu, pourra éle-

ver le conflit. Si le déclinatoire est admis, le préfet pourra également élever le conflit dans la quinzaine qui suivra la signification de l'acte d'appel si la partie interjette appel du jugement.

Le conflit pourra être élevé dans ledit délai, alors même que le tribunal aurait, avant l'expiration de ce délai, passé outre au jugement du fond.

9. Dans tous les cas, l'arrêté par lequel le préfet élèvera le conflit et revendiquera la cause, devra viser le jugement intervenu et l'acte d'appel s'il y a lieu ; la disposition législative qui attribue à l'administration la connaissance du point litigieux y sera textuellement insérée.

10. Lorsque le préfet aura élevé le conflit, il sera tenu de faire déposer son arrêté et les pièces y visées au greffe du tribunal.

Il lui sera donné récépissé de ce dépôt sans délai et sans frais.

11. Si, *dans le délai de quinzaine*, cet arrêté n'avait pas été déposé au greffe, le conflit ne pourrait pas être élevé devant le tribunal saisi de l'affaire.

12. Si l'arrêté a été déposé au greffe en temps utile, le greffier le remettra immédiatement au procureur du roi, qui le remettra au tribunal réuni dans la chambre du conseil, et requerra que, conformément à l'article 27 de la loi du 21 fructidor an III, il soit sursis à toute procédure judiciaire.

13. Après la communication ci-dessus, l'arrêté du préfet et les pièces seront rétablis au greffe, où ils resteront déposés pendant quinze jours. Le procureur du roi en préviendra de suite les parties ou leurs avoués, lesquels pourront en prendre communication sans déplacement, et remettre, dans le même délai de quinzaine, au parquet du procureur du roi, leurs observations sur la question de compétence, avec tous les documens à l'appui.

14. Le procureur du roi informera immédiatement notre garde des sceaux, ministre secrétaire d'État au département de la justice, de l'accomplissement desdites formalités, et lui transmettra en même temps l'arrêté du préfet, ses propres observations et celles des parties, s'il y a lieu, avec toutes les pièces jointes.

La date de l'envoi sera consignée sur un registre à ce destiné.

Dans les vingt-quatre heures de la réception de ces pièces, le ministre de la justice les transmettra au secrétariat général du conseil d'État, et il en donnera avis au magistrat qui les lui aura transmises.

15. Il sera statué sur le conflit au vu des pièces ci-dessus mentionnées, ensemble des observations et mémoires qui auraient pu être produits par les parties ou leurs avocats, dans le délai de quarante jours à dater de l'envoi des pièces au ministère de la justice. — Néanmoins ce délai pourra être prorogé sur l'avis du conseil d'État et la demande des parties, par notre garde des sceaux; il ne pourra, en aucun cas, excéder deux mois. (V. *Ord.* 12 *mars* 1831, *art.* 6; 16 *sept.* 1839, *art.* 17; 19 *juin* 1840, *art.* 35.)

16. Si les délais ci-dessus fixés expirent sans qu'il ait été statué sur le conflit, l'arrêté qui l'a élevé sera considéré comme non avenu, et l'instance pourra être reprise devant les tribunaux.

17. Au cas où le conflit serait élevé dans les matières correctionnelles comprises dans l'exception prévue par l'article 2 de la présente ordonnance, il sera procédé, conformément aux articles 6, 7 et 8. (P. 127, 128.)

LOI

Sur la Pêche fluviale.

(15 avril 1829.)

(Tit. 1-3 et 4, art. 1-5, 10-35, *thèses* n° 20 et 21, et art. 74, *thèses* n° 79 à 82.)

TITRE PREMIER.

DU DROIT DE PÊCHE.

Art. 1er. Le droit de pêche sera exercé au profit de l'État : — 1° Dans tous les fleuves, rivières, canaux et contre-fossés navigables ou flottables avec bateaux, trains ou radeaux, et dont l'entretien est à la charge de l'État ou de ses ayant-causes; — 2° Dans les bras, noues, boires et fossés qui tirent leurs eaux des fleuves et des rivières navigables ou flottables dans lesquels on peut en tout temps passer ou pénétrer librement en bateau de pêcheur, et dont l'entretien est également à la charge de l'État. — Sont toutefois exceptés les canaux et fossés existans, ou qui seraient creusés dans les propriétés particulières, et entretenus aux frais des propriétaires.

2. Dans toutes les rivières et canaux autres que ceux qui sont désignés dans l'article précédent, les propriétaires riverains auront, chacun de son côté, le droit de pêche jusqu'au milieu du cours de l'eau, sans préjudice des droits contraires établis par possession ou titres.

3. Des ordonnances royales, insérées au Bulletin des Lois, détermineront, après une enquête *de commodo et incommodo*, quelles sont les parties des fleuves et rivières et quels sont les canaux désignés dans les deux premiers paragraphes de l'article 1er où le droit de pêche sera exercé au profit de l'État. — De pareilles ordonnances fixeront les limites entre la pêche fluviale et la pêche maritime dans les fleuves et rivières affluant à la mer. Ces limites seront les mêmes que celles de l'inscription maritime; mais la pêche qui se fera au-dessus du point où les eaux cesseront d'être salées, sera soumise aux règles de police et de conservation établies pour la pêche fluviale. — Dans le cas où des cours d'eau seraient rendus ou déclarés navigables ou flottables, les propriétaires qui seront privés du droit de pêche, auront droit à une indemnité préalable, qui sera réglée selon les formes prescrites par les articles 16, 17 et 18 de la loi du 8 mars 1810 (1), compensation faite des avantages qu'ils pourraient retirer de la disposition prescrite par le gouvernement.

4. Les contestations entre l'administration et les adjudicataires, relatives à l'interprétation et à l'exécution des conditions des baux et adjudications, et toutes celles qui s'élèveraient entre l'administration ou ses ayant-cause et des tiers intéressés à raison de leurs droits ou de leurs propriétés, seront portées devant les tribunaux.

5. Tout individu qui se livrera à la pêche sur les fleuves et rivières navigables ou flottables, canaux, ruisseaux ou cours d'eau quelconques, sans la permission de celui à qui le droit de pêche appartient, sera condamné à une amende de vingt francs au moins, et de cent francs au plus, indépendamment des dommages-intérêts. — Il y aura lieu, en outre, à la restitution du prix du poisson qui aura été pêché en délit, et la confiscation des filets et engins de pêche pourra être prononcée. — Néanmoins il est permis à tout individu de pêcher à la ligne flottante tenue à la main, dans les fleuves, rivières et canaux désignés dans les deux premiers paragraphes de l'article 1er de la présente loi, le temps du frai excepté.

TITRE II.

DE L'ADMINISTRATION ET DE LA RÉGIE DE LA PÊCHE.

6 (*art. 3 du Code forestier*). « Nul ne peut exercer l'emploi de garde-pêche, s'il n'est âgé de vingt-cinq ans accomplis. »

7 (*art. 5 du Code forestier*). « Les préposés chargés de la surveillance de la pêche ne pourront entrer en fonctions qu'après avoir prêté serment devant le tribunal de première instance de leur résidence, et avoir fait enregistrer leur commission et l'acte de prestation de leur serment au greffe des tribunaux dans le ressort desquels ils devront exercer leurs fonctions. — Dans le cas d'un changement de résidence qui les placerait

(1) La loi du 8 mars 1810 étant abrogée par celle du 7 juillet 1833, abrogée elle-même par la loi du 3 mai 1841, les dispositions de cette dernière sont seules applicables dans tous les cas où les lois se réfèrent à celle du 8 mars 1810.

dans un autre ressort en la même qualité, il n'y aura pas lieu à une nouvelle prestation de serment. »

8 Les gardes-pêche pourront être déclarés responsables des délits commis dans leurs cantonnemens, et passibles des amendes et indemnités encourues par les délinquans, lorsqu'ils n'auront pas dûment constaté les délits. F. 6.

9. L'empreinte des fers dont les gardes-pêche font usage pour la marque des filets, sera déposée au greffe des tribunaux de première instance. F. 7.

TITRE III.

DES ADJUDICATIONS DES CANTONNEMENS DE PÊCHE.

10. (*Ainsi modifié*, L. 6 *juin* 1840.) La pêche au profit de l'État sera exploitée, soit par voie d'adjudication publique, soit par concession de licences à prix d'argent. — Le mode de concession par licences ne sera employé que lorsque l'adjudication aura été tentée sans succès. — Toutes les fois que l'adjudication d'un cantonnement de pêche n'aura pu avoir lieu, il sera fait mention dans le procès-verbal de la séance, des mesures qui auront été prises pour donner toute la publicité possible à la mise en adjudication, et des circonstances qui se seront opposées à la location.

11. L'adjudication publique devra être annoncée au moins quinze jours à l'avance par des affiches apposées dans le chef-lieu du département, dans les communes riveraines du cantonnement et dans les communes environnantes.

12 (*art.* 18 *du Code forestier*). « Toute *location* faite autrement que par adjudication publique sera considérée comme clandestine et déclarée nulle. Les fonctionnaires et agens qui l'auraient ordonnée ou effectuée, seront condamnés solidairement à une amende *égale au double* du fermage annuel du cantonnement de pêche. » — Sont exceptées les concessions par voie de licence.

13 (*art.* 19 *du Code forestier*). « Sera de même annulée toute adjudication qui n'aura point été précédée des publications et affiches prescrites par l'article 11, ou qui aura été effectuée dans d'autres lieux, à autres jour et heure que ceux qui auront été indiqués par les affiches ou les procès-verbaux de remise en location. — Les fonctionnaires ou agens qui auraient contrevenu à ces dispositions, seront condamnés solidairement à une amende égale à la valeur annuelle du cantonnement de pêche; et une amende pareille sera prononcée contre les adjudicataires en cas de complicité. »

14. (*Ainsi modifié*, L. 6 *juin* 1840.) Toutes les contestations qui pourront s'élever pendant les opérations d'adjudication, soit sur la validité desdites opérations, soit sur la solvabilité de ceux qui auront fait des offres et de leurs cautions, seront décidées immédiatement par le fonctionnaire qui présidera la séance d'adjudication.

15 (*art.* 21 *du Code forestier*). « Ne pourront prendre part aux adjudications, ni par eux-mêmes, ni par personnes interposées, directement ou indirectement, soit comme parties principales, soit comme associés ou cautions, — 1° Les agens et gardes forestiers et gardes-pêche, dans toute l'étendue du royaume; les fonctionnaires chargés de présider ou de concourir aux adjudications et les receveurs du produit de la pêche, dans toute l'étendue du territoire où ils exercent leurs fonctions. — En cas de contravention, ils seront punis d'une amende qui ne pourra excéder le quart ni être moindre du douzième du montant de l'adjudication; et ils seront en outre passibles de l'emprisonnement et de l'interdiction qui sont prononcés par l'article 175 du Code pénal; — 2° Les parens et alliés en ligne directe, les frères et beaux-frères, oncles et neveux des agens et gardes forestiers et gardes-pêche, dans toute l'étendue du territoire pour lequel ces agens ou gardes sont commissionnés. — En cas de contravention, ils seront punis d'une amende égale à celle qui est prononcée par le paragraphe précédent; — 3° Les con-

»seillers de préfecture, les juges, officiers du ministère public et greffiers des tribunaux de première instance, dans tout l'arrondissement de leur ressort. — En cas de contravention, ils seront passibles de tous dommages et intérêts, s'il y a lieu. — Toute adjudication qui serait faite en contravention aux dispositions du présent article, sera déclarée nulle.»

16. (*Ainsi modifié, L. 6 juin 1840.*) Toute association secrete, toute manœuvre entre les pêcheurs ou autres, tendant à nuire aux adjudications, à les troubler, ou à obtenir les cautionnemens de la pêche à plus bas prix, donnera lieu à l'application des peines portées par l'art. 412 du Code pénal, indépendamment de tous dommages-intérêts; si l'adjudication a été faite au profit de l'association secrète, ou des auteurs desdites manœuvres, elle sera déclarée nulle.

17 (*art. 23 du Code forestier*). «Aucune déclaration de command ne sera admise, si elle n'est faite immédiatement après l'adjudication et séance tenante.»

18 (*art. 24 du Code forestier*). «Faute par l'adjudicataire de fournir les cautions exigées par le cahier des charges dans le délai prescrit, il sera déclaré déchu de l'adjudication par un arrêté du préfet, et il sera procédé dans les formes ci-dessus prescrites à une nouvelle adjudication du cantonnement de pêche, à sa folle enchère. — L'adjudicataire déchu sera tenu par corps de la différence entre son prix et celui de la nouvelle adjudication, sans pouvoir réclamer l'excédant, s'il y en a.»

19. (*Ainsi modifié, L. 6 juin 1840.*) Toute adjudication sera définitive du moment où elle sera prononcée, sans que, dans aucun cas, il puisse y avoir lieu à surenchère.

20. (*Ainsi modifié, L. 6 juin 1840.*) Les divers modes d'adjudication seront déterminés par une ordonnance royale. — Les adjudications auront toujours lieu avec publicité et concurrence.

21. (*Ainsi modifié, L. 6 juin 1840.*) Les adjudicataires sont tenus d'élire domicile dans le lieu où l'adjudication aura été faite; à défaut de quoi leur seront valablement tous actes postérieurs signifiés au secrétariat de la sous-préfecture.

22 (*art. 28 du Code forestier*). «Tout procès-verbal d'adjudication emporte exécution parée et contrainte par corps contre les adjudicataires, leurs associés et cautions, tant pour le paiement du prix principal de l'adjudication que pour les accessoires et frais. — Les cautions sont en outre contraignables solidairement et par les mêmes voies au paiement des dommages, restitutions et amendes qu'aurait encourus l'adjudicataire.»

TITRE IV.

CONSERVATION ET POLICE DE LA PÊCHE.

23. Nul ne pourra exercer le droit de pêche dans les fleuves et rivières navigables ou flottables, les canaux, ruisseaux ou cours d'eau quelconques, qu'en se conformant aux dispositions suivantes.

24. Il est interdit de placer dans les rivières navigables ou flottables, canaux et ruisseaux, aucun barrage, appareil, ou établissement quelconque de pêcherie, ayant pour objet d'empêcher entièrement le passage du poisson. — Les délinquans seront condamnés à une amende de cinquante francs à cinq cents francs, et, en outre, aux dommages-intérêts, et les appareils ou établissemens de pêche seront saisis et détruits.

25. Quiconque aura jeté dans les eaux des drogues ou appâts, qui sont de nature à enivrer le poisson ou à le détruire, sera puni d'une amende de trente francs à trois cents francs, et d'un emprisonnement d'un mois à trois mois.

26. Des ordonnances royales détermineront : — 1° Les temps, saisons et heures pendant lesquels la pêche sera interdite dans les rivières et cours d'eau quelconques; — 2° Les procédés et modes de pêche qui, étant de nature à nuire au repeuplement des rivières, devront être prohibes; — 3° Les filets, engins et instrumens de pêche qui seront défendus comme étant aussi de nature à nuire au repeuplement des rivières; — 4° Les dimensions de ceux dont l'usage sera permis dans les divers départemens pour la pêche des différentes espèces de poissons; — 5° Les dimensions au-dessous desquelles les poissons de certaines espèces qui seront désignées ne pourront être pêchés et devront être rejetés en rivière; — 6° Les espèces de poissons avec lesquelles il sera défendu d'appâter les hameçons, nasses, filets ou autres engins. (V. *Ord.* 15 *novembre* 1830.)

27. Quiconque se livrera à la pêche pendant les temps, saisons et heures prohibés par les ordonnances, sera puni d'une amende de trente à deux cents francs.

28. Une amende de trente à cent francs sera prononcée contre ceux qui feront usage, en quelque temps et en quelque fleuve, rivière, canal ou ruisseau que ce soit, de l'un des procédés ou modes de pêche ou de l'un des instrumens ou engins de pêche prohibés par les ordonnances. — Si le délit a eu lieu pendant le temps du frai, l'amende sera de soixante à deux cents francs. (*Ord.* 15 *novembre* 1830.)

29. Les mêmes peines seront prononcées contre ceux qui se serviront, pour une autre pêche, de filets permis seulement pour celle du poisson de petite espèce. — Ceux qui seront trouvés porteurs ou munis, hors de leur domicile, d'engins ou instrumens de pêche prohibés, pourront être condamnés à une amende qui n'excédera pas vingt francs, et à la confiscation des engins ou instrumens de pêche, à moins que ces engins ou instrumens ne soient destinés à la pêche dans des étangs ou réservoirs.

30. Quiconque pêchera, colportera ou débitera des poissons qui n'auront point les dimensions déterminées par les ordonnances, sera puni d'une amende de vingt à cinquante francs, et de la confiscation desdits poissons. Sont néanmoins exceptées de cette disposition les ventes de poissons provenant des étangs ou réservoirs. — Sont considérés comme des étangs ou réservoirs les fossés et canaux appartenant à des particuliers, dès que leurs eaux cessent naturellement de communiquer avec les rivières.

31. La même peine sera prononcée contre les pêcheurs qui appâteront leurs hameçons, nasses, filets ou autres engins, avec des poissons des espèces prohibées qui seront désignées par les ordonnances.

32. Les fermiers de la pêche et porteurs de licences, leurs associés, compagnons et gens à gages, ne pourront faire usage d'aucun filet ou engin quelconque, qu'après qu'il aura été plombé ou marqué par les agens de l'administration de la police de la pêche. — La même obligation s'étendra à tous autres pêcheurs compris dans les limites de l'inscription maritime, pour les engins et filets dont ils feront usage dans les cours d'eau désignés par les paragraphes 1er et 2 de l'article 1er de la présente loi. — Les délinquans seront punis d'une amende de vingt francs pour chaque filet ou engin non plombé ou marqué.

33. Les contre-maîtres, les employés du balisage et les mariniers qui fréquentent les fleuves, rivières et canaux navigables ou flottables, ne pourront avoir dans leurs bateaux ou équipages aucun filet ou engin de pêche, même non prohibé, sous peine d'une amende de cinquante francs, et de la confiscation des filets. — A cet effet, ils seront tenus de souffrir la visite, sur leurs bateaux et équipages, des agens chargés de la police de la pêche, aux lieux où ils aborderont. — La même amende sera prononcée contre ceux qui s'opposeront à cette visite.

34. Les fermiers de la pêche et les porteurs de licences, et tous pêcheurs en général, dans les rivières et canaux désignés par les deux derniers paragraphes de l'article 1er de la présente loi, seront tenus d'amener leurs bateaux, et de faire l'ouverture de leurs loges et hangars, bannetons, huches et autres réservoirs ou boutiques à poisson, sur leurs cantonnemens, à toute réquisition des agens et préposés de l'administration de la pêche, à l'effet de constater les contraventions qui pourraient être par eux commises aux dispositions de la présente loi — Ceux qui s'opposeront à la visite ou refuseront l'ouverture de leurs boutiques à poisson, seront, pour ce seul fait, punis d'une amende de cinquante francs.

35. Les fermiers et porteurs de licences ne pourront user, sur les fleuves, rivières et canaux navigables, que du chemin de halage; sur les rivières et cours d'eau flottables, que du marche-pied. Ils traiteront de gré à gré avec les propriétaires riverains pour l'usage des terrains dont ils auront besoin pour retirer et asséner leurs filets.

TITRE V.

DES POURSUITES EN RÉPARATION DE DÉLIT.

SECTION 1re.

Des poursuites exercées au nom de l'Administration.

36. Le gouvernement exerce la surveillance et la police de la pêche dans l'intérêt général. — En conséquence, les agens spéciaux par lui institués à cet effet, ainsi que les gardes champêtres, éclusiers des canaux et autres officiers de police judiciaire, sont tenus de constater les délits qui sont spécifiés au titre IV de la présente loi, en quelques lieux qu'ils soient commis; et lesdits agens spéciaux exerceront, conjointement avec les officiers du ministère public, toutes les poursuites et actions en réparation de ces délits. — Les mêmes agens et gardes de l'administration, les gardes champêtres, les éclusiers, les officiers de police judiciaire, pourront constater également le délit spécifié en l'article 5, et ils transmettront leurs procès-verbaux au procureur du roi.

37. Les gardes-pêche nommés par l'administration sont assimilés aux gardes forestiers royaux.

38. Ils recherchent et constatent par procès-verbaux les délits dans l'arrondissement du tribunal près duquel ils sont assermentés.

39 (*art.* 161 *du Code forestier*). « Ils » sont autorisés à saisir les *filets et au-* » *tres instrumens de pêche prohibés,* » *ainsi que le poisson pêché en délit.*

40. Les gardes-pêche ne pourront, sous aucun prétexte, s'introduire dans les maisons et enclos y attenans pour la recherche des filets prohibés. P. 184.

41. Les filets et engins de pêche qui auront été saisis comme prohibés, ne pourront, dans aucun cas, être remis sous caution: ils seront déposés au greffe, et y demeureront jusqu'après le jugement pour être ensuite détruits. — Les filets non prohibés dont la confiscation aurait été prononcée en exécution de l'article 5, seront vendus au profit du trésor. — En cas de refus, de la part des délinquans, de remettre immédiatement le filet déclaré prohibé après la sommation du garde-pêche, ils seront condamnés à une amende de cinquante francs.

42. Quant au poisson saisi pour cause de délit, il sera vendu sans délai dans la commune la plus voisine du lieu de la saisie, à son de trompe et aux enchères publiques, en vertu d'ordonnance du juge de paix ou de ses suppléans, si la vente a lieu dans un chef-lieu de canton, ou, dans le cas contraire, d'après l'autorisation du maire de la commune; ces ordonnances ou autorisations seront délivrées sur la requête des agens ou gardes qui auront opéré la saisie, et sur la présentation du procès-verbal régulièrement dressé et affirmé par eux. — Dans tous les cas, la vente aura lieu en présence du receveur des domaines, et, à défaut, du maire ou adjoint de la commune, ou du commissaire de police.

43. Les gardes-pêche ont le droit de requérir directement la force publique pour la répression des délits *en matière de pêche*, ainsi que pour la saisie des filets prohibés et du poisson *pêché en délit*.

44 (*art.* 165 *du Code forestier*). « Ils » écriront eux-mêmes leurs procès- » verbaux: ils les signeront, et les af- » firmeront, au plus tard le lendemain » de la clôture desdits procès-verbaux, » par-devant le juge de paix du canton » ou l'un de ses suppléans, ou par-de- » vant le maire ou l'adjoint, soit de la » commune de leur résidence, soit de » celle où le délit a été commis ou » constaté; le tout sous peine de nul-

»lité. — Toutefois, si par suite d'un »empêchement quelconque, le procès-verbal est seulement signé par le »garde-pêche, mais non écrit en en»tier de sa main, l'officier public qui »en recevra l'affirmation devra lui en »donner préalablement lecture, et »faire ensuite mention de cette for»malité: le tout sous peine de nullité »du procès-verbal. »

45 (*art. 166 du Code forestier*). « Les »procès-verbaux dressés par les agens »forestiers, les gardes généraux et les »gardes à cheval, soit isolément, soit »avec le concours des gardes-pêche »royaux et des gardes champêtres, »ne seront point soumis à l'affirma»tion.»

46. Dans le cas où le procès-verbal portera saisie, il en sera fait une expédition qui sera déposée dans les vingt-quatre heures au greffe de la justice de paix, pour qu'il en puisse être donné communication à ceux qui réclameraient les objets saisis. — Le délai ne courra que du moment de l'affirmation pour les procès-verbaux qui sont soumis à cette formalité.

47 (*art. 170 du Code forestier*). « Les »procès-verbaux seront, sous peine »de nullité, enregistrés dans les qua»tre jours qui suivront celui de l'affir»mation, ou celui de la clôture du »procès-verbal, s'il n'est pas sujet à »l'affirmation. — L'enregistrement »s'en fera en débet. »

48. Toutes les poursuites exercées en réparation de délits pour fait de pêche, seront portées devant les tribunaux correctionnels.

49 (*art. 172 du Code forestier*). « L'acte de citation doit, à peine de »nullité, contenir la copie du procès»verbal et de l'acte d'affirmation. »

50 (*art. 173 du Code forestier*). « Les »gardes de l'administration *chargés »de la surveillance de la pêche* pour»ront, dans les actions et poursuites »exercées en son nom, faire toutes »citations et significations d'exploits, »sans pouvoir procéder aux saisies»exécutions. — Leurs rétributions, »pour les actes de ce genre, seront »taxées comme pour les actes faits par »les huissiers des juges de paix. »

51 (*art. 174 du Code forestier*). « Les »agens de cette administration ont le »droit d'exposer l'affaire devant le »tribunal, et sont entendus à l'appui »de leurs conclusions. »

52. Les délits en matière de pêche seront prouvés, soit par procès-verbaux, soit par témoins à défaut de procès-verbaux, ou en cas d'insuffisance de ces actes.

53. Les procès-verbaux revêtus de toutes les formalités prescrites par les articles 44 et 47 ci-dessus, et qui sont dressés et signés par deux agens ou gardes-pêche, font preuve, jusqu'à inscription de faux, des faits matériels relatifs aux délits qu'ils constatent, quelles que soient les condamnations auxquelles ces délits peuvent donner lieu. — Il ne sera, en conséquence, admis aucune preuve outre ou contre le contenu de ces procès-verbaux, à moins qu'il n'existe une cause légale de récusation contre l'un des signataires.

54. Les procès-verbaux revêtus de toutes les formalités prescrites, mais qui ne seront dressés et signés que par un seul agent ou *garde-pêche*, feront de même preuve suffisante jusqu'à inscription de faux, mais seulement lorsque le délit n'entraînera pas une condamnation de plus de cinquante francs, tant pour amende que pour dommages-intérêts.

55 (*art. 178 du Code forestier*). « Les »procès-verbaux qui, d'après les dis»positions qui précèdent, ne font »point foi et preuve suffisante jusqu'à »inscription de faux, peuvent être »corroborés et combattus par toutes »les preuves légales, conformément à »l'article 154 du Code d'instruction »criminelle. »

56. Le prévenu qui voudra s'inscrire en faux contre le procès-verbal, sera tenu d'en faire par écrit et en personne, ou par un fondé de pouvoir spécial par acte notarié, la déclaration au greffe du tribunal avant l'audience indiquée par la citation. — Cette déclaration sera reçue par le greffier du tribunal : elle sera signée par le prévenu ou son fondé de pouvoir ; et dans le cas où il ne saurait ou ne pourrait signer, il en sera fait mention expresse. — Au jour indiqué pour l'audience, le tribunal donnera acte de la déclaration, et fixera un délai de huit jours au moins et de quinze jours au plus, pendant lequel le prévenu sera tenu de faire au greffe le dépôt des moyens de faux, et des noms, qualités et demeures des témoins qu'il voudra faire entendre. — A l'expiration de ce délai, et sans qu'il soit besoin d'une citation nouvelle, le tribunal admettra les moyens de faux, s'ils sont de nature à détruire l'effet du procès-verbal, et il sera procédé sur le faux conformément aux lois — Dans le cas contraire, et faute par le prévenu d'avoir rempli toutes les formalités ci-dessus prescrites, le tribunal déclarera qu'il n'y a lieu à admettre les moyens de faux, et ordonnera qu'il soit passé outre au jugement.

57 (*art.* 180 *du Code forestier*). « Le » prévenu contre lequel aura été rendu » un jugement par défaut, sera encore » admissible à faire sa déclaration d'in» scription de faux pendant le délai » qui lui est accordé par la loi pour se » présenter à l'audience sur l'opposi» tion par lui formée. »

58 (*art.* 181 *du Code forestier*). « Lorsqu'un procès-verbal sera rédigé » contre plusieurs prévenus, et qu'un » ou quelques-uns d'entre eux seule» ment s'inscriront en faux, le procès» verbal continuera de faire foi à l'é» gard des autres, à moins que le fait » sur lequel portera l'inscription de » faux ne soit indivisible et commun » aux autres prévenus. »

59. Si, dans une instance en réparation de délit le prévenu excipe d'un droit de propriété ou tout autre droit réel, le tribunal saisi de la plainte statuera sur l'incident. — L'exception préjudicielle ne sera admise qu'autant qu'elle sera fondée, soit sur un titre apparent, soit sur des faits de possession équivalens, articulés avec précision, et si le titre produit ou les faits articulés sont de nature, dans le cas où ils seraient reconnus par l'autorité compétente, à ôter au fait qui sert de base aux poursuites tout caractère de délit. — *Dans le cas de renvoi à fins civiles*, le jugement fixera un bref délai dans lequel la partie qui aura élevé la question préjudicielle devra saisir les juges compétens de la connaissance du litige et justifier de ses diligences, sinon, il sera passé outre. Toutefois, en cas de condamnation, il sera sursis à l'exécution du jugement sous le rapport de l'emprisonnement, s'il était prononcé; et le montant des amendes, restitutions et dommages-intérêts, sera versé à la caisse des dépôts et consignations, pour être remis à qui il sera ordonné par le tribunal qui statuera sur le fond de droit.

60 (*art.* 183 *du Code forestier*). « Les » agens de l'administration *chargés de » la surveillance de la pêche* peuvent, » en son nom, interjeter appel des » jugemens et se pourvoir contre les » arrêts et jugemens en dernier res» sort; mais ils ne peuvent se désister » de leurs appels sans son autorisation » spéciale. »

61 (*art.* 184 *du Code forestier*). « Le » droit attribué à l'administration et à » ses agens de se pourvoir contre les » jugemens et arrêts par appel ou par » recours en cassation, est indépen» dant de la même faculté qui est ac» cordée par la loi au ministère public, » lequel peut toujours en user, même » lorsque l'administration ou ses agens » auraient acquiescé aux jugemens et » arrêts. »

62. Les actions en réparation des délits en matière de pêche se prescrivant par un mois à compter du jour où les délits ont été constatés, lorsque les prévenus sont désignés dans les procès-verbaux. Dans le cas contraire, le délai de prescription est de trois mois, à compter du même jour.

63. Les dispositions de l'article précédent ne sont pas applicables aux délits et malversations commis par les agens, préposés ou gardes de l'administration dans l'exercice de leurs fonctions; les délais de prescription à l'égard de ces préposés et de leurs complices seront les mêmes que ceux qui sont déterminés par le Code d'instruction criminelle.

64. Les dispositions du Code d'instruction criminelle sur les poursuites des délits, sur défauts, oppositions, jugemens, appels et recours en cassation, sont et demeurent applicables à la poursuite des délits spécifiés par la présente loi, sauf les modifications qui résultent du présent titre.

SECTION II.

Des poursuites exercées au nom et dans l'intérêt des Fermiers de la Pêche et des Particuliers.

65. Les délits qui portent préjudice aux fermiers de la pêche, aux porteurs de licences et aux propriétaires riverains, seront constatés par leurs gardes, lesquels sont assimilés aux gardes-bois des particuliers.

66 (*art. 188 du Code forestier*). « Les » procès-verbaux dressés par ces gar» des feront foi jusqu'à preuve con» traire. »

67. Les poursuites et actions seront exercées au nom et à la diligence des parties intéressées.

68. Les dispositions contenues aux articles 38, 39, 40, 41, 42, 43, 44, 45, 46, 47, paragraphe 1er, 49, 52, 59, 62 et 64 de la présente loi, sont applicables aux poursuites exercées au nom et dans l'intérêt des particuliers et des fermiers de la pêche, pour les délits commis à leur préjudice.

TITRE VI.

DES PEINES ET CONDAMNATIONS.

69. Dans le cas de récidive, la peine sera toujours doublée. — Il y a récidive lorsque, dans les douze mois précédens, il a été rendu contre le délinquant un premier jugement pour délit en matière de pêche.

70. Les peines seront également doublées lorsque les délits auront été commis la nuit.

71 (*art. 202 du Code forestier*). « Dans tous les cas où il y aura lieu à » adjuger des dommages-intérêts, ils » ne pourront être inférieurs à l'a» mende simple prononcée par le ju» gement. »

72. Dans tous les cas prévus par la présente loi, si le préjudice causé n'excède pas vingt-cinq *francs*, et si les circonstances paraissent atténuantes, les tribunaux sont autorisés à réduire l'emprisonnement même au-dessous de six jours, et l'amende même au-dessous de seize francs : ils pourront aussi prononcer séparément l'une ou l'autre de ces peines, sans qu'en aucun cas elle puisse être au-dessous des peines de simple police.

73 (*art. 204 du Code forestier*). « Les » restitutions et dommages-intérêts » appartiennent aux fermiers, por» teurs de licences et propriétaires ri» verains, si le délit est commis à leur » préjudice; mais, lorsque le délit a » été commis par eux-mêmes au dé» triment de l'intérêt général, ces » dommages-intérêts appartiennent à » l'État. — Appartiennent également » à l'État toutes les amendes et con» fiscations. »

74. Les maris, pères, mères, tuteurs fermiers et porteurs de licences, ainsi que tous propriétaires, maîtres et commettans, seront civilement responsables des délits en matière de pêche commis par leurs femmes, enfans, mineurs, pupilles, bateliers et compagnons, et tous autres subordonnés, sauf tout recours de droit. — Cette responsabilité sera réglée conformément à l'art. 1384 du Code civil.

TITRE VII.

DE L'EXÉCUTION DES JUGEMENS.

SECTION Ire.

De l'Exécution des Jugemens rendus à la requête de l'Administration ou du Ministère public.

75 (*art. 209 du Code forestier*). « Les » jugemens rendus à la requête de » l'administration chargée de la police » de la pêche ou sur la poursuite du » ministère public, seront signifiés par » simple extrait qui contiendra le nom » des parties et le dispositif du juge» ment. — Cette signification fera cou» rir les délais de l'opposition et de » l'appel des jugemens par défaut. »

76. Le recouvrement de toutes les amendes pour délits de pêche est confié aux receveurs de l'enregistrement et des domaines. Ces receveurs sont également chargés du recouvrement des restitutions, frais et dommages-intérêts résultant des jugemens rendus en matière de pêche.

77 (*art. 211 du Code forestier*). « Les »jugemens portant condamnation à »des amendes, restitutions, dommages-intérêts et frais, sont exécutoires »par la voie de la contrainte par corps, »et l'exécution pourra en être poursuivie cinq jours après un simple »commandement fait aux condamnés. »— En conséquence, et sur la demande du receveur de l'enregistrement et des domaines, le procureur »du roi adressera les réquisitions nécessaires aux agens de la force publique chargés de l'exécution des »mandemens de justice. »

78 (*art. 212 du Code forestier*). « Les »individus contre lesquels la contrainte par corps aura été prononcée »pour raison des amendes et autres »condamnations et réparations pécuniaires, subiront l'effet de cette contrainte jusqu'à ce qu'ils aient payé le »montant desdites condamnations, ou »fourni une caution admise par le »receveur des domaines, ou, en cas »de contestation de sa part, déclarée »bonne et valable par le tribunal de »l'arrondissement. »

79 (*art. 213 du Code forestier*). « Néanmoins, les condamnés qui justifieront de leur insolvabilité, suivant le mode prescrit par l'article »420 du Code d'instruction criminelle, »seront mis en liberté après avoir »subi quinze jours de détention, lorsque l'amende et les autres condamnations pécuniaires n'excéderont pas »quinze francs.—La détention ne cessera qu'au bout d'un mois, lorsque les condamnations s'élèveront »ensemble de quinze à cinquante »francs. — Elle ne durera que deux »mois, quelle que soit la quotité desdites condamnations. — En cas de »récidive, la durée de la détention »sera double de ce qu'elle eût été »sans cette circonstance. »

80 (*art. 214 du Code forestier*). « Dans tous les cas, la détention employée comme moyen de contrainte »est indépendante de la peine d'emprisonnement prononcée contre les »condamnés pour tous les cas où la »loi l'inflige. »

SECTION II.

De l'Exécution des Jugemens rendus dans l'intérêt des Fermiers de la pêche et des Particuliers.

81. Les jugemens contenant des condamnations en faveur des fermiers de la pêche, des porteurs de licences et des particuliers, pour réparation des délits commis à *leur préjudice*, seront, à leur diligence, signifiés et exécutés suivant les mêmes formes et voies de contrainte que les jugemens rendus à la requête de l'administration chargée de la surveillance de la pêche.— Le recouvrement des amendes prononcées par les mêmes jugemens sera opéré par les receveurs de l'enregistrement et des domaines.

82. La mise en liberté des condamnés, détenus par voie de contrainte par corps à la requête et dans l'intérêt des particuliers, ne pourra être accordée, en vertu des articles 78 et 79, qu'autant que la validité des cautions ou la solvabilité des condamnés aura été, en cas de contestation de la part desdits propriétaires, jugée contradictoirement entre eux. I. c. 120.

TITRE VIII.

DISPOSITIONS GÉNÉRALES.

83. Sont et demeurent abrogés toutes lois, ordonnances, édits et déclarations, arrêts du conseil, arrêtés et décrets, et tous réglemens intervenus, à quelque époque que ce soit, sur les matières réglées par la présente loi, en tout ce qui concerne la pêche. — Mais les droits acquis antérieurement à la présente loi seront jugés, en cas de contestation, d'après les lois existant avant sa promulgation.

DISPOSITIONS TRANSITOIRES.

84. Les prohibitions portées par les articles 6, 8 et 10, et la prohibition de pêcher à autres heures que depuis le lever du soleil jusqu'à son coucher, portée par l'article 5 du titre XXXI de l'ordonnance de 1669, continueront à être exécutées jusqu'à la promulgation des ordonnances royales qui, aux termes de l'article 26 de la présente loi, détermineront les temps où la pêche sera interdite dans les cours d'eau, ainsi que les filets et instrumens de pêche dont l'usage sera prohibé. — Toutefois les contraventions aux articles ci-dessus énoncés de l'ordonnance de 1669 seront punies conformément aux dispositions de la présente loi, ainsi que tous les délits qui y sont prévus, à dater de sa publication.

ORDONNANCE

Contenant des Dispositions sur l'exercice et la profession d'Avocat.

(27 août 1830.)

Art. 1er. A compter de la publication de la présente ordonnance, les conseils de discipline seront élus directement par l'assemblée de l'ordre composée de tous les avocats inscrits au tableau. L'élection aura lieu par scrutin de liste et à la majorité relative des membres présens.

2. Les conseils de discipline seront provisoirement composés de cinq membres dans les siéges où le nombre des avocats inscrits sera inférieur à trente, y compris ceux où les fonctions desdits conseils ont été jusqu'à ce jour exercées par les tribunaux; de sept, si le nombre des avocats inscrits est de trente à cinquante; de neuf, si ce nombre est de cinquante à cent; de quinze, s'il est de cent ou au-dessus; de vingt-et-un à Paris.

3. Le bâtonnier de l'ordre sera élu par la même assemblée et par scrutin séparé, à la majorité absolue, avant l'élection du conseil de discipline.

4. A compter de la même époque, tout avocat inscrit au tableau pourra plaider devant toutes les cours royales et tous les tribunaux du royaume sans avoir besoin d'aucune autorisation, sauf les dispositions de l'article 295 du Code d'instruction criminelle. (V. *Ord.* 30 mars 1835).

5. Il sera procédé dans le plus court délai possible à la révision définitive des lois et réglemens concernant l'exercice de la profession d'avocat.

LOI

Relative au serment des fonctionnaires publics.

(31 août 1830.)

Art. 1. Tous les fonctionnaires publics dans l'ordre administratif et judiciaire, les officiers des armées de terre et de mer, seront tenus de prêter le serment dont la teneur suit: — « Je jure fidélité au roi des Français, obéissance à la Charte constitutionnelle et aux lois du royaume. » — Il ne pourra être exigé d'eux aucun autre serment, si ce n'est en vertu d'une loi. P. 196.

LOI

Relative au droit d'Enregistrement des Actes de prêts sur dépôts ou consignations des Marchandises, Fonds publics français, et Actions des compagnies d'industrie et de finance.

(8 septembre 1830.)

ARTICLE UNIQUE.

Les actes de prêts sur dépôts ou consignations de marchandises, fonds publics français, et actions des compagnies d'industrie et de finance, dans le cas prévu par l'article 39 du Code de commerce, seront admis à l'enregistrement moyennant le droit fixe de deux francs.

LOI

Sur la Réélection des Députés promus à des fonctions publiques salariées.

(12 septembre 1830.)

Art. 1er. Tout député qui acceptera des fonctions publiques salariées, sera considéré comme donnant par ce seul fait sa démission de membre de la Chambre des Députés.

2. Néanmoins il continuera de siéger dans la Chambre jusqu'au jour fixé pour la réunion du collége élec-

toral chargé de l'élection à laquelle son acceptation de fonctions publiques salariées aura donné lieu.

3. Sont exceptés de la disposition contenue dans l'article 1er les officiers de terre et de mer qui auront reçu de l'avancement par droit d'ancienneté.

4. Les députés qui, à raison de l'acceptation de fonctions publiques salariées, auront cessé de faire partie de la Chambre des Députés, pourront être réélus.

5. La présente loi sera applicable aux députés promus à des fonctions publiques depuis l'ouverture de la session actuelle.

ORDONNANCE

Relative à la Pêche fluviale.

(15 novembre 1830.)

Art. 1er. Sont prohibés, sous les peines portées par l'article 28 de la loi du 15 avril 1829, — 1° les filets traînans; — 2° Les filets dont les mailles carrées, sans accrues, et non tendues, ni tirées en losange, auraient moins de trente millimètres (*quatorze lignes*) de chaque côté, après que le filet aura séjourné dans l'eau; — 3° Les bires, nasses ou autres engins dont les verges en osier seraient écartées entre elles de moins de trente millimètres.

2. Sont néanmoins autorisés pour la pêche des goujons, ablettes, loches, verons, vandoises et autres poissons de petite espèce, les filets dont les mailles auront quinze millimètres (*sept lignes*) de largeur, et les nasses d'osier ou autres engins dont les baguettes ou verges seront écartées de quinze millimètres. Les pêcheurs auront aussi la faculté de se servir de toute espèce de nasses en jonc à jour, quel que soit l'écartement de leurs verges.

3. Quiconque se servira pour une autre pêche que celle qui est indiquée dans l'article précédent, des filets spécialement affectés à cet usage, sera puni des peines portées par l'art. 28 de la loi du 15 avril 1829.

4. Aucune restriction, ni pour le temps de la pêche ni pour l'emploi des filets ou engins, ne sera imposée aux pêcheurs du Rhin.

5. Dans chaque département, le préfet déterminera, sur l'avis du conseil général et après avoir consulté les agens forestiers, les temps, saisons et heures pendant lesquels la pêche sera interdite dans les rivières et cours d'eau.

6. Il fera également un règlement dans lequel il déterminera et divisera les filets et engins qui, d'après les règles ci-dessus, devront être interdits.

7. Sur l'avis du conseil général, et après avoir consulté les agens forestiers, il pourra prohiber les procédés et modes de pêche qui lui sembleront de nature à nuire au repeuplement des rivières.

8. Les règlemens des préfets devront être homologués par ordonnances royales. (V. *Ord.* 21 *oct.*, 3 *nov.* 1831, 20 *fév.* 1832.)

LOI

Sur les Afficheurs et Crieurs publics

(10 décembre 1830.)

(V. *Lois de la Presse : App.* C. P.)

ORDONNANCE

Relative aux Donations et Legs, Acquisitions et Aliénations de biens concernant les Etablissemens ecclésiastiques et les Communautés religieuses de femmes.

(14 janvier 1831.)

Vu les lois du 2 janvier 1817 et 24 mai 1825, etc.

Art. 1er. L'article 6 de l'ordonnance royale du 2 avril 1817 est rapporté : en conséquence, aucun transfert ni inscription de rentes sur l'Etat, au profit d'un établissement ecclésiastique ou d'une communauté religieuse de femmes, ne sera effectué qu'autant qu'il aura été autorisé par une ordonnance royale, dont l'établissement intéressé présentera, par l'intermédiaire de son agent de change, expédition en due forme, au directeur du grand-livre de la dette publique.

2. Aucun notaire ne pourra passer acte de vente, d'acquisition, d'échange, de cession ou transport, de constitution de rente, de transaction, au nom desdits établissemens, s'il n'est justifié de l'ordonnance royale portant autorisation de l'acte, et qui devra y être entièrement insérée.

3. Nulle acceptation de legs au profit des mêmes établissemens ne sera présentée à notre autorisation sans que les héritiers connus du testateur aient été appelés par acte extrajudiciaire pour prendre connaissance du testament, donner leur consentement à son exécution, ou produire leurs moyens d'opposition. S'il n'y a pas d'héritiers connus, extrait du testament sera affiché de huitaine en huitaine, et à trois reprises consécutives, au chef-lieu de la mairie du domicile du testateur, et inséré dans le journal judiciaire du département, avec invitation aux héritiers d'adresser au préfet, dans le même délai, les réclamations qu'ils auraient à présenter.

4. Ne pourront être présentées à notre autorisation les donations qui seraient faites à des établissemens ecclésiastiques ou religieux avec réserve d'usufruit en faveur du donateur.

5. L'état de l'actif et du passif, ainsi que des revenus et charges des établissemens légataires ou donataires, vérifié et certifié par le préfet, sera produit à l'appui de leur demande en autorisation d'accepter les dons ou legs qui leur seraient faits.

6. Les dispositions de la présente ordonnance sont applicables aux autorisations à donner par le préfet, en vertu du dernier paragraphe de l'article 1er de l'ordonnance du 2 avril 1817.

ORDONNANCE

Portant abrogation des décorations créées à l'occasion ou à la suite des événemens de 1814 et de 1815.

(10 février 1831.)

Art. 1er. Toutes ordonnances portant création de décorations établies à l'occasion ou à la suite des événemens de 1814 et de 1815, sont et demeurent abrogées.

2. Toutes autorisations collectives ou individuelles de porter des décorations de cette nature sont révoquées.

3. Toutes personnes qui, après la publication de la présente ordonnance continueraient de porter ces décorations, seront poursuivies conformément aux lois.

LOI

Sur l'Organisation municipale.

(21 mars 1831.)

TITRE PREMIER.

DU CORPS MUNICIPAL.

CHAPITRE PREMIER.

DE LA COMPOSITION DU CORPS MUNICIPAL.

Art. 1er. Le corps municipal de chaque commune se compose du maire, de ses adjoints et des conseillers municipaux. — Les fonctions des maires, des adjoints et des autres membres du corps municipal, sont essentiellement gratuites, et ne peuvent donner lieu à aucune indemnité ni frais de représentation.

2. Il y aura un seul adjoint dans les communes de deux mille cinq cents habitans et au-dessous; deux, dans celles de deux mille cinq cents à dix mille habitans : et dans les communes d'une population supérieure, un adjoint de plus par chaque excédant de vingt mille habitans. (*Loi du 28 pluviôse an VIII, art. 12.*) — Lorsque la mer ou quelque autre obstacle rend difficiles, dangereuses

ou momentanément impossibles, les communications entre le chef lieu et une portion de commune, un adjoint spécial, pris parmi les habitans de cette fraction, est nommé en sus du nombre ordinaire, et remplit les fonctions d'officier de l'état civil dans cette partie détachée de la commune.

3. Les maires et les adjoints sont nommés par le roi, ou en son nom par le préfet. — Dans les communes qui ont trois mille habitans et au-dessus, ils sont nommés par le roi, ainsi que dans les chefs lieux d'arrondissement, quelle que soit la population. — Les maires et les adjoints seront choisis parmi les membres du conseil municipal, et ne cesseront pas pour cela d'en faire partie. — Ils peuvent être suspendus par un arrêté du préfet; mais ils ne sont révocables que par une ordonnance du roi.

4. Les maires et les adjoints sont nommés pour trois ans; ils doivent être agés de vingt-cinq ans accomplis. —Ils doivent avoir leur domicile réel dans la commune.

5. En cas d'absence ou d'empêchement, le maire est remplacé par l'adjoint disponible le premier dans l'ordre des nominations. — En cas d'absence ou d'empêchement du maire et des adjoints, le maire est remplacé par le conseiller municipal le premier dans l'ordre du tableau, lequel sera dressé suivant le nombre des suffrages obtenus.

6. Ne peuvent être ni maires ni adjoints, — 1° Les membres des cours et tribunaux de première instance et des justice de paix; — 2° Les ministres des cultes; — 3° Les militaires et employés des armées de terre et de mer en activité de service ou en disponibilité; — 4° Les ingénieurs des ponts et chaussées et des mines en activité de service; — 5° Les agens et employés des administrations financières et des forêts; — 6° Les fonctionnaires et employés des colléges communaux et les instituteurs primaires; — 7° Les commissaires et agens de police.

7. Néanmoins les juges suppléans aux tribunaux de première instance et les suppléans des juges de paix peuvent être maires ou adjoints. — Les agens salariés du maire ne peuvent être ses adjoints.

8. Il y a incompatibilité entre les fonctions de maire et d'adjoints et le service de la garde nationale.

CHAPITRE II.

DES CONSEILS MUNICIPAUX.

SECTION 1re

De la Composition des Conseils municipaux.

9. Chaque commune a un conseil municipal composé, y compris les maires et adjoints, — De dix membres, dans les communes de cinq cents habitans et au-dessous; — De douze, dans celles de cinq cents à quinze cents; — De seize, dans celles de quinze cents à deux mille cinq cents; — De vingt-et-un, dans celles de deux mille cinq cents à trois mille cinq cents; — De vingt-trois, dans celles de trois mille cinq cents à dix mille; — De vingt sept, dans celles de dix mille à trente mille; — Et de trente-six, dans celles d'une population de trente mille ames et au-dessus. — Dans les communes où il y aura plus de trois adjoints, le conseil municipal sera augmenté d'un nombre de membres égal à celui des adjoints au-dessus de trois. — Dans celles où il aura été nommé un ou plusieurs adjoints spéciaux et supplémentaires en vertu du second paragraphe de l'article 2 de la présente loi, le conseil municipal sera également augmenté d'un nombre égal à celui de ces adjoints.

10. Les conseillers municipaux sont élus par l'assemblée des électeurs communaux.

11. Sont appelés à cette assemblée, 1° les citoyens les plus imposés aux rôles des contributions directes de la commune, âgés de vingt-un ans accomplis, dans les proportions suivantes: — Pour les communes de mille ames et au-dessous, un nombre égal au dixième de la population de la commune, — Ce nombre s'accroîtra de cinq par cent habitans en sus de mille jusqu'à cinq mille, — De quatre par cent habitans en sus de cinq mille jusqu'à quinze mille, — De trois par cent habitans au-dessus de quinze

mille; — 2° Les membres des cours et tribunaux, les juges de paix et leurs suppléans; — Les membres des chambres de commerce, des conseils de manufactures, des conseils de prud'hommes; — Les membres des commissions administratives des collèges, des hospices et des bureaux de bienfaisance; — Les officiers de la garde nationale; — Les membres et correspondans de l'Institut, les membres des sociétés savantes instituées ou autorisées par une loi; — Les docteurs de l'une ou de plusieurs des facultés de droit, de médecine, des sciences, des lettres, après trois ans de domicile réel dans la commune; — Les avocats inscrits au tableau, les avoués près les cours et tribunaux, les notaires, les licenciés de l'une des facultés de droit, des sciences, des lettres, chargés de l'enseignement de quelqu'une des matières appartenant à la faculté où ils auront pris leur licence, les uns et les autres après cinq ans d'exercice et de domicile réel dans la commune; — Les anciens fonctionnaires de l'ordre administratif et judiciaire jouissant d'une pension de retraite; — Les employés des administrations civiles et militaires jouissant d'une pension de retraite de six cents francs et au-dessus; — Les élèves de l'école polytechnique qui ont été, à leur sortie, déclarés admis ou admissibles dans les services publics, après deux ans de domicile réel dans la commune : toutefois les officiers appelés à jouir du droit électoral en qualité d'anciens élèves de l'école polytechnique ne pourront l'exercer dans les communes où ils se trouveront en garnison qu'autant qu'ils y auraient acquis leur domicile civil ou politique avant de faire partie de la garnison; — Les officiers de terre et de mer jouissant d'une pension de retraite; — Les citoyens appelés à voter aux élections des membres de la chambre des députés ou des conseils généraux des départemens, quel que soit le taux de leurs contributions dans la commune.

12. Le nombre des électeurs domiciliés dans la commune ne pourra être moindre de trente, sauf le cas où il ne se trouverait pas un nombre suffisant de citoyens payant une contribution personnelle.

13. Les citoyens qualifiés pour voter dans l'assemblée des électeurs communaux, conformément au paragraphe 2 de l'article 11, et qui seraient en même temps inscrits sur la liste des plus imposés, voteront en cette dernière qualité.

14. Le tiers de la contribution du domaine exploité par un fermier à prix d'argent ou à portion de fruits lui est compté pour être inscrit sur la liste des plus imposés de la commune; sans diminution des droits du propriétaire du domaine.

15. Les membres du conseil municipal seront tous choisis sur la liste des électeurs communaux, et les trois quarts, au moins, parmi les électeurs domiciliés dans la commune.

16. Les deux tiers des conseillers municipaux sont nécessairement choisis parmi les électeurs désignés au paragraphe 1er de l'article 11; l'autre tiers peut être choisi parmi tous les citoyens ayant droit de voter dans l'assemblée en vertu de l'article 11.

17. Les conseillers municipaux doivent être âgés de vingt-cinq ans accomplis. Ils sont élus pour six ans et toujours rééligibles. — Les conseils seront renouvelés par moitié tous les trois ans.

18. Les préfets, sous-préfets, secrétaires généraux et conseillers de préfecture, les ministres des divers cultes en exercice dans la commune, les comptables des revenus communaux et tout agent salarié par la commune, ne peuvent être membres des conseils municipaux. Nul ne peut être membre de deux conseils municipaux.

19. Tout membre d'un conseil municipal dont les droits civiques auraient été suspendus, ou qui en aurait perdu la jouissance, cessera d'en faire partie, et ne pourra être réélu que lorsqu'il aura recouvré les droits dont il aurait été privé.

20. Dans les communes de cinq cents ames et au-dessus, les parens au degré de père, de fils, de frère, et les alliés au même degré, ne peuvent être en même temps membres du même conseil municipal.

21. Toutes les dispositions des lois précédentes, concernant les incompatibilités et empêchemens des fonctions municipales, sont abrogées.

22. En cas de vacance dans l'intervalle des élections triennales, il devra être procédé au remplacement dès que le conseil municipal se trouvera réduit aux trois quarts de ses membres.

SECTION II.

Des Assemblées des Conseils municipaux.

23. Les conseils municipaux se réunissent quatre fois l'année, au commencement des mois de février, mai, août et novembre. Chaque session peut durer dix jours.

24. Le préfet ou sous-préfet prescrit la convocation extraordinaire du conseil municipal, ou l'autorise sur la demande du maire, toutes les fois que les intérêts de la commune l'exigent. — Dans les sessions ordinaires, le conseil municipal peut s'occuper de toutes les matières qui rentrent dans ses attributions. — En cas de réunion extraordinaire, il ne peut s'occuper que des objets pour lesquels il a été spécialement convoqué. —La convocation pourra également être autorisée pour un objet spécial et déterminé, sur la demande du tiers des membres du conseil municipal adressée directement au préfet, qui ne pourra la refuser que par un arrêté motivé, qui sera notifié aux réclamans, et dont ils pourront appeler au roi. — Le maire préside le conseil municipal; les fonctions de secrétaire sont remplies par un de ses membres, nommé au scrutin et à la majorité à l'ouverture de chaque session.

25. Le conseil municipal ne peut délibérer que lorsque la majorité des membres en exercice assiste au conseil.—Il ne pourra être refusé à aucun des citoyens contribuables de la commune communication, sans déplacement, des délibérations des conseils municipaux.

26. Le préfet déclarera démissionnaire tout membre d'un conseil municipal qui aura manqué à trois convocations consécutives, sans motifs reconnus légitimes par le conseil.

27. La dissolution des conseils municipaux peut être prononcée par le roi. — L'ordonnance de dissolution fixera l'époque de la réélection.—Il ne pourra y avoir un délai de plus de trois mois entre la dissolution et la réélection. Toutefois, dans le cas où les maires et adjoints cesseraient leurs fonctions par des causes quelconques avant la réélection du corps municipal, le roi, ou le préfet en son nom, pourront désigner sur la liste des électeurs de la commune les citoyens qui exerceront provisoirement les fonctions de maire et d'adjoints.

28. Toute délibération d'un conseil municipal portant sur des objets étrangers à ses attributions est nulle de plein droit. Le préfet, en conseil de préfecture, déclarera la nullité; le conseil pourra appeler au roi de cette décision.

29. Sont pareillement nulles de plein droit toutes délibérations d'un conseil municipal prises hors de sa réunion légale. Le préfet, en conseil de préfecture, déclarera l'illégalité de l'assemblée et la nullité de ses actes.—Si la dissolution du conseil est prononcée, et si dans le nombre de ses actes il s'en trouve qui soient punissables d'après les lois pénales en vigueur, ceux des membres du conseil qui y auraient participé sciemment pourront être poursuivis.

30. Si un conseil se mettait en correspondance avec un ou plusieurs autres conseils, ou publiait des proclamations ou adresses aux citoyens, il serait suspendu par le préfet, en attendant qu'il eût été statué par le roi.—Si la dissolution du conseil était prononcée, ceux qui auraient participé à ces actes pourront être poursuivis conformément aux lois pénales en vigueur.

31. Lorsqu'en vertu de la dissolution prononcée par le roi un conseil aura été renouvelé en entier, le sort désignera, à la fin de la troisième année, les membres qui seront à remplacer.

CHAPITRE III.

DES LISTES ET DES ASSEMBLÉES DES ÉLECTEURS COMMUNAUX.

SECTION 1re.

De la Formation des Listes.

32. Le maire, assisté du percepteur et des commissaires répartiteurs, dressera la liste de tous les contribuables de la commune jouissant des droits civiques, et qualifiés, à raison de la quotité de leurs contributions, pour faire partie de l'assemblée communale, conformement à l'article 11 ci-dessus. — Les plus imposés seront inscrits sur cette liste dans l'ordre décroissant de la quotité de leurs contributions.

33. Cette liste présentera la quotité des impôts de chacun de ceux qui y seront portés; elle énoncera le chiffre de la population de la commune, et sera affichee dans la commune, et communiquée, au secrétariat de la mairie, à tout requérant.

34. Tout individu omis pourra, pendant un mois, à dater de l'affiche, présenter sa réclamation à la mairie. — Dans le même délai, tout électeur inscrit sur la liste pourra reclamer contre l'inscription de tout individu qu'il y croirait indûment porté.

35. Le maire prononcera dans le délai de huit jours, après avoir pris l'avis d'une commission de trois membres du conseil délégués à cet effet par le conseil municipal. Il notifiera dans le même délai sa décision aux parties intéressées.

36. Toute partie qui se croirait fondée à contester une décision rendue par le maire dans la forme ci-dessus, peut en appeler dans le délai de quinze jours devant le préfet, qui, dans le délai d'un mois, prononcera en conseil de préfecture et notifiera sa décision.

37. Le maire, sur la notification de la décision intervenue, fera sur la liste la rectification prescrite.

38. Le maire dressera la liste des électeurs appelés à voter dans l'assemblée de la commune en vertu du paragraphe 2 de l'article 11 ci dessus, avec l'indication de la date des diplômes, inscriptions, domicile, et autres conditions exigées par ce paragraphe.

39. Les dispositions des articles 33, 34, 35, 36 et 37, sont applicables aux listes des électeurs dressées en exécution de l'article précédent.

40. L'opération de la confection des listes commencera, chaque année, le 1er janvier; elles seront publiées et affichées le 8 du même mois, et closes définitivement le 31 mars. Il ne sera plus fait de changement aux listes pendant tout le cours de l'année : en cas d'élections, tous les citoyens qui y seront portés auront droit de voter, excepté ceux qui auraient été privés de leurs droits civiques par un jugement.

41. Les dispositions relatives à l'attribution des contributions contenues dans les lois concernant l'election des députés sont applicables aux élections réglées par la présente loi.

42. Les difficultés relatives, soit à cette attribution, soit à la jouissance des droits civiques ou civils et au domicile réel ou politique, seront portées devant le tribunal civil de l'arrondissement, qui statuera en dernier ressort, suivant les formes établies par l'article 18 de la loi du 2 juillet 1828.

SECTION II.

Des Assemblées des Électeurs communaux.

43. L'assemblee des electeurs est convoquée par le préfet.

44. Dans les communes qui ont deux mille cinq cents âmes et plus, les électeurs sont divisés en sections. —Le nombre des sections sera tel, que chacune d'elles ait au plus huit conseillers à nommer dans les communes de deux mille cinq cents à dix mille habitans; six, dans celles de dix mille à trente mille; et quatre, dans celles dont la population excède ce dernier nombre.

La division en sections se fera par quartiers voisins, et de manière à répartir également le nombre des votans, autant que faire se pourra, entre les sections. — Le nombre et la limite des sections seront fixés par une ordonnance du roi, le conseil municipal entendu. — Chaque section nommera un nombre égal de conseillers, à moins toutefois que le nombre des conseillers ne soit pas exactement divisible par celui des sections, auquel cas les premières sections, suivant l'ordre des numéros, nommeront un conseiller de plus. Leur réunion aura lieu à cet effet successivement, à deux jours de distance. — L'ordre des numéros sera déterminé pour la première fois par la voie du sort, en assemblée publique du conseil municipal. A chaque élection nouvelle, la section qui avait le premier numéro dans l'élection précédente prendra le dernier, celle qui avait le second prendra le premier, et ainsi de suite. — Les sections seront présidées, savoir : la première à voter par le maire, et les autres successivement, par les adjoints dans l'ordre de leur nomination, et par les conseillers municipaux dans l'ordre du tableau. Les quatre scrutateurs sont les deux plus âgés et les deux plus jeunes des électeurs présens sachant lire et écrire; le bureau ainsi constitué désigne le secrétaire.

45. Dans les communes qui ont moins de deux mille cinq cents ames, les électeurs se réuniront en une seule assemblée. Toutefois, sur la proposition du conseil général du département, et le conseil municipal entendu, les électeurs pourront être divisés en sections par un arrêté du préfet. Le même arrêté fixera le nombre et la limite des sections, et le nombre des conseillers qui devront être nommés par chacune d'elles. — Les dispositions du précédent article relatives à la constitution du bureau sont applicables aux assemblées électorales des communes qui ont moins de deux mille cinq cents ames.

46. Lorsqu'en exécution de l'article 22 il y aura lieu à remplacer des conseillers municipaux dans les communes dont le corps électoral se divise en sections, ces remplacemens seront faits par les sections qui avaient élu ces conseillers.

47. Aucun électeur ne pourra déposer son vote qu'après avoir prêté entre les mains du président serment de fidélité au roi des Français, d'obéissance à la Charte constitutionnelle et aux lois du royaume.

48. Le président a seul la police des assemblées. Elles ne peuvent s'occuper d'autres objets que des élections qui leur sont attribuées. Toute discussion, toute délibération, leur sont interdites.

49. Les assemblées des électeurs communaux procèdent aux élections qui leur sont attribuées au scrutin de liste. La majorité absolue des votes exprimés est nécessaire au premier tour de scrutin; la majorité relative suffit au second. — Les deux tours de scrutin peuvent avoir lieu le même jour. Chaque scrutin doit rester ouvert pendant trois heures au moins. Trois membres du bureau au moins seront toujours présens.

50. Le bureau juge provisoirement les difficultés qui s'élèvent sur les opérations de l'assemblée.

51. Les procès-verbaux des assemblées des électeurs communaux seront adressés par l'intermédiaire du sous-préfet au préfet, avant l'installation des conseillers élus. — Si le préfet estime que les formes et conditions légalement prescrites n'ont pas été remplies, il devra déférer le jugement de la nullité au conseil de préfecture dans le délai de quinze jours, à dater de la réception du procès-verbal. Le conseil de préfecture prononcera dans le délai d'un mois.

52. Tout membre de l'assemblée aura également le droit d'arguer les opérations de nullité. Dans ce cas, si la réclamation n'a pas été consignée au procès-verbal, elle devra être déposée dans le délai de cinq jours, à compter du jour de l'élection, au secrétariat de la mairie; il en sera donné récépissé, et elle sera jugée dans le délai d'un mois par le conseil de préfecture. — Si la réclamation est fondée sur l'incapacité légale d'un ou de plusieurs des membres élus, la question sera portée devant le tribunal d'arrondissement, qui statuera comme il est dit à l'article 42. — S'il n'y a pas eu de réclamations portées devant le conseil de préfecture, ou si ce conseil a négligé de prononcer dans les délais ci dessus fixés, l'installation des conseillers élus aura lieu de plein droit. Dans tous les cas où l'annulation aura été prononcée, l'assemblée des électeurs devra être convoquée dans le délai de quinze jours, à partir de cette annulation. — L'ancien conseil restera en fonctions jusqu'à l'installation du nouveau.

CHAPITRE IV.

DISPOSITIONS TRANSITOIRES.

54. L'exécution de la présente loi pourra être suspendue par le gouvernement dans les communes où il le jugera nécessaire. — Cette suspension ne pourra durer plus d'un an à partir de la promulgation de la présente loi.

CHAPITRE V.

DISPOSITION GÉNÉRALE.

55. Il sera statué par une loi spéciale sur l'organisation municipale de la ville de Paris. (V. L. 20 *avril* 1834.)

LOI

Sur la Garde nationale.

(22 mars 1831.)

TITRE PREMIER.

DISPOSITIONS GÉNÉRALES.

Art. **1er.** La garde nationale est instituée pour défendre la royauté constitutionnelle, la Charte et les droits qu'elle a consacrés; pour maintenir l'obéissance aux lois, conserver ou rétablir l'ordre et la paix publique, seconder l'armée de ligne dans la défense des frontières et des côtes, assurer l'indépendance de la France et l'intégrité de son territoire. — Toute délibération prise par la garde nationale sur les affaires de l'état, du département et de la commune, est une atteinte à la liberté publique et un délit contre la chose publique et la constitution.

2. La garde nationale est composée de tous les Français, sauf les exceptions ci-après:

3. Le service de la garde nationale consiste: — 1° En service ordinaire dans l'intérieur de la commune; — 2° En service de détachement hors du territoire de la commune; — 3° En service de corps détachés pour seconder l'armée de ligne dans les limites fixées par l'article 1er.

4. Les gardes nationales seront organisées dans tout le royaume: elles le seront par commune. — Les compagnies communales d'un canton seront formées en bataillons cantonnaux lorsqu'une ordonnance du roi l'aura prescrit.

5. Cette organisation sera permanente; toutefois, le roi pourra suspendre ou dissoudre la garde nationale en des lieux déterminés. — Dans ces deux cas, la garde nationale sera remise en activité ou réorganisée dans l'année qui s'écoulera, à compter du jour de la suspension ou de la dissolution, s'il n'est pas intervenu une loi qui prolonge ce délai. — Dans le cas où la garde nationale résisterait aux réquisitions légales des autorités, ou bien s'immiscerait dans les actes des autorités municipales, administratives ou judiciaires, le préfet pourra provisoirement la suspendre. — Cette suspension n'aura d'effet que pendant deux mois, si pendant cet espace de temps elle n'est pas maintenue, ou si la dissolution n'est pas prononcée par le roi.

6. Les gardes nationales sont placées sous l'autorité des maires, des sous-préfets, des préfets et du ministre de l'intérieur. — Lorsque la garde nationale sera réunie, en tout ou en partie, au chef-lieu du canton, ou dans une autre commune que le chef lieu du canton, elle sera sous l'autorité du maire de la commune où sa réunion aura lieu d'après les ordres du sous-préfet ou du préfet. — Sont exceptés les cas déterminés par les lois, où les gardes nationales sont appelées à faire, dans leur commune ou leur canton, un service d'activité militaire, et sont mises, par l'autorité civile, sous les ordres de l'autorité militaire.

7. Les citoyens ne pourront ni prendre les armes, ni se rassembler en état de gardes nationales, sans l'ordre des chefs immédiats, ni ceux-ci donner cet ordre sans une réquisition de l'autorité civile, dont il sera donné communication à la tête de la troupe.

8. Aucun officier ou commandant de poste de la garde nationale ne pourra faire distribuer des cartouches aux citoyens armés, si ce n'est en cas de réquisition précise; autrement il demeurera responsable des événemens.

TITRE II.

SECTION I.

De l'obligation du service.

9. Tous les Français âgés de vingt à soixante ans sont appelés au service de la garde nationale, dans le lieu de leur domicile réel; ce service est obligatoire et personnel, sauf les exceptions qui sont établies ci-après.

10. Pourront être appelés à faire le service, les étrangers admis à la jouissance des droits civils, conformément à l'article 13 du Code civil; lorsqu'ils auront acquis en France une propriété ou qu'ils y auront formé un établissement.

11. Le service de la garde nationale est incompatible avec les fonctions des magistrats qui ont le droit de requérir la force publique.

12. Ne seront pas appelés à ce service: — 1° Les ecclésiastiques engagés dans les ordres, les ministres des différens cultes, les élèves des grands séminaires et des facultés de théologie; — 2° Les militaires des armées de terre et de mer en activité de service; ceux qui auront reçu une destination des ministres de la guerre ou de la marine; les administrateurs ou agens commissionnés des services de terre et de mer également en activité; les ouvriers des ports, des arsenaux et des manufactures d'armes organisés militairement; ne sont pas compris dans cette dispense les commis et employés des bureaux de la marine au-dessous du grade de sous-commissaire; — 3° Les officiers, sous-officiers et soldats des gardes municipales et autres corps soldés; — 4° Les préposés des services actifs des douanes, des octrois, des administrations sanitaires, les gardes champêtres et forestiers.

13. Sont exemptés du service de la garde nationale les concierges des maisons d'arrêt, les geôliers, les guichetiers et autres agens subalternes de justice ou de police. — Le service de la garde nationale est interdit aux individus privés de l'exercice des droits civils, conformément aux lois. — Sont exclus de la garde nationale, — 1° Les condamnés à des peines afflictives ou infamantes; — 2° Les condamnés en police correctionnelle pour vol, escroquerie, pour banqueroute simple, abus de confiance pour soustraction commise par des dépositaires publics, et pour attentat aux mœurs, prévus par les articles 331 et 334 du Code pénal; — 3° Les vagabonds ou gens sans aveu déclarés tels par jugemens. (V. 19, 20.)

SECTION II

De l'inscription au registre matricule.

14. Les Français appelés au service de la garde nationale seront inscrits sur un registre matricule établi dans chaque commune. — A cet effet, des listes de recensement seront dressées par le maire et révisées par un conseil de recensement, comme il est dit ci-après. — Ces listes seront déposées au secrétariat de la mairie; les citoyens seront avertis qu'ils peuvent en prendre connaissance.

15 Il y aura au moins un conseil de recensement par commune. Dans les communes rurales, et dans les villes qui ne forment pas plus d'un canton, le conseil municipal, présidé par le maire, remplira les fonctions de conseil de recensement. — Dans les villes qui renferment plusieurs cantons, le conseil municipal pourra s'adjoindre un certain nombre de personnes choisies à nombre égal, dans les divers quartiers, parmi les citoyens qui sont ou qui seront appelés à faire le service de la garde nationale. — Le conseil municipal et les membres adjoints pourront se subdiviser, suivant les besoins, en autant de conseils de recensement qu'il y aura d'arrondissemens. — Dans ce cas, l'un des conseils sera présidé par le maire; chacun des autres le sera par l'adjoint ou le membre du conseil municipal délégué par le maire. — Ces conseils seront composés de huit membres au moins. — A Paris, il y aura, par arrondissement, un conseil de recensement présidé par le maire de l'arrondissement, et composé de huit membres choisis par lui, comme il est dit au troisième paragraphe de cet article.

16. Le conseil de recensement procédera immédiatement à la révision des listes et à l'établissement du registre matricule.

17. Au mois de janvier de chaque année, le conseil de recensement inscrira au registre matricule les jeunes gens qui seront entrés dans leur vingtième année pendant le cours de l'année précédente, ainsi que les Français qui auront nouvellement acquis leur domicile dans la commune; il rayera dudit registre les Français qui seront entrés dans leur soixantième année pendant le cours de la même année, ceux qui auront changé de domicile et les décédés. Toutefois, le service ne sera pas exigé avant l'âge de vingt ans accomplis.

18. Dans le courant de chaque année, le maire notera, en marge du registre matricule, les mutations provenant : 1° des décès; 2° des changemens de résidence; 3° des actes en vertu desquels les personnes désignées dans les articles 11, 12 et 13 auraient cessé d'être soumises au service de la garde nationale ou en seraient exclues. — Le conseil de recensement, sur le vu des pièces justificatives, prononcera, s'il y a lieu, la radiation. — Le registre matricule, déposé au secrétariat de la mairie, sera communiqué à tout habitant de la commune qui en fera la demande au maire.

TITRE III.

DU SERVICE ORDINAIRE.

SECTION I.

De l'inscription au contrôle du service ordinaire et de réserve.

19. Après avoir établi le registre matricule, le conseil de recensement procédera à la formation du contrôle du service ordinaire et du contrôle de réserve. — Le contrôle de service ordinaire comprendra tous les citoyens que le conseil de recensement jugera pouvoir concourir au service habituel. — Néanmoins, parmi les Français inscrits sur le registre matricule, ne pourront être portés sur le contrôle du service ordinaire que ceux qui sont imposés à la contribution personnelle, et leurs enfans lorsqu'ils auront atteint l'âge fixé par la loi, ou les gardes nationaux non imposés à la contribution personnelle, mais qui, ayant fait le service postérieurement au 1er août dernier, voudront le continuer. — Le contrôle de réserve comprendra tous les citoyens pour lesquels le service habituel serait une charge trop onéreuse, et qui ne devront être requis que dans les circonstances extraordinaires.

20. Ne seront pas portés sur les contrôles du service ordinaire les domestiques attachés au service de la personne.

21. Les compagnies et subdivisions de compagnie sont formées sur les contrôles du service ordinaire. Les citoyens inscrits sur les contrôles de réserve seront répartis à la suite desdites compagnies ou subdivisions de compagnie, de manière à pouvoir y être incorporés au besoin.

22. Les inscriptions et les radiations à faire sur les contrôles auront lieu d'après les règles suivies pour les inscriptions et radiations opérées sur les registres matricules.

23. Il sera formé, à la diligence du juge de paix, dans chaque canton, un jury de révision, composé du juge de paix, président, et de douze jurés désignés par le sort, sur la liste de tous les officiers, sous-officiers, caporaux et gardes nationaux sachant lire et écrire, et âgés de plus de vingt cinq ans. — Il sera dressé une liste par commune de tous les officiers, sous-officiers, caporaux et gardes nationaux, ainsi désignés : le tirage définitif des jurés sera fait sur l'ensemble de ces listes pour tout le canton.

24. Le tirage des jurés sera fait par

le juge de paix, en audience publique. Les fonctions de juré et celles de memb. du conseil de recensement sont incompatibles. — Les jurés seront renouvelés tous les six mois.

25. Ce jury prononcera sur les réclamations relatives : — 1° A l'inscription ou à la radiation sur les registres matricules, ainsi qu'il est dit article 14; — 2° A l'inscription ou à l'omission sur le contrôle du service ordinaire. — Seront admises les réclamations des tiers gardes nationaux sur qui retomberait la charge du service. — Ce jury exercera, en outre les attributions qui lui seront spécialement confiées par les dispositions subséquentes de la présente loi.

26. Le jury ne pourra prononcer qu'au nombre de sept membres au moins, y compris le président. — Ses décisions seront prises à la majorité absolue et ne seront susceptibles d'aucun recours.

SECTION II.

Des remplacemens, des exemptions, des dispenses du service ordinaire.

27. Le service de la garde nationale étant obligatoire et personnel, le remplacement est interdit pour le service ordinaire, si ce n'est entre les proches parens, *savoir : du père par le* fils, du frère par le frère, de l'on le par le neveu, et réciproquement, ainsi qu'entre alliés aux mêmes degrés, à quelque compagnie ou bataillon qu'appartiennent les parens et les alliés. — Les gardes nationaux de la même compagnie qui ne sont ni parens ni alliés aux degrés ci dessus désignés, pourront seulement échanger leur tour de service.

28. Peuvent se dispenser du service de la garde nationale, nonobstant leur inscription : — 1° Les membres des deux Chambres ; — 2° Les membres des cours et tribunaux : — 3° Les anciens militaires qui ont cinquante ans d'âge et vingt années de service ; — 4° Les gardes nationaux ayant cinquante-cinq ans ; — 5° Les facteurs de poste aux lettres, les agens des lignes télégraphiques, et les postillons de l'administration des postes reconnus nécessaires au service.

29. Sont dispensés du service ordinaire les personnes qu'une infirmité met hors d'état de faire le service. — Toutes ces dispenses, et toutes les autres dispenses temporaires demandées pour cause d'un service public, seront prononcées par le conseil de recensement, sur le vu des pièces qui en constateront la nécessité. — Les absences constatées seront un motif suffisant de dispense temporaire. — En cas d'appel, le jury de révision statuera.

SECTION III.

Formation de la garde nationale : composition des cadres.

30. La garde nationale sera formée, dans chaque commune, par subdivisions de compagnie, par compagnies, par bataillons et par légions. — La cavalerie de la garde nationale sera formée dans chaque commune ou dans le canton, par subdivisions d'escadron et par escadrons. — Chaque bataillon aura son drapeau, et chaque escadron son étendard.

31. Dans chaque commune, la formation en compagnies se fera de la manière suivante : — Dans les villes, chaque compagnie sera composée, autant que possible, des gardes nationaux du même quartier ; dans les communes rurales, les gardes nationaux de la même commune forment une ou plusieurs compagnies, ou une subdivision de compagnie.

32. La répartition en compagnies ou en subdivisions de compagnie des gardes nationaux inscrits sur le contrôle du service ordinaire, sera faite par le conseil de recensement.

§ Ier. — *Formation des compagnies.*

33. Il y aura par subdivision de compagnie de gardes nationaux à pied de toutes armes :

Jusqu'à 14 hommes, — 1 sergent, 1 caporal.

De 15 à 20 hommes, — 1 sous lieutenant, 1 sergent, 2 caporaux.

De 20 à 30 hommes, — 1 sous-lieutenant, 2 sergents, 4 caporaux.

De 30 à 40 hommes, — 1 lieutenant, 1 sous-lieutenant, 2 sergents, 4 caporaux, 1 tambour.

De 40 à 50 hommes, — 1 lieutenant, 1 sous-lieutenant, 3 sergents, 6 caporaux, 1 tambour.

34. La force ordinaire des compagnies sera de soixante à deux cents hommes; néanmoins la commune qui n'aura que cinquante à soixante gardes nationaux, formera une compagnie.

35. Il y aura par compagnie de garde nationale à pied de toutes armes :

De 50 à 80 hommes. — 1 capitaine, 1 lieutenant, 1 sous lieutenant, 1 sergent major 1 sergent fourrier, 4 sergents, 8 caporaux, 1 tambour.

De 80 à 100 hommes. — 1 capitaine, 1 lieutenant, 2 sous-lieutenants, 1 sergent-major, 1 sergent-fourrier, 6 sergents, 1 caporaux, 2 tambours.

De 100 à 140 hommes. — 1 capitaine, 2 lieutenants, 2 sous lieutenants, 1 sergent-major, 1 sergent fourrier, 6 sergents, 12 caporaux, 2 tambours.

De 140 à 200 hommes, — 1 capitaine en 1er, 1 capitaine en 2e, 2 lieutenants, 2 sous lieutenants, 1 sergent-major, 1 sergent-fourrier, 8 sergents, 16 caporaux, 2 tambours.

36. Il pourra être formé une garde à cheval dans les cantons ou communes où cette formation serait jugée utile au service, et où se trouveraient au moins dix gardes nationaux qui s'engageraient à s'équiper à leurs frais, et à entretenir chacun un cheval.

37. Il y aura par subdivision d'escadron et par escadron :

Jusqu'à 17 hommes, — 1 maréchal-des-logis, 2 brigadiers.

De 17 à 30 hommes, — 1 sous lieutenant, 2 maréchaux-des-logis, 4 brigadiers.

De 30 à 40 hommes. — 1 lieutenant, 1 sous lieutenant, 2 maréchaux-des-logis, 4 brigadiers, 1 trompette.

De 40 à 50 hommes, — 1 lieutenant, 1 sous-lieutenant, 3 maréchaux des-logis, 6 brigadiers, 1 trompette.

De 50 à 70 hommes, — 1 lieutenant, 2 sous lieutenants, 4 maréchaux-des-logis, 8 brigadiers, 1 trompette.

De 70 à 100 hommes, — 1 capitaine, 1 lieutenants, 2 sous-lieutenants, 1 maréchal-des-logis chef, 1 fourrier, 4 maréchaux-des-logis, 8 brigadiers, 1 trompette.

De 100 hommes et au dessus, — 1 capitaine en 1er, 1 capitaine en 2e, 2 lieutenants, 2 sous-lieutenants, 1 maréchal des-logis-chef, 1 fourrier, 8 maréchaux-des-logis, 16 brigadiers, 2 trompettes.

38 Dans toutes les places de guerre et dans les cantons voisins des côtes, il sera formé des compagnies ou des subdivisions de compagnie d'artillerie. A Paris, et dans les autres villes, une ordonnance du roi pourra prescrire la formation et l'armement de compagnies ou de subdivisions de compagnie d'artillerie. L'ordonnance réglera l'organisation, la réunion ou la répartition des compagnies.

39. Les artilleurs seront choisis, par le conseil de recensement, parmi les gardes nationaux qui se présenteraient volontairement, et qui réuniraient, autant que possible, les qualités exigées pour entrer dans l'artillerie.

40. Partout où il n'existe pas de corps soldés de sapeurs-pompiers, il sera, autant que possible, formé par le conseil de recensement, des compagnies ou subdivisions de compagnie de sapeurs-pompiers volontaires, faisant partie de la garde nationale. Elles seront composées principalement d'anciens officiers et soldats du genie militaire, d'officiers et agens des ponts-et-chaussées et des mines, et d'ouvriers d'art.

41. Dans les ports de commerce et dans les cantons maritimes, il pourra être formé des compagnies spéciales de marins et d'ouvriers marins, ayant pour service ordinaire la protection des navires et du matériel maritime situé sur les côtes et dans les ports.

42. Toutes les compagnies spéciales concourront, par armes et suivant leur force numérique au service ordinaire de la garde nationale.

§ II. *Formation des bataillons.*

43. Le bataillon sera formé de quatre compagnies au moins et huit au plus.

44. L'état-major du bataillon sera composé : — D'un chef de bataillon, — D'un adjudant-major capitaine, —

D'un porte-drapeau sous lieutenant, —D'un chirurgien aide major,—D'un adjudant-sous-officier,— D'un tambour-maître. — A Paris, lorsque la force effective d'un bataillon sera de mille hommes et plus, il pourra y avoir un chef de bataillon en second et un deuxieme adjudant sous-officier.

45. Dans toutes les communes où le nombre des gardes nationaux inscrits sur le contrôle du service ordinaire s'elevera à plus de cinq cents hommes, la garde nationale sera formée par bataillons. — Lorsque, dans le cas prévu par l'article 4, une ordonnance du roi aura prescrit la formation en bataillons des gardes nationales de plusieurs communes, cette ordonnance indiquera les communes dont les gardes nationales doivent participer a la formation du même bataillon. — La compagnie ou les compagnies d'une commune ne pourront jamais être réparties dans des bataillons différens.

46. Les bataillons formés par les gardes nationales d'une même commune pourront seuls avoir chacun une compagnie de grenadiers et une de voltigeurs.

47. Les compagnies de sapeurs-pompiers et de canonniers volontaires ne seront pas comprises dans la formation des bataillons de garde nationale; elles seront cependant, ainsi que les compagnies de cavalerie, sous les ordres du commandant de la garde communale ou cantonale.

§ III. *Formation des légions.*

48. Dans les cantons et dans les villes où la garde nationale présente au moins deux bataillons de cinq cents hommes chacun, elle pourra, d'après une ordonnance du roi, être réunie par légions.— Dans aucun cas, la garde nationale ne pourra être formée par département ni par arrondissement de sous-préfecture.

49. L'etat-major d'une legion sera composé : — D'un chef de légion colonel, — D'un lieutenant-colonel, — D'un major chef de bataillon,— D'un chirurgien-major, — D'un tambour major.—A Paris et dans les villes où la nécessité en sera reconnue, il pourra y avoir près des légions un officier payeur et un capitaine d'armement.

SECTION IV.

De la nomination aux grades.

50. Dans chaque commune, les gardes nationaux appelés à former une compagnie ou subdivision de compagnie, se réuniront sans arme et sans uniforme pour procéder, en presence du president du conseil de recensement, assisté par les deux membres les plus âgés de ce conseil, à la nomination de leurs officiers, sous-officiers et caporaux, suivant les tableaux des articles 33, 35 et 37. — Si plusieurs communes sont appelées à former une compagnie, les gardes nationaux de ces communes se réuniront dans la commune la plus populeuse pour nommer leur capitaine, leur sergent-major et leur fourrier

51. L'élection des officiers aura lieu pour chaque grade successivement, en commençant par le plus élevé, au scrutin individuel et secret, à la majorité absolue des suffrages. —Les sous-officiers et caporaux seront nommés à la majorité relative. — Le scrutin sera dépouillé par le président du conseil de recensement, assisté, comme il est dit dans l'article précedent, par au moins deux membres de ce conseil, lesquels rempliront les fonctions de scrutateurs.

52. Dans les villes et communes qui ont plus d'une compagnie, chaque compagnie sera appelée séparément et tour à tour pour procéder à ses élections.

53. Pour nommer le chef de bataillon et le porte-drapeau, tous les officiers du bataillon réunis à pareil nombre de sous officiers, caporaux ou gardes-nationaux, formeront une assemblée convoquée et présidee par le maire de la commune, si le bataillon est communal, et par le maire délégué du sous-préfet, si le bataillon est cantonnal. — Les sous-officiers, caporaux et gardes nationaux chargés de concourir à l'élection, seront nommés dans chaque compagnie. — Tous les scrutins d'élection seront individuels et secrets; il faudra la majorité absolue des suffrages.

54. Les réclamations élevées relativement à l'inobservation des formes prescrites pour l'élection des officiers et sous-officiers, seront portées devant le jury de révision, qui décidera sans recours.

55. Si les officiers de tout grade, élus conformément à la loi, ne sont pas, au bout de deux mois, complétement armés, équipés et habillés suivant l'uniforme, ils seront considérés comme démissionnaires et remplacés sans délai.

56. Les chefs de légion et les lieutenans-colonels seront choisis par le roi, sur une liste de dix candidats, présentés à la majorité relative, par la réunion : 1° de tous les officiers de la légion; 2° de tous les sous officiers, caporaux et gardes nationaux désignés dans chacun des bataillons de la légion, pour concourir au choix du chef de bataillon, comme il est dit article 53.

57. Les majors, les adjudans-majors, chirurgiens majors et aides majors seront nommés par le roi. — L'adjudant sous-officier sera nommé par le chef de légion ou de bataillon. — Le capitaine d'armement et l'officier payeur seront nommés par le commandant supérieur ou le préfet, sur la présentation du chef de légion.

58. Il sera nommé aux emplois autres que ceux désignés ci-dessus, sur la présentation du chef de corps, savoir : — Par le maire, lorsque la garde nationale sera communale. — Et par le sous-préfet, pour les bataillons cantonnaux.

59. Dans chaque commune, le maire fera reconnaître à la garde nationale assemblée sous les armes le commandant de cette garde. Celui-ci, en présence du maire, fera reconnaître les officiers. — Les fonctions du maire seront remplies, à Paris, par le préfet. — Pour les bataillons et compagnies qui comprennent plusieurs communes, le sous-préfet ou son délégué fera reconnaître l'officier commandant, en présence de la compagnie ou du bataillon assemblé. — Dans le mois de la promulgation de la loi, les officiers de tout grade, actuellement en fonctions, et à l'avenir ceux nouvellement élus au moment où ils seront reconnus, prêteront serment de fidélité au roi des Français et d'obéissance à la Charte constitutionnelle et aux lois du royaume.

60. Les officiers, sous-officiers et caporaux seront élus pour trois ans. Ils pourront être réélus.

61. Sur l'avis du maire et du sous-préfet, tout officier de la garde nationale pourra être suspendu de ses fonctions pendant deux mois, par arrêté motivé du préfet pris en conseil de préfecture, l'officier préalablement entendu dans ses observations. — L'arrêté du préfet sera transmis immédiatement par lui au ministre de l'intérieur. — Sur le rapport du ministre, la suspension pourra être prolongée par une ordonnance du roi. — Si, dans le cours d'une année, ledit officier n'a pas été rendu à ses fonctions, il sera procédé à une nouvelle élection.

62. Aussitôt qu'un emploi quelconque deviendra vacant, il sera pourvu au remplacement, suivant les formes établies par la présente loi.

63. Les corps spéciaux suivront, pour leur formation et pour l'élection de leurs officiers, sous-officiers et caporaux, les règles prescrites par les articles 53 et suivans.

64. Dans les communes où la garde nationale formera plusieurs légions, le roi pourra nommer un commandant supérieur; mais il ne pourra être nommé de commandant supérieur des gardes nationales de tout un département ou d'un même arrondissement de sous-préfecture. — Cette disposition n'est pas applicable au département de la Seine.

65. Lorsque le roi aura jugé à propos de nommer dans une commune un commandant supérieur, l'état-major sera fixé, quant au nombre et aux grades des officiers qui devront le composer, par une ordonnance du roi. — Les officiers d'état-major seront nommés par le roi, sur la présentation du commandant supérieur, qui ne pourra choisir les candidats que parmi les gardes nationaux de la commune.

66. Il ne pourra y avoir dans la garde nationale aucun grade sans emploi.

67. Aucun officier exerçant un emploi actif dans les armées de terre ou de mer, ne pourra être nommé officier ni commandant supérieur des gardes nationales en service ordinaire.

SECTION V.

De l'uniforme, des armes et des préséances.

68. L'uniforme des gardes nationales sera déterminé par une ordonnance du roi : les signes distinctifs des grades seront les mêmes que ceux de l'armée. *Ord.* 29 *sept.* 1831, 18 *janvier* 1838, 26 *juillet* 1840.

69. Lorsque le gouvernement jugera nécessaire de délivrer des armes de guerre aux gardes nationales, le nombre d'armes reçu sera constaté dans chaque municipalité au moyen d'états émargés par les gardes nationaux, à l'instant où les armes leur seront délivrées. — L'entretien de l'armement est à la charge du garde national, et les réparations, en cas d'accident causé par le service, sont à la charge de la commune. — Les gardes nationaux et les communes sont responsables des armes qui leur auront été délivrées ; ces armes restent la propriété de l'état. — Les armes seront poinçonnées et numérotées.

70. Les diverses armes dont se compose la garde nationale sont assimilées, pour le rang à conserver entre elles, aux armes correspondantes des forces régulières.

71. Toutes les fois que la garde nationale sera réunie, les différens corps prendront la place qui leur sera assignée par le commandant supérieur.

72. Dans tous les cas où les gardes nationales serviront avec les corps soldés, elles prendront le rang sur eux. —Le commandement dans les fêtes ou cérémonies civiles appartiendra à celui des officiers des divers corps qui aura la supériorité du grade, ou, à grade égal, à celui qui sera le plus ancien.

SECTION VI.

Ordre du service ordinaire.

73. Le réglement relatif au service ordinaire, aux revues et aux exercices, sera arrêté par le maire, sur la proposition du commandant de la garde nationale, et approuvé par le sous-préfet. —Les chefs pourront, en se conformant à ce réglement et sans réquisition particulière, mais après en avoir prévenu l'autorité municipale, faire toutes les dispositions et donner tous les ordres relatifs au service ordinaire, aux revues et aux exercices. — Dans les villes de guerre, la garde nationale ne pourra prendre les armes ni sortir des barrières, qu'après que le maire en aura informé par écrit le commandant de la place.

74. Lorsque la garde nationale des communes sera organisée en bataillons cantonnaux, le réglement sur les exercices et revues sera arrêté par le sous-préfet, sur la proposition de l'officier le plus élevé en grade du canton, et sur l'avis des maires des communes.

75. Le préfet pourra suspendre les revues et exercices dans les communes et dans les cantons de son département, à la charge d'en rendre immédiatement compte au ministre de l'intérieur.

76. Pour l'ordre du service, il sera dressé par les sergens-majors un contrôle de chaque compagnie, signé du capitaine, et indiquant les jours où chaque garde national aura fait un service.

77. Dans les communes où la garde nationale est organisée par bataillon, l'adjudant-major tiendra un état, par compagnie, des hommes commandés chaque jour dans son bataillon. — Cet état servira à contrôler le rôle de chaque compagnie.

78. Tout garde national commandé pour le service devra obéir, sauf à réclamer, s'il s'y croit fondé, devant le chef du corps.

SECTION VII.

De l'administration.

79. La garde nationale est placée, pour son administration et sa comptabilité, sous l'autorité administrative et municipale. — Les dépenses de la garde nationale sont votées, réglées et surveillées comme toutes les autres dépenses municipales.

80. Il y aura dans chaque légion ou dans chaque bataillon formé par les gardes nationaux d'une même commune, un conseil d'administration chargé de présenter annuellement au maire l'état des dépenses nécessaires, et de viser les pièces justificatives de l'emploi fait des fonds. — Le conseil sera composé du commandant de la garde nationale, qui présidera, et de six membres choisis parmi les officiers, sous-officiers et gardes nationaux. — Il y aura également, par bataillon cantonnal, un conseil d'administration chargé des mêmes fonctions, et qui devra présenter au sous-préfet l'état des dépenses résultant de la formation du bataillon. — Les membres du conseil d'administration seront nommés par le préfet, sur une liste triple de candidats présentés par le chef de légion, ou par le chef de bataillon dans les communes où il n'est pas formé de légion. — Dans les communes où la garde nationale comprendra une ou plusieurs compagnies non réunies en bataillon, l'état des dépenses sera soumis au maire par le commandant de la garde nationale.

81. Les dépenses ordinaires de la garde nationale sont : — 1° Les frais d'achat des drapeaux, des tambours et des trompettes ; — 2° La partie d'entretien des armes qui ne sera pas à la charge individuelle des gardes nationaux ; — 3° Les frais de registres, papiers, contrôles, billets de gardes, et tous les menus frais de bureau qu'exigera le service de la garde nationale. — Les dépenses extraordinaires sont : — 1° Dans les villes qui, d'après l'article 64, recevront un commandant supérieur, les frais d'indemnité pour dépenses indispensables de ce commandant et de son état-major ; — 2° Dans les communes et les cantons où seront formés des bataillons ou légions, les appointemens des majors, adjudans-majors et adjudans-sous-officiers, si ces fonctions ne peuvent pas être exercées gratuitement ; — 3° L'habillement et la solde des tambours et trompettes. — Les conseils municipaux jugeront de la nécessité de ces dépenses. — Lorsqu'il sera créé des bataillons cantonnaux, la répartition de la portion afférente à chaque commune du canton, dans les dépenses du bataillon, autres que celles des compagnies, sera faite par le préfet en conseil de préfecture, après avoir pris l'avis des conseils municipaux.

SECTION VIII.

§ I. *Des peines.*

82. Les chefs de poste pourront employer contre les gardes nationaux de service les moyens de répression qui suivent : — 1° Une faction hors de tour contre tout garde national qui aura manqué à l'appel, ou se sera absenté du poste sans autorisation ; — 2° La détention dans la prison du poste, jusqu'à la relevée de la garde, contre tout garde national de service en état d'ivresse ou qui se sera rendu coupable de bruit, tapage, voies de fait, ou de provocation au désordre ou à la violence, sans préjudice du renvoi au conseil de discipline, si la faute emporte une punition plus grave. — V. *Loi 14 juillet 1837.*

83. Sur l'ordre du chef du corps, indépendamment du service régulièrement commandé, et que le garde national, le caporal ou le sous-officier doit accomplir, il sera tenu de monter une garde hors de tour, lorsqu'il aura manqué pour la première fois au service.

84. Les conseils de discipline pourront, dans les cas énumérés ci-après, infliger les peines suivantes : — 1° La réprimande ; — 2° Les arrêts pour trois jours au plus ; — 3° La réprimande avec mise à l'ordre ; — 4° La prison pour trois jours au plus ; — 5° La privation du grade. — Si, dans les communes où s'étend la juridiction du conseil de discipline, il n'existe ni prison ni local pouvant en tenir lieu, ce conseil pourra commuer la peine de prison en une amende d'une journée à dix journées de travail (1).

85. Sera puni de la réprimande l'officier qui aura commis une infraction, même légère, aux règles du service.

86. Sera puni de la réprimande, avec mise à l'ordre, l'officier qui, étant de service ou en uniforme, tiendra une conduite propre à porter atteinte à la discipline de la garde nationale ou à l'ordre public.

87. Sera puni des arrêts ou de la prison, suivant la gravité des cas, tout officier qui, étant de service, se sera rendu coupable des fautes suivantes : — 1° La désobéissance et l'insubordination ; — 2° Le manque de respect, les propos offensans et les insultes envers des officiers d'un grade supérieur ; — 3° Tout propos outrageant envers un subordonné, et tout abus d'autorité ; — 4° Tout manquement à un service commandé ; — 5° Toute infraction aux règles de service.

88. Les peines énoncées dans les articles 85 et 86 pourront, dans les mêmes cas, et suivant les circonstances, être appliquées aux sous-officiers, caporaux et gardes nationaux.

89. Pourra être puni de la prison, pendant un temps qui ne pourra excéder deux jours, et, en cas de récidive, trois jours, — 1° Tout sous-officier, caporal et garde national coupable de désobéissance et d'insubordination, ou qui aura refusé, pour la seconde fois, un service d'ordre et de sûreté ; — 2° Tout sous-officier, caporal et garde national qui, étant de service, sera dans un état d'ivresse ou tiendra une conduite qui porte atteinte à la discipline de la garde nationale ou à l'ordre public ; — 3° Tout garde national qui, étant de service, aura abandonné ses armes ou son poste avant qu'il ne soit relevé.

90. Sera privé de son grade tout officier, sous-officier ou caporal qui, après avoir subi une condamnation du conseil de discipline, se rendra coupable d'une faute qui entraîne l'emprisonnement, s'il s'est écoulé moins d'un an depuis la première condamnation. Pourra également être privé de son grade tout officier, sous-officier et caporal qui aura abandonné son poste avant qu'il ne soit relevé. — Tout officier, sous-officier et caporal privé de son grade, par jugement, ne pourra être réélu qu'aux élections générales.

91. Le garde national prévenu d'avoir vendu à son profit les armes de guerre ou les effets d'équipement qui lui ont été confiés par l'État ou par les communes, sera renvoyé devant le tribunal de police correctionnelle, pour y être poursuivi à la diligence du ministère public, et puni, s'il y a lieu, de la peine portée en l'article 408 du Code pénal, sauf l'application, le cas échéant, de l'article 463 dudit Code. — Le jugement de condamnation prononcera la restitution au profit de l'État ou de la commune du prix des armes ou effets vendus.

92. Tout garde national qui, dans l'espace d'une année, aura subi deux condamnations du conseil de discipline pour refus de service, sera, pour la troisième fois, traduit devant les tribunaux de police correctionnelle, et condamné à un emprisonnement qui ne pourra être moindre de cinq jours ni excéder dix jours. — En cas de récidive, l'emprisonnement ne pourra être moindre de dix jours ni excéder vingt jours. — Il sera en outre condamné aux frais et à une amende qui ne pourra être moindre de cinq francs ni excéder quinze francs dans le premier cas et dans le deuxième être moindre de quinze francs, ni excéder cinquante francs.

93. Tout chef de corps, poste ou détachement de la garde nationale qui refusera d'obtempérer à une réquisition des magistrats ou fonctionnaires investis du droit de requérir la force publique, ou qui aura agi sans réquisition et hors des cas prévus par la loi, sera poursuivi devant les tribunaux, et puni conformément aux

---

(1) La journée de travail ne peut être fixée au dessous de 50 cent., ni au-dessus de 1 fr. 50 cent. *L.* 3 nivôse an VIII. — A Paris, et par exception, le prix de la journée a été fixé à 2 fr. (*Arr. du préfet*, 31 *décembre* 1834.)

articles 234 et 258 du Code pénal. — La poursuite entraînera la suspension, et s'il y a condamnation, la perte du grade.

§ II. *Des conseils de discipline.*

94. Il y aura un conseil de discipline, — 1° Par bataillon communal ou cantonnal; — 2° Par commune ayant une ou plusieurs compagnies non réunies en bataillon; — 3° Par compagnie formée de gardes nationaux de plusieurs communes.

95. Dans les villes qui comprendront une ou plusieurs légions, il y aura un conseil de discipline pour juger les officiers supérieurs de légion et officiers d'état-major non justiciables des conseils de discipline ci-dessus.

96. Le conseil de discipline de la garde nationale d'une commune ayant une ou plusieurs compagnies non réunies en bataillon, et celui d'une compagnie formée de gardes nationaux de plusieurs communes, seront composés de cinq juges, savoir : — Un capitaine, président; un lieutenant ou un sous-lieutenant, un sergent, un caporal et un garde national.

97. Le conseil de discipline du bataillon sera composé de sept juges, savoir : le chef de bataillon, président; un capitaine, un lieutenant ou un sous-lieutenant, un sergent, un caporal et deux gardes nationaux.

98. Le conseil de discipline, pour juger les officiers supérieurs et officiers d'état-major, sera composé de sept juges, savoir : d'un chef de légion, président; de deux chefs de bataillon, deux capitaines, et deux lieutenans ou sous-lieutenans.

99. Lorsqu'une compagnie sera formée des gardes nationaux de plusieurs communes, le conseil de discipline siégera dans la commune la plus populeuse.

100. Dans le cas où le prévenu serait officier, deux officiers du grade du prévenu entreront dans le conseil de discipline, et remplaceront les deux derniers membres — S'il n'y a pas dans la commune deux officiers du grade du prévenu, le sous-préfet les désignera par la voie du sort, parmi ceux du canton, et s'il ne s'en trouve pas dans le canton, parmi ceux de l'arrondissement. — S'il s'agit de juger un chef de bataillon, le préfet désignera, par la voie du sort, deux chefs de bataillon des cantons ou des arrondissemens circonvoisins.

101. Il y aura, par conseil de discipline de bataillon ou de légion, un rapporteur ayant rang de capitaine ou de lieutenant, et un secrétaire ayant rang de lieutenant ou de sous lieutenant. — Dans les villes où il se trouvera plusieurs légions, il y aura par conseil de discipline, un rapporteur adjoint et un secrétaire-adjoint, du grade inférieur à celui du rapporteur et du secrétaire.

102. Lorsque la garde nationale d'une commune ne formera qu'une ou plusieurs compagnies non réunies en bataillon, un officier ou un sous-officier remplira les fonctions de rapporteur, et un sous-officier celles de secrétaire du conseil de discipline.

103. Le sous-préfet choisira l'officier ou les sous-officiers rapporteurs et secrétaires du conseil de discipline, sur des listes de trois candidats désignés par le chef de légion, ou, s'il n'y a pas de légion, par le chef de bataillon. — Dans les communes où il n'y a pas de bataillon, des listes de candidats seront dressées par le plus ancien capitaine. — Les rapporteurs, rapporteurs adjoints, secrétaires et secrétaires-adjoints, seront nommés pour trois ans; ils pourront être réélus. — Le préfet, sur le rapport des maires et des chefs de corps, pourra les révoquer; il sera, dans ce cas, procédé immédiatement à leur remplacement par le mode de nomination ci-dessus indiqué.

104. Les conseils de discipline sont permanens; ils ne pourront juger que lorsque cinq membres au moins seront présens dans les conseils de bataillon et de légion, et trois membres au moins dans les conseils de compagnie. Les juges seront renouvelés tous les quatre mois. Néanmoins, lorsqu'il n'y aura pas d'officier du même grade que le président ou les juges du conseil de discipline, ceux-ci ne seront pas remplacés.

105. Le président du conseil de recensement, assisté du chef de bataillon, ou du capitaine commandant, si les compagnies ne sont pas réunies en bataillon, formera, d'après le contrôle du service ordinaire, un tableau général, par grade et par rang d'âge, de tous les officiers, sous-officiers et caporaux, et d'un nombre double de gardes nationaux de chaque bataillon, ou des compagnies de la commune, ou de la compagnie formée de plusieurs communes. — Ils déposeront ce tableau, signé par eux, au lieu des séances des conseils de discipline, où chaque garde national pourra en prendre connaissance.

106. Lorsque la garde nationale d'une commune ou d'un canton n'aura qu'un seul conseil de discipline, les gardes nationaux faisant partie des corps d'artillerie, de sapeurs-pompiers et de cavalerie, seront justiciables de ce conseil. — S'il y a plusieurs bataillons dans le même canton, les gardes nationaux ci-dessus désignés seront justiciables du même conseil de discipline que les compagnies de leur commune. — S'il y a plusieurs bataillons dans la même commune, le préfet déterminera de quels conseils de discipline les mêmes gardes nationaux seront justiciables. — Dans ces trois cas, les officiers, sous-officiers, caporaux et gardes des corps ci-dessus désignés, concourront pour la formation du tableau du conseil de discipline. — Lorsqu'en vertu d'une ordonnance du roi les corps d'artillerie et de cavalerie seront réunis en légions, ils auront un conseil de discipline particulier.

107. Les juges de chaque grade ou gardes nationaux, seront pris successivement d'après l'ordre de leur inscription au tableau.

108. Tout garde national qui aura été condamné trois fois par le conseil de discipline, ou une fois par le tribunal de police correctionnelle, sera rayé pour une année du tableau servant à former le conseil de discipline.

109. Toute réclamation pour être réintégré sur le tableau, ou pour en faire rayer un garde national, sera portée devant le jury de révision.

§ III. *De l'instruction et des jugemens.*

110. Le conseil de discipline sera saisi, par le renvoi que lui fera le chef de corps, de tous rapports ou procès-verbaux, ou plaintes constatant les faits qui peuvent donner lieu au jugement de ce conseil.

111. Les plaintes, rapports et procès-verbaux seront adressés à l'officier rapporteur, qui fera citer le prévenu à la plus prochaine des séances du conseil. — Le secrétaire enregistrera les pièces ci-dessus. — La citation sera portée à domicile par un agent de la force publique.

112. Les rapports, procès-verbaux ou plaintes constatant des faits qui donneraient lieu à la mise en jugement, devant le conseil de discipline, du commandant de la garde nationale d'une commune, seront adressés au maire, qui en référera au sous-préfet. Celui-ci procédera à la composition du conseil de discipline conformément à l'art. 100.

113. Le président du conseil convoquera les membres sur la réquisition de l'officier rapporteur, toutes les fois que le nombre et l'urgence des affaires lui paraîtront l'exiger.

114. En cas d'absence, tout membre du conseil de discipline non valablement excusé sera condamné à une amende de cinq fr. par le conseil de discipline, et il sera remplacé par l'officier, sous-officier, caporal ou garde national qui devra être appelé immédiatement après lui. — Dans les conseils de discipline des bataillons cantonnaux, le juge absent sera remplacé par l'officier, sous-officier, caporal ou garde national du lieu où siége le conseil, qui devra être appelé d'après l'ordre du tableau.

115. Le garde national cité comparaîtra en personne ou par un fondé de pouvoirs. — Il pourra être assisté d'un conseil.

116. Si le prévenu ne comparaît pas au jour et à l'heure fixés par la citation, il sera jugé par défaut. — L'opposition au jugement par défaut devra être formée dans le délai de trois jours, à compter de la notification du jugement. Cette opposition pourra être faite par déclaration au bas de la signification. L'opposant sera cité pour comparaître à la plus prochaine séance du conseil de discipline. — S'il n'y a pas opposition ou si l'opposant ne comparaît pas à la séance indiquée, le jugement par défaut sera définitif.

117. L'instruction de chaque affaire devant le conseil sera publique, à peine de nullité. — La police de l'audience appartiendra au président, qui pourra faire expulser ou arrêter quiconque troublerait l'ordre. — Si le trouble est causé par un délit, il en sera dressé procès-verbal. — L'auteur du trouble sera jugé de suite par le conseil, si c'est un garde national, et si la faute n'emporte qu'une peine que le conseil puisse prononcer. — Dans tout autre cas, le prévenu sera renvoyé, et le procès verbal transmis au procureur du roi.

118. Les débats devant le conseil auront lieu dans l'ordre suivant : — Le secrétaire appellera l'affaire. — En cas de récusation, le conseil statuera. Si la récusation est admise, le président appellera, dans les formes indiquées par l'article 114, les juges suppléans nécessaires pour compléter le conseil. — Si le prévenu décline la juridiction du conseil de discipline, le conseil statuera d'abord sur sa compétence : s'il se déclare incompétent, l'affaire sera renvoyée devant qui de droit. — Le secrétaire lira le rapport, le procès-verbal ou la plainte, et les pièces à l'appui. — Les témoins, s'il en a été appelé par le rapporteur et le prévenu, seront entendus. — Le prévenu ou son conseil, sera entendu. — Le rapporteur résumera l'affaire et donnera ses conclusions. — L'inculpé ou son fondé de pouvoirs et son conseil pourront proposer leurs observations. — Ensuite le conseil délibérera en secret et hors de la présence du rapporteur, et le président prononcera le jugement.

119. Les mandats d'exécution de jugement des conseils de discipline seront délivrés dans la même forme que ceux des tribunaux de simple police.

120. Il n'y aura de recours contre les jugements définitifs des conseils de discipline que devant la cour de cassation, pour incompétence ou excès de pouvoirs, ou contravention à la loi. — Le pourvoi en cassation ne sera suspensif qu'à l'égard des jugemens prononçant l'emprisonnement et sera dispensé de la mise en état. — Dans tous les cas, ce recours ne sera assujetti qu'au quart de l'amende établie par la loi.

121. Tous actes de poursuites devant les conseils de discipline, tous jugemens, recours et arrêts rendus en vertu de la présente loi, seront dispensés du timbre et enregistrés gratis.

122. Le garde national condamné aura trois jours francs, à partir du jour de la notification pour se pourvoir en cassation.

TITRE IV.

MESURES EXCEPTIONNELLES ET TRANSITOIRES POUR LA GARDE NATIONALE EN SERVICE ORDINAIRE.

123. Dans les trois mois qui suivront la promulgation de la présente loi, il sera procédé à une nouvelle élection d'officiers, sous-officiers et caporaux, dans tous les corps de la garde nationale. — Néanmoins, le gouvernement pourra suspendre pendant un an la réélection des officiers dans les localités où il le jugera convenable.

124. Le roi pourra suspendre l'organisation de la garde nationale pour une année dans les communes qui forment un ou plusieurs cantons, et dans les communes rurales pour un temps qui ne pourra excéder trois ans. — Les délais ne pourront être prorogés qu'en vertu d'une loi.

125. Les organisations actuelles de la garde nationale par compagnies, par bataillons et par légions, qui ne se trouveraient pas conformes aux dispositions de la présente loi, pourront être provisoirement maintenues par une ordonnance du roi, sans toutefois que cette autorisation puisse dépasser l'époque du 1er janvier 1832.

126. Les compagnies qui dépassent le maximum fixé par la présente loi, ne recevront pas de nouvelles incorporations, jusqu'à ce qu'elles soient rentrées dans les limites voulues par cette loi, à moins que toutes les compagnies du bataillon ne soient au complet.

TITRE V.

DES DÉTACHEMENS DE LA GARDE NATIONALE.

SECTION Ire.

Appel et service des détachemens.

127. La garde nationale doit fournir des détachemens dans les cas suivans : — 1° Fournir par détachement, en cas d'insuffisance de la gendarmerie et de la troupe de ligne, le nombre d'hommes nécessaire pour escorter d'une ville à l'autre les convois de fonds ou d'effets appartenant à l'État, et pour la conduite des accusés, des condamnés et autres prisonniers ; — 2° Fournir des détachemens pour porter secours aux communes, arrondissemens et départemens voisins qui seraient troublés ou menacés par des émeutes ou des séditions, ou par l'incursion de voleurs, brigands et autres malfaiteurs.

128. Lorsqu'il faudra porter secours d'un lieu dans un autre pour le maintien ou le rétablissement de l'ordre et de la paix publique, des détachemens de la garde nationale, en service ordinaire, seront fournis afin d'agir dans toute l'étendue de l'arrondissement, sur la réquisition du sous-préfet ; dans toute l'étendue du département, sur la réquisition du préfet ; enfin, s'il faut agir hors du département, en vertu d'une ordonnance du roi. — En cas d'urgence et sur la demande écrite du maire d'une commune en danger, les maires des communes limitrophes, sans distinction de département, pourront néanmoins requérir un détachement de la garde nationale de marcher immédiatement sur le point menacé, sauf à rendre compte, dans le plus bref délai, du mouvement et des motifs à l'autorité supérieure. — Dans tous ces cas, les détachemens de la garde nationale ne cesseront pas d'être sous l'autorité civile. L'autorité militaire ne prendra le commandement des détachemens de la garde nationale pour le maintien de la paix publique, que sur la réquisition de l'autorité administrative.

129. L'acte en vertu duquel, dans les cas déterminés par les deux articles précédens, la garde nationale est appelée à faire un service de détachement, fixera le nombre des hommes requis.

130. Lors de l'appel fait conformément aux articles précédens, le maire, assisté du commandant de la garde nationale de chaque commune, formera les détachemens parmi les hommes inscrits sur le contrôle du service ordinaire, en commençant par les célibataires et les moins âgés.

131. Lorsque les détachemens des gardes nationales s'éloigneront de leur commune pendant plus de vingt-quatre heures, ils seront assimilés à la troupe de ligne pour la solde, l'indemnité de route et les prestations en nature.

132. Les détachemens à l'intérieur ne pourront être requis de faire un service hors de leurs foyers de plus de dix jours, sur la réquisition du sous-préfet ; de plus de vingt jours, sur la réquisition du préfet ; et de plus de soixante jours, en vertu d'une ordonnance du roi.

SECTION II.

Discipline.

133. Lorsque, conformément à l'art. 127, la garde nationale devra fournir des détachemens en service ordinaire, sur la réquisition du sous-préfet, du préfet, ou en vertu d'une ordonnance du roi, les peines de discipline seront fixées ainsi qu'il suit : — Pour les officiers : — 1° Les arrêts simples, pour dix jours au plus ; — 2° La réprimande avec mise à l'ordre ; — 3° Les arrêts de rigueur, pour six jours au plus ; — 4° La prison, pour trois jours au plus. — Pour les sous-officiers, caporaux et soldats : — 1° La consigne pour dix jours au plus ; — 2° La réprimande avec mise à l'ordre ; — 3° La salle de discipline, pour six jours au plus ; — 4° La prison, pour quatre jours au plus.

134. Les peines des arrêts de rigueur, de la prison, et de la réprimande avec mise à l'ordre, ne pourront être infligées que par le chef du corps ; les autres peines pourront l'être par tout supérieur à son inférieur, à la charge d'en rendre compte dans les vingt-quatre heures, en observant la hiérarchie des grades.

135. La privation du grade, pour les causes énoncées dans les articles 90 et 93, sera prononcée par un conseil de discipline, composé ainsi qu'il est dit à la section VIII du titre III. — Il n'y aura qu'un seul conseil de discipline pour tous les détachemens formés d'un même arrondissement de sous-préfecture.

136. Tout garde national désigné pour faire partie d'un détachement, qui refusera d'obtempérer à la réquisition, ou qui quittera le détachement sans autorisation, sera traduit en police correctionnelle, et puni d'un emprisonnement qui ne pourra excéder un mois ; s'il est officier, sous-officier ou caporal ; il sera en outre privé de son grade.

Dispositions communes aux deux titres précédens.

137. Les gardes nationaux blessés pour cause de service, auront droit aux secours, pensions et récompenses que la loi accorde aux militaires en activité de service.

TITRE VI.

DES CORPS DÉTACHÉS DE LA GARDE NATIONALE POUR LE SERVICE DE GUERRE.

SECTION 1re.

Appel et service des corps détachés.

138. La garde nationale doit fournir des corps détachés pour la défense des places fortes, des côtes et des frontières du royaume, comme auxiliaires de l'armée active.

Le service de guerre des corps détachés de la garde nationale, comme auxiliaire de l'armée, ne pourra pas durer plus d'une année.

139. Les corps détachés ne pourront être tirés de la garde nationale qu'en vertu d'une loi spéciale, ou, pendant l'absence des chambres, par une ordonnance du roi, qui sera convertie en loi lors de la plus prochaine session. (*Loi 19 avril 1832.*)

140. L'acte en vertu duquel la garde nationale est appelée à fournir des corps détachés pour le service de guerre, fixera le nombre des hommes requis.

SECTION II.

Désignation des gardes nationaux pour la formation des corps détachés.

141. Lors de l'appel fait en vertu d'une loi, ou d'une ordonnance, conformément à l'article 139, les corps détachés de la garde nationale se composeront : — 1° Des gardes nationaux qui se présenteront volontairement et qui seront trouvés propres au service actif ; — 2° Des jeunes gens de dix-huit à vingt ans qui se présenteront volontairement, et qui seront également reconnus propres au service actif ; — 3° Si ces enrôlemens ne suffisaient pas pour compléter le contingent demandé, les hommes seront désignés dans l'ordre spécifié dans l'article 143 ci-après.

142. Les jeunes gens de dix-huit à vingt ans, enrôlés volontaires ou remplaçans dans les corps détachés de la garde nationale, resteront soumis à la loi de recrutement. — Mais le temps que les volontaires auront servi dans les corps détachés de la garde nationale, leur comptera en déduction de leur service dans l'armée régulière, si plus tard ils y sont appelés.

143. Les désignations des gardes nationaux pour les corps détachés, seront faites par le conseil de recensement de chaque commune parmi tous les inscrits sur le contrôle du service ordinaire, et sur le contrôle du service extraordinaire dans l'ordre qui suit : — Première classe, les célibataires ; — Seront considérés comme célibataires tous ceux qui, postérieurement à la promulgation de la présente loi, se marieraient avant d'avoir atteint l'âge de vingt trois ans ; — 2° Les veufs sans enfans ; — 3° Les mariés sans enfans; — 4° Les mariés avec enfans.

144. Pour la classe des célibataires, les contingens seront répartis proportionnellement au nombre d'hommes appartenant à chaque année, depuis vingt jusqu'à trente-cinq ans. — Dans chaque année la désignation se fera d'après l'âge. — Pour chaque année depuis vingt ans jusqu'à vingt-trois, les veufs et mariés seront considérés comme plus âgés que les célibataires de cette année, auxquels ils sont assimilés par l'article 143, paragraphe 1er. Dans chacune des autres classes successives, les appels seront toujours faits en commençant par les moins âgés jusqu'à l'âge de trente ans.

145. L'aîné d'orphelins mineurs de père et de mère, le fils unique ou l'aîné des fils, ou, à défaut de fils, le petit fils ou l'aîné des petits-fils d'une femme actuellement veuve, d'un père aveugle ou d'un vieillard septuagénaire, prendront rang dans l'appel au service des corps détachés entre les mariés sans enfans et les mariés avec enfans.

146 En cas de réclamations pour les désignations faites par le conseil de recensement, il sera statué par le jury de révision.

147. Ne sont point aptes au service des corps détachés: — 1° Les gardes nationaux qui n'auront pas la taille fixée par la loi du recrutement; — 2° Ceux que des infirmités constatées rendront impropres au service militaire. (*Loi* 21 *mars* 1832, *art.* 13.)

148. L'aptitude au service sera jugée par un conseil de révision, qui se réunira dans le lieu où devra se former le bataillon. — Le conseil se composera de sept membres, savoir: — Le préfet, président, et, à son défaut, le conseiller de préfecture qu'il aura délégué: — Trois membres du conseil de recensement, désignés par le préfet parmi les membres des conseils de recensement des communes qui concourront à la formation du bataillon; — Le chef de bataillon, — Et deux des capitaines dudit bataillon, nommés par le général commandant la subdivision militaire ou le département.

149. Les conseils de révision apprécieront les motifs d'exemption relatifs au nombre des enfans.

150. Les gardes nationaux qui ont des remplaçans à l'armée, ne sont pas dispensés du service de la garde nationale dans les corps détachés; toutefois ils ne prendront rang dans l'appel qu'après les veufs sans enfans.

151. Le garde national désigné pour faire partie d'un corps détaché pourra se faire remplacer par un Français âgé de dix huit à quarante ans. — Le remplaçant devra être agréé par le conseil de révision.

152. Si le remplaçant est appelé à servir pour son compte dans un corps détaché de la garde nationale, le remplacé sera tenu d'en fournir un autre ou de marcher lui-même.

153. Le remplacé sera, pour le cas de désertion, responsable de son remplaçant.

154. Lorsqu'un garde national porté sur le rôle du service ordinaire se sera fait remplacer dans un corps détaché de la garde nationale, il ne cessera pas pour cela de concourir au service ordinaire de la garde nationale.

SECTION III.

Formation, nomination aux emplois et administration des corps détachés de la garde nationale.

155. Les corps détachés de la garde nationale en vertu des articles 138 et 139 seront organisés par bataillon d'infanterie, et par escadron ou compagnie pour les autres armes. Le roi pourra ordonner la réunion de ces bataillons ou escadrons en légions.

156. Des ordonnances du roi détermineront l'organisation des bataillons, escadrons et compagnies; le nombre, le grade des officiers; la composition et l'installation des conseils d'administration.

157. Pour la première organisation les caporaux et sous-officiers, les sous-lieutenans et lieutenans seront élus par les gardes nationaux. Néanmoins, les fourriers, sergens majors, maréchaux-des-logis-chefs et adjudans-sous-officiers, seront désignés par les capitaines et nommés par les chefs de corps. — Les officiers comptables, les adjudans-majors, les capitaines et les officiers supérieurs seront à la nomination du roi.

158. Les officiers à la nomination du roi pourront être pris indistinctement dans la garde nationale, dans l'armée ou parmi les militaires en retraite.

159. Les corps détachés de la garde nationale, comme auxiliaires de l'armée, sont assimilés, pour la solde et les prestations en nature, à la troupe de ligne. — Une ordonnance du roi déterminera les premières mises, les masses et les accessoires de la solde. — Les officiers, sous-officiers et soldats jouissant d'une pension de retraite, cumuleront, pendant la durée du service, avec la solde d'activité des grades qu'ils auront obtenus dans les corps détachés de la garde nationale.

160. L'uniforme et les marques distinctives des corps détachés seront les mêmes que ceux de la garde nationale en service ordinaire. — Le gouvernement fournira l'habillement, l'armement et l'équipement aux gardes nationaux qui n'en seraient pas pourvus, ou qui n'auraient pas le moyen de s'équiper et de s'armer à leurs frais.

SECTION IV.

Discipline des corps détachés.

161. Lorsque les corps détachés de la garde nationale seront organisés, ils seront soumis à la discipline militaire. — Néanmoins, lorsque les gardes nationaux refuseront d'obtempérer à la réquisition, ils seront punis d'un emprisonnement qui ne pourra excéder deux ans; et lorsqu'ils quitteront leur corps sans autorisation, hors de la présence de l'ennemi, ils seront punis d'un emprisonnement qui ne pourra excéder trois ans.

Dispositions générales.

162. Sont et demeurent abrogées toutes les dispositions des lois, décrets ou ordonnances relatives à l'organisation et à la discipline des gardes nationales. — Sont et demeurent abrogées les dispositions relatives au service et à l'administration des gardes nationales, qui seraient contraires à la présente loi.

LOI

Relative à l'Expropriation et à l'Occupation temporaire, en cas d'urgence, des Propriétés privées nécessaires aux Travaux des Fortifications.

(30 mars 1831.)

(*Thèse n° 22.*)

Art. **1er.** Lorsqu'il y aura lieu d'occuper tout ou partie d'une ou de plusieurs propriétés particulières pour y faire des travaux de fortifications dont l'urgence ne permettra pas d'accomplir les formalités de la loi du 8 mars 1810, il sera procédé de la manière suivante. (V. *Loi 3 mai 1841.*)

2. L'ordonnance royale qui autorisera les travaux et déclarera l'utilité publique, déclarera en même temps qu'*il y a urgence*.

3. Dans les vingt-quatre heures de la réception de l'ordonnance du roi, le préfet du département où les travaux de fortifications devront être exécutés, transmettra ampliation de ladite ordonnance au procureur du roi près le tribunal de l'arrondissement où seront situées les propriétés qu'il s'agira d'occuper, et au maire de la commune de leur situation. — Sur le vu de cette ordonnance, le procureur du roi requerra de suite, et le tribunal ordonnera immédiatement, que l'un des juges se transportera sur les lieux avec un expert que le tribunal nommera d'office. — Le maire fera sans délai publier l'ordonnance royale par affiche, tant à la principale porte de l'église du lieu qu'à celle de la maison commune, et par tous autres moyens possibles. Les publications et affiches seront certifiées par ce magistrat.

4. Dans les vingt-quatre heures, le juge commissaire rendra, pour fixer le jour et l'heure de sa descente sur les lieux, une ordonnance qui sera signifiée, à la requête du procureur du roi, au maire de la commune où le transport devra s'effectuer, et à l'expert nommé par le tribunal. — Le transport s'effectuera dans les dix jours de cette ordonnance, et seulement huit jours après la signification dont il vient d'être parlé. — Le maire, sur les indications qui lui seront données par l'agent militaire chargé de la direction des travaux, convoquera, au moins cinq jours à l'avance, pour le jour et l'heure indiqués par le juge-commissaire, — 1° Les propriétaires intéressés, et, s'ils ne résident pas sur les lieux, leurs agens, mandataires ou ayant-cause ; — 2° Les usufruitiers, ou autres personnes intéressées, telles que fermiers, locataires, ou occupans à quelque titre que ce soit. — Les personnes ainsi convoquées pourront se faire assister par un expert ou arpenteur.

5. Un agent de l'administration des domaines et un expert ingénieur, architecte ou arpenteur, désignés l'un et l'autre par le préfet, se transporteront sur les lieux au jour et à l'heure indiqués pour se réunir au juge-commissaire, au maire ou à l'adjoint, à l'agent militaire et à l'expert désigné par le tribunal. — Le juge-commissaire recevra le serment préalable des experts sur les lieux, et il en sera fait mention au procès-verbal. — L'agent militaire déterminera, en présence de tous, par des pieux et piquets, le périmètre du terrain dont l'exécution des travaux nécessitera l'occupation.

6. Cette opération achevée, l'expert désigné par le préfet procédera immédiatement et sans interruption, de concert avec l'agent de l'administration du domaine, à la levée du plan parcellaire, pour indiquer dans le plan général de circonscription les limites et la superficie des propriétés particulières.

7. L'expert nommé par le tribunal dressera un procès-verbal qui comprendra, — 1° La désignation des lieux, des cultures, plantations, clôtures, bâtimens et autres accessoires des fonds : cet état descriptif devra être assez détaillé pour pouvoir servir de base à l'appréciation de la valeur foncière, et, en cas de besoin, de la valeur locative, ainsi que des dommages et intérêts résultant des changemens ou dégâts qui pourront avoir lieu ultérieurement ; — 2° L'estimation de la valeur foncière et locative de chaque parcelle de ces dépendances, ainsi que de l'indemnité qui pourra être due pour frais de déménagement, pertes de récoltes, détérioration d'objets mobiliers, ou tous autres dommages. — Ces diverses opérations auront lieu contradictoirement avec l'agent de l'administration des domaines et l'expert nommé par le préfet, avec les parties intéressées si elles sont présentes, ou avec l'expert qu'elles auront désigné. Si elles sont absentes et qu'elles n'aient point nommé d'expert, ou si elles n'ont point le libre exercice de leurs droits, un expert sera désigné d'office par le juge-commissaire pour les représenter.

8. L'expert nommé par le tribunal devra, dans son procès-verbal, — 1° Indiquer la nature et la contenance de chaque propriété, la nature des constructions, l'usage auquel elles sont destinées, les motifs des évaluations diverses, et le temps qu'il paraît nécessaire d'accorder aux occupans pour évacuer les lieux ; — 2° Transcrire l'avis de chacun des autres experts, et les observations et réquisitions, telles qu'elles lui seront faites, de l'agent militaire, du maire, de l'agent du domaine, et des parties intéressées ou de leurs représentans. Chacun signera ses dires, ou mention sera faite de la cause qui l'en empêche.

9. Lorsque les propriétaires ayant le libre exercice de leurs droits consentiront à la cession qui leur sera demandée et aux conditions qui leur seront offertes par l'administration, il sera passé entre eux et le préfet un acte de vente qui sera rédigé dans la forme des actes d'administration et dont la minute restera déposée aux archives de la préfecture.

10. Dans le cas contraire, sur le vu de la minute du procès-verbal dressé par l'expert, et de celui du juge-commissaire qui aura assisté à toutes les opérations, le tribunal, dans une audience tenue aussitôt après le retour de ce magistrat, déterminera, en procédant comme en matière sommaire, sans retard et sans frais, — 1° L'indemnité de déménagement à payer aux détenteurs avant l'occupation ; —

2° L'indemnité approximative et provisionnelle de dépossession qui devra être consignée, sauf règlement ultérieur et définitif préalablement à la prise de possession. — Le même jugement autorisera le préfet à se mettre en possession, à la charge, — 1° De payer sans délai l'indemnité de déménagement, soit au propriétaire, soit au locataire; — 2° De signifier avec le jugement l'acte de consignation de l'indemnité provisionnelle de dépossession. — Ledit jugement déterminera le délai dans lequel, à compter de l'accomplissement de ces formalités, les détenteurs seront tenus d'abandonner les lieux. — Ce délai ne pourra excéder cinq jours pour les propriétés non bâties, et dix jours pour les propriétés bâties. — Le jugement sera exécutoire nonobstant appel ou opposition.

11. L'acceptation de l'indemnité approximative et provisionnelle de dépossession ne fera aucun préjudice à la fixation de l'indemnité définitive. — Si l'indemnité provisionnelle n'excède pas cent francs, le paiement en sera effectué sans production d'un certificat d'affranchissement d'hypothèque et sans formalité de purge hypothécaire. — Si l'indemnité excède cette somme, le Gouvernement fera dans les trois mois de la date du jugement dont il est parlé dans l'article précédent, transcrire ledit jugement, et purgera les hypothèques légales. A l'expiration de ce délai, l'indemnité provisionnelle sera exigible de plein droit, lors même que les formalités ci-dessus n'auraient pas été remplies, à moins qu'il n'y ait des inscriptions ou des saisies-arrêts, ou opposition : dans ce cas, il sera procédé selon les règles ordinaires et sans préjudice des dispositions de l'article 26 de la loi du 8 mars 1810. — V. *Loi 3 mai* 1841.

12. Aussitôt après la prise de possession, le tribunal procédera au règlement définitif de l'indemnité de dépossession, dans les formes prescrites par les articles 16 et suivans de la loi du 8 mars 1810. — (V. *Loi 3 mai* 1841, *art.* 67.) Si l'indemnité définitive excède l'indemnité provisionnelle, cet excédant sera payé conformément à l'article précédent.

13. L'occupation temporaire prescrite par ordonnance royale ne pourra avoir lieu que pour des propriétés non bâties. — L'indemnité annuelle représentative de la valeur locative de ces propriétés et du dommage résultant du fait de la dépossession, sera réglée à l'amiable ou par autorité de justice, et payée par moitié, de six mois en six mois, au propriétaire et au fermier, le cas échéant. — Lors de la remise des terrains qui n'auront été occupés que temporairement, l'indemnité due pour les détériorations causées par les travaux, ou pour la différence entre l'état des lieux au moment de la remise et l'état constaté par le procès-verbal descriptif, sera payée sur règlement amiable ou judiciaire, soit au propriétaire, soit au fermier ou exploitant, et selon leurs droits respectifs.

14. Si, dans le cours de la troisième année d'occupation provisoire, le propriétaire ou son ayant-droit n'est pas remis en possession, ce propriétaire pourra exiger et l'État sera tenu de payer l'indemnité pour la cession de l'immeuble, qui deviendra dès-lors propriété publique. — L'indemnité foncière sera réglée, non sur l'état de la propriété à cette époque, mais sur son état au moment de l'occupation, tel qu'il aura été constaté par le procès-verbal descriptif. — Tout dommage causé au fermier ou exploitant par cette dépossession définitive lui sera payé après règlement amiable ou judiciaire.

15. Dans tous les cas où l'occupation provisoire ou définitive donnerait lieu à des travaux pour lesquels un crédit n'aurait pas été ouvert au budget de l'État, la dépense restera soumise à l'exécution de l'article 152 de la loi du 25 mars 1817.

LOI

Contre les Attroupemens.

(10 avril 1831.)

Art. **1er.** Toutes personnes qui formeront des attroupemens sur les places ou sur la voie publique, seront tenues de se disperser à la première sommation des préfets, sous-préfets, maires, adjoints de maire, ou de tous magistrats et officiers civils chargés de la police judiciaire, autres que les gardes champêtres et gardes forestiers. — Si l'attroupement ne se disperse pas, les sommations seront renouvelées trois fois. Chacune d'elles sera précédée d'un roulement de tambour ou d'un son de trompe. Si les trois sommations sont demeurées inutiles, il pourra être fait emploi de la force, conformément à la loi du 3 août 1791. — Les maires et adjoints de la ville de Paris ont le droit de requérir la force publique et de faire les sommations. — Les magistrats chargés de faire lesdites sommations seront décorés d'une écharpe tricolore.

2. Les personnes qui, après la première des sommations prescrites par le second paragraphe de l'article précédent, continueront à faire partie d'un attroupement, pourront être arrêtées, et seront traduites sans délai devant les tribunaux de simple police, pour y être punies des peines portées au chapitre Ier du livre IV du Code pénal.

3. Après la seconde sommation, la peine sera de trois mois d'emprisonnement au plus; et, après la troisième, si le rassemblement ne s'est pas dissipé, la peine pourra être élevée jusqu'à un an de prison.

4. La peine sera celle d'un emprisonnement de trois mois à deux ans, 1° contre les chefs et les provocateurs de l'attroupement, s'il ne s'est point entièrement dispersé après la troisième sommation; 2° contre tous individus porteurs d'armes apparentes ou cachées, s'ils ont continué à faire partie de l'attroupement après la première sommation.

5. Si les individus condamnés en vertu des deux articles précédens n'ont pas leur domicile dans le lieu où l'attroupement a été formé, le jugement ou l'arrêt qui les condamnera pourra les obliger, à l'expiration de leur peine, à s'éloigner de ce lieu à un rayon de dix myriamètres pendant un temps qui n'excédera pas une année, si mieux ils n'aiment retourner à leur domicile.

6. Tout individu qui, au mépris de l'obligation à lui imposée par le précédent article, serait retrouvé dans les lieux à lui interdits, sera arrêté, traduit devant le tribunal de police correctionnelle, et condamné à un emprisonnement qui ne pourra excéder le temps restant à courir pour son éloignement du lieu où aura été commis le délit originaire.

7. Toute arme saisie sur une personne faisant partie d'un attroupement sera, en cas de condamnation, déclarée définitivement acquise à l'État. (L. 24 *mai* 1834.)

8. Si l'attroupement a un caractère politique, les coupables des délits prévus par les articles 3 et 4 de la présente loi pourront être interdits pendant trois ans au plus, en tout ou en partie, de l'exercice des droits mentionnés dans les quatre premiers paragraphes de l'article 42 du Code pénal.

9. Toutes personnes qui auraient continué à faire partie d'un attroupement après les trois sommations, pourront, pour ce seul fait, être déclarées civilement et solidairement responsables des condamnations pécuniaires qui seront prononcées pour réparations des dommages causés par l'attroupement.

10. La connaissance des délits énoncés aux articles 3 et 4 de la présente loi est attribuée aux tribunaux de police correctionnelle, excepté dans le cas où, l'attroupement ayant un caractère politique, les prévenus devront être, aux termes de la Charte constitutionnelle et de la loi du 8 octobre 1830, renvoyés devant la cour d'assises. (V. L. 9 *sept.* 1835.)

11. Les peines portées par la présente loi seront prononcées sans préjudice de celles qu'auraient encourues, aux termes du Code pénal, les auteurs et les complices des crimes et délits commis par l'attroupement. Dans le cas du concours de deux peines, la plus grave seule sera appliquée. (V. L. 16 *prair. an* III *sur le pillage des grains*; 10 *vend. an* IV, *responsab. des communes.*)

LOI

Sur les Elections à la Chambre des Députés.

(19 avril 1831.)

(Tit. 3, art. 10-12, *thèses* nos 4 et 5.)

TITRE PREMIER.

DES CAPACITÉS ÉLECTORALES.

Art. 1er. Tout Français jouissant des droits civils et politiques, âgé de vingt cinq ans accomplis et payant deux cents francs de contributions directes, est électeur, s'il remplit d'ailleurs les autres conditions fixées par la présente loi.

2. Si le nombre des électeurs d'un arrondissement électoral ne s'élève pas à cent cinquante, ce nombre sera complété en appelant les citoyens les plus imposés au-dessous de deux cents francs. — Lorsqu'en vertu du paragraphe précédent les citoyens payant une quotité de contributions égale se trouveront appelés concurremment à compléter la liste des électeurs, les plus âgés seront inscrits jusqu'à concurrence du nombre déterminé par ledit article.

3. Sont en outre électeurs, en payant cent francs de contributions directes : — 1° Les membres et correspondans de l'Institut ; — 2° Les officiers des armées de terre et de mer jouissant d'une pension de retraite de douze cents francs au moins, et justifiant d'un domicile réel de trois ans dans l'arrondissement électoral. — Les officiers en retraite pourront compter, pour compléter les douze cents francs ci-dessus, le traitement qu'ils toucheraient comme membres de la Légion d'Honneur.

4. Les contributions directes qui confèrent le droit électoral, sont la contribution foncière, les contributions personnelle et mobilière, la contribution des portes et fenêtres, les redevances fixes et proportionnelles des mines, l'impôt des patentes, et les supplémens d'impôt de toute nature connus sous le nom de centimes additionnels. — Les propriétaires des immeubles temporairement exemptés d'impôts pourront les faire expertiser contradictoirement et à leurs frais, pour en constater la valeur, de manière à établir l'impôt qu'ils paieraient, impôt qui alors leur sera compté pour les faire jouir des droits électoraux. — La patente sera comptée à tout médecin ou chirurgien employé dans un hôpital ou attaché à un établissement de charité et exerçant gratuitement ses fonctions, bien que, par suite de ces mêmes fonctions, il soit dispensé de la payer.

5. Le montant du droit annuel de diplôme, établi par l'article 29 du décret du 17 septembre 1808, sera compté dans le cens électoral des chefs d'institution et des maîtres de pension, tant que les lois annuelles sur les finances continueront à en autoriser la perception. — Les chefs d'institution et les maîtres de pension justifieront de leur qualité par la représentation de leur diplôme ; ils justifieront du paiement du droit par la représentation de la quittance que leur aura délivrée le comptable chargé de la perception de ce droit. — Le montant de ce droit annuel ne sera compté dans le cens électoral des chefs d'institution et des maîtres de pension qu'autant que leur diplôme aura au moins une année de date à l'époque de la clôture de la liste électorale.

6. Pour former la masse des contributions nécessaires à la qualité d'électeur, on comptera à chaque Français les contributions directes qu'il paie dans tout le royaume ; au père, les contributions des biens de ses enfans mineurs dont il aura la jouissance, et au mari, celles de sa femme, même non commune en biens, pourvu qu'il n'y ait pas séparation de corps. — L'impôt des portes et fenêtres des propriétés louées est compté, pour la formation du cens électoral, aux locataires ou fermiers. — Les contributions foncière, des portes et fenêtres et des patentes payées par une maison de commerce composée de plusieurs associés, seront, pour le cens électoral,

partagées par égales portions entre les associés, sans autre justification qu'un certificat du président du tribunal de commerce énonçant les noms des associés. Dans le cas où l'un des associés prétendrait à une part plus élevée, soit parce qu'il serait seul propriétaire des immeubles, soit à tout autre titre, il sera admis à en justifier devant le préfet, en produisant ses titres.

7. Les contributions foncière, personnelle et mobilière, et des portes et fenêtres, ne sont comptées que lorsque la propriété foncière aura été possédée, ou la location faite, antérieurement aux premières opérations de la révision annuelle des listes électorales. Cette disposition n'est point applicable au possesseur à titre successif ou par avancement d'hoirie. La patente ne comptera que lorsqu'elle aura été prise, et l'industrie exercée, un an avant la clôture de la liste électorale.

8. Les contributions directes payées par une veuve, ou par une femme séparée de corps ou divorcée, seront comptées à celui de ses fils, petits-fils, gendres ou petits-gendres, qu'elle désignera.

9. Tout fermier à prix d'argent ou de denrées qui, par bail authentique d'une durée de neuf ans au moins, exploite par lui-même une ou plusieurs propriétés rurales, a droit de se prévaloir du tiers des contributions payées par lesdites propriétés, sans que ce tiers soit retranché au cens électoral du propriétaire. — Dans les départemens où le domaine congéable est usité, il sera procédé de la manière suivante pour la répartition de l'impôt entre le propriétaire foncier et le colon : — 1° Dans les *tenues* composées uniquement de maisons ou usines, les six huitièmes de l'impôt seront comptés au colon, et deux huitièmes au propriétaire foncier ; — 2° Dans les *tenues* composées d'édifices et de terres labourables ou prairies, et formant ainsi un corps d'exploitation rurale, cinq huitièmes compteront au propriétaire et trois huitièmes au colon ; — 3° Enfin, dans les *tenues* sans édifices, dites *tenues sans étages*, six huitièmes seront comptés au propriétaire et deux huitièmes seulement au colon, sauf, dans tous les cas, la faculté aux parties intéressées de demander une expertise aux frais de celle qui la requerra.

TITRE II.

DU DOMICILE POLITIQUE.

10. Le domicile politique de tout Français est dans l'arrondissement électoral où il a son domicile réel ; néanmoins il pourra le transférer dans tout autre arrondissement électoral où il paie une contribution directe, à la charge d'en faire, six mois d'avance, une déclaration expresse au greffe du tribunal civil de l'arrondissement électoral où il aura son domicile politique actuel, et au greffe du tribunal civil de l'arrondissement électoral où il voudra le transférer : cette double déclaration sera soumise à l'enregistrement. Dans le cas où un électeur aura séparé son domicile politique de son domicile réel, la translation de son domicile réel n'emportera pas le changement de son domicile politique, et ne le dispensera pas des déclarations ci-dessus prescrites, s'il veut le réunir à son domicile réel.

11. Nul individu appelé à des fonctions publiques, temporaires ou révocables, n'est dispensé de la susdite formalité ; les individus appelés à des fonctions inamovibles pourront exercer leur droit électoral dans l'arrondissement où ils remplissent leurs fonctions.

12. Nul ne peut exercer le droit d'électeur dans deux arrondissemens électoraux.

TITRE III.

DES LISTES ÉLECTORALES.

13. La liste des électeurs dont le droit dérive de leurs contributions, et la liste des électeurs appelés en vertu de l'article 3, sont permanentes, sauf les radiations et inscriptions qui peuvent avoir lieu lors de la révision annuelle. — Cette révision annuelle sera faite conformément aux dispositions suivantes.

14. Du 1er au 10 juin de chaque année, et aux jours qui seront indiqués par les sous-préfets, les maires des communes composant chaque canton, se réuniront à la mairie du chef-lieu sous la présidence du maire, et procéderont à la révision de la portion des listes mentionnées à l'article précédent qui comprendra les électeurs de leur canton appelés à faire partie de ces listes. Ils se feront assister des percepteurs du canton.

15. Dans les villes qui forment à elles seules un canton, ou qui sont partagées en plusieurs cantons, la révision des listes sera faite par le maire et les trois plus anciens membres du conseil municipal, selon l'ordre du tableau. Les maires des communes qui dépendraient de l'un de ces cantons, prendront part également à cette révision sous la présidence du maire de la ville. — A Paris, les maires des douze arrondissemens, assistés des percepteurs, procéderont à la révision sous la présidence du doyen de réception.

16. Le résultat de cette opération sera transmis au sous-préfet, qui, avant le 1er juillet, l'adressera avec ses observations au préfet du département.

17. A partir du 1er juillet, le préfet procédera à la révision générale des listes.

18. Le préfet ajoutera aux listes les citoyens qu'il reconnaîtra avoir acquis les qualités requises par la loi, et ceux qui auraient été *précédemment omis.* — Il en retranchera : — 1° Les individus décédés ; — 2° Ceux dont l'inscription aura été déclarée nulle par les autorités compétentes. — Il indiquera comme devant être retranchés, — 1° Ceux qui auront perdu les qualités requises ; — 2° Ceux qu'il reconnaîtrait avoir été indûment inscrits, quoique leur inscription n'ait point été attaquée. — Il tiendra un registre de toutes ces décisions. — Il fera mention de leurs motifs et de toutes les pièces à l'appui.

19. Les listes de l'arrondissement électoral, ainsi rectifiées par le préfet, seront affichées le 15 août au chef-lieu de chaque canton et dans les communes dont la population sera au moins de six cents habitans. Elles seront déposées : 1° au secrétariat de la mairie de chacune de ces communes ; 2° au secrétariat de la préfecture, pour être données en communication à toutes les personnes qui le requerront. — La liste des contribuables électeurs contiendra, en regard du nom de chaque individu inscrit, la date de sa naissance et l'indication des arrondissemens de perception où sont assises ses contributions propres ou déléguées, ainsi que *la quotité et l'espèce des contributions* pour chacun des arrondissemens. — La liste des électeurs désignés par l'article 3, contiendra en outre, en regard du nom de chaque individu, la date et l'espèce du titre qui lui confère le droit électoral, et l'époque de *son domicile réel.* — Le préfet inscrira sur cette liste ceux des individus qui, n'ayant pas atteint, au 15 août, les conditions relatives à l'âge, au domicile et à l'inscription sur le rôle de la patente, les acquerront avant le 21 octobre, époque de la clôture de la révision annuelle.

20. S'il y a moins de cent cinquante électeurs inscrits, le préfet ajoutera, sur la liste qu'il publiera le 15 août, les citoyens payant moins de deux cents francs qui devront compléter le nombre de cent cinquante, conformément au paragraphe 1er de l'article 2. — Toutes les fois que le nombre des électeurs ne s'élèvera pas au delà de cent cinquante, le préfet publiera à la suite de la liste électorale une liste complémentaire dressée dans la même forme et contenant les noms des dix citoyens susceptibles d'être appelés à compléter le nombre de cent cinquante par suite *des changemens* qui surviendraient ultérieurement dans la composition du collége, dans les cas prévus par les articles 30, 32 et 35.

21. La publication prescrite par les articles 19 et 20 tiendra lieu de notification des décisions intervenues aux individus dont l'inscription aura été ordonnée. — Les décisions provisoires du préfet, qui indiquent ceux dont le nom devrait être retranché, comme ayant été indûment inscrit, ou comme ayant perdu les qualités requises, seront notifiées dans les dix jours à ceux qu'elles concernent, ou au domicile qu'ils sont tenus d'élire dans le département pour l'exercice de leurs droits électoraux, s'ils n'y ont pas leur domicile réel, et, à défaut de domicile élu, à la mairie de leur domicile politique. — Cette notification, et toutes celles qui doivent avoir lieu aux termes de la présente loi, seront faites suivant le mode employé jusqu'à présent pour les jurés, en exécution de l'article 389 du Code d'instruction criminelle.

22. Après la publication de la liste rectifiée, il ne pourra plus y être fait de changemens qu'en vertu de décisions rendues par le préfet en conseil de préfecture, dans les formes ci-après.

23. A compter du 15 août, jour de la publication, il sera ouvert, au secrétariat général de la préfecture, un registre coté et paraphé par le préfet, sur lequel seront inscrites, à la date de leur présentation et suivant un ordre de numéros, toutes les réclamations concernant la teneur des listes. Ces réclamations seront signées par le réclamant ou par son fondé de pouvoirs. — Le préfet donnera récépissé de chaque réclamation et des pièces à l'appui. Ce récépissé énoncera la date et le numéro de l'enregistrement.

24. Tout individu qui croirait avoir à se plaindre, soit d'avoir été indûment inscrit, omis ou rayé, soit de toute autre erreur commise à son égard dans la rédaction des listes, pourra, jusqu'au 30 septembre inclusivement, présenter sa réclamation, qui devra être accompagnée de pièces justificatives.

25 Dans le même délai, tout individu inscrit sur les listes d'un arrondissement électoral pourra réclamer l'inscription de tout citoyen qui n'y sera pas porté, quoique réunissant les conditions nécessaires, la radiation de tout individu qu'il prétendrait indûment inscrit, ou la rectification de toute autre erreur commise dans la rédaction des listes. — Ce même droit appartiendra à tout citoyen inscrit sur la liste des jurés non électeurs de l'arrondissement.

26. Aucune des demandes énoncées en l'article précédent ne sera reçue, lorsqu'elle sera formée par des tiers, qu'autant que le réclamant y joindra la preuve qu'elle a été par lui notifiée à la partie intéressée, laquelle aura dix jours pour y répondre, à partir de celui de la notification.

27. Le préfet statuera en conseil de préfecture sur les demandes dont il est fait mention aux articles 24 et 25 ci-dessus, dans les cinq jours qui suivront leur réception, quand elles seront formées par les parties elles-mêmes ou par leurs fondés de pouvoirs; et dans les cinq jours qui suivront l'expiration du délai fixé par l'article 26, si elles sont formées par des tiers. Ses décisions seront motivées. — La communication, sans déplacement, des pièces respectivement produites sur les questions et contestations, devra être donnée à toute partie intéressée qui la requerra.

28. Les articles 23, 24, 25, 26 et 27 ci-dessus sont applicables à la liste supplémentaire prescrite par le dernier paragraphe de l'article 20.

29. Il sera publié tous les quinze jours un tableau de rectification, conformément aux décisions rendues dans cet intervalle, et présentant les indications mentionnées en l'article 19. — Aux termes de l'article 21, la publication de ces tableaux de rectification tiendra lieu de notification aux individus dont l'inscription aura été ordonnée ou rectifiée. — Les décisions portant refus d'inscription, ou prononçant des radiations, seront notifiées dans les cinq jours de leur date aux individus dont l'inscription ou la radiation aura été réclamée par eux ou par des tiers. — Les décisions rejetant les demandes en radiation ou en rectification seront notifiées dans le même délai, tant au réclamant qu'à l'individu dont l'inscription aura été contestée.

30. Le préfet en conseil de préfecture apportera, s'il y a lieu, à la liste électorale, en dressant les tableaux de rectification, les changemens nécessaires pour maintenir le collége au complet de cent cinquante électeurs. Il maintiendra également la liste supplémentaire au nombre de dix suppléans.

31. Le 16 octobre, le préfet procédera à la clôture des listes. Le dernier tableau de rectification, l'arrêté de clôture des listes des colléges électoraux du département, seront publiés et affichés le 20 du même mois.

32. La liste restera, jusqu'au 20 octobre de l'année suivante, telle qu'elle aura été arrêtée conformément à l'article précédent, sauf néanmoins les changemens qui y seront ordonnés par des arrêts rendus dans la forme déterminée par les articles ci-après, et sauf aussi la radiation des noms des électeurs décédés, ou privés des droits civils ou politiques par jugemens ayant acquis force de chose jugée. — L'élection, à quelque époque de l'année qu'elle ait lieu, se fera sur ces listes.

33. Toute partie qui se croira fondée à contester une décision rendue par le préfet pourra porter son action devant la cour royale du ressort, et y produire toutes pièces à l'appui. — L'exploit introductif d'instance devra, sous peine de nullité, être notifié dans les dix jours, quelle que soit la distance des lieux, tant au préfet qu'aux parties intéressées. — Dans le cas où la décision du préfet aurait rejeté une demande d'inscription formée par un tiers, l'action ne pourra être intentée que par l'individu dont l'inscription aurait été réclamée. — La cause sera jugée sommairement, toutes affaires cessantes, et sans qu'il soit besoin du ministère d'avoué. Les actes judiciaires auxquels elle donnera lieu seront enregistrés *gratis*. L'affaire sera rapportée en audience publique par un des membres de la cour, et l'arrêt sera prononcé après que la partie ou son défenseur et le ministère public auront été entendus. — S'il y a pourvoi en cassation, il sera procédé sommairement, et toutes affaires cessantes, comme devant la cour royale, avec la même exemption du droit d'enregistrement, sans consignation d'amende.

34. Les réclamations portées devant les préfets en conseil de préfecture et les actions intentées devant les cours royales par suite d'une décision qui aura rayé un individu de la liste, auront un effet suspensif.

35. Le préfet, sur la notification de l'arrêt intervenu, fera sur la liste la rectification qui aura été prescrite. — Si, par suite de la radiation prescrite par arrêt de la cour royale, la liste se trouve réduite à moins de cent cinquante, le préfet en conseil de préfecture complétera ce nombre, en prenant les plus imposés de la liste supplémentaire arrêtée le 16 octobre, et seulement jusqu'à épuisement de cette liste.

36. Les percepteurs des contributions directes seront tenus de délivrer sur papier libre, et moyennant une rétribution de vingt-cinq centimes par *extrait* de rôle concernant le même contribuable, à toute personne portée au rôle, l'extrait relatif à ses contributions, et à tout individu qualifié comme il est dit à l'article 25 ci-dessus, tout certificat négatif ou tout extrait des rôles de contributions.

37. Il sera donné communication des listes annuelles et des tableaux de rectification à tous les imprimeurs qui voudront en prendre copie. Il leur sera permis de les faire imprimer sous tel format qu'il leur plaira choisir et de les mettre en vente.

TITRE IV.

DES COLLÉGES ÉLECTORAUX.

38. La Chambre des Députés est composée de quatre cent cinquante-neuf députés. (V. *ci-après*.)

39. Chaque collége électoral n'élit qu'un député. — Le nombre des députés de chaque département et la division des départemens en arrondissemens électoraux sont réglés par le tableau ci-joint, faisant partie de la présente loi.

40. Les colléges électoraux sont convoqués par le roi. Ils se réunissent dans la ville de l'arrondissement électoral ou administratif que le roi désigne. Ils ne peuvent s'occuper d'autres objets que de l'élection des députés; toute discussion, toute délibération leur sont interdites.

41. Les électeurs se réunissent en une seule assemblée dans les arrondissemens électoraux où leur nombre n'excède pas six cents. — Dans les arrondissemens où il y a plus de six cents électeurs, le collége est divisé en sections; chaque section comprend trois cents électeurs au moins, et concourt directement à la nomination du député que le collége doit élire.

42. Les présidens, vice-présidens, juges et juges suppléans des tribunaux de première instance, dans l'ordre du tableau, auront la présidence provisoire des colléges électoraux, lorsque ces colléges s'assembleront dans une ville chef-lieu d'un tribunal. Lorsqu'ils s'assembleront dans une autre ville, comme dans le cas où, attendu le nombre des colléges ou des sections, celui des juges serait insuffisant, la présidence provisoire sera, à leur défaut, déférée au maire, à ses adjoints, et successivement aux conseillers municipaux de la ville où se fait l'élection, aussi dans l'ordre du tableau. — Si le collége se divise en sections, la première sera présidée provisoirement par le premier des fonctionnaires dans l'ordre du tableau; la seconde le sera par celui qui vient après, et successivement. — Si plusieurs colléges se réunissent dans la même ville, leur présidence provisoire sera déférée de la même manière et dans le même ordre que le serait celle des sections. — Si plusieurs colléges réunis dans la même ville se subdivisent en sections, la première du premier collége sera provisoirement présidée par le fonctionnaire le plus élevé ou le plus ancien dans l'ordre du tableau; la première section du second collége le sera par le deuxième; la seconde section du premier collége par le troisième; la seconde section du deuxième collége par le quatrième, et ainsi des autres. — Les deux électeurs les plus âgés et les deux plus jeunes inscrits sur la liste du collége ou de la section sont scrutateurs provisoires. Le bureau choisit le secrétaire, qui n'a que voix consultative.

43. La liste des électeurs de l'arrondissement doit rester affichée dans la salle des séances pendant le cours des opérations.

44. Le collége ou la section élit à la majorité simple le président et les scrutateurs définitifs. Le bureau ainsi formé nomme un secrétaire, qui n'a que voix consultative.

45. Le président du collége ou de la section a seul la police de l'assemblée. Nulle force armée ne peut être placée, sans sa réquisition, dans la salle des séances, ni aux abords du lieu où se tient l'assemblée. Les autorités civiles et les commandans militaires sont tenus d'obéir à ses réquisitions. — Trois membres au moins du bureau seront toujours présens. — Le bureau prononce provisoirement sur les difficultés qui s'élèvent touchant les opérations du collége ou de la section. — Toutes les réclamations sont insérées au procès-verbal, ainsi que les décisions motivées du bureau. Les pièces ou bulletins relatifs aux réclamations sont paraphés par les membres du bureau et annexés au procès-verbal. — La Chambre des Députés prononce définitivement sur les réclamations.

46. Nul ne pourra être admis à voter, soit pour la formation du bureau définitif, soit pour l'élection du député, s'il n'est inscrit sur la liste affichée dans la salle et remise au président. — Toutefois le bureau sera tenu d'admettre à voter ceux qui se présenteraient munis d'un arrêt de la cour royale déclarant qu'ils font partie du collége, et ceux qui justifieraient être dans le cas prévu par l'article 34 de la présente loi.

47. Avant de voter pour la première fois, chaque électeur prête le serment prescrit par la loi du 31 août 1830. (*V. cette loi à sa date.*)

48. Chaque électeur, après avoir été appelé, reçoit du président un bulletin ouvert, sur lequel il écrit ou fait écrire secrètement son vote par un électeur de son choix, sur une table disposée à cet effet et séparée du bureau. — Puis il remet son bulletin écrit et fermé au président, qui le dépose dans la boîte destinée à cet usage.

49. La table placée devant le président et les scrutateurs sera disposée de telle sorte, que les électeurs puissent circuler alentour pendant le dépouillement du scrutin.

50. A mesure que chaque électeur déposera son bulletin, un des scrutateurs ou le secrétaire constatera ce vote en écrivant son propre nom en regard de celui du votant, sur une liste à ce destinée, et qui contiendra les noms et qualifications de tous les membres du collége ou de la section. — Chaque scrutin reste ouvert pendant six heures au moins, et est clos à trois heures du soir, et dépouillé séance tenante.

51. Lorsque la boîte du scrutin aura été ouverte et le nombre des bulletins vérifié, un des scrutateurs prendra successivement chaque bulletin, le dépliera, le remettra au président, qui en fera lecture à haute voix et le passera à un autre scrutateur; le résultat de chaque scrutin est immédiatement rendu public.

52. Immédiatement après le dépouillement, les bulletins seront brûlés en présence du collége.

53. Dans les colléges divisés en plusieurs sections, le dépouillement du scrutin se fait dans chaque section; le résultat en est arrêté et signé par le bureau; il est immédiatement porté par le président de chaque section au bureau de la première section, qui fait, en présence de tous les présidens des sections, le recensement général des votes.

54. Nul n'est élu à l'un des deux premiers tours de scrutin s'il ne réunit plus du tiers des voix de la totalité des membres qui composent le collége, et plus de la moitié des suffrages exprimés.

55. Après les deux premiers tours de scrutin, si l'élection n'est point faite, le bureau proclame les noms des deux candidats qui ont obtenu le plus de suffrages; et, au troisième tour de scrutin, les suffrages ne pourront être valablement donnés qu'à l'un de ces deux candidats. — La nomination a lieu à la pluralité des votes exprimés.

56. Dans tous les cas où il y aura concours par égalité de suffrages, le plus âgé obtiendra la préférence.

57. La session de chaque collége est de dix jours au plus. Il ne peut y avoir qu'une séance et un seul scrutin par jour. La séance est levée immédiatement après le dépouillement du scrutin, sauf les décisions à porter par le bureau sur les réclamations qui lui sont présentées au sujet de ce dépouillement, et sur lesquelles il sera statué séance tenante.

58. Nul électeur ne peut se présenter armé dans un collége électoral.

TITRE V.

DES ÉLIGIBLES.

59. Nul ne sera éligible à la Chambre des Députés, si, au jour de son élection, il n'est âgé de trente ans, et s'il ne paie cinq cents francs de contributions directes, sauf le cas prévu par l'article 33 de la Charte. Les dispositions de l'article 7 sont applicables au cens d'éligibilité.

60. Les délégations et attributions de contributions, autorisées pour les droits électoraux par les articles 4, 5, 6, 8 et 9, le sont également pour le droit d'éligibilité.

61. La Chambre des Députés est seule juge des conditions d'éligibilité.

62. Lorsque des arrondissemens électoraux ont élu des députés qui n'ont pas leur domicile politique dans le département, en nombre plus grand que ne l'autorise l'article 36 de la Charte, la Chambre des Députés tire au sort, entre ces arrondissemens, celui ou ceux qui doivent procéder à une réélection.

63. Le député élu par plusieurs arrondissemens électoraux sera tenu de déclarer son option à la Chambre dans le mois qui suivra la déclaration de la validité des élections entre lesquelles il doit opter. A défaut d'option dans ce délai, il sera décidé, par la voie du sort, à quel arrondissement ce député appartiendra.

64. Il y a incompatibilité entre les fonctions de député et celles de préfet, sous-préfet, de receveurs généraux, de receveurs particuliers des finances et de payeurs. — Les fonctionnaires ci-dessus désignés, les officiers généraux commandant les divisions ou subdivisions militaires, les procureurs généraux près les cours royales, les procureurs du roi, les directeurs des contributions directes et indirectes, des domaines et enregistrement et des douanes dans les départemens, ne pourront être élus députés par le collége électoral d'un arrondissement compris en tout ou en partie dans le ressort de leurs fonctions. — Si, par démission ou autrement, les fonctionnaires ci-dessus quittaient leur emploi, ils ne seraient éligibles dans les départemens, arrondissemens ou ressorts dans lesquels ils ont exercé leurs fonctions, qu'après un délai de six mois à dater du jour de la cessation des fonctions.

TITRE VI.

DISPOSITIONS GÉNÉRALES.

65. En cas de vacances par option, décès, démission ou autrement, le collége électoral qui doit pourvoir à la vacance sera réuni dans le délai de quarante jours. Ce délai sera de deux mois pour le département de la Corse. — En cas d'élection, soit générale, soit partielle, l'intervalle entre la réception de l'ordonnance de convocation du collége au chef-lieu du département et l'ouverture du collége, sera de vingt jours au moins.

66. La Chambre des Députés a seule le droit de recevoir la démission d'un de ses membres.

67. Les députés ne reçoivent ni traitement ni indemnité.

68. Les dispositions de la présente loi sont applicables à la révision de la liste des jurés non électeurs établie par les articles 1 et 2 de la loi du 2 mai 1827. L. cr., 381 s.

69. Il sera formé, pour chaque arrondissement électoral, une liste des jurés non électeurs qui ont leur domicile réel dans cet arrondissement. — Le droit d'intervention des tiers relativement à cette liste appartient à tous les électeurs et à tous les jurés de l'arrondissement.

TABLEAU

TABLEAU

DU NOMBRE DE DÉPUTÉS À ÉLIRE PAR DÉPARTEMENT.

DÉPARTEMENS.	Nombre de députés.
Ain	5
Aisne	7
Allier	4
Alpes (Basses-)	2
Alpes (Hautes-)	2
Ardèche	4
Ardennes	4
Ariège	3
Aube	4
Aude	5
Aveyron	5
Bouches du-Rhône	6
Calvados	7
Cantal	4
Charente	5
Charente-Inférieure	7
Cher	4
Corrèze	4
Corse	2
Côte-d'Or	5
Côtes-du-Nord	6
Creuse	4
Dordogne	7
Doubs	5
Drôme	4
Eure	7
Eure-et-Loir	4
Finistère	6
Gard	5
Garonne (Haute-)	6
Gers	5
Gironde	9
Hérault	6
Ille-et-Vilaine	7
Indre	4
Indre-et-Loire	4
Isère	7
Jura	4
Landes	3
Loir-et-Cher	3
Loire	5
Loire (Haute-)	3
Loire-Inférieure	7
	210
REPORT	210
Loiret	5
Lot	5
Lot-et-Garonne	5
Lozère	3
Maine-et-Loire	7
Manche	8
Marne	6
Marne (Haute-)	4
Mayenne	5
Meurthe	6
Meuse	4
Morbihan	6
Moselle	6
Nièvre	4
Nord	12
Oise	5
Orne	7
Pas-de-Calais	8
Puy-de-Dôme	7
Pyrénées (Basses-)	5
Pyrénées (Hautes-)	3
Pyrénées-Orientales	3
Rhin (Bas-)	6
Rhin (Haut-)	5
Rhône	5
Saône (Haute-)	4
Saône et-Loire	7
Sarthe	7
Seine	14
Seine-Inférieure	11
Seine-et-Marne	5
Seine-et-Oise	7
Sèvres (Deux-)	4
Somme	7
Tarn	5
Tarn-et-Garonne	4
Var	5
Vaucluse	4
Vendée	5
Vienne	5
Vienne (Haute-)	5
Vosges	5
Yonne	5
TOTAUX	459

LOI

Sur la Liste civile.

(2 mars 1832.)

(Art. 8-16, 22-25, *thèse* n° 19.)

TITRE Ier.

SECTION II.

Conditions de la jouissance des biens formant la Dotation de la Couronne.

Art. 8. Les biens meubles et immeubles de la couronne sont inaliénables et imprescriptibles ; ils ne peuvent être par conséquent ni donnés, ni vendus, ni engagés, ni grevés d'hypothèques : néanmoins les objets inventoriés avec estimation, aux termes de l'article 6, pourront être aliénés, moyennant remplacement.

9 L'échange des biens composant la dotation de la couronne ne pourra être autorisé que par une loi.

10. Les biens de la couronne ni le trésor public ne seront jamais grevés des dettes des rois, non plus que des pensions par eux accordées.

11. La durée des baux, à moins qu'une loi ne l'autorise, n'excédera pas dix-huit années. Ils ne pourront être renouvelés plus de trois ans avant leur expiration.

12. Les forêts de la couronne seront soumises aux dispositions du Code forestier, en ce qui les concerne ; elles seront assujetties à un aménagement régulier. — Il ne pourra y être fait aucune coupe extraordinaire quelconque ni aucune coupe de quarts en réserve, ou de massifs réservés par l'aménagement pour croître en futaie, qu'en vertu d'une loi.

13. Les propriétés de la couronne ne seront pas soumises à l'impôt ; elles supporteront néanmoins toutes les charges communales et départementales. Afin de fixer leurs portions contributives dans ces charges, elles seront portées sur les rôles, et pour leurs revenus estimatifs, de la même manière que les propriétés privées.

14. Le roi pourra faire aux palais, bâtimens et domaines de la couronne, tous les changemens, additions ou démolitions qu'il jugera utiles à leur conservation et à leur embellissement.

15. L'entretien et les réparations de toute nature des meubles et immeubles de la couronne sont à la charge de la liste civile.

16. Sauf les conditions exprimées ci-dessus et celle de l'obligation de fournir caution, dont la jouissance du roi est affranchie, toutes les autres règles du droit civil régissent les propriétés de la couronne.

TITRE III,

DU DOMAINE PRIVÉ.

22. Le roi conservera la propriété des biens qui lui appartenaient avant son avénement au trône : ces biens et ceux qu'il acquerra à titre gratuit ou onéreux pendant son règne, composeront son domaine privé.

23. Le roi peut disposer de son domaine privé, soit par actes entre-vifs, soit par testament, sans être assujetti aux règles du Code civil qui limitent la quotité disponible.

24. Les propriétés du domaine privé seront, sauf l'exception portée en l'article précédent, soumises à toutes les lois qui régissent les autres propriétés. Elles seront cadastrées et imposées.

25. Il ne sera plus formé de domaine extraordinaire. En conséquence, tous les biens meubles et immeubles, acquis par droit de guerre ou par des traités patens ou secrets, appartiendront à l'État, sauf toutefois les objets qu'une loi donnerait à la couronne.

LOI

Sur le Recrutement de l'armée.

(21 mars 1832.)

(Art. 32, *thèse* n° 13.)

TITRE PREMIER.

DISPOSITIONS GÉNÉRALES.

Art. 1er. L'armée se recrute par des appels et des engagemens volontaires, conformément aux règles prescrites ci-après, titres II et III.

2. Nul ne sera admis à servir dans les troupes françaises, s'il n'est Français. — Tout individu né en France de parens étrangers sera soumis aux obligations imposées par la présente loi, immédiatement après qu'il aura été admis à jouir du bénéfice de l'article 9 du Code civil. — Sont exclus du service militaire, et ne pourront, à aucun titre, servir dans l'armée, — 1° Les individus qui ont été condamnés à une peine afflictive ou infamante; — 2° Ceux condamnés à une peine correctionnelle de deux ans d'emprisonnement et au dessus, et qui en outre ont été placés par le jugement de condamnation sous la surveillance de la haute police, et interdits des droits civiques, civils et de famille.

3. L'armée se compose, dans les proportions qui résultent des lois annuelles de finances et du contingent, — 1° De l'effectif entretenu sous les drapeaux; — 2° Des hommes qui sont laissés ou envoyés en congé dans leurs foyers.

TITRE II.

DES APPELS.

4. Le tableau de la répartition, entre les départemens, du nombre d'hommes à fournir, en vertu de la loi annuelle du contingent, pour les troupes de terre et de mer, sera annexé à ladite loi. — Le mode de cette répartition sera fixé par la même loi.

5. Le contingent assigné à chaque canton sera fourni par un tirage au sort entre les jeunes Français qui auront leur domicile légal dans le canton, et qui auront atteint l'âge de vingt ans révolus dans le courant de l'année précédente.

6. Seront considérés comme légalement domiciliés dans le canton, — 1° Les jeunes gens, même émancipés, engagés, établis au dehors, expatriés, absens ou détenus, si d'ailleurs leurs père, mère ou tuteur ont leur domicile dans une des communes du canton, ou s'ils sont fils d'un père expatrié qui avait son dernier domicile dans une desdites communes; — 2° Les jeunes gens mariés dont le père, ou la mère, à défaut de pere, sont domiciliés dans le canton, à moins qu'ils ne justifient de leur domicile reel dans un autre canton : — 3° Les jeunes gens mariés et domiciliés dans le canton, alors même que leur père ou leur mère n'y seraient pas domiciliés; — 4° Les jeunes gens nés et résidant dans le canton, qui n'auraient ni leur père, ni leur mère, ni tuteur; — 5° Les jeunes gens résidant dans le canton qui ne seraient dans aucun des cas précédens, et qui ne justifieraient pas de leur inscription dans un autre canton.

7. Seront, d'après la notoriété publique, considérés comme ayant l'âge requis pour le tirage, les jeunes gens qui ne pourront produire, ou n'auront pas produit avant le tirage, un extrait des registres de l'état civil, constatant un âge différent, ou qui, à défaut de registres, ne pourront prouver ou n'auront pas prouvé leur âge, conformément à l'article 46 du Code civil. — Ils suivront la chance du numéro qu'ils auront obtenu.

8. Les tableaux de recensement des jeunes gens du canton soumis au tirage d'après les règles précédentes, seront dressés par les maires : — 1° Sur la déclaration à laquelle seront tenus les jeunes gens, leurs parens ou tuteurs, — 2° D'office, d'après les registres de l'etat civil et tous autres documens ou renseignemens. — Ils seront ensuite publiés et affichés dans chaque commune et dans les formes prescrites par les articles 63 et 64 du Code civil. — Un avis publié dans les mêmes formes indiquera les lieu, jour et heure où il sera procédé à l'examen desdits tableaux et à la désignation, par le sort, du contingent cantonal.

9. Si, dans l'un des tableaux de recensement des années précédentes, des jeunes gens ont été omis, ils seront inscrits sur le tableau de l'année qui suivra celle où l'omission aura été découverte, à moins qu'ils n'aient trente ans accomplis.

10. Dans les cantons composés de plusieurs communes, l'examen des tableaux de recensement et le tirage au sort auront lieu au chef-lieu de canton, en séance publique, devant le sous-préfet, assisté des maires du canton. Dans les communes qui forment un ou plusieurs cantons, le sous-préfet sera assisté du maire et de ses adjoints. — Le tableau sera lu à haute voix. Les jeunes gens, leurs parens ou ayant-cause, seront entendus dans leurs observations. Le sous-préfet statuera, après avoir pris l'avis des maires. Le tableau rectifié, s'il y a lieu, et définitivement arrêté, sera revêtu de leurs signatures. — Dans les cantons composés de plusieurs communes, l'ordre dans lequel elles seront appelées pour le tirage sera, chaque fois, indiqué par le sort.

11. Le sous-préfet inscrira en tête de la liste du tirage les noms des jeunes gens qui se trouveront dans les cas prévus par le second paragraphe de l'article 38 ci-après. — Les premiers numéros leur seront attribués de droit : ces numéros seront en conséquence extraits de l'urne avant l'opération du tirage.

12. Avant de commencer l'opération du tirage, le sous-préfet comptera publiquement les numéros déposés dans l'urne ; et, après s'être assuré que ce nombre est égal à celui des jeunes gens appelés à y concourir, il en fera la déclaration à haute voix — Aussitôt après, chacun des jeunes gens appelés dans l'ordre du tableau prendra dans l'urne un numéro qui sera immédiatement proclamé et inscrit. Les parens des absens, ou, à leur défaut, le maire de leur commune, tireront à leur place. — L'opération du tirage achevée sera définitive : elle ne pourra, sous aucun prétexte, être recommencée, et chacun gardera le numéro qu'il aura tiré. — La liste, par ordre de numéros, sera dressée au fur et à mesure du tirage. Il y sera fait mention des cas et des motifs d'exemption ou de déduction que les jeunes gens ou leurs parens, ou les maires des communes se proposeront de faire valoir devant le conseil de révision dont il sera parlé ci-après. Le sous préfet y ajoutera ses observations. — La liste du tirage sera ensuite lue, arrêtée et signée de la même manière que le tableau de recensement, et annexée avec ledit tableau au procès-verbal des opérations. Elle sera publiée et affichée dans chaque commune du canton.

13. Seront exemptés et remplacés, dans l'ordre des numéros subséquens, les jeunes gens que leur numéro désignera pour faire partie du contingent, et qui se trouveront dans un des cas suivans, savoir : — 1° Ceux qui n'auront pas la taille d'un mètre cinquante-six centimètres ; — 2° Ceux que leurs infirmités rendront impropres au service ; — 3° L'aîné d'orphelins de père et de mère ; — 4° Le fils unique ou l'aîné des fils, ou, à défaut de fils ou de gendre, le petit-fils unique ou l'aîné des petits-fils d'une femme actuellement veuve, ou d'un père aveugle ou entré dans sa soixante-dixième année ; — Dans les cas prévus par les paragraphes ci-dessus notés 3° et 4°, le frère puîné jouira de l'exemption, si le frère aîné est aveugle ou atteint de toute autre infirmité incurable qui le rende impotent ; — 5° Le plus âgé des deux frères appelés à faire partie du même tirage, et désignés tous deux par le sort, si le plus jeune est reconnu propre au service ; — 6° Celui dont un frère sera sous les drapeaux à tout autre titre que pour remplacement ; — 7° Celui dont un frère sera mort en activité de service, ou aura été réformé ou admis à la retraite pour blessures reçues dans un service commandé, ou infirmités contractées dans les armées de terre ou de mer. — L'exemption accordée conformément aux nos 6 et 7 ci-dessus sera appliquée dans la même famille autant de fois que les mêmes droits s'y reproduiront. — Seront comptées néanmoins en déduction desdites exemptions les exemptions déjà accordées aux frères vivans, en vertu du présent article, à tout autre titre que pour infirmité. — Le jeune homme omis qui ne se sera pas présenté par lui ou ses ayant-cause pour concourir au tirage de la classe à laquelle il appartenait, ne pourra réclamer le bénéfice des exemptions indiquées par les nos 3, 4, 5, 6 et 7 du présent article, si les causes de ces exemptions ne sont survenues que postérieurement à la clôture des listes du contingent de sa classe.

14. Seront considérés comme ayant satisfait à l'appel et comptés numériquement en déduction du contingent à *former*, les jeunes gens désignés par leur numéro pour faire partie dudit contingent qui se trouveront dans l'un des *cas* suivans : — 1° Ceux qui seraient déjà liés au service, dans les armées de terre ou de mer, en vertu d'un engagement volontaire, d'un brevet ou d'une commission, sous la condition qu'ils seront, dans tous les cas, tenus d'accomplir le temps de service prescrit par la présente loi : — 2° Les jeunes marins portés sur les registres matricules de l'inscription maritime, conformément aux règles prescrites par les articles 1, 2, 3, 4 et 5 de la loi du 25 octobre 1795 (3 brumaire an IV), et les charpentiers de navire, perceurs, voiliers et calfats immatriculés, conformément à l'article 44 de ladite loi ; — 3° Les élèves de l'école Polytechnique, à condition qu'ils passeront, soit dans ladite école, soit dans les services publics, un temps égal à celui fixé par la présente loi pour le service militaire ; — 4° Ceux qui, étant membres de l'instruction publique, auraient contracté, avant l'époque déterminée pour le tirage au sort, et devant le conseil de l'université, l'engagement de se vouer à la carrière de l'enseignement : — La même disposition est applicable aux élèves de l'école normale centrale de Paris, à ceux de l'école dite *de jeunes de langue*, et aux professeurs des institutions royales des sourds-muets ; — 5° Les élèves des grands séminaires, régulièrement autorisés à continuer leurs études ecclésiastiques ; les jeunes gens autorisés à continuer leurs études pour se vouer au ministère dans les autres cultes salariés par l'État, sous la condition, pour les premiers, que, s'ils ne sont pas entrés dans les ordres majeurs à vingt-cinq ans accomplis ; et pour les seconds, que s'ils n'ont pas reçu la consécration dans l'année qui suivra celle où ils auraient pu *la recevoir*, ils seront tenus d'accomplir le temps de service prescrit par la présente loi ; — 6° Les jeunes gens qui auront remporté les grands prix de l'Institut ou de l'université. — Les jeunes gens désignés par leur numéro pour faire partie du contingent cantonal, et qui en auront été déduits conditionnellement en exécution des n°s 1, 3, 4 et 5 du présent article, lorsqu'ils cesseront de suivre la carrière en vue de laquelle ils auront été comptés en déduction du contingent, seront tenus d'en faire la déclaration au maire de leur commune dans l'année où ils auront cessé leurs services, fonctions ou études, et de retirer expédition de leur déclaration. — Faute par eux de faire cette déclaration, et de la soumettre au visa du préfet du département dans le délai d'un mois, ils seront passibles des peines prononcées par le premier paragraphe de l'article 38 de la présente loi. — Ils seront rétablis dans le contingent de leurs classes, sans déduction du temps écoulé depuis la cessation desdits services, fonctions ou études, jusqu'au moment de la déclaration.

15. Les opérations du recrutement seront revues, les réclamations auxquelles ces opérations auraient pu donner lieu seront entendues, et les causes d'exemption et de déduction seront jugées, en séance publique, par un conseil de révision composé : — Du préfet, président, ou, à son défaut, du conseiller de préfecture qu'il aura délégué ; — D'un conseiller de préfecture. — D'un membre du conseil général du département ; — D'un membre du conseil de l'arrondissement, tous trois à la désignation du préfet ; — D'un officier général ou supérieur désigné par le roi. — Un membre de l'intendance militaire assistera aux opérations du conseil de révision : il sera entendu toutes les fois qu'il le demandera, et pourra faire consigner ses observations aux registres des délibérations. — Le conseil de révision se transportera dans les divers cantons ; toutefois, suivant les localités, le préfet pourra réunir dans le même lieu plusieurs cantons pour les opérations du conseil. — Le sous-préfet, ou le fonctionnaire par lequel il aurait été suppléé pour les opérations du tirage, assistera aux séances que le conseil de révision tiendra dans l'étendue de son arrondissement. — Il y aura voix consultative.

16. Les jeunes gens qui, d'après leurs numéros, pourront être appelés à faire partie du contingent, seront convoqués, examinés et entendus par le conseil de révision. — S'ils ne se rendent point à la convocation, ou s'ils ne se font pas représenter, ou s'ils n'obtiennent pas un délai, il sera procédé comme s'ils étaient présens. — Dans les cas d'exemption pour infirmités, les gens de l'art seront consultés. — Les autres cas d'exemption ou de déduction seront jugés sur la production de documens authentiques, ou, à défaut de documens, sur des certificats signés de trois pères de famille domiciliés dans le même canton, *dont les fils sont soumis* à l'appel ou ont été appelés. Ces certificats devront en outre être signés et approuvés par le maire de la commune du réclamant.

17. Le conseil de révision statuera également sur les substitutions de numéros et les demandes de remplacement.

18. Les substitutions de numéros sur la liste cantonale pourront avoir lieu, si celui qui se présente à la place de l'appelé est reconnu propre au service par le conseil de révision.

19 Les jeunes gens compris définitivement dans le contingent cantonal pourront se faire remplacer — Le remplacement ne pourra avoir lieu qu'aux conditions suivantes : — Le remplaçant devra, — 1° Être libre de tout service et obligations imposées soit par la présente loi, soit par celle du 25 octobre 1795 sur l'inscription *maritime*; — 2° Être âgé de vingt à trente ans au plus, ou de vingt à trente-cinq, s'il a été militaire, ou de dix-huit à trente, s'il est frère du remplacé; — 3° N'être ni marié, ni veuf avec enfans; — 4° Avoir au moins la taille d'un mètre cinquante-six centimètres, s'il n'a pas déjà servi dans l'armée, et réunir les autres qualités requises pour faire un bon service; — 5° N'avoir pas été réformé du service militaire; — 6° Suivant sa position, être porteur des certificats spécifiés dans les articles 20 et 21 ci-après.

20. Le remplaçant produira un certificat délivré par le maire de la commune de son dernier domicile. Si le remplaçant ne compte pas au moins une année de séjour dans cette commune, il sera tenu d'en produire également un autre du maire de la commune ou des maires des communes où il aura été domicilié pendant le cours de cette année. — Les certificats devront contenir le signalement du remplaçant, et attester, — 1° La durée du temps pendant lequel il a été domicilié dans la commune; — 2° Qu'il jouit de ses droits civils; — 3° Qu'il n'a jamais été condamné à une peine correctionnelle pour vol, escroquerie, abus de confiance, ou attentat aux mœurs. — Dans le cas où le maire de la commune ne connaîtrait pas l'individu qui ferait la demande de ce certificat, il devra en constater légalement l'identité, et recueillir les preuves et témoignages qu'il jugera convenables pour arriver à la connaissance de la vérité.

21. Si le remplaçant a été militaire, outre le certificat du maire, il devra produire un certificat de bonne conduite du corps dans lequel il aura servi.

22. Le remplaçant sera admis par le conseil de révision du département dans lequel le remplacé a concouru au tirage.

23. Le remplacé sera, pour le cas de désertion, responsable de son remplaçant pendant un an, à compter du jour de l'acte passé devant le préfet. Il sera libéré si le remplaçant meurt sous les drapeaux, ou si, en cas de désertion, il est arrêté pendant l'année.

24. Les actes de substitution et de remplacement seront reçus par le préfet, dans les formes prescrites pour les actes administratifs. — Les stipulations particulières qui pourraient avoir lieu entre les contractans, à l'occasion des substitutions et remplacemens, seront soumises aux mêmes règles et formalités que tout autre contrat civil.

25. Hors les cas prévus ci-après,

articles 26 et 27, les décisions du conseil de révision seront définitives.

26. Lorsque les jeunes gens désignés par leur numéro pour faire partie du contingent cantonal auront fait des réclamations dont l'admission ou le rejet dépendra de la décision à intervenir sur des questions judiciaires relatives à leur état ou à leurs droits civils, des jeunes gens en pareil nombre, suivant l'ordre du tirage, seront désignés pour suppléer ces réclamans, s'il y a lieu. Ils ne seront appelés que dans les cas où, par l'effet des décisions judiciaires, les réclamans seraient définitivement libérés. Ces questions seront jugées contradictoirement avec le préfet, à la requête de la partie la plus diligente. — Les tribunaux statueront sans délai, le ministère public entendu, sauf appel.

27. La disposition de l'article précédent, relative aux jeunes gens appelés conditionnellement, sera également appliquée, lorsqu'aux termes de l'article 41 ci-après des jeunes gens auront été déférés aux tribunaux comme prévenus de s'être rendus impropres au service, lorsque le conseil de révision aura accordé un délai pour production de pièces justificatives, ou pour cas d'absence, lequel délai ne pourra excéder vingt jours.

28. Après que le conseil de révision aura statué sur les exemptions, déductions, substitutions, remplacemens, ainsi que sur toutes les réclamations auxquelles les opérations du recrutement auront pu donner lieu, la liste du contingent de chaque canton sera définitivement arrêtée et signée par le conseil de révision, et les noms inscrits seront proclamés. — Les jeunes gens qui, aux termes des articles 26 et 27, sont appelés les uns à défaut des autres ne seront inscrits sur la liste du contingent que conditionnellement et sous la réserve de leurs droits. — Le conseil déclarera ensuite que les jeunes gens qui ne sont pas inscrits sur cette liste, sont définitivement libérés. Cette déclaration, avec l'indication du dernier numéro compris dans le contingent cantonal, sera publiée et affichée dans chaque commune du canton. — Dès que les délais accordés en vertu de l'article 27 seront expirés, ou que les tribunaux auront statué en exécution des articles 26 et 41, le conseil prononcera de la même manière la libération des réclamans ou des jeunes gens conditionnellement désignés pour les suppléer. — Le conseil de révision ne pourra statuer ultérieurement sur les jeunes gens portés sur les listes du contingent que pour les demandes de substitutions et de remplacement. — La réunion de toutes les listes du contingent de chaque canton d'un même département formera la liste du contingent departemental.

29. Les jeunes gens définitivement appelés, ou ceux qui ont été admis à les remplacer, seront immédiatement répartis entre les corps de l'armée, et inscrits sur les registres-matricules des corps pour lesquels ils seront désignés. — Néanmoins, ils seront, d'après l'ordre de leurs numéros et les proportions déterminées par les lois annuelles du contingent, divisés en deux classes, composées, la première, de ceux qui devront être mis en activité, et la seconde de ceux qui seront laissés dans leurs foyers. — Les jeunes soldats compris dans la seconde classe ne pourront être mis en activité qu'en vertu d'une ordonnance royale.

30. La durée du service des jeunes soldats appelés sera de sept ans, qui compteront du 1er janvier de l'année où ils auront été inscrits sur les registres-matricules des corps de l'armée. — Le 31 décembre de chaque année, en temps de paix, les soldats qui auront achevé leur temps de service recevront leur congé définitif. — Ils le recevront en temps de guerre immédiatement après l'arrivée au corps du contingent destiné à les remplacer. — Lorsqu'il y aura lieu d'accorder des congés illimités, ils seront délivrés dans chaque corps aux militaires les plus anciens de service effectif sous les drapeaux, et de préférence à ceux qui les demanderont. — Les hommes laissés ou envoyés en congé pourront être soumis à des revues et à des exercices périodiques qui seront fixés par le ministre de la guerre.

TITRE III.

DES ENGAGEMENS ET RENGAGEMENS.

SECTION I.

Des Engagemens.

31. Il n'y aura dans les troupes françaises ni prime en argent, ni prix quelconque d'engagement.

32. Tout Français sera reçu à contracter un engagement volontaire aux conditions suivantes : — L'engagé volontaire devra, — 1° S'il entre dans l'armée de mer, avoir seize ans accomplis, sans être tenu d'avoir la taille prescrite par la loi, mais sous la condition qu'à l'âge de dix-huit ans il ne pourra être reçu s'il n'a pas cette taille; — 2° S'il entre dans l'armée de terre, avoir dix-huit ans accomplis et au moins la taille d'un mètre cinquante-six centimètres; — 3° Jouir de ses droits civils; — 4° N'être ni marié, ni veuf avec enfans; — 5° Être porteur d'un certificat de bonne vie et mœurs délivré dans les formes prescrites par l'article 20, et, s'il a moins de vingt ans, justifier du consentement de ses père, mère ou tuteur. — Ce dernier devra être autorisé par une délibération du conseil de famille. — Les conditions relatives, soit à l'aptitude militaire, soit à l'admissibilité dans les différens corps de l'armée, seront déterminées par des ordonnances du roi, insérées au Bulletin des Lois.

33. La durée de l'engagement volontaire sera de sept ans. — En cas de guerre, tout Français qui n'appartient à aucun contingent, et qui a satisfait à la loi du recrutement, pourra être admis à contracter un engagement volontaire de deux ans. Ces engagemens ne donneront pas lieu aux exemptions prononcées par les nos 6 et 7 de l'article 13 de la présente loi. — Dans aucun cas, les engagés volontaires ne pourront être envoyés en congé sans leur consentement.

34. Les engagemens volontaires seront contractés dans les formes prescrites par les articles 34, 35, 36, 37, 38, 39, 40, 42 et 44 du Code civil, devant les maires des chefs-lieux de canton. — Les conditions relatives à la durée des engagemens seront insérées dans l'acte même. — Les autres conditions seront lues aux contractans avant la signature, et mention en sera faite à la fin de l'acte; le tout sous peine de nullité.

35. L'état sommaire des engagemens volontaires de l'année précédente sera communiqué aux Chambres, lors de la présentation de la loi du contingent annuel.

SECTION II.

Des Rengagemens.

36. Les rengagemens pourront être reçus même pour deux ans, et ne pourront excéder la durée de cinq ans. — Les rengagemens ne pourront être reçus que pendant le cours de la dernière année de service dû par le contractant. A l'expiration de cette année, ils donneront droit à une haute-paie. — Les autres conditions seront déterminées par les ordonnances du roi insérées au Bulletin des Lois.

37. Les rengagemens seront contractés devant les intendans ou sous-intendans militaires, dans les formes prescrites par l'article 34, sur la preuve que le contractant peut rester ou être admis dans le corps pour lequel il se présente.

TITRE IV.

DISPOSITIONS PÉNALES.

38. Toutes fraudes ou manœuvres par suite desquelles un jeune homme aura été omis sur les tableaux de recensement, seront déférées aux tribunaux ordinaires, et punies d'un emprisonnement d'un mois à un an. — Le jeune homme omis, s'il a été condamné comme auteur ou complice desdites fraudes ou manœuvres, sera, à l'expiration de sa peine, inscrit sur la liste du tirage, ainsi que le prescrit l'article 11.

39. Tout jeune soldat qui aura reçu un ordre de route et ne sera point arrivé à sa destination au jour fixé par cet ordre, sera, après un mois de délai, et hors le cas de force majeure, puni, comme insoumis, d'un emprisonnement qui ne pourra être moindre d'un mois ni excéder une année. — L'insoumis sera jugé par le conseil de guerre de la division *militaire dans laquelle il aura été* arrêté. — Le temps pendant lequel le jeune soldat aura été insoumis, ne comptera pas en déduction des sept années de service exigées.

40. Quiconque sera reconnu coupable d'*avoir recélé ou d'avoir pris à* son service un insoumis, sera puni d'un emprisonnement qui ne pourra excéder six mois. Selon les circonstances, la peine pourra être réduite à une amende de vingt à deux cents francs. — Quiconque sera convaincu d'avoir favorisé l'évasion d'un insoumis, sera puni d'un emprisonnement d'un mois à un an. — La même peine sera prononcée contre ceux qui, par des manœuvres coupables, auraient empêché ou retardé le départ des jeunes soldats. — Si le délinquant est fonctionnaire public, employé du gouvernement, ou ministre d'un culte salarié par l'Etat, la peine pourra être portée jusqu'à deux années d'emprisonnement, et il sera, en outre, condamné à une amende qui ne pourra excéder deux mille francs.

41. Les jeunes gens appelés à faire partie du contingent de leur classe qui seront prévenus de s'être rendus impropres au service militaire, soit temporairement, soit d'une manière permanente, dans le but de se soustraire aux obligations imposées par la présente loi, seront déférés aux tribunaux par les conseils de révision, et, s'ils sont reconnus coupables, ils seront punis d'un emprisonnement d'un mois à un an. — Seront également déférés aux tribunaux, et punis de la même peine, les jeunes soldats qui, *dans l'intervalle de la clôture du contingent* de leur canton à leur mise en activité, se seront rendus coupables du même délit. — A l'expiration de leur peine, les uns et les autres seront à la disposition du ministre de la guerre *pour le temps que doit à l'Etat* la classe dont ils font partie. — La peine portée au présent article sera prononcée contre les complices. Si les complices sont des médecins, chirurgiens, officiers de santé, ou pharmaciens, la durée de l'emprisonnement sera de deux mois à deux ans, indépendamment d'une amende de deux cents *francs à mille francs* qui pourra être prononcée, et sans préjudice de peines plus graves, dans les cas prévus par le Code pénal.

42. Ne comptera pas pour les années de service exigées par la présente *loi, le temps passé dans l'état de dé*tention en vertu d'un jugement.

43. Toute substitution, tout remplacement effectué, soit en contravention des dispositions de la présente loi, soit au moyen de pièces fausses ou de manœuvres frauduleuses, sera déféré aux tribunaux, et, sur le jugement qui prononcerait la nullité de l'acte de substitution ou de remplacement, l'appelé sera tenu de rejoindre son corps, ou de fournir un remplaçant dans le délai d'un mois, à dater de la notification de ce jugement. — Quiconque aura sciemment concouru à la substitution ou au remplacement frauduleux, comme auteur ou complice, sera puni d'un emprisonnement de trois mois à deux ans, sans préjudice de peines plus graves en cas de faux.

44. Tout fonctionnaire ou officier public, civil ou militaire, qui, sous quelque prétexte que ce soit, aura autorisé ou admis des exemptions, déductions ou exclusions autres que celles déterminées par la présente loi, ou qui aura donné arbitrairement une extension quelconque, soit à la durée, soit aux règles ou conditions des appels, des engagemens ou des rengagemens, sera coupable d'abus d'autorité, et puni des peines portées dans l'article 185 du Code pénal, sans préjudice des peines plus graves prononcées par ce Code dans les autres cas qu'il a prévus.

45. Les médecins, chirurgiens ou officiers de santé qui, appelés au conseil de révision à l'effet de donner leur avis conformément à l'article 16, auront *reçu des dons ou agréé des pro*messes pour être favorables aux jeunes gens qu'ils doivent examiner, seront punis d'un emprisonnement de deux mois à deux ans. — Cette peine leur sera appliquée, soit qu'au moment des dons ou promesses ils aient déjà été désignés pour assister au conseil, soit que les dons ou promesses aient été agréés dans la prévoyance des fonctions qu'ils auraient à y remplir. — Il leur est défendu, sous la même peine, de rien recevoir, même pour une réforme justement prononcée.

46. Dans tous les cas non prévus par les dispositions précédentes, les tribunaux civils et militaires, dans les limites de leur compétence, appliqueront les lois pénales ordinaires aux délits auxquels pourra donner lieu l'exécution du mode de recrutement déterminé par la présente loi. — Pour les délits militaires, les juges pourront user de la faculté énoncée en l'article 595 du Code d'Instruction criminelle. — Dans tous les cas où la peine d'emprisonnement est prononcée par la présente loi, les juges pourront, suivant les circonstances, user de la faculté exprimée dans l'article 463 du Code pénal.

DISPOSITIONS PARTICULIÈRES.

47. Les jeunes gens appelés au service en exécution de la présente loi recevront, dans le corps auquel ils seront attachés, et autant que le service militaire le permettra, l'instruction prescrite pour les écoles primaires.

48. Nul ne sera admis, avant l'âge de trente ans accomplis, à un emploi civil ou militaire, s'il ne justifie qu'il a satisfait aux obligations imposées par la présente loi.

DISPOSITIONS TRANSITOIRES.

49. Le Français dont un frère est mort ou aura reçu des blessures qui le rendent incapable de servir dans l'armée, en combattant pour la liberté dans les journées de juillet 1830, jouira de l'exemption accordée par l'article 13 n° 7, de la présente loi, à celui dont le frère est mort en activité de service, ou a été admis à la retraite pour blessures reçues dans un service commandé.

50. Toutes les dispositions des lois et décrets antérieurs à la présente loi relatives au recrutement de l'armée sont et demeurent abrogées.

LOI

Sur la Contrainte par corps.

(17 avril 1832.)

(La loi entière, *thèse n°* 116. — Tit. 3, art. 14-18, *thèse n°* 1.)

TITRE PREMIER.

DISPOSITIONS RELATIVES A LA CONTRAINTE PAR CORPS EN MATIÈRE DE COMMERCE.

Art. **1er.** La contrainte par corps sera prononcée, sauf les exceptions et les modifications ci-après, contre toute personne condamnée pour dette commerciale au paiement d'une somme principale de deux cents francs et au-dessus.

2. Ne sont point soumis à la contrainte par corps en matière de commerce,

1° Les femmes et les filles non légalement réputées marchandes publiques.

2° Les mineurs non commerçans, ou qui ne sont point réputés majeurs pour fait de leur commerce;

3° Les veuves et héritiers des justiciables des tribunaux de commerce assignés devant ces tribunaux en reprise d'instance, ou par action nouvelle, en raison de leur qualité.

3. Les condamnations prononcées par les tribunaux de commerce contre des individus non négocians, pour signatures apposées, soit à des lettres de change réputées simples promesses aux termes de l'article 112 du Code de commerce, soit à des billets à ordre, n'emportent point la contrainte par corps, à moins que ces signatures et engagemens n'aient eu pour cause des opérations de commerce, trafic, change, banque ou courtage.

4. La contrainte par corps, en matière de commerce, ne pourra être prononcée contre les débiteurs qui auront commencé leur soixante-et-dixième année.

5. L'emprisonnement pour dette commerciale cessera de plein droit après un an, lorsque le montant de la condamnation principale ne s'élèvera pas à cinq cents francs;

Après deux ans, lorsqu'il ne s'élèvera pas à mille francs;

Après trois ans, lorsqu'il ne s'élèvera pas à trois mille francs;

Après quatre ans, lorsqu'il ne s'élèvera pas à cinq mille francs;

Après cinq ans, lorsqu'il sera de cinq mille francs et au-dessus.

6. Il cessera pareillement de plein droit le jour où le débiteur aura commencé sa soixante-et-dixième année.

TITRE II.

DISPOSITIONS RELATIVES À LA CONTRAINTE PAR CORPS EN MATIÈRE CIVILE.

SECTION I.

Contrainte par corps en matière civile ordinaire.

7. Dans tous les cas où la contrainte par corps a lieu en matière civile ordinaire, la durée en sera fixée par le jugement de condamnation; elle sera d'un an au moins et de dix ans au plus.

Néanmoins, s'il s'agit de fermages de biens ruraux aux cas prévus par l'article 2062 du Code civil, ou de l'exécution des condamnations intervenues dans le cas où la contrainte par corps n'est pas obligée, et où la loi attribue seulement aux juges la faculté de la prononcer, la durée de la contrainte ne sera que d'un an au moins et de cinq ans au plus.

SECTION II.

Contrainte par corps en matière de deniers et effets mobiliers publics.

8. Sont soumis à la contrainte par corps, pour raison du reliquat de leurs comptes, déficit ou débet constatés à leur charge, et dont ils ont été déclarés responsables,

1° Les comptables de deniers publics ou d'effets mobiliers publics, et leurs cautions;

2° Leurs agens ou préposés qui ont personnellement géré ou fait la recette;

3° Toutes personnes qui ont perçu des deniers publics dont elles n'ont point effectué le versement ou l'emploi, ou qui, ayant reçu des effets mobiliers appartenant à l'État, ne les représentent pas, ou ne justifient pas de l'emploi qui leur avait été prescrit.

9. Sont compris dans les dispositions de l'article précédent : les comptables chargés de la perception des deniers ou de la garde et de l'emploi des effets mobiliers appartenant aux communes, aux hospices et aux établissemens publics, ainsi que leurs cautions et leurs agens et préposés ayant personnellement géré ou fait la recette.

10. Sont également soumis à la contrainte par corps,

1° Tous entrepreneurs, fournisseurs, soumissionnaires et traitans qui ont passé des marchés ou traités intéressant l'État, les communes, les établissemens de bienfaisance et autres établissemens publics, et qui sont déclarés débiteurs par suite de leurs entreprises;

2° Leurs cautions, ainsi que leurs agens et préposés qui ont personnellement géré l'entreprise, et toutes personnes déclarées responsables des mêmes services.

11. Seront encore soumis à la contrainte par corps, tous redevables, débiteurs et cautions de droits de douanes, d'octrois et autres contributions indirectes, qui ont obtenu un crédit et qui n'ont pas acquitté à échéance le montant de leurs soumissions ou obligations.

12. La contrainte par corps pourra être prononcée, en vertu des quatre articles précédens, contre les femmes et les filles.

Elle ne pourra l'être contre les septuagénaires.

13. Dans les cas énoncés dans la présente section, la contrainte par corps n'aura jamais lieu que pour une somme principale excédant trois cents francs.

Sa durée sera fixée dans les limites de l'article 7 de la présente loi, paragraphe premier.

TITRE III.

DISPOSITIONS RELATIVES À LA CONTRAINTE PAR CORPS CONTRE LES ÉTRANGERS.

14. Tout jugement qui interviendra

au profit d'un Français contre un étranger non domicilié en France, emportera la contrainte par corps, à moins que la somme principale de la condamnation ne soit inférieure à cent cinquante francs, sans distinction entre les dettes civiles et les dettes commerciales.

15. Avant le jugement de condamnation, mais après l'échéance ou l'exigibilité de la dette, le président du tribunal de première instance dans l'arrondissement duquel se trouvera l'étranger non domicilié, pourra, s'il y a de suffisans motifs, ordonner son arrestation provisoire, sur la requête du créancier français.

Dans ce cas, le créancier sera tenu de se pourvoir en condamnation dans la huitaine de l'arrestation du débiteur, faute de quoi celui-ci pourra demander son élargissement.

La mise en liberté sera prononcée par ordonnance de référé, sur une assignation donnée au créancier par l'huissier que le président aura commis dans l'ordonnance même qui autorisait l'arrestation, et, à défaut de cet huissier, par tel autre qui sera commis spécialement.

16. L'arrestation provisoire n'aura pas lieu ou cessera, si l'étranger justifie qu'il possède sur le territoire français un établissement de commerce ou des immeubles, le tout d'une valeur suffisante pour assurer le paiement de la dette, ou s'il fournit pour caution une personne domiciliée en France et reconnue solvable.

17. La contrainte par corps exercée contre un étranger en vertu de jugement pour dette civile ordinaire, ou pour dette commerciale, cessera de plein droit après deux ans, lorsque le montant de la condamnation principale ne s'élèvera pas à cinq cents francs;

Après quatre ans, lorsqu'il ne s'élèvera pas à mille francs;

Après six ans, lorsqu'il ne s'élèvera pas à trois mille francs;

Après huit ans, lorsqu'il ne s'élèvera pas à cinq mille francs;

Après dix ans, lorsqu'il sera de cinq mille francs et au-dessus.

S'il s'agit d'une dette civile pour laquelle un Français serait soumis à la contrainte par corps, les dispositions de l'article 7 seront applicables aux étrangers, sans que toutefois le minimum de la contrainte puisse être au dessous de deux ans.

18. Le débiteur étranger, condamné pour dette commerciale jouira du bénéfice des articles 4 et 6 de la présente loi. En conséquence, la contrainte par corps ne sera point prononcée contre lui, ou elle cessera dès qu'il aura commencé sa soixante-et-dixième année.

Il en sera de même à l'égard de l'étranger condamné pour dette civile, le cas de stellionat excepté.

La contrainte par corps ne sera pas prononcée contre les étrangères pour dettes civiles, sauf aussi le cas de stellionat, conformément au premier paragraphe de l'article 2066 du Code civil, qui leur est déclaré applicable.

TITRE IV.

DISPOSITIONS COMMUNES AUX TROIS TITRES PRÉCÉDENS.

19. La contrainte par corps n'est jamais prononcée contre le débiteur au profit,

1° De son mari ni de sa femme;

2° De ses ascendans, descendans, frères ou sœurs, ou alliés au même degré.

Les individus mentionnés dans les deux paragraphes ci-dessus, contre lesquels il serait intervenu des jugemens de condamnation par corps, ne pourront être arrêtés en vertu desdits jugemens : s'ils sont détenus, leur élargissement aura lieu immédiatement après la promulgation de la présente loi.

20. Dans les affaires où les tribunaux civils ou de commerce statuent en dernier ressort, la disposition de leur jugement relative à la contrainte par corps sera sujette à l'appel; cet appel ne sera pas suspensif.

21. Dans aucun cas, la contrainte par corps ne pourra être exécutée contre le mari et contre la femme simultanément pour la même dette.

22. Tout huissier, garde du com-

merer ou exécuteur des mandemens de justice, qui, lors de l'arrestation d'un débiteur, se refuserait à le conduire en référé devant le président du tribunal de première instance, aux termes de l'article 786 du Code de procédure civile, sera condamné à mille francs d'amende, sans préjudice des dommages-intérêts.

23. Les frais liquidés que le débiteur doit consigner ou payer pour empêcher l'exercice de la contrainte par corps, ou pour obtenir son élargissement, conformément aux articles 798 et 800, paragraphe 2, du Code de procédure, ne seront jamais que les frais de l'instance, ceux de l'expédition et de la signification du jugement et de l'arrêt s'il y a lieu, ceux enfin de l'exécution relative à la contrainte par corps seulement.

24. Le débiteur, si la contrainte par corps n'a pas été prononcée pour dette commerciale, obtiendra son élargissement en payant ou consignant le tiers du principal de la dette et de ses accessoires, et en donnant pour le surplus une caution acceptée par le créancier, ou reçue par le tribunal civil dans le ressort duquel le débiteur sera détenu.

25. La caution sera tenue de s'obliger solidairement avec le débiteur à payer, dans un délai qui ne pourra excéder une année, les deux tiers qui resteront dus.

26. A l'expiration du délai prescrit par l'article précédent, le créancier, s'il n'est pas intégralement payé, pourra exercer de nouveau la contrainte par corps contre le débiteur principal, sans préjudice de ses droits contre la caution.

27. Le débiteur qui aura obtenu son élargissement de plein droit après l'expiration des délais fixés par les articles 5, 7, 13 et 17 de la présente loi, ne pourra plus être détenu ou arrêté pour dettes contractées antérieurement à son arrestation et échues au moment de son élargissement, à moins que ces dettes n'entraînent par leur nature et leur quotité une contrainte plus longue que celle qu'il aura subie, et qui, dans ce dernier cas, lui sera toujours comptée pour la durée de la nouvelle incarcération.

28. Un mois après la promulgation de la présente loi, la somme destinée à pourvoir aux alimens des détenus pour dettes devra être consignée d'avance et pour trente jours au moins.

Les consignations pour plus de trente jours ne vaudront qu'autant qu'elles seront d'une seconde ou de plusieurs périodes de trente jours.

29. A compter du même délai d'un mois, la somme destinée aux alimens sera de trente francs à Paris, et de vingt-cinq francs dans les autres villes, pour chaque période de trente jours.

30. En cas d'élargissement, faute de consignation d'alimens, il suffira que la requête présentée au président du tribunal civil, soit signée par le débiteur détenu et par le gardien de la maison d'arrêt pour dettes, ou même certifiée véritable par le gardien, si le détenu ne sait pas signer.

Cette requête sera présentée en *duplicata* : l'ordonnance du président, aussi rendue par *duplicata*, sera exécutée sur l'une des minutes qui restera entre les mains du gardien; l'autre minute sera déposée au greffe du tribunal, et enregistrée *gratis*.

31. Le débiteur élargi faute de consignation d'alimens ne pourra plus être incarcéré pour la même dette.

32. Les dispositions du présent titre et celles du Code de procédure civile sur l'emprisonnement auxquelles il n'est pas dérogé par la présente loi, sont applicables à l'exercice de toutes contraintes par corps, soit pour dettes commerciales, soit pour dettes civiles, même pour celles qui sont énoncées à la deuxième section du titre II ci-dessus, et enfin à la contrainte par corps qui est exercée contre les étrangers.

Néanmoins, pour les cas d'arrestation provisoire, le créancier ne sera pas tenu de se conformer à l'article 780 du Code de procédure, qui prescrit une signification et un commandement préalable.

TITRE V.

DISPOSITIONS RELATIVES A LA CONTRAINTE PAR CORPS EN MATIÈRE CRIMINELLE, CORRECTIONNELLE ET DE POLICE.

33. Les arrêts, jugemens et exécutoires portant condamnation au profit de l'État, à des amendes, restitutions, dommages-intérêts et frais en matière criminelle, correctionnelle ou de police, ne pourront être exécutés par la voie de la contrainte par corps que cinq jours après le commandement qui sera fait aux condamnés, à la requête du receveur de l'enregistrement et des domaines.

Dans le cas où le jugement de condamnation n'aurait pas été précédemment signifié au débiteur, le commandement portera en tête un extrait de ce jugement, lequel contiendra le nom des parties et le dispositif.

Sur le vu du commandement et sur la demande du receveur de l'enregistrement et des domaines, le procureur du roi adressera les réquisitions nécessaires aux agens de la force publique et autres fonctionnaires chargés de l'exécution des mandemens de justice.

Si le débiteur est détenu, la recommandation pourra être ordonnée immédiatement après la notification du commandement.

34. Les individus contre lesquels la contrainte par corps aura été mise à exécution aux termes de l'article précédent, subiront l'effet de cette contrainte jusqu'à ce qu'ils aient payé le montant des condamnations, ou fourni une caution admise par le receveur des domaines, ou, en cas de contestation de sa part, déclarée bonne et valable par le tribunal civil de l'arrondissement.

La caution devra s'exécuter dans le mois, à peine de poursuites.

35. Néanmoins les condamnés qui justifieront de leur insolvabilité, suivant le mode prescrit par l'article 420 du Code d'instruction criminelle, seront mis en liberté après avoir subi quinze jours de contrainte, lorsque l'amende et les autres condamnations pécuniaires n'excéderont pas quinze francs; un mois, lorsqu'elles s'élèveront de quinze à cinquante francs; deux mois, lorsque l'amende et les autres condamnations s'élèveront de cinquante à cent francs; et quatre mois, lorsqu'elles excéderont cent francs.

36. Lorsque la contrainte par corps aura cessé en vertu de l'article précédent, elle pourra être reprise, mais une seule fois, et quant aux restitutions, dommages et intérêts et frais seulement, s'il est jugé contradictoirement avec le débiteur qu'il lui est survenu des moyens de solvabilité.

37. Dans tous les cas, la contrainte par corps exercée en vertu de l'article 33 est indépendante des peines prononcées contre les condamnés.

38. Les arrêts et jugemens contenant des condamnations en faveur des particuliers pour réparations de crimes, délits ou contraventions, commis à leur préjudice, seront, à leur diligence, signifiés et exécutés suivant les mêmes formes et voies de contrainte que les jugemens portant des condamnations au profit de l'État.

Toutefois les parties poursuivantes seront tenues de pourvoir à la consignation d'alimens, aux termes de la présente loi, lorsque la contrainte aura lieu à leur requête et dans leur intérêt.

39. Lorsque la condamnation prononcée n'excédera pas trois cents francs, la mise en liberté des condamnés, arrêtés ou détenus à la requête et dans l'intérêt des particuliers ne pourra avoir lieu, en vertu des articles 34, 35 et 36, qu'autant que la validité des cautions ou l'insolvabilité des condamnés auront été, en cas de contestation, jugées contradictoirement avec le créancier.

La durée de la contrainte sera déterminée par le jugement de condamnation dans les limites de six mois à cinq ans.

40. Dans tous les cas et quand bien même l'insolvabilité du débiteur pourrait être constatée, si la condamnation prononcée, soit en faveur d'un particulier, soit en faveur de l'État, s'élève à trois cents francs, la durée de la contrainte sera déterminée par le jugement de condamnation dans les limites fixées par l'article 7 de la présente loi.

Néanmoins, si le débiteur a commencé sa soixante-et-dixième année avant le jugement, les juges pourront réduire le minimum à six mois, et ils ne pourront dépasser un maximum de cinq ans.

S'il atteint sa soixante-et-dixième année pendant la durée de la contrainte, sa détention sera de plein droit réduite à la moitié du temps qu'elle avait encore à courir aux termes du jugement.

41. Les articles 19, 21 et 22 de la présente loi, sont applicables à la contrainte par corps exercée par suite des condamnations criminelles, correctionnelles et de police.

TITRE VI.

DISPOSITIONS TRANSITOIRES.

42. Un mois après la promulgation de la présente loi, tous débiteurs actuellement détenus pour dettes civiles ou commerciales obtiendront leur élargissement, s'ils ont commencé leur soixante-et-dixième année, à l'exception toutefois des stellionataires, à l'égard desquels il n'est nullement dérogé au Code civil.

43. Après le même délai d'un mois, les individus actuellement détenus pour dettes civiles emportant contrainte par corps obtiendront leur élargissement, si cette contrainte a duré dix ans, dans les cas prévus au premier paragraphe de l'article 7, et si cette contrainte a duré cinq ans, dans les cas prévus au deuxième paragraphe du même article, comme encore si elle a duré dix ans, et s'ils sont détenus comme débiteurs ou rétentionnaires de deniers ou effets mobiliers de l'État, des communes et des établissemens publics.

44. Deux mois après la promulgation de la présente loi, les étrangers actuellement détenus pour dettes, et dont l'emprisonnement aura duré dix ans, obtiendront également leur élargissement.

45. Les individus actuellement détenus pour amendes, restitutions et frais, en matière correctionnelle et de police, seront admis à jouir du bénéfice des articles 35, 39 et 40, savoir : les condamnés à quinze francs et au dessous, dans la huitaine; et les autres, dans la quinzaine de la promulgation de la présente loi.

Dispositions générales.

46. Les lois du 15 germinal an VI, du 4 floréal de la même année et du 10 septembre 1807, sont abrogées. Sont également abrogées, en ce qui concerne la contrainte par corps, toutes dispositions de lois antérieures relatives aux cas où cette contrainte peut être prononcée contre les débiteurs de l'État, des communes et des établissemens publics. Néanmoins celle de ces dispositions qui concerne le mode des poursuites à exercer contre ces mêmes débiteurs, et celle du titre XIII du Code forestier, de la Loi sur la pêche fluviale, ainsi que les dispositions relatives au bénéfice de cession, sont maintenues et continueront d'être exécutées.

LOI

Relative aux Corps détachés de la Garde nationale.

(19 avril 1832.)

ART. 1er. Lorsqu'en vertu des articles 139 et 140 de la loi du 22 mars 1831, la garde nationale devra fournir des corps détachés, la répartition entre les départemens, arrondissemens ou cantons, aura lieu proportionnellement à la force des classes appelées à la mobilisation.

2. Aussitôt après la promulgation de la présente loi, il sera formé, par les soins du sous-préfet, par commune et pour chaque canton, d'après les contrôles du service ordinaire et de la réserve de chaque commune, un tableau général des citoyens mobilisables, inscrits par rang d'âge et par classes, telles que les définit l'art. 143 de la loi du 22 mars 1831. — Chaque année, au mois de janvier, ce tableau sera complété et rectifié, d'après les éliminations et accroissemens annuels des diverses classes mobilisables.

3. Les attributions que la loi du 22 mars 1831 a dévolues aux jurys de révision pour l'exécution du titre IV, sont transportées aux conseils de révision; ils les réuniront aux autres attributions qui leur ont été conférées par ladite loi.

4. Il y aura, par arrondissement de sous-préfecture, un conseil de révision, composé comme il suit :

Président. Au chef-lieu du département : le préfet ou un conseiller de préfecture délégué par lui; au chef-lieu de tout autre arrondissement, le sous-préfet.

Membres. Deux membres du conseil général, ou du conseil de l'arrondissement, désignés par le préfet. — L'officier général commandant la subdivision militaire, ou l'officier supérieur délégué par lui. — L'officier le plus élevé en grade dans la garde nationale.

5. Le contingent de chaque canton formera, suivant sa force, une ou plusieurs compagnies ou subdivisions de compagnie; celui de l'arrondissement formera un ou plusieurs bataillons ou subdivisions de bataillon. Dans ce dernier cas, les subdivisions seront agglomérées dans leurs départemens respectifs. — Une ordonnance du roi désignera les arrondissemens et les cantons qui doivent former les bataillons; un arrêté du préfet désignera les cantons et les communes qui doivent former les compagnies, d'après la force des gardes nationales à mobiliser.

6. Toutes les dispositions des lois et ordonnances contraires à la présente loi sont et demeurent abrogées.

LOI

Sur les Étrangers réfugiés en France.

(21 avril 1832.)

Art. 1er. Le Gouvernement est autorisé à réunir dans une ou plusieurs villes qu'il désignera, les étrangers réfugiés qui résideront en France.

2. Le gouvernement pourra les astreindre à se rendre dans celle de ces villes qui leur sera indiquée; il pourra leur enjoindre de sortir du royaume, s'ils ne se rendent pas à cette destination, ou s'il juge leur présence susceptible de troubler l'ordre et la tranquillité publique.

3. La présente loi ne pourra être appliquée aux étrangers réfugiés qu'en vertu d'un ordre signé par un ministre.

4. La présente loi ne sera en vigueur que pendant une année, à compter du jour de sa promulgation. (1)

---

(1) LOI 1er MAI 1834.

Art. 1er. La loi du 21 avril 1832, relative aux réfugiés étrangers, est prorogée jusqu'à la fin de la session de 1836.

2. Tout réfugié étranger qui n'obéira pas à l'ordre qu'il aura reçu de sortir du royaume, conformément à l'article 2 de ladite loi, ou qui, ayant été expulsé, rentrera sans autorisation, sera puni d'un emprisonnement d'un mois à six mois. — Toutefois le tribunal pourra, s'il y a lieu, appliquer les dispositions de l'article 463 du Code pénal. — Cette peine sera appliquée, dans le premier cas, par le tribunal de police correctionnelle du lieu où le réfugié avait sa résidence quand il a reçu l'ordre de sortir; et, dans le second cas, par le tribunal de police correctionnelle du lieu où le réfugié aura été arrêté.

LOI 24 JUILLET 1839.

Art. 1er. Les lois des 21 avril 1832, et 1er mai 1834, relatives aux étrangers réfugiés, sont prorogées jusqu'à la fin de 1840. (A la fin de 1842. L. 22 juin 1841.)

ORDONNANCE

Relative aux Sommes consignées par les Parties civiles pour Frais de procédure.

(28 juin 1832.)

Art. 1er. Il sera tenu, sous la surveillance de nos procureurs près les cours et tribunaux et des juges de paix, par les greffiers, un registre dans lequel sera ouvert pour chaque affaire un compte particulier aux parties civiles qui auront consigné le montant présumé des frais de la procédure.

2. Sur ce registre, qui sera coté et paraphé par nos procureurs et par les juges de paix, les greffiers porteront exactement les sommes reçues et payées.

3. Dans tous les cas, les sommes non employées et qui seront restées entre les mains du greffier seront remises par lui, sur simple récépissé, à la partie civile, lorsque l'affaire sera terminée par une décision qui, à l'égard de cette partie civile, aura force de chose jugée.

4. Quant aux sommes qui auront servi à solder les frais dans les affaires soumises au jury, la partie civile qui n'aura pas succombé fournira, pour en obtenir le remboursement, un mémoire en triple expédition, revêtu des formalités prescrites par les art. 138, 139, 140, 148, 152 et 153 du règlement du 18 juin 1811. Ce mémoire sera payé, comme les autres frais de justice criminelle, par les receveurs de l'enregistrement et des domaines.

5. A l'expiration de chaque année, les greffiers adresseront, par l'intermédiaire de nos procureurs près les cours et tribunaux, à notre ministre de la justice, un compte sommaire tant des sommes consignées entre leurs mains que de celles qu'ils auront employées, ou qui auront été restituées aux parties civiles.

LOI

Sur l'Organisation des Conseils généraux de département et des Conseils d'arrondissement.

(22 juin 1833.)

TITRE PREMIER.

FORMATION DES CONSEILS GÉNÉRAUX.

Art. 1er. Il y a dans chaque département un conseil général.

2. Le conseil général est composé d'autant de membres qu'il y a de cantons dans le département, sans pouvoir toutefois excéder le nombre trente.

3. Un membre du conseil général est élu dans chaque canton par une assemblée électorale composée des électeurs et des citoyens portés sur la liste du jury : si leur nombre est au-dessous de cinquante, le complément sera formé par l'appel des citoyens les plus imposés. — Dans les départemens qui ont plus de trente cantons, des réunions de cantons seront opérées conformément au tableau ci-annexé, de telle sorte que le département soit divisé en trente circonscriptions électorales. — Les électeurs, les citoyens inscrits sur la liste du jury, et les plus imposés portés sur la liste complémentaire dans chacun des cantons réunis, formeront une seule assemblée électorale.

4. Nul ne sera éligible au conseil général de département s'il ne jouit des droits civils et politiques ; si, au jour

---

2. Toutefois, les étrangers qui auront demeuré en France ou servi sous les drapeaux, pendant cinq années, et qui n'auront subi aucune condamnation criminelle ou correctionnelle, pourront, en donnant avis préalable de leur déplacement au préfet du département, changer de résidence sans l'autorisation du gouvernement.

Cette autorisation continuera de leur être nécessaire pour résider dans le département de la Seine et dans un rayon de seize myriamètres de la frontière des Pyrénées.

de son élection, il n'est âgé de vingt-cinq ans, et s'il ne paie, depuis un an au moins, deux cents fr. de contributions directes dans le département. — Toutefois si, dans un arrondissement de sous-préfecture, le nombre des éligibles n'est pas sextuple du nombre des conseillers de département qui doivent être élus par les cantons ou circonscriptions électorales de cet arrondissement, le complément sera formé par les plus imposés.

5. Ne pourront être nommés membre des conseils généraux : — 1° Les préfets, sous-préfets, secrétaires généraux et conseillers de préfecture ; — 2° Les agens et comptables employés à la recette, à la perception ou au recouvrement des contributions, et au paiement des dépenses publiques de toute nature ; — 3° Les ingénieurs des ponts et chaussées et les architectes actuellement employés par l'administration dans le département ; — 4° Les agens forestiers en fonctions dans le département et les employés des bureaux des préfectures et sous-préfectures. 23.

6. Nul ne peut être membre de plusieurs conseils généraux.

7. Lorsqu'un membre du conseil général aura manqué à deux sessions consécutives sans excuses légitimes ou empêchement admis par le conseil, il sera considéré comme démissionnaire, et il sera procédé à une nouvelle élection, conformément à l'article 11.

8. Les membres des conseils généraux sont nommés pour *neuf* ans ; ils sont renouvelés par *tiers* tous les *trois* ans, et sont indéfiniment rééligibles. — A la session qui suivra la première élection des conseils généraux, le conseil général divisera les cantons ou circonscriptions électorales du département en trois séries, en répartissant, autant qu'il sera possible, dans une proportion égale, les cantons ou circonscriptions électorales de chaque arrondissement dans chacune des séries. Il sera procédé à un tirage au sort pour régler l'ordre de renouvellement entre les séries. Ce tirage se fera par le préfet en conseil de préfecture et en séance publique.

9. La dissolution d'un conseil général peut être prononcée par le roi ; en ce cas, il est procédé à une nouvelle élection avant la session annuelle, et au plus tard dans le délai de trois mois, à dater du jour de la dissolution.

10. Le conseiller de département élu dans plusieurs cantons ou circonscriptions électorales sera tenu de déclarer son option au préfet dans le mois qui suivra les élections entre lesquelles il doit opter. A défaut d'option dans ce délai, le préfet, en conseil de préfecture et en séance publique, décidera par la voie du sort à quel canton ou circonscription électorale le conseiller appartiendra. — Il sera procédé de la même manière lorsqu'un citoyen aura été élu à la fois membre du conseil général et membre d'un ou plusieurs conseils d'arrondissement.

11. En cas de vacance par option, décès, démission, perte des droits civils ou politiques, l'assemblée électorale qui doit pourvoir à la vacance sera réunie dans le délai de deux mois.

TITRE II.

RÈGLES DE LA SESSION DES CONSEILS GÉNÉRAUX.

12. Un conseil général ne peut se réunir s'il n'a été convoqué par le préfet en vertu d'une ordonnance du Roi, qui détermine l'époque et la durée de la session. — Au jour indiqué pour la réunion du conseil général, le préfet donnera lecture de l'ordonnance de convocation, recevra le serment des conseillers nouvellement élus, et déclarera au nom du Roi que la session est ouverte. — Les membres nouvellement élus, qui n'ont pas assisté à l'ouverture de la session, ne prennent séance qu'après avoir prêté serment entre les mains du président du conseil général. — Le conseil, formé sous la présidence du doyen d'âge, le plus jeune faisant les fonctions de secrétaire, nommera au scrutin et à la majorité absolue des voix, son président et son secrétaire. — Le préfet a entrée au conseil général ; il est entendu quand il le demande, et assiste aux délibérations, excepté lorsqu'il s'agit de l'apurement de ses comptes.

13. Les séances du conseil général ne sont pas publiques; il ne peut délibérer que si la moitié plus un des conseillers sont présens; les votes sont recueillis au scrutin secret toutes les fois que *quatre* des conseillers présens le réclament.

14. Tout acte ou toute délibération d'un conseil général, relatifs à des objets qui ne sont pas légalement compris dans ses attributions, sont nuls et de nul effet. La nullité sera prononcée par une ordonnance du roi.

15. Toute délibération prise hors de *la réunion* légale du *conseil général* est nulle de droit. — Le préfet, par un arrêté pris en conseil de préfecture, déclare la réunion illégale, prononce la nullité des actes, prend toutes les mesures nécessaires pour que l'assemblée se sépare immédiatement, et transmet son arrêté au procureur général du ressort pour l'exécution des lois et l'application, s'il y a lieu, des peines déterminées par l'article 258 du Code pénal. En cas de condamnation, les membres condamnés sont exclus du conseil, et inéligibles aux conseils de département et d'arrondissement, pendant les trois années qui suivront la condamnation.

16. Il est interdit à tout conseil général de se mettre en correspondance avec un ou plusieurs conseils d'arrondissement ou de département. — En cas d'infraction à cette disposition, le conseil général sera suspendu par le préfet *en attendant* que *le roi ait statué*.

17. Il est interdit à tout conseil général de faire ou de publier aucune proclamation ou adresse. — En cas d'infraction à cette disposition, le préfet déclarera par arrêté que la session du conseil général est suspendue : il sera statué définitivement par ordonnance royale.

18. Dans les cas prévus par les deux articles précédens, le préfet transmettra son arrêté au procureur général du ressort, pour l'exécution des lois, et l'application, s'il y a lieu, des peines déterminées par l'art. 123 du Code pénal.

19. Tout *éditeur, imprimeur, journaliste* ou autre, qui rendra publics les actes interdits au conseil général par les articles 15, 16 et 17, sera passible des peines portées par l'article 123 du Code pénal.

TITRE III.

DES CONSEILS D'ARRONDISSEMENT.

20. Il y aura, dans chaque arrondissement de sous-préfecture, un conseil d'arrondissement composé d'autant de membres que l'arrondissement a de cantons, sans que le nombre des conseillers puisse être au-dessous de neuf.

21. *Si le nombre des cantons* d'un arrondissement est inférieur à neuf, une ordonnance royale répartira entre les cantons les plus peuplés le nombre de conseillers d'arrondissement à élire pour complément.

22. *Les conseillers d'arrondissement* sont élus dans chaque canton par l'assemblée électorale, composée conformément au premier paragraphe de l'article 3. — Dans les départemens où, conformément au deuxième paragraphe du même article 3, des cantons ont été réunis, les membres de cette assemblée électorale sont convoqués séparément dans leurs cantons respectifs pour élire les conseillers d'arrondissement.

23. Les membres des conseils d'arrondissement peuvent être choisis parmi tous les citoyens âgés de vingt-cinq ans accomplis, jouissant des droits civils et politiques, payant dans *le département*, depuis un an au moins, cent cinquante francs de contributions directes, dont le tiers dans l'arrondissement, et qui ont leur domicile réel ou politique dans le département. Si le nombre des éligibles n'est pas sextuple du nombre des membres du conseil d'arrondissement, le complément sera formé par les plus imposés. Les incompatibilités prononcées par l'article 5 sont applicables aux conseillers d'arrondissement.

24. Nul ne peut être membre de plusieurs conseils d'arrondissement, ni d'un conseil d'arrondissement et d'un conseil général.

25. Les membres des conseils d'arrondissement sont élus pour six ans

Ils sont renouvelés par moitié tous les trois ans. A la session qui suivra la première élection, le conseil général divisera en deux séries les cantons de chaque arrondissement. Il sera procédé à un tirage au sort pour régler l'ordre de renouvellement entre les deux séries. Ce tirage se fera par le préfet en conseil de préfecture et en séance publique.

26. Les articles 7, 9, 10, 11, de la présente loi, sont applicables aux conseils d'arrondissement.

TITRE IV.

RÈGLES POUR LA SESSION DES CONSEILS D'ARRONDISSEMENT.

27. Les conseils d'arrondissement ne pourront se réunir s'ils n'ont été convoqués par le préfet, en vertu d'une ordonnance du roi, qui détermine l'époque et la durée de la session. — Au jour indiqué pour la réunion d'un conseil d'arrondissement, le sous-préfet donne lecture de l'ordonnance du roi, reçoit le serment des conseillers nouvellement élus, et déclare, au nom du roi, que la session est ouverte. — Les membres nouvellement élus, qui n'ont point assisté à l'ouverture de la session, ne prennent séance qu'après avoir prêté serment entre les mains du président du conseil d'arrondissement. — Le conseil, formé sous la présidence du doyen d'âge, le plus jeune faisant les fonctions de secrétaire, nommera, au scrutin et à la majorité absolue des voix, son président et son secrétaire. — Le sous-préfet a entrée dans le conseil d'arrondissement; il est entendu quand il le demande, et assiste aux délibérations.

28. Les articles 13, 14, 15, 16, 17, 18 et 19 sont applicables à la session des conseils d'arrondissement.

TITRE V.

DES LISTES D'ÉLECTEURS.

29. Si un électeur, qui, aux termes de l'art. 10 de la loi du 19 avril 1831, a choisi son domicile politique hors de son domicile réel, veut néanmoins coopérer à l'élection des conseillers de département ou d'arrondissement dans le canton de son domicile réel, il sera tenu d'en faire, trois mois d'avance, une déclaration expresse aux greffes des justices de paix du canton de son domicile politique et de son domicile réel.

30. Les citoyens qui n'ont pas été portés sur la liste départementale du jury, à cause de l'incompatibilité résultant de l'article 383 du Code d'Instruction criminelle, seront d'office, ou sur leur réclamation, inscrits comme ayant droit de coopérer à l'élection des conseillers de département ou d'arrondissement dans le canton de leur domicile réel.

31. La liste supplémentaire qui comprendra les citoyens désignés aux deux articles précédens sera dressée par canton dans les mêmes formes, dans les mêmes délais, et de la même manière que les listes électorales prescrites par la loi du 19 avril 1831.

32. S'il y a moins de cinquante citoyens inscrits sur lesdites listes, le préfet dressera une troisième liste, comprenant les citoyens ayant domicile réel dans le canton, qui devront compléter le nombre de cinquante, conformément à l'article 3 de la présente loi. Cette liste sera affichée dans toutes les communes du canton. — Toutes les fois que le nombre des citoyens portés sur la liste électorale d'un canton, et sur la liste supplémentaire mentionnée à l'article 31, ne s'élèvera pas au-delà de cinquante, le préfet fera publier, dans les communes du canton, une liste dressée dans la même forme, et contenant les noms des dix citoyens susceptibles d'être appelés à compléter le nombre de cinquante par suite des changemens qui surviendraient ultérieurement dans les listes électorales ou du jury.

33. Tout citoyen payant dans un canton une somme de contributions qui le placerait sur la susdite liste des plus imposés pourra se faire inscrire, bien qu'il n'y ait point son domicile réel, en faisant la déclaration prescrite par l'article 29.

TITRE VI.

DE LA TENUE DES ASSEMBLÉES ÉLECTORALES.

34. Les assemblées électorales sont

convoquées par le préfet au chef-lieu de canton, et, lorsque l'assemblée comprend plus d'un canton, au chef-lieu d'un des cantons réunis. — Toutefois le préfet pourra désigner, pour la tenue de l'assemblée, le chef-lieu d'une commune plus centrale ou de communications plus faciles.

35. Il n'y aura qu'une seule assemblée lorsque le nombre des citoyens appelés à voter ne sera pas supérieur à trois cents. Au-delà de ce nombre, le préfet prendra un arrêté pour diviser l'assemblée en sections; aucune section ne pourra comprendre moins de cent ni plus de trois cents.

36. Si l'assemblée n'est pas fractionnée en sections, la présidence appartient au maire du chef-lieu de canton. — Dans le cas contraire, le maire préside la première section. Les adjoints, et, à défaut des adjoints, les membres du conseil municipal de cette commune, selon l'ordre du tableau, président les autres sections. — Le droit de suffrage est exercé par le président de l'assemblée et par les présidens de sections, même lorsqu'ils ne sont pas inscrits sur les listes.

37. Le président a seul la police de l'assemblée ou de la section où il siége; les assemblées ne peuvent s'occuper d'aucun autre objet que des élections qui leur sont attribuées. Toutes discussions, toutes délibérations, leur sont interdites.

38. Nul électeur ne peut se présenter armé dans l'assemblée.

39. Le président appelle au bureau, pour remplir les fonctions de scrutateurs, les deux plus âgés et les deux plus jeunes des électeurs présens à la séance, sachant lire et écrire. Le bureau ainsi constitué désigne le secrétaire.

40. Nul ne pourra être admis à voter s'il n'est inscrit, soit sur la liste des électeurs et du jury, soit sur la liste supplémentaire mentionnée à l'article 31, soit enfin sur la liste des plus imposés mentionnés à l'art. 32. — Ces listes seront affichées dans la salle, et déposées sur le bureau du président; toutefois le bureau sera tenu d'admettre à voter ceux qui se présenteraient munis d'un arrêt de cour royale déclarant qu'ils font partie d'une des listes susdites, et ceux qui sont en instance, soit devant le tribunal, soit devant le conseil de préfecture, au sujet d'une décision qui aurait ordonné que leurs noms seraient rayés de la liste. — Cette admission n'entraînera aucun retranchement sur la liste complémentaire des plus imposés.

41. Avant de voter pour la première fois, chaque membre de l'assemblée prête le serment prescrit par la loi du 31 août 1830.

42. Chaque électeur, après avoir été appelé, reçoit du président un bulletin ouvert où il écrit ou fait écrire secrètement son vote, par un électeur de son choix, sur une table disposée à cet effet, et séparée du bureau; puis il remet son bulletin écrit et fermé au président, qui le dépose dans la boîte destinée à cet usage.

43 La table placée devant le président et les scrutateurs sera disposée de telle sorte, que les électeurs puissent circuler à l'entour pendant le dépouillement du scrutin.

44. Les votans sont successivement inscrits sur une liste qui est ensuite annexée au procès-verbal des opérations, après avoir été certifiée et signée par les membres du bureau.

45 La présence du *tiers* plus un des électeurs inscrits sur les listes, et la majorité absolue des votes exprimés sont nécessaires, au premier tour de scrutin, pour qu'il y ait élection. — Au deuxième tour de scrutin, la majorité relative suffit, quel que soit le nombre des électeurs présens. — En cas d'égalité du nombre de suffrages, l'élection est acquise au plus âgé.

46. Lorsque la boîte du scrutin aura été ouverte et le nombre des bulletins vérifié, un des scrutateurs prendra successivement chaque bulletin, le dépliera, le remettra au président, qui en fera la lecture à haute voix et le passera à un autre scrutateur. — Immédiatement après le dépouillement, les bulletins seront brûlés en présence de l'assemblée. — Dans les assemblées divisées en plusieurs sections, le dépouillement du scrutin se fait dans chaque section; le résultat en est arrêté et signé par les membres du bureau ; il est immédiatement porté par le président de chaque section au bureau de la première section, qui fait, en présence des présidens de toutes les sections, le recensement général des votes.

47. Les deux tours de scrutin prévus par l'article 45 ci-dessus peuvent avoir lieu le même jour ; mais chaque scrutin doit rester ouvert pendant trois heures au moins. — Trois membres au moins du bureau, y compris le secrétaire, doivent toujours être présens.

48. Le bureau statue provisoirement sur les difficultés qui s'élèvent au sujet des opérations de l'assemblée.

49. En aucun cas, les opérations de l'assemblée électorale ne pourront durer plus de deux jours.

50. Les procès-verbaux des opérations des assemblées remis par les présidens sont, par l'intermédiaire du sous-préfet, transmis au préfet, qui, s'il croit que les conditions et formalités légalement prescrites n'ont pas été observées, doit, dans le délai de quinze jours, à dater de la réception du procès verbal, déférer le jugement de la nullité au conseil de préfecture, lequel prononcera dans le mois.

51. Tout membre de l'assemblée électorale a le droit d'arguer les opérations de nullité. Si sa réclamation n'a pas été consignée au procès-verbal, elle est déposée dans le délai de cinq jours, à partir du jour de l'élection, au secrétariat de la sous-préfecture, et jugée, sauf recours, par le conseil de préfecture, dans le délai d'un mois, à compter de sa réception à la préfecture.

52. Si la réclamation est fondée sur l'incapacité légale d'un ou de plusieurs membres élus, la question est portée devant le tribunal de l'arrondissement, qui statue, sauf l'appel. L'acte d'appel devra, sous peine de nullité, être notifié dans les dix jours à la partie, quelle que soit la distance des lieux. La cause sera jugée sommairement et conformément au § 4 de l'art. 33 de la loi du 19 avril 1831.

53 Le recours au conseil d'État sera exercé par la voie contentieuse, jugé publiquement et sans frais.

54. Le recours devant le conseil d'État sera suspensif lorsqu'il sera exercé par le conseiller élu. — L'appel des jugemens des tribunaux ne sera pas suspensif lorsqu'il sera interjeté par le préfet.

TITRE VII.

DISPOSITIONS TRANSITOIRES.

57. La présente loi n'est pas applicable au département de la Seine ; il sera statué à son égard par une loi spéciale. (*Loi 20 avril* 1834.)

LOI

Sur l'Instruction primaire. (Dispositions pénales.)

(28 juin 1833.)

Art. *4.* Tout individu âgé de dix-huit ans accomplis pourra exercer la profession d'instituteur primaire et diriger tout établissement quelconque d'instruction primaire, sans autres conditions que de présenter préalablement au maire de la commune où il voudra tenir école ; — 1° Un brevet de capacité, obtenu, après examen, selon le degré de l'école qu'il veut établir ; — 2° Un certificat constatant que l'impétrant est digne, par sa moralité, de se livrer à l'enseignement. Ce certificat sera délivré sur l'attestation de trois conseillers municipaux, par le maire de la commune ou de chacune des communes où il aura résidé depuis trois ans.

5. Sont incapables de tenir école ; — 1° Les condamnés à des peines afflictives ou infamantes ; — 2° Les condamnés pour vol, escroquerie, banqueroute, abus de confiance ou attentats aux mœurs, et les individus qui auront été privés par jugement de tout ou partie des droits de famille mentionnés aux paragraphes 5 et 6 de l'article 42 du Code pénal ; — 3° Les individus interdits en exécution de l'article 7 de la présente loi.

6. Quiconque aura ouvert une école primaire, en contravention à l'article 5, ou sans avoir satisfait aux conditions prescrites par l'article 4 de la présente loi, sera poursuivi devant le tribunal correctionnel du lieu du délit, et condamné à une amende de cinquante à deux cents francs : l'école sera fermée. — En cas de récidive, le délinquant sera condamné à un emprisonnement de quinze à trente jours et à une amende de cent à quatre cents francs.

7. Tout instituteur privé, sur la demande du comité mentionné dans l'article 19 de la présente loi ou sur *la poursuite d'office du ministère* public, pourra être traduit pour cause d'inconduite ou d'immoralité, devant le tribunal de l'arrondissement, et être interdit de l'exercice de sa profession à temps ou à toujours. — Le tribunal entendra les parties et statuera sommairement en chambre du conseil. Il en sera de même sur l'appel, qui devra être interjeté dans le délai de dix jours, à compter du jour de la notification du jugement, et qui, en aucun cas, ne sera suspensif. — Le tout sans préjudice des poursuites qui pourraient avoir lieu pour crimes, délits ou contraventions prévus par les lois.

24. Les dispositions de l'article 7 de la présente loi, relatives aux instituteurs privés, sont applicables aux instituteurs communaux.

ORDONNANCE

Contenant le Tarif des frais et dépens pour tous les actes qui seront faits en vertu de la loi du 7 juillet 1833 (3 mai 1841), sur l'Expropriation pour cause d'utilité publique.

(18 septembre 1833.)

CHAPITRE PREMIER.

DES HUISSIERS.

Art. 1er. Il sera alloué à tous huissiers un franc pour l'original, — 1° De la notification de l'extrait du jugement d'expropriation aux personnes désignées dans les art. 15 et 22 de la loi du 7 juillet 1833 (3 mai 1841) ; — 2° De la signification de l'arrêt de la cour de cassation (art. 20 et 42 de ladite loi) ; — 3° De la dénonciation de l'extrait du jugement d'expropriation aux ayans-droit mentionnés aux art. 21 et 22 : — 4° De la notification de l'arrêté du préfet qui fixe la somme offerte pour indemnités (article 23) ; — 5° De l'acte contenant acceptation des offres faites par l'administration, avec signification, s'il y a lieu, des autorisations requises (articles 24, 25 et 26) ; — 6° De l'acte portant convocation des jurés et des parties, avec notification aux parties d'une expédition de l'arrêt par lequel la cour royale a formé la liste du jury (articles 31 et 33) ; — 7° De la notification au juré défaillant de l'ordonnance du directeur du jury, qui l'a condamné à l'amende (article 32) ; — 8° De la notification de la décision du jury, revêtue de l'ordonnance d'exécution (article 41) ; — 9° De la sommation d'assister à la consignation dans le cas où il n'y aura pas eu d'offres réelles (article 54) ; — 10° De la sommation au préfet pour qu'il soit procédé à la fixation de l'indemnité (article 55) ; — 11° De l'acte contenant réquisition par le propriétaire de la consignation des sommes offertes, dans le cas où cette réquisition n'a pas été faite par l'acte même d'acceptation (article 59) ; — 12° Et généralement de tous actes simples auxquels pourra donner lieu l'expropriation.

2. Il sera alloué à tous huissiers un franc cinquante centimes pour l'original, — 1° De la notification du pourvoi en cassation formé soit contre le jugement d'expropriation, soit contre la décision du jury (articles 20 et 42) ; — 2° De la dénonciation, faite au directeur du jury par le propriétaire ou l'usufruitier, des noms et qualités des ayans-droit mentionnés au § 1er de l'article 21 de la loi précitée (articles 21 et 22) ; — 3° De l'acte par lequel les parties intéressées font connaître leurs réclamations (articles 18, 21, 39, 52 et 54) ; — 4° De l'acte d'acceptation des offres de l'administration, avec réquisition de consignation (articles 24 et 59) ; — 5° De l'acte par lequel la partie qui refuse les offres de l'administration indique le

montant de ses prétentions (art. 17, 24, 28 et 53); — 6° De l'opposition formée par un juré à l'ordonnance du magistrat directeur du jury, qui l'a condamné à l'amende (article 32); — 7° De la réquisition du propriétaire tendant à l'acquisition de la totalité de son immeuble (article 50); — 8° De la demande à fin de rétrocession des terrains non employés à des travaux d'utilité publique (articles 60 et 61); — 9° De la demande tendant à ce que l'indemnité d'une expropriation déjà commencée soit réglée conformément à la loi du 7 juillet 1833 (3 mai 1841, article 68); — 10° Enfin, de tous actes qui, par leur nature, pourront être assimilés à ceux dont l'énumération précède.

3. Il sera alloué à tous huissiers pour l'original, — 1° Du procès-verbal d'offres réelles, contenant le refus ou l'acceptation des ayans-droit et sommation d'assister à la consignation (art. 53) deux francs vingt-cinq centimes; — 2° Du procès-verbal de consignation, soit qu'il y ait eu ou non offres réelles (articles 49, 53 et 54) quatre francs.

4. Il sera alloué pour chaque copie des exploits ci-dessus le quart de la somme fixée pour l'original.

5. Lorsque les copies de pièces dont la notification a lieu en vertu de la loi seront certifiées par l'huissier, il lui sera payé trente centimes par chaque rôle, évalué à raison de vingt-huit lignes à la page, et quatorze à seize syllabes à la ligne (article 57).

6. Les copies des pièces déposées dans les archives de l'administration qui seront réclamées par les parties dans leur intérêt pour l'exécution de la loi, et qui seront certifiées par les agens de l'administration, seront payées à l'administration sur le même taux que les copies certifiées par les huissiers.

7. Il sera alloué à tous huissiers cinquante centimes pour visa de leurs actes, dans le cas où cette formalité est prescrite — Ce droit sera double, si le refus du fonctionnaire qui doit donner le visa oblige l'huissier à se transporter auprès d'un autre fonctionnaire.

8. Les huissiers ne pourront rien réclamer pour le papier des actes par eux notifiés, ni pour l'avoir fait viser pour timbre. — Ils emploieront du papier d'une dimension égale, au moins, à celle des feuilles assujetties au timbre de soixante-dix centimes.

CHAPITRE II.

DES GREFFIERS.

9. Tous extraits ou expéditions délivrés par les greffiers en matière d'expropriation pour cause d'utilité publique, seront portés sur papier d'une dimension égale à celle des feuilles assujetties au timbre de un franc vingt-cinq centimes. — Ils contiendront vingt-huit lignes à la page, et quatorze à seize syllabes à la ligne.

10. Il sera alloué aux greffiers quarante centimes pour chaque rôle d'expédition ou d'extrait.

11. Il sera alloué aux greffiers, pour la rédaction du procès-verbal des opérations du jury spécial, cinq francs pour chaque affaire terminée par décision du jury rendue exécutoire. — Néanmoins cette allocation ne pourra jamais excéder quinze francs par jour, quel que soit le nombre des affaires, et, dans ce cas, ladite somme de quinze francs sera répartie également entre chacune des affaires terminées le même jour.

12. L'état des dépens sera rédigé par le greffier. — Celle des parties qui requerra la taxe devra, dans les trois jours qui suivront la décision du jury, remettre au greffier toutes les pièces justificatives. — Le greffier paraphera chaque pièce admise en taxe, avant de la remettre à la partie.

13. Il sera alloué au greffier dix centimes pour chaque article de l'état des dépens, y compris le paraphe des pièces.

14. L'ordonnance d'exécution du magistrat directeur du jury indiquera la somme des dépens taxés et la proportion dans laquelle chaque partie devra les supporter.

15. Au moyen des droits ci-dessus accordés aux greffiers, il ne leur sera alloué aucune autre rétribution à aucun titre, sauf les droits de trans-

port dont il sera parlé ci-après ; et ils demeureront chargés. — 1° Du traitement des commis greffiers, s'il était besoin d'en établir pour le service des assises spéciales ; — 2° De toutes les fournitures de bureau nécessaires pour la tenue de ces assises ; — 3° De la fourniture du papier des expéditions ou extraits, qu'ils devront aussi faire viser pour timbre.

CHAPITRE III

DES INDEMNITÉS DE TRANSPORT.

16. Lorsque les assises spéciales se tiendront ailleurs que dans la ville où siége le tribunal, le magistrat directeur du jury aura droit à une indemnité fixée de la manière suivante : — S'il se transporte à plus de cinq kilomètres de sa résidence, il recevra pour tous frais de voyage, de nourriture et de séjour, une indemnité de neuf francs par jour ; — S'il se transporte à plus de deux myriamètres, l'indemnité sera de douze francs par jour.

17. Dans le même cas, le greffier ou son commis assermenté recevra six ou huit francs par jour, suivant que le voyage sera de plus de cinq kilomètres ou de plus de deux myriamètres, ainsi qu'il est dit dans l'article précédent.

18. Les jurés qui se transporteront à plus de deux kilomètres du lieu où se tiendront les assises spéciales, pour les descentes sur les lieux autorisées par l'article 37 de la loi du 7 juillet 1833 (3 *mai* 1841), recevront, s'ils en font la demande formelle, une indemnité qui sera fixée, pour chaque myriamètre parcouru, en allant et revenant, à deux francs cinquante centimes. Il ne leur sera rien alloué pour toute autre cause que ce soit, à raison de leurs fonctions, si ce n'est dans le cas de séjour forcé en route, comme il est dit ci-après, article 24.

19. Les personnes qui seront appelées pour éclairer le jury, conformément à l'article 37 précité, recevront, si elles le requièrent, savoir : — *Quand elles ne seront pas domiciliées à plus d'un myriamètre du lieu où elles doivent être entendues*, pour indemnité de comparution, un franc cinquante centimes ; — Quand elles seront domiciliées à plus d'un myriamètre, pour indemnité de voyage, lorsqu'elles ne seront pas sorties de *leur arrondissement*, un franc par myriamètre parcouru en allant et revenant ; et lorsqu'elles seront sorties de leur arrondissement, un franc cinquante centimes. — Dans le cas où l'indemnité de voyage est allouée, il ne doit être accordé aucune taxe de comparution.

20 Les personnes appelées devant le jury, qui reçoivent un traitement quelconque à raison d'un service public, n'auront droit qu'à l'indemnité de voyage, s'il y a lieu et si elles la requièrent.

21. Les huissiers qui instrumenteront dans les procédures en matière d'*expropriation pour cause* d'utilité publique recevront, lorsqu'ils seront obligés de se transporter à plus de deux kilomètres de leur résidence, un franc cinquante centimes pour chaque myriamètre parcouru en allant et en revenant, sans préjudice de l'application de l'article 35 du décret du 14 juin 1813.

22. Les indemnités de transport ci-dessus établies seront réglées par myriamètre et demi-myriamètre. Les fractions de huit ou neuf kilomètres seront comptées pour un myriamètre, et celles de trois à huit kilomètres pour un demi-myriamètre.

23. *Les distances seront calculées* d'après le tableau dressé par les préfets, conformément à l'article 93 du décret du 18 juin 1811.

24. Lorsque les individus dénommés ci-dessus seront arrêtés dans le cours du voyage par force majeure, ils recevront en indemnité, pour chaque jour de séjour forcé, savoir : — Les jurés, deux francs cinquante centimes ; — Les personnes appelées devant le jury et les huissiers, un franc cinquante centimes. — Ils seront tenus de faire constater par le juge de paix, et à son défaut par l'un des suppléans ou par le maire, et à son défaut par l'un de ses adjoints, *la cause* du séjour forcé en route et d'en représenter le certificat à l'appui de leur demande en taxe.

25. Si les personnes appelées devant le jury sont obligées de prolonger leur séjour dans le lieu où se fait l'instruction, et que ce lieu soit éloigné de plus d'un myriamètre de leur résidence, il leur sera alloué, pour chaque journée, une indemnité de deux francs.

26. Les indemnités des jurés et des personnes appelées pour éclairer le jury seront acquittées comme frais urgens par le receveur de l'enregistrement, sur un simple mandat du magistrat directeur du jury, lequel mandat devra, lorsqu'il s'agira d'un transport, indiquer le nombre des myriamètres parcourus, et, dans tous les cas, faire mention expresse de la demande d'indemnité.

27. Seront également acquittées par le receveur de l'enregistrement les indemnités de déplacement que le magistrat directeur du jury et son greffier pourront réclamer lorsque la réunion du jury aura lieu dans une commune autre que le chef-lieu judiciaire de l'arrondissement. Le paiement sera fait sur un état certifié et signé par le magistrat directeur du jury, indiquant le nombre des journées employées au transport, et la distance entre le lieu où siége le jury et le chef-lieu judiciaire de l'arrondissement.

28. Dans tous les cas, les indemnités de transport allouées au magistrat directeur du jury et au greffier resteront à la charge, soit de l'administration, soit de la compagnie concessionnaire qui aura provoqué l'expropriation, et ne pourront entrer dans la taxe des dépens.

CHAPITRE IV.

DISPOSITIONS GÉNÉRALES.

29. Il ne sera alloué aucune taxe aux agens de l'administration autorisés par la loi du 7 juillet 1833 (3 *mai* 1841) à instrumenter concurremment avec les huissiers.

30. Le greffier tiendra exactement note des indemnités allouées aux jurés et aux personnes qui seront appelées pour éclairer le jury, et en portera le montant dans l'état de liquidation des frais.

31. L'administration de l'enregistrement se fera rembourser de ses avances comprises dans la liquidation des frais, par la partie qui sera condamnée aux dépens, en vertu d'un exécutoire délivré par le magistrat directeur du jury, et selon le mode usité pour le recouvrement des droits dont la perception est confiée à cette administration. — Quant aux indemnités de transport payées au magistrat directeur du jury et au greffier, et qui, suivant l'article 28 ci-dessus, ne pourront entrer dans la taxe des dépens, elle en sera remboursée, soit par l'administration, soit par la compagnie concessionnaire, qui aura provoqué l'expropriation.

32. Notre garde des sceaux, ministre de la justice, notre ministre du commerce et des travaux publics, et notre ministre des finances, sont chargés, chacun en ce qui le concerne, de l'exécution de la présente ordonnance, qui sera insérée au Bulletin des Lois.

ORDONNANCE

Du roi sur l'intervention des Consuls relativement aux actes de l'état civil des Français en pays étranger.

(23 octobre 1833.)

(*Thèse n° 3.*)

Art. 1er. Nos consuls se conformeront, pour la réception et la rédaction des actes de l'état civil des Français, qu'ils sont autorisés à recevoir par l'art. 48 du Code civil, aux règles prescrites par ce Code et par les lois sur cette matière.

2. Ces actes, sans distinction, seront tous inscrits de suite et sans aucun blanc, par ordre de date, sur un ou plusieurs registres tenus doubles, qui seront cotés par première et dernière, et paraphés sur toutes les pages par le consul. Une expédition en sera en même temps dressée et immédiatement transmise à notre ministère des affaires étrangères.

3. Les expéditions des actes de l'état civil, faites par les chanceliers et visées par les consuls, feront la même foi que celles qui sont délivrées en France par les dépositaires de l'état civil.

4. Les consuls se feront remettre, par les capitaines des bâtimens qui aborderont dans le port de leur résidence, deux expéditions des actes de naissance ou de décès qui auraient été rédigés pendant le cours de la navigation, et ils se conformeront dans ce cas aux art. 60 et 87 du Code civil.

5. Lorsque, dans le cas prévu par le précédent article, les consuls recevront le dépôt d'un acte de naissance ou de décès survenu pendant une traversée, ils auront soin, dans leur procès-verbal, de constater, à telles fins que de droit, les différentes irrégularités qu'ils y auront remarquées.

6. Si les consuls découvrent, soit par le rapport, soit par l'interrogatoire des gens de l'équipage, ou par tout autre moyen, qu'un capitaine a négligé de dresser des actes de naissance ou de décès arrivés pendant la traversée, ils en rédigeront procès-verbal, dont expédition sera envoyée au ministre de la marine, pour être pris, à l'égard du contrevenant, telles mesures qu'il appartiendra. — Ils recueilleront aussi les renseignemens qui pourraient servir à constater ces naissances ou décès, et feront signer le procès-verbal par les témoins qui leur auront révélé les faits, et l'adresseront au ministre des affaires étrangères, pour que les avis nécessaires soient donnés, par ses soins, aux personnes intéressées.

7. Aucun acte de l'état civil reçu dans les consulats ne pourra, sous prétexte d'omission, d'erreur ou de lacune, être rectifié que d'après un jugement émané des tribunaux compétens. De même, lorsque, par une cause quelconque, des actes n'auront pas été portés sur les registres, le consul ne pourra y suppléer, sauf également à être statué ce que de droit par les tribunaux compétens. Toutefois les consuls recueilleront avec soin, et transmettront au ministre des affaires étrangères, soit au moyen d'actes de notoriété, soit de toute autre manière, les renseignemens qui pourraient être utiles pour rectifier les actes dressés dans leurs consulats, ou pour y suppléer.

8. Les jugemens de rectification des actes de l'état civil seront inscrits sur les registres courans, par les consuls, aussitôt qu'ils leur seront parvenus, et mention en sera faite en marge de l'acte rectifié. — Notre ministre secrétaire d'état des affaires étrangères tiendra la main à ce que la mention de la rectification soit faite d'une manière uniforme sur les deux registres tenus en double, et, s'il y a lieu, sur les registres de l'état civil de la commune française où une expédition de l'acte aura été transcrite.

9. Le 1er janvier de chaque année, les consuls arrêteront, par procès-verbal, les doubles registres des actes de l'état civil de l'année précédente. L'un de ces doubles restera déposé à la chancellerie, et l'autre sera expédié dans le mois, si faire se peut, à notre ministre des affaires étrangères. — Si les consuls n'ont rédigé aucun acte, ils en dresseront certificat, qu'ils transmettront de même à ce ministre.

10. Lorsque l'envoi sera fait par voie de mer, le consul consignera les registres entre les mains du capitaine: il fera mention du dépôt sur le rôle d'équipage, et procès-verbal en sera dressé en chancellerie.

11. Lorsque les envois devront avoir lieu par la voie de terre, les consuls prendront les précautions qui leur seront spécialement indiquées, suivant les lieux et les circonstances, par notre ministre secrétaire d'état des affaires étrangères.

12. Notre ministre des affaires étrangères chargera un ou plusieurs commissaires de dresser des procès-verbaux de vérification des registres de l'état civil déposés à ses archives, et, en cas de contravention, il prendra, contre le consul qui l'aura commise, telle mesure qu'il appartiendra.

13. En cas d'accident qui aurait détruit les registres, le consul en dressera procès-verbal, et il l'enverra à notre ministre des affaires étrangères, dont il attendra les instructions sur les moyens à prendre pour réparer cette perte.

14. Les publications et affiches de mariage prescrites par le Code civil seront faites dans le lieu le plus apparent de la chancellerie du consulat. — Les publications seront transcrites à leur date sur un registre coté et paraphé comme il est dit dans l'art. 2 de la présente ordonnance. — Les consuls se conformeront à cet égard aux règles prescrites par le Code civil.

15. Aucun consul ne pourra célébrer un mariage entre Français, s'il ne lui a été justifié des publications faites dans le lieu de sa résidence, en outre de publications faites en France, lorsque les deux futurs, ou l'un d'eux, ne seront pas résidans et immatriculés depuis six mois dans le consulat, ou si les parens, sous la puissance desquels l'une ou l'autre des parties se trouverait relativement au mariage, ont leur domicile en France.

16. Les procurations, consentemens et autres pièces qui doivent demeurer annexées aux actes de l'état civil, après y avoir été énoncées, seront paraphées par la personne qui les aura produites et par le consul, pour rester déposées en la chancellerie du consulat.

17. Nous autorisons nos consuls à dispenser, pour des cas graves dont nous confions l'appréciation à leur prudence, de la seconde publication, lorsqu'il n'y aura pas eu d'opposition à la première, ou qu'une main-levée leur aura été représentée.

18. Nous autorisons également nos consuls généraux résidant dans des pays situés au delà de l'Océan Atlantique, à accorder des dispenses d'âge en notre nom, à la charge de rendre compte immédiatement à notre ministre des affaires étrangères des motifs qui les auront portés à accorder ces dispenses. — Les mêmes pouvoirs pourront être conférés, par ordonnance spéciale, aux consuls de première et de seconde classe résidant au-delà de l'Océan Atlantique, lorsque nous le jugerons nécessaire.

19. Notre ministre secrétaire d'état au département des affaires étrangères est chargé de l'exécution de la présente ordonnance.

LOI

Sur les Crieurs publics.

(16 février 1834.)

(V. L. Pr., 3 2572, *App. au Code pén.*)

ORDONNANCE

Portant Règlement sur les formalités des Enquêtes relatives aux Travaux publics.

(18 février 1834.)

TITRE PREMIER.

FORMALITÉS DES ENQUÊTES RELATIVES AUX TRAVAUX PUBLICS QUI NE PEUVENT ÊTRE EXÉCUTÉS QU'EN VERTU D'UNE LOI.

Art. **1er.** Les entreprises de travaux publics qui, aux termes du premier paragraphe de l'art. 3 de la loi du 7 juillet 1833 (*3 mai 1841*), ne peuvent être exécutées qu'en vertu d'une loi, seront soumises à une enquête préalable dans les formes ci-après déterminées.

2. L'enquête pourra s'ouvrir sur un avant-projet où l'on fera connaître le tracé général de la ligne des travaux, les dispositions principales des ouvrages les plus importans, et l'appréciation sommaire des dépenses. — S'il s'agit d'un canal, d'un chemin de fer ou d'une canalisation de rivière, l'avant-projet sera nécessairement accompagné d'un nivellement en longueur et d'un certain nombre de profils transversaux; et si le canal est à point de partage, on indiquera les eaux qui doivent l'alimenter.

3. A l'avant projet sera joint, dans tous les cas, un mémoire descriptif indiquant le but de l'entreprise et les avantages qu'on peut s'en promettre; on y annexera le tarif des droits, dont le produit sera destiné à couvrir les frais des travaux projetés, si ces travaux devaient devenir la matière d'une concession.

4. Il sera formé, au chef-lieu de chacun des départemens que la ligne des travaux devra traverser, une commission de neuf membres au moins et de treize au plus, pris parmi les principaux propriétaires de terres, de bois, de mines, les négocians, les armateurs et les chefs d'établissemens industriels.—Les membres et le président de cette commission seront désignés par le préfet dès l'ouverture de l'enquête.

5. Des registres destinés à recevoir les observations auxquelles pourra donner lieu l'entreprise projetée, seront ouverts pendant un mois au moins et quatre mois au plus, au chef-lieu de chacun des départemens et des arrondissemens que la ligne des travaux devra traverser. — Les pièces qui, aux termes des articles 2 et 3, doivent servir de base à l'enquête, resteront déposées pendant le même temps et aux mêmes lieux. — La durée de l'ouverture des registres sera déterminée dans chaque cas particulier *par l'administration supérieure*.—Cette durée, ainsi que l'objet de l'enquête, seront annoncées par des affiches.

6. A l'expiration du délai qui sera fixé en vertu de l'article précédent, la commission mentionnée à l'article 4 se réunira sur-le-champ : elle examinera les déclarations consignées aux registres de l'enquête; elle entendra les ingénieurs des ponts et chaussées et des mines employés dans le département; et après avoir recueilli, auprès de toutes les personnes qu'elle jugerait utile de consulter, les renseignemens dont elle croira avoir besoin, elle donnera son avis motivé, tant sur l'utilité de l'entreprise que sur les diverses questions qui auront été posées par l'administration.—Ces diverses opérations, dont elle dressera procès-verbal, devront être terminées dans un nouveau délai d'un mois.

7. Le procès-verbal de la commission d'enquête sera clos immédiatement; le président de la commission le transmettra sans délai, avec les registres et les autres pièces, au préfet, qui l'adressera avec son avis à l'administration supérieure, dans les quinze jours qui suivront la clôture du procès-verbal.

8. Les chambres de commerce, et au besoin les chambres consultatives des arts et manufactures des villes intéressées à l'exécution des travaux, seront appelées à délibérer et à exprimer leur opinion sur l'utilité et la convenance de l'opération.—Les procès-verbaux de leurs délibérations devront être remis au préfet avant l'expiration du délai fixé dans l'article 6.

TITRE II.

FORMALITÉS DES ENQUÊTES RELATIVES AUX TRAVAUX PUBLICS QUI PEUVENT ÊTRE AUTORISÉS PAR UNE ORDONNANCE ROYALE.

9. Les formalités prescrites par les articles 2, 3, 4, 5, 6, 7 et 8, seront également appliquées, sauf les modifications ci-après, aux travaux qui, aux termes du second paragraphe de l'article 3 de la loi du 7 juillet 1833 (3 *mai* 1841), peuvent être autorisés par une ordonnance royale.

10. Si la ligne des travaux n'excède pas les limites de l'arrondissement dans lequel ils sont situés, le délai de l'ouverture *des registres et du dépôt* des pièces sera fixé au plus à un mois et demi, et au moins à vingt jours.—La commission d'enquête se réunira au chef-lieu de l'arrondissement, et le nombre de ses membres variera de cinq à sept.

TITRE III.

DISPOSITION TRANSITOIRE.

11. Les dispositions ci dessus prescrites ne sont pas applicables aux entreprises de travaux publics pour lesquels une instruction et des enquêtes spéciales auraient été commencées avant la publication de la présente ordonnance, et conformément aux ordonnances et réglemens antérieurs.

12. Notre ministre secrétaire-d'état du commerce et des travaux publics est chargé de l'exécution de la présente ordonnance, qui sera insérée au Bulletin des Lois.

LOI

Contre les Associations.

(10 avril 1834.)

Art. 1er. Les dispositions de l'article 291 du Code pénal sont applicables aux associations de plus de vingt personnes, alors même que ces associations seraient partagées en sections d'un nombre moindre, et qu'elles ne se réuniraient pas tous les jours ou à des jours marqués. — L'autorisation donnée par le Gouvernement est toujours révocable.

2. Quiconque fait partie d'une association non autorisée sera puni de deux mois à un an d'emprisonnement, et de cinquante francs à mille francs d'amende. — En cas de récidive, les peines pourront être portées au double. — Le condamné pourra, dans ce dernier cas, être placé sous la surveillance de la haute police pendant un temps qui n'excédera pas le double du maximum de la peine. — L'article 463 du Code pénal pourra être appliqué dans tous les cas.

3. Seront considérés comme complices et punis comme tels, ceux qui auront prêté ou loué sciemment leur maison ou appartement pour une ou plusieurs réunions d'une association non autorisée.

4. Les attentats contre la sûreté de l'État, commis par les associations ci-dessus mentionnées, pourront être déférés à la juridiction de la Chambre des Pairs, conformément à l'article 28 de la Charte constitutionnelle. — Les délits politiques commis par lesdites associations seront déférés au jury, conformément à l'art. 69 de la Charte constitutionnelle. — Les infractions à la présente loi et à l'article 291 du Code pénal seront déférées aux tribunaux correctionnels.

5. Les dispositions du Code pénal auxquelles il n'est pas dérogé par la présente loi continueront de recevoir leur exécution.

LOI

Sur l'Organisation du Conseil général et des Conseils d'arrondissement du département de la Seine, et l'Organisation municipale de la ville de Paris.

(20 avril 1834.)

TITRE PREMIER.

DU CONSEIL GÉNÉRAL DU DÉPARTEMENT DE LA SEINE.

Art. 1er. Le conseil général du département de la Seine se compose de quarante-quatre membres.

2. Les douze arrondissemens de la ville de Paris nomment chacun trois membres du conseil général du département, et les deux arrondissemens de Sceaux et de Saint-Denis chacun quatre. Les membres choisis par les arrondissemens de Paris sont pris parmi les éligibles ayant leur domicile réel à Paris.

3. Les élections sont faites, dans chaque arrondissement, par des assemblées électorales convoquées par le préfet de la Seine. — Seront appelés à ces assemblées, — 1° Tous les citoyens portés sur les listes électorales formées en vertu des dispositions de la loi du 19 avril 1831; — 2° Les électeurs qui, ayant leur domicile réel à Paris, ne sont pas portés sur ces listes, parce qu'ils ont leur domicile politique dans un autre département où ils exercent et continueront d'exercer tous leurs droits d'électeurs, conformément aux lois existantes; — 3° Les officiers des armées de terre et de mer, en retraite, jouissant d'une pension de retraite de douze cents francs au moins, et ayant, depuis cinq ans, leur domicile réel dans le département de la Seine; — 4° Les membres des cours, ceux des tribunaux de première instance et de commerce siégeant à Paris; — 5° Les membres de l'Institut et autres sociétés savantes instituées par une loi; — 6° Les avocats aux conseils du roi et à la cour de cassation, les notaires et les avoués, après trois ans d'exercice de leurs fonctions dans

le département de la Seine ; — 7° Les docteurs et licenciés en droit inscrits depuis dix années non interrompues sur le tableau des avocats près les cours et les tribunaux dans le département de la Seine ; — 8° Les professeurs au collége de France, au Muséum d'histoire naturelle, à l'école Polytechnique, et les docteurs et licenciés d'une ou de plusieurs des facultés de droit, de médecine, des sciences et des lettres, titulaires des chaires d'enseignement supérieur ou secondaire dans les écoles de l'État situées dans le département de la Seine ; — 9° Les docteurs en médecine, après un exercice de dix années consécutives dans la ville de Paris, dûment constaté par le paiement ou par l'exemption régulière du droit de patente.

4. Sont appliquées à la confection des listes les dispositions de la loi du 19 avril 1831 qui y sont relatives.

5. Aucun scrutin n'est valable si la moitié plus un des électeurs inscrits n'a voté. — Nul n'est élu s'il ne réunit la majorité absolue des suffrages exprimés. — Lorsqu'il y aura plusieurs membres du conseil général à élire, on procédera par scrutin de liste. — Après les deux premiers tours de scrutin, si l'élection n'est point faite, le bureau proclame les noms des candidats qui ont obtenu le plus de suffrages en nombre double de celui des membres à élire. Au troisième tour de scrutin, les suffrages ne pourront être valablement donnés qu'aux candidats ainsi proclamés. — Lorsque l'élection n'a pu être faite faute d'un nombre suffisant d'électeurs ou est déclarée nulle pour quelque cause que ce soit, le préfet du département de la Seine assigne un jour, dans la quinzaine suivante, pour procéder de nouveau à l'élection.

6. Les colléges électoraux et leurs sections sont présidés par le maire, par ses adjoints suivant l'ordre de leur nomination, et par les conseillers municipaux de l'arrondissement ou de la commune où l'élection a lieu, suivant l'ordre de leur inscription au tableau. — Les quatre scrutateurs sont les deux plus âgés et les deux plus jeunes des électeurs présens ; le bureau, ainsi constitué, désigne le secrétaire. — L'élection a lieu par un seul collége dans chacun des arrondissemens de Sceaux et de Saint-Denis.

7. La tenue des assemblées électorales a lieu conformément aux dispositions contenues dans les articles 41, 43, 46, 47, 48, 49, 50, 51, 52, 53, 56 et 58 de la loi du 19 avril 1831, et les articles 50 et 51 de la loi du 21 mars 1831.

TITRE II.

DES CONSEILS D'ARRONDISSEMENT DU DÉPARTEMENT DE LA SEINE.

8. Les conseillers d'arrondissement sont élus dans chacun des cantons des arrondissemens de Sceaux et de Saint-Denis, par des assemblées électorales composées des électeurs appartenant à chaque canton, et portés sur les listes, conformément aux dispositions des articles 3 et 4 de la présente loi.

9. Il n'y aura point de conseil d'arrondissement pour la ville de Paris.

10. Toutes les dispositions de la loi du 22 juin 1833, sur l'organisation départementale, qui ne sont pas contraires aux dispositions précédentes, sont applicables au conseil général du département de la Seine et aux conseils des arrondissemens de Sceaux et de Saint-Denis.

TITRE III.

DE L'ORGANISATION MUNICIPALE DE LA VILLE DE PARIS.

11. Le corps municipal de Paris se compose du préfet du département de la Seine, du préfet de police, des maires, des adjoints et des conseillers élus par la ville de Paris.

12. Il y a un maire et deux adjoints pour chacun des douze arrondissemens de Paris. — Ils sont choisis par le roi, pour chaque arrondissement, sur une liste de douze candidats nommés par les électeurs de l'arrondissement. Ils sont nommés pour trois ans, et toujours révocables.

13. En exécution de l'article précédent, les électeurs qui ont concouru, à Paris, à la nomination des membres du conseil général, sont convoqués, tous les trois ans, pour procéder, par un scrutin de liste, à la désignation de douze citoyens réunissant les conditions d'éligibilité que la loi a déterminées pour les membres du conseil général. Ces candidats sont indéfiniment rééligibles. — Pour que le scrutin soit valable, la majorité absolue des votes exprimés est nécessaire au premier tour; la majorité relative suffit au second tour de scrutin.

14. Le conseil municipal de la ville de Paris se compose des trente-six membres qui, en exécution des articles 2 et 3, sont élus par les douze arrondissemens de Paris pour faire partie du conseil général du département de la Seine.

15. Le roi nomme, chaque année, parmi les membres du conseil municipal, le président et le vice-président de ce conseil. — Le secrétaire est élu chaque année par les membres du conseil et parmi eux.

16. Le préfet de la Seine et le préfet de police peuvent assister aux séances du conseil municipal; ils y ont voix consultative.

17. Le conseil municipal ne s'assemble que sur la convocation du préfet de la Seine. Il ne peut délibérer que sur les questions que lui soumet le préfet, et lorsque la majorité de ses membres assiste à la séance.

18. Il y a chaque année une session ordinaire, qui est spécialement consacrée à la présentation et à la discussion du budget. Cette session ne peut durer plus de six semaines. L'époque de la convocation doit être notifiée à chaque membre du conseil un mois au moins à l'avance.

19. Lorsqu'un membre du conseil a manqué à une session ordinaire et à trois convocations extraordinaires consécutives sans excuses légitimes ou empêchemens admis par le conseil, il est déclaré démissionnaire par un arrêté du préfet, et il sera procédé à une élection nouvelle.

20. Les membres du conseil municipal prêtent serment la première fois qu'ils prennent séance, s'ils ne l'ont déjà prêté en qualité de membres du conseil général.

21. Les dispositions des articles 5, 6, 18, 19, 20, 21 de la loi du 21 mars 1831, relatifs aux incompatibilités, et l'article 11 de la loi du 22 juin 1833, relatif aux cas de vacance, sont applicables aux maires et adjoints et aux membres du conseil municipal de la ville de Paris. — Il en est de même des articles 27, 28, 29 et 30 de la loi du 21 mars 1831, relatifs à l'irrégularité des délibérations des conseils municipaux et à leur dissolution.

22. La présente loi sera mise à exécution avant le 1er janvier 1835.

LOI

Sur l'État des Officiers.

(19 mai 1834.)

TITRE Ier.

DU GRADE.

Art. 1er. Le grade est conféré par le roi; il constitue l'état de l'officier. L'officier ne peut le perdre que par l'une des causes ci-après: — 1° Démission acceptée par le roi; — 2° Perte de la qualité de Français, prononcée par jugement; — 3° Condamnation à une peine afflictive ou infamante; — 4° Condamnation à une peine correctionnelle, pour délits prévus par la section Ire et les articles 402, 403, 405, 406 et 407 du chapitre II du titre II du livre III du Code pénal; — 5° Condamnation à une peine correctionnelle d'emprisonnement, et qui, en outre, a placé le condamné sous la surveillance de la haute police, et l'a interdit des droits civiques, civils et de famille; — 6° Destitution prononcée par jugement d'un conseil de guerre. — Indépendamment des cas prévus par les autres lois en vigueur, la destitution sera prononcée pour les causes ci-après déterminées: — 1° A l'égard de l'officier en activité, pour l'absence illégale de son corps, après trois mois; — 2° A l'égard de l'officier en activité, en disponibilité ou en non-activité, pour résidence hors du royaume sans l'autorisation du roi, après quinze jours d'absence.

TITRE II.

DES POSITIONS DE L'OFFICIER.

2. Les positions de l'officier sont : — L'activité et la disponibilité, — La non activite, — La réforme, — La retraite.

SECTION 1re.

De l'Activité.

3. L'activité est la position de l'officier appartenant à l'un des cadres constitutifs de l'armée, pourvu d'emploi, et de l'officier hors cadre employé temporairement à un service spécial ou à une mission. — La disponibilité est la position spéciale de l'officier général ou d'état-major appartenant au cadre constitutif et momentanément sans emploi.

SECTION II.

De la Non-Activité.

4. La non-activité est la position de l'officier hors cadre et sans emploi.

5. L'officier en activité ne peut être mis en non activité que par l'une des causes ci-après : — Licenciement de corps ; — Suppression d'emploi ; — Rentrée de captivité à l'ennemi, lorsque l'officier prisonnier de guerre a été remplacé dans son emploi ; — Infirmités temporaires ; — Retrait ou suspension d'emploi.

6. La mise en non-activité par retrait ou suspension d'emploi, a lieu par décision royale, sur le rapport du ministre de la guerre.

7. Les officiers en non-activité par licenciement de corps, suppression d'emploi ou rentrée de captivité à l'ennemi, sont appelés à remplir la moitié des emplois de leur grade vacans dans l'arme à laquelle ils appartiennent. — Le temps passé par eux en non-activité leur est compté comme service effectif pour les droits à l'avancement, au commandement, à la réforme et à la retraite.

8. Les officiers en non-activité pour infirmités temporaires et par retrait ou suspension d'emploi, sont susceptibles d'être remis en activité. — Le temps passé par eux en non-activité leur est compté comme service effectif pour la réforme et pour la retraite seulement.

SECTION III.

De la Réforme.

9. La réforme est la position de l'officier sans emploi qui, n'étant plus susceptible d'être rappelé à l'activité, n'a pas de droits acquis à la pension de retraite.

10. La réforme peut être prononcée, — 1° Pour infirmités incurables ; — 2° Par mesure de discipline ;

§ Ier.

De la Réforme pour infirmités incurables.

11. La réforme pour infirmités incurables sera prononcée dans les formes voulues par la loi du 11 avril 1831, sur les pensions de l'armée de terre.

§ II.

De la Réforme par mesure de discipline.

12. Un officier ne peut être mis en réforme, pour cause de discipline, que pour l'un des motifs ci-après ; — Inconduite habituelle ; — Fautes graves dans le service ou contre la discipline ; — Fautes contre l'honneur ; — Prolongation au-delà de trois ans de la position de non-activité, sauf les restrictions énoncées en l'article suivant.

13. La réforme par mesure de discipline des officiers en activité et des officiers en non-activité sera prononcée par décision royale, sur le rapport du ministre de la guerre, d'après l'avis d'un conseil d'enquête, dont la composition et les formes seront déterminées par un règlement d'administration publique. — La réforme, à raison de la prolongation de la non-activité pendant trois ans, ne pourra être prononcée qu'à l'égard de l'officier qui, d'après l'avis du même conseil, aura été reconnu non susceptible d'être rappelé à l'activité. — Les avis du conseil d'enquête ne pourront être modifiés qu'en faveur de l'officier.

SECTION IV.

De la Retraite.

14. La retraite est la position définitive de l'officier rendu à la vie civile et admis à la jouissance d'une pension, conformément aux lois en vigueur.

TITRE III.

DE LA SOLDE.

15. La solde d'activité et celle de disponibilité sont réglées suivant les tarifs approuvés par le roi.

16. La solde de non-activité est fixée : — 1° Pour l'officier sorti de l'activité par suite de licenciement de corps, de suppression d'emploi, de rentrée de captivité à l'ennemi ou d'infirmités temporaires, à moitié de la solde d'activité dégagée de tous accessoires et de toute indemnité représentative ; 2° Pour l'officier sorti de l'activité par retrait ou par suspension d'emploi, aux deux cinquièmes de la même solde.

17. Les lieutenans et sous-lieutenans en non-activité toucheront les trois cinquièmes de la solde d'activité dépouillée de tous accessoires, par exception au paragraphe Ier de l'article précédent.

18. Nul officier réformé n'a droit à un traitement, s'il n'a accompli le temps de service imposé par la loi de recrutement. — Tout officier réformé, ayant moins de vingt ans de service, recevra, pendant un temps égal à la moitié de la durée de ses services effectifs, une solde de réforme égale aux deux tiers du *minimum* de la pension de retraite de son grade, conformément à ce qui est déterminé par la loi du 11 avril 1831. — L'officier ayant, au moment de sa réforme, plus de vingt ans de service effectif, recevra une pension de réforme dont la quotité sera déterminée d'après le *minimum* de la retraite de son grade, à raison d'un trentième pour chaque année de service effectif.

19. Les pensions et traitemens de réforme ci-dessus déterminés peuvent se cumuler avec un traitement civil.

20. Les pensions de réforme accordées après vingt ans de service seront inscrites au livre des pensions du trésor public. Elles seront, comme les pensions de retraite, incessibles et insaisissables, excepté dans les cas de débet envers l'État, ou dans les circonstances prévues par les articles 203, 205 et 214 du Code civil. — Dans ces deux cas, les pensions de réforme sont passibles de retenues qui ne peuvent excéder le cinquième pour cause de débet, et le tiers pour alimens.

21. Dans aucun cas, il ne peut y avoir lieu à reversibilité de tout ou partie de la pension de réforme sur les veuves et les orphelins.

TITRE IV.

DISPOSITIONS TRANSITOIRES.

22. Les officiers actuellement en jouissance de solde de congé illimité et de non-activité ou de traitement de réforme, restent dans les positions où ils ont été placés par les ordonnances royales. — Les dispositions des articles 15 et 18 de la présente loi seront toutefois appliquées à ceux de ces officiers qui seraient reconnus devoir passer de la position de congé illimité ou de non-activité à celle de réforme.

23. Les officiers mis en réforme avec ou sans traitement, depuis le 1er avril 1814 jusqu'au 1er août 1830, et qui sont actuellement en activité de service, ou en possession d'une solde de non-activité, ou de congé illimité, seront admis à faire valoir pour la retraite ou la réforme, comme service effectif, le temps qu'ils ont antérieurement passé en réforme; mais seulement jusqu'à concurrence du nombre d'années qui ouvre le droit au *minimum* de la pension de retraite. — Le même droit est accordé aux officiers réintégrés dans l'armée depuis le 1er août 1830, et qui, par suite d'infirmités ou pour tout autre motif de santé dûment constaté, auront été mis à la position de réforme.

TITRE V.

DE L'APPLICATION A L'ARMÉE DE MER.

24. La présente loi est déclarée commune aux deux services de terre et de mer. Elle est, en conséquence, applicable aux officiers des troupes de la marine et aux officiers entretenus des autres corps de ce département. Néanmoins, la mise en non-activité d'un officier de vaisseau ou d'autres officiers entretenus des corps de la marine, ne pourra ouvrir aucune vacance dans le cadre de l'état-major maritime.

25. Les pensions de réforme qui, en exécution de l'article 18 ci-dessus, devront être accordées aux officiers entretenus des corps de la marine, après vingt ans de service effectif, seront liquidées proportionnellement, et payées suivant la teneur des articles 1er et 26 de la loi du 18 avril 1831.

TITRE VI.

DISPOSITIONS GÉNÉRALES.

26. Les dispositions de la présente loi sont applicables au corps de l'intendance militaire. — Elles sont également applicables aux officiers de santé des armées de terre et de mer, à ceux de l'administration des hôpitaux et aux agens du service de l'habillement et du campement.

27. Tout officier condamné par jugement à un emprisonnement de plus de six mois sera suspendu de son emploi, ou mis en réforme, en se conformant aux dispositions des articles 6 et 13 de la présente loi. — La durée de l'emprisonnement ne comptera jamais comme temps de service effectif, même pour la retraite.

28. Toutes dispositions antérieures, contraires à la présente loi, sont et demeurent abrogées.

LOI

Sur le Timbre des Billets à ordre, etc.

(24 mai 1834.)

Art. **18.** A dater du 1er janvier 1835, le droit proportionnel de timbre sur les lettres de change et billets à ordre, sur les billets et obligations non négociables, est réduit ainsi qu'il suit : — A vingt-cinq centimes au lieu de trente cinq centimes, pour ceux de cinq cents francs et au-dessous ; (1) — A cinquante centimes, au lieu de soixante-dix centimes, pour ceux de cinq cents francs et au-dessus jusqu'à mille francs ; — A cinquante centimes par mille francs, au lieu de soixante-dix centimes, pour ceux au-dessus de mille francs. — Le décime pour franc ne sera point ajouté aux droits ainsi réduits.

19. L'amende due en cas de contravention aux lois sur le timbre proportionnel, par le souscripteur d'une lettre de change ou d'un billet à ordre, d'un billet ou obligation non négociable, et qui était fixée au vingtième (cinq pour cent) du montant des sommes exprimées dans lesdits actes, est portée à six pour cent du montant des mêmes sommes. L'accepteur d'une lettre de change qui n'aura pas été écrite sur papier du timbre prescrit, ou qui n'aura pas été visée pour timbre, sera soumis à une amende de même quotité, indépendamment de celle encourue par le souscripteur. A défaut d'accepteur, cette amende sera due par le premier endosseur — Une amende semblable sera due par le premier endosseur d'un billet à ordre, et par le premier cessionnaire d'un billet ou obligation non négociable qui aura été souscrit en contravention aux lois sur le timbre.

---

(1) *Extrait de la Loi* 20 *juillet* 1837.

Art. 16. A compter du 1er janvier 1838, le droit proportionnel du timbre sur les lettres de change et billets à ordre, sur les billets et obligation non négociables d'une somme de trois cents francs et au dessous, sera réduit à *quinze* centimes au lieu de *vingt-cinq* centimes. — Les amendes, dans ces cas de contravention, seront perçues conformément aux articles 19, 20 et 21 de la loi du 24 mai 1834.

20. Lorsqu'une lettre de change ou un billet à ordre venant soit de l'étranger, soit des îles ou des colonies dans lesquelles le timbre ne serait pas encore établi, aura été accepté et négocié en France avant d'avoir été soumis au timbre ou au visa pour timbre, l'accepteur et le premier endosseur résidant en France seront tenus chacun d'une amende de six pour cent du montant de l'effet.

21. Aucune des amendes prononcées ci-dessus par les art. 19 et 20 ne pourra être au dessous de cinq francs. — Les contrevenans seront solidaires pour le paiement des droits et des amendes, sauf le recours de celui qui en aura fait l'avance, pour ce qui ne sera pas à sa charge personnelle.

22. Les dispositions des art. 19, 20, 21 ci dessus, concernant les accepteurs et endosseurs, et l'augmentation de la quotité de l'amende, ne seront applicables que lorsqu'il s'agira d'effets, billets ou obligations souscrits à partir du 1er janvier 1835; à l'égard de ceux qui auront été souscrits antérieurement, les dispositions pénales des lois actuellement en vigueur continueront d'être observées.

LOI

Contre les Détenteurs d'armes ou de munitions de guerre.

(24 mai 1834.)

Art. **1er.** Tout individu qui aura fabriqué, débité ou distribué des armes prohibées par la loi ou par des réglemens d'administration publique, sera puni d'un emprisonnement d'un mois à un an, et d'une amende de seize francs à cinq cents francs. — Celui qui sera porteur desdites armes sera puni d'un emprisonnement de six jours à six mois, et d'une amende de seize francs à deux cents francs. (V. *Ord.* 25 *fév.* 1837.)

2. Tout individu qui, sans y être légalement autorisé, aura fabriqué, débité ou distribué de la poudre, ou sera détenteur d'une quantité quelconque de poudre de guerre, ou de plus de deux kilogrammes de toute autre poudre, sera puni d'un emprisonnement d'un mois à deux ans, sans préjudice des autres peines portées par les lois. (1)

3. Tout individu qui, sans y être légalement autorisé, aura fabriqué ou confectionné, débité ou distribué des armes de guerre, des cartouches et autres munitions de guerre, ou sera détenteur d'armes de guerre, cartouches ou munitions de guerre, ou d'un dépôt d'armes quelconques, sera puni d'un emprisonnement d'un mois à deux ans, et d'une amende de seize francs à mille francs. — La présente disposition n'est point applicable aux professions d'armurier et de fabricant d'armes de commerce, lesquelles resteront seulement assujéties aux lois et réglemens particuliers qui les concernent.

4. Les infractions prévues par les articles précédens seront jugées par les tribunaux de police correctionnelle. — Les armes et munitions fabriquées, débitées, distribuées ou possédées sans autorisation, seront confisquées. — Les condamnés pourront, en outre, être placés sous la surveillance de la haute police pendant un temps qui ne pourra excéder deux ans. — En cas de récidive, les peines pourront être élevées jusqu'au double.

5. Seront punis de la détention les individus qui, dans un mouvement insurrectionnel, auront porté soit des armes apparentes ou cachées, ou des munitions, soit un uniforme ou costume, ou autres insignes civils ou militaires. — Si les individus porteurs d'armes apparentes ou cachées, ou de munitions, étaient revêtus d'un uniforme, d'un costume ou d'autres insignes civils ou militaires, ils seront

---

(1) Les dispositions des art. 222, 223, 224, 225 de la loi du 28 avril 1816, sont applicables à la fabrication illicite, au colportage et à la vente des poudres à feu sans permission. (*L.* 25 juin 1841, *art.* 25.) — L'art. 222 prononce une amende de 300 fr. à 1000 fr. indépendamment de la confiscation. — V. *L.* 13 fructidor an 5, *art.* 27.

punis de la déportation. — Les individus qui auront fait usage de leurs armes seront punis de mort.

6. Seront punis des travaux forcés à temps les individus qui, dans un mouvement insurrectionnel, se seront emparés d'armes ou de munitions de toutes espèces, soit à l'aide de violences ou de menaces, soit par le pillage de boutiques, postes, magasins, arsenaux et autres établissemens publics, soit par le désarmement des agens de la force publique; chacun des coupables sera, de plus, condamné à une amende de deux cents francs à cinq mille francs.

7. Seront punis de la même peine les individus qui, dans un mouvement insurrectionnel, auront envahi, à l'aide de violences ou menaces, une maison habitée ou servant à l'habitation.

8. Seront punis de la détention les individus qui, dans un mouvement insurrectionnel, auront, pour faire attaque ou résistance envers la force publique, envahi ou occupé des édifices, postes et autres établissemens publics. — La peine sera la même à l'égard de ceux qui, dans le même but, auront occupé une maison habitée ou non habitée, avec le consentement du propriétaire ou du locataire, et à l'égard du propriétaire ou du locataire qui, connaissant le but des insurgés, leur aura procuré sans contrainte l'entrée de ladite maison.

9. Seront punis de la détention les individus qui, dans un mouvement insurrectionnel, auront fait ou aidé à faire des barricades, des retranchemens ou tous autres travaux ayant pour objet d'entraver ou d'arrêter l'exercice de la force publique; — Ceux qui auront empêché, à l'aide de violences ou de menaces, la convocation ou la réunion de la force publique, ou qui auront provoqué ou facilité le rassemblement des insurgés, soit par la distribution d'ordres ou de proclamations, soit par le port de drapeaux ou autres signes de ralliement, soit par tout autre moyen d'appel; — Ceux qui auront brisé ou détruit un ou plusieurs télégraphes, ou qui auront envahi, à l'aide de violences ou de menaces, un ou plusieurs postes télégraphiques, ou qui auront intercepté, par tout autre moyen, avec violences ou menaces, les communications ou la correspondance entre les divers dépositaires de l'autorité publique.

10. Les peines portées par la présente loi seront prononcées sans préjudice de celles que les coupables auraient pu encourir comme auteurs ou complices de tous autres crimes. Dans le cas du concours de deux peines, la plus grave seule sera appliquée.

11. Dans tous les cas prévus par la présente loi, s'il existe des circonstances atténuantes, il sera fait application de l'art. 463 du Code pénal. — Néanmoins, les condamnés pourront toujours être placés sous la surveillance de la haute police, pendant un temps qui ne pourra excéder le *maximum* de la durée de l'emprisonnement prononcé par la loi.

ORDONNANCE

Relative aux sommes déposées volontairement à la Caisse des dépôts et consignations.

(19 janvier 1835.)

Art. 1er. L'intérêt alloué par la caisse des dépôts et consignations sur les sommes qui lui sont déposées volontairement par les particuliers sera réduit, pour l'avenir, à *deux* pour *cent* par an; néanmoins, cette réduction n'aura d'effet qu'à l'égard des dépôts faits antérieurement, que trois mois après la date de la publication de la présente ordonnance.

2. Les fonds déposés ne porteront intérêt qu'autant qu'ils seront restés à la caisse soixante jours.

3. Les remboursemens ne seront exigibles que quarante-cinq jours après la demande qui en aura été faite par les ayant-droit; la caisse conservera la faculté d'anticiper ce terme selon ses convenances.

4. Il n'est rien changé au taux de l'intérêt fixé par l'article 5 de l'ordonnance du 3 juillet 1816, en ce

qui concerne les dépôts faits par les établissemens publics.

» Sont maintenues les autres dispositions de ladite ordonnance non contraires à la présente.

LOI

Sur les Majorats.

(12 mai 1835.)

(*Thèse n° 55.*)

Art. 1er. Toute institution de majorats est interdite pour l'avenir.

2. Les majorats fondés jusqu'à ce jour sur des biens particuliers ne pourront s'étendre au-delà de deux degrés, l'institution non comprise.

3. Le fondateur d'un majorat pourra le révoquer en tout ou en partie, ou en modifier les conditions.

Néanmoins, il ne pourra exercer cette faculté s'il existe un appelé qui ait contracté, antérieurement à la présente loi, un mariage non dissous ou dont il soit resté des enfans. En ce cas, le majorat aura son effet restreint à deux degrés, ainsi qu'il est dit dans l'article précédent.

4. Les dotations ou portions de dotation consistant en biens soumis au droit de retour en faveur de l'État, continueront à être possédées et transmises conformément aux actes d'investiture, et sans préjudice des droits d'expectative ouverts par la loi du 5 décembre 1814.

LOI

Concernant les Baux des communes et établissemens publics.

(25 mai 1835.)

(V. *note* sur la loi 12 août 1807.)

LOI

Sur les Cours d'assises.

(9 septembre 1835.)

Art. 1er. Les crimes prévus dans le paragraphe 1er de la section 4 du chapitre III du titre Ier du livre III du Code pénal, ou dans la loi du 24 mai 1834, seront jugés selon les formes déterminées dans la présente loi.

2. Le ministre de la justice pourra ordonner qu'il soit formé autant de sections de cours d'assises que le besoin du service l'exigera, pour procéder simultanément au jugement des prévenus.

3. Lorsque, sur le vu de la procédure communiquée conformément à l'article 61 du Code d'instruction criminelle, le procureur général estimera que la prévention est suffisamment établie contre un ou plusieurs inculpés, il se fera remettre les pièces d'instruction, le procès-verbal constatant le corps du délit, et l'état des pièces de conviction qui seront apportées au greffe de la cour royale.

4. Dans le cas prévu par l'article précédent, le procureur général pourra saisir la cour d'assises en vertu de citations données directement aux prévenus en état d'arrestation.

5 A cet effet, le procureur général adressera son réquisitoire au président de la cour d'assises, pour obtenir indication du jour auquel les débats devront s'ouvrir. Ce réquisitoire sera rédigé dans la forme établie par l'article 241 du Code d'instruction criminelle

6 Le réquisitoire et l'ordonnance contenant indication du jour de l'audience seront signifiés aux prévenus dix jours au moins avant l'ouverture des débats, par un huissier que le président de la cour d'assises commettra. Il leur en sera laissé copie.

7. Le pourvoi en cassation contre les arrêts qui auront statué tant sur la compétence que sur les incidents, ne sera formé qu'après l'arrêt définitif et en même temps que le pourvoi contre cet arrêt.

Aucun pourvoi formé auparavant ne pourra dispenser la cour d'assises de statuer sur le fond.

8. Au jour indiqué pour la comparution à l'audience, si les prévenus ou quelques-uns d'entre eux refusent de comparaître, sommation d'obéir à justice leur sera faite au nom de la loi par un huissier commis à cet effet

par le président de la cour d'assises, et assisté de la force publique. L'huissier dressera procès-verbal de la sommation et de la réponse des prévenus.

9. Si les prévenus n'obtempèrent point à la sommation, le président pourra ordonner qu'ils soient amenés par la force devant la cour : il pourra également, après lecture, faite à l'audience, du procès-verbal constatant leur résistance, ordonner que, nonobstant leur absence, il soit passé outre aux débats.

Après chaque audience, il sera, par le greffier de la cour d'assises, donné lecture aux prévenus qui n'auront point comparu du procès-verbal des débats, et il leur sera signifié copie des réquisitoires du ministère public, ainsi que des arrêts rendus par la cour, qui seront tous réputés contradictoires.

10. La cour pourra faire retirer de l'audience et reconduire en prison tout prévenu qui, par des clameurs ou par tout autre moyen propre à causer du tumulte, mettrait obstacle au libre cours de la justice, et, dans ce cas, il sera procédé aux débats et au jugement comme il est dit aux deux articles précédens.

11. Tout prévenu ou toute personne présente à l'audience d'une cour d'assises, qui causerait du tumulte pour empêcher le cours de la justice, sera, audience tenante, déclaré coupable de rébellion et puni d'un emprisonnement qui n'excédera pas deux ans, sans préjudice des peines portées au Code pénal contre les outrages et violences envers les magistrats.

12. Les dispositions des articles 8, 9, 10 et 11 s'appliquent au jugement de tous les crimes et délits devant toutes les juridictions.

LOI

Sur le mode du vote du Jury au scrutin secret.

(13 mai 1836.)

(V. la note sur l'art. 345.)

LOI

Portant prohibition des Loteries.

(21 mai 1836.)

Art. **1er.** Les loteries de toutes espèces sont prohibées.

2. Sont réputées loteries et interdites comme telles,

Les ventes d'immeubles, meubles, ou de marchandises effectuées par la voie du sort, ou auxquelles auraient été remises des primes ou autres bénéfices dus au hasard, et généralement toutes opérations offertes au public pour faire naître l'espérance d'un gain qui serait acquis par la voie du sort.

3. La contravention à ces prohibitions sera punie des peines portées à l'article 410 du Code pénal.

S'il s'agit de loteries d'immeubles, la confiscation prononcée par ledit article sera remplacée, à l'égard du propriétaire de l'immeuble mis en loterie, par une amende qui pourra s'élever jusqu'à la valeur estimative de cet immeuble.

En cas de seconde et ultérieure condamnation, l'emprisonnement et l'amende portés en l'article 410, pourront être élevés au double du maximum.

Il pourra, dans tous les cas, être fait application de l'article 463 du Code pénal.

4. Ces peines seront encourues par les auteurs, entrepreneurs ou agens des loteries françaises ou étrangères, ou des opérations qui leur sont assimilées.

Ceux qui auront colporté ou distribué les billets, ceux qui, par des avis, annonces, affiches, ou par tout autre moyen de publication, auront fait connaître l'existence de ces loteries ou facilité l'émission des billets, seront punis des peines portées en l'art. 411 du Code pénal ; il sera fait application, s'il y a lieu, des deux dernières dispositions de l'article précédent.

5. Sont exceptées des dispositions des articles 1 et 2 ci-dessus, les loteries d'objets mobiliers, exclusivement destinées à des actes de bienfaisance, ou à l'encouragement des arts, lorsqu'elles auront été autorisées dans les formes qui seront déterminées par des règlemens d'administration publique.

LOI

Sur les Chemins Vicinaux.

(21 mai 1836.)

(Art. 16, *thèse n°* 19.—Art. 15 à 19, *thèses n^os^* 22 et 23.)

Section Ire.

Chemins vicinaux.

Art. 1er. Les chemins vicinaux légalement reconnus sont à la charge des communes, sauf les dispositions de l'art. 7 ci après.

2. En cas d'insuffisance des ressources ordinaires des communes, il sera pourvu à l'entretien des chemins vicinaux à l'aide, soit de prestations en nature, dont le maximum est fixé à trois journées de travail, soit de centimes spéciaux en addition au principal des quatre contributions directes, et dont le maximum est fixé à cinq.

Le conseil municipal pourra voter l'une ou l'autre de ces ressources, ou toutes les deux concurremment.

Le concours des plus imposés ne sera pas nécessaire dans les délibérations prises pour l'exécution du présent article.

3. Tout habitant, chef de famille ou d'établissement, à titre de propriétaire, de régisseur, de fermier, ou de colon partiaire, porté au rôle des contributions directes, pourra être appelé à fournir, chaque année, une prestation de trois jours:

1°. Pour sa personne et pour chaque individu mâle, valide, âgé de dix-huit ans au moins et de soixante ans au plus, membre ou serviteur de la famille et résidant dans la commune.

2°. Pour chacune des charrettes ou voitures attelées, et, en outre, pour chacune des bêtes de somme, de trait, de selle, au service de la famille ou de l'établissement dans la commune.

4. La prestation sera appréciée en argent, conformément à la valeur qui aura été attribuée annuellement pour la commune à chaque espèce de journée par le conseil général, sur les propositions des conseils d'arrondissement.

La prestation pourra être acquittée en nature ou en argent, au gré du contribuable. Toutes les fois que le contribuable n'aura pas opté dans les délais prescrits, la prestation sera de droit exigible en argent.

La prestation non rachetée en argent pourra être convertie en tâches, d'après les bases et évaluations de travaux préalablement fixées par le conseil municipal.

5. Si le conseil municipal, mis en demeure, n'a pas voté, dans la session désignée à cet effet, les prestations et centimes nécessaires, ou si la commune n'en a pas fait emploi dans les délais prescrits, le préfet pourra, d'office, soit imposer la commune dans les limites du maximum, soit faire exécuter les travaux.

Chaque année, le préfet communiquera au conseil général l'état des impositions établies d'office, en vertu du présent article.

6. Lorsqu'un chemin vicinal intéressera plusieurs communes, le préfet, sur l'avis des conseils municipaux, désignera les communes qui devront concourir à sa construction ou à son entretien, et fixera la proportion dans laquelle chacune d'elles y contribuera.

SECTION II.

Chemins vicinaux de grande communication.

7. Les chemins vicinaux peuvent, selon leur importance, être déclarés chemins vicinaux de grande communication par le conseil général, sur l'avis des conseils municipaux, des conseils d'arrondissement, et sur la proposition du préfet.

Sur les mêmes avis et proposition, le conseil général détermine la direction de chaque chemin vicinal de grande communication, et désigne les communes qui doivent contribuer à sa construction ou à son entretien;

Le préfet fixe la largeur et les limites du chemin, et détermine annuellement la proportion dans laquelle chaque commune doit concourir à l'entretien de la ligne vicinale dont elle dépend; il statue sur les offres faites par les particuliers, associations de particuliers ou de communes.

8. Les chemins vicinaux de grande communication, et, dans des cas extraordinaires, les autres chemins vicinaux, pourront recevoir des subventions sur les fonds départementaux.

Il sera pourvu à ces subventions au moyen des centimes facultatifs ordinaires du département, et de centimes spéciaux votés annuellement par le conseil général.

La distribution des subventions sera faite, en ayant égard aux ressources, aux sacrifices et aux besoins des communes, par le préfet, qui en rendra compte, chaque année, au conseil général.

Les communes acquitteront la portion des dépenses mise à leur charge au moyen de leurs revenus ordinaires, et, en cas d'insuffisance, au moyen de deux journées de prestations sur les trois journées autorisées par l'art. 2, et des deux tiers des centimes votés par le conseil municipal, en vertu du même article.

9. Les chemins vicinaux de grande communication sont placés sous l'autorité du préfet. Les dispositions des art. 4 et 5 de la présente loi leur sont applicables.

Dispositions générales.

10. Les chemins vicinaux reconnus et maintenus comme tels sont imprescriptibles.

11. Le préfet pourra nommer des agens voyers.

Leur traitement sera fixé par le conseil général.

Ce traitement sera prélevé sur les fonds affectés aux travaux.

Les agens voyers prêteront serment; ils auront le droit de constater les contraventions et délits, et d'en dresser des procès-verbaux.

12. Le maximum des centimes spéciaux qui pourront être votés par les conseils généraux, en vertu de la présente loi, sera déterminé annuellement par la loi de finances.

13. Les propriétés de l'État, productives de revenus, contribueront aux dépenses des chemins vicinaux, dans les mêmes proportions que les propriétés privées, et d'après un rôle spécial dressé par le préfet.

Les propriétés de la Couronne contribueront aux mêmes dépenses, conformément à l'art. 13 de la loi du 2 mars 1832.

14. Toutes les fois qu'un chemin vicinal, entretenu à l'état de viabilité par une commune, sera habituellement ou temporairement dégradé par des exploitations de mines, de carrières, de forêts ou de toute entreprise industrielle appartenant à des particuliers, à des établissemens publics, à la Couronne ou à l'État il pourra y avoir lieu à imposer aux entrepreneurs ou propriétaires, suivant que l'exploitation ou les transports auront eu lieu pour les uns ou les autres, des subventions spéciales, dont la quotité sera proportionnée à la dégradation extraordinaire qui devra être attribuée aux exploitations.

Ces subventions pourront, au choix des subventionnaires, être acquittées en argent ou en prestations en nature, et seront exclusivement affectées à ceux des chemins qui y auront donné lieu.

Elles seront réglées annuellement, sur la demande des communes, par les conseils de préfecture, après des expertises contradictoires, et recouvrées comme en matière de contributions directes.

Les experts seront nommés suivant le mode déterminé par l'art. 17 ci-après.

Ces subventions pourront aussi être déterminées par abonnement; elles seront réglées, dans ce cas, par le préfet en conseil de préfecture.

15. Les arrêtés du préfet portant reconnaissance et fixation de la largeur d'un chemin vicinal attribuent définitivement au chemin le sol compris dans les limites qu'ils déterminent.

Le droit des propriétaires riverains se résout en une indemnité, qui sera réglée à l'amiable ou par le juge de *paix du canton*, sur le rapport d'experts nommés conformément à l'art. 17.

16. Les travaux d'ouverture et de redressement des chemins vicinaux seront autorisés par arrêté du préfet.

Lorsque, pour l'exécution du présent article, il y aura lieu de recourir à l'expropriation, le jury spécial, chargé de régler les indemnités, ne sera composé que de quatre jurés. Le tribunal d'arrondissement, en prononçant l'expropriation, désignera, pour présider et diriger le jury, l'un de ses membres ou le juge de paix du canton. Ce magistrat aura voix délibérative en cas de partage.

Le tribunal choisira, sur la liste générale prescrite par l'art. 29 de la loi du 7 juillet 1833 (3 *mai* 1841), quatre personnes pour former le jury spécial, et trois jurés supplémentaires. L'administration et la partie intéressée auront respectivement le droit d'exercer une récusation péremptoire.

Le juge recevra les acquiescemens des parties.

Son procès-verbal emportera translation définitive de propriété.

Le recours en cassation, soit contre le jugement qui prononcera l'expropriation, soit contre la déclaration du jury qui réglera l'indemnité, n'aura lieu que dans les cas prévus et selon les formes déterminées par la loi du 7 juillet 1833 (3 *mai* 1841).

17. Les extractions de matériaux, les dépôts ou enlèvemens de terre, les occupations temporaires de terrains, seront autorisés par arrêté du préfet lequel désignera les lieux; cet arrêté sera notifié aux parties intéressés au moins dix jours avant que son exécution puisse être commencée.

Si l'indemnité ne peut être fixée à l'amiable, elle sera réglée par le conseil de préfecture, sur le rapport d'experts nommés, l'un par le sous-préfet, et l'autre par le propriétaire.

En cas de discord, le tiers-expert sera nommé par le conseil de préfecture.

18. L'action en indemnité des propriétaires pour les terrains qui auront servi à la confection des chemins vicinaux, et pour extraction de matériaux, sera prescrite par le laps de deux ans.

19. En cas de changement de direction ou d'abandon d'un chemin vicinal, en tout ou en partie, les propriétaires riverains de la partie de ce chemin qui cessera de servir de voie de communication, pourront faire leur soumission de s'en rendre acquéreurs et d'en payer la valeur, qui sera fixée par des experts nommés dans la forme déterminée par l'art. 17.

20. Les plans, procès-verbaux, certificats, significations, jugemens, contrats, marchés, adjudications de travaux, quittances et autres actes ayant pour objet exclusif la construction, l'entretien et la réparation des chemins vicinaux, seront enregistrés moyennant le droit fixe de un franc.

Les actions civiles intentées par les communes ou dirigées contre elles, relativement à leurs chemins, seront jugées comme affaires sommaires et urgentes, conformément à l'art. 405 du Code de Procédure civile.

21. Dans l'année qui suivra la promulgation de la présente loi, chaque préfet fera, pour en assurer l'exécution, un règlement qui sera communiqué au conseil général, et transmis, avec ses observations, au ministre de l'intérieur, pour être approuvé, s'il y a lieu.

Ce règlement fixera, dans chaque département, le maximum de la largeur des chemins vicinaux; il fixera, en outre, les délais nécessaires à l'exécution de chaque mesure, les époques auxquelles les prestations en nature devront être faites, le mode de leur emploi ou de leur conversion en tâches, et statuera, en même temps, sur tout ce qui est relatif à la confection des rôles, à la comptabilité, aux adjudications et à leur forme, aux alignemens, aux autorisations de construire le long des chemins, à l'écoulement des eaux, aux plantations, à l'élagage, aux fossés, à leur curage, et à tous autres détails de surveillance et de conservation.

22. Toutes les dispositions de lois antérieures demeurent abrogées en ce qu'elles auraient de contraire à la présente loi.

LOI.

Extrait contenant des dispositions sur les saisies-arrêts ou oppositions sur des sommes dues par l'État.

(9 juillet 1836.)

Art. 13. Toutes saisies-arrêts ou oppositions sur des sommes dues par l'État, toutes significations de cession ou transport desdites sommes, et toutes autres ayant pour objet d'en arrêter le paiement, devront être faites entre les mains des payeurs, agents ou préposés sur la caisse desquels les ordonnances ou mandats seront délivrés: — Néanmoins, à Paris, et pour tous les paiemens à effectuer à la caisse du payeur central au trésor public, elles devront être exclusivement faites entre les mains du conservateur des oppositions au ministère des finances. Toutes dispositions contraires sont abrogées. — Seront considérées comme nulles et non avenues toutes oppositions ou significations faites à toutes autres personnes que celles ci-dessus indiquées. — Il n'est pas dérogé aux lois relatives aux oppositions à faire sur les capitaux et intérêts des cautionnemens.

14. Lesdites saisies-arrêts, oppositions et significations n'auront d'effet que pendant cinq années, à compter de leur date, si elles n'ont pas été renouvelées dans ledit délai, quels que soient d'ailleurs les actes, traités ou jugemens intervenus sur lesdites oppositions et significations. — En conséquence, elles seront rayées d'office sur les registres dans lesquels elles auraient été inscrites, et ne seront pas comprises dans les certificats prescrits par l'article 14 de la loi du 19 février 1792, et par les articles 7 et 8 du décret du 18 août 1807.

15. Les saisies-arrêts, oppositions et significations de cession ou transport, et toutes autres faites jusqu'à ce jour, ayant pour objet d'arrêter le paiement des sommes dues par l'État, devront être renouvelées dans le délai d'un an, à partir de la publication de la présente loi, et conformément aux dispositions ci-dessus prescrites, faute de quoi elles resteront sans effet et seront rayées des registres dans lesquels elles auront été inscrites.

ORDONNANCE

Sur les Pistolets de poche.

(25 février 1837.)

Vu l'art. 314 du Code pénal;

Vu l'art. 1er de la loi du 24 mai 1834;

Vu la déclaration du roi en date du 23 mars 1728, enregistrée le 20 avril suivant, portant prohibition générale de la fabrication, de la vente, du port, et de l'usage des armes cachées et secrètes et notamment des pistolets de poche: vu le décret du 12 mars 1806, prescrivant la publication et l'exécution de cette déclaration; sur le rapport de notre garde des sceaux;... notre conseil d'État entendu, etc.

Art. 1er. Les pistolets de poches sont probibés.

LOI

Relative à l'autorité des Arrêts rendus par la Cour de cassation.

(1er avril 1837.)

Art. 1er. Lorsqu'après la cassation d'un premier arrêt ou jugement rendu en dernier ressort, le deuxième arrêt ou jugement rendu dans la même affaire, entre les mêmes parties, procédant en la même qualité, sera attaqué par les mêmes moyens que le premier, la cour de cassation prononcera, toutes les chambres réunies.

2. Si le deuxième arrêt ou jugement est cassé pour les mêmes motifs que le premier, la cour royale ou le tribunal auquel l'affaire est renvoyée se conformera à la décision de la cour de cassation sur le point de droit jugé par cette cour.

3. La cour royale statuera en audience ordinaire, à moins que la nature de l'affaire n'exige qu'elle soit jugée en audience solennelle.

4. La loi du 30 juillet 1828 est abrogée.

LOI

Sur les Lignes télégraphiques.

(2 mai 1837.)

ARTICLE UNIQUE. Quiconque transmettra, sans autorisation, des signaux, d'un lieu à un autre, soit à l'aide de machines télégraphiques, soit par tout autre moyen, sera puni d'un emprisonnement d'un mois à un an, et d'une amende de mille à dix mille francs.

L'article 463 du Code pénal est applicable aux dispositions de la présente loi.

Le tribunal ordonnera la destruction des postes, des machines ou moyens de transmissions. — V. *Loi 24 mai 1834, art.* 9.

LOI

Relative aux Poids et Mesures.

(4 juillet 1837.)

Art. 1er. Le décret du 12 février 1812, concernant les poids et mesures, est et demeure abrogé.

2. Néanmoins, l'usage des instrumens de pesage et de mesurage confectionnés en exécution des articles 2 et 3 du décret précité, sera permis jusqu'au 1er janvier 1840.

3. A partir du 1er janvier 1840, tous poids et mesures autres que les poids et mesures établis par les lois du 18 germinal an III et 19 frimaire an VII, constitutifs du système métrique décimal, seront interdits sous les peines portées par l'article 479 du Code pénal(1).

4. Ceux qui auront des poids et mesures autres que les poids et mesures ci-dessus reconnus, dans leurs magasins, boutiques, ateliers, ou maisons de commerce, ou dans les halles, foires ou marchés, seront punis comme ceux qui les emploieront, conformément à l'article 479 du Code pénal.

5. A compter de la même époque, toutes dénominations de poids et mesures autres que celles portées dans le tableau annexé à la présente loi, et établies par la loi du 18 germinal an III sont interdites dans les actes publics ainsi que dans les affiches et les annonces. (*V. ci-après.*) — Elles sont également interdites dans les actes sous seing privé, les registres de commerce et autres écritures privées produites en justice. — Les officiers publics contrevenants seront passibles d'une amende de *vingt* francs qui sera recouvrée sur contrainte, comme en matière d'enregistrement. — L'amende sera de *dix* francs pour les autres contrevenans; elle sera perçue pour chaque acte ou écriture sous signature privée; quant aux registres de commerce, ils ne donneront lieu qu'à une seule amende pour chaque contestation dans laquelle ils seront produits.

6. Il est défendu aux juges de rendre aucun jugement ou décision en faveur des particuliers sur des actes, registres ou écrits dans lesquels les dénominations interdites par l'article précédent auraient été insérées, avant que les amendes encourues aux termes dudit article aient été payées.

7. Les vérificateurs des poids et mesures constateront les contraventions prévues par les lois et règlemens concernant le système métrique des poids et mesures. — Ils pourront procéder à la saisie des instrumens de pesage et de mesurage dont l'usage est interdit par lesdites lois et règlemens. — Leurs procès-verbaux feront foi en justice jusqu'à preuve contraire. — Les vérificateurs prêteront serment devant le tribunal d'arrondissement.

8. Une ordonnance royale règlera la manière dont s'effectuera la vérification des poids et mesures.

---

(1) « Les dispositions de cet article ne seront applicables aux monnaies en circulation qu'en vertu d'une loi spéciale. » (*L.* 10 *août* 1839.)

TABLEAU DES MESURES LÉGALES.

NOMS SYSTÉMATIQUES.	VALEUR.	OBSERVATIONS.
Mesures de longueur.		
Myriamètre	Dix mille mètres.	
Kilomètre	Mille mètres.	
Hectomètre	Cent mètres.	
Décamètre	Dix mètres.	
MÈTRE	*Unité fondamentale des poids et mesures* (1) dix-millionième partie du quart du méridien terrestre.	(1) L'étalon prototipe en platine, déposé aux archives le 4 messidor an VII, donne la longueur légale du mètre quand il est à la température zéro.
Décimètre	Dixieme du mètre.	
Centimètre	Centième du mètre.	
Millimetre	Millième du metre.	
Mesures agraires.		
Hectare	Cent ares ou dix mille mètres carrés.	
ARE	Cent mètres carrés, carré de dix mètres de côte.	
Centiare	Centième de l'are, ou mètre carré.	
Mesures de capacité pour les liquides et les matières sèches.		
Kilolitre	Mille litres.	
Hectolitre	Cent litres.	
Decalitre	Dix litres.	
LITRE	Decimètre cube.	
Decilitre	Dixième du litre.	
Mesures de solidité.		
Décastère	Dix steres.	
STÈRE	Mètre cube.	
Décistère	Dixieme de stère.	
Poids.		
	Mille kilogrammes, poids du mètre cube d'eau et du tonneau de mer.	
	Cent kilogrammes, quintal métrique.	
KILOGRAMME	Mille grammes, poids dans le vide d'un décimètre cube d'eau distillée à la temperature de quatre degrés centigrades (1)	(1) L'etalon prototipe en platine, deposé aux archives le 4 messidor, an VII, donne dans le poids légal du kilogramme.

NOMS SYSTÉMATIQUES.	VALEUR.	OBSERVATIONS.
Hectogramme........	Cent grammes.	
Décagramme.........	Dix grammes.	
GRAMME.............	Poids d'un centimètre cube d'eau à quatre degrés centigrades.	NOTA. Conformément à la disposition de la loi du 18 germinal an III concernant les poids et les mesures de capacité, chacune des mesures décimales de ces deux genres a son double et sa moitié.
Décigramme.........	Dixième du gramme.	
Centigramme........	Centième du gramme.	
Milligramme........	Millième du gramme.	
Monnaie.		
FRANC..............	Cinq grammes d'argent au titre de neuf dixième de fin.	
Décime.............	Dixième du franc.	
Centime............	Centième du franc.	

LOI

Concernant la Garde nationale du département de la Seine.

(14 juillet 1837)

SECTION Ire.

De l'Obligation du Service.

Art. 1er. Tout Français appelé par la loi du 22 mars 1831 au service de la garde nationale, est tenu à ce service dans le département de la Seine; — 1° Lorsqu'il y a son domicile réel; — 2° Lorsqu'il y réside habituellement une partie de l'année, et ce, nonobstant son inscription sur les registres-matricules d'un autre département. — Dans ces deux cas, le service est dû dans la commune, ou, à Paris, dans l'arrondissement municipal où le garde national a sa principale habitation.

SECTION II.

De l'Inscription au registre-matricule et sur les contrôles du service ordinaire et de la reserve.

2. Dans l'étendue du département de la Seine, tous les Français appelés par la loi au service de la garde nationale, et qui ne sont pas portés sur le registre-matricule, sont tenus de se faire inscrire à la mairie de leur résidence. — Cette inscription devra être faite dans les deux mois de la promulgation de la présente loi, ou de l'accomplissement des conditions qui rendent obligatoire le service de la garde nationale. — Ce délai ne courra, pour les Français âgés de moins de vingt et un ans, que du jour où ils auront satisfait à la loi du recrutement. — En cas de changement de résidence, la déclaration à fin d'inscription devra être faite, dans le même délai, à la mairie de l'arrondissement municipal ou de la commune de la nouvelle résidence. — Tout Français qui ne se sera pas conformé aux dispositions précédentes, et dont l'inscription d'office au contrôle du service ordinaire sera devenue définitive, sera, par ce seul fait, constitué en état de refus de service, et renvoyé par le maire devant le conseil de discipline, qui pourra le condamner à un emprisonnement d'un jour au moins, de cinq jours au plus. — Ne seront pas tenus de se faire inscrire les citoyens exceptés ou dispensés du service par les articles 11, 12, 15, 20, 28 et 29 de la loi du 22 mars 1831. — Les dispositions du paragraphe 3 de l'article 19 de ladite loi ne seront pas applicables à la ville de Paris.

3. Le registre-matricule et les contrôles du service ordinaire et de réserve seront déposés au secrétariat de chaque mairie; il en sera donné

communication à tout habitant, sur sa demande.

4. A Paris, il y aura par arrondissement un conseil de recensement composé de seize membres nommés par le maire, qui devra les choisir, en nombre égal pour chaque bataillon, parmi les officiers, sous officiers, caporaux et délégués de la légion. — Ce conseil sera renouvelé tous les six mois par moitié. — Le renouvellement semestriel qui suivra chaque composition intégrale du conseil, *s'opérera par un tirage au sort fait* par le maire, en conseil de recensement. — Les membres sortans pourront être nommés de nouveau. — Le conseil sera présidé par le maire ou par un adjoint; en cas de partage, le *président aura voix prépondérante*. — Le conseil ne pourra délibérer qu'au nombre de neuf membres au moins, y compris le président. — Lorsque le maire le jugera utile, le conseil de recensement sera divisé en deux sections composées chacune de huit membres; chaque section ne pourra délibérer qu'au nombre de cinq membres au moins, y compris le président. — En cas de dissolution de la légion, le maire désignera, pour la *réorganisation, les membres* d'un conseil de recensement provisoire, qui cessera ses fonctions au moment de l'entrée en exercice du conseil nommé ainsi qu'il est dit au présent article.

5. A Paris, les membres du conseil de recensement pourront se dispenser du service. — Après trois absences consécutives, ils seront considérés comme démissionnaires, et immédiatement remplacés par le maire, s'ils ne justifient d'empêchement légitime.

6. Les douze membres de chaque jury de révision, et six suppléans, seront tirés au sort sur la liste des officiers, sous-officiers, caporaux et délégués en fonctions, qui réuniront les conditions exigées par l'article 23 de la loi du 22 mars 1831. — Cette liste sera réduite, par le préfet, à deux cents noms sur lesquels le tirage aura lieu, à Paris, par arrondissement, et, dans la banlieue, par canton. — Les membres désignés par le sort seront rayés de la liste et ne pourront y être rétablis qu'après les élections générales. — En cas d'absence sans motif légitime, les membres du jury de révision seront passibles d'une amende de cinq à quinze francs, prononcée, séance tenante, par le président du jury. — Nul ne peut en même temps faire partie d'un conseil de recensement et d'un jury de révision.

7. Il y aura près de chaque jury de révision un rapporteur ayant rang de capitaine, et un rapporteur-adjoint ayant rang de lieutenant. — Ils seront nommés par le roi, et pour trois ans; ils feront partie de l'état-major de la légion. — Le greffier du juge de paix remplira les fonctions de secrétaire.

8. A Paris, la circonscription des bataillons et des compagnies sera réglée, dans chaque arrondissement, par le maire, sous l'approbation du préfet.

SECTION III.

Des Nominations aux Grades.

9. A Paris, il y aura deux chefs de bataillon par bataillon dans chaque légion, quel que soit le nombre d'hommes qui composent ce bataillon.

10. Dans le département de la Seine, les officiers de compagnie, les porte-drapeaux et chefs de bataillon, ne peuvent être choisis que dans la circonscription de la légion. — Les chefs de légion et lieutenans-colonels peuvent l'être dans toute l'étendue du département.

11. Les chirurgiens-majors devront être choisis et résider dans la circonscription de la legion, et les chirurgiens-aides-majors dans la circonscription du bataillon.

12. Sont exceptés des dispositions des articles 10 et 11 les officiers en fonctions au moment de la promulgation de la présente loi; ils pourront être réélus dans les légions, bataillons et compagnies auxquels ils appartiennent.

13. Les délégués seront élus sur bulletins de liste et à la majorité relative, immédiatement après les officiers.

14. Sauf le cas d'élections générales ou de dissolution, lorsque les gardes nationaux seront convoqués pour une élection, celle-ci ne sera valable qu'autant que le tiers plus un des gardes nationaux convoqués y auront pris part. — Le scrutin sera immédiatement clos après l'appel et le réappel, et le bureau ne procèdera au dépouillement que si le nombre des votes est egal au tiers plus un des inscrits. — Si le nombre des gardes nationaux présens est inférieur au tiers plus un, il sera procédé à l'élection par les officiers, sous-officiers, caporaux et délégués existans dans la compagnie. — Les sergens majors et fourriers seront élus sur bulletins individuels ; les sergens et caporaux, sur bulletins de liste. Dans les deux cas, l'élection aura lieu à la majorité relative.

15. Dans l'intervalle d'une élection générale à l'autre, le remplacement des officiers, sous-officiers, caporaux et délégués aura lieu selon les besoins du service.

16. Toutes les élections seront faites sous la présidence du maire ou d'un adjoint, assisté de deux membres du conseil de recensement.

SECTION IV.

Ordre du Service ordinaire.

17. Une ordonnance royale règlera ce qui est relatif au service ordinaire, aux revues, aux exercices et aux prises d'armes.

18. L'organisation et l'ordre de bataille des sapeurs pompiers et de la garde à cheval de la banlieue, ainsi que des sapeurs-porte-haches et de la musique des légions du département de la Seine, seront réglés par une ordonnance royale. (*Musiciens, sapeurs, Ord.* 27 *mars* 1838 ; *garde nat. à cheval,* 18 *janvier* 1838.)

SECTION V.

De la Discipline.

19. Dans le département de la Seine, l'uniforme et l'équipement sont obligatoires pour tout garde national qui n'en est pas dispensé par le conseil de recensement. — Les décisions du conseil de recensement pourront être déférées, par la voie d'appel, au jury de révision. — Il est interdit à tout chef de légion, officier supérieur, ou commandant quelconque, d'autoriser aucune modification à l'uniforme et à l'équipement réglés par ordonnance royale. — L'infraction au premier paragraphe du présent article sera considérée comme refus de service d'ordre et de sûreté, et punie des mêmes peines. (*Ord.* 29 *septembre* 1831, 13 *janvier* 1838, 26 *juillet* 1840, 4 *mars* 1841.)

20. Dans le département de la Seine, seront considérés comme services commandés et obligatoires, sous les peines portées en l'article 89 de la loi du 22 mars 1831, non seulement le service auquel on aura été appelé dans la forme ordinaire, mais encore les prises d'armes pour service d'ordre et de sûreté annoncées par voie de rappel, ainsi que toute réunion pour inspection d'armes. — L'arrivée tardive au poste, l'absence du poste sans autorisation et l'absence autorisée prolongée au-delà du terme fixé, pourront être considérées et punies comme refus de service.

21. Les infractions au service, commises par les majors et adjudans-majors soldés, seront punies des peines suivantes : — Des arrêts simples ; — Des arrêts forcés avec remise d'armes. — En aucun cas, ces arrêts n'excèderont trois jours. — Les arrêts simples pourront être appliqués par les officiers supérieurs en grade auxdits majors et adjudans-majors. — Les arrêts forcés ne seront prononcés que par le commandant supérieur.

22. Pour les delits prévus par les articles 82, 87 et 89 de la loi du 22 mars 1831, les tambours-majors, tambours-maîtres, tambours et trompettes pourront être punis, par tout officier sous les ordres duquel ils se trouvent, de la prison pour un temps qui n'excèdera pas trois jours. — Pour une peine plus forte, il en sera référé au chef de légion, qui ne pourra cependant pas infliger la prison pour plus de quinze jours.

23. Le conseil supérieur de discipline du département de la Seine sera composé du commandant supérieur, président, ou d'un officier général délégué par lui. — De deux colonels ou lieutenans-colonels, de deux chefs de bataillon ou d'escadron, de deux capitaines. — Lorsqu'il s'agira de juger des officiers de l'état-major général, les colonels, lieutenans-colonels, chefs de bataillon ou d'escadron, et capitaines composant le conseil, seront pris dans l'état-major. Ils seront pris dans les légions, lorsqu'il s'agira de juger les officiers des légions. — A cet effet, il sera formé, par le préfet, deux tableaux par grade des colonels, lieutenans-colonels, chefs de bataillon ou d'escadron, et des capitaines; l'un desdits tableaux pour les officiers des légions, et l'autre pour les officiers de l'état-major général. — Les juges du conseil supérieur de discipline seront désignés par la voie du sort. — Il sera procédé au tirage en séance publique par le préfet. — Les juges seront renouvelés tous les ans. — Les membres sortans seront rayés du tableau, et ne pourront y être rétablis qu'après les élections générales, à moins d'épuisement des noms portés audit tableau. — Le rapporteur près ce conseil aura rang de chef de bataillon, et le secrétaire, rang de capitaine. — Ce rapporteur sera nommé par le roi, et pour trois ans; il fera partie de l'état-major général.

24. Dans le département de la Seine, le tableau des membres du conseil de discipline dont il est question dans l'article 105 de la loi du 22 mars 1831, sera formé des officiers, de la moitié des sous-officiers, du quart des caporaux, et de pareil nombre de gardes nationaux désignés par le maire, en nombre égal dans chaque compagnie. — Il sera complété tous les ans, en conservant le rang des premiers inscrits.

Dispositions générales.

25. Toute opposition à une décision du conseil de recensement rendue par défaut, devra être formée dans la huitaine de la notification. — Le conseil de recensement pourra relever le défaillant du délai d'opposition. — L'appel des décisions du conseil de recensement devant le jury de révision, ne sera recevable qu'autant qu'il aura été interjeté dans la quinzaine de la décision contradictoire, ou de la notification des décisions rendues par défaut ou sur l'opposition. — Les contestations élevées sur les élections devront être soumises au jury de révision. Ce recours ne sera admissible que s'il est formé par un garde national qui, ayant participé à l'élection, aurait fait connaître séance tenante, au bureau, ou dans les trois jours à la mairie, la nature de ses réclamations. — Le préfet, à Paris, et les sous-préfets, pourront, dans tous ces cas et dans les mêmes délais, recourir devant le jury de révision.

26. Toute décision des jurys de révision pourra être déférée au conseil d'État pour incompétence, excès de pouvoirs et violation de la loi.

27. La contrariété de décisions rendues, en dernier ressort, en différens conseils de recensement ou jurys de révision, pour l'application de la présente loi ainsi que de la loi du 22 mars 1831, donnera également ouverture à un recours devant le conseil d'État.

28. Dans les cas de suspension ou de dissolution prévus par l'article 5 de la loi du 22 mars 1831, le préfet du département de la Seine pourra ordonner le dépôt des armes dans un lieu déterminé, sous les peines portées par l'article 3 de la loi du 24 mai 1834.

29. Continueront d'être exécutoires, pour le département de la Seine, toutes les dispositions de la loi du 22 mars 1831, qui ne sont pas contraires à la présente loi.

LOI

Sur l'Administration municipale.

(18 juillet 1837.)

TITRE PREMIER.

DES RÉUNIONS, DIVISIONS ET FORMATIONS DES COMMUNES.

Art. 1er. Aucune réunion, division ou formation de commune ne pourra avoir lieu que conformément aux règles ci-après

2. Toutes les fois qu'il s'agira de réunir plusieurs communes en une seule, ou de distraire une section d'une commune, soit pour la réunir à une autre, soit pour l'ériger en commune séparée, le préfet prescrira préalablement, dans les communes intéressées, une enquête, tant sur le projet en lui même que sur ses conditions. — *Les conseils municipaux*, assistés des plus imposés en nombre égal à celui de leurs membres, les conseils d'arrondissement et le conseil général donneront leur avis.

3. Si le projet concerne une section de commune, il sera créé pour cette section, une commission syndicale. Un arrêté du préfet déterminera le nombre des membres de la commission. — Ils seront élus par les électeurs municipaux domiciliés dans la section; et si le nombre des électeurs n'est pas double de celui des membres à élire, la commission sera composée des plus imposés de la section. — La commission nommera son président. Elle sera chargée de donner son avis sur le projet.

4. Les réunions et distractions de communes qui modifieront la composition d'un département, d'un arrondissement ou d'un canton, ne pourront être prononcées que par une loi. — Toutes autres réunions et distractions de communes pourront être prononcées par ordonnances du roi, en cas de consentement, des conseils municipaux, délibérant avec les plus imposés, conformément à l'article 2 ci-dessus, et, à défaut de ce consentement pour les communes qui n'ont pas trois cents habitans, sur l'avis affirmatif du conseil général du département. — Dans tous les autres cas, il ne pourra être statué que par une loi.

5. Les habitans de la commune réunie à une autre commune conserveront la jouissance exclusive des biens dont les fruits étaient perçus en nature. — Les édifices et autres immeubles servant à un usage public deviendront propriété de la commune à laquelle sera faite la réunion.

6. La section de commune érigée en commune séparée ou réunie à une autre commune emportera la propriété des biens qui lui appartenaient exclusivement — Les édifices et autres immeubles servant à usage public, et situés sur son territoire, deviendront propriété de la nouvelle commune ou de la commune à laquelle sera faite la réunion.

7. Les autres conditions de la réunion ou de la distraction seront fixées par l'acte qui la prononcera. *Lorsqu'elle* sera prononcée par une loi, cette fixation pourra être renvoyée à une ordonnance royale ultérieure, sauf réserve, dans tous les cas, de toutes les questions de propriété.

8. Dans tous les cas de réunion ou fractionnement de communes, les conseils municipaux seront dissous. Il sera procédé immédiatement à des élections nouvelles.

TITRE II.

DES ATTRIBUTIONS DES MAIRES ET DES CONSEILS MUNICIPAUX.

CHAPITRE PREMIER.

DES ATTRIBUTIONS DES MAIRES.

9. Le maire est chargé, sous l'autorité de l'administration supérieure, — 1° De la publication et de l'exécution des lois et règlemens; — 2° Des fonctions spéciales qui lui sont attribuées par les lois; — 3° De l'exécution des mesures de sûreté générale.

10. Le maire est chargé, sous la surveillance de l'administration supérieure, — 1° De la police municipale, de la police rurale et de la voirie municipale, et de pourvoir à l'exécution des actes de l'autorité supérieure qui y sont relatifs; — 2° De la conservation et de l'administration des propriétés de la commune, et de faire en conséquence tous actes conservatoires de ses droits; — 3° De la gestion des revenus, de la surveillance des établissemens communaux et de la comptabilité communale; — 4° De la proposition du budget et de l'ordonnancement des dépenses; — 5° De la direction des travaux communaux; — 6° De souscrire les marchés, de passer les baux des biens et les adjudications des travaux communaux, dans les formes établies par les lois et réglemens; — 7° De souscrire, dans les mêmes formes, les actes de vente, échange, partage, acceptation de dons ou legs, acquisition, transaction, lorsque ces actes ont été autorisés conformément à la présente loi; — 8° De représenter la commune en justice, soit en demandant, soit en défendant.

11. Le maire prend des arrêtés à l'effet, — 1° D'ordonner les mesures locales sur les objets confiés par les lois à sa vigilance et à son autorité; — 2° De publier de nouveau les lois et règlemens de police, et de rappeler les citoyens à leur observation. — Les arrêtés pris par le maire sont immédiatement adressés au sous-préfet. Le préfet peut les annuler ou en suspendre l'exécution. — Ceux de ces arrêtés qui portent règlement permanent ne seront exécutoires qu'un mois après la remise de l'ampliation constatée par les récépissés donnés par le sous-préfet.

12. Le maire nomme à tous les emplois communaux pour lesquels la loi ne prescrit pas un mode spécial de nomination. Il suspend et révoque les titulaires de ces emplois.

13. Le maire nomme les gardes champêtres, sauf l'approbation du conseil municipal. Ils doivent être agréés et commissionnés par le sous-préfet; ils peuvent être suspendus par le maire, mais le préfet peut seul les révoquer. — Le maire nomme également les pâtres communs, sauf l'approbation du conseil municipal. Il peut prononcer leur révocation.

14. Le maire est chargé seul de l'administration; mais il peut déléguer une partie de ses fonctions à un ou plusieurs de ses adjoints, et, en l'absence des adjoints, à ceux des conseillers municipaux qui sont appelés à en faire les fonctions.

15. Dans le cas où le maire refuserait ou négligerait de faire un des actes qui lui sont prescrits par la loi, le préfet, après l'en avoir requis, pourra y procéder d'office par lui-même ou par un délégué spécial.

16. Lorsque le maire procède à une adjudication publique pour le compte de la commune, il est assisté de deux membres du conseil municipal, désignés d'avance par le conseil, ou, à défaut, appelés dans l'ordre du tableau. — Le receveur municipal est appelé à toutes les adjudications. — Toutes les difficultés qui peuvent s'élever sur les opérations préparatoires de l'adjudication sont résolues, séance tenante, par le maire et les deux conseillers assistans, à la majorité des voix, sauf le recours de droit.

CHAPITRE II.

DES ATTRIBUTIONS DES CONSEILS MUNICIPAUX.

17. Les conseils municipaux règlent par leurs délibérations les objets suivans : — 1° Le mode d'administration des biens communaux; — 2° Les conditions des baux à ferme ou à loyer dont la durée n'excède pas dix-huit ans pour les biens ruraux, et neuf ans pour les autres biens; — 3° Le mode de jouissance et la répartition des pâturages et fruits communaux, autres que les bois, ainsi que les conditions à imposer aux parties prenantes; — 4° Les affouages, en se conformant aux lois forestières.

18. Expédition de toute délibération sur un des objets énoncés en l'article précédent est immédiatement adressée par le maire au sous-préfet, qui en délivre ou fait délivrer récépissé. La délibération est exécutoire, si, dans les trente jours qui suivent la date du récépissé, le préfet ne l'a pas annulée, soit d'office, pour violation d'une disposition de loi ou d'un règlement d'administration publique, soit sur la réclamation de toute partie intéressée. — Toutefois, le préfet peut suspendre l'exécution de la délibération pendant un autre délai de trente jours.

19. Le conseil municipal délibère sur les objets suivans : — 1° Le budget de la commune, et, en général, toutes les recettes et dépenses, soit ordinaires, soit extraordinaires; — 2° Les tarifs et règlemens de perception de tous les revenus communaux; — 3° Les acquisitions, aliénations et échanges des propriétés communales, leur affectation aux différens services publics, et, en général, tout ce qui *intéresse leur conservation et leur* amélioration; — 4° La délimitation ou le partage des biens indivis entre deux ou plusieurs communes ou sections de commune; — 5° Les conditions des baux à ferme ou à loyer dont la durée excède dix-huit ans pour les *biens ruraux*, et neuf ans pour les autres biens, ainsi que celles des baux des biens pris à loyer par la commune, quelle qu'en soit la durée; — 6° Les projets de constructions, de grosses réparations et de démolitions, et, en général, tous les travaux à entreprendre; — 7° L'ouverture des rues et places publiques et les projets d'alignement de voirie municipale; — 8° Le parcours et la vaine pâture; — 9° L'acceptation des dons et legs faits à la commune et aux établissemens communaux; — 10° Les actions judiciaires et transactions; — Et tous les autres objets sur lesquels les lois et réglemens appellent les conseils municipaux à délibérer.

20. Les délibérations des conseils municipaux sur les objets énoncés à l'article précédent sont adressées au sous-préfet. — Elles sont exécutoires sur l'approbation du préfet, sauf les cas où l'approbation par le *ministre* compétent, ou par ordonnance royale, est prescrite par les lois ou par les réglemens d'administration publique.

21. Le conseil municipal est toujours appelé à donner son avis sur les objets suivans : — 1° Les circonscriptions relatives au culte; — 2° Les circonscriptions relatives à la distribution des secours publics; — 3° Les projets d'alignement de grande voirie dans l'intérieur des villes, bourgs et villages; — 4° L'acceptation des dons et legs faits aux établissemens de charité et de bienfaisance; — 5° Les autorisations d'emprunter, d'acquérir, d'échanger, d'aliéner, de plaider ou de transiger, demandées par les mêmes établissemens, et par les fabriques des églises et autres administrations préposées à l'entretien des cultes dont les ministres sont salariés par l'État; — 6° Les budgets et les comptes des établissemens de charité et de bienfaisance; — 7° Les budgets et les comptes des fabriques et autres administrations préposées à l'entretien des cultes dont les ministres sont salariés par l'État, lorsqu'elles reçoivent des secours sur les fonds communaux; — 8° Enfin tous les objets *sur lesquels les conseils municipaux* sont appelés par les lois et réglemens à donner leur avis ou seront consultés par le préfet.

22. Le conseil municipal réclame, s'il y a lieu, contre le contingent assigné à la commune dans l'établissement des impôts de répartition.

23. Le conseil municipal délibère sur les comptes présentés annuellement par le maire. — Il entend, débat et arrête les comptes de deniers des receveurs, sauf réglement définitif, conformément à l'article 66 de la présente loi.

24. Le conseil municipal peut exprimer son vœu sur tous les objets d'intérêt local. — Il ne peut faire ni publier aucune protestation, proclamation ou adresse.

25. Dans les séances où les comptes d'administration du maire sont débattus, le conseil municipal désigne au scrutin celui de ses membres qui exerce la présidence. — Le maire peut assister à la délibération; il doit se retirer au moment où le conseil municipal va émettre son vote. Le président adresse directement la délibération au sous-préfet.

26. Lorsque, après deux convocations successives faites par le maire, à *huit jours d'intervalle et dûment* constatées, les membres du conseil municipal ne se sont pas réunis en nombre suffisant, la délibération prise après la troisième convocation est valable, quel que soit le nombre des membres présens.

27. Les délibérations des conseils municipaux se prennent à la majorité des voix. *En cas de partage*, la voix du président est prépondérante.

28. Les délibérations seront inscrites, par ordre de date, sur un registre coté et paraphé par le sous-préfet. Elles seront signées par tous les membres présens à la séance, ou mention sera faite de la cause qui les aura empêchés de signer.

29. Les séances des conseils municipaux ne sont pas publiques; leurs débats ne peuvent être publiés officiellement qu'avec l'approbation de l'autorité supérieure. — Il est voté au scrutin secret toutes les fois que trois des membres présens le réclament.

TITRE III.

DES DÉPENSES ET RECETTES, ET DES BUDGETS DES COMMUNES.

30. Les dépenses des communes sont obligatoires ou facultatives. — Sont obligatoires les dépenses suivantes : — 1° L'entretien, s'il y a lieu, de l'Hôtel de-Ville ou du local affecté à la mairie ; — 2° Les frais de bureau et d'impression pour le service de la commune ; — 3° L'abonnement au Bulletin des lois ; — 4° Les frais de recensement de la population ; — 5° Les frais des registres de l'état civil, et la portion des tables décennales à la charge des communes ; — 6° Le traitement du receveur municipal, du préposé en chef de l'octroi, et les frais de perception ; — 7° Le traitement des gardes des bois de la commune et des gardes champêtres ; — 8° Le traitement et les frais de bureau des commissaires de police, tels qu'ils sont déterminés par les lois ; — 9° Les pensions des employés municipaux et des commissaires de police, régulièrement liquidées et approuvées ; — 10° Les frais de loyer et de réparation du local de la justice de paix, ainsi que ceux d'achat et d'entretien de son mobilier, dans les communes chefs lieux de canton ; — 11° Les dépenses de la garde nationale, telles qu'elles sont déterminées par les lois ; — 12° Les dépenses relatives à l'instruction publique, conformément aux lois ; — 13° L'indemnité de logement aux curés et desservans, et autres ministres des cultes salariés par l'Etat, lorsqu'il n'existe pas de bâtiment affecté à leur logement ; — 14° Les secours aux fabriques des églises et autres administrations préposées aux cultes dont les ministres sont salariés par l'Etat, en cas d'insuffisance de leurs revenus, justifiée par leurs comptes et budgets : — 15° Le contingent assigné à la commune, conformément aux lois, dans la dépense des enfans trouvés et abandonnés ; — 16° Les grosses réparations aux édifices communaux, sauf l'exécution des lois spéciales concernant les bâtimens militaires et les édifices consacrés au culte ; — 17° La clôture des cimetières, leur entretien et leur translation dans les cas déterminés par les lois et réglemens d'administration publique ; — 18° Les frais des plans d'alignement ; — 19° Les frais et dépenses des conseils des prud'hommes, pour les communes où ils siègent ; les menus frais des chambres consultatives des arts et manufactures, pour les communes où elles existent ; — 20° Les contributions et prélèvemens établis par les lois sur les biens et revenus communaux ; — 21° L'acquittement des dettes exigibles, — Et généralement toutes les autres dépenses mises à la charge des communes par une disposition des lois. — Toutes dépenses autres que les précédentes sont facultatives.

31. Les recettes des communes sont ordinaires ou extraordinaires. — Les recettes ordinaires des communes se composent ; — 1° Des revenus de tous les biens dont les habitans n'ont pas la jouissance en nature ; — 2° Des cotisations imposées annuellement sur les ayans-droit aux fruits qui se perçoivent en nature ; — 3° Du produit des centimes ordinaires affectés aux communes par les lois de finances ; — 4° Du produit de la portion accordée aux communes dans l'impôt des patentes ; — 5° Du produit des octrois municipaux ; — 6° Du produit des droits de place perçus dans les halles, foires, marchés, abattoirs, d'après les tarifs dûment autorisés ; — 7° Du produit des permis de stationnement et des locations sur la voie publique, sur les ports et rivières et autres lieux publics ; — 8° Du produit des péages communaux, des droits de pesage, mesurage et jaugeage, des droits de voirie et autres droits légalement établis ; — 9° Du prix des concessions dans les cimetières; — 10° Du produit des concessions d'eau, de l'enlèvement des boues et immondices de la voie publique, et autres concessions autorisées pour les services communaux; — 11° Du produit des expéditions des actes administratifs, et des actes de l'état civil; — 12° De la portion que les lois accordent aux communes dans le produit des amendes prononcées par les tribunaux de simple police, par ceux de police correctionnelle et par les conseils de discipline de la garde nationale, — Et généralement du produit de toutes les taxes de ville et de police dont la perception est autorisée par la loi.

32. Les recettes extraordinaires se composent : — 1° Des contributions extraordinaires dûment autorisées ; — 2° Du prix des biens aliénés; — 3° Des dons et legs; — 4° Du remboursement des capitaux exigibles et des rentes rachetées; — 5° Du produit des coupes extraordinaires de bois; — 6° Du produit des emprunts, — Et de toutes autres recettes accidentelles.

33. Le budget de chaque commune, proposé par le maire, et voté par le conseil municipal, est définitivement réglé par arrêté du préfet. — Toutefois le budget des villes dont le revenu est de cent mille francs, ou plus, est réglé par une ordonnance du roi. — Le revenu d'une commune est réputé atteindre cent mille francs, lorsque les recettes ordinaires, constatées dans les comptes, se sont élevées à cette somme pendant les trois dernières années. — Il n'est réputé être descendu au-dessous de cent mille francs que lorsque, pendant les trois dernières années, les recettes ordinaires sont restées inférieures à cette somme.

34. Les crédits qui pourraient être reconnus nécessaires après le règlement du budget sont délibérés conformément aux articles précédens, et autorisés par le préfet, dans les communes dont il est appelé à régler le budget, et par le ministre, dans les autres communes. — Toutefois, dans ces dernières communes, les crédits supplémentaires pour dépenses urgentes pourront être approuvés par le préfet.

35. Dans le cas où, par une cause quelconque, le budget d'une commune n'aurait pas été approuvé avant le commencement de l'exercice, les recettes et dépenses ordinaires continueront, jusqu'à l'approbation de ce budget, à être faites conformément à celui de l'année précédente.

36. Les dépenses proposées au budget d'une commune peuvent être rejetées ou réduites par l'ordonnance du roi, ou par l'arrêté du préfet qui règle ce budget.

37. Les conseils municipaux peuvent porter au budget un crédit pour dépenses imprévues. — La somme inscrite pour ce crédit ne pourra être réduite ou rejetée qu'autant que les revenus ordinaires, après avoir satisfait à toutes les dépenses obligatoires, ne permettraient pas d'y faire face, ou qu'elle excéderait le dixième des recettes ordinaires. — Le crédit pour dépenses imprévues sera employé par le maire, avec l'approbation du préfet et du sous-préfet. — Dans les communes autres que les chefs-lieux de département ou d'arrondissement, le maire pourra employer le montant de ce crédit aux dépenses urgentes, sans approbation préalable, à la charge d'en informer immédiatement le sous-préfet, et d'en rendre compte au conseil municipal dans la première session ordinaire qui suivra la dépense effectuée.

38. Les dépenses proposées au budget ne peuvent être augmentées, et il ne peut y en être introduit de nouvelles par l'arrêté du préfet, ou l'ordonnance du roi, qu'autant qu'elles sont obligatoires.

39. Si un conseil municipal n'allouait pas les fonds exigés pour une dépense obligatoire, ou n'allouait qu'une somme insuffisante, l'allocation nécessaire serait inscrite au budget par ordonnance du roi, pour les communes dont le revenu est de cent mille francs et au dessus, et par arrêté du préfet, en conseil de préfecture, pour celles dont le revenu est inférieur. — Dans tous les cas, le conseil municipal sera préalablement appelé à en délibérer. — S'il s'agit d'une dépense annuelle et variable, elle sera inscrite pour sa quotité moyenne pendant les trois dernières années. S'il s'agit d'une dépense annuelle et fixe de sa nature, ou d'une dépense extraordinaire, elle sera inscrite pour sa quotité réelle. — Si les ressources de la commune sont insuffisantes pour subvenir aux dépenses obligatoires inscrites d'office en vertu du présent article, il y sera pourvu par le conseil municipal, ou, en cas de refus de sa part, au moyen d'une contribution extraordinaire établie par une ordonnance du roi, dans les limites du maximum qui sera fixé annuellement par la loi de finances, et par une loi spéciale si la contribution doit excéder ce maximum.

40. Les délibérations du conseil municipal concernant une contribution extraordinaire destinée à subvenir aux dépenses obligatoires, ne seront exécutoires qu'en vertu d'un arrêté du préfet, s'il s'agit d'une commune ayant moins de cent mille francs de revenu, et d'une ordonnance du roi, s'il s'agit d'une commune ayant un revenu supérieur. — Dans le cas où la contribution extraordinaire aurait pour but de subvenir à d'autres dépenses que les dépenses obligatoires, elle ne pourra être autorisée que par ordonnance du roi, s'il s'agit d'une commune ayant moins de cent mille fr. nos de revenu, et par une loi, s'il s'agit d'une commune ayant un revenu supérieur.

41. Aucun emprunt ne pourra être autorisé que par ordonnance du roi, rendue dans les formes des règlemens d'administration publique, pour les communes ayant moins de cent mille francs de revenu, et par une loi, s'il s'agit d'une commune ayant un revenu supérieur. — Néanmoins en cas d'urgence et dans l'intervalle des sessions, une ordonnance du roi, rendue dans la forme des règlemens d'administration publique, pourra autoriser les communes dont le revenu est de cent mille francs et au-dessus à contracter un emprunt jusqu'à concurrence du quart de leurs revenus.

42. Dans les communes dont les revenus sont inférieurs à cent mille francs, toutes les fois qu'il s'agira de contributions extraordinaires ou d'emprunts, les plus imposés aux rôles de la commune seront appelés à délibérer avec le conseil municipal, en nombre égal à celui des membres en exercice. — Ces plus imposés seront convoqués individuellement par le maire, au moins dix jours avant celui de la réunion. — Lorsque les plus imposés appelés seront absens, ils seront remplacés en nombre égal par les plus imposés portés après eux sur le rôle.

43. Les tarifs des droits de voirie sont réglés par ordonnance du roi, rendue dans la forme des règlemens d'administration publique.

44. Les taxes particulières dues par les habitans ou propriétaires en vertu des lois et des usages locaux, sont réparties par délibération du conseil municipal, approuvée par le préfet. — Ces taxes sont perçues suivant les formes établies pour le recouvrement des contributions publiques.

45. Aucune construction nouvelle, ou reconstruction entière ou partielle, ne pourra être autorisée que sur la production des projets et devis. — Ces projets et devis seront soumis à l'approbation préalable du ministre compétent, quand la dépense excédera trente mille francs, et à celle du préfet, quand elle sera moindre.

TITRE IV.

DES ACQUISITIONS, ALIÉNATIONS, BAUX, DONS ET LEGS.

46. Les délibérations des conseils municipaux ayant pour objet des acquisitions, des ventes ou échanges d'immeubles, le partage des biens indivis, sont exécutoires sur arrêté du préfet, en conseil de préfecture, quand il s'agit d'une valeur n'excédant pas trois mille francs, pour les communes dont le revenu est au-dessous de cent mille francs, et vingt mille francs, pour les autres communes. — S'il s'agit d'une valeur supérieure, il est statué par ordonnance du roi. — La vente des biens mobiliers et immobiliers des communes, autres que ceux qui servent à un usage public, pourra, sur la demande de tout créancier porteur de titres exécutoires, être autorisée par une ordonnance du roi, qui déterminera les formes de la vente.

47. Les délibérations des conseils municipaux ayant pour objets des baux dont la durée devra excéder dix-huit ans ne sont exécutoires qu'en vertu d'une ordonnance royale. — Quelle que soit la durée du bail, l'acte passé par le maire n'est exécutoire qu'après l'approbation du préfet.

48. Les délibérations ayant pour objet l'acceptation des dons et legs d'objets mobiliers ou de sommes d'argent, faits à la commune et aux établissemens communaux, sont exécutoires en vertu d'un arrêté du préfet, lorsque leur valeur n'excède pas trois mille francs, et en vertu d'une ordonnance du roi, lorsque leur valeur est supérieure ou qu'il y a réclamation des prétendans-droit à la succession. — Les délibérations qui porteraient refus de dons et legs, et toutes celles qui concerneraient des dons et legs d'objets immobiliers ne sont exécutoires qu'en vertu d'une ordonnance du roi. — Le maire peut toujours, à titre conservatoire, accepter les dons et legs, en vertu de la délibération du conseil municipal: l'ordonnance du roi, ou l'arrêté du préfet, qui intervient ensuite, a effet du jour de cette acceptation.

TITRE V.

DES ACTIONS JUDICIAIRES ET DES TRANSACTIONS.

49. Nulle commune ou section de commune ne peut introduire une action en justice sans être autorisée par le conseil de préfecture. — Après tout jugement intervenu, la commune ne peut se pourvoir devant un autre degré de juridiction qu'en vertu d'une nouvelle autorisation du conseil de préfecture. — Cependant tout contribuable inscrit au rôle de la commune a le droit d'exercer, à ses frais et risques, avec l'autorisation du conseil de préfecture, les actions qu'il croirait appartenir à la commune ou section, et que la commune ou section, préalablement appelée à en délibérer, aurait refusé ou négligé d'exercer. — La commune ou section sera mise en cause, et la décision qui interviendra aura effet à son égard.

50. La commune, section de commune ou le contribuable auquel l'autorisation aura été refusée pourra se pourvoir devant le roi, en conseil d'Etat. Le pourvoi sera introduit et jugé en la forme administrative. Il devra, à peine de déchéance, avoir lieu dans le délai de trois mois, à dater de la notification de l'arrêté du conseil de préfecture.

51. Quiconque voudra intenter une action contre une commune ou section de commune, sera tenu d'adresser préalablement au préfet un mémoire exposant les motifs de sa réclamation. Il lui en sera donné récépissé. — La présentation du mémoire interrompra la prescription et toutes déchéances. — Le préfet transmettra le mémoire au maire, avec l'autorisation de convoquer immédiatement le conseil municipal pour en délibérer.

52. La délibération du conseil municipal sera, dans tous les cas, transmise au conseil de préfecture, qui décidera si la commune doit être autorisée à ester en jugement. — La décision du conseil de préfecture devra être rendue dans le délai de deux mois, à partir de la date du récépissé énoncé en l'article précédent.

53. Toute décision du conseil de préfecture portant refus d'autorisation devra être motivée. — En cas de refus de l'autorisation, le maire pourra, en vertu d'une délibération du conseil municipal, se pourvoir devant le roi, en son conseil d'Etat, conformément à l'article 50 ci-dessus. — Il devra être statué sur le pourvoi dans le délai de deux mois, à partir du jour de son enregistrement au secrétariat général du conseil d'Etat.

54. L'action ne pourra être intentée qu'après la décision du conseil de préfecture, et, à défaut de décision dans le délai fixé par l'article 52, qu'après l'expiration de ce délai. — En cas de pourvoi contre la décision du conseil de préfecture, l'instance sera suspendue jusqu'à ce qu'il ait été statué sur le pourvoi, et, à défaut de décision dans le délai fixé par l'article précédent, jusqu'à l'expiration de ce délai. — En aucun cas, la commune ne pourra défendre à l'action qu'autant qu'elle y aura été expressément autorisée.

55. Le maire peut toutefois, sans autorisation préalable, intenter toute action possessoire, ou y défendre, et faire tous autres actes conservatoires ou interruptifs des déchéances.

56. Lorsqu'une section est dans le cas d'intenter ou de soutenir une action judiciaire contre la commune elle-même, il est formé, pour cette section, une commission syndicale de trois ou cinq membres, que le préfet choisit parmi les électeurs municipaux, et, à leur défaut, parmi les citoyens les plus imposés. — Les membres du corps municipal qui seraient intéressés à la jouissance des biens ou droits revendiqués par la section, ne devront point participer aux délibérations du conseil municipal relatives au litige. — Ils seront remplacés, dans toutes ces délibérations, par un nombre égal d'électeurs municipaux de la commune, que le préfet choisira parmi les habitans ou propriétaires étrangers à la section. — L'action est suivie par celui de ses membres que la commission syndicale désigne à cet effet.

57. Lorsqu'une section est dans le cas d'intenter ou de soutenir une action judiciaire contre une autre section de la même commune, il sera formé, pour chacune des sections intéressées, une commission syndicale conformément à l'article précédent.

58. La section qui aura obtenu une condamnation contre la commune, ou contre une autre section, ne sera point passible des charges ou contributions imposées pour l'acquittement des frais et dommages-intérêts qui résulteraient du fait du procès. — Il en sera de même à l'égard de toute partie qui aurait plaidé contre une commune ou une section de commune.

59. Toute transaction consentie par un conseil municipal ne peut être exécutée qu'après l'homologation par ordonnance royale, s'il s'agit d'objets immobiliers ou d'objets mobiliers d'une valeur supérieure à trois mille francs, et par arrêté du préfet en conseil de préfecture, dans les autres cas.

TITRE VI.

COMPTABILITÉ DES COMMUNES.

60. Les comptes du maire, pour l'exercice clos, sont présentés au conseil municipal avant la délibération du budget. Ils sont définitivement approuvés par les préfets, pour les communes dont le revenu est inférieur à cent mille francs, et par le ministre compétent, pour les autres communes.

61. Le maire peut seul délivrer des mandats. S'il refusait d'ordonnancer une dépense régulièrement autorisée et liquidée, il serait prononcé par le préfet en conseil de préfecture. — L'arrêté du préfet tiendrait lieu du mandat du maire.

62. Les recettes et dépenses communales s'effectuent par un comptable chargé seul, et sous sa responsabilité, de poursuivre la rentrée de tous revenus de la commune et de toutes sommes qui lui seraient dues, ainsi que d'acquitter les dépenses ordonnancées par le maire, jusqu'à concurrence des crédits régulièrement accordés. — Tous les rôles de taxe, de sous-répartitions et de prestations locales, devront être remis à ce comptable.

63. Toutes les recettes municipales pour lesquelles les lois et règlemens n'ont pas prescrit un mode spécial de recouvrement, s'effectuent sur des états dressés par le maire. Ces états sont exécutoires après qu'ils ont été visés par le sous-préfet. — Les oppositions, lorsque la matière est de la compétence des tribunaux ordinaires, sont jugées comme affaires sommaires, et la commune peut y défendre, sans autorisation du conseil de préfecture.

64. Toute personne, autre que le receveur municipal, qui, sans autorisation légale, se serait ingérée dans le maniement des deniers de la commune, sera, par ce seul fait, constituée comptable; elle pourra en outre être poursuivie en vertu de l'article 258 du Code pénal, comme s'étant immiscée sans titre dans des fonctions publiques.

65. Le percepteur remplit les fonctions de receveur municipal. — Néanmoins, dans les communes dont le revenu excède trente mille francs, ces fonctions sont confiées, si le conseil municipal le demande, à un receveur municipal spécial. Il est nommé par le roi, sur trois candidats que le conseil municipal présente. — Les dispositions du premier paragraphe ci-dessus ne seront applicables aux communes ayant actuellement un receveur municipal que sur la demande du conseil municipal, ou en cas de vacance.

66. Les comptes du receveur municipal sont définitivement apurés par le conseil de préfecture, pour les communes dont le revenu n'excède pas trente mille francs, sauf recours à la cour des comptes. — Les comptes des receveurs des communes dont le revenu excède trente mille francs sont réglés et apurés par ladite cour. — Les dispositions ci-dessus concernant la juridiction des conseils de préfecture et de la cour des comptes sur les comptes des receveurs municipaux, sont applicables aux comptes des trésoriers des hôpitaux et autres établissemens de bienfaisance.

67. La responsabilité des receveurs municipaux et les formes de la comptabilité des communes seront déterminées par des réglemens d'administration publique. — Les receveurs municipaux seront assujettis, pour l'exécution de ces réglemens, à la surveillance des receveurs des finances. — Dans les communes où les fonctions de receveur municipal et de percepteur sont réunies, la gestion du comptable est placée sous la responsabilité du receveur des finances de l'arrondissement.

68. Les comptables qui n'auront pas présenté leurs comptes dans les délais prescrits par les réglemens pourront être condamnés, par l'autorité chargée de les juger, à une amende de dix francs à cent francs, par chaque mois de retard pour les receveurs et trésoriers justiciables des conseils de préfecture, et de cinquante francs à cinq cents francs, également par mois de retard, pour ceux qui sont justiciables de la cour des comptes. — Ces amendes seront attribuées aux communes ou établissemens que concernent les comptes en retard. — Elles seront assimilées aux débets de comptables, et le recouvrement pourra en être suivi par corps, conformément aux art. 8 et 9 de la loi du 17 avril 1832.

69. Les budgets et les comptes des communes restent déposés à la mairie, où toute personne imposée aux rôles de la commune a droit d'en prendre connaissance. — Ils sont rendus publics par la voie de l'impression, dans les communes dont le revenu est de cent mille francs ou plus, et dans les autres, quand le conseil municipal a voté la dépense de l'impression.

TITRE VII.

DES INTÉRÊTS QUI CONCERNENT PLUSIEURS COMMUNES.

70. Lorsque plusieurs communes possèdent des biens ou des droits par indivis, une ordonnance du roi instituera, si l'une d'elles le réclame, une commission syndicale composée de délégués des conseils municipaux des communes intéressées. — Chacun des conseils élira dans son sein, au scrutin secret et à la majorité des voix, le nombre de délégués qui aura été déterminé par l'ordonnance du roi. — La commission syndicale sera renouvelée tous les trois ans, après le renouvellement partiel des conseils municipaux. — Les délibérations prises par la commission ne sont exécutoires que sur l'approbation du préfet, et demeurent d'ailleurs soumises à toutes les règles établies pour les délibérations des conseils municipaux.

71. La commission syndicale sera présidée par un syndic qui sera nommé par le préfet et choisi parmi les membres qui la composent. — Les attributions de la commission syndicale et du syndic, en ce qui touche les biens et les droits indivis, seront les mêmes que celles des conseils municipaux et des maires pour l'administration des propriétés communales.

72. Lorsqu'un même travail intéressera plusieurs communes, les conseils municipaux seront spécialement appelés à délibérer sur leurs intérêts respectifs et sur la part de la dépense que chacune d'elles devra supporter. Ces délibérations seront soumises à l'approbation du préfet. — En cas de désaccord entre les conseils municipaux, le préfet prononcera, après avoir entendu les conseils d'arrondissement et le conseil général. Si les conseils municipaux appartiennent à des départemens différens, il sera statué par ordonnance royale. — La part de la dépense définitivement assignée à chaque commune sera portée d'office aux budgets respectifs conformément à l'article 39 de la présente loi.

73. En cas d'urgence, un arrêté du préfet suffira pour ordonner les travaux, et pourvoira à la dépense à l'aide d'un rôle provisoire. Il sera procédé ultérieurement à sa répartition définitive, dans la forme déterminée par l'article précédent.

TITRE VIII.

DISPOSITION SPÉCIALE.

74 et dernier. Il sera statué par une loi spéciale sur l'administration municipale de la ville de Paris.

LOI.

Extrait conc. les Livres de commerce.

(20 juillet 1837.)

(V. Co. note sur l'art. 9.)

LOI

Sur les Tribunaux civils de première instance.

(11 avril 1838.)

(Art. 1 et 2, thèses nos 75 et 76.)

Art. 1er. Les tribunaux civils de première instance connaîtront, en dernier ressort, des actions personnelles et mobilières, jusqu'à la valeur de quinze cents francs de principal, et des actions immobilières jusqu'à soixante francs de revenu, déterminé, soit en rentes, soit par prix de bail. — Ces actions seront instruites et jugées comme matières sommaires.

2. Lorsqu'une demande reconventionnelle ou en compensation aura été formée dans les limites de la compétence des tribunaux civils de première instance en dernier ressort, il sera statué sur le tout sans qu'il y ait lieu à appel. — Si l'une des demandes s'élève au-dessus des limites ci-dessus indiquées, le tribunal ne prononcera, sur toutes les demandes, qu'en premier ressort. — Néanmoins il sera statué en dernier ressort sur les demandes en dommages intérêts, lorsqu'elles seront fondées exclusivement sur la demande principale elle-même.

3. Les tribunaux dont les noms suivent, actuellement composés de trois juges et trois suppléans, seront, à l'avenir, composés de quatre juges et trois suppléans : Alais, Altkirch, Argentan, Aubusson, Bagneres, Bayeux, Belfort, Bourgoin, Charolles, Espalion, Issoire, Largentière, Lure, Mauriac, Marvejols, Neufchâtel, Oloron, Roanne, Saint-Gaudens, Saint-Girons, Saint-Lô, Saint-Marcellin, Sarreguemines, Saverne, Schelestadt, Uzès, Villefranche (Aveyron), Villefranche (Rhône), Wissembourg.

4. Les tribunaux de Saint-Étienne (Loire) et de Vienne (Isère), actuellement composés de quatre juges et trois suppléans, seront portés à sept juges et quatre suppléans. — En conséquence, ils seront augmentés d'un vice-président, de deux juges, d'un juge suppléant, d'un substitut du procureur du roi et d'un commis-greffier.

5. Seront, à l'avenir, composés de

sept juges, au lieu de neuf, les tribunaux dont les noms suivent : Alençon, Auch, Bourbon-Vendée, Carpentras, Digne, Laval, Le Mans, Montauban, Mont-de-Marsan, Moulins, Niort, Perpignan, Saintes, Quimper, St-Omer, Saint-Brieuc, Vannes.

6. Le tribunal de Grenoble, actuellement composé de neuf juges, sera porté à douze, et formera à l'avenir trois chambres. — En conséquence, il sera augmenté d'un vice-président, de deux juges, de deux juges suppléans, d'un substitut et d'un commis-greffier.

7. Le nombre, la durée des audiences et leur affectation aux différentes natures d'affaires, seront fixés, dans chaque tribunal, par un réglement qui sera soumis à l'approbation du garde des sceaux.

8. Dans les tribunaux où il sera formé une chambre temporaire, les juges suppléans qui feront partie de cette chambre, comme juges ou substituts, recevront, pendant toute sa durée, le même traitement que les juges.

9. Dans le cas où la peine de la suspension aura été prononcée contre un juge pour plus d'un mois, un des juges suppléans sera appelé à le remplacer, et il recevra le traitement de juge.

10. Tout juge suppléant qui, sans motifs légitimes, refuserait de faire le service auquel il serait appelé, pourra, après procès-verbal constatant sa mise en demeure et son refus, être considéré comme démissionnaire.

11. Dans tous les cas où les tribunaux de première instance statuent en assemblée générale, l'assemblée devra être composée au moins, de la majorité des juges en titre. — Les juges suppléans n'auront voix délibérative que lorsqu'ils remplaceront un juge. — Dans tous les autres cas ils auront voix consultative.

12. Les dispositions des articles 1er et 2 de la présente loi ne s'appliqueront pas aux demandes introduites avant sa promulgation.

13. L'article 5, titre IV de la loi du 16-24 août 1790, sur la compétence des tribunaux civils de premiere instance, est abrogé.

La présente loi, discutée, délibérée, etc.

LOI

Sur les Attributions des Conseils généraux et des Conseils d'arrondissement.

(10 mai 1838. Promulguée le 12.)

TITRE PREMIER.

DES ATTRIBUTIONS DES CONSEILS GÉNÉRAUX.

ART. 1er. Le conseil général du département répartit, chaque année, les contributions directes entre les arrondissemens, conformément aux règles établies par les lois. — Avant d'effectuer cette répartition, il statue sur les demandes délibérées par les conseils d'arrondissement en réduction du contingent assigné à l'arrondissement.

2. Le conseil général prononce définitivement sur les demandes en réduction de contingent formées par les communes, et préalablement soumises au conseil d'arrondissement.

3. Le conseil général vote les centimes additionnels dont la perception est autorisée par les lois.

4. Le conseil général délibère, — 1° Sur les contributions extraordinaires à établir et les emprunts à contracter dans l'intérêt du département; — 2° Sur les acquitions, aliénations et échanges des propriétés départementales; — 3° Sur le changement de destination ou d'affectation des édifices départementaux: — 4° Sur le mode de gestion des propriétés départementales; — 5° Sur les actions à intenter ou à soutenir au nom du département, sauf les cas d'urgence prévus par l'article 36 ci-après; — 6° Sur les transactions qui concernent les droits du département; — 7° Sur l'acceptation des dons et legs faits au département; — 8° Sur le classement et la direction des routes départementales; — 9° Sur les projets, plans et devis de tous les autres travaux exécutés sur les fonds du département; — 10° Sur les offres faites par des communes, par des associations ou des particuliers, pour concourir à la dépense des routes départementales ou d'autres travaux à la charge du département; — 11° Sur la concession des associations à des compagnies ou à des particuliers, de travaux d'intérêt départemental; — 12° Sur la part contributive à imposer au département dans la dépense des travaux exécutés par l'Etat, et qui intéressent le département; — 13° Sur la part contributive du département aux dépenses des travaux qui intéressent à la fois le département et les communes; — 14° Sur l'établissement et l'organisation des caisses de retraite ou autre mode de rémunération en faveur des employés des préfectures et des sous préfectures; — 15° Sur la part de la dépense des aliénés et des enfans trouvés et abandonnés qui sera mise à la la charge des communes, et sur les bases de la répartition à faire entre elles; — 16° Sur tous les autres objets sur lesquels il est appelé à délibérer par les lois et réglemens.

5. Les délibérations du conseil général sont soumises à l'approbation du roi, du ministre compétent ou du préfet, selon les cas determinés par les lois ou par les réglemens d'administration publique.

6. Le conseil général donne son avis, — 1° Sur les changemens proposés à la circonscription du territoire du département, des arrondissemens, des cantons et des communes, et à la désignation des chefs-lieux; — 2° Sur les difficultés élevées relativement à la répartition de la dépense des travaux qui intéressent plusieurs communes; — 3° Sur l'établissement, la suppression ou le changement des foires et marchés; — 4° Et généralement sur tous les objets sur lesquels il est appelé à donner son avis en vertu des lois et réglemens, ou sur lesquels il est consulté par l'administration.

7. Le conseil général peut adresser directement au ministre chargé de l'administration départementale, par l'intermédiaire de son président, les réclamations qu'il aurait à présenter dans l'intérêt spécial du département, ainsi que son opinion sur l'état et les besoins des différens services publics, en ce qui touche le département.

8. Le conseil général vérifie l'état des archives et celui du mobilier appartenant au département.

9. Les dépenses à inscrire au budget du département sont, — 1° Les dépenses ordinaires pour lesquelles il est créé des ressources annuelles au budget de l'Etat; — 2° Les dépenses facultatives d'utilité départementale; — 3° Les dépenses extraordinaires autorisées par des lois spéciales; — 4° Les dépenses mises à la charge des départemens ou autorisées par des lois spéciales.

10. Les recettes du département se composent, — 1° Du produit des centimes additionnels aux contributions directes affectes par la loi de finances aux dépenses ordinaires des départemens, et de la part allouée au département dans le fonds commun établi par la même loi; — 2° Du produit des centimes additionnels facultatifs votés annuellement par le conseil général, dans les limites determinées par la loi de finances; — 3° Du produit des centimes additionnels extraordinaires imposés en vertu des lois spéciales; — 4° Du produit des centimes additionnels affectés par les lois générales à diverses branches du service public; — 5° Du revenu et du produit des propriétes du département non affectées à un service départemental; — 6° Du revenu et du produit des autres propriétés du département, tant mobilières qu'immobilières; — 7° Du produit des expéditions d'anciennes pieces ou d'actes de la préfecture déposés aux archives, — 8° Du produit des droits de péage autorisés par le Gouvernement au profit du département, ainsi que des autres droits et perceptions concédés au departement par les lois.

11. Le budget du département est présenté par le préfet, délibéré par le conseil général, et réglé définitivement par ordonnance royale. — Il est divisé en sections.

12. La première section comprend les dépenses ordinaires suivantes: — 1° Les grosses réparations et l'entretien des édifices et bâtimens departementaux; — 2° Les contributions dues par les propriétés du département; — 3° Le loyer, s'il y a lieu, des hôtels de préfecture et de sous-préfecture; — 4° L'ameublement et l'entretien du mobilier de l'hôtel de préfecture, et des bureaux de sous-préfecture; — 5° Le casernement ordinaire de la gendarmerie; — 6° Les dépenses ordinaires des prisons départementales; — 7° Les frais de translation des détenus, des vagabonds et des forçats libérés; — 8° Les loyer, mobilier et menues dépenses des cours et tribunaux, et les menues dépenses des justices de paix; — 9° Le chauffage et l'éclairage des corps de garde des établissemens départementaux; — 10° Les travaux d'entretien des routes départementales et des ouvrages d'art qui en font partie; — 11° Les dépenses des enfans trouvés et abandonnés, ainsi que celles des aliénés, pour la part afférente au département, conformément aux lois; — 12° Les frais de route accordés aux voyageurs indigens; — 13° Les frais d'impression et de publication des listes électorales et du jury; — 14° Les frais de tenue des colléges et des assemblées convoquées pour nommer les membres de la chambre des députés, des conseils généraux et des conseils d'arrondissement; — 15° Les frais d'impression des budgets et des comptes des recettes et dépenses du département; — 16° La portion à la charge des départemens dans les frais des tables décennales de l'état civil; — 17° Les frais relatifs aux mesures qui ont pour objet d'arrêter le cours des épidémies et des épizooties; — 18° Les primes fixées par les réglemens d'administration publique pour la destruction des animaux nuisibles; — 19° Les dépenses de garde et conservation des archives du département.

13. Il est pourvu à ces dépenses au moyen, — 1° Des centimes affectés à cet emploi par la loi de finances; — 2° De la part allouée au département dans le fonds commun; — 3° Des produits éventuels énoncés aux numéros 6, 7 et 8 de l'article 10.

14. Les dépenses ordinaires qui doivent être portées dans la première section, aux termes de l'article 12, peuvent y être inscrites, ou être augmentées d'office, jusqu'à concurrence du montant des recettes destinées à y pourvoir, par l'ordonnance royale qui règle le budget.

15. Aucune dépense facultative ne peut être inscrite dans la première section du budget.

16. La seconde section comprend les dépenses facultatives d'utilité départementale. — Le conseil général peut aussi y porter les autres dépenses énoncées en l'article 12.

17. Il est pourvu aux dépenses portées dans la seconde section du budget, au moyen des centimes additionnels facultatifs et des produits énoncés au n° 5 de l'article 10. — Toutefois, après épuisement du *maximum* des centimes facultatifs, employés à des dépenses autres que les dépenses spéciales, et des ressources énoncées au paragraphe précédent, une portion du fonds commun dont la quotité sera déterminée chaque année par la loi de finances pourra être distribuée aux départemens, à titre de secours, pour complément de la dépense des travaux de construction des édifices départementaux d'intérêt général et des ouvrages d'art dépendant des routes départementales. — La répartition du fonds commun sera réglée annuellement par ordonnance royale insérée au Bulletin des lois.

18. Aucune dépense ne peut être inscrite d'office dans cette seconde section, et les allocations qui y sont portées par le conseil général ne peuvent être ni changées ni modifiées par l'ordonnance royale qui règle le budget.

19. Des sections particulières comprennent les dépenses imputées sur des centimes spéciaux ou extraordinaires. Aucune dépense ne peut y être imputée que sur les centimes destinés par la loi à y pourvoir.

20. Les dettes départementales contractées pour des dépenses ordinaires seront portées à la première section du budget, et soumises à toutes les règles applicables à ces dépenses. — Les dettes contractées pour pourvoir à d'autres dépenses seront inscrites par le conseil général dans la seconde section; et dans le cas où il aurait omis ou refusé de faire cette inscription, il y sera pourvu au moyen d'une contribution extraordinaire établie par une loi spéciale.

21. Les fonds qui n'auront pu recevoir leur emploi dans le cours de l'exercice seront reportés, après clôture, sur l'exercice en cours d'exécution, avec l'affectation qu'ils avaient au budget voté par le conseil général, et les fonds restés libres seront cumulés avec les ressources du budget nouveau, suivant la nature de leur origine.

22. Le comptable chargé du recouvrement des ressources éventuelles est tenu de faire, sous sa responsabilité, toutes les diligences nécessaires pour la rentrée de ces produits. — Les rôles et états de produits sont rendus exécutoires par le préfet, et par lui remis au comptable. — Les oppositions, lorsque la matière est de la compétence des tribunaux ordinaires, sont jugées comme affaires sommaires.

23. Le comptable chargé du service des dépenses départementales ne peut payer que sur des mandats délivrés par le préfet dans la limite des crédits ouverts par les budgets du département.

24. Le conseil général entend et débat les comptes d'administration qui lui sont présentés par le préfet, — 1° Des recettes et dépenses, conformément aux budgets du département; — 2° Du fonds de non-valeurs; — 3° Du produit des centimes additionnels spécialement affectés, par les lois générales, à diverses branches du service public. — Les observations du conseil général sur les comptes présentés à son examen sont adressées directement par son président au ministre chargé de l'administration départementale. — Ces comptes, provisoirement arrêtés par le conseil général, sont définitivement réglés par ordonnances royales.

25. Les budgets et les comptes du département définitivement réglés sont rendus publics par la voie de l'impression.

26. Le conseil général peut ordonner la publication de tout ou partie de ses délibérations ou procès-verbaux. — Les procès-verbaux, rédigés par le secrétaire et arrêtés au commencement de chaque séance, contiendront l'analyse de la discussion : les noms des membres qui ont pris part à cette discussion n'y seront pas insérés.

27. Si le conseil général ne se réunissait pas, ou s'il se séparait sans avoir arrêté la répartition des contributions directes, les mandemens des contingens assignés à chaque arrondissement seraient délivrés par le préfet, d'après les bases de la répartition précédente, sauf les modifications à porter dans le contingent en exécution des lois.

28. Si le conseil ne se réunissait pas, ou s'il se séparait sans avoir arrêté le budget des dépenses ordinaires du département, le préfet, en conseil de préfecture, établirait d'office ce budget, qui serait réglé par une ordonnance royale.

29. Les délibérations du conseil général relatives à des acquisitions, aliénations et échanges de propriétés départementales, ainsi qu'aux changemens de destination des édifices et bâtimens départementaux, doivent être approuvées par une ordonnance royale, le conseil d'État entendu. — Toutefois, l'autorisation du préfet, en conseil de préfecture, est suffisante pour les acquisitions, aliénations et échanges, lorsqu'il ne s'agit que d'une valeur n'excédant pas vingt mille francs.

30. Les délibérations du conseil général relatives au mode de gestion des propriétés départementales sont soumises à l'approbation du ministre compétent. — En cas d'urgence, le préfet pourvoit provisoirement à la gestion.

31. L'acceptation ou le refus des legs et donations faits au département ne peuvent être autorisés que par une ordonnance royale, le conseil d'État entendu. — Le préfet peut toujours, à titre conservatoire, accepter les legs et dons faits au département; l'ordonnance d'autorisation qui intervient ensuite a effet du jour de cette acceptation.

32. Lorsque les dépenses de constructions, de reconstructions ou réparations des édifices départementaux sont évaluées à plus de cinquante mille francs, les projets et les devis doivent être préalablement soumis au ministre chargé de l'administration des communes.

33. Les contributions extraordinaires que le conseil général voterait pour subvenir aux dépenses du département ne peuvent être autorisées que par une loi.

34. Dans le cas où le conseil général voterait un emprunt pour subvenir à des dépenses du département, cet emprunt ne peut être contracté qu'en vertu d'une loi.

35. En cas de désaccord sur la répartition de la dépense de travaux intéressant à la fois le département et les communes, il est statué par ordonnance du roi, les conseils municipaux, les conseils d'arrondissement et le conseil général entendus.

36. Les actions du département sont exercées par le préfet, en vertu des délibérations du conseil général et avec l'autorisation du roi en son conseil d'État. — Le département ne peut se pourvoir devant un autre degré de juridiction qu'en vertu d'une nouvelle autorisation. — Le préfet peut, en vertu des délibérations du conseil général, et sans autre autorisation, défendre à toute action. — En cas d'urgence, le préfet peut intenter toute action ou y défendre, sans délibération du conseil général ni autorisation préalable. — Il fait tous actes conservatoires ou interruptifs de la déchéance. — En cas de litige entre l'État et le département, l'action est intentée ou soutenue au nom du département par le membre du conseil de préfecture le plus ancien en fonctions.

37. Aucune action judiciaire, autre que les actions possessoires, ne peut, à peine de nullité, être intentée contre un département qu'autant que le demandeur a préalablement adressé au préfet un mémoire exposant l'objet et les motifs de sa réclamation. — Il lui en est donné récépissé. — L'action ne peut être portée devant les tribunaux que deux mois après la date du récépissé, sans préjudice des actes conservatoires. — Durant cet intervalle, le cours de toute prescription demeurera suspendu.

38. Les transactions délibérées par le conseil général ne peuvent être autorisées que par ordonnance du roi, le conseil d'État entendu.

TITRE II.

DES ATTRIBUTIONS DES CONSEILS D'ARRONDISSEMENT.

39. La session ordinaire du conseil d'arrondissement se divise en deux parties : la première précède et la seconde suit la session du conseil général.

40. Dans la première partie de sa session, le conseil d'arrondissement délibère sur les réclamations auxquelles donnerait lieu la fixation du contingent de l'arrondissement dans les contributions directes. — Il délibère également sur les demandes en réduction de contributions formées par les communes.

41. Le conseil d'arrondissement donne son avis, — 1° Sur les changemens proposés à la circonscription du territoire de l'arrondissement, des cantons et des communes, et à la désignation de leurs chefs-lieux; — 2° Sur le classement et la direction des chemins vicinaux de grande communication; — 3° Sur l'établissement et la suppression, ou le changement des foires et des marchés; — 4° Sur les réclamations élevées au sujet de la part contributive des communes respectives dans les travaux intéressant à la fois plusieurs communes, ou les communes et le département; — 5° Et généralement sur tous les objets sur lesquels il est appelé à donner son avis en vertu des lois et réglemens, ou sur lesquels il serait consulté par l'administration.

42. Le conseil d'arrondissement peut donner son avis, — 1° Sur les travaux de routes, de navigation et autres objets d'utilité publique qui intéressent l'arrondissement; — 2° Sur le classement et la direction de routes départementales qui intéressent l'arrondissement; — 3° Sur les acquisitions, aliénations, échanges, constructions et reconstructions des édifices et bâtimens destinés à la sous préfecture, au tribunal de première instance, à la maison d'arrêt ou à d'autres services publics spéciaux à l'arrondissement, ainsi que sur les changemens de destination de ces édifices; — 4° Et généralement sur tous les objets sur lesquels le conseil général est appelé à délibérer en tant qu'ils intéressent l'arrondissement.

43. Le préfet communique au conseil d'arrondissement le compte de l'emploi des fonds de non-valeur, en ce qui concerne l'arrondissement.

44. Le conseil d'arrondissement peut adresser directement au préfet, par l'intermédiaire de son président, son opinion sur l'état et les besoins des différens services publics, en ce qui touche l'arrondissement.

45. Dans la seconde partie de sa session, le conseil d'arrondissement répartit entre les communes les contributions directes.

46. Le conseil d'arrondissement est tenu de se conformer, dans la répartition de l'impôt, aux décisions rendues par le conseil général sur les réclamations des communes. — Faute par le conseil d'arrondissement de s'y être conformé, le préfet, en conseil de préfecture, établit la répartition d'après lesdites décisions. — En ce cas, la somme dont la contribution de la commune déchargée se trouve réduite est répartie, au centime le franc, sur toutes les autres communes de l'arrondissement.

47. Si le conseil d'arrondissement ne se réunissait pas, ou s'il se séparait sans avoir arrêté la répartition des contributions directes, les mandemens des contingens assignés à chaque commune seraient délivrés par le préfet, d'après les bases de la répartition précédente, sauf les modifications à apporter dans le contingent en exécution des lois.

LOI

Concernant les Vices rédhibitoires dans les ventes et échanges d'animaux domestiques.

(20 mai 1838.)

(*Thèses* n° 92 à 96.)

Art. 1er. Sont réputés vices rédhibitoires et donneront seuls ouverture à l'action résultant de l'article 1641 du Code civil, dans les ventes ou échanges des animaux domestiques ci dessous dénommés, sans distinction des localités où les ventes et échanges auront eu lieu, les maladies ou défauts ci-après, savoir :

Pour le cheval, l'âne ou le mulet,

La fluxion périodique des yeux, — L'épilepsie ou le mal caduc, — La morve, — Le farcin, — Les maladies anciennes de poitrine ou vieilles courbatures, — L'immobilité, — La pousse, — Le cornage chronique, — Le tic sans usure des dents, — Les hernies inguinales, intermittentes, — La boiterie intermittente pour cause de vieux mal.

Pour l'espèce bovine,

La phthisie pulmonaire ou pommelière, — L'épilepsie ou mal caduc, — Les suites de la non-délivrance, — Le renversement du vagin ou de l'utérus, après le part chez le vendeur.

Pour l'espèce ovine,

La clavelée : cette maladie reconnue chez un seul animal entraînera la rédhibition de tout le troupeau. — La rédhibition n'aura lieu que si le troupeau porte la marque du vendeur. — Le sang de rate : cette maladie n'entraînera la rédhibition du troupeau qu'autant que, dans le délai de la garantie, sa perte constatée s'élèvera au quinzième au moins des animaux achetés. — Dans ce dernier cas, la rédhibition n'aura lieu également que si le troupeau porte la marque du vendeur.

2. L'action en réduction du prix, autorisée par l'article 1644 du Code civil, ne pourra être exercée dans les ventes et échanges d'animaux énoncés dans l'article 1er ci-dessus.

3. Le délai pour intenter l'action rédhibitoire sera, non compris le jour fixé pour la livraison, — De trente jours pour le cas de fluxion périodique des yeux et d'épilepsie ou mal caduc : — De neuf jours pour tous les autres cas.

4. Si la livraison de l'animal a été effectuée ou s'il a été conduit, dans les délais ci-dessus, hors du lieu du domicile du vendeur, les délais seront augmentés d'un jour par cinq myriamètres de distance du domicile du vendeur au lieu où l'animal se trouve.

5. Dans tous les cas, l'acheteur, à peine d'être non recevable, sera tenu de provoquer, dans les délais de l'article 3, la nomination d'experts chargés de dresser procès-verbal; la requête sera présentée au juge de paix du lieu où se trouvera l'animal. — Ce juge nommera immédiatement, suivant l'exigence des cas, un ou trois experts, qui devront opérer dans le plus bref délai.

6. La demande sera dispensée du préliminaire de conciliation, et l'affaire instruite et jugée comme matière sommaire.

7. Si, pendant la durée des délais fixés par l'article 3, l'animal vient à périr, le vendeur ne sera pas tenu de la garantie, à moins que l'acheteur ne prouve que la perte de l'animal provient de l'une des maladies spécifiées dans l'article 1er.

8. Le vendeur sera dispensé de la garantie résultant de la morve et du farcin pour le cheval, l'âne et le mulet, et de la clavelée pour l'espèce ovine, s'il prouve que l'animal, depuis la livraison, a été mis en contact avec des animaux atteints de ces maladies.

LOI

Sur les Justices de paix.

(25 mai 1838.)

(Art. 6, thèses nos 124, 125, 126.)

Art. 1er. Les juges de paix connaissent de toutes actions purement personnelles ou mobilières, en dernier ressort, jusqu'à la valeur de cent francs, et, à charge d'appel, jusqu'à la valeur de deux cents francs.

2. Les juges de paix prononcent, sans appel, jusqu'à la valeur de cent francs, et, à charge d'appel, jusqu'au taux de la compétence en dernier ressort des tribunaux de première instance : — Sur les contestations entre les hôteliers, aubergistes ou logeurs, et les voyageurs ou locataires en garni, pour dépense d'hôtellerie et perte ou avarie d'effets déposés dans l'auberge ou dans l'hôtel ; — Entre les voyageurs et les voituriers, ou bateliers, pour retards, frais de route et perte ou avarie d'effets accompagnant les voyageurs. — Entre les voyageurs et les carrossiers ou autres ouvriers, pour fournitures, salaires et réparations faites aux voitures de voyages.

3. Les juges de paix connaissent, sans appel, jusqu'à la valeur de cent francs, et, à charge d'appel, à quelque valeur que la demande puisse s'élever, — Des actions en paiement de loyers ou fermages, des congés, des demandes en résiliation de baux, fondées sur le seul défaut de paiement de loyers ou fermages ; des expulsions de lieux et des demandes en validité de saisie-gagerie; le tout lorsque les locations verbales ou par écrit n'excèdent pas annuellement, à Paris, quatre cents francs, et deux cents francs partout ailleurs. — Si le prix principal du bail consiste en denrées ou prestations en nature, appréciables d'après les mercuriales, l'évaluation sera faite sur celles du jour de l'échéance, lorsqu'il s'agira du paiement des fermages ; dans tous les autres cas, elle aura lieu suivant les mercuriales du mois qui aura précédé la demande. Si le prix principal du bail consiste en prestations non appréciables d'après les mercuriales, ou s'il s'agit de baux à colons partiaires, le juge de paix déterminera la compétence, en prenant pour base du revenu de la propriété le principal de la contribution foncière de l'année courante, multiplié par cinq.

4. Les juges de paix connaissent, sans appel, jusqu'à la valeur de cent francs, et, à charge d'appel, jusqu'au taux de la compétence en dernier ressort des tribunaux de première instance. — 1° Des indemnités réclamées par le locataire ou fermier pour non-jouissance provenant du fait du propriétaire, lorsque le droit à une indemnité n'est pas contesté; — 2° Des dégradations et pertes, dans les cas prévus par les articles 1732 et 1735 du Code civil. — Néanmoins, le juge de paix ne connaît des pertes causées par incendie ou inondation que dans les limites portées par l'article 1er de la présente loi.

5. Les juges de paix connaissent également, sans appel, jusqu'à la valeur de cent francs, et, à charge d'appel, à quelque valeur que la demande puisse s'élever : 1° Des actions pour dommages faits aux champs, fruits et récoltes, soit par l'homme, soit par les animaux, et de celles relatives à l'élagage des arbres ou haies, et au curage, soit des fossés, soit des canaux servant à l'irrigation des propriétés ou au mouvement des usines, lorsque les droits de propriété ou de servitude ne sont pas contestés; — 2° Des réparations locatives des maisons ou fermes, mises par la loi à la charge du locataire; — 3° Des contestations relatives aux engagemens respectifs des gens de travail au jour, au mois et à l'année, et de ceux qui les emploient; des maîtres et des domestiques ou gens de service à gages; des maîtres et de leurs ouvriers ou apprentis, sans néanmoins qu'il soit dérogé aux lois et réglemens relatifs à la juridiction des prud'hommes; — 4° Des contestations relatives au paiement des nourrices, sauf ce qui est prescrit par les lois et réglemens d'administration publique à l'égard des bureaux de nourrices de la ville de Paris et de toutes les autres villes; — 5° Des actions civiles pour diffamation verbale et pour injures publiques ou non publiques, verbales ou par écrit, autrement que par la voie de la presse; des mêmes actions pour rixes ou voies de fait; le tout lorsque les parties ne se sont pas pourvues par la voie criminelle.

6. Les juges de paix connaissent, en outre, à charge d'appel : — 1° Des entreprises commises, dans l'année, sur les cours d'eau servant à l'irrigation des propriétés et au mouvement des usines et moulins, sans préjudice des attributions de l'autorité administrative dans les cas déterminés par les lois et par les réglemens; des dénonciations de nouvel œuvre, complaintes, actions en réintégrande et autres actions possessoires fondées sur des faits également commis dans l'année; — 2° Des actions en bornage et de celles relatives à la distance prescrite par la loi, les réglemens particuliers et l'usage des lieux, pour les plantations d'arbres ou de haies, lorsque la propriété ou les titres qui l'établissent ne sont pas contestés; — 3° Des actions relatives aux constructions et travaux énoncés dans l'article 674 du Code civil, lorsque la propriété ou la mitoyenneté du mur ne sont pas contestées; — 4° Des demandes en pension alimentaire n'excédant pas cent cinquante francs par an, et seulement lorsqu'elles seront formées en vertu des art. 205, 206 et 207 du Code civil.

7. Les juges de paix connaissent de toutes les demandes reconventionnelles ou en compensation qui, par leur nature ou leur valeur, sont dans les limites de leur compétence, alors même que, dans les cas prévus par l'article 1er, ces demandes, réunies à la demande principale, s'élèveraient au-dessus de deux cents francs. Ils connaissent, en outre, à quelques sommes qu'elles puissent monter, des demandes reconventionnelles en dommages-intérêts fondées exclusivement sur la demande principale elle-même.

8. Lorsque chacune des demandes principales, reconventionnelles ou en compensation, sera dans les limites de la compétence du juge de paix en dernier ressort, il prononcera sans qu'il y ait lieu à appel. — Si l'une de ces demandes n'est susceptible d'être jugée qu'à charge d'appel, le juge de paix ne prononcera sur toutes qu'en premier ressort. — Si la demande reconventionnelle ou en compensation excède les limites de sa compétence, il pourra, soit retenir le jugement de la demande principale, soit renvoyer, sur le tout, les parties à se pourvoir devant le tribunal de première instance, sans préliminaire de conciliation.

9. Lorsque plusieurs demandes formées par la même partie seront réunies dans une même instance, le juge de paix ne prononcera qu'en premier ressort, si leur valeur totale s'élève au-dessus de cent francs, lors même que quelqu'une de ces demandes serait inférieure à cette somme. Il sera incompétent sur le tout, si ces demandes excèdent, par leur réunion, les limites de sa juridiction.

10. Dans le cas où la saisie-gagerie ne peut avoir lieu qu'en vertu de permission de justice, cette permission sera accordée par le juge de paix du lieu où la saisie devra être faite, toutes les fois que les causes rentreront dans sa compétence. — S'il y a opposition de la part des tiers, pour des causes et pour des sommes qui, réunies, excéderaient cette compétence, le jugement en sera déféré aux tribunaux de première instance.

11. L'exécution provisoire des jugemens sera ordonnée dans tous les cas où il y a titre authentique, promesse reconnue, ou condamnation précédente dont il n'y a point eu appel. — Dans tous les autres cas, le juge pourra ordonner l'exécution provisoire, nonobstant appel, sans caution, lorsqu'il s'agira de pension alimentaire, ou lorsque la somme n'excédera pas trois cents francs, et avec caution, au-dessus de cette somme. — La caution sera reçue par le juge de paix.

12. S'il y a péril en la demeure, l'exécution provisoire pourra être ordonnée sur la minute du jugement avec ou sans caution, conformément aux dispositions de l'article précédent.

13. L'appel des jugemens des juges de paix ne sera recevable ni avant les trois jours qui suivront celui de la prononciation des jugemens, à moins qu'il n'y ait lieu à exécution provisoire, ni après les trente jours qui suivront la signification à l'égard des personnes domiciliées dans le canton. — Les personnes domiciliées hors du canton auront, pour interjeter appel, outre le délai de trente jours, le délai réglé par les articles 73 et 1033 du Code de procédure civile.

14. Ne sera pas recevable l'appel des jugemens mal à propos qualifiés en premier ressort, ou qui, étant en dernier ressort, n'auraient point été qualifiés. — Seront sujets à l'appel les jugemens qualifiés en dernier ressort, s'ils ont statué, soit sur des questions de compétence, soit sur des matières dont le juge de paix ne pouvait connaître qu'en premier ressort. — Néanmoins, si le juge de paix s'est déclaré compétent, l'appel ne pourra être interjeté qu'après le jugement définitif.

15. Les jugemens rendus par les juges de paix ne pourront être attaqués par la voie du recours en cassation que pour excès de pouvoir.

16. Tous les huissiers d'un même canton auront le droit de donner toutes les citations et de faire tous les actes devant la justice de paix. Dans les villes où il y a plusieurs justices de paix, les huissiers exploitent concurremment dans le ressort de la juridiction assignée à leur résidence. Tous les huissiers du même canton seront tenus de faire le service des audiences, et d'assister le juge de paix toutes les fois qu'ils en seront requis; les juges de paix choisiront leurs huissiers audienciers.

17. Dans toutes les causes, excepté celles où il y aurait péril en la demeure et celles dans lesquelles le défendeur serait domicilié hors du canton ou des cantons de la même ville, le juge de paix pourra interdire aux huissiers de sa résidence de donner aucune citation en justice, sans qu'au préalable il n'ait appelé, sans frais, les parties devant lui.

18. Dans les causes portées devant la justice de paix, aucun huissier ne pourra ni assister comme conseil, ni représenter les parties en qualité de procureur fondé, à peine d'une amende de vingt-cinq à cinquante francs, qui sera prononcée sans appel par le juge de paix. — Ces dispositions ne seront pas applicables aux huissiers qui se trouveront dans l'un des cas prévus par l'art. 86 du Code de procédure civile.

19. En cas d'infraction aux dispositions des articles 16, 17 et 18, le juge de paix pourra défendre aux huissiers du canton de citer devant lui, pendant un délai de quinze jours à trois mois, sans appel et sans préjudice de l'action disciplinaire des tribunaux et des dommages-intérêts des parties, s'il y a lieu.

20. Les actions concernant les brevets d'invention seront portées, s'il s'agit de nullité ou de déchéance des brevets, devant les tribunaux civils de première instance; s'il s'agit de contrefaçon, devant les tribunaux correctionnels.

21. Toutes les dispositions des lois antérieures contraires à la présente loi sont abrogées.

22. Les dispositions de la présente loi ne s'appliqueront pas aux demandes introduites avant sa promulgation.

LOI

Sur les Aliénés.

(30 juin 1838.)

(La loi entière moins le tit. 1er et la section 3 du tit. 2, *thèses* nos 16, 17, 18. — L'art. 59 seul, *thèses* nos 56 à 59.)

TITRE PREMIER.

DES ÉTABLISSEMENS D'ALIÉNÉS.

Art. **1er.** Chaque département est tenu d'avoir un établissement public, spécialement destiné à recevoir et soigner les aliénés, ou de traiter, à cet effet, avec un établissement public ou privé, soit de ce département, soit d'un autre département. — Les traités passés avec les établissemens publics ou privés devront être approuvés par le ministre de l'intérieur.

2. Les établissemens publics consacrés aux aliénés sont placés sous la direction de l'autorité publique.

3. Les établissemens privés consacrés aux aliénés sont placés sous la surveillance de l'autorité publique.

4. Le préfet et les personnes spécialement déléguées à cet effet par lui ou par le ministre de l'intérieur, le président du tribunal, le procureur du roi, le juge de paix, le maire de la commune, sont chargés de visiter les établissemens publics ou privés consacrés aux aliénés. — Ils recevront les réclamations des personnes qui y seront placées, et prendront, à leur égard, tous renseignemens propres à faire connaître leur position. Les établissemens privés seront visités, à des jours indéterminés, une fois au moins chaque trimestre, par le procureur du roi de l'arrondissement. Les établissemens publics le seront de la même manière, une fois au moins par semestre.

5. Nul ne pourra diriger ni former un établissement privé consacré aux aliénés, sans l'autorisation du gouvernement. — Les établissemens privés, consacrés au traitement d'autres maladies, ne pourront recevoir les personnes atteintes d'aliénation mentale, à moins qu'elles ne soient placées dans un local entièrement séparé. Ces établissemens devront être, à cet effet, spécialement autorisés par le gouvernement, et seront soumis, en ce qui concerne les aliénés, à toutes les obligations prescrites par la présente loi.

6. Des réglemens d'administration publique détermineront les conditions auxquelles seront accordées les autorisations énoncées en l'article précédent, les cas où elles pourront être retirées, et les obligations auxquelles seront soumis les établissemens autorisés.

7. Les réglemens intérieurs des établissemens publics consacrés, en tout ou en partie, au service des aliénés, seront, dans les dispositions relatives à ce service, soumis à l'approbation du ministre de l'intérieur.

TITRE II.

DES PLACEMENS FAITS DANS LES ÉTABLISSEMENS D'ALIÉNÉS.

SECTION 1re.

Des Placemens volontaires.

8. Les chefs ou préposés responsables des établissemens publics et les directeurs des établissemens privés *consacrés* aux aliénés, ne pourront recevoir une personne atteinte d'aliénation mentale, s'il ne leur est remis : — 1° Une demande d'admission contenant les noms, profession, âge et domicile tant de la personne qui la formera que de celle dont le placement sera réclamé, et l'indication du degré de parenté ou, à défaut, de la nature des relations qui existent entre elles. — La demande sera écrite et signée par celui qui la formera, et, s'il ne sait pas écrire, elle sera reçue par le maire ou le commissaire de police qui en donnera acte. — Les chefs, préposés ou directeurs, devront s'assurer, sous leur responsabilité, de l'individualité de la personne qui aura formé la demande, lorsque cette demande n'aura pas été reçue par le maire ou le commissaire de police. — Si la demande d'admission est formée par le tuteur d'un interdit, il devra fournir, à l'appui, un extrait du jugement d'interdiction ; — 2° Un certificat de médecin constatant l'état mental de la personne à placer, et indiquant les particularités de sa maladie et la nécessité de faire traiter la personne désignée dans un établissement d'aliénés, et de l'y tenir renfermée. — Ce certificat ne pourra être admis s'il a été délivré plus de quinze jours avant sa remise au chef ou directeur; s'il est signé d'un médecin attaché à l'établissement, ou si le médecin signataire est parent ou allié, au second degré inclusivement, des chefs ou propriétaires de l'établissement, ou de la personne qui fera effectuer le placement. — En cas d'urgence, les chefs des établissemens publics pourront se dispenser d'exiger le certificat du médecin. — 3° Le passeport ou toute autre pièce propre à constater l'individualité de la personne à placer. — Il sera fait mention de toutes les pièces produites dans un bulletin d'entrée qui sera renvoyé, dans les vingt-quatre heures, avec un certificat du médecin de l'établissement, et la copie de celui ci dessus mentionné, au préfet de police à Paris, au préfet ou au sous-préfet dans les communes chefs-lieux de département ou d'arrondissement, et aux maires dans les autres communes. Le sous-préfet, ou le maire, en fera immédiatement l'envoi au préfet.

9. Si le placement est fait dans un établissement privé, le préfet, dans les trois jours de la réception du bulletin, chargera un ou plusieurs hommes de l'art de visiter la personne désignée dans ce bulletin, à l'effet de constater son état mental et d'en faire rapport sur-le-champ. Il pourra leur adjoindre toute autre personne qu'il désignera.

10. Dans le même délai, le préfet notifiera administrativement les noms, profession et domicile tant de la personne placée que de celle qui aura demandé le placement, et les causes du placement : 1° au procureur du roi de l'arrondissement du domicile de la personne placée; 2° au procureur du roi de l'arrondissement de la situation de l'établissement : ces dispositions seront communes aux établissemens publics et privés.

11. Quinze jours après le placement d'une personne dans un établissement public ou privé, il sera adressé au préfet, conformément au dernier paragraphe de l'article 8, un nouveau certificat du médecin de l'établissement; ce certificat confirmera ou rectifiera, s'il y a lieu, les observations contenues dans le premier certificat, en indiquant le retour plus ou moins fréquent des accès ou des actes de démence.

12. Il y aura, dans chaque établissement, un registre coté et paraphé par le maire, sur lequel seront immédiatement inscrits les noms, profession, âge et domicile des personnes placées dans les établissemens, la mention du jugement d'interdiction, si elle a été prononcée, et le nom de leur tuteur ; la date de leur placement, les noms, profession et demeure de la personne, parente ou non parente, qui l'aura demandé. Seront également transcrits sur ce registre : 1° le certificat du médecin, joint à la demande d'admission ; 2° ceux que le médecin de l'établissement devra adresser à l'autorité, conformément aux articles 8 et 11. — Le médecin sera tenu de consigner sur ce registre, au moins tous les mois, les changemens survenus dans l'état mental de chaque malade. Ce registre constatera également les sorties et les décès. — Ce registre sera soumis aux personnes qui, d'après l'article 4, auront le droit de visiter l'établissement, lorsqu'elles se présenteront pour en faire la visite ; après l'avoir terminée, elles apposeront sur le registre leur visa, leur signature et leurs observations, s'il y a lieu.

13. Toute personne placée dans un établissement d'aliénés cessera d'y être retenue aussitôt que les médecins de l'établissement auront déclaré, sur le registre énoncé en l'article précédent, que la guérison est obtenue. — S'il s'agit d'un mineur ou d'un interdit, il sera donné immédiatement avis de la déclaration des médecins aux personnes auxquelles il devra être remis, et au procureur du roi.

14. Avant même que les médecins aient déclaré la guérison, toute personne placée dans un établissement d'aliénés cessera également d'y être retenue, dès que la sortie sera requise par l'une des personnes ci-après désignées, savoir : — 1° Le curateur nommé en exécution de l'article 38 de la présente loi ; — 2° L'époux ou l'épouse ; — 3° S'il n'y a pas d'époux ou d'épouse, les ascendans ; — 4° S'il n'y a pas d'ascendans, les descendans ; — 5° La personne qui aura signé la demande d'admission, à moins qu'un parent n'ait déclaré s'opposer à ce qu'elle use de cette faculté sans l'assentiment du conseil de famille ; — 6° Toute personne à ce autorisée par le conseil de famille. — S'il résulte d'une opposition notifiée au chef de l'établissement par un ayant-droit qu'il y a dissentiment, soit entre les ascendans, soit entre les descendans, le conseil de famille prononcera. — Néanmoins, si le médecin de l'établissement est d'avis que l'état mental du malade pourrait compromettre l'ordre public ou la sûreté des personnes, il en sera donné préalablement connaissance au maire, qui pourra ordonner immédiatement un sursis provisoire à la sortie, à la charge d'en référer, dans les vingt-quatre heures, au préfet. Ce sursis provisoire cessera de plein droit à l'expiration de la quinzaine, si le préfet n'a pas, dans ce délai, donné d'ordres contraires, conformément à l'article 21 ci-après. L'ordre du maire sera transcrit sur le registre tenu en exécution de l'article 12. — En cas de minorité ou d'interdiction, le tuteur pourra seul requérir la sortie.

15. Dans les vingt-quatre heures de la sortie, les chefs, préposés ou directeurs en donneront avis aux fonctionnaires désignés dans le dernier paragraphe de l'article 8, et leur feront connaître le nom et la résidence des personnes qui auront retiré le malade, son état mental au moment de sa sortie, et autant que possible, l'indication du lieu où il aura été conduit.

16. Le préfet pourra toujours ordonner la sortie immédiate des personnes placées volontairement dans les établissemens d'aliénés.

17. En aucun cas l'interdit ne pourra être remis qu'à son tuteur, et le mineur, qu'à ceux sous l'autorité desquels il est placé par la loi.

SECTION II.

Des Placemens ordonnés par l'autorité publique.

18. A Paris, le préfet de police, et, dans les départemens, les préfets ordonneront d'office le placement, dans un établissement d'aliénés, de toute personne interdite, ou non interdite, dont l'état d'aliénation compromettrait l'ordre public ou la sûreté des personnes. — Les ordres des préfets seront motivés et devront énoncer les circonstances qui les auront rendus nécessaires. Ces ordres, ainsi que ceux qui seront donnés conformément aux articles 19, 20, 21 et 23, seront inscrits sur un registre semblable à celui qui est prescrit par l'article 12 ci-dessus, dont toutes les dispositions seront applicables aux individus placés d'office.

19. En cas de danger imminent, attesté par le certificat d'un médecin ou par la notoriété publique, les commissaires de police, à Paris, et les maires dans les autres communes, ordonneront, à l'égard des personnes atteintes d'aliénation mentale, toutes les mesures provisoires nécessaires, à à la charge d'en référer dans les vingt-quatre heures au préfet, qui statuera sans délai.

20. Les chefs, directeurs ou préposés responsables des établissemens, seront tenus d'adresser aux préfets, dans le premier mois de chaque semestre, un rapport rédigé par le médecin de l'établissement sur l'état de chaque personne qui y sera retenue, sur la nature de sa maladie et les résultats du traitement. — Le préfet prononcera sur chacune individuellement, ordonnera sa maintenue dans l'établissement ou sa sortie.

21. A l'égard des personnes dont le placement aura été volontaire, et dans le cas où leur état mental pourrait compromettre l'ordre public ou la sûreté des personnes, le préfet pourra, dans les formes tracées par le deuxième paragraphe de l'article 18, décerner un ordre spécial, à l'effet d'empêcher qu'elles ne sortent de l'établissement sans son autorisation, si ce n'est pour être placées dans un autre établissement. — Les chefs, directeurs ou préposés responsables, seront tenus de se conformer à cet ordre.

22. Les procureurs du roi seront informés de tous les ordres donnés en vertu des articles 18, 19, 20 et 21. — Ces ordres seront notifiés au maire du domicile des personnes soumises au placement, qui en donnera immédiatement avis aux familles. — Il en sera rendu compte au ministre de l'intérieur. — Les diverses notifications prescrites par le présent article seront faites dans les formes et délais énoncés en l'article 10.

23. Si, dans l'intervalle qui s'écoulera entre les *rapports ordonnés* par l'article 20, les médecins déclarent, sur le registre tenu en exécution de l'article 12, que la sortie peut être ordonnée, les chefs, directeurs ou préposés responsables des établissemens, seront tenus, sous peine d'être poursuivis conformément à l'art. 30 ci-après, d'en référer aussitôt au préfet, qui *statuera sans délai*.

24. Les hospices et hôpitaux civils seront tenus de recevoir provisoirement les personnes qui leur seront adressées en vertu des articles 18 et 19, jusqu'à ce qu'elles soient dirigées sur l'établissement spécial destiné à les recevoir, aux termes de l'art. 1er, ou pendant le trajet qu'elles feront pour s'y rendre. — Dans toutes les communes où il existe des hospices ou hôpitaux, les aliénés ne pourront être déposés ailleurs que dans ces hospices ou hôpitaux. Dans les lieux où il n'en existe pas, les maires devront pourvoir à *leur* logement, soit dans une hôtellerie, soit dans un local loué à cet effet. — Dans aucun cas, les aliénés ne pourront être ni conduits avec les condamnés ou les prévenus, ni déposés dans une prison. — Ces dispositions sont applicables à tous les aliénés dirigés par l'administration sur un établissement public ou privé.

SECTION. III.

Dépenses du service des Aliénés.

25. Les aliénés dont le placement aura été ordonné par le préfet, et dont les familles n'auront pas demandé l'admission dans un établissement privé, seront conduits dans l'établissement appartenant au département, ou avec lequel il aura traité. — Les aliénés dont l'état mental ne compromettrait point l'ordre public, ou la sûreté des personnes, y seront également admis, dans les formes, dans les circonstances et aux conditions qui seront réglées par le conseil général, sur la proposition du préfet, et approuvées par le ministre.

26. La dépense du transport des personnes dirigées par l'administration sur les établissemens d'aliénés sera arrêtée par le préfet, sur le *mémoire des agens préposés à ce* transport. — La dépense de l'entretien, du séjour et du traitement des personnes placées dans les hospices ou établissements publics d'aliénés sera réglée d'après un tarif arrêté par le préfet. — La dépense de l'entretien, du séjour et du traitement des personnes placées par les départemens dans les établissemens privés sera fixée par les traités passés par le département conformément à l'art. 1er.

27. Les dépenses énoncées en l'article précédent seront à la charge des personnes placées, à défaut à la charge de ceux auxquels il peut être demandé des alimens, aux termes des articles 205 et suivans du Code civil. — S'il y a contestation sur l'obligation de fournir des alimens, ou sur leur quotité, il sera statué par le tribunal compétent, à la diligence de l'administrateur désigné en exécution des articles 31 et 32. — Le recouvrement des sommes dues sera poursuivi et opéré à la diligence de l'administration de l'enregistrement et des domaines.

28. A défaut, ou en cas d'insuffisance de ressources énoncées en l'article précédent, il y sera pourvu sur les centimes affectés, par la loi de finances, aux dépenses ordinaires du département auquel l'aliéné appartient, sans préjudice du concours de la commune du domicile de l'aliéné, d'après les bases proposées par le conseil général sur l'avis du préfet, et approuvé par le gouvernement. — Les hospices seront tenus à une indemnité proportionnée au nombre des aliénés dont le traitement ou l'entretien était à leur charge, et qui seraient placés dans un établissement spécial d'aliénés. — En cas de contestation, il sera statué par le conseil de préfecture.

SECTION IV.

Dispositions communes à toutes les personnes placées dans les établissemens d'aliénés.

29. Toute personne placée ou retenue dans un établissement d'aliénés, son tuteur, si elle est mineure, son curateur, tout parent ou ami, pourront, à quelque époque que ce soit, se pourvoir devant le tribunal du lieu de la situation de l'établissement, qui, après les vérifications nécessaires, ordonnera, s'il y a lieu, la sortie immédiate. — Les personnes qui auront demandé le placement, et le procureur du roi, d'office, pourront se pourvoir aux mêmes fins. — Dans le cas d'interdiction, cette demande ne pourra être formée que par le tuteur de l'interdit. — La décision sera rendue, sur simple requête, en chambre du conseil et sans délai; elle ne sera point motivée. — La requête, le jugement et les autres actes auxquels la réclamation pourrait donner lieu, seront visés pour timbre et enregistrés en débet. — Aucunes requêtes, aucunes réclamations adressées, soit à l'autorité judiciaire, soit à l'autorité administrative, ne pourront être supprimées ou retenues par les chefs d'établissemens, sous les peines portées au titre III ci-après.

30. Les chefs, directeurs ou préposés responsables, ne pourront, sous les peines portées par l'article 120 du Code pénal, retenir une personne placée dans un établissement d'aliénés, dès que sa sortie aura été ordonnée par le préfet, aux termes des articles 16, 20 et 23, ou par le tribunal, aux termes de l'article 29, ni lorsque cette personne se trouvera dans les cas énoncés aux articles 13 et 14.

31. Les commissions administratives ou de surveillance des hospices ou établissemens publics d'aliénés exerceront, à l'égard des personnes non interdites qui y seront placées, les fonctions d'administrateurs provisoires. Elles désigneront un de leurs membres pour les remplir : l'administrateur, ainsi désigné, procédera au recouvrement des sommes dues à la personne placée dans l'établissement, et à l'acquittement de ses dettes, passera des baux qui ne pourront excéder trois ans, et pourra même, en vertu d'une autorisation spéciale accordée par le président du tribunal civil, faire vendre le mobilier. — Les sommes provenant soit de la vente, soit des autres recouvremens, seront versées directement dans la caisse de l'établissement, et seront employées, s'il y a lieu, au profit de la personne placée dans l'établissement. — Le cautionnement du receveur sera affecté à la garantie desdits deniers par privilége aux créances de toute autre nature. — Néanmoins les parens, l'époux ou l'épouse des personnes placées dans des établissemens d'aliénés dirigés ou surveillés par des commissions administratives, ces commissions elles-mêmes, ainsi que le procureur du roi, pourront toujours recourir aux dispositions des articles suivans.

32. Sur la demande des parens, de l'époux ou de *l'épouse*, *sur celle* de la commission administrative ou sur la provocation, d'office, du procureur du roi, le tribunal civil du lieu du domicile pourra, conformément à l'article 497 du Code civil, nommer, en chambre du conseil, un administrateur provisoire aux biens de toute personne *non interdite* placée dans un établissement d'aliénés. Cette nomination n'aura lieu qu'après délibération du conseil de famille, et sur les conclusions du procureur du roi; elle ne sera pas sujette à l'appel.

33. Le tribunal, sur la demande de l'administrateur provisoire, ou à *la diligence du procureur du roi*, désignera un mandataire spécial à l'effet de représenter en justice tout individu non interdit et placé ou retenu dans un établissement d'aliénés, qui serait engagé dans une contestation judiciaire au moment du placement, ou contre lequel une action serait intentée postérieurement. — Le tribunal pourra aussi, dans le cas d'urgence, désigner un mandataire spécial à l'effet d'intenter, au nom des mêmes individus, une action mobilière ou immobilière. L'administrateur provisoire pourra, dans les deux cas, être designé pour mandataire spécial.

34. *Les dispositions* du Code civil sur les causes qui dispensent de la tutelle, sur les incapacités, les exclusions ou les destitutions des tuteurs, sont applicables aux administrateurs provisoires nommés par le tribunal. — Sur la demande des parties intéressées, ou sur celle du procureur du roi, le jugement qui *nommera* l'administrateur provisoire pourra en même temps constituer sur ses biens une hypothèque générale ou spéciale, jusqu'à concurrence d'une somme déterminée par ledit jugement. — Le procureur du roi devra, dans le délai de quinzaine, faire inscrire cette hypothèque au bureau de la conservation : elle ne datera que du jour de l'inscription.

35. Dans le cas où un administrateur provisoire aura été nommé par jugement, les significations à faire à la personne placée dans un établissement d'aliénés seront faites à cet administrateur. — Les significations faites au domicile, pourront, suivant les circonstances, être annulées par les tribunaux. — Il n'est point dérogé aux dispositions de l'article 173 du Code de commerce.

36. A défaut d'administrateur provisoire, le président, à la requête de *la partie la plus diligente*, commettra un notaire pour représenter les personnes non interdites placées dans les établissemens d'aliénés, dans les inventaires, comptes, partages et liquidations dans lesquels elles seraient intéressées.

37. Les pouvoirs conférés en vertu des articles précédents cesseront de plein droit dès que la personne placée dans un établissement d'aliénés n'y sera plus retenue. — Les pouvoirs conférés par le tribunal en vertu de l'article 32 cesseront de plein droit à l'expiration d'un délai de trois ans : ils pourront être renouvelés. — Cette disposition n'est pas applicable aux administrateurs provisoires qui seront donnés aux personnes entretenues par l'administration dans des établissemens privés.

38. Sur la demande de l'intéressé, de l'un de ses parens, de l'époux ou de l'épouse, d'un ami, ou sur la provocation d'office du procureur du roi, le tribunal pourra nommer, en chambre de conseil, par jugement non susceptible d'appel, en outre de l'administrateur provisoire, un curateur à la personne de tout individu non interdit placé dans un établissement d'aliénés, lequel devra veiller, 1° à ce que ses revenus soient employés à adoucir son sort et à accélérer sa guérison; 2° à ce que ledit individu soit rendu au libre exercice de ses droits aussitôt que sa situation le permettra. — Ce curateur ne pourra pas être choisi parmi les héritiers présomptifs de la personne placée dans un établissement d'aliénés.

39. Les actes faits par une personne placée dans un établissement d'aliénés, pendant le temps qu'elle y aura été retenue, sans que son interdiction ait été prononcée ni provoquée, pourront être attaqués pour cause de démence conformément à l'article 1304 du Code civil. — Les dix ans de l'action en nullité courront à l'égard de la personne retenue qui aura souscrit les actes, à dater de la signification qui lui en aura été faite, ou de la connaissance qu'elle en aura eue après sa sortie définitive de la maison d'aliénés ; — Et à l'égard de ses héritiers, à dater de la signification qui leur en aura été faite, ou de la connaissance qu'ils en auront eue, depuis la mort de leur auteur. — Lorsque les dix ans auront commencé de courir contre celui-ci, ils continueront de courir contre les héritiers.

40. Le ministère public sera entendu dans toutes les affaires qui intéresseront les personnes placées dans un établissement d'aliénés, lors même qu'elles ne seraient pas interdites.

TITRE III.

DISPOSITIONS GÉNÉRALES

41. Les contraventions aux dispositions des articles 5, 8, 11, 12, du second paragraphe de l'article 13, des articles 15, 17, 20, 21, et du dernier paragraphe de l'article 29 de la présente loi, et aux règlemens rendus en vertu de l'article 6, qui seront commises par les chefs, directeurs ou préposés responsables des établissemens publics ou privés d'aliénés, et par les médecins employés dans ces établissemens, seront punies d'un emprisonnement de cinq jours à un an, et d'une amende de cinquante francs à trois mille francs, ou de l'une ou l'autre de ces peines. — Il pourra être fait application de l'article 463 du Code pénal. — La présente loi, discutée, sanctionnée, etc.

LOI

Relative au Travail des Enfans employés dans les manufactures, usines ou ateliers.

(22 mars 1841.)

Art. 1er. Les enfans ne pourront être employés que sous les conditions déterminées par la présente loi, — 1° Dans les manufactures, usines et ateliers à moteur mécanique ou à feu continu, et dans leurs dépendances ; — 2° Dans toute fabrique occupant plus de vingt ouvriers réunis en atelier.

2. Les enfans devront, pour être admis, avoir au moins huit ans. — De huit à douze ans, ils ne pourront être employés au travail effectif plus de huit heures sur vingt-quatre, divisées par un repos. — De douze à seize ans, ils ne pourront être employés au travail effectif plus de douze heures sur vingt-quatre, divisées par des repos. — Ce travail ne pourra avoir lieu que de cinq heures du matin à neuf heures du soir. — L'âge des enfans sera constaté par un certificat délivré, sur papier non timbré et sans frais, par l'officier de l'état civil.

3. Tout travail entre neuf heures du soir et cinq heures du matin est considéré comme travail de nuit. — Tout travail de nuit est interdit pour les enfans au-dessous de treize ans. — Si la conséquence du chômage d'un moteur hydraulique ou des réparations urgentes l'exigent, les enfans au-dessus de treize ans pourront travailler la nuit, en comptant deux heures pour trois, entre neuf heures du soir et cinq heures du matin. — Un travail de nuit des enfans ayant plus de treize ans, pareillement supputé, sera toléré, s'il est reconnu indispensable, dans les établissemens à feu continu dont la marche ne peut pas être suspendue pendant le cours de vingt-quatre heures.

4. Les enfans au-dessous de seize ans ne pourront être employés les dimanches et jours de fêtes reconnus par la loi. (V. Pr. 63 *et la note.*)

5. Nul enfant âgé de moins de douze ans, ne pourra être admis qu'autant

que ses parens ou tuteur justifieront qu'il fréquente actuellement une des écoles publiques ou privées existant dans la localité. Tout enfant admis devra, jusqu'à l'âge de douze ans, suivre une école. — Les enfans âgés de plus de douze ans seront dispensés de suivre une école, lorsqu'un certificat, donné par le maire de leur résidence, attestera qu'ils ont reçu l'instruction *primaire élémentaire*.

6. Les maires seront tenus de délivrer au père, à la mère ou au tuteur, un livret sur lequel seront portés l'âge, le nom, les prénoms, le lieu de naissance et le domicile de l'enfant, et le temps pendant lequel il aurait suivi l'enseignement primaire. — Les chefs d'établissement inscriront : — 1° Sur le livret de chaque enfant, la date de son entrée dans l'établissement et de sa sortie ; — 2° Sur un registre spécial, toutes les indications mentionnées au présent article.

7. Des réglemens d'administration publique pourront : — 1° Étendre à des manufactures, usines ou ateliers, autres que ceux qui sont mentionnés dans l'article 1er, l'application des dispositions de la présente loi ; — 2° Élever le minimum de l'âge et réduire la durée du travail déterminée dans les articles deuxième et troisième, à l'égard des genres d'industrie où le labeur des enfans excéderait leurs forces et compromettrait leur santé ; — 3° Déterminer les fabriques où, pour cause de danger ou d'insalubrité, les enfans au-dessous de seize ans ne pourront point être employés ; — 4° Interdire aux enfans, dans les ateliers où ils sont admis, certains genres de travaux dangereux ou nuisibles ; — 5° Statuer sur les travaux indispensables à tolérer de la part des enfans, les dimanches et fêtes, dans les usines à feu continu ; — 6° Statuer sur les cas de travail de nuit prévus par l'art. 3.

8. Des réglemens d'administration publique devront : — 1° Pourvoir aux mesures nécessaires à l'exécution de la présente loi ; — 2° Assurer le maintien des bonnes mœurs et de la décence publique dans les ateliers, usines et manufactures ; — 3° Assurer l'instruction primaire et l'enseignement religieux des enfans ; — 4° Empêcher, à l'égard des enfans, tout mauvais traitement et tout châtiment abusif ; — 5° Assurer les conditions de salubrité et de sûreté nécessaires à la vie et à la santé des enfans.

9. Les chefs des établissemens devront faire afficher dans chaque atelier, avec la présente loi et les réglemens d'administration publique qui y sont relatifs, les réglemens intérieurs qu'ils sont tenus de faire pour en assurer l'exécution.

10. Le gouvernement établira des *inspections pour surveiller et assurer* l'exécution de la présente loi. Les inspecteurs pourront, dans chaque établissement, se faire représenter les registres relatifs à l'exécution de la présente loi, les réglemens intérieurs, les livrets des enfans et les enfans eux-mêmes ; ils pourront se faire accompagner par un médecin commis par le préfet ou le sous-préfet.

11. En cas de contravention, les inspecteurs dresseront des procès-verbaux, qui feront foi jusqu'à preuve contraire.

12. En cas de contravention à la présente loi ou aux réglemens d'administration publique rendus pour son exécution, les propriétaires ou exploitans des établissemens seront traduits devant le juge de paix du canton et punis d'une amende de simple police qui ne pourra excéder quinze francs. — Les contraventions qui résulteront, soit de l'admission *d'enfans au-dessous* de l'âge, soit de l'excès de travail, donneront lieu à autant d'amendes qu'il y aura d'enfans indûment admis ou employés, sans que ces amendes réunies puissent s'élever au-dessus de deux cents francs. — S'il y a récidive, les propriétaires ou exploitans des établissemens seront traduits devant le tribunal de police correctionnelle et condamnés à une amende de seize à cent francs. Dans les cas prévus par le paragraphe second du présent article, les amendes réunies ne pourront jamais excéder cinq cents francs. — Il y aura récidive, lorsqu'il aura été rendu contre le contrevenant, dans les douze mois précédens, un premier jugement pour contravention à la présente loi ou aux réglemens d'administration publique qu'elle autorise.

13. La présente loi ne sera obligatoire que six mois après sa promulgation.

LOI

Sur l'Expropriation pour cause d'utilité publique.

(3 mai 1841.)

(La loi entière, *thèse n°* 22, et moins le titre 3, *thèse n°* 25. — Le titre 3 seul, art. 13 20, *thèse n°* 122.)

TITRE PREMIER.

DISPOSITIONS PRÉLIMINAIRES.

Art. **1er.** L'expropriation pour cause d'utilité publique s'opère par autorité de justice.

2. Les tribunaux ne peuvent prononcer l'expropriation qu'autant que l'utilité en a été constatée et déclarée dans les formes prescrites par la présente loi. — Ces formes consistent : — 1° Dans la loi ou l'ordonnance royale qui autorise l'exécution des travaux pour lesquels l'expropriation est requise ; — 2° Dans l'acte du préfet qui désigne les localités ou territoires sur lesquels les travaux doivent avoir lieu, lorsque cette désignation ne résulte pas de la loi ou de l'ordonnance royale ; — 3° Dans l'arrêté ultérieur par lequel le préfet détermine les propriétés particulières auxquelles l'expropriation est applicable. — Cette application ne peut être faite à aucune propriété particulière qu'après que les parties intéressées ont été mises en état d'y fournir leurs contredits, selon les règles exprimées au titre II.

3. Tous grands travaux publics, routes royales, canaux, chemins de fer, canalisation de rivières, bassins et docks, entrepris par l'État, les départemens, les communes ou par compagnies particulières, avec ou sans péage, avec ou sans subside du Trésor, avec ou sans aliénation du domaine public, ne pourront être exécutés qu'en vertu d'une loi qui ne sera rendue qu'après une enquête administrative. — Une ordonnance royale suffira pour autoriser l'exécution des routes départementales, celles des canaux et chemins de fer d'embranchement de moins de vingt mille mètres de longueur, des ponts et de tous autres travaux de moindre importance. — Cette ordonnance devra également être précédée d'une enquête. — Ces enquêtes auront lieu dans les formes déterminées par un réglement d'administration publique. (V. *Ord.* 18 *fév.* 1834.)

TITRE II.

DES MESURES D'ADMINISTRATION RELATIVES A L'EXPROPRIATION.

4. Les ingénieurs ou autres gens de l'art chargés de l'exécution des travaux, lèvent, pour la partie qui s'étend sur chaque commune, le plan parcellaire des terrains ou des édifices dont la cession leur paraît nécessaire.

5. Le plan desdites propriétés particulières, indicatif des noms de chaque propriétaire, tels qu'ils sont inscrits sur la matrice des rôles, reste déposé, pendant huit jours à la mairie de la commune où les propriétés sont situées, afin que chacun puisse en prendre connaissance.

6. Le délai fixé à l'article précédent ne court qu'à dater de l'avertissement qui est donné collectivement aux parties intéressées, de prendre communication du plan déposé à la mairie. — Cet avertissement est publié à son de trompe ou de caisse dans la commune, et affiché tant à la principale porte de l'église du lieu qu'à celle de la maison commune. — Il est en outre inséré dans l'un des journaux publiés dans l'arrondissement, ou, s'il n'en existe aucun, dans l'un des journaux du département.

7. Le maire certifie ces publications et affiches ; il mentionne sur un procès-verbal qu'il ouvre à cet effet, et que les parties qui comparaissent sont requises de signer, les déclarations et réclamations qui lui ont été faites verbalement, et y annexe celles qui lui sont transmises par écrit.

8. A l'expiration du délai de huitaine, prescrit par l'article 5, une commission se réunit au chef-lieu de la sous-préfecture. — Cette commission, présidée par le sous-préfet de l'arrondissement, sera composée de quatre membres du conseil général du département ou du conseil de l'arrondissement désignés par le préfet, du maire de la commune où les propriétés sont situées, et de l'un des ingénieurs chargés de l'exécution des travaux. — La commission ne peut délibérer valablement qu'autant que cinq de ses membres au moins sont présens. — Dans le cas où le nombre des membres présens serait de six, et où il y aurait partage d'opinion, la voix du président sera prépondérante. — Les propriétaires qu'il s'agit d'exproprier ne peuvent être appelés à faire partie de la commission.

9. La commission reçoit, pendant huit jours, les observations des propriétaires. — Elle les appelle toutes les fois qu'elle le juge convenable. Elle donne son avis. — Ses opérations doivent être terminées dans le délai de dix jours; après quoi le procès-verbal est adressé immédiatement par le sous-préfet au préfet. — Dans le cas où lesdites opérations n'auraient pas été mises à fin dans le délai ci-dessus, le sous-préfet devra, dans les trois jours, transmettre au préfet son procès-verbal et les documens recueillis.

10. Si la commission propose quelque changement au tracé indiqué par les ingénieurs, le sous-préfet devra, dans la forme indiquée par l'article 6, en donner immédiatement avis aux propriétaires que ces changemens pourront intéresser. Pendant huitaine, à dater de cet avertissement, le procès-verbal et les pièces resteront déposés à la sous-préfecture; les parties intéressées pourront en prendre communication sans déplacement et sans frais, et fournir leurs observations écrites. — Dans les trois jours suivans, le sous-préfet transmettra toutes les pièces à la préfecture.

11. Sur le vu du procès-verbal et des documens y annexés, le préfet détermine, par un arrêté motivé, les propriétés qui doivent être cédées, et indique l'époque à laquelle il sera nécessaire d'en prendre possession. — Toutefois, dans le cas où il résulterait de l'avis de la commission qu'il y aurait lieu de modifier le tracé des travaux ordonnés, le préfet surseoira jusqu'à ce qu'il ait été prononcé par l'administration supérieure. — L'administration supérieure pourra, suivant les circonstances, ou statuer définitivement, ou ordonner qu'il soit procédé de nouveau à tout ou partie des formalités prescrites par les articles précédens.

12. Les dispositions des articles 8, 9 et 10 ne sont point applicables au cas où l'expropriation serait demandée par une commune, et dans un intérêt purement communal, non plus qu'aux travaux d'ouverture ou de redressement des chemins vicinaux. — Dans ce cas, le procès-verbal prescrit par l'article 7 est transmis, avec l'avis du conseil municipal, par le maire au sous-préfet, qui l'adressera au préfet avec ses observations. — Le préfet, en conseil de préfecture, sur le vu de ce procès-verbal, et sauf l'approbation de l'administration supérieure, prononcera comme il est dit en l'article précédent.

TITRE III.

DE L'EXPROPRIATION ET DE SES SUITES QUANT AUX PRIVILÉGES, HYPOTHÈQUES ET AUTRES DROITS RÉELS.

13. Si des biens de mineurs, d'interdits, d'absens, ou autres incapables, sont compris dans les plans déposés en vertu de l'article 5, ou dans les modifications admises par l'administration supérieure, aux termes de l'article 11 de la présente loi, les tuteurs, ceux qui ont été envoyés en possession provisoire, et tous représentans des incapables, peuvent, après autorisation du tribunal donnée sur simple requête, en la chambre du conseil, le ministère public entendu, consentir amiablement à l'aliénation desdits biens. — Le tribunal ordonne les mesures de conservation ou de remploi qu'il juge nécessaires. — Ces dispositions sont applicables aux immeubles dotaux et aux majorats. — Les préfets pourront, dans le même cas, aliéner les biens des départements, s'ils y sont autorisés par délibération du conseil général; les maires ou administrateurs pourront aliéner les biens des communes ou établissements publics, s'ils y sont autorisés par délibération du conseil municipal ou du conseil d'administration, approuvée par le préfet en conseil de préfecture. — Le ministre des finances peut consentir à l'aliénation des biens de l'État, ou de ceux qui font partie de la dotation de la couronne, sur la proposition de l'intendant de la liste civile. — A défaut de conventions amiables, soit avec les propriétaires des terrains ou bâtimens dont la cession est reconnue nécessaire, soit avec ceux qui les représentent, le préfet transmet au procureur du roi dans le ressort duquel les biens sont situés la loi ou l'ordonnance qui autorise l'exécution des travaux, et l'arrêté mentionné en l'art. 11.

14. Dans les trois jours, et sur la production des pièces constatant que les formalités prescrites par l'art. 2 du titre Ier, et par le titre II de la présente loi, ont été remplies, le procureur du roi requiert et le tribunal prononce l'expropriation pour cause d'utilité publique des terrains ou bâtimens indiqués dans l'arrêté du préfet. Si, dans l'année de l'arrêté du préfet, l'administration n'a pas poursuivi l'expropriation, tout propriétaire dont les terrains sont compris audit arrêté peut présenter requête au tribunal. Cette requête sera communiquée par le procureur du roi au préfet, qui devra, dans le plus bref délai, envoyer les pièces, et le tribunal statuera dans les trois jours. — Le même jugement commet un des membres du tribunal, pour remplir les fonctions attribuées par le titre IV, chapitre II, au magistrat directeur du jury chargé de fixer l'indemnité, et désigne un autre membre pour le remplacer au besoin. — En cas d'absence ou d'empêchement de ces deux magistrats, il sera pourvu à leur remplacement par une ordonnance sur requête du président du tribunal civil. — Dans le cas où les propriétaires à exproprier consentiraient à la cession, mais où il n'y aurait point accord sur le prix, le tribunal donnera acte du consentement, et désignera le magistrat directeur du jury, sans qu'il soit besoin de rendre le jugement d'expropriation, ni de s'assurer que les formalités prescrites par le titre II, ont été remplies.

15. Le jugement est publié et affiché, par extrait, dans la commune de la situation des biens, de la manière indiquée en l'art. 6. Il est en outre inséré dans l'un des journaux publiés dans l'arrondissement, ou, s'il n'en existe aucun, dans l'un de ceux du département. — Cet extrait, contenant les noms des propriétaires, les motifs et le dispositif du jugement leur est notifié au domicile qu'ils auront élu dans l'arrondissement de la situation des biens, par une déclaration faite à la mairie de la commune où les biens sont situés; et, dans le cas où cette élection de domicile n'aurait pas eu lieu, la notification de l'extrait sera faite en double copie au maire et au fermier, locataire, gardien ou régisseur de la propriété. — Toutes les autres notifications prescrites par la présente loi seront faites dans la forme ci-dessus indiquée.

16. Le jugement sera, immédiatement après l'accomplissement des formalités prescrites par l'art. 15 de la présente loi, transcrit au bureau de la conservation des hypothèques de l'arrondissement, conformément à l'art. 2181 du Code civil.

17. Dans la quinzaine de la transcription, les priviléges et les hypothèques conventionnelles, judiciaires ou légales, seront inscrits. — A défaut d'inscription dans ce délai, l'immeuble exproprié sera affranchi de tous priviléges et hypothèques, de quelque nature qu'ils soient, sans préjudice des droits des femmes, mineurs et interdits, sur le montant de l'indemnité, tant qu'elle n'a pas été payée ou que l'ordre n'a pas été réglé définitivement entre les créanciers. — Les créanciers inscrits n'auront, dans aucun cas, la faculté de surenchérir, mais ils pourront exiger que l'indemnite soit fixée conformément au titre IV.

18. Les actions en résolution, en revendication, et toutes autres actions réelles, ne pourront arrêter l'expropriation ni en empêcher l'effet. Le droit des réclamans sera transporté sur le prix, et l'immeuble en demeurera affranchi.

19. Les règles posées dans le § 1er de l'art. 15 et dans les art. 16, 17 et 18, sont applicables dans le cas de conventions amiables passées entre l'administration et les propriétaires. — Cependant l'administration peut, sauf les droits des tiers, et sans accomplir les formalités ci dessus tracées, payer le prix des acquisitions dont la valeur ne s'élèverait pas au-dessus de 500 fr. — Le défaut d'accomplissement des formalités de la purge des hypothèques n'empêche pas l'expropriation d'avoir son cours; sauf, pour les parties intéressées à faire valoir leurs droits ultérieurement, dans les formes déterminées par le titre IV de la présente loi.

20. Le jugement ne pourra être attaqué que par la voie du recours en cassation, et seulement pour incompétence, excès de pouvoir ou vice de forme du jugement. — Le pourvoi aura lieu, au plus tard, dans les trois jours, à dater de la notification du jugement, par déclaration au greffe du tribunal. Il sera notifié dans la huitaine, soit à la partie, au domicile indiqué par l'art. 15, soit au préfet ou au maire, suivant la nature des travaux; le tout à peine de déchéance. — Dans la quinzaine de la notification du pourvoi, les pièces seront adressées à la chambre civile de la cour de cassation, qui statuera dans le mois suivant. — L'arrêt, s'il est rendu par défaut, à l'expiration de ce délai, ne sera pas susceptible d'opposition.

TITRE IV.

DU RÈGLEMENT DES INDEMNITÉS.

CHAPITRE PREMIER.

MESURES PRÉPARATOIRES.

21. Dans la huitaine qui suit la notification prescrite par l'article 15, le propriétaire est tenu d'appeler et de faire connaître à l'administration les fermiers, locataires, ceux qui ont des droits d'usufruit, d'habitation ou d'usage, tels qu'ils sont réglés par le Code civil, et ceux qui peuvent réclamer des servitudes résultant des titres mêmes du propriétaire ou d'autres actes dans lesquels il serait intervenu; sinon il restera seul chargé envers eux des indemnités que ces derniers pourront réclamer. — Les autres intéressés seront en demeure de faire valoir leurs droits par l'avertissement énoncé en l'article 6, et tenus de se faire connaître à l'administration dans le même délai de huitaine, à défaut de quoi ils seront déchus de tous droits à l'indemnité.

22. Les dispositions de la présente loi relatives aux propriétaires et à leurs créanciers sont applicables à l'usufruitier et à ses créanciers.

23. L'administration notifie aux propriétaires et à tous autres intéressés qui auront été désignés ou qui seront intervenus dans le délai fixé par l'article 21, les sommes qu'elle offre pour indemnités. — Ces offres sont, en outre, affichées et publiées conformément à l'art. 6 de la présente loi. (V. art. 40.)

24. Dans la quinzaine suivante, les propriétaires et autres intéressés sont tenus de déclarer leur acceptation, ou, s'ils n'acceptent pas les offres qui leur sont faites, d'indiquer le montant de leurs prétentions.

25. Les femmes mariées sous le régime dotal, assistées de leurs maris, les tuteurs, ceux qui ont été envoyés en possession provisoire des biens d'un absent, et autres personnes qui représentent les incapables, peuvent valablement accepter les offres énoncées en l'art. 23, s'ils y sont autorisés dans les formes prescrites par l'art. 13.

26. Le ministre des finances, les préfets, maires ou administrateurs, peuvent accepter les offres d'indemnités pour expropriation des biens appartenant à l'État, à la couronne, aux départements, communes ou établissements publics, dans les formes et avec les autorisations prescrites par l'art. 13.

27. Le délai de quinzaine, fixé par l'art. 24, sera d'un mois dans les cas prévus par les art. 25 et 26.

28. Si les offres de l'administration ne sont pas acceptées dans les délais prescrits par les art. 24 et 27, l'administration citera devant le jury, qui sera convoqué à cet effet, les propriétaires et tous autres intéressés qui auront été désignés, ou qui seront intervenus, pour qu'il soit procédé au règlement des indemnités de la manière indiquée au chapitre suivant. La citation contiendra l'énonciation des offres qui auront été refusées.

CHAPITRE II.

DU JURY SPÉCIAL CHARGÉ DE RÉGLER LES INDEMNITÉS.

29. Dans sa session annuelle, le conseil général du département désigne, pour chaque arrondissement de sous-préfecture, tant sur la liste des électeurs que sur la seconde partie de la liste du jury, trente-six personnes au moins, et soixante et douze au plus, qui ont leur domicile réel dans l'arrondissement, parmi lesquelles sont choisis, jusqu'à la session suivante ordinaire du conseil général, les membres du jury spécial appelé, le cas échéant, à régler les indemnités dues par suite d'expropriation pour cause d'utilité publique. — Le nombre des jurés désignés pour le département de la Seine sera de six cents.

30. Toutes les fois qu'il y a lieu de recourir à un jury spécial, la première chambre de la cour royale, dans les départements qui sont le siége d'une cour royale, et, dans les autres départements, la première chambre du tribunal du chef-lieu judiciaire, choisit en la chambre du conseil, sur la liste dressée en vertu de l'article précédent pour l'arrondissement dans lequel ont lieu les expropriations, seize personnes qui formeront le jury spécial chargé de fixer définitivement le montant de l'indemnité, et, en outre, quatre jurés supplémentaires; pendant les vacances, ce choix est déféré à la chambre de la cour ou du tribunal chargé du service des vacations. En cas d'abstention ou de récusation des membres du tribunal, le choix du jury est déféré à la cour royale. — Ne peuvent être choisis, 1° Les propriétaires, fermiers, locataires des terrains et bâtimens désignés en l'arrêté du préfet pris en vertu de l'article 11, et qui restent à acquérir; 2° Les créanciers ayant inscription sur lesdits immeubles; 3° Tous autres intéressés désignés ou intervenant en vertu des art. 21 et 22. — Les septuagénaires seront dispensés, s'ils le requièrent, des fonctions de juré.

31. La liste des seize jurés et des quatre jurés supplémentaires est transmise par le préfet au sous-préfet, qui, après s'être concerté avec le magistrat directeur du jury, convoque les jurés et les parties, en leur indiquant, au moins huit jours à l'avance, le lieu et le jour de la réunion. La notification aux parties leur fait connaître les noms des jurés.

32. Tout juré qui, sans motifs légitimes, manque à l'une des séances ou refuse de prendre part à la délibération, encourt une amende de cent francs au moins et de trois cents francs au plus. — L'amende est prononcée par le magistrat directeur du jury. — Il statue en dernier ressort sur l'opposition qui serait formée par le juré condamné. — Il prononce également sur les causes d'empêchement que les jurés proposent, ainsi que sur les exclusions ou incompatibilités dont les causes ne seraient survenues ou n'auraient été connues que postérieurement à la désignation faite en vertu de l'art. 30.

33. Ceux des jurés qui se trouvent rayés de la liste par suite des empêchemens, exclusions ou incompatibilités prévus à l'article précédent, sont immédiatement remplacés par les jurés supplémentaires, que le magistrat directeur du jury appelle dans l'ordre de leur inscription. — En cas d'insuffisance, le magistrat directeur du jury choisit, sur la liste dressée en vertu de l'art. 29, les personnes nécessaires pour compléter le nombre des seize jurés.

34. Le magistrat directeur du jury est assisté, auprès du jury spécial, du greffier ou commis greffier du tribunal, qui appelle successivement les causes sur lesquelles le jury doit statuer, et tient procès-verbal des opérations. — Lors de l'appel, l'administration a le droit d'exercer deux récusations péremptoires; la partie adverse a le même droit. — Dans le cas où plusieurs intéressés figurent dans la même affaire, ils s'entendent pour l'exercice du droit de récusation, sinon le sort désigne ceux qui doivent en user. — Si le droit de récusation n'est point exercé, ou s'il ne l'est que partiellement, le magistrat directeur du jury procède à la réduction des jurés au nombre de douze, en retranchant les derniers noms inscrits sur la liste.

35. Le jury spécial n'est constitué que lorsque les douze jurés sont présents. — Les jurés ne peuvent délibérer valablement qu'au nombre de neuf au moins.

36. Lorsque le jury est constitué, chaque juré prête serment de remplir ses fonctions avec impartialité.

37. Le magistrat directeur met sous les yeux du jury, — 1° Le tableau des offres et demandes notifiées en exécution des articles 23 et 24; — 2° Les plans parcellaires et les titres ou autres documens produits par les parties à l'appui de leurs offres et demandes. — Les parties, ou leurs fondés de pouvoir, peuvent présenter sommairement leurs observations. — Le jury pourra entendre toutes les personnes qu'il croira pouvoir l'éclairer. — Il pourra également se transporter sur les lieux, ou déléguer à cet effet un ou plusieurs de ses membres. — La discussion est publique; elle peut être continuée à une autre séance.

38. La clôture de l'instruction est prononcée par le magistrat directeur du jury. — Les jurés se retirent immédiatement dans leur chambre pour délibérer, sans désemparer, sous la présidence de l'un d'eux, qu'ils désignent à l'instant même. — La décision du jury fixe le montant de l'indemnité; elle est prise à la majorité des voix. — En cas de partage, la voix du président du jury est prépondérante.

39. Le jury prononce des indemnités distinctes en faveur des parties qui les réclament à des titres différens, comme propriétaires, fermiers, locataires, usagers et autres intéressés dont il est parlé à l'art. 21. — Dans le cas d'usufruit, une seule indemnité est fixée par le jury, eu égard à la valeur totale de l'immeuble; le nu-propriétaire et l'usufruitier exercent leurs droits sur le montant de l'indemnité au lieu de l'exercer sur la chose. — L'usufruitier sera tenu de donner caution; les père et mère ayant l'usufruit légal des biens de leurs enfans en seront seuls dispensés. — Lorsqu'il y a litige sur le fond du droit ou sur la qualité des réclamans, et toutes les fois qu'il s'élève des difficultés étrangères à la fixation du montant de l'indemnité, le jury règle l'indemnité indépendamment de ces difficultés, sur lesquelles les parties sont renvoyées à se pourvoir devant qui de droit. — L'indemnité allouée par le jury ne peut, en aucun cas, être inférieure aux offres de l'administration, ni supérieure à la demande de la partie intéressée.

40. Si l'indemnité réglée par le jury ne dépasse pas l'offre de l'administration, les parties qui l'auront refusée seront condamnées aux dépens. — Si l'indemnité est égale à la demande des parties, l'administration sera condamnée aux dépens. — Si l'indemnité est à la fois supérieure à l'offre de l'administration, et inférieure à la demande des parties, les dépens seront compensés de manière à être supportés par les parties et l'administration, dans les proportions de leur offre ou de leur demande avec la décision du jury. — Tout indemnitaire qui ne se trouvera pas dans le cas des art. 25 et 26, sera condamné aux dépens, quelle que soit l'estimation ultérieure du jury, s'il a omis de se conformer aux dispositions de l'article 24.

41. La décision du jury, signée des membres qui y ont concouru, est remise par le président au magistrat directeur, qui la déclare exécutoire, statue sur les dépens, et envoie l'administration en possession de la propriété, à la charge par elle de se conformer aux dispositions des art. 53, 54 et suivans. — Ce magistrat taxe les dépens, dont le tarif est déterminé par un réglement d'administration publique. — La taxe ne comprendra que les actes faits postérieurement à l'offre de l'administration; les frais des actes antérieurs demeurent dans tous les cas, à la charge de l'administration. (V. *Ord.* 18 *sept* 1833.)

42. La décision du jury et l'ordonnance du magistrat directeur ne peuvent être attaquées que par la voie du recours en cassation, et seulement pour violation du 1er § de l'article 30, de l'article 31, des 2e et 4e §§ de l'art. 34, et des art. 35, 36, 37, 38, 39 et 40. — Le délai sera de quinze jours pour ce recours, qui sera d'ailleurs formé, notifié et jugé comme il est dit en l'article 20: il courra à partir du jour de la décision.

43. Lorsqu'une décision du jury aura été cassée, l'affaire sera renvoyée devant un nouveau jury, choisi dans le même arrondissement. — Néanmoins la cour de cassation pourra, suivant les circonstances, renvoyer l'appréciation de l'indemnité à un jury choisi dans un des arrondissemens voisins, quand même il appartiendrait à un autre département. — Il sera procédé, à cet effet, conformément à l'art. 30.

44. Le jury ne connaît que des affaires dont il a été saisi au moment de sa convocation, et statue successivement et sans interruption sur chacune de ces affaires. Il ne peut se séparer qu'après avoir réglé toutes les indemnités dont la fixation lui a été ainsi déférée.

45. Les opérations commencées par un jury, et qui ne sont pas encore terminées au moment du renouvellement annuel de la liste générale mentionnée en l'article 29, sont continuées, jusqu'à conclusion définitive, par le même jury.

46. Après la clôture des opérations du jury, les minutes de ses décisions et les autres pièces qui se rattachent auxdites opérations sont déposées au greffe du tribunal civil de l'arrondissement.

47. Les noms des jurés qui auront fait le service d'une session ne pourront être portés sur le tableau dressé par le conseil général pour l'année suivante.

CHAPITRE III.

DES RÈGLES A SUIVRE POUR LA FIXATION DES INDEMNITÉS.

48. Le jury est juge de la sincérité des titres et de l'effet des actes qui seraient de nature à modifier l'évaluation de l'indemnité.

49. Dans le cas où l'administration contesterait au détenteur exproprié le droit à une indemnité, le jury, sans s'arrêter à la contestation, dont il renvoie le jugement devant qui de droit, fixe l'indemnité comme si elle était due, et le magistrat directeur du jury en ordonne la consignation, pour, ladite indemnité, rester déposée jusqu'à ce que les parties se soient entendues, ou que le litige soit vidé.

50. Les bâtimens dont il est nécessaire d'acquérir une portion pour cause d'utilité publique seront achetés en entier, si les propriétaires le requièrent par une déclaration formelle adressée au magistrat directeur du jury, dans les délais énoncés aux articles 24 et 27. — Il en sera de même de toute parcelle de terrain qui, par suite du morcellement, se trouvera réduite au quart de la contenance totale, si toutefois le propriétaire ne possède aucun terrain immédiatement contigu, et si la parcelle, ainsi réduite, est inférieure à dix ares.

51. Si l'exécution des travaux doit procurer une augmentation de valeur immédiate et spéciale au restant de la propriété, cette augmentation sera prise en considération dans l'évaluation du montant de l'indemnité.

52. Les constructions, plantations et améliorations ne donneront lieu à aucune indemnité, lorsque, à raison de l'époque où elles auront été faites, ou de toutes autres circonstances dont l'appréciation lui est abandonnée, le jury acquiert la conviction qu'elles ont été faites dans la vue d'obtenir une indemnité plus élevée.

TITRE V.

DU PAIEMENT DES INDEMNITÉS.

53. Les indemnités réglées par le jury seront, préalablement à la prise de possession, acquittées entre les mains des ayant-droit. — S'ils se refusent à les recevoir, la prise de possession aura lieu après offres réelles et consignation. — S'il s'agit de travaux exécutés par l'Etat ou les départemens, les offres réelles pourront s'effectuer au moyen d'un mandat égal au montant de l'indemnité réglée par le jury : ce mandat, délivré par l'ordonnateur compétent, visé par le payeur, sera payable sur la caisse publique qui s'y trouvera désignée. — Si les ayant-droit refusent de recevoir le mandat, la prise de possession aura lieu après consignation en espèces.

54. Il ne sera pas fait d'offres réelles toutes les fois qu'il existera des inscriptions sur l'immeuble exproprié, ou d'autres obstacles au versement des deniers entre les mains des ayant-droit; dans ce cas, il suffira que les sommes dues par l'administration soient consignées, pour être ultérieurement distribuées ou remises, selon les règles du droit commun.

55. Si, dans les six mois du jugement d'expropriation, l'administration ne poursuit pas la fixation de l'indemnité, les parties pourront exiger qu'il soit procédé à ladite fixation. — Quand l'indemnité aura été réglée, si elle n'est ni acquittée ni consignée dans les six mois de la décision du jury, les intérêts courront de plein droit à l'expiration de ce délai.

TITRE VI.

DISPOSITIONS DIVERSES.

56. Les contrats de vente, quittances et autres actes relatifs à l'acquisition des terrains, peuvent être passés dans la forme des actes administratifs: la minute restera déposée au secrétariat de la préfecture : expédition en sera transmise à l'administration des domaines.

57. Les significations et notifications mentionnées en la présente loi sont faites à la diligence du préfet du département de la situation des biens. —Elles peuvent être faites tant par huissier que par tout agent de l'administration dont les procès-verbaux font foi en justice.

58 Les plans, procès-verbaux, certificats, significations, jugemens, contrats, quittances et autres actes faits en vertu de la présente loi, seront visés pour timbre et enregistrés *gratis*, lorsqu'il y aura lieu à la formalité de l'enregistrement. — Il ne sera perçu aucuns droits pour la transcription des actes au bureau des hypothèques. — Les droits perçus sur les acquisitions amiables faites antérieurement aux arrêtés de préfet seront restitués, lorsque, dans le délai de deux ans, à partir de la perception, il sera justifié que les immeubles acquis sont compris dans ces arrêtés. La restitution des droits ne pourra s'appliquer qu'à la portion des immeubles qui aura été reconnue nécessaire à l'exécution des travaux.

59. Lorsqu'un propriétaire aura accepté les offres de l'administration, le montant de l'indemnité devra, s'il l'exige et s'il n'y a pas eu contestation de la part des tiers, dans les délais prescrits par les art. 24 et 27, être versé à la caisse des dépôts et consignations, pour être remis ou distribué à qui de droit, selon les règles du droit commun.

60. Si les terrains acquis pour des travaux d'utilité publique ne reçoivent pas cette destination, les anciens propriétaires ou leurs ayant-droit peuvent en demander la remise. — Le prix des terrains rétrocédés est fixé à l'amiable, et s'il n'y a pas accord, par le jury, dans les formes ci-dessus prescrites. La fixation par le jury ne peut, en aucun cas, excéder la somme moyennant laquelle les terrains ont été acquis.

61. Un avis, publié de la manière indiquée en l'article 6, fait connaître les terrains que l'administration est dans le cas de revendre. Dans les trois mois de cette publication, les anciens propriétaires qui veulent réacquérir la propriété desdits terrains sont tenus de le déclarer; et, dans le mois de la fixation du prix, soit amiable, soit judiciaire, ils doivent passer le contrat de rachat et payer le prix: le tout à peine de déchéance du privilège que leur accorde l'article précédent.

62. Les dispositions des articles 60 et 61 ne sont pas applicables aux terrains qui auront été acquis sur la réquisition du propriétaire, en vertu de l'article 50, et qui resteraient disponibles après l'exécution des travaux.

63. Les concessionnaires des travaux publics exercent tous les droits conférés à l'administration, et seront soumis à toutes les obligations qui lui sont imposées par la présente loi.

64. Les contributions de la portion d'immeuble qu'un propriétaire aura cédée, ou dont il aura été exproprié pour cause d'utilité publique, continueront à lui être comptées pendant un an, à partir de la remise de la propriété, pour former son cens électoral.

TITRE VII.

DISPOSITIONS EXCEPTIONNELLES.

CHAPITRE PREMIER.

65. Lorsqu'il y aura urgence de prendre possession des terrains non bâtis qui seront soumis à l'expropriation, l'urgence sera spécialement déclarée par une ordonnance royale.

66. En ce cas, après le jugement d'expropriation, l'ordonnance qui déclare l'urgence et le jugement seront notifiés, conformément à l'article 15, aux propriétaires et aux détenteurs, avec assignation devant le tribunal civil. L'assignation sera donnée à trois jours au moins; elle énoncera la somme offerte par l'administration.

67. Au jour fixé, le propriétaire et les détenteurs seront tenus de déclarer la somme dont ils demandent la consignation avant l'envoi en possession. — Faute par eux de comparaître, il sera procédé en leur absence.

68. Le tribunal fixe le montant de la somme à consigner. — Le tribunal peut se transporter sur les lieux, ou commettre un juge pour visiter les terrains, recueillir tous les renseignemens propres à en déterminer la valeur, et en dresser, s'il y a lieu, un procès-verbal descriptif. Cette opération devra être terminée dans les cinq jours à dater du jugement qui l'aura ordonnée. Dans les trois jours de la remise de ce procès-verbal au greffe, le tribunal déterminera la somme à consigner.

69. La consignation doit comprendre, outre le principal, la somme nécessaire pour assurer, pendant deux ans, le paiement des intérêts à cinq pour cent.

70. Sur le vu du procès-verbal de consignation, et sur une nouvelle assignation à deux jours de délai au moins, le président ordonne la prise de possession.

71. Le jugement du tribunal et l'ordonnance du président sont exécutoires sur minute et ne peuvent être attaqués par opposition ni par appel.

72. Le président taxera les dépens, qui seront supportés par l'administration.

73. Après la prise de possession, il sera, à la poursuite de la partie la plus diligente, procédé à la fixation définitive de l'indemnité, en exécution du titre IV de la présente loi.

74. Si cette fixation est supérieure à la somme qui a été déterminée par le tribunal, le supplément doit être consigné dans la quinzaine de la notification de la décision du jury, et, à défaut, le propriétaire peut s'opposer à la continuation des travaux.

CHAPITRE II.

75. Les formalités prescrites par les titres I et II de la présente loi ne sont applicables ni aux travaux militaires ni aux travaux de la marine royale. — Pour ces travaux, une ordonnance royale détermine les terrains qui sont soumis à l'expropriation.

76. L'expropriation ou l'occupation temporaire, en cas d'urgence, des propriétés privées qui seront jugées nécessaires pour des travaux de fortification, continueront d'avoir lieu conformement aux dispositions prescrites par la loi du 30 mars 1831. — Toutefois, lorsque les propriétaires ou autres intéressés n'auront pas accepté les offres de l'administration, le règlement définitif des indemnités aura lieu conformément aux dispositions du titre IV ci-dessus. — Seront également applicables aux expropriations poursuivies en vertu de la loi du 30 mars 1831, les articles 16, 17, 18, 19 et 20, ainsi que le titre VI de la présente loi.

TITRE VIII.

DISPOSITIONS FINALES.

77. Les lois des 8 mars 1810 et 7 juillet 1833 sont abrogées.

LOI

Sur les Ventes aux Enchères des marchandises neuves.

(25 juin 1841.)

Art. **1er.** Sont interdites les ventes en détail des marchandises neuves, à cri public, soit aux enchères, soit au rabais, soit à prix fixe, proclamé avec ou sans l'assistance des officiers ministériels.

2. Ne sont pas comprises dans cette défense les ventes prescrites par la loi, ou faites par autorité de justice, non plus que les ventes après décès, faillite ou cessation de commerce, ou dans tous les autres cas de nécessité dont l'appréciation sera soumise au tribunal de commerce. — Sont également exceptées les ventes à cri public de comestibles et objets de peu de valeur, connus dans le commerce sous le nom de menue mercerie.

3. Les ventes publiques et en détail de marchandises neuves qui auront lieu après décès ou par autorité de justice seront faites selon les formes prescrites et par les officiers ministériels préposés pour la vente forcée du mobilier, conformément aux art. 625 et 945 du Code de procédure civile.

4. Les ventes de marchandises après faillite seront faites, conformément à l'art. 486 du Code de commerce, par un officier public de la classe que le juge commissaire aura déterminée. — Quant au mobilier du failli, il ne pourra être vendu aux enchères que par le ministère des commissaires-priseurs, notaires, huissiers ou greffiers de justice de paix, conformément aux lois et règlemens qui déterminent les attributions de ces différens officiers.

5. Les ventes publiques et par enchères après cessation de commerce, ou dans les autres cas de nécessité prévus par l'art. 2 de la présente loi, ne pourront avoir lieu qu'autant qu'elles auront été préalablement autorisées par le tribunal de commerce, sur la requête du commerçant propriétaire, à laquelle sera joint un état détaillé des marchandises. — Le tribunal constatera, par son jugement, le fait qui donne lieu à la vente; il indiquera le lieu de son arrondissement où se fera la vente; il pourra même ordonner que les adjudications n'auront lieu que par lots dont il fixera l'importance. — Il décidera, d'après les lois et règlemens d'attribution, qui, des courtiers ou des commissaires-priseurs et autres officiers publics, sera chargé de la réception des enchères. — L'autorisation ne pourra être accordée, pour cause de nécessité, qu'au marchand sédentaire, ayant depuis un an au moins son domicile réel dans l'arrondissement où la vente doit être opérée. — Des affiches apposées à la porte du lieu où se fera la vente énonceront le jugement qui l'aura autorisée.

6. Les ventes publiques aux enchères de marchandises en gros continueront à être faites par le ministère des courtiers, dans les cas, aux conditions et selon les formes indiqués par les décrets des 22 novembre 1811, 17 avril 1812, la loi du 15 mai 1818, et les ordonnances des 1er juillet 1818 et 9 avril 1819.

7. Toute contravention aux dispositions ci-dessus sera punie de la confiscation des marchandises mises en vente, et, en outre, d'une amende de cinquante à trois mille francs, qui sera prononcée solidairement, tant contre le vendeur que contre l'officier public qui l'aura assisté, sans préjudice des dommages-intérêts, s'il y a lieu. — Ces condamnations seront prononcées par les tribunaux correctionnels.

8. Seront passibles des mêmes peines les vendeurs ou officiers publics qui comprendraient sciemment dans les ventes faites par autorité de justice, sur saisie, après décès, faillite, cessation de commerce, ou dans les autres cas de nécessité prévus par l'art. 2 de la présente loi, des marchandises neuves ne faisant pas partie du fonds ou mobilier mis en vente.

9. Dans tous les cas ci-dessus où les ventes publiques seront faites par le ministère des courtiers, ils se conformeront aux lois qui les régissent, tant pour les formes de la vente que pour les droits de courtage.

10. Dans les lieux où il n'y aura point de courtiers de commerce, les commissaires-priseurs, les notaires, huissiers et greffiers de justice de paix feront les ventes ci-dessus, selon les droits qui leur sont respectivement attribués par les lois et règlemens. — Ils seront, pour lesdites ventes, soumis aux formes, conditions et tarifs imposés aux courtiers.

ORDONNANCE

Contenant le Tarif des frais et dépens relatifs aux Ventes judiciaires de biens immeubles.

(10 octobre 1841.)

(Voy. Tarif civil, p. 26.)

LOI

Sur la Régence.

(30 août 1842.)

Art. 1er. Le roi est majeur à dix-huit ans accomplis.

2. Lorsque le roi est mineur, le prince le plus proche du trône, dans l'ordre de succession établi par la Déclaration et la Charte de 1830, âgé de vingt et un ans accomplis, est investi de la régence pour toute la durée de la minorité.

3. Le plein et entier exercice de l'autorité royale, au nom du roi mineur, appartient au régent.

4. L'art. 12 de la Charte et toutes les dispositions législatives qui protègent la personne et les droits constitutionnels du roi, sont applicables au régent. (L. 9 sept. 1835.)

5. Le régent prête devant les chambres le serment d'être fidèle au roi des Français, d'obéir à la Charte constitutionnelle et aux lois du royaume, et d'agir en toutes choses dans la seule vue de l'intérêt, du bonheur et de la gloire du peuple français. — Si les chambres ne sont pas assemblées, le régent fera publier immédiatement et insérer au Bulletin des Lois, une proclamation dans laquelle seront exprimés ce serment et la promesse de le réitérer aussitôt que les chambres seront réunies. — Elles devront, dans tous les cas, être convoquées au plus tard dans le délai de quarante jours.

6. La garde et la tutelle du roi mineur, appartiennent à la reine ou princesse sa mère, non remariée, et, à son défaut, à la reine ou princesse son aïeule paternelle également non remariée. —

FIN DE L'APPENDICE GÉNÉRAL AUX LOIS.

RAPPORT

DU NOUVEAU SYSTÈME DES POIDS ET MESURES AVEC LE SYSTÈME ANCIEN.

1er TABLEAU.

Toises en mètres, et mètres en toises.

LIGNES, POUCES, PIEDS, TOISES, EN MÈTRES ET MILLIMÈTRES.						MÈTRES EN TOISES, etc.					
lignes. pouces. pieds.	mèt.	mil.	toises.	mèt.	mil.	mètres.	to.	pi.	po.	lig.	
1 ligne.	»	002	4	7	796	1	»	3	0	11	
2	»	005	5	9	745	2	1	0	1	11	
3	»	007	6	11	694	3	1	3	2	10	
4	»	009	7	13	643	4	2	0	3	9	
5	»	011	8	15	592	5	2	3	4	8	
6	»	014	9	17	541	6	3	0	5	8	
7	»	016	10	19	490	7	3	3	6	7	
8	»	018	11	21	439	8	4	0	6	7	
9	»	020	12	23	388	9	4	3	8	6	
10	»	023	13	25	337	10	5	0	9	5	
11	»	025	14	27	287	11	5	3	10	4	
1 pouce.	»	027	15	29	236	12	6	0	11	4	
2	»	054	20	38	981	13	6	4	0	3	
3	»	081	25	48	726	14	7	1	1	2	
4	»	108	30	58	471	15	7	4	2	1	
5	»	135	35	68	216	20	10	1	6	10	
6	»	162	40	77	961	25	12	4	11	6	
7	»	189	45	87	707	30	15	2	4	3	
8	»	217	50	97	452	35	17	5	9	0	
9	»	244	60	116	942	40	20	3	1	8	
10	»	271	70	136	433	45	23	0	6	4	
11	»	298	80	155	923	50	25	3	11	1	
1 pied.	»	325	90	175	413	60	30	4	8	6	
2	»	650	100	194	904	70	35	5	5	11	
3	»	975	200	389	807	80	41	0	3	4	
4	1	299	300	584	711	90	46	1	0	9	
5	1	624	400	779	615	100	51	1	10	2	
1 toise.	1	949	500	974	518	500	256	3	2	8	
2	3	898	1000	1949	036	1000	513	0	5	4	
3	5	847	2000	3898	073	2000	1026	0	10	8	

2e TABLEAU.

Aunes en mètres, et mètres en aunes.

CONVERSION DE L'AUNE EN MÈTRES.					DU MÈTRE EN AUNES.		
aunes.	met.	cent.	part. de l'aune.	cent.	mètres.	aunes.	
1	1	19	1 seizième.	7	1	0	84
2	2	38	2 ou 1/8.	15	2	1	68
3	3	57	3	22	3	2	52
4	4	75	4 ou 1/4.	30	4	3	37
5	5	94	5	37	5	4	21
6	7	13	6 ou 3/8.	45	6	5	05
7	8	32	7	52	7	5	89
8	9	51	8 ou 1/2.	59	8	6	73
9	10	70	9	67	9	7	57
10	11	88	10 ou 5/8.	74	10	8	41
11	13	07	11	82	11	9	26
12	14	26	12 ou 3/4.	89	12	10	10
13	15	45	13	97	13	10	94
14	16	64	14 ou 7/8.	104	14	11	78
15	17	83	15	111	15	12	62
20	23	77	1 douzième.	10	20	16	83
25	29	71	2 ou 1/6.	20	25	21	04
30	35	65	3 ou 1/4.	30	30	25	24
35	41	60	4 ou 1/3.	40	35	29	45
40	47	54	5	50	40	33	66
45	53	48	6 ou 1/2.	59	45	37	86
50	59	42	7	69	50	42	07
60	71	31	8 ou 2/3.	79	60	50	49
70	83	19	9 ou 3/4.	89	70	58	90
80	95	08	10 ou 5/6.	99	80	67	31
90	106	96	11	109	90	75	73
100	118	84	L'aune a		100	84	14
200	237	69	3 pi. 7 po. 10 lig. 5/6.		200	168	29
300	356	53	Le mètre		300	252	43
500	594	22	3 pi. 0 [illegible] 11 lig. 296.		500	420	72
1000	1188	45	L'aune a 7 po. de plus.		1000	841	44

3e TABLEAU.

Myriamètres en lieues, et lieues en myriamètres.

LIEUES RÉDUITES EN MYRIAMÈTRES.				MYRIAMÈTRES RÉDUITS EN LIEUES.			
lieues.	de 2000 toises. myriam.	de 25 au degré. myriam.	de 20 au degré. myriam.	myriamètres.	LIEUES de [illegible] 2000 t.	LIEUES de 25 au degré.	LIEUES de 20 au degré.
1	» 39	» 44	» 56	1	2 57	2 25	1 80
2	» 78	» 89	1 11	2	5 13	4 50	3 60
3	1 17	1 33	1 67	3	7 70	6 75	5 40
4	1 56	1 78	2 22	4	10 26	9 »	7 20
5	1 95	2 22	2 78	5	12 83	11 25	9 »
6	2 34	2 67	3 33	6	15 39	13 50	10 80
7	2 75	3 11	3 89	7	17 96	15 75	12 60
8	3 12	3 56	4 44	8	20 52	18 »	14 40
9	3 51	4 »	5 »	9	23 09	20 25	16 20
10	3 90	4 44	5 56	10	25 65	22 50	18 »
11	4 29	4 89	6 11	11	28 22	24 75	19 80
12	4 62	5 33	6 67	12	30 79	27 »	21 60
13	5 07	5 78	7 22	13	33 35	29 25	23 40
14	5 46	6 22	7 78	14	35 92	31 50	25 20
15	5 85	6 67	8 33	15	38 48	33 75	27 »
20	7 80	8 49	11 11	20	51 31	45 »	36 »
25	9 75	11 11	13 89	25	64 14	56 25	45 »
30	11 69	13 33	16 67	30	76 96	69 75	54 »
35	13 64	15 56	19 44	35	89 79	78 75	63 »
40	15 59	17 78	22 22	40	102 61	90 »	72 »
45	17 54	20 »	25 »	45	115 44	101 25	81 »
50	19 49	22 22	27 78	50	128 27	112 50	90 »
60	23 39	26 67	33 33	60	153 93	135 »	108 »
70	27 29	31 11	38 89	70	179 58	157 50	126 »
80	31 18	35 56	44 44	80	205 23	180 »	144 »
90	35 08	40 »	50 »	90	230 89	202 50	162 »
100	38 98	44 44	55 56	100	256 54	225 »	180 »
200	77 96	88 89	111 11	200	513 07	450 »	360 »
300	116 94	133 33	166 67	300	769 62	675 »	540 »
500	194 90	222 22	277 78	500	1282 69	1125 »	900 »
1000	389 80	444 44	555 56	1000	2565 37	2250 »	1800 »

4me TABLEAU.

Arpens réduits en hectares.

ARPENS réduits en hectares, etc.									
arpens.	de 22 pieds par perche.			de 20 pieds par perche.			de 18 pieds par perche.		
	hect.	ares.	cent.	hect.	ares.	cent.	hect.	ares.	cent.
1	0	51	07	0	42	21	0	34	19
2	1	02	14	0	84	42	0	68	38
3	1	53	22	1	26	62	1	02	57
4	2	04	29	1	68	83	1	36	75
5	2	55	36	2	11	04	1	70	94
6	3	06	43	2	53	25	2	05	13
7	3	57	50	2	95	46	2	39	32
8	4	08	58	3	37	67	2	73	51
9	4	59	65	3	79	87	3	07	70
10	5	10	72	4	22	08	3	41	89
11	5	61	79	4	64	29	3	76	07
12	6	12	86	5	06	50	4	10	26
13	6	63	94	5	48	71	4	44	45
14	7	15	01	5	90	92	4	78	64
15	7	66	08	6	33	12	5	12	83
20	10	21	44	8	44	17	6	83	77
25	12	76	80	10	55	21	8	54	72
30	15	32	16	12	66	25	10	25	66
35	17	87	52	14	77	29	11	96	60
40	20	42	88	16	88	33	13	67	55
45	22	98	24	18	99	37	15	38	49
50	25	53	60	21	10	41	17	09	43
60	30	64	32	25	32	50	20	51	32
70	35	75	04	29	54	58	23	93	21
80	40	85	76	33	76	66	27	35	09
90	45	96	48	37	98	74	30	76	98
100	51	07	20	42	20	83	34	18	87
200	102	14	40	84	41	66	68	37	74
300	153	21	60	126	62	49	102	56	61
400	204	28	80	168	83	32	136	75	48
500	255	36	»	211	04	15	170	94	35
1000	510	72	»	422	08	30	341	88	70

5e TABLEAU.

Hectares réduits en arpens.

hectares.	HECTARES, etc., RÉDUITS EN ARPENS. de 22 pieds par perche.			de 20 pieds par perche.			de 18 pieds par perche.		
	arp.	perch.	10e.	arp.	perch.	10e.	arp.	perch.	10e.
1	1	95	8/10	2	36	9	2	92	5/10
2	3	91	6	4	73	8	5	85	»
3	5	87	4	7	10	8	8	77	5
4	7	83	2	9	47	7	11	70	»
5	9	79	»	11	84	6	14	62	5
6	11	74	8	14	21	5	17	55	»
7	13	70	6	16	58	4	20	47	5
8	15	66	4	18	95	4	23	40	»
9	17	62	2	21	32	3	26	32	4
10	19	58	»	23	69	2	29	24	9
11	21	53	8	26	06	1	32	17	4
12	23	49	6	28	43	»	35	09	9
13	25	45	4	30	80	»	38	02	4
14	27	41	2	33	16	9	40	94	9
15	29	37	»	35	53	8	43	87	4
20	39	16	»	47	38	4	58	49	9
25	48	95	1	59	23	»	73	12	4
30	58	74	1	71	07	6	87	74	8
35	68	53	1	82	92	2	102	37	3
40	78	32	1	94	76	8	116	99	8
45	88	11	1	106	61	4	131	62	2
50	97	90	1	118	46	»	146	27	4
60	117	48	1	142	15	2	175	49	7
70	137	06	1	165	84	4	204	74	6
80	156	64	2	189	53	6	233	99	5
90	176	22	2	213	22	8	263	24	5
100	195	80	2	236	92	»	292	49	4
200	391	60	4	473	84	»	584	98	9
300	587	40	6	710	76	»	777	48	3
400	783	20	8	947	68	»	1169	97	8
500	979	01	»	1184	60	»	1462	47	»
1000	1958	02	1	2369	20	»	2924	94	»

6e TABLEAU.

Livres en kilogrammes, et kilogrammes en livres.

GRAINS, GROS, ONCES, LIVRES RÉDUITS EN KILOGRAMMES.				KILOGRAMMES EN GRAINS, GROS, etc.				
grains, gros, onces.	kilogram.	livres.	kilogr.	kilogram.	livres.	onces.	gros.	grains.
1 grà.	0,000053	1	0,489	1 gram.	»	»	»	18
2	0,000106	2	0,979	2	»	»	»	37
3	0,000159	3	1,468	3	»	»	»	56
4	0,000212	4	1,958	4	»	»	1	03
5	0,000265	5	2.447	5	»	»	1	22
6	0,000318	6	2,937	1 déca.	»	»	2	41
12	0,000636	7	3.426	2	»	»	5	16
24	0,001272	8	3,916	3	»	»	7	60
36	0,001908	9	4,405	4	»	1	2	33
1 gros.	0,003824	10	4,895	5	»	1	5	15
2	0,007648	11	5,384	1 hect.	»	3	2	10
3	0,011472	12	5,873	2	»	6	4	21
4	0,015296	13	6,362	3	»	9	6	32
5	0,019120	14	6,851	4	»	13	»	42
6	0,022944	15	7,342	5	1	»	2	53
7	0 026768	20	9.789	1 kil.	2	»	5	35
1 once.	0,030590	25	12,236	2	4	1	2	70
2	0,061190	30	14,685	3	6	2	»	33
3	0,091780	35	17,130	4	8	2	5	68
4	0,122130	40	19,577	5	10	3	3	31
5	0,152970	45	22,024	6	12	4	»	67
6	0,183560	50	24,471	7	14	4	6	30
7	0.214160	60	29.366	8	16	5	3	65
8	0,244750	70	34,261	9	18	6	1	28
9	0,275350	80	39,156	10	20	6	6	63
10	0,305940	90	44,051	50	102	2	2	29
11	0.336530	100	48,950	100	204	4	4	59
12	0,367120	200	97 900	200	408	9	1	46
13	0,397710	300	146,850	300	612	13	6	33
14	0,428300	400	195,800	400	816	2	3	20
15	0,458890	500	244,750	500	1021	7	»	07
16	0.489480	1000	489,500	1000	2042	14	»	14

7e TABLEAU.

Pintes en litres, et litres en pintes.

CONVERSION DES PINTES EN LITRES,			DES LITRES EN PINTES.		
pintes.	litres.		litres.	pintes.	
1	»	93	1	1	07
2	1	86	2	2	15
3	2	79	3	3	22
4	3	73	4	4	29
5	4	66	5	5	37
6	5	59	6	6	44
7	6	52	7	7	52
8	7	45	8	8	59
9	8	38	9	9	66
10	9	31	10	10	74
11	10	24	11	11	81
12	11	18	12	12	88
13	12	11	13	13	96
14	13	04	14	15	03
15	13	97	15	16	11
20	18	63	20	21	47
25	23	28	25	26	84
30	27	94	30	32	21
35	32	60	35	37	58
40	37	25	40	42	95
45	41	91	45	48	32
50	46	56	50	53	68
60	55	88	60	64	42
70	65	19	70	75	16
80	74	50	80	85	90
90	83	82	90	96	63
100	93	13	100	107	37
200	186	26	200	214	74
300	279	39	300	322	11
400	372	52	400	429	48
500	465	65	500	536	85
1000	931	30	1000	1073	70

8e TABLEAU.

Cordes en stères, et stères en cordes.

CONVERSION DE LA CORDE EN STÈRE.			DU STÈRE EN CORDE.		
cordes.	stères.		stères.	cordes.	
1	3	839	1	»	2605
2	7	678	2	»	5209
3	11	517	3	»	7814
4	15	356	4	1	0418
5	19	195	5	1	3023
6	23	034	6	1	5628
7	26	873	7	1	8232
8	30	712	8	2	0837
9	34	551	9	2	3441
10	38	390	10	2	6046
11	42	229	11	2	8651
12	46	068	12	3	1255
13	49	908	13	3	3860
14	53	747	14	3	6465
15	57	586	15	3	9069
20	76	781	20	5	2092
25	95	976	25	6	5115
30	115	171	30	7	8138
35	134	366	35	9	1161
40	153	562	40	10	4184
45	172	757	45	11	7207
50	191	952	50	13	0231
60	230	342	60	15	6277
70	268	733	70	18	2343
80	307	123	80	20	8369
90	345	514	90	23	4415
100	383	904	100	26	0461
200	767	808	200	52	0932
300	1151	712	300	78	1383
400	1535	616	400	104	1844
500	1919	520	500	130	2305
1000	3839	040	1000	260	4610

TABLE ALPHABÉTIQUE

DES MATIÈRES

CONTENUES DANS LES CODES, LES LOIS DE LA PRESSE, LES TARIFS ET L'APPENDICE.

NOTA. Les chiffres renvoient aux articles des *Codes* ou de l'*Appendice*, dans lequel les *Lois diverses* sont rangées par ordre chronologique. Les *Lois de la Presse* (L. Pr.) sont à la suite du Code pénal.

FIN.

TROYES, IMPRIMERIE DE CARDON.

BIBLIOTHEQUE ROYALE

Cette Edition,

Spécialement destinée à MM. les Etudiants.

RENFERME

Le texte des Lois données comme matières de Thèses par la Faculté de Droit.

www.ingramcontent.com/pod-product-compliance
Lightning Source LLC
LaVergne TN
LVHW020956300926
849160LV00007B/170
* 9 7 8 2 0 1 4 4 9 5 2 7 0 *